Donald A. Prater

Thomas Mann
Deutscher und Weltbürger

Eine Biographie

Aus dem Englischen
von Fred Wagner

Carl Hanser Verlag

Titel der Originalausgabe:
Thomas Mann: A Life

Vorsatz vorne: Thomas Mann in seinem Arbeitszimmer um 1930

Vorsatz hinten: Die Familie Mann am Teetisch im Jahr 1927
von links nach rechts: Monika, Michael, Golo, Katia, Thomas Mann, Elisabeth, Klaus, Erika

Fotonachweis

© Thomas-Mann-Archiv, Zürich, mit Ausnahme
von Seite 613: Archiv Donald A. Prater

2 3 4 5 99 98 97 96 95

ISBN 3-446-15363-2

Satz: Reinhard Amann Fotosatz, Aichstetten
Druck und Bindung: Friedrich Pustet, Regensburg
Printed in Germany

Inhalt

Anhang

»Es ist nicht einfach, ein Deutscher zu sein ... Das Volk hat es schwer mit sich selbst, es findet sich fragwürdig, es leidet zuweilen an sich bis zum Ekel ... Der deutschen Seele eignet etwas Tiefstes und Irrationales, was sie dem Gefühl und Urteil anderer, flacherer Völker störend, beunruhigend, fremd, ja widerwärtig und wild erscheinen läßt.«

Thomas Mann

»In seiner vollkommen echten Rolle des ›Weltbürgers‹ beinahe zu gut, um wahr zu sein, bleibt Thomas Mann abseits, in seiner Kunst ebenso wie in der besonderen Atmosphäre, die ihn umgibt ... ein großes, würdiges und humorvolles Produkt unserer Zeit.«

Philip Toynbee

Für
Caro, Nick und Jeremy

I
Verfall einer Familie
1875–1900

»Nicht ungern fühle ich mich als einen Späten und Letzten, einen Abschließenden und einen Vollender.«
TM im Alter von 76 Jahren[1]

Julia, Thomas, Carla, Heinrich um 1889

1

> »Bildung wird nicht in stumpfer Fron und Plackerei gewonnen, sondern ist ein Geschenk der Freiheit und des äußeren Müßigganges ... Denn man muß freilich aus bildsamem Stoffe bestehen, um gebildet werden zu können. Niemand ergreift, was er nicht von Geburt besitzt ...«
>
> *Felix Krull*[2]

Um Viertel nach zehn Uhr am Morgen des 6. Juni 1875, einem Sonntag, wurde dem Thomas Heinrich Mann, Kaufmann und Konsul der Niederlande in der Hansestadt Lübeck, in dem von ihm und seiner Frau Julia drei Jahre zuvor erworbenen Patrizierhaus Breite Straße 36 ein zweiter Sohn geboren: Paul Thomas. Der Planetenstand war (wie bei Goethe) günstig, schrieb Thomas viele Jahre später. Aus seinem Horoskop lasen die Astrologen »ein langes und glückliches Leben sowie einen sanften Tod«.[3] Ein langes Leben wurde es dann auch, und sein Tod war recht sanft; Glück fand er stets in fleißiger Arbeit, in dem Erfolg und beträchtlichen Wohlstand, den sie ihm brachte, und in dem Wohlbefinden, für das ein Hypochonder stets zu sorgen versteht.

Für eine glückliche Kindheit waren also alle Voraussetzungen gegeben. Sein Vater, in der dritten Generation Inhaber eines immer noch blühenden Getreidehandels, genoß hohes Ansehen in der Stadt, in deren Senat er zwei Jahre später eintrat. Seine Mutter war in Brasilien als Tochter des ausgewanderten Lübecker Kaufmanns und Plantagenbesitzers Johann Ludwig Bruhns zur Welt gekommen; nach dem Tod ihrer portugiesisch-kreolischen Mutter hatte man sie im Jahr 1858 als siebenjähriges Mädchen nach Lübeck zurückgebracht, mit achtzehn hatte sie Thomas Heinrich Mann mit ihrer südländischen Schönheit bezaubert und dann, zwei Jahre später, nach ihrer Heirat mit ihm und der Geburt ihres ersten Sohnes Luiz Heinrich einen standesgemäßen Haushalt begründet. Als Thomas sechs Jahre alt war, erlaubte es der andauernde geschäftliche Erfolg dem Senator, ein größeres Haus, Nr. 52 an der Beckergrube unweit der Trave, zu erwerben und auszubauen. Auf ihren Soireen und gelegentlichen Maskenbällen war die halbbrasilianische Gastgeberin mit dem Elfenbeinteint ein exotischer Anziehungspunkt für die schwerfälligeren Mitglieder ihrer Gesellschaft, doch ihre zahlreichen Verehrer störten nicht die offensichtlich glückliche Ehe. Trotz der Ansprüche des gesellschaftlichen Lebens fand sie Zeit für ihre Kinder – Thomas bekam zwei Schwestern, Julia im Jahre 1877 und 1881 dann Carla, schließlich 1890 noch einen Bruder, Viktor –, die freien Abende der Mutter zählten zu seinen glücklichsten Erinnerungen. Dann konnte er sich an sie schmiegen und den Erzählungen von einer Kindheit an der südamerikanischen »Küste zwischen Meer und Urwald« lauschen, und wie sie aus Theodor Storm, den Gebrüdern Grimm, Fritz Reuter oder Hans Christian Andersen vorlas, mit ihrer »kleinen, aber überaus angenehmen und lieblichen Stimme« Lieder von Schumann, Schubert oder Brahms sang oder auf »wohlgeübte, sinnlich feinfühlige Art« Chopin, Mozart oder Beethoven auf dem Klavier vortrug. Im Gegensatz zu seinem Bruder Heinrich war er schwarzhaarig wie sie und glaubte ihr von allen seinen Geschwistern am nächsten zu stehen. Alle aber hatten sie zu »Dodo«, wie sie sich von ihnen gern nennen ließ, eine engere Beziehung als zu dem unnahbaren Vater, der eher Achtung als Liebe einflößte. Er war stets von Geschäften, nicht zuletzt von seinen Pflichten als Finanzsenator, beansprucht, verbrachte lange Stunden in dem großen Haus mit der Aufschrift »Dominus Providebit« über dem Portal in der nahe gelegenen Mengstraße 4, das seinem Großvater als Kontor, Depot und Familienheim gedient hatte, und das nun, immer noch Geschäftssitz, seine Mutter bis zu ihrem Tod im Jahr 1890 beherbergte.

Der Senator hatte trotz seines frühen Abgangs von der Schule weitreichende Interessen entwickelt und zeichnete sich vor seinen Altersgenossen nicht nur durch seine Londoner Maßanzüge und seine Schwäche für russische Zigaretten aus, sondern auch durch die Liebe zu Musik und Kunst, die er mit seiner Frau teilte. Wenn sie ihn zuweilen auf Geschäftsreisen begleitete, versäumte er nie die Gelegenheit, Museen zu besuchen und Konzerte, Schauspiele und Opernaufführungen von einem höheren Niveau zu genießen, als es Lübeck bieten konnte: *Siegfried* in München, *Don Juan* und *Die Meistersinger* in Frankfurt am Main. Ein Roman von Zola – in neutralem Umschlag – begleitete ihn auf einem Sommerurlaub. Die Lübecker Romanautorin Ida Boy-Ed, deren Talent er als einer der wenigen anerkannte, hielt ihn für weit intelligenter und weltklüger als seine Zeitgenossen: »Er war eine Erscheinung von anmuthiger Würde, sehr gepflegt und zeigte stets eine heitere Güte gegen jedermann. Seine Klugheit und Weltläufigkeit stellten ihn hoch über den Durchschnitt seiner Mitbürger.«[4]

Lübeck mit seinen herrschaftlichen Giebelhäusern ließ damals noch etwas von der Bedeutung erkennen, die es als führende Hansestadt genossen hatte. In seinen von einem Wassergraben umschlossenen Mauern, zwischen dem Fluß Trave und seinem Nebenfluß Wakenitz, war es immer noch ein geschäftiger Hafen, dessen Größe sich seit seiner Gründung durch Heinrich dem Löwen im 12. Jahrhundert unweit der christlich-wendischen Siedlung »Liubice« (»der lieblichen«), die von den späteren Lübeckern zu Lübeck umgetauft wurde, kaum verändert hatte. Seit Kaiser Friedrich II. im 13. Jahrhundert und während des Zweiten Reichs nach 1871 hatte es seinen Rang als Freie Stadt behalten (bis schließlich der Herrscher eines Dritten Reiches solchen Freiheiten ein Ende bereiten sollte). Außer dem großartigen Rathaus, mit dessen Bau man im Jahr 1517 begonnen hatte, den fünf Kirchen mit ihren sieben Türmen – dem Dom, der Petrikirche, der Ratskirche St. Marien, in der Thomas konfirmiert wurde, der Ägidienkirche und dem Johanneskloster – und den gestuften Giebelfassaden der Geschäftshäuser, war von der gotischen Architektur seiner mittelalterlichen Vergangenheit nicht viel übriggeblieben, da die Lübecker lieber Neues bauten als Altes bewahrten. Im Straßengewirr der Stadt konnte man aber, wie Thomas Mann es später empfand, noch die Atmosphäre des 15. Jahrhunderts spüren, einen Rest der Hysterie des Mittelalters, wo jederzeit eine »Kinderzug-Bewegung, ein Sankt Veitstanz, eine Kreuzwunder-Exzitation«[5] ausbrechen konnte. In einer der niedrigen Kammern, die von den Höfen abgingen, konnte man sich sehr wohl einen Doktor Faustus vorstellen, der sich bei einem Talglicht über seine Zauberformeln beugte. Die etwas zwielichtige Gegend am Hafen, mit Kneipen, Vergnügungsstätten und Bordellen, war den Kindern der Patrizierfamilien verboten, doch Heinrich Manns späterer Roman *Professor Unrat* läßt keinen Zweifel daran, daß er sich zumindest während der letzten Schuljahre auf Erkundungen dorthin begeben hatte; die Verfilmung durch Josef von Sternberg als *Der blaue Engel* vermittelt ein eindrucksvolles Bild jener dunkleren Seite der Stadt.

Es war auf jeden Fall eine Stadt mit einer langen Tradition, verstärkt noch durch die Tradition der eigenen Familie, die Thomas Mann schon im frühen Alter anzog. In besonderen Ehren hielt man eine Bibel von 1661, der sein Ururgroßvater, ein Brauer und Kaufmann aus Rostock, erstmals eine Fortsetzung des herkömmlichen Verzeichnisses der Geburts- und Sterbefälle der Familie angefügt hatte, weiters aber auch eine Chronik aufregender Ereignisse aus seiner Jugend als Schiffsjunge auf der Nordsee. Der Urgroßvater, Johann Siegmund Mann der Ältere, Begründer der Getreidehandels- und Speditionsfirma in Lübeck, hatte die üblichen Eintragungen nicht weitergeführt. Sein Sohn Siegmund der Jüngere aber, der Großvater von Thomas, schrieb einen »besonderen Aufsatz« für die Bibel, in dem er in lebhaften Einzelheiten seinen eigenen Lebenslauf und den Aufstieg der Firma während der gewinnreichen Napoleonischen Zeit bis hin zu dem Großhandelsgeschäft schilderte, auf das man sich nun konzentrierte, stets »nach bestem Wissen« dem Gebot seines Vaters zu harter Arbeit folgend, aber nur in »solchen Geschäften, daß wir die Nacht ruhig schlafen können«.[6] Die Chronik, die weniger detailliert beibehalten wurde, weckte im jungen Thomas ein Interesse für seine Vorfahren, das ihn noch lange beschäftigen sollte.

Die Familie, der er entstammte, war kinderreich und rein deutsch, in der männlichen Linie beinahe ausschließlich norddeutsch. Die frühesten erhaltenen Aufzeichnungen weisen seine Vorfahren im 17. Jahrhundert als Kaufleute, Schneider und Tuchhändler aus, die in Parchim und Grabow im Herzogtum Mecklenburg zu Stadträten und Ratsherren aufstiegen. Im folgenden Jahrhundert war ein Zweig der Familie nach Rostock übergesiedelt und hatte weiterhin geschäftlichen Erfolg; ein anderer Zweig zog nach Lübeck, wo Thomas' Ururgroßvater 1794 die Bürgerschaft erwarb und nach einer günstigen Heirat mit der Tochter eines reichen Hamburger Getreidehändlers in den Ratsgremien der Stadt einen festen Sitz erhielt. Die Besetzung durch napoleonische Truppen im Jahr 1806, die sich für viele Bürger verheerend auswirkte, brachte durch ihren Warenbedarf seinem Geschäft große Gewinne. Sein Plattdeutsch hatte einen drolligen französischen Akzent, er blieb geistig stets aufgeschlossen und begab sich 1836 sogar zu einem einmonatigen Aufenthalt nach London. Sein Sohn, der Großvater von Thomas, mußte sein eigenes Geschäft aufbauen, da er nicht ohne weiteres in die Fußstapfen des Vaters treten konnte; nach einigen erfolglosen Versuchen, das Exportgeschäft nach Frankreich, Holland und Brabant zu erweitern, erkannte er ganz richtig, daß die Zukunft nicht im traditionellen Lagergeschäft zwischen Skandinavien, Rußland und dem Westen lag, sondern im Großhandel mit den Erzeugnissen der Lübecker Gegend. Seine Vorschläge fanden die väterliche Billigung, und mit sechsundzwanzig Jahren konnte er als Teilhaber eine höchst einträgliche Laufbahn einschlagen. Früh verwitwet in seiner ersten Ehe, aus der fünf Kinder hervorgegangen waren, heiratete er dann die wesentlich jüngere Schweizerin Elisabeth Marty, mit der er schließlich 1841 einen Hausstand in der Mengstraße 4 gründete.

Thomas Manns Abstammung war also in der Hauptsache norddeutsch und ausgesprochen bürgerlich; die frühen Beziehungen zur Seefahrt und zum Außenhandel, die sich in den konsularischen Verbindungen mit den Niederlanden und Brasilien fortsetzten, erweiterten jedoch den Horizont der Familie. Auch einen süddeutschen Einfluß mag es gegeben haben, denn ein lakonischer Eintrag in der Chronik deutete auf noch frühere Vorfahren hin, die aus dem bayerischen Nürnberg stammten, »Handwerker von jenem Schlage, den Deutschland in alle Welt entsandte«, vermutete Thomas später. Seiner im wesentlichen deutschen Zusammensetzung fehlte jedenfalls nicht ein Hauch des Kosmopolitischen, zu dem mütterlicherseits ein Element des exotischen Südens kam. Mit Goethe konnte er wiederum sagen, er habe »des Lebens ernstes Führen« vom Vater, von der Mutter aber die »künstlerisch-sinnliche Richtung und – im weitesten Sinne des Wortes – die ›Lust zu fabulieren‹«.[7]

Die Phantasie hatte an den Spielen seiner Kindheit einen wichtigen Anteil. Zu den neuen oder von Heinrich geerbten Spielzeugen gehörte ein kunstvoller Kaufmannsladen, wohlgefüllt, mit Theke und Waage, einem Kornspeicher genau wie einer von denen, die sein Vater unten an der Trave besaß, an dem sich sogar ein funktionierender Kran befand, mit dem man die Säcke hochwinden konnte. Aufregender war für ihn aber immer das Schauspielern: das Vorführen der Mythen Homers und Vergils, die ihm seine Mutter aus ihrer Schulanthologie vorlas, von denen er später viele auswendig lernte – angetan mit den geflügelten Sandalen des Hermes, die schrecklichen Blitze des Zeus von einem Tisch schleudernd, der als Götterburg diente; als Achill eine unglückliche Schwester dreimal um die Mauern von Ilion zerrend. Ein lebensgroßes Schaukelpferd mit »den treuherzigsten Glasaugen von der Welt« erhielt von ihm den Namen Achill. Am schönsten aber waren die musikalisch-dramatischen Vorstellungen, die hinter verschlossenen Türen stattfanden, mit einem Puppentheater, dessen sorgfältig gekleidete Schauspieler in Gruppen herumstanden, ein Geschenk von Großmutter Elisabeth Marty an Heinrich. Heinrichs malerisches Talent sorgte für wirkungsvolle Bühnenbilder, Gesang und Trommel sorgten für Musik. Tommy konnte von diesem Spiel nie genug bekommen, auch als es der Bruder schon lange aufgegeben hatte; Befriedigung fand er aber auch in der reinen Phantasie, zumal sie keine Requisiten brauchte. So wachte er eines Morgens auf und beschloß, ein achtzehnjähriger Prinz namens Karl zu sein, worauf er den Tag »stolz und glücklich mit dem Geheimnis meiner Würde« verbringen konnte – weder Unterricht, Spaziergänge oder Lesungen durften das Spiel unterbrechen, und der Charakter konnte beliebig von einem Tag auf den anderen geändert werden. Später schrieb er richtige Schauspiele, die mit den Schwestern für Eltern und Tanten aufgeführt wurden, »blödsinnige kleine Stücke ... von denen eines, wie ich mich nur zu gut erinnere, den Titel führte ›Mich könnt Ihr nicht vergiften‹«.[8] Damals glaubte niemand die Anfänge eines schriftstellerischen Talents entdecken zu können, doch in seiner eigenen Erinnerung findet sich keine scharfe Abgrenzung zwischen den Spielen seiner Kindheit und den Anfängen seiner Kunst. Eine solche Liebe zum Schauspielern war für sein späteres Leben und seine Laufbahn auf jeden Fall von Bedeutung.

Der Unterricht begann für ihn im Alter von sieben Jahren, in der Vorschule, die auch sein Vater und Heinrich vor ihm besucht hatten. Sechs Jahre in dieser Anstalt sollten die Jungen zum Eintritt in die Realschule befähigen. Tommy aber, der nicht als einziger sieben Jahre brauchte, gestand, daß er »die Schule verabscheute und ihren Anforderungen bis zum Ende nicht Genüge tat«[9] – was seine späteren Leistungen in der Realschule nur bestätigten. Eine träumerische Lässigkeit, beinahe Trägheit, dazu ein Wunsch, seiner eigenen Lektüre nachzugehen, machte ihn den Anstrengungen der ohnehin schlechten Lehrer gegenüber gleichgültig. Um so glücklicher war dann der vierwöchige Familienurlaub an der Ostseeküste, in der Regel in Travemünde, einmal aber auch in einem gemieteten Haus in Niendorf. Diese idyllischen Aufenthalte blieben liebe Erinnerungen. Hier konnte er faulenzen, lange Stunden auf der Suche nach Bernstein am Strand verbringen, lesen, wann immer er Lust dazu hatte; während der fünfgängigen Mahlzeit im Hotel in Travemünde konnte er sich sogar nach der Suppe hinlegen und sich zur Nachspeise wieder wecken lassen. Später, als er mit Geigenstunden begonnen hatte, wurde ihm auch erlaubt, an den Orchesterkonzerten in dem Pavillon vor dem Kurhaus teilzunehmen. (Wenn man seiner Erinnerung in fortgeschrittenem Alter glauben darf: »Unter einem kleinen zigeunerhaften Kapellmeister namens Hess spielte ich die erste Geige, und immer kräftig drauf los, so daß der Hess zu seinen Musikanten zu sagen pflegte, wenn wir unser Volkslieder-Potpourri abspielten, sie sollten nur ja recht schön nachgeben. Es war die erste Orchestermusik, die ich hörte und mitmachte ...«[10]) Ob es sich dabei um ein echtes Spielen handelte oder jene Vortäuschung, die er später für seinen Helden Felix Krull erfand, ist weniger wichtig, als der Einfluß von See und Musik des Paradieses zu Travemünde auf die epische Prosa, die dann sein Lebenswerk ausmachte. »So möchte ich meinen, daß das Meer, sein Rhythmus, seine musikalische Transzendenz auf irgendeine Weise überall in meinen Büchern gegenwärtig ist ... das Meer meiner Kindheit, der Lübecker Bucht ... und wenn man meine Farben matt fand, glutlos, enthaltsam, nun, so mögen gewisse Durchblicke zwischen silbrigen Buchenstämmen in eine Pastellblässe von Meer und Himmel daran schuld sein, auf denen mein Auge ruhte, als ich ein Kind und glücklich war.«[11]

2

> »Eine Angstpartie, die Schule, bei der von Ungetrübtheit nicht die Rede sein könne. ›Überhaupt ist es mit der Jugend ein Schwindel.‹ Er möchte nicht noch einmal weder 13 noch 20 sein.«
>
> *TM, im Alter von 71*[12]

Das Katharineum hatte viel von seinem früheren Ruf eingebüßt, als Thomas Mann im Jahr 1889 eintrat. Nach der Reichsgründung 1871 waren in der Bildung wie in allen Bereichen der Verwaltung die liberalen Methoden der unabhängigeren Zeiten des Gymnasiums, wie es immer noch hieß, durch ein preußisches Regime abgelöst worden, und auch die Garnison der Stadt gehörte nunmehr zum IX. Preußischen Armeekorps. In den achtziger und neunziger Jahren war das Katharineum die »schlechteste Schule Deutschlands«, wie sich Otto Grautoff, ein Zeitgenosse Tommys, erinnerte; mit mangelhafter Führung erstickten die völlig unfähigen Lehrer jegliches Interesse an klassischer Literatur oder Sprachen, und Disziplin und Umgangston dieses »Staats im Staate« erinnerten an die Kaserne. »General Dr. von Staat« war der verächtliche Name, den Thomas und Heinrich häufig der autoritären soldatisch-akademischen Einrichtung gaben, in der die Erziehung zum Staatsdienst der einzige Weg zum Aufstieg schien (die damalige Besessenheit vom Flottenbau führte dazu, daß die Kinder, darunter später auch seine eigenen, Matrosenanzüge tragen mußten). Der Mannsche Haushalt war keineswegs antipreußisch: Der Senator, obgleich skeptisch, bewunderte die Politik Bismarcks, wenn auch nicht die Theatralik des Kaisers, und Thomas zählte den Reichsgründer von 1871 stets mit Luther und Goethe zu den größten Deutschen. Dem harten Regime der Schule aber, das seinem verträumten Wesen wenig Raum für die geliebte unabhängige Lektüre ließ, setzte er passiven Widerstand entgegen – nur den Einfluß eines einzigen hervorragenden Lehrers, der ihm das Werk Schillers erschloß, schätzte er hoch. (»Das ist nicht das erste-beste, was Sie lesen, es ist das Beste, was Sie lesen können!«[13])

Heinrich, der für die Universität und die Lorbeeren der Gelehrsamkeit bestimmt war, die in der Familie bisher gefehlt hatten, war in seinem Widerstand aktiver, hatte aber den humanistischen Studiengang in Latein, Griechisch und Französisch erfolgreich bestanden und würde sicher das erforderliche Abitur bestehen. Tommy jedoch erwies sich als besonderer Versager in der Realschule (in der Englisch statt Griechisch gelehrt wurde, wodurch sich sein Vater viel für die Nachfolge im Geschäft erhofft hatte). Bevor er die Oberstufe erreichte, wurde er zweimal nicht versetzt, und auch dann bestand er nur knapp die Abschlußprüfung, aber sie berechtigte ihn zum einjährig-freiwilligen Militärdienst statt der drei Jahre Wehrpflicht. (Ohne diesen Köder wäre er vermutlich ganz ausgestiegen.)

Unterricht fand nur vormittags statt, von acht bis zwölf, für den Nachmittag gab es eine Menge Hausaufgaben. Vom täglichen Schulgang abgesehen, beschränkte sich körperliche Bewegung auf die hemdsärmelige Stunde in der Turnhalle, wo Tommy denselben Widerstand leistete wie im Unterricht. »Er faßte Reck und Barren nur gleichsam symbolisch an und streifte dieses seiner unwürdige Gerät mit einem vor Verachtung förmlich blinden Blick.«[14] Die schlanken Körper der Jungen auf den damaligen Photographien überraschen angesichts der kräftigen Eßgewohnheiten der Zeit. Die Kinder nahmen nicht nur an den täglichen vier Familienmahlzeiten teil – Frühstück, zweites Frühstück, das große Mittagessen um vier Uhr nach dem langen Vormittag, den der Senator in Kontor, Rathaus und Börse zugebracht hatte, und gewöhnlich das späte Abendessen –, man gab ihnen auch noch Brote in die Schule mit, und sie bekamen ihre eigene frühere Abendmahlzeit.

Beide Jungen begannen früh mit dem Schreiben und hielten nicht viel von den Plänen, die der Senator für sie hatte. In seinem letzten Vorschuljahr, kurz bevor Thomas in das Katharineum eingetreten war, wurden in einer Lokalzeitung zwei Kurzgeschichten Heinrichs unter Initialen veröffentlicht, die sich leicht entschlüsseln ließen, eine dritte Geschichte erschien unter seinem Namen in einer Berliner Zeitschrift. Der Erfolg führte zu seinem plötzlichen Entschluß, nicht den vorgeschriebenen Weg des Jurastudiums an der Universität einzuschlagen, und nur wenige Monate vor dem Abitur entließ er sich selbst aus der Schule. Der Senator mußte sich sehr gegen seinen Willen mit einer Lösung abfinden, die zumindest eine gewisse Grundlage für eine Laufbahn bieten würde, und schickte ihn in eine Buchhandelslehre nach Dresden. Heinrich haßte zwar diese Arbeit, doch sie befreite ihn wenigstens von Lübeck, wo materialistische Geldgier und soziale Ungerechtigkeit ihn bereits bewogen hatten, einen (damals glücklicherweise unveröffentlichten) Artikel zu verfassen, *Fantasien über meine Vaterstadt L.*, voll bitterem Sarkasmus über das Philistertum – ein Vorspiel zu der Sozialkritik, die seine späteren Romane kennzeichnet. Für ihn war es eine Lehre im Schreiben, nicht im Buchhandel; unter seinen Schriften fanden sich mehr als hundert Gedichte und zehn »Versuche« in Prosa, die zwischen 1886 und 1891 entstanden waren.

Thomas seinerseits unterzeichnete seinen ersten überlieferten Brief vom Oktober 1889 stolz mit »lyrisch-dramatischer Dichter« und zitierte darin aus dem Drama *Aischa*, das er eben geschrieben hatte. In seiner Begeisterung für Schiller hatte er nach seinen früheren Aufführungstexten für Kinder begonnen, eigene »Werke« zu verfassen: erfindungsreiche Versdramen, von denen eines zum Entsetzen seiner frommen Großmutter antiklerikale Tendenzen zeigte. »Es war ja drollig, was ich mir einfallen ließ«, schrieb er später. »Aber Zukunftshoffnungen darauf zu gründen, ließ niemand, auch ich nicht, denke ich, sich in den Sinn kommen. Treibt es einer dann weiter, wie ich, mit Gedichten und mäßigen Schreibereien ... so wird die Sache bedenklich und ist für die Nächsten fast nur eine Sorge. Mit fünfzehn war ich nichts als ein schlechter Schüler.«[15] Bei den Lehrern, die in solchen Ambitionen eine unstatthafte Ablenkung von den nachmittäglichen Hausaufgaben sahen, war der angehende Dichter keineswegs beliebt. Heine und Storm waren nun seine Vorbilder, sie wurden in Versen nachgeahmt, die seine ersten jugendlichen Leidenschaften zum Ausdruck brachten. Auch Versuche in Prosa fehlten nicht: Tagebucheintragungen wie Bruchstücke philosophischer Essays; doch trotz der Anregung durch die Lesungen seiner Mutter dauerte es bis zum letzten Schuljahr, bis er selbst dieses Talent erkannte.

Musikalisches Interesse und eine gewisse Begabung hatte er von seiner Mutter geerbt. Im Haus an der Beckergrube fanden musikalische Abende statt, bei denen sie den Orchesterleiter des Stadttheaters begleitete; eines der Orchestermitglieder wurde sein Geigenlehrer, und er improvisierte auch gern auf dem Klavier. Der Pavillon zu Travemünde mag wohl seine erste Erfahrung mit Orchestermusik gewesen sein; auf den billigen Plätzen im Stadttheater hörte er noch als Schuljunge jedenfalls seine ersten Wagner-Opern, *Tannhäuser* und *Lohengrin*, von diesen häufig keineswegs erstklassigen Aufführungen »transporté«, wie der Franzose sagt, »einen empfänglicheren, einen hingenommeneren Zuhörer hat das Stadttheater nie beherbergt, als ich es an jenen zaubervollen Abenden war«.[16] Nach seiner sehr viel späteren Begegnung mit den Schriften Nietzsches behauptete er zwar, er habe »nie wirklich an Wagner geglaubt«; doch er gestand dessen emotionelle Wirkung ein, und ganz unwiderstehlich, und bis zu seinem Lebensende vermochte der *Tristan* Tränen in seine Augen zu bringen. Geige spielte er noch bis weit in seine zwanziger Jahre, sein Vergnügen an der Musik aber gewann er eher aus dem Hören als dem eigenen Musizieren. Die melodische Schönheit pflege eine bestimmte Wirkung auf sein Werk auszuüben, schrieb er viel später, er sei vielmehr Ohren- als Augenmensch.

In der Schule erwarb er sich viele Freunde, verachtete aber den »Durchschnitt«, da er sich nicht nur als Abkömmling einer patrizischen Familie, sondern in gewisser Weise seinen Altersgenossen auch intellektuell überlegen fühlte. Er verstand sie durch Persönlichkeit wie durch Leistungen zu beeindrucken – einmal ganz besonders, als er der Klasse einige satirische Verse über einen Aushilfslehrer vorlas, der währenddessen das Klassenzimmer betrat, ihn großzügigerweise aber um eine Abschrift bat. Diese Haltung der Überlegenheit behielt er bei, sie brachte dem später erfolgreichen Autor Respekt, aber selten Zuneigung ein, und gab ihm eine Steifheit in persönlichen Beziehungen, die andere schwer zu ertragen fanden. (Nur ganz wenige von den Freunden in seinem Leben machten je den Schritt vom förmlichen *Sie* zum vertraulicheren *Du*, und auch das nur nach langen Jahren der Bekanntschaft.) Im Rückblick auf seine Schulzeit hatte er das Gefühl, sie sei für ihn »eine Quelle des Hochmuts sowohl wie der Melancholie und des Leidens« gewesen, »ohne daß ich ihr schon einen Namen zu geben gewußt hätte«.[17]

Wenn es Melancholie war, so mußte sie einer homosexuellen Veranlagung entsprungen sein, die sich früh entwickelt hatte und sein Leben lang andauerte. Ausdrücklich gestand er diese Veranlagung nie ein, er »praktizierte« sie nicht und nannte sie nie beim Namen – weder damals (wenn es ihm überhaupt möglich gewesen wäre) noch später. In der Schule entwickelte er eine Zuneigung zu einem etwas jüngeren Mitschüler, an den er Gedichte unbestimmter Leidenschaft richtete, Armin Martens, der sich aber mehr für die Schwester Julia interessierte und mit gutmütiger Verachtung reagierte (einem Refrain »Was hat der bleiche Schläfer dir getan?« setzte er jedesmal, vermutlich nicht für die Augen des Dichters, hinzu: »Ich weiß nicht, aber frag mal.«[18]). Thomas erinnerte sich gegen Ende seines Lebens: »Es war tatsächlich meine erste Liebe, und eine zartere, selig-schmerzlichere war mir nie mehr beschieden.«[19] Der Gedanke an diese Leidenschaft blieb »wie ein Schatz«, auch wenn sie sich nach der Schule nie mehr trafen. Martens fand später in Afrika ein trauriges und mysteriöses Ende. Er wurde zum Modell für Hans Hansen in Thomas Manns späterer Novelle *Tonio Kröger*: »Die Sache war die, daß Tonio Hans Hansen liebte und schon vieles um ihn gelitten hatte. Wer am meisten liebt, ist der Unterlegene und muß leiden, – diese schlichte und harte Lehre hatte seine vierzehnjährige Seele bereits vom Leben entgegengenommen; und er war so geartet, daß er solche Erfahrungen wohl vermerkte, sie gleichsam innerlich aufschrieb und gewissermaßen seine Freude daran hatte ...«[20] Heinrich, der im Gegensatz dazu bereits ein aktiver Schürzenjäger war, erfuhr durch einen Freund in Dresden von den Leiden seines »armen Bruders« und äußerte seine Meinung dazu: »'ne tüchtige Schlafkur mit einem leidenschaftlichen, noch nicht allzu angefressenen Mädel – das wird ihn kurieren.«[21] Zu dem Zeitpunkt waren die Zuneigungen Tommys ebenso ambivalent wie die Tonio Krögers; er schickte Gedichte an die »braungelockte« Tanzstundenpartnerin. Auch diese Liebe nahm er an »und pflegte sie mit den Kräften seines Gemüts, denn er wußte, daß sie reich und lebendig mache«.[22] Bei einer solchen pubertären Verwirrung hätte er den Rat Heinrichs – wenn er ihn überhaupt erhielt – wohl kaum befolgt, auch wenn sich die Gelegenheit dazu geboten hätte.

Von homosexuellen Untertönen frei war seine enge Freundschaft mit Otto Grautoff, Sohn eines Buchhändlers. Klein, wenig anziehend, kurzsichtig, schien der Junge als Gefährte kaum in Frage zu kommen, doch seine literarischen Schwärmereien mußten dem überlegenen Tommy gefallen haben, der bereits von den Lorbeeren träumte, die dereinst seine Stirn zieren würden. 1893, in ihrem letzten Schuljahr, gaben sie zusammen eine kurzlebige Zeitschrift mit dem Titel *Der Frühlingssturm* heraus. Wieviel Grautoff zu den beiden Nummern beitrug, ist nicht auszumachen, doch Tommy scheint unter dem Pseudonym Paul Thomas den Hauptteil bestritten zu haben, mit *Vision*, einer Prosaskizze in echtem Fin-de-siècle-Stil, einigen Gedichten, einem Essay über Heine und der Besprechung einer Ibsen-Aufführung. Er hielt sich auch für einen glänzenden »philosophisch-subversiven« Verfasser von Leitartikeln. Die ehrwürdige Stadt Lübeck, staubbedeckt und lethargisch, schrieb er im Vorwort, müsse durch einen Frühlingssturm zum Leben erweckt werden; ihre Zeitschrift werde »hineinfahren mit Worten und Gedanken in die Fülle von Gehirnverstaubtheit und Ignoranz und bornierten Philistertums, die sich uns entgegenstellt«.[23] Ein vager Protest, schwach im Vergleich zu Heinrichs *Fantasien* und kaum vergleichbar mit den *Wegwarten* (»Lieder als Gaben für das Volk«) seines Zeitgenossen Rilke, die drei Jahre später in Prag unentgeltlich verteilt wurden; seine Prosa zumindest ließ aber etwas von den künftigen Lorbeeren ahnen. Wie auch immer sein Versagen in der Schule war, das er später in falscher Bescheidenheit sehr betonte, er hatte tatsächlich eine bessere Bildung erhalten, als er zugeben wollte.

In den Mai 1890, kurz vor der Geburt seines kleinen Bruders Viktor, fiel die Hundertjahrfeier der Firma. Für den Senator waren die Festlichkeiten getrübt durch Zukunftsahnungen, als die Wahlerfolge der Sozialdemokraten Bismarcks Mehrheit im Reichstag verminderten und der Kanzler, dem er vertraute, vom Kaiser fristlos entlassen wurde; doch sie waren Anlaß, die ganze Stadt zu beflaggen, und eine Abordnung nach der anderen stellte sich im Haus an der Beckergrube ein, um dem würdigen Repräsentanten eines hundert Jahre lang erfolgreichen Unternehmens zu gratulieren. Die Kinder, die noch zu Hause waren, sahen voll Ehrfurcht zu. Heinrich war nicht unter ihnen, da sein Vater, der von den Arbeitgebern in Dresden besorgniserregende Berichte erhalten hatte, von den literarischen Ambitionen wußte, in denen er keine Zukunft sah, und ihn über seine Enttäuschung wegen seiner Gleichgültigkeit der Arbeit gegenüber in keinem Zweifel gelassen hatte. Die Jahrhundertfeier, schrieb er Heinrich anschließend, bei der von den Hoffnungen auf seine Söhne soviel die Rede gewesen sei, sei für ihn durch solches Verhalten getrübt worden. Tommy seinerseits sah mit unbehaglichem Gewissen zu: »Denn mit vierzehn, fünfzehn Jahren ist man fertiger und schicksalsbewußter, als die Erwachsenen annehmen, und wenn sie unangemessene Hoffnungen auf einen setzen, so weiß man insgeheim mit schmerzlicher Bestimmtheit, daß man diese Hoffnungen wird enttäuschen müssen. So wußte ich damals, daß ich nicht der Nachfolger meines Vaters ... sein würde ... was ich statt dessen würde tun wollen und tun können, war mir sehr undeutlich ...«[24]

Die politischen Aussichten und die Enttäuschung über seine Söhne waren nicht die einzigen Wolken am Horizont des Senators. Wenige Monate zuvor hatte der Ruf der Familie in der Stadt peinlichen Schaden genommen, als der Ehemann seiner Nichte, ein Versicherungsdirektor, wegen Betrugs vor Gericht gestellt und verurteilt worden war. Der Fall war für die Presse eine große Sensation. Als der Schuldige dann nach seiner Entlassung verschwand und seine Frau mit einem neugeborenen zweiten Kind und einer bankrotten Firma zurückließ, scheint das Gerücht umgegangen zu sein, die Familie befinde sich im Verfall. Der erst fünfzigjährige Senator mag für die Fortführung des Geschäfts seine Hoffnung in der Geburt eines dritten Sohnes gesehen haben; der wirtschaftliche Aufschwung im Gefolge der Reichsgründung schien an Lübeck jedoch irgendwie vorübergegangen zu sein. Kiel war für den Nord-Ostsee-Kanal bestimmt worden, die Häfen von Hamburg und Stettin übertrafen Lübeck im Ausbau, und so sah er für die Mannschen Geschäfte wenig Zukunft. Nach dem Tod seiner Mutter zum Jahresende entschloß er sich sofort, das Haus in der Mengstraße zu verkaufen, das die Hälfte des Jahrhunderts hindurch Sitz des Unternehmens, für seine Kinder ein zweites und aufregenderes Heim und stets Schauplatz des Weihnachtsabends gewesen war. Als einziger ehemaliger Besitz der Familie Mann sollte es den Zweiten Weltkrieg überdauern.

3

»Tommi wird um mich weinen. Gebet, Ehrfurcht für seine Mutter und fleißige Arbeit soll er nie vernachlässigen.«

Senator Manns Testament, 1891

Im April 1891 kamen Briefe aus Dresden, die die Sorgen des Senators um die Zukunft seines ältesten Sohnes noch vermehrten. Heinrich wollte seinen Posten aufgeben, um etwas für eine literarische Laufbahn Geeigneteres zu finden, wozu er, gerade erst zwanzig, von seinem Vater die Zustimmung haben wollte. Ein Bericht von seinen Arbeitgebern verriet jedoch die unmittelbar bevorstehende Kündigung. Der Senator machte sich unverzüglich nach Dresden auf, wo er sich vollendeten Tatsachen gegenübersah. Um das Gewitter abzuwenden, hatte sich Heinrich bereits eine unbezahlte Stelle bei der Verlags- und Buchhandelsfirma S. Fischer in Berlin besorgt. Als der Vater sich selbst dort vorstellte, war er, wie es scheint, günstig beeindruckt. Der Ruf Samuel Fischers, der erst fünf Jahre zuvor als unabhängiger Verleger begonnen hatte, und bereits Tolstoi, Ibsen, Gerhart Hauptmann und Knut Hamsun veröffentlicht hatte und auch die Zeitschrift *Freie Bühne* herausgab, war ihm vielleicht schon bekannt. Er ließ sich jedenfalls überzeugen, und wenige Tage später fing Heinrich, freilich immer noch vom Vater unterstützt, in Berlin an.

Wieviel der Vater von der mangelnden Bereitschaft Tommys ahnte, das Geschäft zu übernehmen, wissen wir nicht; es besteht jedoch kein Zweifel an seiner wachsenden Überzeugung, daß sich all das, wofür er so hart gearbeitet hatte, in unwiderruflichem Verfall befand. Dieses Gefühl wirkte sich bald auf seine Gesundheit aus. Im Juli 1891 wurde eine Nierensteinoperation notwendig, deren Gefährlichkeit eine neuerliche Revision des lange vorher erstellten Testaments ratsam erscheinen ließ. Aus dieser Revision (oder eher Revisionen, da er am Vortag der Operation noch einen Zusatz anbrachte) geht hervor, daß er überzeugt war, er würde die Operation nicht überstehen und sein Tod wäre das Ende einer Ära. Nach genauen Anweisungen für die Bestattungsfeierlichkeiten bestimmte er die völlige Liquidierung der Firma und den Verkauf aller dazugehörigen Liegenschaften innerhalb eines Jahres. Der Erlös sollte von seinem Treuhänder so angelegt werden, daß er ein jährliches Einkommen für seine Witwe abwarf (daß sie als Alleinerbin keinen Anspruch auf das Kapital hatte, wurde nicht ausdrücklich vermerkt, doch wurde es vom Treuhänder dahingehend interpretiert). Aus diesem Einkommen sollte sie die Ausgaben für die Kinder bestreiten, für die in herkömmlicher Weise zwei Vormünder bestellt wurden, die dem städtischen Vormundschaftsgericht Rechenschaft abzulegen hatten.

Diesen Vormündern erlegte er die Verpflichtung auf, für eine »*praktische* Erziehung« der Kinder zu sorgen: »Soweit sie es können, ist den Neigungen meines ältesten Sohnes zu einer s.g. literarischen Thätigkeit entgegenzutreten. Zu gründlicher, erfolgreicher Thätigkeit in dieser Richtung fehlen ihm m.E. die Vorbedingnisse: genügendes Studium und umfassende Kenntnisse ... – Mein zweiter Sohn ist ruhigen Vorstellungen zugänglich, er hat ein gutes Gemüth und wird sich in einen praktischen Beruf hineinfinden. Von ihm darf ich erwarten, daß er seiner Mutter eine Stütze sein wird. – Julia, meine älteste Tochter wird strenge zu beobachten sein. Ihr lebhaftes Naturell ist unter Druck zu halten. – Carla ist m.E. weniger schwierig zu nehmen und wird neben Thomas ein ruhiges Element bilden. – Unser kleiner ›Vicco‹ – Gott nehme ihn in Schutz. Oft gedeihen Kinder späterer Geburt geistig besonders gut – das Kind hat so gute Augen. – Allen Kindern gegenüber möge meine Frau sich fest zeigen und alle immer in Abhängigkeit halten. Wenn sie je wankend würde, so lese sie König Lear ...«

In einem Zusatz bat er seinen Bruder, seinen Einfluß auf Heinrich geltend zu machen, damit er den rechten Weg einschlage und »das Ende ins Auge fassen« möge, »nicht nur die gegenwärtigen Wünsche«. »Tommi wird um mich weinen. Gebet, Ehrfurcht für seine Mutter und fleißige Arbeit soll er nie vernachlässigen. – Die Geschwister haben sich untereinander lieb und lieben ihre Mutter alle innig. Darauf baue ich meine ganze Hoffnung. Sie wird in Erfüllung gehen, wenn meine Frau nicht schwach sich zeigt.«[25]

Lübeck besaß keine chirurgische Klinik, und so mußte die Operation im Haus stattfinden. Der Ballsaal wurde ausgeräumt, hergerichtet, und die Chirurgen zogen ein. Der Senator starb zwar nicht zu diesem Zeitpunkt, doch die testamentarischen Vorkehrungen erwiesen sich als gerechtfertigt: Der Eingriff zeigte einen fortgeschrittenen Blasenkrebs, und binnen drei Monaten lag er mit »Blutvergiftung«, wie es offiziell hieß, auf dem Sterbebett. Die Teilnahme der Stadt war groß; in der Beckergrube streute man Stroh, um das Verkehrsgeräusch zu dämpfen, und ständig trafen Anfragen nach dem Befinden ein. Der Senator war keineswegs erschöpft oder des Lebens müde, erinnert sich Viktor aus dem späteren Bericht der Mutter: »Ich wäre so gerne noch bei euch geblieben«, sagte er zu ihr. Im Fieber wähnte er sich in einer Senatssitzung und sagte mit deutlicher Stimme: »Meine Herren, am 13. um halb sechs werde ich eine Inspektionsreise antreten« – *se non e vero, e ben trovato*, denn die Ahnung traf zu, und er starb am 13. Oktober, genau zu dieser Stunde.

Heinrich, der von Berlin herbeigeeilt war, wie auch Thomas haben wichtige Zeugnisse ihrer Erfahrung dieses Todes hinterlassen. Heinrich behauptete, vermutlich ein Wunschdenken, der Sterbende habe endlich sein wahres Gefühl für ihn zum Ausdruck gebracht und zu ihm gesagt: »Ich will dir helfen« – also Schriftsteller zu werden: »beiden war es klar; der eine küßte dem anderen die Hand, er küßt sie ihm noch heute«. Daß seine Verehrung für den Vater trotz ihrer Meinungsverschiedenheiten und der negativen Einstellung des Testaments tief empfunden war, lassen die bewegenden Skizzen erkennen, in denen er viel später diese Szene festhielt. Thomas aber erinnerte sich vor allem an die endlosen Gebete des Pastors am Sterbebett, die von einem lauten »Amen« seines Vaters unterbrochen wurden. Der Pastor ließ sich dadurch nicht abhalten, »während es doch, wie mir, dem halbwüchsigen Jungen sofort klar gewesen war, nichts weiter bedeutet hatte, als ›Schluß‹. Dieses Amen habe ich im Ohr, wenn man mich wegen meines Verhaltens zum Religiösen zur Rede stellt, wie überhaupt mein Leben von jeher stark nach dem meines Vaters orientiert war, was auch vielleicht etwas mit Religion zu tun hat.«[26] Er würde sein Leben ohne Religion führen, ohne Religion in dem Sinne, wie sie der Vater kannte. Er war der einzige, dessen Lebensweg der Vater in seinem Testament vorhergesehen hatte, denn er erreichte höhere Ehren als die eines Sitzes im Senat der Stadt.

Die knapp vierzigjährige Witwe hatte nicht vor, über ihre Kinder die strikte Kontrolle auszuüben, die der Gatte vorgeschrieben hatte, ob sie *König Lear* kannte oder nicht. Im Gegensatz zu ihm billigte sie die literarischen Ambitionen ihrer Söhne, auf die sie sogar stolz war, und auch wenn sie sich den finanziellen Beschränkungen beugen mußte, die der Tote ihr auferlegt hatte, tat sie alles, um ihre Interessen zu unterstützen. Die Liquidierung des Besitzes brachte einen Erlös von 400000 Mark, ein wesentlich günstigeres Ergebnis, als es der Senator in seiner düsteren Einschätzung der Lage erwartet hatte, so daß ihr Einkommen mehr als ausreichend war. »Wir sind zwar nicht reich ... aber doch sehr wohlhabend«, sagte sie zu ihren Kindern, genau wie später Thomas zu den seinen. Der Verkauf des Hauses in der Beckergrube war zwar nicht festgelegt worden, doch sie hatte keineswegs den Wunsch, dem Beispiel ihrer Schwiegermutter zu folgen und über kurz oder lang in einem Haus voll gespenstischer Erinnerungen ein einsames Dasein zu fristen; das Haus mit dem angenehmen geselligen Leben und der großen Zahl von Bediensteten, die dafür nötig war, aufrechtzuerhalten, kam nicht in Frage. Sie beschloß sofort den Verkauf und zog 1892 mit Julia, Clara und Viktor in die bescheidenere Villa um, die sie unmittelbar außerhalb der Stadtmauern besaßen.

Tommy blieb wie viele seiner Zeitgenossen in einem Internat, das von einem Lehrer geleitet wurde, der als wohlwollend galt, wechselte dann aber bald auf ein anderes über, wo das Regime strikter war. Dort blieb er, als seine Mutter im Juli 1893 nach München übersiedelte, für den Rest seiner Schulzeit. Ihr Vater Johann Ludwig Bruhns, der lange zuvor die Plantagen in Brasilien gegen ein Geschäft in Deutschland eingetauscht hatte, war eben in Kassel gestorben; es war, wie Heinrich bemerkte, als ob sie sich erst jetzt frei genug fühlte, ein neues Leben zu beginnen. Am bayerischen Süden hatte sie seit langem, seit ihren Besuchen mit ihrem Gatten, Gefallen gefunden, München bot ihr zudem mehr Raum für Geselligkeit als Lübeck. Ihre Wohnung in der Rambergstraße, in oder beinahe in Schwabing, war verhältnismäßig bescheiden und mit dem Mobiliar aus der Beckergrube etwas überladen ausgestattet; doch den Salon füllten zahlreiche Onkel und Tanten für den kleinen Vikko – Musiker, Schauspieler, Literaten, Bankiers und Offiziere –, denn sie war immer noch eine schöne Frau und konnte es auch mit den heranwachsenden Töchtern aufnehmen.

Heinrich hatte indessen bei den Vorbereitungen, die er für eine literarische Laufbahn für richtig hielt, gute Fortschritte gemacht: ein paar Freizeitvorlesungen an der Universität Berlin; wichtiger aber waren selbständige Studien, die Pflege einflußreicher Beziehungen und die Beobachtung des Berliner Straßenlebens. Im Winter 1891/92 erschienen seine ersten essayistischen Versuche in Michael Georg Conrads *Die Gesellschaft*, der führenden Zeitschrift des Naturalismus in Deutschland; Fischers Veröffentlichungen Henrik Ibsens und Gerhart Hauptmanns und vor allem seine Zeitschrift *Freie Bühne* gaben wichtige Anstöße. Für Heinrich war, von Hermann Bahr beeinflußt, freilich der Naturalismus bereits der Neuromantik Paul Bourgets gewichen, dem er in einem Essay für die Wochenschrift *Die Gegenwart* huldigte. Seine Ideen waren vermutlich nicht ohne Einfluß auf Thomas, dessen damalige Tagebücher »sklavische« Nachahmungen Bahrs füllten und der voll Bewunderung den brüderlichen Erfolgen auf dem Pfad folgte, den er selbst einzuschlagen hoffte. Im Januar 1892 erlitt Heinrich einen Lungenblutsturz und kehrte nach einer langen Genesungszeit nicht mehr nach Berlin zurück. Er hatte beschlossen, sich endlich selbständig zu machen, da die monatliche Zuwendung von seiner Mutter ausreichend schien; und so begann er während eines Aufenthalts im Schwarzwald und dem Winter in Lausanne seinen ersten Roman, bevor er nach Lübeck zurückkehrte und der Familie beim Umzug half.

Für Thomas waren die letzten Abschnitte seiner keineswegs glänzenden schulischen Karriere eine verhältnismäßig zufriedene Zeit. Die Gesellschaft junger mecklenburgischer Adeliger und Söhne des holsteinischen Landadels in der Pension schmeichelte seinem Selbstwertgefühl; zu Willri Timpe, dem Sohn des Schulleiters, entwickelte er seine zweite große, diesmal anscheinend weniger kummervolle Leidenschaft, bei der Grautoff sein Vertrauter war. Seine »Veröffentlichungen« in den Nummern des *Frühlingssturms* waren die Anfänge des eigentlichen Werks, das ihm, wie er undeutlich ahnte, eines Tages Erfolg bringen würde, und sogar die Ablehnung einer seiner Prosaskizzen (vielleicht *Vision*) durch eine Lübecker Zeitung schien ein Schritt auf dem rechten Weg. (»Wenn Sie öfters solche Einfälle haben«, schrieb der Redakteur des Feuilletons, »sollten Sie wirklich etwas dagegen tun.«[27]) Ida Boy-Ed begann sich für ihn zu interessieren, sie ermöglichte es vielleicht, daß er in Conrads *Gesellschaft* zum erstenmal richtig im Druck erschien. Dort wurde Ende 1893 eines der *Frühlingssturm*-Gedichte veröffentlicht. Die Schule hatte offensichtlich alle Hoffnung für ihn aufgegeben und stellte nur geringe Anforderungen: »Sie überließ mich meinem Schicksal, das mir selbst durchaus dunkel war, dessen Unsicherheit mich aber, da ich mich trotz alledem gescheit und gesund fühlte, nicht zu bedrücken vermochte.«[28]

Sein Abgangszeugnis zu Ostern 1894 war wohl freundlicher, als er es verdiente: Fleiß und Aufmerksamkeit waren »im ganzen vorhanden«, sein Betragen »im ganzen gut«, doch die anderen Fächer, sogar Deutsch, waren nicht mehr als »befriedigend«; ohne zu zögern, packte er seine Koffer und fuhr zur Familie nach München.

4

»... *zu lernen*, wie ich es jetzt thun werde; wir haben ja alle beide noch garnichts gelernt, und zu der intellectuellsten der Künste, der Wortkunst, gehört nicht nur Gefühl und Technik, sondern auch Wissen.«

TM an Grautoff, 27.9.1894[29]

Ganz im Sinne des verstorbenen Vaters besorgte ihm nun der Vormund mit Billigung der Mutter eine Stelle in einer Münchner Feuerversicherungsgesellschaft, die er am 1. April antrat. Wie im Fall Heinrichs in Dresden handelte es sich um einen unbezahlten Posten, der ihm eine »vernünftige« Karriere eröffnen und ihn von den hoffnungslosen Träumen eines literarischen Erfolgs abbringen sollte; wie für Heinrich war die unangenehme Plackerei aber nur eine Notlösung, bevor er seinen eigenen Weg frei sah. In der Wohnung in der Rambergstraße war er bequem untergebracht, und die monatliche Zuwendung seiner Mutter, die sich auf etwa hundertsechzig Mark belief, reichte aus für bescheidene Mittagessen in der Stadt, einen Beitrag zu den Haushaltskosten und seine Schneiderrechnungen (auf Eleganz legte er bereits Wert). Seine Mutter gab später zu, sie habe ihn wahrscheinlich wegen seiner enttäuschenden Schulleistungen, die ihr den Glauben an seine Begabung nahmen, zu einer Laufbahn im Wirtschaftsleben gedrängt, in der Hoffnung, durch diese handfestere Lehre sein dichterisches Feuer zu dämpfen. Die Mühe war vergeblich: Während er an seinem Schreibtisch Versicherungskonten ins reine schrieb, versuchte er sich erstmals an einer Novelle, *Gefallen*, die sie vom Gegenteil überzeugen und ihm die Möglichkeit geben sollte, in die Fußstapfen seines Bruders zu treten. Der Titel stand an der Spitze einer Liste von Projekten, die er bereits in der Schule angelegt hatte, in einem gleichzeitig mit seinem Tagebuch begonnenen Notizbuch – eine Gewohnheit, die er fast das ganze Leben hindurch beibehielt. Damals waren es vorwiegend Eintragungen über Hausarbeiten und Ausgaben, aber auch Einfälle zu Novellen und Skizzen – von nun an jedoch zunehmend eine Fülle von direkten oder indirekten Verweisen und Zitaten aus seiner vielseitigen Lektüre. Es war der Beginn einer handwerklichen Methode, die den Schreibtisch seiner reifen Zeit zu einem Werktisch des Büchermachens eher als zu einem Schauplatz der Eingebung werden ließ; sein Material wurde sorgsam zusammengestellt und jedes benutzte Material jeweils abgestrichen. »Der Teufel steckt im Detail«, sagte er gegen Ende seines Lebens, in den Exzerpten und Notizen, die zu machen seien, »einer oft stundenlangen, manchmal Tage dauernden Vorarbeit ... wogegen das Niederschreiben selbst mehr die Frage der Zucht ... ist«.[30]

Diese Art von Arbeit kam später. Eine derart umständliche Vorbereitung war nicht nötig für seine Geschichte von einer »gefallenen« Frau, die bei einem Abendessen unter Junggesellen von einem älteren Mann als Höhepunkt einer Diskussion über die Frauenemanzipation erzählt wird. Die romantischen Elemente dieser Erzählung von einer jungen Liebe zwischen einer Schauspielerin und einem Studenten werden durch die zynische Folgerung zerstört, daß eine Frau, die sich heute für Liebe hingibt, es morgen für Geld tun wird. Daß hinter dem Schleier schöner Worte keine sexuelle Erfahrung lag, wird aus seiner prüden Darstellung der Liebesnacht deutlich. In sein Notizbuch hatte er Paul Bourgets Warnung vor zwei zeitgenössischen Typen verzeichnet: »l'homme cynique et volontiers jovial, dont la religion tient dans un seul mot: jouir, et celui qui a toutes les aristocracies des nerfs, toutes celles de l'esprit, et qui est un épicurien intellectuel et raffiné«[31] – als den zweiten wollte sich Thomas Mann mit neunzehn gewiß selbst sehen. (In das Album eines Freundes schrieb er ein Jahr später: »Meine Lieblingsbeschäftigung? Zu dichten *ohne* zu schreiben; Mein Lieblingscharakter in der Poesie? Hamlet, Tristan, Faust *und* Mephisto, Parsifal; Mein Temperament? Kontemplativ, hamletisch, von des Gedankens Blässe angekränkelt.«[32])

Die Geschichte wurde von Conrads *Gesellschaft* sofort angenommen, ein eindrucksvoller Erfolg, durch den er sich berechtigt fühlte, seine Mutter um Erlösung vom Angestelltendasein zu bitten. Da er ihren Widerstand kannte, war er klug genug, ihren Rechtsanwalt um geneigte Unterstützung zu bitten, und noch vor Ende des Sommers hatte er sein Ziel erreicht. Er hatte freilich noch »etwas zu lernen«, wenn er sich auf jene »intellectuellste aller Künste, die ›Wortkunst‹« vorbereiten wollte, doch er war dazu nur allzu bereit. Die Lösung, die ihm und seinen Vormündern am meisten zusagte, war seine Einschreibung als externer Student an der Universität und dem Polytechnikum im November mit dem Berufsziel Journalismus. Was immer unter dieser vagen Berufsbezeichnung gemeint war, die Vorlesungen, die er den Winter hindurch besuchte (Kultur- und Weltgeschichte, Wirtschaft, deutsche Literatur, Grundlagen der Ästhetik und Shakespeare), waren nicht ohne Nutzen. Die umfangreichsten Notizen machte er überraschenderweise über Wirtschaft, die von den Professoren als »moderne und moralische Wissenschaft« angesehen wurde, in Vorlesungen, die für ihn oft »tiefe, philosophische Augenblicke« enthielten. Die Ästhetik veranlaßte ihn in seinen Notizen zu der Behauptung: »Die Professoren machen vor allem niemals den Unterschied zwischen *klassischer* Ästhetik und *décadence*-Ästhetik, und sie bedenken nicht, daß unserer Zeit die klassische Ästhetik, die sie lehren, völlig *fremd* sein muß.«[33] Was er über Kunstgeschichte, vor allem über das alte Ägypten, aus Professor Hertz' anregenden Vorlesungen über höfische Poesie und die nordischen Sagas und, nachdem er Wirtschaft gegen Geschichte eingetauscht hatte, über Napoleon und Deutschland lernte und notierte, hinterließ Eindrücke und »Material«, worauf er viele Jahre später zurückgreifen konnte. Auch seine selbständige Lektüre Nietzsches hinterließ Spuren in seinem Notizbuch wie in seinem Stil: *Jenseits von Gut und Böse* und *Der Fall Wagner* waren ihm offenbar bereits vertraut.

Bis zu den Vorlesungen am Spätnachmittag hatte er freie Zeit, und er war so glücklich wie nie zuvor. *Gefallen* war im Oktober erschienen und hatte ihm unerwartete Anerkennung gebracht: einen Brief von Richard Dehmel, dem Berliner Dichter, den er seit langem bewundert hatte, voll von Lob für seine »wundervolle Erzählung« und die »einfache, seelenvolle Prosa«, der man heutzutage so selten begegne. »Falls Sie noch andere Erzählungen von gleicher Reife liegen haben, möchte ich Sie bitten, mir die Manuskripte für die in Gründung begriffene Kunstzeitschrift *PAN* einzusenden, von der Sie wohl gehört haben, und in deren Aufsichtsrat ich sitze. Honorar: 10–15 Mark pro Druckseite«, schrieb Dehmel – obwohl er als passenderen Titel »Der Cyniker« vorschlug und einstweilen einige technische Bemerkungen zur Verbesserung des Stils anfügte, »für die spätere Buchausgabe«.[34]

Einen verheißungsvolleren Beginn hätte Thomas sich kaum wünschen können, und er vergaß nie, wie stolz ihn als Anfänger solches Lob und dieser Rat gemacht hatten. Besonders beeindruckt war er, daß Dehmel ohne irgendeine Vorstellung von dem, was er sonst noch geschrieben haben mochte, annahm, er plane einen Sammelband von Novellen. Damit hatte er freilich nicht unrecht, an Ideen herrschte kein Mangel, doch die Einladung kam überraschend. Er versprach Antwort, sobald er etwas Passendes anzubieten habe; im November schickte er dann eine weitere Erzählung, *Der kleine Professor*, »ein ungleich kleinerer Stoff als der des ›Gefallen‹ (Pardon! – des ›Cynikers‹!) aber ich glaube doch, daß in literarischer Hinsicht ein kleiner Fortschritt im Vergleich mit der größeren Novelle zu bemerken sein wird«. Das Thema sei »zu klein« für den *PAN*, lautete die Antwort Dehmels: Er zweifle nicht an der Begabung des Autors, doch verlange *PAN* anspruchsvollere Dinge, die »großer Kunst« bedürften.[35] (Bei der Novelle, die von der *Gesellschaft* ebenfalls abgelehnt wurde, handelte es sich vermutlich um die erste Fassung des *Kleinen Herrn Friedemann*, die erst später erschien.)

Sich der »Wortkunst« zielstrebig zu widmen, erwies sich in jenem Winter schwieriger als erwartet. München biete so viel, schrieb er im Januar an Grautoff: der Fasching rücke näher, »und man muß sich wohl oder übel amüsieren«; es gebe unentwegt »neue Bekanntschaften, Schauspieler, Dichter, Maler – das reißt nicht ab; man kennt sich gar nicht mehr aus … man kommt nicht zum ruhigen Atmen«[36]; die Vorlesungen gingen weiter; außerdem sei er Ernst von Wolzogens »Akademisch-Dramatischem Verein« beigetreten. In diesem »bummeligen Verkehr im Café, im Theater, in Concerten« wurde der Verfasser von *Gefallen* sofort willkommen geheißen, obwohl er keine echten Freundschaften schließen konnte. Der Verein bestand in der Hauptsache aus Studenten, die ernsthafte Stücke aufführten, er war bald an Proben zu Ibsens *Wildente* beteiligt, die er empfohlen hatte und in der er den Werle spielen sollte. Die Vorstellung im Juni 1895, die deutsche Erstaufführung, war trotz »des Protests eines konservativen Publikums« erfolgreich genug für eine Wiederholung, und auch Thomas Mann wurde von der Kritik gelobt. Es war sein einziger Versuch als Schauspieler, obwohl er im Fasching in der Maske eines »Dorftrottels« über dem Abendanzug heiteren Beifall erntete – doch es war keineswegs sein letzter öffentlicher Auftritt. Reine Zerstreuung, gab er in seinen Briefen an Grautoff zu. Den Proben folgten lange Sitzungen im Café Luitpold, so daß er häufig erst im Morgengrauen zu Bett ging, »immer drei Viertel des Tages und drei Viertel der Nacht dem Schreibtisch fern«; ein Versuch, Stenographie zu lernen – »ein fester Halt ... um nicht ganz zu verbummeln«, da er vielleicht doch noch Journalist würde –, blieb nicht mehr als fromme Absicht. Doch er war nicht so träge, wie er behauptete. Im Mai konnte er Dehmel eine weitere, längere Novelle, *Walter Weiler*, schicken, wobei er sich zögernd erkundigte, ob sie einen Fortschritt bedeute. Dehmel war höchst ermutigend und teilte ihm bei einem Münchenbesuch im Juni mit, daß sie für den *PAN* angenommen sei; die übrigen Herausgeber schienen seine Begeisterung jedoch nicht zu teilen, denn sie erschien nie, und er bot sie auch keiner anderen Stelle an.

Das Manuskript ist nicht erhalten, wir wissen nur, daß es sich um das Thema eines »nichtsnutzigen Dekadent« handelte – »so ist es auch Dir ergangen«, schrieb er mit üblichem Spott an Grautoff –, es war wohl die ursprüngliche Version der Erzählung *Der Bajazzo*, zu der er sie zwei Jahre später umschrieb. Trotz all der neuen Kontakte in München blieb Grautoff sein einziger wirklicher Freund und Vertrauter, mit ihm hielt er einen lebhaften Briefwechsel aufrecht. Grautoff ging es keineswegs so gut wie Thomas, da er nach dem finanziellen Bankrott seines Vaters einen »echten« Posten bei einem Buchhändler in Brandenburg annehmen mußte. Die Berichte seines Freundes von dem verhältnismäßigen Luxus und der anregenden Gesellschaft in München, vor allem aber von seinem Erfolg mit *Gefallen*, mußten für ihn etwas bitter gewesen sein, da auch er literarischen Ehrgeiz hatte. Seine Gedichte und Prosastücke trugen ihm neben wohlwollendem Humor unbarmherzige Kritik ein: »Verse, die nichts taugen« in der Nachahmung Heines, »doch unzweifelhaft ein Talent, dem hier und da freilich noch der völlig mitteilende Ausdruck mangelt«; eine Novelle, nicht mehr als »eine Kohlenskizze, eine Vorstudie, die allein für den Künstler etwas bedeutet ... die darauf wartet, einst in eine große Arbeit eingefügt zu werden ... Als

Studie ist sie gut«[37]; »Zum *Novellisten* fehlt Dir ... vor allem die Erfindung ... Von Dialogführung hast Du auch noch keine Ahnung[38]«. Thomas hielt es, da er ein Jahr älter war, auch noch für seine Pflicht, ihn in finanziellen Angelegenheiten zu beraten, er hielt ihn von dem »törichten« Schritt ab, seinen Bürohocker in Brandenburg für die Unsicherheit des Berliner Journalismus aufzugeben. Auf Grautoffs Kommentare zu seiner eigenen Arbeit legte er jedoch Wert, er wartete auf sein Urteil über *Walter Weiler*, bevor er die Novelle Dehmel vorlegte – der häufig herablassende Ton seiner langen Briefe ließ aber seinen Mangel an jeder echten Zuneigung erkennen.

Den größten Teil des Jahres 1894 hatte die Familie zusammen in der Rambergstraße verbracht. Für Vikko, den Jüngsten, war es ein Haushalt von Onkeln und Tanten eher als von Brüdern und Schwestern, mit all dem dazugehörigen Abstand: der schnurrbärtige »Ommo« hatte ein ernstes Gesicht, aber stets einen Scherz für ihn; »Heini«, mit Bart, schwarzem Anzug und Uhrenkette, blieb ehrfurchtgebietend auf Distanz; »Lula« und Carla sorgten nach Art älterer Schwestern an Mutterstelle gern für Disziplin; er aber liebte sie alle. Heinrich, der mit seinem ersten Roman, der auf Kosten der Mutter veröffentlicht worden war, keinen Erfolg gehabt hatte, hatte nach seinem ersten Italienbesuch eine Fülle von Kurzgeschichten und Novellen produziert, und Thomas' Bewunderung kannte keine Grenzen. Als Heinrich Anfang 1895 zu einem weiteren längeren Aufenthalt nach Italien aufgebrochen war, schrieb Thomas an Grautoff: »er ist ein Künstler, ein Dichter« – ein Riese, dem sie kaum bis an die Knie reichten, und er entwarf für seinen Freund ein bemerkenswertes Bild der drei Söhne des Senators Mann: »Heinrich ist schon Dichter, aber auch ›Schriftsteller‹, mit starker *intellectueller* Begabung, bewandert in Kritik, Philosophie, Politik. Es folgt der zweite Sohn (ich), der nur Künstler ist, nur Dichter, nur Stimmungsmensch, intellectuell schwach, ein sozialer Nichtsnutz. Was Wunder, wenn endlich der dritte, spätgeborene, Sohn der vagsten Kunst gehören wird ... – der Musik? Das nennt man Degeneration. Aber ich finde es verteufelt nett.«[39]

Aufschlußreich ist auch seine damalige Notiz vom türkischen Sprichwort: »Wenn das Haus fertig ist, so kommt der Tod.« Die Vorstellung, daß (dem Lübecker Klatsch zufolge) seine Familie im Verfall vom nüchternen Geschäftssinn zum intellektuellen Künstlertum begriffen sei, sollte in seinem ersten Roman Ausdruck finden. Vorläufig behielt er die Pose des dekadenten Dilettanten, des »Stimmungsmenschen«, bei und nahm den Vorschlag seines Bruders, zu ihm nach Italien zu kommen, mit Freuden an. Zwischen Juli und Oktober schloß er in Rom und während eines kurzen Aufenthalts in Palestrina nicht weniger als vier Manuskripte ab – eine Produktivität, die vielleicht Heinrichs Einfluß zuzuschreiben war, die er selbst aber nie mehr erreichen sollte; nur ein Werk aber, die Novelle *Der Wille zum Glück*, ist im Druck erschienen. Er wirkte auch bei einer Monatsschrift mit, *Das zwanzigste Jahrhundert*, einem Blatt mit reaktionärer, antisemitischer und polemischer Tendenz, das Heinrich, in erster Linie wohl des Geldes wegen, herausgab und größtenteils selbst verfaßte. Thomas' Beitrag bestand in einer Anzahl von Kritiken und Kommentaren, doch die politischen Ansichten aus dieser Verbindung wirkten bei ihm länger nach als bei seinem Bruder; keiner von beiden wollte in seinen späteren autobiographischen Schriften auf diese Episode eingehen, die allerdings kaum ein Jahr währte. In einem Kommentar mischte er sich in eine öffentliche Auseinandersetzung zwischen einem Dramatiker und dem prominenten Berliner Kritiker Alfred Kerr ein, was ihm dessen lebenslange Feindschaft eintrug.

Anders als Heinrich war er unfähig, sich gehenzulassen: Lesen und Psychologisieren waren aber kein Lebensersatz, und so fehlte ihm die Breite der Erfahrung, die der Bruder für seine Erzählungen so geschickt nutzte. Seine eigenen Erzählungen aus der Zeit – *Der Wille zum Glück* und *Der kleine Herr Friedemann*, der Anfang 1896 aus der ersten Fassung umgeschrieben wurde – verwerteten virtuos das Leben, das er kannte, aus seiner Schulzeit, oder in München und Rom, wobei sich sein nüchterner Erzählstil stark von Heinrichs atemloser Urwüchsigkeit abhob; seine Darstellungen sexueller Beziehungen freilich mußten etwas wirklichkeitsfern ausfallen, da er sich über die eigene Orientierung noch nicht im klaren war. Die homosexuellen Bekenntnisse in seinen Tagebüchern waren ihm peinlich, und so beschloß er nach seiner Rückkehr aus Italien, die Hefte zu verbrennen (der Zwang zu täglichen Aufzeichnungen führte jedoch zum sofortigen Anfang eines neuen Heftes). »Es wurde mir peinlich und unbequem, eine solche Masse von geheimen – *sehr* geheimen – Schriften liegen zu haben«[40], schrieb er im Februar 1896 an Grautoff; er empfahl auch kalte Duschen jeden Morgen, um »die Hunde im Souterrain an die Kette zu bringen«. Eines von den Nietzschezitaten, die er sich aus *Jenseits von Gut und Böse* gemacht hatte, lautete: »Die Sinnlichkeit übereilt oft das Wachstum der Liebe, so daß die Wurzel schwach bleibt und leicht auszureißen ist.« Einem Mädchen in München versprach er Rosen, was wohl nicht mehr war als der halbherzige Versuch eines »entarteten Schwächlings«, wie er selbst sagte. Seine »Lebensstimmung setzte sich aus Indolenz, schlechtem bürgerlichen Gewissen und dem sicheren Gefühl latenter Fähigkeiten zusammen«.[41]

Daß er sich in letzterem nicht täuschte, wurde bestätigt, als *Der Wille zum Glück* im August 1896 für die Zeitschrift *Simplicissimus* angenommen wurde, die Albert Langen kurz vorher in München gegründet hatte. In deren scharfer satirischer Tendenz und den oft frechen Karikaturen sah er einen willkommenen Kontrast zur »kindischen Manieriertheit des ›Pan‹«, vor allem, weil ihn die neue Zeitschrift drucken wollte; es war ein bedeutender Tag für ihn, als er von Jakob Wassermann, einem der Redakteure Langens und selbst einer der vielversprechenden jungen Autoren Münchens, das Honorar in Gold entgegennehmen konnte. Hatte er vorher noch eine Fortsetzung seines Universitätsstudiums in Berlin erwogen, so fühlte er sich nun ermutigt, wie ein »echter Vagabund« alles liegenzulassen und sich im Oktober mit Heinrich zu einem weiteren Italienbesuch aufzumachen. Inzwischen hatte er für den Preis, den die Zeitschrift für die beste Novelle ohne sexuelle Thematik ausgesetzt hatte, eine Erzählung mit dem Titel *Tod* eingereicht. Diese traumartige Grübelei in Tagebuchform über eine todbringende Herzkrankheit wurde zwar im folgenden Jahr veröffentlicht, doch sie brachte ihm nicht den »goldenen Lorbeer«, nach dem er so verwegen gegriffen hatte, der ging an Jakob Wassermann.

Die Brüder reisten zuerst nach Zürich. Heinrich fuhr dann unmittelbar nach Rom weiter, während Thomas drei Wochen in Venedig verbrachte, bevor er über Ancona und Rom Neapel erreichte, wo er nahezu den ganzen November in der Hoffnung auf eine »ausgesuchte Mischsensation aus Rom und Orient« verbrachte. Er hatte freilich nicht »alles liegen lassen«: Er hatte das Manuskript von *Der kleine Herr Friedemann* bei sich, auch seine nächste Novelle *Enttäuschung* mit dem Schauplatz Venedig nahm allmählich Form an. Das Thema des *Friedemann* beschäftigte ihn weiterhin: »die Sehnsucht nach neutralem Nirwana« und »der Untergang im Geschlechtlichen«, die seinen Helden zerstörten. Dazu grübelte er, wie er Grautoff im November schrieb, über sein eigenes Problem nach:

»Woran leide ich? An der Wissenschaft ... wird sie mich denn zu Grunde richten? Woran leide ich? An der Geschlechtlichkeit ... wird sie mich denn zu Grunde richten? – Wie ich sie hasse, diese Wissenschaft, die selbst die Kunst noch zwingt, sich ihr anzuschliessen! Wie ich sie hasse, diese Geschlechtlichkeit, die alles Schöne als ihre Folge und Wirkung für sich in Anspruch nimmt! Ach, sie ist das *Gift*, das in aller Schönheit lauert! ... Wie komme ich von der Wissenschaft los? Durch die Religion? Wie komme ich von der Geschlechtlichkeit los? Durch Reisessen? ...«[42]

Die unermüdlichen Schlepper in den Straßen von Neapel, die »sehr schöne Mädchen ... und nicht nur Mädchen« anboten, ließen sich kaum abwimmeln. »Sie wissen nicht, daß man beinahe entschlossen ist, nichts mehr als Reis zu essen, nur um von der Geschlechtlichkeit loszukommen.«[43] Der ironische Ton läßt erkennen, daß die Qual durchaus nicht unerträglich war; es war mehr ein zähes Unbehagen, dem der Konflikt zwischen homosexueller und heterosexueller Neigung zugrunde lag, ein Konflikt, den er nie würde lösen können und der sich in dem Werk für die Öffentlichkeit »diskreter Formen und Masken« bedienen mußte.

Wieder in Rom, quartierte er sich nicht in Heinrichs Pension in der Via Argentina ein, sondern nahm sich für die ersten Monate des Aufenthalts ein Zimmer in der nahe gelegenen Via del Pantheon. Das Verhältnis zwischen den Brüdern war keineswegs kühl, dafür bewunderte er Heinrich zu sehr; sie verbrachten viel Zeit miteinander, genossen den Wein und die hervorragende *crochette di pollo* im Restaurant Genzano, spielten abends in einem kleinen Café Domino und vermieden sorgsam jegliche Berührung mit anderen Deutschen. Getrennte Quartiere schienen jedoch die geeignete Lösung angesichts ihrer Arbeitswut, die beinahe zu einem Wettbewerb wurde. Ihre keineswegs großzügige monatliche Zuwendung hatte in italienischer Lira größeren Wert, sie reichte für ihr immer noch ungebundenes Leben und erlaubte ihnen, während sie an ihren Geschichten arbeiteten und des Ruhmes harrten, eine in München kaum mögliche gesellschaftliche Freiheit. Ein Geschenk zu Carlas Konfirmation am Palmsonntag 1897 bot eine unbeschwerte Unterbrechung: ein »Bilderbuch für artige Kinder« mit skurrilen und idyllischen Balladen, Parodien und satirischen Bemerkungen zu Familie und Gesellschaft sowie zum literarischen Leben, von ihnen beiden mit Karikaturen in der Art des *Simplicissimus* illustriert. Wie die Schwester auf dieses recht unpassende, doch anscheinend höchst amüsante Erzeugnis reagierte, wissen wir nicht; das Buch wurde aber zu einem Schatz der Familie und zur Quelle von Zitaten, später vor allem bei Thomas' eigenen Kindern, bevor es 1933 verlorenging, nur einige Zeichnungen blieben erhalten.

Heinrich war ein verhältnismäßig vielgereister Mann, er hatte wesentlich mehr von Deutschland gesehen als der Bruder, hatte sich in Paris und Lausanne aufgehalten und konnte so den Reiz der »Farben und Linien« in Italiens Kunst und Landschaft besser würdigen. Für Thomas, der nur zweimal kurz in Österreich gewesen war, waren die italienischen Reisen die ersten Vorstöße ins Ausland; den Süden an sich fand er nicht besonders anziehend. Eine Messe im Petersdom war ihm lieber als die üblichen Touristenstätten, denen er eher respektvolle Verehrung als Begeisterung entgegenbrachte, die antiken Skulpturen des Vatikans bedeuteten ihm mehr als die Bilder der Renaissance. Seine Erzählungen beweisen, wie genau er seine Umgebung beobachtete; von der magnetischen Anziehungskraft, die Italien traditionsgemäß auf deutsche Autoren und Künstler ausübte, blieb er aber unberührt.

Im Winter, »im Qualm unzähliger 3-Centesimi-Zigaretten«, widmete er sich der skandinavischen und russischen Literatur und arbeitete weiter an seinen Erzählungen. Nun hatte er ein konkretes Ziel: Er hatte es gewagt, *Friedemann* aus Italien unmittelbar und ohne Einführung an Fischers *Neue Rundschau* zu schicken, worauf er zu seiner Freude Anfang 1897 einen Brief des Herausgebers Oscar Bie erhalten hatte, der die Erzählung nicht nur lobte und zur Veröffentlichung annahm, sondern ihn auch um alles bisher Geschriebene bat. Die Vermutung lag nahe, daß Fischer bereits an einen ganzen Band mit Geschichten dachte, was sich später auch bestätigte. Nun war die Auswahl zu treffen: *Gefallen* schien ihm zu leicht; *Der Wille zum Glück* und *Der Tod* aber eigneten sich ebenso wie die eben entstandenen Erzählungen *Enttäuschung* und *Tobias Mindernickel*; zur Abrundung brauchte er jetzt dringend eine revidierte Fassung von *Walter Weiler*. Bis zum April wurde daraus *Der Bajazzo*, und die fünf Manuskripte gingen ab, um mit *Friedemann* den Band zu vervollständigen. Ende Mai teilte ihm der Verleger selbst mit, er wolle sie mit einem illustrierten Umschlag in die preiswerte »Collection Fischer« aufnehmen: »Für das Verlagsrecht Ihrer Novellen biete ich Ihnen 150 Mark an, wobei ich mir vorbehalte, die, wie ich annehme, noch nicht veröffentlichte Novelle ›Der Bajazzo‹ in der ›Rundschau‹ zu veröffentlichen. Ich kann Ihnen für die ›Collection‹, die ich zu einem sehr billigen Preise vertreibe, ein gutes Honorar nicht anbieten; ich würde mich aber freuen, wenn Sie mir Gelegenheit geben würden, ein größeres Prosawerk von Ihnen zu veröffentlichen, vielleicht einen Roman, wenn er auch nicht so lang ist. Für Publikationen dieser Art kann ich ungleich bessere Honorare bezahlen ... Ich will für Ihre Production gern wirken, natürlich unter der Voraussetzung, daß Sie mir alle Ihre Produkte zum Verlag übergeben.«[44] Das war in der Tat eine entscheidende Wende in seiner Laufbahn, eine Leistung begann sich abzuzeichnen, die dauerhafter war als nur eine Folge von Zeitschriftenbeiträgen, eine Wende auch in seinem bisher »ganz provisorischen und experimentellen Dasein«. Der Zugang zu einem angesehenen Verleger, der sein Potential erkannte, ersparte ihm die für Anfänger üblichen Enttäuschungen, und insofern hatte er mehr Glück als sein Bruder. Das Angebot, sein Werk mit allen Rechten in der Gesellschaft etablierter literarischer Riesen wie Gerhart Hauptmann und Bjørnstjerne Bjørnson zu fördern, war höchst ermutigend, es bezeichnete, wie er später sagte, seinen wahren »Durchbruch in die Literatur«. Es war zudem auch der Beginn eines gegenseitigen Treueverhältnisses zwischen Fischer und ihm, das sein Leben lang währen sollte.

Bei der Einsendung der Novellen hatte er sich darüber Sorgen gemacht, ob sie seinem »guten Ruf« wirklich dienen würden: »Denn meine bisherigen Schreibereien erscheinen mir doch alle grau und langweilig im Vergleich mit den seltsamen Sachen, die ich im Kopfe habe ...«, hatte er Grautoff gestanden. Nach dem *Friedemann* hatte er die »diskreten Formen und Masken« gefunden, unter denen er vor die Öffentlichkeit treten konnte, »während ich ehemals, wollte ich mich auch nur mir selbst mitteilen, eines heimlichen Tagebuchs bedurfte«.[45] Der *Bajazzo* war eine solche diskrete Autobiographie: der Dilettantismus, den ein junger Mann bekennt, der gleich ihm nach dem Tod des Vaters mit ausreichenden Mitteln, doch ohne eigentliches Lebensziel zurückbleibt. Im Juli, als das Buch gedruckt war, fühlte er sich aber wieder imstande, »meine Liebe, meinen Haß, mein Mitleid, meine Verachtung, meinen Stolz, meinen Hohn und meine Anklagen«[46] künstlerisch auszudrücken. In seinem Kopf waren tatsächlich »seltsame Dinge«. Auf *Tobias Mindernickel* – Karikatur eines Einzelgängers mit einem komischen Namen, Zielscheibe des Spotts für die Kinder des Ortes, und mit einer Haßliebe zu einem Hund, den er aus einer plötzlichen Laune als Lebensgefährten kauft – folgte die bittere Geschichte *Luischen*. In einer Zeichnung im Bilderbuch für Carla bereits angedeutet (»Rechtsanwalt Jakoby und Gattin, aus der reizenden Novelle des beliebten Kunstdichters Thomas Mann, die dem deutschen Publikum aufs wärmste zu empfehlen ist«), erzählt diese tragikomische Geschichte von einer untreuen Ehefrau, welche die hündische Ergebenheit ihres Mannes grausam verspottet, indem sie ihn dazu zwingt, bei einer von ihr organisierten Veranstaltung in einem Kostüm wie eine Shirley Temple *avant la lettre* zu singen und zu tanzen; am Ende bricht der Mann zusammen und stirbt vor dem Schlußvorhang – eine groteske, doch viel härtere und unerbittlich ironische Ausarbeitung des Themas von *Friedemann*. »Eine sonderbare und häßliche Geschichte, wie sie meiner jetzigen Welt- und Menschenanschauung entspricht«[47], schrieb er an Grautoff.

Damals sei er, so behauptete er viel später, fest davon überzeugt gewesen, daß »die Kurzgeschichte, wie ich sie in der Schule Maupassants, Tschechows und Turgenjews erlernt hatte, mein Genre sei; nie, so glaubte ich, würde ich es mit der großen Form des Romans aufnehmen können«.[48] Sein Ehrgeiz war aber durch Fischers Hinweis auf ein »größeres Prosawerk« für die zukünftige Produktion und darüber hinaus auch durch die Verheißung wesentlich höherer Honorare angespornt worden. Der von Heinrich bereits geäußerte Gedanke, gewisse Aspekte der eigenen Familiengeschichte könnten interessanten Stoff für einen Roman abgeben, hatte auch ihn angesprochen; bislang hatte er jedoch nur an eine Novelle gedacht, eine Erzählung, die sich wieder mit dem Problem des sensitiven Spätlings einer Familie im Verfall befaßte, doch diesmal in engerer Beziehung zu seiner eigenen Kindheitserfahrung als in *Bajazzo* und immer noch in Kurzform. Warum sollte er es nicht mit der längeren Form versuchen? Bei seiner umfangreichen Lektüre während des Italienaufenthalts hatte er zahlreiche zeitgenössische Beispiele solcher Familienchroniken kennengelernt. Auf Zola war er noch nicht gestoßen, doch bewunderte er an dem Roman *René Mauperin* der Brüder Goncourt die gelungene Gliederung in kurze Kapitel, »dergleichen müsse doch schließlich auch wohl zu machen sein«; bei den Skandinaviern boten die Romane von Jonas Lie und Alexander Kielland noch bessere Modelle, vor allem wenn er an die Beziehungen zwischen seiner hanseatischen Heimat und Dänemark und Norwegen dachte. Innerhalb von zwei Monaten nach dem Erhalt von Fischers Brief hatte er sich für einen nicht zu langen Roman von zweihundertfünfzig Seiten, in fünfzehn Kapiteln, entschieden. Sein Notizbuch begann sich mit Bruchstücken von Unterhaltungen in Dialekt, kurzen Charakterisierungen, Namen für mögliche Verwendung, sogar mit den Eingangs- und Schlußszenen des Werks zu füllen; als er und Heinrich Anfang August 1897 aus der Hitze Roms nach Palestrina umzogen, hatte er eine klare Vorstellung von den Umrissen des Romans.

5

»Nun, Sie werden ja nicht immer vierbändige Romane schreiben, und so kann es wohl auch ein Verleger ... mit Ihnen schon wagen.«

Fischer an TM, März 1901[49]

Als Titel zog er »Abwärts« in Erwägung: die Geschichte sollte im wesentlichen der Geschichte der Manns in Lübeck folgen, von der Zeit seines Urgroßvaters bis auf ihn, sie sollte mit dem Tod des kleinen Johann (Hanno) enden, dem Letzten der Linie, der zu sensitiv war, um zu überleben oder erfolgreich zu sein. Die Namen mußten natürlich geändert werden, und nach kurzer Zeit fiel ihm für die Familie der Name Buddenbrook ein (ob dies ein Vorschlag seines Bruders war, wie er sich viel später zu erinnern glaubte, oder ob er aus Fontane stammte, ist nicht so wichtig). Er entdeckte aber, daß er trotz seiner Vertrautheit mit der Geschichte der Familie im allgemeinen »nicht genug« wußte, daß er mehr Tatsachenmaterial brauchte, um den »Verfall einer Familie«, wie der Untertitel lauten sollte, realistisch darzustellen; er legte deshalb lange Listen mit Fragen an, für die er Antworten brauchte.

Viele davon gingen an Wilhelm Marty, Kaufmann zu Lübeck und portugiesischer Konsul, den Vetter seines Vaters. Es ging um alle möglichen Auskünfte über das Leben der Stadt vor und nach der Reichsgründung: die französische Besatzung, Grundsätze und Praxis in Handel und Geschäft, die Gründe für Mißerfolge, Getreidepreise, die alten und neuen Währungen, die im Umlauf waren, den preußischen Einfluß, den Zollverein, die Eröffnung von Eisenbahn-, Post- und Telegraphenverbindungen, Einzelheiten über die Armee, sogar die Art der Straßenbeleuchtung. Martys sorgfältige Erwiderungen, die erhalten sind, sind nahezu alle in den endgültigen Text eingearbeitet, häufig im ursprünglichen Wortlaut – ein frühes Beispiel der »Montage«-Technik, die für Thomas Manns Werk bezeichnend wurde. Seine Mutter steuerte die ihr bekannten Rezepte für die gehaltvollen Mahlzeiten bei, die in den alten Zeiten aufgetragen wurden. Sie mag auch die zur alten Bibel gehörenden Familienaufzeichnungen, die sich in ihrer Obhut befanden, der Post anvertraut haben. Die Genealogie der Buddenbrooks, die er nun entwarf, hatte ihre genaue Grundlage im Stammbaum der Familie Mann, wenngleich vereinfacht und für die Ereignisse im Roman, für die er einen chronologischen Rahmen schuf, um etwa ein Vierteljahrhundert zurückverlegt. Eine weitere wertvolle Quelle war seine Schwester Julia, die ihm im September einen längeren Bericht von Tatsachen und Anekdoten schickte, über ihre Tante Elisabeth, deren beide Ehen und Tochter Alice (Gattin des betrügerischen Versicherungsmannes, der 1890 dem Senator solche Sorgen bereitet hatte). Sie mahnte ihn zu großer Diskretion bei der Verwendung ihrer Information: »Bedenke, daß mehrere von den erwähnten Personen noch leben … und gehe besonders mit Alices Geschichte schonend um.« Sie sei sich aber sicher, daß er mit Takt vorgehen würde.[50]

All diese Beiträge waren von entscheidender Bedeutung, als die *Buddenbrooks* Gestalt annahmen, da sie nicht nur historische und lebendige anekdotische Einzelheiten boten, sondern auch Fakten lieferten, die für seine Erzählung unentbehrlich waren. Thomas Buddenbrooks Spekulation mit ungeerntetem Getreide zum Beispiel, eine wesentliche Phase in seinem ethischen und finanziellen Abstieg, beruhte unmittelbar auf Martys Auskunft über die tatsächliche Praxis, und die als Antonie (»Tony«) Buddenbrook wiedererweckte Tante Elisabeth wurde in entsprechender Bearbeitung zur Zentralfigur des Romans (wobei er nicht zögerte, die Tante selbst zu Rate zu ziehen). In Palestrina (wo er sich Titino, einen herrenlosen Hund, zulegte, den ersten einer langen Reihe solcher Gefährten) entstanden zahlreiche längere Aufzeichnungen zur Ergänzung der Genealogie und Chronologie. Er legte Listen von tatsächlichen und erfundenen Namen für die Nebenpersonen an; er errechnete die

Einzelheiten der Buddenbrookschen Finanzen für jede Generation, indem er die Mannschen Unterlagen veränderte, um das Thema des Verfalls stärker zu betonen; er sammelte familiäre Redensarten auf plattdeutsch und französisch, verzeichnete den Wechsel von Kleidung und Moden; und er machte ausführliche Notizen über die Hauptpersonen der Buddenbrooks: Thomas, Christian, Tony und Hanno, vor allem über dessen Schulzeit. Als er im Oktober nach Rom zurückkehrte, um mit Heinrich den Winter in der Pension in der Via Argentina zu verbringen, war er bereit anzufangen. Er hatte eine klare Vorstellung von der Struktur des Werks, an die er sich dann streng hielt, auch wenn es (wie es in Zukunft so häufig geschah) bald einen eigenen Drang entwickeln sollte, sich weit über die ursprünglich geplante Länge auszudehnen. Im Dezember hatte er, wie er Grautoff mitteilte, bereits das fünfzehnte Kapitel erreicht und hatte den Kopf immer noch voller Themen für andere Erzählungen.

Mit Ungeduld erwartete er indes das Erscheinen des ersten Thomas-Mann-Buchs, des Novellenbandes. Fischer hatte es hinausgezögert, um erst in der *Rundschau* den *Tobias Mindernickel* zu veröffentlichen, dem Vorabdrucke von *Friedemann* und *Bajazzo* im Mai und September folgten (ein gutes Geschäft für den Verleger, der dafür keine zusätzlichen Honorare bezahlen mußte). Das Buch erschien dann erst im folgenden Mai; vor Jahresende hatte Mann jedoch die ersten Exemplare in der Hand, von denen der Bruder eines zusammen mit einer Bleistiftzeichnung erhielt, die den Autor als poetischen Dilettanten mit Schnurrbart, steifem Kragen und hängenden Schultern karikierte. Seine Liste für Geschenkexemplare war lang: an erster Stelle die Familie, Tante Elisabeth und Wilhelm Marty nicht zu vergessen, dann Ida Boy-Ed und an die zwanzig Münchner Freunde und Bekannte, darunter der *Simplicissimus* und *Die Gesellschaft*, die sich in Zukunft als nützlich erweisen mochten, und schließlich in Lübeck seine Lehrer, der Vormund und die örtlichen Zeitungen, zum Beweis seines Fortschritts seit dem Wegzug. Im Verkauf war der Band ein Mißerfolg und verschwand nach einigen Jahren zusammen mit dem Rest der »Collection Fischer«. Als sein erstes Buch verschaffte es ihm jedoch, zusammen mit den Vorabdrucken in der *Rundschau*, einen gewissen Namen – »Man muß sich den Autor merken«, hieß es in einer der wenigen Besprechungen, »er ist ein reiner, sicherer, erfahrener Künstler« – und erreichte, wie Fischer später schrieb, einen größeren literarischen Erfolg, als es die Verkaufszahlen vermuten ließen. Noch immer »ein unbekannter Anfänger in der Kunst des Wortes«, hatte er doch die ermutigende Gewißheit, daß sich sein Verleger weiter für ihn einsetzte.

Seine Mutter hatte ihn inzwischen daran erinnert, daß er seinen einjährigen Militärdienst möglicherweise im April 1898 antreten mußte, er solle auf eine frühe Rückkehr nach München sparen, um, wie bereits geplant, eine Zurückstellung aus medizinischen Gründen zu beantragen: »Es wäre doch schön, wenn Du freikämst, und ich schenke Dir dann etwas extra.« (Ein gefälliger Arzt aus ihrer Bekanntschaft war tatsächlich bereit, zwei aufeinanderfolgende Zurückstellungen zu erwirken, indem er seinem Patienten »Brustschmalheit und Herznervosität« attestierte.) Thomas hatte nunmehr achtzehn Monate in Italien verbracht, sein Geld wurde knapp, und er wollte ohnehin zurückkehren.

Gegen Ende April begab er sich mit dem bereits stattlichen Manuskript der *Buddenbrooks* auf die Reise und unterbrach sie nur kurz zu einem ersten Besuch in Florenz. Zu Hause fand er die Familie in einer etwas kleineren Wohnung in der Schwabinger Herzogstraße vor – der erste von einer Reihe von Umzügen, die seine stets ruhelose Mutter in den kommenden Jahren unternahm. Wenige Tage später flüchtete er aus diesen beengten Verhältnissen und fand in der Theresienstraße eine eigene Unterkunft, wo er sich mit Büchern, Bildern, Klavier und Geige bald wohl fühlte, »soweit sich ein armer Neurastheniker wohlfühlen kann«, schrieb er an Grautoff. Die Kosten erwiesen sich aber als zu hoch, was auch bei einer weiteren Unterkunft in der Barerstraße der Fall war. Anfang Oktober hatte er seine letzte »teure, bürgerliche Bankierswohnung« verlassen und bezog zwei Zimmer in der Schwabinger Marktstraße, ganz in der Nähe seiner Mutter. Ein Jahr lang blieb dies sein Heim. Das italienische Vagabundenleben wich nun der Eleganz, die sein eigentlicher Stil war; als erstes nach seiner Rückkehr hatte er sich bei seinem Schneider angemeldet. »Ich bin nämlich ziemlich abgerissen von der Reise gekommen«, hatte er an Korfiz Holm, einen älteren Mitschüler und nun einer der Verantwortlichen für den *Simplicissimus*, geschrieben, »... sobald ich einen einigermaßen bürgerlichen Aspect biete, werde ich mir die Ehre nehmen.«[51] Auf gute Kleidung und die Erscheinung eines gediegenen Bürgers legte er damals wie später den höchsten

Wert, und die Sorgfalt, die er auf seine Kleidung verwandte, grenzte häufig an Eitelkeit. Wie die meisten seiner Zeitgenossen hatte auch ihn die Radfahrleidenschaft ergriffen; er liebte sein »Velociped« heiß und innig, machte bei jedem Wetter Ausfahrten und trug es dann drei Treppen hinauf in seine Küche, wo er es sorgfältig putzte.

Sobald er wieder einen »bürgerlichen Aspect« bieten konnte, nahm er die Arbeit am Roman auf, der während des Sommers und Herbstes tatsächlich große Fortschritte machte, auf den Oscar Bie vom S. Fischer Verlag aber noch ungeduldig warten mußte. Gegen Jahresende waren nach Meinung des Autors zwei Drittel fertig, doch die Erzählung wuchs weit über die ursprünglich geschätzte Länge hinaus. Seiner Familie, der er zuweilen in feierlicher Sitzung Auszüge aus dem Manuskript vorlas, erschien das Ganze mehr wie ein Steckenpferd oder eine ausgedehnte Übung als wie ein ernsthaftes Streben nach literarischem Ruhm. Gelegentlich hatte er selbst dieses Gefühl – das Gedicht »Monolog«, in *terza rima* abgefaßt, das im Januar 1899 entstand und in der *Gesellschaft* veröffentlicht wurde, verrät jedoch, daß es ihm trotz aller koketten falschen Bescheidenheit Ernst war mit dem Traum von einer »schmalen Lorbeerkrone ... die meine Stirn einst zieren wird«.[52] Die Wendung »Thos, der Dichter« tauchte damals häufig in Notizbuch, Briefen und Widmungen auf; er kannte aber seine Schwächen, und seine dichterischen Versuche waren oft eher humorvoll als ernsthaft. Auch zahlreiche Novellenthemen schwebten ihm noch vor. Von den in seinem Notizbuch angeführten Stoffen wurde nur einer, angeregt durch seine Savonarola-Studien nach dem Aufenthalt in Florenz, einige Jahre später bearbeitet *(Gladius Dei)*. Ende November schrieb er in wenigen Tagen *Der Kleiderschrank*, eine phantastische Erzählung, meilenweit entfernt von der Welt der Buddenbrooks, eine Mischung aus Traum und Wirklichkeit, deren Schauplatz scheinbar Lübeck, offensichtlich aber seine eigene Wohnung in der Marktstraße ist. Carla gewidmet, wurde sie von der *Neuen Rundschau* angenommen, wo sie im Juni 1899 erschien; einen Monat später erfolgte ein unbezahlter Raubdruck in einer deutschsprachigen Zeitung in New York (wozu er bemerkte: »Jedenfalls ist das amerikanische Volk aufrichtig zu beglückwünschen.«); als sie im November zusammen mit drei weiteren Erzählungen von einem Schauspieler vor der »Münchner Literarischen Gesellschaft« vorgetragen wurde, reagierte das verständnislose Publikum recht abfällig, und die Geschichte wurde ausgezischt.

Das Tagebuch, das er damals ganz bestimmt weiterführte, ist nicht erhalten. Wir wissen deshalb nicht, was zu dieser ungewöhnlichen, beinahe surrealistischen Erzählung, der er den Untertitel »Geschichte voller Rätsel« gab, der Anlaß war – abgesehen von dem Schrank ohne Rückwand, den ihm seine Wirtin als Teil der kärglichen Möblierung zur Verfügung gestellt hatte. Vielleicht war es diese Novelle, die er in einem Artikel von 1906 als Ausnahme von seiner Regel, nur an Vormittagen zu arbeiten und stets den Alkohol zu meiden, erwähnt – »man merkt's ihr an«. Die merkwürdige, erotische Erscheinung eines hübschen nackten Mädchens, die dem Helden durch die Rückwand eines Kleiderschranks entgegentritt und ihre Geschichte mit dem gewaltsamen, einen Sexualmord andeutenden Ende scheint auf eine weiter andauernde Beschäftigung mit dem Problem der Geschlechtlichkeit, das den Autor in Italien beunruhigt hatte, hinzudeuten. Das kommt noch deutlicher in der kurzen Skizze *Gerächt* zum Ausdruck, die wenige Monate später entstand. Darin findet der Erzähler, der »zügellose Begierden« eingesteht, Gefallen an einer emanzipierten russisch-deutschen Frau, einer *jolie laide*, »mit vollkommen männlich gebildetem Hirn«, die seine Annäherungsversuche aber zurückweist. Seine eher zimperliche Lebensführung, die wir aus dieser Zeit kennen, und der angesehene und würdige Eindruck, um den er sich sorgsam bemühte, geben keinen weiteren Aufschluß. Ein reservierter Charakter von höflicher Förmlichkeit, erinnerte sich ein Zeitgenosse, die kühle Überlegenheit ließen keine Vertraulichkeit zu.

Für seine Arbeit war weiterhin bezeichnend, daß er mehrere Eisen gleichzeitig im Feuer hatte. Diese Arbeitsweise, die er selbst »verschachtelt« nannte, hinderte sein Schaffen nicht immer, sondern regte es oft auch an. Zu diesem Zeitpunkt war jedoch eine neue Ablenkung eingetreten, die den Fortschritt des Romans hemmen sollte. Die Leitung der Zeitschrift *Simplicissimus* und des Albert-Langen-Verlags hatte schwer darunter gelitten, daß Langen infolge einer Anklage wegen Majestätsbeleidigung (aufgrund einer Satire auf den Besuch des Kaisers in Jerusalem) nach Paris fliehen mußte und Wassermann aus München nach Wien gegangen war; dadurch fiel dem sechsundzwanzigjährigen Korfiz Holm praktisch die Alleinverantwortung für die Zeitschrift zu. (Reinhard Geheeb, der Bruder des Pädagogen Paul Geheeb und späteren Gründers der Odenwaldschule, führte die literarische Abteilung.) Holm traf Mann zufällig auf der Straße und bot ihm sofort einen Posten bei Langen mit einem Monatsgehalt von hundert Mark an. Trotz des Zeitverlusts für die eigene Arbeit nahm Mann das Angebot gern an (seine Familie begrüßte das als Zeichen einer regelmäßigeren Beschäftigung), er hatte ja schließlich im *Simplicissimus* mit *Der Wille zum Glück* debütiert, und die satirische Einstellung der Zeitschrift hatte ihm stets zugesagt. Als er vor Jahresende anfing, fand er sich nicht nur für die vorläufige Auswahl von Geschichten zur Veröffentlichung verantwortlich, die Geheeb zur endgültigen Druckerlaubnis vorgelegt wurden, sondern auch für die Arbeit als allgemeiner Lektor des Langen-Verlages. Die Tendenz zum Karikieren seiner Gestalten, die sich bereits in den »Bilderbuch«-Skizzen für Carla gezeigt hatte und in *Tobias Mindernickel* und *Luischen* offen zutage tritt, verdankt in seinem späteren Werk viel den beiden Jahren, die er nun in der Atmosphäre des *Simplicissimus* verbrachte, wo er das Münchner Leben von dieser einmaligen Warte aus beobachten konnte.

Auch eine der wenigen Freundschaften, die sich in München formten, hatte er dieser Zeit zu verdanken. Der fünf Jahre ältere Kurt Martens (mit dem Lübecker Schulfreund Armin nicht verwandt), der auf literarischem Gebiet ebenfalls Anfänger war, doch bereits mehr veröffentlicht hatte, war vor kurzem aus Leipzig in München eingetroffen und hatte im Mai 1899 vom Juniorredakteur des *Simplicissimus* einen Brief erhalten, der ihm die Annahme einer Kurzgeschichte bestätigte. Die beiden besuchten einander bald, und Martens war einer der wenigen außerhalb der Familie, die nicht nur Auszüge aus dem Manuskript der *Buddenbrooks*, sondern auch improvisierte Darbietungen des Amateurgeigers in der neuesten Wohnung in der Feilitzschstraße hören durften. Martens mit seiner guten Erziehung und sorgfältigen Kleidung war ein angenehmerer Gefährte als die Bohemiens der Münchner Künstlerwelt, und seine aufrichtige Bewunderung für den Roman bildete ein gutes Gegengewicht zu Thomas Manns gelegentlichen Zweifeln an der eigenen Begabung. »An seinen hohen Sonderwert und seine Zukunft glaubte ich schon, als er sich selbst noch zagend vorwärts tastete«, schrieb Martens später, »als seinen Vorläufer empfand ich mich; was ihm gelang, bedeutete mir Erfüllung eigener künstlerischer Ideale.«[53]

Weder Martens noch Grautoff hatten ihm freilich viel zu bieten, und als Grautoff nun nach München kam, wurde seine hündische, zuweilen zänkische Ergebenheit, die sich mit ironischen Briefen so leicht hatte abwehren lassen, eher eine Last als ein Vergnügen. Keiner der beiden konnte Manns Sehnsucht nach wahrer Freundschaft erfüllen, die von seiner zurückhaltenden und kühlen Art auch nicht gefördert wurde. Anders war es mit den Brüdern Ehrenberg aus Dresden, die beide musikalisch waren, ungefähr seines Alters, und die er seit seiner Lübecker Zeit kannte. Carl, der jüngere, hatte am Dresdner Konservatorium studiert und 1898 einen Posten beim Theaterorchester in München angenommen; Paul, der auch malerisches Talent hatte, war bereits früher zum Studium an die Münchner Kunstakademie gekommen und war nun ein gesuchter Porträtist, der häufig in München ausstellte. Als ersten scheint er Paul im Kreis um seine Mutter getroffen zu haben, Carl dann ein oder zwei Jahre später. Zu Paul fühlte er sich ebenso hingezogen wie vor so vielen Jahren zu Armin Martens; sie duzten sich beinahe sofort und teilten unter anderem das Interesse am Radfahren und gemeinsamen Musizieren. Dreißig Jahre später erinnerte er sich an die Freundschaft mit den beiden Brüdern als etwas Einmaliges in seinem Leben. Für Paul freilich empfand er Liebe: »Sich nach Liebe bis zum Sterben zu sehnen«, schrieb er später in sein Notizbuch, »und dennoch Jeden zu verachten, der einen liebt. Das Glück ist *nicht*: geliebt zu werden. Das ist eine mit Ekel gemischte Genugthuung für die Eitelkeit. Das Glück ist: zu lieben und kleine Annäherungen an den geliebten Gegenstand zu erhaschen.«[54] Die Suche nach dieser Art von Glück sollte sich schließlich als vergeblich erweisen, da Paul wie Armin ausgesprochen heterosexuell veranlagt war und die Beziehung häufig unter Manns überempfindlichen Reaktionen litt. Die nächsten Jahre gab die Freundschaft mit den Brüdern seinem Leben jedoch jene Wärme und Helligkeit, die ihm gefehlt hatte, indem sie vor allem seine Liebe zur Musik förderte. Mit Paul hatte er »Erlebnisse, die sich nicht erzählen lassen ... sehr unlitterarische, sehr schlichte und lebendige Erlebnisse«, die ihn, auch wenn es in seinen eigenen Worten nur die Liebe eines »Secundaners« war, aus gelegentlichen Depressionen reißen und ihm zeigen konnte, »daß es in mir doch noch etwas Ehrliches, Warmes und Gutes giebt und nicht bloß ›Ironie‹«.[55]

In seiner Lektorenarbeit, die er bequemerweise auf Büro und Heim verteilen konnte, war er gewissenhaft; bei dem Zeitplan für seinen Roman machte sich dies aber bemerkbar. »Sie glauben nicht, wie zeitraubend der Quark ist!« schrieb er an Martens zur Entschuldigung für den Aufschub eines versprochenen Besuchs, auch die angenehmsten Ablenkungen müsse er sich versagen, »wenn ich täglich auch nur zwei arme Stunden übrig haben will, meinen Roman ein Stückchen weiter vor mir her zu wälzen«.[56] Da sich die Entstehung des Romans so lange hinzog, glaubte er sich beim Publikum in Erinnerung bringen zu müssen, und er hatte keine Schwierigkeiten, die Erzählung *Gerächt* in der *Simplicissimus*-Ausgabe vom August 1899 unterzubringen. »Es ist recht minderwertig«, gab er Martens gegenüber zu, und als er Dehmel brieflich um einen Beitrag bat, führte er die Erzählung als Beweis dafür an, wie wenig gutes Material bei der Zeitschrift eingehe. Martens lud ihn zu einem Sommerurlaub in sein Haus in Gmund am Tegernsee ein, wo er sich schon einmal wohl gefühlt hatte; er zog es aber vor, den Sommer über seine Arbeit als Lektor zu erledigen, um dann diesmal im September nach Norden, nach Skandinavien und an die See statt in die Berge zu fahren.

Sein Ziel war Aalsgard, der dänische Kurort am Sund, unweit von Hamlets Elsinore; als Lektüre nahm er Iwan Gontscharows *Oblomow* mit. Was ihn jedoch wirklich anzog, war die Möglichkeit einer Unterbrechung in Lübeck – ein Drang, nach fünf Jahren zu seinen Ursprüngen zurückzukehren. Die Rückkehr an diesen Ort war zeitgerecht, da er in seinem Roman beim Tod der Mutter von Senator Buddenbrook und dem Verkauf des Hauses angelangt war. Ein wahrscheinlicherer, wenn auch uneingestandener Beweggrund lag wohl in dem Wunsch herauszufinden, wie weit sein bisher mäßiger Ruhm in die Heimatstadt vorgedrungen war. Darin wurde er enttäuscht, denn bei seiner Eintragung im Hotel Zur Stadt Hamburg erkannte niemand den Sohn des ehemaligen Senators, geschweige denn den mittlerweile nicht ganz unbekannten Autor. Als er durch die vertrauten Straßen ging (»wie winzig und winklig das Ganze erschien«), blieb er unerkannt, sogar bei einem Besuch der alten Wohnstätten der Familie in der Beckergrube und Mengstraße, letztere nun zum Teil eine öffentliche Bibliothek (und später als »Buddenbrookhaus« bekannt), blieb er weiterhin anonym. Er schien sich damit abgefunden zu haben, denn er unternahm keinen Versuch, mit alten Freunden in Verbindung zu treten, nicht einmal mit Wilhelm Marty, der so hilfreich gewesen war, oder Ida Boy-Ed. Kurz bevor er sich nach Kopenhagen einschiffte, wurde er von der Polizei irrtümlich als gesuchter Betrüger festgenommen, und es war (in jenen Tagen ohne Reisepässe oder Personalausweise) nicht einfach, seine Unschuld zu beweisen. Selbst da gab er sich dem Hotelbesitzer nicht zu erkennen, mit dessen Sohn er zur Schule gegangen war und der für ihn hätte bürgen können. Er hätte diese Erfahrung aber trotzdem nicht missen mögen, denn das Thema des Betrügers als Künstler (oder des Künstlers als Betrüger) sollte später in den Memoiren des *Felix Krull* auftauchen, und die ganze Reise – Lübeck, Kopenhagen, wo er ein paar Tage zubrachte, Helsingör und ein kurzer Aufenthalt in Aalsgard vor seiner Rückkehr nach München – gewann schon in seiner Vorstellung als die Geschichte von *Tonio Kröger*, unmittelbar biographisch und eine seiner besten, Gestalt.

Zunächst aber mußte der Roman trotz aller Mühen zu einem Ende gebracht werden. Er konnte sich einfach nicht beeilen: »Das Presto ist ein meinem Wesen fremdes Zeitmaß«, schrieb er später, »eine Sache kann noch so schwer – bis zur Unerträglichkeit schwer sein: aber sie muß langsam gehen.«[57] Fischer berichtete ihm im Januar 1900, der Verkauf das *Friedemann* habe noch nicht einmal ein Drittel der Gesamtauflage von zweitausend erreicht, was kaum ermutigend war, drückte aber gleichzeitig seine Freude darüber aus, daß ihm der Roman bald vorliegen werde, und schrieb in Unkenntnis der außerordentlichen Länge des Werks: »Ich bin auf eine größere Arbeit aus Ihrer Feder sehr gespannt.« Und dann hatte sich, wie es bei ihm allmählich Gewohnheit wurde, eine weitere Novelle, *Der Weg zum Friedhof*, dazwischengedrängt: eine Geschichte in der gleichen humoristischen Art wie *Tobias Mindernickel*, mit einer ähnlich karikierten Hauptgestalt, Lobgott Piepsam, der nicht in die normale Welt paßt. Trotz Fischers Ermutigung schrieb er erst am 18. Juli die letzte Zeile der *Buddenbrooks*. Er rechnete mit weiteren drei Monaten für den Abschluß des Manuskripts, da er die früheren Kapitel in ihrer »Dummheit abstoßend« fand und eine Revision für nötig hielt. Nun stand er aber unter einem weiteren, ganz anderen Druck: Im Juni war er wieder zur Musterung befohlen und diesmal als tauglich befunden worden, »woraus folgt, daß ich am 1. Oktober zum Entsetzen aller Feinde des Vaterlandes zur Flinte greifen werde«.[58] Die Korrekturen waren innerhalb eines Monats abgeschlossen; am 13. August verpackte er den »unmöglichen« Stoß der auf beiden Seiten engbeschriebenen Blätter, die er – sie waren das einzige Exemplar – versiegelte und auf einen Wert von tausend Mark versicherte. Das Lächeln des Postbeamten und die Wunde, die ihm sein ungeschickter Umgang mit dem heißen Wachs zugefügt hatte, tauchten die später oft wiederholte Erinnerung an diesen bedeutsamen Augenblick in ein leicht ironisches Licht.

II
Über Dekadenz zu Prestige
1900–1913

»Ich wage nicht zu leugnen, daß er einen Großteil seines Lebens seine Aufmerksamkeit mehr auf andere Dinge, darunter den Reichtum, gerichtet hat, als einem solchen Geist geziemte.«

Lockhart über Walter Scott

Kurt Martens und Thomas Mann um 1900

1

»Ist es nicht eine arge Schinderei, Sir?«
»Eine sehr große Schinderei, das stimmt. Und dann kann es sein, daß die Schinderei umsonst ist. Aber ... in der Schinderei liegt das Glück.«
Anthony Trollope, »The Duke's Children«

Die Aussicht auf den Wehrdienst, die sein Freund Kurt Martens für einen Autor wie ihn schrecklich fand, jagte ihm keineswegs Furcht ein. »Ich hochmütiger décadent stelle es mir äußerst erfrischend vor, einmal ein Jahr lang rücksichtslos und kräftig ausgeschimpft zu werden, wozu ich doch wohl hinlänglich Veranlassung geben werde«, schrieb er an Paul Ehrenberg, »möglich ist ja freilich, daß ich es doch nicht aushalte, und daß man mich nach ein paar Wochen wieder laufen lassen muß; aber ich hoffe das Beste.«[1] Bei der früheren Ablehnung hatte er sich etwas schuldig gefühlt; nun, nach der Absendung des Romans und ohne unmittelbare Pläne, war der rechte Zeitpunkt gekommen, und er akzeptierte den Verlust eines Jahres beinahe mit Vergnügen. Am meisten hätte ihm die reitende Artillerie zugesagt, doch er wurde schließlich dem Leib-Infanterie-Regiment zugeteilt, wo er sich am 1. Oktober in der Uniform einzufinden hatte, die er wie alle Einjährig-Freiwilligen selbst stellen mußte. In der Zwischenzeit erledigte er die restlichen Redaktionsarbeiten (seine Anstellung beim *Simplicissimus* war damit natürlich beendet); er besuchte die Oper und Kunstausstellungen, spielte seine Geige und versuchte, während er auf Nachricht seines Verlegers über seinen Roman wartete, sich in Geduld zu fassen.

Das sollte länger dauern als erwartet. Fischer war auf Urlaub und konnte das Manuskript erst nach seiner Rückkehr nach Berlin lesen; eine kurze Begegnung gegen Ende August in München brachte also noch keine Entscheidung über Annahme oder Veröffentlichung und deprimierte den Autor. »Wahrscheinlich wäre es, wie immer, viel besser gewesen, wenn er mich und ich ihn niemals zu Gesichte bekommen hätte«, schrieb Mann, der befürchtete, einen schlechten Eindruck hinterlassen zu haben, an Grautoff; »was aus meinem Roman werden wird, das ist ein finsteres Problem.«[2] Seine Stimmung hob sich aber, als er seinen Dienst antrat. Viktor, der die Rekruten durch das Gitter der Türkenkaserne beobachtete, bestätigte, daß er

»in der blitzblauen Extrauniform mit rotem Kragen, silbernen Gardelitzen … ein recht properer Soldat«[3] war. Sein Auftreten in voller Montur brachte Farbe in die elegante Hochzeit seiner Schwester Julia, die am 9. Oktober den Bankier Josef Löhr heiratete, der sich, ganze fünfzehn Jahre älter, endlich entschlossen hatte, die Tochter statt der Mutter zu nehmen und der Thomas (der Verführung des Geldes stets zugänglich) damals eine ausgezeichnete Partie schien. Heinrich, der es vorzog, in Italien zu bleiben, hielt die Verbindung für weniger wünschenswert; seine Zuneigung blieb Carla vorbehalten, und im Laufe der Jahre entwickelte er eine starke Abneigung gegen die »vornehmen Löhrs«. Die Flitterwochen des jungen Paares in der Schweiz und Carlas erstes Engagement in Zwickau bedeuteten die eigentliche Auflösung der Familie.

Zurück in der Kaserne fand der neue Rekrut, daß »Geschrei, Zeitvergeudung und eiserne Schmuckheit« keineswegs die erwartete Unterhaltung boten. Er hatte das Gefühl, von der zivilisierten Welt rettungslos abgeschnitten zu sein, und eines »furchtbaren äußeren Machtdrucks«, aber auch »eines außerordentlich erhöhten Genusses der inneren Freiheit«, wenn er beim ungeschickten Reinigen seines Gewehrs ein Motiv aus dem *Tristan* pfiff.[4] Er segnete den Augenblick, da er sich beim Marschieren den rechten Fuß verletzte und aufs Revier verlegt wurde. »Sehnenscheidenentzündung«, notierte er beinahe mit Stolz in seinem späteren Bericht; der Grund waren ganz einfach Plattfüße, die weder er noch die Ärzte bemerkt hatten. Die jüngeren Ärzte, die sein Werk kannten, rieten ihm, weiterhin über Schmerzen zu klagen, wenn er vorzeitig entlassen werden wollte – kein Problem für jemanden, der seine Krankheiten stets so ernst nahm. Die Langeweile des Lazaretts wurde mittlerweile durch die Lektüre, die ihm Grautoff brachte, und durch Korrespondenz erleichtert; er konnte sogar weitere Aufzeichnungen zu einem bereits geplanten Drama über das Florenz Savonarolas und Lorenzo de Medicis machen. Er wollte nun unbedingt früher entlassen werden, und als sich die Armee mit der Entscheidung über seine Zukunft Zeit ließ, zögerte er nicht, durch den Arzt seiner Mutter, der mit dem Oberstabsarzt befreundet war, Druck auszuüben. Gegen Ende des Jahres wurde er für untauglich erklärt und war nach Versetzung in die Reserve so gut wie frei. »Reines Simulieren«, schrieb der Lübecker Vormund an seine Mutter, was ihn so erzürnte, daß er diesem den »boshaftesten« Brief seines Lebens schrieb und beinahe einen Prozeß auslöste. *Qui s'excuse, s'accuse*, mag man vielleicht denken. Sein Verhalten während dieser Episode verriet bereits den Egoismus, der sein hervorstechendster Charakterzug war, und der ihm in der Zukunft, offenbar zu seiner eigenen Überraschung, häufig Feinde schuf. Die Manipulierbarkeit der Militärärzte wurde gebührend notiert, um später als schlagendes Beispiel für die Kunstfertigkeit des Betrügers Felix Krull und als amüsanter Stoff für den Roman *Der Untertan* verwendet zu werden, den Heinrich, der selbst nie für tauglich befunden wurde, über das Wilhelminische Deutschland schrieb.

Er war frei, immer noch im unklaren aber, was seinen Roman anging. Ende Oktober hatte er zum erstenmal von Fischer gehört, der das Manuskript selbst noch immer nicht gelesen hatte, doch einen Teil des Gutachtens seines Lektors beilegte. Seiner eigenen Meinung nach sei der Roman vom geschäftlichen Standpunkt aus viel zu lang – wer würde heutzutage für ein Buch von solcher Länge die Zeit und Konzentration aufbringen? –, auch kritisierte er die Fülle der Einzelheiten, und allzu häufig werde das Triviale auf Kosten des Wesentlichen betont. Grundsätzlich sei er jedoch zur Veröffentlichung bereit, wenn das Ganze ungefähr um die Hälfte gekürzt würde. Das schlug der Autor rundweg ab; er nehme jede Bedingung an, nur nicht die Forderung, die Arbeit von drei Jahren einfach zu verschenken. »Er soll das Buch bringen, wie es ist«, schrieb er an Heinrich: »und dann habe ich ihm gesagt, dass der Roman ja keineswegs das letzte Buch ist, das ich ihm geben werde.«[5] Alles kam darauf an, daß Fischer an seine Begabung glaubte. Nach einer sanften Drohung, den Roman statt dessen Langen anzubieten, hatten seine Bemühungen Erfolg. Fischer versicherte ihm, er wolle ihn keineswegs aufgeben, der Roman würde erscheinen, wolle er aber bis dahin das Publikum von sich hören lassen, so stünde einem zweiten Novellenband nichts im Wege. Schließlich ging das Manuskript im April 1901 in Druck, als zweibändiges und nicht drei- oder gar vierbändiges Werk, wie man anfangs gemeint hatte. Als Verleger, schrieb Fischer, sei er von der ungewöhnlichen Länge »nicht gerade entzückt«. »Nun, Sie werden ja nicht immer vierbändige Romane schreiben, und so kann es wohl auch ein Verleger ... mit Ihnen wagen.«[6]

Der Vertrag, den er ihm anbot, gewährte ihm 20 Prozent vom Ladenpreis jedes abgesetzten Buches (was, wie der Verleger versicherte, selbst für seine erfolgreichsten Autoren galt), auf sechs Jahre, verlängerungsfähig, mit Optionen auf alle Werke, Dramen ausgenommen. Nach Monaten des Wartens war Mann damit sehr zufrieden. »Aber es scheint nun doch die Zeit zu kommen, wo dies Werk dreijähriger Qual anfängt, mir ein wenig Genugtuung, Behagen und Freude zu bereiten.«[7] Besonders erfreut war er über die Bemerkung des Gutachters in der endgültigen Bewertung: »Ich bewundere es, daß der Zug zum Satirischen und Grotesken *die große epische Form nicht nur nicht stört, sondern sogar unterstützt.*« (Fischer hatte ihm freilich nicht all die vorausgegangenen negativen Kommentare geschickt.) Also Größe trotz allem! schrieb er seinem Bruder jubelnd: Gut, daß er so bescheiden angefangen habe und das Buch sich am Ende nicht zu einem Durchschnittsroman, sondern zu etwas ganz anderem und vielleicht besonderem entwickelt habe. Es würde zwar erst im Herbst erscheinen, er würde also noch lange auf sein Honorar warten müssen, doch der Vertrag war unterschrieben, die Laufzeit schließlich auf fünf Jahre festgelegt. Es war eine Entscheidung, die weder er noch der Verleger je bereuen sollten: Der ursprüngliche Vertrag wurde ein halbes Jahrhundert hindurch regelmäßig erneuert und erwies sich für beide als lukrativ.

Zu seiner Freude trug im geheimen sicher auch die Tatsache bei, daß er nun seinen Bruder zu überflügeln begann. Heinrichs letzter Roman *Im Schlaraffenland* war zwar eben erst bei Langen erschienen und lag aufgrund guter Besprechungen bereits in der zweiten Auflage vor, doch er hatte keine so günstigen Bedingungen eingehandelt wie Thomas bei Fischer und war auch nie zu einer öffentlichen Lesung seines Werks eingeladen worden, eine Auszeichnung, die seinem Bruder im Januar 1901 zuteil wurde, als er an einem Abend zusammen mit Kurt Martens auftrat und mit gewissem Erfolg die Erzählung *Der Weg zum Friedhof* vortrug – dabei bewies er keineswegs zum letztenmal seine Begabung als Schauspieler. Hinter Thomas' Traum vom Erfolg hatte stets der Drang gestanden, mit seinem Bruder wettzueifern und ihn zu überholen; während seiner Arbeit an den *Buddenbrooks* hatte ihm ihre enge Beziehung in Italien hinreichend Gelegenheit gegeben, von Heinrichs Erfahrung und Ideen zu profitieren und diese Verbindung ebenso auszubeuten wie andere in seinem Leben. Als er noch in der Kaserne war, hatte er daran gedacht, sich ihm wieder anzuschließen, diesmal in Florenz, um in seiner Gesellschaft mit den Studien für das Renaissancedrama fortzufahren und weitere Novellen zu schreiben, da die vorhandenen Erzählungen nach Meinung Fischers keinen eigenen Band rechtfertigten.

Nach seiner Entlassung aber hatte seine Stimmung unter dem Einfluß seiner Beziehung zu Paul Ehrenberg zwischen einem »unbeschreiblichen, reinen und unverhofften Herzensglück« und »Depressionen wirklich arger Art mit vollkommen ernst gemeinten Selbstabschaffungsplänen«[8] geschwankt. Dies zumindest hatte er Heinrich gestanden – um gleich darauf dessen Befürchtungen zu beschwichtigen, daß er es mit dem Selbstmord ernst gemeint habe: »Das Ganze ist Metaphysik, Musik und Pubertätserotik ... Dinge, die nicht übertrieben werden dürfen. Es handelt sich um keine Liebesgeschichte, wenigstens nicht im gewöhnlichen Sinne, sondern um eine Freundschaft, eine – o Staunen! – verstandene, erwiderte, gelohnte Freundschaft, die, wie ich ohne Ziererei zugebe, in gewissen Stunden, besonders in solchen der Depression und Einsamkeit, einen etwas zu leidenden Charakter annimmt ... Meine nervöse Constitution und philosophische Richtung hat die Sache unglaublich kompliziert; sie hat hundert Seiten, die simpelsten und die geistig abenteuerlichsten. Aber in der Hauptsache herrscht ein tief freudiges Erstaunen vor über ein in diesem Leben nicht mehr erwartetes Entgegenkommen.«[9] Heinrich war für einen weiteren gemeinsamen Italienaufenthalt durchaus zu haben, bis März hatte er eine »cinquelire pensione« in Florenz entdeckt. Sogar das war für sie im Augenblick finanziell eigentlich unerschwinglich, ganz davon abgesehen, daß eine neue Novelle, *Tristan*, im Entstehen war und Thomas im Frühling in seinem »Bedürfnis nach Enthusiasmus, Hingebung, Vertrauen, Händedruck, Treue, das so lange bis zur Auszehrung und Verkümmerung hat fasten müssen ...« schwelgte, da Paul mit seinem Porträt begonnen hatte. »Übrigens werde ich ihm den Novellenband oder auch einen Abschnitt von ›Buddenbrooks‹ widmen, den er kennt und liebt: – was nun zuerst erscheint. Meine Erkenntlichkeit kennt keine Grenzen.«[10]

Ende April riß er sich los, um drei Wochen in der »liebenswürdigsten Stadt der Welt« zu verbringen, und kehrte »so angeregt-befriedigt ... wie noch niemals von einer Reise« zurück. »Die Möglichkeit, einen Savonarola zu schreiben, ist mir entschieden näher gerückt, wenn ich vorderhand auch noch Anderes zu tun habe«[11], schrieb er später an Paul. Er wandelte auf den Spuren Fra Girolamos, ließ sich von der Schönheit von Signoria, Uffizien, Dom und Palazzo Pitti begeistern, verbrachte lange Zeit im Kloster San Marco, wo er detaillierte Aufzeichnungen über die Atmosphäre und das Verhalten der Mönche machte; sammelte oder bestellte Photographien; notierte sich die Titel von Büchern über Kunst, Architektur und Buchbinderei der Renaissance. An Grautoff, der nach ihm die gleiche Reise unternahm, schrieb er, er beneide ihn, weil ihn »wie einst meinen düsteren Helden, die schöne Straße nun führe«, zum »Schauplatz meiner Symbole«, und ersuchte ihn eindringlich, Aufzeichnungen über das Innere der Villa Medici in Careggi zu machen, in der Lorenzo gestorben war, die ihm aber entgangen sei: »Du könntest mir möglicher Weise damit sehr nützlich sein.«[12]

Weniger erhaben war freilich ein sentimentales Erlebnis, das bei einem Fünfundzwanzigjährigen normalerweise nicht unerwartet kommt, das aber für jemanden, der bislang zum eigenen Geschlecht neigte, gewiß neu war. An ihrem Tisch in der Pension saßen zwei Engländerinnen, Elisabeth Smith und ihre jüngere Schwester Mary. Als Heinrich von einem Ausflug nach Neapel zurückkam, entwickelte sich beim Kartenspiel und anderen Vergnügungen ein lebhaftes Vierergespann, obwohl sein Bruder gar kein und er nur sehr mäßig Englisch sprach. Mary, »die aussah, als ob sie von Botticelli wäre, nur viel lustiger«, gefiel ihm außerordentlich, und was anfangs als »ein sorgloser Flirt« begonnen hatte, »nahm später einen ganz merkwürdig seriösen Charakter an« – was für beide Seiten galt und überraschenderweise sogar zu Heiratsplänen führte. »Der Abschied war beinahe bühnenfähig«, sagte er nach seiner Rückkehr zu Paul, »– obgleich es eigentlich gemein ist, in diesem Tone davon zu sprechen; aber ich spekuliere auf Deine eingeborene Herzenskälte.«[13] Mit fünfundfünfzig behauptete er in einer autobiographischen Skizze für die Öffentlichkeit, er sei von dem Gefühl zurückgehalten worden, daß ein solcher Schritt für ihn verfrüht sei, auch von Bedenken, jemanden aus dem Ausland zu heiraten – Mary scheint derselben Ansicht gewesen zu sein. Wie dem auch war: ein weiteres Hindernis für einen, den so sehr nach finanziellem Erfolg und dem dazugehörigen eleganten Lebensstil verlangte, war seine beinahe gänzliche Mittellosigkeit, und auch eine Miß Mary Smith in einer *cinque-lire*-Pension konnte kaum Reichtümer besessen haben. Damals aber scheint es weniger die Entscheidung für die Zukunft gewesen zu sein, die ihm Sorgen machte, als die Unsicherheit, auf die er sich einließ. So brauchte er die Unterstützung Heinrichs, den er drängte, seinen Neapelaufenthalt abzukürzen und zurückzukehren: »Meine letzten Münchener Erlebnisse und der Luftwechsel fangen an, die Wirkung zu versagen, und ich habe schon wieder schwer erträgliche Stunden ... Miss Mary, deren Geburtstag vorgestern war und der ich ein Körbchen Zuckerfrüchte geschenkt habe, hat mir viel Freude gemacht. Aber nun werde ich ihr, glaube ich, zu melancholisch. Sie ist so very clever, und ich bin so dumm, immer die zu lieben, die clever sind, obgleich ich doch auf die Dauer nicht mitkann.«[14]

Mit einem schlagfertigen Geist, vor allem auf englisch, Schritt zu halten, mag dem eher phlegmatischen Norddeutschen, dem das langsame Schreiben mehr lag als das schnelle Wort, durchaus schwergefallen sein. Ein glaubhafterer Grund für sein Zögern war wohl die Angst vor einer Liebesbeziehung, die von der Beziehung zu Paul so verschieden war. An sie klammerte er sich trotz all ihrer emotionellen Probleme, und die respektlosen Bemerkungen über Mary in seinen Briefen sollten gewiß ein Element der Eifersucht in das Verhältnis bringen. Mit dem bühnenfähigen Abschied werde es nicht getan sein, schrieb er ihm: »Aber wenn Du Deinen Mund nicht hältst, Du Lackl ... so dinge ich Meuchelmörder.«[15] Eine Zeitlang blieben sie wohl in Verbindung, er widmete die Novelle *Gladius Dei*, die er im Sommer schrieb, auf englisch »to M.S. in remembrance of our days in Florence«. Die Beziehung löste sich jedenfalls »in Nichts« auf, privat erwähnte er diesen ersten flüchtigen Gedanken an eine »normale« Verbindung nie mehr. Bald würde die rechte Zeit kommen, und dann mochte die kurze Erfahrung in Galanterie nicht ganz wertlos gewesen sein.

Ende Mai kehrte er mit Heinrich nach München zurück, wo es allerhand zu tun gab. *Tristan* war nur zur Hälfte fertig; die ersten Fahnen des Romans warteten auf ihn, und er verbrachte einen anstrengenden Juni mit der Erledigung dieser beiden Aufgaben. (Bei den individuellen Widmungen einiger Teile der *Buddenbrooks* wurde die Unterstützung durch seine Mutter und Tante Elisabeth nicht berücksichtigt.) Die Novelle, die den Erzählungsband ergänzen sollte, mit dem er sich vor dem Erscheinen der *Buddenbrooks* »hören lassen« konnte, fand nach ihrem Abschluß eine enttäuschende Aufnahme. Bie hielt sie für eine gesonderte Veröffentlichung in der *Neuen Rundschau* für ungeeignet, die neugegründete Literaturzeitschrift *Die Insel* nahm sie zwar an, schlug aber dann vor, ihr Nachfolger, der Insel-Verlag, solle den ganzen Band drucken. Das war durch seinen Vertrag mit Fischer ausgeschlossen – Fischer wiederum hatte es mit dem Erscheinen des Bandes nicht eilig, und so erschien *Tristan* als Titelgeschichte für sechs Erzählungen erst 1903.

Die »Burleske«, wie er sie Heinrich gegenüber anfänglich nannte, hatte eine ähnlich karikaturistische Tendenz wie *Der Weg zum Friedhof*: eine humorvolle Darstellung des Gegensatzes von Leben und Tod, doch auf weniger grausame Weise. In der genauen, sardonischen Beschreibung der Hauptgestalt, eines neurasthenischen Literaten namens Spinell, war sofort der Autor Arthur Holitscher, ein Bekannter aus den Tagen des *Simplicissimus*, zu erkennen, der Thomas wegen seiner Unterstützung bei der Veröffentlichung seines eigenen ersten Romans viel verdankte, selbst die *Buddenbrooks* begeistert gefördert hatte und daher von dieser Novelle keineswegs angetan war. Spinells Charakter enthielt aber mehr von Thomas Mann selbst als von Arthur Holitscher, wie der Autor mit Recht später bemerkte, denn die Geschichte sollte die Schwächen des Künstlertemperaments geißeln, die er an sich selbst erkannte: das langsame Polieren der Worte (»wer ihn sah, mußte zu der Anschauung kommen, daß ein Schriftsteller ein Mann ist, dem das Schreiben schwerer fällt als anderen Leuten ... andererseits muß man zugeben, daß das, was schließlich zustande kam, den Eindruck der Glätte und Lebhaftigkeit erweckte, wenn es auch inhaltlich einen wunderlichen, fragwürdigen und oft sogar unverständlichen Charakter trug«[16]); seine Geziertheit und die ästhetische Pose; die Feindschaft gegen das robuste bürgerliche Leben, die er aufs Papier zu bringen bereit ist, persönlich aber nicht rechtfertigen kann; vor allem aber die Faszination durch die Musik des *Tristan* – mit tödlichen Folgen für die sanfte Gattin des unerträglichen Klöterjahn.

Er mußte sich immer noch in Geduld fassen, da die Drucklegung der *Buddenbrooks* zwar mit einiger Schnelligkeit vonstatten ging (die Geschicklichkeit des Setzers bei diesem schwierigen Manuskript war staunenswert), und erst im Oktober hielt er die beiden Bände in der Hand. Die angestrengte Arbeit und das lange Warten bereiteten ihm gesundheitliche Beschwerden, vor allem im Bereich der Verdauung; alle Schwierigkeiten schienen sich ihm auf den Magen zu schlagen, wie er später zu Grautoff bemerkte. Er machte sich Notizen über die genauen Empfehlungen seines Arztes für Diät und körperliche Übungen, obendrein auch über die Klage Savonarolas wegen der Wirkung der »unausgesetzten ... geistigen Anstrengung« auf »den Magen und die übrigen Lebensorgane«.[17] Ein Sommerurlaub war nötig, und er verbrachte mit seinem Bruder einige Wochen im Kurort Mitterbad in der Nähe von Meran, im damals österreichischen Südtirol, wo Heinrich mit seiner bereits jahrelangen Erfahrung mit Kuren den Arzt kannte. In der Bergluft und bei langen Spaziergängen, sogar Bergwanderungen, hörte der eingebildete Kranke bald auf zu klagen, stimmte aber dem Vorschlag des Arztes zu, sich bei strikterer Diät in dessen Wintersanatorium in Riva am Gardasee behandeln zu lassen; vor seiner Rückkehr nach München Ende August hatte er die *Gladius Dei*-Novelle abgeschlossen.

In ihr ließ er zum erstenmal den Schauplatz deutlich erkennen: statt der anonymen, an Lübeck erinnernden Umgebung der früheren Geschichten, ist es nun ein »leuchtendes« München, wo »die Kunst an der Herrschaft ist« und die Einwohner angenehmeren Beschäftigungen nachgehen als der »Erwerbsgier«. Florenz nachempfunden, ist es der Schauplatz eines Konflikts zwischen der Sinnlichkeit der bildenden Künste und dem asketischen Puritanismus eines jungen religiösen Fanatikers, eines modernen Savonarola, der gegen die Nachfolger der Medici protestiert: eine andere Ausdrucksform von Manns eigenem inneren Konflikt zwischen Leben und Kunst. Der einem Mönch gleichende Hieronymus (oder Girolamo, wie Savonarola) wird schmählich aus einer Kunsthandlung gewiesen, nachdem er vergeblich die Vernichtung einer sinnlich dargestellten Madonna gefordert und tauben Ohren über die wahre Kunst gepredigt hat. »Die Kunst ist kein gewissenloser Trug, der lockend zur Bekräftigung und Bestätigung des Lebens im Fleische reizt«, sondern »das göttliche Feuer, das an die Welt gelegt werde, damit sie aufflamme und zergehe samt all ihrer Schande und Marter in erlösendem Mitleid«[18]; er beschwört die Vision einer Verbrennung aller weltlichen Eitelkeiten herauf, wie die von Savonarola veranstaltete Verbrennung auf der Piazza della Signoria, und ruft danach, daß das »Feuerschwert« Gottes schnell und bald niederfallen möge. Der Erzählton ist unbeteiligt und ironisch wie im *Tristan*, doch die Antithese von kräftigem »normalen« Leben und den Ansprüchen des Ästheten ist hier weniger einfach gelagert. Spinell wie Hieronymus werden behutsam verspottet; wenn Mann aber die Gestalt des Hieronymus verwendet, um den sexuellen Aspekt von Kunst zu betonen, so drückt er damit die Zweifel über Sexualität aus, die ihn seit der Zeit in Italien beunruhigt hatten – jenes »Gift, das in jeder Schönheit verborgen ist«[19], das aber die Hauptquelle des Lebens war, das er außerhalb seiner eigenen Kunst zu finden suchte.

Wie beim *Tristan* schlug ein Versuch, die Novelle im Insel-Verlag zu veröffentlichen, fehl, auch *Gladius Dei* mußte auf den späteren Band bei Fischer warten; sie wurde im Juni 1902 in einer Wiener Zeitschrift vorab gedruckt. Seine Hoffnungen ruhten nach wie vor auf den *Buddenbrooks*. Es war enttäuschend, daß Paul den größten Teil des Sommers nicht in München war; er sehnte sich nach einer Wiederaufnahme ihrer Beziehung, und mußte statt dessen mit der Gesellschaft des Bruders vorliebnehmen. Vorübergehende Lektoratsarbeit für Langen lenkte ihn von emotionellen Gedanken ab, war gut für seine Finanzen und zügelte sein ungeduldiges Warten auf die ersten Besprechungen des Romans, der ihm endlich die lang erhoffte Anerkennung bringen sollte.

Eine Einladung zu einer weiteren öffentlichen Lesung am 18. November bot ihm eine willkommene Gelegenheit, etwas für die Aufnahme des Romans zu tun. Diesmal stand ihm der ganze Abend zur Verfügung, und er brachte *Gladius Dei* zusammen mit einer Probe aus den *Buddenbrooks* zu Gehör – das Schulkapitel, in das er soviel von seiner eigenen Erfahrung in Lübeck eingebracht hatte. Der sensible Schüler Hanno, der letzte der Buddenbrooks, seine Mitschüler und Lehrer seien, wie die *Münchner Neuesten Nachrichten* tags darauf schrieben, mit einem »gelegentlich durch treffende psychologische Bemerkungen gewürzten« Humor dargestellt, der sehr viel »lebensvoller« sei als die häufig gezwungene Ironie der Novelle und die »Aufbietung aller Einzelheiten des Lokalmilieus« bei der Schilderung Münchens. Eine verständnislose und übelwollende Rezension, nannte Mann sie in einem Brief an Grautoff, da er selbst seine Vorstellung für sehr gut, »um nicht zu sagen: glänzend« gehalten hatte. Er hatte sich von ihr ein gesteigertes Interesse an seinem Roman versprochen. Die Ankündigungen hatten das Werk in der Tat einen Roman großen Stils genannt, »ein echtes deutsches Dichtwerk«, und »das ist beinahe alles, was ich hören will ... Überhaupt: der Ruhm scheint sich mir nicht völlig versagen zu wollen, *obgleich* ich ihn begehre.«[20]

Der Aufschub der Abreise nach Riva hatte sich also gelohnt. Noch erfreulicher war die Möglichkeit eines vorherigen Wiedersehens mit Paul, der eben nach München zurückgekehrt war. Er sei der alte, gestand er Grautoff: »Auch ich bin der Alte: Noch immer so schwach, so leicht verführt, so unzuverlässig und wenig ernst zu nehmen in meiner Philosophie, daß ich des Lebens Hand ergreife, sobald es sie mir lachend entgegenstreckt. Alljährlich, um die Zeit, wenn die Natur erstarrt, bricht in die sommerliche Vereisung und Verödung meiner Seele das Leben ein und gießt Ströme von Gefühl und Wärme durch meine Adern! Ich lasse es geschehen. Ich bin Künstler genug, Alles mit mir geschehen zu lassen, denn ich kann alles gebrauchen. Übrigens hatte Bruder Girolamo einen Freund, der ihn verehrte und den er liebte ...«[21] Unter dem Einfluß der beiden Brüder, die beinahe zu seinen eigenen geworden waren, habe er, so sagte er zu ihrer »Schwester« Hilde Distel, die Melancholie verloren, die er früher in Gesellschaft empfunden hatte, und das habe er vor allem Paul zu verdanken. »Ich habe ihn ein bißchen literarischer und er hat mich ein bißchen menschlicher gemacht. Beides war nötig!«[22] Paul scheint Abstand gewahrt zu haben, die »Hand des Lebens«, die er ausstreckte, blieb für Thomas häufig unerreichbar. Es mochte ihn menschlicher gemacht haben; seine Vorstellung von ihrer Beziehung war, wie der Brief an Grautoff zeigt, deshalb nicht weniger »literarisch«. Über ihre Höhen und Tiefen grübelte er lange nach und verwendete sie wie alles andere in reichlichen Aufzeichnungen für seine Arbeit. Eine geplante Novelle, die bezeichnenderweise *Die Geliebten* und nicht *Die Liebenden* heißen und eine unglückliche Beziehung – bei der er die weibliche Rolle spielte – und alle seine Gedanken aus dieser Sicht darstellen sollte, kam in dieser Form nie zur Ausführung. Doch das sorgsam angehäufte »Material« sollte Verwendung finden: demnächst im *Tonio Kröger* und anderen Geschichten, vierzig Jahre später im *Doktor Faustus*. Als er es zu dieser späten Zeit durchblätterte, fühlte er »Scham und Rührung beim Wiedersehen mit diesen Jugendschmerzen«, »das relative Glück – bei gründlichem Leiden«, »Beistand der Ironie«. »Man kann die Liebe nicht stärker erleben. Schließlich werde ich mir doch sagen können, daß ich alles ausgebadet habe. Das Kunststück war, es so kunstfähig zu machen ...«[23] Damals war ein solcher Abstand nicht so einfach, und die Abreise nach Riva am 20. November mußte wie eine Erleichterung gekommen sein.

Die strenge Kur während seines vierwöchigen Aufenthalts – ausgedehnte Spaziergänge wechselten mit Rudern auf dem See ab, intellektuelle Betätigung jeglicher Art war verboten (sogar lesen mußte er heimlich) – bekam ihm gut, und er schrieb an Carl Ehrenberg:

»Wir werden dann einen netten Winter haben, mit viel Musik, hoffentlich auch in meiner Wohnung, wenn ich mir ein Klavier leisten kann ... Hoch sollt Ihr leben, Du und *Paul*, den ich herzlich zu grüßen bitte und dem ich *vielleicht* demnächst einmal schreibe.«[24] Die ersten Rezensionen der *Buddenbrooks* begannen während dieser Zeit zu erscheinen. Es zeigte sich bald, daß es das Buch nicht leicht haben würde. Fischers Bedenken wegen der Länge (er hatte die erste Auflage klugerweise auf tausend beschränkt) und des Preises (mit zwölf Mark war es keinesfalls billig) schienen sich als berechtigt herauszustellen, der Verkauf ging langsam, und die Rezensenten schienen vor zwei Bänden zurückzuschrecken.

Die Freunde aber standen bereit. Kurt Martens, von dem eben auch ein Roman erschienen war, veröffentlichte Anfang Dezember im Berliner *Literarisches Echo* einen langen Aufsatz[25], voll des Lobes für die »reife, sichere Technik«, die »Intensität seines Empfindens ebenso wie für die Biegsamkeit seines Stils«, eines »echt epischen Stils«, die »harte Objektivität«, mit der die verschiedensten Charaktere dargestellt wurden, gemildert nur durch das »mitfühlende Lächeln« des Autors über die Härte des Lebens, wenn sein Humor einen bitteren Beiklang bekam. In Martens' Augen erfüllte der Roman alle Versprechungen der bisher unter dem Namen Thomas Mann erschienenen Erzählungen. Grautoff, der Besprechungen für die *Münchner Neuesten Nachrichten* und eine Hamburger Zeitung plante, erhielt aus Riva genaue Anweisungen darüber, was der Autor zu lesen wünschte. Er schrieb gewissermaßen die ganze Rezension für ihn. Er sollte den »echt *deutschen*« Charakter des Romans, vor allem in Musik und Philosophie, herausstreichen, der »im ganzen Habitus ... und schon im Gegenstande echt deutsch« sei, vor allem im Verhältnis zwischen Vätern und Söhnen in den verschiedenen Generationen, auch wenn Dickens und die großen Russen die Vorläufer gewesen sein mochten; die Hoffnungslosigkeit und Melancholie des Endes, eine gewisse nihilistische Neigung des Autors könnten erwähnt werden, doch sei die positive Seite, sein *Humor* zu betonen; es sei ein Zeichen ungewöhnlicher Energie, ein solches Werk zu konzipieren; der epische Ton sei vortrefflich durchgehalten, die Technik des Leitmotivs wirkungsvoll genutzt und mit dem Dialog ein starkes dramatisches Element verbunden worden.[26]

Im Gegensatz dazu brachte das Dezemberheft von Fischers hauseigener Zeitschrift, die *Rundschau*, eine ernüchterndere Besprechung von Arthur Eloesser, der einen Mangel an Gliederung und die Eintönigkeit dessen kritisierte, was er eine »phlegmatische Kunst« nannte. »Wenn Thomas Mann einst im Stande sein sollte, den Überreichtum an kleinen Zügen der Zweckmäßigkeit der Komposition zu opfern, so würde er in die Reihe unserer besten Erzähler rücken. Von dem kleinen Genre, das er beherrscht, bis zu dem Roman großen Stils, den er vielversprechend versucht hat, ist eben mehr als ein Schritt.«[27] Thomas Mann bewahrte seine Fassung und schrieb an den Verleger eine gelassene Erwiderung mit der Bitte, sie Eloesser zu zeigen: Er habe nie gedacht, daß das Buch gut gegliedert sei, Eintönigkeit sei nicht immer abzulehnen, obwohl er alles getan habe, um Langeweile zu vermeiden, und von der Verwendung des Leitmotivs habe er sich große Wirkung erhofft. Was die »phlegmatische Kunst« angehe – habe Eloesser denn überhaupt eine Vorstellung von den »*aufreibenden* Qualen rasender Ungeduld, unter denen dieses ›Schicksal von Aufgabe‹ erfüllt und bewältigt wurde? Phlegmatisch! Ich müßte jetzt nicht rudern und Freiübungen machen, ohne dieses phlegmatische Buch.« Doch in der *Wiener Abendpost* werde ein langes Feuilleton erscheinen, setzte er für Fischer hinzu, dessen begeisterter Verfasser Richard von Schaukal habe ihm gesagt, wie sehr er sich auf »vier bis fünf Auflagen« freue – ein »Traum der Sehnsucht«, in dem er auf seinem »Boot auf dem See in der Sonne liegen, braten und von demnächst zu tuenden Taten« träumen werde.[28]

Zu Weihnachten wieder in München, nach erneutem Wohnungswechsel (weg vom Schauplatz der »Folter« des Romans), hatte er kaum Zeit für diese Taten. Das Savonarola-Drama, zu dem er so viele Notizen gemacht hatte, das er aber noch nicht begonnen hatte, mußte erst einmal dem *Tonio Kröger* weichen; diese Erzählung erwies sich nach mehreren verunglückten Anfängen schwieriger als angenommen. Die Anwesenheit Pauls ließ ihn auch wieder sehr an *Die Geliebten* denken. Über die »Trompetenstöße« von Schaukals Aufsatz – »endlich der große Roman«, den man seit dem frühen neunzehnten Jahrhundert für Deutschland verloren geglaubt hatte, »ein ehrliches, deutsches Buch ... in einem starken, reinen Stil geschrieben ... die unerhörte Meisterschaft der Darstellung«[29] – konnte er wie über andere Lobpreisungen seiner Begabung nur mit wachsender Melancholie lächeln. Diese Menschen kannten ihn nicht wirklich, das alles bewies nur den »gänzlichen Mangel an menschlicher, persönlicher Zuneigung, Zutraulichkeit, Anhänglichkeit, Freundschaft«, unter dem er litt und an dem auch sein Werk Schaden nehmen konnte. So klang es jedenfalls aus einem langen Brief an Paul, der am Münchner Fasching offenbar mehr Gefallen fand als an der Zweisamkeit mit einem hartnäckigen Liebhaber. »*Wo* ist der Mensch, der zu mir, dem Menschen, dem nicht sehr liebenswürdigen, launenhaften, selbstquälerischen, ungläubigen, argwöhnischen, aber empfindenden und nach Sympathie ganz ungewöhnlich heißhungrigen Menschen, Ja sagt –? *Unbeirrbar?* Ohne sich durch scheinbare Kälte, scheinbare Abweisung einschüchtern und befremden zu lassen? Ohne zum Beispiel solche Kälte und solche Abweisung aus Bequemlichkeit und Gleichgültigkeit damit erklären zu wollen, ›*daß ich mich erst wieder an ihn gewöhnen müsse*‹, sondern aus Neigung und Vertrauen unverbrüchlich zu mir hält? Wo ist dieser Mensch!? *Tiefe Stille* ... Ich ... bin sehr häßlich verletzt worden und fühle mich bei Gott nicht in Tanz- und Mummenschanz-Stimmung, vielmehr äußerst vereinsamt, unverstanden, verdüstert und schwer gesinnt. Eine Aussprache würde mir, glaube ich, gut tun, und darum – hätte ich beinahe gesagt: ›Besuche mich doch mal‹, wenn ich irgendwie berechtigt wäre, anzunehmen, daß *Du* nicht zu all den Übrigen gehörst, die das Talent höchst respektabel und den Menschen scheußlich finden.«[30]

All das mußte in »künstlerische Form« gebracht werden. Ein beruhigender Besuch Pauls zwei Tage nach diesem Aufschrei wurde unmittelbar in Aufzeichnungen über Rudolf und Adelaide für *Die Geliebten* umgesetzt: »Freundschaftsschluß. Treue versprechen. Er unterschreibt gelegentliche Zeilen: ›Ein für alle Mal – Ihr‹. Wie sie daran herumdeutet ... Es steckt ein gut Teil Bequemlichkeit darin ... Es soll keine Schwankungen und Szenen mehr geben ... Er ist doch ein bischen geniert ... Seine Unbefangenheit ist doch ein bischen gestört.«[31] Paul machte ihn offensichtlich nicht weniger literarisch. Daß bei Thomas die Aufgebrachtheit und die Verletzlichkeit über echte oder eingebildete Kränkungen sehr tief gingen, kann nicht bezweifelt werden; trotzdem war es bemerkenswert, wie rasch er Erfahrung in Kunst verwandelte. (Die Vermutung liegt nahe, daß das »Leben« in der Form ihrer unmöglichen Beziehung um der Literatur willen gelebt wurde und die Szenen provoziert wurden, um von der Warte des Romanciers aus mit den Erfahrungen experimentieren zu können.)

Der Winter habe nicht viel eingebracht, schrieb er im März an

Martens, nur emotionelle Erfahrung, doch das würde durch die Aufzeichnungen wettgemacht, die sein Notizbuch füllten. Ermutigend war auch eine einfühlsame Besprechung der *Buddenbrooks* im März: Thomas Mann, schrieb Rilke im *Bremer Tageblatt*, sei ein Name, den man sich »unbedingt notieren« müsse, ein Chronist und doch ein Dichter, der es verstehe, die »vornehme Objektivität« eines Buches »ganz ohne die Überhebung des Schriftstellers« mit Leben zu erfüllen. »Ein Akt der Ehrfurcht vor dem Leben, welches gut und gerecht ist, indem es geschieht.«[32] Mann, der Rilke nur einmal kurz nach dem Ersten Weltkrieg begegnen sollte, vergaß diese Anerkennung nicht. Dreißig Jahre später aber erinnerte er sich vor allem daran, daß Rilke auf die »Todesfälle« in der Geschichte besonderen Nachdruck gelegt hatte, ihren religiösen Zug, jenes Gefühl von »Kreuz, Tod und Gruft«, in dem »wir uns damals begegneten. Aber bei mir, denke ich, ist das alles wohl zugleich männlicher und musikalischer, obgleich ich nicht Tom der Reimer bin.«[33]

Tonio Kröger machte im Sommer nur geringe Fortschritte, obwohl Paul im Mai München verlassen hatte und es lange dauerte, bis sie sich wiedersahen. Die autobiographischen Teile der Geschichte waren nicht schwierig gewesen (die Schulzeit, seine Liebe zu Armin Martens in der Liebe Tonios zu Hans Hansen und seine sexuellen Zweifel, die beinahe erfolgte Verhaftung in Lübeck und die Reise nach Dänemark), doch das zentrale Thema, der Konflikt zwischen Literatur und Leben in Tonios Gesprächen mit der russischen Künstlerin Lisaweta Iwanovna – nunmehr sein eigenes Problem –, ließ sich nur schwer zum Ausdruck bringen, weil es ungelöst war. Als er Paul zu seiner Ausstellung in Stuttgart Erfolg wünschte, schrieb er, auch er habe gearbeitet: »das heißt, ich druckse und torturire mich auf manchmal kaum erträgliche Weise mit Zweifeln, Zögern, Ungenügsamkeit und der Hypersensibilität meines künstlerischen Gewissens. Es ist wohl selten, daß soviel nagender Ehrgeiz mit soviel nervöser Trägheit, soviel Leidenschaft ... mit soviel Schwerfälligkeit tragisch zusammentrifft.«[34] Er hatte das bedrückende Gefühl, ein Außenseiter zu sein, erfolglos in homoerotischen wie normalen Beziehungen, daß ihn das Leben überging und ihn lediglich als überfeinerten Dilettanten, einen bloßen Literaten zurückließ, dem die Kraft zu der Laufbahn fehlte, die er eingeschlagen hatte und die ihm nun endlich Geld einbrachte (der Roman, berichtete Fischer, sei nicht nur ein literarischer, sondern auch ein geschäftlicher

Erfolg, so daß er ihm bereits tausend Mark Vorschuß anbieten konnte). »Wir Einsamen, wir abgeschiedenen Träumer und Enterbten des Lebens« sehnen uns nach dem »Normalen, Wohlanständigen und Liebenswürdigen«, nach dem »Leben in seiner verführerischen Banalität«[35], schrieb er nun in *Die Hungernden*, die er als kurze psychologische Studie bezeichnete. Es war die Schilderung eines tatsächlichen Erlebnisses auf einem Maskenball und seiner Ausgeschlossenheit aus dem normalen Leben Paul Ehrenbergs, mit einem Schluß (der Begegnung mit einem armen Ausgestoßenen, der echten Hunger litt), den er selbst als belanglos und trivial verurteilte. Diese Erzählung bildete die Brücke zwischen *Tristan* und *Tonio Kröger*. Am bedeutsamsten wurde der Satz »eine andere Liebe ist nötig« – und zwar in einem wörtlicheren Sinn.

Mit einem schwer erklärlichen Gefühl der Ruhelosigkeit plante er einen weiteren Umzug, diesmal in eine kleine Wohnung in der Schwabinger Konradstraße. Bis sie bezugsfähig war, quartierte er sich für den September in einer benachbarten Pension ein und buchte für Oktober wieder einen Aufenthalt in dem Sanatorium in Riva. Keine Sommerfrische, schrieb er an Paul, das Essen an Orten wie Starnberg, wie reizend sie auch sein mögen, sei so »biderb«: »Ich habe ein Recht auf Comfort, zum Donnerwetter, und wenn ich außerdem noch die Mittel dazu herbeizuschaffen weiß, so ist ja Alles in Ordnung. In Riva habe ich es in jeder Beziehung gut und schön und bin sicher, mich zu erholen.« Er berichtete über Wagner-Aufführungen in München (zu denen wie immer der *Tristan* gehörte) und bedauerte den neuen Brauch, die Sänger nicht vor den Vorhang zu rufen: »Nein, zu viel Würde ist unkünstlerisch ... Ich selbst wenigstens bin Künstler, Schauspieler, Amuseur, Clown genug, um zu empfinden: *Applaus muß sein!*«[36] In künftigen Jahren sollte er hinreichend Gelegenheit haben, seinem Appetit auf Applaus zu frönen.

Nach sechs Wochen in Riva hatte er *Tonio Kröger* immer noch nicht abgeschlossen: »difficile«, schrieb er an Martens mit der Bitte, ihm die Novelle widmen zu dürfen, »ich arbeite sogar, wenn auch sehr behutsam und noch zeilenweiser, als gewöhnlich«.[37] Fischer hatte nun die übrigen Fahnen des Erzählungsbandes fertig, und so war der Abschluß des letzten Stückes dringend. In der entspannten Atmosphäre des Sanatoriums, beinahe den ganzen Vormittag auf dem See (mehr ruhend als rudernd), »schusterte« er nur etwa eine Stunde täglich an dem Manuskript; kurz nach seiner Rückkehr nach

München wurde es aber fertig, und der Band mit den sechs Novellen erschien im Februar 1903, *Tonio Kröger* wurde gleichzeitig in der *Rundschau* veröffentlicht. Mit seinen Widmungen ging er immer noch verschwenderisch um, jede Novelle wurde einer anderen Person zugedacht: *Tristan* Carl Ehrenberg, »für manche klingende Stunde« – *nicht* Holitscher! (an ihn ging *Der Weg zum Friedhof*); *Der Kleiderschrank* seiner Schwester Carla; *Luischen* Schaukal; *Gladius Dei* Mary Smith und *Tonio Kröger* Martens (der »Karl« statt »Kurt« genannt wurde, ein bedauerlicher Druckfehler, den man übersehen hatte und der in den späteren Ausgaben korrigiert werden mußte).

Nun endlich war der Lorbeerkranz Wirklichkeit geworden. Ende 1902, als die schmale Erstauflage der *Buddenbrooks* nahezu ausverkauft war, druckte Fischer das Buch in einem Band, zu weniger als dem halben Verkaufspreis der ersten Ausgabe. Immer noch vorsichtig, beließ er es bei zweitausend Exemplaren, die ebenfalls bald ausverkauft waren, von da an stieg der Roman zu einem Erfolg auf, den sein Autor als letzter geahnt hatte. Ende 1903 waren die Zehntausend überschritten, drei Jahre später war man bei beinahe siebenunddreißigtausend angelangt. »Die preisenden Pressestimmen, selbst in ausländischen Blättern, mehrten sich ... ich wurde in einen Erfolgstrubel gerissen ... meine Post schwoll an, Geld strömte herzu, mein Bild lief durch die illustrierten Blätter, hundert Federn versuchten sich an dem Erzeugnis meiner scheuen Einsamkeit, die Welt umarmte mich unter Lobeserhebungen und Glückwünschen.«[38] Nach seinen eigenen Worten gab ihm ein solches Echo, damals wie später, ein Gefühl, in dem sich Skepsis und Dankbarkeit mischten, 1903 scheint aber die Dankbarkeit überwogen zu haben. Er hatte sich nun als erfolgreicher und angesehener Literat durchgesetzt, sein ehrgeiziges Ziel und vor allem seine finanzielle Unabhängigkeit waren erreicht. Bis dahin hatte sein Einkommen aus der Hinterlassenschaft des Senators weniger als 200 Mark monatlich betragen, und mit Beiträgen zu Zeitschriften hatte er nur wenig verdient. 1902 beliefen sich die Tantiemen aus der Erstausgabe des Romans auf nur 2400 Mark. Die weiteren Ausgaben erbrachten mit Fischers Tantieme von 20 Prozent ungefähr 13 000 Mark jährlich, ein recht beträchtliches Einkommen. Sein »Recht auf Comfort« und ein wohlfundierter Lebensstil, worauf er stets den höchsten Wert legte, waren von nun an gesichert; gleichzeitig konnte er mit der ihm anerzogenem Umsicht Geld beiseite legen und auch noch die Ansprüche anderer befriedigen. Er war, das muß man sagen, stets großzügig, soweit es ihm die Vorsicht erlaubte, vor allem Heinrich gegenüber, dessen ungleich größere Produktivität und, nach Meinung vieler, ebenso großes Talent noch keinen vergleichbaren Ertrag abgeworfen hatten.

Frei von der täglichen Sorge, konnte er nun so langsam arbeiten, wie es ihm lag. »Nun ist mir dies ganze Jahr hindurch so viel Lob, Dank und Zuspruch, Applaus dafür zuteil geworden, daß mir fast schwindelt vor all den hohen Erwartungen, die ich damit erweckt zu haben scheine«, hatte er im Dezember 1902 an einen wohlwollenden Kritiker geschrieben. »Nun, wenn nur meine Gesundheit, die ziemlich unsicher ist, mich nicht im Stiche läßt, so glaube ich Ihnen und meinen übrigen Freunden noch allerlei Merkwürdiges versprechen zu können.«[39] Weitere öffentliche Auftritte trugen zu seiner neugewonnenen Popularität bei. In München hatte er Ende November den *Tristan* vorgetragen, im Februar stattete er Berlin seinen ersten Besuch ab und gab zwei Lesungen: in der Lessing-Gesellschaft las er *Der Weg zum Friedhof*, und Wassermann trug einen Abschnitt aus einem Roman vor, am folgenden Abend dann allein auf Einladung des Berliner Presseclubs den *Tonio Kröger*. Das *Berliner Tageblatt* hielt weder ihn noch Wassermann für »große Vortragskünstler«, da die Stimmen leise klangen und das Bemühen, jeden übertreibenden Nachdruck zu vermeiden, abträglich war, doch man bemerkte »das Simplicissimus-Lächeln um die scharfblickenden Augen« des durch und durch norddeutschen Thomas Mann, »und im Tonfall ... eine Nuance – so zwischen Schwärmerei und Schelmerei«.[40] Der Auftritt im Presseclub scheint wirkungsvoller gewesen zu sein: »einen so prächtigen trockenen Humor«, schrieb der *Lokalanzeiger*, »eine so tiefdringende Beobachtungsgabe ... daß man gern noch mehr gehört hätte«.[41] Er wurde wieder eingeladen und versprach, im Herbst nach Berlin zurückzukommen. Hedwig Fischer, die Frau des Verlegers, die ihn zum erstenmal hörte, war von dem »unvergeßlichen Abend« ganz überwältigt. Tonmitschnitte solcher Lesungen in späteren Jahren zeigen deutlich die Kunstfertigkeit, mit der er die Klarheit und völlige Sprechbarkeit durchhielt, die er von seinen Texten verlangte; die Nachteile seines Stils auf dem gedruckten Blatt – überlange Sätze, der Humor oft versteckt und erkünstelt – schienen sich beim Vortrag positiv auszuwirken. Seiner leisen Stimme konnte freilich erst das Mikrophon abhelfen. Unter fremden Menschen verhielt er sich stets reserviert, seine Persönlichkeit vermochte er am besten auf dem Podium, wenn er ihnen gegenübersaß, zur Geltung zu bringen: »... wo denn meine Vorträge und Erzählungen, wenn ich sie selbst nach dem Manuskript reproduziere, fünfmal besser und zündender, gewinnender, bannender sind, als Lektüre.«[42]

Unter den Stimmen der Anerkennung war kaum eine aus Lübeck. Die *Buddenbrooks* waren trotz einer ziemlich wohlwollenden frühen Anzeige in einem kleinen Blatt wegen des »Betrugs« an seiner Heimatstadt sehr ungnädig aufgenommen worden; der leise Humor wurde als Spott, der Ton als herablassend empfunden, und die Anerkennung einer Ida Boy-Ed wurde verlacht. Eine begeisterte Verteidigung des Freundes durch Otto Grautoff in der Lübecker *Eisenbahn-Zeitung* 1903 schien keine besondere Wirkung gehabt zu haben. Der Verkauf, in der Regel unter dem Ladentisch, war nicht unbeträchtlich, da sich die klatschsüchtigen Bürger damit vergnügten, die tatsächlichen Personen hinter den Gestalten zu entschleiern und diesen Schlüsselroman aufzulösen. Seine wahre Einstellung zu seiner Vaterstadt habe er, wie er im April 1903 sagte, versucht, im *Tonio Kröger* darzustellen, und er wünschte sich nur, daß die Novelle auch in Lübeck gelesen würde: »Man würde sich dann vielleicht ein minder abscheuliches Bild von mir machen, als bisher.«[43] Seine Verwandten waren anscheinend nicht beunruhigt, nicht einmal Tante Elisabeth, die gutgelaunt bemerkte, sie sei gewiß nicht die »dumme Gans« gewesen, wie sie der Neffe in Tony Buddenbrook dargestellt hatte; in ihrem späteren Leben war sie beinahe stolz auf ihre Rolle in einem so erfolgreichen Buch. Ihr Bruder Friedrich (Onkel Friedel) war nach außen hin freilich verärgert, als er sich als der Tunichtgut Christian Buddenbrook wiederfand, und beschwerte sich bei Thomas über diese »Nestbeschmutzung«, war aber doch so geschmeichelt, daß er sich später Besuchern als Christian Buddenbrook vorstellte.

Wer die früheren Kurzgeschichten mit ihren häufig unerquicklichen Themen gelesen hatte, konnte den Autor durchaus für zynisch, herzlos, ja unmenschlich halten, ein Eindruck, den auch der distanzierte, ironische Ton der *Buddenbrooks* kaum zu verwischen vermochte und der nicht ohne Kritik blieb. *Tonio Kröger* hatte sich in den drei Jahren seit den ersten Aufzeichnungen auf seiner dänischen Reise im Jahre 1899 zu einem bewußten Versuch entwickelt, den Autor in einem günstigeren Licht zu zeigen. Das war aber nicht alles. Indem er sein zweites Ich durch eine Kindheit und Schulzeit wie seine eigene führte, durch den intellektuellen Konflikt zwischen vergeistigtem literarischem Streben, das in Distanz und Unmenschlichkeit endete, und dem normalen Leben in seiner »verführerischen Banalität«, und durch emotionelle Erfahrungen, die seine eigenen waren, schrieb er eine ehrlichere Selbstbiographie, als es seine Leser erkennen konnten. In Tonios Sehnsucht nach dem Norden, wo er entdeckt, daß diese »Bürgerliebe zum Menschlichen, Lebendigen, Gewöhnlichen« das Geheimnis sein möge, »aus einem Literaten einen Dichter zu machen« – »Sehnsucht ist darin und schwermütiger Neid und ein klein wenig Verachtung und eine ganz keusche Seligkeit«[44] –, löste Thomas Mann sich von Paul Ehrenberg. Das Mittel lag wiederum in der Verwandlung in künstlerische Form: diesmal in eine »Prosaballade ... gespielt auf dem selbst gebauten Instrumente des großen Romans«[45], die das Leitmotiv nicht mehr nur deskriptiv anwandte, sondern »entmechanisiert und ins Musikalische«[46] gehoben. Es überrascht nicht, daß er die Novelle später häufig als sein Lieblingswerk bezeichnete und sich darüber freute, daß sie bei jungen Menschen stets Anerkennung fand.

Sie war von Anfang an erfolgreich, es gab noch zu seinen Lebzeiten weit über hunderttausend Exemplare von Einzelausgaben. Nicht lange nach der ersten Veröffentlichung äußerte er Martens gegenüber aber Zweifel, ob er in seinem Geständnis der Liebe zum Leben, »die in ihrer Deutlichkeit und Direktheit bis zum Unkünstlerischen geht«[47], die Glaubwürdigkeit nicht der Rhetorik geopfert habe. Martens wußte freilich genausowenig wie andere von der tieferen Bedeutung der Beziehung zu Paul Ehrenberg. Die Schwabinger Existenz führte ihn zwar häufig mit Carl Ehrenberg zusammen und er korrespondierte ausführlich mit Paul, doch diese Beziehung war nun ohne größere Gefahr zu weiteren Aufzeichnungen für *Die Liebenden* relegiert, auch, wie sich bald zeigen sollte, im Interesse jener anderen Liebe, die er für nötig hielt.

2

»Wenn Du wüßtest, was für Wunder und wilde Mären ich mir ... habe träumen lassen ...«

TM an Grautoff, August 1903[48]

»Italien ist mir bis zur Verachtung gleichgültig!« hatte Thomas Mann in der Maske Tonio Krögers verkündet. »Das ist lange her, daß ich mir einbildete, dorthin zu gehören. Kunst, nicht wahr? ... ich mag das nicht. Ich verzichte. Die ganze bellezza macht mich nervös.«[49] Die Erzählung bezeichnete deutlich den Augenblick, in dem sich die Wege der beiden Brüder zu trennen begannen. Während Heinrich, mehr romanisch eingestellt, in Italien seine geistige Heimat und eine exotische Quelle für sein Werk suchte, hatte sich Thomas in Wesen und Haltung völlig für das »Nordische« entschieden. Im Süden hatte sich Tonio Kröger, eine Mischung aus nördlichem und südlichem Erbe wie sie auch, in die fleischlichen Wonnen gestürzt, die Heinrich so lebhaft beschrieb, doch schließlich hatten das Heimweh nach dem Norden und eine etwas prüde Abscheu – »vielleicht das Erbteil seines Vaters in ihm« – die Oberhand gewonnen. Im März 1903 unterstrich Thomas in einer essayistischen Besprechung eines neuen Romans einer Schriftstellerin den Unterschied zwischen dessen sanftem »weiblichem Kunstideal« und der »Blasebalg-Poesie, die uns seit einigen Jahren aus dem schönen Land Italien eingeführt wird«[50] – vielleicht eine verschleierte Attacke auf Heinrichs neuestes Werk, die wuchtige, höchst erotische Trilogie *Die Göttinnen*, die sein bisher stärkster Griff nach dem Erfolg war. Heinrich bekam die Besprechung erst später zu sehen, doch er vergaß sie nicht. Ihr Auseinanderleben wurde allmählich zu einer Trennung.

Für Heinrich war es gewiß ärgerlich, daß sowohl *Die Göttinnen* wie auch sein nächster Roman *Die Jagd nach Liebe*, den er im Sommer 1903 abschloß, soviel weniger erfolgreich waren als die *Buddenbrooks*, vor allem in finanzieller Hinsicht, was für ihn, wie er sich für eine Erwiderung auf Thomas' Kritik der *Jagd* notierte, die *einzige* Wirkung war, die zählte: »höre ich auf, ist es aus mit mir«.[51] Im allgemeinen zuviel Sexualismus, beschwerte sich der Bruder, zuviel Brüste, Schenkel, Fleisch. Echte Erotik liege nicht in solch ausführlichen Beschreibungen, sondern in Poesie, in dem »Ungenannten, was allem seinen Schauer, seinen süßen Reiz und sein Geheimnis gibt«. Dabei verwahrte er sich gegen die Rolle eines Savonarola; ein Moralist sei das Gegenteil eines Moralpredigers, »ich bin ganz Nietzscheaner in diesem Punkte«.[52] Während des Sommers aber bemerkte er an sich ein Gefühl der Feindseligkeit, ja beinahe des Hasses Heinrich gegenüber. Er zog einen Vergleich: »Ich bin ... ein weichmütiger Plebejer, *aber* mit sehr viel mehr Herrschsucht ausgestattet. Nicht umsonst ist Savonarola mein Held ... Denn am meisten hasse ich die, welche durch die Gefühle, die sie in mir erwecken, mich auf die Schwächen meines Charakters aufmerksam machen.«[53] Auch wenn er das vor dem Bruder sorgsam verbarg – beim Jahreswechsel schrieb er ihm im Gegenteil, »uns beiden ist am wohlsten, wenn wir Freunde sind«, Heinrich sei ihm immer noch so sehr überlegen an »menschlicher Vornehmheit, an seelischer Reinheit und Klarheit«[54] –, schwelte der Unterschied zwischen ihnen weiter, bis er ein Jahrzehnt später zur Explosion führte.

Im Sommer des Jahres 1903 hatte sich die Familie, mit Ausnahme der nunmehr verheirateten Julia, auf kurze Zeit wieder zusammengefunden. Als Thomas seine Arbeit an Savonarola begann, unter dem neuen Titel *Fiorenza* – langsam und unsicher in der ungewohnten dramatischen Form, für die seine philosophischen Monologe wohl nicht geeignet seien –, kehrten Carla und Heinrich für einige Zeit nach München zurück. Heinrich wollte in Deutschland bleiben und *Die Jagd nach Liebe* abschließen, bevor er wieder nach Florenz fuhr, während Carla nach einem enttäuschenden Bühnendebut in Zwickau auf ein neues Engagement im Herbst in Düsseldorf wartete, von dem sie sich mehr versprach. Sie war recht schön, schrieb Thomas später, besaß aber kein großes natürliches Talent, und seine Besorgnis wegen ihres Bohemelebens dürfte noch bestätigt worden sein, als er sie in der Protagonistin von Heinrichs sexbesessenem Roman wiedererkannte. Nun verbrachte er viel Zeit in ihrer Gesellschaft; die Mutter gab, wie er Paul berichtete, bevor sie aufs Land zog in ihrem provisorischen Heim eine unterhaltsame Soiree, mit Carla, seinen beiden Brüdern, Carl und verschiedenen Gästen, darunter eine halbverrückte Baronesse. Sie hatte beschlossen, den jungen Viktor für den Rest des Jahres aus der Schule zu nehmen, wo er nur schwache Leistungen erbracht und sich mehr für die Landwirtschaft als für den Unterricht interessiert hatte, um sich mit ihm in Polling bei Weilheim, südwestlich von München, niederzulassen.

Dort verbrachten sowohl Thomas wie Heinrich einige Sommermonate bei ihr. Thomas klagte zwar über Magenschmerzen, fand den Aufenthalt aber doch ganz angenehm, mit einem »schattigen Garten, sehr guten Radelwegen, solidem Essengeruch u.s.w.«[55] – obwohl Martens, als Thomas ihn am Tegernsee besucht hatte, entdeckte, daß er eigentlich nie ein großer Liebhaber des Landlebens war und obwohl er mit Begeisterung wanderte und radelte – alles Robuste und Ländliche entweder abstoßend oder lächerlich fand. Von der Entfremdung zwischen den Brüdern wird in Polling kaum etwas zu spüren gewesen sein: Heinrich war voll mit dem Abschluß der *Jagd nach Liebe* beschäftigt, und im Gegensatz zu Thomas legte er auch keinen Wert darauf, der Familie aus entstehenden Werken vorzulesen; und gewiß wollte keiner von beiden den unmäßigen Stolz der Mutter auf den Ruhm der Söhne trüben. (Bei jeder Gelegenheit gab sie sich Buchhändlern zu erkennen und drängte sie, die Bücher ihrer Söhne zu bestellen und auszulegen.)

Kurz nach seiner Rückkehr nach München fand sich Thomas tags und nachts in Träume verstrickt, »wilde Mären« von einem Glück, das ihm eines Tages zufallen würde – ein Glück, das, nach den Aufzeichnungen, die er sich über das Thema der *Liebenden* gemacht hatte, zu schließen, die zänkische und unbefriedigende Beziehung zwischen Rudolf und Adelaide (lies: Paul und Thomas) niemals bringen konnte. Einer der Höhepunkte einer Richard-Wagner-Woche war ein Abendempfang, dem die gesamte literarische und musikalische Welt Münchens beiwohnte, und bei diesem Anlaß scheint die »wilde Märe« plötzlich Wirklichkeit geworden zu sein. »Ich Narr!«, notierte er sich für einen Brief an Grautoff, »der besser täte, sich auf die Hosen zu setzen und etwas Gutes zu arbeiten, anstatt solchen Zaubermärchen nachzuhangen. Gleichviel! Man muß schon irgendetwas sein, um es auch nur zu solchen Träumen zu bringen ...«[56] Als er auf dem Empfang den reichen Mathematikprofessor und bedeutenden Wagnerverehrer, den wohlbekannten Alfred Pringsheim in Begleitung seiner Frau und Familie sah, ergriff ihn plötzlich die Vorstellung, daß deren Tochter Katia, eben erst zwanzig, anziehend und klug, eines Tages die ideale Gefährtin für das Leben sein könnte, das er eben begann. In Konzerten und in der Oper hatte er die Familie schon häufig beobachtet, und wie die anderen Münchner wußte er alles über sie: ihr großartiges Haus in der Arcisstraße, ein Mittelpunkt der literarischen, musikalischen und künstlerischen Gesellschaft, wo Hedwig Pringsheim bei Empfängen eine anmutige und elegante Gastgeberin war; die ansprechend zur Schau gestellten Sammlungen von Silber und Majolika, in denen Alfred Pringsheim sein ererbtes Vermögen angelegt hatte; das akademische Ansehen, das er sich durch wissenschaftliche Arbeiten und durch sein bewundertes Lehrtalent erworben hatte; seine frühe Beziehung zu Wagner – er war häufiger Gast des Komponisten in Bayreuth und einer der ersten Geldgeber für dessen Festspielhaus. Vielleicht war ein erfolgreiches Werben um Katia für Thomas Mann nur ein Traum; warum aber sollte er nicht in Erfüllung gehen? Er war nun ein bekannter und ziemlich angesehener Autor, noch nicht so wohlhabend wie die Pringsheims, doch auf dem Weg dahin, und fand sich in den gesellschaftlichen Kreisen, in denen sie sich bewegten, zunehmend als willkommener Gast.

Ein Traum jedenfalls, der sich immer mehr verdichtete, als er seine Arbeit wiederaufnahm, und es ist bezeichnend, daß er kurz darauf seine ersten Gedanken zu einem Roman mit dem Titel *Königliche Hoheit* niederschrieb. Als Kind hatte er einen Prinzen gespielt; nun, in seinem frisch erworbenen Ruhm, fand er sich in einem vergleichbaren Rang, dem des Künstlers, überall erkannt und beobachtet, wie Tonio Kröger bemerkt hatte, mit jenem königlichen, doch verlegenen Blick, der ihn von der Menge abhob. Ein Prinz, zu dem eine Prinzessin gehört, das bedeutete aber nicht, daß er ein Leben königlichen Zuschnitts nachahmte: Sein Standard war »wohltuend bürgerlich«, er wollte »manierlich, gut angezogen, bescheiden aus Bildung« sein, so wie ihm Richard von Schaukal bei ihrer ersten Begegnung erschien.[57] Doch er begann, so schrieb er über diese Zeit, ein »symbolisches, repräsentatives« Leben zu führen und an sich »ein gewisses fürstliches Talent zum Repräsentieren« zu entdecken – was gewiß ironisch gemeint war, aber doch genau jene Bedachtsamkeit auf das äußere Auftreten traf, die für sein Leben so bezeichnend wurde und bei vielen Leuten später, wie er dann auch eingestand, den Eindruck von Kälte und Reserviertheit hervorrief: »so mag es daran liegen, daß man den Geschmack an persönlicher Mitteilsamkeit verliert, wenn man gewohnt ist, sich symbolisch, das heißt: in Kunstwerken zu äußern«.[58]

Als er Anfang Oktober Carla in Düsseldorf kurz besuchte, genoß er seinen ersten Aufenthalt in einem Luxushotel, dessen Ausstattung und Bedienung ihn so beeindruckten, daß er sich Notizen für die

Königliche Geschichte machte. Ein wichtiger Teil der Selbstdarstellung war das Erscheinen vor der Öffentlichkeit, und so begab er sich am Monatsende auf eine anspruchsvollere Vortragsreise, erst nach Königsberg, dann zur versprochenen Wiederholung des *Tonio Kröger* nach Berlin. Dort wurde er wieder von Fischer willkommen geheißen, diesmal aber wurde er seinem wachsenden Erfolg gemäß (der Roman hatte nun beinahe eine Auflage von dreizehntausend erreicht, und eine zweite Auflage des *Tristan* war im Druck) Persönlichkeiten vorgestellt, die für ihn von großer Bedeutung waren. Allen voran Gerhart Hauptmann, den er eines Abends bei den Fischers kennenlernte, der ältere Schriftsteller, mit dessen Werk er seit seiner Schulzeit vertraut war und der nun zum größten Stern am Firmament des Verlegers geworden war. »Das Zusammentreffen mit ihm war für mich ein Erlebnis ersten Ranges«, schrieb er in seinem Dankesbrief: »ich wünschte nur, ich hätte ihm ein etwas glücklicheres Bild von mir geben können ... Er, der Siegreiche, wird den Eindruck von Wirrsal, Kampf, Krampf und schweren Ermattungen gewonnen haben, – und das würde stimmen. Vielleicht hat er auch das Gute herausgefühlt; sein letztes Wesen ist ja Güte.«[59] Sollte er andere Gäste enttäuscht haben, so tue es ihm leid, er hoffe dies durch sein späteres Werk wettzumachen, das weniger uninteressant sein würde als seine eigene »schnurrbärtige Persönlichkeit«. Diese Bescheidenheit war etwas aufgetragen, der ältere Hauptmann hatte ihn gewiß höchst beeindruckt, doch er litt nun bei weitem nicht mehr an einem solchen Mangel an Selbstvertrauen.

Fürs erste wurden die beiden nächsten Hauptwerke *Königliche Hoheit* und *Fiorenza* durch andere Arbeiten verzögert, denn man forderte ihn ständig zu Zeitschriftenbeiträgen auf. Vorbei war die Zeit der Verlegersuche, nun bat man ihn, akzeptierte bereitwillig, was immer er einsandte, denn Geld konnte er, wie er zu Samuel Fischer bei Empfang der Tantiemen für weitere dreitausend Romanexemplare sagte, immer gebrauchen. Einstweilen hatte er an die Wiener *Neue Freie Presse* die »Skizze« *Ein Wunderkind* geschickt, bereitete für die *Rundschau* eine weitere mit dem Titel *Ein Glück* vor, dazu für eine Berliner Zeitschrift eine Besprechung des neuesten Buches von Gabriele Reuter, die Romanautorin und Frauenrechtlerin, die er in Berlin kennen- und schätzengelernt hatte. Die zweite Skizze, nach einer Anekdote von Martens, war als ein Zwischenspiel gedacht: das kurze Verweilen des Autors zwischen »Florenz, aus alter Zeit« und einem »Königsschloß, – wer weiß«, während »seltsame, matt schimmernde Dinge« im Begriff sind, »sich zurechtzuschieben«.[60] Die Geschichte war eine Variante der *Liebenden*, was beweist, wie weit er sich nun von der Paul-Ehrenberg-Beziehung entfernt hatte, der ironische Ton stand in starkem Gegensatz zur Ernsthaftigkeit seiner Aufzeichnungen über Rudolf und Adelaide. Beide Werke waren, wie er Heinrich gegenüber einräumte, schamlose Geldarbeiten, und er war (aus gutem Grunde) keineswegs stolz auf sie; in einem weiteren Brief an Heinrich im Januar 1904 erklärte er seine Absicht, einer solchen »Verzettelung« ein Ende zu bereiten und zu ernsteren Dingen zurückzukehren. Fischer habe aber doch *Das Wunderkind* als Meisterwerk begrüßt: »So geht es immer. Ich arbeite ... ohne die geringste Genugtuung, ich gebe den Dreck in tiefster Verzweiflung weg, und dann kommen die Briefe, das Geld, die Lobsprüche ... Alle haben Genuß daran, nur ich nicht.«[61] Der satirische Ton des *Wunderkinds* erwies sich auf Lesungen im Dezember in München und dann später ausgerechnet in Lübeck tatsächlich als publikumswirksam. Von Ida Boy-Ed hatte er gehört, daß von dorther die Einladung einer neugegründeten literarischen Gesellschaft in Aussicht stand; wegen der feindseligen und verständnislosen Atmosphäre der Stadt immer noch argwöhnisch, teilte er ihr mit, er warte lieber ein weiteres Jahr, dann sehe man ihn vielleicht als einen Sohn der Stadt an, dessen man sich nicht zu schämen brauche.[62]

Der lange Brief an Heinrich vom Januar war ein, nicht immer ganz schlüssiger, Versuch einer Versöhnung nach seinen verächtlichen Äußerungen über *Die Jagd nach Liebe*. Die Erwähnung des Geldes und Ruhms, den ihm sogar reine Geldarbeiten einbrachten, war wohl kaum der beste Weg dazu. Es war auch nicht sehr diplomatisch, ihm zu berichten, daß er nun zweimal die Woche mit Julia und ihrem Mann »Jof« Löhr – Inbegriff der von Heinrich so verabscheuten bürgerlichen Verbindung – zu Mittag aß und in den Gesprächen angeblich die hohe Achtung zum Ausdruck kam, die man Heinrich zollte. (Die Löhrsche Abneigung gegen Heinrich war auf dessen Bloßstellung der Münchner Gesellschaft in der *Jagd nach Liebe* zurückzuführen, die als Schlüsselroman die *Buddenbrooks* in den Schatten stellte und den Bankier Löhr und andere Bürger in Verlegenheit brachte.) Heinrich ließ sich anscheinend trotzdem besänftigen. Als er dann aber im Februar seine nächste Arbeit *Fulvia*, eine Novelle des Risorgimento, sandte, folgte den übertriebenen Komplimenten eine Kritik der liberalen Freiheitsidee, die deutlich zeigte, wie sehr ihre philosophischen Auffassungen auseinanderklafften. Für Thomas war Freiheit »ein rein moralisch-geistiger Begriff, gleichbedeutend mit ›Ehrlichkeit‹. (Einige Kritiker nennen es bei mir ›Herzenskälte‹). Aber für politische Freiheit habe ich gar kein Interesse ... Schon weil für den Begriff so viel Blut geflossen ist, hat er für mich etwas unheimlich *Un*freies, etwas direkt Mittelalterliches.«[63] Die Fronten wurden abgesteckt, nicht nur zwischen den Brüdern, sondern, zur wachsenden Besorgnis der Mutter, auch innerhalb der Familie: auf der einen Seite Heinrich und Carla, Bohemiens und zutiefst nonkonformistisch, denen trotz großer Anstrengungen der Erfolg immer noch versagt blieb; auf der anderen Seite Thomas und Julia, in den Augen der Welt ungeheuer erfolgreich und höchst zufrieden, nunmehr ihren Platz in der bürgerlichen Ordnung einzunehmen.

Der Unterschied verschärfte sich noch, als Thomas dann seine »Rolle als berühmter Mann« beschrieb, den Beifall für seine Münchner Lesung, Ausmaß und Vielfalt seines Briefwechsels und die gesellschaftlichen Einladungen – vor allem ins Haus der Pringsheims, wohin man ihn nach mehreren Besuchen zu einem großen Ball eingeladen hatte. »150 Leute, Literatur und Kunst ... Zum ersten Mal ... war ich in großer Gesellschaft und hatte in der anstrengendsten Weise zu repräsentieren. Leute gingen um mich herum, beguckten mich, ließen sich mir vorstellen, horchten auf das, was ich sagte. Ich glaube, ich habe mich nicht übel gehalten.« Endlich habe er bei dieser Gelegenheit auch die Tochter des Hauses kennengelernt, »Katja (sie heißt Katja) ein Wunder, etwas unbeschreiblich Seltenes und Kostbares, ein Geschöpf, das durch sein bloßes Dasein die kulturelle Tätigkeit von 15 Schriftstellern oder 30 Malern aufwiegt ... Dies spricht der Rausch; aber es ist diesmal einer, der, wenn ich in ihm handle, unermeßliche Folgen der verschiedensten Art haben kann« – sein Traum könnte Wirklichkeit werden, wenn er den Willen dazu hätte. Er war mit dem Eindruck, den er hinterlassen hatte, offensichtlich höchst zufrieden; seine Bewunderung für das Ambiente, in dem die Pringsheims lebten, kannte keine Grenzen, der Vater mit seiner goldenen Zigarettendose, die Mutter eine »Lenbach-Schönheit«, Katias Zwillingsbruder Klaus, ein Musiker, angenehm, kultiviert, »mit norddeutschen Formen«. »Kein Gedanke an Judentum kommt auf, diesen Leuten gegenüber, man spürt nichts als Kultur.« Eine Einladung zum Abendessen wurde in Aussicht gestellt: »Seitdem ist ... überhaupt nichts geschehen ... Alles lebt nur in meiner Phantasie, aber es ist zu kühn, zu neu, zu bunt, zu herrlich abenteuerlich, als daß ich es jetzt schon daraus vertreiben möchte. Die *Möglichkeit* ist mir aufgegangen und macht mich fiebern. Ich kann nichts Anderes denken. Klumpe-Dumpe fiel die Treppe herunter und erhielt dennoch eine Prinzessin zur Frau. Und ich bin, Brust heraus, ich bin mehr, denn Klumpe-Dumpe! Die Sache ist so furchtbar kompliziert, daß ich Vieles darum geben würde, wenn ich sie mündlich in irgendeinem stillen Winkel mit Dir durchsprechen könnte. Das sage ich gleich: Es ist müßig, zu fragen, ob es mein ›Glück‹ sein würde. Trachte ich nach dem Glück? Ich trachte nach dem Leben; und *damit* wahrscheinlich ›nach meinem Werke‹. Ferner: Ich fürchte mich nicht vor dem Reichtum. Ich habe niemals aus Hunger gearbeitet, habe ... schon jetzt mehr Geld, als ich im Augenblick zu verwenden weiß ... Ob ich meine Füße des Abends an einem Petroleumofen oder an einem Marmor-Kamin wärme, kommt für den Grad meines Behagens nicht in Betracht ... Aber das Alles greift zu weit vor. Es gilt, die Ereignisse abzuwarten, und es hat wohl nicht einmal Sinn, um Rat zu bitten, denn ich lasse mich doch von ihnen tragen ... Was wird geschehen? Ganz praktisch gedacht, habe ich ... den Eindruck, daß ich der Familie willkommen wäre. Ich bin Christ, aus guter Familie, habe Verdienste, die gerade diese Leute zu würdigen wissen ... Was wird geschehen? Wahrscheinlich nichts. Aber ist nicht die Möglichkeit schon ein verwirrendes Erlebnis?«[64]

Trotz seines guten Willens und der Zuneigung zu seinem Bruder kann für Heinrich diese Geschichte des Aufstiegs in eine Gesellschaftsschicht, für die er solche Abscheu empfand, kaum eine sehr angenehme Lektüre gewesen sein. Man vermag sich vorzustellen, wie ärgerlich ihn der ziemlich hochnäsige Ton der letzten Sätze berührt haben mußte, in denen Thomas beschrieb, wie sich Albert Langen, der Verleger des Bruders, seinem ehemaligen Angestellten Thomas Mann auf dem Ball »fast unterwürfig« vorstellen ließ, um herablassend ermahnt zu werden, an seinem Heinrich festzuhalten: »Einmal *hat* er einen großen Erfolg.« Langen habe ihm versichert, daß er nicht daran denke, ihn fallenzulassen – »Du kannst ganz ruhig sein«. Daß uns Heinrichs Teil des Briefwechsels zu dieser Zeit nicht erhalten ist, hinterläßt eine quälende Lücke in unserer Kenntnis ihrer Beziehung. Sosehr sich Thomas in seinen Erzählungen auch als Meister der Psychologie erwies, bei diesem wichtigen Problem in seinem Leben legte er eine einzigartige Naivität an den Tag – ein weiteres Zeichen seines grundsätzlich egoistischen Charakters. Er war keineswegs so selbstsicher, wie sein Verhalten nahezulegen und sein Erfolg zu rechtfertigen scheint, er brauchte immer noch Unterstützung und Rat des älteren Bruders. Den rechten Ton dafür schien er jedoch nicht finden zu können.

Mit der Werbung um Katia hatte es freilich eine ganz andere Bewandtnis; hier verfolgte er sein Ziel mit geduldiger Beharrlichkeit und nicht geringem Geschick. Bei der Verwirklichung dieser »wilden Märe« bewegten ihn die verschiedenartigsten Gefühle – allem voran erregte der starke Reiz ihrer Schönheit und ihres Wesens in ihm eine echte Liebe zum anderen Geschlecht, wie er sie nie zuvor erfahren hatte, dazu kam die wachsende Überzeugung, die er beim ersten Eindruck gewonnen hatte, daß sie, der Herkunft wie der Intelligenz nach, die ideale Gefährtin für das Leben eines angesehenen Schriftstellers war. Im Hintergrund spielte zweifelsohne auch der Reichtum, den sie in die Verbindung einbringen würde, eine gewisse Rolle: Nach außen mochte er den Wohlstand geringschätzen, in Wirklichkeit zog er den Marmorkamin dem Ölofen bei weitem vor. Eine ideale Verbindung also, die es ihm auch ermöglichen würde, die homoerotischen Neigungen zu verbergen, denen er sich öffentlich nicht hingeben konnte und die nur in seinem Werk Ausdruck fanden. (Zu Katias Reiz gehörte vielleicht auch das jungenhafte Wesen, das sie in einem Haus voller Brüder entwickelt hatte.) Sie ließ sich von seinen Aufmerksamkeiten keineswegs im Sturm erobern. Sie war gescheit und besuchte nun nach einer privaten Erziehung als eine der ersten Frauen die Universität, wo sie bei Röntgen Physik und bei ihrem Vater Mathematik studierte, sie war eine begeisterte Tennisspielerin und Radlerin und noch keineswegs gewillt, ihre glückliche Unabhängigkeit gegen eine frühe Ehe einzutauschen, auch wenn sie in der Hauptsache ihrem Vater zuliebe studierte. Thomas war nicht der einzige Werber um die »Prinzessin«, wie man sie nannte, sie wollte aber keinen von ihnen ernst nehmen. Ihr Vater war von dem jungen Schriftsteller zwar einigermaßen beeindruckt und entdeckte in ihrer Begeisterung für Wagner eine Gemeinsamkeit, verhielt sich aber zurückhaltend und wollte seine einzige Tochter offensichtlich noch nicht verlieren; sollte es dazu kommen, so würde er doch wohl einen Wissenschaftler vorziehen. Hedwig Pringsheim war seiner Werbung aber von Anfang an wohlgesonnen, sie hörte mit Begeisterung von ihrem Buchhändler, daß der Autor der *Buddenbrooks* drauf und dran war, ein ebenso großer Romancier wie Keller zu werden. Als er sich persönlich und brieflich um Katia bemühte, machte er von der Gunst ihrer Mutter Gebrauch. Während ihn die drei älteren Brüder wohlwollend »den leberleidenden Rittmeister« nannten (so blaß und dünn, so korrekt mit seinem Schnurrbart und in seinem Auftreten), beteiligte sich Zwillingsbruder Klaus als eifriger Cupido, stets bereit, bei der Vereinbarung diskreter Treffen den Anstand zu wahren und wegzublicken.

»Kein Gedanke an Judentum ... kommt auf«: Obwohl der Antisemitismus im damaligen Deutschland nie weit unter der Oberfläche steckte und Alfred Pringsheim mehrere Jahre auf die volle Professur hatte warten müssen, wurde die rassische Herkunft im damaligen München kaum beachtet, der jüdische Einwanderer aus der Fremde (Berlin) war als Bereicherung des kulturellen Lebens aufgenommen worden. Die Religion seines Vaters, eines Bergwerkbesitzers und Eisenbahnmagnaten in Oberschlesien, hatte er schon lange aufgegeben, und seine Gattin, ebenfalls jüdischer Abstammung, war in dem protestantischen Glauben erzogen worden, den ihre Großeltern im frühen 19. Jahrhundert angenommen hatten. Ihre Mutter, Hedwig Dohm, eine der ersten Frauenrechtlerinnen (»Die Frauenrechte haben kein Geschlecht!«), war zur verehrten Großmutter »Miemchen« der Pringsheimkinder geworden. Sie hatten überhaupt nicht das Gefühl, Juden zu sein, und als sich während ihrer Schulzeit unvermeidlich »die beliebte Judenfrage« erhob, gab sich ihre Mutter alle Mühe, ihnen die Wichtigkeit der Toleranz zu erklären.[65] So blieb es bis zu den häßlicheren Tagen nach dem Ersten Weltkrieg und dem Aufstieg des Nationalsozialismus.

Ende März schrieb Thomas an Heinrich, der Gedanke an zwei gemeinsame Wochen in Riva sei unsicher, da sich die »große Affäre« seines Lebens einer Entscheidung nähere. Nach vielen Schwankungen, unter denen er sehr gelitten habe, habe er nun das Gefühl, alles stehe zum besten. »Ich, der ich sonst von einer wahrhaft indischen Passivität bin, habe in Wort und Tat eine unglaubliche Initiative an den Tag gelegt und bin in guten Stunden voller Zuversicht.« An Katia, die für kurze Zeit einer kleineren Operation wegen im Krankenhaus war, hatte er Blumen geschickt, mit Billigung ihrer Mutter, die stets ermunternd lächelte, wenn er einfach von »Katia« sprach. Doch er fürchtete häufig, die Phantasie würde das Leben überflügeln. An Arbeit war keineswegs zu denken, da der nötige Frieden und die Ruhe fehlten: »Ach, das Leben! das Leben!«[66]

Die Wirklichkeit verweigerte sich tatsächlich noch dem rosigen Schein seiner Phantasie. Katia hielt weiterhin Distanz; Treffen ließen sich auch mit Klaus' Hilfe nur schwer arrangieren; auf seine drängenden Briefe antwortete sie stets ausweichend. Zuweilen suchte sie Zuflucht hinter dem, was sie den »Tigersinn« der väterlichen Mißbilligung nannte – eine Mißbilligung, die er selbst, seinen Worten nach, im freundlichen und korrekten Verhalten des Vaters ihm gegenüber nicht entdecken konnte. Nerven (und wie immer) Magen litten dementsprechend. Nach einer »großen Aussprache« mit ihr Anfang April entschied er, daß Riva, wenn er schon warten mußte, schließlich doch die notwendige Entspannung böte. Kurz darauf reiste er ab, um dort drei Wochen rudernd und radelnd in guter Luft zu verbringen. »Sie dürfen mich nicht wieder so warten lassen, Katia«, schrieb er. »Warten ist gräßlich. Man darf das Schicksal nicht in seiner üblen Gewohnheit bestärken, alles Gute erst dann kommen zu lassen, wenn man vor lauter Warten schon ganz apathisch ist und sich kaum noch freuen kann.«[67] Eifersüchtig auf ihr Studium, schrieb er ihr, ein wenig Nachlässigkeit darin sei ihm ganz recht (sollte seine Werbung erfolgreich sein, würde sie es ohnehin aufgeben müssen).

Nach seiner Rückkehr nach München zog er wieder einmal um, diesmal in eine Wohnung im dritten Stock in der Ainmillerstraße. Die Unterbrechung hatte ihm neuen Auftrieb gegeben, und am 16. Mai fand eine »zweite große Aussprache« mit Katia statt. Sie gab vermutlich nach und setzte eine Frist für ihre Antwort, denn er schrieb in sein Notizbuch: »Seit Donnerstag d. 19. Mai beginnt die Wartezeit.«[68] Er erwachte aus Morgenträumen, die voll Sehnsucht nach ihr waren, seine Briefe verloren ihren formellen, leicht literarischen Ton und wurden zu Briefen eines stürmischen Liebhabers. Sie schwebte ihm als lebendiges Bild vor Augen, fast immer wie er sie zum erstenmal durch sein Opernglas in der Konzerthalle gesehen hatte, noch bevor sie sich kennengelernt hatten: »den Silbershawl um Ihre Schultern, Ihr schwarzes Haar, die Perlenblässe Ihres Gesichts darunter, Ihre Miene, mit der Sie verbergen wollen, daß Sie die Blicke der Leute auf sich fühlen ...« Sie müsse wissen, schrieb er, wie wenig glücklich sein Leben bisher gewesen sei, daß ihm nicht einmal der Beifall der übrigen Welt Selbstvertrauen geben könne; nur durch Eines könne er geheilt werden – »durch das Glück; durch *Sie* meine kluge, süße, gütige, geliebte, kleine Königin! ... Was ich von Ihnen erbitte, erhoffe, ersehne, ist Vertrauen, ist das zweifellose Zumirhalten selbst einer Welt, *selbst mir selbst* gegenüber, ist etwas wie Glaube, kurz – ist *Liebe* ... Seien Sie meine Bejahung, meine Rechtfertigung, meine Vollendung, meine Erlöserin, meine – Frau! ... Ach, Katja! Zwischen der unsäglichen Wonne der Sekunden, in denen ich im dunklen Garten Ihr süßes, süßes Köpfchen an meiner Wange fühlte, und der Todestraurigkeit, mit der ich Sie heute (an meinem Geburtstage!) verließ, – welch ein schrecklicher Abstand! Das ist kein Vorwurf. Vielleicht ist es Schwäche, aber ich habe keine Vorwürfe für Sie. Nur Liebe! Nur Liebe!«[69] Er werde von starken Ketten gefesselt, entschuldigte er sich bei Martens, als er die Einladung zu einem Ausflug ausschlug; er habe viel zu leiden, doch gebe es auch Augenblicke großen Glücks; da er sich nun einmal entschlossen habe, »K. P.« zu lieben und zu ehelichen, könnte er nicht erwarten, daß alles glatt liefe; auf eine Entscheidung zu drängen würde nur eine Abweisung bedeuten, sich gekränkt zurückzuziehen wäre geschmacklos. Am Ende müßte es gut werden.[70]

Als seine Bitten Katia zu erweichen begannen, nutzte er die Gelegenheit: Warum glaube sie, das nicht sein zu können, was er von ihr »erwarte«? »Aber ich liebe Sie ja, Herrgott noch mal, verstehen Sie denn nicht, was das heißt? Was ist denn da noch weiter zu erwarten und zu sein?« Im Ernst zu sagen, sie sei seiner nicht wert – wert! –, wenn er sich nach jeder Begegnung angstvoll frage, ob *er* ihrer wert sei, ob er nicht »zu täppisch, zu unweltlich, zu sehr ›Dichter‹« sei. »Und Sie, die Sie behaupten, ›es‹ gehe zu schnell, sei zu schnell gegangen! Wissen Sie, daß, seit ich Ihnen mit deutlichen Worten sagte, wie sehr ich Sie liebe, zwei ganze Monate vergangen sind?«[71]

Es war nicht die Zeit für weitere Arbeit an *Fiorenza*; er war aber – wie er später für sich selbst notierte – »kein Schriftsteller, sondern ein Dichter, der auch an seinem Leben dichtet«[72], und so dichtete er nun listig eine neue Geschichte, als einen »harmlosen Tribut« an Katias Mutter. Die Novelle *Beim Propheten* beschrieb in genauen und humorvollen Einzelheiten ihre Begegnung am Karfreitag, während Katia im Krankenhaus war, bei einem von Ludwig Derleths feierlichen »Abenden«, wo in dessen Abwesenheit aus seinen »Proklamationen« vorgelesen wurde. Derleth, ein begabter Dichter, war in der literarischen und künstlerischen Welt Münchens wohlbekannt und beliebt, auch bei den Pringsheims, wo seine Besessenheit von Napoleon ihn für Hedwig zu einem interessanten Gast machte. Auch für ihn war Katia stets die »Prinzessin«. Als »Daniel« wird er lebensgetreu dargestellt, zusammen mit etwa einem Dutzend ungenannter Bewunderer – lauter erkennbare Münchner Persönlichkeiten –, die sich an diesem Abend zusammengefunden hatten, um die »Proklamationen« zu hören – »Predigten, Gleichnisse, Thesen, Gesetze, Visionen, Prophezeiungen und tagesbefehlartige Aufrufe«. Der autobiographische Rahmen wird vom »Novellisten« vorgegeben: »ein Herr mit steifem Hut und gepflegten Schnurrbart«, der niemanden kennt, mit einem »gewissen Verhältnis zum Leben ... nur zufällig hierher geraten« – und »die reiche Dame«, die »seine Bücher schätzte«, wird schmeichelnd beschrieben. Sie rät ihm, sein Mitgefühl für ihre durch Krankheit verhinderte Tochter »Sonja« durch Blumen auszudrücken: »Danke! Das will ich! ... Ein Blümchen? Ein Bukett! Einen ganzen Strauß! ... Und er fühlte, daß er ein gewisses Verhältnis zum Leben habe.«[73] Hedwig die unveröffentlichte Geschichte vorzulegen, war ein guter Schachzug in seiner Werbung. Die Reaktion des »Novellisten« – der auf dem Boden sitzt, sein schmerzendes Rückgrat zu beruhigen sucht und dabei mannhaft die Vision einer Schinkensemmel verdrängt – auf all dies »Genie« ist nicht uninteressant: »Bei diesem Daniel sind alle Vorbedingungen vorhanden: die Einsamkeit, die Freiheit, die geistige Leidenschaft, die großartige Optik, der Glaube an sich selbst, sogar die Nähe von Verbrechen und Wahnsinn – Was fehlt? Vielleicht das Menschliche? Ein wenig Gefühl, Sehnsucht, Liebe? Aber das ist eine vollständig improvisierte Hypothese«, sagt er zu der reichen Dame, als er seine Grüße an »Sonja« bestellt.[74] Sein eigenes Genie lag eher in einer außerordentlichen Fähigkeit zu mühevoller Arbeit (die man mit Samuel Butler, der nicht zu Thomas' weitreichender Lektüre gehörte, treffender als Talent bezeichnen sollte, sich in alle Arten von Unannehmlichkeiten zu stürzen). Für den Augenblick war das jedoch weniger wichtig, als das »Verhältnis zum Leben«, das er suchte – und dafür brauchte er die Liebe Katias.

Im Juli gewannen äußere Umstände die Oberhand. Alfred Pringsheim erkrankte ernsthaft, und seine Gattin und Katia begleiteten ihn für einige Wochen nach Bad Kissingen; anschließend sollten die beiden Zwillinge nach einem kurzen Aufenthalt in der Schweiz zu Verwandten an die Ostsee geschickt werden; die drei älteren Brüder machten sich zu einer längeren Radtour durch Europa auf. Das bedeutete eine Trennung auf unbestimmte Zeit. Die letzten gemeinsamen Tage waren wundervoll, doch der Abschied war für Thomas eine Qual, und von einer Entscheidung war noch nicht die Rede. Solange keine verlangt wurde, war Katia unbeschwert; wurde sie gedrängt, sah sie ihn an wie ein »gehetztes Reh« und konnte keinen Entschluß fassen. Im Zug, während der taktvolle Klaus sich mit dem Gepäck Zeit ließ, wollte sie keine Traurigkeit aufkommen lassen, aber der lange Händedruck, der Abschiedsblick, als der Zug zum Bahnhof hinausfuhr, galt nur ihm, das gab ihm Trost. Er sei verzweifelt, sagte er zu Martens. Er habe sogar einen Neurologen konsultiert, der seinen Verdacht bestätigte, eine solche Angst angesichts einer Entscheidung sei pathologischer Art, und ihm empfahl, noch vorsichtiger und diplomatischer vorzugehen, wenn er sich eine Verlobung erhoffe. Doch dieser Rat war sinnlos, solange sie nicht zurückkehrte. Er werde am 21. Juli zu einer Lesung in Göttingen erwartet und wolle später in Bayreuth den *Parsifal* sehen: »gebe das letztere aber auf, wenn ich dafür sie hier eine Viertelstunde sehen kann«. Sechs Wochen bei seiner Mutter in Utting am Ammersee würden ihn vielleicht zu seiner Arbeit zurückführen: »Wie glücklich, wie stark und unternehmungslustig könnte ich mich fühlen, wenn sie mir beim Abschied Sicherheit gegeben hätte! Du glaubst nicht, wie ich dieses Geschöpf liebe. Ich träume jede Nacht von ihr ... Ich habe zu viel von ihr gekostet, um resignieren zu können.«[75]

Was nicht geheilt werden konnte, mußte ertragen werden, und die übrige Welt bemerkte im Alltag nichts von der Liebeskrankheit des Dichters. Die Veranstaltung bei der Göttinger Literarischen Gesellschaft war seiner Meinung nach höchst erfolgreich: ein mäuschenstilles Publikum, anschließend Abendessen mit den dortigen Universitätslehrern, das beste war eine Rede, die einer von ihnen auf ihn hielt – »was gewiß ein bißchen übertrieben von ihm war; aber wenn es einem zum ersten Male passiert, so ist es ein ganz eigentümliches Gefühl«, schrieb er an Ida Boy-Ed aus Utting –, und danach noch eine Sitzung bei Liebfrauenmilch mit einigen Studenten.[76] (Im Lauf seines Lebens gab es noch viele solcher Reden, die er jedesmal genoß, vor allem wenn das Lob aus Universitätskreisen kam.) Erfreulich war auch die erwartete Einladung für Ende Oktober nach Lübeck, die er ohne Beanspruchung eines Honorars annahm, da er, wie er Ida Boy-Ed schrieb, hoffe, die einladende Literarische Gesellschaft sei die »rechte«; sollte es sich aber nur um irgendeine obskure Wiederbelebung ohne maßgebliche Persönlichkeiten handeln, die eine gute Aufnahme garantierten, so werde er absagen. Er wolle nicht den Eindruck erwecken, es sei ihm so viel am Kommen gelegen, daß er *irgendeine* Einladung annehme.[77]

Aus Utting gingen häufige Briefe an Katia, voll Selbstanalysen und Beteuerungen, die ihre Zweifel und Bedenken vertreiben sollten. (Zahlreiche dieser Stellen kopierte er später für sein Notizbuch, um sein Leben weiterhin zu einer Dichtung zu machen und sie als Material für *Königliche Hoheit* zu verwenden – glücklicherweise, denn das Notizbuch blieb erhalten, die Originalbriefe, wie auch Katias Briefe an ihn, gingen verloren.) »Nie war ich mehr erfüllt von Ihnen, als in diesen Tagen! ... eine brennende Bewunderung ergreift mich, eine Zärtlichkeit schwillt in mir auf, für die es kein Zeichen und Gleichnis gibt. Und Sie? Und Sie?« Für ihn habe Liebe bisher eine Mischung aus Sehnsucht und Verachtung bedeutet, die ironische Liebe des Tonio Kröger zum »Leben«, zum Gewöhnlichen, »wehmütig, spöttisch, hoffnungslos. Und nun? Ein Wesen, süß wie die Welt – *und* gut, *und* ungemein, *und* fähig (wenn auch vielleicht nicht willens), mir mit Geist und Güte entgegenzukommen: etwas absolut und unglaublich Neues! ... meine erste und einzige *glückliche* Liebe.« Sogar Katia gegenüber benutzte er einen Absatz aus anderen Briefen, den er für treffend hielt, und den er ebenfalls bei seinem freundlichen Kritiker Lublinski und bei Ida Boy-Ed anführte, in dem es um seine angebliche »Kälte« und »Mache« ging: »Was eigentlich Ironie ist, das wissen in Deutschland fünf, sechs Leute, mehr nicht; und daß sie nicht schlechthin ›Herzenskälte‹, sondern nur noch eine Art geistiger Zucht, Disziplin, ›Haltung‹, artistischer Würde (und noch einiges Andere) zu bedeuten braucht, das fällt den Toren niemals ein. Was aber die ›Mache‹ betrifft, so hat sich bei uns noch Jeder, der zu pointieren und mit seinen Mitteln zu wirtschaften gelernt hat, der Überzahl der guten Leute und schlechten Musikanten verdächtig gemacht. Mich wundert sehr, daß man Richard Wagner nicht für einen eiskalten Faiseur erklärt, weil er den Liebestod an den Aktschluß setzt ...« Wie Katia diese Selbstrechtfertigung aufnahm, ist nicht überliefert. Ihm war es jedoch wichtig, daß sie nicht zu denen gehörte, die ihn der Herzenskälte beschuldigten. Halte sie ihn für »kalt«, fragte er sie. Sie mußte wissen, daß er an ihre Vereinigung glaubte, »wie man an sich selbst und die Zukunft glaubt ... Aber Sie, die Sie hierin nicht so einfach fühlen und denken, wie ich, die Sie noch im Zweifel stehen ...« Zwei oder drei Tage in München ohne sie wären wie eine Ewigkeit gewesen, nun aber hielte er es nahezu drei Monate in leidlich guter Verfassung aus. »Der Mensch ist ein widerstandsfähiges Wirbeltier.«[78]

Inwieweit ihn der mögliche Konflikt zwischen seinen homoerotischen Neigungen und einem bevorstehenden normalen Geschlechtsleben beunruhigte, ist schwer auszumachen. »*Völlig* darf ich mich ihr jedoch nicht mitteilen. Meinem Gram, meinen Qualen ist sie nicht gewachsen. Aber ohne diese Kluft würde ich sie wohl weniger lieben. Ich liebe nicht, was gleich mir ist oder was mich auch nur versteht.« Eine weitere Notiz deutete vielleicht auf ein heterosexuelles Experiment hin: »Nach geschlechtlicher Entleerung: Ruhige, brauchbare Gedanken, der Kunstfriede der *Interesselosigkeit*.«[79] Erst mehrere Jahre später wurde sich Katia seiner Bisexualität bewußt.

Als sich *Fiorenza* in Utting allmählich dem Ende des zweiten Akts näherte, beschrieb er ihr die Schwierigkeit seiner Arbeit: sie habe nie »gesprudelt« wie die Arbeit des Dilettanten und schnell Zufriedenen (dabei mußte er an Heinrich gedacht haben), »die nicht unter dem Druck und der Zucht des Talentes leben«, jenem »kritischen Wissen um das Ideal«, welches für das Schaffen und die Förderung des Talents unerläßlich sei; »den Größten, den Ungenügsamsten ist ihr Talent die schärfste Geißel«. Die Worte Flauberts – »mon livre me fait beaucoup de douleurs« – erschienen ihm stets als Trost.[80]

Die Trennung dauerte weniger als drei Monate, denn Anfang September waren sie beide zurück in München. Warum passen wir beide so gut zusammen? schrieb er ihr: »Weil Sie weder zum Bürger- noch zum Junkertum gehören; weil Sie, auf Ihre Art, etwas Außerordentliches, – weil Sie, wie ich das Wort verstehe, eine *Prinzessin* sind. Und ich, der ich immer – jetzt dürfen Sie lachen, aber Sie müssen mich verstehen! – der ich immer eine Art Prinz in mir gesehen habe, ich habe, ganz gewiß, in Ihnen meine vorbestimmte Braut und Gefährtin gefunden.« Dem jetzigen Zwischenzustand müsse ein Ende bereitet werden, flehte er; und als sie ihn auf ihr Zimmer nahm, um ihm (in aller Unschuld) ihre Bücher zu zeigen, hatte er endlich gewonnen. »... daß Sie mir – unsterbliche Redensart – ›Ihre Bücher zeigten‹ … Du erstaunliches, quälend süßes, quälend herbes Geschöpf!« Am 3. Oktober verlobten sie sich. »Ein Abschluß …, der meines Lebens Krone ist und ohne den alles, was ich sonst erreicht, mir wertlos sein würde.«[81] Alle verbleibenden Skrupel – Gewissensskrupel, »das moralisch-ästhetische Mißtrauen des Künstlers gegen das ›Glück‹«, wie er an Ida Boy-Ed schrieb – wogen gering gegen seine Liebe zu Katia.[82]

Ihre Eltern gaben ihre Einwilligung, sogar der Vater – er hatte keine Wahl, da Katia nun einundzwanzig war. Zu den Unzufriedenen gehörte der Kritiker Alfred Kerr. Er hatte, wie sich herausstellte, Katia in dem Kurort an der Ostsee gesehen, hatte förmlich um ihre Hand angehalten und war beinahe lachend abgewiesen worden; er war wütend darüber, daß nun jemand an seine Stelle getreten war, der sich bereits seine literarische Feindschaft zugezogen hatte. In späteren Jahren benützte er jede Gelegenheit, um gegen Thomas Mann zu polemisieren. Paul Ehrenberg scheint die Nachricht überrascht und betroffen zu haben. Thomas Mann versicherte ihm aber, daß die Heirat an ihrer Freundschaft nichts ändern werde; Paul heiratete innerhalb eines Jahres. Das Tempo wechselte nun jäh von Lento zu Prestissimo, die Verlobung brachte zahlreiche gesellschaftliche Verpflichtungen mit sich, die *Fiorenza*, die er Fischer etwas übereilt für November versprochen hatte, mußte abgeschlossen und die Auftritte in Berlin und Lübeck mußten um einen Monat verschoben werden. Er nahm Katia zu einem Besuch bei seiner Mutter mit, die nun mit Viktor in Augsburg lebte. Viktor erinnerte sich viel später an sein Erstaunen, dieses akademische Wunderkind als unbebrillte, modisch gekleidete Schönheit vorzufinden. (Daß sie auf den ersten Blick das Herz der Mutter gewonnen und es nie eine Spur schwiegermütterlicher Eifersucht gegeben habe, ist den späteren Bemerkungen Julias nach zu bezweifeln.)

All diese Ansprüche an seine Zeit machten die Arbeit am Drama schwierig. Ein Ausschnitt wurde den Pringsheims natürlich vorgelesen, mit beifälligem Gemurmel, doch es war immer noch ein Torso, als er sich mit Hedwig und Katia nach Berlin aufmachte, um der dortigen Familie vorgestellt zu werden. Für die Lesung in Herwarth Waldens Verein für Kunst fügte er dem *Wunderkind, Ein Glück* und einem Kapitel aus *Tonio Kröger* zwar schon eine Kostprobe aus *Fiorenza* hinzu, Fischer mußte aber noch eine ganze Weile warten. Katia erinnerte sich an ihren Lachanfall bei dem Gebrumme von Waldens Cello, der ein eigens zu Ehren des Vorlesers komponiertes Stück vortrug; sie und ihre Mutter waren aber zweifelsohne von dem Eindruck, den Thomas gemacht hatte, angetan. Lübeck nahm er sich allein vor. Es war seine erste »offizielle« Rückkehr, und er wohnte bei Ida Boy-Ed. Er las aus dem *Wunderkind* und einen Ausschnitt aus *Fiorenza*, nicht immer hörbar genug, vor einem großen und im allgemeinen aufnahmebereiten Publikum, aus dessen Händen er dann feierlich eine Triumphgirlande entgegennahm. Auf einem anschließenden Empfang sprach er vom »Roman seines Lebens«: der bedeutende Wendepunkt sei seine Verlobung, nun setze ein ganz neues Kapitel ein, »das in schönem Rausch konzipiert ward und das nun mit Liebe, Kunst und Treue aufgebaut sein will ...«.[83] Er amüsierte sich, als in einem Zeitungsbericht auf das »überlegene Benehmen« hingewiesen wurde, das ihm seine »Berühmtheit« verliehen habe. Von »so einem armen Wurm von Reporter« mit solcher Hochachtung behandelt zu werden, bereitete ihm trotzdem Freude.[84]

Insgesamt machte die »Virtuosentour« deutlich, wie weit er es in den wenigen Jahren seit den *Buddenbrooks* gebracht hatte: Organisatoren waren bereit, kurzfristig ihr Programm seinen Wünschen anzupassen, die unangenehmen Folgen des Romans in seiner Heimatstadt schienen sich verflüchtigt zu haben, dem Publikum war jede Arbeit aus seiner Feder willkommen, sogar die ganz und gar nicht spannende Prosa seines *Fiorenza*-Entwurfs. Wieder in Berlin, fand er, daß sein Ansehen durchaus den Erwartungen entsprach, die man mit seiner Einführung in die Gesellschaft verband. Bei einem Abendessen zu Ehren des glücklichen Paares traf er zum erstenmal Maximilian Harden, den Herausgeber der *Zukunft*, der seine Novelle *Die Hungernden* zwei Jahre zuvor veröffentlicht hatte; die Eltern Alfred Pringsheims nahmen ihn mit offenen Armen auf und machten ihm eine kostbare goldene Uhr zum Geschenk; sogar Katias Großmutter, Hedwig Dohm, die aus feministischen Prinzipien verurteilen mußte, daß eine unabhängige junge Frau die Aussicht auf einen Doktortitel aufgab und Thomas wissen ließ, er sei geradezu ein Plünderer weiblicher Rechte, konnte in ihren hellgrauen Augen ein gewisses Wohlwollen nicht verbergen. Die Bekanntschaft mit »Miemchen« gehörte zu den bemerkenswertesten seines Lebens, schrieb er später.

Gegen Weihnachten, als die Vorbereitungen für eine Hochzeit im

Februar begannen, machte er das lange Schweigen wieder gut, das diese aufregenden Monate seinem Briefwechsel mit Heinrich aufgezwungen hatten. Es gehe ihm einmal darum, dem Bruder zu versichern, daß er »das nicht ganz simple Problem unseres Verhältnisses« nicht vergessen habe und daß er nicht nur an das eigene Glück denke; in der Hauptsache aber wolle er erklären, daß das neue Leben nicht so ganz dem Schlaraffenland, das Heinrich so geschmäht hatte, entspräche. Was war schließlich Glück? »Nie habe ich das Glück für etwas Leichtes und Heiteres gehalten, sondern stets für etwas so Ernstes, Schweres und Strenges wie das Leben selbst ... Ich habe es mir nicht ›gewonnen‹, es ist mir nicht ›zugefallen‹, ich habe mich ihm *unterzogen*: aus einer Art Pflichtgefühl, einer Art von Moral, einem mir eingeborenen Imperativ ... Das ›Glück‹ ist ein Dienst ... und ich betone das, nicht, weil ich irgendetwas wie Neid bei Dir voraussetze, sondern weil ich argwöhne, daß Du im Gegenteile sogar mit Geringschätzung auf mein neues Sein und Wesen blickst. Tu das nicht. Ich habe es mir nicht leichter gemacht. Das Glück, *mein* Glück ist in zu hohem Grade Erlebnis, Bewegung, Erkenntnis, Qual, es ist zu wenig dem Frieden und zu nahe dem Leiden verwandt, als daß es meinem Künstlertume dauernd gefährlich werden könnte ... Das Leben, das Leben! Es bleibt eine Drangsal. Und so wird es mich denn wohl auch mit der Zeit zu ein paar guten Büchern veranlassen.«

Dann beschrieb er, was das neue Leben mit sich brachte: sein Zuwachs an Weltlichkeit werde durch eine hellgraue Velvetweste mit Silberknöpfen symbolisiert, die er nun zum Frack trage. Es gelte andauernd, »sich menschlich stramm zu halten und oft läuft das ganze ›Glück‹ auf ein Zähne zusammenbeißen hinaus«. Dazu sei noch die seelische Strapaze der Werbung gekommen, »die Verlobung – auch kein Spaß, Du wirst das glauben«, die Anstrengung, sich an eine neue Familie zu gewöhnen, die gesellschaftlichen Verpflichtungen, all die neuen Menschen, »sich zeigen, sich benehmen ... Und zwischendurch tagtäglich die fruchtlosen und enervierenden Extasen, die dieser absurden Verlobungszeit eigentümlich sind.« Er sei so erschöpft, daß er ernsthaft erwäge, im Januar für einige Zeit nach Polling zu gehen, nur zu arbeiten und etwas »erotinfreie« Luft zu atmen. Es sei sehr schade, daß Heinrich zu Weihnachten nicht dort sein werde und sich auch nicht der »wunderlichen Konstellation« anschließen könne, die er für ein Abendessen bei den Pringsheims zusammengestellt habe: ihre Mutter, die Löhrs, Viktor und Grautoff; doch die Hochzeit dürfe er keinesfalls versäumen, es werde eine zwanglose Sache sein, auf Katias Wunsch nicht einmal eine Messe in der Kirche. Unterdessen erbitte er ein paar Zeilen des Willkommens für die zukünftige Schwägerin.[85]

All dies klingt für uns so wenig überzeugend, wie es ohne Zweifel für den Bruder geklungen haben mußte. Sich dem Glück »unterzogen«, es nicht »gewonnen« zu haben? War seine Erschöpfung denn nicht gerade auf jene zielstrebige Anstrengung zurückzuführen, die gewünschte Braut und das neue Leben des Reichtums und sozialen Ansehens zu gewinnen, die er, trotz aller Proteste, als für sich höchst angemessen empfand? Heinrich mochte ihm den literarischen Erfolg geneidet haben, ganz gewiß aber nicht das neue Leben, demgegenüber er starke Abneigung, wenn nicht gar Verachtung empfand. Anfang Januar erhielt er von der Mutter einen langen geschwätzigen Brief. Sie war von dem Verzicht auf eine kirchliche Zeremonie entsetzt; wenn diese Leute schon Protestanten waren, dann sollten sie es an einem solchen Wendepunkt im Leben Katias zu erkennen geben; am schlimmsten sei jedoch, daß sich das Mädchen selbst, in Übereinstimmung mit ihrem Vater, der keiner Religion angehörte, geweigert habe. Wie freundlich Katia ihr gegenüber auch war, sie ließ doch keine Zweifel an ihrer Meinung über das »hypermoderne Volk«, das nicht einmal Neujahrsglückwünsche sandte oder Gratulationsbriefe beantwortete. Sollte für Thomas alles gut ausgehen, so sei es das beste für sie alle; sollte dies nicht der Fall sein, so sei sie vorbereitet und nicht überrascht. »Das viele Geld macht doch kalt u. anspruchsvoll, macht harte Köpfe … Ich denke so oft jetzt, wie Papa sich verhalten haben würde. Lula wurde etwas erregt, als ich ihnen meine Zweifel darlegte u. meine Sorgen um Th., u. sie glaubt an Katias Liebe f. Th., ach Gott, wolle es doch so! Wie viele andere, liebe und weniger verwöhnte Mädchen hätten ihn wahr und treu geliebt u. für ihn gesorgt!«[86] Heinrich war jedenfalls nicht geneigt, aus Italien zurückzukehren, wo ihn nicht nur ein Sturm von Produktivität festhielt, sondern auch ein eigenes Liebesverhältnis mit der schönen Ines Schmied, einer angehenden Schauspielerin und Sängerin, das der Familie vorläufig aber verborgen blieb.

Carla, die mitten in der Saison an einem kleinen Theater im entferntesten Winkel deutscher Provinz, bei Kattowitz in Schlesien gastierte, konnte ebenfalls nicht anwesend sein. Auf Grautoffs Vorschlag, ein heiteres Gedicht für die Gelegenheit zu schreiben, erwiderte sie bitter, in der Umgebung, in der sie zur Zeit lebe, wo Genickstarre und Typhus herrschten, sei Komödie nicht angebracht. Schwester Julia kaufte für sie und Heinrich als gemeinsames Hochzeitsgeschenk ein Kaffeeservice aus Porzellan. Das Geschenk der Mutter sprach den Familiensinn des Sohnes an: eine Garnitur des Mannschen Silberbestecks, mit neuen Stücken und einem Dutzend silberner Messer im Empirestil ergänzt, in einem lederbezogenen Kasten, der aus der alten, roten Samtschatulle umgearbeitet war, in der sich die Familiendokumente befunden hatten, und dessen Dekkel nun ein Silbertablett enthielt. Es sollte dann lediglich zum täglichen Gebrauch dienen; von den Berliner Pringsheims kam nämlich ein vollständiges Silberservice für vierundzwanzig Personen. (»Darin befinden sich Sachen, die es gar nicht gibt, *die* Leutchen müssen Geld haben!«) Aber sie entließ den Sohn in die neue Umgebung, die ihr von der eigenen so völlig verschieden schien, so gut ausgestattet wie möglich.[87]

»Das viele Geld«: die Pringsheim scheuten keine Kosten, um dem neuen Leben der Tochter die rechte Grundlage zu bereiten. Der Vater kümmerte sich persönlich um die gesamte Einrichtung einer Wohnung mit sieben Zimmern in der Franz-Joseph-Straße 2, wozu auch ein Telephon und ein prächtiger Stutzflügel gehörten. Sie sollte nach der Hochzeit am 11. Februar 1905 für das Paar bereitstehen. Julia Mann war höchst beeindruckt, vor allem durch die Lüster und die *zwei* Wasserklosetts; sie warnte Thomas aber, sich nicht *alles* schenken zu lassen, da er sich nicht als Herr im Hause fühlen werde, wenn er selbst nichts gekauft hätte. Schließlich erlaubte man ihm nur einige Empirestühle aus seiner Junggesellenwohnung, die er Ende Januar verließ, um in eine nahe gelegene Pension zu ziehen. In ein paar ruhigen Tagen in Polling hatte er inzwischen *Fiorenza* auf gut Glück abgeschlossen und das Manuskript an Fischer geschickt. Er hörte mit Befriedigung, daß diese Ansammlung philosophischer Dialoge von geringer dramatischer Wirkung als »etwas ganz Erlesenes« angesehen wurde, hielt sie selbst aber für einen künstlerischen Fehltritt, einen Zwitter, und den Versuch, »eine geistige Konstruktion mit Leben zu erfüllen«, für mißlungen[88] – ein Urteil, das durch die Bühnengeschichte des Stücks, das ständig Kürzungen und Umarbeitungen nötig hatte, durchaus bestätigt wurde. Es erschien im Sommer in zwei Nummern der *Rundschau* und im September dann als Buch.

Die Eheschließung am 11. Februar fand im Standesamt am Marienplatz statt. (Katia glaubte sich in hohem Alter auch an eine Zeremonie in der Lukaskirche an der Isar erinnern zu können, doch scheint sie die Erinnerung merkwürdigerweise getäuscht zu haben.) Zum Hochzeitsmahl in der Arcisstraße waren nur die Familien und einige Freunde geladen; von Thomas' Seite war nur Grautoff zugegen. Die Ansprachen waren kurz, er hatte sich entschlossen, die gewiß kürzeste seines Lebens zu halten, indem er einfach das Glas erhob und einen Trinkspruch auf das Wohl der neuen Verwandten ausbrachte, dabei bediente er sich der Spitznamen. Dann war alles vorüber. Er konnte kaum glauben, daß er »einem weinenden Elternpaar die Tochter vom Herzen« gerissen habe, um sie zu seinem Weib zu machen und sie »ins Weite« zu entführen[89] – nicht sehr weit allerdings, denn man verbrachte die kurzen Flitterwochen in Zürich und Luzern, um dann am 23. Februar die neue Wohnung in München zu beziehen.

Im Zürcher Hotel Baur au Lac lebten sie in fürstlichem Stil, wie er sich nicht versagen konnte, an Heinrich zu berichten: »Lunch« und »Dinner«, Smoking am Abend, Livreekellner, die sich beeilten, die Türen zu öffnen. Das »Glück« aber, betonte er dem Bruder gegenüber, bleibe noch aus: Trotz aller Versicherungen der hygienischen Förderlichkeit der Ehe, fühlte er sich nicht wohl, und sowohl er wie Katia ließen sich anscheinend dort ärztlich beraten. Bei diesem Schlaraffenleben hatte er ein schlechtes Gewissen und sehnte sich angeblich häufig nach etwas mehr Klosterfrieden und Geistigkeit.[90] Katia ihrerseits soll den Rat erhalten haben, angesichts ihrer zarten Gesundheit für drei oder vier Jahre auf Kinder zu verzichten. Wenn dies der Fall war, so blieb der Rat von beiden unbeachtet. »Geheiratet habe ich nur, weil ich Kinder haben wollte«, sagte Katia nicht lange vor ihrem Tod.[91] Ihre Gesundheit erwies sich ein sehr langes und fruchtbares Leben hindurch als alles andere als zart. Und Thomas wollte einen Sohn. Etwa einen Monat nach ihrer Rückkehr nach München schrieb er spätabends am Ende eines Briefes an einen Freund: »... das Ehebett wartet. Es ist nicht sicher, ob der Prinz schon in die Wege geleitet ist. Man muß sich regen.«[92] Er mußte die erste wirkliche Prüfung normaler Geschlechtlichkeit bestanden haben, denn bald darauf war Katia schwanger.

3

»Ich bin jedenfalls gebunden und habe eine goldene Kugel an jedem Bein.«

TM, Juni 1906[93]

Das Leben Thomas Manns schien, wie er in späteren Jahren häufig bemerkte, in runden Zahlen zu verlaufen und neigte zu einer Ordnung, die zwar faktisch nicht immer ganz zutraf, doch leicht zurechtgebogen werden konnte (wie etwa mit seiner Geburt zum Dreivierteljahrhundert, die er gern genau auf die Mittagszeit ansetzte). Als harmlose Gunst der Götter war dieses Phänomen in seinen zahlreichen autobiographischen Erinnerungen immer gut für ein Lächeln – Humor, so behauptete er gegen seine Kritiker, sei ein wesentlicher Aspekt, wenn nicht gar die wichtigste Rechtfertigung seines Lebens. Seine Heirat nun, im Alter von dreißig Jahren und im fünften Jahr des neuen Jahrhunderts, gehörte nicht zu den Anlässen, auf die er dergestalt aufmerksam machte, dennoch war es eine bedeutsame runde Zahl in seiner Entwicklung. Mit fünfundzwanzig hatte er das Werk geschaffen, das ihm den Ruhm sicherte, nun, mit dreißig, hatte er sein Leben durch eine Heirat verwandelt, die in jeder Hinsicht ein glänzender Erfolg war und ihm den gesellschaftlichen Rang einbrachte, nach dem er getrachtet hatte, das »Glück«, das er trotz aller Proteste brauchte, und die solide bürgerliche Basis, die er stets erstrebt hatte. »Ach, Reichtum ist doch eine gute Sache, man sage, was man wolle«, schrieb er halb im Scherz im September nach einem Aufenthalt bei Katias Tante Else Rosenberg und ihrem Gatten, einem Geschäftsmann, in Berlin: »Ich bin Künstler genug, korruptibel genug, um mich davon bezaubern zu lassen.«[94]

Angesichts der Mann-Buddenbrook-Tradition ist es jedoch überraschend, daß es keine Aufzeichnungen irgendeiner der finanziellen Vereinbarungen gibt, die gewöhnlich eine solche Verbindung begleiteten. Die Manns (und die Buddenbrooks) hatten stets großen Wert auf angemessene Mitgiften für die Töchter der Familie gelegt, und in den Familiendokumenten nahmen solche Vereinbarungen, in der Wirklichkeit wie in der Fiktion, beträchtlichen Raum ein. Bei den Pringsheims scheint es anders gewesen zu sein. Die Hochzeitsgeschenke waren verschwenderisch gewesen, der Professor hatte sich bei der Einrichtung der Wohnung mehr als großzügig erwiesen, und er unterstützte das Paar während der ersten Ehejahre wahrscheinlich auch finanziell. Nirgendwo aber ist von einer Mitgift die Rede, abgesehen von einem Hinweis im Jahr 1912 auf ein anscheinend bescheidenes Einkommen Katias. Daraus, wie aus dem Einkommen aus seinen Werken und öffentlichen Auftritten, mußten die Miete für die Wohnung in der Franz-Joseph-Straße und der Haushalt bestritten werden. Seine Tantiemen von Fischer schufen, als die *Buddenbrooks* sogar noch weitere Auflagen erfuhren, eine gute Grundlage, es war aber wichtig, so bald wie möglich zu echter Produktivität zurückzukehren. Er verfügte bereits über umfangreiche Notizen zu zwei Erzählungen, die sich auf seine Erfahrungen gründeten – der Roman *Die Liebenden* (den er nun *Maja* nannte, das buddhistische Symbol für das trügerische Wesen des Lebens) und *Königliche Hoheit*, die er sich als längere Novelle dachte –, neben einer Anzahl anderer Einfälle. Je eher die regelmäßige Arbeit aufgenommen werden konnte, desto besser.

Nach kurzer Zeit waren sie in ihrem neuen Heim zu Hause. Er mag sich nicht ganz Herr im eigenen Haus gefühlt haben, als er die Wohnung von seinem Schwiegervater so vollständig eingerichtet vorfand – eine leichte Gereiztheit läßt sich aus seiner Notiz über ein Gespräch mit Alfred Pringsheim erkennen, in dem es um die definitive »Anordnung« in seinem Arbeitszimmer ging, das einen neuen Schreibtisch und überhaupt alles enthielt, was dem Professor angemessen schien. Sicher aber freute er sich über die eingebaute, ausgedehnte neue Bücherwand, wo er endlich eine systematische Bibliothek anstelle der zusammengewürfelten Sammlung aufbauen konnte, die er bisher angelegt hatte (Fischer war ihm dabei jederzeit gern behilflich). Katias Situation hatte sich nicht sehr verändert, da die Wohnung für einen täglichen Besuch nahe genug bei ihrem alten Zuhause lag (es gab vermutlich, wie Julia Mann vorhergesagt hatte, auch häufige Telephonanrufe, um sich nach ihrem Befinden zu erkundigen). Ein Nachteil war das Treppensteigen zum dritten Stock, was sich bei fortschreitender Schwangerschaft zunehmend bemerkbar machte. War man aber oben angelangt, so entschädigte der Blick über den Park des Prinz-Leopold-Palais mehr als genug. Die Stadtmitte ließ sich leicht erreichen, zu Fuß oder durch eine kurze Straßenbahnfahrt. Diese Wohnung sollte für nahezu sechs Jahre ihr Heim bleiben.

Mitte März hatten sie sich hinreichend eingelebt, so daß die Arbeit am neuen Schreibtisch beginnen konnte. Vor den bereits geplanten Werken mußte jedoch noch eine Auftragsarbeit erledigt werden. Dem hundertsten Todestag Schillers am 9. Mai des Jahres sollte eine Sondernummer des *Simplicissimus* gewidmet werden, und er wurde selbstverständlich um einen Beitrag ersucht. Schiller war seit seiner Schulzeit seine bewunderte Lektüre gewesen (»Das Beste, was Sie lesen können!« hatte ihm ja der Lehrer im Katharineum gesagt), und Tonio Krögers Begeisterung für *Don Carlos* hatte er selbst empfunden. Zu diesem besonderen Anlaß schwebte ihm nicht der übliche formale, kritische Essay vor, sondern eine Studie einer Episode im Leben Schillers, ein Stimmungsbild einer der vielen »schweren Stunden« (wie Carlyle sie nannte) bei der Entstehung des *Wallenstein*. Er bereitete sich gründlich durch ausgedehnte Lektüre, vor allem der Briefe Schillers aus jener Zeit, vor und machte sich seiner üblichen Arbeitsweise gemäß sorgfältige Notizen; in bewundernswerter Weise gelang ihm hier mit einer gewissen Freiheit die Assimilierung und Verwandlung seines Materials in ein Kunstwerk. Das Geheimnis lag darin, daß die in der dritten Person gehaltene Schilderung des offensichtlichen Versagens Schillers (bei der weder Autor noch Werk tatsächlich erwähnt werden), die seinem gewaltigen Stoff angemessene dramatische Form zu finden, und seiner Verzweiflung, als sich alles – Rahmen, Sprache – als für die Bühne ungeeignet erwies, tatsächlich autobiographisch ist: ein Abbild seiner eigenen Leiden bei dem Versuch, *Fiorenza* zu vollenden. Zahlreiche der Schlüsselsätze stammen unmittelbar aus seinen Briefen an Katia und dem Drama selbst; in allem – in Schillers verzweifelter Anstrengung, seinen körperlichen Beschwerden, seiner jungen Frau – ist diese Erzählung ein Spiegelbild von Manns eigener Geschichte. Der Unterschied liegt darin, daß Schiller groß genug war, um zu siegen (»Und der Ehrgeiz spricht: Soll das Leiden umsonst gewesen sein? Groß muß es mich machen!«[95]), daß das Werk ihm trotz der Schwierigkeiten gelang. Er selbst hatte das, wie er wußte, in *Fiorenza* nicht erreicht, doch seine lebendige Darstellung Schillers in *Schwere Stunde* war eine gewisse Entschädigung. Was *Fiorenza* anging, erheiterte es ihn, daß das Drama einige Monate nach der Veröffentlichung in der *Rundschau* in Berlin einen modischen Ruhm beanspruchen konnte. Man hatte in einem Modegeschäft ein Kostüm dieses Namens kreiert, das, zum Preis von 75 Mark, wesentlich teurer war als ein anderes, das man nach Frank Wedekinds Stück *Hidalla* getauft hatte.

Nun hatte er so angefangen, wie er weiterarbeiten wollte, die tägliche Routine, nach der sein restliches Leben verlaufen sollte, war festgelegt: der Vormittag am Schreibtisch, eine Ruhepause nach dem Mittagessen, Nachmittag und Abend für Briefe und die Forderungen einer wachsenden Geselligkeit. Katia begann allmählich, sich in die wichtige Rolle eines Partners im Unternehmen Thomas Mann zu finden: Sie war eine empfindsame Zuhörerin bei seinen Lesungen aus den entstehenden Werken, erledigte dazu nicht nur die Haushaltspflichten und überwachte die Dienstboten, sondern übernahm auch noch die Verwaltung seiner geschäftlichen Angelegenheiten; er war in Geldsachen zwar sehr genau, konnte sich in den komplizierten Fragen von Tantiemen und Honoraren aber nur sehr schlecht zurechtfinden.

Mit *Königliche Hoheit* hatte er bereits begonnen, statt die Arbeit aber fortzusetzen oder mit *Maja* einen Anfang zu machen, plante er nun eine Novelle über einen weiteren Bereich seiner Erfahrung: die Eindrücke von Reichtum und Judentum in dem neuen Milieu, in das man ihn eingeführt hatte. Diese »Tiergartennovelle«, wie er sie nannte (im Berliner Bezirk Tiergarten lebte Katias Tante Else Rosenberg), war ein wagemutiger Ausflug in die Sitten der reichen assimilierten Berliner Juden, in deren Ambiente er nun zu Hause war. Das Motiv ist wagnerscher Art: eine inzestuöse Vereinigung der Zwillinge Sieglinde und Siegmund, – die Charaktere leicht an Katia und ihrem Zwillingsbruder Klaus erinnernd, – nach einer Aufführung der *Walküre* und kurz vor Sieglindes arrangierter Hochzeit mit dem Protestanten von Beckerath, einem Langweiler »aus guter Familie«, dem Hunding aus Wagners Oper, der auch wie Hunding betrogen wird. Der endgültige Titel sollte *Wälsungenblut* lauten. Die Geschichte, in der Juden oder Judentum nicht unmittelbar erwähnt werden, spiegelte den üppigen Lebensstil der Pringsheim-Rosenbergs in Berlin wider. Thomas und Katia brachen einen Urlaub in Zoppot an der Ostsee, als das Wetter umschlug, ab und flohen nach Berlin, wo sie die letzte Woche bei den Rosenbergs verbrachten und sich ihm weitere Gelegenheit zu nützlichen Beobachtungen bot. Anschließend schrieb er an Ida Boy-Ed: »Und übrigens muß die widersprechende Neigung zur Askese einerseits, und zur Üppigkeit andererseits wohl der modernen Seele überhaupt zugehörig sein: man sehe sie in großem Stile bei Richard Wagner.«[96]

Als er nach ihrer Rückkehr nach München die Geschichte abschloß, wußte er, daß er sich auf gefährlichem Terrain befand. Trotz allen behutsamen Umgangs mit dem Thema und aller Sorgfalt bei der Verschleierung der Charaktere, war sie doch viel dichter am eigenen Milieu angesiedelt als das historische Thema der *Buddenbrooks*. Um sich selbst zu schützen, bat er Alfred Pringsheim für die Schlußzeilen um einen geeigneten jiddischen Ausdruck für die Übertölpelung Beckeraths – danach zeigte der Schwiegervater aber kein großes Interesse mehr für den eigentlichen Inhalt der Erzählung. Als weitere Vorsichtsmaßnahme las er Hedwig Pringsheim und Katias Bruder Klaus den ganzen Text vor und freute sich, als keine Einwände kamen. Das schien ihm eine hinreichende »Genehmigung« zu sein, ihn an Oscar Bie für die Januarnummer der *Rundschau* zu senden, und er wandte seine Aufmerksamkeit anderen Dingen zu – am 9. November war Katias Zeit gekommen, und sie brachte nach einer sehr langen und schwierigen Geburt ihr erstes Kind zur Welt, eine wohlgebildete kleine Tochter, die sie Erika nannten.

Es war eine bange Zeit, die »ich all meiner übrigen Lebtage nicht vergessen werde. Aber nun ist alles Idyll und Friede, und das Kleine an der Brust der Mutter zu sehen, die selbst noch wie ein holdes Kind wirkt, ist ein Anblick, der die Foltergreuel der Geburt nachträglich verklärt und heilig spricht.«[97] Er hatte eine Vorstellung von Leben und Tod, doch diese Einführung in das Mysterium der Geburt war eine gewaltige Erschütterung. Er hatte sich einen Jungen gewünscht, gestand er Heinrich zehn Tage später, das sei auch weiterhin so, ein Junge würde gewissermaßen eine Fortsetzung seiner selbst sein, ein neuer Beginn: »Nun, er braucht ja nicht auszubleiben. Und vielleicht bringt mich die Tochter innerlich in ein näheres Verhältnis zum ›anderen‹ Geschlecht, von dem ich eigentlich, obgleich nun Ehemann, noch immer nichts weiß ... Die Kleine, die auf Wunsch der Mutter Erika heißen soll, verspricht, sehr hübsch zu werden. Momentweise glaube ich, ein klein bischen Judentum durchblicken zu sehen, was mich jedesmal sehr heiter stimmt.«[98]

Damit kam er zu dem eigentlichen Grund seines Briefes, denn in der Zwischenzeit waren gegen das »Judentum« in der *Wälsungen*-Geschichte, vor allem gegen den von Alfred Pringsheim für die letzten Worte vorgeschlagenen Ausdruck, vom Herausgeber der *Rundschau* starke Bedenken geäußert worden. Aus gutem Grund empfand Bie die verächtlichen Worte Siegmunds für Beckerath (»Beganeft haben wir ihn – den Goy!«) als unvereinbar mit der diskreten und höchst indirekten Behandlung des Judentums im Verlauf der Erzählung. Er verlangte eine Änderung. Der Einwand war berechtigt, und Thomas wollte ihm nachgeben. Ein weniger starker Schluß wie etwa: »Aber Beckerath? – dankbar soll er uns sein. Er wird ein minder triviales Dasein führen, von nun an«, würde dem entsprechen und auch besser zu dem Buch passen, in dem die Novelle zusammen mit *Königliche Hoheit* erscheinen sollte. Er suchte jedoch dringend den Rat des Bruders und, wenn möglich, einen besseren Vorschlag. Wie zu erwarten, drängte ihn Heinrich, der solche Überraschungseffekte nie scheute, nicht nachzugeben: »Das Charakteristische der Wohlanständigkeit opfern ist Kitsch.«[99] Wie ebenfalls zu erwarten war, gab Thomas nach – nur für die *Rundschau*, wie er Heinrich versicherte, im Buch würde die Originalversion wiederhergestellt. Abermals wandte er sich anderen Dingen zu und brach Anfang Dezember zu einer Vorlesungsreise nach Prag, Dresden und Breslau auf (die nun wieder gesundete Katia mußte sich damit abfinden, daß sie so schnell allein blieb, er selbst scheint wegen der eigene Gesundheit besorgter gewesen zu sein und unterzog sich Massagen und Elektrobehandlungen für seine »nervöse Dyspepsie«). Das allgemeine Problem des wirklichen Lebens als Grundlage der Literatur, der Schlüsselroman als Literatur, beschäftigte ihn sehr: Die *Buddenbrooks* waren in einem Lübecker Verleumdungsprozeß von der Anklage gegen den Verfasser eines ähnlichen Schlüsselromans zitiert worden, was ihn zu einem öffentlichen Protest in einer Lübecker Zeitung veranlaßte, dem nach seiner Rückkehr ein grundsätzlicherer Essay über das Thema folgen sollte.

Heinrich werde wohl über die »viele Reiserei« spotten, schrieb er, doch er könne nicht anders: »Das Repräsentieren macht mir Spaß und die Luftveränderung reißt mich jedesmal aus der geistigen Stagnation, zu der ich neige.« Diese kurze Tour habe ihm wieder einmal den Wert der Praxis gezeigt. Während er in Prag »schwitzte« und vermutlich eine schlechte Figur machte, habe er in Dresden den Saal besser beherrscht und in Breslau trotz seiner Müdigkeit »einen lächerlichen Erfolg« gehabt. Aber in den Pausen verlerne man wieder alles; bei zwei weiteren Auftritten in Basel, die nun Ende Januar stattfinden sollten, würde sich sein Lampenfieber wahrscheinlich wieder einstellen. Prag aber und die Reise durch die Gegenden des Siebenjährigen Krieges habe ihn zu einem Unternehmen ermutigt, von dem er bereits geträumt habe: ein Roman über Friedrich den

Großen. Bei seinen Besuchen in Berlin sei er zweimal in Potsdam und Sanssouci gewesen. Er hatte mehrere Biographien Friedrichs gelesen, darunter die von Carlyle, und erlebte nun »Stunden eines excitierten Glaubens« an das Projekt, das seiner nun würdiger erschien. Für *Maja* hatte er alles Material bereit, doch ihm fehle die Geduld, wie es nun an Heinrich hieß, für die drei Jahre der Plackerei, die ein solcher Roman des modernen Großstadtlebens erfordern würde, *Königliche Hoheit* müsse natürlich Vorrang haben, damit er den Kontakt mit dem Thema nicht verliere. Ein »Friedrich« wäre etwas anderes: ein Thema der Würde, für das er die nötige Ausdauer aufbringen könne, und das Stolz auf die Leistung versprach. Die Schiller-Studie und *Fiorenza* hätten seinem Gefühl nach seine Befähigung für das Historische, sein Talent für den richtigen »Ton« in der Darstellung von Heldentum erwiesen.[100] Diese Stimmung fieberhafter Exaltation war nicht von Dauer; wie im Fall *Majas* sollte das angesammelte Material aber noch Verwendung finden.

Als er am 15. Dezember aus Breslau zurückkehrte, wurde er unsanft daran erinnert, daß öffentliches Auftreten auch öffentliches Preisgeben seines Privatlebens bedeutete. Dem Münchner Klatsch zufolge hatte er seine neue Familie »fürchterlich kompromittiert«, indem er eine antisemitische Novelle geschrieben habe, um sich für die »Erniedrigungen« zu rächen, die er durch sie erfahren habe. Alles wurde noch weiter ausgesponnen: Der erboste Schwiegervater habe ihn mit vorgehaltener Pistole gezwungen, die Novelle zurückzuziehen. Angesichts dieser Gerüchte blieb ihm nichts anderes übrig, als sofort an Fischer zu telegraphieren, mit der Anweisung, die Nummer der *Rundschau* ohne die Geschichte neu zu drucken. Es stellte sich heraus, daß man im Haus des sparsamen Verlegers Makulaturbogen des ersten Drucks als Packpapier für eine Büchersendung nach München verwendet hatte, wo ein neugieriger Buchhändlergehilfe den interessanten Text gelesen und der Versuchung nicht widerstanden hatte, die Sache weiterzugeben, der Klatsch trug dann das übrige bei. Die Zurückziehung der Geschichte beraube die gierigen Klatschbasen ihres Skandals, doch es dauerte geraume Weile, bis es Hedwig und Klaus Pringsheim, die sich ihres früheren Beifalls für die Erzählung schämten, gelang, den berechtigten Zorn des Professors über den Vorfall zu besänftigen. »So gut war die Sache ja nicht«, bemerkte Thomas dem Bruder gegenüber, »und das daran, was Wert hat, nämlich die Milieu-Schilderung, die ich wirklich für sehr neu halte, läßt sich wohl einmal anderweitig verwenden. Ein Gefühl der Unfreiheit, das in hypochondrischen Stunden sehr drückend ist, werde ich freilich seither nicht los, und Du nennst mich gewiß einen feigen Bürger ... Schlimm ist hauptsächlich, daß ich, der ich ohnehin so wenig fertigbringe, auch noch die skrupulöse Arbeit langer Wochen aus Rücksichten unterdrücken muß.«[101]

Bis in den Februar verwendete der Fischer Verlag anscheinend noch die zurückgezogenen Druckbogen als Verpackungsmaterial, und der Verleger erhielt einen scharfen Protest seines Autors: »*Das geht nicht* ... Sie glauben nicht, wie man hier nach der Geschichte giert. Auf diese Weise wird die Unterdrückung illusorisch. Wenn Sie wollen, daß ich Frieden vor all der Dummheit und Bosheit haben soll, die, seit ich hier persönlich an sichtbarer Stelle stehe, mich umlauert, so tragen Sie Sorge, daß dergleichen Unvorsichtigkeiten nicht wieder vorkommen ...«[102] Als Ersatz für das Ausbleiben neuen Ruhms nahm er dankbar die Mitteilung entgegen, daß *Fiorenza* in zweiter Auflage erscheinen würde, was bei einem Drama, wie Fischer bemerkte, soviel bedeute wie zehn Auflagen eines Romans. Die Besprechungen waren, gelinde gesagt, zurückhaltend. Von mehreren Seiten wurde eine Bühnenaufführung vorgeschlagen, was er zu diesem Zeitpunkt für unangebracht hielt: Hatte man *Wälsungenblut* für antisemitisch gehalten, so könnte man *Fiorenza* als antiklerikal ansehen, ein so zartes Pflänzchen könne das Parteigezänk nicht überstehen.[103]

Unterdessen hatte er im Februar in München einen Aufsatz abgeschlossen und veröffentlicht, der sein geplantes »Manifest« zu einem Thema enthielt, das ihm am Herzen lag: in welchem Maße ein Autor das wirkliche Leben in seinen Werken verwenden durfte. In dem Lübecker Verleumdungsprozeß hatte die Anklage die *Buddenbrooks* im gleichen Atemzug mit einem berüchtigten Schlüsselroman des Jahres 1903 zitiert, der seinem Autor, einem gewissen Leutnant Bilse, den Abschied und sechs Monate Gefängnis eingetragen hatte und dann nach seinem Verbot zum Paradebeispiel der Gattung geworden war. Sein eigenes Werk, dazu noch in seiner Heimatstadt, als »Roman à la Bilse« gebrandmarkt zu sehen, war mehr, als Mann ertragen konnte. In seiner früheren »Nachschrift« zum Prozeß (die der Anklage verlorengegangen war) hatte er das Argument der Verteidigung, daß irgendwelche Ähnlichkeiten mit lebenden Personen unbeabsichtigt seien, verworfen; im Gegenteil, in den *Budden-*

brooks habe er »mit vollem Bewußtsein auf die Wirklichkeiten geblickt«, jedem Werk, in dem dies geschah, das Etikett »Bilse« aufzudrücken, hieße, ganze Bibliotheken der Weltliteratur zu verdammen, allen voran Goethes *Werther*. Nichts läge ihm ferner, als sich mit Goethe zu vergleichen, sollte man ihn aber fragen, wem er sich verwandt fühle, Goethe oder Bilse, jenem »unreinen Pamphletisten«, so würde er – »ganz ohne Größenwahn« (!) – antworten: »Goethe.« Mit seinem Roman habe er seiner Vaterstadt ebensoviel Ehre erwiesen wie sein Vater, der Senator, indem er eine bestimmte Welt dargestellt und dazu aus sich selbst geschöpft habe: was zählte da die Identifizierung tatsächlicher Personen? Nun entwickelte er in seinem Aufsatz *Bilse und ich* auf ungewöhnlich scharfe Art das Grundrecht eines jeden Künstlers, wirkliches Leben in seinem Werk zu verwenden. Goethe, Turgenjew, Shakespeare: hatten sie nicht alle wirkliche Menschen dargestellt, gründeten nicht gerade ihre besten Werke auf Wirklichkeit eher denn Erfindung? Das »Manifest« sollte ihm auch in Lübeck die Anerkennung seines echten Wertes sichern und erhob den Anspruch – nicht ohne eine Spur von Größenwahn –, mit den größten Autoren in einem Zuge genannt zu werden. Von größerer Bedeutung aber ist, daß er hier ganz klar die Methode darlegt, der er in all seinen Werken folgen würde: die Montagetechnik unter Verwendung von Daten, die in der wirklichen Welt (der eigenen und der Welt anderer) vorgegeben waren, ohne Rücksicht auf die tatsächlichen Personen, und daß er diese Daten in Kunst verwandeln würde. Die Menschen aber, die er darstellte, würden keinen anderen zeigen als ihn selbst: »Nicht von euch ist die Rede, gar niemals, seid des nun getröstet, sondern von mir, von mir ...«[104] Daß dies kaum zu einer Erklärung oder einem Vergleich mit der Art und Weise diente, wie Goethe und Shakespeare oder auch seine besten Zeitgenossen wie Gerhart Hauptmann in ihren Werken verfahren waren, nahm er dabei nicht zur Kenntnis – die Heftigkeit seiner Beweisführung zeigte, wie tief seine bisherige Erfahrung (im Roman, im *Tristan* und kürzlich im *Wälsungenblut*) gegangen war. Diese These war ihm wichtig genug, um den Artikel noch im selben Jahr als Broschüre zu veröffentlichen und sie in einem Vorwort noch stärker zu betonen: »der Künstler-Egoist, sein eigenes Herz als Monstranz« erhebend, entdeckt, daß er für viele andere spricht und auf diese Weise repräsentativ »eine kleine Art von Größe« erreicht. Diese Wendung sollte eines Tages den Schluß seiner *Königlichen Hoheit* bilden.[105]

Heinrich, schrieb er, könne ihn leicht einen »feigen Bürger« schelten, da er »absolut« sei: »Ich dagegen habe geruht, mir eine Verfassung zu geben«[106] – mit dieser ironisch-majestätischen Wendung meinte er seine Heirat und seinen »bürgerlichen« Kompromiß, aber auch seinen Anspruch, den repräsentativen »Königliche Hoheit«-Charakter zu verkörpern, der ihn als echten Künstler von seinem Bruder unterscheiden würde. (Der Künstler, schrieb er später, führe wie der Prinz ein repräsentatives Leben: seine hohe Verpflichtung zur Form entspreche dem Zeremoniell des Prinzen.[107]) Heinrichs Roman *Professor Unrat*, 1905 veröffentlicht und dazu bestimmt, durch seine Verfilmung als *Der blaue Engel* zu seinem erfolgreichsten Werk zu werden, hatte er als »künstlerische Unterhaltungslektüre« bezeichnet, als »das amüsanteste und leichtfertigste Zeug, das seit langem in Deutschland geschrieben wurde«. »Ich halte es für unmoralisch, aus Furcht vor den Leiden des Müßiggangs ein schlechtes Buch nach dem anderen zu schreiben.«[108] Er hatte aber diese Kritik, die in einer Notiz mit der Überschrift »Anti-Heinrich« enthalten war, wohlweislich für sich behalten, teilweise wohl aus Familiensolidarität, in der Hauptsache aber, weil er die Unterstützung des Bruders immer noch in hohem Maße brauchte. Heinrich, sosehr er auch Thomas' bürgerlichen Lebensstil verachtet haben mag, ließ ihn denn auch nicht im Stich, vor allem als er im März mit einer Polemik für den Bruder auf den Plan trat, als nämlich Richard von Schaukal, früher ein gemeinsamer Freund, *Fiorenza* in scharfen Worten als Auftragsarbeit von »frostiger Kälte« und seinen Autor als dekadent, zutiefst »literarisch« kritisierte.[109] Die langen Berichte, in denen Thomas Heinrich sein »repräsentatives« Leben und seinen andauernden Erfolg beschrieb, auch wenn er nicht so produktiv war wie der Bruder, mußten allerdings den Unterschied zwischen ihnen besonders hervorgehoben haben. Unter seinen begeisterten Ideen für den »Friedrich« hatte er die »Gegenfigur« des Bruders des Helden, des Prinzen von Preußen, erwähnt. In einem kurzen Satz betonte er, wie anregend das brüderliche Problem für ihn stets sei, deutlicher jedoch wollte er vorerst ihre Verschiedenheit nicht unterstreichen. Die Nachricht von der Beziehung Heinrichs zu Ines Schmied erweckte die Hoffnung, daß eine Heirat auch seinem Leben eine Wärme geben könnte, die sich in seiner Arbeit ausdrücken würde. Eines Tages würde vielleicht auch Heinrich jene »Verfassung« erringen, auf die er selbst so stolz war. Sich mit einer Sängerin zu verbinden, könnte ein Leben der Unsicherheit und Unruhe mit sich bringen. So verlockend dies auch sein mochte und sosehr er selbst die Trägheit fürchtete, die der bürgerliche Komfort mit sich brachte, habe er doch das Gefühl, daß sich Heinrich stets nach einem ruhigeren Leben gesehnt habe. Er selbst sei jedenfalls gebunden, mit einer »goldenen Kugel an jedem Bein«.[110] Im Grunde wußte er wohl, daß Heinrichs Schicksal anders verlaufen sollte.

Während dieser Monate Anfang 1906 war er in seiner Arbeit unentschlossen und beschäftigte sich – wie so oft in solchen Zeiten – mehr als sonst mit seiner Gesundheit. Er fühlte sich zu unwohl, um auf den Angriff Schaukals, der all sein polemisches Geschick hätte herausfordern sollen, persönlich zu antworten; um so dankbarer war er für die wirksame Entgegnung Heinrichs, ein rächender Bruder wie in der Kindheit. Er hatte ein wenig an *Königliche Hoheit* gearbeitet, sich dann ausgedehnten Aufzeichnungen für den »Friedrich« zugewandt, doch seinen echten Mangel an Fleiß und seine Unfähigkeit zur Weiterarbeit beklagt, da seine »Arbeitstaktik ... ein fortwährendes Zögern« sei.[111] Pläne für eine gesundheitsfördernde Seereise mit Katia oder ein Besuch Venedigs wurden erörtert und verworfen, da eine neue Schwangerschaft dies nicht ratsam erscheinen ließ. Er beschloß, allein zu reisen und anschließend an eine Lesung in Dresden am 1. Mai eine dreiwöchige Kur im benachbarten Sanatorium Weißer Hirsch zu buchen, wo unter anderen berühmten Patienten (Rilke hatte sich ein Jahr vorher dort aufgehalten) Samuel Fischer zu den Stammgästen gehörte und wo der berühmte Doktor Lahmann hoffentlich etwas für seinen Zustand tun könnte. Doch vergebens. Das Manuskript von *Königliche Hoheit* (das einem kleineren Eisenbahnunfall auf der Reise knapp entkam) wuchs zwar um ein oder zwei Seiten, der Aufenthalt aber war alles andere als eine Kur. Über Berlin, da ihm Fischer sein neugebautes Haus zeigen wollte, kehrte er erschöpft nach Hause zurück und litt zwischendurch schon wieder an den Leibschmerzen, der Niedergeschlagenheit, der »Nervenschwäche«, über die er sich vorher beklagt hatte. Er beschrieb Heinrich detailliert seine Symptome, er verberge es aber Katia, wie erschöpft und ausgelaugt er sich fühlte. Ohne Frau und Angehörige ginge es ihm besser, müsse er gestehen. Der Gedanke, daß er mit seiner Bindung einen Fehler begangen habe, quäle ihn. Doch Schluß mit solchem Gerede, mit dem er nur »auf sich aufmerksam machen« wolle; er hoffe, ein Aufenthalt in Oberammergau würde ihn wiederherstellen.[112]

Auf sich aufmerksam zu machen gehörte zweifelsohne zu seinen Charakterzügen – das Manifest *Bilse und ich* war Beweis genug, was sein literarisches Werk anging. Es ist jedoch schwer zu beurteilen, ob die in seinen Briefen in der gegenwärtigen Krise und auch später ständig geäußerten Klagen über seine Gesundheit von einem Hypochonder oder einem wirklich Kranken stammten, ob eine tatsächliche Krankheit nicht vielleicht psychosomatischer Art war. Sorgen und übersteigerte Reizbarkeit brachten stets »ein Versagen der Nerven, das sich auf Muskeln und Herz schlägt und die Besinnung bedroht«[113], mit sich. Er blieb sein Leben lang ein Hypochonder, kümmerte sich täglich um die kleinen Schwankungen seiner Gesundheit, und ein wohlversorgter Medizinschrank mit Verdauungsmitteln, Beruhigungs- und Schlaftabletten stand ihm stets zur Verfügung. Die Tatsache, daß »Anfälle« fast immer mit Zeiten von Belastung zusammenhingen – im Jahr 1906 nicht der Belastung durch zuviel Arbeit, sondern der Unfähigkeit, sich an die Arbeit zu machen –, mag auf eine psychosomatische Ursache deuten. Die Beschäftigung mit dem eigenen Gesundheitszustand machte sich zweifellos bei seiner Arbeit bemerkbar, verlangsamte sie noch zusätzlich und trug zu dem »dauernden Zögern« bei, über das er jetzt klagte.

Die Hoffnung auf eine Rückkehr seiner Energie und die endliche Weiterarbeit an *Königliche Hoheit* setzte er auf den Sommeraufenthalt in Oberammergau. Er sperrte die Münchner Wohnung zu, mietete dort von Juni bis September eine Villa und machte sich langsam mit einer wiederentdeckten Freude an die Arbeit, wie er an Fischer schrieb: »Es steht fest, ich bin bei all meinem Indertum im Grunde ein arbeitsamer Mensch. Arbeit ist schwer, ist oft genug ein freudloses und mühseliges Stochern. Aber *nicht* arbeiten – das ist die Hölle. – Es handelt sich um *Königliche Hoheit*, eine zarte, gefährliche Sache, die behutsam hergestellt sein will, aber von der *Glanz* ausgehen soll, wenn sie eines Tages in der Rundschau erscheint.«[114] Er sah sie immer noch als Novelle, von der ihm »ein paar nicht üble Kapitel«[115] gelungen waren, bevor er nach München zurückkehrte, doch der Entwurf nahm jetzt bereits Romanumfang an. Seit langem schon hatte er sich für die Namen Klaus Heinrich für seinen Prinzen entschieden; am 18. November brachte Katia in einer problemlosen Geburt einen echten Klaus Heinrich, den erwünschten Sohn, zur Welt – Klaus nach ihrem Zwillingsbruder, Heinrich nach seinem Onkel, Thomas nach seinem Vater (die kleine Erika, die »Klaus« nicht aussprechen konnte, nannte ihn »Eissi«, ein Name, den auch der Vater später immer für den Sohn gebrauchte).

Friedliche Monate folgten, soweit es die Kleinkinder zuließen. Katia war überglücklich und mit einem ruhigen Leben zufrieden; Thomas, bemerkte ihre Mutter im März, sei ein »rechter Pimperling«, der nicht viel Unruhe aushielt.[116] Er saß für sich in seinem Arbeitszimmer, seine Gesundheit war anscheinend wiederhergestellt, so daß endlich der Roman hätte Fortschritte machen können, wenn er von seinem neuen Einfall, einer Novelle über die Geständnisse eines Hochstaplers, die er bereits in seinem Notizbuch verzeichnet hatte, absah. Anfang 1903 aber erreichte ihn eine jener bei Zeitschriften so beliebten Aufforderungen, seine Ansichten »über das Theater« zu äußern – glaubte er an den kulturellen Wert des zeitgenössischen Theaters, in welchem Maße habe er seine eigene Entwicklung dem Theater zu verdanken? –, und schon gab er der Versuchung nach, sein schmerzhaft langsames »Musizieren« in epischer Prosa zugunsten einer (wie er dachte) kurzen Abschweifung zu unterbrechen. Es war der rechte Zeitpunkt, da er trotz seiner Geringschätzung von *Fiorenza* den Wert des Stücks doch gern auf der Bühne bestätigt gesehen hätte. Nach vielen Versuchen, Regisseure dafür zu interessieren, sollte es nun bald in Frankfurt zur Uraufführung kommen. Er war sich durchaus bewußt, daß er seine Energie nicht auf solch entlegene Dinge verschwenden sollte, erteilte aber trotzdem der Zeitschrift keine knappe Antwort, sondern ließ seinem »unseligen Hang zum Polemischen« freien Lauf in einem ausgedehnten Aufsatz, in dem er die künstlerischen Ansprüche des Theaters verächtlich machte. »Räsonierend, disputierend, komponierend« verbrachte er Wochen über diesem Thema, mit einer leidenschaftlichen Hingabe, wie er sie in seinem »Musizieren« nie gefunden hatte.[117]

Sein Ziel war, zu unterscheiden zwischen »Theater« – einer in sich geschlossenen Welt, die er bei seinen Kindheitsbesuchen im Tivoli und im *Lohengrin* genossen hatte – und »Drama«, einer literarischen Gattung zwar, die aber den Vorrang nicht verdiente, den ihr ästhetische Anmaßung eingeräumt habe. Als Darstellung der Wirklichkeit stehe das Drama weit unter dem epischen Roman, der sie nicht nur durch Personen und Dialoge, sondern auch durch Umstände und Beschreibung darstelle und so das runde Bild schaffe, das Schauspieler nie wiedergeben könnten. Im klassischen Drama wie bei Racine, so argumentierte er (vielleicht mit einem Blick auf seine

Fiorenza), finde die Handlung hinter der Bühne statt, die Sprache, nicht die Handlung sei das Wichtige. Wagner sei wohl ein Zauberer, doch außerhalb des Theaters nicht denkbar, die Aufführung sei alles und der Text, das »Buch«, nur zusätzlich. Obwohl er »gegen das Theater, beinahe auch gegen das Drama« schreibe, verachte er es keineswegs, wolle es eher erheben als »etwas Glücklich-Anachronistisches«, einen »Kulturüberrest« sozusagen, der beinahe jenseits der europäischen Zivilisation stehe, deren repräsentativer künstlerischer Ausdruck viel mehr der psychologische europäische Roman sei, als dessen »Sohn und Diener« er sich fühle.[118] (Am Ende seines Lebens, als er ein überzeugter Filmliebhaber war, beurteilte er den Tonfilm auf ähnliche Weise: eine selbstdefinierte »Industrie«, aber als Kunst dem Roman viel näher als dem Drama, eine Gattung von großer Hoffnung für die Zukunft.[119])

Er liebte es, sich derart auszulassen und wußte, daß er dem Vergnügen solcher Abschweifungen trotz all der dazu nötigen Zeit und Nervenkraft nie würde widerstehen können. Daß er bei der Äußerung solcher Allgemeinheiten so beißend polemisch wurde, erstaunte ihn: War das auf sein langes Nietzschestudium zurückzuführen, oder war es ein Wesenszug?[120] Einen solchen Essay hatte die Zeitschrift nicht erwartet, und zu seinem Ärger verging beinahe ein Jahr bis zur Veröffentlichung. Nach seinem Abschluß trat er im Mai seine erste gemeinsame Auslandsreise mit Katia an, den ersten von vielen Besuchen Venedigs. Auch durch die Nachricht von der bevorstehenden Erstaufführung von *Fiorenza* am 11. Mai ließen sie sich in ihrem Badevergnügen am Lido nicht stören, sie fuhren erst am 22. Mai nach Frankfurt, um der sechsten und letzten Aufführung beizuwohnen. Erfreulicherweise war das Drama keineswegs so unmöglich, wie man fast allgemein erwartet hatte. »Dramatisch« oder nicht, die Produktion hatte bewiesen, daß es auf der Bühne lebendig werden konnte.

Nach diesen Ablenkungen war es Zeit, wieder an die Arbeit zu gehen. Im Juni sperrten sie wieder einmal die Wohnung zu und mieteten eine Villa in Seeshaupt am Starnberger See, wo er aufs neue versuchte, die tägliche Mühe auf sich zu nehmen. Wiederum aber stellte sich eine Ablenkung ein, diesmal war es die Bitte der Literaturhistorischen Gesellschaft in Bonn um einen Beitrag zu einer Sondernummer ihrer Zeitschrift; er konnte nicht widerstehen. Diesmal faßte er sich kürzer und sprach über den Fortschritt der Arbeit – oder vielmehr die Arbeit *statt* dem Fortschritt an dem unterbrochenen Roman. Es war ein ehrlicher Bericht über seinen »Theater-Essay« und die Wochen der Anstrengung, die er ihn gekostet hatte. Er fügte eine Nebenbemerkung über die Aufführung von *Fiorenza* an, die ein »merkwürdiges persönliches Erlebnis« des Theaters gewesen sei, unabhängig von dem längst abgeschlossenen Essay, und endete mit der Erläuterung der behutsamen Langsamkeit seines eigentlichen Schaffens am Roman, von dem er vorerst nur den Titel verraten wolle, für den sich die *Rundschau* aber noch eine Weile gedulden müsse. »Jeden Vormittag ein Schritt, jeden Vormittag eine Stelle – das ist einmal meine Art ... Es handelt sich dabei weder um Ängstlichkeit noch um Trägheit, sondern um ein außerordentlich lebhaftes Verantwortlichkeitskeitsgefühl, das nach vollkommener Frische verlangt und mit dem man nach der zweiten Arbeitsstunde lieber keinen irgend wichtigen Satz mehr unternimmt. Aber welcher Satz ist ›wichtig‹ ...? Weiß man es denn zuvor, ob ein Satz, ein Satzteil nicht vielleicht berufen ist, wiederzukehren, als Motiv, Klammer, Symbol, Zitat, Beziehung zu dienen? Und ein Satz, der zweimal gehört werden soll, muß danach sein. Er muß ... eine gewisse Höhe und symbolische Stimmung besitzen, die ihn würdig macht, in irgendeiner epischen Zukunft wiederzuerklingen ... So wird jede Stelle zur ›Stelle‹, jedes Adjektiv zur Entscheidung, und es ist klar, daß man auf diese Weise nicht aus dem Handgelenk produziert ... Was mich betrifft, so heißt es, die Zähne zusammenzubeißen und langsam Fuß vor Fuß setzen – heißt es, Geduld üben, den halben Tag müßig gehen, sich schlafen legen und abwarten, ob es nicht morgen bei ausgeruhtem Kopf doch vielleicht besser wird. Irgend etwas Größeres fertigzumachen ... dazu gehört bei meiner Arbeitsart eine Geduld – was sage ich! eine Verbissenheit, ein Starrsinn, eine Zucht und Selbstknechtung des Willens, von der man sich schwer eine Vorstellung macht und unter der die Nerven ... oft bis zum Schreien angespannt sind ... der Glaube daran wird künstlich, wird galvanisch ... und zuletzt fragt man sich, ob all der Kampf eigentlich noch in irgendeinem Verhältnis steht zu der Würde und Wichtigkeit dessen, um was man kämpft. Das Ende muß es lehren, – auch diesmal.«[121]

Es war ein ehrliches Eingeständnis der Zweifel, die immer noch hinter der Sicherheit seines öffentlichen Auftretens lagen – aber auch der Art, wie er eine Prosa von höchster Qualität erreichte: nicht durch einen Strom der Inspiration, sondern in einem bedachtsamen schrittweisen Fortschritt auf die Kunst zu, die ihm einen Platz unter den modernen Klassikern sichern sollte. Es war in der Tat bemerkenswert, daß eine literarische Gesellschaft, die Hugo von Hofmannsthal, Hermann Hesse und Richard Dehmel zu ihren Mitgliedern zählte, so bereitwillig einen derart persönlichen Beitrag willkommen hieß. In ihm zeigte sich freilich abermals die charakteristische Selbstbezogenheit, das Bedürfnis, sich unentwegt vorzuführen und zu erklären, nicht nur in Briefen und in der »Schriftstellerei«, in rein literarischer Tätigkeit wie dieser, sondern auch in seinem schöpferischen Schreiben – der »Dichtung« oder, wie er es gern nannte, seinem »Musizieren«. Das Ersuchen um eine autobiographische Skizze für die Dezemberausgabe des *Literarischen Echos* in Berlin führte zu einem noch persönlicheren Text, einem unbeschwerten und ironischen Bericht, wie er in der Schule versagt und seine Jugend vergeudet habe und bis zu einem Redakteur des *Simplicissimus* herabgesunken sei, was ihn jedoch nicht in die Gosse geführt, sondern zu einem Glückskind gemacht habe, mit einer Prinzessin zur Frau, zwei hoffnungsvollen Kindern und jedem modernen Komfort, darunter zwei Dienstboten und ein Hund; allerorten spende man ihm auf seinen triumphalen Reisen Beifall und bitte um sein Autogramm. Er finde es erstaunlich, daß die Gesellschaft einen rechten Scharlatan, der nichts als ihre Verachtung verdiene, derart belohne.[122]

Fischer wartete begreiflicherweise mit Ungeduld auf den lange schon ausstehenden Nachfolgeroman der *Buddenbrooks*. Im Oktober bestätigte der Verleger die Tantiemen für das noch nicht einmal halbfertige Buch, das bereits mehrere Male als kommende Attraktion angekündigt worden war: bei Erhalt des Manuskripts 6000 Mark für die Veröffentlichung in der *Rundschau* und einen gleichzeitigen Vorschuß von 10000 Mark auf das Buch. Glänzende Aussichten in der Tat, die den Fortschritt des Romans doch anspornen mußten. In dieser Hinsicht wurde Fischer aber enttäuscht: Mann schrieb zwar eine weitere Ankündigung dieses »Märchens von der Form und von der Sehnsucht, von der Repräsentation und vom Leben, von der Hoheit und vom Glück«[123], doch es dauerte noch über ein Jahr, bis es in Druck ging. Die *Buddenbrooks* hatten mittlerweile eine Auflage von fünfzigtausend erreicht, aber es zeugte doch von dem Vertrauen des Verlegers und seiner Einschätzung des Leserpotentials, daß er bereit war, eine Erstauflage von zehntausend Exemplaren für ein Buch zu planen, das aller Voraussicht nach sehr verschieden von seinem Vorgänger ausfallen würde. Im Lauf der Jahre gewöhnte er sich an die Produktionsweise Manns – diese Geduld wurde jedoch stets belohnt.

Thomas Mann Cunctator, starrsinnig seinen Roman nur schrittweise zu Ende bringend – die Apologie für eine sich so lange hinziehende Arbeit traf auf *Königliche Hoheit* 1907 und im folgenden Jahr nicht so ganz zu. In Seeshaupt und nach ihrer Rückkehr nach München saß er zwar hartnäckig jeden Vormittag an seinem Schreibtisch, verbrachte aber keineswegs seine ganze Zeit auf der Suche nach den rechten »Stellen«, den »wichtigen« Sätzen, dem geschmeidigeren Erzählfluß. Von den ständigen gesellschaftlichen und öffentlichen Ansprüchen ganz abgesehen, fehlte nie die Versuchung, die Arbeit zugunsten anderer Dinge zurückzustellen. Er gehörte zu den hundert prominenten Persönlichkeiten, die um ihre Ansicht zur »Lösung der Judenfrage« (das heißt über die zionistische Bewegung) befragt wurden. Er ließ sich gebührend Zeit für eine sorgfältige Antwort und schrieb dann als Künstler, den man zwar mitunter fälschlich als Juden bezeichnete, der aber hinreichend gemischter Abstammung sei, um frei von rassischen Vorurteilen zu sein und sich selbst einen Philosemiten nennen zu können. In seinen Augen würde ein zionistischer Exodus für Europa ein wahres Unglück bedeuten. Das Problem, so schrieb er, sei psychologischer Art, wie der Künstler sei auch der Jude ein besonderes Wesen, all die Widersprüche und Verwickelungen seiner Existenz – freies Denken und revolutionäre Neigungen verbunden mit einer Sehnsucht nach Assimilierung; Zynismus und Sentimentalität; Schärfe und Schwermut; nicht zuletzt eine ärgerliche Überlegenheit in den Bereichen des Lebens, die ihm offenstünden – seien ein Beweis für seine Einzigartigkeit. Einzigartigkeit aber sei das Herzblut des Künstlers, der Künstler werde geneigt sein, in allen denen seine Brüder zu sehen, »von welchen das Volk betonen zu müssen glaubt, daß es ›schließlich – auch‹ Menschen sind«. Die »Frage« würde sich eines Tages von selbst lösen, einfach durch die Assimilierung und »Europäisierung« der Juden, deren Anzeichen man bereits in der Emanzipation ihrer jungen Leute und in der Zunahme von Mischehen bemerke.[124] (Diese Ansicht war damals weit verbreitet, doch er sprach auch aus eigener Erfahrung. Wie hätte er voraussehen sollen, welch schreckliche »Lösung« innerhalb der nächsten dreißig Jahre versucht würde.)

Gegen Jahresende wiederum beteiligte er sich an den Vorbereitungen einer einmaligen Münchner Aufführung von *Fiorenza*, die er begrüßte, wenn auch nicht ohne Bedenken wegen eines möglichen Fehlschlags vor der eigenen Tür. Er lehnte Heinrichs Einfall, Carla die einzige weibliche Rolle spielen zu lassen, ab, da er bezweifelte, daß der »experimentelle Charakter« des Ganzen ein solch zusätzliches Experiment vertragen konnte.[125] (Sie hatte ohnehin zur Zeit ein Engagement im Elsaß und hätte kaum zusagen können.) Als die Aufführung schließlich für den Dezember festgesetzt war, besuchte er sowohl die Generalprobe wie die eigentliche Vorstellung, wurde einige Male vor den Vorhang gerufen, was für einige Kritiker den »literarischen und gesellschaftlichen Rang« bezeugte, den er in München genoß, und was den Abend für ihn zu einem Achtungserfolg machte, da er »nicht im Mindesten Dramatiker« sei.[126] Andere Besprechungen waren etwas freundlicher, eine Rezension aber griff das Drama als antikatholisch, ja antichristlich an, ein Vorwurf, den er in einem Brief an eine katholische Zeitung zurückwies. Weit davon entfernt, die Renaissance oder ihre »entchristlichten« Vertreter zu loben, machten seine Dialoge nicht Lorenzo de Medici, sondern Savonarola zu »einem der leidenschaftlichsten und radikalsten Christen« aller Zeiten.[127] Daß er diesen Brief in einen 1922 erschienenen Sammelband von Essays und Gelegenheitsschriften aufnahm und sogar in seinem letzten Lebensjahr noch Bemerkungen zu *Fiorenza* machte, beweist den hohen Wert, den er einem Werk in einer Gattung beimaß, in der er sich nie mehr versuchte. Der Achtungserfolg im Dezember 1907 war aber nicht zu verkennen; davon immer noch angetan, konnte er einer Einladung zu einer Veranstaltung nicht widerstehen, bei der eine Gruppe Münchner Autoren von Rang aus ihren Werken lesen sollten – »Rang ist gut, und ich habe ziemlich viel prinzliches Empfinden; aber ... nicht die Courage zu lebhaftem Distanzgefühl«.[128] Die nun schon wohlbekannte ironische Methode in dem Auszug, den er aus der immer noch unvollendeten *Königlichen Hoheit* las, trug ihm dann auch den gewohnten Beifall ein.

Fischer übte nunmehr starken Druck aus, die Veröffentlichung in der *Rundschau* war für die drei Schlußnummern von 1908 angesetzt, so daß er sich derartige Abschweifungen nicht mehr leisten konnte. Er war bei der Liebesgeschichte angelangt, hatte Prinz Klaus Heinrich mit seiner amerikanischen Erbin zusammengeführt, gab aber noch große Schwierigkeiten bei der Komposition zu. Eine Woche im

Februar bei seiner Mutter in Polling, wo er jeden Vormittag zwei Stunden arbeitete, brachte einen Fortschritt; seine Geschichte beanspruchte aber immer mehr Raum und Zeit, als er gedacht hatte, und die Veröffentlichung wurde bis zum kommenden Frühjahr abermals hinausgezögert.

Heinrichs Briefe aus Rom ließen ihn von einer Rückkehr mit Katia dorthin träumen. Die Stadt nach zehn Jahren wiederzusehen, würde ihm sicher Genugtuung verschaffen, da er es schließlich zu etwas gebracht hatte und vom kommenden Jahrzehnt einen entsprechenden Fortschritt erwarten durfte. »Manchmal glaube ich, daß, wenn es mein Körper aushält, es mir so zwischen 50 und 60 am besten gehen wird.«[129] Heinrich kam im April nach München, um Ines Schmied der Familie vorzustellen – eine Überraschung für die Mutter –, und sie beschlossen, alle zusammen zwei Wochen in Venedig zu verbringen, wo auch Carla sich anschließen konnte. Der Aufenthalt war nicht ganz ungetrübt, Thomas kam wohl kaum zum Arbeiten, denn Ines war launisch und verachtete bereits die Verwandten Heinrichs, die sie allesamt nicht ausstehen konnte, am wenigsten Thomas. Wieder zurück in München, fand er die regelmäßige Arbeit um so langweiliger, da er sich nach dem Sommerurlaub auf dem Land sehnte, der nun zur Gewohnheit wurde.

Diesmal kam eine Mietvilla in einem schattigen Garten in Bad Tölz in Betracht. Die Luft dort bekam ihm gut, und bald nach der Ankunft hörte er von einem erschwinglichen Bauplatz mit Blick auf Fluß, Dorf und Berge. Sie entschlossen sich schnell zum Kauf – warum Mieter sein und nicht Eigentümer –, um so mehr, als nun das dritte Kind erwartet wurde und ein ständiges Sommerhaus für die größere Familie ideal wäre. Das bedeutete zwar eine Hypothek, doch sein Einkommen aus den Tantiemen war mehr als ausreichend, und man brauchte keine weitere Hilfe von den Pringsheims. Als sich ihr Aufenthalt im September dem Ende näherte, hatte der Bau bereits begonnen, und noch vor Jahresende wurde dem »Landhaus Mann« das Dach aufgesetzt. Sie sollten diese Entscheidung nicht bereuen. (Viktor Mann bemerkte später, Thomas habe als einziger von den drei Söhnen des Senators die Familientradition des Hausbesitzes weitergeführt. Bad Tölz war nur das erste von vielen Häusern, die er baute und bewohnte.) Heinrich verbrachte den Sommer in Riva, Ines hielt sich, da sie noch nicht verheiratet waren, aus Gründen des Anstands in München und Umgebung auf. Im Juni besuchte sie seine Mutter in Polling, ein wenig später kam sie auf Thomas' Einladung hin für einen Tag nach Tölz. Die Mannschen Verwandten wurden, wie sie gestand, mehr und mehr zu einem Alptraum für sie, und Tölz war keine Idylle, mit Thomas »so kalt, gleichmütig ... Dazu diese nüchterne poesielose Gegend ... Ein Klex Berge, ein Klex Wiese, ein Klex Wald ...«[130]

Die bezaubernde Märchengeschichte hatte sich, als Thomas und Katia nach München zurückfuhren, endlich ihrem »opernhaften« Ende genähert, doch Ablenkungen verzögerten weiterhin ihren Abschluß. Im November fuhr er mit einem Stück aus dem Torso zu einer Lesung nach Wien. Dort traf er Arthur Schnitzler, genoß am meisten aber einen halbtägigen Besuch bei Hugo von Hofmannsthal in Rodaun, nach Hauptmann der zweite Dichter, der einen tiefen persönlichen Eindruck auf ihn hinterließ. Hauptmann hatte etwas von einem Priester an sich, der andere aber war ein »Prinz«, genau die Art von Mensch, zu der er sich damals hingezogen fühlte. Später bedankte er sich für die Gedichte, die er als Weihnachtsgeschenk erhalten hatte, und versprach dafür den Roman, in seiner »vielleicht nicht möglichen« Form, doch in der Hoffnung, daß seine Darstellung des prinzlichen Daseins Gefallen fände. Weihnachten kam dann dazwischen, mit all den dazugehörigen Ablenkungen. Da er Bargeld für Geschenke brauchte, brachte er für eine Wiener Zeitung schnell einen Bericht des Eisenbahnunglücks in Novellenform zu Papier, dem drei Jahre zuvor die Aufzeichnungen und das Teilmanuskript von *Königliche Hoheit* beinahe zum Opfer gefallen wären. Schund nannte er es Heinrich gegenüber, doch die 300 Mark wert. Obwohl Fischer in der Januarnummer der *Rundschau* mit der Veröffentlichung des Romans begann, wurden die Schlußworte erst am 13. Februar 1909 niedergeschrieben. Leser, die in diesem Jahr einen neuen Band von Thomas Mann haben wollten, mußten bis Oktober warten: Fischer konnte im März nur dadurch die Zeit überbrücken, daß er die früheren *Friedemann*-Geschichten zusammen mit *Die Hungernden* und *Das Eisenbahnunglück* neu auflegte.

Zwei Jahre zuvor hatte Mann gesagt, er beabsichtige mit *Königliche Hoheit* »etwas wie eine Allegorie ... einen Scherz ›mit tieferer Bedeutung‹ – etwas Persönliches und Neues, immerhin, wie mir scheint«.[131] In gewisser Weise war das Werk genauso persönlich wie die *Buddenbrooks*: es enthielt reichlich Parallelen und Anspielungen auf eigene Erfahrungen, die autobiographischen Züge sind auch nicht zu verkennen, vor allem in der Werbung des Prinzen um seine Prinzessin und in der Rettung des Königreichs durch ihren reichen Vater, aber auch in den zahllosen detaillierten Ereignissen der Geschichte. Daß er in Imma, der jungen amerikanischen Erbin, seine eigene »Prinzessin« abbildete, war kein Geheimnis; für den Schlüsselroman, der in seiner Allegorie verborgen war, waren aber keine zeitgenössischen Schlüssel im Umlauf, und nur wenige konnten damals erkennen, wieviel von ihm selbst in diesem Gegenstück zum *Tonio Kröger* steckte. Die Veröffentlichung in Fortsetzungen vor dem Erscheinen in Buchform erwies sich als Nachteil. Nach einer so langen Pause schien die Erstveröffentlichung in dieser Form nahezulegen, daß es sich um ein leichteres und vergleichsweise weniger gewichtiges Werk handelte. Sogar ein Freund wie Kurt Martens sah darin nicht mehr als eine »harmlose Liebesgeschichte«, einen Abstieg von den Höhen hinunter in die »Niederungen des Optimismus«.[132] Daß es tatsächlich ein leichteres Werk *war*, bestätigte der Autor am Ende seines Lebens selbst (es hätte »zwar ... Charme, aber mit Charme wissen die Deutschen nichts anzufangen«[133]), dennoch war er enttäuscht, daß der tiefere Sinn des Werks den meisten Lesern entgangen zu sein schien – die Verwandlung eines Alltags bloßer Repräsentation und Vortäuschung durch die Kraft der Liebe in ein *Leben der Realität*. Genau wie ein Künstler, nach außen hin scheinbar kalt und distanziert, erreiche der Prinz durch Liebe ein »strenges Glück« im echten Dienst für die Gemeinschaft und symbolisiere damit eine »geistige Wendung« vom Individualismus zur Demokratie. Das sagte er freilich erst in den frühen fünfziger Jahren, vor einem Hintergrund, der von dem von 1910 sehr verschieden war. Damals bestand er darauf, daß eine gesellschaftskritische Deutung des Buches ein Mißverständnis sei, das »Demokratische« darin sei nur *ein* Aspekt, bemerkte er zu Kurt Martens, auch wenn die Idee der Demokratie bei den belletristischen Autoren zunehmend Gefallen finde, werde seine eigene zukünftige Produktion damit nicht das mindeste zu schaffen haben.[134]

Daß er seine Absicht derart verfehlte, war vermutlich auf die unglaublich lange Entstehungszeit und die Ausdehnung weit über seinen ursprünglichen Plan hinaus zurückzuführen. Dadurch war die Leichtigkeit, ein wesentliches Element der Geschichte, verlorengegangen und durch kunstvolle Verzierungen und zuviel Thomas-Mann-Stil und Ironie ersetzt worden. Wie immer hatte er sich größte

Mühe gegeben, die Einzelheiten des Ambiente in seinem imaginären Fürstentum wirklichkeitsgetreu darzustellen. Ein Herr mit dem passenden Namen Dr. Printz, der sich im höfischen und diplomatischen Leben auszukennen schien, hatte ihn bereitwillig mit Auskünften über Staatsfinanzen versorgt und Einzelheiten von Etikette und Formfragen, vor allem in Verbindung mit ausländischen Besuchern, geliefert. Er hatte Unmengen von Zeitungsausschnitten und Auszüge aus seiner Lektüre gesammelt. Schön und gut, sobald die Fülle der Einzelheiten jedoch in gekünstelter Manieriertheit mit der unentwegt wiederkehrenden »rechten Stelle« als Leitmotiv für jede Gestalt, sogar den Hund, gespickt wurde, ergab sich ein Werk, das viel zu intellektuell war, um Anklang zu finden. Hermann Hesse sah in Mann einen »vielleicht großen Dichter«, der eigentlich ein »mißtrauischer Intellektueller« sei und »die Gaben, aber ... nicht die Naivität eines Balzac oder gar Dickens« besitze, darum fühle »er auch seine große Begabung mehr als vereinsamende Besonderheit denn als stolze Auszeichnung« und suche den Leser auf Distanz zu halten, indem er ihn ironisiere.[135] (Es überrascht kaum, daß der subtile Humor in Amerika nicht ankam. Ein Kritiker der *New York Herald Tribune* nannte eine Neuauflage von 1926 »eines der langweiligsten Bücher, durch die ich mich je quälen mußte«.)

4

»Die schwere und leidenschaftliche Spielerei, die man künstlerische Arbeit nennt ...«

TM, Dezember 1910[136]

Die gleichgültige Aufnahme von *Königliche Hoheit* als Fortsetzungsroman und später in Buchform beunruhigte ihn nicht sonderlich. Es setzte sein angenehmes Leben fort, das durch seine nicht unbeträchtlichen Tantiemen gesichert war, der Rang, den er erreicht hatte, schien ungeschmälert, man betrachtete ihn beinahe als Klassiker, suchte seine Meinung zu nahezu jedem Thema, zahllose Anfänger baten ihn um Unterstützung, Lesungen aus seinem Werk wurden begeistert aufgenommen, er war eine literarische Berühmtheit, deren Entwicklung man genau beobachtete. Wie ernst er diese Stellung nahm, drückte sich nicht nur in seinem Briefwechsel, sondern auch in seiner Haltung der eigenen literarischen Existenz gegenüber aus. Er konstatierte in Lehrbuchmanier, *Königliche Hoheit* sei das Ende einer Periode, der eine neue folgen werde. Hatten sich früher in solchen Situationen seine Gedanken stets auf schöpferische Arbeit gerichtet, so schien nun der Essay, die »Schriftstellerei«, von gleichrangiger Bedeutung. Im März 1909 teilte er Heinrich mit, er habe zwei Eisen im Feuer: einen Essay, »der allerhand Zeitkritisches enthalten soll«, und eine Novelle, die zwar zu *Königliche Hoheit* in Beziehung stehe, doch eine, wie er es ausdrückte, andere Atmosphäre bieten, schon »etwas ›18. Jahrhundert‹ enthalten wird«[137] – mit anderen Worten, das Hochstaplerthema, an das er seit langem gedacht hatte. Daß er seine Pläne in dieser Reihenfolge aufführte, bezeichnete in der Tat eine neue Periode. Während früher der Essay im doppelten Sinne »gelegentlich« war, wurde er von nun an das wichtige zweite Eisen im Feuer, Literaturkritik und öffentlicher Kommentar zu Zeitereignissen spielten jetzt eine fast ebenso wichtige Rolle wie die »Dichtung«, das schöpferische Werk, auf dem sein Ruf eigentlich beruhte.

Am 27. März 1909 kam ihr drittes Kind zur Welt, ein weiterer Sohn. Katias Wehen waren wieder langwierig und schmerzhaft, eine Zangengeburt konnte gerade noch vermieden werden. Das Kind erinnerte Thomas sehr an »Mucki«, wie er Erika nannte, er fand es »schlank und etwas chinesenhaft«. Man nannte es Gottfried Angelus Thomas: Angelus war der Name eines Gespielen Erikas in Bad Tölz, Katia hatte ihr einen eigenen Angelus versprochen, nun wurde er zu seinem Rufnamen. Beim Kindermädchen aber hieß er »Gelus«, und als er selbst zu sprechen anfing, kam »Golo« dem am nächsten – bei »Golo« blieb es schließlich. Katia war bald gesundet, doch für den Paterfamilias war es eine aufregende Zeit, welche die unvermeidlichen Magenstörungen und einen Schwund der Energie mit sich brachte, die er für seine »neue Periode« doch brauchte. Er entschloß sich zu einer Kur, die strikter war als in Riva, und verbrachte im Mai drei Wochen in dem weithin bekannten Bircher-Benner-Sanatorium oberhalb von Zürich, wo ihn vegetarische Kost, frühes Aufstehen und Zubettgehen und Gartenarbeit rasch wiederherstellten. Im Juli stand das »Landhaus Thomas Mann« für die Familie bereit. Sie blieben dort bis Oktober, einen ganzen regnerischen Sommer lang, in dem er an seinem geplanten Essay arbeitete. Auch den

Rest des Jahres verbrachte er noch mit dieser Arbeit, schrieb den Essay aber nie zu Ende.

Unruhe brachte nun ein Streit in der weiteren Familie. Heinrich hatte seine Verlobung mit Ines Schmied nur unwillig gelöst, sie hatte behauptet, daß sie nicht zueinander paßten. Ihre Beschwerden über die Behandlung durch die Manns, besonders über eine Kränkung durch Julia, hatte er aber an Thomas weitergeleitet, in dem kraftvollen Stil seiner Romane – zweifelsohne machte er seine Verwandten für die Meinungsänderung der Verlobten verantwortlich. Thomas hielt es für seine Pflicht zu verhindern, daß dieser Maulwurfshügel zu einem Berg anwuchs, vor allem aber den Versuch zu unternehmen – fast so, als sei er nun an die Stelle des Senators getreten –, die Familie vor der verhängnisvollen Spaltung zu bewahren, die seit langem gedroht hatte, mit ihm und »Lula« auf der einen, Heinrich und Carla auf der anderen Seite. »Denke doch an die Beckergrube No. 52!« schrieb er an seinen Bruder im April: »Alles Übrige ist sekundär.«[138] In gewissem Maß teilte er ja die Verachtung des Bruders für das bürgerliche Leben der Schwester mit ihrem »mesquinen Männchen«[139], doch er war bereit, ihre Haltung Ines gegenüber zu verstehen und zu entschuldigen, genauso wie er Carla jeden Erfolg auf der Bühne wünschte, obgleich er wußte, wie bescheiden ihr Talent war. Jede der Schwestern war doch »eine von uns«, und die Familiensolidarität mußte bewahrt werden. Von der launischen Ines hörte man nur noch wenig; als die Frau, die sich weigerte, Heinrich Mann zu heiraten und es gewagt hatte, seinen berühmten Bruder zu kritisieren, hatte sie eine schlechte Presse.

Trotz Thomas' Bemühungen blieb die Spaltung in der Familie bestehen, sie fand einige Jahre später in einer langen Fehde zwischen den Brüdern dann ihren Höhepunkt. Gegenwärtig waren ihre Beziehungen noch gut, Thomas' Respekt für Heinrich war immer noch der seines königlichen Prinzen im Roman: »Weder das Glück ... noch die Liebe des Volkes wird je bewirken können, daß ich aufhöre, dein Bruder zu sein.«[140] Er hatte sogar, leider erfolglos, versucht, die Veröffentlichung von Heinrichs Roman *Die kleine Stadt* in der *Rundschau* zu erreichen. Nun verbrachten sie mit der wieder schwangeren Katia drei Wochen gemeinsam an der französischen Riviera. (Ihre Mutter, der man die drei Kinder anvertraut hatte, fand die Aussicht auf ein viertes Kind im nächsten Sommer »ein bischen eilig bei dem zarten und kleinen Frauchen«[141], enthielt sich aber klüglich jeder Bemerkung.) Da Thomas wußte, daß der Verkauf von Heinrichs *Die kleine Stadt* nicht dem literarischen Erfolg des Buchs entsprach, bot er ihm gegen Jahresende eine Beteiligung »an den wirtschaftlichen Früchten von ›Königliche Hoheit‹«[142] an, falls er ein paar tausend Mark brauche, was Heinrich gern akzeptierte. Es gelang Heinrich zwar bald darauf, einen Vertrag mit einem anderen Verleger abzuschließen, der ihm ein kleines jährliches Einkommen sicherte, doch der Vergleich mit Thomas' finanziellem Erfolg, trotz einer relativ geringen und langsamen Produktion, muß ihm weiter ein Dorn im Auge gewesen sein.

Der Unterschied in ihren Werken war bereits seit Heinrichs kurz vor den *Buddenbrooks* erschienenem ersten Roman *Im Schlaraffenland* deutlich geworden, dessen zwanghafte Sexualität und beißende Satire auf die neureiche Berliner Gesellschaft von Thomas' Darstellung Welten entfernt waren. Heinrich war ein Schriftsteller von unermüdlicher Produktivität, und er war stärkeren und widerstreitenderen Gefühlen (und echteren Krankheiten) ausgesetzt als sein beherrschterer Bruder. Bei beiden spiegelten sich Reisen und Erfahrungen, wie auch ihre gemischte Herkunft, im Werk wider. In Heinrichs *Jagd nach Liebe* war viel von Carla und ihm selbst eingegangen, aber der Roman enthielt, wie sich sein Bruder beschwert hatte, alles in allem zuviel Sexualität. In seinem Stil neigte er eher zu Sarkasmus als zu der sanfteren Ironie des Bruders, er war ungeduldiger, achtete weniger auf Genauigkeit und stilistische Sauberkeit. Beide neigten zwar dazu, ihre Personen zu karikieren und das Groteske zu betonen, doch Heinrich trieb diese Tendenz häufig bis zum Äußersten, vor allem im *Professor Unrat*. Darin lag vermutlich auch der Grund für den vergleichsweisen Mangel an Anerkennung.

Wie ihm Thomas im Januar 1910 mitteilte, häuften sich die Aufzeichnungen für die Erinnerungen des Hochstaplers Felix Krull, die sein bisher eigenartigstes Werk werden würden: »Ich bin manchmal überrascht, was ich dabei aus mir heraushole.«[143] Den Plan zu dem Roman über Friedrich den Großen hatte er beiseite gelegt, so anziehend er auch war – vierzig war seiner Meinung nach erst das richtige Alter, um ihn in Angriff zu nehmen, und so geschah es auch im Jahr 1915, wenngleich unter ganz anderen Umständen. Die Grundzüge der Geschichte von Felix Krull war durch die Memoiren Manolescus *Der Fürst der Diebe* angeregt worden, die er vor fünf Jahren gelesen hatte. Seine Aufzeichnungen zeigen aber deutlich, wie er sie mit eigenen Erfahrungen ausstatten wollte. In Kindertagen war er selbst ein passionierter Schauspieler gewesen, und so konnte er sich gut in die Psychologie des Betrügers einfühlen. Der Gang der Geschichte entwickelte sich aber nur langsam, und wie so häufig in einer solchen Lage, nutzte er jede Gelegenheit zur Ablenkung, bevor er endgültig zur Feder griff.

Ein im Januar erschienener frecher und antisemitischer Angriff auf Samuel Lublinski – den Kritiker, an dessen wohlwollende Besprechung der *Buddenbrooks* und spätere Beschreibung Thomas Manns als »bedeutendster Romandichter der Zeit« er sich mit Dankbarkeit erinnerte – erregte seinen Zorn, so daß er sich, anstatt mit einer großen Anzahl anderer Autoren öffentlich zu protestieren, zu einem eigenen Gegenstoß veranlaßt sah. Mit einer der schärfsten Polemiken, die je aus seiner Feder flossen, überfiel er den Verfasser, einen Dr. Theodor Lessing (selbst Jude und Autor einer *Einführung in die moderne Philosophie*, die Mann freundlich besprochen hatte). Er verspottete detailliert dessen kritische Bemerkungen über Lublinski, wies seine Lügen zurück und schloß mit einem mörderischen persönlichen Angriff, »keineswegs mit dem Florett, sondern mit dem spanischen Rohr«[144], schrieb er an Lublinski, als er ihm eine Abschrift schickte. Es ging hier auch um familiäre Angelegenheiten. Lessing war einst ein Bewunderer Carlas gewesen, auch wenn er es nie versäumt hatte, ihre Bühnenauftritte zu belächeln, zudem war er früher auch häufiger Gast der Pringsheims gewesen. Er forderte Mann per Telegramm zum Duell, der ging aber nicht darauf ein, sondern schrieb zwei weitere öffentliche Erwiderungen. Manns letzte Antwort im April sollte eigentlich einen Strich unter die ganze Affäre ziehen. Lessing jedoch veröffentlichte alles aufs neue in einer eigenen Broschüre, mit weiteren Tiraden über den dekadenten, dandyhaften Lübecker, dem er in München begegnet war. Ein scharfer Brief Alfred Pringsheims zwang ihn, die Broschüre zurückzuziehen, von der sich aber bereits Exemplare in Umlauf befanden. Lessings Feindschaft währte noch viele Jahre.

Die Verärgerung durch eine Kontroverse dieser Art machte es nicht gerade leichter, sich den *Bekenntnissen von Felix Krull, Dieb und Schwindler*, wie der Titel nun hieß, zu widmen. Von Lessings Kritik am »Literaten« gekränkt, verbreitete er sich in einem Essay über das Mißtrauen und das geringe gesellschaftliche Ansehen, die in Deutschland, ganz anders als in Frankreich, dem Schriftsteller entgegengebracht würden. Er plädierte für dessen Anerkennung, nicht unbedingt durch mehr Geld, doch zumindest durch die öffentlichen Ehrungen, die bildenden Künstlern und Musikern so häufig zuteil wurden: »Ob diese guten Dinge dem Genie ... zuträglich sind, muß freilich dahingestellt werden. Aber daß die Verwirklichung des Traumes von der ›Deutschen Akademie‹ die Ehrfurcht vor der Sprache, die Geltung des Geistes, die gesellschaftliche Stellung des Schriftstellers erhöhen würde, ist nicht zu bezweifeln.«[145] Der Aufsatz blieb anscheinend unveröffentlicht, er selbst sollte später jedoch keinen Grund zur Klage über eine derartige Vernachlässigung haben (auch wenn die Geschichte der Sektion Literatur der Preußischen Akademie solchen erhabenen Zielen kaum gerecht wurde).

Der Sommeraufenthalt in Tölz mußte vorerst aufgeschoben werden, da im Juni das vierte Kind erwartet wurde und Vorbereitungen für den Umzug in die nunmehr benötigte größere Wohnung in München zu treffen waren. Am 7. Juni 1910 gebar Katia ein weiteres Mädchen, das sie Monika nannten. Katia hielt es für das bei weitem hübscheste Kind von allen. Thomas hoffte sehr, es werde das letzte sein, da solche Fruchtbarkeit ans Absurde grenzte, und auch die Ärzte waren der Meinung, daß Katias Gesundheit nun genug gelitten habe. Diese Ablenkung verhinderte aber nicht den lange geplanten Beginn des *Krull*, und schon nach einem Monat, noch vor der Abreise nach Tölz, konnte es sich der Vater nicht versagen, seiner Familie einen großen Teil des ersten Kapitels dieser »Vereinigung von Frivolität und Moralismus ... von Skepsis und Leidenschaft«[146], wie er es Lublinski gegenüber nannte, vorzulesen – eines Werkes, das trotz seines fragmentarischen Charakters schließlich zu seinen populärsten zählen sollte.

Kaum hatten sie sich aber in ihrem Landhaus wieder eingelebt, als die Mutter aus Polling mit der Nachricht anrief, Carla sei tot – ihre schmerzerfüllten Worte enthielten nur Andeutungen von einem Selbstmord. Er fuhr sofort ab. Carla, erst neunundzwanzig, hatte, als sie sich mit einem reichen jungen Elsässer verlobte, gehofft, aus ihrer Boheme-Existenz endlich ausbrechen zu können, in der sie die Männer mehr verfolgt hatten als gute Bühnenrollen. Sie war jedoch durch anonyme Briefe belästigt worden und wurde schließlich von ihrem Verlobten, der sie in Polling besuchte, der Untreue bezichtigt. Sie hatte sich in ihr Zimmer eingeschlossen, um die massive Dosis

Zyankali zu nehmen, die sie lange bei sich getragen hatte. »Je t'aime«, hatte sie in der zurückgelassenen Notiz geschrieben: »*une fois* je t'ai trompé, mais je t'aime.« Für Thomas war das eine schwere Erschütterung, nicht nur weil es seit dem Tod des Vaters der erste Todesfall in der Familie war, sondern weil er darin auch die Desertion »einer von uns« sah, einen Verrat an der Familiensolidarität, die er zu erhalten versucht hatte. Hätte sie sich die Wirkung auf sie alle vorstellen können, schrieb er später an Paul Ehrenberg, so hätte sie es nicht getan. Das Leben müßte aber weitergehen: »und so lange man nicht auch in solcher viereckigen, schwarzen, von Baumwurzeln durchwachsenen Erdgrube liegt, muß man ein bischen mittun«.[147]

Heinrich, der erst nach dem Begräbnis aus Italien nach München zurückkehrte, kannte sie besser und verstand, wie sehr sie sich nach der Sicherheit des wirklichen Lebens gesehnt hatte, fern von den glitzernden Täuschungen der Bühnenwelt, wo man mit ihrer Unschuld so grausam umgegangen war (in einem wirkungsvollen Drama, *Schauspielerin*, stellte er kurz darauf ihr Leben und Schicksal dar). Keiner der Brüder konnte sich eines leichten Schuldgefühls erwehren. Durch Heinrichs Bitterkeit wurde die Kluft zwischen ihm und Julia, der er die Gefühllosigkeit gegenüber dem Kampf Carlas nie vergeben konnte, nur noch weiter vertieft. Die Mutter war vernichtet und erholte sich nie mehr ganz von diesem Schlag. Zwanzig Jahre später vermochte es Thomas in einem trockenen Bericht, der immer noch sein Befremden über Carlas Rücksichtslosigkeit gegenüber anderen verriet, eine etwas verständnisvollere Haltung einzunehmen. Seine eigene »Wirklichkeit« von literarischem Erfolg, Frau, Kindern und Heim sehe nach außen hin zwar glücklich aus, doch sie sei auf ihre Weise aus demselben Stoff gemacht wie die Tragödie von Polling, ein ähnlicher Verrat: »Alle Wirklichkeit hat *tod*ernsten Charakter, und es ist das Sittliche selbst, das, eines mit dem Leben, es uns verwehrt, unserer wirklichkeitsreinen Jugend die Treue zu halten.«[148]

Damals sei es schwer gewesen, sagte er, ohne Haß zu der »schweren und leidenschaftlichen Spielerei, die man künstlerische Arbeit nennt«[149] zurückzukehren. Der Fortschritt am *Krull* ging nur zögernd vonstatten, doch zum Jahresende konnte er einen Teil des Eingangskapitels veröffentlichen. Vor Ende August hatte er einen langen Essay über Fontane, eine tiefgehende Würdigung eines großen Vorgängers abgeschlossen, die viel von seiner eigenen Methode und

Erfahrung enthielt. Der Umzug in die größere und teurere Wohnung am 1. Oktober – es handelte sich eigentlich um zwei benachbarte Wohnungen in der Mauerkircherstraße, in der neuerschlossenen Gegend des Herzogparks – nahm eine ganze Woche in Anspruch, anschließend fuhr er für den Rest des Monats allein nach Tölz zurück, um die Arbeit an seinem ungewöhnlichen Roman, die zu einer »Folter« wurde, zu bewältigen. Die Parodie der Autobiographien des 18. Jahrhunderts, darunter Goethes *Dichtung und Wahrheit*, geriet zu einem zunehmend schwierigen Balanceakt, und er bezweifelte, daß sich dieser Ton einen ganzen Roman lang durchhalten ließ.

Als er wieder in München zurück war, stellten die nächsten Monate jedoch andere Ansprüche an seine Zeit. Erhöhte Haushaltskosten – nun waren es vier Bedienstete, und die Miete war höher – überstiegen das Einkommen Katias, er brauchte also unmittelbarere Einkünfte. Einladungen zu Lesereisen und Zeitschriftenbeiträgen waren daher willkommen. Im November las er in Weimar aus dem *Krull*, auf Einladung eines alten Schulfreunds, eines Grafen, der am dortigen Hof nun Kammerherr war. (Mit einiger Befriedigung entdeckte er, daß seine Eindrücke genau mit seinen Erkenntnissen über das Leben eines Prinzen in *Königliche Hoheit* übereinstimmten.) Im Januar 1911 unternahm er dann noch eine ausgedehnte Tour durch das Rheinland, das Ruhrgebiet und Westfalen. Vor Weihnachten hatte er eine Geschichte, die auf seiner Schulzeit basierte, für die Wiener *Neue Freie Presse* geschrieben (die von der Zeitschrift aus irgendeinem Grund nicht angenommen wurde und erst im Februar in Deutschland erschien). Eine kurze Besprechung einer früheren Ausgabe von Adelbert Chamissos *Peter Schlemihls wundersame Geschichte* ging an die Weihnachtsnummer des Berliner *Tageblatts* (und ermutigte Fischer, der seinen Autor bis zum Erscheinen des nächsten großen Werks im Rampenlicht halten wollte, ihn um eine Einführung zu seiner eigenen Chamisso-Ausgabe zu bitten, die demnächst erscheinen sollte). Unterdessen durften bedeutende musikalische Ereignisse nicht versäumt werden. Im September hatte er der Probe für die Uraufführung von Mahlers 8. Symphonie beigewohnt. Bei der anschließenden Begegnung mit dem Komponisten hatte er zum erstenmal das Gefühl, einen wahrhaft großen Menschen getroffen zu haben. Im Februar sah er eine Aufführung des *Rosenkavalier*, bei der es ihn störte, wie die Worte von der allzu aufdringlichen Musik überlagert wurden. Es ist kaum verwunderlich, daß sich der *Krull* nur mit Langsamkeit fortbewegte. Er schrieb sie einer vorübergehenden nervlichen Erschöpfung zu.

Auch mit Katias Gesundheit stand es, wie die Ärzte vorhergesehen hatten, nicht zum besten. So machten sie sich im Mai 1911 in Begleitung Heinrichs zur dalmatinischen Küste auf – für Thomas weniger ein Urlaub als ein Wechsel in der Arbeit, da er sich bereits mit dem Gedanken an eine Novelle trug, die ihn vorerst von der Stokkung des *Krull* entlasten sollte. Ursprünglich hatte er erwogen, eine hoffnungslose Liebesbeziehung Goethes im Alter von vierundsiebzig Jahren zu schildern (obwohl die eigentlichen Geschehnisse in seiner Vorstellung etwas durcheinandergerieten), eine unsinnige Leidenschaft zu einem siebzehnjährigen Mädchen, die »böse, schöne, groteske, erschütternde Geschichte«[150] einer Krise, die sein olympisches Dasein beinahe zerstört hätte, die er aber in der großartigen *Marienbader Elegie* hatte sublimieren können. Mann aber wagte es noch nicht, »die Gestalt Goethe's zu beschwören, ich traute mir die Kräfte nicht zu«, und hatte sich allmählich einen moderneren Helden vorgestellt für das Thema der Zerstörung eines anscheinend wohlgegründeten Lebens durch den »›fremden Gott‹, durch Eros-Dionysos«, eines Lebens, das durch den Einbruch der Leidenschaft »entwürdigt und ins Absurde gestoßen wird«.[151]

Sie blieben zuerst auf der Insel Brioni, was sich als Fehler erwies. Das Wetter war nicht besonders gut, es gab keinen ordentlichen Strand, die fast ausschließlich österreichische Gesellschaft im Hotel sagte ihnen nicht zu, nicht zuletzt deren Hochachtung vor einer Erzherzogin, der Mutter des künftigen Kaisers Karl, bei deren regelmäßig verspätetem Erscheinen und frühem Aufbruch bei den Mahlzeiten sich jedermann respektvoll erheben mußte. Dort erfuhren sie auch vom Tod Gustav Mahlers nach seiner Rückkehr von einer Amerikareise. Mann war tief bewegt, schnitt Nachruf und Bild aus der Zeitung aus und beschloß, die strengen Züge (und später den Vornamen) dieses bewunderten Künstlers für seinen Helden zu verwenden, dessen Geschichte noch zu erfinden war. Nach zehn Tagen verließen sie Brioni, um mit dem Schiff nach Venedig zu fahren, wo die bereits vertraute Umgebung des Grand Hotel des Bains am Lido willkommene Erleichterung bot. Dort blieben sie bis Anfang Juni. Es sei ein herrlicher Urlaub gewesen, sagte er nach ihrer Rückkehr nach München. Sie waren beide anscheinend wiederhergestellt, am

Strand des Lido hatte er einen lang versprochenen Artikel über Wagner für die Bayreuth-Nummer der Wiener Zeitschrift *Der Merkur* geschrieben, vor allem aber formten sich die Ereignisse der Reise und des Aufenthalts zur Gestalt seiner geplanten Novelle, so wie es mit Dänemark und *Tonio Kröger* der Fall gewesen war. *Tod in Venedig* entstand.

Sowohl der kurze Wagner-Artikel – in dem diplomatisch eingestanden wurde, wie ihn der Zauber des Komponisten immer noch gefangennehmen konnte, die überholten grandiosen Ideen jedoch kritisiert wurden – wie auch der längere Chamisso-Essay für Fischer, den er nun in Bad Tölz zu Beginn ihres Sommeraufenthalts fertigschrieb, waren – jeder auf seine Art – Vorspiele zu der Novelle, die in seiner Vorstellung allmählich Gestalt annahm. In seiner Voraussage einer neoklassischen, postwagnerianischen Kunst für das 20. Jahrhundert – streng und klar, die Größe nicht mehr in barocker Übertreibung oder die Schönheit im Rausch suchend – nahm er den ästhetischen Moralisten in seiner Hauptfigur, den Schriftsteller Aschenbach, vorweg. In Chamissos Schlemihl, dem Mann ohne Schatten, sah er nicht den Menschen ohne Wurzeln, sondern den Menschen, dem die solide Grundlage der bürgerlichen Existenz fehlte, die der Autor, so wie er selbst, jedoch gewinnen würde, wenn er die Geschichte erst einmal hinter sich hatte. Als er die Novelle begann und er Aschenbach so viel von sich selbst, von seinem eigenen Werk und Leben, verlieh, wurden beide Stränge in die Erzählung gewoben: die Suche nach einer neuen Klassik, in harter Arbeit am Rande der Erschöpfung, und der Erwerb von Ehren und Ansehen in einer anscheinend soliden bürgerlichen Existenz.

Das war der Hintergrund. Aschenbach konnte er sogar die Werke zuschreiben, die er selbst nie schreiben würde – ein Prosaepos auf das Leben Friedrichs des Großen, den Roman *Maja*, den Essay über »Geist und Kunst«. Für die Handlung der Geschichte brauchte freilich nichts mehr erfunden zu werden, die Erfahrungen der Reise standen zur Verfügung, nur kleinere Änderungen waren nötig: die merkwürdige Gestalt am Münchner Friedhof, die Enttäuschung von Brioni, die widerliche alternde Tunte auf ihrem düsteren Schiff von Pola nach Venedig, der verdächtige Gondoliere, das Durcheinander mit dem Gepäck bei der Abreise (in Wirklichkeit das Gepäck Heinrichs und nicht seines), der Ausbruch der Cholera (tatsächlich in Palermo, nur gerüchteweise in Venedig), der unheimliche Sänger.

Sogar der Einbruch der Leidenschaft in das würdige Leben Aschenbachs in Gestalt homosexueller statt heterosexueller Liebe spiegelte seine eigene starke Vernarrtheit – auf gewisse Distanz – in den gottgleichen polnischen Jungen wider, der im wirklichen Leben nicht Tadzio hieß, wie er ihn genannt hatte, der aber viele Jahre später zugab, zusammen mit seinem ungebärdigen Freund Jaschu in jenem Sommer am Lido gewesen zu sein.

Tod in Venedig war das erste Werk Thomas Manns, in dem seine angeborene Homosexualität so deutlich, wenn auch indirekt, zum Ausdruck kam. Es sei ihm gelungen, schrieb er später, nicht nur jenes »Gleichgewicht von Sinnlichkeit und Sittlichkeit« zu finden, das vollendet in Goethes Roman *Die Wahlverwandtschaften* verwirklicht worden sei (er behauptete, während der Arbeit an der Novelle das Buch nicht weniger als fünfmal wiedergelesen zu haben), sondern in der Darstellung des Falls Aschenbach auch »die durchaus nicht ›griechische‹, sondern protestantisch-puritanische (›bürgerliche‹)« Haltung zu beschreiben, die so grundlegend zu seinem eigenen Wesen gehöre; »unser gründlich mißtrauisches, gründlich pessimistisches Verhältnis zur Leidenschaft selbst und überhaupt«. »Leidenschaft als Verwirrung und Entwürdigung«[152], behauptete er, sei der eigentliche Gegenstand seiner Erzählung. Doch die Art, wie er sie erzählte, in einer geschickten Mischung aus Symbolismus und Realismus – das griechische Element, aus einer Welt, die Homosexualität als normal empfand, tritt Aschenbach um so deutlicher vor Augen, als Tadzio Eros personifiziert, und wird von seiner eigenen »puritanischen«, protestantischen Natur zurückgewiesen –, zeigte seinen inneren Zwiespalt. (Deutlicher als hier gab er seiner homosexuellen Neigung nirgends Ausdruck, sogar gegenüber dem jungen Bonner Wissenschaftler Ernst Bertram – selbst homosexuell –, mit dem er seit 1910 korrespondiert und eine langjährige Freundschaft geknüpft hatte, wurde sie nie ausgesprochen, obgleich sie gewiß ein Band in ihrer Freundschaft war.)

Als er die einmalige Geschichte im Juli begann, dachte er lediglich an eine rasche Improvisation, ein kurzes Zwischenspiel bei der Arbeit am *Krull*. Wie immer entwickelte die Sache aber einen eigenen Willen, und bis zu ihrem Abschluß verging ein ganzes Jahr. Grund dafür war aber nicht nur das seiner Meinung nach ganz »unmögliche Konzept« und die Suche nach einem unvermeidlich tragischen Ende. Katia hatte sich nämlich nicht so gut erholt, wie sie gehofft hatten. Wegen eines leichten, doch hartnäckigen Fiebers mußte sie einen Teil des Septembers in den Bergen verbringen. Im März 1912, nach der Diagnose einer Tuberkulose im Frühstadium und einem erfolglosen Aufenthalt in einem örtlichen Sanatorium, ging sie in ein hochempfohlenes Sanatorium in Davos, wo eine Kur voraussichtlich sechs Monate dauern würde. Vor dem Abschluß der Novelle, mit den Kindern allein, wenn auch mit Dienstboten reichlich versehen, wurde ihm zum erstenmal bewußt, wie sehr er sich mittlerweile darauf verließ, daß sie ihm die prosaischen Angelegenheiten des täglichen Lebens fernhielt, damit er sich unbesorgt seiner Arbeit widmen konnte.

Seine Kosten stiegen an, kurze Vortragsreisen nach Belgien und Norddeutschland hatten zwar Erleichterung geschaffen, doch im Februar sah er sich gezwungen, Heinrich um eine zumindest teilweise Rückzahlung des Darlehens zu bitten – freilich mit nur bescheidenem Erfolg, so daß er bald darauf seine Vortragshonorare erhöhte. Nach einem einmonatigen Besuch in Davos im Mai übersiedelte er mit den Kindern nach Tölz, wohin seine Mutter gern kam, um sie zu betreuen, und wo ihm endlich der Abschluß der Geschichte gelang. Es war auch höchste Zeit, da sie in der *Neuen Rundschau* bereits angekündigt und mit Zustimmung Fischers eine limitierte private Luxusausgabe im Hyperion-Verlag geplant war. *Tod in Venedig* erschien schließlich in den Oktober- und Novembernummern der *Rundschau* und in der limitierten Ausgabe vor Jahresende; das Buch bei Fischer folgte dann 1913, erreichte bis Jahresende achtzehntausend Exemplare und erregte den größten literarischen Widerhall, der seinen Büchern bisher zuteil geworden war. Obwohl verhältnismäßig kurz, zählt das Werk zu Recht immer noch zu seinen besten. Das problematische Thema hat in jüngerer Zeit sowohl in der Verfilmung durch Visconti wie in der Opernfassung Benjamin Brittens dramatische Gestaltungen angeregt.

Eine homoerotische Veranlagung war im Wilhelminischen Deutschland weder selten noch tabu; sie erfreute sich unter dem Banner des Dichters Stefan George und seines Kults der platonischen Liebe in Künstler- und Intellektuellenkreisen einer gewissen Beliebtheit. Das Thema des *Tod in Venedig* – den er als das ernsthafteste, weil persönlichste, Werk ansah, das er seit den *Buddenbrooks* geschrieben hatte und das ihm nach dem Abschluß das Gefühl vollkommenen Gelingens gegeben hatte – hätte an sich wohl kaum puritanische Reaktionen hervorgerufen. Nach seinem Erscheinen aber stellten sich bei ihm Zweifel ein, und er bemühte sich damals wie später Freunden gegenüber den grundsätzlich moralischen Charakter des Werks zu betonen. Er war erleichtert, als die Rezensionen, mit wenigen Ausnahmen, positiv ausfielen und die literarischen eher als die gesellschaftlichen Qualitäten ernsthaft besprochen wurden, und daß er, wie gehofft, den gegen *Königliche Hoheit* häufig geäußerten Vorwurf niedrigerer Maßstäbe in seinem Werk, des »Abstiegs ins Flachland des Optimismus«, widerlegt hatte. Vielleicht glücklicherweise hatte er 1913 die generelle Kritik an seinem Werk durch D. H. Lawrence, die sich auf *Tonio Kröger* und *Tod in Venedig* konzentrierte, wohl nicht zu Gesicht bekommen. In ihr wurde er als Autor mittleren Alters (Lawrence nahm anscheinend an, er sei in seinen Fünfzigern), als ein Opfer der »deutschen Sehnsucht nach Form« und mit seiner »abgestandenen« Behandlung des Gegensatzes von Leben und Kunst als ein »letzter, zu flauer Schüler« Flauberts abgetan: »Thomas Mann ist alt – und wir sind jung. Deutschland kommt mir nicht sehr jung vor.«[153] Erfreulich waren Hinweise auf eine eventuelle Zuerkennung des Nobelpreises; doch er meinte, die Welt und das Nobelkomitee würden wohl mehr von ihm verlangen, bevor sich eine solche Entscheidung rechtfertigen ließe.

Nach diesem Zwischenspiel war er fest entschlossen, zu seinem Hochstapler Felix Krull zurückzukehren; den komischen Ton, den Anflug von Parodie wieder einzufangen, erwies sich aber als schwierig. Hinzu kam, daß ihn eine nachlässige Produktion von *Fiorenza* durch Max Reinhardt im Januar 1913 in Berlin verstimmt hatte. Das Stück war stark gekürzt worden, und der äußerst wichtige Dialog hatte zugunsten von Gestik und Aktion zurücktreten müssen, was zu einer Kritik Kerrs führte, die noch vernichtender war als üblich. Dieses »giftige Gejökel«, wie Mann es angewidert nannte, ließ kurz den Gedanken an eine Novelle wieder wach werden, die er seinem »verstorbenen Freund Gustav von Aschenbach« zugeschrieben hatte – *Der Elende*, in der die verabscheuungswürdigen Eigenschaften Kerrs und Lessings vereint werden sollten. Sie kam aber nie zur Ausführung, auch mit dem *Krull* ging es nicht weiter, er wurde von anderen Dingen in Anspruch genommen.

Zuerst stand abermals ein Umzug bevor. Der Besitz des Landhauses in Tölz hatte zur Folge, daß man jeden Sommer dort verbrachte und auf angenehme Aufenthalte an der See verzichtete; die Stadtwohnung war für die schnell heranwachsenden Kinder, die einen Garten brauchten, nicht mehr groß genug; kurz nach Katias Rückkehr aus Davos im September 1912 hatten sie beschlossen, sich in der Gegend des Herzogparks umzuschauen, die sich am rechten Ufer der Isar entlang erstreckte und auf deren neu erschlossenem Gebiet Bauplätze erhältlich waren. Im Februar 1913 wurde ein Platz erworben, und man beauftragte einen Architekten, für die Poschingerstraße Nr. 1, eine Straße, die von ihrer Mauerkircherstraße zum Fluß hinunterführte, eine Villa zu entwerfen. Das Grundstück lag unmittelbar am Ufer, in einer richtigen Wildnis, in der sich noch wenige Ansiedler niedergelassen hatten. Was die recht hohe Hypothek anging, hoffte er gewiß auf sein Einkommen aus dem *Tod in Venedig* (brauchte vermutlich aber auch die Unterstützung durch seinen Schwiegervater, da der Kauf in Katias Namen getätigt wurde). Das Unternehmen nahm mehr Zeit in Anspruch, als erwartet, seine Hoffnungen auf einen schnellen Verkauf des Hauses in Tölz und einen Sommerurlaub an der Ostsee erfüllten sich nicht. Der Bau schritt voran, die Kinder besuchten das Grundstück und beobachteten aufgeregt den Fortschritt, doch Tölz blieb für den Sommer noch ihr Heim. Im Juni brachen er und Katia zu einem seiner Meinung nach wohlverdienten Urlaub in Viareggio auf. Im Juli waren sie wieder in Tölz, wo er, statt sich an den *Krull* zu machen – wieder einmal –, etwas Neues begann.

Der Gedanke entstammte seinem vorjährigen Besuch in Davos, als sich Katia in dem ziemlich luxuriösen Waldsanatorium aufhielt. Sie hatte ihm nahezu täglich lebhafte Briefe mit ihren Eindrücken von dieser abgeschlossenen Welt geschrieben – den Ärzten und Krankenschwestern, ihren Mitpatienten, die häufig exzentrisch und nicht sehr moralisch waren, den ab und zu organisierten Ausflügen. Auch die eigenen Beobachtungen während seines Monats in dieser überzüchteten Atmosphäre hatten ihm viel Erfahrung und Unterhaltung verschafft. Er konnte sich aber gerade noch retten, als ihm der Arzt bei der fiebrigen Erkältung, die er sich in der ungewohnten Höhe von 1 700 Metern unweigerlich zugezogen hatte, mitteilte, er habe einen Fleck auf seiner Lunge gefunden und ihm, seinen Profit bedenkend, eine sechsmonatige Behandlung an Ort und Stelle anriet. Seinen späteren Worten nach zog er es statt dessen vor, heimzukehren und etwas über die Gefährlichkeit solch langwieriger Kuren für junge Menschen zu schreiben, die in diesem zeitlosen, isolierten

Milieu dem Leben in der wirklichen Welt draußen entfremdet und für es untauglich gemacht würden. Katias Briefe und die Berichte nach ihrer Rückkehr hatten den Sanatoriumsklatsch auf den neuesten Stand gebracht. Nun, ein Jahr später, legte er wieder einmal den *Krull* zur Seite und wandte sich einer Novelle dieses Themas zu, die sich, wie er dachte, zu einer Art humoristischem Gegenstück zum *Tod in Venedig* entwickeln sollte, in der die Faszination vom Tod auf eine Komödie reduziert würde.[154] Wiederum dachte er nur an ein kurzes Zwischenspiel zum Roman. Im September hatte er sich für seinen Helden entschieden, den jungen Schiffsbaustudenten Hans Castorp, von hanseatischer Herkunft wie er selbst; die Geschichte sollte »Der verzauberte Berg« heißen; die anderen Personen warteten sozusagen schon.

Fischers *Rundschau*, stets auf Förderung der Autoren des Hauses bedacht, kündigte das Werk bereits im Dezember an (irrtümlicherweise als »Der Zauberlehrling«, er hatte den Titel zu *Der Zauberberg* umgeändert). Einige Monate war noch von einer Novelle die Rede, obwohl ihn die Erfahrung gelehrt haben sollte, wie solche Werke zu wachsen pflegten. Wie üblich fand er auch diesmal wieder die Arbeit schwieriger als angenommen – obgleich der grundlegende Entwurf unverändert blieb. (Zu diesem Zeitpunkt konnte er freilich weder die gewaltsame Unterbrechung, die das Jahr 1914 bringen sollte, noch den ungeheuren Zeitraum vorhersehen, den der Roman, zu dem sich das Werk entwickelte, beanspruchen würde.) Die Jahreswende brachte mit zunehmenden Sorgen schwere Depression und Erschöpfung: Katia und der kleine Klaus litten an Bronchialbeschwerden, die Last von Schulden und Hypotheken drückte, Onkel Friedrich protestierte öffentlich (recht spät) über die Karikatur seiner Familie in den *Buddenbrooks*. Das alles führte ihn fast an den Rand der Verzweiflung. Er zog einen Vergleich zwischen der Fähigkeit Heinrichs, die Übel der Zeit darzustellen und zu geißeln, und seinem eigenen Mangel an jeder geistigen und politischen Orientierung und seiner angeborenen Sympathie mit dem Tode; sein ganzes Interesse richtete sich auf den Verfall und ließ keinen Fortschritt zu. »Ich bin ausgedient, glaube ich, und hätte wahrscheinlich nie Schriftsteller werden dürfen«, hatte er ihm im November geschrieben. »›Buddenbrooks‹ waren ein Bürgerbuch und sind nichts mehr fürs 20. Jahrhundert. ›Tonio Kröger‹ war bloß larmoyant, ›Königliche Hoheit‹ eitel, der ›Tod in Venedig‹ halb gebildet und falsch.«[155]

Eine aufmunternde Antwort des Bruders besserte seine Stimmung und gab ihm den Arbeitswillen zurück.

Das neue Haus sollte gegen Jahresende fertig werden, was die Familie vorwiegend in Tölz abwartete. Wegen der finanziellen Schwierigkeiten hatte Thomas ein mächtiges Vortragsprogramm für November und Dezember angesetzt, in Stuttgart, Wien und Budapest, dem im Januar eine Lesetour durch die Schweiz folgen sollte; und dann trat er auch noch in Frankfurt und München auf. Unterdessen hatte man Katia nach einigen Wochen erfolgloser Kur in Meran wieder die Bergluft empfohlen, und nach einer Familienweihnacht bei den Pringsheims begab sie sich am 4. Januar 1914 in den Schweizer Kurort Arosa. Tags darauf zog er mit den Kindern in die Poschingerstraße um. Katia sah die neue Behausung erst nach ihrer Rückkehr aus Arosa im Mai. Trotz all dieser Unruhe hoffte er dennoch, sich bald wieder an seine »Novelle« machen zu können. Der Anfang ginge ziemlich gut, schrieb er im Januar an Heinrich, und sein neues Arbeitszimmer sei gewiß großartig. Im Augenblick habe er jedoch zuviel zu tun gehabt, ein kurzer Besuch in Katias neuem Sanatorium in Arosa habe sicher hilfreiche Eindrücke hinterlassen, doch *Der Zauberberg* habe in den Wintermonaten nur geringe Fortschritte gemacht.

Für die Öffentlichkeitsarbeit aber waren die Lesungen von großem Wert. Sie enthielten nicht nur wohlbekanntes Material, sondern als Vorgeschmack des Künftigen auch Bruchstücke aus dem *Krull*. In Ungarn, wo man sein Werk bereits in Übersetzung kannte, wurde er fürstlich aufgenommen und begeistert befragt, zu dem kurzen Aufenthalt gehörte sogar ein Besuch im Parlament, und seine Lesungen erhielten beinahe ehrfürchtige Besprechungen. In sein Münchner Programm im Januar hatte er erstmals einen Ausschnitt aus dem kaum erst begonnenen Werk aufgenommen. Die »faszinierende Persönlichkeit« Thomas Mann, wie er nach der Lesung in der Galerie Caspari von einer Zeitung genannt wurde, erregte zunehmend Aufsehen. Beim Einzug in die Poschingerstraße mag er den vornehmen Bau für eine so prominente und repräsentative Persönlichkeit als durchaus angemessen empfunden haben.

Mit der Stirnseite zum Fluß, in einem großen, von einer Steinmauer umgebenen Garten, war das Haus in der Tat ein »Herrenhaus«, ein würdiger Nachfolger der Häuser seiner Vorfahren, an dessen Aussehen jedoch nichts an Lübeck erinnerte. Man konnte es für den Wohnsitz eines erfolgreichen Geschäftsmannes, nicht den eines Schriftstellers halten. Das Erdgeschoß war erhöht, an der Flußseite führte eine Freitreppe zu einem Raum mit drei Fenstern, der im Halbrund vorragte, über diesem befanden sich die Balkone des ersten Stocks, wo ihre (getrennten) Schlafzimmer und der Bereich für die Kinder lagen, der zweite Stock blieb vorerst noch leer. Der Haupteingang auf der Hinterseite führte in eine große getäfelte Halle, wo der ausgestopfte Bär aus seinem Elternhaus stand, der mit ausgestreckter Pfote ein Tablett für Visitenkarten hielt, und zur Haupttreppe. Der Salon, mit dem Flügel und Katias Bibliothek, wie das Speisezimmer befanden sich jeweils auf einer Seite, ein Aufzug verband das Speisezimmer mit der Küche und den Räumen der Bediensteten im Untergeschoß. Am Ende der Halle lag sein Arbeitszimmer – natürlich der beste Raum des Hauses, mit Ausgang zur Gartentreppe – mit seinem Schreibtisch, den hohen Bücherschränken, einem Seitentisch für Bücher, die in Benutzung waren, ausgestattet mit den Lüstern aus dem Haus in der Beckergrube, Sofas, den Empirestühlen und dem Kinderporträt Katias von Lenbach. Das Telephon, das er verabscheute, stand unten, es wurde zu Katias Zimmer durchgestellt, wenn sie zu Hause war, während seiner vormittäglichen Arbeitszeit aber nie zu seinem eigenen Anschluß. An den Abenden, erinnerte sich Erika, wenn die grünen Samtvorhänge vor den hohen Fenstern zugezogen, die Terrassentür geschlossen und die Doppeltür zur Halle hin offen waren, äußerte er sich stets entzückt über den »äußerst herrschaftlichen Durchblick«. An die zwanzig Jahre lang sollte es ihr Heim sein. Damals war es beinahe das letzte Haus in München, weiter stadteinwärts gab es einige Nachbarn, vor allem Bruno Walter, damals Generalmusikdirektor der Münchner Oper, der mit seiner Familie zu einem lebenslangen Freund wurde.

Als Katia im Mai heimkam, war er froh, die Aufsichtspflichten, die ein solcher Haushalt erforderte, aufgeben und sich wieder seiner gewohnten behutsamen, doch regelmäßigen Arbeit an der »Davos Novelle« zuwenden zu können. Sie entwickle sich zu einer »tüchtigen Länge«, teilte er im Juni einem Freund mit, er habe kaum die Hälfte hinter sich, das Ding habe vielfältige Absichten, und er setze große Hoffnungen darauf.[156] Die Krise Europas war ihm nicht entgangen, daß der Aufruhr des Krieges bevorstand, scheint er wie die meisten Menschen kaum vermutet zu haben.

III
Der Zauberberg – und *Betrachtungen eines Unpolitischen* 1914–1924

»Das Bruderproblem ist … das schwerste Problem meines Lebens.«

TM, Februar 1917[1]

Heinrich und Thomas Mann in Berlin 1932

1

»Muß man nicht dankbar sein für das vollkommen Unerwartete, so große Dinge erleben zu dürfen?«
TM, August 1914[2]

Mit vierzig Jahren hatte Thomas Mann eine Routine festgelegt, die ihm gemäß war, sie wurde in einem Leben des Wohlstands und – soweit es ihm seine Hypochondrie erlaubte – Wohlbefindens von der ihm angeborenen Liebe zu Ordnung und Disziplin bestimmt. Pünktlich um acht Uhr stand er auf, trank mit Katia eine Tasse Kaffee, begrüßte die Kinder, die bereits in der oberen Halle frühstückten, ging dann allein zu seinem eigenen Frühstück ins Speisezimmer, um sich danach von neun bis halb zwölf in sein Arbeitszimmer einzuschließen und die Arbeit an dem jeweiligen größeren Vorhaben weiterzuführen. Dort durfte er, wie jeder im Haus wußte, unter keinen Umständen gestört werden. Das Ergebnis waren für gewöhnlich ein oder eineinhalb Seiten, selten mehr, selten aber auch weniger: »Gib uns heute unser tägliches Blatt«, war seine Devise, wie er zu Bertram sagte, als das Manuskript des *Zauberberg* immer umfangreicher wurde. Ein maßvoller Zigarettenkonsum begleitete die Arbeit. Dann der tägliche Spaziergang, den er mit seinem Hund unternahm und auf dem er über seine Arbeit nachdachte und die nächsten Schritte vorbereitete. Zuweilen traf er die Kinder auf ihrem Heimweg von der Schule. Pünktlich um halb zwei war er zum Mittagessen mit der Familie zurück.

Er war weder Gourmet noch Gourmand und vermied (im Gegensatz zu seinen Vorfahren) schwere Mahlzeiten, er liebte vor allem eine gute Suppe und eine schmackhafte Nachspeise. Seine Weinkenntnis war oberflächlich, Alkohol reizte ihn in der Regel nicht, auf keinen Fall während der Arbeit (obwohl er einige Ausnahmen in früheren Jahren zugab – Grog hatte beim *Kleiderschrank*, ein Glas Champagner bei der Schiller-Geschichte geholfen). Bestenfalls ein gelegentliches Glas Bier zum Mittagessen und danach ein kleiner Weinbrand, den er mit Katia im Arbeitszimmer einnahm, wobei er die erste Zigarre des Tages rauchte, bevor er sich am Nachmittag leichterer Arbeit zuwandte – Lektüre auf dem Sofa und Notizen –, um sich dann, vorzugsweise im Bett, für eine Stunde schlafen zu legen, eine Ruhepause, auf die er höchst ungern verzichtete. Der Rest des Nachmittags wurde auf weniger anspruchsvolle Aufgaben verwandt, die er mit Goethe »die Forderungen des Tages« nannte, seine umfangreiche Korrespondenz, Fahnenkorrekturen oder Beiträge zu Zeitschriften; nun war er bereit, Unterbrechungen in Kauf zu nehmen: Besucher, ja sogar Telephonanrufe, wenn es sich nicht vermeiden ließ. Mitunter ein weiterer kurzer Spaziergang vor dem Abendessen; nach der Mahlzeit häufig eine Lesung aus dem Werk, das er eben abgeschlossen hatte, vor der Familie und gerade anwesenden Besuchern und Hausgästen, dann vielleicht etwas Musik (obwohl er noch kein Grammophon hatte, das später zur Leidenschaft werden sollte); weitere Lektüre, wenn sie allein waren, dann um Mitternacht mit einem Buch zu Bett.

Er betonte gern die Verbissenheit einer solchen Arbeitsroutine, wie er sie an Schopenhauer bewundert hatte, und berief sich auf Baudelaire, »Inspiration ist zweifelsohne die Schwester der täglichen Mühe«. Diese Routine wurde beinahe zur Legende, als neugierige Interviewer ihre Texte auszuschmücken suchten oder literarische Zeitschriften sich nach den Einzelheiten seiner Arbeitsweise erkundigten. An sie hielt er sich eigentlich sein ganzes Leben lang, ob nun in München und im Tölzer Landhaus oder auf den häufigen Reisen, die er später unternahm: Kaum ein Tag verging ohne die vormittägliche Arbeitsspanne, auch wenn das bedeutete, daß er in einem Hotelzimmer oder in einem Strandkorb arbeiten mußte (solange er nur irgendein Dach über dem Kopf hatte). In den ersten Monaten des Jahres 1914 hätte er, wie er später schrieb, »Haus und Heim verwettet«, daß er und seine friedliche Welt keinen Krieg in Europa erleben würden.[3]

Für die Kinder war er natürlich weniger zugänglich als die Mutter. »Mielein«, wie sie sie nannten, überließ deren Betreuung zwar großenteils den Kindermädchen, war aber bereit zum Geschichtenerzählen oder zum Beerenpflücken in den Tölzer Wäldern; er war »Pielein«, dann »Papale«, schließlich aber hieß er »der Zauberer«, der Magier, der für die Zauberstunden Ruhe forderte, von denen das Haus seine literarische Atmosphäre bekam. Im Alltäglichen war er nicht so geschickt wie Mielein, doch er konnte die Kinder durch gewisse Talente beeindrucken, wenn er etwa auf einer Untertasse ein Eiweiß völlig steif schlug, sie mit dem Gartenschlauch besprengte oder ihre Tölzer Spaziergänge durch improvisierte Märchen belebte. Bei ihrem »Ozeandampfer«-Spiel war er der Kapitän, sein

Arbeitszimmer die Brücke, und wenn er sich auch nur selten zeigte, war er doch der unbestrittene Herrscher über das Schiff. Gegen Mieleins Befehle gab es immer die Möglichkeit der Rebellion, schrieb Klaus, die Befehle des Zauberers aber waren unumstößlich. Sonntage in München bedeuteten stets Mittagessen bei den Großeltern Pringsheim, ein aufregender Tag für die Kinder, trotz der Furcht, etwas in dem großen Haus zu zerbrechen – spielen durften sie nur im Garten an der Arcisstraße –, für den Vater aber war es eine gewisse Plage, nicht zuletzt, weil es ihn die Nachmittagsruhe kostete.

In Tölz hatten im Sommer von 1914 die Löhrs ein Haus in der Nähe gemietet, Klaus und Erika probten mit den drei Cousinen im Garten gerade ein Stück – *Die Büchse der Pandora*, mit selbstgeschriebenem Text und selbstgefertigten Kostümen –, als die Nachricht vom Ausbruch des Krieges eintraf (Deutschlands Kriegserklärung an Rußland). Berlin würde von den Franzosen in Brand gesteckt werden, sagte ihre vorlaute Cousine Eva, für den achtjährigen Klaus war es wichtiger, ob dieses weit entfernte Ereignis ihre Bühnenpläne vereiteln würde, und so rannte er mit Erika fort, um die Eltern zu suchen. Der Vater faltete die Decken, unter denen er seine Nachmittagsruhe auf der Veranda gehalten hatte, zusammen, blickte gegen die Berge und bemerkte unheilvoll: »Nun wird wohl auch gleich ein feuriges Schwert am Himmel erscheinen … aber wenn der Alte noch lebte – er brauchte gar nichts zu tun, nur da zu sein, auf Jasnaja Poljana –, dies wäre nicht geschehen, *es hätte nicht gewagt*, zu geschehen …«[4] Aber Tolstoi war tot, und die Büchse der Pandora stand offen. Es war nicht der Augenblick, ihn wegen des Theaterstücks zu fragen.

Zwei Tage zuvor sei er unter dem »furchtbaren Druck der Realität« der Mobilmachung noch optimistisch geblieben, schrieb er: »zu civilen Gemütes«, um das Ungeheuerliche für möglich zu halten – wer aber vermochte zu sagen, welcher Wahnsinn Europa ergreifen kann, wenn es einmal hingerissen?[5] So in einem Brief an Heinrich, der sich in Nizza erholte; er hatte eben seinen Roman *Der Untertan*, eine bittere Satire auf das Deutschland Kaiser Wilhelms, vollendet. Von den Ereignissen, vor allem aber von der Ermordung Jaurès', am 31. Juli, die ihm den Krieg mit Frankreich unausweichlich erschienen ließen, schwer betroffen, kehrte er im letzten Augenblick nach Deutschland zurück. Viktor, den man als Vierundzwanzigjährigen bereits einberufen hatte, heiratete in aller Eile seine junge Verlobte Nelly Kilian. Thomas und Heinrich konnten ihn gemeinsam mit der Mutter vor seiner Abfahrt zur Front gerade noch verabschieden. Von Katias vier Brüdern war Heinz bereits in der Kavallerie; Peter, der Naturwissenschaftler, nahm an einem Treffen der British Association in Australien teil und wurde dort für die Dauer des Kriegs interniert; Erik wie auch ihr Zwillingsbruder Klaus hatten mit dem Militär noch nichts zu tun. Thomas, der zu den Reservistenjahrgängen gehörte, hatte noch keinen Stellungsbefehl erhalten; er kehrte nach Tölz zurück, um die Ereignisse abzuwarten; Heinrich blieb einen Monat in Oberbayern, heiratete dann am 12. August die Prager Schauspielerin Mimì Kanóva, die er ein Jahr zuvor während der Proben zu einem seiner Schauspiele in Berlin kennengelernt und mit der er zeitweise in München zusammengelebt hatte. (Nach Ines Schmied war man »Heinrichs mißglückten Bräuten«, wie Katia sie nannte, gegenüber skeptisch, und Thomas fand den Geschmack des Bruders zuweilen sonderbar, im großen und ganzen war man Mimì gegenüber aber wohlgesonnen.[6])

Die Reaktionen der Brüder auf den Krieg gingen in verschiedene Richtungen. Thomas erwartete zwar eine ruinöse Veränderung seiner materiellen Lage, war aber auf die kommenden Ereignisse äußerst gespannt, sogar dankbar für die unerwartete Gelegenheit, so große Dinge erleben zu dürfen, und hegte die »tiefste Sympathie für dieses verhaßte … Deutschland, das, wenn es ›Civilisation‹ bisher nicht unbedingt für das höchste Gut hielt, sich jedenfalls anschickt, den verworfensten Polizeistaat der Welt zu zerschlagen«. (Womit er Rußland meinte.)[7] Als er das am 7. August an Heinrich schrieb, schien er keine Vorstellung davon zu haben, wie widerwärtig dieser Standpunkt dem Bruder sein mußte, der von der Invasion Belgiens und dem Angriff auf sein geliebtes Frankreich zutiefst getroffen war. Auch der jähe Abbruch des Fortsetzungsabdrucks des *Untertan* bereitete Heinrich große Sorgen. Der Roman, der trotz seiner bitteren Kritik am kaiserlichen Deutschland von Thomas begrüßt worden war, war seit Januar in einer illustrierten Wochenschrift abgedruckt worden, bei einer Fortsetzung fürchtete der Verleger begreiflicherweise aber Schwierigkeiten mit der Zensur. Die russische Veröffentlichung in Fortsetzungen in St. Petersburg ging freilich ununterbrochen weiter, das Buch erschien dort 1915, konnte nun aber kein Geld mehr einbringen. Für Thomas war die Welt »faulig geworden vor lauter Komfort«, wie er Ende August an Fischer schrieb, sein *Zauberberg* würde die Unvermeidlichkeit der Katastrophe aufzeigen, und der Ausbruch des Krieges würde ihm die gewünschte Lösung für den Roman liefern – der Krieg und der Sieg des »deutschen Geistes«, der »deutschen Kultur und Zucht« als die Mittel der Erlösung.[8] Der *Untertan* schien ihm eine ähnliche Darstellung zu bieten, er hatte noch kaum eine Ahnung davon, wieviel realistischer, pessimistischer und »unpatriotischer«, ja sogar revolutionärer die Gedanken seines Bruders waren.

Auch für Heinrichs finanzielle Schwierigkeiten war er unempfindlich, als er seine eigene, anscheinend schlimme Lage überdachte. Das Landhaus in Tölz ließ sich zur Zeit nicht verkaufen, die Unterstützung des Schwiegervaters war um die Hälfte gekürzt worden, und er hatte keine Einkünfte. Als er von einer kleinen Erbschaft Heinrichs hörte, ersuchte er ihn im September um die Rückzahlung der geschuldeten 2000 Mark und ignorierte alle Proteste und des Bruders Pessimismus hinsichtlich seiner literarischen Aussichten. Heinrich habe schließlich keine Kinder und wenig Verpflichtungen, schlimmstenfalls müsse er sich nur einschränken, was er selbst ja auch täte – »innerhalb des leider bestehenden Rahmens« (eines Rahmens, den er freiwillig gewiß nicht ändern würde und dessen Risiko er stark übertrieb). »Kannst Du wirklich glauben, daß durch diesen großen, grundanständigen, ja feierlichen Volkskrieg Deutschland in seiner Kultur oder Gesittung so sollte zurückgeworfen werden, daß es Deine Gaben dauernd abweisen könnte?«[9] Heinrich versprach, sein Bestes zu tun – was für den Augenblick nichts war, da das Erbe erst drei Jahre später ausbezahlt werden würde.

In diesem Dialog war der eine für den anderen taub. Während sich Heinrichs Hoffnungen bereits auf eine ganz andere Blüte der deutschen Kultur richteten, in einer Republik, die auf den Trümmern eines besiegten Kaiserreichs errichtet werden würde, hielt Thomas an der konventionell patriotischen Linie fest, die er in einem eben fertiggestellten Essay *Gedanken im Kriege* bestätigte. Darin sah er den Zusammenstoß als eine ehrenvolle Verteidigung »deutscher« (lutheranischer, romantischer) Werte gegen die Schmähungen, die von allen Seiten seinem Vaterland entgegengeschleudert wurden, er begrüßte ihn als »Reinigung, Befreiung« von der Korruption der »Zivilisation« der Friedenszeit. In dieser bombastischen Rhetorik war er sich mit dem begeisterten Chor seiner Schriftstellerkollegen einig – darunter Hauptmann, Dehmel –, von denen die meisten freilich, wie er selbst, kaum mehr als eine literarische Kenntnis der Feindstaaten hatten. Er verglich das »soziale Kaisertum« Deutschlands, fortschrittlich und modern, mit der Staatsform seiner Widersacher, einem »Advokaten-Parlamentarismus, der, wenn er in Feierstimmung gerät, noch immer das Stroh von 1789 drischt«, und dessen Ziel einer »Demokratisierung« Deutschlands, einer »Erziehung« zu dem eigenen Niveau einer sogenannten Zivilisation, scheitern müsse. Es sei reiner Frevel, wenn man wünsche, »daß deutsche Art zugunsten von *humanité* und *raison* von der Erde verschwinde«.[10]

Zu denen, die einen solchen Standpunkt verwarfen, gehörte Wilhelm Herzog, dessen antimilitaristische Wochenschrift *Forum* drei Monate vor dem Krieg mit Essays von Romain Rolland, Heinrich Mann und Frank Wedekind (und sogar mit einem Neudruck der von ihm bewunderten Novelle Thomas Manns *Das Wunderkind*) gestartet war. Als Herzog in Heinrichs Gegenwart die *Gedanken im Kriege* las, waren beide von solchen Irrtümern eines »wohltemperierten Geistes« peinlich berührt, ja entsetzt, und in der Dezemberausgabe schrieb Herzog eine scharfe Polemik gegen diese »literarisch manikürte Irrlehre von der deutschen Seele«.[11] Ob Heinrich den Bruder in dieser Zeit sah oder ob er mit ihm in brieflicher Verbindung stand, wissen wir nicht, es besteht aber kein Zweifel an dem grundsätzlichen Bruch zwischen ihnen, der nun folgte. Viele Jahre später erinnerte sich Heinrichs Frau Mimì an den letzten Streit zwischen ihnen, an die ruhige Voraussage ihres Gatten, daß Deutschland den Krieg verlieren und die Monarchie fallen würde, und an Thomas' jähen Aufbruch.[12]

Thomas war unterdes nach München zurückgekehrt und hatte sich pflichtgemäß beim Heer gemeldet, wo der Militärarzt aus Hochachtung vor einem solch berühmten Namen sofort untertänig beschied, daß man ihn in Ruhe lassen solle. Unglücklich, daß er zu Hause bleiben müsse, wenn sich alle für Deutschland opferten, habe er sich sehr gequält, behauptete er, doch der Kriegsdienst wäre sinnlos gewesen, »mein Kopf, mein Magen, meine Nerven hielten es nicht länger als ein paar Tage aus, und ich würde nur zur Last fallen«.[13] Der zwölf Jahre ältere Richard Dehmel, der wohlbemerkt nicht gezögert hatte, sich freiwillig zu melden, schrieb ihm später aus dem Schützengraben ein begeistertes Lob für den Essay. In seiner Antwort gestand Mann immer noch eine gewisse Beschämung ein, brachte aber auch seine Befriedigung darüber zum Ausdruck, daß zumindest seine journalistische Bemühung, sein Gehirn in den Dienst der Sache zu stellen, nicht völlig überflüssig gewesen sei. Gewissensbisse wegen seiner Freistellung scheinen ihn aber nicht lange gequält zu haben; von den Ereignissen viel zu erregt, um die Arbeit an seinem Roman wiederaufnehmen zu können, setzte er seinen Dienst für die Sache nun mit einem längeren Essay fort.

»Deutschland heute ist Friedrich der Große«, hatte er in den *Gedanken im Kriege* geschrieben: »Es ist sein Kampf ... den wir noch einmal zu führen haben«, gegen eine ähnliche europäische Koalition, »im Haß verbündet«.[14] *Friedrich und die große Koalition. Ein Abriß für den Tag und die Stunde*, zum Jahresende abgeschlossen und im Januar 1915 veröffentlicht, entwickelte diese Parallele zwischen dem Siebenjährigen Krieg und dem Krieg von 1914 (Friedrichs Einfall in das neutrale Sachsen wurde zu einem kaum überzeugenden Vergleich mit der gegenwärtigen Invasion Belgiens herangezogen); der Stil war allerdings weniger polemisch. Der Essay enthielt Einsichten in den Menschen Friedrich, die besser in den lange vorbereiteten, doch zugunsten von Gustav von Aschenbach aufgegebenen Roman gepaßt hätten. (In den zwanziger Jahren, als sich seine Ansichten radikal geändert hatten, hielt er diesen Essay noch immer für einen der besten, die er geschrieben hatte; ja auch viel später hatte er noch »etwas übrig für dies kleine historische Machwerk in seiner sonderbaren Mischung aus kritischer Besonnenheit und hitzig patriotischer Allusion«[15] und gewährte ihm gern einen Platz in seiner Prosasammlung aus fünf Jahrzehnten, *Altes und Neues*.)

Thomas Mann gehörte zwar nicht zu den dreiundneunzig Professoren, Schriftstellern und Künstlern, die das Manifest zum Oktober 1914 unterzeichnet hatten, in dem gegen die Anschuldigungen Rollands wegen deutscher Brutalität bei der Besetzung Belgiens selbstgerecht protestiert wurde, doch dessen Kerngedanke der völligen Solidarität mit Kaiser und Regierung drückte genau seine eigenen Gefühle aus. Im April 1915 betätigte er sich abermals journalistisch, er beantwortete eine Umfrage der schwedischen Tageszeitung *Svenska Dagbladet* über Deutschland und den Weltkrieg. Nicht nur habe Deutschland den Krieg keineswegs gewollt, behauptete er, sondern sei *gezwungen* worden, ihn zu wollen, und die Frage, wer ihn angefangen habe, sei irrelevant, da niemand leugnen könne, daß der

Vorkriegszustand Europas unhaltbar gewesen sei. Deutschland habe den Krieg begrüßt, da er der Vorbote seines »Dritten Reichs« sei, jener »Synthese von Macht und Geist«, die es immer erträumt hatte und die es aus der Zeit Bismarcks in eine neue Epoche politischer Erziehung, zu »Humanität und Freiheit« führen werde. Sollte es besiegt werden, so könne es nicht rasten, bis es die gegenwärtige Stellung wiedergewonnen habe, der Friede sei nur in seiner »Selbstbehauptung und Selbsterfüllung« zu finden ... »Auf jeden Fall wird Deutschland *stehen*, endgültig, bewiesen, anerkannt, und es werden die Völker mit ihm zu leben haben.«[16]

Er war auf seinen Friedrich-Essay so stolz, daß er ihn in dauerhafterer Form veröffentlicht sehen wollte. Fischer lehnte ab, aus Besorgnis, die Betonung des rücksichtslosen Charakters des Königs, die in Deutschland bereits kritisiert worden war, könnte von der ausländischen Propaganda mißbraucht werden; Thomas seinerseits räumte ein, daß seine Verherrlichung Preußens gegen eine weitere Verbreitung sprechen mochte. Sein neuer Plan einer schmalen Veröffentlichung, in der der Essay zwischen *Gedanken im Kriege* und dem *Dagbladet*-Beitrag seinen Platz fände, sagte dem Verleger aber zu, das Bändchen erschien im Juni 1915. Den Soldaten gefiele der Essay, behauptete Thomas, und vielleicht könnte er tatsächlich die Moral stärken, da der Stellungskrieg nun den ersten heftigen Vorstoß an der Westfront abgelöst hatte. Bewunderer wie Kritiker des Friedrich-Essays aber – sowohl Patrioten wie Radikale wie Heinrich und Herzog oder die Zürcher Emigranten, die Bruderschaft predigten – polemisierten von ihren unterschiedlichen Standpunkten aus gemeinsam scharf gegen die Ansichten, die er in diesem Essay vertrat, der größere Aufmerksamkeit auf sich zog als die flüchtigeren und chauvinistischeren Stücke, die ihn umrahmten.

Er war mittlerweile endlich wieder zum *Zauberberg* zurückgekehrt (den er nun zum erstenmal als Roman bezeichnete), als im Mai und Juni jedes Mitglied seiner Familie, nur er ausgenommen, an Blinddarmentzündung erkrankte. Aufeinanderfolgende Operationen in einer entlegenen Klinik waren bei Golo, Monika und Erika, schließlich gegen Ende Juni auch bei Katia erfolgreich. Bei Klaus aber, der im Mai eingeliefert wurde, traten ernste Komplikationen und ein Magendurchbruch auf, und insgesamt vier Operationen wurden nötig, sein Leben schien nur mehr an einem Faden zu hängen. Klaus war später überzeugt, seine Mutter, die ihre eigene Operation eben erst hinter sich hatte, habe ihn vom Tod errettet. Als die Ärzte die Hoffnung schon aufgegeben hatten, rieb sie ihn aus Verzweiflung von Kopf bis Fuß mit Kölnischwasser ein, worauf über Nacht eine Besserung eintrat. Der besorgte Vater, der praktisch in der Straßenbahn zwischen Heim und Klinik lebte, konnte nur wenig am Roman arbeiten. Dazu kam noch die Unsicherheit, ob ihn das Militär auch weiterhin unbehelligt lassen würde. Dieser Schatten scheint während seines Aufenthalts mit der Familie in Tölz gewichen zu sein, wohin sie Anfang August umgezogen waren, sobald »Eissi« – außer Gefahr, doch mager und ausgezehrt – transportfähig war.

Der Krieg, nunmehr ein Jahr alt, hatte tatsächlich eine größere Unsicherheit in seine Arbeit gebracht, als ihm anfangs bewußt gewesen war. Dessen Ausbruch konnte, wie er sofort erkannt hatte, den idealen Schluß für den *Zauberberg* abgeben, aber der Roman war ja nur als Zwischenspiel zur Arbeit am *Krull* begonnen worden, von dem seiner Schätzung nach kaum ein Drittel fertig war und zu dem er unmittelbar nach Vollendung des anderen zurückkehren mußte. Kopf und Herz waren jedoch so sehr mit den Zeitereignissen beschäftigt, daß er die »Fabel« nicht weiterspinnen zu können glaubte, bevor er sich nicht voll und gewissenhaft zu den brennenden Problemen des Tages geäußert hatte. Am 1. August hatte er einen weiteren, kürzeren Artikel *Gedanken zum Kriege* geschrieben, der das alte Thema wiederholte und nichts Neues bot. Nun fühlte er, wie er in einem Brief im September schrieb, das Bedürfnis, einen umfangreicheren kritischen und politischen Essay zu verfassen, eine persönliche Analyse des Konflikts zwischen »Kultur« und »Zivilisation«, mit seiner eigenen Vorstellung von der Zukunft – nichts weniger als die soziale Reorganisation Europas, wozu der Westen unfähig und Deutschland berufen sei, denn er halte es für Aberglauben, in den westlichen Ideen, dem »Weltliberalismus«, den Schlüssel zum Fortschritt zu sehen. Angewidert von dem »politischen Advokatentum« Frankreichs, den »demokratischen Doktrinären und tyrannischen Revolutionsschulmeistern«, habe er sich auf immer getrennt von »jenen Ententefreunden im Inneren Deutschlands: unserem radikalen Literatentum ... all jenen belles lettres-Politikern, die ... heute, glauben Sie mir! bitter enttäuscht sind, daß die französisch-englische Invasion ... nicht Wahrheit werden will«.[17]

Es kann kaum bezweifelt werden, daß sich diese Invektive in erster Linie gegen Heinrich richtete, auch wenn dieser nirgends namentlich erwähnt wird. Es ist aber auch deutlich, daß Thomas die Entlastung von seinen eigenen Gedanken in einem so ausgedehnten Essay tatsächlich als notwendige Vorstufe zur künstlerischen Ausarbeitung seines *Zauberberg*-Konzepts ansah. Der Roman mußte eine Vorkriegsgeschichte bleiben, und auch wenn die Gestalt Settembrinis, des »Zivilisationsliteraten« schlechthin, die bereits im Entwurf aufgetreten war, viele seiner gegenwärtigen Vorstellungen verkörpern würde, mußten diese in einer selbständigen Darlegung zum Ausdruck gebracht werden. Ob mit Absicht oder nicht, er war Heinrichs Vortrag über Émile Zola am 18. Juni in München ferngeblieben, in dem dieser Schriftsteller als fest im Leben stehender, »demokratischer Führer«, »bewußtester Genius einer Demokratie« gefeiert wurde. Heinrich hatte ihn zum Thema gewählt, weil »wir – und die anderen doch auch jetzt noch Europäer geblieben sind und voneinander lernen müssen«.[18] Heinrich erweiterte dieses Thema in einem umfangreichen Essay für die *Weissen Blätter*, die von dem ähnlich gesinnten René Schickele herausgegeben wurden, wo er im November auch erschien, Thomas aber bekam ihn erst zu Jahresende zu Gesicht. Bei der Kluft, die nun zwischen ihnen bestand, war er vielleicht nicht überrascht, gewiß aber verärgert, daß sich der Hauptgedanke des Essays ebensosehr gegen ihn wie gegen Deutschland richtete. Er arbeitete damals bereits intensiv, von völlig entgegengesetzten Gesichtspunkten aus, an seinen *Betrachtungen eines Unpolitischen*. Das Manuskript begann sich offensichtlich weit über Essaylänge auszuweiten, doch er konnte nicht voraussehen, daß es ihn nahezu die ganzen Kriegsjahre in Anspruch nehmen würde, um dann beinahe wie ein Denkmal überholter Ideen dazustehen.

2

»Der Krieg stöhnt, eigene Seufzer, geduldig ertragene Leiden.«

James Joyce, *Finnegans Wake*

Den ganzen zweiten Kriegswinter – Mängel, besonders an Heizmaterial, machten sich allmählich an der Heimatfront bemerkbar – hielt Thomas Mann zäh, oft fast verzweifelt an der Aufgabe fest, die er sich gestellt hatte. Sie war für ihn Gewissenssache, der literarische Wert zähle nicht, sagte er, und das Ergebnis würde nur denen Freude bereiten, die seinem Leben und seinen Bemühungen gewogen waren. Er tat sich ausgiebig in historischer und politischer Literatur um, machte lange Auszüge von den Stellen, die seiner Einstellung entsprachen, vertiefte sich besonders in Dostojewski und dessen Übersetzer Mereschkowski und auch in Tolstoi. Im Briefwechsel und bei Besuchen wurde Ernst Bertram zu seinem ständigen Vertrauten. Dank seiner wissenschaftlichen Ausbildung hatte Bertram stets Zitate und Beispiele zur Hand, um den Gedankengang dieser zuweilen ausufernden Dissertation zu unterstützen oder zu berichtigen, vor allem, wenn es um Nietzsche ging, über den er selbst ein Buch schrieb, und wenn die Lücken des Freundes in der Kenntnis der deutschen Literatur zu ergänzen waren. Ende Januar hörte er sich den Entwurf über den »Zivilisationsliteraten« an, der allzu deutlich den unbeherrschten Zorn verriet, den Heinrichs Zola-Essay entfacht hatte. Keiner der beiden Brüder erwähnte den anderen beim Namen, doch die persönlichen Anspielungen waren in beiden Werken nicht zu übersehen, so daß sich Bertram genötigt sah, Thomas zur Mäßigung der stürmischen Invektive zu bewegen, die er gegen Heinrich richtete.

Trotz all dieser Hilfe begann seine Entschlossenheit schwächer zu werden, und er erklärte im Februar, daß er nicht mehr wüßte, worum es ihm eigentlich ginge. Es sah so aus, als könnten die *Betrachtungen* unmöglich veröffentlicht werden. Sie schienen lediglich ein Zeugnis der inneren Krise zu sein, welche die Zeitereignisse in ihm hervorgerufen hatten, und »durchaus nicht geeignet, anderen zur Klarheit zu verhelfen, was doch die Aufgabe des Schriftstellers ist«.[19] Von Paul Amann, einem jungen Österreicher, mit dem er korrespondiert und dem er von Anfang an seine Gedanken für den Essay mitgeteilt hatte, erhielt er einen Artikel über Romain Rolland. Trotz seiner Kritik, daß Rollands *Au-dessus de la mêlée* ein Selbstbetrug sei, entdeckte er, daß er allmählich zu Ansichten gelangte, die von denen seiner ungestümen Polemik weit entfernt waren. Er sei des Hasses, der Beschuldigungen müde, des »Krieges« außerordentlich überdrüssig, schrieb er an Amann am 25. Februar, und »tief zur Weichheit, zum Frieden, selbst zur Reue« geneigt, man müsse schließlich feststellen, daß es für keine der Parteien einen »Sieg« geben würde und daß tatsächlich ein gemeinsamer Wille zur Erneuerung und Wiedergeburt Europas bestünde, er sei die einzige Grundlage einer Versöhnung. »Ich glaube ... etwas von dem Europa zu spüren, das nachher sein wird: einem erschöpften Europa, das doch voll junger Hoffnung ist, sensitiv, verfeinert und begütigt durch gemeinsames Leiden ... undoktrinär, unrechthaberisch, denn all die früheren Antithesen und Schlagworte werden veraltet sein.«[20] Er sei nicht so töricht zu leugnen, sagte er im März, daß die Demokratisierung und Politisierung Deutschlands – »kurz all das, was man beinahe die Entdeutschung Deutschlands nennen könnte« – unumgänglich sei, doch man müsse sie beileibe nicht gutheißen.[21] Die Vernunft mochte ihn zum Demokraten machen, doch seinem Gefühl nach war er eher ein Konservativer.

Was für einen Sinn habe es also, mit dem »langen Monolog« fortzufahren? Bei einer solchen Verfassung war es wohl kein Zufall, daß er an starkem Fieber und Grippe erkrankte und gleich nach der Besserung eine Gesichtsrose folgte. *Anna Karenina* wiederzulesen erwies sich als der beste Weg zur Gesundung (»Ich erinnere mich, wie diese Lektüre mich aufrecht hielt, während ich an ›Buddenbrooks‹ arbeitete«[22]). In den Osterferien in Tölz fand er neue Energie für dieses »Untier« von einem Buch – denn ein Buch wurde es, nicht mehr nur ein Essay, der in der *Rundschau* erscheinen und ihm wenigstens ein Honorar einbringen konnte. Wie immer seine milderen Gedanken über Demokratie und Versöhnung aussahen, er war doch zu tief in seinen Gegenstand eingedrungen, und die Gegensätze, nicht zuletzt zu seinem Bruder, brannten ihm zu sehr auf der Seele, um das Vorhaben nun aufzugeben. Als er im September nach München zurückkehrte, mußte er sich jedoch eingestehen, daß die Sommermonate in Tölz der Arbeit alles andere als zuträglich gewesen waren, daß er sich danach sehnte, zu etwas »Dreidimensionalem«, zu echter epischer Gestaltung zurückzukehren, anstelle dieser aufreibenden Mühe mit der »direkten Rede«, die ja eigentlich nicht seine Sache war. Er hatte außerdem noch keineswegs abgeschlossen. Viel blieb noch zu sagen, teilte er Bertram mit: über den Ästheten und den Politiker, die Jakobiner, Politik und Kunst, Ironie, Humanität und Freiheit, Demokratie, Konservatismus als Opposition – zum Hohn der Literaten und zweifelsohne zur Langeweile des Publikums, »ein dickes Buch für ein paar *Freunde*, wie Sie«.[23]

Als der dritte Kriegswinter begann, behauptete er, immer noch an die deutsche Sache zu glauben, mußte aber die Verschlechterung der militärischen Lage und die mangelnde Aussicht auf Friedensangebote von der Entente zugeben. Katia teilte seine Zuversicht nicht mehr, wie die Kinder bemerkten; gemeinsam bemühten sie sich aber getreu, die Bürde der immer häufigeren Engpäße an Lebensmitteln und Kleidung erträglich zu machen. Thomas bemerkte nie, wie die Familie an ihrer Zuckerzuteilung sparte, damit er nicht zu kurz käme (beim Tee pflegte er Gäste zum Zugreifen aufzufordern, da sie stets ausreichend versorgt seien). Katia begab sich täglich frühmorgens mit ihrem Fahrrad auf die Suche nach neuen Quellen für Eier oder andere Seltenheiten und zögerte nicht, auch den Schwarzmarkt aufzusuchen, wenn es nötig war. Klaus hörte einmal von einem Vorortgeschäft, wo Eier zu haben waren, stand mit Erika stundenlang in der Kälte Schlange und trug auf der Rückkehr seine Beute in der Mütze – bevor sie das Haus erreichten, waren sie ihm aus den starren Händen gerollt. »Nie ist mir die Welt wieder so kalt, so unfaßlich hart und grausam vorgekommen.«[24] Das sonntägliche Mittagessen wurde immer noch bei den Pringsheims eingenommen, doch das üppige Menü von früher war nun auf einen mageren Vogel, eine Art Reiher von penetrant tranigem Geschmack und einen scheußlichen rosa Ersatzpudding zusammengeschrumpft – und sie mußten ihr eigenes Brot mitbringen.

Ihr Vater hatte sich ebenfalls verändert. Nervös und nachdenklich, mit strengem Blick, den Bart häufig wochenlang ungestutzt, schien er nach der vormittäglichen Arbeit erschöpft, die sich nun für Klaus offenbar als etwas Abstraktes, Geheimnisvolleres darstellte als eine der Geschichten des Zauberers. Besuchern, die sich nach dem neuen Werk erkundigten, antwortete er leicht verlegen, es sei nur ein Buch, kein Roman, es habe mit dem Krieg zu tun. Düster präsidierte der Vater über den Mahlzeiten, nicht selten kam es zu plötzlichen Zornesausbrüchen, die sich hauptsächlich gegen Klaus richteten, die aber auch Golo, der Auftritte nicht leiden konnte, zum Weinen brachten. Nach dem Mittagessen ging er wieder in sein Arbeitszimmer und schlug die Tür fest zu, da er offensichtlich noch weniger als sonst gestört werden wollte. Zu Hause trug er die von ihm so genannte »Dienstjacke«, eine Art Litewka, eine feldgraue Gewandung, die ihn vielleicht in der Überzeugung bestätigen sollte, daß er auch fern von der Front seine Rolle im Krieg spielte. Im November 1916 hatte er mit einem geeigneten ärztlichen Zeugnis eine weitere Musterung überstanden, ohne einberufen zu werden, fühlte sich dabei aber unbehaglich und in gewissem Maße schuldig wegen seiner Freistellung, deren Widerruf er im Fall einer Fortdauer des Kriegs erwartete.

»Die Zeit ist rasch, und ich bin langsam«, schrieb er an Bertram. In den *Betrachtungen* müsse er auf seine anstrengende und pedantische Art erst abrechnen, und das mache ihn alt und müde.[25] Er hatte zugegeben, daß in der Unfähigkeit, seine Gedanken unter strenger Kontrolle zu halten, »im Furor, alles zu sagen«, eine gefährliche Schwäche lag.[26] Die selbstgewählte Aufgabe würde offenbar noch Monate in Anspruch nehmen, und mit jedem weiteren Tag wuchs die Gefahr, daß das endgültige Ergebnis überflüssig und von den Ereignissen überholt sein würde. Es half aber nichts, er mußte weitermachen – auch wenn Unterbrechungen durch andere Arbeit (schon als zeitweise Einkommensquelle) durchaus willkommen waren. Erfolgreiche öffentliche Lesungen aus dem *Krull* im Herbst, in München, Breslau und Berlin und im Januar 1917 ein seinem Freund und Nachbarn Bruno Walter gewidmeter Essay über *Musik in München*, führten ihn für kurze Zeit in die Welt des Schöpferischen und der Musik zurück, wo er sich wirklich zu Hause fühlte. Sie war seiner Meinung nach die einzige Sphäre, in der eine »national-deutsche Solidarität und Synthese«, die das intellektuelle Leben oder die Politik niemals bieten konnten, zum Ausdruck kam. Ein ähnliches Thema tauchte in einem Essay über den *Taugenichts* von Eichendorff für die Novembernummer der *Rundschau* auf. In ihm wurde der nichtsnutzige Müllerssohn mit seiner Geige, der Künstler und das Genie, als »exemplarisch deutsch« im »Human-Gemäßigten seines Wesens« dargestellt.[27] Diese scheinbaren Abschweifungen hingen aber eng mit den Thesen seiner *Betrachtungen* zusammen, mit denen er sich ständig beschäftigte; und das galt auch für die Besprechung, die er im Dezember über eine Neuausgabe von Thomas Carlyles *Friedrich der Große* schrieb.

Heinrich hatte mittlerweile entdeckt, daß sich die völlig andere Richtung, die er eingeschlagen hatte, lohnte. Nicht daß sich in der nun weithin bekannten brüderlichen Kontroverse die Anhänger um ihn geradezu scharten, es gab in Deutschland auch noch kein überwältigendes Anwachsen demokratischer oder republikanischer Gefühle, geschweige denn eine starke revolutionäre Bewegung, die seinen Ansichten entsprach. Doch der Mut des Zola-Essays hatte ihm viele Gesinnungsgenossen gebracht, er war zu einem Wendepunkt in seiner Laufbahn geworden. Im Jahr 1916 wurden seine auf viele Verlage verstreuten Werke von dem jungen avantgardistischen Verleger Kurt Wolff übernommen und in einer zehnbändigen Ausgabe veröffentlicht, die ihm einen bislang ungewohnten Verkaufserfolg einbrachte. Wolff bereitete auch einen Privatdruck des *Untertan* vor, für den die Zeit allerdings noch kaum günstig war, und schickte zehn Exemplare an besonders ausgewählte Leser, darunter Mechtilde Lichnowsky, die Gattin des deutschen Vorkriegsbotschafters in London (dessen vergebliche Friedensbemühungen später vom britischen Außenminister dankbar erwähnt wurden). Den größten Erfolg hatte Heinrich jedoch im Februar 1917, als sein Drama *Madame Legros* gleichzeitig in Lübeck und München uraufgeführt wurde und weitere Aufführungen auf vielen Bühnen folgten – so zahlreich, daß eine Berliner Zeitung das Stück spöttisch »Madame Engros« nannte. Die Handlung war einfach – der erfolgreiche Kampf einer einzelnen Frau für die Freiheit eines ungerecht inhaftierten Gefangenen in der Bastille. Als Heinrich das Stück 1913, ohne zu ahnen, daß bald darauf der europäische Krieg ausbrechen würde, schrieb, hatte er seine Bewunderung für den anfänglichen Idealismus der Französischen Revolution ausgedrückt. Nun, inmitten wachsender Kriegsmüdigkeit und einem Gären politischer Spekulationen, als der Kaiser eine Wahlreform versprach, traf die Begeisterung für die humanitären Anfänge der Revolution in Frankreich den rechten Ton: »Endlich kann man einander wieder in die Augen sehen«, bemerkte ein Zuschauer.[28] Nach der Berliner Inszenierung im April wurde Heinrich von keinem Geringeren als dem Präsidenten der Reichsbank ermuntert, sein dramatisches Talent in den Dienst der deutschen Revolution zu stellen und hörte bei dieser Gelegenheit auch, wie Fürst Lichnowsky die militärische Niederlage Deutschlands voraussagte.

Für Thomas, der das Stück 1913 gelesen und gelobt hatte, der Aufführung nun aber fernblieb, war die Apotheose eines solchen französischen Idealismus völlig antideutsch, gehörte aber doch zu »jenen kerndeutschen Tatsachen, von denen man nie weiß und nie wissen wird, ob man sich ihrer freuen oder darüber verzweifeln soll«.[29] Er und sein Bruder und das beiderseitige Verhältnis – »das eigentliche, jedenfalls das schwerste Problem meines Lebens«[30] – symbolisierten und verkörperten für ihn das deutsche Schicksal. Er konnte Heinrich den Erfolg nicht neiden, wenn er selbst, dem das Glück so lange gewogen gewesen war, in letzter Zeit nur wenig zustande gebracht hatte, aber er konnte ihm die politische Leidenschaft und Ungerechtigkeit gegenüber der deutschen Rolle im Krieg nicht vergeben, die seinen Bruder dazu geführt hatten, seine *Gedanken im Kriege* als Herausforderung anzusehen und den Bruch zwischen ihnen mit seinem Essay über Zola zu besiegeln. Die »Zivilisation« und »Gerechtigkeit«, die an *Madame Legros* gepriesen wurden, gingen zutiefst gegen den konservativen Nationalismus, an dem er noch immer festhielt. »Gerechtigkeit« war dort nichts als politisches Geschrei, »eine Fanfare ... die zu blutigen Taten ... ruft«, aggressiv und gewissenlos, »grundsätzlich ungerecht«.[31] Das alles kennzeichnete den radikalen Literaten, den »Ententerich«, dessen dogmatische Hartnäckigkeit er in dem Kapitel der »unpolitischen« *Betrachtungen* gegeißelt hatte, das vom *Zola* Heinrichs provoziert worden war. Nun spielte er mit seiner Zauberformel »Demokratie« auch in dem eben begonnenen Kapitel »Politik« eine wichtige Rolle.

Die entscheidenden Ereignisse am Anfang des Jahres 1917 – die deutsche Erklärung des uneingeschränkten U-Boot-Kriegs im Januar, worauf Amerika im April in den Krieg eintrat, die Abdankung des Zaren im März und die Ankunft Lenins im April in Petrograd – fanden in seinen Briefen, Notizen und den *Betrachtungen* überraschend wenig Beachtung. Er hatte keine Ahnung, daß die deutsche Niederlage unvermeidlich war, als die materielle Überlegenheit der Alliierten durch den Beitritt Amerikas gesichert war; er schien immer noch zu hoffen, der U-Boot-Krieg werde England bis zum Sommer in die Knie zwingen; nach seiner ausgedehnten Lektüre Tolstois und Dostojewskis sah er die Umwälzung in Rußland anscheinend von einer rein literarischen Warte aus, ohne ein Gefühl für die politischen Folgen, auch wenn durch sie eine gewisse Friedenshoffnung entstand. Er setzte sein endloses Selbstgespräch fort, obwohl er in seiner Ungeduld, wieder Künstler sein zu dürfen, mitunter meinte, »die Wand hinaufgehen« zu müssen: »Ich verliere diese Jahre, genau, als ob ich eingezogen wäre.«[32]

Mit der Vollendung des langen Kapitels *Politik* meinte er das Ganze im kommenden Sommer zum Abschluß bringen zu können. Die ursprüngliche Idee einer Veröffentlichung in der *Rundschau*, vor dem Erscheinen des Buches, kam seit langem nicht mehr in Betracht; sogar sein Angebot, das Kapitel *Vom Glauben* – weithin autobiographisch, über sein Verhältnis zu den drei »großen Deutschen« Schopenhauer, Wagner und Nietzsche – vorab erscheinen zu lassen, war anfangs aus politischen Gründen und als »zu europäisch« abgelehnt worden.[33] Es erschien schließlich aber doch in der Märznummer 1917. Das Honorar dafür, wie auch für einen Auszug aus *Kunst und Politik* in einer Münchner Zeitung im Februar und für seine Lesung der *Taugenichts*-Besprechung im vergangenen November in Berlin, die er nun in den allgemeinen Gedankengang der *Betrachtungen* eingearbeitet hatte, kam durchaus gelegen. Insoweit erhielt die Welt eine Vorstellung von dem, was ihn diese langen Monate hindurch beschäftigt hatte; mit seiner These des Widerstands gegen den »Zivilisationsliteraten« und einer Politisierung der musikalischen Atmosphäre Deutschlands, in der seiner Meinung nach allein die nationale Solidarisierung erreicht werden konnte, erregte er scharfe Kritik. Als er sich nun dem Kapitel *Von der Tugend* zuwandte und dieses Thema weiterentwickelte – er zitierte *Fiorenza* als eine »Satire auf die Demokratisierung des Künstlerischen« und griff wiederum die »Gleichungsformel demokratischer Weisheit ›Vernunft = Tugend = Glück‹«[34] an –, war es die deutsche Musik, für die er sein Lob reservierte.

In München hatte Bruno Walter im Juni die Erstaufführung von Hans Pfitzners Oper *Palestrina* dirigiert, von der Mann so begeistert war, daß er drei Aufführungen besuchte und den Komponisten in die Poschingerstraße einlud. Der lange, so gut wie unverändert in die *Betrachtungen* übernommene Artikel für die *Rundschau*, in dem er dieses Erlebnis beschrieb, wiederholte den Vergleich, den Pfitzner an jenem Abend zwischen den *Meistersingern* als »Apotheose des Neuen« und dem *Palestrina*, als ganz auf die Vergangenheit, auf die »Sympathie mit dem Tode«, gerichtet, gezogen hatte. Pfitzners Formulierung war überraschend gekommen, denn sie traf ein wesentliches Element des immer noch unvollendeten *Zauberberg*. In ihm wurde sein Held Hans Castorp, den eine nicht tugendhafte »Sympathie mit dem Tode« im Davoser Sanatorium festhielt, gefangen im Kreuzfeuer zwischen dem fortschrittlichen Literaten Settembrini und dem erzreaktionären Vertreter der Anti-Vernunft, Naphta, vor die Wahl zwischen der Pflicht zum Leben und der Faszination durch den Verfall gestellt[35]. Es sei bemerkenswert, hatte er Amann im März geschrieben, wie ihn die politischen Probleme des Krieges bereits vor dessen Ausbruch beschäftigt hatten; er hatte die *Betrachtungen* gerade deshalb unternommen, weil »infolge des Krieges der Roman sonst intellektuell unerträglich überlastet« worden wäre.[36]

Der Sommer 1917 sollte der letzte in Bad Tölz sein. Im Juli war es ihm endlich gelungen, das Haus um den von ihm für angemessen gehaltenen Preis von 55 000 Mark zu verkaufen, mit der Vereinbarung, daß er es noch bis Ende des Sommers benutzen durfte; anschließend sollten die besseren Möbelstücke die Einrichtung in der Poschingerstraße ergänzen. Bertram verbrachte seine Ferien in Bad Tölz, steuerte nützliche Kommentare und Zitate bei und bewährte sich als unersetzlicher Hörer für die letzten Entwürfe zu dem Buch, das die Kinder, bei denen er als Onkel beliebt war, mysteriös nannten. Im August glaubte Mann den scheinbar endlosen Strom hinreichend eingedämmt zu haben; und als er schon Pläne zu einer ausgedehnten Lesereise im Jahr 1918 machte, sah es ganz so aus, als werde er das »Ungetüm« in Kürze an den Verleger schicken können. In der Tat drängte ihn nach einer Lesung eines Auszugs im Dezember in München ein hoher Staatsbeamter, das Buch, das in der gegenwärtigen Lage so wichtig sei, sofort zu veröffentlichen. Seinem eigenen Gefühl nach sollte es als persönliches Zeugnis aber bis zum Frieden warten, außerdem mußte noch ein passendes Vorwort verfaßt werden.

Der Frieden schien tatsächlich näherzurücken. Der April hatte die ersten Streiks in Deutschland gesehen, die Generäle waren durch das Scheitern der Entente-Offensiven und die sensationelle Niederlage der Italiener bei Caporetto zwar wieder mutiger geworden und hatten den Rücktritt Bethmann Hollwegs als Reichskanzler im Juli erreicht, doch der Reichstag hatte einen Beschluß zum Frieden ohne Annexionen gebilligt. Nach der bolschewistischen Revolution im Oktober ließ Lenin wissen, daß er sofortigen Frieden suche. Der Zeitstimmung folgend, befragte im Dezember die liberale Tageszeitung *Berliner Tageblatt* Schriftsteller und Gelehrte nach ihrer Meinung über die Aussichten für einen »Weltfrieden« und widmete dann in der Weihnachtsausgabe ihren Beiträgen beträchtlichen Raum. Darunter befand sich auch ein Aufsatz Heinrich Manns mit dem Titel *Leben – nicht Zerstörung!*, in dem Demokratie als einzige Möglichkeit für Frieden gefordert wurde. Thomas sandte seinen Beitrag unter der Überschrift *Weltfrieden*, mit einem Fragezeichen, vielleicht absichtlich später ein. Er wurde am 27. Dezember mit einer Erklärung gedruckt, daß der Verleger keine Verantwortung übernehme. Denn Thomas Mann lehnte einen solchen Glauben an Politik, Sozialismus und die »république démocratique, sociale et universelle« ab. Mit einem Zitat von Dehmel (»Ein bißchen Güte von Mensch zu Mensch ist besser als alle Liebe zur Menschheit«) hoffe er auf eine Zeit, zu der er, gereinigt von der Politik, wieder über Leben und Menschheit nachdenken könne, »wenn die Völker hinter gefriedeten Grenzen in Würden und Ehren beieinander wohnen und ihre feinsten Güter tauschen: der schöne Engländer, der polierte Franzose, der menschliche Russe und der wissende Deutsche«.[37]

Heinrich glaubte, daß diese Worte ihm gälten; er fühlte sich veranlaßt, seinem Bruder am 30. Dezember mit der Absicht einer Versöhnung zu schreiben, die er für längst fällig hielt. »Dein ganzes Werk ist von mir begleitet worden mit dem besten Willen, es zu verstehen u. mitzufühlen. Die Gegnerschaft Deines Geistes kannte ich von jeher, u. wenn Deine extreme Stellungnahme im Krieg Dich selbst verwundert hat, für mich war sie vorauszusehen. Dieses Wissen hat mich nicht gehindert, Dein Werk oftmals zu lieben ... wiederholt es öffentlich zu rühmen oder zu verteidigen, u. Dich, wenn Du an Dir zweifeltest, zu trösten wie einen jüngeren Bruder. Bekam ich von dem allen fast nichts zurück, ich habe es mich nicht verdriessen lassen. Ich wusste, um sicher zu stehen, brauchtest Du die Selbstbeschränkung, sogar die Abwehr des Anderen, – und so habe ich Deine Angriffe ... noch immer ohne grosse Mühe verwunden. Verwunden u. nicht vergolten – oder erst dann ein einziges Mal vergolten, als es nicht mehr um Persönliches ging, nicht mehr um literarische Vorliebe oder geistige Rechthaberei, sondern um die allgemeinste Not und Gefahr. In meinem, ›Zola‹ betitelten Protest war es, dass ich gegen die auftrat, die sich ... vordrängten, um zu schaden. Nicht gegen Dich nur, gegen eine Legion. Anstatt der Legion sind es heute nur noch einige Verzweifelte ...« Er habe nie aus Haß gegen seinen Bruder gehandelt und hoffe nun auf besseres Gehör für seine Versicherung, daß Thomas seiner »nicht als eines Feindes zu gedenken« brauche.[38]

Eine großzügige Geste, der jedoch nur eine bittere Erwiderung zuteil wurde. Kurz vor seiner Lesereise fand sich Thomas unfähig zu einer angemessenen Antwort, ja, er bezweifelte tatsächlich, daß es einen Sinn habe, die »intellektuelle Folter« der vergangenen beiden Jahre in einen Brief zu zwängen, der den Umständen nach viel länger ausfallen mußte als der Brief des Bruders. Er tat es aber dennoch, in beträchtlicher Länge und mit Argumenten, die jede Versöhnung ausschlossen. Daß Heinrich ihm gegenüber keinen Haß empfand, glaubte er gern. Aber ihre Weltsichten wären, wie er schrieb, einander so völlig entgegengesetzt, daß sie allem einen persönlichen Anstrich geben würden. Er kehrte zu seinem Angriff auf den *Zola* zurück, jenes »glanzvolle Machwerk« mit seinen »wahrhaft französischen Bösartigkeiten, Verleumdungen, Ehrabschneidereien«. »Daß mein Verhalten im Kriege ›extrem‹ gewesen sei, ist eine Unwahrheit. Das Deine war es und zwar bis zur vollständigen Abscheulichkeit. Ich habe aber nicht zwei Jahre lang gelitten und gerungen, meine liebsten Pläne vernachlässigt, mich zum künstlerischen Verstummen verurteilt, mich erforscht ... um auf einen Brief hin, der – begreiflicher Weise – Triumph atmet, mich nach letzten Argumenten suchend an der Spitze ›einiger Verzweifelter‹ sieht und schließlich findet, ich brauchte Deiner nicht als Feindes zu gedenken, – um Dir auf diesen in keiner Zeile von etwas anderem als sittlicher Geborgenheit und Selbstgerechtigkeit diktierten Brief hin schluchzend an die Brust zu sinken. Was hinter mir liegt war eine Galeeren-Arbeit; immerhin danke ich ihr das Bewußtsein, daß ich Deiner zelotischen Suade heute weniger hilflos gegenüber stünde, als zu der Zeit, da Du mich bis aufs Blut damit peinigen konntest. Mögest Du und mögen die Deinen mich einen Schmarotzer nennen. Die Wahrheit, *meine* Wahrheit ist, daß ich keiner bin ... Stifter sagte in einem Brief: ›Meine Bücher sind nicht Dichtungen allein, sondern als sittliche Offenbarungen, als mit strengem Ernste bewahrte menschliche Würde, haben sie einen Wert, der länger bleiben wird, als der poetische.‹ Ich habe ein Recht, ihm das nachzusprechen, und Tausende, denen ich leben half – auch ohne, eine Hand auf dem Herzen, und die andere in der Luft, den contrat social zu rezitieren – *sehen* es, dieses Recht. Du nicht. Du kannst das Recht und das Ethos meines Lebens nicht sehen, denn Du bist mein Bruder. Warum brauchte niemand, weder Hauptmann noch Dehmel ... noch der präventivkriegerische Harden (dem Du jetzt Huldigungsvisiten machst) die Invektiven des Zola-Artikels auf sich zu beziehen? Warum war er in seiner ganzen reißenden Polemik auf mich eingestellt? Das brüderliche Welterlebnis zwang Dich dazu. Demselben Dehmel, der mir für meinen ersten Kriegsartikel aus dem Schützengraben Dank und Glückwunsch sandte, kannst Du ... wärmste Sympathie darbieten, und er kann sie annehmen; denn ihr seid zwar sehr verschiedene Geister, aber derzeit nicht brüderliche Geister, und darum könnt ihr beide leben. – Laß die Tragödie unserer Brüderlichkeit sich vollenden. Schmerz? Es geht. Man wird hart und stumpf. Seit Carla sich tötete und Du fürs Leben mit Lula brachst, ist Trennung für alle Zeitlichkeit ja nichts Neues mehr in unserer Gemeinschaft. Ich habe dies Leben nicht gemacht. Ich verabscheue es. Man muß zu Ende leben so gut es geht. Lebe wohl.«[39]

Keiner von den vielen Tausenden von Briefen Thomas Manns, die uns erhalten sind, zeigt deutlicher seine Selbstbezogenheit. Nach dreieinhalb Jahren des vernichtendsten Krieges, den Europa je erlebt hatte, mit Millionen von Toten, vermochte er nur an seine Kunst, an sein Leiden und seine Selbsterforschung als »Galeerensklave« zu denken und hielt weiter an einem Standpunkt fest, den auch er mittlerweile als bloßes Rückzugsgefecht gegen die bevorstehende Niederlage seiner reaktionären Vorstellungen sehen mußte. Heinrich schrieb eine Antwort, die er aber nicht abschickte; Schweigen schien ihm angesichts dieser Zurückweisung einer ausgestreckten Hand die einzige Möglichkeit. Für vier Jahre gab es keine Verbindung zwischen ihnen. Die Antwort hätte, auch wenn sie abgeschickt worden wäre, wohl kaum etwas geändert. Trotz ihres versöhnlichen Tons hätte Heinrichs scharfe Beurteilung der Fehler des Bruders – die »wütende Leidenschaft für das eigene Ich«, die völlige Respektlosigkeit für alles ihm nicht Angemessene, seine Unfähigkeit, den wirklichen Ernst eines fremden Lebens je zu erfassen, die »belanglosen Statisten, die ›Volk‹« in seinem Werk vorstellten – den Panzer von Thomas' Selbstzufriedenheit kaum beschädigt; sie hätte höchstens einen weiteren Streit zwischen ihnen ausgelöst, den Heinrich vermeiden wollte, so daß er die *Betrachtungen* nicht zu lesen gedachte. »Ich glaube nicht, daß der Sieg irgendeiner Sache noch der Rede wert ist«, schrieb er in seinem Entwurf, »wo wir Menschen untergehen ... Ich weiß nicht, ob irgend Jemand seinem Mitmenschen ›leben helfen‹ kann; nur möge unsere Literatur ihm dann nie zum Sterben verhelfen!« Mit *Madame Legros* habe er als erster den Gequälten das Vertrauen in eine bessere Zukunft geschenkt: »Du aber, der dafür meine Haltung der vollständigen Abscheulichkeit zeiht, wirst, will Gott es, noch einmal vierzig Jahre Zeit haben, Dich zu prüfen, wenn nicht zu ›behaupten‹. Die Stunde kommt, ich will es hoffen, in der Du Menschen erblickst, nicht Schatten, und dann auch mich.«[40] Die Stunde sollte lange auf sich warten lassen. Thomas, das muß gesagt werden, hatte sich erbärmlich benommen. Sogar nach ihrer späteren Versöhnung nahm er seine Worte nie ausdrücklich zurück, und eine Beziehung von oberflächlicher Höflichkeit verschleierte weiterhin seine grundsätzliche Antipathie gegen Heinrich.

Die Lesereise im Januar 1918 trug nach diesem Waffengang dazu bei, daß er sein Selbstvertrauen wiedergewann, obwohl ihr Anfang in Essen, nach einem Besuch in Straßburg, nicht gerade günstig war. Die örtliche Zeitung war mit seiner Lesung aus dem ersten Kapitel des *Zauberberg*-Manuskripts unzufrieden, der Schriftsteller sei ein »geborener Aristokrat ... unendlich darüberstehend«, sein Werk eine langweilige Schilderung ohne jegliche Handlung: »Thomas Mann ... taumelt wie ein Narr, treibt ›Seelenzergliederung‹ ... und hat doch einen Königshermelin an.« Der anschließende Auszug aus *Krull* sei »das Reizvollste an dem Abend. Aber, wie gesagt, da war der Saal schon sehr gelichtet.«[41] Sein nächster Auftritt am 9. Januar im besetzten Brüssel war zufriedenstellender. Sein Zug hatte zwar Verspätung, die Novelle *Das Wunderkind* mußte in seiner Abwesenheit gelesen werden, doch er kam rechtzeitig an, um dem größten Teil der Aufführung des dritten Aktes von *Fiorenza* beizuwohnen, die das dortige Garnisonstheater veranstaltete. Es war schmeichelhaft, am folgenden Tag einer Einladung zum Mittagessen mit dem Gouverneur der Stadt und seinen Offizieren nachzukommen, die alle (»Gott wußte um welcher Verdienste willen«) das Eiserne Kreuz erster Klasse trugen, später dann von einem von ihnen auch einen Brief zu erhalten, in dem er »Herr Kriegskamerad« tituliert wurde – was ihm immerhin eine Erwähnung in der kurzen Darstellung seines »Kriegsdiensts mit der Feder« im *Lebensabriß* von 1930 wert war. »Wirklich, so hart wie diese Herren habe auch ich den Krieg mich ankommen lassen.«[42] Der Rest des Programms – *Das Wunderkind*, die Schiller-Novelle und Auszüge aus *Krull* und *Königliche Hoheit* in Hamburg, Rostock und Lübeck – war durchaus erfolgreich, er konnte auf seiner Rückreise Fischer in Berlin besuchen, der trotz der Papierrationierung zuversichtlich war, die *Betrachtungen* veröffentlichen zu können.

Nur das Vorwort für dieses »Ragout sondergleichen«[43] schien noch auf den Abschluß zu warten; dabei ging er immer noch sehr in die Breite, und er konnte Bertram erst am 12. März bitten, sich das fertige Ergebnis anzuhören. Selbst dann noch konnte er es sich nicht versagen, dem Kapitel *Vom Glauben* eine Ergänzung einzufügen, die durch die Beerdigung des eben verstorbenen Frank Wedekind veranlaßt wurde. Die Totenrede hielt kein anderer als Heinrich. Sie wechselten auf dem Friedhof weder einen Gruß noch ein Wort; unmittelbar danach bestiegen Thomas und Katia ein Taxi, das sie vorsorglich hatten warten lassen; kaum war er zu Hause, als er schon einen Zusatz über die Haltung des verachteten Literaten bei einem so ernsten Anlaß niederschrieb. Für jene Kreatur sei Religion »die Verpflichtung zum Geist«. »Nun aber weiß man ja, was der Zivilisationsliterat unter dem ›Geist‹ versteht. Die Literatur versteht er darunter, die Politik versteht er darunter, zusammen mit jener, das heißt: die Demokratie ... Als ich es gehört hatte, als ich diese salbungsvolle Begriffsfalschmünzerei eines ›freireligiösen‹ Sonntagspredigers vernommen, diesem Versuch hatte beiwohnen müssen, eine in letzter Not nach ihrem Heil langende Seele für die Politik zu reklamieren, da setzte ich meinen Zylinder auf und ging nach Hause.«[44] Mit diesem abschließenden bitteren Ausbruch gegen seinen Bruder ging das riesige Manuskript – es war nicht viel kürzer als das der *Buddenbrooks* – am 16. März an Fischer. Mann mußte aber erst noch seine Beziehungen spielen lassen (vermutlich durch den Ministerialdirektor, der in München auf baldige Veröffentlichung gedrängt hatte), bis die notwendige Papierzuteilung gesichert werden konnte, aber auch dann vergingen noch sechs Monate, und der Krieg war beinahe vorüber, als das Buch erschien.

Daß das kostbare Papier im Deutschland von 1918 wohl bessere Verwendung hätte finden können, ist durchaus anzunehmen. Wie so oft zuvor (und nachher) hatte er sich auf ein, seiner Meinung nach, kurzes Stück Arbeit eingelassen – in diesem Fall, um seine Gedanken anläßlich wichtiger Ereignisse zu klären, bevor er zu dem bereits begonnenen Roman zurückkehrte –, das dann, da er nichts ungesagt lassen wollte, plötzlich Selbständigkeit annahm. Zwölf Jahre später nannte er es zu Recht »ein wegloses Sich-durchs-Gestrüpp-Schlagen«.[45] Das Ergebnis war trotz tapferer Versuche, es in eine Form zu zwingen, eine weit ausgedehnte polemische Rechenschaft, ein »mühsames Gewissenswerk«[46], Ausdruck seiner Reizbarkeit angesichts des gegenwärtigen Drangs zu einer Demokratie, die er verabscheute, und grenzte, wie er eingestehen mußte, mit seiner Fülle an Zitaten und Beispielen ans Pedantische. Auch wenn er bereits vor der Veröffentlichung behauptet hatte, sich davon distanziert zu haben[47], und sich seine politischen Ansichten bald ändern sollten, war er von den Standpunkten, die er zum Ausdruck gebracht hatte, als er das Werk begann, tief überzeugt gewesen; es war beinahe Heuchelei, wenn er nach dem Zweiten Weltkrieg behauptete, seine einzige Absicht sei es gewesen, »die Humanität zu verteidigen«.[48] Gegen Ende seines Lebens, zur Zeit des »kalten Krieges«, verstieg er sich zu der unwahrscheinlichen Behauptung, daß »die Kritik, die die ›Betrachtungen‹ an der westlichen Demokratie üben, alle meine späteren politischen Gutmütigkeiten überleben wird«.[49] Wir dürfen zwar dankbar sein für das, was diese fünfhundert Seiten enthüllen: die Selbstüberhebung, die sein Wesen beherrschte, die pseudowissenschaftliche Einschätzung des Einflusses, den Schopenhauer, Nietzsche und Wagner auf sein Werk ausübten, den tiefverwurzelten Konflikt zwischen den Brüdern, vor allem aber diese frühe und irrige Darstellung des deutschen Problems, das für seine spätere Laufbahn entscheidend sein sollte. Die *Betrachtungen* sind jedoch ein Teil seines Werks, an den sich nur wenige seiner heutigen Bewunderer wagen werden; falls sie es doch tun, werden sie sich bei aller Eleganz des Ausdrucks nur mit Mühe durch die Windungen seiner überholten Rhetorik kämpfen können.

Nach Absendung des »Untiers« hatte er das Gefühl einer ungeheuren Erleichterung. Endlich war er vom langen Monolog der »direkten Rede« erlöst, um zum »Dreidimensionalen« zurückzukehren. Schon mitten im Vorwort zum Monolog hatten sich seine Gedanken den nächsten Schritten im Roman zugewandt, doch er spürte, daß die Rückkehr Zeit brauchte und begann statt dessen mit einer harmlosen »Idylle« als Vorübung – der Geschichte seines Hundes Bauschan, seinem Begleiter auf dem täglichen Spaziergang die Isar entlang. Auch die Familie mußte erleichtert gewesen sein, daß der Alptraum geschwunden war. Katia war wieder einmal hochschwanger. Ihre Mutter hatte sich große Sorgen gemacht, da Katia über fünfunddreißig war und der Arzt, wie sie an eine Freundin schrieb, den Kopf geschüttelt hatte über das »gewagte Experiment«

nach achtjähriger Pause: »Jemand hat gesagt, Th.M. scheine fruchtbarer in der Erzeugung von Kindern, als von Büchern.«[50] Die Geburt am 24. April verlief aber völlig normal, er konnte mit Freude allen seinen Freunden die Ankunft einer entzückenden Tochter, Elisabeth Veronika, mitteilen. Sie wurde sofort zu seinem besonderen Liebling, keines der anderen Kinder hatte in ihm ein solches Gefühl der Zärtlichkeit wachgerufen wie »Lisa« oder »Medi«, wie man sie schließlich nannte, es schien mit dem wachsenden Vergnügen an der Natur übereinzustimmen, das er bei der Beschreibung der Landschaft auf seinen Spaziergängen mit Bauschan empfand. »Wird man allgemein gemütvoller mit den Jahren? Oder ist es die Härte der Zeit, die mich stimmt, zur *Liebe* disponiert?«[51] Bertram, der ihm durch die Mühen der *Betrachtungen* geholfen hatte, kam als erster als Pate für die für September vorgesehene Taufe in Betracht – wenn auch nur, um ihn für die Arbeit zu entschädigen, die nun mit den Druckfahnen kam, die schon im Mai in täglichen Paketen einzutreffen begannen. Der Freund, der für ihn bereits die von Fischer gewünschte Ankündigung entworfen hatte, machte sich willig an die Arbeit; Ideen zu Verbesserungen und Zusätzen wurden ausgetauscht. Innerhalb eines Monats hatte man jedoch alle Fahnen an den Verleger zurückgeschickt. Thomas hatte dem Freund gern freie Hand gelassen, nicht nur bei der Überprüfung der unzähligen Zitate, sondern auch bei der umfassenden Redaktion dieses repetitiven Textes. Diese Arbeit wurde dann abermals aufgenommen, als die Umbruchfahnen eintrafen.

Wenn er gewußt hätte, daß der vorhergegangene Sommer im Tölzer Haus ein weiteres Kind bringen würde, hätte er sich mit dem Verkauf sicher Zeit gelassen, denn nun mußten sie woanders etwas Passendes für Katias Erholung und den üblichen Sommerurlaub mieten, der trotz aller Schwierigkeiten und Nahrungsengpässe auf jeden Fall stattfinden sollte. Im März hatte ihm Ludendorffs große Offensive im Westen schlaflose Nächte bereitet, die Friedensbedingungen, die man den Bolschewiken in Brest-Litowsk auferlegt hatte, hatten in ihm wie in vielen anderen das Vertrauen in Deutschlands Überlegenheit wiederbelebt. Er mußte aber einsehen, daß sein Vertrauen unangebracht war. Als sie im Juli nach Abwinkl am Tegernsee aufbrachen, befürchtete er Schlimmes für die Zukunft seines Landes – nicht zuletzt wegen der dauernden Erwähnung von »Demokratie«, für die das ungezogene Benehmen der Leute in der

Eisenbahn nichts Gutes verhieß (»oh, oh, man wird sie sehr lieben müssen …«).[52]

Wie die Kinder enttäuschte auch ihn der Wechsel von Tölz an den Tegernsee nicht. Das gemietete Haus, dessen Garten zum See und zu einem eigenen Bootshaus abfiel, bot der Mann-Karawanserei reichlich Raum, jeder hatte sein eigenes Zimmer, auch die Köchin, ein Zimmermädchen und die neueingestellte Kinderfrau für das Kleinkind, sogar ein Arbeitszimmer für seine Arbeit an den Fahnen und an *Herr und Hund* stand zur Verfügung. An Essen mangelte es noch mehr als in München, doch viel Milch war vorhanden, wie auch Katias Vorrat an Honig, der Lieblingsnahrung ihres Gatten – denn er und das Kleinkind genossen selbstverständlich Vorrang. Erika, Klaus und Golo fischten mit Vergnügen, um die Rationen aufzubessern, Schnecken wurden gesammelt und gekocht, wobei der Hunger den Sieg über den Ekel davontrug. Man war höchst enttäuscht, als in der Sahne, die man sorgfältig abgeschöpft und im Keller als Überraschung zum Geburtstag der Mutter am 24. Juli aufbewahrt hatte, eine ertrunkene Maus entdeckt wurde. Ihre ganze Freude war aber ein Ruderboot, das einzige Transportmittel zum gegenüberliegenden Dorf. Sie betätigten sich begeistert als Ruderer, was für den Hosenboden von Klaus' Ersatzkleidung schlimme Folgen hatte.

Sogar Thomas, der im allgemeinen am Meer glücklicher war als zwischen Binnenseen und Bergen, hatte seine Freude an der umliegenden Natur. Eines Tages bestieg er mit Katia den benachbarten Hirschberg, übernachtete in der Hütte und bestaunte den Sonnenaufgang – vermutlich das einzige Unternehmen dieser Art in seinem Leben. Er vertiefte sich in Stifter, bewunderte dessen Beobachtung von Naturereignissen, in der Hoffnung, die unvergleichliche Wirkung seiner Erzählweise nach seiner Rückkehr zum *Zauberberg* selbst zu erreichen – eine Hoffnung, die sich in der Beschreibung des Schneekapitels großartig erfüllte. Für den Augenblick aber galt sein Interesse der sanfteren Landschaft am Isarufer. Für *Herr und Hund* suchte er auf seine pedantische Art seine Unkenntnis von Baum- und Pflanzennamen zu beheben. Doch die Erzählung schritt nur langsam voran. Sie könnte eine Art Gegenstück zu den *Betrachtungen* abgeben, es sollte doch möglich sein, »auch ohne soziale Attitude, ohne den Willen und das rhetorische Talent zur politischen Weltverbesserung den Menschen leben zu helfen«.[53] Die fünfzehn oder zwanzig Seiten, die für diese harmlosen Beobachtungen ursprünglich vorgesehen waren, wuchsen ständig an. Ein so unbedeutendes Thema mit Interesse zu erfüllen erforderte seinen Worten nach eine Genauigkeit, die ihren Raum brauchte. Die Erzählung ist wohl ein wenig umständlich, erwies sich aber als eine der erfolgreichsten unter seinen leichteren Arbeiten. Sie sollte in begrenzter Auflage mit Illustrationen seines Freundes Emil Preetorius erscheinen, die Einkünfte sollten an einen Hilfsfonds für kriegsbedrängte Schriftsteller gehen.

Die Nachrichten vom Krieg waren deprimierend, im Westen begann die neue alliierte Offensive, amerikanische Truppen waren gelandet. Über den Gedanken an einen Verzicht auf Elsaß-Lothringen als Weg zum Frieden war er entsetzt, und er sah ganz richtig voraus, daß das zu einem weiteren Krieg führen mußte. Als er mit der Familie Anfang September nach München zurückkehrte, schien er immer noch nicht eingesehen zu haben, daß Deutschland keine Aussicht auf eine Fortsetzung des Krieges hatte, oder zu begreifen, daß die Kapitulation Österreichs bevorstand. Er blieb distanziert, beinahe abgekapselt in seiner eigenen privaten Welt. Was auch immer geschah, die *Betrachtungen* würden bald erscheinen und er verharrte weiter in seiner Heckenschützenposition gegen die neue Schriftstellergeneration, jene Expressionisten und Aktivisten, die nicht nur in den Veröffentlichungen Kurt Wolffs, sondern auch in der *Rundschau* gedruckt wurden, eine »Krokodilsbrut« radikaler Intellektueller, die sich Heinrich und den verachteten Literaten anschlossen, eine Schule oder Clique, die nichts als Politik im Kopf habe. Im Innersten protestierte er immer noch gegen die Demokratisierung Deutschlands, klammerte sich an die »Romantik« der Monarchie – und war erschüttert, als der Kaiser am 30. September eine Beteiligung an der Regierung durch »Männer, die vom Vertrauen des Volkes getragen sind«, verkündete.[54] Am vorhergegangenen Tag hatte der Reichstag unter dem neuen Kanzler Prinz Max von Baden beschlossen, um Waffenstillstand nachzusuchen; Wilsons »Vierzehn Punkte« wurden Anfang Oktober bekanntgegeben; der Ruf nach Rücktritt des Kaisers wurde lauter, und dessen Zögern verschleierte nicht nur die Bedeutung der Verfassungsänderung, sondern rief auch einen plötzlichen Anstieg des Drucks der äußersten Linken hervor. Mann war trotz allem, was er geschrieben hatte, anscheinend wenig beeindruckt: »Three cheers for the President of the World!« schrieb er am 10. Oktober an Bertram. Doch: »Solange der

Kaiser noch da ist, ist das romantische Deutschland nicht völlig ausgetilgt.«[55]

Dieser schwache Hoffnungsstrahl sollte bald erlöschen. Er aber, so überraschend sich das nach der Heftigkeit der *Betrachtungen* auch ausnahm, wahrte Abstand. Er war entsetzt über den »Humbug« des Austauschs der Noten zwischen den USA und Deutschland, hatte aber nur den Wunsch, der Armut zu entgehen, und schien sich nur mit seinen eigenen Angelegenheiten zu beschäftigen. Er schrieb *Herr und Hund* zu Ende; gratulierte Bertram zu seinem Bonner Lehrstuhl, auf den er nach dem Erscheinen seines *Nietzsche* berufen worden war; erwartete ungeduldig die ersten Besprechungen und Kommentare des eigenen Buchs, dem das von Bertram zuvorgekommen war; und traf Vorbereitungen für die Taufe Elisabeths, die nach einigen Verschiebungen nun am 23. Oktober unauffällig stattfand. Die Silberschale seines Urgroßvaters (die er bereits als symbolisches Motiv für Geschichte und Tod im *Zauberberg* sah) wurde zur Taufe benützt. Für ihn war es die fünfte Zeremonie dieser Art, die in ihm aber einen tieferen Eindruck hinterließ als die vorausgegangenen, da er Elisabeth gewissermaßen als sein liebstes Kind betrachtete. In seinem Tagebuch hatte er sich die Frage gestellt, was die Zukunft für seine wachsende Nachkommenschaft bereithalten würde, besonders aber, was aus seinem ältesten Jungen werden würde. Eines Nachts hatte man Klaus bei eingeschaltetem Licht splitternackt auf dem Bett liegend gefunden – eine Verbindung von pubertärem Spiel und seiner Neigung zum Schlafwandeln? »Jemand wie ich ›sollte‹ selbstverständlich keine Kinder in die Welt setzen.«[56] Katia war schon wieder schwanger, widersetzte sich aber energisch einer Abtreibung, die der Arzt angesichts ihres geschwächten Zustands vorgeschlagen hatte. Thomas gab nach, sechs oder fünf Kinder machten keinen großen Unterschied, in der Nachkriegswelt würde ohnehin nichts zu erben sein. Der für ihn einzig mögliche Einwand konnte, abgesehen von Katias Gesundheit, nur darin liegen, daß seine Freude an der kleinen Elisabeth, dem Kind, das er allen vorzog, beeinträchtigt würde.[57]

Für Elisabeth begann er nun einen Prosaentwurf für ein Gedicht abzufassen, um die Welt und ihre Probleme fernzuhalten – wie er es mit *Herr und Hund* ja auch getan hatte –, bis die Zeit zur Wiederaufnahme des Romans gekommen war. Schon die Bauschan gewidmete Prosa war häufig in den Hexameter, das dem Deutschen so entsprechende Versmaß, verfallen, nun wählte er es bewußt für seinen *Gesang vom Kindchen*. Er hatte niemandem etwas von diesem Plan verraten, nicht einmal Katia, bis der Entwurf fertig war und er sich nach langer Goethe-Lektüre und im vollen Bewußtsein seiner Unzulänglichkeit als Verseschmied, hinreichend vorbereitet fühlte, in dem ungewohnten Genre einen zögernden Anfang zu machen. »Bin ich ein Dichter?« hatte er vor Jahresende geschrieben,

»... War ich's zuweilen? Ich weiß nicht. In Frankreich
Hieße Poet ich nicht. Man scheidet bequem und verständig
Dort den Reimschmied vom Manne der gradausgehenden Rede.
Jener heißt Dichter, der andere Autor etwa, Stiliste
Oder Schriftsteller; und wahrlich, man schätzt sein Talent nicht geringer.
Nur eben Dichter nennt man ihn nicht: er drechselt nicht Verse.
... Schriftsteller bliebst du und Prosaerzähler?
Durftest nie als Poet dich fühlen, wie er im Buch steht?
So wär's vom Schicksal verbrieft und besiegelt? – Laßt mich doch sehen!
Einen Silbenfall weiß ich, – es liebten ihn Griechen und Deutsche,
Mäßigen Sinnes ist er, betrachtsam, heiter und rechtlich;
Zwischen Gesang und verständigem Wort hält er wohlig die Mitte,
Festlich und nüchtern zugleich. Die Leidenschaften zu malen,
Innere Dinge zu scheiden, spitzfindig, taugt er nicht eben.
Aber die äußere Welt, die besonnte, in sinnlicher Anmut
Abzuspiegeln in seinem Gekräusel, ist er geschaffen.
...
Gönne mir einmal, Muse, den heiter gemessenen Gang denn
Offenkundig! Die Stunde ist da und der trefflichste Anlaß!
Denn ich will sagen und singen vom Kindchen, dem jüngsten der meinen,
Das mir erschien in härtester Zeit, da ich nicht mehr jung war.
Und was kein Drang der Seele, kein höher Befahrnis vermochte
Das wirke Vatergefühl: es mach mich zum metrischen Dichter.«[58]

Metrisch vielleicht, kaum aber des Namens Dichter würdig, wie er sich in den drei Monaten Anstrengung zuweilen eingestand. Er blieb jedoch getreu an der Arbeit, deren im Vergleich mit Goethe magerer täglicher Ertrag ihn fast zur Verzweiflung brachte.

Unterdessen trafen gegen Ende Oktober die ersten Exemplare der *Betrachtungen* ein. Sie hätten es zusammen getragen, so hieß es in seiner eleganten Widmung für Katia, er aus Not und Trotz, sie aber aus Liebe: ihm schmerze das Gewissen dabei, und er wisse wohl, daß dieser Schmerz nur durch immerwährende Dankbarkeit zu beruhigen sei.[59] Er wünsche, hatte er früher Kurt Martens gegenüber geäußert, man würde das Werk nicht eigentlich als »Buch« ansehen, »welches irgendwie führen und zu Meinungen überreden will, sondern als Roman, als die Darstellung eines bewußt erlebten und dabei schon distanzierten geistigen Schicksals«.[60] Nun, da es erschienen war, enthielt es nichts, was er bedauerte und viel, was die Ereignisse gewissermaßen zu bestätigen schienen, und könnte so als geschichtliches Zeugnis dastehen. Er weigerte sich, für die vor Jahresende notwendige zweite Auflage irgendwelche Änderungen vorzunehmen. Die für die Argumentation des Buches so wichtige Kontroverse mit Heinrich fesselte natürlich, wie er befürchtet hatte, weiterhin die Aufmerksamkeit der Kritiker. Der Zusammenbruch der Monarchie und das Ende der Zensur hatten es Kurt Wolff ermöglicht, Heinrichs *Untertan* zu veröffentlichen. Der Roman erreichte innerhalb weniger Monate die Hunderttausend – weitaus mehr als die *Betrachtungen*, obgleich auch sie trotz ihrer Schwierigkeit in der ersten Auflage von sechstausend bald ausverkauft waren.

Die Brüder miteinander zu vergleichen und gegeneinander auszuspielen, war eine Versuchung, der nur wenige Kritiker widerstehen konnten, und Thomas protestierte, bei Ida Boy-Ed zum Beispiel, vergeblich dagegen, daß Namen genannt und ein persönliches Element in die Diskussion eingeführt wurden. Sogar Bertram, der entgegen Thomas' Erwartungen nicht sofort eine Besprechung veröffentlichte und dem Buch erst viel später einen Vortrag widmete, stellte den Bruderzwist in den Mittelpunkt (wobei er sich in seinen giftigen Angriffen auf Heinrich päpstlicher als der Papst gebärdete.) Paul Amann, von dem Thomas freundlichere Worte erwartet hatte, kritisierte scharf die »Familienpolemik« in diesem »chauvinistischen Kunstwerk«[61] und forderte eine gerechtere Beurteilung Heinrichs. Verständlicherweise wurde das Buch vor allem in rechtsgerichteten Zeitschriften besprochen und von der liberalen Linken weitgehend ignoriert, doch im allgemeinen gab es nur wenige freundliche Worte. Kurt Martens sah voraus, daß Thomas Mann für geraume Zeit ein Ausgestoßener in der Wildnis geistiger Isolierung bleiben würde.

Eine Flut von Ereignissen rückte mittlerweile näher. Anfang November war die Lage immer chaotischer geworden, vereinzelt gab es revolutionäre Bewegungen, die der Furcht vor den Folgen einer Fortsetzung des Kriegs entsprangen, da sich die Waffenstillstandsverhandlungen hinauszogen, nicht nur im zerfallenden Österreich-Ungarn, sondern auch in Deutschland, es gab Widerstand gegen die Übergangsregierung von Prinz Max von Baden. In München forderte am 3. November in einer riesigen Versammlung auf der Theresienwiese der linksgerichtete Sozialist Kurt Eisner, eben aus der Inhaftierung wegen Antikriegshetze entlassen, eine Volksregierung, die zusammen mit der neuen Republik Österreich den Frieden ausrufen sollte. Vier Tage später führte er nach einer ähnlichen Demonstration die aufgebrachten Massen zur Einnahme der Stadtgarnisonen, mit wenig Blutvergießen, aber viel Schießerei, und proklamierte eine Bayrische Republik unter einem provisorischen Rat von Arbeitern, Soldaten und Bauern. Damit war das Ende des Bismarckschen Reichs gekommen. Die Regierung, die die Kontrolle verloren hatte, trat am 9. November zurück, Prinz Max von Baden verkündete den Verzicht des Kaisers und des Kronprinzen auf die Thronrechte und ernannte den Sozialdemokraten Friedrich Ebert zum Kanzler. Eine verfassunggebende Versammlung sollte über die neue Staatsform entscheiden, von einer Republik war nicht ausdrücklich die Rede. Am selben Tag beendete Philipp Scheidemann, der zweithöchste Sozialdemokrat, jedoch eine Massendemonstration vor dem Reichstag mit einem Hochruf auf die großdeutsche Republik. Der Kaiser fügte sich in das Unabänderliche und suchte Zuflucht in Holland.

Mitten in all dieser Unsicherheit schien Thomas Manns friedliche Lebensweise kaum gestört, höchstens durch die gelegentliche Unterbrechung der Postzustellung und den Mangel an Heizmaterial. Als er an seinem Gedichtentwurf weiterarbeitete, verzeichnete sein Tagebuch die gewohnte Routine: er notierte Ereignisse, soweit er ihnen folgen konnte, nicht ohne einige ätzende Bemerkungen über die beinahe ausschließlich jüdische Führerschaft der Münchner Revolution und ihren diktatorischen Charakter, und erwartete das Ergebnis mit »ziemlich kalten und nicht weiter unwilligem Blut. Revolutionen kommen erst, wenn sie gar keinen Widerstand mehr finden ... und eben dies Fehlen beweist, daß sie natürlich und berechtigt sind«[62] – ein für den Verfasser der *Betrachtungen* vielleicht überraschendes Eingeständnis, doch er tröstete sich damit, daß konservative Elemente nicht ausgeschlossen waren. In den Ereignissen in Frankreich und dem Abklingen der Feindseligkeit gegenüber Deutschland erkannte er Anzeichen einer neuen Brüderlichkeit unter den Nationen und entdeckte in sich selbst ein »kosmopolitisches Wohlwollen« gegenüber der neu erstehenden Welt: »Sie wird mir nicht feindlich sein und ich nicht ihr.« Von seinem Haus aus konnte man weiterhin Schüsse hören, die Waffenstillstandsbedingungen schienen ungeheuerlich, von Hinrichtungen wurde berichtet (könnte nicht auch er sich wegen seiner Haltung während des Kriegs vor einem Hinrichtungskommando wiederfinden?) – doch die Ordnung schien aufrechterhalten, er setzte seine täglichen Spaziergänge mit Bauschan fort, in der Poschingerstraße räumte ein Mann ruhig den Garten für den Winter auf. Er fühlte sich »durchaus versöhnlich und positiv gestimmt gegen die großdeutsche soziale Republik Deutschland«, die sich in beruhigendem Gegensatz zur »bürgerlichen Plutokratie« des Westens entwickelte.[63] Sein Interesse war aber nicht groß genug, um an dem bizarren Revolutionsfest teilzunehmen, das am 17. November im Nationaltheater stattfand, wo im Publikum die literarische und künstlerische Welt Münchens hörte, wie Eisner (dieser, den Berichten der Freunde zufolge, »kleine, langbärtige, jüdische Mann«) Beethovens *Egmont*-Ouvertüre als das Signal für eine neue Menschheit pries. Im November war Mann zwar über die kommunistischen Neigungen des Rats und der offensichtlichen Tendenz zu Pöbelherrschaft und Anarchie *à la russe* beunruhigt, hatte aber das bestimmte Gefühl, daß die Zukunft der Idee des Sozialismus oder sogar des Kommunismus gehörte.[64]

Während solche Gedanken keimten, ärgerte es ihn, durch den Bericht von einer Rede Heinrichs im Rat, in der er den Sieg der republikanischen Tugend gefeiert hatte, an die Vergangenheit erinnert zu werden: »Wann wird er es satt bekommen?«[65] Als er im Dezember den Protest Dehmels gegen die Abtrennung deutschen Landes aufgrund der Friedensbedingungen unterschrieb, geschah es nicht ohne Vorbehalte gegen den Ton der Erklärung. Für den Augenblick blieb er – im scharfen Gegensatz zu Heinrich – in den Augen der Öffentlichkeit ein unpolitischer Mensch, der jeder unmittelbaren Beteiligung aus dem Wege ging. In seinem Klub enthielt er sich sorgsam jeder Diskussion über die Kriegsschuld, ihn interessierte weit mehr der Anblick eines eleganten und anziehenden jungen Mannes: ein

»Eindruck ... von der Art, wie ich ihn seit langem nicht festzustellen hatte« und stark genug, um erotische Phantasien zu erregen, die seinen Schlaf störten.[66]

3

> »So wird man zum tätig sich tummelnden Erwerbsmann auf seine älteren Tage.«
>
> *TM, September 1922*[67]

Der Krieg mochte für sein Land vernichtend geendet haben, doch Thomas Mann hatte wenig Grund zu Klagen. Man kann kaum behaupten, daß ihm der lange Kampf um die Vollendung der *Betrachtungen* und deren Aufnahme nach der Veröffentlichung – die, gelinde gesagt, gemischt war – Freude gemacht hatte, doch sein Ansehen war unvermindert geblieben, und vor Weihnachten kam die Kunde von der Verleihung des »Ehrenpreises« des Nietzsche-Archivs in Weimar, den er mit Bertrams *Nietzsche* und einem weiteren Buch teilte. Im November 1918 hatten ihm Neuausgaben der *Buddenbrooks* und des *Wunderkind* etwa 35 000 Mark eingebracht, Katia, seine gewissenhafte Buchhalterin, schätzte das Jahreseinkommen auf nahezu 90 000 Mark. Für den ersten Weihnachtsabend der Friedenszeit in der Poschingerstraße waren auserlesene Geschenke kaum zu erhalten, doch der Tisch vor dem Baum war immer noch voller Gaben, und gerührt nahm er von Katia Photographien eines jeden der Kinder entgegen, von denen ihm die von Klaus in einem schwarzen Samtanzug besonders gefiel: »freue mich, einen so schönen Knaben zum Sohn zu haben«.[68] Für Lisa, die zum erstenmal Kleid und Schuhe trug, hatte Bertram eine entzückende Krippe mit Wachsfiguren geschickt; Monika und Golo hatten nach ihrem Wunsch einen eigenen kleinen Baum. Es gab Truthahn und eine Nachspeise, Mosel und einen Süßwein, anschließend Weihnachtsgebäck, die Kinder sangen zu Erikas Klavierbegleitung Weihnachtslieder. Dabei war, wie bei den festlichen, wenn auch stillen, folgenden Familienfeiern, wenig von der Kargheit zu spüren, zu der die Welt draußen in München verdammt war: die Geschäfte hatten kein Licht, die Waren wurden wegen Plündereien weggeräumt, Nahrungsmittelknappheit herrschte, die Theater und Konzertsäle waren wenig oder gar nicht geheizt, es gab kaum Zeitungen, doch eine Flut von Flugblättern, und die Stadt war voll von Gerüchten des Untergangs.

Am Weihnachtsmorgen, nach einem Besuch der Löhrs – der Bankier sagte düster Bürgerkrieg und Anarchie voraus –, fuhr die Familie mit der Straßenbahn zu Katias Eltern in die Arcisstraße zu einem Mittagessen, das beinahe Vorkriegszuschnitt hatte. (Thomas, der den wieder zurückgekehrten Diener beobachtete, dachte, wie sehr doch männliche Bedienung der weiblichen vorzuziehen war, die ihn in der Poschingerstraße umgab, eine Veränderung in ihrem Haushalt, die Katia, wohl aus gutem Grund, nie duldete.) Tags darauf kamen die Löhrs mit ihren Töchtern sowie Viktor, der von seinem Kriegsdienst unversehrt heimgekehrt war, und seine Frau zu einem Mittagessen mit Gans und Schokoladendessert zu ihnen. Die Varieté-Improvisationen seines Bruders am Klavier und das stümperhafte Beethoven-Spiel seiner Nichte machten Thomas nervös und ärgerlich, so daß er erleichtert war, als die Familieninvasion zu Ende war. In diesen Tagen schlief er schlecht, auch eine schmerzhafte Ohreninfektion des jüngsten Kindes störte ihn, doch das Verseschmieden ging täglich weiter, und wenn er die Kleine in seine Arme nahm, um sie zu beruhigen, und ihrer Behandlung durch den Arzt zusah, horchte er mit halbem Ohr auf die Hexameter, die den Augenblick einfangen würden. Er schlug das Tagebuch für das Jahr in der Hoffnung zu, daß er das Gedicht zu einem befriedigenden Ende bringen würde, ohne zuviel Zeit darauf verschwenden zu müssen. Seine Gedanken hatten sich nämlich wieder dem Roman zugewandt, er plante eine Umarbeitung der beiden Eingangskapitel. Mit dem unaufhörlichen Gewehrfeuer, das zu Silvester um Mitternacht zu hören war, wurde hoffentlich nur gefeiert.

Er war zu den üblichen Anlässen ausgegangen, hatte nur selten seinen täglichen Spaziergang versäumt und verkehrte immer noch in einem großen Kreis alter Freunde – Bruno Frank, Kurt Martens, Ernst Bertram und vor allem die Nachbarn im Herzogpark, Bruno Walter und die Hallgartens. Von der neuen politischen Sphäre hielt er sich fern und hörte nur durch andere von den Salons, in denen sich Heinrich oder mittlerweile prominente Persönlichkeiten sehen ließen. Gegen Ende Dezember hatte er sich selbst eingestanden, welch »einsame, abgesonderte, grüblerische, wunderliche und trübe Existenz« er führte, »H.'s Leben ist dagegen jetzt sehr sonnig«.[69] Die Bitterkeit gegen den Bruder war nicht abgeklungen. Einen Ausschnitt aus dem *Untertan* in der Zeitung hielt er für »platt« geschrieben, nichts Menschliches, nichts Künstlerisches war daran – aber »der Verkauf ist allem Vernehmen nach reißend«.[70] Vor den Wahlen zur Nationalversammlung im Januar äußerten beide ihre Ansichten über das neue Deutschland im sozialdemokratischen *Vorwärts*: Heinrich in drei Zeilen – »Die geistige Erneuerung Deutschlands ... wird uns durch die Revolution erleichtert. Wir gehen mit dem Staate endlich Hand in Hand« –, Thomas aber wie immer in längerer Form. Er argumentierte, daß der »soziale Volksstaat« in der Entwicklung Deutschlands richtig und völlig logisch sei, zu seinem Überleben aber »einen Einschlag bürgerlichen Geistes« brauche, keine Arbeiterrepublik; die Diktatur des Proletariats wäre Barbarei.[71] Ein erstes Zeichen, daß er die reaktionäre Rückzugsposition der *Betrachtungen* aufgab; aber er war noch nicht bereit, mit dem Staat Hand in Hand zu gehen, schon gar nicht sich mit seinem Bruder zu versöhnen.

Im Januar frischten Klaus und Erika ihre Leidenschaft für das Laientheater wieder auf, die 1914 so jäh gedämpft worden war. Mit ihrem Freund Ricki Hallgarten und anderen aus der Herzogpark-Clique gründeten sie den anspruchsvoll benannten »Laienbund deutscher Mimiker«, und am 12. Januar – dem Wahltag für das bayrische Parlament – gaben sie ihre erste Vorstellung im Mannschen Haus, ein wenig bekanntes Stück von Schillers Freund Körner. Der Eintritt war frei, Golo als Platzanweiser, im Abendanzug und etwas pikiert, daß er keine Bühnenrolle hatte, mußte den Hut herumreichen. Ein wohlgesonnenes Publikum fand die Inszenierung gut; eine ausgedehnte Besprechung Thomas Manns (die einzige Theaterkritik, die er je verfaßte und später pietätvoll in den *Gesammelten Werken* bewahrte) war der erste Eintrag in ihrem neuen »Mimik-Buch«. Es blieb bei weitem nicht der letzte, da sie ihr Unternehmen bis ins Jahr 1922 fortsetzten, mit insgesamt acht Inszenierungen, darunter Lessings *Minna von Barnhelm*, Molières *Le médecin malgré lui* und Shakespeares *As You Like It*. Golo durfte in *Minna* zum erstenmal die Bühne betreten, stark geschminkt als trauernde Witwe. Für Bruno Walters Kinder, die ebenfalls mitspielten, war er der Glanzpunkt, da er den Einfall hatte, sein Dekolleté durch einen deutlichen senkrechten Kohlestrich zu markieren. Im Mimik-Buch sammelten sich pseudonyme Beiträge von Walter, den Pringsheims, dem Dichter Josef Ponten und zahlreichen anderen an. Klaus und Erika waren nun beide voller Begeisterung für eine Bühnenlaufbahn. Klaus versagte ziemlich bei diesen frühen Versuchen (seine Mutter betonte nachdrücklich, daß er kein Talent habe, und der Vater kritisierte ihn, weil er mit dem Rücken zum Publikum sprach) und gab das Theaterspielen bald zugunsten des Schreibens auf, Erika versprach als Viola in *As You Like It* wesentlich mehr, ihr Ehrgeiz sollte eines Tages in Erfüllung gehen.

Die bayrischen Wahlen hatten wie die Wahlen zur Nationalversammlung einen überwältigenden Erfolg für die gemäßigten bürgerlichen Parteien und die Mehrheitssozialisten gebracht – in München bedeutete das eine demütigende Niederlage für die Unabhängigen. Als Eisner am 21. Februar zum Landtag ging, um seinen Rücktritt zu erklären, wurde er von Graf Arco-Valley, einem jungen Adeligen, erschossen. Aus Vergeltung drang ein Mitglied des revolutionären Arbeiterrats in das Parlament ein und verletzte den Führer der Mehrheitssozialisten, Erich Auer, schwer. Die Schüsse waren der Auftakt zu einer neuen stürmischen Welle von Gewalt und Chaos in der Stadt. Öffentliche Verkehrsmittel und Zeitungen wurden einige Tage eingestellt, eine Ausgangssperre wurde verhängt, und Thomas Mann war für irgendwelche Nachrichten auf das Telephon angewiesen. In der Hauptsache handelte es sich um Gerüchte – Plünderungen, Hausdurchsuchungen, Waffen für die Arbeiter –, doch der Druck schien auf einen Sturz der unschlüssigen parlamentarischen Regierung durch eine Regierung nach sowjetischem Modell hinzuwirken. Diese Entwicklung hielt er eigentlich für begrüßenswert. In den Augen des Verfassers der *Betrachtungen* mußte Deutschland von der von ihm verachteten »Politik« befreit werden – worunter er immer noch die parlamentarische Demokratie westlichen Zuschnitts verstand – und zu einem autoritären Staat geführt werden, den die »Sowjets« durchaus bieten konnten, vorausgesetzt, man hielt Extremisten wie Erich Mühsam fern. Darauf lief die Erklärung hinaus, mit der er Anfang März einen Pressebericht dementierte, demzufolge er seinen Kriegsrock gewendet und sich den Unabhängigen Sozialisten angeschlossen habe. Weder dieser noch irgendeiner anderen Partei gehöre seine Treue, protestierte er, Deutschland müsse »in politicis etwas Neues finden« – wobei »die Räte, zur Ständevertretung ausgebaut, mutmaßlich eine wichtige Rolle darin zu spielen« hätten, obwohl er weit davon entfernt sei, »eine Klassenherrschaft zu befürworten und ausgerechnet vom Proletariat das Heil zu erwarten«.[72] Mit dieser neuentdeckten Sympathie für die »gesunden, menschlichen, nationalen, anti-ententistischen, *anti-politischen*« Elemente in der linken Sache[73] gab er insgeheim zu, daß jener Pressebericht eigentlich gar nicht so sinnlos gewesen sei.

Nachdem die Regierung vorsorglich nach Bamberg ausgewichen war, wurde im April die erste Räterepublik ausgerufen, »unter einer derart seltsamen Bande von Tribunen, wie man sie seit den Tagen der Pariser Kommune nicht mehr gesehen hatte«[74] – unter anderen der Anarchist Gustav Landauer und der expressionistische Dramatiker Ernst Toller (der als junger Student, wie Mann anmerkte, einer ihrer Eierlieferanten gewesen war). Nach wenigen Tagen folgte die zweite, unter dem Kommunisten Eugen Leviné, der die Diktatur des Proletariats verkündete und zu ihrer Verteidigung mit der Anwerbung einer Roten Garde begann. Er hoffte auf eine Verbindung mit den kommunistischen Regierungen Österreichs und Ungarns. Auch sie erwies sich als kurzlebig. Aus Berlin wurde vom Reichspräsidenten Friedrich Ebert eine starke Truppe der Reichswehr nach Süden beordert, schloß sich dort mit den örtlichen »Freikorps« zusammen, säuberte Augsburg von den »Roten« und marschierte am 1. Mai in München ein. Die Räterepublik brach nach minimalem Widerstand zusammen, die anschließende wahllose Schießerei der »Weißen«, provoziert durch die barbarische Tötung von Geiseln, kostete jedoch mehr als tausend Menschen das Leben.

In diesen unruhigen Monaten verlief, den Tagebüchern nach, das Leben Thomas Manns in seinen gewohnten Bahnen. Die Zeitereignisse wurden eifrig, aber in der Regel nur oberflächlich, kommentiert. Seine Einstellung zum linken Trend änderte er einmal in diese, dann in die andere Richtung, um schließlich die Rückkehr einer mehr konservativen Ordnung zu begrüßen. Die Stadt bot nun ein beruhigend militärisches Bild, auf der Residenz wehte die weißblaue Fahne. In erster Linie befaßte er sich mit seiner Arbeit, schrieb ohne Rücksicht auf den Aufruhr täglich am *Gesang vom Kindchen* weiter und bereitete die Veröffentlichung vor. Dann endlich, am Ostersonntag, kam die Rückkehr zum Roman. Der Briefwechsel lief weiter, soweit es die unzuverlässige Postzustellung erlaubte. Am 2. April gab er in der Stadt eine öffentliche Lesung. Die revolutionäre Unruhe und das Geschützfeuer scheinen von der Poschingerstraße hinreichend entfernt gewesen zu sein, um eine solche Distanz zu gestatten. Dem Rat seines Schwagers folgend hatte er vor der »sowjetischen« Einschränkung von Bankabhebungen eine Bargeldreserve angelegt, war aber unbekümmert genug, Anfang März 10000 Mark (damals eine beträchtliche Summe) in einer Zweitwohnung in Feldafing am Starnberger See anzulegen. Gelegentliche Gedanken an einen Wegzug aus München, vielleicht einer Rückkehr nach Lübeck, wurden nicht weiterverfolgt.

Nicht nur die Welt wurde derart ferngehalten, er hielt auch hartnäckig, soweit es möglich war, an seiner täglichen Routine fest, sorgte dafür, daß die Familienbedürfnisse hinter den seinen zurückstanden und war ärgerlich, wenn Katia seinen Butterverzehr tadelte, mit ihm über seine zwiespältige Haltung zum Kommunismus stritt oder Golo von Klaus zu Tränen gequält wurde. Trotz seines Mitgefühls mit Katia, die wieder schwere Wehen durchmachen mußte (obwohl er für die besten Ärzte und die führende Hebamme gesorgt hatte, die mit dem Taxi zu den Patienten fuhr, war es wieder eine Zangengeburt), bewegte ihn deren glückliches Ende am Ostermontag mit der Ankunft seines dritten Sohnes Michael kaum. Drei Exemplare des jeweiligen Geschlechts ergaben eine befriedigende Symmetrie, keines der Kinder konnte ihm jedoch die Freude bereiten, die er an Lisa fand. (In der Tat blieben alle seine Kinder, trotz all seiner Zuneigung zu ihnen, am Rand seines entschlossen auf die Arbeit ausgerichteten Lebens – sie waren sich großenteils selbst überlassen, ihre Bewunderung war willkommen, ihre Bedürfnisse wurden aber kaum verstanden.) Als er im Mai eine Woche allein in Feldafing verbrachte, zum erstenmal nach vielen Jahren wieder ein einsamer Tonio Kröger, dachte er über das Für und Wider von Familienleben und Einsamkeit nach. Für ihn, so schloß er, sei es entscheidend, daß er im bürgerlichen Leben Schutz fand, ohne ein Bürger zu werden: »Hat man Tiefe, so ist der Unterschied zwischen Einsamkeit und Nicht-Einsamkeit nicht groß, nur äußerlich.«[75] Da er die Familie ja bis zu einem gewissen Grad fernhielt, konnte er sich einbilden, daß es eigentlich keinen wesentlichen Unterschied gab, ob er der Bürgerlichkeit dadurch aber entging, darf bezweifelt werden.

Mit der Wiederherstellung der Ordnung begann der Unpolitische seiner sich ändernden Haltung öffentlich Ausdruck zu verleihen, wenn auch in Tagebuch und Briefwechsel noch häufige Echos seiner früheren Ausbrüche zu vernehmen sind. Am 8. April setzte auch er seine Unterschrift unter einen »Aufruf«, der von den führenden literarischen und künstlerischen Leuchten Münchens in den *Münchner Neuesten Nachrichten* veröffentlicht wurde. Ohne Bindung an eine Partei und nur mit der »Gesundung des inneren und äußeren Lebens unseres Volkes« als Ziel, sollte dieser Aufruf an das »Bürgertum, dem wir entsprossen sind«, alle Gefühle des Triumphs, jeden Versuch der Schuldzuweisung für die jüngsten Schrecklichkeiten vereiteln und zu der Einsicht führen, daß das Schicksal des Bürgertums mit dem »arbeitenden Volk« verbunden sei, und daß es sein Wissen und seine Erfahrung in gemeinsamer Sache zur Errichtung einer neuen sozialen Ordnung nutzen solle.[76] Zur langen Liste der Unterzeichner gehörten Emil Preetorius, Rainer Maria Rilke, Bruno Walter und Heinrich Mann. Es war das erste Dokument, dem die Brüder gemeinsam zustimmten; es führte sie aber nicht zusammen. Der Bericht von Heinrichs Ansprache bei der Gedenkfeier für Eisner – »Gefallen als Märtyrer der Wahrheit« – hatte Thomas angeekelt, und in zwei kurzen Kommentaren, die einige Wochen später in Berliner Zeitungen erschienen, konnte er sich einen Angriff auf seine alten Gegner, die deutschen »Zivilisationsliteraten«, nicht versagen, als er die karthaginiensischen Friedensbedingungen von Versailles und die Rolle jenes »giftigen alten Mannsbilds«[77] Clemenceau als Totengräber der westlichen Kultur geißelte: angesichts solcher Bedingungen seien dem Vernehmen nach sogar die westliche »Demokratie« vor dem Geist zurückgeschreckt, auf den sie sich eingelassen und in dem sie den Krieg geführt hatte.[78]

Im Juni schlug er Martens einen Artikel über die politische Lage ab, denn er müsse sich jetzt in allererster Linie auf seine Arbeit konzentrieren und darauf bedacht sein, vor seinem fünfzigsten Geburtstag seine *Gesammelten Werke* herauszubringen. Ein gewisser Fatalismus sei angebracht, schrieb er in einem Brief vom Juli (er hatte sich eben in Spengler vertieft, einen »großen Fund«[79]). Wenn der alliierte Sieg und die angelsächsische Weltherrschaft das Ende der westlichen Kultur bezeichneten, so ließe sich damit leben; der deutsche Geist würde überleben, wenn auch nur in nostalgischer, romantischer Form; eine solche Welt dürfe nicht jene Menschen stören, deren Lebenswerk nach den Worten Bruckners »Komposition« und damit für die Nerven anstrengend genug sei.[80] Er arbeitete nun wieder am Entwurf für den *Zauberberg*. Als er das Bündel von Manuskripten und Aufzeichnungen – seit vier Jahren ungeöffnet – kurz vor Ostern herausgenommen habe, habe er seine anfänglichen Zweifel, ob das Unternehmen nun überholt sei, überwunden: Es mußte vollendet werden, als eine »Geschichte aus der alten Zeit«, die mit dem Krieg ihr Ende gefunden hatte, wie Heinrichs *Untertan*, mit ähnlichen, wenn auch weniger ätzenden Elementen der Satire. Selbst wenn diese Geschichte, wie auch die Erzählung von Felix Krull (die ihm immer noch sehr am Herzen lag), »historisch« schon längst erledigt war, blieb sie dennoch eine tägliche Aufgabe, die ausgearbeitet und abgeschlossen werden mußte.

Statt die Erzählung dort wiederaufzunehmen, wo sie unterbrochen worden war, hatte er, die Zeitgeschichte im Sinn, versucht, das erste Kapitel umzuschreiben. Er ließ die Geschichte Hans Castorps viel früher mit seiner Beziehung zu seinem Großvater, einem Hamburger Senator, beginnen (und bezog die geliebte silberne Taufschale mit ein). Das war schwieriger, als er gedacht hatte, da er, pedantisch wie immer, von einer solchen Standesperson genaue Einzelheiten kennen mußte, die offizielle Kleidung als Senator, oder ob er einen Bart tragen sollte oder nicht. Erst im Juni hatte er mit der Unterstützung eines zeitgenössischen Drucks und der Ratschläge eines kundigen Nachbarn das Gefühl, ein befriedigendes Bild der Gestalt zu besitzen, suchte dann aber nach Mitteln, um die Atmosphäre der Vorkriegszeit auszudrücken, und Castorps »geistig-sittliche Indifferenz, Glaubenslosigkeit und Aussichtslosigkeit«[81] vor der Reise nach Davos. Als diese Hürde genommen und der ganze Entwurf sorgsam revidiert und neu geschrieben war – die einzige Möglichkeit, all die Fäden wieder in die Hand zu bekommen –, vermochte er im Juli die Erzählung fortzusetzen (obwohl er mit dem Hamburger Kapitel, das lange Zeit ungelöst blieb, immer noch nicht zufrieden war).

Den Rest des Jahres ging es aber nur langsam voran, da die »Forderungen des Tages« nach bewährter Vorkriegsmanier wieder zurückgekehrt waren. Einem Artikel über Nachkriegsliteratur, einer Rede zur Feier von Hans Pfitzners fünfzigstem Geburtstag im Juni, einem Artikel über Gottfried Keller im Juli für die *Neue Zürcher Zeitung* (mit einem willkommenen Honorar in harter Währung) folgten Lesungen im September in München, im November in Nürnberg und im Dezember in Wien. Die letztere in der Staatskanzlei hatte beinahe offiziellen Charakter; eine befriedigende Aufführung von *Fiorenza* schloß sich an. Der Autor war stets sehr gefragt.

Bürokratische Vorschriften Österreichs, zu denen eine Leibesvisitation beim Zoll gehörte, und die schwierigen Eisenbahnzustände der Nachkriegszeit machten die Reise besonders lästig, und sein Aufenthalt war auch kostspielig. Er hatte gegen die Absurdität protestiert, sich um die Welt jagen zu lassen, während es ihn nur nach Ruhe und Beständigkeit verlangte, der begeisterte Beifall Wiens machte die Unannehmlichkeiten aber mehr als wett, da er an seine Eitelkeit appellierte, der durch die Verleihung des Titels eines Ehrendoktors der Universität Bonn im Juli bereits angenehm geschmeichelt worden war.

Das alles ergab jedoch das Muster, nach dem er sich lange gerichtet hatte, und dem sein weiteres Leben folgte. Die Arbeit an einem vorliegenden Projekt, in seiner bedachtsamen Art immer ohne Hast, zog sich stets noch länger als schon geplant hinaus, da er ja unablässig bemüht war, sich öffentlich zu zeigen: mit Lesungen, Auftritten aller Art, Interviews, die er selten ablehnte (im November 1921 nannte eine dänische Journalistin ihren Empfang respektvoll eine »Audienz«); Essays und Artikeln, Vorabdrucken noch unvollendeter Werke; zuweilen Texten über die trivialsten Gegenstände – alles war höchst zeitaufwendig und häufig anstrengend, doch es verlieh ihm einen Status, den er mit seiner Hauptproduktion rein literarischer Art wohl nie erreicht hätte. Sein Ruf und Ansehen brachten ihm eine ständig wachsende Flut von Besuchern, Briefschreibern, die ihm ihre Manuskripte aufdrängten, Bewunderern, »Gefolgschaft, selbst Schülerschaft«.[82] Im Jahr 1919, mit vierundvierzig, nachdem der Vertrag mit Fischer auf weitere sechs Jahre zu einer Honorarbeteiligung von fünfundzwanzig Prozent erneuert worden war, war er wohlhabend genug, Zeit und Kosten für eine Reise wie die nach Wien aufzubringen (die Jahresabrechnung wies ein Einkommen von 100000 Mark auf). Er beschwerte sich darüber, daß man ihn dauernd von der Arbeit abhielt, hatte aber allen Grund, mit den Ergebnissen seiner Öffentlichkeitsarbeit zufrieden zu sein. Freilich, die Preise stiegen unentwegt, die Mark fiel ständig, wie er selbst bemerkte und woran er durch ziemlich häufige Beschwerden Katias über die Haushaltskosten erinnert wurde. Im November sah er ein, daß ihr die Anstrengungen bald zuviel würden, und entschloß sich für die nächsten Jahre zu einem intensiveren Programm von Lesereisen, um das Einkommen aufzubessern.

Das komfortable Leben, das er sich geschaffen hatte, war trotzdem nie ernsthaft gefährdet, da er dafür sorgte, daß seine Bedürfnisse an erster Stelle standen, und wenn Geld vorhanden war, so gab er es aus. Zu Weihnachten gab es Geschenke wie in der Vorkriegszeit, Gans, Mosel und Champagner, die Feierlichkeiten waren für ihn nur durch die Sorge um seinen treuen Bauschan getrübt, der wegen einer schweren Staupe vom Tierarzt behandelt und schließlich im Januar eingeschläfert werden mußte. Lesungen, die für den kommenden Februar geplant waren, machten einen neuen Anzug und die Renovierung seines Überziehers nötig. Daß dies im vorhinein das Honorar aufbrauchte, schien ihn nicht zu kümmern. Desgleichen hatte er im Sommer keine Bedenken, Fischers Einladung zu einem Aufenthalt mit ihm und seiner Frau in Glücksburg an der Ostseeküste nahe der dänischen Grenze anzunehmen. Daß er Katia und die Kinder zu Hause ließ (sie konnten ihren eigenen Urlaub später haben), beeinträchtigte nicht seine Freude an dem Aufenthalt in einer vom Krieg kaum berührten Gegend, die er zuletzt als Knabe gesehen hatte. »Tausend Knabengefühle«[83], »die Luft … die Gerüche, die Farben, die Sprache, der Menschentyp, Tonio Kröger, Tonio Kröger …«[84] ergaben zusammen mit dem guten Essen und einem regen geselligen Leben, sogar Schwimmen, ein entzückendes und erfrischendes Zwischenspiel. Auf der Rückreise konnte er sich in seinem Berliner Hotel zum erstenmal als »Doktor Thomas Mann« eintragen, was ihm ungewöhnliche Befriedigung verschaffte. Drei Wochen ohne einen einzigen Satz für das Manuskript waren ein völlig annehmbares Opfer gewesen.

Auch ein »Erlebnis« war ihm in Glücksburg beschieden, ein junger Mann war zu bewundern gewesen (aus einiger Entfernung freilich, kaum ein Augenkontakt), der genauso aussah, wie er sich Hans Castorp vorstellte, eine Erinnerung an seine Knabenliebe zu Armin Martens. Wieder einmal »der obligate Lenz, der sich nur halb – (halb?) – entfaltet«, der seine Nächte unruhig machte und wiederauflebte, als er bei seiner Rückkehr einen bewegenden Brief Paul Ehrenbergs vorfand, der ihn zu seinem Doktortitel beglückwünschte. Auch bei ihm hatte er »etwas wie eine glückliche Liebe«[85] gefunden. In seiner, von ihrem Bruder nun so bezeichneten, »idealen Ehe« mit Katia wurden solche Gedanken nur dem Tagebuch anvertraut, obwohl sie sich seiner Bisexualität durchaus bewußt war. Ihre »Rencontres«, die kaum häufig stattfanden, bereiteten ihm tatsächlich gewisse Sorgen, da eine neuerliche Schwangerschaft nicht in Frage kam. Die gelegentliche Flucht allein nach Feldafing machte die Zurückhaltung, die ihr Arzt als einziges Mittel empfohlen hatte, gewiß leichter.

Das kleine Haus dort war von seinem Freund Georg Richter, dem Kunsthistoriker, Mäzen und Sammler bibliophiler Ausgaben, erbaut worden; Thomas Mann hatte seinen Vorschlag, das Haus gemeinsam zu benutzen und die Kosten zu teilen, gern angenommen. Zwei Räume und die Dienste der Haushälterin standen ihm zur Verfügung, und er fand dieses »Mauseloch«, wie er es nannte, einen angenehm abgelegenen und nicht unbequemen Zufluchtsort für seine Arbeit. Sein Beitrag in Bargeld beruhte, wie er annahm, auf einer rein geschäftlichen Basis, obwohl Katia ihre Zweifel hatte, ob ein solches Arrangement klug sei, und er hatte sich eine sechsmonatige Kündigungsfrist für sein Kapital ausbedungen, falls er später einen eigenen Landsitz brauchte. Richter machte keinen Gebrauch von den 10 000 Mark, und als drei Jahre später die galoppierende Inflation einsetzte, zog er vergnügt dieselben Banknoten aus seinem Safe, die jetzt nur mehr Museumswert hatten, ohne an eine weitere Entschädigung zu denken. Finanziell war das in der Tat ein schlechtes Geschäft. Die Freundschaft scheint jedoch darunter nicht gelitten zu haben, und Richter, ein weiterer fröhlicher Onkel für die Kinder, wurde von ihm zum Taufpaten Michaels gewählt. Die Vorteile Feldafings überwogen bei weitem irgendwelche Bedenken, und seine häufigen, manchmal wochenlangen Aufenthalte im Herbst 1919 und im folgenden Jahr waren für dem Fortschritt des Romans äußerst günstig. Der größte Vorzug war Richters neu installiertes Grammophon, mit einer ausgedehnten Sammlung von Schallplatten, darunter Opern mit Caruso und der Melba – eine unwiderstehliche Attraktion. Seine Leidenschaft zu der Maschine wuchs sich, wie er gestand, beinahe zu einem Laster aus. Musikalische Aufnahmen wurden sofort zu einem wichtigen Motiv für seinen Text und ein Anreiz bei seiner Kompositionsarbeit. Während sich musikalische Komposition in den *Buddenbrooks* lediglich in wagnerianischem Selbstzitat und Leitmotiv ausgedrückt hatte, begann er den *Zauberberg* in einer kontrapunktischen Verwebung seiner Themen nach sinfonischen Gesetzen aufzubauen.

Die Arbeit bewegte sich auf zwei Ebenen: auf der einen das eifrige Suchen nach faktischer Information, vor allem das Anhäufen »physiologischer Notizen«; auf der anderen der Versuch, eine Struktur zu erreichen, die seine Erzählung über bloßen Realismus hinausheben und dies auch vermitteln würde (eine stilistische Eigenschaft, die er an Hermann Hesses Roman *Demian* vermißt hatte). Auf beiden Ebenen bestand ungeheurer Spielraum für seinen unzähmbaren Drang, sich auszubreiten, und der Entwurf erwies sich, wie er später zugab, in seiner »Fähigkeit, sich auszudehnen, so anpassungsfähig wie ein Schwamm«.[86] Im Februar vereinbarte er mit dem örtlichen Krankenhaus eine Röntgendemonstration, bei der er sich in die Betrachtung des Skeletts seiner Hand auf dem Bildschirm vertiefte, im Mai stellte er voll Interesse fest, daß der Arzt bei der Untersuchung Katias, im Gegensatz zu seinem halbfiktiven Arzt in Davos, für den die Fieberkurve von entscheidender Bedeutung war, der Körpertemperatur keine Beachtung schenkte. Zu Beginn des folgenden Jahres betrachtete er während einer Lesereise in der Schweiz höchst aufmerksam die »lange vergeistigte Wirklichkeit«[87] seines Schauplatzes. Kurz darauf – in Coburg – erlaubte man ihm, im weißen Kittel zwei kleineren Operationen beizuwohnen und das Krankenhaus zu besichtigen. Es herrschte also kein Mangel an Material, das alles auf irgendeine Weise auch Verwendung fand. Als er in diesem Jahr im Roman bei dem französischen Gespräch zwischen Hans Castorp und Clawdia Chauchat angelangt war, versäumte er es auch keineswegs, Freunde um Verbesserungsvorschläge des französischen Textes zu bitten.

Die strukturelle Komposition stellte ihn vor ein größeres Problem. Der kurze Roman einer humorvollen Behandlung der Faszination vom Tod, den er sich ursprünglich vorgestellt hatte, entwickelte sich zu einem ausgewachsenen (mehr als ausgewachsenen) Bildungsroman – die »Bildung« Hans Castorps in seiner Isolierung auf dem Berg – und, in dem Ideenkonflikt Vorkriegsdeutschlands, wie er in der Dialektik zwischen Settembrini und Naphta zum Ausdruck kommt, zu einem Zeitroman. Auch wenn er geglaubt hatte, durch die *Betrachtungen* eine Überlastung des Romans mit philosophischen Gedankengängen vermeiden zu können, führten ihn die Änderungen seiner damaligen Vorstellungen in beinahe ebenso undurchdringliche Dickichte. Settembrini, Italiener, Freimaurer, immer noch der Prototyp des »Zivilisationsliteraten«, begann beinahe die Eigenschaften eines Humanisten anzunehmen, wenn er erklärte, daß alle menschliche Würde und Selbstachtung, ja die ganze Politik auf Literatur hinauslaufe; Naphta andererseits, der als edler Vertreter der deutschen Seele hätte auftreten können, erschien nun als ein osteuropäischer Jude, ein reaktionärer Bewunderer des Mittelalters, jesuitisch mit kommunistischen Ideen. In ihren Debatten sollte ein jeder etwas zur Bildung Hans Castorps, dem »typischen Durchschnittsdeutschen der Vorkriegszeit«[88], beitragen. Die Probleme dieser Zeit wurden aber nun im neuen Licht der Nachkriegsrevolution und der Restauration des eingeborenen Konservatismus Deutschlands, in dem Thomas Mann die rettende Gnade sah, durch die eine Demokratie erträglich wurde, einer neuen Betrachtung unterzogen. Dazu kamen noch die anderen Themen, die »feinen Fäden und Motive«[89] – die Atmosphäre der hektischen Jagd nach Vergnügen angesichts von Krankheit und Tod in der Klinik, die sexuelle Spannung in Castorps Neigung zur Verführerin Clawdia.

Es ist nicht verwunderlich, daß er im Jahr 1920 und in den folgenden Jahren zuweilen an der Fortsetzung dieser Anstrengung verzweifelte. Der Gedanke an »Nutzlosigkeit und Resonanzlosigkeit seiner Arbeit« überkam ihn; er zögerte, »ohne Licht und Glauben« weiterzumachen[90]; wie die *Betrachtungen* wurde auch dieses Werk zu einem Untier, einem »tollen Buch«[91], an dessen Lesbarkeit er zu zweifeln begann. Als er im April 1920 allein in Feldafing saß, kam es ihm so vor, als seien sowohl der *Zauberberg* wie der *Krull* bloße Abschweifungen, verglichen mit dem Roman, den er eigentlich schreiben sollte: ein »Lebensstoff« aus der großen Geschichte seiner eigenen Familie, von Heinrich und sich selbst, Lula und Carla, mit Vikko als angenehmer Abwechslung; seine Mutter »sehr menschlich«; die Pringsheims. Ein »Epos à la Tolstoi« konnte daraus werden, zu dem er eines Tages, so träumte er, in dem Jahrzehnt zwischen fünfzig und sechzig, die Kraft finden würde.[92] Eine solche Fortsetzung der *Buddenbrooks* mit deutlicher erkennbaren Gestalten wäre gewiß ein heikles Unternehmen gewesen; es blieb ein Traum.

Trotz immer häufigerer Unterbrechungen ging er aber seiner Aufgabe beharrlich weiter nach. Zu den Schwierigkeiten beim Fortschreiten des Romans trug seine eigene politische Unsicherheit bei. In einem Interview im Mai 1920 war er zu dem Eingeständnis bereit, daß der ausgesprochene Konservatismus seiner *Betrachtungen* zwar grundsätzlich unverändert bliebe, nun aber eine liberalere Form annehme, in der den gerechtfertigten sozialen Forderungen aller Gesellschaftsklassen Genüge getan würde. Er entfernte sich allmählich von Spenglers Pessimismus, die Demokratie in Gestalt der

Weimarer Republik schien ihm nun akzeptabel – vorausgesetzt, sie würde durch eine Prise Konservatismus in gemäßigten Bahnen gehalten und man vermiede die Exzesse des Bolschewismus wie auch solch rechtsgerichtete Abenteuer wie den kurzlebigen Kapp-Putsch im März. Den zentralistischen Staat, wie er in der Weimarer Verfassung vorgesehen war, hielt er aber für einen Fehler. Deutschlands Zukunft müsse in Richtung Föderation liegen, vor allem, wenn sich Österreich anschloß, eine von Versailles untersagte Entwicklung, die seiner Meinung nach jedoch höchst wünschenswert und eines Tages unvermeidlich sei, wie er in zwei kurzen Artikeln erklärte. Für kurze Zeit interessierten ihn die Schriften des konservativen Denkers Hermann Graf Keyserling und dessen Plan für eine »Schule der Weisheit« in Darmstadt. Weihnachten 1919 hatte er zwei volle Wochen mit einem Essay in Form eines offenen Briefes an ihn verbracht, der unter dem Titel »Klärungen« ein Gegenstück zu den *Betrachtungen* bilden sollte. Er sah aber bald ein, daß er sich seither weiterentwickelt hatte. Dem Sozialismus an sich war er, wie er im September 1920 schrieb, keineswegs abgeneigt, glaubte aber nicht an dessen Internationalismus: »Es bleibt eben dabei, daß das Menschliche sich nur im Nationalen verwirklicht.«[93] Eine solche Form von Nationalismus war von seiner früheren Haltung, und auch von der Haltung der meisten damaligen Konservativen in Deutschland, vor allem der Professoren, insbesondere der Professoren in Bonn, weit entfernt. Für sie hatten die *Betrachtungen* zweifelsohne eine entscheidende Rolle bei der Verleihung des Doktortitels gespielt, sie standen geschlossen im rechten deutschnationalen Lager.

Seine Vorstellungen hatten sich aber noch keineswegs gefestigt, diese Meinungsänderungen mäßigten noch nicht die tiefverwurzelte Abneigung gegen seinen Bruder. Im Februar kam er bei einer Lesung von Martens unmittelbar hinter Heinrich zu sitzen, worauf er sich demonstrativ weiter nach hinten setzte und sich am Schluß rasch entfernte, um eine Begegnung zu vermeiden. Als ihm Julia berichtete, daß Mimì in Prag ernsthaft erkrankt war, empfand er nur eine gewisse Schadenfreude. Den üppigen Feierlichkeiten, die Kurt Wolff im April 1921 zu Heinrichs fünfzigstem Geburtstag veranstaltete, blieb er selbstverständlich fern. Heinrich, schrieb er an dessen engen Freund Ludwig Ewers, halte er »für einen gesättigten, mit der Welt und sogar mit dem Vaterlande versöhnten Menschen, der Deine Freundschaft heute im Grunde seiner Seele derjenigen seiner jüdisch-radikalen Galoppins und Verkünder vielleicht wieder vorzieht«. Nach ihrem formellen Bruch anläßlich des Zola-Essays hätte ihn der Bruder wohl wenig geachtet, wenn er in eine Versöhnung eingewilligt hätte: »Zuletzt, man soll einen Zwist wie den unseren in Ehren halten, ihm den toternsten Akzent nicht nehmen wollen. Vielleicht sind wir, getrennt, *mehr* einer des anderen Bruder, als wir es an gemeinsamer Festtafel wären.«[94]

Außenstehenden konnte er ihren Antagonismus in hochtrabenden Begriffen erklären: das nordisch-protestantische Element in ihm selbst im Gegensatz zu dem römisch-katholischen in Heinrich, sein eigener ethischer Individualismus gegen den Sozialismus des Bruders, seine größere Betonung des Gewissens, Heinrichs Betonung des aktivistischen Willens, die Antithesen in jeder ihrer Beziehungen. Daran war gewiß viel Wahres, doch viele seiner Tagebucheintragungen in den Jahren 1920 und 1921 zeigen die Sache in weniger philosophischem, ja sogar böswilligem Licht. Die Nachricht von der Krankheit der Frau Heinrichs gibt beinahe zur Freude Anlaß[95]; angesichts des »Tusch und Gloria« der Feierlichkeiten zum fünfzigsten Geburtstag schreibt er: »Habeat, habeat – welchen Grad seine Zufriedenheit mit der Welt wohl erreicht hat.«[96] Der indirekte Hinweis aus Schweden im Mai 1921, daß er für den nächsten Nobelpreis in Frage käme, verdeutlicht für ihn die Rivalität mit dem Bruder: »Denn wenn ich ihn erhalte, wird es heißen, daß er H. zugekommen wäre und wenn dieser ihn erhält, werde ich darunter leiden.«[97] Zufällige Begegnungen, die sich nicht vermeiden ließen, geben Anlaß zu bitteren Bemerkungen.

All das war freilich oft auf seine immer wiederkehrende Krise beim Fortschreiten des Romans zurückzuführen – die sich wie üblich auch in Klagen über seine Gesundheit und in Reizbarkeit im Umgang mit der entfernteren Familie – und auch seiner eigenen – äußerte. Bei seinen häufigen Begegnungen mit den Löhrs hatte er wenig Sympathie für die unglückliche Situation der Schwester und ihre außerehelichen Affären. Wie seine Mutter hatte auch er das Gefühl, daß Heinrich genauso wie Viktor unter ihrem Stand geheiratet hatten und war von dieser Art von Schwägerinnen keineswegs angetan, auch wenn Heinrichs Mimì zum gegenwärtigen Zeitpunkt nicht in Erscheinung trat; Viktors Nelly fand er eine »entsetzliche« Tischdame.[98] 1920 und im Jahr darauf gab es Zornesausbrüche über den Lärm der Kinder, zusammen mit Katia schalt er Klaus wegen seiner »Schlaffheit und Selbstzufriedenheit«.[99] Schließlich sei es Pflicht, notierte er in sein Tagebuch, sich nicht solchen unangenehmen Gefühlsausbrüchen ganz zu entschlagen. Solche Gefühlsausbrüche dienten ihm aber auch zur Kompensierung des überwältigenden Reizes, der von der jugendlichen Schönheit des Knaben auf ihn ausging, wenn er ihn im Bad oder nackt auf seinem Bett liegend sah.

Es schien völlig natürlich, daß er sich in seinen Sohn verliebte. Er war sich über seine eigene geschlechtliche Orientierung jedoch keineswegs im klaren. Im Juli 1920 notierte er nach einem offensichtlich erfolglosen »Rencontre« mit Katia: »Von eigentlicher Impotenz wird kaum die Rede sein können, sondern mehr von der gewohnten Verwirrung und Unzuverlässigkeit meines ›Geschlechtslebens‹. Zweifellos ist reizbare Schwäche infolge von Wünschen vorhanden, die nach der anderen Seite gehen. Wie wäre es, falls ein Junge ›vorläge‹? Es wäre jedenfalls unvernünftig, wenn ich mich durch einen Mißerfolg, dessen Gründe mir nicht neu sind, deprimieren ließe ... Leichtsinn, Laune, Gleichgültigkeit, Selbstbewußtsein sind ... das beste ›Heilmittel‹ ... Wir fahren heute Abend nach Feldafing. Ich packte nach dem Frühstück mein Arbeitsmaterial etc. zusammen ...«[100] Katia scheint dort nicht lange bei ihm geblieben zu sein, auf der Rückfahrt notierte er sein Vergnügen an einem kurzen Gespräch mit einem jungen Mann in seinem Abteil: »Es scheint, ich bin mit dem Weiblichen endgültig fertig?«[101] Solche »Erlebnisse«, die sich in diesen und späteren Jahren häufig wiederholten, waren offensichtlich nie mehr als Faszination auf eine gewisse Distanz, zuweilen erwiderte Seitenblicke, Gärtner mit gebräunten Armen, die durch das Fenster des Arbeitszimmers beobachtet wurden. Er fand nie heraus, wie es wäre, falls ein Junge »vorläge«.

Das war auch in einem Brief zum Ausdruck gekommen, den er kurz vorher an einen Bewunderer von *Tod in Venedig* gerichtet hatte, dem die anscheinend negative Stellungnahme zur Homosexualität mißfallen hatte. In diesem Brief legte er seine Einstellung zur Homoerotik dar: »es wäre mir höchst unerwünscht, wenn Ihnen – und anderen – der Eindruck bliebe, daß ich eine Gefühlsart, die ich ehre, weil sie fast notwendig – mit viel mehr Notwendigkeit jedenfalls, als die ›normale‹ – *Geist* hat, hätte verneinen oder sie, soweit sie mir zugänglich ist – und ich darf sagen, sie ist es mir kaum bedingter Weise – hätte verleugnen wollen.« Das Gesetz der Polarität träfe nicht immer zu, das Männliche müsse nicht unbedingt vom Weiblichen angezogen werden, die Erfahrung widerlege die Behauptung, daß Homosexualität stets »Effemination« bedeute (wer würde es wagen, das von Michelangelo oder Friedrich dem Großen zu behaupten?). Kulturell sei sie so neutral wie die andere, alles hänge vom einzelnen ab, die degenerierten Instinkte eines Ludwigs II. von Bayern würden durch die strenge Disziplin und Würde Stefan Georges mehr als aufgewogen. Er sei von Instinkt und Überzeugung Familienmann, sowohl als Sohn wie als Vater, er liebe seine Kinder, vor allem die kleine Tochter, die er vergöttere, und ihm scheine das Problem von Erotik und Schönheit in dem Spannungsverhältnis von Leben und Geist beschlossen – zwei Welten mit einer gegenseitigen Sehnsucht, wie er in den *Betrachtungen* geschrieben habe, deren Verhältnis ein »äußerst delikates, schwieriges, erregendes, mit Ironie und Erotik geladenes« sei, nicht aber erotisch im Sinn der »Geschlechtspolarität«, so daß es zwischen ihnen keine Vereinigung gebe, »sondern nur die kurze, berauschende Illusion der Vereinigung und Verständigung, eine ewige Spannung ohne Lösung ...« Könnte man sich besser »verraten«? fragte er.[102] Das klang ziemlich deutlich, doch es handelte sich kaum um ein »Coming-out« im modernen Sinn, und nicht viele Leser der *Betrachtungen* dürften seine Worte damals als persönliches Bekenntnis aufgefaßt haben. Die Selbstanalyse beweist jedoch den Zwiespalt in seinem Wesen, der bis ans Ende seiner Tage währte. Noch als dieser Brief im Entstehen war, notierte er in sein Tagebuch: »Verliebt in Klaus dieser Tage« und »Ansätze zu einer Vater- und Sohn Novelle«.[103] Daraus wurde nichts, aber auf diese Weise suchten die milden Verirrungen des bürgerlichen Familienmannes stets ihre Sublimierung in der literarischen Kunst.

Und seine Kunst in allen ihren Variationen (die Romane, der Journalismus, die öffentlichen Auftritte) blieb für ihn das wichtigste. Aus all seinen Tagebüchern, die für die Zeit von 1919 bis Ende 1921 erhalten sind, geht ziemlich deutlich hervor, daß er sich wegen seines Geschlechtslebens durchaus Sorgen machte, daß es sich dabei aber nicht um ein Problem handelte, das alles andere in den Schatten stellte. Er besaß tatsächlich ein bemerkenswertes Talent, die verschiedenen Stränge seines Lebens getrennt zu halten und seinen Tagesablauf und sein Programm nach ihren Erfordernissen einzurichten. Seine Dankbarkeit für das Verständnis, das Katia seiner Bisexualität entgegenbrachte, ist offensichtlich. Seine Neigung änderte sich zwar nie, doch es fiel ihm nicht schwer, ihre schwachen Ansprüche zu unterdrücken und sich energisch dem geschäftigen Leben zu widmen, das die Finanzen forderten, und sich darauf zu beschränken, die mitunter aufkommenden sinnlichen Gefühle in seinem Werk auszudrücken. (»Der Zbg. wird das Sinnlichste sein, was ich geschrieben haben werde, aber von kühlem Stil«[104], notierte er im März 1920.)

Das Jahr 1921 würde auf jeden Fall den Abschluß des Romans sehen, trug er zu Silvester 1920 ein, und in der Tat hatte er im vergangenen Jahr einen wesentlichen Fortschritt gemacht. Der Erfüllung dieser Hoffnung waren aber doch zu viele Unterbrechungen im Weg gestanden – und das sollte auch weiterhin der Fall sein. Im Frühjahr Lesungen in Regensburg und Augsburg, im Herbst in München; ein Sommerurlaub teils in Garmisch mit Fischer, teils in Polling bei seiner Mutter; im November eine ausgedehnte Tour durch das Rheinland, darunter ein Seminar an der Universität Bonn (es ist anzumerken, daß er vor den Studenten in diesem Nest des deutschen Nationalismus seinen eigenen »idealistischen Individualismus« nachdrücklich betonte und ihnen ein Gefühl für die europäische Verantwortung ihres Landes einschärfte); im Dezember war er einige Tage in Berlin, ausgerechnet als Berater eines Komitees für Rechtschreibung, tätig – was ihn angesichts seiner eigenen altmodischen Praxis überraschte. Der »entsetzliche Trubel« der Lesereisen[105] setzte sich ununterbrochen ins neue Jahr fort, während der drei Wochen in der Schweiz trat er in nicht weniger als zehn Städten auf, denen beinahe unmittelbar im Februar zehn intensive Tage in Ostdeutschland folgten. Die ständig wachsende Inflation machte diese Einkünfte immer dringlicher. Es gab Ärger mit den Dienstboten, das Haus sah, wie er im Mai 1920 vermerkt hatte, vernachlässigt aus, obwohl die Haushaltskosten beängstigend anstiegen, und ihre Steuer für das Jahr, »selbst wenn wir viel hinterziehen«, würde 20000 Mark betragen.[106] Er erhöhte sein Honorar für eine Lesung auf ein Minimum von 1000 Mark, doch auch die Reisekosten stiegen. Harte Währung war daher um so attraktiver. Mit größter Bereitschaft nahm er Einladungen zu einem neuerlichen Besuch in Basel und Zürich an, und ein Dollarscheck von *The Dial* in New York für die längst vergessene Novelle *Luischen* war doppelt willkommen.

Dazwischen waren Artikel und Beiträge von ihm sehr gefragt:

zum fünfundzwanzigjährigen Jubiläum des *Simplicissimus*, was ihn an seine Arbeit bei der Zeitschrift vor mehr als zwanzig Jahren erinnerte; über Ludwig Hardt, den beliebten Rezitator, und den österreichischen Schriftsteller Peter Altenberg, der 1919 gestorben war; über das »kosmopolitische« Unternehmen des Insel Verlags mit den »Pandora«- und »Biblioteca Mundi«-Reihen; eine Einleitung zu einer Anthologie russischer Literatur; ein etwas schnoddriges Stück über »Geist und Geld«, in dem er trotz seiner Sorglosigkeit in Gelddingen anerkannte, wieviel er seit frühester Jugend dem kapitalistischen System verdankte; über Kurt Martens' Autobiographie und viele andere, weniger interessante Themen. Dies alles wurde verhältnismäßig rasch erledigt, raubte seiner Hauptaufgabe aber dennoch viel Zeit. Schwieriger war ein Beitrag *Zur jüdischen Frage* für Efraim Frischs *Neuen Merkur*, den er im Oktober 1921 skizzierte, später aber nach Einwänden Katias und Versuchen einer Kürzung völlig zurückzog. Seine Behandlung des Themas enthüllte nämlich »jenen autobiographischen Radikalismus, zu dem ich neige«.[107] Er betonte zwar, wieviel er in seiner Laufbahn jüdischen Menschen verdanke, die seine Entdecker, Verleger, Promotoren und besten Kritiker waren, und schloß mit einem glühenden Plädoyer gegen die Sinnlosigkeit und Ungerechtigkeit, die Juden zum Sündenbock für die Gebrechen der Welt zu machen, aber in seiner Skizze fanden sich doch genug verächtliche Bemerkungen, die eine Veröffentlichung angesichts des wachsenden Antisemitismus in Deutschland alles andere als ratsam machten. Er schlug eine Einladung Keyserlings ab, über den Lyriker Rabindranath Tagore zu schreiben, dem in Darmstadt eine besondere Woche gewidmet werden sollte. Die »etwas anämische Humanität und prinzipielle Milde«[108] des indischen Weisen habe ihm nie zugesagt, der Eindruck einer »feinen alten englischen Dame«, den jener bei seinem späteren Vortrag in München machte, half diesem Gefühl auch nicht ab (»ich schob Katia vor, ›my wife who speaks English better than I‹. Er hat meine Identität wohl nicht aufgefaßt ...«[109]).

Mittlerweile gab es wichtigere Angelegenheiten. Fischer hatte seit langem die Veröffentlichung einer Ausgabe der Gesammelten Werke erwogen, als deren Auftakt sie sich auf einen Band seiner Essays und kürzeren Stücke und einer gekürzten Fassung der *Betrachtungen* geeinigt hatten. Beides verlangte viel Arbeit und Korrespondenz. Insbesondere für den Essayband, der den Titel *Rede und Antwort* tragen sollte, mußten die Texte, mitunter von anderen Stellen, wieder beschafft, umstrittene Stücke wie *Bilse und ich* mußten revidiert werden, und obwohl die Kürzungen in den *Betrachtungen* weithin Fischers Lektoren überlassen blieben, bedurfte es doch sorgfältiger Überlegungen, bevor er die Druckerlaubnis erteilen konnte. Im Juni hatte er dann die ersten Fahnen der Essaysammlung erhalten und konnte sich nun ernstlich seiner nächsten größeren Aufgabe zuwenden – einem Vortrag im September in Lübeck, eine weitere Ablenkung von der Arbeit am Roman. Der Anlaß war eine »nordische Woche« zur Förderung deutsch-skandinavischer Beziehungen. Für kurze Zeit dachte er an Knut Hamsun, entschloß sich dann aber für *Goethe und Tolstoi* – ein Thema, das ziemlich weit hergeholt schien. Seit April hatte er die beiden Autoren gründlich gelesen und wiedergelesen, hatte eine Menge einschlägiger Literatur zu Rate gezogen, umfangreiche Bleistiftnotizen und Auszüge gemacht und dabei eine Anzahl viel zu weit gespannter Ideen mit einer Flut von Zitaten entwickelt, als daß daraus ein Vortrag von annehmbarer Länge und Konzentration entstehen konnte. Als er im Juni mit der Niederschrift begann, fand er seinen Entwurf tatsächlich zu anspruchsvoll und beschloß, sich auf die Gedanken der beiden Autoren zur Bildung zu beschränken. Das bereits Geschriebene wurde keineswegs verworfen, sondern sorgsam aufbewahrt, später einmal könnte es sicher gute Verwendung finden.

Der Lübecker Termin gab ihm die Gelegenheit zu einem späten Sommerurlaub mit Katia. Haushaltssorgen und Grippe hatten ihr in den beiden letzten Jahren sehr zugesetzt, und obwohl sie im vergangenen Herbst zwei Monate in Oberstdorf im Allgäu hatte zubringen können (die Hausschlüssel blieben bei der tüchtigen Erika), brauchte sie nun dringend Erholung. Man buchte für Anfang August Zimmer in Timmendorf, an der vertrauten Ostseeküste. Eine Karte an die Kinder macht deutlich, wie sehr sie sich entspannten: »Wir denken oft, daß es euch großen Spaß machen würde … Aber eisig würdet ihr das Wasser finden gegen das Starnberger«; »täglich Schlagrahm« fügte Katia hinzu; auch vom Paten Bertram, der sich ihnen auf kurze Zeit angeschlossen hatte, gab es eine Nachschrift.[110] Eine Woche lang besuchten sie Katias Cousinen auf Sylt, schwammen begeistert in der »gewaltigen« Brandung und den »herrlichen Schaumteppichen«[111] und wanderten durch die eigenartige Dünenlandschaft. Es ging aber nicht nur um Entspannung, der Vortrag war noch in die endgültige Form zu bringen, und die letzten Feinheiten wurden erst kurz vor ihrer Ankunft am 2. September in Lübeck ausgeführt. Hier wurden sie von Ida Boy-Ed – die nun gealtert war, aber den angesehenen Kollegen, dessen frühe Bemühungen sie so kräftig unterstützt hatte, stets gern aufnahm – abgeholt und beherbergt.

Während der Woche, die sie in Lübeck verbrachten, wurden ihm alle Ehren zuteil, die er verdient zu haben glaubte und die er gerade in seiner Geburtsstadt mit größter Befriedigung genoß. Der Vortrag, den er am 4. September vor einem bis auf den letzten Platz gefüllten Haus hielt, war ein Erfolg. Bis dahin hatten sich seine öffentlichen Auftritte auf Lesungen aus seinen Werken beschränkt, und darin hatte er eine beträchtliche Übung, die ihm häufig Sympathie einbrachte. Vorträge waren selten und nur auf einen kleinen Kreis begrenzt gewesen. Ein Vortrag vor einem großen Publikum, dazu von solcher Länge (es mußten wenigstens eineinhalb Stunden gewesen sein), war ein Debüt und verlangte eine neue Technik, auch wenn er vom Blatt las, so daß die lange Entstehungsdauer nicht überrascht. In Form wie Gehalt war dieser Vortrag der Vorläufer von vielen weiteren, die erste einer Reihe öffentlicher Äußerungen anstelle von Essays über das Problem Deutschlands und seiner Stellung in der Nachkriegswelt, die ihn zunehmend beschäftigte.

Das Bildungsthema, das er für diesen Anlaß gewählt hatte, erwuchs unmittelbar aus dem Konzept, das er für den *Zauberberg* als »Bildungsroman« entwickelt hatte, und stellte dar, wie das Autobiographische im Werk eines Künstlers (sein eigenes wurde dabei impliziert) ihn unvermeidlich zu einem Erzieher macht, so verschieden diese Tendenz auch bei seinen Beispielen Goethe und Tolstoi zum Ausdruck kam. Bei seinen Bemerkungen zum weiteren Problem der Zukunft Europas – der offenbare Zerfall seiner klassischen Grundlagen im revolutionären Rußland und die Frage, ob dies auch in Deutschland der Fall sein werde – und in seinem Wortgebrauch, der häufig an die *Betrachtungen* erinnerte, zeigte er eine für damalige deutsche Konservative typische politische Haltung, er wehrte sich gegen einen rein westlichen Humanismus und betonte die »hohe Verständigungsmöglichkeit, die zwischen russischem und deutschem Wesen waltet«.[112] In den folgenden Jahren änderten die Ereignisse seine Haltung und veranlaßten ihn zu einem stark revidierten *Goethe und Tolstoi* für seine zweite Essay-Sammlung von 1925, wo er ihm den Untertitel *Fragmente zum Problem der Humanität* gab. Für den Augenblick aber genoß er den Erfolg bei Wiederholungen in

Berlin, wo er ein Publikum von tausend Hörern hatte, in München und im November auf einem weiteren anstrengenden Kurzbesuch in Zürich, in der Aula der Universität.

Nach ihrer Heimkehr blieb ein wenig Zeit für den Roman, vor allem während einer Woche, die er allein in Feldafing verbrachte. Die Anstrengung von Zürich hatte aber eine gewisse Niedergeschlagenheit hinterlassen, und erst im November begann er »des Lebens wieder froh zu werden, der eisgrauen Wintermorgen, der Arbeit«.[113] Seine geldbringenden Tätigkeiten hatten sich offenbar gelohnt – das Jahreseinkommen betrug, wie er befriedigt anmerkte, 300000 Mark –, doch die Anstrengungen hörten nicht auf. Der Gedanke an die Lesereise Prag, Brünn, Wien und Budapest, die bereits für den kommenden Januar angesetzt war, machte ihn schaudern, es war deutlich, daß die kurz wiederaufgelebte Hoffnung auf eine Vollendung des Romans im Verlauf des Winters vergeblich war.

4

»Der *Zauberberg* beeindruckte mich wie der Anblick des Montblanc – ich empfand keinen Wunsch, damit zu leben.«

Graham Greene[114]

Katia begleitete ihn auf der Tour, für die er sich mit dem *Goethe und Tolstoi*-Vortrag und seinem üblichen Repertoire an Novellen und Auszügen aus dem *Zauberberg* bereits gerüstet hatte, so daß keine weiteren Vorbereitungen nötig waren. Die Reise fing schlecht an, lange Zugverspätungen und eine unvorhergesehene Übernachtung auf dem Weg nach Prag, aber sie wurde zu einem großartigen Erfolg. Vor allem in Wien wurde ihnen ein »überwältigender« Empfang zuteil, die Unterkunft war »fürstlich, ohne Rechnung«[115], und sogar die Visite eines Hoteldiebs, der mit seiner Uhr, Perlknöpfen und einigen Lederutensilien verschwand, Katias Schmuck aber – offensichtlich gestört – zurückließ, wurde gutgelaunt hingenommen und geflissentlich für eine mögliche Verwendung im *Felix Krull* notiert. Es gab eine Menge Interviews, in Budapest, wo sie bei dem Vater von Georg Lukács, einem reichen Bankier, der im selben Haus wie Béla Bartók wohnte, abgestiegen waren, mußten seine vormittäglichen

Termine wie bei einem Zahnarzt organisiert werden, sosehr war das Ansehen dieses Doyens der deutschen Literatur seit seinem letzten Besuch im Jahre 1913 gestiegen. Nach ihrer Rückkehr Ende Januar traf eine beunruhigende Nachricht ein: Im Anschluß an eine Grippe war Heinrich an einer Bauchfellentzündung ernsthaft erkrankt, man befürchtete Komplikationen mit Herz und Lunge, und er schwebte mehrere Tage in Lebensgefahr. Thomas war sehr betroffen, erkundigte sich täglich in mitfühlenden Worten, die seinen Bruder offensichtlich rührten, nach seinem Befinden, und schickte am Monatsende, als die Gefahr gebannt war, Blumen mit einem Kärtchen: »Es waren schwere Tage, die hinter uns liegen, aber nun sind wir über den Berg und werden besser gehen, – zusammen, wenn Dir's ums Herz ist wie mir.«[116]

Der Bruch schien endlich geheilt. Heinrich bedankte sich mit der Hoffnung, sie würden »einander nie mehr verlieren«. Thomas aber hegte, wie er an Bertram schrieb, keine Illusionen über die heikle und schwierige Natur dieser neuen Verbindung: »Ein modus vivendi menschlichanständiger Art wird alles sein, worauf es hinauslaufen kann. Eigentliche Freundschaft ist kaum denkbar. Die Denkmale unseres Zwistes bestehen fort, – übrigens versichert man mir, daß er die *Betrachtungen* niemals gelesen hat. Das ist gut – und auch wieder nicht; denn von dem, was ich durchgemacht, weiß er also nichts. Das Herz will sich mir umkehren, wenn ich höre, daß er nach dem Lesen einiger Sätze im ›Berliner Tageblatt‹, in denen ich von solchen sprach, die Gottesliebe verkünden und ihren Bruder hassen, sich hingesetzt und geweint habe. Aber mir ließ der Jahre lange Kampf ... zu Tränen keine Zeit. Davon, und wie die Zeit mich zum Manne schmiedete, wie ich dabei wuchs und auch anderen zum Helfer und Führer wurde, von alldem weiß er nichts. Vielleicht wird ers irgendwie fühlen, wenn wir wieder zusammen kommen. Noch darf er niemanden sehen. Er soll weicher, gütiger geworden sein in diesen Jahren. Unmöglich, daß seine Anschauungen nicht irgendwelche Korrektur erlitten haben. Vielleicht kann von einer gewissen Entwicklung zu einander hin doch die Rede sein: Mir ist so zu Mute, wenn ich mich erinnere, daß der mich zur Zeit eigentlich beherrschende Gedanke der einer neuen Erfüllung des Humanitätsgedankens ist, – im Gegensatz allerdings zur humanitären Welt Rousseaus.«[117] Nach der jahrelangen Bitterkeit war die nüchterne Einschätzung kaum überraschend, aber trotz der bald einsetzenden, allmählichen Annäherung, die Thomas festzustellen glaubte, reichte es tatsächlich nie zu mehr als zu jenem höflichen »modus vivendi«.

Der »Humanitätsgedanke« (er nannte ihn noch nicht »Humanismus«) war das Thema einer Rede, die er am 1. März, während der Goethe-Woche zum neunzigsten Todestag des Dichters, in der Frankfurter Oper vor einer Aufführung der *Zauberflöte* hielt. Es war ein von Reichspräsident Ebert persönlich eröffnetes, glanzvolles Ereignis, bei dem auch Gerhart Hauptmann sprach. Thomas Mann entwickelte mit bewundernswerter und für ihn ungewöhnlicher Kürze das in seinem *Goethe und Tolstoi* vertretene Konzept von der Autobiographie als Erziehung, wie es in Goethes *Wilhelm Meister* zum Ausdruck komme – »reich an kühn-humanen Experimenten mit der gesellschaftlichen Frage, dem Problem ... der inneren Politik. Von Goethe aber auch, und nicht von Rousseau und seinen Vorfahren, haben wir den Begriff der äußeren Politik, den Begriff einer ... Einheit, Europas, des Abendlandes.« Bei Goethe sei der europäische Gedanke, anders als beim »rationalen Internationalismus«, eine »Kosmopolitismus verarbeitende Sympathie und humane Absichtslosigkeit«, die man mit gewissem Recht deutsch nennen könne, die sich aber in allen Ländern finde und bessere Aussichten auf eine internationale Kameradschaft berge als »irgendein aktivistisches Pazifismus-Programm«.[118] In einer überschwenglichen professoralen Begrüßungsansprache wurde Mann nicht nur als »Fortführer der hohen Kultur des Prosa-Stils Goethes, Stifters und Fontanes« und als »repräsentativer deutscher Autor«, sondern auch als »Lehrer der Nation« und »Jugendführer« gefeiert.[119]

Er wehrte sich keineswegs dagegen, den Mantel des *Praeceptor Germaniae et dux juventutis* umgelegt zu bekommen. Die essayistische Form – eine »kritische Überwachung meines Lebens« – hatte er immer für einen notwendigen Teil seines literarischen Schaffens gehalten. Dazu gehörte nun auch dessen Erweiterung in Form öffentlicher Reden zu wichtigen kulturellen und politischen Belangen der Gegenwart. Das entsprach dem Ansehen, das er nun gewonnen hatte, und war, während seine politischen Vorstellungen langsam reiften, eine Fortsetzung seiner *Betrachtungen* in einer unmittelbareren und weniger diffusen Art als der umständliche Band, der 1918 erschienen war. Der nun entworfene Begriff der Menschheit war in politischer Hinsicht immer noch eine Art unbestimmter Traum, eine Welt, in der »das Individuelle und das Soziale, das Aristokratische und das Demokratische, keinen notwendigen Gegensatz mehr bilden, sondern in der das eine aus dem anderen organisch erwächst«. Diesem Begriff Leben einzuhauchen, schien ihm »die wichtigste Aufgabe des deutschen Geistes«.[120] Bei einer Wiederholung des *Goethe und Tolstoi*-Vortrags vor einem überfüllten Saal bei seinem ersten Besuch im Juli in Heidelberg beeindruckte ihn die »jugendliche Geistigkeit« in der romantischen Umgebung, vor allem aber eine Gruppe schwedischer Studentinnen, die ihm einen begeisterten Empfang bereitete.[121] Er fühlte sich dabei wirklich als »Jugendführer«, auch wenn es sich vornehmlich um Nordländer handelte.

Die politische Krise in Deutschland hatte sich mittlerweile bedeutend verschärft. Die ungeheure Last der von den Alliierten auferlegten Reparationen und die galoppierende Inflation hatten praktisch zum Bankrott des Staates geführt. Trotz der Krisenatmosphäre, die während der drei Jahre der Republik ständig geherrscht hatte, brachte die Ermordung Walther Rathenaus durch junge nationalistische Hitzköpfe doch eine gewaltige Erschütterung. Rathenau war im Krieg ein tüchtiger Organisator des Nachschubs gewesen und hatte nun seine Geschäftsinteressen dem Dienst der neuen Regierung geopfert; als Minister für Wiederaufbau hatte er sich standhaft für die Erfüllung der Reparationsforderungen eingesetzt; nach seiner jüngsten Ernennung zum Außenminister hatte er mit der Sowjetunion den aufsehenerregenden Vertrag von Rapallo unterzeichnet. Mit seiner Politik und als Jude war er für den Haß völkischer Extremisten eine natürliche Zielscheibe. Mit Bestürzung und Schmerz bemerkte Thomas Mann die »Finsternis in den Köpfen dieser Barbaren«, wie er am 8. Juli an Bertram schrieb, »die Verzerrung des deutschen Antlitzes«, »die Gefahren der Geschichte, die durch falsche Analogien die Einzigartigkeit der Situation verdunkelt und eine gewisse Jugend zum Wahnsinn verführt«. Er war keineswegs bereit, den Gedanken seiner *Betrachtungen* abzuschwören und von der Jugend »Enthusiasmus für Dinge zu verlangen, über die sie innerlich hinaus ist, wie Sozialismus und Demokratie. Aber die mechanische Reaktion habe ich schon einmal sentimentale Roheit genannt, und die neue Humanität mag denn doch auf dem Boden der Demokratie nicht schlechter gedeihen, als auf dem des alten Deutschland … Als ob nicht ›die Republik‹ immer noch das deutsche Reich wäre, das tatsächlich heute weit mehr, als zur Zeit, da ins banal Theatralische entartete historische Mächte darüberthronten, in unser Aller Hände gelegt ist, – und das eben ist die Demokratie.«[122] Er war nun entschlossen, eine Rede, die er zu Hauptmanns sechzigstem Geburtstag im Oktober in Berlin halten sollte, zu einem Manifest für die Republik zu benutzen, einem Aufruf nicht nur an das Gewissen der Jugend seines Landes – um ihnen »die Republik mundgerecht zu machen, indem ich sie zur deutschen Romantik in Beziehung setze«[123] –, sondern an die ganze Nation. Er skizzierte diese Rede während einiger Wochen, die er im August an der Ostseeküste zubrachte.

Die Inflation ließ auch die eigene finanzielle Lage allmählich bedrohlich erscheinen. Zu Ostern waren Klaus und Erika auf die Bergschule in Hochwaldhausen, ein fortschrittliches, gemischtes Internat, geschickt worden, wo sie sich als schwierig erwiesen, allerdings auch berechtigte Klagen über den Unterricht hatten, und im Sommer baten, die Schule wieder verlassen zu dürfen. Das Schulgeld hatte die bereits strapazierten Finanzen beträchtlich belastet. Es kam als Geschenk des Himmels, daß er im August den Herausgeber der amerikanischen Zeitschrift *The Dial* kennenlernte und einen Vertrag über eine Reihe von Beiträgen in Form von *Briefen aus Deutschland*, zu jeweils 25 Dollar, abschloß – sowohl damals, als der Dollar nahezu 500 Mark wert war, wie im Jahr 1923, als er jäh auf Billionen hochschnellte. »Ohne fremdes Geld könnte man mit einer Familie wie der meinen schon nicht mehr leben«, schrieb er am 1. September an Fischer, »wie jedermann bin ich bedacht, welches herbeizuschaffen. Ich gehe im Oktober nach Holland, später wahrscheinlich nach Schweden und sogar nach Spanien, habe auch eine Korrespondenz für eine amerikanische Zeitschrift übernommen … Meinen großen Aufsatz *Von deutscher Republik* … lasse ich heute an die Rundschau abgehen. Sagen Sie mir, bitte, welchen Eindruck er auf Sie und Ihren Kreis gemacht hat und – honorieren Sie ihn anständig!« Er wende sich wieder dem Roman zu, der durch die übrige Arbeit allerdings verzögert würde, und hoffe auf Fischers Geduld.[124]

Daß sein erster *Brief aus Deutschland* in die Sprache Emersons und Whitmans übersetzt erschiene und von einer so »bewunderungswürdigen Spezies der Menschheit« wie den Amerikanern gelesen würde, wehe ihn mit einem »beglückenden Hauch von Humanität« an, schrieb er. In der Einleitung, die sich zu einer langen, ablehnenden Kritik von Spenglers *Untergang des Abendlandes* ausdehnte, betonte er die neu aufgekommene demokratische und republikanische Tendenz in seinem Land. »Selbst Republikaner, in einem Sinn, der tiefer und wichtiger ist als der staatsrechtliche, dürfen wir uns heute nennen, gesetzt, daß Republikanertum Verantwortung, Verantwortlichkeitsgefühl bedeutet; denn auch dieses hat sich unzweifelhaft vertieft und verbreitet hierzulande, worüber Oberflächenmerkmale eines lumpigen Leichtsinns nicht täuschen dürfen.«[125] Daß der Grundgedanke der Republik die Verantwortlichkeit des einzelnen sei, war ein Hauptpunkt in seiner Rede am 13. Oktober im Berliner Beethovensaal. Das war die erste öffentliche Erklärung eines als konservativ bekannten Mannes für die neue Staatsform, sie wurde in diesem Sinne auch von den vielen und gemischten Pressestimmen aufgefaßt. »Der Selbstwiderspruch in Person«, schrieb Hermann Bahr in Wien, »aber freilich gerade dadurch der deutscheste Deutsche dieser Zeit.«[126] – »Mann über Bord«, hieß es in *Die Zeit*, während das sozialistische *Vorwärts* die Eitelkeit tadelte, mit der er in seinen Hörern einen Enthusiasmus für die Republik zu wecken suchte, den er selbst nicht empfand. Vielen mußte es als sensationeller Widerruf erschienen sein, schrieb das *Living Age* später in Boston: »Seine Hörer waren hauptsächlich Professoren, die vermutlich eine ganz andere Botschaft erwartet hatten.«[127]

Man hat zu Recht bemerkt, daß diese neue Einstellung, so beispielhaft sie für die Meinungsänderung eines Konservativen sein mochte, vorläufig »nur ein erstes Tasten nach der Realität« darstellte.[128] Er versuchte zu unterscheiden zwischen echter deutscher Romantik als einer Grundlage der Demokratie und deren Entartung zu dem »sentimentalen Obskurantismus«, der in politischen Terrorhandlungen wie der Ermordung Rathenaus endete, aber seine Ausführungen wurden durch eine Menge literarischer Anspielungen und langatmige, oft weithergeholte, Zitate aus Novalis und Walt Whitman – noch immer sehr im Stil der *Betrachtungen* – geschwächt. Selbst wohlwollende Hörer konnten, wie die Berliner *Zeit* berichtete, nur mit Mühe folgen, nicht zuletzt, weil er vom Manuskript las. Es dauerte aber noch einige Jahre, bis er in einer neuen politischen Überzeugung Klarheit und Sicherheit gewann, obwohl er später seine Bekehrung zu einer antifaschistischen Haltung zu Recht auf diese bedeutende und damals mutige Rede datieren konnte. Der Text erschien in der Sondernummer der *Rundschau* für

Gerhart Hauptmann im November. Für die spätere Einzelveröffentlichung als Broschüre hielt er ein Vorwort für nötig, als Erwiderung auf das »stupide Traktieren«[129] seiner zahlreichen Kritiker – mit dem Protest: »Ich habe vielleicht meine Gedanken geändert – nicht meinen Sinn.« In seinem Lob auf die Republik, so behauptete er, verfolge der Verfasser der *Betrachtungen* entschlossen den Sinn dieses Buches weiter, nämlich die Sache der deutschen Menschlichkeit, und sei durchaus bereit, sich nun einen Jakobiner nennen zu lassen, nachdem man ihn einen Reaktionär gescholten habe. »Ich glaubte, ein wenig helfen zu können mit dieser kleinen Aktion, die zur Aktion eben dadurch werden mochte, daß ich es war, der sie unternahm ... ich, der notorische und eingetragene ›Bürger‹.« Er habe die Republik nicht als etwas bereits Seiendes, sondern als etwas zu Schaffendes definiert und versucht, »einem unseligen Staatswesen« etwas Seele und Lebensgeist einzuflößen.[130]

Diese Rede stand am Anfang einer ausgedehnten Tour durch Norddeutschland und Holland, die bis Ende Oktober dauerte, mit Lesungen aus dem *Zauberberg* und dem *Felix Krull* und einer Wiederholung seines *Goethe und Tolstoi* in Amsterdam. Es hatte sich gewiß gelohnt, Holland zu sehen, schrieb er am 3. November, als er wieder zu Hause war, an Bertram, doch sei er »froh, wieder in Deutschland zu sein: all die Sattheit und Intaktheit geht einem auf die Nerven«. Bei seinem letzten Auftritt in Frankfurt hatte er das bis dahin größte Publikum: »2 500 Personen, ein bewegender Anblick beim Betreten des Podiums.«[131] Klaus, der nun, immer noch ein schwieriger Schüler, die Odenwaldschule Paul Geheebs in Heppenheim besuchte, traf ihn in Darmstadt, freundlich und zu einem großzügigen Geldgeschenk bereit.

Bertram bekam zwar zu hören, daß er von der Welt genug habe, doch für 1923 war schon wieder ein reges Programm auf der Suche nach harter Währung geplant – im Januar abermals die Schweiz, dann Wien, Spanien, dazwischen eine Anzahl von Auftritten in Deutschland. Es würde ein »Kunststück« sein, die nötige Konzentration für den Abschluß des Romans aufzubringen.[132] Wieviel er dem Roman in der kurzen Zeit vor seiner Abreise in die Schweiz noch hinzufügen konnte, ist ungewiß. Neues Material hatte sich jedoch in Gestalt von zwei spiritistischen Sitzungen eingestellt, die kurz vor Weihnachten und zu Anfang des neuen Jahres von dem Münchner Arzt und Parapsychologen Baron von Schrenck-Notzing organisiert worden waren. Er wohnte ihnen mit großem Interesse bei, sie konnten für seine Erzählung eine wunderbare Episode ergeben. Seine begeisterten Berichte über das übliche Tischchenrücken, Taschentuchschweben, Glockenläuten, Maschinenschreiben, Tamburine, ja sogar Geistererscheinungen – »telekinetische Phänomene, deren Echtheit zu bestreiten mir unmöglich scheint« –, dienten nicht nur zur Familienunterhaltung beim Abendessen, sondern wurden etwas nüchterner und genauer an Schrenck-Notzing weitergereicht. Später ergaben diese Erfahrungen, die »mit Humor, aber mit Überzeugung«[133] in essayistische Form gebracht worden waren, einige seiner erfolgreichsten öffentlichen Lesungen. Katia, »ein ›mathematischer Kopf‹, akzeptierte diese Dinge nicht«, erinnerte sich Tochter Monika in späteren Jahren, »aber sie akzeptierte seinen Glauben, wie denn, wenn immer es Anpassung und tiefen Takt ihm gegenüber zu wahren galt, sie nie fehlte«.[134] Er verarbeitete seine »okkulten Erlebnisse« natürlich ziemlich ausführlich im *Zauberberg*, indem er ihm ein weiteres Kapitel anfügte. Die Vollendung des Romans hatte der – ewig optimistische – Fischer für das Jahresende angekündigt.

Die Schweizer Tour im Januar 1923, die er in Begleitung Katias unternahm, war angenehm, aber kurz, da Katia über den immer schnelleren Verfall der Mark, nunmehr 20000 Mark für einen Dollar, beunruhigt war und unbedingt wieder zu Hause sein wollte. Für ihn ging die hektische Runde weiter: *Goethe und Tolstoi* wurde am Monatsende in Tübingen wiederholt; kurz darauf in Dresden eine Lesung aus dem Roman (wo ihm das Honorar von 40000 Mark nichts eingetragen hätte, wenn er nicht hätte privat wohnen können); dann Berlin, um über die Verfilmung der *Buddenbrooks* zu verhandeln – dazu lag willkommene harte Währung für die Auslandsrechte bereits auf dem Tisch, und mehr noch stand in Aussicht, um für das »strohdumme und sentimentale Kino-Drama«[135] zu entschädigen, das er erwartete. Ständig würde die laufende Arbeit unterbrochen, schrieb er an Bertram, es sei unmöglich, zwischen solchen Ablenkungen die regelmäßige und ermüdende Hingabe wiederzufinden, die ein Werk wie der *Zauberberg* verlange. Solch eine Aufgabe könne nur »gegen die Zeit« erfüllt werden, die nichts als Artikel, Manifeste, Improvisationen wolle – wie die *Okkulten Erlebnisse*, die er demnächst in Augsburg »produzieren« werde. Die französische Besetzung des Ruhrgebiets erregte seinen Zorn, da sie all den guten Absichten und Träumen, wie auch seinen eigenen, von einer neuen Humanität widersprach: »Es ist als ob man Deutschland draußen garnicht als eine Republik wie jede andere, sondern als herrenloses Land betrachtete ... mit dem man machen kann, was man will.«[136] Die vielen Interviews, die er auf seinen bevorstehenden Reisen nach Wien und Ungarn erwartete, natürlich auch der nächste *Brief aus Deutschland*, würden ihm wohl genügend Möglichkeiten zu Kommentaren geben.

Bevor er sich wieder aufmachte, hatte er die traurige Pflicht, seine Mutter zu bestatten. Einundsiebzig Jahre alt und krank – der Rest ihres Erbes in der Inflation für sie unbegreiflicherweise verschwunden –, hatte die Frau Senator im Herbst eine Zeitlang bei ihnen gelebt und darauf bestanden, mit längst wertlosen Banknoten für ihren Unterhalt zu zahlen; immer noch schwach, war sie in ein Gasthaus in Wessling bei München umgezogen, um dort den Winter zu verbringen, hatte aber bald eine Krankenschwester gebraucht. Am 10. März kam ein Anruf, daß sie die Nacht nicht überleben würde. Thomas wurde aus Feldafing zurückgeholt, wo er ein paar Tage verbracht hatte, Golo, der ihn vom Bahnhof abholen mußte, erinnerte sich später an seine schlechte Laune – offensichtlich über die Störung seiner Arbeit ebenso wie über den Anlaß dazu. Heinrich und er fuhren gemeinsam nach Wessling; ihm aber, nicht Heinrich, blieben die Vorbereitungen für die Bestattung und ihre Beisetzung an der Seite Carlas auf dem Münchner Friedhof überlassen. Von den Kindern war nur Erika zugegen, Klaus war im Internat (und Erika erzählte den Jüngeren nicht ohne einen gewissen Stolz, sie habe nicht nur ihren Vater, sondern auch die beiden Onkel tränenüberströmt gesehen). Das Ableben seiner Mutter hatte Thomas tief gerührt, doch zur Trauer blieb wenig Zeit, innerhalb von zwei Wochen begab er sich auf seine nächste Tour nach Österreich, Ungarn und in die Tschechoslowakei.

Wien wäre sein erster Termin gewesen, doch er hatte eine in letzter Minute eingetroffene Einladung Stefan Zweigs zu einem Vortrag in Salzburg angenommen; dort trug ihm *Goethe und Tolstoi* von der Presse hohes Lob ein für den »starken aufrechten Geist, den sein mannhaftes Bekenntnis zur deutschen Republik, mit dem er an Gerhart Hauptmanns Seite trat, bestätigt hat«.[137] In Wien, Budapest und Prag gab er freilich das Erzieherische zugunsten des Okkulten auf, seine *Erlebnisse* hatten eine außergewöhnliche Wirkung auf sein

Publikum, etwaige politische Bemerkungen hob er sich für die vielen Interviews auf, um die er gebeten wurde. Sie boten ihm wie erwartet breiten Raum, die Extremisten zu geißeln und Deutschlands Hoffnungen auf den Sieg einer mittleren Linie zu setzen, die sich auf die Demokratie gründete. In Wien wurde ihm die erste Frage über Adolf Hitler gestellt. Er wies auf die Verwirrung »all dieser Putschisten« hin – einerseits »die wütendsten Franzosenfresser, anderseits arbeiten sie geradezu auf die Zerreißung Deutschlands hin: des französischen Imperialismus wahnsinniges letztes Ziel« –, maß deren offensichtlicher Unterstützung durch Ludendorff aber keine Bedeutung bei.[138] In Ungarn wie in Deutschland sei das Volk geteilt, sagte er in Budapest: »auf der einen Seite stehen die Nationalisten und auf der anderen die europäischen Humanisten. In diesen beiden Ländern treten die Gegensätze so deutlich zutage wie sonst nirgends«, in beiden sei das Hakenkreuz das Symbol der Barbaren. Eines, so kommentierte der Interviewer, sagte er allerdings nicht: »Während in Ungarn die nationalistischen Skythen über die europäischen Humanisten herrschen, streben die deutschen Hakenkreuzler – vorläufig noch – vergeblich nach der Macht.«[139]

Die Reise nach Spanien, zu der er sich mit Katia kurz nach seiner Rückkehr aus Prag im April aufmachte, diente dem Vergnügen eher als dem Geschäft, obwohl ihm sein nun eingespieltes Repertoire in den deutschen Schulen von Diego de Leon und Madrid, wo er von der Infantin Isabella empfangen wurde, eine gute Anzahl Hörer einbrachte. Er hatte eine tiefe Abneigung, einen »wirklich schüttelnden Abscheu«[140] dagegen verspürt, in der gegenwärtigen Lage um ein französisches Visum nachzusuchen (obwohl er mit seinem Bewunderer und Übersetzer Félix Bertaux gut auskam, den er bald darauf bat, das Honorar für die französische Version von *Tod in Venedig* auf sein jüngst eröffnetes Schweizer Konto zu überweisen). Sie entschlossen sich also zu einer komplizierten Seereise: auf dem Hinweg von Genua nach Barcelona, auf dem Rückweg von Santander über Plymouth nach Hamburg auf dem Hapag-Schiff *Toledo*, wo man ihnen alle gebührende Achtung erwies. Der Monat, den er in diesem für ihn ganz neuen Land zubrachte, war ein ausgefülltes touristisches Erlebnis, das ihm, wie er Bertram schrieb, das Element des alten Spanien vermittelte, das er suchte, und dem er im Roman »unter dem Symbol der ›gestärkten Halskrause‹« von Hans Castorps Großvater eine »humoristisch versteckte Rolle« gegeben hatte. Nicht

Katalonien oder Andalusien und die Alhambra – »deren Geist mir andeutungsweise wie in Venedig oder Toledo mehr sagt, als in voller Ausprägung« – beeindruckten ihn, sondern das klassische Spanien Kastiliens, die »Granit- und Steineichenebene von Madrid bis zum Escorial und zur Sierra Guadarrama«, Toledo, die Reise nach Segovia und nicht zuletzt die Kunst El Grecos.[141] Er hatte das Manuskript des Romans »mitgeschleppt«, für das er aber erst nach ihrer Rückkehr Ende Mai, als die Ablenkungen endlich vorüber waren, Zeit finden sollte. Für den Sommer plante zumindest er keine weitere Reise; Katia und die jüngeren Kinder würden am Ammersee Ferien machen, Erika und Klaus sollten eine Fußwanderung durch Thüringen unternehmen.

Die Erziehung der Halbwüchsigen, vor allem von Klaus, war keineswegs problemlos gewesen. Nach dem Versagen der Bergschule war Erika wieder in das Münchner Gymnasium zurückgekehrt, wo sie bis zum Abschluß 1924 blieb. Das Experiment der Odenwaldschule – einer wegbereitenden Einrichtung mit äußerst fortschrittlichen Ideen, welche die Freiheit der Schüler, »sich selbst zu finden«, betonte – erwies sich für Klaus nicht als glücklich. Im März hatte er bereits gebeten, nach den Osterferien die Schule verlassen zu dürfen, worauf sein Vater, der ungern elterliche Gewalt ausübte, Geheeb hatte bitten müssen, mit ihm zu sprechen und ihn umzustimmen. Das hatte Erfolg, und es bestand Hoffnung, daß Klaus bis zum Abitur an der Schule bleiben und sich, wie sein Vater bemerkte, auf eine Laufbahn im Zusammenhang mit seinen literarischen Ambitionen vorbereiten könnte, da er sich seit langem schon in Vers wie in Prosa schriftstellerisch betätigt hatte. Er war aber zu ungeduldig, um durchzuhalten. Noch vor den Sommerferien hatten die Eltern in den Abgang von der Schule eingewilligt, im Juni versuchte Klaus sich dem Direktor, mit dem er auf bestem Fuße stand, zu erklären: dankbar für »die guten, fruchtbaren Wochen von Ostern bis heute«, während deren man ihn so »auf mich gestellt« gelassen hatte, fühle er sich doch fehl am Platz. »Ich kann hier nicht *so* schaffen, wie ich fühle, daß ich's sonst könnte ... Wo freilich ich *ganz* daheim sein werde – das weiß Gott. Ich gebe ein nicht ganz kleines Stück von mir her, wenn ich Ihnen sage: Überall werde ich – Fremdling sein. Ein Mensch meiner Art ist stets und allüberall durchaus einsam ...«[142]

Das Bart-und-Sandalen-, Zurück-zur-Natur-Regime einer solchen Gemeinschaft war natürlich nicht nach seinem Geschmack;

homosexuell aktiver, als es sein Vater je war, verlangte es ihn nach dem wilderen Leben der Stadt; das Eingeständnis Geheeb gegenüber war aufschlußreich für die existentielle Krise, die ihn begleiten und schließlich zerstören sollte. In München wurde für ihn dann Privatunterricht organisiert; den schwänzte er meistens und führte ein ausschweifendes Leben, ohne die Abschlußprüfung zu machen – die Erika nur ihren Eltern zu Gefallen im folgenden Jahr ablegte und knapp bestand (weder ihr Vater noch Onkel Heinrich hatten ja schließlich solche Auszeichnung erreicht). Statt in jenem Sommer 1923 in Thüringen zu wandern, machten sie sich heimlich zu den Nachtklubs Berlins davon, da sie beide in der Hauptstadt ihre Zukunft sahen. Für Klaus wurde eine Kompromißlösung gefunden: Er sollte ein Jahr in der Nähe von Heidelberg im Haus des Dichters Alexander von Bernus – ein begeisterter Anthroposoph und Homöopath – verbringen, um mit sich ins reine zu kommen und zu entscheiden, welche Laufbahn er einschlagen wolle. Dort begann er endlich ernsthaft zu schreiben, er verfaßte mehrere Novellen und schickte Artikel an Berliner Zeitschriften, die bereitwillig angenommen wurden, da sie aus der Feder des Sohnes des berühmten Autors stammten – was in einer stets eifersüchtigen literarischen Welt den Nachteil hatte, daß man ihn beschuldigte, dessen Namen auszunutzen. Trotz all seines unbezweifelbares Talents als Schriftsteller gelang es ihm nie völlig, aus dem Schatten seines berühmten Vaters zu treten.

Dieser Führer der deutschen Jugend, der seinem eigenen Sohn die nötige Führung nicht bieten konnte, erkannte, daß seine Pflicht einem größeren Kreis galt. Im Juni wurde er gebeten, bei einer Gedenkfeier für Rathenau zu sprechen, die von einer Vereinigung republikanischer Studenten in Berlin veranstaltet wurde. Die Reaktionen auf seine frühere Rede hatten ihm gezeigt, daß der Appell an die »deutsche Romantik« nicht der richtige Weg war, junge Leute zur Unterstützung der Republik zu bekehren, diesmal führte er Goethe statt Novalis für seine Sache an und zitierte den *Wilhelm Meister* als den Vorläufer des deutschen Fortschritts »von der Innerlichkeit zum Objektiven, zum Politischen, zum Republikanertum«. Er warnte außerdem vor den Gefahren der »Antihumanität«, deren deutlichste Folgen man nun am Bolschewismus, am italienischen Faschismus und an den reaktionären Bestrebungen in Ungarn und Frankreich sehen könne. »Die republikanische Jugend Deutschlands begreift, daß Humanität die Idee der Zukunft ist, diejenige, zu der Europa sich durchringen, mit der es sich beseelen und der es leben muß – wenn es nicht sterben will.«[143]

Seine nächsten beiden *Briefe aus Deutschland* für die Amerikaner, die im Sommer entstanden, waren weniger politisch und galten mehr der kulturellen Szene; er erklärte aber die Münchner Tradition einer Volksdemokratie konservativer Form als Gegensatz zum sozialistischen Norden, auch wenn es die Stadt des Hakenkreuzes war, »dieses Symbol völkischen Trotzes und eines ethnischen Aristokratismus, dessen Gebaren freilich nichts weniger als aristokratisch ist, und der mit dem Feudalismus des vorkriegerischen Preußen überhaupt keine Verwandtschaft hat«.[144] (Seine wenig schmeichelhaften Bemerkungen über Arnolt Bronnens Schauspiel *Vatermord* und des jungen Bertolt Brechts *Im Dickicht der Städte*, von denen das letztere in München durch Stinkbomben eines feindseligen Publikums unterbrochen worden war, boten einen unbeabsichtigten Vorgeschmack seiner eigenen Zukunft, als nämlich eines Tages ein Thomas-Mann-Auftritt auf ähnliche Weise gestört wurde, was kein anderer als Arnolt Bronnen organisiert hatte.) Die Bedrohung des traditionellen Theaters durch das Kino fand kurze Erwähnung. Im September sah er dann den *Buddenbrooks*-Film, den er trotz seines Erfolgs bei der Berliner Erstaufführung als törichtes Unterfangen verurteilte, freilich mit der Schlußfolgerung, daß der Film vom Original so weit entfernt sei, daß der Verkauf des Buchs keinen Schaden nehmen würde. Im Lauf der Jahre entwickelte er eine beinahe glühende Leidenschaft für das Kino, auch wenn ihn Verfilmungen seiner eigenen Werke selten begeisterten. Gegen Ende 1923 verfaßte er sogar eine Drehbuchskizze für eine Verfilmung von *Tristan und Isolde*, bei deren Produktion sein Bruder Viktor mitwirken sollte. Später sagte er, mit diesem Film hätte das alte Moralstück – technisch und stofflich weiterentwickelt – dem riesigen Publikum eines so volkstümlichen Mediums zurückgegeben werden können.

Das Manuskript des *Zauberberg* schwoll unterdessen an, und er glaubte die Vollendung des »Untiers« zu erblicken. Ein Urlaub mit Katia in Bozen erwies sich dann überraschend als neue Quelle der Inspiration. Endlich hatte er das Original gefunden, das er für seinen Mynheer Peeperkorn brauchte, mit dem Clawdia Chauchat ins Sanatorium zurückkehrt, und der dessen abgeschlossene Welt mit seiner starken Persönlichkeit dann beherrscht. Im Hotel hielten sich nämlich auch Gerhart Hauptmann und seine Frau auf, und bald waren sie ein angenehmes Vierergespann. Beim täglichen Umgang hielt er – wohl etwas zögernd – Schritt mit des älteren Kollegen Verzehr gekühlten Weins, hörte seinen stotternden, oft unzusammenhängend wirkenden Ausführungen zu, beobachtete seine würdige Haltung dem verehrungsvollen Lächeln des Personals gegenüber, wenn sie ins Hotel zurückkehrten, und erkannte sofort: »Das ist der Mann!« Seinen Peeperkorn diesem Modell nachzuzeichnen bedeutete das Risiko, sich den Zorn der Bewunderer Hauptmanns, ja des großen Mannes selbst, zuzuziehen, war aber eine Versuchung, der er nicht widerstehen konnte. Der Schluß des Romans war noch zu schreiben, Fischer druckte bereits das Vorhandene, sein Lektor fand es »großartig«, und man hoffte auf eine Veröffentlichung im Frühjahr. Der Autor war jedoch nicht bereit, sein gewohntes Verhalten zu ändern: Verpflichtungen als öffentlicher Redner, Experte, Journalist wurden unbeirrt wahrgenommen, seine Pflichten als Autor seinem großen Werk gegenüber mußten warten. Schon wieder waren weitere Lesungen fällig, in Lübeck, Kiel und Berlin. Danach gestand er Fischer in einem Brief vom Januar 1924 ein, daß er wohl einen täglichen Fortschritt mit dem Buch, »ein *kurioses* Buch, sui generis, das kann man sagen«, verzeichnen konnte, der Abschluß aber schwerfiele, zumal er für die nächsten Monate noch weitere Termine hätte. Zum Trost setzte er hinzu, es werde die zehnbändigen *Gesammelten Werke* »mächtig komplementieren«, die bei Fischer ständig voran gingen, und zu deren Abrundung er bis Weihnachten noch einen weiteren Band mit Essays und Reden zusammenstellen würde.[145]

Die amerikanische Verbindung hatte, auch wenn er keineswegs großzügig entlohnt worden war, eine wesentliche Rolle für seine Finanzen gespielt. Im November war mit dem Ende der Inflation durch die Einführung der Rentenmark der Bedarf an Dollars beträchtlich zurückgegangen. Nun ging es ihm darum, den Namen auszunutzen, den er sich in den Vereinigten Staaten, bisher mehr als Advokat des Republikanismus (das Thema eines Essays *Fünf Jahre Demokratie in Deutschland* für die Julinummer der Zeitschrift *Current History*) denn als erfolgreicher Autor, erworben hatte. Der Verleger Alfred A. Knopf hatte 1921 von Fischer die Übersetzungsrechte für die *Buddenbrooks* und ein weiteres Buch pro Jahr erworben, im Jahr 1924 erhielt Mann nun seine ersten Exemplare der englischen Fassung der *Buddenbrooks*. Er war mit seinem Lob der

Übersetzerin Helen Lowe-Porter freizügiger, als es seine ziemlich begrenzte Kenntnis der Sprache rechtfertigte, zögerte aber mit der Erfüllung ihres Wunsches, sie als ausschließliche Übersetzerin zu verpflichten. Die amerikanischen Kritiken waren nicht alle positiv. Nunnally Johnson fand den Roman beinahe unerträglich lang und war verwundert darüber, daß er in Deutschland bereits fünfzigmal aufgelegt worden war, wenn doch schon sechs Exemplare eines solchen Bandes »eine seltene Geduld eines Volkes« bedeuten würden; Robert Lovett aber pries die Schönheit und Ausdruckskraft, deren Meister Thomas Mann sei; Ludwig Lewisohn (besser imstande, die »im allgemeinen genügende Übersetzung« zu beurteilen) hielt es für ein sehr großes Buch, »ein Kunstwerk ersten Ranges«.

Es überrascht nicht, daß die *Buddenbrooks* in Frankreich noch keinen Verleger gefunden hatten. Dort erschien nun als erste Mann-Übersetzung *Tonio Kröger* – »ein Meisterwerk«, schrieb ein Kritiker, »auch wenn es von einem Deutschen stammt«. Die französisch-deutsche Feindschaft war offensichtlich noch lebendig. Thomas Manns Neigungen hatten sich inzwischen, wie er sagte, »etwas verwestlicht – wenn auch nur deutschen Gleichgewichts halber«.[146] Er schickte sich an, für Anfang Mai eine Einladung nach Holland anzunehmen, der ein Besuch in England als Gast des neugegründeten PEN-Clubs folgen sollte, war aber immer noch unter keinen Umständen zu einer Reise durch Frankreich bereit. Familienprobleme schienen ihn im Augenblick weniger zu beschäftigen. Katia hatte sich, bevor sie ihn auf der Tour begleitete, im Februar einer sechswöchigen Kur in Davos unterzogen, die Kinder waren allein mit ihrem Vater, doch in guter Obhut, zu Hause geblieben; Michael, der bereits Anzeichen einer großen musikalischen Begabung erkennen ließ, bekam zu seinem fünften Geburtstag im April sein erstes Instrument. Klaus wurde wieder auf das Gut der Bernus bei Heidelberg abgeschoben; Erika war nach ihrem Abitur nun fest zu einer Bühnenlaufbahn entschlossen, der Vater ließ ihr den Willen, obwohl er Bedenken hatte, weil sie auf einem Start in Berlin bestand. Man wollte sie nach der Überfahrt von England nach Hamburg dort besuchen, und für Juli war außerdem ein Ferienaufenthalt mit der ganzen Familie auf Hiddensee geplant, der kleinen Ostseeinsel bei Rügen.

In Holland, besonders aber während seines ersten Besuchs in England, beschäftigte ihn das Thema Europa. In einer kurzen Rede vor dem Amsterdamer Literaturkreis am 3. Mai, anläßlich einer Versammlung »europäisch gesinnter Schriftsteller«, wies er beifällig auf die Bindungen der Stadt an ihre historisch-aristokratische Vergangenheit hin, aber auch auf ihre Bereitschaft, nicht im Rückblick zu verharren, sondern ihr Haupt in die »Freiheitssphäre des modernen, des lebensfreundlich-, lebenswillig-demokratischen Gedankens«, der für Europas moralische Genesung notwendig sei, zu erheben.[147] In London wurde er als Ehrengast des PEN-Clubs von John Galsworthy herzlich empfangen. Trotz des einsamen Protests eines einzigen Mitglieds gegen diese »prodeutsche« Veranstaltung, fühlte er sich als »Gegenstand nachdrücklichster Kundgebungen kulturellen Versöhnungswillens«.[148] Der Ehemann seiner in Amerika geborenen Übersetzerin, Avery Lowe, zeigte ihnen die Stadt und dann auch Oxford, wo Lowe als außerordentlicher Professor der Paläographie lehrte. In einem Brief an Helen Lowe-Porter nach seiner Rückkehr bezeichnete er Oxford als den Höhepunkt ihrer Reise: »Die Luft des englischen Humanismus zu atmen, eine besonders edle Spielart dieses, wenn Tolstoi recht hat, untergehenden Geistes, hatte etwas wirklich Bezauberndes für mich.«[149] Ihr erschien er in seiner peinlich korrekten Kleidung, dem dunklen Nadelstreifenanzug, wie ein Geschäftsmann, seine Haltung ziemlich trocken und steif, wenn auch freundlich. Er hatte sich offensichtlich gefreut, ihre Bekanntschaft zu machen, in dem Briefwechsel von 1925 mit Knopf, nachdem dieser Interesse am *Zauberberg* gezeigt hatte, äußerte er jedoch Zweifel an ihrer Eignung für die Übersetzung und empfahl George Scheffauer, dem seiner Meinung nach die Bauschan-Geschichte gut gelungen war; erst nach Knopfs Beharrlichkeit erreichte Lowe-Porter ihr Ziel, seine ständige Übersetzerin zu werden (nach Ansicht mancher Kritiker nicht immer erfolgreich in einer anerkanntermaßen schwierigen Aufgabe).

Vor dem Sommerurlaub im Juli faszinierte ihn die Einladung zu einem Rundfunkvortrag für den Sender Frankfurt, sein erster Versuch mit dem unpersönlichen Mikrophon – das sich für ihn als sehr geeignet erweisen sollte. Als die Familie in Kloster auf Hiddensee zusammentraf, wurde ihre Unterkunft im »Haus am Meer« zu einem »gewaltigen Familienlager«[150] für nicht weniger als neun Leute, da Klaus auch noch Pamela, die Tochter Frank Wedekinds, eingeladen hatte. Sie war in München seit langem mit Klaus und Erika befreundet und hatte sich bereits als Schauspielerin bewährt,

Klaus hatte ihr – anscheinend allen Ernstes – die Verlobung vorgeschlagen. Als die Presse das entdeckte, gab es natürlich Schlagzeilen, sein Vater tat die Sache als kindische Eskapade ab (sie waren beide noch nicht siebzehn), doch sie gaben den Gedanken erst nach einem guten Jahr auf, trotz des zunehmend öffentlich homosexuellen Lebens, das Klaus führte. Gerhart Hauptmann verbrachte mit seiner Frau den gewohnten Sommerurlaub im selben Haus, von den vielen gemeinsamen Abenden blieb Thomas noch lange die erste Lesung aus dem Manuskript des *Till Eulenspiegels* in Erinnerung. Mit einigem Widerstreben ließ er sich zu einem eigenen Beitrag aus dem *Zauberberg* überreden, kein Grund zum Zögern, hatte Hauptmann gesagt, »in meines Vaters Haus sind viele Wohnungen«.[151] Die erwachsenen Mitglieder der Familie Mann wurden zu einer Bowle in die Hauptmannschen Räume eingeladen, viele angesehene Gäste waren zugegen, deren fröhliche Trunkenheit Erika erstaunte – den Vater natürlich ausgenommen, der darüber nachdachte, wie er die Szene für seinen Roman verwenden konnte.

Die »primitiven und unverschämt teueren« Zustände[152] in Kloster und die riesige Menschenschar hielten ihn nicht von der Arbeit ab, die ja am Meer immer gedieh. Nach zwei Wochen verlegte er das Lager aber nach Bansin, weiter östlich an der Festlandküste, eine Entscheidung, die er angeblich der Kinder wegen traf, die aber vermutlich eher etwas mit seinem eigenen Bedürfnis nach größerer Bequemlichkeit zu tun hatte. Dort gefiel es allen, insbesondere ihm, so gut, daß er nach erneutem Umzug in das nahe gelegene Ahlbeck den Aufenthalt bis zum 25. August ausdehnte. »Absolut fertig wird der Zbg. auch bis dahin nicht!« schrieb er an Bertram.« Aber der Rest schrumpft doch mehr und mehr zusammen, denn nie arbeite ich reibungsloser und ergiebiger, als nach der Morgenandacht am Meer.«[153] Von den Forderungen des Tages gab es freilich keinen Urlaub. Zu einer Rede am 11. August, dem fünften Jahrestag der Weimarer Verfassung, in Stralsund mußte man ihn nicht lange überreden, und er zögerte auch nicht, auf die unnütze Frage der *Daily Tribune* in Chicago: »Welche Bücher anderer Schriftsteller hätten Sie am liebsten geschrieben?«, zu antworten – keine, sagte er, er hätte nur gern die eigenen besser geschrieben. Als sich die Gesellschaft auflöste, fuhr Erika nach Berlin zurück, wo sie trotz weiterer Sprechausbildung vom Max-Reinhardt-Ensemble für kleinere Rollen verpflichtet worden war. Bald konnte sie auch wichtigere Rollen übernehmen. Klaus hatte es endlich in die Hauptstadt geschafft, Heinrich hatte ihm beim *12-Uhr-Blatt* einen Posten als Theaterkritiker besorgt, von dem er sich den Absprung zu einer literarischen Laufbahn erhoffte. Im Vertrauen auf die elterliche Unterstützung war der Aufenthalt in Berlin für die beiden eher ein Abenteuer als der Beginn einer ernsthaften Karriere.

In den Wochen nach ihrer Rückkehr nach München Ende August, machte sich Thomas Mann mit Entschlossenheit an den Endspurt zum Roman. Die Duellszene zwischen Naphta und Settembrini war rasch abgeschlossen, nur das Schlußkapitel, die letzten Tage der sieben Jahre Hans Castorps auf dem Berg und seine Abreise zum Krieg, bereitete Probleme. »Das Köpfchen ist wie gelähmt«[154], schrieb er an Erika. Es war beinahe so, als scheute er sich, die letzten Seiten dieses »schrecklichen Untiers« von einem Buch[155] in die Hände des ungeduldig wartenden Setzers zu legen. Am 28. September waren sie aber fertig und wurden abgeschickt, seinen »Triumph des Eigensinns«[156] feierte er mit dem getreuen Bertram. Nachdem der größte Teil des Texts bereits gesetzt war, durfte man die Veröffentlichung der beiden Bände nun im November erwarten – mehr als zwölf Jahre nach Katias Aufenthalt in Davos und dem ursprünglichen Einfall. Fischer war ungeheuer erleichtert, als ihm das Manuskript endlich vorlag, die Vorbestellungen ermutigten ihn zu einer Erstauflage von zwanzigtausend.

Mann hatte einst von einem neuen Abschnitt in seinem Schaffen gesprochen, was durch den Roman und seine lange Entstehungszeit nun völlig gerechtfertigt wurde. Von der einfachen Erzählweise seiner frühen Novellen und der *Buddenbrooks* war er über die psychologische Studie des *Tod in Venedig* zu einem mehr kontemplativen Ansatz gelangt. *Der Zauberberg* stand noch in der Tradition des Bildungsromans, der die charakterliche Reifung des durchschnittlichen jungen Mannes Hans Castorp in der abgeschlossenen Welt des Sanatoriums zeigt, aber er bot darüber hinaus einen anschaulichen und vielschichtigen Kommentar über das sinnlose und introvertierte Leben dieser Welt und damit der gesamten Zivilisation der Vorkriegszeit – »der Schwanengesang«, wie er schrieb, »dieser Existenzform ... Vielleicht ist es etwas wie ein Gesetz, daß epische Schilderungen eine Lebensform abschließen, und daß sie nach ihnen verschwindet.«[157] Dialog und Personen behandelte er mit der Ironie, die sein Werk stets ausgezeichnet hatte, seine Liebe zu Einzelheiten war so ungezügelt wie eh und je und erreichte zuweilen proustsche Ausmaße. Die Nachkriegsjahre, in denen er den Roman, während sich seine eigenen politischen Ansichten änderten, endlich vollendet hatte, hatten das endgültige Ergebnis natürlich beeinflußt. Nun befürwortete er implizit eine humane, aufgeklärte Demokratie. In dieser Hinsicht bezeichnet der Roman in der Tat einen bedeutsamen Wendepunkt in seinem Werk, weshalb es ihn enttäuschte, daß ihm der Nobelpreis ausdrücklich für die *Buddenbrooks*, ohne jede Erwähnung der folgenden Werke, verliehen wurde.

Heutzutage könnten nur wenige Autoren, wie berühmt und marktgängig sie auch sein mögen, die Nachsicht ihres Verlegers für ein so ungewöhnlich langsames Schaffen erwarten. Fischer aber erkannte den bleibenden Wert des Werks von Thomas Mann sehr wohl und wußte auch, wieviel es ihm wert war. In den letzten Jahren hatte es ihn allerdings mehrere Male gestört, daß Sonderausgaben einzelner Werke, manchmal mit und manchmal ohne seine Genehmigung, bei anderen Verlegern erschienen waren (zuletzt nun ein *Tristan* bei Reclam); und im September, als ihn Mann (vielleicht auf Katias Drängen) um einen revidierten und verbesserten Vertrag bat, gab er sich besondere Mühe, ihm die Vorteile eines exklusiven Abkommens zwischen ihnen zu erläutern. Der neue Vertrag, den er anbot, war wirklich großzügig: für jedes neue Werk eine Prämie von 3000 Mark zusätzlich zum Honorar, beginnend mit dem *Zauberberg* und – für den er sie ausnahmsweise auf 5000 Mark erhöhte – dem versprochenen zweiten Essayband; zusätzlich zu den zehnbändigen *Gesammelten Werken* noch eine zweite Ausgabe im Jahr 1925, die nur geschlossen in einer Kassette verkauft werden würde, das Honorar sollte nach Erhalt des Essaybandes vereinbart werden; und zu einer monatlichen Honorarzahlung von 2000 Mark auch noch ein Vorschuß von dreißig Prozent auf die Gesamtsumme, beginnend mit dem *Zauberberg*; dazu laufend Vierteljahresabrechnungen. Nach einem sanften Wink, daß eine schnellere Produktion natürlich die Honoraraussichten verbessern würde, fügte er hinzu, daß auf den *Zauberberg* bereits 6000 Mark Vorauszahlung geleistet worden seien, so daß von einem Zinsverlust keine Rede sein könne. Fischer hoffte, der Vertrag bedeute einen Neuanfang: »Ich tue was ich tun kann.«[158]

Mann hatte allen Grund, mit dem Angebot zufrieden zu sein. Einer guten Aufnahme für das neue Werk, aus dem er bei einigen Lesungen im November Auszüge vortragen wollte, war er sich sicherer als sonst. Vorerst aber hatte er sich einen Urlaub verdient, im Oktober gönnte er sich ein paar Wochen im italienischen Sestri Levante, Katia mit den jüngsten Kindern und eine Zeitlang auch Bertram schlossen sich ihm an. Den Ort schien er spontan gewählt zu haben, obwohl ihm wohl kaum entgangen war, daß es sich wieder einmal um einen der Lieblingsaufenthalte Hauptmanns handelte, er beeilte sich jedenfalls, ihm eine Karte mit Grüßen zu schicken, offensichtlich bemüht, keine Gelegenheit vorübergehen zu lassen, sich seines Wohlwollens zu versichern, und gewiß auch, weil er sich Gedanken machte, wie Hauptmann die Peeperkorn-Episode aufnehmen würde. Daß er durch die Karikatur Unannehmlichkeiten bekäme, war ihm klargeworden, als ihm nach einer beifällig aufgenommenen Lesung eines Teils der Episode Anfang November in München ein Künstler, der Gast auf Hiddensee gewesen war, sagte, er habe ohne weiteres das Original erkannt. Es handelte sich dabei um den Text für die nun geplante Tour nach Stuttgart, Freiburg, Dresden und schließlich Berlin, und so befürchtete Mann, daß auch andere, vor allem in Berlin, wo Hauptmann viele Freunde hatte, auf die Ähnlichkeit hinweisen und die Pietätlosigkeit einer derart grotesk gezeichneten Gestalt kritisieren würden.

Vorerst hätte er sich allerdings keine Sorgen zu machen brauchen, die Säle waren halbvoll – bis er nach Berlin kam, wo der Empfang besser war, man ihn viele Male auf die Bühne rief, Peeperkorn in den ausgedehnten Presseberichten aber nicht erwähnt wurde. Die Anerkennung für seine »fabelhafte Technik«, seine künstlerische Handhabung der Ironie, wurde nur gedämpft durch Kritik an seiner prätentiösen Vortragsart und seiner bekannten Vorliebe für das Leitmotiv, die den Hörer ermüden konnte, wie auch an seiner gelegentlich kaum hörbaren Stimme. Der sozialistische *Vorwärts*, stets bereit, den Thomas Mann, dessen politische Haltung ihm nicht genehm war, zu bekritteln, verspottete die »Bildpostkarten« seines Zauberbergs. Hauptmann, der nicht zugegen war, das Werk auch noch nicht zur Gänze gelesen hatte, war mit seinem Lob Fischer gegenüber verschwenderisch: »Was ich nach den Proben, die Thomas Mann uns vorlas, vermutete«, schrieb er am 26. November, »bestätigt sich bis jetzt in höchstem Grade ... Ich bin überzeugt daß, wenn er sich fortsetzt wie bisher ... [der Roman] unter die wenigen Meisterwerke seiner Gattung zu rechnen ist.«[159] Im Januar war er dann freilich beim Schluß angelangt, und sein Zorn über Manns schamlose Sammlung persönlicher Einzelheiten, um »einen Sack voll frischer Lumpen und Flicken zu seiner Peeperkorn Puppe zur Hand zu haben«, wobei er »seine Annäherung an mich als Besitznahme eines Beobachtungspostens«[160] für Hans Castorp benützt hat, kannte keine Grenzen. Fischer (nach der ersten Lektüre ebenfalls beunruhigt) tat sein Bestes, um den Sturm zu beschwichtigen, mußte aber eine Flut von Beschwerden über sich ergehen lassen: »Man kann sich die Sache überlegen, wie man will, der Peeperkorn weist auf meine Persönlichkeit und involviert die Tatsache einer Herabwürdigung. Ich möchte sogar an Freudsche Komplexe glauben.« In einem Entwurf zu einem Brief, der vermutlich nie abgeschickt wurde, ging Hauptmann so weit zu behaupten, Mann habe ihm nie etwas bedeutet, »hat mich nie interessiert«.[161] Schließlich aber war er bereit, die Sache auf sich beruhen zu lassen, er trug sogar, zusammen mit Thomas Mann, dazu bei, einen öffentlichen Protest, den seine Freunde unternehmen wollten, zu verhindern. In den kommenden Jahren wurde eine angenehme, wenn auch nicht herzliche Beziehung wiederhergestellt.

Die ersten Kritiken gegen Ende 1925 zeigten Verehrung und Bewunderung für ein charakteristisches Werk Thomas Manns, enthielten aber auch einige abfällige Bemerkungen über dessen Länge. Für Felix Salten war sein etwas herablassendes Verhältnis zu seinen Geschöpfen trotzdem das eines »Souveräns«, die großen Dialoge ließen sich mit Fontane vergleichen. Die willkommensten Bemerkungen fanden sich in Briefen: von Annette Kolb, die sich noch weitere tausend Seiten wünschte – er habe noch nie eine solche Meisterschaft bewiesen, »welch ein Herz zeigen Sie!«[162]; von Jakob Wassermann, der – nach der Lektüre in einem Sanatoriumsbett in Davos, »sozusagen an der Quelle« – in dem Werk eine »höchst erstaunliche Geistesleistung«, »Krystallisation aller geistigen Ereignisse der letzten zwanzig Jahre«, eine völlig neue Form des Romans sah.[163]

Die schärfste Kritik kam nach der Jahreswende aus Amerika. Fünfundzwanzig Jahre lang, schrieb *Books Abroad*, habe Thomas Mann den Platz eines anerkannten Klassikers eingenommen, doch das habe ihn zweifellos verleitet, »ein jedes seiner Worte in eine orakelhafte Bedeutsamkeit zu hüllen und damit seine großartige Begabung bis zur Langeweile zu vergeistigen«, der Stil sei hervorragend, die Charaktergestaltung feinfühlig, doch seine Besessenheit von geistigen Dingen und seine »pedantische Beschreibung vielschichtiger Empfindungen wecken Zweifel an seiner schöpferischen Kunst. Man seufzt angesichts der Seiten, die noch vor einem liegen …«[164] Das Londoner *Times Literary Supplement* schrieb, der Roman werde »zumindest außerhalb Deutschlands« kaum sehr beliebt werden, hielt ihn aber doch für ein Dokument, das für Studenten mitteleuropäischen Lebens und Denkens von beträchtlicher Bedeutung sein würde.[165] Edwin Muir hingegen verglich ihn in *Nation & Athenaeum* vorteilhaft mit Proust und Joyce, er fand das Buch von erstaunlicher Fülle, die schwierigsten Stellen und Kapitel seien die faszinierendsten.[166]

Der Erfolg in Deutschland war unbestritten, bis Weihnachten hatte Fischer trotz des verhältnismäßig hohen Preises weitere zehntausend Exemplare gedruckt. Prompt erschien auch eine ungarische Übersetzung, bald darauf Fassungen in Holländisch und Schwedisch. Mittlerweile setzte eine Vortragsreise durch Dänemark, als Gast des deutschen Gesandten in Kopenhagen, den Triumphzug des Schriftstellers fort. Er sei »jetzt auf der Höhe seines Ruhms angelangt«, schrieb Hedwig Pringsheim an ihre Freundin Dagny Björnson, »seine Stellung nicht nur in der Literatur, sondern auch in der Welt ist glänzend, und Katia sonnt sich in diesem Glanz … eben ein Automobil und … Garage an ihrem Haus …«.[167] Im Herbst war er von einem Artikel in *The Dial* amüsiert und wohl auch geschmeichelt, in dem Yeats einen Reuterbericht vom vergangenen November erwähnte, demzufolge der Nobelpreis wahrscheinlich an ihn oder an »Herrn Mann, den berühmten Romanschriftsteller« gehen würde, Mann, so gab er zu, sei »in jeder Hinsicht« der würdigere.[168] Es war nicht die erste Spekulation dieser Art, die nächsten Jahre sollten noch weitere bringen.

IV
Forderungen des Tages
1925–1932

»Er ist Beamter, Kunstbeamter von einer Genauigkeit, Sorgfalt, Pedanterie, wie sie sich als beste preußische Staatstradition ... noch lange erhalten hat.«

Ferdinand Lion[1]

Thomas Mann mit seinem Grammophon

1

»Zu großes Selbstbewußtsein war sein Fehler. Er konnte Großes leisten ... konnte alles der Pflicht opfern ... doch er konnte es nicht unterlassen, sich selbst zur Größe seiner Leistungen zu gratulieren.«

Anthony Trollope

Als sich der lange Weg zum *Zauberberg* seinem Ende näherte, hatte Thomas Mann erklärt, er werde so bald keine kompositorische Anstrengung dieser Art mehr unternehmen, er wolle sich nun wieder der Novelle zuwenden.[2] Diese beiläufige Bemerkung war typisch – alle seine größeren Werke wurden anfangs als Kurzgeschichten konzipiert, die später dann ihre eigene Dynamik entwickelten. Eine Novelle beschäftigte ihn jedenfalls bald, angeregt durch das Verhalten der jungen Leute, insbesondere seiner eigenen Kinder, während der wilden Tage der Inflation in Deutschland. Im Januar lag für eine Lesung in Marburg schon ein Teil der Novelle vor, die dann rechtzeitig für die Ausgabe der *Rundschau* im Juni 1925 unter dem Titel *Unordnung und frühes Leid* fertig wurde. Er hegte aber bereits auch »schattenhafte Pläne« für ein gewichtigeres Werk, die er noch nicht preisgeben wollte: die Neuerzählung der biblischen Geschichte Josephs und seiner Brüder, jener »reizenden Mythe«, von der Goethe gesagt hatte, sie sei zu kurz und verlange geradezu nach Erweiterung. Im Januar hatte er Überlegungen angestellt, wie er eine Reise nach Ägypten, »mein mystisch-humoristisches Aquarium«[3], finanzieren könne. Der *Zauberberg* hatte beinahe die fünfzigtausend erreicht, die Kosten waren also kein Problem, da sich seine Tantiemen erfreulich vermehrten, doch es war eine glückliche Fügung, daß ihn die Stinnes-Linie zu einer Mittelmeerkreuzfahrt einlud, auf der auch Ägypten besucht werden sollte.

Vorerst war jedoch noch der zweite Essayband fertigzustellen. Die Reden *Goethe und Tolstoi* und *Von deutscher Republik* standen im Mittelpunkt, er gab sich einige Mühe, die erstere im Einklang mit seiner veränderten politischen Haltung umzuarbeiten, um den Appell für einen europäischen Humanismus als notwendiges Gegengewicht zu dem auf beängstigende Weise zunehmenden Rechtsextremismus, zu stärken. Besprechungen des *Zauberberg*, die immer noch kontrovers waren, beschäftigten ihn weiterhin, auch wenn der

Verkauf davon nicht betroffen war. Am schwersten trafen ihn Vorwürfe wegen eines Mangels an Komposition, nachdem er all die Jahre dagesessen »wie ein orientalischer Teppichmacher und geknüpft«[4] hatte. Die übermäßige Länge wurde besonders kritisiert. Arthur Schnitzler sagte aber ebenso wie Annette Kolb, er hätte mit Freuden mehr, sogar vier Bände, in diesem Stil gelesen. Die *New York Times* bewunderte im Januar die schöpferische Entfaltung einer solchen Bildungsfülle, merkte peinlicherweise aber an, daß Manns »plastisches Darstellungsvermögen, die … Freude an den kräftigen Gestalten vitaler Menschen, von einer sehr starken Geistigkeit aufgesogen worden sei«, und entdeckte eine gewisse Gefühlskälte in seiner Schreibweise.[5] (Die kühle Aufnahme in Amerika schreckte Knopf freilich nicht von den Plänen zu einer Übersetzung ab, für die er, trotz der Bedenken Manns, wieder Helen Lowe-Porter verpflichtete.) In medizinischen Kreisen setzte eine langwierige, lebhafte Debatte ein, in der Ärzte wie Patienten über die ironische Behandlung des Sanatoriums und seiner Belegschaft manches zu sagen hatten. Niemand konnte freilich seine medizinischen Fakten oder theoretischen Ausführungen in Frage stellen, und einer der Hauptkritiker räumte später sogar ein, seine Einwände seien angesichts der großartigen Leistung des Romans bloße Nörgelei.

Das Fundament des neuen europäischen Humanismus, für den Mann plädierte, mußte eine Besserung der französisch-deutschen Beziehungen sein, das erkannte er bei seiner Umarbeitung des Essays *Goethe und Tolstoi*. Vor Antritt der Rundreise im März führte er etwas davon in einem Text über das Thema »Deutschland und Demokratie« für die Pariser Zeitschrift *L'Esprit Nouvelle* aus, der unter dem Titel *L'Esprit de l'Allemagne et son avenir entre la mystique slave et la latinité occidentale* erschien. Er betonte die Gefahr, die Poincarés aggressiver Chauvinismus für die Entwicklung Deutschlands zur Demokratie bedeutete, da er die ähnliche Bewegung in Deutschland nur fördern könne. Der vorjährige Dawes-Plan mit seiner Reduzierung der Reparationsverpflichtungen, wie nun auch die Vorbereitungen Außenminister Stresemanns für den Vertrag von Locarno als eine internationale Garantie für den Status quo im Westen, schlügen den rechten Weg ein. Thomas Mann selbst – eingestandenermaßen nicht willens, in die Tagespolitik einzugreifen – war später bereit, zu einer Annäherung mit Frankreich einen kleinen Beitrag zu leisten, indem er für Anfang 1926 eine Einladung nach Paris annahm. Deutlicher als andere aber sah er die Gefahr für die Demokratie in der Kandidatur Hindenburgs für das Amt des Reichspräsidenten nach Eberts Tod im Februar; er intervenierte mit einem weit publizierten, doch vergeblichen Appell vor der Wahl, die der alte Feldmarschall mit einer geringen Mehrheit gewann.

Die Kreuzfahrt, die Thomas Mann am 3. März im vertrauten Venedig begann, entsprach seiner Liebe zum guten Leben (Katia war anscheinend nicht eingeladen). An Bord des 6500-Tonnen Stinnes-Dampfers *General San Martin*, wo man ihm die Kabine des Schiffsarztes reserviert hatte, fand er jeglichen Komfort, genoß sein Bad in heißem Seewasser, das vorzügliche Essen, vor allem aber das formelle Umkleiden zum Dinner. Unterwegs entstand der unvermeidliche Artikel über die Reise; sein Lob war gedämpft, da er »die soziale Provokation« fürchtete, die der etwaige Eindruck einer Orgie von Nachkriegskapitalisten hervorrufen mochte. Da sei etwas dran, gab er zu, doch andererseits war hier ein deutsches Schiff, das die Flagge in fremde Häfen führte, mit einer inmitten der »exotischen Bizarrerien« gesunden Atmosphäre von Hamburger Nüchternheit und Sauberkeit, und er unterließ es nicht, Stinnes' Unternehmen zu preisen. Auf dieser seltsamsten Inspektionsreise, die er je unternommen hatte, richtete sich all seine Aufmerksamkeit auf Ägypten: von Port Said hinunter nach Kairo, mit all seinen Fliegen und lästigen Andenkenverkäufern; das Museum mit einigen der Schätze Tutenchamuns; die Pyramiden von Gizeh; dann die Schlafwagenreise nach Luxor und in das Tal der Könige in Karnak, wo die Mumie von Amenophis IV., jahrhundertelang verborgen, in »beschämender Indiskretion dem öffentlichen Blick ausgesetzt war«. »Das Morgenland ist doch mein geworden«[6], schrieb er – wie tief er eingedrungen war, kam später, viel später in seiner Fassung der Josephs-Legende zum Ausdruck. Nach Konstantinopel und Athen, als das Wetter im Gegensatz zu Ägypten immer kälter wurde, war ihm die Reise allmählich beschwerlich, er setzte sie nicht nach Spanien und Genua fort, sondern verließ das Schiff in Neapel, um heimzukehren.

Als sein fünfzigster Geburtstag näherrückte, ruhte er sich auf den bereits errungenen Lorbeeren aus; für Vorträge brauchte er nun nur noch vorhandenes Material aufzufrischen; der Plan zu einem *Joseph* als nächstes großes Werk war noch unentwickelt. Die Erzählung *Unordnung und frühes Leid* wurde im Mai mühelos abgeschlossen.

Sie ist eine Szene unmittelbar aus dem Leben: er als der akademische Vater, der mit wohlwollendem Erstaunen seinen beiden älteren Kindern, deutlich als Erika und Klaus erkennbar, zusieht, die für eine etwas unbürgerliche Party mit ihren Freunden das Haus übernehmen. Die beiden mittleren Kinder, Golo und Monika, treten, vielleicht bezeichnenderweise, nicht auf, Elisabeth und Michael aber sind in den beiden Kleinen Ellie und Beißer nicht zu verkennen; Michael ist als genaues Abbild seiner drolligen Erscheinung und seiner Wutausbrüche, sein Liebling Elisabeth aber mit einer rührenden Zärtlichkeit geschildert, wie man sie bei Thomas Mann selten antrifft: als er sie ihn seinen Armen hält, denkt er an die Geburt dieses »kleinen Wunders«, »es war Liebe auf den ersten Blick und für immer«, eine »nicht ganz tendenzlose, nicht ganz einwandfreie Liebe«. Die ganze Episode, mit der Privatsprache der jungen Leute, der ungewöhnlichen Aufmachung, bei der die Geschlechter nicht zu unterscheiden sind, der modischen Tanzerei, wird in dem sanft humorvollen ironischen Ton des *Zauberbergs*, doch ohne dessen philosophische Einkleidung erzählt. Als Michael in späteren Jahren die Geschichte las, war er nicht sehr angetan, und auch Klaus, dessen Bemerkungen nicht erhalten sind, wird sich über den »väterlichen Neid« auf einen solideren und aussichtsreicheren jungen Mann unter den Gästen kaum gefreut haben.[7] In gewissem Sinn war das bereits Geschichte, da sich Erika und Klaus nun auf der Bühne und in der Literatur zu bewähren begannen.

Klaus, rastlos, ging im März auf Tour nach London und Paris; er hatte ein Drama, *Anja und Esther*, geschrieben, das er selbst inszenieren wollte; bei seiner Rückkehr fand er seinen Novellenband *Vor dem Leben* bereits im Druck. In ihm folgte er dem in der Familie beliebten Pfad kaum verhüllter Autobiographie. Sein Vater hielt es sogar für notwendig, sich bei Geheeb für die darin enthaltene »skurrile« Karikatur des Schuldirektors zu entschuldigen und um Nachsicht für die Artistennaivität dieses »sichtlich so unreifen Anfängers« zu bitten, der die Wirklichkeit zugunsten der Groteske aufgegeben habe.[8] An Erika in Berlin schrieb er, die Geschichten seien bemerkenswert, verrieten aber einen tiefgehenden Vaterkomplex. Er hatte sich inzwischen auch bemüht, seine vergleichbare, wenn auch subtilere, Kränkung Hauptmanns durch seinen Peeperkorn wettzumachen; als Hauptmann Anfang Mai zur Generalprobe seines Festspiels für die Einweihung des Deutschen Museums nach München kam, bestand er darauf, ihn in seinem neuen Wagen zu chauffieren – »wir haben uns viel die Hände gedrückt, und alles ist wieder in der Reihe«, schrieb er an Erika.[9]

Kurz darauf besuchte er Italien und nahm als Vertreter Deutschlands an einer Internationalen Kulturwoche in Florenz teil, zu der er seinen *Goethe und Tolstoi* beisteuerte. In einem Interview rückte er die Mannsche Familiensolidarität in den Vordergrund: eine »Dynastie« von Schriftstellern, er selbst, Heinrich, und nun sein eigener achtzehnjähriger Sohn, der den »farbigen, leidenschaftlichen, eindringlichen Stil«[10] entwickelte, mit dem sich die jüngere Generation hervorzutun suchte. Ein Ausschnitt aus *Goethe und Tolstoi* diente auch für eine Lesung am 2. Juni im Wiener PEN-Club, bei einer kurzen Rede zum Festessen ging es ihm dann um Österreich, das wie sein Held Hans Castorp »ein Sorgenkind des Lebens« sei. Einem Interviewer, der ihn neben Hauptmann und Heinrich Mann als den großen Repräsentanten des zeitgenössischen Deutschland bezeichnete, gelang es, ihm einige politische Äußerungen zu entlocken: seine Hoffnung, Hindenburgs Wahl zum Reichspräsidenten werde trotz der zu befürchtenden Spannungen einen gewissen Ausgleich bringen, und sein Beharren auf der Notwendigkeit vereinter Staaten von Europa, »höchstwahrscheinlich in einer föderalistischen Form«.[11] Eine hervorragende Aufführung von *Fiorenza* in der Concordia rundete den viertägigen Besuch ab.

Der fünfzigste Geburtstag am 6. Juni war ein Anlaß, den nur wenige seiner Kollegen versäumen wollten, zahlreiche und überschwengliche Anerkennungen wurden veröffentlicht. Sogar der Londoner *Observer* nahm Notiz von diesem literarischen Leben »so reich an Denken und so gering an Produktion«, in dem er »Deutschland für die Deutschen wiederentdeckt«[12] hatte. Bei einer Feier im Alten Rathaus in München hielt er, nach einer langweiligen, doch überraschend kritischen Einführung durch Professor Franz Muncker und einigen banalen Worten des Bürgermeisters, eine kurze Ansprache, in der er mit gebührender Bescheidenheit von seinem »fragmentarischen, unzulänglichen, schlackenvollen Werk« sprach und von seiner mühsam erworbenen Überzeugung, daß er seinem Volk und seiner Nation etwas sein könne, und seinem Wunsch, daß die Nachwelt von seinem Werk sagen möge, »daß es lebensfreundlich ist, obwohl es vom Tode weiß«.[13] (Thomas Mann scheine vor dem Ruhm eine gewisse Angst zu haben, kommentierte das *Hamburger Fremdenblatt*: er denke mehr an das »Kreuziget ihn« als an das »Hosianna!«) Von der Reise nach Wien ermüdet, war er bei diesem Anlaß nicht in bester Form; Heinrich rettete die Situation durch Worte, in denen er an die Geburtstage ihrer Kindheit erinnerte, was Thomas sehr bewegte. Am nächsten Nachmittag las er aus dem *Felix Krull*, es folgten Musik von Mozart und ein Chor, Blumenmädchen umringten ihn, und er mußte einem silbernen Lorbeerkranz ausweichen, den man ihm aufsetzen wollte.

Seine Bescheidenheit war wohl etwas vorgetäuscht; an der Befriedigung, die ihm die Flut mündlicher und schriftlicher Glückwünsche von Hofmannsthal, Wassermann, Pfitzner und vielen anderen bereitete, ist nicht zu zweifeln, er brauchte eine Woche, um sorgfältige Dankschreiben abzufassen (die so zahlreich waren, daß er für die weniger wichtigen zum erstenmal eine gedruckte Karte benutzte). Hauptmann zollte seinem Aufstieg von den *Buddenbrooks* zum *Zauberberg* übertriebenes Lob: »Thomas Mann ist ein Dichter. Die scheinbare Trockenheit seiner prosaischen Formgebung verbirgt diesen Umstand nicht.«[14] Andere betonten dagegen seinen repräsentativen Charakter, den »Genius der Verantwortlichkeit« (Stefan Zweig), den goethegleichen Schriftsteller mit den Eigenschaften des Tribunen (Josef Ponten).[15] Ludwig Lewisohn, der ihn in Wien getroffen hatte, zeichnete später für die New Yorker *Nation* ein durchaus schmeichelhaftes Bild seiner zuvorkommenden, maßvollen, ruhigen und keineswegs herablassenden Art, »Lob weder heischend noch ablehnend, auch der Verehrung von Toren gegenüber nicht unfreundlich«; jemand, den man ohne weiteres für einen Geschäftsmann halten konnte.[16] Fischer, dessen gute Wünsche in Form eines silbernen Zigarettenetuis eintrafen, hatte auch noch bei Max Liebermann ein Porträt von ihm bestellt, ein Kompliment, das seine Wirkung nicht verfehlte, er schlug dem Maler sogleich für Anfang Oktober auf dem Weg zu einer weiteren Geburtstagsfeier in Lübeck eine erste Sitzung in Berlin vor. Wieder einmal war auch die Rede vom Nobelpreis, diesmal in den Stockholmer *Dagens Nyheter.*

Bei alledem begann er eine gewisse Unzufriedenheit über »das solemne Mißverständnis, den Schwindel des Ruhms, die Seichtheit derer, die ihn uns bereiten« zu fühlen.[17] Er war nun geneigt, sich den Forderungen der Welt zu entziehen und nach der ständigen Unruhe dieser letzten Jahre an echte Arbeit zu machen. Neben der Joseph-Geschichte schwebten ihm andere historische Novellen vor, über

Luther und Erasmus etwa, oder Philipp II. von Spanien, »Kostümstücke«, wie er sie nannte; der *Krull* wartete ja auch noch auf seinen Abschluß. Es lag aber etwas Wahres in seinem unbekümmerten Geständnis, daß er nicht genug Disziplin hatte, zuviel rauchte und »dem Leben nicht Nein sagen«[18] konnte – zumindest in letzterer Hinsicht, da er die folgenden Monate seine journalistischen Bemühungen, ohne Rücksicht darauf, mit welchen Gründen auch immer Katia telefonische Anfrager abwimmelte, ebensowenig einschränkte wie das Reisen, dessen er doch angeblich müde war.

Im Juli und August verbrachte er einige Zeit mit einem Beitrag zu Keyserlings Buch über die Ehe: *Die Ehe im Übergang*, ein Essay in Briefform, der Probleme der Nachkriegswelt berührte, wie freie Liebe, leichtere Scheidung, Frauenemanzipation, die zunehmende äußerliche Angleichung der Geschlechter und die Homoerotik. Seine eigenen Erfahrungen in Leben und Werk ließ er auf subtilere Weise einfließen als in dem Brief, den er 1920 über den *Tod in Venedig* geschrieben hatte. Shaw hatte einen Beitrag abgelehnt (»kein Mann darf es wagen, über die Ehe die Wahrheit zu sagen, solange seine Frau lebt!«[19]); Katia war durch die philosophischen Auslassungen ihres Mannes wohl kaum überrascht oder beunruhigt. Im August fuhren sie auf eine Woche zu den Salzburger Festspielen, nunmehr mit dem Auto statt der Eisenbahn, mit einem flotten und tüchtigen neuen Chauffeur. Bei dieser Gelegenheit besuchten sie Wassermann in Alt-Aussee. Es gab Aufführungen von Donizettis *Don Pasquale* unter der Leitung Bruno Walters sowie von Vollmoellers *Mirakel* und Hofmannsthals *Das Salzburger große Welttheater* (deren barocke Allegorie sei bloß Humbug für die Angelsachsen[20]).

Bei seiner Rückkehr erwarteten ihn die Fahnen des Essaybandes. Er schrieb ein unbeschwertes Stück über Kosmopolitismus: Da er nur in der eigenen Sprache zu Hause sei, seien seine glücklichsten und fruchtbarsten Erfahrungen mit diesem Geist »intern deutsche«, mit dem Europäertum Goethes, Schopenhauers, Nietzsches und Wagners gewesen, so daß ein französischer Kritiker sein Denken als das eines »europäischen Moralisten« bezeichnete.[21] Einige Wochen Urlaub mit Katia und den jüngsten Kindern auf Ischia folgten: Hitze und Sand beinahe afrikanisch, herrliche Weintrauben und Feigen – von den Fliegen, die den Schlaf störten, abgesehen, eine durch und durch erfrischende Unterbrechung. Im Oktober ging es nach Lübeck, wo man zu seinem Geburtstag *Fiorenza* aufführte, dann nach Berlin, wo er zweimal aus *Unordnung* las und wie verabredet für Liebermann saß. Unmittelbar darauf fand in München die Erstaufführung von Klaus' *Anja und Esther* statt; für den Januar waren auf seinem Weg nach Paris Lesungen in vier Städten angesetzt. Wann er bei all diesen Ablenkungen Zeit für die Vorbereitung des *Joseph* finden sollte, wußte er nicht.

Für den literarischen Geschäftsmann waren so viele gleichzeitige Verpflichtungen zwar nichts Neues – so zögernd er auch die unentwegten Einladungen annahm, die ihm seine Stellung brachte –, daß er sie einordnen konnte und dabei nicht die Sicht auf langzeitige Vorhaben verlor, ist aber um so bemerkenswerter. Seine Unfähigkeit, nein zu sagen, seine Toleranz gegenüber der Verehrung von Toren, die Lewisohn bemerkt hatte, hatte auch seine Bekanntschaft mit Scharen jüngerer Bewunderer vergrößert, die häufig wie Kletten an ihm hingen und bei ihm Hilfe und Rat suchten. Seine allzu freundlichen Briefe waren nicht dazu angetan, sie in Schach oder seinem Haus fernzuhalten. Ida Herz zum Beispiel, eine unverheiratete Buchhandlungsgehilfin, die er in Nürnberg getroffen hatte und die ihre Verehrung 1925 durch eine Einladung zum Tee belohnt fand, war nicht gekränkt, wenn sie sich als Zielscheibe seines oft sarkastischen Spotts fand; sie wollte unbedingt seine Sekretärin werden, mußte sich jedoch damit zufriedengeben, im Juli seine Bibliothek zu katalogisieren, was bis September dauerte; später verhalf er ihr zu einem Posten als Archivarin bei Fischer in Berlin. In Zukunft war er dankbar für ihre Hilfe, wann immer er Bücher, besonderes Schreibpapier und dergleichen brauchte, auch für das Thomas-Mann-Archiv, das sie unter Einbeziehung einer sorgfältigen Sammlung von Presseausschnitten zusammenstellte. Trotz Katias Sympathie für sie lehnte er jede unmittelbare finanzielle Hilfe ab und verstand es, die Besuche und Hilfen dieser »hysterischen alten Jungfer«[22] in Schranken zu halten. »Die Herz« wurde zu einer Art Familienwitz; Jahre später konnte er der Versuchung nicht widerstehen, sie mit starker Ironie als Vorbild für eine Gestalt im *Doktor Faustus* zu verwenden: sie war nachsichtig genug, sich geschmeichelt zu fühlen. Seine ätzenden Bemerkungen, in den postum veröffentlichten Tagebüchern von 1933 und später zu lesen, mußten für sie, die sich für eine willkommene Anhängerin hielt, jedoch eine schwere Kränkung gewesen sein.

Weniger einfach war es, sich dem Schriftsteller Josef Ponten zu widersetzen, dessen ersten langen Roman im Jahr 1918 er unvorsichtigerweise zu überschwenglich gelobt hatte und der zu einem häufigen Korrespondenten geworden war. Ponten, der 1920 nach München übersiedelte, hatte sich mit Einladungen in seine Schwabinger Wohnung, die selbstverständlich erwidert wurden, so lange aufgedrängt, bis er zu einem Stammgast in der Poschingerstraße wurde. Er las mit Begeisterung laut aus seinen Manuskripten, was Mann, der lieber die eigenen vorlas, nicht gefiel. Nun war dessen »fast krankhaft zu nennende Fixierung« auf ihn zu einer Last geworden; ein scharfer Tadel im April – »es muß ein Ende haben ... mit diesem sich mit mir Vergleichen und sich an mir Messen«[23] – hatte nicht gewirkt. Ponten gelang es (über Katia eher als über Thomas), bei der Feier des fünfzigsten Geburtstags in München zu sprechen. Gegenseitige Besuche fanden dann allerdings weniger häufig statt, doch der Briefwechsel ließ kaum nach, in dem Manns höfliche Sorgfalt nur selten versagte, ganz gleich, was er von seinem Korrespondenten hielt (er »sagte«, wie der irische Fahrer in Shaws *John Bulls andere Insel*, »gewöhnlich, was ihm am wenigsten Mühe machte und für den anderen am angenehmsten klang«).

Für die Erstaufführung seines Stückes *Anja und Esther* am 20. Oktober in den Münchner Kammerspielen hatte Klaus die begeisterte Unterstützung des Schauspielers Gustaf Gründgens, der sowohl Erika wie Pamela Wedekind für die Hauptrollen gewann und darauf bestand, daß er selbst und Klaus ebenfalls Rollen übernahmen. (Bei der späteren Aufführung in Hamburg führte er dann Regie.) Die prominente, um nicht zu sagen berüchtigte, Besetzung, sicherte, auch angesichts des lesbischen Themas (Erikas damalige Leidenschaft für Pamela), einen Skandalerfolg bei einem im allgemeinen nicht ablehnenden Publikum für das »lächerliche Sexualstückchen«, wie Klaus es nannte, als er Pamela den Text zum erstenmal schickte.[24] Das Stück entging aber nicht der Fuchtel der Kritiker, von denen sich viele abschätzig über die dynastische Nachfolge äußerten; der Vater, der die zweite Münchner Aufführung sah und trotz zahlreicher Einwände bereit war, dem Drama einen »gewissen jugendlich-überjugendlichen Charme« zuzugestehen, wurde auch zum Ziel öffentlicher Angriffe und anonymer Briefe. Als Stück eines Anfängers, schrieb er Erika an ihrem Geburtstag, sei es keineswegs so schlecht, wie es viele Leute zu finden schienen, und er freue sich, daß ihre eigenen Aussichten als Schauspielerin lobend erwähnt worden seien.[25] Im Dezember zeigte eine Karikatur im *Simplicissi-*

mus einen jungen Klaus, der über die Schultern seines Vaters schaute, mit den Worten: »Du weißt doch Papa, Genies haben niemals geniale Söhne, also bist Du kein Genie.« Nach der Aufführung von *Anja und Esther* im folgenden März in Wien nahm sich Papa die Mühe, öffentlich dem »Märchen« zu widersprechen, er finde das Werk seines Sohns »sittenlos«. Er sei kein Stiftsfräulein, die Zukunft des talentierten Neunzehnjährigen sei eine »Charakter- und Schicksalsfrage«.[26] Eine Faschingszeitung brachte unterdessen die Anzeige: »Eine gut erhaltene konservative Weltanschauung, sehr preiswert abzugeben bei Thomas Mann ... auch eine wenig benutzte väterliche Zuchtrute zu verkaufen. Eventuell wird eine prima Jakobinermütze mit verstellbarer Kokarde in Tausch genommen ...«[27]

In dem »Sumpf«, der München nun war, schien man die Arbeit junger Leute nach ihrer Bereitschaft zu einem neuen Vergeltungskrieg zu beurteilen. Als er sich im Januar 1926 auf die Reise vorbereitete, die ihn nach Paris führen sollte, war er sich voll bewußt, daß die führende Zeitung, die *Münchner Neuesten Nachrichten*, sich »eher die Zunge« abbeißen würde, als einen deutschen Vortrag im feindlichen Lager anzukündigen.[28] Sein Auftritt in Paris fand auf Einladung der Carnegie Foundation for International Peace statt (privat behauptete er, erst nach einigem Widerstand und unter einem gewissen politischen und nationalen Druck zugesagt zu haben[29], doch die Ehre war ihm zweifelsohne willkommen). Zufällig kam er mit Katia am 20. Januar kurz nach Einstein und dem Kritiker Alfred Kerr, seinem alten Feind, an, der sich immer noch dort aufhielt. Die Reaktionen gegen einen deutschen Sprecher am Boulevard St. Germain waren schärfer als bei der Veranstaltung im Londoner PEN-Club. Bei Kerrs Vortrag am vorherigen Tag hatte es Unruhen gegeben, und die Veranstalter hatten es darum für klug gehalten, Manns Auftritt in einen kleineren Raum zu verlegen, das Publikum auf höchstens einhundertfünfzig zu beschränken und die Anwesenheit der Presse zu begrenzen. Die Rede, in der er sich als einen typischen Deutschen hinstellte, die Notwendigkeit einer französisch-deutschen Verständigung und gegenseitiger Sympathie für Europa unterstrich und die Antithese »Kultur – Zivilisation« aus den *Betrachtungen* subtil korrigierte, erhielt von dem ausgewählten Publikum, dem der deutsche Botschafter, Deutsch-Professoren von der Sorbonne und aus Straßburg und der Literaturhistoriker Charles Du Bos angehörten, warmen Beifall. Die Szenen, die es bei der strengen Eintrittskontrolle gegeben hatte, führten am folgenden Tag erwartungsgemäß zu feindlichen Reaktionen in den Schlagzeilen – »Thomas Mann spricht hinter verschlossenen Türen«, »Brüskierung der rechtsgerichteten deutschen Presse«, »Journalisten den Zugang verwehrt«; im *Matin* und dem *Journal des Débats* gab es aber Lob – man war erleichtert, daß er nicht für eine Revision des Versailler Vertrags plädiert hatte.

Der Umgang mit der Presse war nicht sehr geschickt gewesen, das gedrängte Programm ließ ihm auch keine Zeit, in Interviews die Dinge zu berichtigen, da unmittelbar ein offizielles Abendessen in der Botschaft folgte. Unter den Gästen waren die Minister Daladier und Painlevé, der Generalsekretär für auswärtige Angelegenheiten, der österreichische Botschafter, Benjamin Crémieux vom »Cercle Littéraire International« – und Kerr; anschließend wurde eine große Zahl repräsentativer Persönlichkeiten zum Kaffee empfangen. Tags darauf erwartete man einige unvorbereitete Worte (was nie seine Stärke war) bei einer Versammlung der »Union pour la vérité«, später besuchte er ein Treffen von Du Bos' »Union Intellectuelle Française«. Bei jedem dieser Anlässe wie bei den vielen Diskussionen – mit Edmund Jaloux, Félix Bertaux, Fabre-Luce, Jules Romains, François Mauriac und einer Schar anderer Persönlichkeiten –, bevor sie am 28. den Orientexpreß nach München bestiegen, überraschten ihn der gute Wille der Franzosen, ihr Verständnis für seine Entwicklung seit den *Betrachtungen* und die allgemeine Begeisterung für die Wiederannäherung.

Daß dem beiderseits des Rheins im allgemeinen nicht so war, wurde bald nach seiner Rückkehr und in den folgenden Jahren deutlich. Hanns Johst, ein berüchtigter Reaktionär, nannte ihn verächtlich »Kerrs jungen Mann« und behauptete, daß beide sich blamiert hätten; die Pariser *Annales* räumten zwar den Mut seines Besuchs nach all den Beleidigungen Frankreichs in den *Betrachtungen* ein, schürten aber das alte Feuer mit der Frage, ob man Thomas Mann – »obwohl ein Jude (!) der deutscheste Deutsche« – nicht mit seinem Bruder, dem Autor des Zola-Essays, verwechselt habe. Angesichts des unglücklichen Umgangs mit der Presse hatte er sich bereits entschlossen, die Sache durch eine genaue Darstellung der Reise richtigzustellen, die im Mai in der *Rundschau* und später dann auch als kleines Buch erschien; Johsts Artikel schien jedoch nach einer eigenen Antwort zu verlangen. In ihr bestand er öffentlich auf der Wichtigkeit der französisch-deutschen Verständigung, zu Recht, wie sich bald durch die immer gewalttätigere Kampagne der Rechten und Nazis gegen den Mann erweisen sollte, der vor Paris »kotaut« habe.[30] Im April begann er an Ernst Bertrams Verhalten zu bemerken, wie ein »professorialer Chauvinismus« die Oberhand gewann.[31] In seiner *Pariser Rechenschaft*, in der er das, was er gesehen und gehört hatte, ins beste Licht rückte, gibt es eine Stelle, die merkwürdigerweise der Aufmerksamkeit entgangen ist. In einer Diskussion mit Painlevé über die Demokratie, so schrieb er, habe »ich gesagt: was jeder denkt, sie sei in gewissem Sinne ja heute eher ein Hindernis ... ›Was heute für Europa not täte, wäre eine aufgeklärte Diktatur.‹«[32] An diese Bemerkung wird er sich kaum gern erinnert haben, als in den letzten Tagen der Weimarer Republik die gegenseitigen Stellungen klarwurden.

Er und Katia kamen beide mit Grippe zurück, er gesundete rasch, doch Katia litt weiter an einer Lungenaffektion, für die die Ärzte dann, wie gewöhnlich, Bergluft empfahlen. Davos kam nach der Aufregung, die der *Zauberberg* verursacht hatte, kaum in Frage, man entschloß sich daher zu einem Aufenthalt im Mai in Arosa. Dort besserte sich ihr Zustand nur langsam; ihm erschienen die Dunkelheit der unaufhörlichen Schneestürme, die hustenden und Grammophon spielenden Nachbarn eine unnötige Wiederholung des *Zauberberg*. Das Jahr verging schnell, mit dem *Joseph* war noch kein Anfang gemacht, Gelegenheitsarbeiten nahmen seine Zeit in Anspruch, und für den 5. Juni mußte zur Siebenhundertjahrfeier Lübecks eine längere Ansprache vorbereitet werden. Unerbittlich erhob, wie er vor der Abreise bemerkte, die Welt ihre Forderungen an einen Mann, »der so unklug war, öffentlich Gewissen zu haben, und also das Mißverständnis herausforderte, er sei zum Präzeptor geboren«.[33] Aber gerade das war eine Rolle, die er nicht aufgeben wollte, und so konnte er, als er gerade dabei war, seinem Vortrag für Lübeck den letzten Schliff zu geben, die Einladung zu einer Lesung aus *Unordnung und frühes Leid* vor Zürcher Studenten nicht ablehnen.

In seiner Anrede wollte er Lübeck als »geistige Lebensform« feiern, ihre Bürger als »bürgerlich«, nicht im politischen Sinn als bloße Kapitalisten darstellend, sondern vielmehr als echt deutsch in ihrer Verteidigung des Weltbürgertums und der Grundsätze der Humanität und in ihrer festen Entschlossenheit, der Flut und Ebbe von Umsturz und Revolution zu trotzen – auf dem Hintergrund seiner Erfahrungen und seines Werkes, von den *Buddenbrooks* bis zum *Zauberberg*. Die Bürger waren nur zu stolz auf die Erinnerungen eines so berühmten Sohnes in dieser höchst schmeichelhaften Form – auf die Erinnerungen eines bürgerlichen Erzählers, »der eigentlich sein Leben lang nur *eine* Geschichte erzählt: die Geschichte der Entbürgerlichung – aber nicht zum Bourgeois oder zum Marxisten, sondern zum Künstler, zur Ironie und Freiheit ausflug- und aufflugbereiter Kunst«.[34] Mit Interesse beobachtete er den mittelalterlichen Fackelzug durch die Altstadt der »alten geschichtsbelasteten und nicht mehr recht lebensfähigen Stadt«[35] und war bewegt, als ihm der Senat den Ehrentitel eines Professors verlieh. Daß er es trotzdem für nötig befand, für die Bezahlung seines Vortragshonorars von 1000 Mark eine Mahnung zu schicken, bewies, wie fest der erhabene Künstler auf dem Boden der Tatsachen stand. Sein Budget wurde sorgfältig geplant, während er weiter die unerbittlichen Forderungen der Welt erfüllte, ja sogar während er Notizen und Eindrücke für den Beginn der Joseph-Geschichte sammelte.

Katia kam Ende Juni aus Arosa zurück, rechtzeitig für eine neue Episode im dann alles andere als konventionellen Leben ihres ältesten Kindes. Erika hatte sich, wie Klaus bei seiner Verlobung mit Pamela Wedekind, aus einem plötzlichen Impuls zur Heirat mit Gustaf Gründgens entschlossen, die standesamtliche Trauung war auf den 24. Juli festgesetzt, ihr Vater und Katias Zwillingsbruder waren die Trauzeugen. Gründgens, der nun Regisseur an den Hamburger Kammerspielen war, machte einen guten Eindruck, Thomas hielt ihn für sympathisch und einen begabten Künstler; die Ehe, die einen Schritt weiterging als die Beziehung von Klaus und Pamela (die kurz darauf den Dramatiker Carl Sternheim heiratete), war zum großen Teil Schauspielerei, da auch Gründgens homosexuell war. Streitigkeiten waren unvermeidlich; sie währte nur knapp drei Jahre.

Im August brachte ein Magazin einen Artikel von Klaus: *Die neuen Eltern*, daneben *Die neuen Kinder*, ein Interview mit Thomas Mann (eigentlich mit beiden), wobei ihre Bilder auf gegenüberliegenden Seiten erschienen. »Darin blickt Herr Thomas Mann (wer ist Herr Thomas Mann?) sorgenvoll auf seinen berühmten Sohn (wer kennt ihn nicht?) …«, war Bert Brechts sarkastischer Kommentar. »Wenn jetzt wirklich, statistisch betrachtet, in der letzten Zeit ein paar weniger Väter ermordet wurden … das ist doch noch kein

Grund zur Beruhigung! Man könnte z.B. noch erleben, daß unser Auge begehrlich auf unsere Söhne fällt!«[36] Das öffentliche Augenmerk auf das Mannsche Vater-Sohn-Verhältnis begann Klaus zu irritieren, denn er hatte das Gefühl, trotz aller Leistungen als Autor dem Schatten des Zauberers nie entfliehen zu können. Auch dem Vater, der versuchte, sich auf die Forschungen für die Joseph-Geschichte immer gründlicher zu konzentrieren, kam diese Publizität ungelegen.

Mann hatte sich entschlossen, zusammen mit den anderen Kindern von Ende August an einen Urlaub an der italienischen Küste in Forte dei Marmi bei Viareggio zu verbringen. Höchstens vier Wochen, schrieb er Bertram, er bliebe lieber in München, freue sich aber auf das Meer und den Süden, den Anblick der südlichen Menschen, was für seine »fixe Idee« nützlich sei, zu der er trotz hartnäckiger Arbeit noch nicht genügend vorbereitet sei. »Es ist schrecklich, wie wenig man weiß und was man alles wissen müßte, wie lange reiste man um 1400 v. Chr. von Hebron ins Delta? Stellen Sie sich vor, von einer Zeit erzählen zu sollen, wo wahrscheinlich das Land Atlantis noch existierte! Ich werde scheitern – oder die Sache schließlich sehr leicht nehmen, glaube ich.«[37] Visuelle Eindrücke spielten freilich eine ebenso wichtige Rolle wie die Versenkung in Historie und Mythologie. Bei einem Besuch bei Golo im Oktober im Landschulheim Salem veranlaßte ihn die Begegnung mit dessen neuem Freund, einem Jungen spanischer Herkunft, diesen um Photographien zu bitten, da er in ihm ein Modell für seinen jungen Joseph gefunden hätte; sein erster Anstoß zum Schreiben der Geschichte rührte tatsächlich von einer Reihe von Illustrationen zu dieser Geschichte her, die ein Künstlerfreund in München geschaffen hatte.

In der starken Hitze ihres italienischen Aufenthalts mußte er sich mit weiterer Gelegenheitsarbeit beschäftigen: einem Vorwort zu einer deutschen Ausgabe von Joseph Conrads *Geheimagent* und einem Artikel über bislang unbekannte jüngere Schriftsteller, in dem er sich bemühte, die angebliche Kluft zwischen den Generationen zu vermindern. Kleinere ärgerliche Zwischenfälle und die fremdenfeindliche Atmosphäre unter dem Faschismus waren deprimierend, obwohl er die Menschen so freundlich wie immer und gegen den Einfluß des aufgeblasenen Duce gefeit fand. Ein echt europäischer Geist schien ihm nur bei den Franzosen und Deutschen (zusammen mit den Österreichern) zu herrschen: Die Engländer, mehr noch die

Italiener, seien diesem Geiste nicht gewachsen.[38] (Diese negativen Eindrücke von Mussolinis Faschismus gingen später in die Erzählung *Mario und der Zauberer* ein.) In Deutschland, sagte er in einem Interview nach seiner Rückkehr, gebe es ermutigende Zeichen einer Regeneration der traditionellen Kultur, im Gegensatz zu den bilderstürmerischen Tendenzen des russischen Bolschewismus und des italienischen Faschismus, was sich in der Vermehrung der Buchklubs und Theatervereine zeige – und im Verkauf von Büchern literarischen Ranges wie *Der Zauberberg*, der zu seiner eigenen Überraschung nun trotz des hohen Preises eine Auflage von achtzigtausend erreicht hatte.[39] Diesen Optimismus widerlegte sein energisches Auftreten, als er mit seinem Bruder und mehreren Künstlern und Musikern gegen den wachsenden Ruf der Stadt München als eines Horts der politischen Reaktion demonstrierte und die Wiederherstellung ihrer Tradition als eines echten Kulturzentrums forderte. Es sei an der Zeit, sagte er, das unangebrachte Klischee vom südlichen »Gemüt« als Gegensatz zum nördlichen »Verstand« aufzugeben: Die Ermordung Rathenaus sei ebenfalls ein Ausdruck von »Gemüt« in seiner wahnsinnigsten Form, »und wenn eines Tages Europa sich selbst umgebracht haben wird, so wird auch das ein Selbstmord aus tiefstem Gemüte gewesen sein. Leider ist es beinahe an dem, daß, wer in Deutschland Spuren von Gescheitheit an den Tag legt, sogleich für einen Juden gehalten wird und damit denn also erledigt ist.« Was immer die Irrationalisten und Mystiker auch sagen mögen, Gescheitheit sei heutzutage der höchste Wert, eine Wahrheit, die durch die Verleihung des Nobelpreises an Georges Bernard Shaw unterstrichen werde.[40] Der Beifallsorkan nach diesen Worten täuschte, der spätere Kulturkampf begann allen Ernstes, Münchens Zukunft als Hauptstadt der nationalsozialistischen Bewegung war bereits im Werden.

Bestrebungen, eine Sektion für Dichtkunst in der Preußischen Akademie der Künste einzurichten, nahmen gegen Jahresende viel Zeit in Anspruch. Er hatte lange für eine solche offizielle Anerkennung der Bedeutung des Schriftstellers plädiert und brachte trotz der Bedenken von Kollegen wie Hofmannsthal, George und Hauptmann gewichtige Gründe vor, diese »historische« Gelegenheit zu ergreifen, um aus der preußischen eine echt deutsche Akademie nach französischem Vorbild zu entwickeln. Für unerläßlich hielt er es vor allem, die Mitgliedschaft über das gesamte deutschsprachige Gebiet auszudehnen, daher begrüßte er die gleich zu Anfang erfolgte Wahl Hermann Hesses (seit langem Schweizer Staatsbürger) und der Österreicher Schnitzler, Werfel, Wassermann, zusammen mit ihm selbst, seinem Bruder, dem Dichter und Essayisten Oskar Loerke und Ricarda Huch. Bei der ersten Versammlung am 18. November in Berlin sei er nicht zufällig ans Redepult gebeten worden: »Wie vielleicht kein zweiter hatte ich den zeitlichen Zwang zum Übergange aus dem Metaphysisch-Individuellen ins Soziale unter heftigen Kämpfen am eigenen Leibe erfahren.« Für den Künstler liege ein starker und heimlicher Reiz in einer »Verbindung des Dämonischen mit dem Offiziellen, der Einsamkeit und Abenteuerlichkeit mit gesellschaftlicher Repräsentativität«.[41] Diese Verbindung gehörte zu der bewußten Formung seines Lebens nach dem Vorbild Goethes, die sich im Lauf der Jahre noch verstärkte.

Auch in den letzten Monaten des Jahres vernachlässigte er seine öffentlichen Lesungen keineswegs – er trat in Hamburg, Köln, Heidelberg auf. Im Oktober vertauschte er das Rednerpult mit dem Mikrophon, um eine neue Seite der Mann-Dynastie zu zeigen: eine fünfundvierzigminütige Radiosendung mit Erika in Berlin, wo er aus seinem Conrad-Essay las und sie dann einen Ausschnitt aus dem *Zauberberg* vortrug. Ihre Bühnenkarriere hatte gute Fortschritte gemacht, mit Erfolgen in Shaws *Heiliger Johanna* und *Androklus und der Löwe*; seine Belustigung über Klaus' letztes Buch *Kindernovelle* wurde zwar durch einige Zweifel getrübt, doch er war stolz und nachsichtig beiden gegenüber. Als Weihnachten näherrückte, konnte er endlich mit seinem Prolog zum *Joseph* beginnen, »ich bin recht froh, daß ich wieder schreibe«, teilte er Erika mit: »eine Art von essayistischer oder humoristisch-pseudowissenschaftlicher Fundamentlegung ..., womit ich mich amüsiere ... Es ist einmal etwas Neues und auch geistig Merkwürdiges, in dem Bedeuten und Sein, Mythus und Wirklichkeit diesen Leuten beständig in einander gehen, und Joseph eine Art von mystischer Hochstapler ist.«[42] Eine willkommene Gabe von Bertram war eine Genealogie von Legenden, die seine Vorstellung von Joseph als einer »Tammuz-Osiris-Adonis-Dionysos Form« bestätigte – »was aber nicht zu beweisen braucht, daß er nicht wirklich gelebt hat«. Für ihn liege das Anziehende in der Behandlung von Tradition als einem zeitlosen Mysterium, die Erfahrung des eigenen Selbst als Mythos – doch auf leichte und humorvolle Art, ohne Pathos oder religiöse Inbrunst.[43]

2

»Die geheimen und fast lautlosen Abenteuer des Lebens sind die größten.«

TM, 19. 10. 1927[44]

Die bodenlose Tiefe der Vergangenheit auszuloten – doch »nicht viel tiefer als dreitausend Jahre tief, und was ist das im Vergleich mit dem Bodenlosen?«[45] – zur Vorbereitung auf den »fleischgewordenen Mythus« in der Geschichte Josephs machte ihm allmählich die Länge klar, in die sich diese »Novelle« schließlich ausdehnen mußte. Der Prolog, den er, zutreffend oder nicht, »Höllenfahrt« überschrieb, begann bereits zu Weihnachten in einer Weise auszuufern, welche die meisten Schriftsteller wohl erschreckt hätte, er aber hatte nichts als Freude daran, Seite auf Seite zu häufen, da er endlich wieder zum epischen Erzählen zurückgekehrt war, in dem ja seine Stärke lag. Die Forderungen der Welt und des Tages ließen freilich nicht nach, er verlor nun sein Ziel zwar nie mehr aus den Augen, mußte aber doch lange Unterbrechungen hinnehmen, bevor er es erreichte.

Warum ließ er sich so häufig unterbrechen? Mit dem regelmäßigen Einkommen aus seinem Vertrag mit Fischer und den wachsenden Tantiemen von neuen und ausländischen Ausgaben stand er keineswegs unter finanziellem Druck; die Honorare für öffentliche Auftritte und den Journalismus waren nur noch angenehme Zutaten, nicht mehr der Broterwerb wie in den vergangenen Jahren. Daß er sich nicht zur Enthaltsamkeit zwingen konnte, daran war sicher sein Drang schuld, einen immer komfortableren, nahezu fürstlichen Lebensstil zu erreichen, ein starker Zug von Eitelkeit spielte dabei mit. Aber vermutlich noch wichtiger war es für ihn, seine herausragende Stellung in der literarischen Welt Deutschlands und in der weiteren Welt aufrechtzuerhalten, die durch Einladungen nach London, Paris und nun für den März nach Warschau bestätigt wurde. Es verwundert nicht, daß er auch Mitglied des Rotary-Clubs war, immer bereit, in der Münchner oder in anderen europäischen Zweigstellen einen Vortrag zu halten. Auch seine Reihe *Briefe aus Deutschland* für das *Dial* hatte er in längeren Zwischenräumen fortgesetzt, und obwohl die Dollars nicht mehr so lebenswichtig waren wie zur Inflationszeit, schien es ihm doch angeraten, seinen Namen auch beim amerikanischen Publikum lebendig zu halten. In Deutschland war es große Mode, Schriftsteller nach ihren Ansichten über die verschiedensten Themen zu befragen; nie blieb er eine Antwort schuldig. Er beklagte sich häufig über die Zeit, die seiner Arbeit auf diese Weise verlorenging, ohne sich aber der Verpflichtung zu entziehen – ebenso wie kein Brief unerwidert blieb, obwohl sein Arbeitszimmer dadurch zu einem Büro statt einer schöpferischen Werkstatt wurde. Die Stellung eines Führers und Philosophen seiner Nation und ihrer Jugend, die er so, nicht ohne sein Zutun, erreicht hatte, brachte eben ihre Pflichten in Form von gelegentlichen Ansprachen und Essays mit sich.

Die gleichmäßige Verteilung all dieser Lasten erforderte sorgfältige Planung, nach der »Schachtelmethode«, in der er nun erfahren war; ohne Katias Unterstützung wäre das allerdings nie möglich gewesen, doch er brauchte auch Ferien in vernünftigen Abständen, die er entweder mit ihr und der Familie oder allein verbrachte. Anfang 1927 legte er etwa den *Joseph* beiseite, um mit George Scheffauer bei einem anderen Verleger, nicht bei Fischer, eine Reihe *Romane der Welt* herauszugeben. Zum ersten Roman (Hugh Walpoles *Bildnis eines Rothaarigen*) hatte er eine allgemeine Einleitung zu schreiben, mit der weiteren Auswahl verbrachte er viel Zeit. Auf eine Rundfrage der *Literarischen Welt* in Berlin verfaßte er eine Neujahrsbotschaft an die »geistig produktive Jugend Deutschlands«, in der er wiederum den Generationsunterschied abschwächte: Es sollte keinen Gegensatz zwischen Jung und Alt geben, nur zwischen den Geistigen und Ungeistigen, zwischen dem natürlichen Liberalismus des Geistes, in dem die Rettung lag, und dem fanatischen Terrorismus der »Ungeistigen«, der Barbaren.[46] Beifällig nahm er die Rede auf, in der Hofmannsthal am 10. Juni in der Münchner Universität von der »konservativen Revolution« sprach – ein Gedanke, den er selbst später in einem Essay über *Kultur und Sozialismus* weiterführte, »ein Bund und Pakt der konservativen Kulturidee mit dem revolutionären Gesellschaftsgedanken, zwischen Griechenland und Moskau«.[47] Wenn es sich um das humanistische Ideal handelte, war er, wo immer die Reaktion drohte, ohne Rücksicht auf Parteipolitik zu Unterstützung bereit – einige Monate später zum Beispiel in öffentlichen Protesten gegen die Inhaftierung von Ernst Toller und Max Hölz (dem Bürgertum eine »kopflose Angst vor dem Umsturz«[48] vorwerfend) und nun in einem Brief an die kommunistische *Rote Hilfe* gegen die Drohung der Regierung, eines ihrer Kinderheime zu schließen. Es handelte sich um das frühere Haus Heinrich Vogelers in Worpswede, wo die Wandgemälde des Künstlers, auf denen die Rettung der Welt durch die proletarische Revolution auf idealistische Manier dargestellt war, durch Erzeugnisse einer genehmeren Ideologie ersetzt werden sollten.[49] Ende Januar entfloh er jedoch mit Katia auf ein Wochenende nach Ettal bei Oberammergau und nahm das Manuskript des *Joseph* mit, um eine »ziemlich arbeitsame« Winterfrische[50] fern vom gesellschaftlichen Leben in München zu genießen.

Sein immer größeres Unbehagen angesichts des Anwachsens rechtsradikaler Ideologien, ob in ihren extremen nationalsozialistischen und völkischen Formen oder in den gemäßigteren Äußerungen des Kulturkampfs in München, steht außer Zweifel. Er versuchte ohne großen Erfolg, seinen Einfluß auszuüben, um die Herausgeber der *Münchner Neuesten Nachrichten* zu einer liberaleren Politik zu bewegen. Bertrams Ablehnung einer Professur in München, für die er sich sehr eingesetzt hatte, überraschte ihn. Daß der Freund Köln den Vorzug gab, wo die reaktionären Tendenzen stärker waren, zeigte die wachsende Entfremdung zwischen ihnen. In seinem *Brief aus Deutschland* für das *Dial*, der im April erschien, beklagte er in »unserer – wie darf ich sagen – faschistischen Epoche« einen allgemeinen Zug zum Anti-Idealismus, der zum Geist des Deutschland der dreißiger Jahre zu werden schien, verkörpert von einer Jugend, »die mit dem Begriff der Humanität für alle Zeiten aufgeräumt zu haben meint und das Hakenkreuz froher Entmenschung auf ihre Fahne gestickt hat«.[51]

Seinen Empfang in Warschau, wo er eine Woche auf Einladung des polnischen PEN-Clubs verbrachte, fand er herzlicher und offizieller als die Empfänge in London, Amsterdam oder Paris. Es gab überschwengliche Gastfreundschaft und eine Zeremonie, die eines Staatsoberhaupts würdig gewesen wäre. Eine große Abordnung des PEN-Clubs erwartete ihn am 8. März auf dem Bahnhof, nach einem großartigen Bankett am Abend, dessen Gäste die literarische, gesellschaftliche und diplomatische Welt der Hauptstadt vertraten, wurden lange Begrüßungsreden gehalten, auf französisch, polnisch und deutsch, für »le Maître Thomas Mann ... un des plus grands citoyens de cette république des lettres pour laquelle il n'est point des frontières«, »le plus grand écrivain de l'Allemagne contemporaine et un grand Européen«.[52] In seiner kurzen Erwiderung sagte er, daß

Deutschland wie Polen in den Spannungen der Nachkriegswelt als Vermittler zwischen Ost und West stünden: »Der Traum der Humanität ist in dem westöstlichen Problem ebenso lebendig wie einst in dem nordisch-antikischen ... Unsere Mitte grenzt an den Osten sowie an den Westen ... und unsere Freiheit ist Vorbehalt gegen extreme und militante Alternativen, sie zielt ab auf ein Letztes, auf ein endgültig Menschliches.«[53] In den nächsten Tagen schmeichelte es ihm, bei Prinz Radziwill, dem Führer der konservativen Partei, und bei Graf Branicki auf dessen Landsitz zu Gast sein zu dürfen; er wurde vom deutschen Gesandten eingeladen; traf den Adjutanten Pilsudskis und hörte mit Begeisterung von den unmilitaristischen Ansichten des Generals; besuchte die Universitätsbibliothek in Krakau und das deutsche Seminar der Universität Warschau; und er hielt seinen offiziellen Vortrag, einen Ausschnitt aus seinem *Goethe und Tolstoi*, vor überfülltem Haus. Verabschiedet vom Staatssekretär für auswärtige Angelegenheiten, reiste er ab mit dem Eindruck einer Haltung aufrichtiger Ehrerbietung und Dankbarkeit für die deutsche Kultur, die »mit Eifer die menschliche Gelegenheit ergriff, sich gegen politische Schwierigkeiten und Antinomien zu behaupten«.[54]

Nach seiner Rückkehr erhoben sich in der Presse wie in Briefen kritische Stimmen gegen seine Mitherausgeberschaft der Reihe *Romane der Welt*. Rudolf Binding hielt es für entwürdigend, daß ein Schriftsteller seines Ranges ein solches Vorwort »für Geld« verfaßte; die Sektion für Dichtkunst der Preußischen Akademie der Künste beschwerte sich in ihrer Kampagne gegen die ungebührliche ausländische Invasion der deutschen Literatur darüber, daß unter den ersten sechs von ihm ausgewählten Werken kein deutsches war (was sogar noch auf die ersten achtzehn zutraf). Er konnte zu Recht argumentieren, daß sich in Deutschland unter den Werken, deren Rechte frei waren, kaum geeignete Kandidaten finden ließen, daß er aber einige im Sinn habe; sollte seine Suche vergeblich sein, schrieb er in einer öffentlichen Erwiderung im Mai, oder sollte das Qualitätsniveau leiden, würde er gern seinen Namen zurückziehen. Aus Verdruß über die Kritik schickte er sich im Juni an, die undankbare Aufgabe unter dem Vorwand loszuwerden, daß die Entfernung zu seinem Berliner Mitherausgeber zu groß sei.

Eine angenehmere Aussicht war die Verfilmung von *Königliche Hoheit*. Der Stummfilm der *Buddenbrooks* im Jahr 1923 war eine

Enttäuschung gewesen, *Königliche Hoheit* würde jedoch seiner Meinung nach in einem Medium wesentlich besser zur Geltung kommen, das sich, wie er in einem Interview in Warschau gesagt hatte, für Romane mehr eignete als für Dramen, und dem er zunehmend aufgeschlossen gegenüberstand, vor allem nachdem er den ausgezeichneten russischen Film nach Gorkis *Mutter* in Berlin gesehen hatte. Er hatte den Schriftsteller Erich Ebermayer ermutigt, ein Drehbuch für *Königliche Hoheit* zu schreiben, von dem im April ein Exposé fertig war, doch Vorbesprechungen mit Berliner Filmleuten waren anscheinend nicht aussichtsreich verlaufen.

Am 10. Mai 1927 beging seine Schwester Julia Selbstmord – wie, ist nicht mehr sicher, Klaus zufolge erhängte sie sich. Thomas, der einen Tag später von einer Woche im Rheinland und Lesungen in Essen und Heidelberg zurückkam, war zutiefst erschüttert – nicht so sehr über den Verlust einer nahen Verwandten, deren Lebensweise ihm schon längst fremd geworden war, sondern (wie Golo ihn zu Katia sagen hörte) weil ihn dieser plötzliche Tod wie ein Blitzstrahl traf, der in gefährlicher Nähe zu ihm selbst eingeschlagen hatte. Ob er in der Schwester wie Goethe in Cornelia sein »Neben-Ich, zum Weibe nicht geschaffen«[55] gesehen hatte oder nicht, er war bei der Bestattung bleich und abgespannt und nur zu froh, seine vorbereitete Ansprache durch taktvolle Worte des Pastors, der ihre Kinder getauft hatte, ersetzt zu sehen. Julias Heirat im Jahr 1900 mit dem Bankdirektor Dr. Josef Löhr war eine Vernunftheirat gewesen, ohne Liebe. (»Man muß in diesen Dingen nicht zu viel Idealismus entwikkeln«, hatte der immer noch ledige und weltkluge Thomas damals an Ehrenberg geschrieben: »Jederlei ›Respekt‹ vor der Liebe, aber weiter kommt man ohne ihr.«[56]) Ihrem gleichgültigen, fünfzehn Jahre älteren Mann hatte sie drei Töchter geboren; das Glück – mit einer Reihe von Liebhabern unter älteren Männern – blieb ihr versagt, zunehmend war sie der Sucht nach Morphium verfallen, an das sie sich lange vor dem Tod ihres Mannes im Jahr 1922 gewöhnt hatte, um seine sexuellen Ansprüche an sie ertragen zu können.

In seinem Testament hatte ihr Vater, der Senator, nicht ohne Einsicht angeordnet, daß man sie streng beobachten und ihr lebhaftes Naturell »unter Druck« halten müsse; eine Anweisung, die seine Witwe in dem neuen Leben in München keineswegs befolgte, sondern Julia und die jüngere Carla weithin sich selber überließ (Thomas bemerkte später, sie habe von ihren Kindern Julia und Heinrich wohl am wenigsten geliebt). Nun hatte trotz all der Verschiedenheit des Lebenswandels das Leben beider Schwestern in Selbstmord geendet; Thomas war der älteren Schwester ebensowenig eine Stütze gewesen wie Heinrich der jüngeren. Die liebende Fürsorge der Mutter, schrieb er später, hätte die Söhne für das Leben anscheinend besser ausgestattet als die Töchter.[57] Die Nachricht vom Tod Julias, schrieb Klaus in seiner Autobiographie, habe ihn damals ziemlich unberührt gelassen, er hatte sich aus der Tante nie viel gemacht: »Seither sind meine Gedanken aber oft voll Mitleid bei ihr gewesen«[58] – ein Gedanke, der seinen Vater kaum überrascht hätte, da er in Klaus viel von Julia erkannte. Bei der Bestattung bemerkte Heinrich zu Alfred Pringsheim, für seine Schwester, »Verkörperung der Konvention«, sei die Wahrung des Scheins etwas Unerläßliches gewesen, und daran sei sie zugrundegegangen; für Golo war viel später eher der schreckliche Gegensatz zwischen ihrem »superbourgeoisen öffentlichen und ihrem heimlichen Dasein«[59] der Grund.

Im Laufe seines langen Lebens wurden Thomas Mann häufig Kälte und Gefühllosigkeit vorgeworfen. Jetzt blieb er allem Anschein nach vom Verlust seiner Schwester auf so tragische Weise ziemlich unberührt; sogar später noch ließ er, wenn die Rede darauf kam, keine Bewegung erkennen; die Episode verursachte auch keine Erschütterung im Gang seines Lebens – sein fester Vorsatz im Juni, in den nächsten Monaten seine Reisen als »wandernder Rhapsode«[60] einzuschränken, blieb erfolglos. Daß er möglicherweise tiefer empfand, als es den Anschein hatte, kommt vielleicht darin zum Ausdruck, daß er sich wieder einmal allein zu einem weiteren kurzen Aufenthalt nach Kreuth, einem Kurort südlich des Tegernsees, einem der Lieblingsorte seiner Eltern, flüchtete. Dort jedenfalls gewann er Zeit zum Nachdenken und zum »Spaß« der Vollendung des Vorworts zum *Joseph*. Bevor er die eigentliche Geschichte in Angriff nehmen konnte, mußten weitere umfangreiche Studien betrieben werden. Er holte sich bereits Rat und Hilfe bei dem Münchner Ägyptologen Wilhelm Spiegelberg und beim Rabbiner Jakob Horowitz in Frankfurt am Main, um die Grundlage für diese »novellistische Realisierung«[61] auszuarbeiten, die, wie er dem amerikanischen Verleger zur Jahreswende schrieb, immer noch in ziemlich weiter Ferne lag, obgleich sie auch die amerikanischen Leser interessieren dürfte. (Knopf, der den deutschen Ausdruck »Jahr und Tag« als »ein Jahr« verstand, fand sich mit der gebotenen Vorsicht damit ab, daß es viel länger dauern würde, bevor die Übersetzerin mit der Arbeit beginnen konnte.)

Für die Sommerfrische hatte er mit Katia die Nordsee anstelle der Ostsee gewählt, im August und September verbrachten sie vier Wochen mit den drei jüngeren Kindern in Kampen auf Sylt. Es war dort wunderschön, nur das Klima war unfreundlich, so daß er anfangs nicht einmal lesen, geschweige denn schreiben konnte. Trotz ihres Drängens zog Ernst Bertram es vor, Verwandte zu besuchen, statt sich auf Sylt in dieser von Thomas Mann so genannten »erfrischenden Melancholie«[62] aufzuhalten. In diesen Worten spiegelte sich vermutlich ein weiteres erotisches Erlebnis auf Distanz, wie sie sich in seinem Leben wiederholten, die Anziehung durch einen anderen Gast in der Pension, Klaus Heuser, den siebzehnjährigen Sohn eines Professors aus Düsseldorf. Er war darauf bedacht, sich die Adresse geben zu lassen, hatte den Jungen kurz darauf zu Gast bei sich in München und brachte es später fertig, ihn bei mehreren Besuchen bei der Familie in Düsseldorf wiederzusehen.

Es habe ihn zutiefst bewegt, vermerkte er einige Jahre später in seinem Tagebuch, daß er nicht einmal im Alter von zweiundfünfzig Jahren für eine solche Anziehung unempfindlich gewesen sei und in ihr sogar eine größere Erfüllung gefunden habe als in den jugendlichen Gefühlen für Armin Martens und später für Paul Ehrenberg, es war, wie er meinte, seine »letzte Leidenschaft, und es war die glücklichste«.[63] Als er nach der Rückkehr mit Vorbereitungen für einen Vortrag über Kleists Komödie *Amphitryon* begann, die im Oktober in München bei einer Feier zum hundertfünfzigsten Geburtstag des Dichters gehalten werden sollte, dachte er bei seinen einleitenden Worten immer an Klaus Heuser: »Was ist Treue? Sie ist Liebe, ohne zu sehen, der Sieg über ein verhaßtes Vergessen. Wir begegnen einem Angesicht, das wir lieben, und wir werden … wieder davon getrennt … aller Trennungsschmerz ist nur Schmerz über sicheres Vergessen. Unsere sinnliche Einbildungskraft, unser Erinnerungsvermögen ist schwächer, als wir glauben möchten. Wir werden nicht mehr sehen und aufhören zu lieben. Was uns bleibt, ist nichts als die Gewißheit, daß jedes neue Zusammentreffen … unser Gefühl erneuern … wird … Liebe, die sprechen darf, als sei sie am Leben, weil sie sicher ist, sofort und gesetzmäßig wieder Liebe zu gewinnen, wenn sie sieht.«[64] Das bildete eine ideale Überleitung zu seinen Ausführungen über *Amphitryon* – ein Stück, das er geliebt und dann vergessen hatte, nun aber nach erneuter Lektüre frisch in der Art eines Sainte-Beuve analysierte, den Deutschland nie gehabt hatte. Seine größte Freude aber bereitete ihm dieses verborgene Bekenntnis zu Klaus, der nun Hausgast war und unter dem Publikum des Schauspielhauses am 10. Oktober saß. Das schrieb er kurz darauf an Erika und seinen eigenen Klaus, die seine Neigung sehr wohl kannten.

Die beiden hatten sich am 6. Oktober zu einem eigenen Abenteuer aufgemacht, einer Spritztour, um die Welt zu sehen, beginnend mit Amerika, wo Klaus vom Verleger seiner *Kindernovelle* Vorträge angeboten worden waren, die sich zu einer richtigen Tour zu entwickeln versprachen. Für beide war es so etwas wie ein Ausweg: für Erika aus ihrer Ehe mit Gründgens (»eine so komische moderne Ehe«, schrieb Hedwig Pringsheim, »daß sich schon geradezu der Heilige Geist bemühen müßte, um mir Urgroßmutterfreuden zu verschaffen«[65]), für Klaus von den nörgelnden Attacken der Kritiker auf seine »impotenten« Versuche, mit dem Vater zu konkurrieren, und aus seinem unhaltbaren Verlöbnis mit Pamela Wedekind, die sich nun ohnedies zur Ehe mit Carl Sternheim entschlossen hatte. Mit Aufträgen für Artikel und einer Menge von Einführungen erschienen sie mit beträchtlichem Pomp in New York, von der Presse als »voll kontinentalem Witz und Raffinement« begrüßt. Obwohl aus der Vortragsreise nichts wurde, gab es genügend Verabredungen, journalistische Vorschüsse und Gastfreundschaften, die ihnen einen Besuch der Westküste und die Rückkehr nach New York ermöglichten. (Professor Hermann Weigand, Bewunderer und Interpret Thomas Manns, öffnete ihnen sein Haus.) Schließlich gelang es ihnen nach listigen telegraphischen Appellen nach Deutschland (sogar an den Verleger des Vaters in Berlin, keinesfalls aber an die Eltern), wieder Geld aufzutreiben, um nach Kalifornien zu gehen und den Heimweg über Honolulu nach Japan und China und dann durch Sowjetrußland anzutreten.

Ihr erstes unbekümmertes Telegramm nach ihrer Ankunft in Amerika hatte den Vater veranlaßt, einen ebenso unbeschwerten Brief nach New York zu senden. Er zitierte die ärgerliche Bemerkung der Frau des Schauspielers Albert Bassermann – »Ja, die Kinder Pamela, Klaus, Erika, sie sündigen auf die Namen ihrer Väter« – und beschrieb sein eigenes Abenteuer bei dem Aufenthalt des anderen Klaus und seiner Zuneigung zu ihm: »Ich nenne ihn Du und habe ihn beim Abschied mit seiner ausdrücklichen Zustimmung ans Herz gedrückt. Eißi ist aufgefordert, freiwillig zurückzutreten und meine Kreise nicht zu stören. Ich bin schon alt und berühmt, und warum solltet ihr allein darauf sündigen?« Klaus Heuser habe geschrieben, welch schweren Herzens er nach den zwei Wochen in München, den glücklichsten seines Lebens, zurückgekehrt sei; es sei ein Höhepunkt seines Besuchs gewesen, die Stellen zu hören, »auf die ›er‹, wie man so sagen kann, nicht ohne Einfluß gewesen ist. Die geheimen und fast lautlosen Abenteuer des Lebens sind die größten.«[66] (Das Abenteuer mit Klaus Heuser war in Wirklichkeit so geheim gewesen, daß der junge Mann weder damals noch bei ihren späteren kurzen Begegnungen etwas davon bemerkte. Für Mann war es offensichtlich ein weiteres jener Erlebnisse, in denen er sich als Liebhaber vorzustellen, im nachhinein sich an Küsse zu erinnern und eine ewige Dankbarkeit für eine »unverhoffte Erfüllung« zu empfinden vermochte, die eigentlich nur in seiner Einbildung bestanden.[67]) »Möge dort alles recht glücklich und ohne Enttäuschung für euch verlaufen!« hatte er dem eigenen Klaus und Erika hinzugefügt: »Wir fahren nun also morgen nach Berlin, auf 8 Tage nur ... zwischendurch muß ich noch nach Stettin und Frankfurt a/Oder zu Vorlesungen, da sie hoch bezahlt werden. Mit auffallender Hartnäkkigkeit erhält sich dies Jahr, von der schwedischen Presse ausgegangen, das Gerücht, daß ich den Nobelpreis bekommen soll ...«[68]

Als er hörte, daß Ferdinand Bruckners Stück *Krankheit der Jugend*, in dem das sexuell wahllose und desillusionierte Leben junger Studenten dargestellt wurde und das demnächst Premiere in Berlin haben sollte, tatsächlich eine Rolle unter dem Namen Klaus enthielt, nahm er sich die Mühe, bei dem Autor zu protestieren und ihn zu einer Depersonalisierung des Texts zu drängen, damit sein abwesender Sohn nicht dem boshaften Gelächter ausgesetzt und an die Sensationslust der Masse appelliert werde. Ob diese entschlossene Verteidigung der Dynastie Erfolg hatte, wissen wir nicht, das Stück war bereits in Hamburg und Wien aufgeführt worden, Erika hatte zwei Jahre später in Frankfurt einigen Erfolg in ihm. Ihr und Klaus gegenüber bestritt er nun, daß ihm ihre amerikanischen Possen peinlich gewesen seien. Zu Weihnachten schrieb er an Hofmannsthal, dessen Sohn ebenfalls auf Besuch in Amerika war, wie amüsant es doch sei, die Welt durch die eigenen Kinder stellvertretend zu erleben, und setzte hinzu, daß er selbst keinen Wunsch habe, Amerika kennenzulernen.[69] Kurz darauf erhielt er ein finanziell verlockendes Angebot für eine ausgedehnte Lesereise in den USA im Jahr 1929, fand aber, daß seine Verpflichtungen in Europa schon zu groß waren. Es vergingen noch mehrere Jahre, bevor er die Überfahrt zum erstenmal unternahm, dann aber unter ganz anderen Umständen.

Die Wochen, die er mit dem *Amphitryon*-Vortrag verbracht hatte, eine »wochenlange Liebesvertiefung«, seien nicht vergebens gewesen, schrieb er später, denn es bestünden »allerlei unterirdische Beziehungen« zum *Joseph* und die Liebe sei »niemals unökonomisch«.[70] Auch hier waren Mythos und Wirklichkeit eng miteinander verwoben, in den scheinbar getrennten Abteilungen seiner Arbeit gab es eine gewisse Kontinuität, auch wenn die Hauptrichtung zu leiden schien. Seine Studien, die Beratungen mit dem Ägyptologen und dem Rabbiner, gingen während der üblichen Leseverpflichtungen weiter; auf die Frage eines österreichischen Interviewers, ob ihn das zu einem Orientalisten mache, gab er mit einiger Heiterkeit zu, Professor Spiegelberg glaube, er sei es schon ein wenig geworden. »Und doch finden Sie Zeit, in vielen deutschen Städten Vorträge zu halten und kürzlich sogar in Paris«, sagte der Journalist bewundernd.[71] Anfang November hatte er in München eine Lesung aus dem *Joseph*-Prolog gegeben, bei der er mit einer gewissen Verlegenheit Professor Spiegelberg im Publikum entdeckte, anschließend hatte eine ausgedehnte Tour stattgefunden, auf der er Karlsruhe, Wiesbaden, Aachen, Krefeld – und Düsseldorf besuchte, wo er Klaus Heuser wiedersah.

Auch für politische Fragen fand er Zeit. Das Interview im Dezember handelte nicht nur von seinen Werken und Plänen, sondern gab ihm auch die Möglichkeit, darauf hinzuweisen, daß seine Reise nach Paris im Interesse der europäischen Verständigung stattgefunden habe; Coudenhove-Kalergis Paneuropa-Idee fand seinen Beifall, den Ausschluß Rußlands und Englands hielt er aber für einen Fehler; er befürwortete eine Vereinigung Deutschlands und Österreichs, die er als natürliche und notwendige Entwicklung ansah. Auf eine Anfrage, ob Deutschland eine Kolonialpolitik verfolgen solle, antwortete er, imperialistischer Kolonialismus gehöre der Vergangenheit an, Selbstbestimmung sei nun überall die Devise, und Europa könne sich nicht länger als Segensbringer ausgeben, während es sich dabei bereichere. Deutschland solle jedoch darauf bestehen, die gleichen Möglichkeiten zu haben, seine Rohmaterialien aus ausländischen Kolonien oder Mandatsgebieten zu beziehen.[72] In dem Essay *Kultur und Sozialismus*, der um die Jahreswende entstand und in den *Preußischen Jahrbüchern* von 1928 erschien, definierte er das deutsche Problem: Sollte der soziale Gedanke, in seinem traditionellen und konservativen Sinn, kulturell oder politisch ausgelegt werden? Es sollte eine Fusion der sozialistischen Vorstellung von Gesellschaft mit der mehr konservativen Vorstellung von deutscher Kultur geben, den »Pakt zwischen Griechenland und Moskau«, eine geistige Begegnung zwischen Marx und Hölderlin.[73]

Im Januar 1928 führte er in einem Interview mit Louis Durieux (dem Sohn des französischen Generalkonsuls in München) sein Thema von der französisch-deutschen Annäherung weiter aus, das Thema von den zwei Kontinentalmächten, deren Belange von Englands »splendid isolation« weit entfernt seien und in dieselbe Richtung gingen. Er betonte die antichauvinistische Bewegung unter jungen deutschen Autoren, wie Arnold Zweig und Fritz von Unruh, und verwies auf die Anziehung, die das analytische Denken und die psychologische Sensibilität der Werke von Valéry und Gide auf deutsche Leser ausübten; die *Falschmünzer* bezeichnete er als eines seiner Lieblingsbücher.[74] Das verursachte eine heftige Attacke in der *Berliner Nachtausgabe* vom 6. Februar (der anonyme Verfasser schien anzunehmen, Mann habe einen weiteren Besuch in Paris abgestattet), mit riesigen Schlagzeilen: »Thomas Manns Kotau vor Paris – Der Mann, der für Vaterlandsverräter eintritt und sein Volk lästert«. Er war zu Recht wütend und antwortete sofort in einem offenen Brief an die *Literarische Welt* mit einer scharf argumentierenden Polemik gegen den »hohlen, unbewiesenen, nichtsnutzigen, bezahlten Partei- und Gassenpatriotismus« von Leuten, »die dem Lande ... immer nur Schande bereitet, es in sein Verderben getrieben haben, und das morgen wieder täten, wenn man es ihnen irgend erlaubte«.[75] Der feindselige Ton wurde später aber auch von anderen rechten Journalisten, vornehmlich im *Völkischen Beobachter* der Nazis, aufgegriffen.

Eine etwas andere Kontroverse wurde in diesem Sommer durch die beißende Kritik des Redakteurs der *Süddeutschen Monatshefte*, Arthur Hübscher, an seiner Sinnesänderung in der gekürzten Nachkriegsausgabe der *Betrachtungen* entfacht. Nach dem Austausch und der Veröffentlichung immer schärferer Briefe, in denen Thomas

Mann die Feindlichkeit dem Umstand zuschrieb, daß er sich geweigert habe, mit der »fürchterlichen« bürgerlichen Presse in München zusammenzuarbeiten, und seine Abneigung gegen deren Politik deutlich gemacht hatte, erschien eine Broschüre mit der ganzen Polemik. Sie enthielt auch weitere Briefe von ihm, deren Veröffentlichung er nicht autorisiert hatte, von denen einer eine unvorsichtig abschätzige Bemerkung über den übertriebenen Empfang enthielt, den München den ersten Fliegern bereitet hatte, denen es gelungen war, den Atlantik von Osten nach Westen zu überqueren (Günther von Hühnerfeld und Hermann Kohl, zusammen mit dem Iren Fitz Maurice). Der Streit wurde auch in Berlin aufgegriffen, Mann drohte mit gerichtlichen Schritten, und es entstanden Gerüchte, daß er München aus Abscheu verlassen wolle. Im Herbst lud ihn die Stadt Heidelberg ein, sich dort niederzulassen, doch er lehnte die »Ehre« mit der Begründung ab, daß München vernünftiger sei als seine Presse. In einem Interview im Dezember leugnete er jegliches Gerücht eines Umzugs, er denke keineswegs daran, dem Druck einer »gewissen Clique« nachzugeben und sich aus der wunderschönen Stadt, die er zur Heimat gewählt habe, vertreiben zu lassen.[76] Trotzdem hatte ihn die »organisierte Bestialität« ihrer Presse und die offensichtliche Machtlosigkeit von »Vernunft und gutem Willen« gegen »Renitenz und Haß«[77] deprimiert.

In den nächsten Jahren sollte es noch viele Angriffe dieser Art auf seine Stellung geben. Vorläufig aber ging die gemessene, beinahe staatsmännische Karriere dieses, nach den Worten eines Interviewers, »herzlichen, gewinnenden Weltmanns, Professors, Dr. h.c.«[78], von Erfolg zu Erfolg weiter, auch wenn vier Jahre lang kein größeres Werk das Licht der Welt erblickt hatte. Im Januar hatten ihn bei einer Sitzung der Sektion für Dichtkunst der Akademie zur Begrüßung neuer Mitglieder die Kollegen zu einer Lesung gedrängt (und seinen charakteristischen Vorschlag, dem Anlaß durch Abendkleidung und Erfrischungen einen »vornehmen« und feierlichen Charakter zu geben, akzeptiert). Der *Zauberberg* hatte die hunderttausend erreicht, was durch eine elegante, limitierte Sonderausgabe in Ganzleder, mit einem Porträt von Olaf Gulbransson, gefeiert wurde; und das gesamte erzählerische Werk wurde in einer dreibändigen Dünndruckausgabe neu aufgelegt. Durch seinen Journalismus stand er stets im Rampenlicht, durch die Interviews kannte jedermann seine Ideen für den *Joseph*, obwohl seine Vorstellungen eher allgemeiner Art waren und noch nicht den festen Umriß eines Plans hatten; das Interesse wurde durch die Veröffentlichung des Prologs in der Dezembernummer der *Rundschau* von 1927 wachgehalten. Fischer und er hatten allen Grund, mit den finanziellen Ergebnissen ihrer Verbindung zufrieden zu sein, und er konnte es sich leisten, die Arbeit an dem Werk in derselben gemächlichen Gangart fortzusetzen. (Wenn er, hieß es in einem Brief, von vielen als ein schlechter Deutscher angesehen werde, so sei er insofern »sicher deutsch«, »als mein Tempo«, wie Wagner sagt, »das Andante ist«.[79])

Sogar seine Lesereisen (nun ausschließlich mit Texten aus den frühen Kapiteln des *Joseph*) konnten in wesentlich längeren Abständen stattfinden. Erst nach einer langen Autotour mit Katia durch die Schweiz und Südfrankreich nahm er sie wieder auf, im Mai nach Frankfurt, Köln und Düsseldorf, dann die nächste größere Runde erst im Herbst nach Wien und in die Schweiz. Im Juni wurde ein neues, luxuriöseres Automobil angeschafft, im August kam der einmonatige Sommeraufenthalt, wiederum auf Sylt. Vor der Abreise nach Wien wurde er eingeladen (eine kaum überraschende Wahl), am 1. Oktober die Festrede zum Jubiläum des Reclam-Verlags in Leipzig zu halten. Den einleitenden Worten verlieh er eine persönliche Note, indem er an die frühere Jahrhundertfeier eines anderen Geschäftshauses erinnerte, bei der er als stiller und unsicherer Vierzehnjähriger dem Jubiläum der väterlichen Firma in Lübeck zugesehen hatte. Nun selbst am Vortragspult, elegant in Krawatte und Gehrock, jeder Zoll der Staatsmann der Literatur, zeichnete er die »eigentümlichen Schicksalsfäden« nach, die für ihn jene Feier des Geschäfts mit der gegenwärtigen Feier der Kultur verbanden: sein Familienroman, nach zwei Generationen zum Klassiker geworden, möge eines Tages in der bewundernswerten Sammlung von *Reclams Universalbibliothek* seinen Weg in die Weltliteratur finden.[80]

Für die Lesungen aus dem *Joseph* (Anfang November in Wien, Basel und Luzern und auf einer Tour durch das Rheinland, nach Hamburg, Lübeck, Magdeburg und Berlin), hatte er eine kurze Einführung vorbereitet, in der er seine Absicht erläuterte, die Geschichte Josephs so zu erzählen, wie sie sich tatsächlich zugetragen hatte oder zugetragen haben konnte. Rahels hübscher Erstgeborener sollte sich, obwohl die Geschichte um 1400 v. Chr. während der Regierung Amenhoteps III. und IV. in Ägypten angesetzt war, als der Urenkel jenes Abraham fühlen, der achthundert Jahre früher, zur

Zeit des Gesetzgebers Hammurabi, gelebt hatte. Es liege, so sagte er, eine »sehr lustige Schwierigkeit« darin, von Menschen zu erzählen, »die nicht ganz genau wissen, wer sie sind« – Menschen, deren Bewußtsein in viel geringerem Maß auf einer klaren Unterscheidung ihrer Existenz hier und jetzt zwischen Vergangenheit und Zukunft beruhte, als auf ihrer »Identität mit ihrem mythischen Typus«. Sein Thema sei »das Wesen des Mythus als zeitlose Immer-Gegenwart«, die Idee der Wiederkehr, »ein gehorsamer Wandel in vielfach nachgetretenen mythischen Fußstapfen«; er habe mit der Geschichte der Vorväter angefangen – nicht chronologisch, sondern in den assoziativen Stammeserinnerungen, deren sich der Vater Jacob entsann, der Frömmigkeit mit einem Anflug göttlicher List verband, während sein Lieblingssohn später den Hochstaplertrick zuwege bringen würde, seine Persönlichkeit und seinen hebräischen Monotheismus dem Tammuz-Osiris-Muster der Echnaton-Religion des Pharaos anzupassen.[81] Es war die bisher umfangreichste öffentliche Darstellung des Projekts, das er noch kaum begonnen hatte, das sich über viele Jahre erstrecken und schließlich in einer riesigen Tetralogie enden sollte, die Band für Band erschien. *Die Geschichten Jaakobs* waren erst der erste – nicht ein Roman im üblichen Sinn, sondern der »Versuch eines epischen Werkes von unmodisch langem Atem«, das eine »zähe Geduld« verlange.[82] Das Wissen, das er in seinem Streben nach Genauigkeit angesammelt hatte, verarbeitete er mit leichter Hand, denn er wollte das vermeiden, was er vor seinen Hörern den »archäologischen Brokat«[83] nannte, der für die Verfasser historischer Romane so verführerisch sei. Mit einem weiteren Auszug aus den *Geschichten Jaakobs*, der in der *Rundschau* im Januar 1929 erschien, war dann die Möglichkeit solcher Kostproben erschöpft, und auch seine Leser würden nun viel Geduld brauchen, um die Fortsetzung abzuwarten. Aber die offensichtlich günstige Aufnahme dieser veröffentlichten Auszüge nahm ihm alle Bedenken, daß das deutsche Publikum nicht bereit sei, die »Patriarchenluft« (in Goethes Wort) zu atmen, und ermutigte ihn zur Weiterarbeit.[84]

3

»Der Humanismus ist erniedrigt oder tot. Konsequenz: *Man muß einen neuen gründen.*«
TM, 26.6.1930[85]

Wie lange es bis zur Vollendung des *Joseph* dauern würde, sah er kaum voraus, doch er wollte kein längeres Werk beginnen, das den Roman womöglich unterbrechen würde, selbst wenn sich frühere Einfälle wieder einstellten. Als ihn Fischer im Dezember 1928 in Berlin bat, eine Biographie von Erasmus zu erwägen und zusammen mit Stefan Zweig die Herausgeberschaft einer Reihe zu übernehmen, in der das Buch erscheinen würde, nahm er dies trotz seines anhaltenden Interesses an Renaissancethemen nur für später zur Kenntnis. (Vielleicht reizte ihn auch der Gedanke einer solchen Zusammenarbeit nicht. Er war Zweig gegenüber stets höflich und schätzte dessen Humanismus, gehörte aber nicht zu den vielen Bewunderern von dessen Werk und war vielleicht sogar eifersüchtig auf eine sagenhafte Produktivität, die einen Erfolg erreichte, der dem seinen gleichkam.) Weitere Ablenkungen von der Hauptaufgabe ergaben sich, manche davon flüchtig, andere anspruchsvoller. Während eines Urlaubs in Ettal Anfang Januar machte er sich an die Ausarbeitung einer Ansprache zur Feier von Lessings zweihundertstem Geburtstag im Februar in der Berliner Akademie – wofür er dann in München mit bedachter Sparsamkeit viel von dem Material über die eigentliche Bedeutung der Rationalisten des 18. Jahrhunderts für die Gegenwart verwendete, das er aus einem kurzen Artikel im *Berliner Tageblatt*, der Zeitung der von ihm verabscheuten antiidealistischen, völkischen Tendenz, weggelassen hatte. Zwei Monate später schrieb er – die Arbeit am *Joseph* abermals unterbrechend – an einem Essay über Freud, der im Mai als Vortrag vor dem Klub demokratischer Studenten in München gehalten werden sollte: *Die Stellung Freuds in der modernen Geistesgeschichte*.

In diesen verschiedenen Arbeiten verfolgte er eine politische Linie, indem er aus den jeweiligen literarischen und intellektuellen Themen die Notwendigkeit eines rationalen und demokratischen Weges zu dem Humanismus entwickelte, den er zu fördern suchte. Vor der Akademie präsentierte er Lessings historische und scheinbar altmodische Aufklärung als lebenswichtig für die Neuzeit, um dem in Moral und Politik herrschenden Anti-Idealismus zu begegnen. »In Lessings Geist und Namen gälte es hinauszugelangen über jede Art von Faschismus zu einem Bunde von Vernunft und Blut, der erst den Namen voller Humanität verdient.«[86] Seinen Glauben an die Menschheit und ihr »kommendes Mannesalter«, so argumentierte er gegen die Feindseligkeit, die er von den Lesern des *Berliner Tageblatts* erwartete, könne man »ruchlosen Optimismus« nennen – doch heute gebe es »nur einen ruchlosen Pessimismus ... zumindest in der Politik, dem bestimmenden Element der Epoche«.[87] Die wichtigste Absicht seines Freud-Vortrags, schrieb er an Charles Du Bos, sei es gewesen, darauf hinzuweisen, daß die Psychoanalyse die einzige Erscheinungsform des modernen Anti-Rationalismus sei, die sich nicht zu reaktionärem Mißbrauch hergebe.[88] (Freud, »als einer Ihrer ältesten Leser«, bedankte sich brieflich für seine Verteidigung gegen jeden Vorwurf eines reaktionären Mystizismus und vor allem dafür, daß er ihn, »der ich für diese Nation ein Fremdkörper zu sein vermeinte«, in den Zusammenhang des deutschen Denkens gestellt habe.[89]) Einem anderen Briefschreiber gestand er im Mai seine Abneigung gegen das »modische Auf dem Bauch liegen vor dem Irrationalen, das ins Politische übersetzt, sofort als ›völkische Seele‹ erscheint«.[90] Weit davon entfernt, Verwirrung stiften zu wollen, sagte er im Herbst, seien seine politischen Äußerungen lediglich ein Zeugnis seiner eigenen Entwicklung, ohne jeden Anspruch auf die Begründung einer Tendenz oder auf Nachfolge, jedoch in der Überzeugung, daß sie im Hinblick auf die Nation eine gewisse »repräsentative« Bedeutung hätten.[91] In der immer schärferen Trennung von Links und Rechts in der Weimarer Republik lag seine Sympathie deutlich bei den Linken, das bekräftigte er noch in einer Botschaft an das sozialistische *Reichsbanner* zur Zehnjahresfeier der Verfassung im August, in der er den Fortschritt seiner Ideen von einer romantischen Vorstellung der Gemeinschaft zu der einer sozialistischen Gesellschaftsform erläuterte.

Bei alledem war es ihm dennoch möglich, weiter am Manuskript des *Joseph* zu arbeiten, doch der Blätterstapel wuchs nur langsam, und Ende Mai trat eine gewisse Ermüdung ein. Nur ungern lehnte er eine Einladung des Wiener PEN-Clubs ab und begab sich im Juni mit Katia zu einer dreiwöchigen Kur nach Bad Gastein, um für die nächste öffentliche Verpflichtung gerüstet zu sein – die Eröffnungsrede zu den Heidelberger Festspielen, bei denen er zusammen mit Hauptmann geehrt werden sollte. Golo studierte nun dort, er hoffte auch Erika zu sehen, für die er eine Rolle bei den Festspielen zu finden versuchte. Sie hielt sich derzeit in München auf, genoß ihre Rolle als Königin in Schillers *Don Carlos*; an sie richtete er an seinem Geburtstag die Worte, mit denen er allen seinen Kindern für ihre Glückwünsche dankte: »Der neugierige Badepöbel auf der Promenade bringt mich um, und das Ganze ist beengend. Aber das Wasser ist entschieden von Wirkung, denn es macht mich auffallend müde und schlafarm, und so ist das Beste zu hoffen ... Zum Arbeiten komme ich garnicht, die Korrespondenz verzehrt die etwa dafür in Betracht kommenden Morgenstunden. Aber ich lese viel ...«[92] Es war bereits beschlossen, nach dem Auftritt in Heidelberg am 20. Juni den Sommerurlaub in Rauschen bei Königsberg in Ostpreußen zu verbringen, wo die Goethe-Gesellschaft mehrere Male um seinen Besuch gebeten hatte und bereit war, für Unterkunft zu sorgen. Er mochte über die Neugierde des Gasteiner Pöbels klagen, doch er war gern bereit, sein Vorhaben bekanntzugeben, als ihn die örtliche Zeitung um einen Beitrag zu ihrer Beilage bat. Ostpreußen sehen, würde eine Lücke in seiner Bildung schließen, so schrieb er, und sein Besuch würde eine gewisse Demonstration gegen die Vorurteile derer sein, die es für ein kulturell »abgeschnürtes Gebiet« hielten, in das »die Säfte Deutschlands nur spärlich dringen«.[93]

Fast den ganzen August verbrachten sie in Rauschen mit Elisabeth und Michael, der Aufenthalt hielt alles, was er sich von ihm versprochen hatte. Das Material zum *Joseph* und das bereits unhandliche Manuskript mitzunehmen, wäre unpraktisch gewesen, doch er verbrachte – da ein Urlaub ohne Arbeit undenkbar war – seine Vormittage am Strand damit, für Fischer Vorschläge zu einer weiteren Sammlung seiner Essays und kürzeren Stücke zu notieren und den Umriß zu einer neuen Novelle, *Mario und der Zauberer*, die auf ihren Aufenthalt in Forte dei Marmi vor drei Jahren zurückging, zu skizzieren. Wie der *Tod in Venedig* beruhte die Geschichte völlig auf Tatsachen: sie hatten in einem solchen Hotel gewohnt und in der Tat den Auftritt eines »Zauberers« mit Kunststücken und Hypnose erlebt, das tragische Ende war dann Erikas Einfall gewesen, die beim ersten Hören der Erzählung erstaunt war, daß man den widerlichen Zauberkünstler nicht erschossen habe. Das Erlebnis der sinistren und beunruhigenden Atmosphäre des faschistischen Italien kam in der Novelle voll zum Ausdruck. Es ginge zu weit, sagte Mann später, in der Gestalt des Cipolla lediglich einen verkleideten Mussolini zu sehen, doch er ließ keinen Zweifel an der ethischen Lektion, die er zu geben versucht habe: eine Warnung vor menschlicher Erniedrigung und der freiwilligen Unterwerfung unter die Macht der Diktatoren und »Führer«, die in Europa beängstigend anwuchs.[94] Man ist versucht, in die mysteriös verkrüppelte Erscheinung des Zauberers und seine hypnotische Kraft der Massensuggestion eine teuflische Verbindung von Adolf Hitler und Joseph Goebbels hineinzulesen, wie es ein Kritiker mit nachträglicher Einsicht getan hat.[95] Soviel hatte der Autor damals kaum im Sinn, wenngleich er das Werk seine »erste Kampfhandlung« gegen die faschistische Bewegung nannte.[96]

Der nationalsozialistische Einfluß zeigte sich in Ostpreußen bald nur allzu deutlich, vorläufig aber begrüßte man die Anwesenheit Thomas Manns in Königsberg herzlich. Vor seiner Abreise gab er in der Goethe-Gesellschaft eine Lesung aus dem *Joseph*. Der Höhepunkt des Aufenthalts war freilich ein Besuch im benachbarten Memelgebiet, das nach dem Vertrag von Brest-Litowsk von Rußland aufgegeben und seitdem von Litauen übernommen worden war. Bei einem kurzen Aufenthalt in Nidden waren sie hingerissen von der phantastischen Welt der Kurischen Nehrung, dem Landstreifen zwischen dem Süßwassersee des Haffs und der weiten Ostsee, die bis Schweden offen war, ein Land voller Sanddünen, die an die Sahara erinnerten, mit Fichten- und Birkenwäldern, die eine Kolonie von Elchen beherbergten, friedliche Ungetüme, mit denen die Kinder bald umzugehen wußten. Die freundlichen Fischersleute, die ein vom Slawischen und Litauischen stark beeinflußtes Deutsch sprachen und die ungewöhnliche Attraktion von Land und See, erweckten in Thomas Mann wieder einmal den Drang zum Bauen, so daß man an Ort und Stelle die ersten Schritte zum Erwerb eines Grundstücks unternahm. Nach ihrer Rückkehr verfolgte Katia das Projekt mit der ihr eigenen Energie, alles wurde brieflich erledigt: eine neunundneunzigjährige Pacht der »Schwiegermutterhöhe« und ein Vertrag mit einer Architektenfirma, ein einfaches hölzernes Ferienhaus im lokalen Stil mit Strohdach, den traditionellen gekreuzten Pferdeköpfen am Giebel und braunen Holzmöbeln zu bauen und einzurichten. Die Finanzierung war durch eine neue Volksausgabe der *Buddenbrooks*, von der ihm Fischer 125 000 Mark in Raten zwischen Oktober und Juli versprach, mehr als sichergestellt. Die Räumlichkeiten beschränkten sich auf Schlafzimmer, einen Wohn- und Eßbereich und eine Veranda, es gab natürlich im ersten Stock ein kleines abgetrenntes Arbeitszimmer für den Meister. Zum Antritt ihres Urlaubs im Jahr 1930 war alles fertig, für drei Jahre sollte das Thomas-Mann-Haus oder »Onkel Toms Hütte«, wie es einige Einheimische nannten – das erste Heim eines Fremden in dieser Gegend –, zu ihrem Sommeraufenthalt werden. Katia sagte später, es sei seine erste Begegnung mit dem primitiven Leben gewesen, zeitgenössische Aufnahmen lassen jedoch ein gewisses Maß an Komfort erkennen, und er meinte es nicht ganz ironisch, wenn er von seinem »Lustschlößchen« sprach.[97]

Im Herbst nahm er die Arbeit am *Joseph* wieder auf, widersetzte sich so weit wie möglich anderen Forderungen an seine Zeit und lehnte eine Einladung nach Erlangen ab, um die Platen-Medaille entgegenzunehmen: »Es kommt eins zum anderen, die Monate und Jahre vergehen, das Leben neigt sich und man hat das beängstigende Gefühl, aus lauter Schwäche und Nachgiebigkeit gegen die Welt nicht zu dem eigentlich Seinen gekommen zu sein.«[98] Am 12. November 1929 kam aus Stockholm jedoch die Nachricht von einer Forderung an seine Zeit, die er nicht ablehnen konnte: die Verleihung des Nobelpreises für Literatur, seit Hauptmann im Jahr 1912 die erste an einen deutschen Schriftsteller. Das traf ihn nicht ganz unvorbereitet, da er wiederholt als Kandidat im Gespräch gewesen war und das Gefühl hatte, daß ihm der Preis eines Tages zukommen würde, doch er hatte in den vielen Diskussionen der jüngsten Jahre seinen eigenen Namen nie vorgedrängt. Es überraschte ihn nur, daß der Preis die *Buddenbrooks* als seine eigentliche Leistung hervorhob, als Roman, »der im Laufe der Zeit eine immer mehr gefestigte Anerkennung gefunden hat als ein klassisches Werk der Gegenwart«, anstelle seines gesamten Werks, insbesondere seines Fortschritts zum *Zauberberg*, den man seinem Empfinden nach ebenso hätte berücksichtigen müssen.

Gegen einige Stimmen, die seine Wahl anstelle des eben verstorbenen naturalistischen Dramatikers Arno Holz kritisierten, behauptete er den eigenen Anspruch auf die Auszeichnung und verweigerte jede unmittelbare Unterstützung für die Witwe von Holz. Das Geld sei nicht für wohltätige Zwecke gedacht, sagte er, sondern zur materiellen Unterstützung des Schriftstellers, vor allem wenn dieser – wie er – jahrelang ohne Einkommen »an einem Werk von zweifelhaften praktischen Aussichten arbeitet«, so daß er für sich und seine Familie »ohne Sorgen sein kann«.[99] Ein solches Pharisäertum enttäuscht bei einem Menschen, dessen Einkommen kaum besser hätte sein können und der sich mit Sicherheit auf die günstigen Aussichten des in Arbeit befindlichen »großen Werks« verlassen konnte, unabhängig von dessen Entstehungsdauer. Zwar denke er daran, bestimmte Beträge zugunsten von Unterstützungskassen notleidender Kollegen zu stiften, ein Weg, auf dem Frau Holz geholfen werden könnte. Inwieweit er dieses Versprechen erfüllte, ist nicht bekannt. Seinem *Lebensabriß* nach zu schließen, den er kurz darauf verfaßte, war es kaum der Fall. Er sehe sich vor der Wahl, schrieb er dort mit mangelnder Aufrichtigkeit, entweder »den ›vom Mammon Verhärteten‹ oder den Schwachkopf zu spielen, der eine zu anderen Zwecken bestimmte Summe ins Hoffnungslose verzettelt«.[100] Zweifelsohne fand der größte Teil der Summe von 200 000 Mark Verwendung für persönliche Zwecke, abgesehen von einigen wenigen Spenden und der Begleichung der drückenden Schulden von Erika und Klaus. Heinrichs Glückwunsch über den Rundfunk war wohl nicht ganz frei von einem Anflug des Neids: Der Nobelpreis versetze »einen ohnedies erfolgreichen Schriftsteller ... unter die Reichen. So soll es auch sein ... Die Literatur bleibt, wie je, eine Macht; und da die Macht sich allgemein faßlich in Geld ausdrückt, so fällt ihr Geld zu.«[101]

Die Nachricht von der Verleihung brachte ihm ungeheure Mengen Post, wo er bei der späteren Beantwortung vieler der Glückwunschschreiben die gedruckte Karte für ungenügend hielt, schlug er einen entschuldigenden Ton an: »Im Übrigen bin ich nicht der Mann, dem so etwas wie Stockholm in die Krone fährt! ... die lächerliche Gefahr des Dünkels könnte man höchstens im Ruhestande laufen. Arbeit erhält bescheiden.«[102] Doch die Dutzende von Interviews für die deutsche Presse und die Weltpresse waren durchaus nicht unwillkommen. Zweimal mußte er in München auftreten, im Anschluß an eine Lesereise Ende November im Rheinland, die bereits geplant war, fand eine Feier im Auditorium maximum der Bonner Universität statt, wo der Fußboden unter dem enthusiastischen Getrampel der Studenten durchzubrechen drohte. Die wenigen Wochen, bevor er im Dezember mit Katia nach Stockholm reiste, waren auf diese Weise stark in Anspruch genommen, erst kurz vor dem Weihnachtsabend gelang es ihnen, den sicheren Münchner Hafen wieder zu erreichen.

Bei ihrer Ankunft am 9. Dezember in Stockholm wurden sie von Vertretern der Schwedischen Akademie, der Deutschen Gesellschaft und der Deutsch-Schwedischen Vereinigung empfangen; nach einer Pressekonferenz und einem Empfang in der deutschen Botschaft gab er auf einer Veranstaltung der Vereinigung eine Lesung aus *Buddenbrooks* und *Joseph*. Der feierlichen Überreichung des Preises am 10. Dezember durch König Gustav Adolf V., in Gesellschaft der anderen Preisträger, darunter Louis de Broglie (Physik) und Sir Frederic Hopkins (Medizin), folgte das traditionelle Bankett im Konserthus. In seiner kurzen Rede sprach er mit geziemender Bescheidenheit von der überwältigend dramatischen Wirkung des Anlasses auf das gewöhnlich geruhsame Dasein des Erzählers und wollte in der Ehre, die »mehr oder weniger zufällig« auf seinen Namen laute, nach langen Jahren wieder eine Huldigung an den Geist Deutschlands und des deutschen Volks sehen. »Sie machen sich schwer eine Vorstellung von der sensitiven Empfänglichkeit dieses verwundeten und vielfach unverstandenen Volkes für solche Zeichen der Weltsympathie.« Deutschland habe trotz der ungünstigen Umstände der vergangenen fünfzehn Jahre das europäische Prinzip gewahrt: politisch, indem es Anarchie vermied, geistig, indem es »das östliche Prinzip des Leidens mit dem westlichen Prinzip der Form« in seinem künstlerischen Schaffen zu einen verstand.[103] Am folgenden Tag fanden ein Mittagessen im Rotary-Club und ein Abendessen beim König statt, an dem frühere Preisträger wie Selma Lagerlöf teilnahmen, am 12. Dezember las er wieder in der Deutsch-Schwedischen Vereinigung. Weitere Einladungen erwarteten ihn in Kopenhagen, wo der deutsche Botschafter Ulrich von Hassell zu seinen Ehren eine Rede hielt, dann in Berlin, wo der PEN-Club einen Empfang veranstaltete und er eine kurze Rundfunkansprache hielt, bevor sie endlich nach München zurückkehrten.

In einem Interview in Hamburg hatte er als seinen angenehmsten Eindruck in Schweden eine Achtung und verständnisvolle Sympathie für Deutschland genannt, die nun noch greifbarer sei als während des Krieges, es sei daher natürlich gewesen, in seiner Rede einen patriotischen Ton anzuschlagen, den er zu Hause vermieden hätte. Seine *Mario*-Novelle würde beweisen, daß er aus seiner Abneigung gegen den Faschismus in Italien kein Hehl mache und sich unbeirrbar einem solchen Regime für Deutschland widersetze. Europas Verschiedenartigkeit mache Verallgemeinerungen gewiß nicht ratsam, der Weg zur Einheit des Kontinents würde lang und kompliziert sein; was die Zukunft angehe, sei er aber optimistisch.[104] In einer Neujahrsbotschaft an eine Hamburger Zeitung beklagte er die vom Ausland ständig empfohlenen Kuren zur Behandlung der »deutschen Psyche« – »Faschismus und Amerikanismus ... gleich unmöglich, gleich untauglich und beides kann nur von Leuten gepredigt werden, die keine Ahnung haben von Deutschlands und Europas seelischer Verfassung« – er setze seine Hoffnung auf die jüngere Generation.[105]

Die Ereignisse des kommenden Jahres sollten nicht einmal diesen gemäßigten Optimismus rechtfertigen. Die Machtübernahme der Nationalsozialisten im Februar in Thüringen, unter der Führung des später berüchtigten Wilhelm Frick, konnte er nicht ohne Kommentar vorübergehen lassen, in einem offenen Brief brachte er aber immer noch die Hoffnung zum Ausdruck, daß es sich dabei um eine vorübergehende Episode handle. Im Januar verbrachte er zehn Tage in Ettal mit der Abfassung des kurzen Lebenslaufs, um den das Nobelkomitee gebeten hatte, bereitete aber gleichzeitig einen ausführlicheren *Lebensabriß* zur Veröffentlichung in Deutschland vor – einen vorzeitigen und vorläufigen Bericht, wie er nach dessen Erscheinen in der Juni-*Rundschau* schrieb, da er »die stille Absicht habe, einmal in größerem Rahmen mein Leben darzustellen«.[106] 1930 war, wie er sich nicht enthalten konnte zu bemerken, eine weitere jener runden Zahlen in seiner Laufbahn, diesmal betraf sie seine Silberhochzeit, er schloß den Abriß mit einer anmutigen Huldigung an Katia: »dies schwierige, Geduld vor allem erfordernde, aber leicht ermüd-verstörbare Leben, von dem ich nicht weiß, wie es sich ohne den klugen, tapferen und zart energischen Beistand der außerordentlichen Gefährtin auch nur, wie geschehen, hätte behaupten sollen«.[107] Als am 11. Februar der Tag gekommen war und die Pringsheims für die Familie in der Arcisstraße ein üppiges Abendessen gaben, erinnerte Viktor zur allgemeinen Erheiterung an die Hochzeitsrede des Bruders – die kürzeste, die man je aus seinem Munde gehört habe.

Sorgen über die politische Lage in Deutschland, wo die Arbeitslosigkeit steil anstieg und die Auseinandersetzungen zwischen Rechts und Links immer schärfer wurden, sowie über die Weltwirtschaftskrise seit dem New Yorker Börsenkrach im Oktober 1929 konnten bald für einige Zeit vergessen werden. Die Schlußworte des Lebensabrisses sprachen von »einer Reise, die mich an die Stätten meines Romans, nach Ägypten und Palästina führen soll. Den Himmel und viel Menschliches meine ich nach dreitausendfünfhundert Jahren dort unverändert zu finden.« Diese zweite, zweimonatige Inspektionsreise – »die größte, bedeutendste meines Lebens«[108] – war kostspielig, lag aber unbestreitbar im Interesse des »großen Werks«, und das rechtfertigte für ihn die Ausgabe des Nobelpreis-Gelds. Die Reise begann am 14. Februar, führte sie über Genua nach Alexandria und Kairo, dann zu Schiff den Nil aufwärts nach Assuan und Nubien. Auf dem Rückweg nach Kairo besuchten sie noch einmal Luxor und fuhren dann weiter nach Palästina; eine schwere Amöbenruhr, die sich Katia und darauf auch er in Kairo zugezogen hatten, hielt sie hauptsächlich in Jerusalem fest, doch er konnte eines der Kibbuze in der Nähe besuchen und einen Ausflug nach Tel Aviv machen. Einen großen Teil ihrer Zeit verbrachten sie gezwungenermaßen im deutschen Krankenhaus in Jerusalem, wo sie unter der guten Pflege eines arabischen Arztes soweit genasen, daß sie sich Anfang April in Haifa nach Triest einschiffen konnten; Katia aber litt bis zum Juni.

Trotz dieser Behinderung waren die visuellen Eindrücke des Schauplatzes seiner Geschichte, der sich in dreieinhalbtausend Jahren so wenig verändert hatte, für ihn von unschätzbarem Wert für den benötigten Hintergrund. Auch für die gegenwärtige Lage Palästinas und die ungeheuren Leistungen der Siedler war er aufgeschlossen. In einem Interview für das *Palestine Bulletin* zeigte er seine Sympathie für die zionistische Bewegung, betonte aber auch die Notwendigkeit der Toleranz für die eingeborenen Araber, deren geschichtliche Verbundenheit und ihr Recht auf das Land nicht vernachlässigt werden dürften. Wenn man die feuerköpfige Ungeduld der zionistischen Vision zu zügeln verstünde, wäre der Weg zu einer friedlichen Koexistenz frei. In ihren Zielen und Idealen erinnere ihn diese Vision an die romantische Bewegung im Deutschland des 19. Jahrhunderts, die dem gleichen Wunsch nach Selbstbefreiung entsprungen sei.[109] Später jedoch behauptete er, der Zionismus könne nicht die umfassende Lösung für das Problem der »sechzehn Millionen Juden« der Welt sein (das mit der Verschärfung des Antisemitismus in Deutschland zu einer brennenden Frage wurde), die Juden in Europa und Amerika sollten wohlassimilierte Bürger ihrer Länder bleiben und ihren traditionellen Glauben behalten dürfen.[110]

Zu Hause erwartete sie die Nachricht von der Fertigstellung des Hauses in Nidden, und sie begannen mit der Planung eines langen Sommeraufenthalts dort. Die politischen Aussichten in Deutschland waren keineswegs günstig. Brüning, im März mit Unterstützung des Reichspräsidenten von Hindenburg Kanzler geworden, war der Ansicht, die einzige Lösung der Probleme von Depression, Arbeitslosigkeit und der Verschärfung der politischen Spaltungen liege in einer Steuerreform, die, falls nötig, durch eine Notverordnung durchgesetzt werden müsse. Der Reichstag widersetzte sich, wurde im Juli aufgelöst, Neuwahlen wurden auf den 14. September anberaumt, und das Finanzprogramm wurde durch Präsidentialgewalt angeordnet. Mit den besten Absichten schlug Brüning dadurch jedoch die erste Bresche in die Weimarer Verfassung und bereitete den Weg für rücksichtslosere Männer, die ihn bald verdrängten und die demokratische Regierung in Deutschland endgültig zerstörten.

Thomas Mann sah im Sommer eine solche Entwicklung kaum voraus, war aber über die zunehmende politische Polarisierung höchst beunruhigt. In einem Interview mit Manfred George von der *Neuen Leipziger Zeitung* im Juni – bei dem der Journalist seinen jüngsten Eindruck von Oberammergau und den Eindruck Thomas Manns vom zionistischen Experiment als Beispiele einer Welt anführte, die von »Glauben und Gläubigkeit« aller Art durchdrungen sei, und die beiden großen politischen Bewegungen des Faschismus und Bolschewismus zitierte, die in gleicher Weise auf Massenglauben beruhten – verwarf Mann diese Bewegungen rundweg als bloßen Ersatz für echten Glauben. Keine von beiden biete einen Lebenssinn, sie würden kaum überdauern, auch wenn der Bolschewismus bei der Erweckung des menschlichen Gewissens eine Rolle gespielt habe. »Ich bekämpfe jede einseitige Bewegung aus meinem Gleichgewichtsbedürfnis heraus.«[111] Im Juli unterzeichnete er in einem Wiener Blatt bereitwillig einen öffentlichen Aufruf gegen Rassentheorie (die mit der sogenannten Arierdoktrin eine wichtige demagogische Stütze des nationalsozialistischen Programms bildete). Seine Aufmerksamkeit galt dem moralischen eher als dem politischen Aspekt; der Notwendigkeit jener Synthese von Geist und Leben, die allein schöpferisch sein könnte, auch auf die Gefahr hin, wie er in dem Interview gesagt hatte, daß man ihn einen altmodischen Liberalen des 19. Jahrhunderts nenne. Im Mai schrieb er in einem Brief, die Kunst liege heutzutage »in den Händen von bösartigen Spießbürgern und Militaristen, die, wenn sie ›Seele‹ sagen den Gaskrieg meinen und tief verärgert sind, wenn wir ihnen nicht auf den Leim dieser Verwechslung gehen«.[112]

Diesen Satz gebrauchte er später wörtlich in einem Vortrag über die Lage des Schriftstellers, den er vor dem Rotary-Club in Den Haag hielt – am Tag unmittelbar vor den Wahlen zum neuen Reichstag, doch ohne Bezug darauf zu nehmen. Die Wahlkampagne führte zu beträchtlichen Gewaltausschreitungen, vor allem bei den großen nationalsozialistischen und kommunistischen Versammlungen und bei den Zusammenstößen von Demonstranten. Der Ausgang der Wahl brachte einen enormen Erfolg für die Nationalsozialisten, die über sechs Millionen Stimmen erhielten, das Achtfache von 1928. Mann setzte seine Hoffnung immer noch auf den gesunden Menschenverstand der gewöhnlichen Leute und hielt diese nun mächtige NSDAP für einen »Koloß auf tönernen Füßen«.[113] Bertram, der ihn kurz darauf besuchte, war bestürzt über seine Ausbrüche gegen Hitler, den Führer einer Bewegung für »Reich, Macht und Freiheit«, in der er selbst die Verwirklichung der ästhetischen Ideale Stefan Georges zu erblicken glaubte.[114] Mann war eben von dem Vortrag in Den Haag und einer Lesung aus dem *Joseph* in Genf zurückgekommen, wo der Völkerbund tagte, und er in einem Interview für die *Schweizer Illustrierte* von der Verpflichtung des Künstlers und Schriftstellers gesprochen hatte, bei der Eindämmung der Unvernunft mitzuwirken. Man dürfe nicht schweigend zusehen, wenn die Welt bemüht sei, das größte aller Probleme zu lösen – wie man den Menschen davon abhalten könne, »dem Mitmenschen der ärgste Feind zu sein«.[115] Bertram fragte sich, was George davon gehalten hätte. Er hatte nun, von der Verheißung der nationalsozialistischen Bewegung bereits verführt, blind gegenüber ihrer Brutalität und ihrem Nihilismus, deutlich einen politischen Weg eingeschlagen, der dem Thomas Manns völlig entgegengesetzt war, auch wenn ihre Freundschaft bestehenblieb.

Während seines Aufenthalts im August mit der Familie in Nidden hatte Thomas Mann von der Wahlkampagne nichts bemerkt. Er hatte das *Joseph*-Manuskript mitgenommen, lehnte Einladungen ab und arbeitete an den Vormittagen gleichmäßig weiter; den restlichen Tag widmete er Elisabeth und Michael, las und zeichnete zuweilen für sie und ruderte mit ihnen im Mondschein auf dem Haff. Das Haus entsprach völlig ihren Erwartungen, die Abgelegenheit vom Dorf war gut gewählt, da Nidden zu einem beliebten Erholungsort für die Berliner geworden war, Exemplare der *Buddenbrooks* stapelten sich in der Buchhandlung, und die einheimischen Kinder boten außer ihren Körben voll Früchte und Fische auch eifrig Thomas-Mann-Photographien zum Verkauf an. Es war wohl ratsam, sich von den Neugierigen fernzuhalten und ihnen keine Gelegenheit zu geben, Aufnahmen von ihm im Badeanzug oder in Seemannskleidung mit Mütze und Blazer zu machen. Alfred Pringsheims achtzigster Geburtstag wurde dort gefeiert, mit einem Feuerwerk, wie es die Gegend noch kaum gesehen hatte, der alte Herr genoß eine Wanderung über die Dünen. Einen Teil der Zeit verbrachte Hans Reisiger bei ihnen, der neun Jahre jüngere Schriftsteller, den Thomas noch aus der Vorkriegszeit kannte. »Reisi« war bei allen Kindern sehr beliebt, er war sportlich, ein großer Geschichtenerzähler und ein höchst aufgeschlossener und natürlicher Kamerad ohne die übliche Herablassung der Erwachsenen. Er war ein fleißiger Arbeiter, vor allem als Übersetzer, und hatte etwas recht Bohèmehaftes an sich, was ihrem Vater vermutlich gefiel, für den er, wie Golo bemerkte, zu einer Art Hofnarr wurde. Mit Herrn Reisiger sei der Papa immer so aufgeräumt, sagte Elisabeth. Der Freund gehörte jedenfalls zu den wenigen, in deren Gesellschaft sich Thomas Mann wirklich zu entspannen schien, und war stets ein willkommener Gast.

Es war eine Wohltat, daß der Monat in Nidden guten Fortschritt in der Hauptarbeit brachte, denn das restliche Jahr wurde völlig von anderen Dingen in Anspruch genommen. Im Oktober konnte er zwischen den Ausflügen nach Den Haag und Genf »Finis« unter die *Geschichten Jaakobs* setzen, auch der neue Essayband (*Die Forderung des Tages*, Reden und Essays der vergangenen fünf Jahre) war erschienen. Es war höchste Zeit, wieder die Stimme zur politischen Lage zu erheben, als unter unerhörten Ausschreitungen der neue Reichstag in Berlin eröffnet wurde, die Nazis ihre Macht auf der Straße demonstrierten und jüdische Kaufhäuser zerstörten. Am 17. Oktober hielt er im Berliner Beethovensaal eine entschiedene Rede unter dem Titel *Deutsche Ansprache. Ein Appell an die Vernunft*: eine Warnung vor der Gefahr des Nationalsozialismus und der Ruf nach einer Vereinigung konservativer und sozialdemokratischer Kräfte, um ihn zu bekämpfen. Sein Auftreten war für die Nazis der Anlaß, den Saal mit ihren Anhängern zu füllen, was Arnolt Bronnen, der sich hinter dunklen Gläsern versteckte, organisiert hatte. Bei den zunehmenden Zwischenrufen und Pfiffen konnte er sich nur immer schwerer verständlich machen. Er sprach tapfer weiter, Erika und Klaus, die unter den Zuhörern waren, waren stolz auf seinen Mut; schließlich aber mußte er seine im Lärm untergehenden Ausführungen zu einem beschleunigten Ende bringen (sehr zur Erleichterung von Frau Fischer in der ersten Reihe, die ihm zuflüsterte, er solle so schnell wie möglich aufhören). Die wütenden Parolen seiner Gegner drohten, als er die Bühne verließ, in Gewalt umzuschlagen. Bruno Walter und seine Frau konnten ihn aber aus dem Vorraum durch die benachbarte Philharmonie zu einem Seitenausgang schmuggeln, wo Walter vorsorglich seinen Wagen abgestellt hatte.

»Die Nationalsozialisten als Partei halte ich für einen Spuk, der bald vergehen wird«, sagte er in einem Interview drei Tage später, »sie unterscheiden sich von den italienischen Faschisten durch ihre unerhörte Ungeistigkeit. Außerdem – ich mag auch Mussolini nicht leiden, aber er ist doch ein Halbgott gegen Herrn Hitler. Mussolini weiß doch wenigstens etwas von der Welt.«[116] Er gehöre keiner Partei an, glaube aber an die demokratische Republik, aus diesem Grund habe er die Zusammenarbeit zwischen freiheitsliebenden Konservativen und den Sozialdemokraten gefordert und die Wiederwahl eines SPD-Präsidenten für den Reichstag begrüßt. Er sei der festen Überzeugung, daß die Deutschen für die absehbare Zukunft bei weitem zu vernünftig seien, um die politische Anarchie zuzulassen. Später gab er allerdings zu, daß eine konservativ-sozialistische Allianz damals kaum mehr als ein leerer Traum gewesen sein konnte, bereute aber seine Versuche, sie ins Leben zu rufen, nicht. Es war seine erste direkte Einmischung in die Welt der aktiven Politik. Heinrich scheint für eine solche Allianz ein Manifest entworfen zu haben, aber weder er noch Thomas, der vergeblich versucht hatte, Hauptmann für die Sache gegen die »Schande der nationalsozialistischen Pöbelherrschaft« zu gewinnen, konnten irgendwelchen Erfolg verbuchen.[117] Thomas war zu dieser Zeit bereit, jede Unterstützung gegen den Nationalsozialismus anzunehmen, sogar von der katholischen Kirche oder vom Kommunismus, »der doch irgendwie des

Geistes ist, die Gerechtigkeit und das Glück will«.[118] (Er sei bereits seit einigen Jahren Mitglied der Gesellschaft der »Freunde des Neuen Rußland«, schrieb er an Ida Herz, und habe interessantes Material über ein Land erhalten, »von dessen großem sozialen Experiment man nie genug wissen kann, ob man mit dem Kommunismus sympathisiert oder nicht«.[119])

Ende November traf ein höchst attraktiver Vorschlag des Verlegers Droemer ein, der Auftrag für ein Buch über Goethe zur Jahrhundertfeier 1932, in einer Auflage von einer Million, für das er 200000 Mark erhalten würde, zur Hälfte bei der Unterzeichnung des Vertrags, zur anderen Hälfte bei Ablieferung des Manuskripts. Pflichtgemäß setzte er Fischer davon in Kenntnis, mit der Bemerkung, die Arbeit unter solchem Termindruck widerspreche seinem Wesen. Gute Argumente sprächen aber auch für das Projekt. Ein umfangreiches Werk über Goethe passe zweifelsohne in sein »inneres Programm«, sosehr dadurch auch der *Joseph* verzögert würde, und solch längere Abschweifungen hätten ihn nie davon abgebracht, mit »Nägeln und Zähnen« an seinem Hauptziel festzuhalten; auch das Publikum würde ein derartiges Buch im kommenden Jahr vielleicht freundlicher aufnehmen als den ersten Band des *Joseph* (ein diskreter Hinweis auf den nun grassierenden Antisemitismus); schließlich sollten ihm wohl auch die Übersetzungsrechte zufallen, und so könne er für eine englische Fassung bessere Bedingungen erreichen als durch den bestehenden Vertrag Knopfs mit Fischer. Mit einem Wort, er war mehr als halb geneigt, den Auftrag zu übernehmen und verlangte von Fischer entweder seine Zustimmung oder einen Gegenvorschlag zu ähnlichen Bedingungen.[120] Verständlicherweise war das letztere der Fall, und Gottfried Bermann, der Schwiegersohn Fischers, der sich anschickte, die Verlagsleitung von dem alten Herrn zu übernehmen, machte einen detaillierten Vertragsentwurf mit so ziemlich dem gleichen Angebot, und Droemer mußte sich anderwärts umsehen. Die Vorstellung einer langen Unterbrechung in der Entstehung des *Joseph*, nur um im Jubiläumsjahr zwei ähnliche Werke miteinander konkurrieren zu sehen, ließen Thomas Mann von neuem zögern. Schließlich gaben beide Verleger das Vorhaben auf. Das Ganze wirft ein bezeichnendes Licht auf die Honorare, die er damals für sein Werk erwarten konnte, und auf seine (und Katias) scharfen Blick für finanzielle Vorteile.

Die Entwicklung der Sektion für Dichtkunst in der Preußischen

Akademie zu einer nationalen »Akademie« nach französischem Muster war in den vier Jahren seit ihrer Gründung in Berlin alles andere als günstig verlaufen. Hinter der öffentlichen Diskussion hatte es interne Uneinigkeit gegeben, häufig nur über läppische Verfahrensfragen, etwa darüber, ob die Gewählten »Akademiemitglied« hinter ihre Namen setzen dürften oder müßten. Ende 1930 zeigte sich eine immer tiefere Kluft, nicht nur zwischen den Befürwortern und Gegnern eines nationalen im Gegensatz zu einem preußischen Konzept, sondern auch zwischen Rechts und Links im politischen Sinn. Im November teilte Hermann Hesse seinen Austritt mit, da er das Gefühl habe, bei »Ausbruch des nächsten Krieges« werde eine solche Akademie viele der prominenten Leute zur Verfügung stellen, deren Lügen im Auftrag des Staats das Volk wiederum irreführen würden, wie im Jahr 1914. In Sondersitzungen im Dezember sicherten sich die Berliner Mitglieder (unter anderen Alfred Döblin, Walter von Molo, Oskar Loerke) eine Mehrheit von Stimmen, darunter die von Thomas und Heinrich Mann, für einen Antrag zur Aufhebung der Statuten und einen Neuanfang. Das führte im Januar zum Rücktritt der mehr rechtsgerichteten Mitglieder Wilhelm Schäfer, Erwin Guido Kolbenheyer und Emil Strauss. Thomas Mann hatte bestimmte Vorstellungen von der zukünftigen Rolle der Sektion für Dichtkunst und war bereit, Zeit für Briefe an die Betreffenden aufzuwenden, solange dadurch seine Pläne für die Arbeit – und einen Winterurlaub mit Katia in St. Moritz – nicht unterbrochen wurden. Die außerordentliche Generalversammlung, die am 27. Januar in Berlin abgehalten wurde und bei der sein nun in die Hauptstadt umgezogener Bruder zum Vorsitzenden gewählt wurde, mußte allerdings ohne ihn stattfinden. Das danach ausgegebene Kommuniqué ermutigte ihn, aber die darauffolgenden Monate der Intrigen und endlosen Diskussionen über die revidierten Statuten waren enttäuschend. Angesichts der Verfinsterung des politischen Horizonts in Deutschland hatte er das Gefühl, die Sache werde in der Tat »akademisch«, auch wenn er weiterhin so aktiv wie möglich blieb und, allerdings ohne Erfolg, versuchte, Hesse zu einer Rücknahme seines Austritts zu bewegen.

Bei der ohnehin nicht sehr regelmäßigen Arbeit am *Joseph* ließ er sich nun so wenig wie möglich stören. Eine Einladung zu einer Feier für Freud schlug er ab mit dem Hinweis auf anderweitige Verpflichtungen und die Notwendigkeit, in seinem Alter mit seinen Kräften haushalten zu müssen und tröstete sich damit, daß er dem »großen Gelehrten« ja bereits öffentlich gehuldigt habe.[121] Die anderweitigen Verpflichtungen bestanden in einem abermaligen Besuch in Paris, wo im Mai die französische Ausgabe des *Zauberberg* vorzustellen war, vorher noch, Ende März, einem in Berlin zum sechzigsten Geburtstag Heinrichs, der mit einer Feier in der Akademie und den üblichen Reden begangen werden sollte. Mit seinem Bruder bestand nun eine gewisse Solidarität in politischen Dingen, das persönliche Verhältnis entsprach aber nur jenem »modus vivendi menschlich anständiger Art«, den er bei ihrer Versöhnung im Jahr 1922 vorausgesehen hatte. Aus seiner Besprechung des jüngsten Romans von Heinrich im Dezember 1930 ging sehr klar hervor, daß die starken ästhetischen Vorbehalte weiter bestanden; das abschließende Wort »Genie« schmälerte seine ausgesprochene Kritik an dem atemlosen Tempo und dem jargongeschwängerten Stil nicht, der ihm jetzt ebensowenig zusagte wie in den früheren Werken.

Davon war in seiner Laudatio zu dem großen Anlaß in Berlin freilich nichts zu spüren. Aus seiner Rede wurde, wie nicht anders zu erwarten, ein Essay zur gesonderten Veröffentlichung, den er *Vom Beruf des deutschen Schriftstellers in unserer Zeit* nannte. Er verband das Persönliche mit dem Allgemeinen, erinnerte an die Kindheit inmitten »Lübecker Gotik und einem Schuß Latinität« und die spätere Erfüllung ihrer frühen literarischen Ambitionen, nun sei ein jeder mit Ehren überhäuft. Thomas Mann bemühte sich in dieser Rede, dem Antihumanismus des beginnenden Faschismus dadurch zu begegnen, daß er das wesentlich Deutsche im Beitrag seines Bruders zur Literatur hervorhob, als »klassischer Repräsentant des deutsch-mittelländischen Künstlertums«. »Undeutsch? O ja, undeutsch ist die Liebesherrschaft dieses gallischen Bildungselements, das dein literarisches Timbre färbt, ... – undeutsch im Sinne jener Resignation, die ... Helligkeit, Brio ... Kritik, Farbigkeit, eine sinnliche Geistigkeit, psychologischen Instinkt, artistische Delikatesse ... ausschließen will.« Das sollte Grund zur Zufriedenheit und Ursache des Stolzes sein und nicht als nationaler Verrat angesehen werden: »Wahrhaftig, was deutsch ist, was alles deutsch sein kann und welchen Platz dein Werk einnehmen wird in deutscher Formengeschichte, darüber werden endgültig nicht die zu befinden haben, die heute den keineswegs einfältigen Begriff des Deutschen zu verwalten sich anmaßen.«[122] Es war eine schöne Huldigung, die auch an

Heinrichs frühere Triumphe erinnerte, wie etwa den begeisterten Empfang, den er als deutscher Vertreter bei der Gedächtnisfeier für Victor Hugo in Paris erlebt hatte.

In seiner Beschreibung der »europäisch-deutsch-lateinischen Synthese«[123] im Werk des Bruders folgte er ähnlichen Gedankengängen wie in seinem früheren Vortrag in Den Haag – es sei die Aufgabe des Schriftstellers, die Alternative von Vernunft und geistiger Aufrichtigkeit der Barbarei des Nationalsozialismus und anderer faschistischer Bewegungen in Europa entgegenzusetzen. Auf seinem Weg nach Paris wiederholte er diesen Vortrag im Mai im Straßburger Conservatoire. Der Aufenthalt in Paris, wo er mit einem Ausschnitt aus dem Goethe- und dem Tolstoi-Essay und der Freud-Vorlesung auftrat, sowie Vorträge vor republikanischen Studenten in Erlangen und Nürnberg nach seiner Rückkehr schienen den Glauben an den Erfolg einer solch idealistischen Haltung zu fördern. In Paris traf er zum erstenmal André Gide, bei einem Besuch Gides im Juli in München beeindruckte ihn dessen Verständnis für die Ziele des *Joseph*. Die anschließende Begegnung mit anderen literarischen Berühmtheiten in Genf (unter ihnen Paul Valéry, Gilbert Murray, Karel Čapek, Salvador de Madariaga) bei einer Sitzung der Völkerbundkommission für Literatur und Künste ließen erfreuliche Anzeichen eines echten europaweiten Humanismus erkennen.

Die Heimat zeigte freilich ein anderes und beunruhigenderes Gesicht. Die Gründung einer deutschen Sektion des »Weltfriedensbundes der Mütter und Erzieherinnen«, an der Constance Hallgarten, die Nachbarin der Manns in München, maßgeblich beteiligt war, veranlaßte den nationalsozialistischen *Völkischen Beobachter* zu einem heftigen Angriff auf »schwerreiche Jüdinnen in Pazifismus und Salon-Bolschewismus – Bayerische Prinzessinnen auf dem Aushängeschild des Ghettos von Bogenhausen«. Der Bund wurde zu einer beliebten Zielscheibe für Angriffe in anderen extremistischen Blättern, die den »Walkürenritt« dieser »Holdesten der Holden … Vicki Baum, Frau Gerhart Hauptmann, Frau Thomas Mann«[124] schmähten. Bei ihrem Sommeraufenthalt in Nidden entdeckten die Manns, daß nicht weit entfernt auf deutschem Territorium ein Nazi-Jugendlager errichtet worden war, dessen barsche Kommandorufe bei den paramilitärischen Übungen und patriotischen Lieder vom Wind zu »Onkel Toms Hütte« herübergetragen wurden. Klaus erinnerte sich, wie einige der Hunderte von Jungen, die anscheinend zu

Segelflugpiloten ausgebildet wurden, am Strand entlangmarschierten oder sich rüpelhaft in den Dünen oder in der See herumbalgten, die Hemden, Pullover und sogar Badehosen auffällig mit dem Hakenkreuz geziert. Sein Vater gewährte, gelassen und entspannt, Carmel Haden Guest ein längeres Interview für *John O'London's Weekly*, in dem er sich recht professoral zu seiner Laufbahn und seinem Werk äußerte. Er nützte aber auch die Gelegenheit, um den Nationalsozialismus als ein »pilzartiges Gewächs ohne Wurzeln« und dessen sogenanntes revolutionäres Programm, das sich auf Hitlers absurden *Mein Kampf* gründete, als eine Verirrung zu charakterisieren, die sich keinesfalls mit der Sozialdemokratie und der Philosophie von Marx' »epochemachendem« *Kapital* vergleichen lasse. Was den Kommunismus angehe, sei er der Ansicht, daß trotz der breiten Unterstützung im Volk für die Partei nur eine große Katastrophe Deutschland auf diesen Weg bringen könne, und auch dann werde sich die deutsche Version sehr von der russischen unterscheiden.[125]

Die Distanz, die einem Nobelpreisträger zustand, war aber immer schwerer zu wahren. Besonders verärgerte ihn während seines Aufenthalts in Nidden ein Artikel in den Pariser *Nouvelles littéraires* über eine jüngst erschienene französische Fassung des längst vergessenen *Wälsungenblut*, die von neuem den Tratsch über die Zurückziehung dieser Inzestgeschichte von der Veröffentlichung in Deutschland vor zwanzig Jahren – natürlich auf die Revolverdrohung des Schwiegervaters – aufwärmte. »Sang réservé: Histoire d'une nouvelle« war nicht der erste abschätzige Kommentar in Frankreich, eine Kritik hatte bereits die Unmoral einer Geschichte kritisiert, die der Verfasser nie zur Veröffentlichung im eigenen Land für geeignet gehalten habe – ein Irrtum, da sie ja schon 1921 auf deutsch erschienen war. Er war um seinen guten Namen in Frankreich besorgt, da die ersten Berichte über den Verkauf von *La Montagne Magique* ermutigend waren, wenn auch nicht alle Besprechungen günstig ausfielen. Eine nachdrückliche Widerlegung ging an Martin Du Gard, den Herausgeber der *Nouvelles*, in dem er die wahren Tatsachen über das kleine Werk und seine Geschichte darstellte. Sie wurde auch zur Veröffentlichung an die Berliner *Literarische Welt* geschickt, denn die Affäre war der extremistischen Presse in Deutschland nicht entgangen und hatte eine weitere Gelegenheit zu Angriffen auf Thomas Mann geboten. Im vergangenen Oktober war in einem Artikel diese Darstellung von Blutschande auf französisch als eine »intellektuelle Unreinlichkeit gegenüber dem deutschen Publikum« und als reine »Profitgier« angeprangert worden.[126]

Seine entschiedene Gegnerschaft zum Nationalsozialismus führte beinahe zu einer orchestrierten Kampagne gegen ihn, die im Verlauf des Jahres nicht ohne Wirkung auf ihn blieb. Mit seiner Zeit für Besucher – in der Regel großzügig, vielleicht allzu großzügig – wurde er nun kleinlicher. Als Ida Herz im September mit ihren Problemen zu ihm kam, weise Ratschläge erwartend, mußte sie unbefriedigt abziehen, ihr Vorschlag, von einem ihr befreundeten Künstler sein Porträt malen zu lassen, wurde mit der barschen Bemerkung abgelehnt, es werde sich kaum besser verkaufen lassen als das irgendeines anderen Bürgers. Was finanzielle Unterstützung anginge, habe er, wie er einem jungen Bittsteller im November mitteilte, die Grenze seiner Möglichkeiten erreicht, und Empfehlungen an Verleger seien in der gegenwärtigen Wirtschaftskrise sinnlos. Der ständige Zustrom von Manuskripten zu seiner Beurteilung, die gewöhnlich freundlich entgegengenommen, wenn auch nicht immer voll beachtet wurden, wurde zu einer immer weniger willkommenen Belastung; Empfehlungen aus seiner Feder gingen immer noch regelmäßig an Verleger, doch sein Urteil schien häufig fehlzugehen. *Die Blendung* von Elias Canetti im November ungelesen zurückzusenden war ein besonders drastischer Irrtum, ein schwerer Schlag für den jungen Autor, der nicht nur Anerkennung, sondern eine enthusiastische Aufnahme seiner »Komödie an Irren« erwartet hatte.

Manns schlechte Laune kam mit Sicherheit aus dem Unbehagen über die wachsende Flut des Nationalismus in Europa, den »trüben Zwischenfall«, der »heute dunkel über Europa hinweggeht«, wie er an Benedetto Croce schrieb.[127] Bei einem Besuch in Heidelberg erzählte Erika Golo, der Alte erwäge sogar die Übersiedlung in die Schweiz, da er glaube, von den Nazis verhaftet zu werden[128]; Klaus fand, in München spreche man nur noch vom kommenden »Dritten Reich«, diese Situation und der Gedanke, Deutschland verlassen zu müssen, machten seinen Vater mürrisch. Geldsorgen schienen auch plötzlich aufgetaucht zu sein, er habe in den letzten drei Monaten nur 1200 Mark verdient, sagte Erika, »nicht einmal ein Zehntel von dem, was er gewöhnt«[129] sei. Ein solcher Pessimismus war verfrüht, denn im Dezember tat sich mit einer neuen Buchklub-Ausgabe des *Zauberberg*, von der eine beträchtliche Summe zu erwarten war, eine neue Geldquelle auf, und vermutlich hatte er mit einem Teil des Nobelpreises bereits vorsorglich ein Schweizer Bankkonto eröffnet. Die Weihnachtsfeierlichkeiten im Kreise der ganzen Familie in München ließen jedenfalls keine Verschlechterung ihrer Umstände erkennen, er war entzückt von seinem Geschenk, dem neuesten Modell eines Radiogrammophons mit besonderem Lautsprecher.

Die Niedergeschlagenheit dauerte jedoch im neuen Jahr an, mit der unvermeidlichen Auswirkung auf seine Gesundheit, so daß er den Großteil der Feiertage im Bett verbringen mußte. Über die bemerkenswerte Entwicklung von Michaels musikalischer Begabung schien er wenig Stolz oder Freude zu empfinden, für Golo waren die endlosen Familienmahlzeiten bedrückend, aufgehellt wurden sie nur durch das Erscheinen Erikas. Der wenig festliche Gruß seines Vaters an Bertram am 27. Dezember sprach von den »blutigen Wellen«, die er Deutschland nacheinander überrollen sehe: »Glauben Sie mir, die Tage Ihrer ›Universitäten‹ sind auch gezählt, und am Ende ist's nicht schade drum. Am Ende ist es um das Ganze nicht mehr schade, aber das werden wir auszustehen haben!«[130] Anfang Januar, in Erwiderung auf die Verzweiflung eines unbekannten Bewunderers aus Frankfurt, schrieb er die Unsicherheit der Zeit dem Übergang von der bürgerlichen Epoche, die für ihn die Heimat des Geistigen bedeutete, in eine neue, mit unvorhersehbaren gefährlichen Katarakten für den »Strom, der uns trägt« zu. Die bürgerliche nationale Idee sei nun tot, oder vielmehr böse und lebensfeindlich geworden, da es dem Nationalsozialismus gelungen sei, sie in den Augen der Jugend »ins Revolutionäre umzufälschen«.[131]

4

> »Das Entscheidende für mich ist, daß mir jedes direkte Eingreifen in die Dinge in höchstem Grade widersteht und daß ich es unmöglich als meine Aufgabe betrachten kann.«
>
> *TM, März 1932*[132]

So niedergeschlagen er auch sein mochte, in der Öffentlichkeit erklärte Thomas Mann weiterhin seine Opposition zu den Nazis, zuweilen mit einem Optimismus, den die Ereignisse widerlegen sollten. Die Kultur habe von diesen Leuten nichts zu erwarten, sagte er am Jahresende in einem Interview, und er glaube nicht, daß sie ans Ruder kommen würden, da es mächtige Gegenkräfte gebe: nicht nur den Marxismus, sondern auch den Katholizismus, der sich als ein Bollwerk gegen den »Ansturm der Barbarei« erweisen könnte. Die heutigen Vorgänge seien typisch für das deutsche Schicksal: Der Deutsche sei zur Politik berufen, aber nicht geboren, er sei und bleibe der Unpolitische – wie Hamlet »zur Handlung berufen und zum Denken, Analysieren und Anschauen geboren«.[133]

Im Januar 1932 zögerte er nicht, öffentlich den Protest gegen das schändliche Urteil des Reichsgerichts in der Sache Carl Ossietzkys, des Herausgebers der linksgerichteten *Weltbühne*, zu unterstützen – »kein Rechtsspruch im strengen und reinen Sinne des Wortes, sondern ein politischer Akt, der die Abneigung gewisser Mächte und Interessen gegen jede öffentliche Kontrolle zu decken bestimmt ist«.[134] Seine Kommentare, entweder in Interviews oder spontanen Artikeln, neigten aber mehr zum Philosophischen als zum unmittelbar Politischen, und er hatte weder den Wunsch noch die Absicht, den politischen Gruppierungen in aktivem Kampf beizutreten. Dieser Abstand zu den Geschehnissen gefiel Erika nicht, deren Bühnenauftritte man zu boykottieren begann, sie wollte Aktion sehen. Die energische Rede, die sie im Januar bei einer pazifistischen Frauenveranstaltung in München hielt, brachte wütende Angriffe von der Nazi-Presse, nicht nur gegen diese »bolschewistischen Furien«, »hysterische Weiber, maskulin und blasiert«, sondern gegen die ganze Mann-Familie, die als »nachgerade ein Münchner Skandal« geschmäht wurde, »der auch zu gegebener Zeit seine Liquidierung finden muß«.[135]

Das Familienoberhaupt hatte mit seinen Vorbereitungen für eine ausgedehnte »Goethe-Reise« im Jubiläumsjahr mehr als genug zu tun: Ende Februar die Schweiz, im März Prag und Wien, dann Berlin, schließlich Weimar zum Höhepunkt der Feierlichkeiten. Er plante zwei Reden, *Goethes Laufbahn als Schriftsteller* und *Goethe als Repräsentant des bürgerlichen Zeitalters* – die letztere vornehmlich für ausländisches Publikum – aber wenn sie rechtzeitig fertig werden sollten, mußte er den Spannungen in Deutschland entkommen. Den größten Teil des Februars verbrachten sie darum in St. Moritz, wo Erika ihre Begabung als Redakteurin bewies, indem sie vor seinem ersten Auftritt am Monatsende in Bern seinen Redeschwall auf eine erträgliche Länge zurückschnitt. In beiden Reden ließ seine Behandlung des »Vater-Imago« keinen Zweifel daran, daß er sich selbst als Nachfolger Goethes sah: »nur aus der eignen Substanz und dem eignen Sein, aus einer gewissen familiären Erfahrung also, ... weiß meinesgleichen von Goethe zu reden – und warum ein Wiedererkennen, ein Recht auf Zutraulichkeit verleugnen, das weit ins Unpersönliche, ins Nationale reicht!«[136] Sein Gefühl »einer gewissen mythischen Nachfolge und Spurengängerei« sei sehr lebhaft und komme in diesen beiden Reden zum Ausdruck, schrieb er etwas später. Mit Stifter könne er sagen: »›Ich bin kein Goethe, aber einer von seiner Familie.‹«[137] Die Reden gaben keinen Anlaß zu politischen Überlegungen oder Analysen, doch, wie er in einem wortreichen Bericht über die Reise vor dem Münchner Rotary-Club im April sagte, die internationale Achtung, die man Deutschlands größtem Dichter erwies, machte dieses Jahr zu einem Ehrenjahr für seine Menschen und seine Kultur. »Der Deutsche ist nur zu geneigt, sich für verachtet zu halten und dadurch sich das Blut zu vergiften. Nun, es ist zur Verachtung sehr wenig Grund, und auch Goethe, der weiß Gott an seinen Deutschen viel auszusetzen hatte ... hat doch an unsere Unverwüstlichkeit und an unsere Zukunft niemals zu glauben aufgehört ... Wir sind nichts weniger als verachtet. Wir sind allenfalls gefürchtet. Aber in Goethe, diesem Liebling der Menschheit, sind wir auch geliebt.«[138]

Diese beruhigenden Worte wurden nach Ereignissen in Deutschland gesprochen, die sie Lügen straften, und von denen er auf seiner Reise nur aus Presseberichten erfahren hatte, ohne die dahinterstehenden Intrigen zu kennen. Hindenburg hatte gehofft, seine Amtszeit als Reichspräsident verlängern und die Unruhen, die eine Wahl mit sich bringen mußte, vermeiden zu können; Reichskanzler Brüning war es aber nicht gelungen, die Zustimmung der anderen Parteien, vor allem der Nationalsozialisten, zu erhalten, und so fand sich der alte Feldmarschall gezwungen, nicht nur gegen den ehemaligen Gefreiten Adolf Hitler, sondern auch gegen den Kommunisten Ernst Thälmann anzutreten. Die erste Abstimmung fand am 13. März statt. (Da die Manns schon am frühen Morgen nach Prag abreisten, konnten sie ihre Stimmen nicht abgeben.) Es war für Hindenburg demütigend, daß nahezu die Hälfte des Volks gegen ihn stimmte. Die Wahl mußte wiederholt werden, und im April gewann er sie dann mit 19 Millionen Stimmen, gegen Hitlers 13 Millionen und Thälmanns 3,7 Millionen, doch nur aufgrund der Unterstützung durch das Zentrum und die Sozialdemokraten, die den Abgang vieler seiner früheren Bewunderer ins nationalsozialistische Lager wettmachte; seine törichte Abneigung gegen Brüning, gefördert durch die Winkelzüge Schleichers, sollte bedeutsame Folgen haben. In einem Interview am 15. März in Prag meinte Thomas Mann, höchst erleichtert über das Wahlergebnis und voll Vertrauen auf den gesunden Instinkt des deutschen Volks, optimistisch, man habe nun Zeit gewonnen, um günstigere wirtschaftliche Entwicklungen abzuwarten, was immer auch geschehe, die deutschen Arbeiter würden der Abschaffung der Weimarer Verfassung oder dem Verlust der sozialen Errungenschaften der Weimarer Republik niemals zustimmen; und vor seiner Goethe-Rede in der Hofburg in Wien sagte er vor der Presse, der Einfluß der Politik auf die Literatur sei etwas in der Nachkriegszeit durchaus Natürliches, warnte aber vor der Gefahr im reaktionären Antihumanismus der Nazi-Gedanken, so unbedeutend er als Literatur auch sein mochte. Die einzige österreichische Eigenschaft, die er an Hitler bemerken könne, sei sein Antisemitismus; diesen Mann aus Böhmen rassische Reinheit predigen zu hören, sei beinahe komisch. Sein nicht zu bezweifelnder Erfolg sei lediglich billige Demagogie, Agitation, die die Kluft zwischen Deutschland und der übrigen Welt verbreitere und das Gespenst eines neuen Krieges heraufbeschwöre. »Mit einem, freilich starken Wort, kennzeichne ich Hitlers, des Nichtösterreichers, Einfluß: Er ist verbrecherisch.«[139] In der Tat ein starkes Wort, das die Nazis nicht vergessen sollten.

Die Anforderungen dieser Reise waren so aufreibend, daß er für politische Überlegungen kaum Zeit hatte. Am 18. März in der Preußischen Akademie in Berlin war er sich geziemend der Ehre bewußt, vor einem auserlesenen Publikum von dreihundert Personen, der »noch übrigen geistigen Elite Berlins«[140], darunter der französische Botschafter François-Poncet, sprechen zu dürfen, auch die musikalische Umrahmung mit Chören von Zelter und anderen Zeitgenossen Goethes beeindruckte ihn. Weimar, die nächste Station, war enttäuschender. Der Gegensatz von Hakenkreuzkultur und echter Goethe-Verehrung und die touristische Ausbeutung der klassischen Vergangenheit in dieser Hochburg der Hitler-Bewegung war fast amüsant. Die organisatorischen Vorkehrungen waren freilich weniger angenehm. Er mußte sich über die schlechten Plätze beschweren, die man ihm für die Theateraufführungen angeboten hatte, mehr noch darüber, daß er für Katias Platz bei seiner Rede bezahlen mußte. Diesen Mängeln wurde sicher rasch abgeholfen, als er dann aber in der Stadthalle seine Rede über *Goethes Laufbahn als Schriftsteller* hielt, führte die späte Stunde, zu der man sie angesetzt hatte, noch vor ihrem Ende zu einem Massenauszug von Hörern, die *Egmont* sehen wollten; er fühlte sich um den verdienten Erfolg betrogen. Auch die spätere Rede des ehemaligen Akademiemitglieds Kolbenheyer, in der Goethe die Weltbürgerschaft abgestritten und *Iphigenie* als durch und durch »völkisches« Werk dargestellt wurde, konnte seine Stimmung keineswegs bessern. Sogar die Verleihung der Goethe-Medaille bei einer anschließenden Feier, an der Brüning und Reichswehrminister Groener teilnahmen, war für ihn enttäuschend, weil er diesen Persönlichkeiten nicht vorgestellt wurde und er sich nicht vordrängen wollte (er konnte freilich nicht ahnen, daß zwei Monate später beide ihr Amt verloren haben würden). Weitere Auftritte im Mai in Nürnberg, Frankfurt am Main bei der Einweihung des Erweiterungsbaus des Goethe-Museums, schließlich im Juni vor einem großen Publikum in der Universität München, richteten ihn wieder auf. Dort zeigten sich die vielen jungen Leute »leidenschaftlich angetan«, schrieb er an Bertram, »man stelle mit Deutschland auf, was man wolle – meinesgleichen wird nie allein sein«.[141]

Unterdessen hatte der Aufruhr über Brünings Verbot der Hitlerschen SA und SS, aber nicht des sozialistischen Reichsbanners, zu Hindenburgs Forderung nach Rücktritt der Regierung geführt. Länderwahlen im April hatten die Nazis zur stärksten Partei in allen Landtagen außer in Bayern gemacht. Von Papen, nunmehr Nachfolger Brünings, hoffte, sich Hitlers Unterstützung und Willfährigkeit dadurch zu sichern, daß er das Verbot widerrief und neue Reichstagswahlen ankündigte. Das erwies sich, nach den Worten Thälmanns, als eine offene Aufforderung zum Mord, denn die Auseinandersetzungen, die daraufhin von der SA im ganzen Land provoziert wurden, entwickelten sich zu regelrechten Straßenschlachten, in denen Tausende verletzt und Hunderte getötet wurden. Papen reagierte darauf mit der Absetzung der preußischen Regierung, da sie die Ordnung nicht mehr aufrechterhalten könne – ein Streich, der dem alten Dualismus zwischen Preußen und dem Reich ein Ende setzte –, mit der Absicht, Hitler der Mittel zu berauben, die eine dortige Nazi-Regierung gegen das Reich hätte einsetzen können. In der Reichstagswahl vom 31. Juli stieg die Anzahl der nationalsozialistischen Abgeordneten von 170 auf 230 an, was Hitler veranlaßte, die Kanzlerschaft für sich selbst zu beanspruchen. Wütend über die Weigerung Papens und den Tadel Hindenburgs, erzwang er neue Reichstagswahlen im November, bei denen der Stimmenanteil für seine Partei stark zurückging, wodurch bei vielen der Eindruck erweckt wurde, er habe keine Aussichten mehr.

Thomas Mann, der nun unbedingt seine eigentliche Arbeit am *Joseph* wiederaufnehmen wollte, hatte sich mittlerweile Anfang Juli nach Nidden zurückgezogen, vorerst nur in der Gesellschaft Reisigers, zwei Wochen später folgte dann die Familie. Der Erfolg der Nazis und ein »Deutschland, reduziert auf den Begriff, den diese Dummköpfe sich davon machen. Welche Absurdität!«[142] beunruhigten ihn selbstverständlich; noch hatte er aber keine Ahnung, daß der herrliche Sommer – preisenswert, was die Natur anging, wenn auch nicht in dem, was die Deutschen daraus machten, schrieb er an Ida Herz[143] – der letzte war, den er dort verbrachte. Die ersten beiden Bände des *Joseph* waren abgeschlossen, nun wandte er sich dem nächsten zu, *Joseph in Ägypten*, ermutigt durch Fischers anerkennende Worte über das bisherige Werk und die Annahme eines Ausschnitts aus *Der junge Joseph* für die *Rundschau* im September. Eine schwere Auseinandersetzung mit dem Verleger Anfang des Jahres, als dieser die profitable Buchklub-Ausgabe des *Zauberberg* doch nicht zuließ, war mehr oder weniger zufriedenstellend beigelegt worden, zu niedrigeren, aber immerhin ausreichenden Bedingungen, um den langen Reifeprozeß des *Joseph* durchzuhalten, ohne seinen Lebensstil einschränken zu müssen; er war nicht mehr verbittert wegen der anscheinend willkürlichen Entscheidungen über seine finanzielle Zukunft. Wie der *Joseph* veröffentlicht werden sollte, darüber war man sich immer noch nicht einig. Fischer wollte die bereits vollendeten Teile herausbringen, während Mann es bei dem herrschenden politischen Klima für besser hielt, sie bis zum Abschluß des ganzen Werkes zurückzuhalten; aber der Weg zur Fortsetzung war wenigstens geebnet, und es ging zügig voran, wenn auch von der Politik überschattet. Dieser Tage in Deutschland zu leben und zu arbeiten sei kein Vergnügen, sagte er zu sich selbst und zu anderen, doch dürfe man nie vergessen, daß inmitten des Getöses der »völkischen Mythologie eine andere, bessere Tradition entgegenstehe«.[144]

Der Aufruhr, den die Nazis im Juli provozierten, und der sich mit Angriffen auf sozialistische Abgeordnete und den Ministerpräsidenten der abgesetzten preußischen Regierung schließlich bis nach Königsberg ausweitete, veranlaßte ihn wiederum zu politischem Handeln, auf Ersuchen des *Berliner Tageblatts* schickte er einen Protestartikel von entschlossener Offenheit. »Werden die blutigen Schandtaten ... endlich die Augen öffnen über die wahre Natur dieser Volkskrankheit, dieses Mischmasches aus Hysterie und vermuffter Romantik, dessen Megaphon-Deutschtum die Karikatur und Verpöbelung alles Deutschen ist?« Man habe genug von dieser Vergiftung der Lebensluft durch »Prahlereien und Drohungen der nationalsozialistischen Presse und durch das halbnärrische Geifern sogenannter Führer, die nach Köpfen, Hängen, Krähenfraß und Nächten der langen Messer schreien ...«. Zu den Millionen, die von dem »falschen Messias« angezogen würden, müßten viele Gutgläubige zählen, die sich solchen Unsinns schämten und bereit seien, die starken Maßnahmen der Reichsregierung zu unterstützen, um »diese barbarischen Entartungen des inneren deutschen Lebens auszurotten«. Er warnte vor den Gefahren einer allzu bereiten Unterwerfung unter eine »überparteiliche« Herrschaft und forderte die lange überfällige Errichtung einer echten sozialen Republik als einzigen Weg in die Zukunft.[145] Die Zeitung fühlte sich aus Furcht vor Nazi-Attacken und einem möglichen Verbot gezwungen, die extremeren Stellen zu mildern – eine deprimierende Erfahrung, schrieb er an Fischer: Es sei besser zu schweigen, wenn die gewohnte freie Meinungsäußerung derart unterdrückt werde.[146]

Bald fühlte er den »Hauch des Hasses«[147] gegen sich selbst: Sein Haus wurde mit Steinen beworfen, unter der Hecke fand man eine halbverkohlte Ausgabe der *Buddenbrooks*. Er bewahre die versengten Überreste auf, schrieb er später an Hesse, »damit sie einmal von dem Geisteszustand des deutschen Volkes im Jahre 1932 zeugen«.[148] Von seinen vereinbarten öffentlichen Auftritten ließ er sich aber nicht abhalten: vor ihrer Abreise aus Nidden Lesungen am 3. September in Königsberg und tags darauf in Elbing, schließlich auf der Heimreise ein Vortrag zum vierhundertsten Jubiläum seiner Schule in Lübeck. Sein Gleichmut schien ungestört, sie nahmen ihr Münchner Leben wieder auf, von der Wirtschaftskrise anscheinend nicht betroffen. Man hielt sich immer noch fünf Dienstboten, darunter ein überflüssiges Kindermädchen für Elisabeth und Michael, wie Golo bei seinen Besuchen bemerkte, dazu gutes Essen und Trinken, zwei Autos, Reisen in jeglichem Komfort, ein Wohlstand, den der Nobelpreis und das Einkommen aus dem *Zauberberg* garantierten. Es wurde nicht geprotzt, aber auch nicht geheuchelt, was ihn bei der wachsenden Zahl seiner Gegner um so verhaßter machen mußte. Bei einem Industriellen mochte das ja noch hingehen, nicht aber bei einem Schriftsteller, zumal man ihn nun der Linken zurechnete. Gleichmut wurde nun beinahe zu Gleichgültigkeit: Goebbels konnte im *Angriff* gegen ihn als eine »schreibende Mischung zwischen Indianern, Negern, Mauren«, dem verboten werden solle, sich deutscher Schriftsteller zu nennen, wüten, wie er mochte. Er tue es doch und rechne sich »sogar zu jener geistigen Gesellschaft Europas, neben der die ›deutsche Herrenklasse‹ ein recht gleichgültiger Klub geworden ist«[149] – der europäischen Gesellschaft, deren Sitzungen in der Ständigen Kommission für Literatur und Künste in Genf er in einem Beitrag für die *Neue Zürcher Zeitung* im Oktober pries.

Ein öffentliches Programm lag vor ihm, das nahezu so voll war wie immer. Im November sollte das Goethe-Jahr mit einer Wiederholung des *Goethe als Schriftsteller*-Vortrags in Essen abgeschlossen werden, das neue Jahr sollte dann mit einer ausgedehnten Tour mit einem Vortrag über Wagner, dessen fünfzigster Todestag auf den Februar fiel, beginnen, zuerst in München und dann weiter in Amsterdam, Brüssel und Paris. Bevor die erforderlichen langwierigen Vorbereitungen anfangen konnten, hatte er noch für Wien eine Verpflichtung. Man hatte ihn zu einem Vortrag vor einem ausgesprochenen Arbeiterpublikum in einer der von der sozialistischen Verwaltung eingerichteten Siedlungen in Ottakring eingeladen, und das forderte eine andere Haltung als die gewohnte ästhetische. Er begrüßte die Gelegenheit, seine wahren politischen Sympathien erklären zu können. Es sei das erste Mal, erzählte er seinen begeisterten Hörern, daß er, der geborene Bürger, vor sozialistischen Arbeitern stehe, eine Situation, die nicht nur charakteristisch für die Zeit sei, in der sie lebten, sondern auch einen epochemachenden Abschnitt seines persönlichen Lebens und seiner geistigen Entwicklung darstelle. Seine Botschaft war in typisch Mannscher Prosa gehalten, mit vielen Bemerkungen über Kultur und Zivilisation, Geist und Leben, den Künstler und den Bürger, Humanismus und Reaktion. Der ganze Auftritt war für ihn aber etwas Neues und Bewegendes – imstande zu sein, »diesen schlichten Seelen, die von einer triumphierenden Reaktion bestürmt werden, zu zeigen, daß sie nicht verlassen sind«[150] – und eine unmißverständliche Bestätigung seiner politischen Haltung.

Bei seinem Freund Bertram, den er nach dem Essener Vortrag im November kurz nach den neuen Reichstagswahlen in Köln besuchte, fand diese Haltung wohl kaum Anklang; ihre Freundschaft wurde zwar nie abgebrochen, doch es gab bis zum Tod Thomas Manns nur noch eine weitere Begegnung. Hauptmanns siebzigster Geburtstag bot ein leichteres Zwischenspiel, im November schrieb er in der *Rundschau* eine sanft ironische Huldigung, seine Ansprache am 11. Dezember im Münchner Nationaltheater in Anwesenheit des Jubilars feierte die Verbindung von lutheranischer Frömmigkeit und Lebensfreude, die das Werk eines Mannes auszeichne, dessen psychologischer Ort, wie Nietzsche von Goethe gesagt hatte, zwischen Pietismus und Griechentum sei.[151] Für Hauptmann war München nur eine Etappe auf einer etwas verwirrenden Tour, in seiner Erwiderung aus dem Stegreif, die so weitschweifig und unzusammenhängend war wie die Auslassungen Peeperkorns im *Zauberberg*, schien er sich nicht ganz sicher, in welcher Stadt er sich eigentlich befand. Für die Manns war der Höhepunkt freilich der Besuch am Nachmittag in seinem Hotel, wie Katia an Hedwig Fischer schrieb. Hauptmann war sichtlich erleichtert, daß die offiziellen Dinge vorüber waren, und behielt sie mit Unmengen von Champagner bis sechs Uhr bei sich. Es war eine wahrhaft Peeperkornsche Orgie, sie konnten sich freuen, daß auch jede noch verbliebene Spur des Ärgers über jene dichterische Freiheit nunmehr getilgt war.[152] Auch die politischen Schatten schienen zu weichen, Hitler hatte in den Wahlen eine Schlappe erlitten, und Schleicher, ein General, aber anscheinend trotzdem vernünftig und sozial verantwortungsbewußt, war als Kanzler an die Stelle Papens getreten. Thomas Mann, immer noch die Zielscheibe für haßerfüllte und kränkende Briefe, durfte das Gefühl haben, der schlimmste Wahnsinn sei vorüber.

V
Der zögernde Emigrant
1933–1936

»Ein buntes Netz von Lügenfäden
Hält unser großes Reich umspannt ...
Wer einmal lügt, dem glaubt man nicht,
Wer immer lügt, dem wird man glauben.«

Die Pfeffermühle, 1934

Thomas Mann im Ostseebad Rauschen im Sommer 1929

1

»Ein Rückfall in finsterste Barbarei. Nie werde ich mich ihr beugen, sondern lieber im Exil sterben, als mit ihr paktieren.«

TM, 3.4.1933[1]

Das Schlimmste war keineswegs vorüber. Kurt von Schleicher, ein etwas unwilliger Kanzler, hatte geplant, die Ungeduld der Parteigänger Hitlers, die aufgrund ihrer Stärke zum Handeln drängten, auszunutzen, indem er einen massenhaften Abfall von dem offensichtlich zögernden Führer unterstützte – Georg Strasser, Reichsorganisationsleiter der NSDAP, hatte angedeutet, daß er bereit sei, sich zu trennen –, um dann eine Koalition zwischen Militär und Sozialisten anzustreben. Beide Absichten schlugen fehl. Hitler benützte die vorübergehende Abwesenheit Strassers, um dessen Posten abzuschaffen und eine neue Parteiverwaltung unter Rudolf Heß einzurichten, die ihm geschlossene Unterstützung garantierte; und das Heer war nicht nur jeder Beteiligung an der Politik abgeneigt, sondern stand überdies dem Nationalsozialismus keineswegs feindlich gegenüber. Am 23. Januar 1933 mußte Schleicher Hindenburg eingestehen, daß es ihm nicht gelungen war, eine neue Mehrheit zu sichern; sein Antrag auf Auflösung des Reichstags, Neuwahlen sowie ein neuerliches Verbot der nationalsozialistischen und kommunistischen Organisationen wurde vom Reichspräsidenten entschieden abgelehnt, er wollte Franz von Papen wieder mit der Bildung einer neuen Regierung beauftragen. Papen erkannte, daß er für eine handlungsfähige Regierung die Unterstützung der Nationalsozialisten brauchte, hoffte aber, diese zügeln zu können, indem er ein Koalitionskabinett bildete. Dafür erhielt er am 30. Januar die Zustimmung Hindenburgs: Adolf Hitler als Reichskanzler, er selbst Vizekanzler, Werner von Blomberg Reichswehrminister, Alfred Hugenberg von der Deutschnationalen Volkspartei Wirtschaftsminister und nur zwei weitere Nationalsozialisten – Wilhelm Frick für das Innenministerium und Hermann Göring (der bezeichnenderweise immer noch preußischer Innenminister war) als Minister ohne besonderen Aufgabenbereich. Die Hoffnung, daß diese Zusammenstellung Hitler »einrahmen« und ihm die Aura der Macht ohne deren Gewicht geben würde, sollte sich bald als vergeblich herausstellen.

Thomas Mann war derzeit mit eigenen Angelegenheiten beschäftigt und begriff noch nicht richtig, daß diese Veränderungen ihn selbst betreffen könnten oder daß die Republik womöglich zum Untergang verurteilt sei. Sein Programm für die Vortragsreise über Wagner blieb bestehen: zuerst am 10. Februar an der Universität München, drei Tage später im Concertgebouw Amsterdam, anschließend im PEN-Club in Brüssel und dann in Paris. Die französische Version, die er für die beiden letzteren Veranstaltungen brauchte, wollte Félix Bertaux für ihn anfertigen. Es handelte sich um einen intensiven Januar zur Vorbereitung – in dem Bewußtsein, daß angesichts seiner lebenslangen Beschäftigung mit Richard Wagner zuerst ein ganzer Essay entstehen würde, aus dem er dann einen geeigneten Vortrag destillieren mußte. Es war aber nicht möglich, sich dem politischen Trubel fernzuhalten. Schon vor Monaten hatte er nach seinem sozialistischen Bekenntnis in Wien die Teilnahme an einer Versammlung am 15. Januar in Berlin zugesagt, wo er eine seiner, in den Worten des Einladenden, »handelnden Reden« halten und der »sittlichen Verpflichtung« zum Sozialismus[2] seine Autorität geben sollte. Er fühlte sich nun überlastet, litt überdies noch an Grippe, so daß er Anfang Januar seine Absage telegraphierte und seinen Bruder an seiner Statt vorschlug. Der Aufschub bis März, den man daraufhin plante, war unannehmbar, da er für diese Zeit einen dreiwöchigen Erholungsurlaub in Arosa vorhatte, den sein Arzt im Anschluß an die Vortragsreise verordnet hatte; er schickte jedoch einen langen Brief mit seinen Vorstellungen, beinahe ein Manifest, der bei der Versammlung verlesen werden könnte, und wandte sich der intensiven Anstrengung zu, die der Essay über Wagner verlangte.

Er konnte nicht wissen, daß dies die letzten Werke waren, die er auf deutschem Boden schrieb. Das später als *Bekenntnis zum Sozialismus* bekannte Stück war mit ziemlich genauer Wiederholung der Wiener Rede eine noch deutlichere Erklärung: »*Sozialismus* ist nichts anderes als der pflichtmäßige Entschluß, den Kopf nicht mehr vor den dringendsten Anforderungen der Materie, des gesellschaftlichen kollektiven Lebens in den Sand himmlischer Dinge zu stecken, sondern sich auf die Seite derer zu schlagen, die der Erde einen Sinn geben wollen, einen Menschensinn. In diesem Sinne bin ich *Sozialist*. Und ich bin *Demokrat* in dem einfachen und allgemeinen Sinn, daß ich an die Unvergänglichkeit von Ideen glaube, die mir mit der Idee des Menschen selbst, mit jedem Gefühl für die Tatsache Mensch unverbrüchlich verbunden scheinen – der Idee der *Freiheit*, zum Beispiel, die man heute für überwunden erklären und historisch zum alten Eisen werfen möchte ... Das soziale und demokratische Deutschland, ich bin tief überzeugt davon, darf vertrauen, daß die gegenwärtige Konstellation vorübergehend ist und daß die Zukunft, trotz allem, ihm gehört. Das Rasen der nationalistischen Leidenschaften ist nichts weiter als ein spätes und letztes Aufflackern eines schon niedergebrannten Feuers, ein sterbendes Wiederaufflammen, das sich selbst als neue Lebensglut mißversteht. Und alle Tatsachen des Lebens und der Entwicklung, die wirtschaftlichen, technischen und geistigen, zeugen dafür, daß die Zukunft auf dem Wege liegt, den einzuschlagen die Völker längst gewillt sind, dem Wege in die soziale Welt der Einheit, der Freiheit und des Friedens.«[3]

Hätte er selbst an der Versammlung teilgenommen, dann wäre er kaum dazu gekommen, diese Worte zu sprechen. Vom ersten Tag seiner Ernennung zum Kanzler am 30. Januar an ließ Hitler in seinen Reden deutlich erkennen, daß er sich nicht nur nicht »einrahmen« lassen wollte, sondern nach der absoluten Macht trachtete, mit einer neuen Politik, die Frick zutreffend als »der Wille und die Kraft zu handeln« beschrieb. Er beschwichtigte die Befehlshaber der Reichswehr, indem er sie davon überzeugte, daß eine autoritäre Staatsform in ihrem ureigensten Interesse sei; gleichzeitig versicherte er sich der Truppen, die ihnen nicht unterstanden, der Polizei. Göring ordnete die Verwendung der SA und der SS zur Unterstützung der Polizei an, um die rücksichtslose Auflösung von gegnerischen Versammlungen zu sichern. Ein weitreichender Erlaß vom 4. Februar autorisierte das Verbot aller Zeitungen und Versammlungen, die für staatsfeindlich befunden wurden. Damit wurde die gesamte kommunistische Presse ausgeschaltet, und der Presse der SPD und des Zentrums wurden scharfe Beschränkungen auferlegt. Als sich am 19. Februar Künstler und Intellektuelle zu einem Kongreß über »Das freie Wort« in der Krolloper anschickten, an dem Tag, an dem auch die Sozialisten eine Versammlung in der Volksbühne geplant hatten, wurden beide Veranstaltungen aufgelöst, und nur ein Teil des Briefes von Thomas Mann konnte verlesen werden.

Von Heinrich hatte er am Vorabend seines ersten Wagner-Vortrags am 10. Februar gehört. Sein Bruder, dessen Teilnahme am Kongreß ohne seine Zustimmung angekündigt worden war und der sich daher weigerte zu erscheinen, hatte Anfang des Monats in der Akademie den Vorsitz bei einer fruchtlosen Diskussion über die Möglichkeit einer demonstrativen Erklärung gegen die »Kulturreaktion« geführt, wobei er sich allerdings sicher war, daß Thomas mit ihm übereinstimmte, daß solche Gesten sinnlos waren.[4] Angesichts der Ereignisse traf das gewiß zu. Seine Wiener Rede, schrieb Thomas am 4. Februar, sei nunmehr überholt und unangemessen, jetzt müsse wesentlich anderes gesagt werden; mit fast sechzig Jahren sei er jedoch nicht geneigt, einen »zerrüttenden politischen Kampf« aufzunehmen, sondern zu versuchen, seinen eigentlichen Aufgaben gerecht zu werden. »Freilich der Augenblick mag kommen, wo gar nichts anderes übrigbleibt als alles hinzuwerfen und sich auf die Barrikaden zu stellen. Aber vorläufig bittet man noch, der Kelch möge vorübergehen.«[5] Bevor er am nächsten Tag mit Katia nach Amsterdam reiste, diskutierten sie tatsächlich ernsthaft, ob es nicht an der Zeit sei, München und die feindliche Stimmung ihres Landes zu verlassen und in angenehmere Regionen der deutschsprachigen Welt zu ziehen. Katia war dafür, er war aber nicht zu überreden, da das so aussehe, als lasse er Deutschland im Stich, was eine verheerende Entmutigung für so viele andere wäre. Seine Reise würde weitergehen, anschließend würden sie die geplanten drei Wochen in Arosa verbringen. Ihre Reisepässe liefen am 3. April ab, aber dann wären sie ja wieder zurück.

Erika hingegen war nicht bereit, tatenlos zuzusehen. Am 1. Januar hatte sie mit ihrer Freundin, der Schauspielerin Therese Giehse, in dem intimen Münchner Theater Bonbonniere, gleich neben dem Hofbräuhaus, ein literarisch-politisches Kabarett eröffnet, wo sie als Ansagerin auftrat und die Texte, deren gewagte Satire scharf auf die Nazis zielte, vorwiegend selbst schrieb; einige Beiträge stammten von Klaus. Der treffend gewählte Name »Die Pfeffermühle« stammte von ihrem Vater, was bald bekannt wurde, so daß ein Bericht in der *Neuen Zürcher Zeitung* von einem »Unternehmen der Familie Mann« sprach. Von der Premiere an, bei der alle Manns und ihre Freunde zugegen waren, wurde das Kabarett sofort ein Erfolg, spielte vor vollen Häusern und paßte ausgezeichnet zur Stimmung des Münchner Faschings. Der Besitzer des Theaters war so begeistert, daß er die Buchung bis Ende Februar verlängerte. Sogar die Presseberichte, mit Ausnahme des *Völkischen Beobachters* natürlich, waren wohlwollend. Ein ziemliches Abenteuer im damaligen

Deutschland, erinnerte sich Klaus später, aber in dem Erfolg ihres Wagnisses sahen sie ein gutes Zeichen für die Zukunft. Als sie mit einem neuen Programm am 1. Februar wiedereröffneten, hielt Hitler im benachbarten Hofbräuhaus seine Antrittsrede. Erika bemerkte, daß sich Frick zugunsten der Pfeffermühle das Vergnügen versagt hatte, seinem Führer zuzuhören, und hektisch Notizen machte – zweifelsohne Namen für seine schwarze Liste. Ihre Entschlossenheit, im Kampf gegen Hitler alles zu tun, was in ihrer Macht stand, riß Klaus trotz aller Schwarzseherei mit. In seinem Tagebuch vom 19. Februar dachte er jedoch an nichts anderes als »den Wunsch zu sterben«. Wenn er Gift hätte, würde er nicht zögern – nur der Gedanke an Erika und seine Mutter hielte ihn ab. »Aber immer gewisser, daß mich dann auch die Arbeit nicht hielte ... Der Tod *kann* nur als Erlösung empfunden werden.«[6] Davon wußte die Familie nichts, am allerwenigsten die schon verreisten Eltern.

Zehn Tage vor ihrer Abreise war der ganze Wagner-Essay an Fischer gegangen, der ihn in der *Rundschau* vom April drucken und im selben Monat noch in Buchform veröffentlichen wollte, nachdem er die Bitte des Autors um ein ungewöhnlich großzügiges Honorar erfüllt hatte (»ich möchte keinesfalls Ihre Unzufriedenheit hervorrufen«). Auch er wollte den »unerquicklichen Dingen die sich hier abspielen« entkommen; seine Hoffnung, daß man sich irgendwo im Süden treffen könnte, würde sich wohl kaum erfüllen, hatte Thomas Mann erwidert – nach der Reise müsse er nach Arosa gehen, dann mit erneuter Kraft die Arbeit am *Joseph* wiederaufnehmen.[7] Es war ihm klar, daß der Aufenthalt in der Schweiz unumgänglich war, denn in der geringen Zeit, die verblieb, mußte der Text für den ersten Vortrag um mindestens zwei Drittel zurückgeschnitten werden (»ins eigene Fleisch schneiden«, schrieb er an Bertaux[8]), und dann bliebe nicht viel Zeit, um die französische Version für Brüssel und Paris einzustudieren.

Das Auditorium Maximum der Universität München war am 10. Februar bis zum letzten Platz gefüllt, um seinen Vortrag *Leiden und Größe Richard Wagners* zu hören, und auch wenn nicht alle führenden Persönlichkeiten der Stadt unter den fünfhundert Zuhörern zu sehen waren, war er von seinem Erfolg und dem Beifall sehr angetan. Hier wenigstens gab es, im Gegensatz zu Berlin, keine Störungen, München machte immer noch einen zivilisierten Eindruck, die Presseberichte – der *Völkische Beobachter* stets ausgenommen – waren wohlwollend. Den genauen Wortlaut des Auszugs aus dem wesentlich längeren schriftlichen Text kennen wir nicht. Er bemerkte später, er habe für den ja festlichen Anlaß die mehr literarische Form des Essays gemieden und viele der dortigen psychologischen Einsichten ausgelassen; wenn er im damaligen politischen Klima die Stellen über Wagners widersprüchliche Romantik in politischen Dingen anführte, so wird darunter kaum die Warnung davor gewesen sein, ihn in vereinfachender Weise als einen Helden des deutschen Nationalismus anzusehen. Im übrigen war das, was er schriftlich äußerte, ein geschickt verarbeitetes Kompendium seiner früheren Veröffentlichungen und Ansichten über Wagner, was in dem von ihm gewählten Motto (»›il y a là mes blâmes, mes éloges et tout ce que j'ai dit‹) klar zum Ausdruck kam: aus dem Essay über das Theater von 1908, den ausführlichen Notizen von 1909/10 für den nie vollendeten Essay über »Literatur«, aus *Die Kunst Richard Wagners* von 1911 und den *Betrachtungen* von 1918 bis zu seinem *Ibsen und Wagner* von 1928.

Während er seine Reise fortsetzte und den Vortrag wie geplant wiederholte – am 13. Februar in Amsterdam, am folgenden Tag im Palais des Beaux-Arts in Brüssel vor dem PEN-Club mit anschließendem Empfang in der deutschen Botschaft, dann noch zweimal am 17. und 18. Februar in Paris –, fanden in Deutschland weitere unheilvolle Entwicklungen statt, von denen er erst erfuhr, als Heinrich einige Tage später plötzlich in Paris eintraf. Sein Bruder hatte mit einigen anderen einen Aufruf zur Zusammenarbeit von Kommunisten und Sozialisten bei den neuen Reichstagswahlen, die Hitler für den 5. März angeordnet hatte, unterschrieben; der nationalsozialistische preußische Kultusminister hatte seine sofortige Absetzung als Präsident der Sektion Literatur in der Akademie gefordert und bei den willfährigen Mitgliedern auch durchgesetzt; eine heftige Pressekampagne gegen ihn war gefolgt, sein Haus stand unter Bewachung, da hatte er es für ratsam gehalten, Deutschland sofort zu verlassen, hatte diskret noch soviel Bargeld wie möglich abgehoben und war dann mit der Bahn über Frankfurt und Straßburg nach Paris gefahren. Nach seinen Berichten von den unglaublichen Zuständen daheim mußte Thomas zugeben, daß es weise war, fernzubleiben – zumindest für den Augenblick, was er ja ohnehin vorgehabt hatte, und so reiste er mit Katia am 24. Februar nach Arosa weiter. Auch andere Nationen hatten ja schließlich ähnliche Erfahrungen durchgestanden; er wollte die weiteren Entwicklungen erst einmal abwarten. Heinrich, der mit der Enteignung seines Hauses und Vermögens in Berlin rechnete, war weniger gelassen und entschloß sich, mit seinem angefangenen Roman nach Nizza zu ziehen, in der Hoffnung, Nelly Kröger, die er zu seiner zweiten Frau machen wollte, könnte später nachkommen. Er hatte einige Ersparnisse in der Schweiz, mit denen er sich vorläufig über Wasser halten konnte.

Mit wachsenden Verfolgungen und Einschüchterungen der Linken und Joseph Goebbels' Geschick in der Propaganda, vor allem über den Rundfunk, der sich nun unter staatlicher Kontrolle befand, erhoffte sich Hitler einen überwältigenden Wahlerfolg. Der Brand des Reichstagsgebäudes am 27. Februar – ob von dem vermindert zurechnungsfähigen holländischen Landstreicher Marinus van der Lubbe gelegt, den man dafür vor Gericht stellte und hinrichtete, oder, aller Wahrscheinlichkeit nach, von einer SS-Einheit – lieferte den Vorwand zur Ausschaltung der größten Opposition, der Kommunisten, deren führende Funktionäre und Mitglieder, zusammen mit zahlreichen Intellektuellen, die sich den Zorn der Nazis zugezogen hatten, am folgenden Tag verhaftet wurden. Hindenburg, den man von einer unmittelbar bevorstehenden kommunistischen Revolution überzeugt hatte, wurde am Mittag dazu gebracht, einen verhängnisvollen Notstandserlaß zu unterzeichnen, der zum Grundstein des nationalsozialistischen Staates werden sollte: Festnahme auf Verdacht, Einkerkerung ohne Prozeß oder Verteidigungsrecht und Konzentrationslager.

Die Partei Hitlers erreichte am 5. März nicht den absoluten Triumph, behielt mit ihren Verbündeten aber eine Mehrheit. Das Zentrum und die Sozialdemokraten erhielten beinahe die übliche Anzahl von Abgeordneten, sogar die Kommunisten bekamen 81. Die Willensschwäche der Opposition, angesichts der Verhaftungswellen und öffentlichen Ausschreitungen kaum überraschend, dazu die Ersetzung der rechtmäßigen Regierungen vieler Länder durch Reichskommissare, führte jedoch zu einem wachsenden Fatalismus. In Arosa hatte Katia eine schlaflose Nacht, als sie instinktiv erkannte, daß eine Rückkehr unmöglich war; ihr Ehemann begriff dies erst viel später, als er, in ständiger Aufregung und heftigen Gemütsbewegungen, sich mit der Möglichkeit eines Exils auseinandersetzen mußte.[9] In Bayern war die gemäßigte Held-Regierung von einem Reichsstatthalter abgelöst worden, keinem anderen als Franz Ritter von Epp, dem ehemaligen Führer des Freikorps, der bei dem Sturz der bayerischen Räterepublik 1919 mitgeholfen hatte. Thomas Mann konnte einfach nicht glauben, daß Bayern in diesem Zustand verharren würde – und daß nicht »eine Art von Rechtssicherheit und halbwegs gutartiger Lebensordnung sich in absehbarer Zeit hergestellt haben wird«.[10] Er hatte sein Bestes getan, das Unglück abzuwenden; sollte das Schicksal es anders wollen, würde er unauffällig nach Deutschland zurückkehren und sich in Zukunft ausschließlich seinem Schreiben widmen, bei völliger Enthaltsamkeit von politischen Dingen.[11]

Elisabeth, nun fünfzehn und auf Schulferien, war zum Skilaufen zu ihnen nach Arosa gekommen; Michael war noch im Internat, Monika studierte Musik in Florenz, und Golo besuchte nach seiner Promotion in Göttingen einen Ausbildungskurs für Lehrer in Heidelberg. Erika und Klaus, die die geplante Übersiedlung ihrer Pfeffermühle in einen größeren Schwabinger Saal vorbereiteten, hatten einen Urlaub im benachbarten Lenzerheide angetreten; besorgt fuhren sie nach München zurück. Ihr Fahrer holte sie in einem Zustand höchster Nervosität vom Bahnhof ab und warnte sie vor der Rückkehr in die Poschingerstraße, wo die Braunhemden hinter ihnen her seien (seine Nervosität war, wie sich später herausstellte, verständlich, da er schon geraume Zeit als Spion für die Nazis über seine Arbeitgeber berichtet hatte). Die für den 11. März geplante Rückkehr der Eltern kam offensichtlich nicht in Frage. Eine Anzahl Münchner Freunde schrieb das gleiche, auch Gottfried Bermann aus Berlin, der seine Warnung als Rat eines vormaligen Arztes verschleierte: Alles andere als eine Fortsetzung seiner »Kur« halte er für nicht unbedenklich, »da eine so empfindliche Natur wie die Ihre im jetzigen Augenblick der Behandlung noch unerwarteten Attacken ausgesetzt sein kann. Eine derartige Gefährdung der Gesundheit muß, wenn es irgend möglich ist, vermieden werden ...«.[12] Ihre Koffer standen gepackt, als Erika und Klaus eindringlich, wenn anfangs auch vergeblich, in einem vorsichtigen Telephonanruf aus München, das schreckliche Wetter, das dort herrsche, beschworen, dazu die große Unordnung im Haus wegen des Frühjahrsputzes. Schließlich mußten sie direkt werden: »Bleibe in der Schweiz! Du wärst hier nicht sicher.«[13] Erika kehrte am 13. März zu ihnen zurück und brachte das Manuskript und das Material des *Joseph* mit; Klaus ging am selben Abend nach Paris, ihre Kabarettkollegin Therese Giehse nach Tirol, sie ließ, um nur so rasch wie möglich zu fliehen, alles zurück; tagtäglich wurden neue Verhaftungen berichtet. Schließlich war auch Thomas Mann überzeugt. Kurze Zeit erwog man eine Rückkehr Katias, um nach dem Haus zu sehen, ließ angesichts des Risikos aber davon ab. In diesen Tagen war es für ihn eine Freude, seine beiden Lieblingskinder Erika und Elisabeth bei sich zu haben.

Die Sorgen über die Neueinrichtung ihres Lebens ließen ihn beinahe verzweifeln, er hoffte immer noch auf einen kurzen Besuch zu Hause, um eine ordentliche Emigration in die Schweiz einzuleiten, aber er mußte sich doch mit der Aussicht auf ein jahrelanges, wenn nicht sogar dauerndes Exil abfinden. In dem neuen Tagebuch, das er am 15. März begann, sagte er sich, die Veränderung sei »eine Notwendigkeit, die ich, entgegen der Versteiftheit meiner 58 Jahre, geistig gut heiße und bejahe«; nun bot sich die Gelegenheit, von seinem Leben mit einem Ruck all die »Amtlichkeiten und Repräsentativitäten« abzustreifen, die er im Lauf der Jahre »aus sozialer Gutmütigkeit, ›Pflicht‹, ›Eitelkeit‹ oder wie man es nennen will« an sich hatte hängen lassen, und »fortan in voller Sammlung mit mir selbst zu leben«.[14] Diese Entscheidung bestätigte er dadurch, daß er den Vorsitz des Bayrischen Schriftstellerverbandes niederlegte. Wenige Tage später übermittelte er als Erwiderung auf das Ansuchen um eine Loyalitätserklärung »unter Anerkennung der veränderten geschichtlichen Lage«[15] auch der Preußischen Akademie seine Rücktrittserklärung. (Er verweigerte die verlangte »Ja oder Nein«-Antwort und erklärte, daß er keineswegs beabsichtige, gegen die Regierung zu arbeiten, seinen Dienst an der deutschen Kultur fortsetzen und in Zukunft jede Form öffentlichen Lebens aufgeben werde.[16])

Nach außen hin bewiesen diese Schritte Entschlossenheit, doch sie verbargen die Unsicherheit, der er sich gegenübersah – wo sollte er sich niederlassen, wie konnte sein Reisepaß erneuert werden, wie das Risiko der Vermögensenteignung und der Sperrung der deutschen Guthaben vermieden werden, wie sah die Zukunft der drei Kinder aus und natürlich auch der Eltern Katias, die noch in München waren – angesichts der unendlich deprimierenden täglichen Berichte vom unaufhaltsamen Weg in die Diktatur und der von Gerüchten genährten Vermutungen noch schlimmerer Ereignisse in der Zukunft. Er sah die neuen Herren als »Besatzungsmacht«[17], die ein »inneres Versailles« schuf, das »gräßlicher als das äußere« war, »die unterlegenen 49 Prozent des deutschen Volkes sind nicht weniger unerbittlich mißhandelt, nicht weniger gedemütigt, verzweifelt und seelisch ruiniert als damals das Deutschland der 4 Kriegsjahre«.[18] Sie zogen vorübergehend in ein gemietetes Chalet in Lenzerheide um, schickten dann am 17. März Elisabeth in ihre Schule nach München zurück, Golo wurde beauftragt, heimzufahren und nach dem Haus zu sehen, wo ein treues Dienstmädchen geblieben war, da Erika und Klaus nun »unabkömmlich« seien, wie Katia es ausdrückte. Ein Freund, der nach München fuhr, wurde gebeten, ihre Pässe erneuern und ihnen einige Kleider und finanzielle Mittel zukommen zu lassen, doch es schien bürokratische Verzögerungen zu geben, und alles blieb in der Schwebe, obwohl etwas Geld überwiesen werden konnte. »Wunderliches Erlebnis, daß einem, wenn man gerade draußen ist, das Land irgendwohin davonläuft, so daß man es nicht wiedergewinnen kann.«[19]

Golo sah, wie sich sein Onkel Viktor dem neuen Regime anpaßte, indem er sich die Entlassung jüdischer Kollegen in der Bank zunutze machte, um eine Beförderung zu erwirken und sein bescheidenes Haus gegen ein eleganteres in Schwabing einzutauschen. Ein Gerücht, demzufolge sich Erika im Dachauer Konzentrationslager befand, machte schadenfroh die Runde, mit ätzenden Bemerkungen über die Anmaßung der Mannschen Familie. (»Warum glaubten die Manns überhaupt, sie seien besser als wir?«[20]) Ihr späterer Bericht von einer gewagten Rückkehr inkognito in die Poschingerstraße, um die vom Vater benötigten Papiere zusammenzuraffen und sie, zwischen den ölverschmierten Werkzeugen unter dem Autositz versteckt, außer Landes zu bringen, der später in die Legende der Familie und der Literatur einging, entsprang aber mehr ihrer Begabung zum Geschichtenerzählen und dramatischer Wirkung als der Wahrheit. Tatsache war, daß sie in der Schweiz blieb und, nachdem sie Therese Giehse bereits aus Tirol geholt hatte, eine Wiedereröffnung des Kabaretts in Zürich plante und dort nach einer geeigneten Unterkunft für die Eltern suchte, die sie mittlerweile am 24. März in einem Hotel in Lugano untergebracht hatte. Da die Ausreisekontrollen aus Deutschland angeblich verschärft werden sollten, ging es Katia darum, Elisabeth herauszuholen, sie war ungeheuer erleichtert, als Golo am 2. April aus Zürich anrief, um ihre sichere Ankunft zu melden. Golo, der sich inzwischen die erforderliche politische Unbedenklichkeitsbescheinigung hatte besorgen können und sich nun frei bewegen konnte, unternahm im April mehrere Reisen zwischen München und der Schweiz. Der junge Michael war nun auch bei ihnen, es ist unklar, ob ihn Golo herausgebracht hatte oder ob er allein gekommen war. Die energische Erika fuhr zu einem Treffen mit Klaus in das südfranzösische Aigues-Belles, eine Gegend, die für zahlreiche Emigranten bereits zum Zufluchtsort geworden war, und überredete ihn, auf kurze Zeit mit ihr zurückzugehen.

Daß er die Familie für den Augenblick in verhältnismäßiger Sicherheit wußte, konnte Thomas Manns nagende Sorgen über die Zukunft aber nicht beschwichtigen. Ein Versuch Ende März, die Arbeit am *Joseph* wiederaufzunehmen, schlug fehl, seine Routine war zu sehr gestört worden, es stellten sich wiederholte Krisen der Verzweiflung, Unentschlossenheit und Angst um das seelische Gleichgewicht ein, die zu einem ständigen Bedürfnis nach Beruhigungsmitteln führten. Seine tägliche »Arbeit« galt nur noch dem Tagebuch, das für ihn in solchen Zeiten wichtig war, und seiner Korrespondenz, die zu einem großen Teil noch nach Deutschland ging. Katia gelang es wie immer, ihn zu beruhigen; doch die Gespräche mit der Familie und den vielen Emigranten in der Schweiz, in denen es um die Gründung einer einigermaßen erträglichen Existenz ging, nahmen vor dem Hintergrund der sich verdüsternden Nachrichten aus Deutschland kein Ende. Am 23. März war es Hitler durch die Beseitigung der Kommunisten, den Ausschluß vieler Sozialisten von den Sitzungen und die Einschüchterung des Zentrums gelungen, im Reichstag die endgültige Errichtung seiner Diktatur durchzusetzen. Das Ermächtigungsgesetz, das die Bestimmungen und Beschränkungen der Verfassung außer Kraft setzte, ermöglichte es ihm, Regierung und Gesellschaftssystem in seinem Sinne umzuformen. Am 1. April, dem Tag der Veröffentlichung des Wagner-Essays in der *Rundschau*, begann ein planmäßiger Boykott der Juden und jüdischen Unternehmen.

Die mögliche Auswirkung dieser Maßnahme auf den Fischer-Verlag machte Thomas Mann ernste Sorgen. Er war von der vereinbarten monatlichen Zahlung von tausend Mark als Vorschuß auf die Tantiemen abhängig. Für den Augenblick liefen sie noch ungestört weiter, zusammen mit Einkünften aus ausländischen Rechten, der Verlag, wie Bermann schrieb, konnte sie aber unmöglich direkt überweisen lassen, ohne die neuen Währungsbestimmungen zu verletzen. Sollte er nun, wie ihn der in Paris lebende amerikanische Schriftsteller Ludwig Lewisohn aufforderte, eine öffentliche Stellungnahme für das amerikanische Volk zur Judenverfolgung in Deutschland abgeben, so wäre damit keinem gedient, es würde die Enteignung seines ganzen deutschen Vermögens, die Geiselnahme oder ein noch schlimmeres Schicksal für Golo und die Pringsheims, das Verbot seiner Bücher und den Verlust seiner deutschen Staatsbürgerschaft bedeuten.[21] Er stehe fest bei seinem Entschluß, nicht in die »dunkelste Barbarei« zurückzukehren, schrieb er an Viktor[22], der sich auf Urlaub in Bozen befand. Öffentlich freilich mußte er schweigen, so daß unauffällige Anstrengungen unternommen werden konnten, die Sicherheit der Pringsheims zu gewährleisten, soviel Vermögen wie möglich aus München herauszubringen und allem voran seinen und Katias Reisepässe, die am 3. April ausliefen, zu erneuern, was der Zürcher Generalkonsul höflich, aber bestimmt verweigert hatte.

Er hatte sich eben auch an wichtige Papiere erinnert, die im Safe in der Poschingerstraße zurückgeblieben waren: Familiendokumente, besonders aber – und persönlich viel beunruhigender – alle seine Tagebücher, die fünfzig Jahre zurückreichten, die kein Mitglied der Familie je gesehen hatte und die unmöglich in fremde Hände geraten durften. Er schickte Golo den Schlüssel zum Safe, wies ihn an, was er herausnehmen, in einen Koffer packen und nach Lugano schicken sollte: »Ich rechne auf Deine Diskretion, daß Du selber diese Hefte nicht liest«[23], eine Anweisung, die Golo getreu befolgte. Der Fahrer, der seine Vorsicht beim Einpacken des Materials bemerkte und annahm, es habe politische Bedeutung, erklärte sich bereit, den Koffer am 10. April bei der Bahn aufzugeben – er lieferte ihn, wie sich herausstellte, seinen Nazi-Auftraggebern aus. Als Golo am 14. April mit weiterem wesentlichen Material für den *Joseph*, das sein Vater erbeten hatte, in der Schweiz eintraf und ihm den aufgrund der Vorschriften genehmigten Betrag an Reichsmark mitbrachte, war der Koffer immer noch nicht angekommen, worüber sein Vater begreiflicherweise höchst besorgt war. Unterdessen hatte Golo einen zuverlässigen Münchner Rechtsanwalt gefunden, Valentin Heins, der sich der Münchner Belange, vor allem der Erneuerung der Reisepässe annehmen wollte; am 18. April erhielt er dementsprechende Anweisungen. Solche Schritte in diesen frühen Tagen des Nazi-Regimes sehen vielleicht wie ein allzu großes Vertrauen in die Geltung des Gesetzes aus; überraschenderweise blieben sie nicht ohne einen gewissen Erfolg, auch wenn hinsichtlich Heins' Verwaltung anderer Papiere, die ihm einschließlich wichtiger Manuskripte später überlassen wurden, Zweifel bestehen.

Viktor Mann war ein Beispiel für viele gewöhnliche Menschen, die sich anfangs nicht hinreißen ließen und auch später nicht der Partei beitraten, aber trotzdem von der Woge der Begeisterung für die »Bewegung«, die so viel zu versprechen schien, mitgetragen wurden. Bedeutsamer war die Zahl der Großen und Gerechten, die die Zustände nicht nur hinnahmen. Anfang März vor den Wahlen hatten dreihundert Universitätsprofessoren einen Aufruf zur Unterstützung der Nationalsozialisten veröffentlicht; am 21. März erhoben sie ihre Stimme in einer Erklärung des Verbandes der deutschen Hochschulen, in der die Machtübernahme als eine »Wiedergeburt des deutschen Volkes« begrüßt, die großen Namen der akademischen Tradition mit der neuen »Reform« der Erziehung nach nationalistischen Grundsätzen verbunden und die Notwendigkeit soldatischer und praktischer Ausbildung betont wurde.[24] Die Art und Weise, wie auch das Ausmaß, in der man ihn nun meiden würde, wurde Thomas Mann bewußt, als ihn Ernst Bertram, der im benachbarten Locarno Urlaub machte, trotz ihres andauernden freundlichen Briefwechsels demonstrativ nicht aufsuchte. »Schön war das nicht«, schrieb ihm Thomas Mann nach einigen Monaten, »aber ich weiß, daß Ihre seelische Spannkraft nie weit gereicht hat. Sie reicht jetzt so weit, daß Sie das mir von Grund aus Abscheuliche bejahen und verherrlichen und mich zugleich herzlich einladen, ebenfalls gemeinsame Sache damit zu machen ... Leben Sie wohl in Ihrem völkischen Glashause, geschützt vor der Wahrheit durch eine Brutalität, die so wenig die Ihre ist!«[25]

Eine unangenehmere Überraschung war für ihn, daß am 16. April in den *Münchner Neuesten Nachrichten* plötzlich ein »Protest der Richard-Wagner-Stadt München« gegen die »Verunglimpfung« in seinem Vortrag über Wagner und seine Anmaßung, damit im Ausland als ein »Vertreter des deutschen Geistes« aufzutreten, erschien. Unter den fünfundvierzig Unterzeichnern, die von Hitlers Verleger Max Amann angeführt wurden, dem in alphabetischer Reihenfolge bedeutende Namen aus Münchens künstlerischem, akademischem und öffentlichem Leben folgten, darunter Richard Strauss, erschienen viele, von denen er bislang geglaubt hatte, sie seien ihm wohlgesonnen, vor allem Pfitzner und Hans Knappertsbusch, der den nunmehr »unerwünschten« Bruno Walter als musikalischen Direktor der Oper ersetzt hatte. Der Initiator (er vermutete Pfitzner, der Hitler seit langem bewundert hatte, es war aber mit ziemlicher Sicherheit Knappertsbusch) hatte seit dem Vortrag zwei Monate verstreichen lassen – vermutlich um sicher zu sein, daß an der »völkischen Erhebung« nicht mehr zu rütteln war –, und nur wenige der Unterzeichner hatten den Vortrag in München, als er beifällig aufgenommen wurde, gehört. Der Text erwähnte mit keinem Wort den seit langem gedruckten vollständigen Essay, der seine Gedanken in größerem Zusammenhang ausführte. Er sah sich zu einer unmittelbaren und würdigen Erwiderung veranlaßt, die er an eine Anzahl von Zeitungen in Deutschland und Österreich schickte, von denen ihn (da die Nazis die Zeitungen bei weitem noch nicht völlig kontrollierten) mehrere abdruckten, erwartungsgemäß freilich nicht die *Münchner Neuesten Nachrichten.* Der Vortrag, der seine Passion für das Werk Wagners zum Ausdruck bringe, die sein ganzes Leben begleitet habe, schrieb er, sei überall wohlaufgenommen worden, die deutschen Botschafter im Ausland hätten alle ihren Dank für den Dienst geäußert, den er dem deutschen Namen erwiesen habe, der Protest sei ein völliges Mißverständnis, das ihm bitteres Unrecht zufüge. »Denn nur völlige Unkenntnis der Rolle, die Wagners gigantisches Werk in meinem Leben und Dichten seit jeher gespielt hat, konnte sie bestimmen, an dieser bösen Haltung gegen einen deutschen Schriftsteller teilzunehmen. Aufrichtig bitte ich die stillen Freunde meiner Arbeit in Deutschland, sich an meiner Verbundenheit mit deutscher Kultur und Überlieferung, an meiner Verbundenheit mit ihnen nicht irremachen zu lassen.«[26]

Diese Münchner Demonstration war der Anfang seiner »nationalen Exkommunikation«, die klar und deutlich zeigte, daß er in Deutschland »vogelfrei« war.[27] Sein etwas zögernder Vorsatz, nicht nach Deutschland zurückzukehren, verwandelte sich nun in einen festen Entschluß. Privat äußerte er »Ekel und Grauen«[28] angesichts des politischen und moralischen Zustands, in den man sein Land gebracht hatte, der »inferioren Mordlust gegen das Geistige«, ihr ganzes Wesen sei nichts als »Haß, Ressentiment, Rache, Gemeinheit«.[29] Davon fand sich aber nichts in seiner ersten öffentlichen Erklärung in der Angelegenheit Wagner, deren vorsichtige Sprache deutlich erkennen ließ, daß es ihm vor allem darum ging, seine persönliche Stellung und seine deutsche Leserschaft zu erhalten. Er war bereit zur Erwiderung, nicht aber zum Angriff. Es ginge zu weit, mit einem späteren Kritiker zu behaupten, daß weder das Schicksal anderer noch das der Demokratie, sondern nur das, was ihm persönlich widerfuhr, seine Haltung bestimmte.[30] Daß er nunmehr schreiben konnte: »Ich habe die untrügliche Empfindung, daß mit einer deutschen Revolution, die einen Menschen wie mich aus dem Lande stößt, nicht alles ganz in Ordnung sein kann«[31], verriet aber seine selbstbezogene Haltung. Später, wenn er seine Angelegenheiten zu Hause »liquidiert« habe, werde er gewiß etwas gegen die neue Barbarei schreiben, notierte er ins Tagebuch; die »Revolte gegen das Jüdische« hätte gewissermaßen sein Verständnis, wäre das Deutschtum »nicht so dumm, meinen Typus mit in den selben Topf zu werfen und mich mit ihm auszutreiben«.[32] Klaus empfand, wie er an Golo schrieb, die öffentliche »Vorsicht« des Vaters, seine »Leisetreterei«, als abstoßend: »Ich habe von Anfang an gespürt und gewußt, daß von diesen Machthabern für uns nichts, nichts, nichts zu erwarten ist«[33]; er verstand aber das Dilemma eines Menschen, der sich für sein Land irgendwie verantwortlich fühlte, aber auch nicht ohne Deutschland leben konnte.[34] Golo hielt die Wagner-Erwiderung für rückgratlos, ein wenig zu werbend; sie wäre besser ungeschrieben geblieben.[35]

Als Golo Ende April mit Heins nach Rorschach unweit der deutschen Grenze kam, um seine Eltern zu treffen und weitere Koffer mit Besitztümern zu übergeben, brachte er keineswegs gute Nachrichten mit. Es sei ihm gelungen, 60 000 Mark in bar abzuheben und zu verstecken, doch alle weiteren Abhebungen seien gesperrt worden. Die SA habe das Haus durchsucht, glücklicherweise ohne das Bargeld zu finden; ihre Autos, die man herauszubringen gehofft hatte, seien eingezogen worden; schließlich habe der Fahrer unverschämt seine Nazi-Sympathien eingestanden. Thomas Mann hatte Alpträume bei dem Gedanken, Agenten der Gestapo könnten seine Tagebücher durchschnüffeln: »Sie werden daraus im *VB* veröffentlichen. Sie ruinieren alles, sie werden mich auch ruinieren.«[36] Mit der getreuen Ida Herz hatte er bereits vereinbart, daß zwei Drittel seiner Bücherei diskret weggebracht und an eine Schweizer Deckadresse geschickt werden sollten. Man beschloß nun, die Fiktion – oder in der Tat die Möglichkeit, wer könnte es sagen? – einer Rückkehr nach München aufrechtzuerhalten, indem er offiziell das Haus behielt. Es sollte vermietet werden, ein oder zwei Räume für das Dienstmädchen reserviert, die verbleibenden Haushaltsgegenstände aufgeteilt, überführt, was möglich war, und alles übrige, darunter die wertvollen Handschriften aller seiner früheren Werke, in der Obhut von Heins dort gelassen werden. Golo, soviel lag auf der Hand, mußte so bald wie möglich herauskommen. Heins würde sich inzwischen weiter bemühen, den gestohlenen Koffer von der Gestapo zurückzuerhalten, den Reisepaß zu erneuern und Mieter zu finden. Die größte Sorge blieben aber die verschwundenen Tagebücher, der fundamentale »Anschlag gegen die Geheimnisse meines Lebens«, der in seiner Vorstellung tödlich sein könnte.[37]

Wieder mit Heins in München, fand Golo, daß auch sein Wagen von der SA enteignet worden war. Den Mai verbrachte er größtenteils in Berlin, wohin auch Monika aus Italien gekommen war. Mit Hilfe von Botschafter François-Poncet gelang es ihm, im französischen Kuriergepäck 60 000 Mark nach Paris zu bringen; weitere Versuche, Geld abzuheben, erwiesen sich als unmöglich, obwohl der Vater in einem Brief, dessen Abfassung in echtem Buddenbrook-Stil ihm Spaß gemacht haben mußte, eine »Mitgift« von 100 000 Mark für Monika vorgab, mit dem dringlichen Rat, das Geld in sicheren Papieren anzulegen und vernünftige Erbbestimmungen zu treffen. Bald darauf ging sie nach Paris, Golo folgte Ende Mai, um sich den Eltern in Südfrankreich bei Sanary, zwischen Marseilles und Toulon, anzuschließen.

Klaus und Erika hatten sich in Bandol niedergelassen, Michael und Elisabeth waren bei ihnen, Thomas und Katia waren nach einer Erkundung Basels am 6. Mai eingetroffen. Ihr abgelaufener Reisepaß verursachte an der französischen Grenze keine Scherereien (der Vorteil eines international bekannten Namens, zu einer Zeit, da Emigranten ohne Papiere die Grenzen normalerweise verschlossen fanden). Thomas wäre eine deutschsprachige Gegend lieber gewesen, doch hier bestand Aussicht auf eine freundliche und billigere Unterkunft, auch wenn sie nur vorübergehend war; ein Ort, an dem er sich endlich in Ruhe niederlassen und die richtige Atmosphäre für seine Arbeit finden konnte. Die Gegend, die noch nicht in Mode gekommen war, beherbergte nun eine Anzahl von meistenteils jüdischen Exilanten: Walter Hasenclever und Walter Benjamin hatten Bandol bereits entdeckt, andere hielten sich in und um Sanary auf – Lion Feuchtwanger, Julius Meier-Graefe –, während Bruder Heinrich, der sich sein Brot nun mit Artikeln für die Lokalpresse verdiente, nicht weit entfernt in Nizza lebte. Der Kreis, der seinen Mittelpunkt im Heim René Schickeles hatte (für den 1914 Thomas

Mann, der Chauvinist, ein »Erzschwein« gewesen war), zog in diesem Jahr auch viele andere Besucher an: Hermann Kesten, Ludwig Marcuse, den Avantgarde-Regisseur Erwin Piscator, Arnold Zweig vor seiner Emigration nach Palästina; Aldous Huxley war anzutreffen, auch Paul Valéry. Die ersten Eindrücke, als sie sich vorläufig in einem Hotel in Bandol installiert hatten, waren keineswegs günstig, alles schien »schäbig, wackelig, unkomfortabel und unter meinem Lebensniveau«.[38] Als aber der verlorengegangene Koffer aus München endlich eintraf, wich eine schwere Last von ihm, auch wenn der Inhalt offenbar nicht unangetastet war. Schließlich fand man ein Haus unweit von Sanary, das sie am 12. Juni bezogen. »La Tranquille« war seit dem Schicksalsschlag der erste Ort, den sie »Heim« nennen konnten, nicht groß genug, um die ganze Familie aufzunehmen, aber mit einem Arbeitszimmer samt Terrasse für ihn, in einer Umgebung, an die er sich viel später noch sehr gern erinnerte – das Klima von einer magischen Leichtigkeit und durch den Mistral sogar im Hochsommer nicht drückend.

Es war sicher befreiend, daß er hier eine gewisse Stabilität und etwas von der Routine wiedergewann, die für seine Art zu leben und zu arbeiten unentbehrlich war. Er hatte für den *Joseph* bereits ein paar weitere Zeilen geschrieben, ohne besonderen Erfolg, nun aber versuchte er aufgrund des eingetroffenen Materials die Arbeit wiederaufzunehmen. Im Unterschied zu den meisten anderen Emigranten war seine finanzielle Situation verhältnismäßig gut: Im Juni ersetzte ein hübsches Peugeot-Cabriolet für 13 000 Francs die Autos, die in München verlorengegangen waren, der Verkauf deutscher Goldpfandbriefe, die in seiner Schweizer Bank gelegen hatten, erhöhten sogar noch bei einem nominellen Verlust von 60 Prozent sein Kapital auf etwa 200 000 Schweizer Franken. »Es machte mir [Vergnügen], es als eine Million französischer Francs vorzustellen. Die Veräußerung ist natürlich ›illegal‹, aber das werde ich zwangsläufig desto mehr, je länger ich außerhalb Deutschlands bin, – und wie sehr sind es diejenigen, die mit meiner Beraubung begonnen haben. Übrigens werfe ich ihnen die Hälfte meines Vermögens und das Haus hin.«[39]

Die Klage darüber, wieviel er durch sein Fernbleiben von Deutschland verloren hatte, sollte häufig wiederkehren, obgleich er mit dem Verbliebenen alle Möglichkeit hatte, seinen gewohnten Lebensstil wiederaufzunehmen und unvergleichlich besser gestellt war als die meisten seiner Mitemigranten – ein Umstand, der bei diesen nicht selten Verstimmung auslöste, auch wenn sie ihn als den führenden Repräsentanten des »wahren« Deutschland achteten. Er hatte freilich auch für eine größere Familie zu sorgen, obgleich die älteren Kinder ihren Unterhalt durchaus selbst verdienen konnten. Klaus hatte bereits einen Posten bei dem neuen Emigrantenverlag Querido in Amsterdam angetreten, er arbeitete an dem Projekt einer deutschsprachigen Monatsschrift, die trotz ausgesprochen literarischen Charakters eine politische Aufgabe erfüllen könnte, indem sie die Fahne der Freiheit gegen die Unterdrückung in der Heimat hochhielt. Um Erika, die an einem Kinderbuch schrieb und zahlreiche andere Pläne hatte, brauchte er sich keine Sorgen zu machen, Golo konnte mit einem akademischen Posten rechnen. Trotzdem verließen sich die drei auch weiterhin auf seine Unterstützung; die beiden Jüngsten hatten noch ihre Ausbildung und Monika ihr Studium in Florenz abzuschließen. Geld war zur Genüge vorhanden; das Fehlen eines Reisedokuments gab, wie die Einreise nach Frankreich bewiesen hatte, keinen Grund zur Sorge.

Trotzdem: Während jenes Sommers in Sanary gab es Sorgen genug. Er hatte seinen Bruch mit Deutschland noch nicht verwunden. Sosehr er auch innerlich entschlossen war, mit dem neuen Regime nie einen Kompromiß einzugehen, war es doch so, daß der Fischer-Verlag anscheinend ungehindert weiterarbeitete und daß alle Aussicht auf eine baldige Veröffentlichung der ersten beiden Bände des *Joseph* bestand, wodurch sein vordringliches Ziel, sich die deutsche Leserschaft zu erhalten, erfüllt werden konnte. Bermann betonte jedoch nachdrücklich das Risiko, das für sie beide darin lag, daß er im Ausland blieb und sich selbst in eine nunmehr illegale Position brachte (ein Deutscher, der eine Aufforderung zur Rückkehr nicht befolgte, konnte nun seiner Staatsbürgerschaft beraubt werden). Er versicherte ihm, daß in Berlin, im Gegensatz zu München, wo die »Lokalmaßnahmen« von der Regierung nicht gebilligt waren, keine offiziellen Vorbehalte gegen ihn bestünden und daß er nichts sähe, was ihn von einer Rückkehr abhalten könnte. Im April und Mai enthielten die »Schwarzen Listen« von Büchern, die aus öffentlichen Büchereien zu entfernen waren – »Asphaltliteratur«, »antideutsche« und »subversiv jüdische« Werke –, kein Werk von Thomas Mann, abgesehen von seinen beiden prorepublikanischen Essays; seine Werke waren auch nicht unter den Büchern gewesen, die man bei der berüchtigten Bücherverbrennung am 1. Mai, die von den Nazis in den Universitätsstädten organisiert worden war, feierlich in die Flammen geworfen hatte (in Köln war Bertram, der immer noch auf die Rückkehr des Freundes hoffte, ziemlich stolz darauf, daß er sie davor bewahren konnte, obwohl er weit davon entfernt war, das schändliche Unternehmen zu verdammen).

Für Thomas Mann, der sich immer noch in einem Dilemma befand, gab die Wagner-Affäre, deren Wellen ihn weiterhin erreichten und die er nicht als bloße »Lokalmaßnahme« betrachten konnte, den Ausschlag. Die starke Hilfe Willi Schuhs, des Musikkritikers der *Neuen Zürcher Zeitung*, hatte ihn ermutigt, die weiteren Proteste in der deutschen Presse nicht mehr zur Kenntnis zu nehmen; nach einem Artikel Pfitzners im Juli aber fühlte er sich doch zu einer eindeutigen Erklärung gegen die Art und Weise veranlaßt, wie die Anschuldigung zu seiner praktischen »Ausstoßung« aus Deutschland[40] geführt hatte. (Pfitzner hatte seine Unterzeichnung nicht aufgrund dessen verteidigt, was Mann über Wagner gesagt hatte – was »unter Künstlern von Niveau« gewiß erlaubt sei –, sondern weil er es *außerhalb Deutschlands*, mit all der Autorität seines weltweiten Ansehens gesagt habe.) Sein ausführlicher Entwurf einer Erwiderung führte bei der Vorlesung im Exilkreis in Sanary zu allerhand Diskussionen, insbesondere Erika war über die »melancholische Konzilianz des Aufsatzes«[41] enttäuscht. Privat gab er die paradoxe Situation zu, die er damit auslöste: Sollte der Text wie gehofft in der *Rundschau* erscheinen, so ließ die milde Art, auf die er die Tatsachen darlegte, die Tür für seine Rückkehr offen – die er dann ablehnen würde. Die *Rundschau* war schließlich zu vorsichtig, um ihn zu drucken, Ende Juli erklärte er dann resigniert Bermann und dem alten Samuel Fischer, daß eine Rückkehr nicht in Frage käme. Es gebe Situationen, schrieb er an Fischer, in denen selbst ein so konziliianter Mensch wie er seine Position klarstellen müsse, seine intellektuelle Ehre, zusammen mit familiären Gründen und seiner physischen Sicherheit, ließen eine Rückkehr nicht zu. »Sie alle überlegen die zweifellos schweren Konsequenzen, die die Ablehnung Ihres Rates für mich haben wird. Ich tue es auch, wahrhaftig. Aber klarer als Sie überlege ich auch die in jeder Beziehung verhängnisvollen Folgen, die die Befolgung Ihres Zuredens zeitigen könnte und müßte, und mein Entschluß steht fest ... ich bringe große Opfer damit. Aber gerade das wird es mir erleichtern, ihn vor der Welt zu rechtfertigen, was ich, wenn es sein muß, mit gemäßigten aber klaren Worten zu tun gedenke.«[42] Fischer werde aber froh sein, zu hören, daß er nunmehr regelmäßig am nächsten Teil des *Joseph* arbeite und die Fahnen des ersten Bandes lese, auf dessen Erscheinen er sich freue.

Dies alles klang sehr entschlossen, seine Entscheidung war aber nur privat gefallen, und es sollte noch geraume Zeit dauern, bis er das Gefühl hatte, sich öffentlich erklären zu müssen. Sogar als im August die Enteignung des Hauses und seine offizielle Benachrichtigung der Behörden von seinem Wegzug aus München ein letztes Siegel unter seine »Exkommunikation« zu setzen schienen, blieb er stumm. Dieses Schweigen wurde von den Mitemigranten in Frankreich, der Schweiz und England stark kritisiert, da sie mit einiger Berechtigung fühlten, daß die Stimme des berühmtesten deutschen Schriftstellers in dem Propagandakrieg, den sie gegen Hitler führten, dringend gebraucht wurde. (Diesen Tadel erhoben auch zahlreiche spätere Kritiker, die darin einen Abfall von der Pflicht gegenüber dem wahren Deutschland, das die Hitlerzeit überleben mußte, sahen.) Er aber hatte das Gefühl, einen »nachdenklichen Weg« suchen zu müssen, wie er Anfang September in sein Tagebuch notierte, »zwischen der oft hysterischen Gekränktheit der Emigranten-Journalistik« und der unterwürfig wirkenden Schriftstellerei von Autoren wie Rudolf Binding und Gottfried Benn, die in Deutschland verblieben waren, um am »Wiederaufbau« mitzuwirken.[43] Er hatte immer noch ernsthafte Zweifel, wie er sich am besten verhalten sollte.

Das Wichtigste war, alles zu vermeiden, was die Veröffentlichung des ersten *Joseph*-Bandes, der *Geschichten Jaakobs*, gefährden könnte. Im August hatte ihn ein solches Gefühl der Resignation überkommen, daß er bat, das Buch dem Amsterdamer Verlag Querido zu überlassen, wovon er durch Bermann jedoch abgebracht wurde, der aufgrund der bereits eingegangenen zahlreichen Vorbestellungen eine höchst optimistische Voraussage für dessen Zukunft machte, und von den weiterhin ausgezeichneten Verkaufszahlen seiner anderen Bücher berichtete. Die Verlegung ins Ausland würde ihn seine deutschen Leser kosten und sein zukünftiges Einkommen in Gefahr bringen – es wäre außerdem ein beinahe tödlicher Schlag für den Verleger, der sein Werk von Anfang an gefördert hatte und von dem man gerechterweise nicht verlangen könne, seinen besten Autor aufzugeben. Für den Augenblick und während der Veröffentlichung schien ihm deshalb Schweigen geboten. Ein unmittelbares Problem ergab sich für ihn jedoch mit Klaus' Monatsschrift *Die Sammlung*.

Die erste Nummer erschien im September unter der Schirmherrschaft von André Gide, Aldous Huxley und Heinrich Mann. Sie beschränkte sich keineswegs auf das bloß Literarische, wie sein Vater angenommen hatte, sondern zeigte in Klaus' Leitartikel deutlich ihre »politische Sendung« an, um keinen Zweifel daran zu lassen, »wo wir, die Herausgeber, und wo unsere Mitarbeiter stehen« – was aus dem Inhalt auch zur Genüge klarwurde. Der Name Thomas Manns erschien (wozu er vor längerer Zeit sein Einverständnis gegeben hatte) auf der langen internationalen Liste von gegenwärtigen und zukünftigen Beiträgern (u.a. Max Brod, Jean Cocteau, Alfred Döblin, Sinclair Lewis, Henry Louis Mencken, Romain Rolland, Joseph Roth, René Schickele, Stefan Zweig). Der begreiflicherweise nervöse Bermann protestierte bei ihm sofort über Klaus' »unverantwortliche Haltung« – die deutschen Behörden würden nicht zögern, unmittelbar »scharfe Maßnahmen« gegen die aufgeführten deutschen Autoren zu ergreifen – und bat ihn dringlich, seinen Namen zurückzuziehen[44], gleichzeitig bedrängte er Schickele und Döblin, die ebenfalls Fischer-Autoren waren, das gleiche zu tun. Mit einigem Zögern gab Mann mit einem schwachen Telegramm nach, »kann nur bestätigen, daß Charakter erster Nummer Sammlung ihrem ursprünglichen Programm nicht entspricht«, das er später brieflich zu der logischen Folgerung erweiterte, daß sein Name von der Liste zu tilgen sei.[45] Schickele, der einen Roman abgeschlossen hatte und dadurch schwer verlieren mußte, wie Döblin (mehr aus Solidarität, da sein neuestes Buch ohnehin bei Querido erschien) gaben ihrem Widerruf mehr Nachdruck. Stefan Zweig, der Klaus einen Auszug aus seiner *Erasmus*-Studie versprochen hatte – ein »verschleiertes Selbstporträt«, da sie den Humanisten in einer ähnlichen Zwangslage zwischen den Extremisten zeigte –, fürchtete dasselbe Risiko für seinen eigenen Verleger Anton Kippenberg und fühlte sich ebenfalls genötigt, seinen Namen zurückzuziehen.

Das hatte die erwünschte Wirkung. Im Oktober zog die »Reichsstelle zur Förderung des deutschen Schrifttums«, die gegen die Zusammenarbeit dieser Autoren mit Emigrantenzeitschriften in deren Propagandakrieg gegen das neue Deutschland gewettert hatte, ihre Anschuldigung des »geistigen Hochverrats« zurück und akzeptierte ihre Absicht, sich politischer Erklärungen im Ausland zu enthalten – obwohl sie ihre Haltung weiterhin verurteilte.[46] Die Widerrufe waren jedoch ein vernichtender Schlag für Klaus, der auf das, was er für eine großartige Sache hielt, nicht wenig stolz gewesen war. Er war verbittert über die Feigheit, die er hinter alledem zu erkennen glaubte. Der Einwand seines Vaters, daß der voraussichtliche Erfolg der *Geschichten Jaakobs* (die Anfang Oktober erscheinen sollten) »für die Machthaber viel ärgerlicher wäre ... als ein ganzer Stoß Emigranten-Polemik«,[47] konnte ihn kaum überzeugen. Bermann hatte er nie besonders leiden können, er protestierte unmittelbar bei ihm heftig wegen der persönlichen Beleidigungen, von denen die politische Kritik angeblich begleitet worden war.

Auch Erika war erbost darüber, da sie es für eine Intrige des Verlegers hielt, der sich einfach Ärger in Deutschland ersparen wollte, wie sie Klaus schrieb: »Das Ganze ist so, wie ich es Deinem Vater schon vor Monaten voraussagte, – der falsche Schritt, bei Fischer zu bleiben ... sät Unheil, Widerspruch und Unhaltbares auf der ganzen Linie, auf der ›Menschliches‹ von Politischem nicht mehr zu unterscheiden ist.«[48] Aus Zürich, wo sie mit Vorbereitungen für die Eröffnung ihres Pfeffermühle-Kabaretts begonnen hatte, richtete sie einen scharfen Brief an den Vater – an dem Tag nach seinem Umzug mit der Familie am 27. September in die Schweiz, in das Haus, das sie in Küsnacht gefunden hatte, mit Blick auf den Zürcher See. Schon vor Wochen, als der Umzug beschlossen war, hatte Katia zu seiner Befremdung angedeutet, daß auch Golo, wie die anderen, von ihm eine öffentliche Erklärung gegen das Deutschland Hitlers erwartete. Sie war aber mit ihm einig gewesen, daß er vor dem Erscheinen des Romans unbedingt alles vermeiden müsse, was den Verleger in eine unangenehme Lage bringen könnte. Zwar beunruhigte ihn die Opposition der älteren Kinder und er gab sich Mühe mit einem beschwichtigenden Brief, der Erika zur Generalprobe für die Pfeffermühle-Eröffnung am 30. September erreichen sollte. Er blieb fest bei seinem Entschluß, sich von den Polemiken und den »Vermaledeiungen der Emigrantenpresse«[49], wie er sie nannte, fernzuhalten und seine Werke solange wie möglich für seine Leser in Deutschland zu erhalten – ein Ziel, das durch den Erfolg des Romans, dessen erste Auflage von 10000 Exemplaren innerhalb einer Woche vergriffen war, reichlich erfüllt wurde. Sollte er dies aufgeben, schrieb er an Schickele: »Soll man das zerstören? Materiell habe ich nichts davon.

Die Honorare sind beschlagnahmt, und bei Querido wäre ich in dieser Hinsicht viel sicherer und besser gefahren. Aber das ideelle Interesse bleibt bestehen.«[50] (Er hatte allerdings bereits das Einverständnis Bermanns zu einer Ausgabe eines Schweizer Buchklubs erbeten und erhalten – die Einkünfte daraus würden die Halbjahresmiete für das Haus in Küsnacht mehr als decken – und beteuerte loyal die Ablehnung weiterer »bedeutender Angebote«, die er aus dem Ausland erhalten habe.[51])

Das neue Domizil in der Schiedhaldenstraße in Küsnacht trug wesentlich zur Wiederherstellung seines seelischen Gleichgewichts bei. Er befand sich wieder in einer deutschsprachigen Umgebung, wenn auch etwas zu nahe an der Grenze, in einem eleganten Haus, das nach dem kaum erträglichen Unterkunftsniveau in Frankreich Aussicht auf eine Wiederaufnahme des bequemen patrizischen Lebensstils von München bot. Küsnacht, schrieb Heinrich Anfang Oktober, sei »der bestmögliche Ersatz für Deine Münchner Umwelt«, und er billige völlig die Entscheidung, weiter in Deutschland zu veröffentlichen: »Wenn ich könnte, würde ich es genauso machen. Das heißt: im Innern den Kampf gegen die Machthaber führen.«[52] Innerhalb von zwei Monaten trafen der größte Teil der Möbel und des Hausrats aus der Poschingerstraße ein, die man geschickt an Deckadressen überstellt hatte, sowie die von Ida Herz abgesandten Bücher (aufgrund der Berühmtheit Thomas Manns wurde kein Zoll erhoben). Es war wie ein Traum, sein Arbeitszimmer wie durch Zauberei bis auf die kleinste Einzelheit wieder so eingerichtet zu sehen, wie es immer gewesen war. Zwei der Münchner Dienstmädchen folgten kurz darauf; in den vier Badezimmern gab es genügend heißes Wasser; ein neuer Fiat stand in der Garage.

Gedanken an das Verlorene beunruhigten ihn trotzdem aufs neue, als zwischen den widersprüchlichen Entscheidungen von Berlin und München über eine mögliche Wiedererlangung seines Eigentums Hoffnungen aufflackerten und wieder erloschen. Die vertrauten Gegenstände schienen die Realität eines dauernden Exils zu bestätigen, und von Zeit zu Zeit erhoben sich Zweifel, ob er die richtige Entscheidung getroffen habe. Wenn er zurückkehrte, hätte er ja schließlich keinen Grund, sich so zu verhalten wie Gerhart Hauptmann oder Richard Strauss, man könnte »eine ernste und jedes Hervortreten ablehnende Isolierung bewahren«, und es gäbe Freunde genug.[53] Dennoch erweckte die elegante neue Umgebung, in der die

Gäste wie zuvor ein und aus gingen, den tröstlichen Eindruck einer unveränderten Lebensweise. Es lag tatsächlich eine gewisse Freude darin, Besuchern von »drinnen« zu zeigen, daß er nicht auf die armselige Existenz des typischen Emigranten reduziert worden war; er konnte auf das Bewußtsein stolz sein, daß es den Münchner Behörden nicht gelungen war zu verhindern, »daß wir in der Freiheit in einem schönen Hause leben«.[54] Sogar ein Journalist des Nazi-Blattes *Der SA-Mann*, der zwei Jahre später die »sehr ansehnliche Villa« von außen inspizierte, in der »Thomas Mann als ›armer Emigrant‹ ... ein beschauliches Dasein fristet«, konnte seine »Bewunderung für den erlesenen Geschmack des Besitzers« nicht verleugnen.[55] Obwohl Mann bereits an den Bau eines eigenen Hauses dachte, was bei den Schweizer Preisen vorsichtig angegangen werden mußte, blieb das Haus in Küsnacht für nahezu fünf Jahre ihr Heim.

2

»Weit besser ist's, dem Vaterland entsagen
Als unter einem kindischen Geschlechte
Die Wut des blinden Pöbelhasses tragen.«

August Graf von Platen

Die Schweizer Behörden erwiesen sich dem ausländischen Autor gegenüber, der ohne gültige Papiere, doch offensichtlich mit ausreichenden Mitteln angekommen war, als sehr entgegenkommend, zu einer Zeit, da der »unerwünschte Ausländer« Gefahr lief, rasch wieder zurückgeschickt zu werden oder scharfen Beschränkungen unterworfen wurde. Alle behördlichen Fragen wurden freundlich und hilfreich beantwortet, seine Beiträge zur Schweizer Presse und später seine ausgesprochen politischen Erklärungen, die bei anderen zur Ausweisung geführt hätten, wurden ignoriert. Er hatte allen Grund, wie er in einer Rundfunkansprache im Dezember 1934 sagte, dankbar zu sein, daß man ihm den Weg zu einem neuen Heim so leicht gemacht habe, wie auch für die »großzügige Gefälligkeit« der Behörden und die »freundliche Sympathie« des Schweizer Publikums[56], die sich in dem Beifall bei seiner Lesung aus dem *Joseph* am 8. November 1933 in der Zürcher Universität so tröstlich ausgedrückt hatte. Doch nicht immer war alles schön und angenehm. Während des Krieges sprach er von dem »oft kaum merklichen, aber doch unverkennbaren Stigma, das wir Emigranten trugen«.[57] Klaus erinnerte sich an den Argwohn der Schweizer in den dreißiger Jahren – nicht weil die Neuankömmlinge Deutsche waren, sondern weil sie Deutschland verlassen hatten: »Ein anständiger Mensch hält zu seinem Vaterland, gleichgültig, wer dort regiert. Wer sich gegen die legitime Macht stellt, wird suspekt ... Und repräsentierte Hitler nicht die legitime Macht? Er tat es, nach Ansicht der meisten.«[58] An Nazi-Sympathisanten war kein Mangel. »Hakenkreuzlerische Drohungen« wurden laut, bevor noch die Pfeffermühle eröffnet wurde[59]; das Publikum, das zu den Vorstellungen im Oktober kam, wurde zur Zielscheibe von Beleidigungen. Die satirischen Anspielungen mußten so diskret sein, daß sie die Schweizer Neutralitätsgefühle nicht verletzten; die Touren des Kabaretts, die im Jahr 1934 folgten, blieben trotz unbezweifelbarer Beliebtheit und vollen Häusern nicht ohne Zwischenfälle; einmal mußten Erika und das Haus in Küsnacht unter Polizeischutz gestellt werden. Im Jahr darauf wurde nach einem Verbot in drei Kantonen die Erlaubnis für Zürich nicht mehr erneuert.

All das warf aber nur einen schwachen Schatten auf das Leben der Familie Mann im Exil. Die beiden jüngsten Kinder waren in ihrem neuen Leben schnell glücklich, sie wurden in das »Freie« (doch schulgeldpflichtige) Gymnasium aufgenommen, außerdem konnten sie am Conservatoire Musikstunden nehmen, Elisabeth für Klavier und Michael für Geige. Im Augenblick lebten nur diese beiden dauernd bei den Eltern, doch zu Weihnachten 1933 waren alle wieder vereint, zusammen mit Reisiger aus Österreich und Erikas Kollegin von der Pfeffermühle, Therese Giehse – es war wie einst. Golo kam aus St. Cloud, wo er einen Posten als Lehrer gefunden hatte, Monika aus Florenz und Klaus – der einzige, der den Emigrantentyp verkörperte, der von der Nazi-Presse so geschmäht wurde, immer noch widerspenstig wegen der »Feigheit« des Vaters – von seiner Pendlerexistenz zwischen den europäischen Hauptstädten (wo er überall homosexuelle Freunde hatte, nach Zürich kam er aber hauptsächlich, um sich Morphium zu beschaffen, von dem er zunehmend abhängig wurde).

Thomas Mann, wieder in einem Leben und einer Umgebung, die stark an München erinnerten, konnte die regelmäßige Routine wieder aufnehmen, die für ihn wesentlich war: Der Vormittag galt dem gewissenhaften Fortschritt am *Joseph*-Roman; daran schloß sich sein Spaziergang an und seine übliche Ruhepause; der Rest des Tages wurde von der Korrespondenz oder dem ständigen Strom von Besuchern, Bewunderern, Journalisten ausgefüllt, den Katia mit gewohnter Strenge kontrollierte. Seine Abhängigkeit von ihr, die nun womöglich noch größer war, wurde ihm während ihrer Krankheit im November klar (eine Gebärmuttergeschwulst, glücklicherweise gutartig, die jedoch Ruhe verlangte). Sie sei »das Signal für eine zukünftig eingeschränktere Aktivität«, notierte er beunruhigt, »denn auf ihrer Spannkraft ist alles aufgebaut«.[60] Die Ortsbewohner – Küsnacht war damals kaum mehr als ein Dorf mit einigen tausend Einwohnern – zeigten dieser ausländischen Familie gegenüber, so berühmt sie auch war, eine typische Reserviertheit, zuweilen auch Ärger über die herrische Art Katias, sich etwa mit den Worten »Ich bin Frau Thomas Mann« in der Schlange vorzudrängen.[61] Er seinerseits nahm wenig Anteil an den örtlichen Belangen, da er sich nun zufrieden und heimisch genug fühlte, die eigenen zu verfolgen: »Wenn man aus Lübeck ist, macht es ja keinen großen Unterschied, ob man in München oder in Zürich lebt.«[62]

In der zweiten Jahreshälfte 1933 erreichten ihn zwei offizielle Nachrichten aus dem Reich, die den Bruch endgültig zu machen schienen: nach dem ostentativ erfolgten Austritt Deutschlands aus dem Völkerbund die Aufforderung, seine Mitgliedschaft bei dessen »Kulturkommission« aufzugeben, und eine weitere Aufforderung über den Verlag, eine Erklärung zu unterzeichnen, daß er dem »Reichsverband Deutscher Schriftsteller« beitreten und seine Satzungen befolgen werde. Dabei handelte es sich nun um die offizielle Schriftstellerorganisation, unter dem Vorsitz von Hans Friedrich Blunck, die, wie in allen anderen Berufsgruppen, die Gleichschaltung unter der vollen Kontrolle der Nazis gewährleisten sollte. Er war zu keiner von beiden bereit, aber die zweite Aufforderung erregte während der Drucklegung des *Joseph* große Besorgnis bei Bermann und Suhrkamp im Fischer-Verlag. Es gelang ihnen, Zeit zu gewinnen mit den von ihm angeführten Argumenten, daß er sich auch weiter als zur deutschen Literatur gehörig betrachte und nichts mehr wünsche, als seine Verbindung mit Deutschland und seinen dortigen Lesern aufrechtzuerhalten; für ihn als Ehrenmitglied des ehemaligen Schriftstellerverbandes, der nun in der neuen Organisation aufgegangen sei, bestehe keine Notwendigkeit einer weiteren Formalität; mit der »Forderung solch unmöglicher Bekenntnisse«

würde man ihn nur ins »Emigrantenlager« treiben. Er hatte wenig Hoffnung auf Erfolg und erwartete eigentlich, der Auszug aus dem zweiten Band des *Joseph*, der in der *Rundschau* vom Januar 1934 erscheinen sollte, würde sein »literarischer Schwanengesang für Deutschland« sein – weigerte sich aber immer noch, das erforderliche Formular zu unterzeichnen. Es wurde jedoch ein Kompromiß gefunden, indem man ihn als Mitglied unter der Kategorie »im Ausland lebende Deutsche« eintrug, die nicht zu unterzeichnen brauchten[63] – wohl ein Zeichen, daß das Reich auf das Ansehen seines Namens noch nicht verzichten wollte.

Bermann Fischer, wie er nun nach seiner Heirat mit Samuel Fischers Tochter Brigitte hieß, konnte daher mit der Fertigstellung des zweiten Bandes, *Der junge Joseph*, der bereits im Druck war, fortfahren. Er erschien als selbständiger Band 1934, mit der Ankündigung von vier Bänden für das ganze Werk. Für den dritten Band hatte Thomas Mann zwei weitere Jahre berechnet (im Dezember verzeichnete er mit Befriedigung, daß Joseph Conrad dreißig Zeilen für einen guten Tagesdurchschnitt hielt, den er selbst freilich nicht zustande brachte); der vierte Band, der noch nicht einmal einen Titel hatte, lag noch in weiter Ferne. Vorläufig blieb ihm sein deutsches Publikum sicher, der Eindruck einer Zusammenarbeit mit dem Deutschen Reich, der dadurch entstehen mochte, kümmerte ihn nicht.

Die ganze Zeit hatte seine Stimmung zwischen Optimismus und Hoffnungslosigkeit geschwankt. Ende November hatte er Schickele gegenüber die Vermutung ausgesprochen, daß sie in absehbarer Zeit wieder in Deutschland leben könnten, »in etwa 2 bis 3 Jahren, vielleicht schon früher«, und mit ihm übereingestimmt, daß »das ältere, bessere, höhere Deutschland nichts tun [könne], als ... mittelbar einwirken, eine Art von Zellenbildung betreiben ... Es ist nicht anders zu machen.«[64] Am Neujahrsabend beklagte er in seinem Tagebuch jedoch den Zustand seiner Nerven und seines Gemüts, der die Arbeit unmöglich mache, »Müdigkeit, geistige Mattigkeit, Überdruß, der, könnte er von außen gesehen werden, wohl sein Bedenkliches hätte«[65] – am folgenden Tag deprimierte ihn die Nachricht vom Tod seines alten Freundes und Zeitgenossen Jakob Wassermann zutiefst und ließ ihn zweifeln, ob ihm selbst noch viel Zeit bliebe. Auch wenn er häufig über das Werk Wassermanns gelächelt hatte, das »eines gewissen leeren Pompes« nicht entbehrte, sah er doch auch, wie er an Schickele schrieb, daß er »mehr echtes Erzählerblut als ich« habe; die »stinkende Politik« der deutschen Presse aber, die ihn als »einen der angesehensten Schriftsteller November-Deutschlands« abtat, käme ihm wie »der deutsche Nekrolog für uns alle«[66] vor.

Gleichzeitig bedeutete der Riesenerfolg von Erikas Pfeffermühle-Programm, das am Neujahrstag in Zürich Premiere hatte und fortan vor vollen Häusern spielte, einen großen Aufschwung für den Niedergeschlagenen. Das bereite ihm größere Freude als jedes Lob für den Roman, schrieb er sowohl an Hesse wie an Bertram: es sei »die unmerklich und schmerzlos sich einschleichende Abdikation meiner Jahre zugunsten der jungen Leute«.[67] Daß er an Bertram, dessen letzter Brief mit dem Versuch, die Herrlichkeiten des neuen Deutschland zu erklären, seit November unerwidert geblieben war, überhaupt zu schreiben vermochte, war in seinen Augen ein sicheres Zeichen »wiederkehrender Nervenkraft«.[68] In freundlichen, doch festen Worten machte er zu Beginn von »Jahr II«, wie er es ausdrückte, dem Freund seine Haltung klar. Er sei unabhängig und habe keinerlei Verbindung zu den deutschen Emigranten, die über die ganze Welt verstreut seien und denen jegliche geistige oder politische Einheit abgehe. »Und wenn noch nicht überall in der Welt das rechte Verständnis für die Anmut und Würde Ihres Reiches lebendig ist, so kommt dem völlig einflußlosen Emigranten keinerlei Schuld oder Verdienst daran zu.« Er bat Bertram, dies bei seinen Nazi-Freunden deutlich zum Ausdruck zu bringen. »Nein, ich sehe das neue Deutschland ... durch kein verzerrendes Medium, sondern, wie ich die Dinge zu sehen gewohnt bin, mit meinen eigenen Augen. Ich kenne seine Gedanken und Werke, seinen Sprech- und Schreibstil, sein in jedem Sinne falsches Deutsch, sein mit erstaunlichem Freimut bekundetes moralisches und geistiges *Niveau* – und das genügt. Daß auch Ihnen dieses Niveau zuweilen eine Verlegenheit ist, davon halte ich mich überzeugt, und wenn Sie es noch so eifrig bestreiten.« Sollten sie sich wieder begegnen (»aber werden Sie es riskieren, sich an die Luft zu begeben?«), würde er in ihrer Diskussion des »Bergrutsches eines Jahrhunderts« die Haltung Goethes in der Napoleonischen Zeit einnehmen: »Mein Freund, auch ich glaube an Deutschlands Zukunft.«[69] Er zählte dann die Familienneuigkeiten auf, sprach von seiner Hoffnung auf Schweizer Einbürgerung und seinem Wunsch, wie Stefan George dort begraben zu werden, beschrieb seine Lesereise durch das ganze Land, die im Februar beginnen sollte, zu der einige Wiederholungen des in München vor nahezu einem Jahr, am Vorabend ihrer schicksalhaften Abreise, so beifällig aufgenommenen Wagner-Vortrags gehören würden.

Für jemanden, der sich der wechselnden Kalenderblätter so bewußt war wie er, gab es im Februar beinahe täglich solche melancholischen Jahrestage, zumal als sich die gedrängte Lesetour ihrem Ende näherte und sie sich wieder zu einer Erholung in Arosa anschickten. In das Tagebuch, das er zwölf Monate zuvor angefangen hatte – »ein Trost und eine Hilfe« in den Heimsuchungen, die ihn und Katia mehr als ein Jahr älter gemacht hätten –, notierte er mit gemischten Gefühlen, wie Arosa »genau den Kreis schließen« würde, eine Rückkehr an die Stätte, »wo … unser Exil begann, das Abreißen des bisherigen Lebensfadens sich vollzog«.[70] Sein neues Leben schien sich dennoch fast in der alten Routine eingerichtet zu haben, als er die tägliche Arbeit am Manuskript wiederaufnahm und ihm seine Korrespondenz verlockende Angebote skandinavischer Ausgaben für den ersten *Joseph*-Band brachte. Er konnte mit seinem gegenwärtigen Lebensstandard zufrieden sein – »mein Bad, mein Automobil, ein schönes Arbeitszimmer, gute Mahlzeiten« –, die Erneuerung des Mietvertrags für das Haus in Küsnacht befreite sie auf absehbare Zukunft von der Sorge eines neuen Umzugs.[71] Durch Heins hatte er die hohe Steuer entrichtet, die von Deutschen erhoben wurde, die ins Ausland verzogen waren. Er hoffte immer noch, daß ihm das die Freigabe seines Münchner Eigentums ermöglichen würde. Die Erneuerung des Reisepasses war noch in der Schwebe, der Zürcher Generalkonsul, der beteuerte, daß er keine Autorität besitze, ließ ihn mit seinen peinlichen Fragen über Erika und ihre »Unvorsichtigkeit« beinahe die Höflichkeit vergessen.[72]

Nach Weihnachten war Reisiger geblieben, in wachsender Unschlüssigkeit über seine eigene Zukunft, da man sah, wie Österreich in eine eigene Form des Faschismus abglitt und Engelbert Dollfuß die sozialdemokratische Erhebung in Wien unterdrückte – angeblich, um freie Hand beim Vorgehen gegen den deutschen Nationalsozialismus zu haben, mit größerer Wahrscheinlichkeit aber, um ihm Vorschub zu leisten. Mann erkannte wohl, daß sein Freund eine Art Schmarotzer war, betrachtete ihn aber als angenehmen Begleiter und Vertrauten, den man in Arosa sehr vermissen würde. Mit ihm konnte er die »lähmenden Hemmungen« diskutieren, die er bei seinen Protesten gegen das »deutsche Verbrechen« empfand; wie er kaum die Erwähnung des Namens Adolf Hitler hören und noch weniger über die Schrecken der Konzentrationslager schreiben konnte; wie er nach »künstlerischer Freiheit, nach Distanz, nach Zeitgewinn« verlange; seine Neigung, die Welt ihren Gang gehen zu lassen. Nun tauchte auch der frühere Gedanke an eine Novelle über das Faust-Thema wieder auf: »ein solches freies Symbol für die Verfassung und das Schicksal Europa's wäre vielleicht nicht nur glücklicher, sondern auch richtiger u. angemessener als ein redend-richtendes Bekenntnis«.[73] Bis dieser Gedanke, der sich einstellte, während die Welt Hitlers ungehindert von einem »historischen« Erfolg zum anderen eilte, als Thomas Manns bedeutendste Aussage zur deutschen Tragödie Form annahm, sollte viel Zeit vergehen. Vorläufig sei jede Art eines Gesprächs mit Deutschland unmöglich, schrieb er aus Arosa an Schickele, er gestand »ein gewisses politisches désinteressement« ein, »angesichts des brutalen Unsinns, der diese Sphäre beherrscht ... Meine Ablehnung der auf Verbrechen, Lüge und Humbug errichteten deutschen Staatstotalität gebe ich kund durch mein Außensein und -bleiben. Die Welt mag davon Kenntnis nehmen« – eine Welt, die jedes Anzeichen einer Anpassung an Hitler zeige und wenig Neigung, auf die Proteste erbitterter Emigranten zu hören.[74]

In Arosa, wo er mit Katia beinahe drei Wochen zubrachte, litt er dann doch unter wiederholten Nervenkrisen, die jeden ernsthaften Fortschritt am Roman verhinderten. Er schrieb dies der Höhenlage und dem ununterbrochenen Föhn zu, doch sie entsprangen tatsächlich der dauernden inneren Unsicherheit. Gegen das ihm auferlegte »Märtyrertum« hatte er eine tiefgehende Abneigung. Als er sich an eine Bemerkung Gottfried Benns erinnerte, Thomas Manns Haus in München habe »etwas wirklich Goethesches«, schien ihm der Verlust dieser olympischen Existenz »ein schwerer Stilfehler« in seinem Leben, ein grober Schicksalsirrtum, mit dem er sich nicht abfinden könne, die Unmöglichkeit, dies je berichtigen zu können, »frißt mir am Herzen«.[75] Am 16. März, wieder in Küsnacht, fand er es merkwürdig, daß der Gedanke an eine Rückkehr nach Deutschland, die ja vorläufig völlig unmöglich war, ständig wiederkam, und daß die Vorstellung, zu irgendeiner Art von friedlicher Vereinbarung zu kommen, wenn er nur einen entsprechenden Brief an die Behörden schrieb, ihm weiter im Sinn lag. Das währte nicht lange, als er die

Berichte aus Deutschland über die dortigen Zustände bedachte, das untertänige Verhalten der Professoren ihrem »Führer« gegenüber bemerkte, die politisierten Nazi-Verordnungen über Schulwesen und die medizinische Ausbildung, und das »ganze betrügerische Wirrwarr des Nazitums« sah, das sich in dem absurden Gemengsel von Medaillen zum Maitag ausdrückte – Goethe, Reichsadler, Hakenkreuz und auch die Moskauer Hammer-und-Sichel-Embleme.[76] Er begann an eine Umarbeitung der *Betrachtungen eines Unpolitischen* zu denken, eine »buchförmige Auseinandersetzung höchst persönlicher und rücksichtsloser Art mit den deutschen Dingen«, die er (eines Tages) vornehmen müßte und die selbstverständlich einen endgültigen Bruch bis zum Ende des Regimes, »d.h. doch wohl bis an meiner Tage Ende« bedeuten würde.[77]

In einem Brief an Bertram über die Bücher, die er sich noch in München von ihm ausgeliehen hatte (die er zurückgeben würde, wenn man sie von der Gestapo freibekäme), betonte er, um wieviel ruhiger er nun im Vergleich zum Vorjahr sei, er habe sich als Motto die Zeile aus den *Pharsalia* des Lukan genommen: »victrix causa diis placuit, sed victa Catoni« – auch wenn er seine Zweifel habe, ob die Art des Sieges diesmal auch nur den Göttern gefiele.[78] Es überraschte ihn nicht, als er im April das Urteil eines der Studenten Bertrams über seinen Lehrer hörte: »der verrannteste und bigotteste aller Naziprofessoren ... unleidlich und unmöglich«.[79] Ein neuerlicher Besuch in Basel am 21. März, wo er seinen Wagner-Vortrag wiederholte, half weitere Unzufriedenheit an dem neuen Leben im Exil zu überwinden, und in Küsnacht freute er sich dann, die ersten Exemplare des *Jungen Joseph* vorzufinden. Im April bemühte er sich verstärkt, der Kritik Bermanns zu widersprechen, daß Erikas anhaltende Exponiertheit mit der Pfeffermühle seinen Aussichten – und denen des Verlegers – in Deutschland schade. Es sei zuviel verlangt, nur um es »diesem schändlichen Unheilsstaat« recht zu machen, seine Familie zu verleugnen, und er weigere sich kategorisch, »die moralische Freiheit meiner Kinder« um eigener Vorteile willen anzugreifen.[80] Es sollte aber noch einige Zeit dauern, bis er sich zu der unvermeidlichen Erklärung seiner Position, in Buchform oder auf andere Weise, durchringen konnte. Sein wichtigstes Anliegen war immer noch der lange erwogene Brief an das Innenministerium, mit einem letzten Versuch zur Erneuerung des Reisepasses und der Freigabe seines zurückgelassenen Münchner Vermögens.

Wieweit er einsah, daß es sich dabei um verlorene Mühe handelte, ist nicht klar; im April verwandte er jedenfalls viele Tage auf den Entwurf des Briefes. Das Ergebnis war eine ausführliche Erklärung der Lage, in die ihn die Ereignisse des vergangenen Jahres und die illegalen Enteignungen durch die Münchner Behörden gezwungen hatten, sie war sachlich und – angesichts der ungewissen Aufnahme – wohlbedacht frei von übertriebener Polemik. Für einen Schriftsteller, so argumentierte er, dessen gesamtes Werk Deutschland zur Ehre gereichte, der im Ausland als der Repräsentant nicht eines politischen Systems, sondern des eigentlichen deutschen Geistes angesehen wurde, sei es ungerecht und widersinnig, wenn dieses Land ihn offensichtlich verleugne. Seine anhaltende Gegnerschaft zur nationalsozialistischen Ideologie gab er zu; nun aber, da die Geschichte offenbar ihr Urteil gesprochen habe, habe er geschwiegen und würde sich streng an den Entschluß halten, den er in seinem Rücktritt von der Akademie erklärt habe, sich jeder weiteren offiziellen Aktivität zu enthalten und sich in völliger Zurückgezogenheit der Vollendung seines Lebenswerks zu widmen. Das müsse nun zwangsläufig außerhalb der deutschen Grenzen geschehen, so groß auch immer die Schwierigkeiten eines derartigen Abgeschnittenseins von der gewohnten Lebensweise für einen beinahe Sechzigjährigen seien. Das unerwartete Exil und seine durch die neuen Reichsgesetze nun geregelte Position betrachte er lediglich als »eine vom Schicksal angeordnete Episode, als eine Beurlaubung, wenn ich so sagen darf, aus der Volksgemeinschaft für eine unbestimmte, aber gemessene Frist«, während der er hoffe, mit seinen Lesern zu Hause in Verbindung zu bleiben und eine Veröffentlichung auf deutsch anderswo ablehne. Er schloß mit einer Bitte um Rückgabe des Reisepasses und des enteigneten Vermögens, weniger aus praktischen denn aus ideellen Gründen, »weil … es eine Verfälschung meines natürlichen Schicksals bedeuten würde, mit meinem Lande in unseligem Zerwürfnis zu leben, und aus dem Gefühl, daß in den Augen der Welt auch Deutschlands Ehre aus einem solchen Zustande keinen Vorteil zöge«.[81]

Noch während er dies schrieb, eröffnete sich eine neue Aussicht. Blanche Knopf, die Frau seines amerikanischen Verlegers, die auf Europabesuch war, traf mit einem Telegramm ihres Mannes ein: die englische Übersetzung der *Geschichten Jaakobs* sollte zu seinem neunundfünfzigsten Geburtstag in New York erscheinen, und

Knopf schlug ihm vor, an dem festlichen Dinner teilzunehmen, das man für den Tag plante, und anschließend eine Woche zu bleiben; er werde seine Kosten und die Hälfte der Kosten für Katia übernehmen. Sie nahmen sofort an, wenn es auch, wie er befürchtete, für Katia anstrengend werden würde. Am 1. Mai hatte Knopf die Reservierungen für die Überfahrt telegraphiert; sie fanden das amerikanische Konsulat angenehm zuvorkommend, man stellte ihnen einen Personalausweis als Reisedokument aus, auch die Franzosen machten wegen des Durchreisevisums über Paris keine Schwierigkeiten. Mit einigem Vergnügen dachte er an die Überraschung und den Ärger, die man in München empfinden würde, wenn man ihn auch ohne Reisepaß bis nach Amerika reisen sah. Der Brief an das Ministerium wurde mittlerweile abgeschickt, die wenigen Wochen vor ihrer Abreise waren geschäftig genug, um keine Besorgnis über die Antwort aufkommen zu lassen (die ohnehin nie eintraf): ein willkommenes Wiedersehen mit Bruno Walter nach seinem Konzert in Zürich und – seinem Gefühl nach vielleicht zum letztenmal – mit dem alten Samuel Fischer, der auf Besuch in der Schweiz war; zwei weitere Vorträge, Wiederholungen von *Goethes Laufbahn als Schriftsteller*, in Basel und Zürich; die Vorbereitung seiner Tischrede für New York; und stetige Arbeit am Manuskript des *Joseph*, das er mitnehmen wollte. Als er aus New York Vorausexemplare des Werks erhielt, war er bestürzt über den Titel *Joseph and his Brothers*, der keinen Hinweis auf folgende Teile enthielt (die Londoner Ausgabe bei Secker trug dann den richtigen Titel); Helen Lowe-Porters Übersetzung hingegen schien ihm gelungen.

Katia hatte sich von ihrer Unpäßlichkeit völlig erholt, so daß höchstwahrscheinlich nur er unter den ganzen Anstrengungen ihrer Jungfernfahrt in die Vereinigten Staaten leiden würde. Kurz vor ihrer Abreise aus Arosa hatte der Arzt ihre Wechseljahre bestätigt, sie war, wie sie es ihrem Gatten gegenüber ausdrückte, mit diesem Ende des »Frühlingszaubers« durchaus versöhnt. Er war von der Enthüllung zutiefst betroffen, da sie mit der Erkenntnis vom Ablauf des Lebens eine Skala von Gefühlen wach werden ließ, »von leichter und weicher Rührung bis zum tiefsten Todesgrauen und panischem Entsetzen«. Dafür wuchs die sinnliche Freude an den kleinen tagtäglichen Annehmlichkeiten des Lebens, und er dachte daran, das Lob der Bequemlichkeit und der Sinne zu einem der Themen der geplanten Faust-Novelle zu machen.[82]

Über die eigenen Geschlechtlichkeit mußte er nachdenken, als er in seinen alten Notiz- und Tagebüchern nach einem Elisabeth-Barrett-Browning-Zitat für seine New Yorker Rede suchte, sich statt dessen aber in das vertiefte, was er vor nahezu dreißig Jahren in der Glut seiner Beziehung zu Paul Ehrenberg geschrieben hatte, die die zahlreichen anderen homoerotischen Anziehungen vorher und nachher übertroffen habe. Nur einmal, überlegte er, in »jener zentralen Herzenserfahrung meiner 25 Jahre«, sei ihm eine solche Leidenschaft vergönnt gewesen, das Glück, den Geliebten in den Armen zu halten. »So ist es wohl menschlich regelrecht, und kraft dieser Normalität kann ich mein Leben stärker ins Kanonische eingeordnet empfinden, als durch Ehe und Kinder.«[83] Eigenartigerweise machte Klaus einen Tag, bevor Thomas Mann das schrieb, in Amsterdam einen lakonischen Eintrag in das eigene Tagebuch: »geträumt über Zauberers heimlich schwuhles Leben«, und fügte hinzu, »Verhältnis mit Kruse«.[84] (Werner Kruse war 1934 einer der Musiker im Ensemble der Pfeffermühle.) Traumvorstellung? Oder Tatsache? Es läßt sich nicht mehr feststellen; mit Gewißheit aber war Thomas Mann für die Anziehung des männlichen Körpers weiterhin empfänglich. Ende April war er auf seinem täglichen Spaziergang beim Anblick eines Gärtners, der mit nacktem Oberkörper arbeitete, von seiner »so billigen, so alltäglichen und natürlichen ›Schönheit‹, der Brust, der Bicepsschwellung« derart bewegt, daß er anschließend ausgiebig über das »Irreale, Illusionäre und Aesthetische« solcher Neigung nachdachte, die erotisch war, aber nur Anschauen und Bewundern suchte, da weder die Vernunft noch die Sinne nach Erfüllung verlangten.[85]

Am 18. Mai nahmen sie den Zug nach Paris, wo sie Golo abholte, tags darauf bestiegen sie in Boulogne die *Volendam* nach New York. Das holländische Dampfschiff war verhältnismäßig langsam, doch ziemlich leer, bequem und mit vorzüglicher Kost, wie ein erstklassiges, von der Welt abgeschnittenes Sanatorium. Er ließ das Manuskript liegen und verbrachte die Zeit mit Notizen über seine Eindrücke von der Fahrt und mit gemischter Lektüre: *Der Goldene Esel*, Plutarch, Jean Giono, vor allem aber las er den *Don Quixote* zu Ende, in dem er die vorhergegangenen Wochen geschmökert hatte und dessen erfreuliches Hervorheben des Humors als wesentliches Element des Epischen zu seinem Konzept des *Joseph* paßte. Ihre Tischnachbarn fanden sie hingegen unangenehm, von einem besonders niedrigen intellektuellen Niveau, wie der Kapitän wußten sie offenbar nicht, wer er war. In diesem Fall fand das ein befriedigendes Ende, als frühmorgens am 29. Mai die Freiheitsstatue in Sicht kam und ein Motorboot mit Knopf und einer Schar von Journalisten an Bord heranfuhr, so daß die anderen Passagiere von dem Andrang von Interviewern für den großen Mann an Deck entsprechend beeindruckt werden konnten. Später gestand er, daß er nach dieser neuartigen Begegnung mit einer, im wahrsten Sinne offenen, See ein gewisses Lampenfieber wegen seines ersten Auftritts auf der amerikanischen Bühne empfunden habe. Seine Nervosität hinsichtlich der Gültigkeit seines einstweiligen Dokuments bei der angeblich strengen Einreisekontrolle erwies sich glücklicherweise als unbegründet, der Zoll untersuchte das *Joseph*-Manuskript zwar genau nach subversivem Material, machte aber keine Schwierigkeiten.

Knopf nutzte die Gelegenheiten zur Werbung voll aus, verlängerte den Besuch auf zehn Tage und stellte geschickt ein sehr gedrängtes Programm mit verschwenderischer Gastlichkeit auf. Ihr Zimmer im 24. Stock des Savoy Plaza war mit Blumen gefüllt, der erste Tag brachte weitere Interviews, vor einem Abendessen, zu dem Mencken, Willa Cather und Henry Seidel Canby geladen waren. Es folgte ein Empfang im New Yorker PEN-Club, ein Mittagessen mit dem Herausgeber der *Nation*, ein Vortrag (wieder einmal Goethe) vor der germanistischen Abteilung in Yale, ein angenehm ruhiges Wochenende mit Knopfs außerhalb der Stadt, dann ein Abendessen im Schriftstellerklub vor dem Höhepunkt seines Geburtstags: Mittagessen mit den Herausgebern der *New York Times* und das »Testimonial Dinner« im Plaza. Bei seinen beschränkten Englischkenntnissen mußten sich Verständigungsschwierigkeiten ergeben, doch er schlug sich wacker mit der Flut von Fragen und Antworten, den Text seiner Tischrede hatte er vorsichtshalber zur Übersetzung vorausgeschickt, um Zeit zu haben, ihn zu studieren und einzuüben. Die dreihundert Gäste, angeführt von Bürgermeister La Guardia, unter ihnen Sinclair Lewis, dessen Frau Dorothy Thompson, Canby, Willa Cather, Professoren von Yale und Princeton, schienen, ihrem Beifall nach zu schließen, beeindruckt, nicht zuletzt als es ihm gelang, die neunundfünfzig Kerzen auf der riesigen Geburtstagstorte auszublasen.

Knopf hatte allen Grund, mit dem Erfolg seines Unternehmens zufrieden zu sein; für Thomas Mann, der das Gefühl hatte, seine

Rolle sehr gut gespielt zu haben, war es eine Freude, »soviel in Jahren gesäte und herangewachsene Sympathie einzuernten, zumal wenn die Ernte daheim verhagelt ist«.[86] Vor seiner Abreise konnte er in einer kurzen Rundfunkansprache seinen Dank an ein breiteres Publikum zum Ausdruck bringen, mit seiner Überzeugung, daß, trotz der gegenwärtigen Woge von Unvernunft und Unmenschlichkeit in der Welt und der großen ernsten wirtschaftlichen Schwierigkeiten, die »friedliebende Männlichkeit« der amerikanischen Nation auf einem besseren Weg sei, die Würde der Menschheit in einem neuen Humanismus wiederherzustellen, als es auf dem alten Kontinent Europa möglich sei.[87] Ihre Luxuskabine auf der größeren *Rotterdam* war bei der Abreise am 9. Juni voll von Blumen und Geschenken wie Obst, Bücher und Zigarren; Knopf verehrte ihm die Aufnahme einer Sibelius-Symphonie, was er besonders schätzte. Der ganze »großartige Jux«, wie er es später Heinrich gegenüber nannte, hatte ihn einen Monat Arbeitszeit gekostet, doch er hätte die Eindrücke von Amerika nicht entbehren wollen, so oberflächlich sie auch gewesen seien: die demokratischen Absichten hinter Roosevelts zugegebenermaßen diktatorischer Herrschaft, das New Yorker Gemisch von Rassen, Sprachen und Typen, das von La Guardia, dem italienischen Halbjuden mit einem schwedischen Adoptivsohn, gut repräsentiert würde. »Es ist die einzige wirkliche Weltstadt, menschliches Freiland, und könnte, glaube ich, selbst uns absorbieren ... Amerikaner kann man werden und vielleicht sollte man es.«[88]

Die Überfahrt war diesmal stürmischer, doch schneller, die *Rotterdam*, die älter war als die *Volendam* und mit Kohle geheizt wurde, erreichte ihren Heimathafen über Plymouth und Boulogne in neun Tagen. Es war erfreulich, an Bord von einer diesmal internationaleren Gesellschaft erkannt zu werden, tatsächlich war er fast zu bekannt. Seine Einwilligung, vor einer Gruppe von Studenten aus Yale und Vassar einen kurzen Vortrag zu halten, zu dem sich ein größeres Publikum, darunter der Kapitän, zusammenfand, schien das Signal für jedermann, anschließend ein Gespräch mit ihm zu suchen. Er hätte es vorgezogen, in Boulogne an Land zu gehen, da sie das französische Visum hatten, sie beschlossen aber, nach Rotterdam weiterzufahren, um Klaus zu treffen, was bei der Ankunft eine unangenehme Verzögerung bedeutete, bis ihnen eine zweitägige Aufenthaltsgenehmigung erteilt wurde. Klaus war hilfreich wie stets, obwohl ihn der Selbstmord eines seiner engen Freunde in Paris deprimierte. Die Weiterreise mit dem Zug nach Brüssel, wo sie Katias Bruder Peter trafen, der nun an der dortigen Universität lehrte, und im Schlafwagen nach Straßburg war ohne besondere Vorkommnisse; in Basel ergab sich eine neue Komplikation, da das für die Schweiz nunmehr nötige Wiedereinreisevisum erst nach einer Diskussion auf höherer Ebene und der Vorlage seiner französischen Empfehlung und des Zertifikats des Völkerbundes erteilt werden konnte – ausnahmsweise. In Zürich wurden sie von Erika und den beiden Jüngsten abgeholt und dann endlich nach Küsnacht befördert.

Die Rückkehr zu seiner unterbrochenen Routine erwies sich als keineswegs einfach. Am nächsten Tag trafen Katias Eltern zu einem zweiwöchigen Aufenthalt ein – ihr Haus in München war zwar von den Nazis beschlagnahmt worden, die mit seinem Abriß bereits angefangen hatten, um einen »Führerbau« zu errichten, doch man hatte sie anscheinend unbehelligt gelassen, und sie durften reisen. Wie schon häufig zuvor, fand er sie aus nächster Nähe irritierend, nun vor allem Hedwig Pringsheim mit ihrer vorgetäuschten Objektivität, sogar Toleranz, dem Regime gegenüber, dessen bekanntgewordene Ausschreitungen sie als Propaganda abtat. Michael, der nun die Viola lernte und gute Fortschritte machte, konnte sich keiner Disziplin unterwerfen und reagierte trotzig auf jeden Tadel; Monika wollte aus Italien wieder zurückkommen, was Katia nur ungern erlaubte. Die Ereignisse – vor allem Hitlers Treffen mit Mussolini und die Unsicherheit der Lage Österreichs zwischen den beiden, dazu die Gefahr einer »europäischen Explosion«, die in Diskussionen mit Klaus, Erika und Golo heraufbeschworen wurde – waren inzwischen so beunruhigend geworden, daß man vorübergehend daran dachte, die »Mausefalle«[89] der Schweiz wieder gegen Südfrankreich einzutauschen. Schickele hatte seit langem auf einen solchen Umzug gedrängt und betonte, um wieviel billiger das Leben dort sein würde. In der Bequemlichkeit ihres Heims in Küsnacht schien dieser Gedanke aber jede Dringlichkeit zu verlieren, zumal Ende Juli eine Einladung zu einem internationalen Kunstkongreß in Venedig eintraf, eine Reise, für die er nun die zusätzliche Sicherheit eines Schweizer Personalausweises haben würde.

Die »kopflose Nervosität«[90] in Deutschland machte ihm weiter Sorgen – die unübersehbare Verwirrung über Papens offene Kritik am Regime und Hitlers rücksichtslose und blutige Unterdrückung des sogenannten Röhm-Putsches am 30. Juni, wodurch die echte oder eingebildete Opposition unter alten und neuen Kämpfern der SA ausgelöscht wurde. Sogar die Freude, die er an der vertrauten Umgebung des Hotel des Bains und dem Lido empfand, als sie in Venedig ankamen, das sich für ihn immer in »eine zweite, ins Morgenländische verzauberte Heimat«[91] zu verwandeln schien, schwand rasch bei den sinnlosen Beratungen in den Sitzungen des Kongresses, »ein Spott und eine Schande«[92] (nicht zuletzt vielleicht, weil man ihn nicht zum Sprechen aufforderte, obwohl er sich darauf vorbereitet hatte). Dieses Unbehagen, zusammen mit der unerträglichen Hitze und schließlich der Nachricht von der Ermordung des österreichischen Kanzlers Dollfuß durch die Nazis am 25. Juli, veranlaßte ihn, den Aufenthalt abzubrechen.

Die Entwicklungen in Österreich, die Teilmobilisierung in Italien und Mussolinis anscheinender Widerstand gegen Hitler verursachten weitere lange Diskussionen mit Golo, der zu den Ferien nach Hause gekommen war, und Erika. Sollte dies der Anfang vom Ende für das Regime sein, sogar ein finis Germaniae, fragte er sich. Der neue Elan im protestantischen Deutschland hatte sich als degeneriert erwiesen, auf Lügen und Brutalität gegründet, seine Geschichtsschöpfung als »der miserabelste Fehlschlag ... in den je das Unternehmen eines Hauptvolkes ausging«, endend in einem »schlimmeren Katzenjammer, als der war, in den der von 1914 ausging«.[93] »Wir werden sehen«, habe er gesagt, daran erinnerte er jetzt Bertram: »Haben wir angefangen zu sehen? Nein, denn mit blutigen Händen hält man Ihnen die Augen zu, und nur zu gern lassen Sie sich den ›Schutz‹ gefallen.«[94] Die Geschichte hatte den Deutschen vielleicht tatsächlich jene Rolle zugewiesen, die Goethe einst als ihnen angemessen sah: in der Welt der Zukunft, wie die Juden, zur Auflösung in einer Diaspora verdammt zu sein. Der Gedanke war natürlich verfrüht (obwohl er in der späteren Apokalypse auf ihn zurückkommen sollte), aber er hatte wieder das Gefühl, seine Stimme erheben zu müssen. Warum nicht einen gründlichen offenen Brief an die Londoner *Times* schreiben – »worin ich die Welt und namentlich das zurückhaltende England beschwören will, ein Ende zu machen mit dem Schand-Regime in Berlin ... Vielleicht ist es wirklich die rechte Stunde dafür ...«[95] (»Täte er's nur!« kommentierte Klaus[96], der davon hörte und wie stets zum Handeln drängte.) Er begann sogleich einen Entwurf mit Auszügen aus seinem Tagebuch von 1933, da es für ihn selbstverständlich war, daß eine solche Erklärung, wie im Krieg die *Betrachtungen*, »eine wirkliche Abrechnung, ein Aufarbeiten der ganzen Erlebnisse, persönlich und allgemein« forderten[97]; anders als sein Bruder konnte er aber ein solch politisches Stück nicht ohne seine übliche, quasi akademische Vorbereitung zu Papier bringen.

Jeder Gedanke an den unmittelbaren Zusammenbruch des Regimes wurde am 4. August durch die totale Machtübernahme Hitlers, der nun nach Hindenburgs Tod die Ämter des Reichspräsidenten und Reichskanzlers auf sich vereinigte, zunichte. Diese unerwartete Festigung einer Macht, die er für wankend gehalten hatte, erschreckte Mann – »Unglückliches Land! Unglückliches Europa!«[98] –, doch er verfolgte seinen Plan weiter. Er hatte das Gefühl einer ständigen Gewissenskrise, die ihn von der Arbeit an seinem Werk, »dem, mag sein, sublimen Spiel« des Romans, abhielt, bevor er nicht all den Schmerz, Haß und Abscheu für sein Land, die ihn bedrückten, geäußert hatte. »Der Augenblick könnte bald kommen, wo ich bereuen würde, mein abwartendes Schweigen über die dafür gegebene Frist hinaus fortgesetzt zu haben.«[99] Es war natürlich ärgerlich, daß offene Kritik an einem Staatsoberhaupt, das Hitler, wie illegal auch immer, nun geworden war, nicht einmal mehr in der ausländischen Presse möglich war. Er arbeitete aber weiter an seinem Entwurf, obwohl er sich über dessen Form noch nicht im klaren war, »mit einer gewissen Lust und zornigen Begeisterung«[100], ohne Rücksicht auf den endgültigen Bruch mit Deutschland, den dies bedeuten müsse, schrieb er an Schickele: »ich wünsche ihn und hätte auch meine Bücher viel lieber draußen«.[101] Er fühlte sich ermutigt, als ihm Stefan Zweig – dessen *Erasmus* er anfänglich kritisiert hatte, bei weiterer Lektüre aber seine implizierte Analogie zwischen den antihumanistischen und irrationalen Exzessen Luthers und Hitlers annehmbar fand – völlig darin zustimmte, daß die Zeit für das »Politikum«, wie er es nun nannte, reif sei.

Der Ausbruch von Tatendrang hielt freilich nicht lange an. In wachsendem Zweifel, ob sich der Versuch lohne, »die Welt gegen den deutschen Basilisken«[102] zu verteidigen, und unsicher, ob und wann er die Sache veröffentlichen konnte, beschloß er nach zehntägiger Arbeit, den Entwurf beiseite zu legen. Es war besser, neue Entwicklungen abzuwarten und dann vielleicht, »in einem neuen leidenschaftlichen Augenblick«[103], mit einer knappen und schlagenden

Äußerung hervorzutreten – ein Beschluß, den auch Reisiger von sich aus empfahl. Was bislang zu Papier gebracht war, wurde selbstverständlich sorgsam aufbewahrt, er fuhr auch fort mit seinen Tagebucheintragungen, Presseausschnitten und neuen Notizen, die zur rechten Zeit verwendet werden sollten. Statt aber nun zur Arbeit am *Joseph* zurückzukehren, die die ganze Zeit völlig stillgelegen hatte, machte er eine kleine Abschweifung mit etwas Neutralerem, einem jener höchstpersönlichen Berichte, die ihm stets Spaß machten, basierend auf der Seereise nach Amerika – *Meerfahrt mit »Don Quixote«*. Sie könnte sowohl ein Feuilleton für die *Neue Zürcher Zeitung* ergeben wie auch eine nützliche Ergänzung für den neuen Essayband, den Bermann Fischer plante.

Bis Ende Oktober beschäftigte er sich mit diesem Bericht, den er während eines zweiwöchigen Aufenthalts in Lugano abschloß. Mitunter hatte er sich geschämt, seine Zeit mit einer derartigen Trivialität zu verbringen, statt das »Politikum« zu vollenden, das, wie Schikkele argumentierte, einen entscheidenden Schritt in der Sache der Emigranten bedeuten würde, auch wenn die Veröffentlichung sich verzögerte. Als er das getippte Manuskript des leichteren Stücks vor der Absendung an die *NZZ* las, war er nicht recht zufrieden und mußte sich eingestehen, daß er es vermutlich nur geschrieben hatte, damit *etwas* fertig würde.[104] Auch wenn er es sich nicht eingestand, dürfte die Überlegung, die Chance, in Deutschland weiterhin ungehindert publizieren zu können, nicht zu gefährden, zu der Zaghaftigkeit bei seinem »Politikum« beigetragen haben. Der Fischer-Verlag arbeitete wie eh und je, der Essayband *Leiden und Größe der Meister* sollte erscheinen, obwohl er einige Zweifel hatte, ob er sich für das neue Deutschland eigne (er sollte nämlich den berüchtigten Wagner-Essay enthalten). Er konnte nicht wissen, daß im Außenministerium damals starker Widerstand gegen die Forderung des Innenministeriums nach seiner Ausbürgerung herrschte. »Thomas Mann gilt seit Jahren«, hieß es vom Außenministerium, »als einer der vornehmsten Vertreter des deutschen Schrifttums ... eine der wichtigsten und gefährlichsten Methoden der deutschfeindlichen – und gerade der jüdischen – Hetzpropaganda gegen das neue Deutschland [ist] die kulturelle Diffamierung ... Diese Tendenzen ... würden durch eine Ausbürgerung Manns zweifellos einen starken Antrieb erhalten ... Es würde außerdem nicht im Reichsinteresse liegen, Mann durch seine Ausbürgerung in das Lager der antideutschen Hetzer zu treiben.«[105] So blieb man auf beiden Seiten aus unterschiedlichen Gründen untätig, und Thomas Mann sollte lange warten, bevor er seinen entscheidenden Schritt tun konnte.

Keine Seite zögerte im Fall Klaus, der aus seinem Widerstand gegen die Nazis nie ein Geheimnis gemacht hatte und den Verlust seiner Staatsangehörigkeit durchaus erwartete. Am 1. November war es dann soweit. Er hatte sich in der Zwischenzeit einen holländischen Staatenlosenpaß besorgt und nahm im August als Gast am »1. Allunions-Kongreß der Sowjetschriftsteller« in Moskau teil, der in erster Linie die Kommunisten und radikal linken Emigranten anzog. Die 1500 Rubel, die seinem Vater an Tantiemen zustanden, konnten nicht ausgeführt werden, so daß er sie für einige Kunstgegenstände und die Unterstützung eines kranken Kollegen an Ort und Stelle ausgab. Golo hatte sich für seine Anstellung in St. Cloud wahrscheinlich vorläufige französische Papiere besorgt. Erika – die vermutlich noch ihren deutschen Paß besaß – setzte ihre Tournee mit der Pfeffermühle fort und hatte mit der Wiedereröffnung am 3. November in Zürich besonderen Erfolg, obwohl Pressegerüchte und von Nazis angezettelte Demonstrationen mit Pfiffen, einmal sogar mit Tränengas im Publikum, zunahmen und Aufführungsgenehmigungen in anderen Kantonen nicht erteilt wurden. Vor allem in Davos, der Heimat des Führers der Schweizer nationalsozialistischen Partei, wo es viele deutsche Einwohner und Touristen gab, sprach sich der Gemeinderat im Dezember mit Entschiedenheit gegen eine Genehmigung aus, unter Hinweis darauf, daß seit dem *Zauberberg* die Gemeinde »der Familie des Herrn Thomas Mann keine besondere Dankespflicht« schulde.[106]

Glücklicherweise war das nicht die allgemeine Schweizer Einstellung den Manns gegenüber. Thomas, wenngleich deprimiert über dortige Entwicklungen, die dem Aufstieg des Faschismus in Deutschland häufig schmerzhaft ähnlich waren, stieß bei seinen eigenen Aktivitäten in den letzten Monaten des Jahres 1934 auf keine Widerstände. Im Oktober brachte seine Rundfunkansprache *Gruß an die Schweiz*, in der er für seine Aufnahme dankte, eine Menge beifälliger Post, und in den *Basler Nachrichten* konnte er einen Nachruf auf Samuel Fischer, der am 15. Oktober verstorben war, veröffentlichen; im November erschien der *Don Quixote* in der *NZZ*, und beim Treffen der Europäischen Union in Basel sprach er vor einem großen Publikum; am 2. Dezember gab er in der Turnhalle von Küsnacht vor einem Jugendklub eine Lesung aus dem *Joseph*. Auch von amtlicher Seite wurde er weiterhin gut behandelt. Am 23. November stellte das Eidgenössische Departement für Justiz und Polizei einen neuen Personalausweis aus, gültig bis August 1935, der seinen Aufenthalt in Küsnacht und seine »Betätigung als freier Schriftsteller« ausdrücklich bewilligte (Katia dagegen wurde jede Erwerbstätigkeit untersagt).

Die Nachricht vom Tod Samuel Fischers, seines Verlegers und Freundes seit nahezu vierzig Jahren, die ihn bei seiner Rückkehr aus Lugano erreicht hatte, mußte ihn besonders treffen. »Ein Stück meines Lebens und ein gutes Stück deutschen Lebens«, schrieb er in sein Tagebuch, »geht mit dem kleinen Juden, der ein Glückskind und eine Art von Genie war, ins Grab.«[107] »Ich verliere einen Freund, dem ich dankbare Anhänglichkeit bewahren werde bis an mein eigenes Ende«, telegraphierte er an die Witwe; in seinem Brief an sie schrieb er: »Eine heitere Herzlichkeit bestand zwischen uns, wie ich sie sonst selten im Verhältnis zu Menschen erfahren habe … und ich habe immer gefühlt, daß ich der geborene Autor für ihn und er mein geborener Verleger war.«[108] Darin lag vielleicht der stärkste Grund für seine Treue gegenüber dem Verlag in den frühen Tagen des Dritten Reichs, und auch wenn er zu Gottfried Bermann Fischer nie ein solch herzliches Verhältnis hatte, bewahrte er sie während der Schicksalsschläge, die noch kommen sollten.

3

»Im übrigen fehlt mir nichts, was ich brauche, um mein Leben und Werk zu Ende zu führen.«

TM, Dezember 1935[109]

»Jahr II« war für den »Führer« keineswegs problemlos verlaufen, doch er schien nun stärker als je, und die ungeheure propagandistische Anstrengung, die 1935 für die Volksabstimmung an der Saar eingesetzt wurde, machte die Wiedereingliederung des Saarlands ins Reich höchst wahrscheinlich. Bei Thomas Mann hatte die Vernachlässigung des politischen Engagements einen unangenehmen Nachgeschmack des Versagens hinterlassen, er hatte zwar sein tägliches

Pensum am *Joseph* wiederaufgenommen, doch zuweilen überkam ihn ein Gefühl der Hoffnungslosigkeit. Auch sein körperliches Befinden hatte dadurch gelitten. Von Oktober ab war er dem Rat eines Basler Arztes gefolgt, hatte mehr geruht und war später aufgestanden, um seine Arbeit aufzunehmen; aber in einem Leben, das nach außen hin so gelassen aussah, dauerten eine nervöse Spannung und allgemeine Erschöpfung an. An Weihnachten, das wie üblich im Kreis aller Kinder (außer Monika), Reisigers und Therese Giehses gefeiert wurde, war ihm ein hitziges Streitgespräch zwischen Erika und Katia über sein passives politisches Verhalten, oder eher »Nicht-Verhalten«, wie Klaus sagte[110], keineswegs zuträglich.

Die Gegenwart Reisigers schien jedoch wie immer einen besänftigenden Einfluß auszuüben, das Manuskript machte ständige Fortschritte, obwohl er sich die fatale Neigung eingestand, Unterbrechungen nicht nur zu gestatten, sondern sogar zu begrüßen. Eine Vortragsreise nach Prag, Brünn, Wien und Budapest war bereits für den Januar geplant; er sagte Knopf zu, als das vertraglich abgemachte jährliche Buch auf englisch für 1936 eine gesammelte Ausgabe der Kurzgeschichten vorzubereiten, da der *Joseph* keinesfalls fertig würde. Finanziell war die Lage nicht ungünstig, wie ihm Katia Anfang Dezember dargelegt hatte; die jährlichen Ausgaben betrugen nur zwei Drittel der Ausgaben in München, alles war durch Einkommen wohlgedeckt, und das Kapital mußte nicht wesentlich angegriffen werden. Als sie sich am 19. Januar bei winterlichem Wetter mit der Bahn nach Prag aufmachten, war er weder geistig noch körperlich völlig wiederhergestellt, das Ergebnis der Saar-Abstimmung einige Tage zuvor – eine neunzigprozentige Entscheidung für Deutschland, wenn vermutlich auch nicht für Hitler, wie er dachte – hatte ihn kaum beruhigt. Auf diese Art sein repräsentatives Leben wiederaufzunehmen, das ihn immer so befriedigt hatte, trug jedoch viel zu seiner Gesundung bei, wenn man von den Strapazen der Reise absah.

Erika war bereits in Prag, wo die Pfeffermühle eben eröffnet worden war, wiederum mit »rauschendem Erfolg«, wie er vor ihrer Ankunft am 20. Januar mit Freude dem *Prager Tagblatt* entnahm. Sie konnten sich vor der Abendvorstellung noch kurz treffen. Der Empfang in Prag war ebenso achtungsvoll und aufmerksam wie vor drei Jahren, sie bewohnten eine blumengeschmückte Suite im Hotel Esplanade, der tschechische Verleger hatte ihnen einen Wagen zur Verfügung gestellt. Der erste Termin war eine Radiosendung in einem deutschsprachigen Programm am folgenden Nachmittag, ein »Gruß an Prag«, in dem er wiederum betonte, wie sehr er sich der Kultur verpflichtet fühle, die durch die vielrassigen Demokratien der Schweiz und der Tschechoslowakei verkörpert wurde, und auch für die begeisterte Aufnahme seiner ins Tschechische übertragenen Werke dankte. Erika und Therese Giehse schlossen sich ihnen am Abend zu Kaviar und Champagner an, mit denen man nun traditionsgemäß den Erfolg des Kabaretts feierte.

In den unvermeidlichen Interviews achtete er darauf, nichts über Deutschland zu sagen – nicht überraschend, schrieb die linke *Rote Fahne*, da er ja weiterhin sein Werk dort veröffentlichte. Das hielt die Botschaft jedoch nicht davon ab, nach Berlin die empörte Reaktion prodeutscher Kreise darüber zu melden, daß er der feindlichen Presse in Prag überhaupt ein Interview gegeben habe, und der *Völkische Beobachter* konnte es sich nicht versagen, über die dekadente Seite dieses »soignierten, reservierten« Emigranten zu lästern, »Ehrenemigrant, weil er bloß wollte und nicht unbedingt mußte«, und auch über seine Aufschneiderei, daß seine Bücher ihm alle Pforten öffneten.[111] Für seinen Auftritt vor einem großen Publikum in der Urania am 22. Januar hatte er eine Wiederholung des Wagner-Vortrags gewählt, der durchaus freundlich aufgenommen wurde, man spendete großen Beifall und rief ihn viele Male auf die Bühne. Der nächste Tag war mit Besuchen, dem Signieren von Büchern und Autogrammen ausgefüllt, kurz erwiderte er auch eine Einladung von Studenten, bevor sie den Zug nach Brünn bestiegen, wo der eintägige Aufenthalt ebenso gedrängt war.

In einem Interview war er aber weniger vorsichtig gewesen. Der Artikel *Thomas Mann und das Judentum*, der nach seiner Abreise aus Prag im *Jüdischen Volksblatt* erschien – in dem er seine Sorge über das Schicksal der Juden in Deutschland, seine Ablehnung des Antisemitismus, seine persönliche Dankesschuld Juden gegenüber für die frühe Anerkennung und Unterstützung seiner Arbeit und schließlich seine Zustimmung zu dem mutigen zionistischen Experiment ausdrückte –, war tatsächlich, wie er später in einem Brief an den Herausgeber behauptete, eine Verzerrung seiner eigentlichen Bemerkungen über den Antisemitismus. Ein solches Dementi sei ihm unangenehm, schrieb er anschließend an den Verfasser des Artikels, doch er müsse seine Stellung wahren, wenn seine Werke in Deutschland weiterhin erscheinen sollten: »Wenn ich mit Deutschland brechen will, so will ich das auf eigene Hand tun und nicht durch irgendwelche Interviewer.«[112] Der Artikel lieferte trotzdem nützliche Munition für die im Sommer erneuten Anstrengungen der Gestapo, ihm die Staatsbürgerschaft zu entziehen.

Nach Brünn kamen Wien, dann zwei Tage Budapest, wieder zu Gast bei Lajos Hatvány, und ebenso großzügig betreut wie bei ihrem ersten Besuch. In beiden Städten wurde der Wagner-Vortrag gleich gut aufgenommen, in Budapest ergaben die Empfänge, Pressekonferenzen, Einladungen zu Mittag- und Abendessen ein noch hektischeres Programm als in Prag. Eine solche Horde von Autogrammjägern habe man seit den Jugendtagen des berühmten Schauspielers Moissi nicht gesehen, sagte man ihm. Besonders amüsierte ihn eine Reihe von rasch hintereinander aufgenommenen Photos während seines Vortrags, dessen lebhafte Darbietung ihn überraschte. Im Interview für den *Pester Lloyd* betonte er seine Zuversicht, daß über kurzem ein fundamentaler Humanismus in allen Ländern die Bewegung zur inhumanen Ideologie des Totalitarismus überwinden werde, sein Settembrini sei ihm nun näher als Naphta, »vielleicht auch weil ich mehr Mitleid und Verständnis habe für die Menschen und weniger für die Verkündigung des Irrationalen ...«.[113] Wieder in Wien, wählte er für einen zweiten Auftritt Auszüge aus dem *Joseph*-Manuskript und *Herr und Hund*, wieder vor einem ausverkauften und aufmerksamen Haus.

Bereits in Prag war Erika darüber erstaunt gewesen, wie er den Druck aushielt, doch er hatte sich nicht besonders müde gefühlt; in Wien, vor der Rückreise mit der Bahn am 30. Januar, verzeichnete sein Tagebuch eine »biologische Genugtuung« über seine Ausdauer und den Eindruck, daß er nach Küsnacht in besserer Verfassung als bei der Abreise zurückkehren werde. Der Auftrieb, den ihm diese Rückkehr ins Rampenlicht und zu der, wie er meinte, ihm gebührenden Berühmtheit gab, kann nicht bezweifelt werden. »Die Kundgebungen der Sympathie für meine Existenz, die ich überall erfuhr, sind selbstverständlich eine Nerven-Wohltat«, notierte er. Die wohlwollende Aufnahme der Auszüge aus dem *Joseph* hatte überdies seinen Glauben an die Reize dessen, was er schrieb, wiederhergestellt.[114] Weitere Einladungen – zu einer ähnlichen Reise, diesmal bis nach Polen, Rumänien und Jugoslawien, und zu einer Wiederholung des Wagner-Vortrags bei den Salzburger Festspielen – vervollständigten die angenehmen Eindrücke einer Reise, die noch befriedigender war als die Vortragsreisen in früheren Jahren. Bald sechzig, hatte er nun ein »helles Aufleuchten« seiner Existenz gefunden, »die sich denn doch als glänzender und den Menschen teurer erweist, als die der Kolbenheyer und Ponten« – auch wenn er sich als eine einsame Eminenz fühlen mußte, in der Erkenntnis, daß ein Großteil der Achtung, die man ihm erwies, dem Überlebenden einer vergangenen »höheren Epoche« galt.[115]

In Prag und Wien war er von zahlreichen Leuten gedrängt worden, sich dort anstatt in der Schweiz niederzulassen, doch dieser Gedanke war wenig verlockend, nicht nur weil er es sich in Küsnacht so gut eingerichtet hatte, sondern auch weil er von der Unvermeidlichkeit eines Krieges fest überzeugt war (eine Überzeugung, die durch Hitlers provokative Einführung der Wehrpflicht im März bald bestärkt wurde). Trotz aller persönlichen Befriedigung, daß er die Anstrengungen der Tour durchgestanden hatte, konnte er sich nicht unmittelbar wieder in die Arbeitsroutine stürzen, bevor er sich nicht entsprechend erholt hatte, wenn auch einige Seiten zustande kamen. Sogleich wurden Vorkehrungen für einen zweiwöchigen Aufenthalt mit Katia im Chantarellahaus über St. Moritz getroffen. Dort begingen sie am 11. Februar ihr dreißigjähriges Hochszeitsjubiläum und, wie er nicht umhinkonnte zu bemerken, den zweiten Jahrestag ihres Weggangs aus Deutschland. Sie freuten sich über die Wiederbegegnung mit Bruno Walter und seiner Frau, die im selben Hotel wohnten. Der Aufenthalt war aber kein Erfolg, Katia zog sich eine schwere Erkältung zu, und sie bekamen Streit wegen ihres gutgemeinten Versuchs, ihn zu einem Empfang zu locken, den ein Verehrer im Hotel veranstaltet hatte. Daraufhin packte er sofort die Koffer und schmollte die ganze fünfstündige Fahrt nach Küsnacht. Erika wurde am nächsten Tag aus Prag zurückerwartet, er hielt es gut für Katia, wenn sie die Kinder wiederhaben und nicht mehr mit ihm allein sein würde.

In der Zwischenzeit standen wieder neue Verpflichtungen bevor. Er wurde gebeten, beim Treffen des Völkerbundkomitees für Kunst und Literatur in Nizza einen Vortrag über »La formation de l'homme moderne« zu halten – »Ich werde einfach schimpfen«[116], schrieb er an Schickele, den er ebenso wie seinen Bruder bei diesem Besuch zu sehen hoffte. Als er gegen Ende März seinen Entwurf beendete, war er bestürzt über einen Anruf Bermann Fischers, der ihn eindringlich vor dem Besuch warnte: das wäre höchst unklug, sagte der Verleger, zu einem Zeitpunkt, da er über die Genehmigung verhandle, den Fischer-Verlag ins Ausland zu verlegen, eine befriedigende Lösung für Manns eigene Position in Aussicht sei und der Essayband kurz vor der Veröffentlichung stehe. Bermann wußte bisher nichts über den Entwurf für den Vortrag, dessen undiplomatische Form in Genf bereits zu Einwänden geführt hatte. Seine These unter dem Titel »Achtung, Europa!« war nämlich, daß ein »militanter Humanismus« dringend notwendig sei, um dem »kollektivistischen Rausch« der jungen Menschen, der hohlköpfigen Freude an Massenmärschen, bei denen sie eine »Mischung von heruntergekommenem Volkslied und Leitartikel« sängen, zu begegnen.[117] Eine weitere Verfolgung dieses Plans würde für den Verlag wie für ihn selbst natürlich verhängnisvolle Konsequenzen haben. Er beschloß daher höchst unwillig, unter dem Vorwand gesundheitlicher Gründe seinen Auftritt in Nizza abzusagen, den Text, der an seiner Statt verlesen werden sollte, abzuschwächen und Genf zu bitten, ihn nur in beschränkter Anzahl zu verteilen. Er sei sich bewußt, schrieb er an Heinrich, daß ein persönlicher Vortrag dessen, was er geschrieben habe, dem Völkerbund Schwierigkeiten bereiten würde, von den Überlebenshoffnungen des Verlegers ganz abgesehen. Er wollte mit Katia trotzdem für einen späteren Zeitpunkt einen Besuch in Nizza planen, vielleicht im Mai.[118]

Ein solcher Besuch müsse nun kurz ausfallen, da während all dessen eine Einladung von der Universität Harvard eingetroffen sei, die ihm die Würde eines Ehrendoktors für Literatur zum Commencement Day am 20. Juni, dem Gründungsjubiläum der Universität, angetragen habe, unter der Bedingung, daß er ihn persönlich entgegennehme. Dieses Angebot müsse er unbedingt annehmen, da es eine wichtige politische Geste Deutschland gegenüber sei, »dem feindlichen und freundlichen«.[119] Harvard war nicht nur die berühmteste Universität Amerikas, sondern hatte auch die Einrichtung eines Stipendiums durch »Putzi« Hanfstaengl, den auswärtigen Pressechef Hitlers, kühl abgelehnt – eine schwere Kränkung für die Nazi-Regierung, die sich daraufhin weigerte, einen Vertreter zum Jubiläum zu entsenden. Ihr Ärger würde nun um so größer sein, schrieb er an Heinrich, wenn sie von seiner Anwesenheit erfuhr.

Die Abmachung, die Bermann mit dem Propagandaministerium zu treffen im Begriff war, sollte den Transfer aller »unerwünschten« oder verbotenen Autoren samt den Beständen ihrer Bücher sowie bestimmter Vermögenswerte ins Ausland erlauben, unter der Bedingung, daß die Familie Fischer – die Witwe Hedwig Fischer war nach dem Tod ihres Gatten nun Alleininhaberin – den Rest an zuverlässige (d.h. nichtjüdische) Investoren verkaufte. Das wurde nun mit Peter Suhrkamp, dem »arischen« Partner der Firma, vereinbart, der das für den Ankauf notwendige Geld beschaffte und die verbleibende Firma leiten sollte. Die endgültige Einrichtung des neuen S. Fischer Verlags unter Suhrkamp sollte weit mehr als ein Jahr in Anspruch nehmen. In finanzieller Hinsicht übernahm er über zwei Drittel des Eigentums, in qualitativer Hinsicht war das Drittel, das ins Ausland übertragen werden sollte, wohl etwas wertvoller: von den bedeutenden Autoren blieben nur Hauptmann, Hesse und Manfred Hausmann bei Suhrkamp, während Bermann die Rechte für Döblin, Hofmannsthal, Annette Kolb, Thomas Mann und Schnitzler übernahm. Bermann hatte unterdessen eine Fusion mit Heinemanns in London vereinbart, die Hoffnung, seinen neuen Verlag in der Schweiz zu gründen, war jedoch bei dortigen Verlegern auf Widerstand gestoßen, sie hatten eine Ablehnung der Schweizer Behörden erreicht; sein Plan, sich dann in Wien niederzulassen, erschien Heinemanns zu riskant, und sie zogen sich von der Fusion zurück. Das Ergebnis war schließlich die Gründung des unabhängigen Bermann-Fischer-Verlags am 1. Mai 1936 in Wien, wo die Werke Thomas Manns von nun an erscheinen sollten. Der Essayband *Leiden und Größe der Meister* war sein letztes Werk, das vom alten Fischer Verlag im Dritten Reich veröffentlicht wurde.

Diese Metamorphose war für ihn nicht nur finanziell von wesentlicher Bedeutung, obwohl er diesen Aspekt nie aus den Augen verlor, worauf es ankam, war die Bewahrung seines Werkes auf deutsch, wenn nicht in der Heimat, dann irgendwo im Ausland. Die lange Abwicklung und die komplizierten Manöver, die dazu nötig waren, riefen bei ihm häufig widersprüchliche Gefühle hervor. Ende März hatte er sich aus Abscheu vor dem unbeschreiblichen Verhalten in Deutschland nach einem endgültigen Abbruch seiner Verbindungen gesehnt und erwartet, ja gehofft, daß er von Fischer loskäme und der Essayband nicht erscheinen würde. Bei weiteren Überlegungen scheint er zu der besseren Erkenntnis gelangt zu sein, daß das das Ende für den Verlag bedeuten würde und er durch seine Entscheidung, den Auftritt in Nizza abzusagen, Bermann »noch einmal gerettet« habe.[120] Er machte sich vielleicht eine übertriebene Vorstellung von seiner Bedeutung für den Verleger, doch für diesen war es überaus wichtig, die Thomas-Mann-Rechte zu behalten. Er hielt Mann über die Fortschritte bei der Einrichtung seines Hauses im Ausland ständig auf dem laufenden.

Vorläufig aber wirkte sich die Unsicherheit auf die Arbeit seines Autors aus. Ein kurzer Urlaub in Nizza könnte helfen, dachte Mann, doch der Gedanke an die bevorstehenden Geburtstagsfeierlichkeiten in Zürich, wo man eine angemessene Veranstaltung plante, und an den anschließenden Besuch in Harvard beunruhigte ihn wieder. »Wann wird der Joseph fertig? Ich mag nicht dran denken«.[121] Die Verhältnisse über Ostern zu Hause waren auch nicht hilfreich: nicht nur waren die Pringsheims und Monika, die sich mit Katia nie verstand, wieder zu Besuch da, sondern auch Ida Herz, die ihn unbedingt auf seinen Spaziergängen begleiten wollte und deren Bewunderung so lästig war wie stets. Es gelang ihm, die gute Laune zu wahren, doch er entschloß sich, die »hysterische alte Jungfer«[122] nun endgültig von sich fernzuhalten. Wenn er allein sein konnte (seine Stunden am Schreibtisch, wenn auch nicht immer auf den Spaziergängen, blieben unantastbar), wurde der *Joseph* trotz allem nicht vergessen; er spielte aber wieder mit dem Gedanken eines »Politikums« in anderer Form, eines »Memorandums« an das deutsche Volk, um die Feindlichkeit der übrigen Welt zu erklären und es »vor dem Schicksal des inimicus generis humani auf eine warme, wahrhafte Weise«[123] zu warnen. Als die Konferenz von Stresa und dann auch der Völkerbund die überraschende Bekanntgabe einer neuen Luftwaffe durch Hitler im März und den Ausbau der Reichswehr entgegen dem Vertrag von Versailles verurteilten und als auch noch die Entführung eines prominenten Emigranten aus Zürich dazukam, schien der rechte Augenblick gekommen. Sein Münchner Rechtsanwalt berichtete jedoch weiter von Hoffnungen, sein dortiges Eigentum freizubekommen; das wollte er natürlich nicht gefährden, und so hielt er sich wieder einmal zurück. Der junge Schriftsteller Joachim Maass war bei einem Besuch überrascht von der ruhigen »epischen Objektivität«, ja dem Humor, mit dem Thomas Mann beschrieb, was mit seinen früheren Besitztümern geschah und daß er tatsächlich von der Polizei wegen eines Unfalls verfolgt wurde, den ein betrunkener SA-Mann mit seinem beschlagnahmten Wagen verursacht hatte.

Der Urlaub in Nizza dauerte knapp eine Woche, er sorgte aber dafür, daß er zu einer echten Erholung wurde, für ihn zumindest, wenn auch nicht für Katia, die den größten Teil der Zeit mit Schreibarbeiten verbringen mußte. Sie fuhren bequem mit dem Wagen nach Genf, unterbrachen in Ouchy bei Lausanne, um Ferdinand Lion zu besuchen, den elsässischen Schriftsteller, der 1933 in die Schweiz emigriert war und an einer Biographie des Meisters arbeitete; dann ging es mit dem Nachtzug nach Nizza. Heinrich war am Bahnhof, um sie abzuholen – älter aussehend, ohne Bart, nun aber mit weißem Schnurrbart – mit ihm und seiner zukünftigen Frau waren sie während ihres Aufenthalts viel zusammen. Es war ihre erste Begegnung mit Nelly Kröger, die ganz anders war als seine erste Frau, die Schauspielerin Mimì Kanová, die sie in Prag besucht hatten; Nelly war eine Lübeckerin von geringem Intellekt, Thomas fand sie »gewöhnlich« (ein Eindruck, der bleiben sollte). Klaus war ebenfalls in Nizza – er war magerer geworden und nahm angeblich immer noch Morphium, doch in Maßen – und blieb auf einige Tage, bevor er zum PEN-Kongreß nach Barcelona fuhr. Er arbeitete mit Katia an einer Übersetzung und an dem Text eines Auszugs aus dem *Joseph*, der in Zeitschriften in Prag und Basel erscheinen sollte, während sich sein Vater entspannte, seine Ruhe, die Mahlzeiten und die Rückkehr zu den Gitanes genoß, die er in Sanary so gern geraucht hatte. Man besuchte Schickele und Theodor Wolff, den früheren Herausgeber des *Berliner Tageblatts*, bei dem zahlreiche der Emigranten eingeladen waren und eine allgemeine Stimmung der Zuversicht herrschte, dann noch Monte Carlo mit seiner verblichenen Eleganz. Heinrich war sichtlich bewegt, als er sie am 20. Mai wieder zum Schlafwagen nach Genf brachte. Auf das Mittagessen am folgenden Tag im Berner Schweizerhof folgte ein befriedigender Besuch im Außenministerium, wo ein beflissener »belesener« Beamter ihnen bereitwillig ein neues Reisedokument ausstellte.[124]

Ein so erfrischendes Zwischenspiel hätte einen neuen Anfang für seine Arbeit bedeuten können, wäre da nicht, wie er an Lion schrieb, die bevorstehende »Festivität in zwei Erdteilen«[125] gewesen; »Unruhe und Verwirrung«[126] begannen einzusetzen. Die Feier in Zürich sollte am 26. Mai, vor seinem eigentlichen Geburtstag, im Corso-Theater stattfinden, mit anschließenden Reden und einer Aufführung des dritten Aktes von *Fiorenza*. Er mußte sich deshalb unmittelbar an die Vorbereitung seines eigenen Beitrags zu einer »Kultur-Demonstration« machen, von der er – für ihn ungewöhnlich – erwartete, daß sie sich sogar als noch peinlicher und absurder erweisen würde als die anläßlich seines fünfzigsten Geburtstags in München, wie er einmal zu Lion gesagt hatte. »Woher sollten die Ehrungen und Festlichkeiten denn auch kommen? Und besser, wenn sie ausbleiben ... Dabei findet man, daß ich gut repräsentiere, aber heimlich leide ich unbeschreiblich.«[127] Glückwünsche von Kollegen trafen bereits ein, und er befürchtete, in diesem Fall zu Recht, daß sich die Geburtstagspost diesmal kaum bewältigen lassen würde.

Als der Tag dann kam, behauptete er sich aber und war mit dem harmonischen Verlauf am Sonntagvormittag keineswegs unzufrieden. Das Theater war blumengeschmückt und bis auf den letzten Platz besetzt, als er seine Loge betrat, wurde sofort applaudiert. Nach einem musikalischen Vorspiel folgten Robert Faesis kurze Worte des Dankes der Schweizer für seine Anwesenheit auf ihrem Boden, in einer Gegend, wo er immer noch, wenn auch in härterer Form, die heimatliche Sprache hören konnte, die er so meisterhaft beherrschte. Nachdem ihm das Geschenk der Stadt, eine Mappe mit Lithographien, überreicht worden war, trat er selbst auf die Bühne. Ob sein Lobpreis der Ostschweiz – kein fremdes Land, sondern »Heimat einem Deutschen meiner Art«, »altdeutscher Kulturboden ... ein Stück Deutschlands außerhalb Deutschlands ... eines der unentbehrlichen Außengebiete des Deutschtums, wo dieses ins Europäische übergeht« – eigentlich das war, was die Zuhörer erwartet hatten, beeinträchtigte nicht den lang anhaltenden Beifall.[128] Der stark gekürzte dritte Akt von *Fiorenza* schien, was immer er von der »provinziellen« Besetzung hielt, die Ideen des Stückes doch einigermaßen auszudrücken. Katia hatte zu Hause in Küsnacht ein Mittagessen gerichtet, zu dem Faesi und die prominenteren Gäste geladen waren, darunter Stefan Zweig, dessen fürstliches Geschenk, ein Goethescher Vierzeiler aus seiner Autographensammlung, ihm ungeheure Freude bereitete.

Nun begannen sich die Kinder für die Familienfeier am 6. Juni einzufinden, an der wie immer auch Reisiger und Therese Giehse teilnehmen sollten; die zehn Tage vergingen friedlich, bei herrlichem frühsommerlichem Wetter – dem Manuskript wurde zwar einige Zeit gewidmet, doch er wurde zunehmend von der Korrespondenz in Anspruch genommen, als sich die Glückwünsche und öffentlichen Würdigungen anzuhäufen begannen, um am eigentlichen Geburtstag mit buchstäblich Hunderten von Briefen und Telegrammen ihren Höhepunkt zu erreichen. Er freute sich, daß so viele aus Deutschland eintrafen, einige sogar aus Arbeitsdienstlagern, die bewiesen, daß dort auch jetzt noch »schöne Reserven an Anständigkeit und Freiheitsmut«[129] vorhanden waren, besonders glücklich war er aber, nach so vielen Jahren von Kurt Martens in Dresden zu hören, den er längst verstorben geglaubt hatte. Er hatte den Eindruck, das Bild, das sich die Welt von ihm machte, habe sich in den letzten zehn Jahren gewandelt: »die Akzente sind feierlicher, rein-ehrerbietiger, eine Art von Sicherung, Verewigung hat eingesetzt.«[130] Zögernd und halb unwillig in diesen bewegten Zeiten, schien die Welt sich an den bleibenden Charakter seines Lebens und Werks gewöhnt zu haben. Besonders bewegt war er, als Bermann Fischer an seinem Geburtstag kam und ihm eine Kassette brachte, die die gesammelten handschriftlichen Glückwünsche von neunzig oder mehr Kollegen enthielt, bedeutenden und weniger bedeutenden, darunter von manchen aus der »inneren Emigration«, sogar von Gerhart Hauptmann. »Hat dies schwierige Leben sich also gelohnt und war es größer, besser als meine sorgende Bescheidenheit glauben wollte?«[131]

Das »offizielle« Deutschland schwieg, was vielleicht angesichts der immer noch nicht einheitlich feindlichen Einstellung höherer Stellen gegen ihn überrascht. Am 29. Mai hatte er von Fricks Entscheidung gehört, ihm die Staatsbürgerschaft vorläufig nicht zu entziehen und sein Münchner Eigentum zurückzugeben, vorausgesetzt, daß er seine Zurückhaltung wahrte. Mit erneuter Zuversicht hatte er sofort an den Umzug in ein größeres Haus in der Nähe gedacht, wo man das zusätzliche Mobiliar aufstellen konnte, und im Interesse der »Zurückhaltung« dafür gesorgt, daß aus einem Interview, das am 6. Juni in der Schweiz erscheinen sollte, die politischen Stellen entfernt wurden. Der Funken Hoffnung erlosch rasch. Klaus bemerkte zudem, daß von der »eigentlichen Emigration« keine Glückwünsche eingetroffen waren[132] – womit er zweifelsohne deren extremere Vertreter meinte, die sich hauptsächlich in Frankreich aufhielten und die wie er erbittert darüber waren, daß sich der Vater hartnäckig weigerte, eine klare politische Erklärung abzugeben. In Küsnacht waren nun Spannungen zwischen Klaus (zusammen mit Erika) und Bermann zu erwarten, obwohl der Verleger dabei war, mit ihrem Vater Vereinbarungen zu besprechen für den Fall, daß sein Verlag sich in der Schweiz niederlassen sollte. (Daß sein Vater für diesen Fall den Wechsel zu einem anderen Verleger in Deutschland erwog, hätte Klaus vermutlich noch mehr aufgebracht.)

Wie immer man in Berlin über Thomas Mann dachte, was seine Tochter anging, war man sich nicht im Zweifel. Erikas Name stand nun auf der am 8. Juni erschienenen vierten Liste der Personen, denen die deutsche Staatsbürgerschaft entzogen werden sollte (in ihrem Fall war der amtlichen Akte zufolge die Pfeffermühle der Grund dafür). Auf Besuch bei Klaus in Holland erstaunte sie einen seiner englischen Freunde, den Romanschriftsteller Christopher Isherwood, mit dem Vorschlag einer Zweckehe, die ihr einen britischen Paß einbringen würde, sie würde ihn danach nie mehr belästigen. Isherwood lehnte ab, hauptsächlich und ironischerweise, weil Heinz, sein damaliger Liebhaber, ein staatenloser deutscher Emigrant war, der für ein solches Arrangement nicht in Frage kam, aber auch weil er unter keinen Umständen den Eindruck erwecken wollte, er sei heterosexuell, nicht einmal aus den edelsten Motiven; er schlug ein anderes Mitglied ihres Kreises vor, den Lyriker Wystan Hugh Auden. Klaus telegraphierte sofort an Auden in England, der sich, obwohl er Erika nie getroffen hatte, mit Freuden dazu bereit erklärte, worauf sie am 12. Juni nach England flog. Drei Tage später wurde die Ehe geschlossen. »Ich habe sie erst bei der Zeremonie gesehen«, schrieb Auden an Stephen Spender, »vielleicht werde ich sie nie wieder sehen. Sie ist aber sehr nett.« Es war eine großzügige Geste, auch wenn er wohl nie auf der Suche nach einer Frau war; aber aus dieser rein formellen Verbindung entwickelte sich später ein sehr herzliches Verhältnis zwischen ihm und der ganzen Familie Mann. Erika hielt zeit ihres Lebens an ihrem britischen Reisepaß fest.

Als der Geburtstag vorüber war, blieben bis zur Abreise nach Amerika nur noch wenige Tage. Es war unmöglich, all die Glückwünsche auch nur zu lesen, geschweige denn zu beantworten, man würde sie aber mitnehmen; und wie schon früher wurde eine gedruckte Dankeskarte für die weniger wichtigen Antworten in Auftrag gegeben. Die Überfahrt war auf dem französischen Schiff *Lafayette* von Le Havre aus gebucht, Thomas, Katia und Golo fuhren am 10. Juni nach Paris, um mit Annette Kolb ein ruhiges Abendessen zu viert einzunehmen, bevor Golo nach St. Cloud zurückkehrte und sie am folgenden Morgen nach Le Havre weiterreisten. Die Überfahrt verging ruhig, die meisten Unterhaltungen an Bord konnten gemieden werden, ausgenommen das Kino, das er liebte; er zog die amerikanischen Filme den französischen vor. Das Eintreffen eines Radiotelegramms aus England mit den »besten Wünschen von Mrs. Auden« wurde zur Kenntnis genommen, erhielt in seinem Tagebuch aber keinen Kommentar. Das Manuskript blieb unberührt, da die tägliche Zeit für Schreibarbeiten durch die Beantwortung der Geburtstagsglückwünsche in Anspruch genommen wurde, manche in Briefform, meistens aber in kurzen Zusätzen zu den gedruckten Karten, die auf nahezu zweihundert anwuchsen und in Amerika aufgegeben werden sollten. Die Übersetzung des Goethe-Vortrags, die für eine mögliche Verwendung bei seinem Aufenthalt vorbereitet worden war, fand er schlecht, zu lang und schwer auszusprechen, so daß er bei seiner Ankunft in New York erleichtert war, als ihm Knopf mitteilte, daß die Teilnahme an der Harvard-Feier am nächsten Tag seine einzige öffentliche Verpflichtung sei.

Nach Interviews an Bord erledigte Knopf bei der Ankunft wieder alles mit Umsicht, fuhr sie zu seinem Büro in der Fifth Avenue, wo ein Stapel Post auf sie wartete, und dann weiter zum Zug nach Boston. Sie erhielten Einladungen von Hendrik van Loon zu einem Aufenthalt in seinem Haus in Connecticut und von Sinclair Lewis und Dorothy Thompson (deren nazifeindliche Berichte als Auslandskorrespondentin in Berlin im vergangenen Jahr zu ihrer Ausweisung geführt hatten). Der Besuch in Harvard war kurz, aber eindrucksvoll; nach einer bequemen Übernachtung im Haus Präsident Conants fanden sie am Morgen ein Publikum von sechstausend Zuhörern vor, in einem großen Zelt für die Jubiläumsfeier und die Verleihungszeremonien. Mann und Einstein in vollem akademischem Talar wurden mit donnerndem Beifall begrüßt, als sie hereintraten, um ihre Doktordiplome überreicht zu bekommen. Nach einem großen Buffet am Mittag und weiteren Reden des Präsidenten der Vereinigung ehemaliger Studenten der Universität Harvard, des Gouverneurs und des Landwirtschaftsministers Henry Wallace, verbrachten sie einen ruhigen Abend mit den Conants, besichtigten am nächsten Vormittag einige der Universitätseinrichtungen und fuhren dann mit dem Zug nach Stamford zu van Loons Haus in Riverside. Ein paar Tage später sollte der Besuch bei den Sinclair Lewis folgen. Van Loon, der aus Holland stammende Bestsellerautor populärer wissenschaftlicher Bücher, war immer bereit, deutsche Emigranten zu unterstützen. Er war ein großzügiger Gastgeber, der die Manns weitgehend sich selbst überließ, aber zu Mittag und Abend eine

Reihe von Gästen einlud, die für sie von Interesse sein konnten: Schriftsteller, Verleger, literarische Agenten und ausgewählte Nachbarn. Diese Veranstaltungen fand Mann zwar recht langwierig und ermüdend, doch tagsüber stand ihm ein Tisch zur Verfügung, und so konnte er während der kühlen, doch feuchten Sommertage in Connecticut einigermaßen seiner Routine nachgehen, mit einem Spaziergang an den meisten Tagen und viel Korrespondenz, ja er konnte sogar einige Seiten dem Manuskript anfügen.

Ihre Pläne mußten auf höheren Befehl geändert werden, als eine Einladung zum Dinner im Weißen Haus am 29. Juni eintraf. Der Besuch bei den Lewis wurde aufgegeben, Dorothy Thompson konnte ihm aber bei den van Loons von ihrer Bewunderung für den *Joseph* wie von dem von ihr geplanten Buch über ihn berichten, für das sie eine Liste von Fragen zurückließ (es wurde nie fertig). Die Einladung des Präsidenten, aus deutlich politischen Gründen, war rein privat, die Vorkehrungen für Washington lagen in den Händen von Anthony Muto, dem Chef des Photographenkorps des Weißen Hauses: ein Flug am 28. Juni von New York (ihr erster Flug überhaupt, nicht ohne einige Aufregung); am Abend eine Führung durch die »außerordentlich schöne« Stadt, deren Ansichten ihn an Paris erinnerten; elegante Räumlichkeiten im Mayflower-Hotel; am nächsten Morgen eine lebhafte Sitzung im Kongreß, wo sie dem Sprecher vorgestellt wurden und im Abgeordnetenrestaurant zu Mittag aßen; anschließend ein Besuch in Mount Vernon, bevor Muto sie zum Weißen Haus brachte, wo sie von der First Lady begrüßt wurden.

Es waren nur zwei oder drei weitere Gäste anwesend, als sie den Dining-room betraten, wo sie Franklin Roosevelt in einer samtenen Smokingjacke im Rollstuhl erwartete. Bei dem ruhigen Gespräch, das natürlich auf englisch geführt wurde, während eines in Thomas Manns Augen nur mäßigen Abendessens, beeindruckte sie der Präsident mit seiner Klugheit und eigensinnigen Entschlossenheit, die ihm mit seinem New Deal so viele Feinde eingebracht hatten. Er machte kein Hehl aus seiner Verachtung für den Kongreß und besonders für die kurze Dauer französischer Regierungen und verglich damit seine eigene Stellung als Regierungschef und Staatsoberhaupt, die vier Jahre lang unangreifbar sei, »they can't get me out«. Auf den Kaffee folgten eine überlange Filmvorführung und eine Besichtigung der Räume, bevor Eleanor Roosevelt das Zeichen zum Aufbruch gab. Mann hatte den Eindruck eines Regierenden mit totalitärer Einstellung, der aber Bewunderung verdiente, woran er in einem Interview in New York keinen Zweifel ließ. Was für diktatorische Seiten das Regime Roosevelts auch habe, schrieb er an Bermann, seine Feinde seien hauptsächlich unter den Reichen, und es stehe schließlich im »Dienst der Freiheit und Demokratie. Wahrscheinlich wäre es schlimmer für Amerika, wenn er scheiterte.«[133] Nach einem Interview mit der *Washington Post* bot am folgenden Tag ein Ausflug mit Muto in die Hügel der Umgebung eine willkommene Abwechslung von der beinahe tropischen Hitze der Hauptstadt. Am 1. Juli flogen sie nach New York zurück.

Bis zur Abreise blieben glücklicherweise nur wenige Tage, da seine unvermeidliche Reaktion dagegen, daß er sich »von der Welt am Narrenseile führen«[134] ließ, sich einstellte. Knopf tat sein Bestes, sie durch Besuche bei Freunden zu unterhalten; Bücher wurden signiert und von seinem Büro an die Gastgeber geschickt, ein Exemplar der beiden *Joseph*-Bände an die »most gracious First Lady«. Der deutsche Hoteldirektor und seine Frau halfen gern bei den Formalitäten für die Reise und bei Botengängen und Einkäufen; der Unabhängigkeitstag wurde auf dem Land verbracht. Er konnte mit einer gewissen Niedergeschlagenheit jedoch nur schwer fertig werden und freute sich darauf, dem drückenden Klima zu entrinnen, dem er auch einen Anflug von Rheuma im rechten Arm zuschrieb, so daß es eine ungeheure Erleichterung war, als die Knopfs sie am 6. Juli zum Pier brachten, wo das Schiff *Berengaria* um Mitternacht ablegte. Er hatte genug, mehr als genug von dem Trubel, sein Verlangen nach Einsamkeit und Ruhe war wie ein »körperlicher Durst«.[135]

Die luxuriöse Überfahrt und die erfrischende Seeluft stellten ihn bald wieder her. Er hielt sie den hohen Preis für durchaus wert, da ihre Kabine luftig und die Mahlzeiten von höchster Qualität waren, Kaviar stand stets auf der Speisekarte, und ein ganzer Hummer war für Katia bereit, wenn sie darauf Appetit hatte. In sechs Tagen würden sie in Cherbourg landen, dann wollten sie so rasch wie möglich über Paris nach Zürich und Küsnacht fahren. Die Pringsheims erwarteten sie zur Feier von Hedwigs achtzigstem Geburtstag, er wollte sich aber gleich an die Arbeit machen, um das laufende Kapitel abzuschließen und das zu revidieren, was für den dritten *Joseph*-Band bereits vorlag. Die Anzeichen von hoffnungsloser »Demoralisation und Tollheit« Europas[136], über die während ihrer Abwesenheit in der Presse berichtet worden war, nämlich den großen diplomatischen Triumph Hitlers und die Schande Englands, das ihm 35 Prozent der britischen Flottenstärke und eine gleiche Zahl von U-Booten zugestanden hatte, wollte er entschlossen aus seinen Gedanken verbannen. In Paris verbrachten sie auf Golos Anraten den Abend ihrer Ankunft bei Félix Bertaux draußen in Sèvres, dann nahmen sie den Nachtzug vom Gare de l'Est und trafen am Morgen des 1. Juli in Küsnacht ein.

Die Wiederaufnahme der Arbeit war aber nicht so leicht, wie er gedacht hatte. Nach der Reise mußte erst die Ordnung wiederhergestellt werden, ein Stapel Post hatte sich angesammelt, mit zahlreichen weiteren Geburtstagsgrüßen, die sortiert und erledigt werden wollten; der übliche Besucherstrom setzte ein – Verleger, Kollegen, Ferdinand Lion, der fleißig an seinem Buch arbeitete, die englische Übersetzerin Helen Lowe-Porter; Klaus, Erika, Monika und Golo trafen zu kurzen Aufenthalten ein; bald hatte er sich auf seinen geplanten Auftritt bei den Salzburger Festspielen vorzubereiten. Hedwig Pringsheim brachte die Nachricht vom Tod seines alten Schulfreunds Otto Grautoff, dem Vertrauten seiner jugendlichen Leidenschaften, den er seit langem aus den Augen verloren hatte. Es war betrüblich, doch er konnte nicht viel Trauer beim Verlust eines Menschen empfinden, der sich nicht mit der Rolle des Trabanten seines Sterns zufriedengegeben, sondern töricht und eitel selbst zu leuchten versucht hatte. Sie brachte auch einen Brief von dem Münchner Rechtsanwalt über die dortigen Angelegenheiten, die sich einem ungünstigen Ausgang zu nähern schienen, mit ärgerlichen, zuweilen absurden Einzelheiten. Seine übersetzten Bücher seien der Münchner Stadtbibliothek übergeben worden, andere, die er bei einem Freund zurückgelassen hatte, habe sich ein Beamter persönlich angeeignet, dazu kam eine unverschämte Forderung über 5000 Mark für Verwaltungskosten. (Es dauerte nicht lange, bis auch die Sache der Staatsbürgerschaft wieder zur Sprache kam, hauptsächlich wegen seiner amerikanischen Interviews, trotz all seiner Vorsicht, hatte man ihm manchmal härtere Worte zugeschrieben als die, die er tatsächlich gebraucht hatte.)

Allmählich wurde die Küsnachter Routine wiederaufgenommen, und bis Ende Juli ging die Arbeit gut voran; es war aber unmöglich, die Wolken über Europa und die wachsende Stärke und Stabilität des Hitlerregimes zu ignorieren, wenn er die Zeitungen las, Geschichten von Besuchern aus Deutschland hörte oder an den Knöpfen seines vorzüglichen neuen Radios drehte, das ihm die Familie zum Geburtstag geschenkt hatte. Radio Moskaus prophetische Worte, daß bis zum Ausbruch des nächsten Krieges, der begänne, sobald Mussolini seine Eroberungen durchgeführt hatte, nur wenige Jahre blieben, bestätigte seine eigenen Gedanken: Er mochte noch einige Jahre haben, um den *Joseph* zu vollenden, und – wer konnte es sagen? – vielleicht würden nach einer Frist von vier Jahren, der Dauer des Ersten Weltkriegs, die Nazis durch die angeblich wachsende Opposition gestürzt. Es war wie eine Ironie, daß ihm, als er diese allzu zuversichtliche Bemerkung am 9. August notierte, Rudolf Binding schrieb, er wolle nach Zürich kommen, um ihn über die Gründe des Ausbleibens offizieller deutscher Kundgebungen zu seinem Geburtstag zu informieren. Der Mann, der mit einiger Begeisterung für die Nazi-»Revolution« ein Amt in der Sektion für Dichtkunst der Akademie angenommen hatte, hatte wider alle Logik versucht, die Verbindung mit seinen emigrierten Kollegen aufrechtzuerhalten. Sein Vorschlag, die Deutsche Akademie, wie sie nun hieß, solle angemessene Wünsche an Thomas Mann richten und vielleicht sogar eine Ehrendelegation schicken, sei von Frick entschieden abgelehnt worden, erklärte er nun bei einem Café crème in Zürich. »War es Ironie, Frechheit oder Torheit?« notierte Thomas Mann. »Ich nahm dankbar Kenntnis.«[137] Die wenigen Tage, bevor er mit Katia im Wagen nach Salzburg fuhr, arbeitete er weiter am *Joseph*.

Auf dem Weg nach Salzburg hatte er am 20. August in Bad Gastein einen Termin für eine Lesung aus dem in Arbeit befindlichen *Joseph*-Manuskript. Gut besucht, doch nur ein Achtungserfolg, dachte er, wenn auch vielleicht ein Anflug von Verständnis für seinen Text zu spüren war. Als er am folgenden Tag in Salzburg ankam, hatte er gleich am Anfang seinen Wagner-Vortrag zu halten, der gleichfalls gut aufgenommen wurde. Die einzige weitere Verpflichtung war eine Lesung aus dem *Joseph*-Manuskript ein paar Tage später im Mozarteum, sonst hatten sie Zeit, die Festspiele zu genießen: Reinhardts Aufführung von Goethes *Faust* unter freiem Himmel, der ein spätes Abendessen mit ihm in Leopoldskron folgte; ein Konzert unter Toscanini und sein *Fidelio* mit Lotte Lehmann; Verdis *Falstaff*; ein großartiger *Don Giovanni* unter Bruno Walter. Es gab Gelegenheit zu einem Besuch bei Bruno Frank und seiner Frau, die für den Sommer aus London gekommen waren, sowie bei Carl Zuckmayer im nahe gelegenen Henndorf, auch zu ruhigen Gesprächen mit Toscanini und natürlich mit Bruno Walter; die Menge von Journalisten und anderen, weniger bekannten Gesichtern, machten diese Rückkehr zu den Forderungen der Welt ermüdender als erwartet.

Am 29. August wieder in Küsnacht, nahm er unmittelbar die Arbeit am Manuskript auf. Ende Oktober war es auf mehr als dreizehnhundert Manuskriptseiten angewachsen, der erste Teil war schon maschinengeschrieben, Katia, Golo, sogar Michael waren zum Textvergleich herangezogen worden (vorbei die Tage, wo dem Setzer ein handgeschriebenes Exemplar genügte, und man benötigte auch dringend eine maschinengeschriebene Kopie für den Beginn der englischen und französischen Übersetzungen). Die große Schnelligkeit der Schreibkraft spornte ihn zur Produktivität an, und er wagte zu hoffen, daß der kommende Winter bei Vermeidung weiterer Reisen das Ende des dritten Bandes in Sicht rücken würde, da es nun völlig klar war, daß zur Vollendung des Werkes ein vierter Band nötig war. Im September stand plötzlich Ida Herz vor der Tür, nach neuerlichen antisemitischen Demonstrationen, die auf die Verabschiedung der Nürnberger Gesetze, in denen den Juden die letzten bürgerlichen Rechte aberkannt wurden, gefolgt waren. Sie brauchte einen Zufluchtsort und Geld. Seine Hoffnung auf ihre baldige Rückkehr nach Hause und ein Ende des lästigen Besuchs war vergeblich, da sie wochenlang blieb, bevor sie nach Genf ging und schließlich im Oktober bei dem Zürcher Verleger Emil Oprecht illegale Arbeit fand. Auch Klaus machte ihm Sorgen. Die Finanzen für seine Zeitschrift *Sammlung* waren erschöpft, die letzte Nummer erschien im August; auch er brauchte Unterstützung, als er nach Budapest und dann nach Wien wanderte. Im November in Küsnacht war seine Morphiumsucht offenbar weit fortgeschritten. Als Thomas Mann sich die eigene Situation überlegte, kam ihm der »spaßhafte Gedanke«, daß er, »wenn bei meinen Geistesgaben der vitale Antrieb einige Grade stärker wäre, ... ein Groß-Genie wäre«.[138] Auch die Erinnerungen an seine Leidenschaft für Klaus Heuser – »die letzte Variation einer Liebe, die wohl nie mehr aufflammen wird«, »der glückliche, der belohnte Fünfziger – und damit Schluß« – ließen ihn an den Gegensatz zu Goethes erotischem Trieb denken, der weit über die Siebzig angedauert hatte, »immer Mädchen«. »Aber in meinem Fall sind wohl die Hemmungen stärker, und man ermüdet früher, selbst abgesehen von Unterschieden in der Vitalität.«[139] Ein unerwarteter kurzer Besuch Heusers, der mit vierundzwanzig immer noch jungenhaft wirkte, war eine Koinzidenz, die er mit Zurückhaltung aufnahm, dankbar für seine Anwesenheit, doch ohne äußerliches Zeichen der Zuneigung.

Mittlerweile war es immer deutlicher geworden, daß trotz seiner Dementis von Äußerungen, die ihm in den amerikanischen Interviews zugeschrieben wurden, seine Staatsbürgerschaft erneut gefährdet war und daß wenig Aussicht bestand, das Münchner Eigentum wiederzubekommen. Die Behörden dort wie in Berlin schienen keine Eile zu haben, eine Entscheidung zu treffen; gegen Jahresende verhörte die Gestapo immer noch eines der Münchner Dienstmädchen. In gewisser Weise freute er sich fast auf den unvermeidlichen endgültigen Bruch (Katia war jedenfalls erleichtert, daß sie sich noch nicht einem neuen Zustrom von Hausrat gegenübersah) und erhoffte den baldigen Abschluß der Fischer-Emigration, die ihm Unabhängigkeit geben würde. Aus eigenem Entschluß hätte er Deutschland wohl nicht verlassen, schrieb er Ende September. »Jetzt danke ich Gott jeden Tag dafür. Ein guter Schreibtisch, ein guter Rasierapparat, gutes Essen, ein blankes Wägelchen – mehr kann der Mensch ja überhaupt nicht vertragen ...«[140] – »Ich habe in meinem Alter gegen hundert feindliche Ansprüche ein Werk durchzusetzen und echten Anspruch auf das Recht, einigen kühlen Selbstschutz dabei zu praktizieren.«[141] Gleichzeitig schreckte er vor jedem eigenen Schritt zurück, der den Bruch beschleunigen könnte, und blieb dabei, daß es für ihn immer noch zu früh sei, die politische Erklärung abzugeben, zu der ihn so viele Leute drängten. Der Umfang seines Widerstands gegen den neuen Absolutismus, schrieb er an einen amerikanischen Kritiker, die Opfer, die er gebracht habe, um außerhalb der Reichsgrenzen in Freiheit leben zu können, seien eine hinreichend deutliche Erklärung seiner Position, die der Polemik nicht bedürfe. Er hatte die Veröffentlichung eines Salzburger Interviews unterbunden, in dem er (»leise und schwer, sozusagen sich selbst überredend«[142], wie der Journalist schrieb) über die Notwendigkeit eines wahrhaftigen »Dritten Reichs« für den Westen spekuliert hatte, welches die christliche mit der heidnisch-antiken Welt verschmelzen würde, ein Thema, das offensichtlich mißdeutet werden konnte. Wenn die Zeit gekommen sei, seine Ansichten über die Ereignisse in Deutschland bekanntzugeben, werde er das unmittelbar selbst tun, wiederholte er, nicht in »einer vorläufigen, verfrühten und notwendig unzulänglichen Äußerung ... in Form eines Interviews«.[143] Als er im Oktober Carl von Ossietzky, den linken Berliner Journalisten, der bereits seit drei Jahren in einem Konzentrationslager saß, für den Nobelpreis empfahl und dabei mit scharfer Ironie betonte, wie sehr dies Hitlers ständige Versicherungen seiner friedlichen Absichten bestätigen würde, konnte das den Behörden in Berlin wohl kaum entgehen.

Er war voller Abscheu für den »Sumpf von Dummheit und Niedertracht«[144], der Deutschland nun war, als er einer Radioübertragung der Reichstagsrede des »Führers« am 15. September zuhörte, in der die Stimme des »scheußlichen Volksmannes« die Nürnberger Gesetze bekanntgab[145]; als er das absurde rassistische Gerede von der »Wiedergeburt« Deutschlands las und die Vorbereitungen zu den Olympischen Spielen 1936 in Berlin verfolgte, die sich zu einer riesigen Propagandaveranstaltung für das Reich entwickelten. Seine tiefe Abneigung äußerte er immer noch nur in privatem Kreis; gegen Weihnachten fühlte er aber, daß sich die Zeit des Schweigens rasch ihrem Ende näherte. Daß es sein drittes Jahr im Exil war, ließ ihn ziemlich unbewegt; er vermißte Möbel und Bücher kaum, war glücklich, daß er die Heimat verlassen hatte, und entbehrte eigentlich nichts, was er brauchte, um Leben und Werk zu vollenden. »Im Grunde decken die Außengeschehnisse wieder meine Arbeit, wie der Krieg es tat, an den der Zustand von heute sehr erinnert.«[146] Während der üblichen Festlichkeiten fügte er dem Manuskript seine tägliche Seite hinzu.

4

»Ich habe nach drei Jahren des Zögerns mein Gewissen und meine feste Überzeugung sprechen lassen. Mein Wort wird nicht ohne Eindruck bleiben.«

TM, 31. Januar 1936[147]

Ums Jahr 1940 würde er »am Zürcher Bahnhof stehen und mit zitternder Stimme ein Billet München einfach verlangen«, schrieb ein Schweizer Freund in seinen Neujahrswünschen für 1936.[148] Auch Heinrich, antwortete er ihm, habe merkwürdigerweise prophezeit, daß 1940 das Ende der »faschistisch-irrationalen Periode Europas« sein würde. »Aber die Rückkehr unter die geschändeten Menschen –

ich weiß doch nicht.«[149] Das kommende Jahr versprach nicht viel Änderung, er wäre zufrieden, wenn es das Ende des in Arbeit befindlichen *Joseph*-Bandes und den Beginn einer Novelle über Goethe brächte, die er als nächstes plante. Im Januar trafen die ersten Fahnen des *Joseph in Ägypten*, wie er den dritten Band des gewaltigen Werks zu nennen beschlossen hatte, ein; der vierte und letzte (aber wann würde das sein) sollte dann *Joseph, der Ernährer* heißen. Bermann war unterdessen in London gewesen, um die Verhandlungen mit Heinemanns voranzutreiben; Mann – der sich im Januar wie gewöhnlich mit Katia in Arosa aufhielt – freute sich über die Nachricht dieses geplanten englisch-schweizerischen Projekts, das über reichliches Kapital verfügen würde.

Am 11. Januar war in der Pariser Emigrantenzeitschrift *Das Neue Tage-Buch* ein heftiger Angriff auf den Verleger und die guten Beziehungen erschienen, die er offensichtlich mit den Behörden des Reichs unterhielt. Während seine Autoren, allen voran Thomas Mann, allen möglichen Schikanen ausgesetzt seien, habe es von Goebbels, ja nicht einmal von dem berüchtigten antisemitischen *Stürmer*, kein einziges böses Wort gegen Bermann oder den Verlag gegeben, der sich eine eigenartig privilegierte Stellung gesichert habe, und Bermann sei einer der »Schutzjuden« des Regimes (es war auch die Rede von einer Fischer-Veröffentlichung von 1933 mit einer »kriecherischen« Widmung an keinen Geringeren als Hermann Göring). Der Verleger könne nun ganz öffentlich eine bequeme Emigration vorbereiten, wenn nicht in die Schweiz, so nach Österreich. In dem Artikel wurde bezweifelt, daß eines dieser Länder die Einrichtung eines Unternehmens begrüßen würde, das mit dem Propagandaministerium in Berlin in so gutem Einvernehmen stehe.[150] Nach Bermanns aufgeregtem Anruf aus London erklärte sich Thomas Mann bereit, zusammen mit Hesse und Annette Kolb in der *Neuen Zürcher Zeitung* aufgrund ihrer Kenntnis der Tatsachen gegen diese »völlig ungerechte« Kritik am Verhalten des Verlags und die persönliche Verleumdung Bermanns zu protestieren. In diesem Sinne schrieb er auch direkt an Leopold Schwarzschild, den Verfasser des Artikels und Herausgeber des Pariser *Tage-Buchs*, wenngleich er einräumte, er und die anderen hätten Bermanns Versäumnis, früher zu emigrieren, »bedauert und getadelt«[151] – eine Behauptung, die in seinem Fall mit der Wahrheit, gelinde gesagt, sparsam umging. Der öffentliche Streit setzte sich fort, Schwarzschild bestand darauf, daß Bermanns jetziger Versuch, ins Ausland überzuwechseln, den begrenzten Überlebenschancen der bestehenden Emigrantenverlage nur schaden würde, während er im Fall seines Bleibens nur das veröffentlichen könne, was dem Reich genehm war; Thomas Mann dürfe seinen Namen und sein Ansehen nicht weiter einem derartigen Unternehmen leihen, sondern müsse seinen Irrtum eingestehen und sich eindeutig auf die Seite der echten Emigranten stellen.

Für Thomas Mann war die schmerzlichste Folge dieser Anschuldigungen die leidenschaftliche Kritik, die sein Handeln bei seiner Tochter auslöste. Erika verurteilte sofort die Haltung des Vaters, in der sie einen Angriff gegen die Emigranten als eine Gruppe und deren Kampf für die Freiheit sah, da er einen Bruch mit ihnen vorzubereiten schien, während er ihnen doch entschlossen beistehen sollte. Er würde ihren Brief vermutlich schlecht aufnehmen, schrieb sie, doch darauf sei sie gefaßt. Anscheinend sei er im Interesse Bermanns und dessen Haus zu jedem Opfer bereit. Wenn das bedeute, daß er auch sie »mählich, aber sicher« opfern wolle, so könne sie daran nichts ändern, auch wenn das für sie »traurig und schrecklich« wäre.[152] Die Drohung eines solchen Zerwürfnisses mit seinem Lieblingskind erschreckte ihn zutiefst, und er verwandte in den letzten Tagen in Arosa einige Zeit auf die Abfassung – »für sie und die Nachwelt«[153] – einer langen Antwort, um es, wenn möglich, abzuwenden. Das wurde noch schwieriger, als auch von Klaus ein Brief eintraf, der die Ansichten der Schwester unterstützte. Katia schrieb in einem Versuch, Öl auf die Wogen zu gießen, an Erika: »Du bist, außer mir und Medi, der einzige Mensch, an dem Z.s Herz ganz hängt, und Dein Brief hat ihn sehr gekränkt und geschmerzt.« Sie hatte ihm den Ärger und die Unannehmlichkeiten, die sein Handeln nach sich ziehen würde, vorausgesagt, hatte aber nicht erwartet, daß Erikas verständliche Mißbilligung zu einem solchen Bruch führen würde. »Und für mich, die ich doch nun einmal sein Zubehör bin, ist es auch recht hart.«[154]

Er sehe ein, schrieb der Vater schließlich, nachdem er die Fakten und Argumente dargelegt hatte, daß Erika stets einen heimlichen Widerstand gegen sein Verhalten seit 1933 genährt habe, der in ihrer gegenwärtigen Sorge nun so deutlich zum Vorschein gekommen sei; zum Streiten gehörten aber zwei, und seine Zuneigung zu ihr erlaube ihm nicht, zum zweiten zu werden. »Wenn ich denke, wie Du manchmal gelacht und Tränen in den Augen gehabt hast, wenn ich euch vorlas, so scheint mir Deine Ankündigung auch wieder unwahrscheinlich. Du bist viel zu sehr mein Kind Eri, auch noch in Deinem Zorn auf mich ... Es kommt im Grunde auch Dein Zorn ... kindlich von mir her; er ist sozusagen die Objektivierung meiner eigenen Skrupel und Zweifel.« Und er wiederholte seinen gewohnten Refrain: er sei bei weitem nicht gegen Leute wie Schwarzschild, doch er habe sich aus der allgemeinen Emigrantenpolemik herausgehalten, um die Möglichkeit nicht zu vergeuden, einen echten moralischen Einfluß auszuüben – wenn die Zeit reif sei. »So, wie ich es gehalten habe, bilde ich eine Reserve, die eines Tages noch nützlich werden kann.« Er habe ja tatsächlich die Arbeit am *Joseph* monatelang unterbrochen, um ein »Politikum« zu verfassen, für das die Zeit noch nicht gekommen sei, und Geduld sei noch immer vonnöten. »Es nützt wenig, die Welt gegen den Greuel aufzurufen, solange die Deutschen selbst nicht innerlich und gründlich mit ihm fertig sind ...«[155]

Trotz allem rückte der Augenblick immer näher, da er gezwungen sein sollte, seine reservierte Haltung aufzugeben und Farbe zu bekennen. Drei Tage später, kurz vor der Abreise aus Arosa am 26. Januar, erschien in der *Neuen Zürcher Zeitung* ein Artikel des Feuilletonchefs Eduard Korrodi, der sich scharf gegen Schwarzschilds Erwiderung auf Thomas Mann richtete, in der er behauptet hatte, die deutsche Literatur sei nun so gut wie vollständig in der Emigration zu finden. Diese Absurdität keinem anderen als dem Autor der *Buddenbrooks* entgegenzuschleudern, weil seine Werke immer noch in Deutschland erscheinen konnten, sei, so Korrodi, nichts anderes als der »Ghetto-Wahnsinn« einiger Emigranten, die die deutsche Literatur mit dem Werk einiger weniger jüdischer Autoren gleichsetzten. Dem sei nicht so, die wahren Repräsentanten seien in Deutschland geblieben, nicht ein einziger »Dichter« sei in der Emigration zu finden, die in erster Linie und in der Hauptsache aus »der Romanindustrie und ein paar wirklichen Könnern und Gestaltern von Romanen« bestehe. Er äußerte sich sarkastisch über die Verbohrtheit, die keinen Blick für Gerhart Hauptmann, Ricarda Huch und die zahlreichen anderen, die noch in Deutschland seien, zuließe, und die, ohne an die Schweiz und an Österreich zu denken, nur die Verlage Querido und de Lange in Amsterdam sehen konnte. Eine solche Einstellung bedeute einen Triumph für die Nazis, für deren Propaganda die jüdische Kontrolle der Literatur stets ein Schlüsselargument geliefert habe. »Wir begreifen … daß es angesehene Schriftsteller in der Emigration gibt, die lieber nicht zu dieser deutschen Literatur gehören möchten, der der Haß lieber ist als das Streben nach Wahrheit und Gerechtigkeit.«[156] Die Unterstellung, daß Thomas Mann zu diesen »angesehenen« Autoren gehöre, war deutlich.

Das kurze Feuilleton schlug in der übrigen Welt, die im Augenblick mit wichtigeren Dingen beschäftigt war (dem Pakt zwischen Frankreich und Rußland, Deutschlands Drohung der Wiederaufrüstung des Rheinlands), kaum wie eine Bombe ein, im Lager der Emigranten aber explodierte sie, Klaus telegraphierte zusammen mit Fritz Landshoff vom Querido-Verlag noch am gleichen Tag an seinen Vater mit der dringlichen Aufforderung, diesen »verhängnisvollen Artikel wie und wo auch immer zu erwidern. Diesmal geht es wirklich um eine Lebensfrage für uns alle.«[157] Für Thomas Mann lag in Korrodis Verunglimpfung der Emigranten und dem offenen Versuch, ihn von ihrer Gesellschaft zu trennen, nichts anderes als eine Aufforderung, seine eigene Position zu erklären. Er begann sofort einen offenen Brief als Erwiderung auf Korrodi zu planen und bat Katia bei der Rückkehr nach Küsnacht, einen Entwurf für ihn aufzusetzen. Er brauchte fünf Tage für die Ausführung, da er sich der Bedeutung dieses wichtigen Schrittes nach drei Jahren des Zögerns durchaus bewußt war.

Ruhig doch deutlich widerlegte er die Argumente des Artikels. Angesichts des wilden Antisemitismus der Nazis sei es natürlich, daß jüdische Autoren einen großen Teil der Emigranten bildeten, es gebe jedoch auch viele Nichtjuden unter ihnen (er selbst, zum Beispiel, sein Bruder und Schickele), bei weitem nicht alle seien Romanschriftsteller, seien denn nicht Bert Brecht und Johannes R. Becher Lyriker, »Dichter« im wahren Sinne? Sei denn nicht der Roman die vorherrschende Gattung der heutigen Literatur, das »repräsentative und vorherrschende literarische Kunstwerk«? Korrodi selbst habe dies in seinen früheren Äußerungen zu Wassermann anerkannt und sogar darauf hingewiesen, daß sich der deutsche Roman dank der internationalen Komponente des Judentums zu europäischem Rang entwickelt habe. Heinrich und Thomas Mann, die keine Juden seien, hätten ebenfalls zu dieser Entwicklung beigetragen, vielleicht wegen der Spur von Latinität und Schweizertum in ihrem Blut. »Der deutsche Judenhaß aber, oder derjenige der deutschen Machthaber, gilt … gar nicht den Juden oder nicht ihnen allein: er gilt Europa … den christlich-antiken Fundamenten der abendländischen Gesittung: er ist der (im Austritt aus dem Völkerbund symbolisierte) Versuch einer Abschüttelung zivilisatorischer Bindungen, der eine furchtbare, eine unheilschwangere Entfremdung zwischen dem Lande Goethe's und der übrigen Welt zu bewirken droht.« Er schloß mit einer nachdrücklichen Erklärung seiner eigenen Überzeugung, daß vom gegenwärtigen Deutschland weder für Deutschland noch für die Welt etwas Gutes kommen *könne*: »Diese Überzeugung hat mich das Land meiden lassen, in dessen geistiger Überlieferung ich tiefer wurzele als diejenigen, die seit drei Jahren schwanken, ob sie es wagen sollen, mir vor aller Welt mein Deutschtum abzusprechen. Und bis zum Grunde meines Wissens bin ich dessen sicher, daß ich vor Mit- und Nachwelt recht getan, mich zu denen zu stellen, für welche die Worte eines wahrhaft adeligen deutschen Dichters gelten:

Doch wer aus voller Seele haßt das Schlechte,
Auch aus der Heimat wird es ihn verjagen,
Wenn dort verehrt es wird vom Volk der Knechte.
Weit klüger ist's, dem Vaterland entsagen,
Als unter einem kindischen Geschlechte
Das Joch des blinden Pöbelhasses tragen.«[158]

Diese Zeilen Platens hatte er schon oft in privatem Kreis zitiert. Als er sie nun am Ende seiner öffentlichen Erklärung niederschrieb, die in seiner persönlichen Herausforderung an das Reich der anhaltenden Zweideutigkeit seiner Position ein Ende machen würde, führte seine innere Bewegung zu einer heftigen nervösen Reaktion: Handelte er ehrlich aus persönlicher Überzeugung, oder hatten äußere Einflüsse ihm diesen Schritt aufgezwungen? Als das Stück aber fertig und der *Neuen Zürcher* persönlich übergeben war, hatte er sich wieder gefaßt. Korrodi hatte ihn gezwungen, sich zu erklären, es war ein »willkommener Zwang« gewesen.[159] »Ich habe nach 3 Jahren mein Gewissen und meine feste Überzeugung sprechen lassen«, schrieb er in sein Tagebuch: »Mein Wort wird nicht ohne Eindruck bleiben.«[160] Die Anzahl zustimmender Anrufe, die er nach der Veröffentlichung am 3. Februar erhielt, darunter den Anruf eines Berliner Historikers, Dr. Rudolf Wahl, erfüllte ihn mit Genugtuung in dem »Bewußtsein, dem niederträchtigen Regime einen zweifellos empfindlichen Schlag versetzt zu haben«.[161] Er war auf die Rache gefaßt, die nun folgen mußte: der endgültige Verlust seines Eigentums in Deutschland, das Verbot seiner Bücher, die Entziehung der Staatsbürgerschaft. »Entweder, darf ich mir sagen, kommt der Krieg oder es müssen sich in einigen Jahren in Deutschland Zustände herstellen, die die Verbreitung meiner Bücher wieder erlauben«, schrieb er an Hesse, der sein Handeln zwar verstand, doch bedauerte. »Ich werde fortfahren, meine Arbeit zu tun und es der Zeit überlassen, meine Vorhersage ... zu bestätigen, daß aus dem Nationalsozialismus nichts Gutes kommen kann. Aber mir wäre der Zeit gegenüber nicht wohl im Gewissen, wenn ich es nicht vorhergesagt hätte.«[162]

Seine Erklärung war vermutlich nicht, wie er in seiner natürlichen Selbstüberhebung geglaubt hatte, der harte Schlag gegen eine Regierung, die schwerwiegendere Probleme beschäftigten – Hitlers Befehl zur Besetzung des Rheinlands wurde am 3. März erlassen –, doch der Fall Thomas Mann konfrontierte sie zweifellos mit einem Problem. Am Himmel der deutschen Kultur glänzten nur noch sehr wenige Sterne, solange Mann unter ihnen war, ganz gleich in welch fragwürdiger Form, wollten die Reichsbehörden nicht unbedingt Schritte unternehmen, die ihn auf immer ausschließen würden, trotz scharf formulierter Denkschriften der Gestapo an das Innenministerium. Wie bei Richard Strauss, der 1935 darauf bestanden hatte, seinen jüdischen Librettisten Stefan Zweig bei der Erstaufführung der *Schweigsamen Frau* zu nennen, dauerte es eine Weile, bis die Parteidoktrin über die Nützlichkeit von Ansehen und Propaganda siegte. Strauss hatte Hitlers persönliche Genehmigung für die Erstaufführung erhalten, seine hartnäckige Treue zu Zweig trug ihm aber die Feindschaft der Partei-Eiferer ein; seine Oper wurde nach zwei Aufführungen verboten, und schließlich mußte er als Präsident der Reichsmusikkammer zurücktreten. Erst beinahe ein Jahr später, im Dezember 1936, wurden Thomas Mann mit Katia und den Kindern die Staatsbürgerschaft entzogen. Als Gründe wurden sein ständiges Auftreten bei Kundgebungen »von internationalen, meist unter jüdischem Einfluß stehenden Verbänden, deren feindselige Einstellung gegenüber Deutschland allgemein bekannt ist«, vor allem aber seine Solidaritätserklärung mit den Emigranten in der *Neuen Zürcher* angeführt, die von den »schwersten Beleidigungen« begleitet gewesen sei. Bis es aber soweit war, würde er bereits in Erwartung dieses Aktes die tschechische Staatsbürgerschaft angenommen haben und in einer Presseerklärung nachweisen können, daß der Akt des Dritten Reiches rechtlich bedeutungslos wäre. Wichtiger aber war, daß er in regelmäßig fortschreitender Arbeit den *Joseph in Ägypten* abgeschlossen hatte und daß dieser nun von dem neuen Bermann-Fischer-Verlag veröffentlicht werden konnte. Bermann erhielt gerade im Dezember die endgültige Genehmigung zum Transfer eines Teils der ehemaligen Firma nach Wien, der Rest verblieb als S. Fischer Verlag in Deutschland, in den »arischen« Händen Peter Suhrkamps.

Die Wirkung seiner Erklärung auf die Nazi-Behörden hatte er vielleicht überschätzt, an ihrem Wert für die Moral der Emigranten bestand jedoch kein Zweifel. Erika fand sie natürlich großartig – »nun hat er alles gut gemacht und steht klar und richtig da«[163] –, und für Klaus war seine »stolze Provokation«[164] der Nazis ein Triumph. Briefe von allen Seiten sprachen von der Befreiung von Depressionen und dem neuen Mut, die seine Worte gebracht hätten; er war bewegt von der Herzlichkeit, mit der diese »paar einfachen und selbstverständlichen Worte«[165] begrüßt worden waren. Viele wollten, daß er mit weiteren Artikeln das gute Werk fortsetzte, und als er die Zeitungen las, erwog er öfters wieder den früher geplanten Brief an die Londoner *Times*, entschied sich jedoch dagegen. Er hatte seinen Schuß abgefeuert, die Welt wollte »vom ›Emigrantenhaß‹ nicht belehrt sein«, und es hatte keinen Sinn, sich noch mehr auszusetzen.[166] Die Bewunderung, die viele für sein Handeln empfanden, war vielleicht bis zu einem gewissen Grad unberechtigt, da er aus einer Position von verhältnismäßig großer Sicherheit gehandelt und es ihn tatsächlich nur das gekostet hatte, was ihm eines Tages ohnedies verlorengegangen wäre. Die bedeutende moralische Wirkung auf die Emigranten läßt sich jedoch nicht leugnen, und er durfte das Gefühl haben, daß die Kampfreserve, die er repräsentierte, zur rechten Zeit dazu beigetragen hatte, »der Emigration … etwas den Nacken zu steifen«.[167]

Auch den eigenen Nacken hatte es gesteift und seine Verachtung für solche Leute vermehrt, die sich wie der zweitrangige Romanautor Erich Ebermayer als geistige Emigranten verstanden, aber trotzdem in Deutschland blieben und dort ihre Arbeit erfolgreich fortzusetzen wußten. Ebermayer, ein Homosexueller, Freund von Klaus und Stefan Zweig, hatte das Drehbuch für den populären Film *Traumulus* mit Emil Jannings geschrieben, den Thomas Mann nun in Zürich sah und sehr gut fand (und dabei die Vorliebe des damaligen deutschen Films für »nackte Knaben-Oberkörper« notierte); als Ebermayer am folgenden Tag aber zum Mittagessen kam, war er abgestoßen von der Art, wie der »unbeträchtliche Tropf« von nichts anderem als dem Erfolg des Films bei Goebbels und Hitler sprach.[168] Während er die Arbeit am *Joseph* fortsetzte, ließ ihn die offensichtliche Unvermeidlichkeit des Krieges an einen Umzug an einen sichereren Ort denken. In Arosa hatte er mit Katia bereits die Ratsamkeit eines mehr »peripheren« Gebiets wie Kopenhagen erwogen, »das billig, zivilisiert, nahe der Ostsee und vor Invasionen denn doch wohl sicher ist«[169] – eine naive Vorstellung, wie die künftigen Ereignisse erweisen sollten. Viel würde davon abhängen, welche Staatsbürgerschaft ihm zur Verfügung stehen würde, wenn ihm die deutsche, wie es nun sicher war, entzogen wurde. Im März erkundete Bruno Walter, dessen sechzigsten Geburtstag er eben in einem Beitrag zu einer Wiener Veröffentlichung gefeiert hatte, seine Aussichten auf österreichische Staatsbürgerschaft. Mann wollte aber erst wissen, ob sie von einem dauernden Aufenthalt in Wien abhing, ein Schritt, den Bermann natürlich sehr billigte. In seinen Briefen an Knopf wegen der Einführung zu der Sammlung *Stories of Three Decades*, hatte er sich auch nach einer amerikanischen Einbürgerung erkundigt.[170] Sie zu erhalten war, wie ihm Knopf wohl erklärt haben wird, keineswegs einfach. Die Vorstellung eines Umzugs nach Amerika wuchs jedoch in seiner Niedergeschlagenheit über die Erfolge Hitlers und den offensichtlich, vor allem in England, mangelnden Willen, ihm Widerstand zu leisten. »Geht es so weiter, wird in 15 Jahren dieses Deutschland Europa beherrschen.«[171] In einem Brief an van Loon schrieb er im März, sein nächster Besuch in den Vereinigten Staaten würde wahrscheinlich den endgültigen Abschied von Europa bedeuten, »denn die Zustände auf unserem Kontinent sind derart, daß es schon längst die pure Klugheit wäre, sich davon zu absentieren und den Ihrigen aufzusuchen, der entschieden mehr Hoffnung und Zukunft hat als der unsrige«.[172]

Joseph in Ägypten war nun vom Abschluß nicht weit entfernt, doch weitere Unterbrechungen standen bevor. Freuds achtzigster Geburtstag fiel auf den Mai, Mann hatte sich bereits den Vorbereitungen von Heinrich Meng für eine Geburtstagsadresse angeschlossen, der persönliche Würdigungen beigegeben werden sollten, und die zu überreichen man ihn bat; er hatte den Entwurf Zweigs revidiert und Romain Rolland, James Joyce, Virginia Woolf und André Gide für das Komitee empfohlen, dem die Organisation all der vielen Beiträge oblag. Nun plante er auf einer zweiwöchigen Reise, die ihn nach Brünn, Prag und Wien führte, eine eigene Festrede. Nach anfänglichem Zögern erweckte diese Aufgabe allmählich seine Begeisterung, da er das Gefühl bekam, sein Thema *Freud und die Zukunft* brauche ihn vom Thema des Romans nicht weit wegzuführen. Er war mit dem Ergebnis zufrieden, als er die Rede kurz vor seiner Abreise mit Katia nach Wien am 6. Mai fertig hatte. Wie stets war sein Zugang persönlich und autobiographisch: seine Würdigung des Freudschen Werks – in dem er die wissenschaftliche Rechtfertigung eines Bereiches sah, der in Philosophie und Literatur, von Novalis, Nietzsche, Kierkegaard, Schopenhauer, längst erschlossen war – bezog sich weitgehend auf seine eigene Verwendung psychoanalytischer Einsichten, von *Der kleine Herr Friedemann* und *Tonio Kröger* bis zu *Joseph und seine Brüder* mit seinem Motiv des ständig wiedergelebten Mythus. »Der Joseph des Romans ist ein Künstler, insofern er spielt, nämlich mit seiner imitatio Gottes auf dem Unbewußten spielt, – und ich weiß nicht, welches Gefühl von Zukunftsahnung, Zukunftsfreude mich ergreift, wenn ich … dieser erzählerischen Begegnung von Psychologie und Mythus nachhänge, die zugleich eine festliche Begegnung von Dichtung und Psychoanalyse ist.« – »Mythus« wäre als Titel vielleicht geeigneter gewesen, doch »die Zukunft« sei seine eigene unwillkürliche Assoziation mit dem Namen Freud. Man würde Freud ehren als »Wegbereiter eines künftigen Humanismus … der zu den Mächten der Unterwelt, des Unbewußten, des ›Es‹ in einem keckeren, freieren und heitereren, einem kunstreifen Verhältnis stehen wird, als es einem in neurotischer Angst und zugehörigem Haß sich mühenden Menschentum von heute vergönnt ist«.[173]

Er besuchte den alten Herrn am Vormittag des 8. Mai in seinem Wiener Heim, brachte ihm die Sammlung internationaler Huldigungen, dazu auch eine Kopie seiner Rede, da Freud zu kränklich war, um sie am Abend zu hören oder an dem anschließenden Bankett zu seinen Ehren teilzunehmen. Nach einem Mittagessen mit den Walters und Alma Mahler-Werfel erwies sich eine Audienz bei Kanzler Kurt Schuschnigg, der angedeutet hatte, er würde ihm sofort die österreichische Staatsbürgerschaft verleihen, als unergiebig, da weiter an der Bedingung eines Umzugs nach Wien festgehalten wurde, die er immer noch nicht anzunehmen gewillt war. Die Aufnahme seiner Rede war, wie er sich später erinnerte, entschieden eine der begeistertsten, die er in seiner langen Laufbahn am Vortragspult erlebte, der Beifall war überwältigend. Wenn auch einige der Freud-Jünger vielleicht über seine These verstimmt waren, die Ideen Freuds seien von Nietzsche und Schopenhauer vorweggenommen worden, so galt dies nicht für die Frau Freuds und dessen Tochter Anna, die eine Wiederholung der Rede zu Hause vor Freud selbst wünschten. Er versprach es nach seiner Rückkehr von einem Besuch in Budapest, der für Juni geplant war, zu tun.

In Brünn und Prag, wo er am 10. Mai eintraf, hatte er ähnlichen Erfolg. Den Höhepunkt bildete aber ein privates Mittagessen mit Präsident Eduard Beneš und seiner Frau auf dem Hradschin. Mann fand Beneš sympathisch und intelligent und war von seinem Optimismus hinsichtlich der politischen Lage überrascht. Beneš sprach nicht nur von der überlegenen Klugheit der »zivilisierten« Politik Englands gegenüber Deutschland (der Präsident hatte anscheinend gerade erst mit Chamberlain gesprochen), sondern auch von der Treue der sudetendeutschen Minderheit zum tschechischen Staat. Er gab zu, daß er ungern einen ihrer Führer als Reichstagsabgeordneten sehe, schien aber von Hitlers friedlichen Absichten überzeugt und verwarf den Gedanken, daß die Nazis für den Anschluß Österreichs agitierten. Für Mann zeugte dies von einer geringen Kenntnis des Nazitums, das, wie er sagte, »nur zwei Prinzipien kenne: Lüge und Gewalt. Er meinte nämlich, es kenne gar keine, was denn auch eine begrüßenswerte Meinung ist.«[174] Dieses Gespräch sollte er nicht vergessen, als sich die Zuversicht Beneš' als so außerordentlich unangebracht erwies.

Wie schon zuvor bedrängte man ihn in Prag und Wien, wohin er auf seiner Heimreise kurz zurückkehrte, ständig, die eine oder die andere Stadt zu seinem Aufenthaltsort zu machen; in Wien besichtigte er tatsächlich eine Reihe von möglichen Objekten; vorläufig aber wollte er noch in der Schweiz bleiben. Mit Interviews war er sparsam, nur in Prag sprach er nun von seiner Solidarität mit »jener Emigration, die für ein besseres Deutschland kämpft«.[175] In Wien beschränkte er sich auf das Thema Freud, sprach aber auch über seine persönlichen Pläne, wie er es stets gern tat: den letzten Schliff am dritten Band des *Joseph*, der im Herbst erscheinen sollte; eine Lesung aus dem Buch im Juni in Wien, auf dem Weg zu einer Sitzung des Völkerbundkomitees für geistige Zusammenarbeit in Budapest; seinen ersten Besuch in Südamerika im September zum PEN-Club-Kongreß in Buenos Aires, mit einem Zwischenaufenthalt in Rio de Janeiro, dem Geburtsort seiner Mutter. Und dann? Ein vierter abschließender Band der Joseph-Geschichte, vorher aber zwei ganz andere Zwischenspiele: eine Novelle über Goethe in Weimar und ein Nietzsche-Essay als Gegenstück zum Essay über Wagner.

Er hatte vermutlich selbst kaum eine Vorstellung davon, wie langfristig diese Vorhaben sich erweisen würden, doch als er am 14. Mai wieder in Küsnacht war, gab er den Plan, das »notorisch uninteressante«[176] Buenos Aires zu besuchen, rasch wieder auf. Einen weiteren Vortrag vorzubereiten und acht oder zehn Wochen abwesend zu sein, schien, obwohl alle Kosten bezahlt würden, nicht in Frage zu kommen, er dachte lieber an einen kurzen Sommerurlaub irgendwo in Frankreich, im Anschluß an Budapest. Als er seinen Vortrag für Budapest diktiert hatte, machte er sich mit Hochdruck wieder an die Arbeit an den letzten Kapiteln von *Joseph in Ägypten*, in der festen Zuversicht, daß er das Buch bald abschließen würde, wenn nur erst die nächste Unterbrechung vorüber war. Das Manuskript begleitete ihn nach Budapest, wo er am 6. Juni mit Katia ankam. Zwischen den lebhaften gesellschaftlichen Verpflichtungen und Treffen mit prominenten Kollegen – Paul Valéry, Salvador de Madariaga, Karel Čapek unter ihnen – konnte er mit der Arbeit einigermaßen vorwärtskommen. Er hatte eine gewisse Freude daran, von seiner nun sichereren Position aus die stillen Wasser akademischer Beratungen bei den Sitzungen des Völkerbundkomitees zu beunruhigen und forderte in einer in einer öffentlichen Sitzung gehaltenen improvisierten Rede »eine militante Demokratie«, um den »Freiheitsmördern« Widerstand zu leisten.[177] Der Gegensatz zu den anderen, eher ängstlichen Reden brachte ihm längeren Beifall und eine begeisterte Umarmung von Karel Čapek; in offiziellen Kreisen Ungarns, wo die Sympathien für die Nazis im Wachsen waren und man die Anwesenheit eines prominenten Emigranten aus Nazi-Deutschland argwöhnisch betrachtete, war die Rede alles andere als erwünscht. Die übermäßige Anteilnahme der Presse führte überdies zu einem Protest der deutschen Gesandtschaft beim ungarischen Innenministerium. Er amüsierte sich darüber, daß sich das offizielle Deutschland über das Interesse der Presse für den einzigen Deutschen beschwerte, der an einem Treffen europäischer Intellektueller teilnahm. Eine Wiederholung der Rede über Freud wurde trotzdem gut aufgenommen.

In Wien, im Anschluß an seine Lesung aus dem Manuskript am 13. Juni, begleitete er die Bermanns in die Oper, um den dritten Akt des *Tristan* unter Bruno Walter zu hören – und erlebte, wie die Vorstellung durch Stinkbomben der Nazis unterbrochen wurde. »Die Isolde machte nur noch eine schöne Geste des Unvermögens und erhob sich nicht mehr von Tristans Leiche«, berichtete er Heinrich später; Walter dirigierte, während sich der Zuschauerraum leerte, beherzt weiter bis zum Liebestod. Gleichzeitig gab es, wie sich herausstellte, Unruhen im Burgtheater und in drei Kinos. »Man ... weiß nun wenigstens genau, wie der Nationalsozialismus riecht: Schweißfüße in mehrfacher Potenz.«[178] Für einen Umzug nach Wien, den man hier anscheinend als eine beschlossene Tatsache ansah, die bei einem Empfang sogar mit lautem Beifall bedacht wurde, war dies kaum ein günstiges Vorzeichen. An ihrem letzten Tag besichtigten sie weitere Objekte, in Grinzing und auf der Hohen Warte, fanden aber nichts, was ihnen zusagte, und seine Zweifel blieben trotz Bermanns Drängen weiter bestehen. Hitlers ausdrückliche Anerkennung der Unabhängigkeit Österreichs und seine »Garantie« der Nichteinmischung konnten auch kaum Vertrauen erwecken. In der Zwischenzeit hatte Thomas Mann Freud den versprochenen Besuch abgestattet. Freud war den Tränen nahe, als er seinem privaten Vortrag der Rede zuhörte und die Vorstellung des ständig wiedergelebten Mythus eifrig diskutierte, ja sogar die Behauptung aufstellte, Napoleons dämonische Karriere könne einer solchen Wiederholung der Josephs-Legende entsprungen sein. Er umarmte Mann herzlich und schickte eine Flasche alten Tokajers mit Obst und Kuchen ins Hotel, die auf der Rückfahrt im Zug ein ausgezeichnetes Mittagessen für sie abgaben.

Aber jetzt war nicht der Augenblick, den Gedanken eines Umzugs nach Wien weiterzuverfolgen, denn er hatte sich im Juli an die Schlußszenen von *Joseph in Ägypten* zu machen, mit ausreichender Energie und ohne Unruhe in seinem gewohnten Leben, um den Herbsttermin wahren zu können. Er dachte an den Nietzsche-Essay und fand die Zeit zu einem Ausflug nach Luzern und Tribschen, dem Schauplatz von Nietzsches Freundschaft mit Wagner – ob das Haus in Küsnacht, überlegte er laut vor Katia, eines Tages wohl eine Tafel tragen würde, auf der die Vollendung des *Joseph*, des Freud- und vielleicht des Nietzsche-Essays verzeichnet war? Ende des Monats wandelten sie dann in Sils-Baselgia weiter auf Nietzsches Spuren. Angesichts der Nachrichten von Francos Aufstand in Spanien und dem Eingreifen Italiens und Deutschlands in den daraus entstehenden Bürgerkrieg, schien ein Umzug aus der Schweiz immer weniger ratsam, vor allem da nun, wie Katia bestätigen konnte, kein finanzieller Druck bestand, nach einem billigeren Lebensstil Ausschau zu halten. Am 6. August ergab sich eine bedeutsame neue Entwicklung: ein Besuch aus der Tschechoslowakei und das Angebot der tschechischen Staatsbürgerschaft ohne jegliche Aufenthaltsbedingungen. Rudolf Fleischmann, ein Geschäftsmann aus der Kleinstadt Proseč in Mittelböhmen, der dies für Heinrich bereits ein Jahr vorher unternommen hatte und schon an einem Antrag von Klaus arbeitete, traf mit dem offiziellen Angebot seiner Gemeinde ein, und Thomas Mann zögerte keinen Augenblick, den Antrag für sich, Katia und die beiden unmündigen Kinder Elisabeth und Michael zu unterschreiben. Angesichts seiner immer noch ungewissen Stellung in Deutschland sicherte man ihm unbedingte Diskretion zu. Der Stadtrat von Proseč billigte das Vorhaben am 18. August, zusammen mit einem gesonderten Antrag für Golo, und die beiden Anträge, wie auch der für Klaus, gingen am folgenden Tag nach Prag. Monika, die sich noch in Italien aufhielt, würde die Prozedur anscheinend später nachholen können. Die Aussicht auf eine gesetzliche Regelung nun für die ganze Familie war eine Erleichterung, Erika hatte ja bereits ihren britischen Paß; in Zukunft würden sie sich ungehinderter bewegen können, was immer sie auch vorhatten; zu diesem Zeitpunkt freilich konnte niemand das Schicksal der Tschechoslowakei voraussehen.

Am 23. August feierten sie endlich die Vollendung von *Joseph in Ägypten* mit einer Champagnerbowle im Familienkreis, Erika hatte ein lustiges Gedicht geschrieben, das Elisabeth vortrug, anschließend folgte die unvermeidliche Vorlesung des letzten Kapitels. Es hatte die ganzen dreieinhalb Jahre, seit sie München verlassen hatten, gedauert, in der Zwischenzeit waren einige andere Werke von Bedeutung entstanden, dazu hatten sich Ablenkungen und lange Pausen durch die beiden Besuche in Amerika und das abgebrochene »Politikum« ergeben. Wenn es seine Gesundheit zuließ, konnte er hoffen, den vierten und letzten Band in wesentlich kürzerer Zeit hinzuzufügen. (Da er kurz darauf mit einem weiteren Zwischenspiel, der Novelle über Goethe, begann, machten das Tempo seiner Arbeit und die unausweichlichen Forderungen des Tages diesen Vorsatz lediglich zu einem frommen Wunsch.) »Ach, der Schmöker hat gräßlich pedantische Längen, fürchte ich«, schrieb er an Bruno Walter, »aber ich halte ihn doch für fähig, ein bischen höhere Heiterkeit in die Lande zu tragen, was die Lande schon brauchen können. Wir packen nun auf und fahren gemächlich mit dem Wagen zur Erholung an die Côte d'Azur ...«[179]

Die Hoffnung auf Erholung war weitgehend illusorisch. Sie fuhren zuerst, mit Unterbrechungen in Genf und Avignon, zu einem einwöchigen Aufenthalt nach St. Cyr und Les Lecques. Der Mistral machte das Wetter nicht immer angenehm, obwohl man mitunter baden konnte; sie besuchten die Schickeles und eine Anzahl anderer emigrierter Freunde. In Aigue-Belle, wo Heinrich und seine Tochter, die aus Prag zu Besuch gekommen war, sich ihnen anschlossen, erkrankten sie alle an einer Art Mandelentzündung, die Katia besonders schwer überwinden konnte, und als sie am 18. September in Le Lavandou eintrafen, brauchten sie beide ärztliche Behandlung. Er war froh, die Heimreise antreten und dem drückenden Süden entfliehen zu können, und fühlte sich erst in Genf in seiner eigenen Sphäre wieder wohl – fern von der Sphäre Heinrichs, wie er nicht umhinkonnte zu notieren. (Einen Monat später träumte er schwer, ja zornig, von seinem Bruder. In diesem Traum verschmolz die Gestalt des Bruders undeutlich mit der des Vaters.) Das Exil und die Übereinstimmung ihrer politischen Ansichten hatten die tief eingewurzelte Antipathie zwischen den Brüdern offenbar nicht völlig überwunden.

Am 23. September erreichten sie den sicheren Hafen von Küsnacht, was aber nicht das Ende ihrer Sorgen bedeutete. Er erkrankte an einer ärgerlichen Wundrose mit hohem Fieber, die ihn einige Tage ans Bett fesselte; Katia war wegen der Rückkehr der Halsentzündung bald wieder in ärztlicher Behandlung; Anfang Oktober entwickelte sich in seiner linken Schulter eine Neuralgie, und schließlich gelang es sogar seiner ständigen »Manikür-Dame«, an einem Finger einen Abszeß hervorzurufen, der das Schreiben für mehr als eine Woche recht mühsam machte. Die unaufhörlichen Verpflichtungen des literarischen Geschäftsmanns wurden dennoch nach Kräften erfüllt, der ausgedehnte Briefwechsel wurde erledigt, häufig durch Diktat an die geduldige Katia, eine Reihe von Widmungen in die erschienenen *Josephs*-Bände geschrieben und sogar ein paar Artikel verfaßt. Erst Ende Oktober fühlte er sich wieder wohl genug, um mit den Aufzeichnungen für die Goethearbeit anzufangen. Die Grundlage sollte historisch sein: der unerwartete Besuch bei dem vornehmen Geheimrat in Weimar von der Geliebten seiner Jugendzeit, Charlotte Kestner, geborene Buff, die er, seit er ihre Beziehung in dem Bestseller *Werther* publik gemacht hatte, nicht mehr gesehen hatte. In Südfrankreich hatte Mann in Mörikes Novelle *Mozart auf der Reise nach Prag* gelesen, die ihm genau den richtigen Ton für die Art von Erzählung zu treffen schien, die ihm vorschwebte. An deren Ausführung hatte er auch während all der körperlichen Heimsuchungen gedacht, über die er sich recht beklagte.

In gewissem Maße waren diese Heimsuchungen ein Zeichen seines Unbehagens und Abscheus über die Ereignisse in Europa. Der spanische Bürgerkrieg zeigte deutlich, wie die Freiheit allerorten von den faschistischen Bewegungen mißbraucht wurde, und bestätigte nur seine Forderung nach Festigkeit auf seiten der Demokratien, nach einem militanten Humanismus, der ihren schwachen und überholten Liberalismus ersetzen sollte, nach jener »aufgeklärten Diktatur«, die er schon in den zwanziger Jahren für nötig erachtet hatte. Die Besorgnis der kapitalistischen Presse um die französische Neutralität in den spanischen Feindseligkeiten, während man das offene Eingreifen Deutschlands und Italiens ignorierte, fand er geradezu niederträchtig. Die Sowjetunion hatte sich ihre Handlungsfreiheit bewahrt, und so konnte Spanien leicht zum Auslöser eines allgemeineren Konflikts werden; in Europa zu bleiben, schien jetzt sinnlos, doch man lebe »mit eigentümlichem Fatalismus in den Tag und in das Chaos hinein«.[180] Die Verleihung des Friedensnobelpreises an Hitlers Gefangenen Carl von Ossietzky kam als Lichtstrahl in der Dunkelheit, »ein Zeichen von Mut, von Widerstand in der Welt nach all der Leisetreterei und all dem konsternierten Zurückweichen«.[181] Mit Verwirrung aber hatte er von den unglaublichen Geständnissen und Todesurteilen in den Moskauer Schauprozessen gegen einige der angeblichen »Trotzki-Verschwörer« gelesen.

Auch Monika und Michael machten Sorgen. In der Regel ließen ihn solche Dinge unberührt, vor allem, wenn es um die Kinder ging, die er am wenigsten liebte, und tat sie schnell ab. Wenn aber, wie diesmal, die für den glatten Ablauf seines Lebens unentbehrliche Katia beunruhigt war, sah es anders aus. Monika, die nun sechsundzwanzig war, hatte aus Florenz über ihr unglückliches – dem Anschein nach ziemlich freizügiges – Liebesleben berichtet und war wegen ihrer geringen Aussichten auf eine erfolgreiche musikalische Laufbahn deprimiert; als sie im Oktober nach Hause zurückkehrte, war sie in schlechter Verfassung, obwohl sich die Vermutung einer Schwangerschaft nicht bestätigte; sie war im Haus eine gewisse Außenseiterin, weigerte sich, an den üblichen Weihnachtsfeierlichkeiten teilzunehmen, und über ihrer Zukunft stand ein Fragezeichen. Michael hatte sowohl auf der Viola wie auf der Geige ausgezeichnete Fortschritte gemacht, eine erfolgreiche Probevorstellung im Conservatoire gegeben, in Konzerten zu Hause und bei Freunden Eindruck gemacht und im Mai seine Geigenprüfung mit Auszeichnung bestanden. Seine Zornesausbrüche und die Neigung zu törichten Streichen erschwerten den Umgang mit ihm aber derart, daß man für ihn eine Sprechstunde bei einem Psychiater vereinbarte – die er ignorierte. Zusammen mit Elisabeth bekam er ein Auto, im November bezog er ein eigenes Zimmer in der Stadt; im Lauf des Monats kam es zu einer heftigen Auseinandersetzung mit seinem Vater, den der ständige Kummer, den er Katia bereitete, erbitterte, die ihrerseits dann eine schlaflose Nacht verbrachte, als Michael aus dem Haus gestürmt war und erst spät am folgenden Abend wiedergefunden wurde; er hatte bei einem der Söhne Hesses übernachtet. (Er kam nie mit dem Problem der Beziehung zu seinem »unnahbaren« Vater zurecht. Vierzig Jahre später träumte er, wie er zu Golo sagte, immer noch, daß er mit dem Vater kämpfte.) Nach einem Besuch im Dezember in Paris wurde beschlossen, daß er im neuen Jahr seine Studien dort unter Galamian fortsetzen sollte, es bestand Aussicht, daß sich sein Talent durchsetzen würde; seine enge Freundschaft mit einer Schweizer Schulfreundin Elisabeths, Gret Moser, übte mittlerweile einen angenehm beruhigenden Einfluß auf ihn aus. Die Eltern machten sich gefaßt auf den baldigen Abschied von den beiden jüngeren Kindern, Elisabeth hatte ihre Prüfungen bereits gut bestanden. Beide waren dabei, als ihr Vater am 19. November im tschechischen Konsulat den Eid ablegte und die offizielle Einbürgerungsurkunde entgegennahm.

Golo andererseits, der von St. Cloud nun zu einem Posten in Rennes übergewechselt war, war ein Mustersohn, verbrachte all seine Ferien in Küsnacht, brachte häufig seine Freunde mit und war stets bereit, im literarischen Betrieb des Hauses mitzuwirken, ob er nun

Fahnen las oder Artikelmanuskripte revidierte. Als sein eigenes Einbürgerungsverfahren in die Tschechoslowakei erledigt war, entschloß er sich im Oktober, nach Prag zu übersiedeln, in der Hoffnung, dort eine Anstellung als Lehrer zu erhalten. Erika, zwischen ihren vielen Engagements ebenfalls eine ständige Besucherin, erkannte, daß die Pfeffermühle nach ihrer tausendsten Vorstellung und einer letzten Tournee im Mai nach Luxemburg bei den unsicheren Verhältnissen Europas ihre Möglichkeiten erschöpft hatte, und hatte beschlossen, ihr Glück mit einer englischsprachigen Version in Amerika zu versuchen. Um ihrem Unternehmen eine Starthilfe zu geben, hatte Max Reinhardt in Salzburg, in Schloß Leopoldskron – das anmutig durch Kerzen erleuchtet war, da er nicht genug Geld für die Stromrechnungen hatte –, eine Vorstellung für sechzehn auserwählte, vorwiegend amerikanische Gäste organisiert, unter denen sich Helen Hayes und Marlene Dietrich befanden. (Elegant theatralische Auf- und Abtritte der Dietrich, die ständig Telephonanrufe aus New York und San Francisco entgegennahm, faszinierten, Therese Giehses Meinung nach, das Publikum mehr als die eigentliche Aufführung, die höflich, aber mit wenig Verständnis aufgenommen wurde.) Klaus, der immer unterwegs war (und sich bei den Familienauseinandersetzungen häufig für Michael einsetzte), ging im Lauf des August nach Holland und hatte vor, mit Erika am amerikanischen Experiment teilzunehmen. Im September machten sie sich nach New York auf, eine treue, doch immer noch skeptische Therese Giehse folgte nach. Man fand Geldgeber (unter ihnen Alfred Knopf); Auden half bei der Übersetzung ihrer Texte; am Jahresende stand das Ensemble für die Eröffnung im Januar in einem kleinen Theater an der Lexington Avenue und Forty-Second Street, das Programm war geschmückt mit einer begeisterten Notiz von Thomas Mann. (Es ist nicht verwunderlich, daß die europäischen Themen und die Satire bei einem Publikum im isolationistischen Amerika, das die Existenz Adolf Hitlers kaum zur Kenntnis genommen hatte, nicht ankamen. Das mutige Unternehmen erwies sich als enttäuschende Pleite.)

Am 11. November waren die Aufzeichnungen zur Goethe-Novelle soweit gediehen, daß die eigentliche Niederschrift beginnen konnte, und sie wurde nun, in seinem üblichen besonnenen Vorgehen, zur täglichen Aufgabe. Anfang November traf auf die Nachricht von Thomas Manns tschechischer Einbürgerung eine Flut von

Glückwunschbriefen ein, die beinahe so groß war wie bei seinem Nobelpreis und dem fünfzigsten und sechzigsten Geburtstag. Er bedauerte nur, daß die Bekanntgabe seiner »Exkommunikation« durch Berlin seiner eigenen Presseerklärung, die er mit den tschechischen Behörden vereinbart hatte, gerade zuvorgekommen war; immerhin, seine Stellung war nun endlich geklärt. »Ein kommendes Deutschland wird es mir nicht nachtragen, daß ich von diesem schied, und mich wiederaufnehmen, ob lebend oder nicht.«[182] Am Weihnachtstag, der diesmal in kleinerem Kreis gefeiert wurde, kam eine weitere »Exkommunikations«-Nachricht aus Deutschland – eine knappe Mitteilung des Dekans der Philosophischen Fakultät der Universität Bonn, daß man ihm die Ehrendoktorwürde entzogen habe – und so verbrachte er die letzten Tage des Jahres 1936 damit, eine deutliche und würdige Erwiderung zu formulieren.

Die schwere Mitschuld der deutschen Universitäten an Deutschlands moralischem Niedergang, schrieb er, habe ihm die Freude an der von Bonn verliehenen Würde längst verleidet: der Ehrentitel von Harvard, der ihm zusammen mit einigen wenigen Zeitgenossen für seine Arbeit verliehen worden sei, »die hohe Würde der deutschen Kultur bewahrt« zu haben, bleibe freilich bestehen. »Ich hätte nicht leben, nicht arbeiten können, ich wäre erstickt ... ohne von Zeit zu Zeit meinem unergründlichen Abscheu vor dem, was zu Hause in elenden Worten und elenderen Taten geschah, unverhohlenen Ausdruck zu geben«. Verdient oder nicht, sein Name habe sich nun einmal für die Welt mit dem Begriff des Deutschtums verbunden. Durch seine Arbeit habe er getrachtet, die Aufgabe des Friedens gegen die nationalsozialistische Doktrin des Krieges aufrechtzuerhalten, die nur zu Deutschlands Untergang führen könne. »Ach, nicht aus dreister Überheblichkeit habe ich gesprochen, sondern aus einer Sorge und Qual, von welcher Ihre Machtergreifer mich nicht entbinden konnten, als sie verfügten, ich sei kein Deutscher mehr; einer Seelen- und Gedankennot, von der seit vier Jahren nicht eine Stunde meines Lebens frei gewesen ist ... Gott helfe unserm verdüsterten und mißbrauchten Lande und lehre es, seinen Frieden zu machen mit der Welt und mit sich selbst!«[183]

Es war ein ausdrucksvoller Protest, stärker als seine frühere, rein literarische Erklärung, eine kämpferische Verdammung des Betrugs, den das Regime an Deutschland begangen hatte, und dessen Vorbereitungen zum Krieg. Nach der Veröffentlichung in der Schweiz und in Prag als Artikel fand der Briefwechsel weite Verbreitung als eigene Flugschrift, herausgegeben von dem Zürcher Verleger Oprecht (bereits 1937 hatte sie einen Absatz von zwanzigtausend Exemplaren erreicht). Sie erschien in Übersetzungen in Amerika und in der ganzen Welt und kopiert in Deutschland, wo sie sogar in mehreren getarnten Ausgaben zirkulierte. Ein passendes Ende für ein Jahr, in dem er aus seinem Schweigen hervorgetreten war, um seinen Standpunkt an der Spitze der Emigranten eindeutig zu erklären – auch wenn sich der Einfluß auf den Lauf der Ereignisse bezweifeln läßt.

VI
»Ich glaube an Amerika«
1937–1941

»In der Nase … der Brandgeruch der Weltgeschichte, in den Ohren die Hilferufe der Untergehenden.«

TM, 1940[1]

Thomas Mann im Garten seines Hauses am San Remo Drive in Pacific Palisades

1

»Hitler ist kein Zufall, kein illegitimes Unglück, keine Entgleisung. Von ihm fällt ›Licht‹ auf Luther zurück, und man muß diesen weitgehend in ihm wiedererkennen. Er ist ein echtes deutsches Phänomen.«

TM, 19.10.1937[2]

In seinem neuen Status als Tscheche versuchte Thomas Mann sofort, durch diplomatische Kanäle das in München verbliebene Eigentum zurückzubekommen, obwohl nach der Veröffentlichung seines Briefes an die Universität Bonn wohl kaum mehr Aussicht darauf bestand. Daß er diesen Brief geschrieben hatte, hatte Weihnachten und Neujahr zu den glücklichsten seit Jahren gemacht, darin war er sich mit Katia einig, aber er war sich vorläufig noch nicht sicher, ob er mit der Veröffentlichung klug gehandelt hatte. Alle noch bestehenden Zweifel wurden rasch durch Oprechts schnelle Herstellung der Flugschrift, durch die »Wogen der Dankbarkeit«[3], die von allen Seiten kamen, und die Nachricht beseitigt, daß zahlreiche Exemplare des Texts bereits in Deutschland im Umlauf waren. Er war das »Manifest unserer Existenz«, schrieb einer der Emigranten; »magnifico, commovente, profondo, umano«, sagte Toscanini, und Schikkele: »er wird einst in den deutschen Lesebüchern stehen!«[4] Am ermutigendsten waren wohl die Worte eines Rechtsanwalts aus Stuttgart: »Ihr Brief ... ist schon zur Abend-Andacht in vielen Zirkeln u. Familien geworden. Die Entwicklung Ihrer Leserschaft korrespondiert wunderbar genau mit Ihrer eigenen, die Sie in jenem Briefe schildern.«[5]

Mit einer neuen Zuversicht hatte er seinen Kalender für 1937 angefangen, und mit einer regen Neugier auf das, was das Jahr bringen würde. Die Termine, die ihn rasch zu füllen begannen, ließen künftige Unterbrechungen für sein Goethe-Zwischenspiel (das *Lotte in Weimar* heißen sollte) erwarten, dessen zweites Kapitel er bereits begonnen hatte und an dem er mit einem für ihn ungewöhnlichen Elan weiterarbeitete. Eine kurze Tour war gleich für Januar angesetzt – natürlich nach Prag und in seine neue Heimatstadt Proseč, wo er seinen Dank persönlich abzustatten hatte, dann abermals nach Budapest und Wien. Eine neue Zeitschrift war zu besprechen, für die man seinen Namen und seine Hilfe brauchte; für das Frühjahr stand ein weiterer Besuch in Amerika in Aussicht; der jährliche Winteraufenthalt in Arosa, der nun schon beinahe zur Tradition geworden war, mußte dazwischengeschoben werden, aber dort konnte er zumindest die Arbeit an der *Lotte* fortsetzen. Soweit es vorauszusehen war, lag also ein typisches Thomas-Mann-Jahr vor ihm, mit den gleichen unerbittlichen Forderungen der Welt an die Zeit, die er von seiner Arbeit nur schlecht erübrigen konnte. Die Rückkehr zum Goethe-Schauplatz, der nach dem des *Joseph* einen völligen Stilwechsel verlangte, war aber ein willkommenes Stimulans, das dazu beitrug, seine Unruhe über die politischen Spannungen in Europa, als sich im spanischen Bürgerkrieg zunehmend ein Sieg der Faschisten abzeichnete, zu beschwichtigen.

Am 8. Januar reiste er mit Katia nach Prag ab, wo sie von Golo und Heinrichs Tochter Leonie empfangen wurden und den ersten Abend im ruhigen Familienkreis mit Schwägerin Mimì verbrachten. Dann setzte das umfangreiche Programm für den kurzen Aufenthalt ein: Besuche im Außen- und Innenministerium, Tee mit Präsident Beneš und ein offizieller Empfang in Proseč. Um die Reise zu finanzieren, hatte er in Prag und in den anderen Hauptstädten Lesungen vereinbart, bei denen er nicht nur Auszüge aus *Joseph in Ägypten*, sondern auch das erste Kapitel der *Lotte* vortragen wollte, um wie stets ein neugieriges Publikum über das entstehende Werk auf dem laufenden zu halten. In einem Interview sagte er, daß er stolz darauf sei, nun einem Staat anzugehören, dessen politische und geistige Ansichten den seinen sehr entsprächen, und zuversichtlich sei, daß eine Einigung mit der deutschsprechenden Minderheit zustande kommen werde.[6] Beneš empfing ihn allein zu einem Gespräch von mehr als zwei Stunden, natürlich über Politik, bis es Zeit war, für die Lesung in der Urania den Abendanzug anzulegen. Es war ein festlicher Anlaß, mit einem stolzen Golo unter den vielen Hörern. Nach der Lesung sagte er ein paar Worte der Dankbarkeit für den herzlichen Empfang in Prag, er hoffe, ein guter Deutscher und gleichzeitig ein guter Tscheche sein zu können.

Tags darauf wurden sie zusammen mit Golo in einem Wagen des Außenministeriums nach Proseč gefahren, zu der etwas weniger prunkvollen Zeremonie einer Sitzung des örtlichen Stadtrats. Bürgermeister und Postmeister hielten Reden, und viele der zwölfhundert Einwohner der kleinen Stadt versammelten sich vor dem Rathaus. Bei einer Einladung Fleischmanns mußten sie sich von einer Gruppe von Kommunisten, für die die Einbürgerung Thomas Manns zweifelsohne eine moralische Unterstützung bedeutete, Reden in drei Sprachen anhören. Er und Golo erhielten Pfeifen zum Geschenk, Katia bekam gestickte Servietten; nach einem langen und einfachen Abendessen verabschiedeten sie sich von ihrem aufmerksamen Sohn und bestiegen den Nachtzug nach Budapest.

Die Budapester Einladung war von den Herausgebern einer neugegründeten radikalen Zeitschrift gekommen, mit deren Ansichten sein Freund Baron Hatvány, der sie wieder bei sich aufgenommen hatte, sympathisierte, sein Besuch war daher streng inoffiziell. Als tschechischem Staatsbürger konnte ihm die Regierung Horthys nun kaum die Einreise verweigern, es wurde jedoch zur Bedingung gemacht, daß bei seinem Auftritt keinerlei politische Reden gehalten würden, und man sorgte auch für eine starke Polizeipräsenz in und vor dem Saal.[7] Dem jungen linken Dichter Attila Jószef wurde untersagt, den Abend mit seinem für diesen Anlaß eigens geschriebenen Begrüßungsgedicht zu eröffnen: Angesichts einer immer drohenderen Zukunft sehne man sich vom Meister nach Worten der Schönheit. »Wann bricht das Wolfsgeschmeiß gegen uns los? ... Wie lang noch steht ein Saal für dich bereit? ... Wenn du sprichst, brennt noch unser Licht ... Und manche ... schaun dich nur an. Sie wollten zu dir gehn, den Europäer unter Weißen sehn.«[8] Nach der offiziellen Feindseligkeit ist es durchaus verständlich, daß er trotz der Anerkennung des Publikums für den Ausschnitt aus der *Lotte* bald das Gefühl hatte, der Weg nach Ungarn sei ihm von nun an versperrt.

Gern machten sie von Hatványs Angebot Gebrauch, sich von seinem Sohn am 14. Januar nach Wien fahren zu lassen, wieder nur zu einem kurzen Aufenthalt, doch mit dem gewohnten wohlwollenden Empfang und am Abend einem großen Publikum bei seinem Vortrag im Konzerthaus. Bevor sie am folgenden Tag mit dem Nachtzug nach Zürich abreisten, führte er mit Bermann zufriedenstellende Gespräche über die Erneuerung seines Vertrags mit weiterlaufenden monatlichen Vorschüssen auf die Tantiemen und eine Neuausgabe des *Zauberberg*. Er kehrte mit einem schweren Gepäck von angesammelter Post und Büchern zurück, darunter eine hervorragende Tolstoi-Ausgabe, die er unterwegs billig erstanden hatte. Anschließend ging es auf drei Wochen nach Arosa, wo er die Arbeit an der

Lotte wiederaufnehmen, aber mit Katias Hilfe auch seine weiterhin umfangreiche Korrespondenz erledigen konnte. Viel davon hatte mit seinem Brief an die Bonner Universität zu tun, wichtiger jedoch war ein Treffen mit der Geldgeberin und anderen Interessenten der geplanten neuen Zeitschrift.

Der Vorschlag dazu war zu Neujahr gekommen. Madame Aline Mayrisch de St. Hubert, Witwe eines reichen Luxemburger Stahlmagnaten und bereits anonym eine Gönnerin einzelner Emigranten aus Deutschland, hatte bis zu 30000 Schweizer Franken im Jahr zur allgemeinen Unterstützung der Sache angeboten; man war zu dem Entschluß gelangt, die beste Verwendung dieser großzügigen Summe sei eine vorwiegend kulturelle Zeitschrift und nicht noch ein weiteres jener politischen Emigrantenorgane, an denen kein Mangel herrschte. Ferdinand Lion war als Herausgeber vorgesehen, man war sich jedoch einig, daß das Ansehen Thomas Manns als Schirmherr und gelegentlicher Beiträger unentbehrlich sei. Schließlich wurde für den 13. Februar, nach seiner Rückkehr aus Arosa, in Küsnacht ein Treffen mit ihr, Lion, Oprecht und anderen angesetzt. Man entschied sich für eine Zweimonatsschrift, deren Finanzierung anonym bleiben sollte, mit dem Titel *Maß und Wert*, für die er als Gesamtherausgeber zeichnen und zur ersten Ausgabe ein programmatisches Vorwort verfassen würde. Er war sich völlig über die nachteilige Wirkung im klaren, die dies auf seine Arbeit haben mußte, doch das Vorhaben sagte ihm sehr zu. In den drei Jahren des Erscheinens von *Maß und Wert* war dann Lion hauptsächlich für die tägliche Arbeit verantwortlich, doch Mann war der eigentliche Mittelpunkt, um den sich alles drehte, und ein unschätzbarer Vermittler in den unvermeidlichen Auseinandersetzungen zwischen Herausgeber, Beiträgern und Verleger. Die Zeitschrift blieb auf besondere Weise die seine, auch wenn später der Schweizer Dramatiker Konrad Falke als Mitherausgeber zeichnete, vor allem aber, als Golo, der 1939 in die Schweiz zurückkehrte, die Herausgeberschaft von Lion übernahm.

Die erste Nummer erschien im September/Oktober 1937 unter Oprechts Impressum, mit dem ersten Kapitel der *Lotte* und einem langen Vorwort, in dem Thomas Mann den hochtrabenden Titel verteidigte, den man gewählt hatte. »›Heute‹, sagt Goethe, der Künstler, ›kommt es darauf an, was einer wiegt auf der *Waage der Menschheit*. Alles Übrige ist eitel.‹ Künstler wollen wir sein und Anti-Barbaren, das Maß verehren, den Wert verteidigen, das Freie und Kühne lieben und das Spießige, den Gesinnungsschund verachten ... wo er sich in pöbelhafter Verlogenheit als Revolution gebärdet.« Dafür, dessen seien sie sich gewiß, gebe es Verbündete in allen Ländern, das Unternehmen gehe aber von einer deutschen Plattform aus, »um dem deutschen Geist, dessen heute in seiner Heimat von unberufenen Wortführern verleugnete Tradition eine unveräußerlich europäische und humane ist, eine Stätte zu schaffen, wo er frei und rückhaltlos dieser seiner wahrhaften Tradition nachleben und in Gemeinschaft mit den Brüdern anderer Nationen zum Wort und zum Werk gelangen mag«.[9] Das Ziel, hatte er im Februar an Hesse geschrieben, sei eine Arena nicht für Polemik, sondern für schöpferische Produktivität zu schaffen, restaurativ und gleichzeitig mit dem Blick auf die Zukunft, »als Refugium der höchsten zeitgenössischen Kultur für die Dauer des innerdeutschen Interregnums«.[10] In gewissem Sinn war die Zeitschrift eine Nachfolgerin von Klaus Manns *Sammlung*. Es war jedoch bezeichnend, daß Heinrich, der unermüdliche Beiträger zu jeder erdenklichen Anti-Nazi-Veröffentlichung, hier nur einmal erschien, mit einem Essay über Nietzsche; Klaus wurde gänzlich übergangen.

Der Sohn war nach dem Zusammenbruch der Pfeffermühle in Amerika zurückgekehrt, war ratlos und versuchte vergeblich, seine Morphiumsucht loszuwerden. Als er Ende Februar nach Küsnacht kam, notierte er in sein Tagebuch, wie außerordentlich er wiederum die völlige Kälte spürte, die sein Vater ihm gegenüber an den Tag legte. »Ob wohlwollend, ob gereizt (auf eine sehr merkwürdige Art ›geniert‹ durch die Existenz des Sohnes), *niemals* interessiert; *niemals* in einem etwas ernsteren Sinn mit mir beschäftigt« – typisch für seine völlige Interesselosigkeit an anderen Menschen im allgemeinen, dachte er. Es sei eine konsequente Linie von der Erzählung *Unordnung und frühes Leid* bis »zu der Situation: mich in dieser Zeitschriftensache glatt zu *vergessen* ... Reizende Äusserungen ... *kein* Gegenbeweis. Schreibt an gänzlich Fremde ebenso reizend. Mischung aus höchst intelligenter, fast gütiger Konzilianz – und Eiseskälte – Dies alles mir gegenüber besonders akzentuiert.«[11] Als er mit Katia darüber sprach, hatte sie seiner Meinung nach recht mit der Bemerkung, daß sich der Vater durch literarischen Ehrgeiz anderer Familienmitglieder gestört fühlte – durch Heinrich vor allem, aber auch durch ihn.

Thomas Mann war zweifelsohne ein kalter Mensch, zumindest

nach außen, der Vorwurf seiner völligen Interesselosigkeit an anderen Menschen, den Klaus hier erhob (und besonders grausam in seinem Fall, wo Selbstmordgedanken nie weit weg waren), war voll gerechtfertigt. Erika und Elisabeth waren die einzigen von seinen Kindern, die eine Art echter Zuneigung hervorriefen. Auch die Quellen echter Liebe zu Katia – die angesichts dieser vorteilhaften Partie stärker gesprudelt hatten – waren rasch nur noch zu einem ruhigen Bächlein geworden, nachdem ihr die Stellung als Helferin und »Zubehör« zugeteilt worden war. Seine Freunde betrachtete er lediglich als Nebenrollen in dem Drama seines eigenen Lebens und Fortschritts, von dem er besessen war, sie konnten im Verlauf dieses Dramas gepflegt, vernachlässigt oder verstoßen werden – man lese nur seinen Tagebucheintrag zum Tode Otto Grautoffs. Auch wenn man die wenigen einschließt, die Ziel seiner, in der Regel zurückgewiesenen, homoerotischen Annäherungen waren, erlangte keiner der Freunde – Otto Grautoff, Kurt Martens, Georg Richter, die Münchner Nachbarn, Ernst Bertram, Bruno Frank, Hans Reisiger und die übrigen – eine echte Vertraulichkeit oder eine wichtigere Rolle. Er gab selbst zu, daß er bei jemandem, der nicht zur Familie gehörte, nur sehr selten das *Du* gebrauchte. Man kann den Schluß nicht vermeiden, daß er andere, ob es Familie, Freunde oder entferntere Fremde waren, als bloße Zusätze zu seinem eigenen Leben und Werk sah, die von olympischer Höhe zu behandeln waren – freilich mit Entgegenkommen und Freundlichkeit –, nur, um sie für seine persönlichen Zwecke zu gebrauchen (und gelegentlich, wie wir gesehen haben, zu Gestalten seiner Erzählungen zu machen).

Die Komplimente, die er in seinen »charmanten« Briefen über die Werke anderer anzubringen verstand, verbargen häufig die wahren Ansichten, die er in sein Tagebuch notierte. Erst im vergangenen Sommer war ihm Stefan Zweigs *Castellio gegen Calvin*, trotz der von Zweig angedeuteten Parallele zwischen den Verfolgungen im 16. und 20. Jahrhundert, als »fade und subaltern wie gewöhnlich«[12] erschienen. Er hatte es aber dennoch fertiggebracht, ihm einige Tage später überschwenglich zu dieser »Sensation, tief erregend« zu schreiben: »so eifrig und ganz in Banden geschlagen von der Materie und ihrer Gestaltung habe ich lange kein Buch mehr gelesen wie Ihren Castellio ... Meinen Glückwunsch ...«[13] Zuweilen fand er sogar die richtigen Worte der Ermutigung, wenn er das Manuskript eines hoffnungsvollen Briefstellers nicht einmal gelesen hatte. Wir wissen auch, wie er, auf weniger erhabener Ebene, die oft lästige Ida Herz bei der Stange zu halten wußte, nur weil sie ihm in vielen geringen, ihm aber wichtigen Dingen so ergeben zu Diensten war. Nun, da er über sechzig war, konnte man keine Umstellung mehr erwarten.

Die bevorstehende Amerikareise ging auf eine Einladung im Januar zurück, an der Alvin Johnson School for Social Research in New York Vorlesungen zu halten. Der emigrierte Publizist Prinz Löwenstein, der die Unterstützung einiger führender Amerikaner, darunter Johnson, für die Einrichtung einer »American Guild for Cultural Freedom« zur Unterstützung emigrierter Intellektueller gewonnen und 1936 eine »German Academy« in New York gegründet hatte, hatte ihn zu einer Zusage gedrängt. Die Ziele der Akademie – nichts weniger als der Wiederaufbau und die Verteidigung deutscher Kulturgüter[14] – waren denen von *Maß und Wert* ähnlich, und Thomas Mann hatte, wenngleich nicht ganz zufrieden mit der Art und Weise, wie die Sache angefangen hatte, dem Vorstand wie dem Komitee der Guild seinen Namen zur Verfügung gestellt. Mittlerweile waren Telegramme gewechselt worden, und nach einigem Zögern wegen der möglichen Zeitvergeudung und einem Anruf aus Amerika erklärte er sich schließlich bereit, die Reise im April zu unternehmen, falls sich ein geeignetes Schiff finden ließe.

Katia hatte ihn zur Annahme der Einladung gedrängt, denn vieles sprach für einen weiteren Besuch, da Erika dort geblieben war, entschlossen, die Anti-Nazi-Sache durch direktere Methoden voranzutreiben, als sie die Pfeffermühle je bieten konnte. Am 17. März sprach sie auf einer Massendemonstration, die der American Jewish Congress in Madison Square Garden organisiert hatte, und bei der Bürgermeister La Guardia, der Gewerkschaftsführer John L. Lewis und andere prominente Persönlichkeiten zugegen waren. Sie verlas auch ein ausführliches Telegramm ihres Vaters, der sie zu ihrem ersten selbständigen Auftritt beglückwünschte, bei dem sie ihn gewissermaßen als Zeugin »gegen Gewalt und Lüge, die heute vielfach so siegreich scheinen«, vertrat – mit seiner eigenen Botschaft an »das Land Lincolns, Whitmans und Franklin Roosevelts« und an dessen »Sendung ... der Menschheit auf dem Wege des Friedens und der sozialen Gerechtigkeit voranzugehen«.[15] Für Erika war es der Beginn einer Vorlesungstätigkeit in den Vereinigten Staaten, die sie in den folgenden Jahren mit Energie und Erfolg betrieb.

Ein weiteres überzeugendes Argument für die Reise war Anfang

März ein Brief von Joseph Angell gewesen, einem begeisterten jungen Doktoranden in Yale, der sein Vorhaben einer Thomas-Mann-Sammlung in Yale ankündigte, »›a creative scholar's library‹ for the study of your life and work«. Diese Aussicht auf eine dauerhafte Grundlage für seinen späteren Ruhm wie für wissenschaftliche Forschung war recht anziehend; beides lag ihm am Herzen, und es wäre gegen seine Natur gewesen, eine Gelegenheit zu so einer Förderung zu versäumen. Ein Treffen mit Angell war unbedingt angesagt. Er hatte ihm geeignetes Material versprochen und die Hoffnung geweckt, Ida Herz könnte gegen entsprechende Entschädigung ihre eigene Sammlung beisteuern, da sie nur recht dürftig in ihrem Londoner Exil lebte. Im Interesse seiner zahlreichen Familie müsse er allerdings die wertvollen Manuskripte seiner größeren Werke zurückbehalten, »nachdem«, wie er sagte, »ich meiner politischen Überzeugung fast mein ganzes Vermögen geopfert habe«.[16] Auch Goethe, dachte er dabei, hatte Briefe wie den von Angell empfangen. Ein Artikel, der am nächsten Tag eintraf, über Thomas Mann »L'Excommunié«, in dem er als »le personnage littéraire le plus important de l'Europe« beschrieben wurde – abgesehen von Claudel oder D'Annunzio und vielleicht Wells oder Shaw, »pas de figure d'artiste plus haute et plus majestueuse«[17] –, war eine höchst erfreuliche Anerkennung seines eigenen goetheschen Ranges und bestärkte ihn in seiner Begeisterung für das Vorhaben von Yale.

Während er wegen Amerika noch zögerte, überbrachte ihm Landshoff vom Querido-Verlag in Amsterdam bei einem Besuch den Vorschlag zu Vorlesungen in Holland, auch von London war die Rede. Die relative Vernachlässigung seines Werkes in England hatte ihn stets gestört, und nun bedauerte er die geringe Reaktion auf die englische Ausgabe seines Briefes an die Universität in Bonn, die mit einem Vorwort Priestleys erschienen war. Der Labour-Abgeordnete Charles Trevelyan hatte ihm als einziger geschrieben – was er als ein Zeichen der englischen Haltung ansah, den Kopf vor Nazi-Deutschland in den Sand zu stecken, obwohl der allmähliche Beginn der englischen Aufrüstung zumindest Hoffnung versprach. Schließlich aber wurden Holland wie England als eine unnötige Komplikation ausgeschlossen. Die Überfahrt auf der *Normandie* von Le Havre am 8. April wurde gebucht, für New York sollten beinahe zwei Wochen zur Verfügung stehen, was hieß, ein Monat fern von der Arbeit, auf die er »brenne«[18], die aber während all der Vorbereitungen ständig fortgeschritten war.

Ein neuer Anzug mußte in Auftrag gegeben werden, maßgeschneidert. Als er ihn im London House in Zürich anprobierte, fragte ihn der Angestellte, ob er Gerhart Hauptmann treffen wolle, der sich zufällig unten im Laden aufhalte. Beide Parteien lehnten ab, wobei Hauptmann bemerkte, die Begegnung müsse warten, »bis andere Zeiten kommen« – »worin er sich irrt«, schrieb Mann in sein Tagebuch.[19] Ein Entwurf seiner Rede für das Bankett zum vierten Jahrestag der Social Research School wurde rasch diktiert, als Grundlage konnte altes Material wie *Goethe's Laufbahn als Schriftsteller* dienen. Die notwendige Einübung der englischen Version mit der Zürcher Übersetzerin und weitere Anproben nahmen über Ostern viel Zeit in Anspruch; trotzdem arbeitete er täglich an der *Lotte* weiter.

Kurz vor der Abreise legte er in einem Beitrag zur Gratulationsschrift des Sowjetischen Schriftstellerverbandes zum zwanzigjährigen Bestehen der UdSSR seine gegenwärtigen politischen Vorstellungen dar: er sei nicht, wie oft behauptet, »kommunistisch«, sondern lediglich ein Schriftsteller, der nach Wahrheit suche – gewiß im Gegensatz zur »Lügenwelt des faschistischen Nationalismus«, damit aber nicht unbedingt gegen Diktatur als solche, wenn sie wie die Diktatur Roosevelts im Dienste von Freiheit, Gerechtigkeit, Menschlichkeit stehe; er habe alle Achtung vor »dem gewaltigen sozialistischen Experiment« der russischen Revolution, wenngleich nicht ohne einen gewissen Schauder; er hege jede Hoffnung, der neue Humanismus, der nun im antifaschistischen Kampf in Europa zu erkennen sei, werde zu jener »sozialen und kraftvollen Demokratie« führen, wie sie in der Verfassung der Sowjetunion definiert sei.[20] Gides kritisches *Retour de l'URSS* – »unbegreifliche Sensation« – gehörte zu seiner Lektüre auf der Überfahrt.[21]

Mit der *Normandie* hatte er zweifelsohne für ein geeignetes Schiff gesorgt, die Überfahrt erster Klasse bot allen Luxus, doch ein Ischiasanfall begann ihn zu quälen, der für den erwarteten Trubel des Aufenthalts in New York lästige Schmerzen erwarten ließ. Er verdiente sein Honorar mit vier Vorlesungen an der New School for Social Research, sorgte mit Goethe, Wagner und Freud für Abwechslung (ob er die letzten beiden auf englisch hielt, wissen wir nicht), und erfuhr, daß die Rede zum Jubiläumsbankett eine Spende von 100 000 Dollar erbracht hatte. Private Leseabende aus der *Lotte* fanden statt sowie zahlreiche Abendessen, Interviews; ständig fanden sich auch Scharen von Besuchern ein; unendlich viele Blumen, Bücher und Briefe kamen an. Angell kam zu einer kurzen Besprechung des Yale-Projekts nach New York. Sie verbrachten natürlich viel Zeit mit Erika, deren Übersetzungen sich für die zahlreichen kürzeren Ansprachen als sehr nützlich erwiesen, vor allem für eine Rede am 21. April auf einer Massenversammlung zum Gedenken der Opfer des Faschismus, die auch vom Rundfunk übertragen wurde. Die Weltlage und die Sache der Freiheit, so betonte er, erfordere nun, daß »der Geist seiner angeborenen Milde und Lässigkeit zum Trotz, zu kämpfen und sich zu wehren lernt«.[22] Dorothy Thompsons »sensationeller Artikel«[23] in der *New York Herald Tribune* vom 14. April bereitete ihm riesige Freude: »Wir sind froh, daß Sie hier sind, Thomas Mann. Keine Nation kann Sie vertreiben. Sie sind Bürger einer weiteren Gemeinde, aus keinem geringeren Lande.« Während der düsteren Tage des Nationalsozialismus repräsentiere er die Bewahrung des kulturellen deutschen Erbes, der Kultur Goethes, Nietzsches und Wagners: »Sie gehören untrennbar zu jener Kultur, Sie tragen sie mit sich, wohin Sie gehen ... wo immer die Gemüter empfindsam, die Herzen großzügig und die Geister frei sind – dort ist Ihre Heimat.« Robinson Jeffers nannte ihn in einem Nachdruck dieses Artikels »ein lebendiges Richtmaß geistiger Freiheit und Verantwortung«.

Keineswegs uninteressant war auch eine Einladung nach Hollywood, deren Aussicht auf hohe Bezahlung eine »neue Perspektive« in seinem Leben eröffnen könnte. Als er auf der *Ile de France* die Rückreise antrat, erwog er ernsthaft den Schritt in diese so andere Arena, nachdem *Lotte in Weimar* abgeschlossen war. Vorläufig schien dies allerdings noch in weiter Ferne zu liegen. Wieder in Küsnacht, beschloß er aber, von nun an zumindest einen Teil des Jahres in Amerika zu verbringen. In einem der zahlreichen Interviews, das er kurz vor seiner Abreise für die *Washington Post* gegeben hatte und in dem er ein demokratisches Deutschland in der Zukunft voraussah, warnte er davor, Faschismus und Kommunismus als identische Bewegungen anzusehen und betonte, daß er keinesfalls Kommunist sei – »in Rußland wäre ich sehr unglücklich, da ich mich eingeschränkt fühlen würde«.[24] Dies Interview sollte für seine künftige Situation in den Vereinigten Staaten in jeder Hinsicht von großer Bedeutung sein, die Journalistin war nämlich Agnes E. Meyer, die Frau von Eugene Meyer, dem Eigentümer der *Post*, und nach der Lektüre des *Jo-*

seph eine Bewunderin Thomas Manns. Sie war bereit, für ihn in Amerika alles zu tun, was in ihren Kräften stand. Das Ansehen der *Post* und ihre weitreichenden Beziehungen zur höheren amerikanischen Gesellschaft sollten sich für ihn als außerordentlich wertvoll erweisen. Ihr Briefwechsel, der mit einem der üblichen Begeisterungsbriefe und der Übersendung einer Kopie des Interviews einsetzte, dauerte bis an das Ende seines Lebens.

Die Wochen nach seiner Rückkehr vergingen unter zunehmenden Schmerzen, verursacht durch das Ischias und die damit verbundene Neuralgie, die durch Wärme, Ruhe und ärztliche Verschreibungen kaum gelindert werden konnten. Die Arbeit litt, das laue Zürcher Frühlingswetter war nicht sehr angenehm, und seine Erregbarkeit wuchs. Der tägliche Spaziergang wurde immer schwieriger, ein Klappstuhl mußte für die vielen Pausen mitgenommen werden, bevor ihn der Wagen abholte. Nur mit Mühe konnte er das versprochene Vorwort für die Zeitschrift fertigschreiben, Lions Bemerkung, daß es bisher der einzige gute Beitrag sei, bestätigte seine Furcht, daß er die ganze Last werde allein tragen müssen. Kestens »tendenziöse Lobhudelei« auf Alfred Döblin im Pariser *Neuen Tage-Buch*, »unverkennbar auf meine Kosten«, versetzte ihn in einen ganz untypischen Zorn. Döblin als den Schöpfer des mythischen deutschen Epos zu preisen, als existiere der *Joseph* nicht, das war bezeichnend für die jüdische Kritik, die ihn stets abscheulich behandelt hatte und nun seine Leistung ignorierte, »indem sie einen Bluts- und Cliquen-Genossen mit unverschämter Ostentation gegen mich, den dummen Goi, auf den Schild erhebt«.[25] (Der Ausbruch war bald vergessen, innerhalb eines Jahres schrieb er an Kesten einen herzlichen Dankesbrief für dessen Besprechung des *Felix Krull*, der in der bis dahin erweiterten Form von Querido veröffentlicht worden war.) Als er die Manuskripte für Yale heraussuchte, deprimierte ihn der Rückblick, durch den längst »Abgelegtes« wieder geweckt wurde: »Nur vorwärts und neu kann man leben.«[26] Gelegentliche Theaterabende oder ein Kinobesuch gewährten ihm einige Zerstreuung. Er genoß die Komik von Charles Laughtons *Ruggles of Red Gap*, nicht aber die »skandalöse« Wochenschau mit den Schrekken des in Flammen aufgehenden Luftschiffs *Hindenburg* in Amerika, da er gehofft hatte, statt dessen das pompöse Zeremoniell der Inthronisation des neuen englischen Königs George VI. zu sehen.

Für Katia und ihn war es auch eine Zeit tiefer Besorgnis wegen

Klaus. In einem Versuch, die Drogenabhängigkeit zu überwinden, hatte er im Mai in einem Budapester Sanatorium eine Behandlung begonnen. Seine Briefe und die Berichte der Ärzte waren aber so beunruhigend, daß sein Vater Anfang Juni einem Brief Katias seine eigenen ernsten Worte anfügte. Sie vertrauten, schrieb er, auf seinen gesunden Verstand und Mut, bei seiner Entscheidung zu bleiben, und seinem Lebenswerk treu zu bleiben, und seien zuversichtlich, daß er sein »vie facile«, den allzu leichten Weg, aufgeben werde, dem er so viele Freunde zum Opfer habe fallen sehen, »wahrscheinlich ohne sie recht achten zu können«. – »Wir haben heute alle viel zu hassen, zu verachten und die Stirn zu bieten, aber wie kann man das und wie darf man auf Sittlichkeit und Menschenanstand bestehen gegen die Schreier, wenn man dabei den leichteren Weg des Todes geht ... Diese Tage und Nächte mögen recht schwer für Dich sein ... aber denke an uns und stehe sie tapfer durch! Das Leben hat auch ohne Beschönigung wieder sein Heiteres und Schönes.«[27] Endlich nehmen sich mich ernst, mochte Klaus gedacht haben, in sein Tagebuch aber notierte er, daß alle die Menschen, zu denen er sich hingezogen fühlte, den Tod gesucht hatten, und daß er darauf bestehe, sie zu achten. »Den Tod wollen: nicht verächtlich, sondern weise!«[28] Sein Vater hingegen notierte für sich, nachdem Katia und die aus Amerika zu Besuch weilende Erika das Sanatorium angerufen hatten, unbewegt: »Der Junge moralisch und selbstkritisch nicht recht intakt. Verträgt keine Autorität, verscherzt aber das Recht, sie nicht zu ertragen.«[29] In einem Brief an Hatvány bemerkte er, daß Klaus »etwas locker im Leben« sitze und ihre Hoffnungen mehr auf seinem Gefühl für die ruhen müßten, die ihn liebten, als auf seiner »Anhänglichkeit an eine Welt, für die sich moralisch ins Zeug zu legen, ja ein wenig dankbares Geschäft ist«.[30]

Der Geburtstagsmonat begann mit den schlimmsten Schmerzen, die er bisher gelitten zu haben glaubte. Tagsüber, sitzend oder liegend, war es schwierig, eine erträgliche Position zu finden; nachts konnte er trotz starker Betäubungsmittel nicht schlafen, und am folgenden Tag machten sie ihn dann unruhig und müde. Der Kauf eines neuen Wagens (mit einem guten Preis für den alten Fiat, wie er erfreut notierte), die hervorragende Premiere – »tout Zürich« war da – von Alban Bergs Oper *Lulu*, vor allem aber die Anwesenheit Erikas halfen ihm, trotz der Kürze ihres Aufenthalts, ein starkes Selbstbedauern zu überwinden. Sein Geburtstag war außergewöhnlich still, keiner der üblichen Gäste und von den Kindern nur Elisabeth und Erika. Die eine oder andere Seite für *Lotte* war alles, was er zustande brachte, und so sah er sich schließlich gezwungen, in der Hoffnung auf eine wirksamere Behandlung eine Kur in Bad Ragaz anzutreten.

Die Thermalbäder erschöpften ihn, nach einem Monat hatte das Ischias sich nicht merklich gebessert, Besserung sollte sich aber in Bälde einstellen, hatte der Arzt bei der Enduntersuchung hartnäckig versprochen. Das ruhige Leben hatte freilich einige Erleichterung gebracht; mit Katias Unterstützung wurden Routinearbeiten erledigt und zahlreiche Briefe geschrieben. Bald nach ihrer Rückkehr konnte er sich wieder der *Lotte* zuwenden, angespornt von begeisterten Zuhörern bei seinen Lesungen aus den jüngsten Teilen – Bruno Frank und seine Frau sowie ein größerer Familienkreis, da Klaus und Golo auf einige Zeit in Küsnacht waren. Ende Juli hatte er zwar noch Schmerzen und Gehschwierigkeiten, doch er glaubte einen gewissen Fortschritt zu erkennen, und die Zukunft sah heller aus. Die Fahnen der ersten Nummer von *Maß und Wert* trafen ein, der Inhalt war sehr zu seiner Zufriedenheit. Er stand im Briefwechsel mit einem amerikanischen Agenten wegen einer ausgedehnten Vortragsreise im März, auf der über zwölf Städte zwischen Ost- und Westküste besucht werden sollten.

Amerika hatte ihn ja häufig in seinen Gedanken beschäftigt. Mit Erika, die am 17. Juli mit Klaus nach Paris abreiste, um nach New York zurückzukehren, hatte er die langfristigen Vorteile des Landes für die Familie, auch für Golo, besprochen (Klaus, nun in besserer Verfassung, mit zahlreichen Projekten für die Zukunft, folgte Erika Ende September nach New York). Weitere Briefe waren mit Agnes Meyer gewechselt worden, er sandte ihr das Vorwort zur Zeitschrift, das sie zu übersetzen versprochen hatte, und gab später seine dankbare Einwilligung zur Veröffentlichung unter dem Titel *Standards and Values* in der *Post* und anderen Zeitungen. Sie hatte die Zeitschrift sofort abonniert, dazu noch eine großzügige Spende überwiesen und eine Vorlesung in Washington vorgeschlagen. Als sie ihm die *Washington Post* (»von jedem Beamten, angefangen beim Präsidenten, gelesen«[31]) als ein einflußreiches Sprachrohr für seine Ansichten empfahl oder vielmehr anbot, erkannte er die Wichtigkeit dieses neuen Kontakts und freute sich darauf, sie während der Tour zu treffen. Er setzte Angell von seinen Plänen in Kenntnis, schlug vor, Yale zur Eröffnung der Sammlung in die Vortragsreise miteinzubeziehen, und begann einige Gedanken für seine Vorlesung über »Demokratie« aufzuzeichnen. Im August sicherte ihm ein Brief von Caroline Newton aus Jamestown, Rhode Island, die er 1929 in Berlin kennengelernt hatte, eine herzliche Aufnahme in ihrem Haus zu. In seiner Antwort schrieb er, wie oft er und Katia schon erwogen hatten, den Staub Europas in seinem gegenwärtigen Zustand abzuschütteln und endlich einen großen Teil ihrer Zeit in Amerika zu verbringen. Auch sie sollte sich später als nützliche, wenn mitunter auch lästige Freundin bewähren.

Es gab immer noch Augenblicke der Niedergeschlagenheit. Als er allein im Haus war, während die anderen Erika und Klaus zum Bahnhof begleiteten, fiel ihm plötzlich der Tod Grautoffs ein und weckte düstere Gedanken über seine gegenwärtige Lage, die ihm ausweglos, ja der Beginn einer Auflösung schien. Solche Momente vergingen rasch wie immer. Die gesundheitliche Besserung, der Erfolg der ersten Nummer der Zeitschrift und die amerikanischen Pläne gaben ihm großen Auftrieb. *Lotte in Weimar* machte weiterhin gute Fortschritte, er brannte darauf, diese »Improvisation«[32] hinter sich zu bringen, um sich dem letzten Band des *Joseph* zuwenden zu können.

Daß das angesichts seiner wachsenden Verpflichtungen in Amerika in weite Ferne rückte, war ihm bereits bewußt. Der Ausdruck »er brannte darauf«, ein Werk fortzusetzen, ist bei Thomas Mann sehr relativ zu verstehen: was das eigentliche Schreiben angeht, blieb sein Leben gemächlich, er änderte die gewohnten Arbeitsstunden nicht wesentlich, weder für den Roman noch für irgend etwas anderes, was dazwischenkam. Die bequeme Routine von Küsnacht wurde weitergeführt, ohne eine Pause in der Schar der Besucher und mit viel Zeit für Ausflüge oder Abendunterhaltungen, wie für Korrespondenz und geringere Verpflichtungen, darunter insbesondere die Bitte um Gedenkworte für den im September verstorbenen Masaryk. Drei Wochen am Monatsende mit Katia in Locarno, bei vorwiegend regnerischem Wetter, erlaubten größere Konzentration auf die *Lotte*, doch deren Abschluß war noch keineswegs in Sicht. Er las viel Nietzsche, da er noch immer an den Essay dachte, und machte nach ihrer Rückkehr nach Küsnacht einen weiteren Besuch in Tribschen, dessen »furchtbare Ölbilder« unübersehbare Elemente von Hitlertum enthielten, »wenn auch eben nur latent und vorgebildet«.[33]

Eine Einladung zu einem Vortrag über Wagner anläßlich einer vollständigen Aufführung des *Rings* in Zürich kam also im rechten Augenblick (wenn zeitlich auch ungelegen), handelte es sich dabei doch schließlich um ein Thema, dessen er sich immer besonders angenommen hatte, und er erinnerte sich an seinen letzten Auftritt in Deutschland. Bei der vorbereitenden Lektüre von Nietzsches *Wagner in Bayreuth* bemerkte er, wieviel davon unterdrückt worden war: »Darüber schreibt niemand, ohne sich heimlich vor Leiden zu winden. Wie kommt es, daß auch ich noch Pietät halten muß? Auch wieder aus Zartheit und Dankbarkeit.«[34] – »On revient toujours«, schrieb er am 14. November an Zweig, nachdem er »wie ein Pferd« gearbeitet habe, um rechtzeitig fertig zu werden.[35]

Zwei Tage später hielt er den Vortrag in der wohlgefüllten Aula der Universität, der wesentlich kürzer als der Essay *Leiden und Größe* von 1933 war. Als Einleitung übernahm er aus ihm ein Zitat, mit dem er seine lebenslange Leidenschaft für Wagners Werk begründete. Mit besonderem Bezug auf den *Ring* legte er starke Betonung auf die Entdeckung des Mythus durch Wagner und seinen Weg zu einer »neuen, aus Mythus und Musik geborenen Spezies des Dramas«, aber auch auf die engen Verbindungen zwischen dessen Werk und der Stadt Zürich, »einer Weltstadt ... die allem europäisch-avantgardehaften Wagen immer freundlich war und hoffentlich bleiben wird«. Er hielt mit seiner Meinung über den bösartigen Mißbrauch, dem das Phänomen Wagner ausgesetzt war, nicht hinter dem Berg, wenn man ihn als »künstlerischen Propheten einer politischen Gegenwart, die sich in ihm spiegeln möchte«, in Anspruch nahm: »Volk und Schwert und Mythus und nordische Heroik, das sind in gewissem Munde nur schnöde Entwendungen«, Wagner sei »aus dem Zeitalter bürgerlicher Bildung nicht herausgetreten, um eine geistmörderische Staatstotalität dafür einzutauschen. Deutscher Geist war ihm alles, deutscher Staat nichts.«[36] Die politische Lektion kam für die Hörer wohl ziemlich unerwartet, doch er war mit dem anschließenden Beifall und den Glückwünschen zufrieden, und der Vortrag war in jeder Hinsicht geeignet, später in *Maß und Wert* gedruckt zu werden.

Nun mußte er sich dem Vortrag für Amerika zuwenden. Ästhetische Probleme, schrieb er an Schickele, seien doch viel interessanter als Politik. Bei dem Thema *Vom kommenden Sieg der Demokratie* zögerte er einen Augenblick: Glaubte er wirklich an »demokratischen Idealismus«, oder dachte er sich nur in ihn hinein, spielte eine Rolle wie ein guter Schauspieler, weil er den Faschismus und Hitler haßte? Es würde jedenfalls gut sein, die Welt daran zu erinnern[37], und er arbeitete fleißig weiter, obwohl er seine Predigt lieber einer der Figuren seines Romans in den Mund gelegt hätte. Trotz unruhiger Nächte wegen eines schmerzhaften Ekzems im inneren Ohr, hatte er Mitte Dezember nicht weniger als einundvierzig Seiten geschrieben, in seinem vertrauten Drang, nichts ungesagt zu lassen. Er werde »die Hälfte des Wustes nachher wieder weglassen müssen«, schrieb er an Erika, »eine furchtbare Verschwendung, aber wenn einmal losgelassen, bin ich nicht zu bändigen«.[38] Das Ergebnis befriedigte ihn trotzdem – eine einfache Darstellung des Themas, »die definieren und mahnen«[39] sollte – und bewundernde Freunde, die eine Lesung hörten, waren sich einig, daß für eine weite Verbreitung, in allen Sprachen, gesorgt werden müsse.

Der »repräsentative« Thomas Mann wurde nun zunehmend zum Publizisten. Auf die Kritik, daß seine Arbeit für *Maß und Wert* einer Emigrantenzeitschrift gelte, die seiner unwürdig sei, antwortete er entschieden, daß seine Gegnerschaft zum Dritten Reich untrennbar zu dem humanistischen Zug seines künstlerischen Lebenswerks gehöre. Er vermied weiterhin die sterilere Polemik der emigrierten Journalisten, doch seine Essays und Vorträge begannen in gedruckter Form ein breiteres Publikum zu erreichen. Sogar in England druckte die wissenschaftliche Zeitschrift *German Life and Letters* das Vorwort *Standards and Values* jetzt ab, und in Frankreich schrieb Gide das Vorwort zu einer Auswahl seiner jüngsten Schriften, unter ihnen das Vorwort und der Brief an die Universität Bonn. Sein Entwurf für die Vorlesung in Amerika ergab in der ausführlichen Form eine Sondernummer von *Maß und Wert* im Januar/ Februar 1938 und sollte in der Übersetzung Agnes Meyers im Jahr darauf sowohl in den USA wie in England erscheinen. Unterdessen entdeckte er, daß in Amerika für ihn das »Geschäft« in einem praktischeren Sinn gedieh: Für das Vorwort zu einer komprimierten Schopenhauer-Ausgabe in Longmans *Living Thoughts Library* bot man ihm ein Honorar von achthundert Dollar, und Harvard schlug drei Vorlesungen über Goethe für tausend Dollar vor. Nachdem er die Vorlesung für die Tour und eine Rede für Yale nun fertig hatte, würde ihn das allerdings einige Mühe kosten, er mußte sich auf ein Jahr beträchtlicher Anstrengungen gefaßt machen. Die Kunst habe nun vor dem Brot zurückzustehen oder vielmehr zu warten, bemerkte er zu Klaus.[40] Erika riet hinsichtlich des Vorschlags von Longmans zur Vorsicht, da ihr die Zahlung fraglich erschien. Er verlangte vor Beginn der Arbeit einen Vorschuß von der Hälfte des Honorars und nahm sich über Weihnachten erst mal die Zeit, seinen Roman um einige Seiten zu vermehren.

Am Neujahrsabend entwarf er das Programm, das er vor sich sah: der Schopenhauer-Essay, der während ihres üblichen dreiwöchigen Urlaubs in Arosa im Januar zu schreiben war; dann die drei Monate Trubel in Amerika; im Mai und Juni eine Reise nach Prag und Wien; dann würde der Sommer vielleicht in irgendeinem Badeort, oder der Herbst, den Abschluß der *Lotte* bringen. »Dies ›bringen‹ ist es eigentlich, woran ich glaube und worauf ich hoffe, nicht Energie und Aktivität. Die Zeit bringt alles. Möge mir Zeit gegönnt sein!«[41] Was er nicht vorhersehen konnte, waren die politischen Umwälzungen, welche die Zeit im Jahr 1938 in Mitteleuropa bringen würde, als Hitler geschickt und unerbittlich das Programm verfolgte, das er lange zuvor in *Mein Kampf* dargelegt hatte, und die radikale Wirkung, die sie auf seine Pläne und sein Leben haben sollten.

2

> »Willkommen, Thomas Mann, neuer Bürger Amerikas ... ein Schriftsteller, für den Kränze von Bäumen geschnitten werden, die noch nicht gepflanzt sind.«
> *New York Post, 9. 5. 1938*

»Warum denken Sie nicht an die Möglichkeit, sich hier niederzulassen?« hatte Agnes Meyer im Dezember an Katia geschrieben. Obwohl sie sich Thomas Mann nicht so recht als ständigen Bewohner Amerikas vorstellen konnte, dachte sie, die dortige Atmosphäre werde »die Konzentration auf sein eigenes Werk weniger beeinträchtigen«.[42] Daran dachten die Manns gewiß nicht zum erstenmal, als sie im Februar die *Queen Mary* bestiegen; vorläufig war es aber nicht mehr als eine verschwommene Vorstellung. Er selbst betrachtete die Tour, auf der er viel mehr von dem Land sehen würde als bisher, vermutlich eher als Erkundungsfahrt denn als einen Schritt zur tatsächlichen Emigration. Bei einem solchen Schritt würden die praktischen Probleme ungeheure Schwierigkeiten bereiten, nicht nur was das Eigentum betraf, sondern auch weil die Familie immer noch so verstreut war. Über Weihnachten waren Golo, der seit einiger Zeit aus Prag zurück war, und Michael bei ihnen; Michael, der ernsthaft erkrankt war, genas soweit, daß ihn Katia zurücklassen konnte, als sie nach Arosa ging, er sollte sie nach Amerika begleiten, wohin einige seiner Kammermusiklehrer nun ausgewandert waren. Golo war für seinen Vater bei Routinearbeiten und den Angelegenheiten der Zeitschrift eine große Hilfe gewesen und schrieb nun an einer Biographie über Friedrich von Gentz; er würde die Stellung in Küsnacht halten und sich um Elisabeth kümmern, die, erst neunzehn, bereits unüberlegte Heiratsideen hatte (sie fühlte sich nicht nur zu Landshoff, sondern auch zu dem aus Italien emigrierten Autor Ignazio Silone hingezogen, der in Zürich lebte). Küsnacht war auch für Klaus eine Basis, wenn er im Januar nach Europa zurückkam. Monika führte weiterhin ihr unabhängiges Leben in Florenz, und Erika machte Vortragsreisen in Amerika. Ihr Vater war mit den eigenen Angelegenheiten zu beschäftigt, um in diesem Augenblick der Vorstellung eines Umzugs mehr als nur flüchtige Aufmerksamkeit zu schenken.

Arosa, wo er im Januar mit Katia drei Wochen verlebte, brachte für das Schopenhauer-Vorwort zwar Fortschritte, es war aber keineswegs fertig, auch der Roman war noch nicht abgeschlossen, und außerdem schrieb er ein Vorwort für die französische Ausgabe von Schickeles neuem Roman *Die Witwe Bosca*. Die vertraute und bequeme, wenn auch winterliche Umgebung war eine Stärkung, ahnungsvoll verglich er sie mit den bevorstehenden Bedingungen in Amerika, wo er, seiner gewohnten Welt entrissen, vor Tausenden von Hörern am Mikrophon zu stehen hatte. An Agnes Meyer schrieb er, er begrüße ihre Absicht, eine ausführliche Besprechung des *Joseph in Ägypten* zu schreiben, die zu seiner Ankunft erscheinen sollte, da dadurch die Aufmerksamkeit von seiner politischen wieder auf seine künstlerische Arbeit gelenkt würde; zu ersterer sei er »einzig und allein durch die Umstände getrieben worden, sehr gegen meine Natur und gegen meinen Willen … Sie haben aber vollkommen recht in dem Gefühl, daß heute vielleicht gerade in Amerika die politische Seite meiner Existenz zu sehr in den Vordergrund gerückt wird.«[43] Die Beschwichtigung eines Streits zwischen dem reizbaren Lion und dem Verleger Oprecht nahm während seines Aufenthalts in Arosa auch einige Zeit in Anspruch. Als er erfuhr, daß Ida Herz, in ihrer Erregung über die Möglichkeit einer Anstellung bei der Yale-Sammlung, ohne ihn zu fragen unmittelbar an Roosevelt wegen ihrer Einwanderung nach Amerika geschrieben hatte, war er so verärgert, daß er sich anfänglich weigerte, die Bürgschaft für ihren Antrag zu übernehmen (später beruhigte er sich, doch seine Empfehlung an Angell war nur halbherzig).

Seine Bedenken wegen der Überbetonung seiner politischen Existenz begannen schließlich zu schwinden. Er sandte Schickele das versprochene Vorwort mit der Bemerkung, er habe das Gefühl, sein Demokratievortrag werde für Amerika genau das richtige sein und die Politik Roosevelts unterstützen. Eine Erprobung des Vortrags vor Mitgliedern des Jüdischen Clubs in Zürich war zufriedenstellend ausgefallen, obwohl der Text noch gekürzt werden mußte. Nun hatte die Arbeit so gut wie ganz den Vorbereitungen auf die Reisen zu weichen, die bei jemandem, der so heikel war wie er, mehr Aufmerksamkeit verlangten als bei einem gewöhnlichen Sterblichen. Ein weiterer Anzug und ein großer Abendanzug mußten bestellt und anprobiert werden, zwei geräumige Kleiderkisten wurden zur Verschiffung am 12. Februar gepackt. In einem Bericht an Bermann versprach er den Schopenhauer, den er wahrscheinlich am Ende der Tour in Kalifornien fertigmachen könne, zur gelegentlichen Veröffentlichung zu senden: »Ausführlichkeit war nicht zu vermeiden – man soll mich nicht auf eine solche Spur setzen! ... Ich beklage Sie, daß Sie es mit einem Autor zu tun haben, ... der ... immer und endlos warten läßt – wenn ich an die ›Lotte‹ denke und gar an ›Joseph IV‹, so wird mir schwach. Aber was soll man machen, so bin ich nun einmal.«[44] Für die Yale-Sammlung hatte er schließlich mindestens eines der größeren Manuskripte versprochen, er plante, den *Joseph* mitzunehmen, oder den *Zauberberg*, falls er aus Deutschland gerettet werden konnte.

Die Nachrichten von dort waren höchst beunruhigend, da man offensichtlich eine Krise wegen Österreich provozierte. Kurz vor ihrer Abreise nach Paris kam Hitlers dramatische Vorladung Schuschniggs nach Berchtesgaden, wo er ihn in Anwesenheit seiner Generäle und Ribbentrops hysterisch beschuldigte, gegen das Abkommen von 1936 verstoßen zu haben und zur Legalisierung der österreichischen Nazi-Partei zwang. Ihre Reise am 16. Februar, bis Paris in Begleitung Monikas und Elisabeths, dann nach Cherbourg, um sich auf der *Queen Mary* einzuschiffen, stand unter dem drohenden Schatten einer unmittelbar bevorstehenden Katastrophe für Österreich, da Hitler zum Anschluß fest entschlossen schien und die Folgen für die Tschechoslowakei und die Schweiz unvorsehbar waren. Wo würde ihre Zukunft liegen: Sollten sie Paris oder London – oder Amerika in Betracht ziehen? In dieser Stimmung, mit der sie das Schiff bestiegen, das dem jungen Michael wie ein riesiges Gebäude und höchst imponierend vorkam, spielte sogar beschädigtes Gepäck und das (glücklicherweise nur vorübergehende) Verschwinden seines Koffers mit den Manuskripten nur eine untergeordnete Rolle. Die Schiffszeitung brachte am nächsten Tag die kurze Nachricht, daß Schuschnigg gezwungen worden sei, die Mörder von Dollfuß und andere Nazi-Terroristen zu begnadigen, und berichtete von der Niedergeschlagenheit österreichischer Patrioten und wachsender Panik bei Katholiken und Juden. (Er wußte noch nicht, daß Schuschnigg sogar gezwungen worden war, prominente Nazis, darunter ihren Führer, den berüchtigten Artur Seyß-Inquart als Innenminister, in seine Regierung aufzunehmen.) In einem Brief an Lion am 20. Februar, kurz vor seiner Ankunft in New York, beklagte er sich über den Mangel an genauen Nachrichten – »Der Verlust Wiens ist für mich persönlich traurig genug« – und fragte, ob der Ausfall der Leser in Österreich für die Zeitschrift tragbar sei.[45] Als er mit Katia ihres dreiunddreißigsten Hochzeitstags gedachte, veranlaßte ihn seine Depression zu der Bemerkung, daß er ein Leben, in dem Sorge und Schmerz vorgeherrscht hätten, nicht noch einmal leben wollte – kaum etwas, was sie gern hörte oder erwartete. Später gestand er sich selbst die Sinnlosigkeit eines solchen Urteils ein.[46]

Als sie in New York anlegten, freuten sie sich sehr über Erikas Besuch in der Kabine. In den folgenden Interviews übersetzte sie, da er seinem Englisch noch nicht traute. Noch an Deck ließ er sich vor dem Mikrophon zu einer improvisierten Erklärung über die österreichische Situation drängen. Wie zu erwarten, stellten die Journalisten noch schärfere Fragen als letztes Mal, sie galten politischen eher als literarischen Themen. Die *New York Post* berichtete, er sei zuversichtlich, daß die Demokratie überleben werde, falls sie lernte, sich »gegen Mörder« zu verteidigen, daß er aber eine völlige Nazifizierung Österreichs vorhersage, und daß Hitler dann mit seinem unvermeidlichen Angriff auf die Tschechoslowakei beginnen würde – seiner Meinung nach allerdings eine härtere Nuß, da das Land eine starke Regierung und eine starke Armee besitze.[47] (Die Interviewer störten sich daran, daß er sich bei seinen Antworten der Übersetzerin und nicht den Fragenden zuwandte; es dauerte aber noch einige Zeit, bevor er ohne einen Dolmetscher auszukommen wagte.) Knopf sorgte für eine reibungslose Organisation bei der Landung, kümmerte sich um alles und brachte sie in den vertrauten, wie üblich mit vielen Blumen geschmückten Räumen im Hotel Bedford unter. Später führte er sie zum Dinner aus und schwärmte von den Aussichten für *Joseph in Egypt*, von dem am nächsten Tag ein Exemplar eintraf.

Am 22. Februar fand im Hotel eine regelrechte Pressekonferenz statt, bei der Erika wiederum als Übersetzerin fungierte. Für die *Herald Tribune* lag der Schwerpunkt seiner Bemerkungen auf dem Versagen der Demokratien, sich gegen Hitler zu behaupten (»Thomas Mann bedauert Nachgeben der Briten den Nazis gegenüber«), für die *Times* war es die positive Einschätzung der amerikanischen Haltung (»Mann hält die USA für die einzige Hoffnung auf Frieden«); im Bericht der letzteren standen die Worte »Wo ich bin, ist Deutschland« – später viel zitiert, obwohl aus dem Zusammenhang klar hervorgeht, daß das nicht so selbstsicher gemeint war, wie es sich anhörte, da er vielmehr betonte, daß das Exil von der »vergifteten Atmosphäre in Deutschland« für ihn keinen Verlust bedeute: »Wo ich bin, ist Deutschland. Ich trage meine deutsche Kultur in mir. Ich habe Kontakt mit der Welt und halte mich nicht für entehrt.«[48] Agnes Meyer war anwesend und hatte anschließend das lange ersehnte Privileg einer persönlichen Begegnung, bei dem sie seine Rede für Yale und er den Entwurf ihrer Besprechung des *Joseph* anhörte.

Die drei Tage bis zur Ankunft in New Haven wurden dank Knopf und Erika zeitlich gut ausgenutzt: weitere Interviews, Photositzungen, Besucher, Besprechungen mit dem Verleger, dem Agenten der Vorlesungstournee und mit Joseph Angell zur Vorbereitung der Ausstellungseröffnung in Yale, auf die er sich freute. Es blieb trotzdem Zeit zu ruhigen Mahlzeiten mit Erika und Michael und für den Besuch der Kaufman/Hart-Komödie *You Can't Take it with You*. Sie aßen mit den Meyers zu Abend, er wurde von dem bibliophilen Bankier Frank Altschul, dem späteren Vorsitzenden der Yale Library Associates, zu einem Dinner eingeladen, an dem Professoren und Gelehrte teilnahmen, zu denen sich auch Angell und Dorothy

Thompson gesellten. Angells Naivität berührte ihn peinlich, er war froh, seine Einladung, sie bei sich unterzubringen, abgelehnt und die Professor Weigands, eines langjährigen Bewunderers, schon angenommen zu haben; dessen Thomas-Mann-Studien hatten ihm gefallen. Nach der Ankunft in New Haven am 25. Februar aßen sie mit dem jungen Mann jedoch in der Gesellschaft Knopfs, seiner Frau, der Übersetzerin Helen Lowe-Porter und Caroline Newtons zu Mittag.

Am Nachmittag hatte sich ein großes Publikum zusammengefunden, um seine Rede zu hören und die Thomas-Mann-Sammlung zu sehen. Angell war in der Tat recht unbedarft und, wie sich später herausstellte, nicht sehr praktisch. Die erfolgreiche Initiative für die Sammlung war aber trotzdem eine bemerkenswerte Leistung für jemanden, der nicht einmal der Fakultät angehörte, in der er zumindest bei einem Mitglied auf geringe Begeisterung stieß. Als Thomas Mann davon sprach, daß es sich um den denkwürdigsten Anlaß auf dieser Reise handelte, übertrieb er vermutlich nicht. In nicht allzu bescheidenen Worten dankte er für diese Anerkennung eines Künstlerlebens, »mit seinen Schwächen, Torheiten und Fehlgriffen und seinen gesegneteren, ins Reinere und Richtigere gehobenen Augenblicken«: Er hoffe, die Sammlung seiner Bücher, Manuskripte, Entwürfe, Briefe und anderen Memorabilien möge Freunden der Literatur, vor allem Studenten, dazu dienen, die »Übersicht über ein Leben ... dem der Drang eingeboren war, sich in Wort, Bild, Gedanken zu befestigen, der Vergänglichkeit das Beständige, dem Chaos die Form abzugewinnen«.[49] (Es stellte sich später heraus, daß seine Hoffnung, das Manuskript des *Zauberberg*, für das er 5000 Dollar verlangen wollte, in die Sammlung einzubringen, vergebens war; er konnte es aus Deutschland nicht herausbekommen. Es wurde mit höchster Wahrscheinlichkeit bei der Bombardierung Münchens gegen Ende des Zweiten Weltkriegs vernichtet. Die Yale-Sammlung enthält jedoch ausführliche Entwürfe, die er während seiner Revision des Texts ausgeschieden hatte – das einzige Beispiel solch umfassender Revision und Aussortierung in seinem Werk, wie Angell bemerkte.)

Die Errichtung dieses Ruhmestempels in Form eines Thomas-Mann-Forschungszentrums an einer führenden amerikanischen Universität schmeichelte ihm offensichtlich sehr; es war außerdem »eine der Handlungen, die sich mehr oder weniger demonstrativ gegen das heutige Deutschland richten«.[50] Nicht weniger schmeichelhaft, wenn auch nach außen hin weniger imposant, war ein Besuch am folgenden Tag in der kleinen Wesleyan University in Middletown, Connecticut, unweit von Weigands Haus in Bethany. Hier sprach er vor einer Gruppe fortgeschrittener Studenten auf deutsch aus dem Stegreif über Wagner, beantwortete Fragen, hörte ihren Ausführungen über die *Buddenbrooks* und den *Zauberberg* zu, und dann gab es eine Diskussion bei Bier und Käse. Auf der Rückkehr nach New York hatte er das Gefühl, daß diese beiden Veranstaltungen seinen Besuch recht angemessen eingeleitet hatten. Am 28. Februar fuhren sie mit Erika nach Chicago, wo die eigentliche Vortragstour beginnen sollte.

Das Programm führte nicht geradewegs nach Westen, sondern sah erst einen Abstecher durch Illinois und Michigan vor, danach eine kurze Rückkehr nach New York mit einer Unterbrechung in Washington, und erst dann ging's stracks gen Westen über Philadelphia, wiederum Chicago, nach Kansas City, Tulsa, Salt Lake City, San Francisco und Los Angeles. Die ganze Reise wurde mit der Bahn zurückgelegt, was sie sehr ermüdend machte, er stand sie aber gut durch, obwohl Weck- wie Schlafmittel häufig erforderlich waren. Die langen Stunden vor dem ersten Auftritt in Chicago nutzte er, um die Vorlesung mit Erika einzuüben. Ihre Hilfe war die ganze Zeit über unschätzbar, nicht nur bei den zahllosen Interviews, sondern auch bei den Textänderungen, die durch die Ereignisse in Europa nötig wurden. Der ungehinderte Einmarsch deutscher Truppen in Österreich am 12. März, am folgenden Tag Hitlers Proklamation des Anschlusses an das Reich und seine unmittelbare Eröffnung einer intensiven Propagandakampagne gegen die Tschechoslowakei, in der eine ähnliche »Rückkehr« der sudetendeutschen Gebiete gefordert wurde, warf einen düsteren Schatten auf die Tour, und noch vor ihrem Ende hatte Thomas Mann sich entschlossen, in den Vereinigten Staaten zu bleiben. Auf der Rückreise nach Osten standen nicht nur Besuche in Campaign-Urbana, Illinois bevor, wo er den Kardinal-Newman-Preis für »literarische Verdienste« in Empfang nehmen sollte, sondern auch zusätzliche Vorträge in Cleveland und Toronto. Von Toronto aus wollte er mit Katia offiziell um Einwanderung und Staatsbürgerschaft ansuchen. Angebote von Ehrendoktoraten und Unterkünften ließen keinen Zweifel daran, daß sie als Einwohner willkommen waren.

Sein Publikum in Chicago und Ann Arbor war zahlreich und aufmerksam, der Beifall schien aber zurückhaltend, was, wie Erika vermutete, durch die unpersönliche Art seines Textes bedingt war. In New York sprach er in Brooklyn über Goethe und hielt im Rathaus die Vorlesung über Demokratie; erst danach setzte sein eigentlicher Erfolg ein. Die Tour im ganzen war ein Triumph, wie er an Klaus schrieb, er hatte das Gefühl, die 15000 Dollar wohl verdient zu haben (auch wenn der Agent 25 Prozent abschöpfte). Knopf, der sie eine Zeitlang begleitete, konnte berichten, daß neuntausend Exemplare des *Joseph in Egypt* verkauft waren, als sie am 15. März Kansas City verließen. In Washington, wo sie im eleganten Stadthaus der Meyers abstiegen, gab seine Gastgeberin nach der Vorlesung in der Constitution Hall einen großen Empfang mit vielen Honoratioren und Diplomaten; in Philadelphia, wo er im Lauf eines Interviews zum erstenmal vom »Anschluß« erfuhr und den Beginn seines Textes dementsprechend abänderte, war das Opernhaus zum Bersten voll, der »prachtvolle Abend«[51] milderte seine tiefe Niedergeschlagenheit wegen Österreich ein wenig. Bei jedem Aufenthalt waren die Tage mit Gesprächen, Einladungen und Besichtigungen gefüllt. Als Höhepunkt kam am 1. April der Auftritt im Los Angeles Shrine Auditorium vor einem Publikum von siebentausend. Mit Bruno Frank und seiner Frau war er nachher, wie Agnes Meyers Tochter berichtete, »unglaublich glücklich und menschlich und sogar lebhaft ... so wie auf der amerikanischen Tour war er zuvor nie aufgenommen worden, die Aufnahme hier übertraf alles. Er war überhaupt nicht müde und redete und redete ...«[52]

In Interviews hielt er mit seiner Meinung nicht zurück. Anfang März hatte er in Detroit keinen Zweifel gelassen an seinem »unbeschreiblichen Gefühl der Freiheit« in Amerika und an seiner Zuversicht, daß es diese Freiheit zu verteidigen imstande sei.[53] In Tulsa, nach dem »Anschluß«, verbarg er nicht seine Befürchtungen über die Zukunft in Europa – Österreich würde nicht das Ende der Expansionsansprüche eines Hitler bedeuten, der »verrückt sei vor Macht«, Tschechoslowakei und Ungarn seien die nächsten auf der Liste –, doch er sei immer noch überzeugt, daß der Wahnsinn des Faschismus und Nazismus den Idealen der Demokratie nicht standhalten könne.[54] Die *Los Angeles Times* überschrieb ihr Interview am 24. März »Vorwurf der Falschheit gegen Großbritannien«. Die Briten, hatte er gesagt, hätten Hitler vom Beginn seines Aufstiegs an benutzt, da ihn eine Gruppe, deren »Vertreter nun Chamberlain«, sei, als Bollwerk gegen Linksbewegungen in Europa betrachtet habe.

Am 21. März in Salt Lake City kam er zu dem Schluß, daß eine Rückkehr in die Schweiz immer weniger ratsam wurde, ob Krieg war oder nicht. In einem Brief an Agnes Meyer schrieb er, sein früherer Gedanke, sich in Amerika niederzulassen, sei nun zu einem festen Entschluß geworden, Europa sei »für meinesgleichen tatsächlich nicht mehr bewohnbar, und ganz abgesehen von allen psychischen Widerständen würde mir die Schweiz nicht einmal mehr physische Sicherheit bieten«.[55] Nach diesem Entschluß planten sie, wenn es die Ereignisse der nächsten Wochen gestatteten, Erika allein nach Küsnacht zurückzuschicken, damit sie sich dort um alles kümmere. Es sei wieder einmal ein Glück, notierte er in sein Tagebuch, daß sie »draußen« seien, er müsse darauf vertrauen, daß dieses Glück anhielte und, wie er es formulierte, »daß der individuelle Charakter meines Lebens stets wieder durchschlägt«.[56] Umgeben von den Reizen Kaliforniens – blauer Himmel, Palmen, geschmackvolle Villen, vor allem aber die Welt des Films, wo man bereits eine Verfilmung des *Joseph* erwog –, nahm der Plan Gestalt an. Nach der Vorlesung in San Francisco wollten sie den ganzen April in Hollywood bleiben und dann über Cleveland nach New York zurückkehren. Mit Katia würde er dann der Einladung Caroline Newtons folgen und den Sommer in ihrem Landhaus in Jamestown, westlich von Newport, Rhode Island, verbringen, Erika sollte nach Küsnacht zurückgehen und Golo und Elisabeth zu ihnen nach Amerika schicken.

Daß sich andere um den Kleinkram kümmern mußten, schien ihm nie Sorgen zu machen. Während er sich ausruhte, mieteten Erika und Katia gleich auf einen Monat einen hübschen Bungalow, der zum Beverley Wilshire Hotel gehörte; als es soweit war, konnten sie Erika die endgültige Erledigung aller Angelegenheiten in Küsnacht überlassen; er brauchte sich nur um die Anschaffung neuer Garderobe und den Transport von Büchern und Sommersachen nach Amerika zu kümmern. Was immer passierte, er konnte sicher sein, daß seine eigene Bequemlichkeit nicht darunter leiden würde. In der Zwischenzeit benützte er den Monat der Entspannung in der angenehmen Umgebung von Hollywood dazu, die Arbeit wiederaufzunehmen. Gleich nach dem Einzug in den Bungalow richtete er seine Gedanken wieder auf den Schopenhauer-Essay und den Abschluß der *Lotte in Weimar.*

Sein Vertrauen auf seinen persönlichen Glücksstern blieb unerschüttert, was aber nicht bedeutete, daß ihre Zukunftspläne nun endgültig feststanden. Katia befürwortete ihre Einwanderung voll und ganz, doch Erika hatte nun begonnen, für verschiedene Zeitungen zu arbeiten, und so zögerte sie verständlicherweise, aus der Ferne mit Küsnacht Schluß zu machen, und die Diskussion, ob sie vor Ende des Sommers nicht alle dort noch mal einen Besuch machen sollten, ging weiter. Er war überdies auch immer noch deprimiert über die Lage in Deutschland, das anscheinend unaufhaltsame Vorrücken des Großdeutschen Reiches und über die Folgen für Europa, obwohl er sich mit Englands offensichtlicher Gleichgültigkeit allmählich abfand. Ende März war ein Brief von Hedwig Pringsheim aus München angekommen, in dem sie berichtete, daß über »einem gewissen kleinen Haus« in der Poschingerstraße, das man nun in ein »Mütterheim zur Anfeuerung der Gebärtätigkeit«[57] umgewandelt hatte, fröhlich die Hakenkreuzfahne flatterte – ein schwermütiger Hinweis darauf, wie es dort nun zuging. Genaue Nachrichten über Österreich waren kaum zu erhalten, er machte sich Sorgen wegen eines Berichts, daß man Reisiger verhaftet habe, dem glücklicherweise rasch die Nachricht von seiner Entlassung folgte. Es gab zahlreiche Selbstmorde, die deprimierende Lage der Juden war nicht zu übersehen, die Zahl der Flüchtlinge wuchs ständig. Am 31. März sprach er bei einem Hundert-Dollar-Dinner zugunsten der Flüchtlingshilfe, das von dem Filmmagnaten Jack Warner gegeben wurde und »kolossale« Summen einbrachte; nach seiner Vorlesung am 1. April in Los Angeles verlas Erika einen bewegenden Aufruf, nach dem ebenfalls eine große Summe für die österreichischen Flüchtlinge gespendet wurde. Schon einige Tage danach schob er in die tägliche Arbeit, die er mit den üblichen ein oder zwei Seiten wiederaufgenommen hatte, einen Essay ein, den er der Zeitschrift *Cosmopolitan* versprochen hatte, einen besonders zeitgemäßen Anti-Hitler-Traktat, basierend auf den Tagebucheintragungen von 1933 und 1934. Der Herausgeber hielt das Stück für ungeeignet, doch Mann löste die darin enthaltene ironische Skizze Hitlers, des »Bruders«, für eine Veröffentlichung im *Esquire* heraus, und ein Jahr später erschien sie auf deutsch im Pariser *Neuen Tage-Buch* – das einzige Stück, wie er später schrieb, in dem er sich jemals mit dieser Person, diesem abscheulichen Menschen, befaßt habe, sein »unbeschreiblicher Ekel ... von einer Ironie im Zaum gehalten.«[58]

Auch der American Guild for German Cultural Freedom, die geflüchteten Schriftstellern Stipendien gewährte, ließ er weiterhin finanzielle Unterstützung zukommen.

Wegen Bermann Fischer und seiner Familie in Wien war er natürlich in Sorge, er telegraphierte an Hedwig Fischer in Rapallo um Nachrichten, doch die voraussichtliche völlige Konfiszierung der Firma in Wien und der Verlust seines letzten Verlegers auf deutschsprachigem Gebiet scheinen ihn weniger bekümmert zu haben, als man erwarten könnte. Bermann hatte auf die Nachricht von der drohenden Ankunft der deutschen Truppen am 13. März sofort gehandelt, das Notwendigste, zusammen mit seiner Stradivari und einigen unersetzlichen Dokumenten, eingepackt, und sich mit Frau und Kindern per Bahn zur italienischen Grenze aufgemacht – wobei sie ironischerweise an der Bahnsteigsperre in Wien mit den aufbewahrten deutschen Pässen durchkamen, während sie sahen, daß Reisende mit österreichischen Papieren festgenommen wurden. Sie ließen die Kinder bei Hedwig Fischer in Rapallo und fuhren dann nach Zürich, wo Bermann für die verbliebenen Rechte eine eigene Schweizer Firma behalten hatte, die er weiter benutzen wollte. Sie waren nur knapp dem Besuch der SS entkommen und hatten nicht nur ihre persönliche Habe, sondern auch das gesamte Buchlager und alle Akten und Geschäftsunterlagen verloren. Die Firma wurde einem Nazi-Kommissar unterstellt, spätere Versuche eines Schweizer Freundes, die Freigabe zu erwirken, erwiesen sich als vergeblich.

Es war einer der ersten Einfälle Bermanns, in Schweden, in Zusammenarbeit mit Bonnier in Stockholm, einen Emigrantenverlag zu eröffnen. In einem Telegramm an Mann erwähnte er auch die Möglichkeit eines ähnlichen Gemeinschaftsprojekts in Amerika, was Mann entschieden ablehnte; sosehr ihm auch daran gelegen war, sein Werk in seiner deutschen Form erhalten und nicht von Übersetzungen völlig verdrängt zu sehen, war er doch davon überzeugt, daß das nur einem eingeführten amerikanischen Verleger gelingen konnte, und er empfahl dem Freund, das Verlagsgeschäft zugunsten seiner ursprünglichen Laufbahn als Arzt aufzugeben. Für Bermann war das eine kalte Dusche, da er überzeugt war, daß er es trotz Angriffen von beiden Seiten fertiggebracht hatte, ein leistungsfähiges deutsches Unternehmen in der Emigration am Leben zu erhalten, und er war nicht bereit, den Kampf um dessen Weiterleben, ganz gleich in welcher Form, aufzugeben; sollte Knopf interessiert sein, so würde er zu einem Gespräch hinüberkommen. Mann hielt an seinen Bedenken fest und wies darauf hin, wie seine eigene Stellung (die Weiterführung des Unternehmens in Wien war schließlich vor allem seinem Namen zu verdanken gewesen) unter dem zuweilen zweideutigen Verhalten und der schwachen Öffentlichkeitsarbeit Bermanns gelitten habe. In einem Austausch von Telegrammen und Brieftelegrammen im Lauf des Mai, nachdem Bermann für den Juni einen Neubeginn in Stockholm angekündigt und sich nach dem Manuskript der *Lotte in Weimar* erkundigt hatte, ging er soweit, für die Zukunft jede weitere Beziehung zu der Firma abzulehnen – eine einseitige Annullierung seines Vertrags, die ihn Bermann zurückzunehmen drängte, vor allem angesichts der engen Zusammenarbeit, die er mit den beiden Emigrantenfirmen in Amsterdam plante: durch diese gemeinsame Arbeit würde der gesamte deutschsprachige Markt abgedeckt und auch für die Auslieferung in Amerika gesorgt werden. Im Juni gab Mann diesen Argumenten schließlich nach, von da an wurde der Bermann-Fischer-Verlag in Stockholm sein deutschsprachiger Verlag, und die Beziehungen wurden, wenn auch nicht ohne gelegentliche Verstimmungen, wiederhergestellt.

Das alles, während er es sich in seinem angenehmen neuen Leben einrichtete: »Amerika ist ungeheuer gut zu mir«[59], schrieb er an Klaus. Kaum war er in Hollywood angekommen, lud ihn Ernst Lubitsch zu den Paramount-Studios ein, die von müßigen Drehbuchautoren zu wimmeln schienen (viele von ihnen aus den Reihen der Flüchtlinge, die aber meistens ihrer Aufgabe nicht gewachsen waren). Im April unternahm er lange Besichtigungstouren durch die Disney-, MGM- und Fox-Studios, fasziniert von der »Trickwelt« der riesigen Dauerkulissen, sah Peter Lorre beim Filmen und den Kinderstar Shirley Temple bei ihrem Schulunterricht in einem Wohnwagen. Mit großer Befriedigung nahm er das Versprechen einer Verfilmung des *Joseph* durch MGM mit Robert Montgomery in der Hauptrolle zur Kenntnis, von der er beträchtliche Summen zu erwarten hätte. Nach einer Privatvorführung von *Night must Fall* hielt er überraschenderweise Montgomery trotz seiner kräftigen Gestalt psychologisch für die Rolle für geeignet, wenngleich sich kaum erraten läßt, welche »ausgesprochenen Joseph-Momente«[60] er in diesem Thriller entdeckt haben konnte. Er »schwelgte« förmlich in der filmischen Atmosphäre, bei den ständigen Einladungen zu Filmvorführungen, Abendessen und aufwendigen Partys mit Leuten, die häufig deutscher oder österreichischer Abstammung waren, wie Lubitsch, in dessen Haus er von Madeleine Carroll hingerissen war, und Lorre, der Katia einmal so heftig umarmte, daß sie einen blauen Flecken am Arm davontrug.

Es überrascht nicht, daß Kalifornien für ihn der attraktivste Teil der Vereinigten Staaten blieb, obwohl sich auch andernorts verheißungsvolle Zukunftswege auftaten, dank Agnes Meyer vor allem die Möglichkeit einer Stellung in Princeton, das er so bald wie möglich besuchen wollte. Ein Brief von Lion, der auf seine Rückkehr nach Zürich drängte, erinnerte ihn an die Briefe Bermanns aus dem ersten Exiljahr, und er war selbst überrascht, wie gering die Versuchung war (den unberechenbaren Lion nie mehr sehen zu müssen, gehörte zu den angenehmeren Seiten seiner Entscheidung).[61] Die ganze Familie sollte sich in Amerika niederlassen, abgesehen von Monika, die mit Klaus als Zeugen im Zürcher Konsulat nun den Eid auf ihre tschechische Staatsbürgerschaft abgelegt hatte und in Florenz bleiben wollte. Für ihn und Katia waren schon die für eine Einwanderung nötigen *first papers* vorbereitet worden, als sie Ende des Monats ihre Rückreise nach Osten antraten: nach Chicago, nach Urbana zum Kardinal-Newman-Preis, dann nach Cleveland, wo er den Demokratie-Vortrag wiederholte und Erika eine eigene Verabredung wahrnahm. Unmittelbar anschließend Toronto, wo in der Massey Hall ein zahlreiches Publikum dem »schlanken, asketischen Nobelpreisträger, der Vaterland, Heim und Besitz um eines Ideals wegen aufgegeben hatte«[62], applaudierte. Seine Anwesenheit in Toronto galt hauptsächlich der formalen Präsentierung der *first papers* und der erforderlichen Dokumentierung im US-Konsulat, woraufhin sie als beglaubigte Antragsteller auf Einbürgerung zurückkehren konnten – zu der ein weiterer Aufenthalt von fünf Jahren erforderlich war. Golo hatte unterdessen für sich das gleiche Verfahren eingeleitet.

Klaus, der ebenfalls noch in Küsnacht war, hatte über ein vermutlich von den Nazis ausgestreutes Gerücht von den Absichten seines Vaters in der tschechischen Presse berichtet und auf größtmögliche Diskretion angesichts der verständlichen Empfindlichkeit der Tschechen zum gegenwärtigen Zeitpunkt gedrängt. Bei dem großen öffentlichen Interesse für Thomas Mann in Amerika war Diskretion bei einem so aktuellen Thema unmöglich, und er deckte in einem Interview mit dem *Cleveland Plain Dealer* die Sache selbst auf. Unmittelbar nach ihrer Rückkehr nach New York am 5. Mai ging, um jede Peinlichkeit zu vermeiden, ein Telegramm an Präsident Beneš, in dem er seine anhaltende tiefe Sympathie für die Republik und seine Dankbarkeit für den Schutz ausdrückte, den sie ihm in seinem »heimatlosen« Zustand gewährt hatte, und versicherte, er würde tschechischer Staatsbürger auch dann bleiben, wenn man ihn in Amerika einbürgere. Einige Tage später erklärte die *New York Post* in einer Schlagzeile ihr »Willkommen für den neuen amerikanischen Staatsbürger«, dem ein Artikel folgte, der die Ehre, einen solchen »Ausgewiesenen aus Nazi-Deutschland zu empfangen« zum Ausdruck brachte: »Amerika ist glücklicher- und unerwarteterweise bereichert.«[63] Die letzte Vorlesung der Tour fand am 6. Mai in der Carnegie Hall statt, verschiedene weitere Auftritte waren aber angesetzt, darunter ein Dinner zu seinen Ehren im Hotel Astor, das vom Committee for Christian German Refugees veranstaltet wurde. Für die Rede bei diesem Anlaß, in der er die Verfolgung des Christentums in Deutschland und die Übereinstimmung christlicher Ideale mit denen der Demokratie unterstrich, hatte er wiederum die Hilfe Erikas gebraucht. Am 8. Mai besuchten sie Princeton, wo sie für den Fall eines festen Angebots von den Lebensbedingungen höchst beeindruckt waren, fuhren dann zum Astor-Dinner zurück, bei dem ihm Dorothy Thompson ein »goldenes Erinnerungsbuch« mit handschriftlichen Huldigungen einer großen Anzahl prominenter Amerikaner überreichte.

Das Geschenk einer amerikanischen Flagge, das er kurz darauf von einem Bewunderer erhielt, erschien ihm als Symbol der allgemeinen Freundlichkeit ihm gegenüber, und er machte Lion klar, daß er entschlossen sei, »einem Europa, in dem die Schandtat an Österreich möglich war, nicht mehr anzugehören« (wenngleich ein Besuch in der Schweiz nicht ausgeschlossen sei, falls die Verhältnisse es zuließen). Er glaube an Amerika, schrieb er, wo er in Ehren und Freundschaft aufgenommen worden sei und wo er an einer Universität eine Stellung zu finden hoffe, die ihm einen hinreichenden Lebensunterhalt einbringe und ihm gleichzeitig die Zeit lasse, seiner eigenen Arbeit nachzugehen.[64] (Harvard wie Princeton kamen in Frage, obwohl er, wie er an Klaus schrieb, wegen der »Gelehrten-Atmosphäre« Bedenken hatte: »Das Movie-Gesindel ist mir im Grunde lieber.«[65]) Das Vorhaben eines Besuchs in Küsnacht, auf den Katia immer noch drängte, nahm tatsächlich langsam Gestalt an.

Die Lage in Europa, wo die tschechische Republik durch die Mobilmachung der Hitlerschen Propagandakampagne entschiedenen Widerstand bot, sah jetzt hoffnungsvoller aus, ein Krieg war, zumindest in diesem Jahr, unwahrscheinlich. Michael wollte ohnehin zu einem Sommerkurs bei Galamian nach Paris zurückkehren; Erika war dort bereits eingetroffen und beabsichtigte, als Kriegskorrespondentin mit Klaus zum spanischen Bürgerkrieg zu gehen. Ihre eigenen Termine konnten jedoch noch nicht festgelegt werden, da das Angebot aus Princeton noch nicht weiter gediehen war. In der letzten Maiwoche schickten sie sich an, in Caroline Newtons Haus am Meer auf Rhode Island umzuziehen. Dort hoffte er, sich nach dem nun abgeschlossenen Schopenhauer-Essay wieder der *Lotte in Weimar* zuwenden zu können.

Es war eine einigermaßen komfortable Zwischenstation, ein schwarzer Diener gehörte dazu, und es war angenehm still, sobald sie von der übereifrigen Gastgeberin sich selbst überlassen worden waren und er sich an den dauernden Lärm des Nebelhorns, das »wie eine kranke Kuh« brüllte[66], gewöhnt hatte. Sein Schreibtisch war rasch hergerichtet, und er schickte sich zur Arbeit an. Am Tag nach ihrer Ankunft erhielt er das feste Angebot von Princeton, 6000 Dollar für eine einjährige Zugehörigkeit zur Universität mit einer Verpflichtung von nur vier Vorlesungen. Der Kompaß schlug nun definitiv in diese Richtung aus, nach einiger Überlegung bedankte er sich und sagte zu. Der Aufenthalt in Jamestown sollte nur einen Monat dauern, da Mrs. Newton Ende Juni zurückkommen wollte und er mit einer solchen Schwätzerin unmöglich unter einem Dach hausen konnte. Genausowenig anziehend wäre ein langer Besuch bei Agnes Meyer in ihrem »Chateau« in Mount Kisco bei New York gewesen, selbst wenn er es nur, wie sie vorschlug, als Basis für seine Unternehmungen benutzen würde. In den Monaten bis Oktober mußte daher eine Unterkunft in Princeton gesucht werden, dazwischen kam der Besuch in Europa, für den Katia gegen Ende Juni Erkundungen über geeignete Überfahrten anstellte. Das Verlangen, den »verfallenen Kontinent« wiederzusehen, schrieb Klaus aus Zürich, sei allerdings töricht, und er zählte all die wohlbekannten Nachteile der Schweiz auf.[67] Es war aber offensichtlich vernünftig, die Abwicklung dort persönlich zu erledigen, und Thomas Mann freute sich auch darauf, noch einmal zum Haus in der Schiedhaldenstraße hinaufzufahren, wo sich alle sechs Kinder vorübergehend einfinden würden.

Er zweifelte einen Moment, ob Amerika die richtige Entscheidung war, und ob es schließlich nicht doch besser wäre, in Küsnacht zu bleiben. Es gab auch beunruhigende Berichte über Aufregungen in der Tschechoslowakei wegen seiner Entscheidung zu emigrieren (und Schwarzschild in Paris hatte ihn, ohne daß er es noch wußte, öffentlich der »Untreue gegenüber Europa«[68] bezichtigt). Alle noch verbliebenen Zweifel wurden aber rasch verworfen, und kurz darauf, bei der Annahme der Ehrenmitgliedschaft einer tschechischen Vereinigung, betonte er nochmals, daß die Niederlassung in Amerika nicht die Kündigung seiner tschechischen Staatsbürgerschaft bedeute. Das war aber gegen die amerikanischen Vorschriften, und er unterrichtete Präsident Beneš wie die Gemeinde Proseč davon in einem zur Veröffentlichung bestimmten Brief.

Caroline Newton hatte ihm eine hochwillkommene vollständige Goethe-Ausgabe zur Verfügung gestellt, und er konnte die Bibliothek von Newport benutzen, doch die wenigen Wochen in Jamestown brachten nur einen unregelmäßigen Fortschritt am Roman. Ein derartiges Leben in der »Natur«, in dem er obendrein noch von Insekten geplagt wurde, hatte ihm eigentlich nie zugesagt, noch hatte die »die Sinnlichkeit außerordentlich stimulierende und erregende Luft der Meerinsel«[69] die Wirkung, die er sich einst versprochen hätte. Gelegentlich kamen in diesen Schlupfwinkel zwar Besucher, darunter sein Filmagent, aber dieses Leben wurde ihm bald langweilig und eintönig. Am 1. Juni war er nach New York gefahren, um von der Columbia University seinen Ehrendoktor entgegenzunehmen. Er schritt hinter Dorothy Thompson in Hut und Talar auf die Tribüne, großer Beifall wurde gespendet, vor allem, als seine Einwanderung erwähnt wurde. Eine weitere Zeremonie dieser Art war für das Yale Commencement am 21. Juni angesetzt, die Überfahrt nach Europa war auf zwei Tage später gebucht. Nach Katias bisher erfolgloser Unterkunftssuche in Princeton beschlossen sie jedoch, die Reise (wegen der er selbst noch seine Bedenken hatte) auf den 29. Juni aufzuschieben, damit sie noch Zeit hätten, gemeinsam nach einem passenden Haus Ausschau zu halten und kurz bei Agnes Meyer abzusteigen, was er angesichts all ihrer Hilfe nicht ablehnen zu können glaubte. Ihr Haus in Mount Kisco könnte außerdem als Aufbewahrungsort für all die Sachen dienen, die sie in New York und Zürich nicht brauchten.

Die komplizierten Vorkehrungen waren endlich erledigt, das

schwere Gepäck ging nach New York, am 21. Juni fuhren sie von Jamestown direkt nach New Haven für die ausgedehnte Zeremonie in Yale am folgenden Tag. In seiner Laudatio sagte der Orator, der Nobelpreisträger habe sein Land berühmt gemacht für den Roman als Kunstform, und er bringe nun ein großes Opfer, indem er statt dessen politische Reden verfasse, in der Überzeugung, daß dies angesichts der Gefahr für die Freiheit in der ganzen Welt der richtige Weg sei.[70] Ehrendoktorate wurden auch an John Buchan, den Generalgouverneur von Kanada, und Serge Koussevitzky, den gefeierten Dirigenten des Boston Symphony Orchestra, verliehen. Mann freute sich aber, daß der größte Beifall ihm und Walt Disney galt. Am selben Abend wieder in New York, fuhren sie durch Harlem und erlebten den hektischen Jubel über den sensationellen Knockout-Sieg von Joe Louis über den deutschen Schwergewichtler Max Schmeling (dem der »Führer« in einem voreiligen Telegramm schon zum Sieg gratuliert hatte). Ein Tag des Sortierens und Packens von Büchern folgte – eine der wenigen administrativen Aufgaben, die er nicht völlig der unermüdlichen Katia überließ –, anschließend wurden in Princeton mit dem Agenten wieder Häuser besichtigt. Die Besitzer eines der Häuser ihrer Wahl sagten am nächsten Tag ab – »kindische Geschäftssitten«[71], notierte er verärgert in sein Tagebuch –, doch es bestand noch eine andere, bessere Möglichkeit, obwohl die Besitzer, ein englisches Ehepaar, immer noch zwischen Vermietung und Verkauf schwankten. Ein weiterer Besuch in Mount Kisco war zu machen, wohin sie von Agnes Meyers Limousine am 26. Juni – nach weiterem Packen und Umpacken in der Hitze von New York – gebracht wurden.

In dieser kühleren Umgebung von »Park, Stille, Reichtum und Comfort«[72] erfuhr er das volle Ausmaß ihrer Hilfe bei seinem Engagement in Princeton. Durch ihren persönlichen Einsatz waren finanzielle Schwierigkeiten der Universität durch ein Stipendium der Rockefeller Foundation und Unterstützungen durch andere Organisationen und Einzelpersonen, die sie angesprochen hatte, ausgeräumt worden. Es bestand auch die Möglichkeit einer Verlängerung seines dortigen Aufenthalts über ein Jahr hinaus, falls er es wünschte. Der Posten würde offensichtlich relativ geringe Ansprüche an seine Zeit stellen, und es schien, daß er in Amerika keine finanziellen Sorgen haben werde (beide Annahmen erwiesen sich schließlich als allzu optimistisch). Am nächsten Tag wurden sie nach

Princeton gefahren, wo man sofort den Vertrag für das »vornehme« möblierte Haus in der Stockton Street abschloß. Hinter hohen Mauern verborgen, von alten Bäumen umgeben, elegant und praktisch, war es mehr als ausreichend für ihre Bedürfnisse: schöne Schlafzimmer (ein eigenes für ihn), eine große Bibliothek, geräumige Empfangszimmer und ein abgetrenntes Arbeitszimmer mit der unerläßlichen Couch, und sogar Dienstboten, ein Hausmeister und eine Waschfrau standen zur Verfügung. Sie nahmen es für ein Jahr, zu einem günstigen Mietpreis, da die Besitzer hofften, der berühmte Bewohner werde die Verkaufschancen vergrößern oder es vielleicht sogar selbst kaufen. In seinen Augen war es gegenüber Küsnacht zweifellos eine Verbesserung der Wohnqualität. »Ich lege Wert darauf, immer die Treppe hinauf zu fallen«[73], schrieb er später, wie so häufig in seinem Leben hatte er auch hier Glück gehabt.

Das Bewußtsein, daß dieses neue Heim sie bei ihrer Rückkehr erwarten würde, war eine gewaltige Erleichterung, vor allem für Katia, als sie zwei Tage später an Bord der *Washington* gingen. Er aber war vorübergehend niedergeschlagen, als er sein Tagebuchblatt zum Juli umschlug und weitere drei Monate des Reisens vor sich sah. Was hatte er seit ihrem Weggang aus Küsnacht doch alles durchgemacht! »Könnte ich nur an Sinn und Fruchtbarkeit von alldem glauben. Es ist viel geleistet und doch eigentlich nichts getan, es sei denn fürs ›Leben‹.«[74] Seit den zwanziger Jahren hatten in der Tat die Forderungen des Lebens die seiner Arbeit zunehmend beeinträchtigt. Jeden Vormittag war er an seinem Schreibtisch gesessen, wo immer er sich aufhielt. Und doch wurde ein so großer Teil des Tages damit verbracht, die Interessen Thomas Manns, der öffentlichen Figur, des führenden Repräsentanten der deutschen Literatur, zu verfolgen, daß nicht einmal die gewohnte, langsam fortschreitende Vormittagsarbeit am jeweiligen Werk immer geleistet werden konnte, ohne von Gedanken über das als nächstes anstehende Unternehmen unterbrochen zu werden – ein weiterer Essay, seine immer zahlreichere Korrespondenz, noch ein Auftritt auf irgendeiner Rednerbühne. Auf den ausgedehnten Touren, die er so selten ablehnte, wurden, als ihn der Aufstieg des Nazismus in die politische Arena zog, die Lesungen aus seinem Werk zunehmend von Vorträgen und Reden verdrängt, bis zu einem Punkt, an dem er nun – wie der Yale Orator ja bemerkt hatte – seine wahre Berufung dem Kampf für die Freiheit opferte. In gewissem Maß opferte er sie auch (wie mit dem Schopenhauer-Essay) dem unmittelbaren Einkommen. Trotz seines vergleichsweise üppigen Emigrantenlebens wäre das nicht unbedingt notwendig gewesen, obwohl nur Erika als einziges seiner sechs Kinder von seiner Unterstützung nun unabhängig war. Er hielt es aber für angebracht, um den gewohnten Lebensstil nicht zu gefährden.

Nach den vier Monaten in Amerika war die *Lotte in Weimar*, anfänglich als kurzes Zwischenspiel der Josephslegende gedacht, zu einem größeren Werk angewachsen, das Ende war noch nicht in Sicht. Er freute sich auf ein Wiedersehen mit den Zürcher Freunden, doch eine gewisse Angst vor Europa in seiner neuen Form konnte er nicht unterdrücken, und er sah mit Schrecken, wie sein Leben vorüberging. Er hätte vielleicht Mut geschöpft, wenn er die Julinummer der Zeitschrift *Neue Literatur* zu Gesicht bekommen hätte, in der die Nazis es immer noch für nötig hielten, Mühe auf die Abwehr seines Einflusses zu verwenden. Der Leitartikel verriß ihn als einen jetzt »toten Mann«, der von der ausländischen Presse aber immer noch für deutschfeindliche Zwecke ausgenutzt werde, ein anderer Artikel verwarf sein Werk als nur an »Gebrechen, Perversitäten, Rückgang oder Auflösung« interessiert.[75]

Als sie am 6. Juli in Le Havre landeten und von dort aus geradewegs über Paris nach Basel fuhren, von wo Golo und Elisabeth sie nach Küsnacht brachten, war sein Gleichmut jedenfalls wiederhergestellt. Seine Ankunft sei, wie er schrieb, ein Beweis seiner Entschlossenheit, Europa nicht aufzugeben[76], er denke nun an einen jährlichen Besuch. Nachdem sie sich in Küsnacht wieder eingewöhnt hatten, verbrachten sie tatsächlich einige Zeit mit der vergeblichen Suche nach einer Zweitwohnung in der Schweiz, die man nach der Aufgabe des Hauses benutzen könnte. Erika und Klaus kamen von ihren Abenteuern in Spanien zurück, voll Bewunderung für die Tapferkeit der Republikaner in ihrem bewaffneten Kampf gegen Franco, Spanien sei der einzige Ort, wo man dem Faschismus aktiven Widerstand leiste, trotz der einseitigen »Nichteinmischungspolitik« Großbritanniens und Frankreichs. Zu einem Besuch in England habe er wenig Lust[77], bemerkte er zu Ida Herz – wobei die verheerende politische Haltung dort offenbar weniger zählte als die englische Gleichgültigkeit gegenüber seinem Werk, wenn er daran dachte, daß von *Joseph in Egypt* in Amerika zwanzigtausend Exemplare verkauft worden waren. Er weigerte sich, an der

»Rassemblement universel pour la Paix« am 20. Juli in Paris unter dem Vorsitz von Robert Cecil teilzunehmen, sandte aber eine herzliche Botschaft seiner Solidarität mit der beispielhaften Verteidigung des Friedens und dem unbezweifelbaren moralischen Sieg des spanischen Volkes.

Der Aufenthalt in der vertrauten Umgebung erschien wie ein Traum. Er sollte aber nicht lange dauern, da die Packer für Ende August bestellt waren; die Last der Korrespondenz, die er mit seiner gewohnten Sorgfalt erledigte, weckte eine gewisse Unzufriedenheit darüber, daß in dieser Übergangszeit seine Arbeit zu kurz kam. Mit der *Lotte* ging es im Juni zwar gut voran, doch die vielen anderen Forderungen an seine Zeit erzwangen wieder mal Unterbrechungen. Ein weiteres Vorwort für *Maß und Wert* war mit dem Beginn des zweiten Jahrgangs fällig (mit Oprecht war vereinbart worden, daß Golo sie demnächst als Herausgeber übernehmen sollte); Ende August las und beurteilte er – in der Regel negativ – nicht weniger als sieben Romane, die bei der American Guild for German Cultural Freedom für einen Preis eingegangen waren. Auch die Vorbereitung seiner ersten Vorlesung in Princeton über Goethes *Faust* durfte nicht länger aufgeschoben werden, im August fing er während einer Woche in Sils-Baselgia damit an. Viel Zeit wurde auch auf den Briefwechsel mit Bermann verwandt: wegen der Pläne für eine Edition »Forum Bücher«, die gemeinsam von Bermann-Fischer, Querido und De Lange geplant war (auch eine seiner Erzählungen sollte in diese Buchreihe aufgenommen werden); seiner nächsten eigenen Veröffentlichung, ein Band der politischen Essays und Reden; einer Unterstützung für Robert Musil, wozu er Aline Mayrisch und die Guild in Amerika gewann und auch selbst eine bescheidene Zuwendung versprach, falls Musil nach Amerika gelangte; nicht zuletzt aber wegen seiner Beschwerden über den unzureichenden Vertrieb seiner Bücher und die stockende Abrechnung seiner Tantiemen. Für den Essayband einigte man sich auf den Titel *Achtung, Europa!*, einige Abschriften wurden bereits angefertigt, auch der *Bruder Hitler*-Essay läge nun zur Ergänzung des übrigen eventuell bereit.

Mit Heinrich, der Ende August zu einem Besuch kam, und Zürcher Freunden gab es lange Diskussionen über die sich verschlechternde Lage in Europa. Der Druck Hitlers auf die Tschechoslowakei wuchs, und als die Londoner *Times* die Abtretung der sudetendeutschen Gebiete befürwortete, wurde deutlich, daß das kleine Land

»kaltblütig geopfert« werden sollte. Er sandte seine Glückwünsche zum zwanzigsten Jahrestag der tschechischen Republik, des Staates, der »einen Freiheitskampf auf sich nimmt, dessen Bedeutung über sein eigenes Schicksal weit hinausgeht«[78], zur Veröffentlichung nach Prag. Zur Unterstützung einer Gruppe in Paris, die sich bemühte, die Uneinigkeit unter den Emigranten zu überwinden, schrieb er zusammen mit Erika einen Rundbrief, in dem er sagte, eine gemeinsame Anstrengung, Hitler zu stürzen, sei die einzige Möglichkeit, den Krieg zu verhüten oder, wenn er ausbräche, zu beenden, bevor Deutschland zerstört würde. Sogar als sich seine Bücherregale schon leerten, sein Arbeitszimmer und das übrige Haus ausgeräumt wurden und man auf den großen Möbelcontainer wartete, der alles nach Princeton schaffen sollte, ließ seine gewohnte Tätigkeit nicht nach: Diktate von Briefen; Korrekturen am *Schopenhauer* und am Essayband; weitere Arbeit an der Princeton-Vorlesung; ein Beitrag zu Clifton Fadimans Anthologie der persönlichen Philosophien berühmter Persönlichkeiten, in dem er abermals sein Vertrauen auf den Humanismus bekräftigte. Eine kurze Ansprache mußte auch für eine Abschiedsfeier verfaßt werden, die seine zahlreichen Anhänger am 13. September im Zürcher Schauspielhaus planten. In seiner Einführung zu einer Lesung aus der *Lotte* erinnerte er an die unvergeßlichen fünf Jahre, die er in der freien Schweizer Gemeinschaft zugebracht hatte, die für das Europa der Zukunft beispielhaft sei – eine Ansprache, die überschattet war vom Ultimatum des Führers der Sudetendeutschen, den verzweifelten Bemühungen der tschechischen Regierung um eine vertragliche Beilegung, den Vorbereitungen des britischen Premierministers zu einer Versöhnungsaudienz bei Hitler in Berchtesgaden und der Angst vor dem Krieg.

Katia war begreiflicherweise erschöpft, als es am folgenden Tag Zeit für den Nachtzug nach Paris war. Seinen eigenen Begriffen nach hatte er schwer gearbeitet (sogar am letzten Vormittag schrieb er noch am Vortrag), sie aber hatte die Hauptlast des in den dreißig Jahren ihrer Ehe schließlich ersten vollständigen Umzugs tragen müssen. Derlei Anstrengung in seinen Diensten nahm er in der Regel als selbstverständlich hin, diesmal aber war ihm das Ausmaß zum Bewußtsein gekommen, und er brachte ihr, als sie sich ausruhte, etwas Schinken und Rotwein für die letzte Mahlzeit aufs Zimmer. Mit Ausnahme Monikas, die nach Florenz zurückkehrte, war die ganze Familie zum Abschied in Paris versammelt. Elisabeth sollte sie von

Boulogne aus auf der *New Amsterdam* begleiten, Golo würde nach Zürich zurückkehren, um in Bälde die Herausgeberschaft für die Zeitschrift zu übernehmen, Klaus getrennt nach Amerika reisen, Erika blieb vorläufig in Paris, um später Michael hinüberzubringen oder zu -schicken. Ein Vormittag wurde in einer Konferenz mit der Exilgruppe verbracht, an der auch Heinrich teilnahm, um den Appell zur Einheit zu entwerfen. Das hielt Thomas Mann angesichts der Verschärfung der tschechischen Krise für eine sinnlose Beschäftigung, zumal die protestantische und bürgerlich-demokratische Opposition sich nicht beteiligte und die Kommunisten überwogen. Er überließ Erika gern die letzte Hand. Trotz all seiner Beteuerungen, daß er Europa nicht im Stich lassen wolle, bezeichnete sein Weggang zweifelsohne einen bedeutenden Bruch, und einmal an Bord des Schiffes (am 17. September), ging es ihm nur noch darum, sich von der verheerenden Lage, die er hinter sich ließ, abzuwenden und sich auf das »Persönliche und Geistige«[79] zu konzentrieren. Nach zwei Tagen entdeckte er, daß er wieder arbeiten und nachts ohne Schlafmittel schlafen konnte. »Ich brauche Heiterkeit und das Bewußtsein meiner Bevorzugung. Ohnmächtiger Haß darf nicht meine Sache sein«, notierte er, als die Nachricht eintraf, daß man die Tschechoslowakei im Stich gelassen hatte, »eine der größten Schändlichkeiten der Geschichte ... Wer weiß, wie es weiter geht? Ich kann leben und bestehen, wie es auch gehe.«[80]

Wenngleich er, beunruhigt durch die kargen Nachrichten über die Ereignisse, unmittelbar nach seinem Eintreffen in New York als Hauptredner auf einer Massenversammlung in Madison Square Garden auftrat – unter lauten Rufen nach dem Sturz Hitlers in der Hoffnung auf bewaffneten Widerstand der Tschechen –, war seine Stimmung resigniert. Seine Sorge galt den eigenen Angelegenheiten, in seinem Hotelzimmer arbeitete er weiter an seinem Vortrag, bis es am 28. September Zeit für den Umzug in das neue Heim in Princeton war – »5 1/2 Jahre, seit ich in Arosa nach Verlust meiner deutschen Existenz die ersten Tagesaufzeichnungen machte«.[81] Es war genau der Tag der Ankündigung der Vier-Mächte-Konferenz in München, auf der Hitler dann mit Unterstützung Mussolinis triumphierend alles erreichte, was er gefordert hatte, und die Tschechoslowakei ein Drittel ihrer Bevölkerung, die wichtigsten Industriegebiete und die einzigen wirksamen Mittel zur Selbstverteidigung einbüßte. Durch geschickte Ausnutzung der pazifistischen Gefühle der Engländer und Franzosen hatte Hitler mit dem Opfer des, nach den Worten Chamberlains, »fernen Landes, von dem wir wenig wissen«, einen weiteren erfolgreichen Schritt in seinem Programm vollzogen. Doch der Krieg war wenigstens vermieden worden. Als sich die Manns in der Stockton Street einrichteten – provisorisch bis zum Eintreffen des Möbelcontainers und nicht ohne Beschwerden des Meisters über Mängel im Haus, obwohl ein schwarzes Dienerehepaar zur Verfügung stand –, dachte er bei aller Depression und Abscheu über das Unheil von München zuerst daran, daß Michael und Erika nun bald zu ihnen kommen konnten.

Es war sein Ziel, sein Leben und sein Werk fortzusetzen wie gewohnt, ohne Rücksicht auf den Weg, den die »Geschichte« eingeschlagen hatte – »ein solcher Äserweg der Lüge und Niedrigkeit, daß kein Mensch sich der Weigerung zu schämen braucht, ihn mitzugehen ...«[82] Das wurde, was die äußeren Umstände betraf, nun auch möglich, als der Möbelcontainer und der Rest ihrer Habe Anfang Oktober ankamen und er sein Arbeitszimmer wieder genauso einrichten, seinen Schreibtisch so aufstellen und ordnen konnte, daß alles bis auf die letzte Einzelheit dem Raum in München und Küsnacht glich und er die gewohnte Routine wiederaufzunehmen vermochte. Gegen die Flut von Dinnereinladungen, Besprechungen und dergleichen, die nun einsetzte, wehrte er sich so entschlossen, wie es anständigerweise möglich war, indem er schwache Gesundheit und Überlastung mit Arbeit vorschützte. Geistig war es nicht so einfach. Sein *Faust*-Vortrag war nun fertig, er war aber noch nicht imstande, wieder mit dem Roman anzufangen, sosehr er auch versuchte, sich von den Ereignissen zu distanzieren. Er schob ihn vorläufig zugunsten eines Essays auf, in dem er die bittere Wahrheit über den erreichten »Frieden« darlegte. *Dieser Friede*, den sowohl Bermann wie Knopf noch vor Jahresende herausbrachten, sollte auch das richtige Vorwort für den Essayband abgeben. Der Text war eine Erklärung, die den Forderungen eines kritischen Augenblicks in der Geschichte Europas entsprach, und ein neuer Rahmen für die anderen, nun eher historischen Stücke. Er geißelte den Verrat dieses »Papen redivivus« Neville Chamberlain, der in einem »der schmutzigsten Stücke, die je gespielt worden«[83] die Herrschaft über Europa an Adolf Hitler ausgeliefert hatte, gerade als die Möglichkeit bestand, ihn zu stürzen.

Damit hatte er das Seine gesagt, war sich aber bewußt, daß das

Publikum, das ihn auf deutsch las, jetzt nur noch gering sein würde. Ihm blieb es nun vorbehalten, seinen eigenen Garten zu pflegen, in der angenehmen amerikanischen Atmosphäre, für die ihn das Schicksal vorgesehen hatte. Es ist bezeichnend, daß er für den Empfang des Bruders von Expräsident Beneš in New York eine Begrüßungsrede geschrieben hatte, selbst aber nicht zugegen war. Er tat gewiß alles, was er konnte, um denen zu helfen, die in Gefahr schwebten, wie etwa die Mitglieder der Thomas-Mann-Gesellschaft in Prag, für deren dringende Bitte um Visa er sich Ende Oktober unmittelbar bei Außenminister Cordell Hull einsetzte; bei einem »Buch und Autor«-Lunch, veranstaltet von der *Herald Tribune* am 9. November in New York, eine Einladung, die er nicht ablehnen konnte, erinnerte er an das »Drama, in dem europäische Staatsmänner, die sich immer noch demokratisch nennen, bewußt und absichtlich den Faschismus vor seinem bevorstehenden Zusammenbruch gerettet haben«, und betonte abermals die Aufgabe Amerikas, »das kulturelle Erbe der Westlichen Welt zu erhalten und zu pflegen«.[84]

Wie sehr er nun versuchte, sich vor der Krise Europas zu verschließen, wurde bei seiner geringen Reaktion auf die sensationelle Nachricht deutlich, die am nächsten Tag bekannt wurde: die berüchtigte »Kristallnacht« ausgedehnter Pogrome in Deutschland und Österreich, als Vergeltung für die Ermordung eines deutschen Botschaftsangestellten in Paris durch einen jungen jüdischen Emigranten, bei der beinahe alle Synagogen und mehr als tausend jüdische Geschäfte systematisch zerstört und mehr als dreißigtausend Juden verhaftet wurden. Sol Liptzin erinnert sich noch deutlich, wie er am 11. November mit einem Studenten in der Stockton Street erschien, um Manns Meinung zu diesen gräßlichen Ereignissen zu hören, und wie sehr ihn dessen unbewegte Worte befremdeten. Wie auf einer Rednertribüne erklärte der erhabene Lübecker Patrizier mit maßvollen Worten, daß für Deutschland – das er in seinen vertrauten Wendungen als den Schnittpunkt nordischer Zivilisation und griechisch-römisch klassischer Kultur, von westlichem Rationalismus und östlicher Mystik beschrieb – diese Scheußlichkeit in der Tat nicht mehr als eine vorübergehende Verirrung sei, er schien jede Kritik vermeiden zu wollen.

Daß er unter den aufeinanderfolgenden Schlägen des »Anschlusses« und des Münchner Abkommens gelitten hat, ist wohl nicht zu bezweifeln. Doch er müßte, wie er an Bermann schrieb, »mit einem gewissen egoistischen Phlegma« versuchen, sich »all diese Dinge vom Leibe zu halten«, um sich auf die eigene Arbeit zu konzentrieren – »soweit die Anforderungen, die dieses Land in seinem naiven Eifer an mich stellt, es erlauben«.[85] Wenn er diesen Forderungen nachgab, so geschah es auf philosophische eher als auf politische Art. Im November übernahm er auf Drängen Dorothy Thompsons den Entwurf eines Manifests gegen Ungerechtigkeit und Gewaltherrschaft, das von herausragenden Vertretern der »moralischen und geistigen Welt« unterzeichnet werden sollte (obwohl er den Versuch vorzeitig vor Ende des Jahres aufgab, als ihn die Kontroverse infolge eines verfrühten Bekanntwerdens entmutigte). Seine Vortragsverpflichtung wurde Ende November »treulich durchgeführt«[86], doch abgesehen von einer Ansprache bei einer deutsch-amerikanischen Veranstaltung in New York lehnte er weiterhin die vielen anderen Einladungen ab; im November und Dezember arbeitete er täglich regelmäßig am Roman. Seine Korrespondenz hatte, vor allem durch hilfesuchende Emigranten, nun ein nahezu unkontrollierbares Ausmaß angenommen: Für die englischen Briefe hatte er die willkommene freiwillige Hilfe von Molly Shenstone, der Frau eines kanadischen Professors in Princeton, die deutschen aber konnte Katia bei weitem nicht mehr allein bewältigen. Mit einigem Zögern gab er ihrem Vorschlag nach, einen Sekretär auf Zeit einzustellen, und man verpflichtete Hans Meisel, der vor kurzem in Amerika eingetroffen war und für Querido Sinclair Lewis' Roman *It Can't Happen Here* übersetzt hatte, für diese Aufgabe, die er, nicht immer zur Zufriedenheit seines Arbeitgebers, bis 1940 wahrnahm.

Bei den Vorbereitungen für Weihnachten in Amerika, vor einem Jahr noch so unvorhersehbar, hatten sie den Trost, daß, mit Ausnahme Monikas, die ganze Familie wieder einmal zusammenkommen würde. Golo, nun wehrpflichtig, hatte einige Schwierigkeiten, sich den Forderungen seiner tschechischen Staatsbürgerschaft zu entziehen; sie wurden schließlich überwunden, und er traf am 24. Dezember in Princeton ein. Für Michael und Elisabeth war es mit Hilfe Agnes Meyers möglich geworden, über Toronto die offizielle Einwanderung anzubahnen, auch wenn das Zeit in Anspruch nehmen würde; Michaels Schweizer Verlobte Gret Moser, die in New York am 7. November angekommen war, war von Erika zwei Wochen später aus Ellis Island herausgeholt worden. Sowohl Klaus wie Erika waren auf Vortragsreisen aktiv gewesen (nicht ohne gelegentliche Kritik ihrer »kommunistischen« Haltung) und schlossen zusammen ein Buch ab, *Escape to Life*, eine Art *Who's Who* der deutschen Emigration; beide würden Weihnachten in Princeton verbringen, wenn auch nur für kurze Zeit. Es sollte aber eine stillere Feier werden, als es in Europa der Fall gewesen war, mit weniger außenstehenden Besuchern. Auch als der Tag näherrückte, der Postsack voller wurde und sich die Geschenke zu stapeln begannen, ein Kranz an der Tür und bunte Lichter am Aufgang, setzte Thomas Mann seine tägliche Routine fort, doch die Anwesenheit der Kinder scheint ihm größere Freude bereitet zu haben als in früheren Jahren, mit berechtigtem Stolz zeigte er ihnen das neue Heim, hörte ihrem Gesang vor der Bescherung am Heiligen Abend zu und beglückte sie am Weihnachtstag – selbstverständlich – mit der Lesung eines Kapitels aus *Lotte in Weimar*. Das Buch war noch nicht fertig, doch es war in einem Jahr der Beschwernisse ein Trost gewesen. »Ich sollte mich ganz daran halten, wenn man mich ließe«, schrieb er am Neujahrsabend an Schickele: »aber nun mußte ich's wieder liegen lassen, um die lecture vorzubereiten, mit der ich bald auf die Reise gehen muß; ich nenne sie ›Das Problem der Freiheit‹ ...«[87]

3

»Der Untergang des Regimes unter schwerer Heimsuchung des schuldigen Landes ist im Grunde alles, was ich wünsche.«

TM, 19.9.1939[88]

An Weihnachten 1938 begrüßte Mann in einem Brief an Klaus und Erika, der als Einleitung zu ihrem *Escape to Life* dienen könnte, dieses »Buch der Solidarität« mit der Emigration, »nicht nur ... im Stolz und im Leide, sondern auch in der Schuld«, der Schuld der Intellektuellen in der Weimarer Republik, die sich nicht um die Bewahrung der Freiheit gekümmert hatten, solange noch Zeit gewesen war. »Wir ... waren sehr jung in der Freiheit, politisch sehr jung und unerfahren.« Es sei der rechte Augenblick für ein solches Buch, schrieb er, um die »grenzenlos bedrohte Welt« auf den echten Seelenzustand des deutschen Volkes aufmerksam zu machen und mit lebhaften Porträts, welche »den reichen individuellen Bestand der deutschen Emigration« veranschaulichten, Mitgefühl mit den Emigranten zu wecken.[89] An seiner eigenen Solidarität, im Gegensatz zu seiner zweideutigen Haltung während der drei ersten Jahre im Exil, bestand nun kein Zweifel mehr, wie so viele, die Hilfe erbaten und erhielten, bezeugen konnten. Für den Dichter Karl Wolfskehl etwa, der aus Italien nach Neuseeland gegangen war und zur Unterstützung seiner Einwanderung ein Zeugnis brauchte, wirkte der Name Thomas Manns »geradezu als ein magischer Schlüssel«.[90] Ob dies auch bei all den anderen der Fall war, für die er um Hilfe bat, ist unsicher. Aber er verbrachte viel Zeit mit diesen Bemühungen, in individuellen Fällen – wie Felix Salten, dem Verfasser von *Bambi*, für den er an Walt Disney schrieb, oder dem noch in Deutschland verbliebenen Kritiker Julius Bab – wie in allgemeinen Belangen, etwa im Zusammenhang mit dem britischen Plan, deutsche Emigranten in Südrhodesien anzusiedeln, wofür er sich bei Kolonialminister Malcolm Macdonald einsetzte. Die Existenz Thomas Manns war, wie Annette Kolb aus Paris schrieb, mehr als ein großer Trost: sie war eine Zuflucht.[91]

Persönliche Fürsprachen in Sachen Flüchtlingshilfe bildeten nun einen wesentlichen Teil seiner geschäftlichen Tätigkeit, der Wille zu helfen war vorhanden. In den ersten Monaten des Jahres 1939 wurden sie aber sozusagen mit der linken Hand erledigt, unter häufigen Perioden der Niedergeschlagenheit über eine Unfähigkeit, die Schaffenskraft für seine wahre Arbeit wiederzugewinnen. Die körperlichen Auswirkungen des ungewohnten Klimas bei dieser Verpflanzung in die Ferne machten sich bemerkbar, zuweilen hatte er Heimweh nach der Schweiz, wo er das Leben als angenehmer in Erinnerung hatte. Mitte Januar war der *Problem der Freiheit*-Vortrag für die Tour im März fertig – er war entschlossen, sich mindestens ein Jahr lang auf nichts Derartiges mehr einzulassen, auch mit dem vielleicht übertrieben pädagogischen Ton des Vortrags war er nicht ganz zufrieden. Er zeichnete die historischen Anfänge der Demokratie und ihre Entwicklung von einer ursprünglich revolutionären Bewegung zu ihrer gegenwärtigen Form als der konservativsten Kraft der Welt nach und betonte, daß man nun für die Freiheit, die sie verbürgte, kämpfen und sie gegen den gängigen Nihilismus verteidigen müsse: wahre Freiheit dürfe nicht die Freiheit zur Zerstörung der Demokratie einschließen.[92]

Für diesen Vortrag und für die Princeton-Vorlesungen über Wagner und Freud, die er im Januar und Februar hielt, konnte er gut früheres Material verwenden, das er wie ein wahrer Akademiker aufbereitete und anpaßte. Diese Verpflichtungen nahmen jedoch mehr Zeit in Anspruch, als erwartet. Mit der Resonanz der Vorlesung über Freud, nach der die Erneuerung seiner Anstellung wahrscheinlich schien, war er sehr zufrieden, doch die Rückkehr zum Roman fiel ihm schwer. Die gesellschaftlichen Verpflichtungen seiner Professorenstellung an der Universität, der ständige Strom von Besuchern (unter ihnen im Januar Wystan Hugh Auden, mit Isherwood und Erika, die im Weißen Haus empfangen worden war) machten das Leben in der Stockton Street genauso unruhig wie in München oder Küsnacht. Das war ihm zwar nie unwillkommen, aber es förderte die regelmäßige Arbeit nicht. Gegen Ende Februar hielt er zweimal mit Erfolg den *Freiheit*-Vortrag, in New York vor einem großen Publikum im Opernhaus und in New Jersey an einer High-School; sein inneres Unbehagen führte gleich danach aber zu einer Gürtelrose. Bei seinem vorgerückten Alter seien solche Anpassungsprobleme zu erwarten, schrieb er an Hedwig Fischer, der es gelungen war, Berlin zu verlassen und im Januar zu ihrer Tochter und dem Schwiegersohn nach Stockholm zu gehen: »Was ich gearbeitet habe – und es war garnicht einmal wenig – habe ich mir nur recht schwer abgerungen und nun hat sich die Irritation zu einer richtigen kleinen Krankheit zusammengezogen.«[93]

Im Leben der Kinder standen nun große Veränderungen bevor. Elisabeth, die ihre früheren kindischen Leidenschaften vergessen hatte, kündigte die Heirat mit dem italienischen Schriftsteller und Historiker Giuseppe Antonio Borgese an, der aus antifaschistischer Überzeugung seit 1931 in Amerika geblieben war und nun eine Professur an der Universität von Chicago innehatte. Sie waren einander gelegentlich in Princeton und in New York begegnet, und auch wenn sie noch nicht ganz einundzwanzig und er mehr als dreißig Jahre älter war, schienen sie zur Heirat fest entschlossen. Auch Monika hatte vor zu heiraten, den ungarischen Kunsthistoriker Jenö Lányi, mit dem sie nun in London war, wo die Hochzeit im März stattfand. Schließlich wurden Michael und Gret Moser am 6. März in New York getraut – eine diskrete Angelegenheit ohne Familie, da sie bereits zusammengelebt und die Hochzeit, um Grets Schweizer Staatsbürgerschaft nicht zu gefährden, auf die Zeit nach ihrer offiziellen Einwanderung aufgeschoben hatten; am Abend kamen sie jedoch nach Princeton. (Es war nicht das letzte Mal, daß Grets gesunder Menschenverstand, sie war drei Jahre älter, den mehr impulsiven Michael in Schranken hielt.) All dies nahm Katia viel mehr mit als ihren Gatten, der mit überlegenem Abstand den eigenen Angelegenheiten nachging, obwohl er mit den anderen sein Champagnerglas auf das Wohl des jungen Paares erhob, bevor er für die eigene Abreise mit Katia zu packen begann.

Der Anfall von Gürtelrose war noch kaum erfolgreich behandelt worden, als sie sich am 7. März aufmachten und über New York zu seinem ersten Termin in Boston fuhren. Erika begleitete sie als seine erfahrene Sekretärin und Assistentin. Wie zuvor waren ihre Dienste bei Interviews, Pressekonferenzen und Fragen nach den Vorträgen, wie auch bei den wichtigen Änderungen an seinem Text unterwegs von unschätzbarem Wert, denn als sie sich in Chicago aufhielten, marschierten am 16. März deutsche Truppen in Prag ein; Ende des Monats, in Portland, kam die Nachricht von der Kapitulation Madrids vor den Truppen Francos; am 5. April, in Beverly Hills, wurde die italienische Besetzung Albaniens gemeldet. Die Ereignisse verliehen seiner etwas philosophischen Behandlung des Freiheitsproblems eine Aktualität, die zwar nicht ganz unerwartet kam, darum aber nicht weniger beunruhigend war. Er hatte das Gefühl, daß die Krise wohl wieder einmal ohne einen größeren Krieg vorbeigehen würde, daß dieser aber nicht viel später, wahrscheinlich noch vor Jahresende, ausbrechen werde. Die feige Beschwichtigungspolitik der Engländer könnte eine Nazifizierung des Westens Europas als ebenso »friedlich« hinstellen wie die des Ostens, er war voll Abscheu für die »Dreck-Romantik« der Feiern des »Heiligen Deutschen Reichs« inmitten der Woge von Verfolgungen und Selbstmorden in Prag.[94] In Chicago sprach er zwei Stunden mit Expräsident Beneš, hatte zwar Verständnis für dessen unangebrachtes Vertrauen auf das Münchner Abkommen, war aber immer noch überzeugt, daß größere Entschlossenheit die Tschechoslowakei hätte retten können. In einem Interview am 18. März in St. Louis sagte er voraus, daß die Annexionen Hitlers so lange weitergehen würden, bis die profaschistische Clique in England, die von dem »sehr dummen Mann Chamberlain« angeführt werde, einer Regierung gewichen sei, die mehr in der imperialistischen Tradition des Landes läge – was Krieg bedeutete: »Die Hoffnung der Welt auf Frieden beruht auf den Vereinigten Staaten und Rußland.«[95]

Die Tour wurde mit der Publizität und den wohlgefüllten Vortragssälen fortgesetzt, die er nun gewohnt war, er hielt die Anstrengung der langen Bahnreisen, ununterbrochenen Interviews und Photositzungen sowie neun Vorträge in den ersten drei Wochen gut durch. In Beverly Hills, wo sie am 1. April eintrafen und in dem vertrauten Hotelbungalow wohnten, bevor sie eine Woche später den »Super Chief« nach Chicago zurück nahmen, genoß er es, wieder unter dem »Movie-Gesindel« zu sein. In den bequemen Vorführungsräumen der MGM- und Warner-Studios sah er die Garbo in *Königin Christina*, Hitchcocks *The Lady Vanishes* und nach einem Mittagessen bei Warners Edward G. Robinson in *Confessions of a Nazi Spy*. Besonders beeindruckt war er von Dieterles *Maximilian und Juarez* mit Paul Muni, ein Film, den er eine »Ehre der Industrie« nannte. Von Kalifornien waren sie abermals begeistert: seine »leichte Albernheit wird überwogen durch hundertfältigen Charme der Natur und des Lebens«, schrieb er an Agnes Meyer, »ob wir nicht doch einmal hier Hütten bauen?«[96] Der Aufenthalt war nicht nur Entspannung, da am 5. April bei einem vom Committee for Christian German Refugees organisierten Bankett eine Rede von ihm erwartet wurde. Dafür kam sein Entwurf für das Manifest, das Dorothy Thompson vorgeschlagen hatte, gelegen. Trotz sorgfältiger Vorbereitung der englischen Version mit Hilfe Erikas, war sein Vortrag keineswegs frei von Fehlern, wurde aber von den dreihundert Gästen, der *crème de la crème* Hollywoods, herzlich aufgenommen. Erika hielt anschließend auch eine Ansprache, woraufhin mehr als dreitausend Dollar für die Flüchtlingshilfe gespendet wurden.

In Chicago verließ Erika sie, um zur Vorbereitung einer eigenen Vortragsreise nach New York zurückzukehren. Ihrem Vater stand ein weiterer Auftritt bevor, auf einem großen Treffen, das wiederum vom Committee for German Christian Refugees organisiert worden war. Von dort ging es mit der Bahn nach Washington zu ein paar Tagen bei den Meyers. Am Abend ihrer Ankunft gab es ein Konzert mit Bruno Walter in der Constitution Hall. Am nächsten Tag nahm ihn Agnes Meyer auf ihren Landsitz in Virginia mit, der romantisch über dem Tal des Potomac lag, um mit ihm die Einleitung des von ihr geplanten Buchs zu besprechen (»Meine psychologische Geschichte Thomas Manns«, wie sie es nannte), das allerdings unvollendet blieb. Er versuchte dabei wohl, ihr Urteil über seine »Kälte« und seinen Mangel an Spontaneität im Umgang mit anderen zu mäßigen.

Die große Gesellschaft Washingtons öffnete sich für ihn auf einer Dinnerparty, die sie gab, und einer Soiree des pensionierten Diplomaten und Kunstsammlers Robert Bliss in Dumbarton Oaks. Am 15. April wurde er eingeladen, bei dem jährlichen Dinner des »Gridiron«, des exklusiven Journalisten- und Politikerklubs, mit Roosevelt, Cordell Hull und Senatoren an der Ehrentafel Platz zu nehmen. Das traditionelle »Grillen« der prominenten Tagesgrößen in satirischen Liedern und Sketchen bereitete ihm viel stilles Vergnügen, nicht zuletzt, wenn er daran dachte, wie der Bericht der *Post* am folgenden Tag bemerkte, wie unmöglich etwas Derartiges unter der deutschen Diktatur sei. Aufs neue bewunderte und schätzte er den Präsidenten, als der mit Humor die ausgelassene Stimmung der Veranstaltung teilte, und sein couragiertes Benehmen trotz seiner Behinderung beeindruckte ihn sehr. Roosevelts eben veröffentlichte Botschaft an Hitler und Mussolini, in der er Nichtangriffsgarantien für einunddreißig namentlich aufgeführte Staaten vorgeschlagen hatte, war viel diskutiert worden. In den Augen Manns war es ein mißglückter Versuch (wer konnte sich Hitler als Mitglied einer zivilisierten Welt vorstellen?) und ein zweischneidiges Instrument, vielleicht für Amerikas Innenpolitik von Wert, doch dem »Monstrum« und seinen heimlichen Helfern würde es »eine neue Chance« geben.[97]

Als er am 18. April wieder zu Hause in Princeton war, sandte er herzliche Dankesworte an Agnes Meyer und ihren Gatten, der für die unsicheren Finanzen von *Maß und Wert* eine Unterstützung von 2000 Dollar versprochen hatte – ein Dank, der sicher ehrlich gemeint war, obwohl man sich kaum vorstellen kann, daß eine so scharfsinnige Frau bei aller Bestrickung durch den bewunderten Autor es für bare Münze nahm, wenn der Entwurf ihrer Thomas-Mann-Studie überschwenglich als »die feine, hilfreich exegetische Bemühung eines edlen Frauengeistes«[98] und als der Höhepunkt seiner Reise beschrieben wurde. Die war nun, bis auf einen letzten Auftritt am 25. April im Lyric Opera House in Baltimore, endlich vorüber. Doch seine Hoffnungen, die regelmäßige Arbeit an der *Lotte*, die sich nun dem Abschluß näherte, wiederaufnehmen zu können, wurden durch die ständig wachsenden literarischen, politischen und gesellschaftlichen Forderungen wie durch die Last der Korrespondenz abermals zunichte gemacht, auch wenn er diese weithin seinen drei Büroassistenten überließ und die Post kaum anrührte, es sei denn, er erkannte die Handschrift.

Die gewissenhafte Erledigung seiner akademischen Pflichten hatte Vorrang. Im April und Mai, gleich nach Baltimore, gab er zwei Vorlesungen für fortgeschrittene Studenten und eine Einführung in den *Zauberberg*; eine Lesung des ersten Kapitels der *Lotte* für Deutschlehrer; mit Einstein hielt er am 19. Mai eine Ansprache an Theologen in der Universitätskirche, eine gekürzte Form des Freiheits-Vortrags. Drei weitere Titel eines Ehrendoktors wurden ihm angetragen, von der Rutgers University, von Princeton und vom Hobart College in Geneva, im Staat New York; dazwischen kam am 9. Mai ein außerordentlicher PEN-Kongreß (ein »World Congress of Writers«, an dem Deutschland nicht teilnahm) anläßlich der Weltausstellung in New York, dem dann noch ein Besuch zur Eröffnung des sowjetischen Pavillons am 17. Mai und am selben Abend ein Dinner der American Booksellers' Association folgten. Abgesehen von der sowjetischen Veranstaltung, an der er lediglich teilzunehmen hatte und an der Botschaftertafel neben einem Obersten der Roten Armee saß, waren jedesmal Reden zu halten. So könne und dürfe es nicht weitergehen, schrieb er am 11. Mai, er denke ernsthaft daran, sich ins Privatleben zurückzuziehen und nach Kalifornien zu ziehen, um den vierten Band des *Joseph* zu schreiben.[99] Die Vorstellung war trotz der damit verbundenen finanziellen Unsicherheit verlockend; als ihm am 16. Mai Präsident Dodds die Erneuerung der Anstellung in Princeton für das Frühjahrssemester 1940 mit einem Honorar von 3000 Dollar anbot, zögerte er einige Wochen, bevor er schließlich doch akzeptierte. »Nächstes Jahr werde ich mir Karten drucken lassen des Inhalts, daß ich ein Dichter bin und dichten muß«, sagte er Ende des Monats zu Agnes Meyer.[100]

Bei der gegenwärtigen Weltsituation war es jedoch für ihn offensichtlich unmöglich, die politisch prominente Stellung aufzugeben, die ihm beschieden war, wo immer in Amerika er auch seinen Wohnsitz aufschlagen mochte. Als neuerliche Versuche eines »Appeasements« drohten, hielt er es darüber hinaus für unerläßlich, alles nur mögliche zu tun, um innerhalb Deutschlands den Widerstand gegen das Regime, von dessen Vorhandensein er überzeugt war, zu fördern. Im Mai entwarf er einen Plan, heimlich oder auf dem Postweg eine

Reihe von Schriften nach Deutschland einzuschmuggeln, die von emigrierten Gelehrten, Autoren, Theologen und Künstlern die kommenden zwölf Monate über verfaßt werden sollten, um auf unpolitische Weise an die besseren Gefühle der Deutschen zu appellieren. Finanzielle Unterstützung wurde von einem Komitee zugesagt, dem Frank Kingdon, der Präsident der Newark University, vorstand, damit jedesmal wenigstens fünftausend Exemplare gedruckt werden könnten, von denen man wohl annehmen durfte, daß sie ebenso weite Kreise erreichen würden wie das angeblich bei seinem Brief an die Bonner Universität der Fall gewesen war. Er schrieb zuerst an seinen Bruder, erklärte den Plan und suchte seine Hilfe: »Nur wenn die Deutschen mit Hitler ein Ende machen, kann der Krieg vermieden werden. Nur wenn, – sollte er nicht vermieden werden, – die Deutschen *vor der Niederlage* dem Regime die Gefolgschaft verweigern, dürfen wir auf einen Frieden hoffen, der nicht die Keime des neuen Krieges schon wieder in sich trägt. Die Deutschen müssen zur Raison gebracht werden und wer soll es tun, wenn wir schweigsam bleiben?«[101] Mit ähnlichen Worten warb er etwas später um die Mitarbeit einer Reihe von Kollegen und Freunden: Bruno und Leonhard Frank, René Schickele, Fritz von Unruh, Franz Werfel und Stefan Zweig; Lotte Lehmann, Max Reinhardt, Wilhelm Dieterle; der Physiker James Franck und Erwin Schrödinger (aber nicht Einstein); des Theologen Paul Tillich; der Politiker Ludwig Renn und Hermann Rauschning. Der Krieg war aber näher, als er dachte – der Führer hatte nach der gewagten und für ihn ärgerlichen englisch-französischen Garantie an Polen bereits am 31. März der Wehrmacht befohlen, die Zerstörung des Landes vorzubereiten –, und Manns Projekt, das auf längere Zeit gedacht war, konnte nicht mehr ausgeführt werden.

Er hatte ohnehin beschlossen, nach Beendigung seiner Verpflichtungen in Princeton Sommerferien – »hoffentlich mit ausgiebiger Arbeit«[102] – in der Schweiz und in Schweden zu machen (wo der nächste PEN-Kongreß im September stattfinden sollte), und hatte für den 6. Juni für sich, Katia und Erika die Überfahrt auf der *Ile de France* nach Le Havre gebucht. Als er das am 20. Mai Agnes Meyer mitteilte, schilderte er auch die finanziellen Schwierigkeiten von *Maß und Wert*, dessen vermutliches Defizit dieses Jahr um die 3000 Dollar betragen würde, und war so frei – erfolgreich –, darum zu bitten, daß Eugene sein Versprechen einlösen und einen Scheck über

2000 Dollar ausstellen möge, den er mit nach Europa nehmen könnte.

Die drei Wochen vor der Abreise brachten noch eine schwere Arbeitslast: abgesehen von der Doktoratszeremonie am Hobart College, erwartete man ihn am 2. Juni zum Congress of American Writers in der Carnegie Hall. Ansprachen mußten also für beide Anlässe verfaßt werden, und auch sein Terminkalender war so voll von Besuchern wie stets. Fragen von seiner anderen eventuellen Biographin Caroline Newton waren so höflich wie möglich zu beantworten (wie das von Agnes Meyer erblickte auch ihr Werk nie das Licht der Welt); sein alter Freund Georg Richter, der vor kurzem in Amerika eingetroffen war, erschien, um seine Pläne für einen Universitätsposten zu besprechen – eine seltsame Erinnerung an die alten Münchner Tage, wo sie das Häuschen in Feldafing geteilt hatten, jetzt kam ihm der gleichaltrige Richter wie ein alter Mann vor. Beim Carnegie-Hall-Kongreß sprach er in seiner Eigenschaft als Ehrenpräsident der German-American Writers' Association, erinnerte an den Tod Karel Čapeks und den kürzlichen Selbstmord Ernst Tollers in New York und äußerte seine Zuversicht, daß Hitlers sogenannte nationalistische Revolution nicht überleben könne.[103] Unter dem Stapel von Korrespondenz, der vor der Abreise noch erledigt werden mußte, war ein Brief an Rudolf Olden, den Mitbegründer des deutschen PEN-Clubs im Exil in England, dringend, es ging darum, Musil bei seiner Niederlassung in England zu helfen; er schickte ein Empfehlungsschreiben in den herzlichsten Worten, pries Musils Roman *Der Mann ohne Eigenschaften*, der in England vermutlich noch wenig bekannt sei, »ohne jeden Zweifel größte Prosa, die mit dem Vornehmsten rangiert, was unsere Epoche überhaupt zu bieten hat, ein Buch, das ... von der Zukunft in hohen Ehren gehalten werden wird«.[104] Zwei neue Aufträge versprachen, wie er Agnes Meyer mitteilte, eine willkommene Rückkehr aus der politischen Arena in seine eigentliche Sphäre: Vorworte zu einer neuen Random-House-Ausgabe von Tolstois *Anna Karenina* und zu Knopfs Neudruck seiner *Königlichen Hoheit*, die er, nachdem er Meisel mit der Vorbereitung geeigneter Auszüge beauftragt hatte, während des Urlaubs in Europa zu verfassen gedachte, er hoffte auch, mit der *Lotte in Weimar* entscheidende Fortschritte zu machen.

Ein Telegramm von Katias Eltern am 4. Juni aus München zwang sie, ihr Reiseprogramm noch einmal zu überdenken. Die Pringsheims standen kurz vor der Erlaubnis zur Emigration, fürchteten aber deren Rücknahme, wenn bekannt würde, daß sie die Manns in der Schweiz erwarteten. Das schien – auch angesichts der unsicheren allgemeinen Situation und der Wahrscheinlichkeit einer neuerlichen Krise – einen Aufenthalt dort im Frühherbst auszuschließen, und so beschloß man auf der Überfahrt, die Ereignisse erst einmal in Holland abzuwarten. In Plymouth, wo sie am 12. Juni anlegten, warteten weitere Nachrichten. Das Reich begnügte sich nicht damit, das gesamte Vermögen und den ganzen Besitz der Pringsheims zu enteignen, sondern hatte die Gelegenheit zum Erwerb wertvoller Devisen genutzt, indem es die Versteigerung ihres wertvollsten Besitzes, der unbezahlbaren Majolikasammlung, bei Sotheby in London veranlaßt hatte, von deren Erlös die Pringsheims nur ein Viertel zusammen mit ihren Reisepässen erhalten sollten. Der erste Teil war schon vor ein paar Tagen unter den Hammer gekommen, der zweite sollte im Juli folgen. (Der Enderlös brachte nur 5000 Pfund für die Pringsheims. Statt ihr Glück, verglichen mit den vielen jüdischen Emigranten, die ohne einen Pfennig ausgewiesen wurden, einzusehen, empörte sich Thomas Mann auch nach sechs Jahren Nazi-Herrschaft noch über die Illegalität eines solchen »Gangstervertrags«.[105]) Damit ihre schließliche Emigration nicht gefährdet würde, schien es um so wichtiger, der Schweiz fernzubleiben, bis das Geld tatsächlich ausgehändigt war. Noordwijk an der holländischen Nordseeküste wurde zum ersten Aufenthaltsort gewählt.

Unterwegs hatte sich Katia in Paris um die Visa bemühen müssen, die sowohl für Belgien wie für Holland benötigt wurden. Alles, was sie außer den Pässen eines nicht mehr existierenden Landes für diese Formalitäten in Händen hatten, war ein Empfehlungsschreiben des holländischen Botschafters. Heinrich überraschte sie mit einem Telephonanruf, und mit Erika und ihm verbrachten sie zwei Abende, bevor sie Paris am 15. Juni verließen. (Einem jungen emigrierten Studenten, der um diese Zeit einen der Vorträge Heinrichs gehört hatte, erschien dieser wie eine Kreuzung aus einem französischen Provinzler und einem Zahnarzt aus einer deutschen Vorstadt, weit entfernt von dem revolutionären Vorbild seiner Schriften – sentimental, mit übertriebenem Optimismus hinsichtlich des Widerstands gegen Hitler –, der den Wunsch mit der Wirklichkeit verwechselte.)[106] In dieser Krisenatmosphäre war dann der Abschied von Heinrich bewegend, zumindest für Erika, wenn auch nicht für ihren

Vater. Mehr als zwanzig Gepäckstücke erschwerten das Reisen, doch die Grenzen wurden ohne Hindernisse passiert, und am Abend des 16. Juni waren sie in die Pension Huis ter Duin in Noordwijk eingezogen.

Ihr Aufenthalt dauerte sieben Wochen, bis aus London die Nachricht von der Zahlung an die Pringsheims eintraf und er sich endlich entschloß, nach Zürich zu gehen. Von Anfang an hatte es ihn verstimmt, die Schweiz auszulassen und auf den erholsamen Urlaub verzichten zu müssen, den er sich nach den Anstrengungen in Amerika vorgestellt hatte; Noordwijk wurde zu einen unbehaglichen Zwischenspiel. Doch die Seeluft hatte ihre übliche erfrischende Wirkung, er machte sich sofort an die Arbeit und schrieb täglich in einem Strandkorb wie die an der Ostseeküste und erledigte die versprochenen Vorworte für Random House und Knopf kurz nacheinander, dann kehrte er zu den Schlußkapiteln der *Lotte* zurück. Er vermochte sich aber nur schwer an das wechselhafte Klima zu gewöhnen, was verständlich war bei seiner Nervosität über die unsichere politische Lage, und als sich der deutsche Druck auf Danzig und Polen verstärkte, litt auch seine Gesundheit. Erikas Abreise Ende Juni nach Amsterdam, Paris und in die Schweiz machte ihn besonders niedergeschlagen, und ihre telephonische Nachricht, daß einem hohen Nazi-Beamten zufolge der Kriegsbeginn auf Anfang August angesetzt sei, veranlaßte ihn trotz einiger Skepsis, provisorisch die Überfahrt nach Amerika zu buchen. Mit *Maß und Wert* gab es Probleme: Lion machte Schwierigkeiten wegen seiner zukünftigen Mitarbeit, nachdem Golo, der im August nach Zürich zurückkehren sollte, die Herausgeberschaft übernommen hatte, auch die Finanzen blieben trotz Eugenes Scheck noch immer unsicher.

Mit den hervorragenden Post- und Telephonverbindungen, einer Schreibagentur, die er in Amsterdam ausfindig gemacht hatte, vielen Besuchern, darunter Knopf und Bermann, und einem Mietwagen, den Katia geschickt durch die vielen Radfahrer steuerte, lief das Thomas-Mann-Unternehmen trotzdem wie üblich weiter, und seine tägliche Routine bewegte sich im gewohnten Gleis. Mit Bermann war sogar ein weiterer Essayband mit seinen früheren Stücken im Gespräch; Journalisten und Photographen kamen für das unvermeidliche Interview. In Den Haag besuchte er die Mauritshuis-Galerie mit den Rembrandts und aß mit dem holländischen Autor Menno ter Braak zu Mittag, einem Freund von Klaus und ehemaligem Beiträger zu seiner *Sammlung*, der für Ende Juli einen Empfang organisierte; der in Deutschland geborene holländische Künstler Paul Citroen machte, während er am Strand arbeitete, Skizzen von ihm.

Klaus' Roman über das Leben in der Emigration, *Der Vulkan*, traf ein, er las ihn sorgfältig, anfangs mit einem gewissen Widerstreben, dann aber mit wachsendem Vergnügen und »väterlichem« Stolz; damit habe sich der Sohn, wie er ihm schrieb, den man lange als Leichtgewicht abgetan hatte, der an den Rockschößen des Vaters hing, unbestritten als ein selbständiges Talent erwiesen.[107] (Das zu hören, sei für ihn um so befriedigender, erwiderte Klaus aus Kalifornien, wenn er daran denke, wie in der Vergangenheit der Blick des Vaters besorgt und mitunter geringschätzig gewesen sei.[108]) Es gab Augenblicke der Niedergeschlagenheit, doch er gewann bei der täglichen Arbeit an der *Lotte* wieder Zuversicht, und in der Hoffnung, Bermann, der die Anfangskapitel bereits im Druck hatte, würde das Buch im Oktober herausbringen können, begann er Ende Juli das vorletzte. Inzwischen hatte es Anzeichen einer politischen Entspannung gegeben, obwohl ihn die defätistische Haltung Frankreichs in der Danzig-Frage abstieß und er durchaus auf ein weiteres »Appeasement« und einen neuerlichen »Verrat« des Westens gefaßt war.

Die Augustbuchung für Amerika wurde annulliert, und nach abermaligem Zögern beschloß er doch, wie geplant nach Zürich zu reisen, um dort zwei Wochen zu verbringen, bevor sie nach London übersetzen und Monika und ihren Mann treffen wollten; dann sollte es weitergehen nach Schweden, rechtzeitig zum PEN-Kongreß im September. Die Aufnahme der Pringsheims in Zürich hatte man mit den Oprechts vereinbart; wenn alles gutging, war es vielleicht möglich, von Schweden noch einmal zurückzukommen, um sie vor der Rückreise nach Amerika zu sehen – »in die neue Heimat zurück, deren ›erste Papiere‹ wir haben, und in der ich nun Ehrendoktor von nicht weniger als 6 Universitäten ... bin«, schrieb er vor der Abreise an Karl Kerényi, den Budapester Philologen und Religionswissenschaftler, der für den *Joseph* ein nützlicher Berater gewesen war. »Das sind hübsche Anker, die man mich in diesen Grund hat senken lassen, – in welchem wirklich Wurzel zu schlagen ich doch nicht mehr fähig und nicht einmal recht willens bin.« In der Zwischenzeit habe er sich in Noordwijk »von den Strapazen des amerikanischen Winters ganz merklich erholt«.[109]

In seiner Arbeit gab es kaum eine Unterbrechung: Noch am Vormittag vor der Reise mit dem Nachtzug über Straßburg nach Basel saß er wie üblich in seinem Strandkorb, zwei Tage später, am 7. August, war er im luxuriösen Quartier des über Zürich gelegenen Waldhotels Dolder auch wieder am Schreibtisch. Auf Zürich hatte er sich wirklich gefreut, es gab freundliche Begrüßungen durch den Apotheker und die Fußpflegerin und den Friseur, die sich an ihn gut erinnerten, die Stadt war für die Schweizer Nationalausstellung beflaggt, man machte Einkaufsbummel für all die Dinge, die ihnen in Amerika abzugehen schienen. Vor allem aber waren die Untersuchungen durch Ärzte, zu denen er größeres Zutrauen hatte als zu den amerikanischen, befriedigend. Golo holte sie bei der Ankunft ab und legte einen ausgezeichneten Plan für die nächste Nummer der Zeitschrift vor; Erika, die in Arosa gewesen war, kam mit Therese Giehse auf Besuch; Oprecht sorgte für Abendunterhaltung und einen Ausflug nach Luzern zu Bruno Walter, der dort zu den Festspielen weilte. Ein Besuch in Küsnacht durfte nicht versäumt werden, das nun leere Haus in der Schiedhaldenstraße weckte wehmütige Erinnerungen an die Arbeit, die dort geleistet worden war. Man verfolgte sogar abermals den Gedanken eines zweiten Heims für die Zukunft, doch der Besitzer eines günstigen Anwesens in Zumikon außerhalb der Stadt wollte nicht verkaufen, und so wurde der Plan aufgegeben. Obwohl die politische Lage weiter angespannt war und Carl Jacob Burckhardt, der Hohe Kommissar des Völkerbundes in Danzig, am 11. August zu Hitler nach Berchtesgaden zitiert wurde, hegte Thomas Mann Zweifel, ob der Führer wirklich zum Krieg entschlossen war und sah keinen Grund, ihre Pläne zu ändern. Sie ließen daher im voraus Gepäck nach Schweden schicken, wo Bermann bereits für Unterkunft gesorgt hatte, und nahmen am 18. August einen Swissair-Flug über Basel nach London.

Hier wurden sie von Monika und ihrem Mann abgeholt, die während der wenigen Tage ihres Aufenthalts für eine bescheidene Unterhaltung sorgten. Lányi hatte einen guten Eindruck gemacht, als sie ihn im vergangenen Jahr in Küsnacht kennengelernt hatten, das Paar paßte gut zueinander und war recht glücklich, trotzdem machte er sich mit Katia Sorgen über das matte Aussehen Monikas. Sie genossen einen gemeinsamen Tagesausflug nach Hampton Court, Mahlzeiten in Restaurants oder in ihrer Wohnung, einen Besuch im Britischen Museum und eine Aufführung von Wildes *The Importance of Being Ernest* im Globe Theatre. Ida Herz meldete sich natürlich auch, mit ihr wanderten sie durch die Parks, zum Buckingham Palace, Trafalgar Square und in die Gegend um das Parlament; Katias Cousinen, die sich nach einer abenteuerlichen Auswanderung nun in London niedergelassen hatten, wurden besucht. Er hatte gehofft, sich mit Harold Nicolson, dem Diplomaten und Schriftsteller, treffen zu können, mit dem er seit dessen wohlwollender Besprechung von Klaus' und Erikas *Escape to Life* korrespondiert hatte (»diese erstaunliche Familie« war eine Bemerkung Nicolsons, die er kaum vergessen würde). Das war anscheinend nicht möglich, doch er schrieb später von Schweden aus an Nicolson und bat ihn im Kriegsfall um Unterstützung für Monika und ihren Mann.

Für Arbeit war keine Zeit – schon gar nicht, als am 22. August die sensationelle Nachricht des Hitler-Stalin-Pakts bekanntwurde, der von Ribbentrop soeben in Moskau ausgehandelt worden war. Der unerwartete Streich machte ihn ebenso ratlos wie alle anderen, da man nicht wußte, was eigentlich vereinbart worden war; der Krieg schien dadurch näherzurücken, doch Polen blieb fest. Er vertraute weiterhin darauf, daß Hitler einen Krieg nicht riskieren würde, und war vermutlich mehr über die Nachricht bestürzt, daß Bruno Walters jüngere Tochter von ihrem Ehemann in Basel erschossen worden war. Erika und Golo sollten die Familie bei der Bestattung vertreten. (Erst später scheint er die Wirkung des Pakts auf die antifaschistische Sache erkannt zu haben, als die kommunistischen Parteien weltweit einen Umschwung vollzogen und Deutschland und die UdSSR als Verbündete gegen die »militaristisch-imperialistischen« Mächte England und Frankreich zu behandeln begannen; als die German-American Writers' Association diese Linie vertrat, zog er seinen Namen zurück.) Am nächsten Tag wurden sie von den Lányis und Ida Herz verabschiedet, fuhren nach Tilbury und bestiegen die *Suecia* nach Göteborg, von wo aus sie den Zug nach Stockholm nahmen.

Ohne genaue Kenntnisse der politischen Entwicklung vermochte er nur zu spekulieren, doch er war sich immer noch im klaren, daß alles einer weiteren Hinnahme einer Aggression und einem zweiten München, das man anscheinend in Deutschland erwartete, vorzuziehen sei. »Ich verhehle mir nicht, daß ich den Krieg wünsche, *weil* er in seinen Folgen unabsehbar ist und aus dem jetzigen Zustand hinausführt, wahrscheinlich auch in Deutschland.«[110] Erika kam am 30. August von Holland zu ihnen herüber; Michael, der an einem

Sommerkurs in Belgien teilgenommen und sie in Noordwijk besucht hatte, war nun mit seiner Frau auch in London, und Monika hielt sich ebenfalls dort auf. In den letzten Augusttagen, von den Bermanns und dem schwedischen Verleger Bonnier fürstlich aufgenommen, bezweifelte er immer noch, daß es zum Krieg kommen würde, selbst als der PEN-Kongreß auf unbestimmte Zeit verschoben wurde und allerorten Mobilmachung war. Auf einer Pressekonferenz am 31. August sagte er mit vorsichtigen Worten, daß die Schrecken des nächsten Krieges unvorstellbar wären, daß er aber hoffe, man würde ihn nicht um den unannehmbaren Preis des Überlebens eines Regimes vermeiden, dessen einzige Existenzberechtigung der Krieg sei – sollte dieses Regime bleiben, »bekommt Europa nie Frieden. Dieses Regime ... hat die Idee des Krieges als Grundlage ...«[111] Der größte Teil dieses Interviews galt jedoch seinen rein persönlichen Angelegenheiten – dem Leben in Princeton, seiner jüngsten Arbeit, Einzelheiten über *Lotte in Weimar* und die Pläne zur Fortsetzung des *Joseph* nach ihrer Rückkehr am 12. September. Die Leser der *Dagens Nyheter* am folgenden Morgen dürften sich angesichts der Nachrichten von der Bombardierung Warschaus und dem verheerenden Angriff Deutschlands auf Polen kaum dafür interessiert haben.

In Erwartung weiterer Entwicklungen nahm Thomas Mann seine Arbeit mit Gelassenheit wieder auf. Ein städtischer Wagen holte ihn und Katia zu einem Mittagessen und einer Rathausbesichtigung mit dem Bürgermeister ab; Bert Brecht, ein ungeliebter Landsmann, der aus Dänemark hergezogen war, und Helene Weigel waren unter den Gästen. Mit Erika erstanden sie ein Radio und hörten sich Hitlers Reichstagsrede an; am nächsten Tag hörten sie aus London das Ultimatum Chamberlains und lasen die weltweiten Reaktionen. »Nun wird unsere Sprache gesprochen, Hitler ein Wahnsinniger genannt. Spät, spät! ... Ich denke viel an den Bonner Brief u. seine Voraussagen.«[112] Mit dem Auslaufen des britischen Ultimatums am 3. September befanden sich England und Frankreich im Krieg mit Deutschland; man begann sich nach einer Rückfahrt nach Amerika zu erkundigen, die nun freilich äußerst schwierig geworden war. Ein Schiff von England aus schien schließlich die einzige Möglichkeit. Ihre Abreise nach London wurde für den 9. September mit dem Flugzeug aus Malmö organisiert. Erika erledigte alles, dieweil er für Bermann den sieben bisher vollendeten Kapitel der *Lotte* den letzten

Schliff gab und mit Katia an einem Dinner teilnahm, das Prinz Wilhelm für die PEN-Mitglieder gab, die in Stockholm eingetroffen waren, darunter H. G. Wells. Beim Abflug von Malmö konnten sie den größten Teil ihres Gepäcks nicht mitnehmen, Bermann mußte es später nach Princeton nachschicken.

Am Londoner Flughafen erwartete sie eine ungewöhnlich genaue Zollkontrolle, vor allem was sein Material in deutscher Sprache betraf; ein Manuskript erregte Argwohn, doch sein Name war wenigstens wohlbekannt. Nach einer langen Busfahrt durch herrliches Sommerwetter und in Wochenendstimmung kamen sie in eine Stadt, die bereits von Flugabwehrballons umringt war, und erreichten am Abend gerade noch rechtzeitig den Zug von der Waterloo-Station nach Southampton. Die englischen Zeitungen, welche die kalte Ablehnung von Görings Friedensangebot berichteten, ließen eine erfreuliche Standhaftigkeit von Regierung und Volk erkennen; über Deutschland waren aus der Luft ungehindert Flugblätter abgeworfen worden, französische Truppen kämpften zwar bereits an der Saar, doch ihm schien, daß der Westen durch einen Zermürbungskrieg Blutvergießen vermeiden wollte. In Southampton hatten sie lange zu warten, da die *SS Washington*, auf die sie schließlich gebucht wurden, noch nicht eingelaufen war; sie nutzten die Zeit, um Einkäufe für die Reise zu machen. Wie in London trug man Gasmasken über der Schulter, fieberhafte Luftabwehrvorkehrungen wurden getroffen, überall waren Schützengräben und Sandsäcke. Sie hatten Verbindung zu Michael, der seinem Geigenlehrer nach Wales gefolgt war und anscheinend versuchte, eine Überfahrt von Holland nach Amerika zu bekommen (über die Pläne der Lányis ist nichts überliefert, jedenfalls befanden sich beide Paare einen Monat später noch in London).

Als die *Washington* endlich für den 12. September angekündigt wurde, begaben sie sich zeitig zu den Docks, waren aber gezwungen, stundenlang unter den Passagieren zu warten, bis es Erika unter dem Vorwand, ihr Vater sei krank, gelang, an die Spitze zu kommen, ihn an Bord zu bringen und in einem bereits überfüllten Salon einen Platz für ihn zu finden, dann kümmerte sie sich mit Katia um eine Kabine. Endlich, nachdem man von seiner Beziehung zur Direktion erfahren hatte, erhielten sie eine in der ersten Klasse, doch das war bei einer höchst unbequemen Überfahrt auf dem überfüllten Schiff ein nur geringer Vorteil. Die Schiffslinie hatte der Notlage entsprechend improvisierte und nach Geschlechtern getrennte Quartiere eingerichtet (ein Konzentrationslager, wie sein Nachbar bemerkte). Die Restaurants wahrten den Schein, das Essen war hervorragend wie immer, doch es gab zuwenig Badewasser, es war unmöglich, allein zu sein, und er entdeckte, daß der Preis um mindestens 1000 Dollar gestiegen war. (»Aber wenn Hitler dabei sein Grab findet, soll's mir wahrhaftig recht sein.«[113])

Unter solchen Bedingungen war die sechstägige Überfahrt für jemanden, der so an seinen Komfort gewöhnt war, eine Folter. Trotzdem blieb er hartnäckig bei seinem Vorhaben und schrieb in seinem Liegestuhl jeden Vormittag an der *Lotte*; mit guten Mahlzeiten und Schlaftabletten gelang es ihm, »Phlegma und Vertrauen in das eigene Schicksal« aufrechtzuerhalten, wie er bei der Rückkehr nach Princeton notierte, »bei zunehmender Einsicht in die zeitliche und inhaltliche Unabsehbarkeit des begonnenen Prozesses, dessen Ende zu erleben ich nicht gewiß sein kann«.[114] Angesichts der Umstände ist die souveräne Selbstbezogenheit ebenso zu bewundern wie die hartnäkkige Besessenheit von der Arbeit. Sie hatten nach New York telegraphiert, daß sie am 19. September ankämen. Caroline Newton und Meisel holten sie ab; Meisel brachte sie sofort nach Princeton, Erika blieb in New York. Er war wieder in seinem »Notheim«[115], vielleicht für den Rest seines Lebens, wenn der Krieg, wie alle Welt anscheinend überzeugt war, ein Jahrzehnt dauern sollte. Ihm war es aber eine Erleichterung, wieder sicheren Boden erreicht zu haben, und sogleich wurde alles für die Arbeit vorbereitet, damit er seine Zusage an Bermann einhalten konnte, ihm die letzten zwei Kapitel der *Lotte* bis Oktober zu schicken. Katia hörte unterdessen, daß ihre Eltern Ende September in Zürich glücklich eingetroffen waren und sich mit Hilfe Golos und Oprechts in Sicherheit befanden.

Während ihrer Reise war auch Rußland in Polen eingefallen, was eine gemeinsame Grenze mit Deutschland bedeutete, die polnische Regierung war nun im Exil, doch Warschau hielt noch aus. »Was ich erwarte und erhoffe ist: Deutschland als Kriegsschauplatz beim Kampf zwischen Rußland u. dem Westen, kommunistische Revolution und Hitlers Untergang darin. Der Untergang des Regimes unter schwerer Heimsuchung des schuldigen Landes ist im Grunde alles, was ich wünsche.«[116] Diese Aussicht lag jedoch in der Ferne, und der Beginn einer »langhinrollenden Katastrophe«[117] war seinem Gefühl nach nicht die Zeit für Appelle eines Emigranten, denen die Deutschen Hitlers in ihrer Kriegsbegeisterung kaum Gehör schenken würden. Sogar eine neue Einleitung zur Kriegsausgabe von *Maß und Wert* bereitete ihm Schwierigkeiten; Interviews konnten nicht vermieden werden, doch er war froh, auf absehbare Zeit keine größeren Vorträge halten zu müssen. In der Niedergeschlagenheit in Noordwijk hatte er sich entschlossen, die große Vortragsreise, die zu einem alljährlichen Unternehmen geworden war, nicht mehr zu wiederholen, nun aber, da seine Spannkraft zurückgekehrt war und die Vollendung der *Lotte* rasche Fortschritte machte, dauerte es nicht lange, bis sich Pläne zu einer weiteren Tour, wieder mit dem *Problem der Freiheit*, herauszubilden begannen.

Am 26. Oktober konnte er »Finis« unter die *Lotte* setzen. Für siebenunddreißig Monate Arbeit war nicht viel vorzuweisen, überlegte er, doch der Roman war dennoch eine Leistung angesichts all dessen, was seine Entstehung unterbrochen hatte: die Essays über Schopenhauer, Faust, Wagner; *Achtung, Europa!*; die großen Vorträge über Demokratie und Freiheit. In diesem Buch hatte er einen originellen Zugang zu dem großen Vorgänger versucht, mit dem er seit langem eine beinahe mythische Identität fühlte: ein neues Porträt von Intimität und Heiterkeit und einer Vertrautheit mit der Größe, gemildert durch einen Anflug von »demokratischer Ironie«.[118] In geschickter Montage hatte er aus dem faktischen Rahmen, aus den reichen Aufzeichnungen von Unterhaltungen und aus Schriften Goethes ein Bild geschaffen, das trotz kleinerer Anachronismen »wahrhaft« den künstlerischen Egoisten zeigte, der wie er selbst alle Menschen seiner Umgebung für sein Werk ausbeutete. (Für englische Leser wählte man den verständlicheren Titel *The Beloved Returns*.) Das wenige an Handlung bezieht sich auf eine Reihe von Begegnungen zwischen der ehemaligen Geliebten und den Personen aus Goethes Umgebung – seinem Sekretär Riemer, seinem Sohn August, Schopenhauers Schwester Adele, der Freundin von Augusts künftiger Braut – und schließlich auf ihre Anwesenheit als Gast bei einem Mittagessen, auf das eine (imaginäre) zweite Begegnung folgt, bei der er seine Schuld den Menschen gegenüber eingesteht, die er seiner Kunst geopfert hat. Falter zweifelsohne, die von der brennenden Kerze angezogen werden, so gibt er zu – aber er sei »im Wandel und Austausch der Dinge die brennende Kerze doch auch, die ihren Leib opfert, damit das Licht leuchte«.[119] Mit dieser Erkenntnis kann Lotte im Geist der Versöhnung scheiden.

Mangels einer besseren Bezeichnung hatte Mann das Buch einen Roman genannt, obwohl er »intellektuelle Komödie«[120] oder sogar Monographie in Dialogform vorgezogen hätte. Es war für ein deutsches Publikum geschrieben, das im Augenblick dafür nicht mehr vorhanden war, eines Tages aber wieder dasein würde. In einem ausführlichen Selbstgespräch benutzte, erfand oder paßte er Goethes Worte an und brachte es damit fertig, dem eigenen hartnäckigen Deutschtum Ausdruck zu verleihen, gegen den Widerstand seiner zeitgenössischen Landsleute und der eigenen tiefen Abneigung gegen sie: »Daß sie den Reiz der Wahrheit nicht kennen, ist zu beklagen, – daß ihnen Dunst und Rausch und all berserkerisches Unmaß so teuer, ist widerwärtig, – daß sie sich jedem verzückten Schurken gläubig hingeben, der ihr Niedrigstes aufruft ... Sie meinen, sie sind Deutschland, aber ich bins, und gings zugrunde mit Stumpf und Stiel, es dauerte in mir. Gebärdet euch, wie ihr wollt, das Meine abzuwehren, – ich stehe doch für euch. Das aber ists, daß ich für die Versöhnung weit eher geboren, als für die Tragödie ... Humanität als universelle Ubiquität ... denn Deutschtum ist Freiheit, Bildung, Allseitigkeit und Liebe – daß sies nicht wissen, ändert nichts daran.«[121]

Er hörte später mit Befriedigung, daß Nazi-Gegner aus Exemplaren, die im Krieg nach Deutschland geschmuggelt worden waren, die schärfsten Stellen ausgewählt und unter dem Tarntitel *Goethes Unterhaltungen mit Riemer* hatten zirkulieren lassen. (Nach dem Krieg war es auch ein gewisses Kompliment, Textstellen als vermeintliche Worte Goethes von Sir Hartley Shawcross, dem Hauptankläger bei den Nürnberger Prozessen, zitiert zu finden. Als er das richtigstellte, konnte er immer noch dafür bürgen, daß Goethe sie durchaus gesprochen haben könnte, so daß Shawcross in höherem Sinne gerechtfertigt war. Doch diese »Zitate« wurden immer wieder nachgedruckt und nachgesprochen, und die Verwirrung darüber, was Goethe nun wirklich gesagt hatte, fand erst ein Ende, als in einer Zeitschrift, und dann 1949 als kleines Buch, Goethes authentische Äußerungen von Hans-J. Weitz gesammelt und herausgegeben wurden.)

»Für Tommy war es ein großes Glück, daß er so intensiv arbeiten konnte«, schrieb Katia an Bermann, als sie die komplizierten Modalitäten der Übersendung der letzten Kapitel sowohl auf dem Seeweg wie auf dem neuen Clipper-Luftweg erläuterte, »und fast muß ich es bedauern, daß diese Aufgabe nun beendet ist. Aber, nach Erledigung einiger journalistischer Kleinigkeiten beabsichtigt er, sich sehr bald in den letzten ›Joseph‹ zu vertiefen, das wird gut sein.«[122] Kurz vor dem Abschluß des Romans hatte er selbst zu Agnes Meyer bemerkt, »am nächsten Morgen werden, wie ich mich kenne, die ersten Zeilen von Joseph IV auf dem Papier stehen«.[123] In früheren, weniger bedrängten Zeiten war ein solcher Neuanfang möglich gewesen, nun aber nicht mehr. Zum einen stand wesentlich mehr als nur einige journalistische Kleinigkeiten auf dem Programm für November und Dezember: eine Lesung an der New Yorker Columbia University, zwei Vorlesungen in Princeton und noch eine am Wagner College auf Staten Island, weitere würden in den kommenden Monaten für Princeton fällig werden. In seiner neuentdeckten Bewunderung für die entschlossene Haltung Englands – obwohl noch kein wichtiger Einsatz gegen Hitler stattgefunden hatte – fühlte er sich bewegt, *Dieser Krieg* zu Papier zu bringen, »etwas energisch Pro-Britisches ... von Herzen und aus Überzeugung«.[124] In der Zwischenzeit drängte sich eine weitere Abschweifung vom *Joseph* (oder, wie er halb zugab, eine weitere Ausrede für eine Verzögerung) auf – eine Novelle über ein indisches Thema, noch tiefer in der Welt der Mythologie, auf das er Jahre zuvor gestoßen war. Damit fing er am Neujahrstag an, als er sich zu der Vortragsreise fertigmachte, die kurz darauf beginnen sollte.

Auf diese Weise waren die letzten Monate des Jahres wohlgefüllt, doch er hielt an der üblichen Routine fest; ein neuer Hund, das Geschenk Caroline Newtons, machte ihm Freude, und er hatte nicht das Gefühl von Druck oder Hetze. Wie Klaus bei einem seiner kurzen Besuche Ende November an Golo in Küsnacht schrieb, wurde der Vater – vom Aufenthalt in Holland immer noch leicht gebräunt und nachdem er früher als erwartet die *Lotte* abgeschlossen hatte – von einer Schar von Bewunderern belästigt, gleichzeitig aber auch unterhalten; ihre Mutter, »von einer Aufregung politischer Art in die nächste stürzend« und einmal über den Tourneeagenten, dann über das schwarze Hausmädchen Lucy verärgert, sei immer noch »widerstandsfähig, lieb und alert«; Elisabeth schicke sich an, in den »heiligen Stand der Ehe« zu treten: »wenn das nur gut geht, momentan flirtet sie eifrig mit Hermann Broch ...« Er beschrieb Erikas augenblickliche Vortragsreise im Mittleren Westen, nachdem die seine mit dem Hauptthema »After Hitler – What?« eben vorbei war, und drückte seine Hoffnung aus, im Frühjahr nach Europa zurückkehren zu können.[125]

Die kirchliche Trauung von Elisabeth mit Borgese fand am 23. November statt. Für Katia war es die erste richtige Zeremonie dieser Art bei einem ihrer Kinder – Thomas war beim Anblick der Tochter im weißen Kleid, die unter den Jüngsten immer sein Liebling gewesen war, beinahe zu Tränen gerührt. Von der Familie konnten wenigstens Erika und Klaus zugegen sein, Auden kam später auch noch und überreichte jedem Gast beim Abendessen am folgenden Tag ein Exemplar eines »Epithalamiums«, das er eigens für die Gelegenheit geschrieben hatte (die halb erwartete Bezahlung dafür blieb allerdings aus). Sie habe ihren antifaschistischen Professor geheiratet, berichtete Thomas an Heinrich (der mittlerweile seine Nelly Kröger geehelicht hatte), »der mit seinen 57 Jahren nicht mehr daran gedacht hätte, soviel Jugend zu gewinnen. Aber das Kind wollte es und hat es durchgesetzt. Er ist ein geistreicher, liebenswürdiger und sehr wohlerhaltener Mann ... ein überzeugter Amerikaner, und obgleich Medi italienisch kann und er deutsch, sprechen sie ausschließlich englisch miteinander.«[126] In seinen Augen repräsentierte diese Verbindung ein symbolisches Gegenstück zur Achse Hitler–Mussolini. Sie würden in Chicago Wohnung nehmen, er und Katia wären in dem großen Haus in der Stockton Street von nun an allein. Dieser Zustand, nachdem sich die Familie soweit wie möglich zu Weihnachten wieder zusammengefunden hatte und dann zum Monatsende abgereist war, kam ihm nicht ungelegen. Die Einsamkeit förderte seinem Empfinden nach das »Erfinden und Beschließen«[127], als er ahnungsvoll an das schicksalsreiche neue Jahr dachte, auch wenn sich die Novelle, die er nun anfangen wollte, zunehmend wie bloße Unterhaltung ausnähme und er nur hoffen könnte, daß sie seiner würdig sei.

Dieser Krieg hatte er kurz vor Weihnachten fertiggeschrieben. Seit sich die Demokratien im Krieg befanden, sei alles »vergeben und vergessen«, er stände voll und ganz auf ihrer Seite[128], schrieb er am zweiten Weihnachtsfeiertag. Zu Gilbert Murray sagte er später, der Aufsatz solle ein Appell an die anständigen Elemente in Deutschland sein, »eine vergebliche Anstrengung, leider, doch mußte ich den Versuch machen«[129] – durchaus richtig, wie sich herausstellte, da der Verlag aufgrund seiner weiterlaufenden Zusammenarbeit mit Firmen in Amsterdam ihn dort hatte drucken lassen und der größte Teil nach der deutschen Invasion vernichtet wurde.

Lotte in Weimar war auf ähnliche Weise produziert worden, den Bestand brachte man dann aber klugerweise nach Stockholm (obwohl Bermann beim Ausbruch des russisch-finnischen Krieges seine Zweifel hatte, wie lange Schweden aushalten könne). Thomas Mann war sehr erfreut, als er gerade zu Weihnachten die ersten Exemplare zu Gesicht bekam, das Buch habe Borgese, wie er in seinem Dankesbrief an den Verleger schrieb, veranlaßt, über die Widerstandskraft der Zivilisation nachzudenken, die sich darin ausdrücke, daß in einer solchen Zeit ein deutsches Buch von so makelloser Form erscheinen konnte. »Ich sagte ihm ... Sie seien nicht umzubringen, und wenn nach Berlin und Wien auch Stockholm auffliege, so würden Sie es in London oder New York oder Neuseeland ebenso distinguiert weitertreiben und auch meinen nächsten Roman wieder aufs feinste herausbringen.«[130] Als er Stefan Zweig, der sich nun in London aufhielt, für seinen begeisterten Brief dankte, gab er zu, daß er sich bei dem Gedanken, daß ein solches Buch in früheren Zeiten eine Auflage von hunderttausend Exemplaren gehabt hätte, »eines leisen Unmuts über Hitler« nicht habe erwehren können – doch die heutigen zehntausend hätten mehr Wert. »Sehen Sie Harold Nicolson? Dann bitte ich ihn bestens zu grüßen und ihm zu sagen, mit welcher Sympathie ich seine politischen Schriften lese. Mein Lieblingssatz aus seiner Feder ist: ›Der deutsche Charakter ist eine der größten und unbequemsten Entwicklungen der menschlichen Natur‹.«[131]

Der »Zeitvertreib« der indischen Phantasie – *Die Vertauschten Köpfe*, wie er sie später nannte – nahm im neuen Jahr Gestalt an. Diese »Legende« war seine erste Annäherung an die »französisch-surrealistische Sphäre« von Cocteau[132], die ihn seit langem in ihrem ausgelassenen Gegensatz zum Naturalismus eines Tolstoi angezogen hatte; als er die Vortragsreise am 22. Januar antrat, hatte er die ersten zwanzig Seiten zu Papier gebracht. Am 10. Januar kamen Michael und seine bereits schwangere Frau aus England nach New York und wurden von Katia abgeholt. Weder die schwere Erkältung, die sie sich bei dem langen Warten auf dem Pier zugezogen hatte, noch eine anschließende beunruhigende Blutung, die eine Verätzung der Gebärmutter nötig machte, konnten sie davon abhalten, ihn nun auf seiner Tour zu begleiten. Diesmal sollte Erika freilich nicht mit von der Partie sein; sie war von einer Vortragsreise ebenfalls mit einer Erkältung und Fieber zurückgekehrt und hatte andere Pläne.

Die Reise, auf der er hauptsächlich den entsprechend aktualisierten Freiheitsvortrag halten wollte, zerfiel eigentlich in zwei Teile: zuerst kamen New York, Kanada, Toledo, Ohio dran, dann im Februar fernere Gegenden, vornehmlich Städte, in denen er noch nicht aufgetreten war. In New York las er am 22. Januar vormittags im Rathaus vor einem großen und aufmerksamen Publikum seine Princeton-Einführung zum *Zauberberg*, abends entspannte er sich dann bei einer angenehmen Aufführung von Lillian Hellmans schon lange laufenden *The Little Foxes*, und am nächsten Tag hatte er glücklicherweise Caroline Newtons Hilfe bei der Einübung der englischen Version eines probritischen Auszugs aus *Dieser Krieg*, den er in den Freiheitsvortrag in Ottawa einfügen wollte. Es war eine neue Erfahrung, als das Thermometer dort 30° unter Null anzeigte, doch die Kälte machte ihnen nichts aus. In dem außerhalb der Stadt gelegenen Hotel Chateau Lourdes scheint der Vortrag gut aufgenommen worden zu sein, obwohl der Saal nur zu dreiviertel voll war. Danach freute er sich über eine Einladung des neuen amerikanischen Botschafters zum Mittagessen am nächsten Tag, nach ihrer Eintragung in das Buch des Generalgouverneurs. Die Bahnfahrt nach Toledo, mit einer langen Unterbrechung in Detroit, war ermüdend, gab ihm aber Zeit, die Umarbeitung seines Vortrags einzustudieren; er trug ihn trotz seiner Müdigkeit gut vor, nach dem Mittagessen folgte sogar eine zusätzliche, unerwartete Stegreifrede, die ebenfalls vom Rundfunk übertragen wurde, dann mußte er endlos Bücher signieren. Die ganze Zeit über beschäftigten ihn *Die Vertauschten Köpfe* sehr, und er war entschlossen, nun und während des zweiten Teils der Reise an der Geschichte weiterzuarbeiten. In der Woche in Princeton hatte sie angefangen, ihm Schwierigkeiten zu machen. Als er am 6. Februar nach New York fuhr, um den Zug zu seinem ersten Auftritt in Delaware, Ohio, zu nehmen, war er unzufrieden mit der Umständlichkeit seiner jüngsten Zusätze; eine Wiederkehr seines Geschwürs im inneren Ohr schwächte außerdem seine Gesundheit.

In New York wurden sie von Erika, Klaus, Michael und dessen Frau verabschiedet – letztere sollte in Anbetracht ihres Zustands von nun an bei ihnen in Princeton wohnen. An der Wesleyan University in Delaware waren zahlreiche junge Leute im Publikum, die Fragen stellten; bei dem schlichten geselligen Anlaß am folgenden Tag fand er die Unterhaltung schwierig. Von dort aus fuhren sie über Chicago nach Dubuque, Iowa, wo eine weitere Ehrung auf ihn wartete. Diesmal war es nicht ein Ehrendoktor, sondern die höchst ungewöhnliche Ernennung zum Ehrenrektor der Universität; sein Freiheitsvortrag wurde von der örtlichen Presse lobend mit den berühmten Debatten des amerikanischen Verfassungskongresses 1787 in Philadelphia verglichen. Die feierliche Investitur, in goldbesetztem Talar, beeindruckte ihn höchlichst, er hatte das Gefühl, sich würdig verhalten zu haben, und war besonders von dem internationalen Charakter der Studentenschaft überrascht, unter der sich zahlreiche asiatische Gesichter befanden. Auch hier war am nächsten Tag aber der Druck eifriger Gastlichkeit in der vornehmlich presbyterianischen Atmosphäre eine Last, und trotz all seiner Dankbarkeit war er dann ungeheuer erleichtert, als er den Schlafwagen nach Chicago bestieg. Dort konnten sie sich in einem bequemen Hotel zwei Tage Ruhe gönnen und die Gesellschaft Elisabeths und ihres Mannes genießen. Dank der damaligen schnellen Postverbindungen erwartete ihn dort ein Stapel von Briefen aus Princeton und Europa – der traurigste von allen war ein Brief, den Schickele zwei Wochen vor seinem Tod geschrieben hatte, von dem sie vor der Abreise erfahren hatten, der Verlust eines weiteren Freundes, der sein Exil geteilt hatte.

Auf Chicago folgte ein sehr gedrängtes Programm: das State College in Ames, Iowa; die University of Minnesota in Minneapolis; die High-School in Topeka, Kansas; die Southern Methodist University von Dallas, Texas, und ein weiterer Auftritt in Houston und schließlich, am 26. Februar, das State College for Women in Denton, Texas. Das Publikum von manchmal mehreren tausend Zuhörern war aber oft auch enttäuschend, und man konnte nur schwer sagen, ob die Gastgeber so zufrieden waren, wie sie beteuerten. In San Antonio konnten sie zwischen Houston und Denton für ein paar Tage unterbrechen. Mittlerweile war er mit seinen Auftritten halbwegs zufrieden, die ohnedies besser und erfolgreicher waren als die seiner Kollegen Stefan Zweig und Emil Ludwig, die sich zur gleichen Zeit auf Vortragsreisen befanden. Interessant war es für ihn, in Minneapolis von einem jungen amerikanischen Studenten, der in Köln bei Ernst Bertram studiert hatte, etwas über den alten Freund zu hören. Bertram war für einige Zeit von seinem Lehrstuhl entfernt, dann aber mehr oder weniger wieder eingesetzt worden. Den Worten des Studenten nach schien er »allzuviel Mitleid mit mir zu haben – der doch schließlich das bessere Teil erwählt hat. Plan, ihm durch holländische Reisende ›Lotte‹ in die Hände zu spielen.«[133] Seine Ohrenschmerzen wurden schlimmer, mit großer Erleichterung begann er daher am 27. Februar die lange Bahnfahrt zurück nach New York und Princeton. Wie schon so oft beschloß er, weitere zeitvergeudende Touren dieser Art zu vermeiden und dachte bei den höchst ungewissen Nachrichten voll Pessimismus daran, wie er die ihm vielleicht noch verbleibenden Jahre einteilen sollte und ob er die Kraft finden werde, nach der überflüssigen Ablenkung durch die »Legende« den *Joseph* zu vollenden.

In den letzten Monaten hatte er es trotz zahlreicher Einladungen sorgfältig vermieden, sich in rein amerikanische Angelegenheiten hineinziehen zu lassen, mit der Begründung, daß er noch nicht amerikanischer Staatsbürger sei. In seinen umgearbeiteten Vorträgen war er jedoch soweit wie möglich gegangen, um die Lage in Europa und den Unterschied zwischen Neutralität und Isolation zu erklären. Mit Betroffenheit hatte er bei den Menschen, denen er begegnete, eine antibritische Haltung bemerkt, nicht aus irgendeinem Wunsch, daß Hitler den Sieg davontrage, sondern daß das »arme Deutschland« am Ende nicht zu schwer unter einem neuen Versailler Vertrag leiden möge. Der Besuch des stellvertretenden Außenministers Sumner Welles bei den Diktatoren im März verriet seiner Meinung nach einen naiven Glauben an deren internationale Glaubwürdigkeit und eine verheerende Unkenntnis von deren Wesen. Im April trat er aus der American Guild for Cultural Freedom aus, als diese gegen das alliierte Kriegsziel der völligen Zerstörung Deutschlands Stellung nahm; in diesem »Welt-Bürgerkrieg«[134] konnte er niemals eine weiche Haltung billigen. An den österreichischen Dichter Felix Braun, der nach England emigriert war, schrieb er beinahe mit Neid, daß dieser in einem Land lebte, das Krieg gegen Hitler führte (»Die Atmosphäre der Neutralität geht unsereinem doch allzu oft schon gegen das Gefühl«).[135] Wo er aber auf angemessene Weise seine Stimme hören lassen konnte, tat er das, vor allem in einer Radiosendung am 9. März aus New York für den United Jewish Appeal zugunsten von Flüchtlingen, in der er die Gefahr des Antisemitismus für die Demokratie betonte. (»Ich bin selbst kein Jude und unterstütze den ›United Jewish Appeal‹, weil ich aus bitterer Erfahrung weiß, daß die Flammen, in denen der Jude verbrennt, an seinem Scheiterhaufen nicht haltmachen, sondern auf die umstehenden Häuser überspringen werden.«[136])

Im März, April und Mai kam er wieder seinen Verpflichtungen in Princeton nach – ein langer Vortrag *On Myself*, den er mehrere Male hielt, Wiederholungen der Einführung zum *Zauberberg* und ein neuer Vortrag über *Die Kunst des Romans* –, mit einem Gefühl der Unzufriedenheit, ja Langeweile, bei dieser ziemlich dilettantischen Beschäftigung. Diese Vorträge für die Studenten wären eigentlich eher für ihre Professoren geeignet gewesen, weder die einen noch die anderen schienen jedoch viel Verständnis für sie zu haben; am 22. März schrieb er an Agnes Meyer, er werde eine Verlängerung seiner Anstellung wohl nicht mehr akzeptieren. »Für den IV. Joseph, der doch zu meinem 70. Geburtstag fertig sein soll (womöglich ein paar Jahre früher) muß ich ganz frei sein.«[137] Er sprach von einem Sommeraufenthalt in Beverly Hills, wo sich Michael und Gret nun niedergelassen hatten und sein erstes Enkelkind erwartet wurde, und innerhalb weniger Tage festigte sich in ihm der frühere Gedanke an einen endgültigen Umzug nach Kalifornien, vielleicht nach Santa Monica, und so machte man Pläne für eine Übersiedlung in den Sommerferien. Das ideale Klima würde den richtigen Hintergrund für den letzten Band des *Joseph* bieten. Ehrungen und Auszeichnungen strömten ihm weiterhin zu: im April stellte die Zeitschrift *Books Abroad* ihn mit Proust, Joyce und Aldous Huxley in die Reihe der Autoren der »hervorragendsten literarischen Werke der Zeit nach 1918«[138], und er wurde Ehrenpräsident der Whitman Society. Später saß er einer Versammlung des Committee on Europe vor, das Borgese organisiert hatte und an dem unter anderen Gaetano Salvemini teilnahm, und das das Ziel hatte, eine Erklärung, »The City of Man«, zu veröffentlichen, in der der Glauben an Amerika als demokratische Weltmacht gekräftigt und zu einer entschlossenen antifaschistischen Front in den Staaten aufgerufen wurde. Für Anfang Juni kam eine Einladung, die Phi-Beta-Kappa-Ansprache beim Swarthmore College Commencement zu halten.

Die Kriegsnachrichten waren aber mehr als beunruhigend. Angesichts der trotz schwerer Verluste der Marine erfolgreichen deutschen Operation gegen Dänemark und Norwegen und einer bevorstehenden Offensive gegen die Niederlande und Frankreich, machte Thomas Mann sich mit Katia ernsthafte Sorgen um die Sicherheit Golos und der Pringsheims, die noch in Zürich waren, auch wegen Monika und ihrem Mann, für den er sich bereits vergeblich um einen geeigneten Posten in Amerika bemüht hatte. Im Mai, nach Beginn der Offensive gegen Westen, erreichte er für Golo durch Cordell Hull und die Intervention Agnes Meyers im State Department amerikanischen

Schutz und die Zusicherung eines Visums, falls er über Lissabon reiste, hörte telephonisch am 16. Mai jedoch, daß Golo beabsichtigte, nach Frankreich zu gehen, um sich freiwillig zum Kriegseinsatz zu melden – ein Schritt, den er billigen mußte, so gefährlich er auch war und so sinnlos ihn die Ereignisse erscheinen ließen. Für die Lányis begann er sich nach dem Fall Frankreichs um eine Überfahrt nach Kanada umzusehen.

Anfänglich wegen der Katastrophe in Frankreich niedergeschlagen, sah er in der britischen Stimmung nach Dünkirchen und Churchills großartiger Trotzrede zu Recht einen Schimmer der Hoffnung, daß der deutsche Sieg nicht währen würde, und teilte – zumindest öffentlich – seinen Glauben an die Macht der Neuen Welt, die Alte zu retten und zu befreien. In einem Interview für die New Yorker deutschsprachige Zeitung *Aufbau* am 7. Juni sah er in seinem neuen Land nicht nur eine Zuflucht für sich selbst und seinesgleichen, sondern »die Zukunft, an der wir alle mitarbeiten dürfen ... Die Wahrung und Verwaltung des abendländischen Kulturerbes ist auf Amerika übergegangen.«[139] Privat gab er freilich zu, daß er diesen Glauben seit langem verloren habe. Amerika sei »unterminiert, gelähmt, fallreif wie die übrige sogenannte Civilisation« und könnte ihnen vielleicht »nicht lange mehr Sicherheit bieten«, wie alle kapitalistischen Länder habe es den Krieg Deutschlands und den japanischen Angriff auf China ermöglicht. »Welches Ende wird mein persönliches Leben finden in diesem Wirrsal?«[140] Er hegte Bedenken wegen der zurückhaltenden Einstellung Roosevelts, das amerikanische Aufrüstungsprogramm gab ihm zwar Mut, doch er hatte das Gefühl, daß nur eine Kriegserklärung der USA die Luft reinigen könne. Es sei aber nicht die Sache von Ausländern, so gut sie es auch meinten, vor den Gefahren zu warnen, und als in Brentwood bei Hollywood ein passendes Haus zu mieten war, verfolgte er weiter seine Pläne für Kalifornien, zumindest für den Sommer.

4

»Wären nicht meine mythologischen Welt-Späße, ich würde wohl den Jammer nicht ausstehen.«

TM, 5.6.1941[141]

Für den Umzug wurde ein stattlicher neuer Buick angeschafft – »hübsch, dunkelblau, mit Radio, Heizung und allem Comfort«[142] –; John und Lucy Long, das schwarze Dienerpaar, hatten ihn mit dem zusätzlichen Gepäck und dem Hund hinüberzufahren, er und Katia nahmen den Zug. Das Haus in der Stockton Street wurde für den Sommer vermietet, ihre Sachen so verpackt, daß man sie eventuell nachschicken konnte. Die Meyers hatten vor der endgültigen Abreise aus New York am 1. Juli ein paar Tage Aufenthalt in Mount Kisco angeboten. So war alles für eine Übersiedlung in dem komfortablen Stil, an den er sich gewöhnt hatte, an einen Ort vorbereitet, wo er hoffen konnte, »zuweilen ... die Illusion der Unbeteiligtheit«[143] zu erlangen.

Im Juni war er von einer solchen Illusion gewiß noch weit entfernt. Das Versagen Frankreichs, die Wiederholung des Dramas der Kapitulation im Eisenbahnwagen von Compiègne mit vertauschten Rollen, die Aussicht auf eine Zusammenarbeit zwischen dem französischen Faschismus und Hitler und dann schließlich auf ein völlig totalitäres Europa kamen ihm schrecklich vor. Versuche, herauszufinden, was mit Golo und Heinrich und den vielen anderen Freunden unter den Exilschriftstellern in Frankreich geschehen war, brachten nur ungenaue Ergebnisse. Er spielte eine aktive Rolle bei der Gründung von Frank Kingdons Emergency Rescue Committee, das begann, Informationen über die gefährdeten antifaschistischen Intellektuellen zu sammeln, um private Spenden zu werben und auf die Gewährung von Notvisa der Vereinigten Staaten zu drängen. Für Golo bestand mit Hilfe von Agnes Meyer die Aussicht auf ein brasilianisches Visum, nachdem sie schließlich erfahren hatten, daß er sich in Freiheit im unbesetzten Südfrankreich befand. Erfreulich war zumindest die Haltung Großbritanniens und die offensichtliche Solidarität des Empire: Wenn sie wenigstens bis zum Herbst durchhalten konnten, bis Amerika aufgerüstet hatte, mußte Hitler verloren sein. Die Haltung Amerikas freilich bereitete Sorgen. Die Meyers schienen wie die meisten ihrer Landsleute kein wirkliches Verständnis für die Gefahr zu haben, hatten auch wenig echte Sympathie für England und interessierten sich nur für die inneren Angelegenheiten Amerikas, vor allem für die nun anstehende Präsidentenwahl. (Eugene hatte an der Convention teilgenommen, auf der Wendell Willkie zum republikanischen Kandidaten gegen Roosevelt nominiert worden war.) In den Monaten der Reisevorbereitung kamen zu den *Vertauschten Köpfen* dennoch gelegentlich ein paar Seiten. Von Agnes Meyer überschwenglich bewundert, las er einen Auszug aus dem Vorhandenen, bevor er sich mit Katia nach New York zum Zug begab.

Für einen so versierten Eisenbahnreisenden – mit einer kurzen Unterbrechung in Chicago, wo sie natürlich die Borgeses trafen – war es eine vertraute Reise, ohne Probleme und mit genügend Zeit, um über die weitere Entwicklung der *Vertauschten Köpfe* nachzudenken, doch er war besorgt über das, was sich aus den Zeitungen über die Lage in Europa entnehmen ließ. In Chicago stießen Erika und Klaus zu ihnen und begleiteten sie am 3. August auf dem Streamliner nach Los Angeles. Die bewegenden Klänge von »God Save the King« aus Kanada am Radio des Clubwagens linderten seine Depression über Frankreich. Wenn England standhaft bliebe und durchhalten könnte, wäre es »das größte Volk der Welt«[144]; es war das erste Mal, notierte er später, daß sich Hitler einem Volk gegenübersah, das ihm geschlossen Widerstand bot, das allein kämpfte, aber nicht allein für sich, und daß er verloren war, ob er nun einmarschierte oder nicht. England mußte aber unterstützt werden.

Bei ihrer Ankunft in Los Angeles am frühen Morgen des 5. Juli wurden sie von seinem alten Freund Bruno Frank abgeholt, der sich seit 1937 in Beverly Hills als einer der wenigen erfolgreichen Drehbuchautoren etabliert und ihnen ein Haus in 441 Rockingham Street in Brentwood besorgt hatte. Er brachte sie zu einem Treffen mit dem Besitzer, und schon waren sie installiert. Das zweistöckige Haus in den hübschen Hügeln war geräumig und elegant und hatte einen Swimmingpool. Er bereute die hohe Miete nicht. Für ihn stand ein eigenes Zimmer, das als Schlaf- und Arbeitszimmer diente, zur Verfügung. Innerhalb von zwei Tagen saß er wieder an der Arbeit. Es galt, den »indischen Scherz« so rasch wie möglich abzuschließen und sich dem *Joseph*, dessen gesamtes Material ihn selbstverständlich begleitet hatte, in einer Umgebung zuzuwenden, wo die Palmenhaine an ägyptische Tempelhallen zu erinnern schienen. Die Vorstellung, sich an ein Epos in deutscher Sprache zu machen, ein

Werk für eine nur ferne Zukunft, hatte, wie er zugeben mußte, etwas Arrogantes in einer Zeit, da die Weltgeschichte in Flammen stand und sich die Ohren mit den Hilferufen derer füllten, die vor der Vernichtung standen. Er hielt aber an seiner Absicht fest, widmete seine Vormittage unerschütterlich der Arbeit und nur den Rest des Tages den Anstrengungen, die sich angesichts solcher Hilferufe unternehmen ließen.

Es war nur natürlich, wie Klaus sagte, daß sich die ganze deutsche Emigration an ihn wandte, gleich »einer Nation, die mich als ihren Gesandten betrachtet«.[145] Das Haus in der Rockingham Street wurde rasch zu einem Rettungsanker für Menschen, die in den besetzten Gebieten ebenso in Gefahr waren wie vermutlich in England. In vielen Fällen leistete er persönlich Bürgschaft, zum Beispiel für Lion Feuchtwanger. Der Erfolg schien jedoch nur selten der Anstrengung zu entsprechen, vor allem in den Angelegenheiten seines Bruders und Golos. Ende Juli hatte er einen Brief von Heinrich, der immer noch in Nizza war, mit der Mitteilung erhalten, daß Golo in Nîmes interniert sei und versuche, einen französischen Hafen zu erreichen. Der Erdteil sei »in voller Auflösung«, schrieb Heinrich, »nur die Kreidefelsen von England stehen noch«.[146] (Das kurze Testament, das er seinem Brief beigelegt hatte, gab Thomas den Eindruck, er habe sich damit abgefunden, sein Leben in Europa zu beenden.) Am 28. Juli, kurz nach Vollendung der *Vertauschten Köpfe*, fand in der Rockingham Street eine Versammlung des kalifornischen Zweiges des Emergency Rescue Committees statt, an dem Kingdon und eine repräsentative Gruppe von Schauspielern, Künstlern, Produzenten und Journalisten teilnahm, darunter Charles Boyer, Ernst Lubitsch und Bruno Walter mit seiner Frau, 4500 Dollar wurden gesammelt.

Der rastlosen Erika genügte es nicht, Briefe zu schreiben und Gelder zu beschaffen. Sie hoffte, wenn der britische Widerstand fest blieb, nach England zu gehen, zunächst als Korrespondentin für die *Nation*, wenn möglich aber auch eine Zeitlang für das dortige Informationsministerium zu arbeiten; deswegen stand sie in Verbindung mit dem Minister Duff Cooper. Als dieser am 10. August telegraphierte, ihr Kommen sei »wünschenswert«, hatte sie ihren Entschluß gefaßt. Besorgt und schweren Herzens blickte ihr Vater auf ein solches Unternehmen, da ja intensive Luftangriffe auf England zu erwarten waren. Er zollte aber ihren tapferen Worten, die sie aus New York, vor der Abreise nach Lissabon, geschrieben hatte, Anerkennung: »Man kann nicht sieben Jahre lang den Soldaten spielen … um zu desertieren, wenn, schließlich, die Trompete bläst«; Fliegen wäre zwar unsicher, aber: »ich bin, a), ziemlich lucky, b), ziemlich clever, – und, c), eisern entschlossen, mir nichts zustoßen zu *lassen*«.[147] Es war wie eine Entschädigung für sein Bangen um Erika, als Golo aus Le Lavandou telegraphierte, daß er nun sein Visum für Amerika sowie für Spanien und Portugal habe und keine große Schwierigkeiten für ein Entkommen sehe. Es war aber leider auch klar, daß diese Papiere bei der grundsätzlichen Auslieferung gesuchter Personen an Deutschland durch das Vichy-Regime ohne eine ausdrückliche Ausreisegenehmigung oder eine andere Möglichkeit, die Grenze nach Spanien zu passieren, nutzlos waren. Sein Vater unternahm in Washington jeden Versuch, ihm zu helfen. Aus Lissabon telegraphierte Erika um Geld für einen Agenten, der behauptete, sowohl Heinrich wie Golo retten zu können. Es wurde Ende August mit zwei aufeinander folgenden Clippern übersandt. Erfreut hörte er, daß die Royal Air Force »Zeit und Kraft« finden konnte »zum Bombardement Münchens, was ich diesem dummen Nest gönne«.[148] Die Briten müßten unterstützt werden, hatte er an Agnes Meyer geschrieben: »Schickt ihnen destroyers! Ich gehe mit gutem Beispiel voran und schicke ihnen meine Tochter.«[149]

Michael und Gret hatten sich vorläufig in Carmel, einer Künstlerkolonie südlich von San Francisco, in der Nähe von Monterey, niedergelassen. Dort hatte Michael die Möglichkeit zu gelegentlichen Gastspielen. Er begann sich auf die Viola zu spezialisieren, um einen Orchesterposten zu bekommen. Am letzten Julitag hatten sie die Ankunft ihres ersten Kindes, eines Jungen namens Fridolin, telegraphiert. Katia besuchte sie natürlich, ihr Gatte war von seinem neuen Status als Großvater allerdings wenig beeindruckt (der erste Enkel sollte ihm aber später große Freude bereiten). Es war doch merkwürdig, dachte er, wie echt amerikanisch der Junge sei, mit seinen deutschen, brasilianischen, jüdischen und Schweizer Vorfahren.[150] Vor Jahresende wurde ein zweites Enkelkind erwartet, da auch Elisabeth in Chicago schwanger war. Sie machten sich Sorgen wegen Erika, die gerade in dem Augenblick in London eingetroffen war, als die schweren Luftangriffe begannen. Sie vermißten sie sehr. Doch vielleicht konnte man Golo bald erwarten, das Haus, das anfänglich so leer geschienen hatte, war nun doch eher angemessen, da das Material zum *Joseph* auf seinem Schreibtisch lag und er wieder mit der Arbeit begonnen hatte. Im August, noch vor Erikas Abreise, waren die ersten Zeilen von *Joseph, der Ernährer* zu Papier gebracht worden. Es schien nun vernünftig, an ein Quartier längerfristiger Art in Kalifornien zu denken, denn auch im besten Fall würde sich der englische Verteidigungskrieg lange hinziehen und die Unsicherheit des Kriegs jahrelang währen. Er sah sich nach einem geeigneten Grundstück für ein Haus um. Die Inflation der Kriegsjahre war nicht ermutigend, aber bevor sie nach Princeton zurückkehrten, hatten sie in Pacific Palisades dennoch für 6500 Dollar ein hübsches Stück Land gekauft und trotz der unklaren Finanzierung einen Architekten mit dem Entwurf beauftragt. Es standen sieben Palmen und einige Zitronenbäume auf dem Grundstück – »so hat man hier Aegypten und Palestina auf einmal, was doch für Joseph gut sein muß«, schrieb er an Ida Herz.[151]

Der September brachte sowohl gute wie schlechte Nachrichten über die vermißten Familienmitglieder. Golo und Heinrich kabelten aus Lissabon, daß sie nach einer abenteuerlichen nächtlichen Überquerung der Pyrenäen (auf Pfaden, die sich für Ziegen besser als für Schriftsteller fortgeschrittenen Alters eigneten, wie Heinrich später bemerkte. Es war derselbe Pfad, über den sich auch Walter Benjamin vor seinem verzweifelten Selbstmord geschleppt hatte) dort angelangt seien und nun auf ein Schiff nach den Vereinigten Staaten warteten. Ende des Monats hatten sie zusammen mit einer Anzahl anderer Flüchtlinge, darunter Franz und Alma Werfel, die Feuchtwangers, Alfred Polgar und Stefan Zweigs erste Frau und seine Stiefkinder hauptsächlich aufgrund der Bemühungen des Emergency Rescue Committees feste Buchungen auf dem griechischen Schiff *Nea Hellas*, das am 3. Oktober in See stach. Für Monika und ihren Mann, deren Emigration nach Kanada veranlaßt worden war, endete die Überfahrt tragisch. Sie waren zusammen mit mehreren hundert anderen Emigranten, einschließlich evakuierter Kinder, an Bord der *City of Benares*, als das Schiff in der Nacht vom 17. September von einem deutschen U-Boot torpediert wurde; Monika gehörte zu denen, die gerettet wurden, nachdem sie sich zwanzig Stunden im Wasser an ein Stück Holz geklammert hatte, ihr Mann war aber vor ihren Augen in der stürmischen See ertrunken. Die Überlebenden wurden nach Schottland gebracht; Erika holte Monika aus dem dortigen Krankenhaus ab, in einem kläglichen Zustand wegen der Kälte und wegen des Öls, das sie geschluckt hatte, und hoffte, die Schwester später nach Amerika begleiten oder schicken zu können. Schließlich mußte die unglückliche Witwe eine weitere Überfahrt allein unternehmen. Man erwartete sie gegen Ende Oktober. An dem Tag, als Erikas Telegramm eintraf, vermochte sich Thomas Mann, der sich den Zustand seiner Tochter, die bei ihrer letzten Begegnung schon so gebrechlich ausgesehen hatte, vorstellen konnte, ausnahmsweise nicht zur Arbeit aufzuraffen.

Es hatte ohnehin Anstrengung gekostet, wieder Begeisterung für das Thema aufzubringen, mit dem er sich zwei Jahre lang nicht mehr beschäftigt hatte, und sich wieder in dessen Atmosphäre zu versetzen. Als sie Anfang Oktober zur Reise nach Osten aufbrachen, konnte er freilich mit der Erfüllung seiner Sommerpläne ziemlich zufrieden sein: nicht nur die indische Novelle war vollendet und mit *Joseph, der Ernährer* ein guter Anfang gemacht, er hatte im September auch noch eine neue Version des Vortrags *Das Problem der Freiheit* geschrieben, mit dem er Amerika zu beeinflussen hoffte, die kurzsichtige Politik der Isolation aufzugeben. Unter dem Titel *Krieg und Demokratie* setzte er sich mit dem Verhalten Amerikas seit 1939 so kritisch auseinander, wie es ihm nur möglich war. »Als ein Deutscher, der seinen Platz in diesem Kampf kennt, weigere ich mich öffentlich – nur weil ich meine Second papers noch nicht habe – in diesem Land, wo aller Wahrscheinlichkeit nach die Zukunft der westlichen Welt entschieden werden wird, – zu schweigen –«; und er vertrat energisch die Sache der Briten, die, »indem sie ihr Land verteidigen ... uns alle davor retten werden – so Gott will – in die Sklaverei eines Ungeheuers zu geraten«.[152] Nach einem ersten Auftritt mit diesem Vortrag am 3. Oktober in Los Angeles sah er ein Hoffnungszeichen darin, daß seine Haltung nicht nur akzeptiert, sondern mit Beifall bedacht worden war. Ob nun Roosevelt oder Willkie im November gewählt würden, er hatte das Gefühl, im Frühjahr »werden wir dies Land im Krieg haben«.[153] Doch während die Wahl noch in der Schwebe hing und wiederholt befürchtet wurde, England könne nicht durchhalten, geriet seine optimistische Zuversicht ins Wanken.

Agnes Meyer hatte ihnen wiederum einen Aufenthalt in Mount Kisco angeboten, wo sie am 11. Oktober rechtzeitig eintrafen, um auf die Ankunft Heinrichs, seiner Frau und Golos zu warten, die zwei Tage später in New York dann auch an Land gingen. Man beschloß, daß die ganze Gruppe sofort nach Princeton fahren sollte. Die Dienstboten waren zwar noch nicht angekommen, doch Molly Shenstones bereitwillige Hilfe ermöglichte einen raschen Einzug in das Haus, das ihnen trotz aller Vorläufigkeit wie eine Heimat erschien. Die Stattlichkeit des Hauses erregte die Bewunderung der müden Reisenden aus Europa. Es gab lange Diskussionen mit ihnen über die dortige Lage, wieviel auf immer verloren war, und daß »der natürlichere Beruf Deutschlands, Europa zu organisieren«[154], durch die absurden Phantastereien des Hitlerregimes verdorben sei; über Englands Heldentum und das historisch kompromittierende Versagen Frankreichs, so verständlich es unter den Umständen auch sein mochte. Die Gäste waren ihm zwar sehr willkommen, doch ihre Anwesenheit durfte nicht die Wiederaufnahme seiner Routine und der Arbeit am *Joseph* stören. Heinrich und seine Frau wollten ohnehin nicht lange bleiben. Für Heinrich war ein Vertrag als Drehbuchautor mit den Warner Brothers abgeschlossen (ob mit oder ohne die Unterstützung des Bruders, ist nicht klar, doch gewiß zu dessen Erleichterung), und nach einem Abendessen in dem um Erika erweiterten Familienkreis am 24. Oktober fuhren er und Nelly am 1. November nach Kalifornien. Golo freilich blieb da und hatte bei verschiedenen geringeren Verpflichtungen zu helfen. Klaus erschien von Zeit zu Zeit aus New York. Er war wieder mit der Vorbereitung der ersten Nummer einer weiteren Zeitschrift beschäftigt, diesmal auf englisch, mit dem Titel *Decision*, für die er Geldgeber und einige namhafte Mitarbeiter aufgetrieben hatte. Am 28. Oktober wurde Monika von Katia von ihrem Schiff in New York abgeholt, und für einige Zeit mußte für sie ein Krankenzimmer eingerichtet werden. Selbst das veranlaßte ihn bei all seinem Mitgefühl zu keiner Änderung seiner täglichen Routine. Seine Kälte war trotz eines starken Familiensinns stets ausgeprägt, und im Fall Monikas scheinen er und Katia besonders gefühllos gewesen zu sein.

Es war in der Tat erstaunlich, mit welcher Gelassenheit es ihm gelungen war, seinen Tagesablauf im Oktober einzuteilen und die Konzentration für eine Arbeit aufzubringen, die von den Ereignissen und tiefen Sorgen der Zeit so weit entfernt war. Nahezu täglich trafen Bitten um seine Teilnahme oder Mithilfe an irgendeiner Sache ein. Obwohl er alles strikt ablehnte, was eine Beteiligung an internen amerikanischen Angelegenheiten bedeutet hätte, vor allem im Wahlkampf um die Präsidentschaft, war er in individuellen Flüchtlingsfällen und in der Arbeit von Kingdons Emergency Rescue

Committee so aktiv wie schon immer. Besuche in New York fanden statt: einmal zu einer kurzen Frage- und Antwortsendung der CBC und dann auch zu einer ersten Diskussion mit der British Broadcasting Corporation über deren Projekt, regelmäßig Botschaften von ihm an das deutsche Volk zu senden. Die erste wurde Ende des Monats aufgenommen (ein Tag, den er durch eine Stunde in der ägyptischen Abteilung des Metropolitan Museums gut nutzte). Ende des Monats verbrachte er sogar eine Nacht in der Stadt, um der ERC-Versammlung zu Ehren derer, die gerettet worden waren und der Feier dieses Erfolges beizuwohnen – der Feier, wie er in seiner Ansprache sagte, eines Sieges, der den Namen »ein civiles Dunkerque« verdiente.[155] Da sie wenige Tage vor der Wahl stattfand, war sie auch Anlaß zu einer durch und durch probritischen Demonstration, bei der elf- oder zwölftausend Dollar gesammelt wurden.

Ein noch größerer Sieg war die Wiederwahl Roosevelts am 6. November für eine dritte Amtsperiode. Die Spannung über den Ausgang der Wahl hatte Thomas Mann eine schlaflose Nacht bereitet, denn er war sich der ungeheuren Wichtigkeit dieser Entscheidung bewußt und hatte sogar an den versierten Journalisten Raymund Gram Swing telegraphiert, unabhängig vom Wahlausgang doch die Bedeutung nationaler Einigkeit zu betonen. Für ihn war es »die erste Freude, der erste Sieg seit mehr als 7 Jahren, die nichts als Enttäuschungen und Gram brachten«, ein Sieg, der durchaus den Ausgang eines Krieges entscheiden könnte, der nach Churchills Worten möglicherweise bis 1943 dauern würde. »Eine Appeaser-Clique, der das Schlimmste zuzutrauen war, ist außer Gefecht gesetzt, England ermutigt, die Nazi-Canaille sieht ihr Ende kommen.«[156] Er konnte sich nicht enthalten, an den Präsidenten ein Glückwunschtelegramm zu schicken. Als er aber in East Orange einer Feier der American League zum Tag des Waffenstillstands von 1918 beiwohnte, war er überrascht, daß so viele Leute von den prokommunistischen Neigungen der Roosevelt-Regierung überzeugt waren, und hatte seine Zweifel, wie sich solche Menschen im Kriegsfall verhalten würden.

Sein *Krieg und Demokratie*-Vortrag war nun für Chicago angesetzt worden, und sie hofften, daß Elisabeth um diese Zeit ihr erstes Kind zur Welt bringen würde. Er sprach zuerst in Evanston, an der Northwestern University, dann an der University of Chicago. Ein Tag nach dem anderen verging jedoch ohne ein Anzeichen, daß die Geburt bevorstand, und so wurde der Hochzeitstag der Borgeses am 23. November ohne besonderes Ereignis gefeiert. Sie entspannten sich bei dem komischen Unsinn von Chaplins *Great Dictator* und Clarence Days *Life with Father* und wohnten einer enttäuschenden Vorstellung der *Salome* bei. Die zweite Botschaft für die BBC-Sendung wurde rasch fertiggemacht und abgeschickt. Er hatte aber das Gefühl, der Besuch habe nun lange genug gedauert, die unentwegten Tiraden Borgeses – der den Papst für allen Ärger in der Welt verantwortlich machte – gegen den Vatikan wurden ihm lästig. Ungeduldig und zweifelsohne zur Enttäuschung Katias beschloß er, daß die erste Inspektion des säumigen Enkelkinds zu warten habe, und so reisten sie am 18. November nach Princeton ab (das Kind, ein hübsches Mädchen, stellte sich zwei Tage später ein). Er hatte sein eigenes vordringliches Projekt: Obwohl es ihm unterwegs gelungen war, ein weiteres Kapitel des *Joseph* zu vollenden, mußte er doch zu Hause sein, um mit dem nächsten rasch voranzukommen, ehe die drohenden Umwälzungen in der Welt den Ton gelassenen Humors, der ihm nun gelang, stören könnten.

Und wiederum begann die alte Routine, ungestört, doch stets mit einem scharfen Auge auf die Nachrichten, in denen er zu seiner Befriedigung Zeichen einer wachsenden finanziellen und materiellen amerikanischen Unterstützung Großbritanniens bemerkte. Beinahe jeden Vormittag kamen weitere Seiten zustande, seine Ruhepause und der Spaziergang mit dem Hund wurden nur selten versäumt; den restlichen Tag verbrachte er in politischen Diskussionen mit den häufigen Besuchern, mit seiner umfangreichen Korrespondenz oder Gelegenheitsarbeiten wie den Botschaften für die BBC; an den Abenden entspannte er sich häufig bei Radio- oder Grammophonmusik, bevor er mit einem Buch zu Bett ging. Selbst wenn sich Ausflüge wie nach New York oder New Haven nicht vermeiden ließen, war im Programm immer an erster Stelle Zeit für das Manuskript vorgesehen. Bei einer Versammlung in Yale am 11. Dezember sprachen er und Erika zusammen mit Edgar Mowrer und anderen für die Unterstützung Großbritanniens. Er benützte die Gelegenheit, um das Manuskript seiner früheren Ansprache und ein Exemplar der Knopfschen Luxusausgabe von *The Beloved Returns* der Mann-Sammlung zu übergeben, doch er hielt seinen Aufenthalt so kurz wie möglich. Am 18. Dezember, nur über Nacht in New York, verband er die Teilnahme an einer Überraschungsparty zum Geburtstag von Blanche Knopf, auf der er unter allgemeinem Beifall seine

Weihnachtsbotschaft an die Deutschen vorlas, mit der eigentlichen Vorlesung des Textes im BBC-Studio, damit seine Landsleute diesmal seine eigene Stimme anstelle der eines anderen hören konnten. Die Botschaft war eine glühende Aufforderung, den falschen Propheten zu stürzen, der sie vom Christentum weg in die unvermeidliche Niederlage führte und der ihnen befahl, »die blutige Parteihymne« anstatt »Stille Nacht, heilige Nacht« zu singen: »Deutsche, rettet euch: Rettet eure Seele, indem ihr euren Zwingherren, die nur an sich denken und nicht an euch, Glauben und Gehorsam kündigt!« Die Welt würde Hitlers »Neue Ordnung«, die »untermenschliche Schreckens-Utopie« nie akzeptieren: »Nie werden diese großen christlichen Völker dulden, daß der Friede, den doch auch ihr ersehnt, ein Friede über dem Grabe der Freiheit und Menschenwürde sei.«[157]

Er fürchtete aber, wie er an Agnes Meyer schrieb, sie würden ihren Berserkerkampf noch auf lange Zeit weiterführen. Mussolinis Untertanen (die sich in Libyen den Briten zu Tausenden ergeben hatten) seien »intelligenter, sie tun einfach nicht mit bei der Neu-Ordnung ...«.[158] Weihnachten in Princeton war ruhig, wenige Gäste und nur vier der Kinder. Er erhielt willkommene Geschenke: neue Schallplatten und eine seidene Hausjacke von Agnes Meyer. In der echten Tradition des Familienvaters las er zur allgemeinen Heiterkeit aus der Bibel vor – das heißt, aus seiner eigenen Version. »Dies Buch ist für mich eine harmlose Zerstreuung, genau wie ich sie brauche«, es würde eines Tages in einer Zeit erscheinen, zu der gewiß viele seines Trostes bedurften.[159] Dann endlich konnte er mit Katia den lange aufgeschobenen Besuch beim neuen Enkelkind Angelica Borgese abstatten, am 28. Dezember waren sie wieder einmal im Nachtzug nach Chicago.

Mit ihm reisten das Manuskript und die wenigen Bücher, die er benötigte, doch er verbrachte im Schlafwagen eine unruhige Nacht, in nervöser Erwartung der endlosen, sich widerstreitenden Forderungen, zu denen er verdammt schien. Diese Stimmung hielt aber nicht an, als sie am Vormittag von der jungen Mutter abgeholt wurden und im vertrauten Hotel Windermere abstiegen. Seinem Tagebuch für diesen Tag nach zu schließen, erweckte der Anblick des Kindes wenig Gefühl in ihm – »das dem Vater gleicht« war seine einzige Bemerkung.[160] Die Rede Roosevelts, die sie am Abend im Radio hörten, bewegte ihn viel stärker, seiner Meinung nach enthielt sie die ungeschminkte Wahrheit und war ein starker Gegensatz zu den törichten Rufen der Opposition nach einem Frieden auf dem Verhandlungsweg, wie sie aus den Reaktionen am folgenden Tag zu hören waren. Während Katia viel Zeit mit Elisabeth und dem Baby verbrachte, arbeitete er in seinem Hotelzimmer, am Neujahrsabend genossen sie aber mit dem Ehepaar und Erika, die mit dem Flugzeug aus New York gekommen war, ein festliches Champagner-Dinner. Ein Jahr höchst schwieriger Entscheidungen stehe bevor, notierte er in dieser Nacht. Es würde nicht das Ende des Krieges sehen, die Möglichkeit des Falls Englands mußte ins Auge gefaßt werden, doch auch dann würde der angelsächsische Kampf »gegen das Unerträgliche weitergehen. Immerhin, ich hüte mich, vollkommene und klare Genugtuungen zu erwarten. Sie zu erhoffen, ist menschlich.«[161]

Am 3. Januar waren sie wieder in Princeton, und er bereitete sich auf ein geschäftiges Programm vor. Die Vollendung des *Joseph* hatte freilich immer noch den Vorrang. Mitunter wurde sie ihm langweilig, mußte aber erledigt werden. Später bemerkte er zu Agnes Meyer, aus dem Überdruß, den Tolstoi bei *Anna Karenina* empfunden hatte, gehe hervor, daß die Langeweile des Autors nicht die des Lesers bedeuten müsse. Für den *Krieg und Demokratie*-Vortrag plante er diesen Monat weitere Auftritte, zuerst im Rathaus von Washington am 12. Januar. Als er um einen Besuch beim Präsidenten ansuchte, wurde er eingeladen, zusammen mit Katia und Erika im Anschluß an die Vorlesung zwei Nächte im Weißen Haus zu wohnen. Das war Gastlichkeit hohen Ranges, die natürlich seiner Selbstachtung wohltat, und sie brachte auch das sehr geschätzte Privileg, den Staatsmann, den er für den geborenen Gegner der Schurken in Europa hielt, aus nächster Nähe zu sehen.

Eleanor Roosevelt zeigte sich beim Frühstück besorgt über seinen rauhen Hals nach dem Vortrag und ließ sofort den Arzt rufen; den ersten Tag verbrachten sie in ihrer geschäftigen Gesellschaft, Vortragende über das Flüchtlingsproblem wurden eingeladen, ein Konzert vor einem großen Publikum fand statt, nach dem Dinner folgte eine Diskussion mit Studenten. Am nächsten Morgen gesellte sich der Präsident zu ihnen und führte ein lebhaftes Gespräch mit Mann über seine bevorstehende Antrittsrede und seine Absicht, das Politische und Moralische dem Wirtschaftlichen gegenüber zu betonen. Man aß im Speisesaal des Senats zu Mittag, kehrte zurück, um der Pressekonferenz des Präsidenten am Nachmittag beizuwohnen, und war vor dem letzten Dinner zu Cocktails in seinem Arbeitszimmer, wo Eleanor ihm über ihre Anliegen berichtete, während die anderen Gäste unten warteten. Ein Exemplar des Privatdrucks von *Krieg und Demokratie* wurde präsentiert, mit der Widmung »To FDR, President of the United States and of a coming better world«. Beim Dinner machte die Redseligkeit des Präsidenten es für die anderen Gäste schwer, sich zu ihren eigenen Themen zu äußern und verursachte einige Verspätung für das nachfolgende Konzert der First Lady; Roosevelt kam sogar persönlich an die Tür, um die Manns zu verabschieden, als sie sich zum Nachtzug nach North Carolina begaben. Mann fand, er sei eine erstaunliche Mischung aus »Naivität, Gläubigkeit, Schlauheit, Schauspielerei, Liebenswürdigkeit«[162] und in Anbetracht seiner Macht und Bedeutung ein faszinierender Mensch, schwer zu charakterisieren, doch mit »so etwas wie Segen auf ihm«. »Hier ist einmal ein Massen-Dompteur modernen Stils, der das Gute oder doch das Bessere will«, schrieb er an Agnes Meyer, »und der es mit uns hält wie sonst vielleicht kein Mensch in der Welt. Wie sollte ich es nicht mit ihm halten? Ich bin gestärkt von ihm gegangen. Hoffentlich vermag er mehr über das Volk als Flieger Lindbergh«[163] (der Pionier des Atlantikfluges von Westen nach Osten und ein starker Vertreter der amerikanischen Nichteinmischung in einen Krieg, in dem er Hitler für unschlagbar hielt). In Roosevelt sah Mann einen »Ernährer« wie seinen Joseph, dessen Beschreibung in seinem Aufstieg zur Führerrolle im pharaonischen Ägypten unverkennbare Züge des amerikanischen »Rollstuhl-Caesar«[164] trägt. Später erklärte er, er sei zu der festen Überzeugung gekommen, FDR sei sich bewußt, daß Amerika die Welt von Hitler befreien müsse, daß das Volk aber noch nicht dazu vorbereitet sei und weiterer Unterweisung über ihre Verantwortung bedürfe, vorläufig könne er nicht mehr tun, als zu versuchen, die Feinde des Dritten Reichs zu unterstützen.[165]

Die Pläne für eine dauernde Niederlassung in Kalifornien machten mittlerweile Fortschritte, er führte einen detaillierten Briefwechsel mit dem Architekten und hoffte, daß nach einer kleineren Vortragsreise im Süden, auf die er sich festgelegt hatte, im März alles für ihren Umzug bereit wäre, bis zur Fertigstellung des Hauses in ein Übergangsquartier. An der Duke University, Durham, North Carolina, sprach er über den *Zauberberg*, die nächsten Verpflichtungen in Georgia (Atlanta und Athens) waren Anlaß zu einer Wiederholung von *Krieg und Demokratie*, dann hoffte er Ende Januar zu einigen Wochen ruhiger Arbeit zurückzukehren. An ein Unbeteiligtsein dachte er nicht mehr. Was Agnes Meyer in ihrer Besorgnis um sein Werk für bedauerliche Abschweifungen in bloße Politik hielt, war für ihn, wie er ihr sagte, Teil seines persönlichen Krieges, in einem Kampf für die Menschheit, in dem es um alles ging – auch um »das Schicksal meines Lebenswerkes, das mindestens für Jahrzehnte nicht nach Deutschland ... wird zurückkehren dürfen, wenn das elende Gesindel siegt, dem eine träge, feige, unwissende Welt acht Jahre lang nichts als Siege bereitet hat«.[166] All die Jahre habe er seine Arbeit fortsetzen können und gleichzeitig seine Rolle in dem entscheidenden Kampf gespielt, er sei entschlossen, dies weiter zu tun. Tatsächlich war jeder Vormittag der Arbeit am *Joseph* vorbehalten (einmal war sogar ein Gedanke an ein nächstes Werk aufgetaucht – der langgehegte Plan einer Novelle über das Faust-Thema), der Rest des Tages dann entweder dem öffentlichen Kampf oder den privaten Bemühungen für die weniger Privilegierten gewidmet.

So war er am 22. Januar in New York der erste Redner bei einem Union Now-Dinner, das von Clarence Streit, dem Befürworter einer föderativen Union zwischen Amerika, Großbritannien und den anderen englischsprachigen Nationen, gegeben wurde, und als sie sich schon zum Umzug nach Westen fertigmachten, verabredete er weitere Auftritte mit *Krieg und Demokratie* – vor der Abreise in New York, unterwegs in Denver, Colorado, und bei der Ankunft in Los Angeles. Wie üblich überließ er anderen die praktischen Vorkehrungen. Erika sollte nach einer Vortragsreise im Mittleren Westen ein vorläufig gemietetes Haus in der Gegend von Beverly Hills in Augenschein nehmen, Katia hatte, unter den zusätzlichen Schwierigkeiten der Kriegsbeschränkungen, die ganze Last eines weiteren Umzugs zu tragen, er aber arbeitete bis zum letzten Augenblick, auch noch als sich die Packer schon um ihn herum zu schaffen machten. Eher komisch als unbequem, konnte er sagen, obwohl sich auch diesmal wegen der offensichtlichen Überarbeitung Katias mitunter sein Gewissen regte. Das Dienerpaar John und Lucy würde wie zuvor den Wagen mit dem Hund nach Westen fahren und sie in Kalifornien erwarten.

Anfang März, als Nachrichten von den zu erwartenden deutschen Siegen auf dem Balkan eintrafen, verdüsterte sich seine Stimmung. Er hatte seine Zweifel an dem »Lend-Lease«-Gesetz, das nun vom

Senat verabschiedet worden war und das seiner Meinung nach zu lange brauchen würde, um Großbritannien eine wirksame Hilfe zu sein. Erikas Tour brachte unangenehme Erfahrungen, mit Drohbriefen, von denen diesmal einer sogar unterzeichnet war; Heinrich erhielt Telephonanrufe ähnlicher Art und hatte um polizeiliche Überwachung gebeten. Als die Packer mit der Arbeit begannen, fand in New York ein Autobusstreik statt, und weitere derartige »Sabotageakte« standen offenbar bevor. Im großen und ganzen schienen die Verhältnisse in Amerika nur zu sehr an das Deutschland von 1932 zu erinnern. Diese Stimmung verflog aber rasch, als der Tag des Weggangs aus der Stockton Street und eine Reise angebrochen war, die wiederum zu einer Vortragstour, wenn auch von geringerem Umfang, werden sollte. In New York trug er *Krieg und Demokratie* in der Synagoge vor (einen Hut dabei zu tragen war eine neue Erfahrung). Nach einer Unterbrechung in Chicago, um die Borgeses und Monika zu treffen, die bei ihnen wohnte, bevor sie zu Michael und Gret nach Carmel zog, sprach er im Arts Centre in Colorado Springs, wiederholte seine Einführung zum *Zauberberg* und gab sich in einem Interview optimistisch über den Krieg: »Wenn die Engländer sich mit oder ohne amerikanischer Hilfe die nächsten vier Monate halten können, wird Hitler besiegt werden.«[167] In Denver war er enttäuscht, daß der Saal bei seinem *Krieg und Demokratie*-Vortrag (den er immer wieder abänderte) nur halbvoll war – auch finanziell, da sein Honorar von der Besucherzahl abhing –, die Anwesenden schienen aber aufnahmebereit.

Als er am 26. März abends in Los Angeles ankam, erwartete ihn ein anstrengender Abend. Binnen zwei Stunden stand er auf dem Podium des Wilshire Theatre, vor einem großen Publikum, dieweil Katia sich mit dem Architekten und dem Baumeister des Pacific-Palisades-Projekts besprach, und anschließend hatte er sich noch mit einer großen Zahl von Journalisten, Bekannten und Autogrammjägern zu beschäftigen. Zeitig am nächsten Morgen flog er nach San Francisco, um in Berkeley seinen siebten Ehrendoktor, diesmal in Rechtswissenschaft, entgegenzunehmen. Wegen des Zeitdrucks fuhr er unter Polizeibegleitung zur Feier, Sirenen heulten und Rotlichter wurden ignoriert – als würde er nach dem Sturz Hitlers als Präsident nach Deutschland zurückgebracht, wie er ironisch bemerkte.[168] Wie immer bereitete ihm die rituelle Anerkennung seiner Stellung große Freude. Nach einer weiteren Verpflichtung in Berkeley war am 3. April ein Vortrag an der Stanford University in Palo Alto fällig; das vorläufige Heim, das Erika für sie in Pacific Palisades gefunden hatte, stand erst ab 8. April zur Verfügung, so daß Zeit für einen Besuch bei Michael und Gret in Carmel blieb.

Bei einem Bankett am 29. März wurde er mit einer freimaurerartigen Zeremonie in die Berkeley-Sektion des Phi-Beta-Kappa-Ordens aufgenommen. In einer kurzen Dankesrede wies er auf die Bedeutung dieses Symbols der »Philosophie als Führerin des Lebens« hin, angesichts eines Deutschlands ohne Philosophie, Moral oder Religion. Würde sich Nietzsche nicht im Grabe umdrehen, wenn er die politische Entstellung seiner Ideen über die Macht sehen könnte, und wäre nicht er, ein Emigrant wie er selbst, hier eher der Kandidat für diese Ehre? »Die Philosophie teilt das Schicksal der Demokratie. Sie ist gezwungen, militant zu sein, aus dem einfachen Motiv der Selbsterhaltung ... Die wahre Totalität, die wir ihr entgegenstellen, ist die des Menschen.«[169]

Die Tage von Berkeley verbrachten sie mit Besichtigungen San Franciscos, waren aber auch häufig in der Gesellschaft von Katias Bruder Peter Pringsheim, der von Chicago aus auf Besuch da war und der sie durch das Institut für Physik mit dessen etwas unheimlichen Anlagen zur Atomzertrümmerung führte. Der Termin am 3. April in Stanford war ein rein akademischer Anlaß, er trug *Krieg und Demokratie* vor, wiederum entsprechend aktualisiert und gut aufgenommen (die neue Einfügung von Nietzsche als Mitglied von Phi-Beta-Kappa erregte bei dem großen Publikum besondere Heiterkeit); mit einiger Erleichterung fuhren sie am Abend auf ein paar Tage Erholung und zu etwas Arbeit am *Joseph* nach Pebble Beach auf der Halbinsel von Monterey, unweit von Michaels Haus in Carmel.

Stürmisches Wetter verdarb ihnen anfangs den Genuß an der großartigen Aussicht auf den Golf von Monterey. Katia machte sich mit ziemlicher Neugierde auf, um das Heim des jungen Paares zu sehen, er begab sich aber an die Arbeit und kam erst am Nachmittag nach. Der Enkel Frido, nun ein aufgeweckter Junge von neun Monaten, war diesmal interessanter, und zwischen Regengüssen war sogar ein Spaziergang am Strand möglich. Zwischen Monika und ihrem Bruder und seiner Frau gab es offensichtlich Spannungen, er sah Schwierigkeiten voraus, wenn sie bei ihnen blieb. Die Gegend war berühmte Besucher gewohnt, und so ließen sich Interviews nicht vermeiden. Michael und Gret sorgten für interessante Unterhaltung: eine Lunchparty bei einem Kunstliebhaber und ein musikalischer Abend in ihrem eigenen Haus, bei beiden Anlässen trafen sie den Dichter Robinson Jeffers. Am 7. April reisten sie nach Los Angeles ab, fuhren aber vorher noch zur Westspitze der Halbinsel hinaus – der westlichste Punkt Amerikas, Asien gegenüber, mit herrlichen Zypressen und Felsen voller Seelöwen.

John holte sie mit dem Buick ab und brachte sie zu ihrem neuen Quartier in 240 Amalfi Drive, Pacific Palisades, nicht weit vom Westende des Sunset Boulevards. Das ausgedehnte Haus im Bungalowstil, damals noch in ländlicher Umgebung, mit Blick auf den Ozean, erschien ihm recht praktisch, obwohl es noch dürftig möbliert war. Sie ließen sich in vorläufigem, aber erträglichem Komfort nieder, hatten genügend Dinge um sich, die ihnen ein Gefühl von Heimat vermittelten, Katia konnte Lotte Walter sogar ein Bett für einige Tage anbieten. Er war natürlich sofort in der gewohnten Routine zurück. Das Studio war noch nicht eingerichtet, und so ließ er sich im Schlafzimmer einen Tisch für die Weiterarbeit am *Joseph* aufstellen, und jeden Vormittag wuchs das Manuskript. Konrad Katzenellenbogen, der Freund der Kinder aus den Münchner Tagen, der vor kurzem nach Kalifornien gezogen war, wurde als Sekretär verpflichtet und erleichterte die Korrespondenz beträchtlich, so daß alles seinen üblichen Gang ging.

Mit einer erstaunlichen Kraft zur Distanzierung gelang es ihm, sich auf seine Arbeit zu konzentrieren und sie entschlossen fernzuhalten von seiner Besorgnis über die durchaus nicht günstige Kriegslage in Griechenland und Nordafrika, vor allem aber im Atlantik, wo sich die britischen Verluste beängstigend häuften. Es deprimierte ihn, daß die Radiosendung von Churchills dringlichem Appell an die Hilfe Amerikas von Reklame unterbrochen wurde: »Nur zu charakteristisch. Gewiß glaube ich nicht, daß Hitler Herr der Welt werden wird; auch sage ich nicht, daß sie es verdient ... Aber sie wird es kaum verdient haben, wenn er ihrer nicht Herr wird.«[170] Die Berichte von den Zerstörungen in London durch die Luftwaffe waren schrecklich, wenn überhaupt, so würde Amerikas Hilfe zu spät kommen, dachte er, und hörte mit Abscheu, daß auf der Akropolis die Hakenkreuzflagge wehte. Auch persönlich hatte er große Sorgen mit den unsicheren Finanzen von Klaus' Zeitschrift *Decision*, er tat was er konnte, doch er war nicht bereit, sich als Mitherausgeber verpflichten zu lassen. Seine Zuversicht hinsichtlich des ständigen Heims auf dem erworbenen Grundstück wurde gedämpft, als er von den angestiegenen Kosten erfuhr, die nun auf 30000 Dollar geschätzt wurden, eine Summe, die er in seinem Alter unmöglich in zehn Jahren amortisieren konnte, und so wurde der Architekt beauftragt, neue Pläne für maximal 20000 Dollar zu erstellen. Bei den ständig steigenden Preisen, die auch diese Zahl unhaltbar erscheinen ließen, besonders aber aus Niedergeschlagenheit über die offenbaren Erfolge Hitlers begann er an dem ganzen Vorhaben zu zweifeln und zu überlegen, ob er nicht am besten nach Osten zurückkehren sollte. Bei großen Entscheidungen hatte er stets zu solchem Wankelmut geneigt, der häufig durch kleinere Ärgerlichkeiten hervorgerufen wurde – nun zum Beispiel durch das Ausbleiben seiner Bibliothek: »Ich bin geduldig, aber über nichts erbitterter, als wenn ich meine Geduld mißbraucht fühle.«[171] Aber der Glücksstern, den er selbst gern über seinem Schicksal walten sah, führte ihn gewöhnlich auf den gewählten Pfad zurück, so war es auch diesmal, wenngleich es länger dauerte als gewohnt.

Er vertraute seine Zweifel in großer Ausführlichkeit Agnes Meyer an – vielleicht nicht ohne den Hintergedanken an eine finanzielle Unterstützung durch sie und ihren Gatten –, die ihn aus ihrer wohlunterrichteten Position in Washington entschlossen tadelte, zumindest wenn es um den Krieg ging: Amerika »treibe die Sache voran«, wichtige Entscheidungen seien in Bälde fällig, es geschehe mehr, als er es in seiner Abgeschlossenheit wissen könne. In Fragen des Lebens sei er ein Kind: »Bitte bleiben Sie gelassen … wenn schlechte Nachrichten kommen, die jedermann für unvermeidlich halten mußte … Sie haben nicht das Recht, sich über Dinge aufzureiben, die Sie nicht ändern können.« Vor allem aber war sie entschieden der Meinung, daß seine Entscheidung für das Haus praktisch und klug sei. »In einem Jahr werden sie mit einem ruhigen Gewissen bauen können, ob wir noch im Krieg stehen oder nicht.«[172] Finanzielle Hilfe irgendwelcher Art wurde nicht erwähnt. Im Mai bemühte er sich um die notwendige Hypothek, stornierte sie wieder, als sich im Juni der Preis um zehn Prozent erhöhte, um sie schließlich am Monatsende wiederaufzunehmen und den ausstehenden Betrag mit einem Scheck zu decken: die Meyers hatten ihm nun zugesichert, daß er sich nicht nur wegen der Baumaterialien, sondern auch bei der Finanzierung auf sie verlassen könne. Mitte Juli wurde der Grund ausgehoben, er konnte die Fläche sehen, die für sein zukünftiges Arbeitszimmer bestimmt war, »wo meine Bücher und mein Münchener Schreibtisch stehen werden, und wo voraussichtlich der ›Joseph‹ zu Ende geschrieben werden wird ...«.[173] Zum vierten Mal baute er nun ein eigenes Haus, und er konnte nur hoffen, daß die Erfahrungen diesmal besser sein würden als mit den vorhergegangenen.

»Was immer Sie tun, lassen Sie die deutschen Flüchtlinge nicht auf Ihrer Schwelle sitzen«[174], hatte ihn Agnes Meyer in ihrer Sorge um seine Arbeit beschworen. Seine Anstrengungen für die Menschen in der Ferne, die seiner Unterstützung bedurften, ließen jedoch nicht nach, mit der Hilfe von Konrad Kellen (wie sich sein Sekretär nun nannte) ging sein Briefwechsel in diesen Angelegenheiten unvermindert weiter, wie auch die Telephongespräche und das Suchen nach Geldern für das Emergency Committee, um »wenigstens einige in mich gesetzte Hoffnungen nicht zu enttäuschen«.[175] Natürlich saßen etliche auf seiner Schwelle, darunter Heinrich. Die Menschen, die ihm am nächsten wohnten, hatten zwar keine Geldsorgen, waren aber auf geselliger Ebene zeitraubend. Das verschobene Dinner zur Feier von Heinrichs siebzigstem Geburtstag wurde am 2. Mai von Salka Viertel gegeben, der Frau des erfolgreichen Bühnen- und Filmdirektors Berthold Viertel, und selbst, vor allem für Garbo-Filme, eine gefragte Drehbuchautorin. Ihr »Salon« in Santa Monica war der Treffpunkt der deutschen Exilkolonie, von deren Mitgliedern zahlreiche anwesend waren – nicht nur die Autoren Döblin, Feuchtwanger, Leonhard Frank, Alfred Neumann, sondern auch Max Reinhardt und einige der Filmzaren. Es war die übliche Zeremonie (kein Jahrzehnt verging ohne sie, sagte Frank nachher zu Salka), jeder Bruder zückte einen sorgfältig vorbereiteten, druckreifen Rede-Aufsatz, auch Feuchtwanger leistete einen Beitrag. »Wir saßen beim Dessert ... und lauschten deutscher Literatur unter sich«, schrieb Döblin.[176] Thomas nahm sein vertrautes Thema vom »Welt-Bürgerkrieg«, in dem man sich befinde, wieder auf. Der Ruf nach europäischer Einheit sei nun zu einem Ruf nach der Einheit der ganzen Welt geworden. Er zitierte einen vor kurzem erschienenen Artikel des englischen Dichters Herbert Read, dessen tiefe Sympathie für deutsche Kultur sich mit Verzweiflung mischte – »es ist als ob jeder Weg, den deutsche Dichter und Philosophen eingeschlagen haben, an den Rand des Abgrunds führte ... von dem sie sich nicht abwenden können und kopfüber hineinstürzen müssen«. – »Es gibt etwas unter uns Deutschen, was es, glaube ich, bei anderen Völkern nicht gibt: das Leiden an unseren großen Männern.«[177] Wiederum war ihm Nietzsche dafür ein Beispiel. Er schloß mit einem Lob der politischen Weitsicht Heinrichs – eine Andeutung, die den Gästen, die wohl wußten, wie verschieden die Ansichten der Brüder in früheren Jahren gewesen waren, kaum verborgen blieb – und mit der Hoffnung, daß er den Sturz des Tyrannen noch erleben würde.

Was auch immer Agnes Meyer davon halten mochte, er konnte einfach nicht umhin, sich vom Auf und Ab der Nachrichten aus Politik und Krieg betroffen zu fühlen, noch sich versagen, öffentlich Kommentare abzugeben. Nach Rudolf Heß' dramatischem Flug nach Schottland am 12. Mai antwortete er sofort auf die Bitte des Londoner *Daily Telegraph* um einen Kommentar, den Erika, die gerade auf Besuch da war, übersetzte und telephonisch durchgab: Heß sei vermutlich weniger verrückt als die anderen, er sei eine relativ unschuldige Gestalt unter jener »grotesken Clique«, vielleicht der einzige wahre Freund, den Hitler je hatte, und sein Überlaufen müsse für seinen Führer ein schrecklicher Schlag sein.[178] Am 20. Mai sprach er bei einem weiteren Dinner der Federal Union in Beverly Hills, betonte den absoluten Vorrang von Hitlers Sturz und war zuversichtlich, daß »Amerika sein ganzes Gewicht in die Waagschale der Ehre werfen werde«.[179] Privat freilich bezweifelte er weiter Amerikas Fähigkeit zum Krieg. Roosevelts wichtige Rede am 27. Mai, in der der volle Notstand angeordnet wurde, machte ihm zwar Mut, doch er war skeptisch, ob der Präsident das ganze Land mitreißen könne. Amerika, hieß es später in einem Gespräch mit Aldous Huxley, sei einfach ein zusammengewürfeltes Kolonialland mit Technik, das aber wie Europa eine faschistische Minorität besitze: »von hier soll die Rettung kommen?«[180] – »Wenn erst Amerika seine Vichy-Regierung hat«, schrieb er sarkastisch am 20. Mai an Agnes Meyer, »so können Sie auch hier die schönste coopération complète mit Hitler erleben ... Es muß nicht so kommen, aber ich wollte, Sie fürchteten es zuweilen oder verständen, daß ich es fürchte.«[181] Einer so politisch empfindlichen und patriotischen Amerikanerin gegenüber war das ein unbedachter Ausbruch, den er sich rasch zu korrigieren bemühte, er zeigte aber, wenn auch in extremer Form, seine inneren Bedenken und seine Niedergeschlagenheit.

Wenn er den *Joseph* nicht hätte, so fühlte er, wäre ein solches

Elend nicht auszuhalten. Mit ihm wenigstens ging es ständig voran, obwohl er wußte, daß sein unwiderstehlicher Drang, alles einzuarbeiten, das Buch sogar für seine Verhältnisse allzulang zu machen drohte (gegen Ende Juni, mit mehreren hundert Seiten Manuskript, war er noch kaum auf halbem Weg bis zum Abschluß). Der Verkauf und die meisten Besprechungen der *Vertauschten Köpfe* waren enttäuschend, und seine Sorgen wurden noch durch Probleme in der verstreuten Familie vermehrt. Wegen Monika mußte etwas getan werden, da Michael und Gret schließlich entschieden hatten, daß sie zu gehen hatte. Er war nicht bereit, sie lange in Pacific Palisades zu behalten; Unterkunft in Los Angeles war schwer zu finden, vor allem, da sie auf einem Klavier bestand. Klaus war in immer größeren Schwierigkeiten wegen *Decision* und war verzweifelt, da er bei einem Scheitern der Zeitschrift nicht wußte, was er tun sollte. Golo suchte nach einem Lehrauftrag, doch die Bemühungen des Vaters beim Pomona College, Claremont, die Angell angeraten hatte, hatten zu nichts geführt. Erika schließlich, die über einen Monat in Pacific Palisades verbracht hatte, erhielt einen weiteren verlockenden Anruf des Londoner Informationsministeriums und bereitete sich wieder auf den Hinüberflug vor – ein Entschluß, den er loben mußte, obwohl ihm ihre Gegenwart am meisten fehlen würde. Sein öffentliches Ansehen blieb gewahrt, indem er seine regelmäßigen Rundfunkbotschaften für die BBC (die für den Lufttransport nun auf Platte aufgenommen wurden) fortsetzte, dem Komitee einer Legion for American Unity and Action beitrat, sich im Juli zu einer Sendung in der Reihe von Propagandaaufrufen zu Verteidigungsanleihen bereit erklärte und mit einem Artikel *Germany's Guilt and Mission* dem Pessimismus von Prinz Bernhard der Niederlande entgegentrat, der nun Offizier bei der britischen Luftwaffe war. In Hitlers verwegenem Abenteuer des Einmarsches in Rußland am 21. Juni sah er anfangs nur eine vorläufige Pause für die angelsächsische Welt bis zur Niederlage Rußlands, er konnte den Jubel Heinrichs unmöglich teilen.

VII
Leiden an Deutschland
1941–1948

»Leider möglich, daß ich 70 werde, bis dies zu Ende geht.«

TM 28. 1. 1940[1]

Im Garten mit den Enkeln Frido (sitzend) und Toni

1

»Zu den Deutschen geh' ich nimmermehr, auch wenn es noch zu meinen Lebzeiten physisch unbedenklich werden sollte.«

TM, 30. 3. 1942[2]

Manns Niedergeschlagenheit dauerte den ganzen Juli 1941 an. Rußland, dessen war er sich sicher, würde in diesem Konflikt unterliegen, Stalin (»ein Schuft«, was man jetzt aber nicht zu betonen brauchte[3]), würde die gerechte Strafe dafür bekommen, daß er Hitler mit dem deutsch-russischen Vertrag zu versöhnen versucht hatte. Er zweifelte, ob die nun für England und Amerika gewonnene Zeit ausreichen würde, da die offensichtlich noch lange brauchten, bis sie für einen Endkampf gerüstet waren. Ende Juni hatte er in einem Telegramm an die sowjetische Nachrichtenagentur Tass seine Hoffnung ausgedrückt, der Angriff, der Hitlers Wiederentdeckung seines Antibolschewismus wahrlich als eine »obszöne Farce« entlarvt hatte, werde die Möglichkeit einer vereinten antifaschistischen »Volksfront« wiederbeleben und die Verwirrung lösen, die auf München und den deutsch-russischen Pakt gefolgt war[4]; am 17. Juli sandte er ein weiteres Telegramm, in dem er die eben verkündete britisch-russische Allianz begrüßte. Er war nicht eigentlich verzweifelt, aber mutlos, seine Energie für die Arbeit nahm ab, und eines Tages unterbrach er sie sogar und setzte sich mit einer Lektüre in den Garten, was bei ihm höchst ungewöhnlich war. Diesen Zustand schrieb er dem schwächenden Einfluß des Klimas zu, nach einer Blutuntersuchung wurde zu seiner Erleichterung jedoch eine Unterfunktion der Schilddrüse festgestellt, die man medikamentös behandeln konnte. In seinen Briefen beschwerte er sich indes weiterhin häufig über den »circulus vitiosus von Herabstimmung und Insuffizienz-Gefühl«.[5] Bewegt erinnerte er sich an den Besuch, den man im Sommer 1939 dem Haus in der Schiedhaldenstraße abgestattet hatte, und dachte daran, wie schön es doch sein müßte, in der Schweiz zu leben und dort anstatt in Amerika den Tod abzuwarten.

Dieser Gedanke verließ ihn auch trotz seiner allgemeinen Bewunderung für Amerika und gewisse Seiten des dortigen Lebens nie. Innerhalb weniger Tage begann er dennoch die Arbeit am *Joseph, der Ernährer* wieder mit erneuerter Energie – rechnete immerhin mit mindestens noch einem weiteren Jahr bis zum Abschluß des Buches. Begeistert verfolgte er den Fortschritt des Neubaus, er versprach, das schönste Haus mit dem schönsten Garten zu werden, das er je besessen hatte, praktisch und geräumig, mit einem idealen Arbeitszimmer und einem wunderbaren Rundblick. Ein gedrängtes geselliges Leben nahm seine Nachmittage und Abende Ende Juli und August in Anspruch, es gab Bruno Walter-Konzerte in der Hollywood Bowl, Teepartys, gelegentliche private Filmvorführungen oder andere Einladungen vom »Moviegesindel« (im Haus des britischen Schauspielers Cedric Hardwicke beobachtete er amüsiert, wie Alfred Hitchcock einnickte und in einem Sessel schnarchte); Besuche von Caroline Newton und Agnes Meyer – beide mit ihren biographischen Projekten anstrengend, um nicht zu sagen, langweilend – verstand er diplomatisch hinter sich zu bringen, obwohl sie, wie er vermutete, etwas enttäuscht von ihm abreisten.

Die Mannschen Zeitschriftenunternehmungen *Maß und Wert* und *Decision* waren nun mehr oder weniger am Ende. Editorische, finanzielle und Vertriebsschwierigkeiten hatten sich für die erstere als unüberwindlich erwiesen, nach drei Jahrgängen wurde sie eingestellt. Sein Herz habe an ihr gehangen, doch die Weiterführung schien unmöglich, schrieb Mann nun an Oprecht, als er ihm für die Unterstützung dankte, die er Hedwig Pringsheim nach dem Tod ihres Gatten im Juli in Zürich gewährt hatte. »Aber wer weiß, ob nicht der Augenblick der Auferstehung auch für dieses Blatt einmal kommt. Der Titel, der schon bei der Gründung gut gewählt war, wird vielleicht noch viel zeitgemäßer sein in der Ära des moralischen und materiellen Wiederaufbaus, die kommen muß.«[6] Auch Klaus war mit *Decision* in schwerer Bedrängnis; die Zeitschrift war hoch verschuldet, sie drohte zusammenzubrechen, wenn nicht schnellstens 8000 Dollar aufgebracht würden, wofür er die einzige Hoffnung in Agnes Meyer sah. Sein Vater jedoch, der das Unternehmen stets für zu gewagt gehalten hatte, war nicht bereit, sich an sie zu wenden, und so mußte das Blatt nach wenigen Monaten liquidiert werden.

Im September bereitete er mit einem gewissen Unwillen einen Vortrag vor, für eine weitere Tour mit dem gewohnten Programm, die im Oktober und November amerikaweit geplant war. In letzter Zeit hatte er in gelegentlichen Artikeln und Aufsätzen (z. B. in einem Vorwort zu einer Ausgabe der Predigten Pastor Niemöllers), vor allem die philosophischen und moralischen Aspekte des Kampfes gegenüber den politischen betont – »eine Art von höherer Propaganda«[7], mit der Absicht der Belehrung wie der Polemik. Im August hatte er, um jedem Eindruck persönlicher Interessen in seinem Kampf gegen Hitler zuvorzukommen, die Ehrenpräsidentschaft eines German-American Council for Liberation from Nazism entschieden abgelehnt, eines Free Germany Committees emigrierter Politiker, die eines Tages in Deutschland wieder an die Macht zu kommen hofften. »Nichts aber liegt mir ferner als die Rolle eines Masaryk. Der hatte politischen Glauben an sein Volk, und eben den habe ich nicht«; es wäre für ihn höchst peinlich, für ein Volk einstehen zu müssen, dem jeder politische Verstand abgehe.[8] Er versicherte Agnes Meyer – die fleißig an ihrer Studie über ihn arbeitete, der sie den hochtrabenden Titel »The God-seeker« geben wollte, und die immer noch um sein wahres Werk besorgt war –, daß seine bevorstehende Erörterung über *Der Krieg und die Zukunft* seiner würdig sein werde. Sie werde weniger die »Hitler-Teufelei« behandeln als das allgemeine Problem der Freiheit, der Notwendigkeit einer »moralischen Restauration, die den Gedanken des *Rechts* aus seinem gegenwärtigen wahnsinnigen Verfall« wiederherstellen solle, und was Amerika angehe, die Gefahren einer isolationistischen Politik darlegen.[9] Er hatte bemerkt, daß die Rundfunkansprache, die Roosevelt nach den Versenkungen amerikanischer Handelsschiffe durch U-Boote und einer Konferenz mit Churchill auf hoher See am 11. September gehalten hatte, einer Kriegserklärung zur See an Deutschland so gut wie gleichkam. Lindbergh aber hatte in Worten, die dem *Völkischen Beobachter* Ehre gemacht hätten, einen heftigen Ausfall gegen »Engländer, Juden und das R.-Government«, die »das Land in den Krieg« zögen[10], folgen lassen. Bei dem Gedanken an die Wirkung einer derartigen Opposition auf das amerikanische Volk glaubte er, seine eigenen Worte könnten in der Auseinandersetzung ein gewisses Gewicht besitzen, auch wenn die *lecture-tour* wie eine Reise von Station zu Station eines Kalvarienbergs sein würde (freilich auch ein Geschäft, da sie ein paar tausend Dollar einbrächte, auf die er als Familienvater achten müsse).[11]

Das Verhältnis zu Agnes Meyer hatte ihm immer mehr Sorgen bereitet. Es war natürlich von entscheidender Bedeutung, ihr Wohlwollen nicht zu gefährden, doch er fürchtete, daß ihr Interesse für ihn mit den ständigen psychologischen Spekulationen und allem was dazugehörte zu einer Besessenheit werden könnte. Sein ganzes Leben lang hatte er sich gegen Annäherungsversuche anderer Menschen gewehrt; in ihrem Fall bestand nun die Gefahr, daß sie in ihrem Gefühlsleben in Thomas Mann den Nachfolger des französischen Schriftstellers Paul Claudel sah, den er für ihren ehemaligen Liebhaber hielt. Das kam unter keinen Umständen in Frage. In ihrer Studie, das beteuerte sie, wolle sie die Heiligenverehrung vermeiden, für die die Rilkebücher, die zahlreiche Frauen aus dem Leben des Dichters geschrieben hatten, abstoßende Beweise lieferten. In ihren zwanziger Jahren sei sie einmal persönlich Zeugin der Verachtung Rodins für seinen Sekretär geworden (»c'est un allemand qui écrit sur moi«), und sie habe das Gefühl, der Dichter hätte diese Demütigung später auf sein weibliches Gefolge als »Kompensierung und Rache« übertragen. Rilke sei für sie ein »weibisches Talent, die Kehrseite der übertriebenen deutschen ›Männlichkeit‹«.[12] Mann amüsierte sich zwar über die Rodin-Anekdote, war aber auf die Sondierung seines eigenen Wesens keineswegs erpicht.

Als Anfang Oktober die Zeit für seine Abreise näherrückte, kam ein, nach ihren eigenen Worten, »irrationaler Brief«, voller Beunruhigung über die Sorgen, die sie hinter seiner Schweigsamkeit vermutete[13] – das hielt er für einen Beweis ihres »schlechten Gewissens«. Die Sache mußte schleunigst geklärt werden, da sie einander im November in Washington treffen sollten. Er brachte mehrere Tage damit zu, ein (wie er es nannte) »Staatsschreiben« zusammenzubrauen – einen »offiziellen« Brief, der ein für allemal, in großer Ausführlichkeit, die Wahrheit über sein Leben, seinen Charakter, seine Arbeit, seine Gesundheit (und seine Finanzen) so darstellte, wie sie sie sehen sollte, in Worten, die hoffentlich eine Beziehung unversehrt ließen, die für seine Zukunft in Amerika ja lebenswichtig war.

Er hatte bereits mit weiteren Bemerkungen über ihre Sicht Rilkes begonnen: für ihn sei dieser immer noch ein großer Dichter, dessen lyrisches Genie er bewundere, ohne zu behaupten, daß er ihn völlig verstehe, überfeinert und snobistisch zwar, der für ihn aber noch einen weiteren wichtigen Anspruch auf Ruhm habe, der ihr vielleicht unbekannt sei – er habe nämlich eine der frühesten und besten Besprechungen der *Buddenbrooks* geschrieben. Dann begann er, ihre Vorstellungen von ihm selbst richtigzustellen. Sein Leben sei beileibe nicht hart gewesen, wie sie annahm, sondern ein *»glückliches, gesegnetes«*, gewiß nicht ohne Fährnisse, doch ein Leben, in dem er seiner

Arbeit unbehelligt habe nachgehen können. Wie sein Joseph könne er sich einen »Weh-Froh-Menschen« nennen, der »die frohe Bestimmung seines Wesens zwar anfällig für dieses Weh« weiß, aber auch an kein Weh glaubt, »schwarz und opak genug, daß es sich für sein eigenstes Licht, oder das Licht Gottes in ihm, ganz undurchlässig hätte erweisen sollen«. Ein »Sonntagskind« also, mit allem Grund, für ein Schicksal dankbar zu sein, das die Dinge für ihn immer zum Guten gelenkt habe. In Amerika, wo ihre Unterstützung für seine Arbeit kaum geringer gewesen sei als die, die er in Deutschland erfahren habe (eine vielleicht verständliche Übertreibung), gehe es ihm nur darum, die erreichte Stellung nicht leichtsinnig zu verscherzen. Ein hartes Leben? Er sei ein Künstler, der sich selbst und andere unterhalten wolle, und jemand, der einen im wesentlichen so vergnüglichen Beruf gewählt habe, habe kein Recht, den Märtyrer zu spielen. Die Politik sei gewiß eine qualvolle Last, doch sie sei auch interessant und spannend, »und wenn Recht behalten glücklich machte, so müsste ich sehr glücklich sein, denn wie es mit dem ›National-Sozialismus‹ gehen würde, darin habe ich vollkommen Recht behalten, vor meinen Landsleuten und vor der Appeaser-Welt, und nach menschlichem Ermessen werde ich auch Recht behalten, was seinen Ausgang betrifft«. Wie der aussehen werde, sei ihm gleichgültig, da *alles* nur besser sein könne als Hitler. Was seine Gesundheit betreffe, sei es immer die alte Geschichte – nicht eigentlich gut, aber auch keine ernsthaften Beschwerden, »ich glaube im Grunde, daß meine Natur ihrem Tempo und Charakter nach auf Geduld, Ausdauer, einen weiten Weg, auf ein Zu-Ende führen … auf Vollendung angelegt ist«.

Daher sein Drang, ein Haus zu bauen, keck vielleicht, doch begründet in seinen Gewohnheiten und Bedürfnissen, in dem »natürlichen *Stil*« seines Lebens. Aber, wenn er es an dieser Stelle bekennen dürfe – eine Andeutung, in der er zweifelsohne den Kern seines langen Ergusses sah –: er habe sich häufig gefragt, weshalb eine zu Huldigungen, die nichts kosten, so bereite Welt es sich nie habe einfallen lassen, sich um seine praktischen Bedürfnisse zu kümmern und ihm ein Haus zur Verfügung zu stellen, wie es ein reicher Schweizer Gönner für Hermann Hesse getan habe. Weder eine Stadt noch eine Universität in diesem Land sei auf diesen Gedanken gekommen, sei es auch nur aus Ehrgeiz und um sagen zu können: »We have him, he is ours.« Dachte man, ein Nobelpreisträger (der dessen Dotierung und das meiste andere Vermögen an die Nazis verloren hatte) brauche keine Hilfe? Oder sei das bloß Gedankenlosigkeit, die auf seinen Idealismus zähle, mit der Vorstellung, daß ein solcher Mann nicht an Geld denken dürfe? »Es wäre allerdings richtiger und würdiger, wenn er nicht daran zu denken brauchte.« So baue er das Haus selbst, das er sich trotz seines jetzt stark geminderten Einkommens leisten könne; von Sorge und Not könne nicht die Rede sein, gewiß aber von Unbequemlichkeit und der Notwendigkeit großer Sparsamkeit. All dies entspreche aber nicht der Wirklichkeit – »ich meine: meiner Gesamt-Existenz im Gegensatz zum Momentanen«. Der Krieg könne im Höchstfall nicht länger als vier Jahre dauern, und seine Werke könnten in einem enthitlerten Deutschland und befreiten Europa ein neues Leben erwarten, man würde sie einsaugen wie »der luftleere Raum die einpfeifende Luft«. Er würde den *Joseph* vollenden; Gesamtausgaben der Werke seien auf deutsch und englisch geplant; die gute Aussicht auf einen *Joseph*-Film großen Stils würde beträchtlich dazu beitragen, sein Schifflein wieder flottzumachen, wenn man das von einem Schiff sagen dürfe, das auch im Augenblick nicht eigentlich auf dem Sand sitze. »Kurzum, ›ich‹ bin ein Unternehmen, das als finanzwürdig zu betrachten ist, und das man inzwischen nicht verstimmen, der Geniertheit überlassen sollte« – ein Ausdruck, den sie dem Geschäftsgeist zuschreiben möge, der nun von Joseph verkörpert werde. »Ich *denke* zuweilen so, und Ihr von weiblicher Intuition eingegebener Brief hat meinem Denken die Zunge gelöst – das sollte er ja, nicht wahr?« Die Einstellung jeder privaten Bautätigkeit, die eben angeordnet worden sei, komme glücklicherweise zu spät, um seine Pläne zu unterbrechen, obwohl der Bau des Hauses langsam vorangehe und sie vor Jahresende nicht einziehen könnten; es sei nur ärgerlich, daß sie die Miete sozusagen doppelt zahlen müßten. Auf ihre Frage nach der Beendigung des *Joseph* könne er ihr in jedem Fall den nächsten Sommer nennen.[14]

Das war ein geschickter diplomatischer Versuch, aber auch eine aufrichtigere Darstellung des Thomas-Mannschen Unternehmens und dessen materieller Bedingungen (die er bei allem Vergnügen des spielenden Künstlers nie aus den Augen verlor), als er sie je zuvor irgendeinem Freund gegenüber gegeben hatte. Er war natürlich gespannt, vielleicht ein wenig unruhig, wie sie die Tirade aufnehmen würde, aber doch wieder beruhigt, als er nach Antritt seiner Tour eine kurze, beinahe reuevolle vorläufige Antwort erhielt, in der sie sich für seine erstmalige Andeutung seiner finanziellen Lage dankbar zeigte. »Wenn meine geistlichen Bestrebungen Ihnen zur Verfügung stehen, wie sollte es nicht jede materielle resource, die ich besitze?« Er solle ihr in Washington einige ungestörte Stunden reservieren.[15] Er hatte sich mit Katia am 14. Oktober auf den Weg gemacht, in dem Bewußtsein, daß die Stationen des Kalvarienbergs volle sechs Wochen in Anspruch nehmen würden, aber entschlossen, dessen Plagen an sich abgleiten zu lassen und sich während der langen Bahnreisen auf das Manuskript zu konzentrieren. Dies gelang ihm; er beschwerte sich zwar über die Hitze und die mitunter unbefriedigende Organisation der Tour durch Austin, Texas, New Orleans, Birmingham, Alabama und South Carolina, konnte aber sowohl mit der Wirkung des Vortrags wie mit seinen bleistiftgeschriebenen Zusätzen zum *Joseph* zufrieden sein, als sie am 1. November in Washington ankamen.

Der Aufenthalt dort war nur ein sehr kurzes Zwischenspiel, bevor er den zweiten Teil der Tour antrat, genügte aber, um zu hören, wie Agnes Meyer ihre Hilfsquellen mobilisiert hatte. Freilich wurde dem Meister nicht plötzlich ein Haus aus öffentlichen oder privaten Geldern angeboten, was er auch kaum erwartet hatte oder nun brauchte. Sie hatte einen passenderen Einfall, der ihm wesentlich besser gefiel: eine Sinekure an der Library of Congress in Form des neugeschaffenen Postens eines Consultant in Germanic Literature mit einem jährlichen Honorar von 4800 Dollar, wofür er der Bibliothek lediglich für Fragen auf diesem Gebiet zur Verfügung zu stehen und einmal im Jahr eine Vorlesung dort zu halten hatte, die noch einmal 1000 Dollar einbrachte, und versuchen sollte, sich zwei Wochen im Jahr in Washington aufzuhalten. Sie hatte schon seit langem dem Verwaltungsrat des Congress Trust Funds der Library angehört, der über die Gelder bestimmte, bei denen die Eugene and Agnes E. Meyer Foundation zusammen mit anderen bedeutenden privaten und anonymen Spendern bereits eine Rolle spielte, so daß die Finanzierung allein ihre Sache war. Dazu mußte die Billigung des Bibliothekars Archibald MacLeish eingeholt werden, aber der war ohnehin ein enger Freund von ihr und ein Bewunderer Thomas Manns und hatte schon anderen emigrierten Schriftstellern mit Geldern von der Rockefeller Foundation und der ERC ähnliche Hilfe gewährt. Mit besonderer Freude machte er Ende November die Anstellung offiziell. Für Mann war das eine ideale Lösung. Am 3. November sandte er Agnes Meyer aus Chicago, seiner nächsten Station, seinen herzlichen Dank für ihre »*vornehme* Erfindungsgabe«: »... ich bin Künstler genug, mich an der Form, die Sie ihr zu geben wußten, fast mehr zu freuen als an ihrem ›Gehalt‹. Wirklich hat diese neue symbolische Verbindung mit Amerika und mit Washington etwas tief Befriedigendes für mich, selbst abgesehen von der materiellen Beruhigung.«[16] Aufrichtige Worte gewiß; aber zweifelsohne war er an der damit verbundenen materiellen Sicherheit sehr interessiert. Nach sieben Doktorhüten, die ihm bei allem Ansehen doch keinen greifbaren Lohn eingebracht hatten, war hier schließlich eine Ehrung durch sein neues Land, welche die von ihm verabscheute Sparsamkeit unnötig machte und ihm den Lebensstil bewahrte, zu dem er sich immer berechtigt gefühlt hatte.

So konnte die Tour leichteren Herzens fortgesetzt werden. Nach Chicago, Iowa, Indianapolis und Bloomington, Delaware – die letzten beiden Veranstaltungen durchaus triumphal, dachte er, mit zahlreichem Publikum –, kamen sie am 7. November nach New York, wo sie über eine Woche verbrachten. Elisabeth und Klaus waren da, Erika war eben nach einer aufregenden Zeit aus England zurückgekehrt, zu der eine abenteuerliche Fahrt über den Ärmelkanal nach Calais gehört hatte, auf der ein junger englischer Pilot gerettet worden war. Zur Besorgnis des Vaters bereitete auch sie, trotz angegriffener Gesundheit, eine Vortragstour vor, die mit neun Auftritten in zehn Tagen anstrengender und vom Thema her persönlicher war – »Unser Krieg, unser Sieg, unser Frieden«, worin sie ihre vergeblichen Versuche in der deutschen Friedensbewegung vor der Nazi-Diktatur schilderte und ein Amerika zu Kampfgeist aufforderte, (das ja bald infolge des Angriffs auf Pearl Harbor im Dezember in den Krieg gezogen werden sollte). Für ihn waren die Tage in New York alles andere als entspannend, es waren viele Freunde in der Stadt und dazu kam auch noch das nun akute Problem eines geplanten »European PEN in America«, in dem die Londoner Kollegen eine Unterminierung der Organisation sahen. Arbeit kam also nicht in Frage, und er war bei all diesen Ablenkungen in pessimistischer Stimmung, weil er die Verbindung zu seiner Hauptaufgabe und zu dem, was für sie noch zu tun war, verloren hatte. Verpflichtungen zu Reden in Amherst, Massachusetts, und Philadelphia folgten, auch ein kurzer Besuch in Princeton, vornehmlich um mit Helen Lowe-Porter die Übersetzung des *Joseph* zu besprechen.

Für kurze Zeit in New York zurück, fand er Agnes Meyers Brief, in dem die Vereinbarungen mit MacLeish für die Bibliothek bestätigt wurden, mit ausdrücklicher Betonung, daß die jährlichen Vorträge ein Versuch seien, seinen Beitrag zum kulturellen Leben Amerikas sicherzustellen. Zusammen mit der Nachricht, daß das Haus in Kalifornien gute Fortschritte machte, trug dieser Brief dazu bei, die beinahe verzweifelte Stimmung zu vertreiben, die ihn auf Touren dieser Art immer überfiel, da er sie trotz allen äußerlichen Ansehens, das sie brachten, allmählich doch als Zeitvergeudung ansah. Er schrieb ihr rasch, wie ungeheuer dankbar und »wirklich glücklich« er sich fühle. Nur ein weiterer Auftritt blieb noch, am 24. November im College of the Pacific in Stockton, Sacramento. Er fuhr mit Katia nach San Francisco, wo Michael nun erfolgreich im State Youth Orchestra spielte und Gret ihr zweites Kind erwartete, und nach dem Vortrag in Stockton waren sie am nächsten Tag endlich auf dem Heimweg, in Begleitung des kleinen Frido, der bis Weihnachten in Pacific Palisades bleiben sollte – »eine erheiternde Belastung«[17] für ihn, da er von seinem Enkelkind höchst begeistert war, und natürlich auch für Katia.

Obwohl er beklagt hatte, daß er auf der Tour den Kontakt zur Arbeit verloren und nichts zustande gebracht habe, sich nach einer ordentlichen Einrichtung seiner Bibliothek sehnte und weiter Unterbrechungen durch gelegentliche politische Verpflichtungen voraussah, waren die sechs Wochen eigentlich nicht ergebnislos verlaufen, ja Ideen für die Fortsetzung des Buchs hatten sich eingestellt. Innerhalb weniger Tage hatte er sich in die Episode von Thamar, der Frau Judahs und Josephs Schwägerin, vertieft, die ihn bis zum Jahresende beschäftigte und sich schließlich zu einer selbständigen Kurzgeschichte entwickelte (seine Darstellung dieses »merkwürdigen Frauenzimmers, das kein Mittel scheut, sich in die Heilsgeschichte einzuschalten«[18], trägt durchaus gewisse Züge Agnes Meyers).

Der offizielle Brief mit seiner Anstellung bei der Library of Congress traf am Tag nach dem verheerenden Angriff Japans auf die amerikanische Flotte in Pearl Harbor am 7. Dezember ein. Er schrieb sofort an MacLeish, um seine Dankbarkeit und Freude darüber auszudrücken, daß er nun »zum kulturellen Leben dieses meines neuen Heimatlandes, dessen Staatsbürger ich bald sein werde« gehöre. »Bitte nehmen Sie meinen herzlichsten Dank und Wünsche in dieser schweren Stunde, die uns noch fester mit diesem Land verbindet, das für Freiheit und Menschenrecht kämpft.«[19] »Gott segne Amerika!« hieß es am Ende seines Telegramms[20], mit dem er Agnes Meyer davon unterrichtete – obwohl ihn kurz zuvor ein Brief von ihr, in dem sie ein allzu düsteres Bild der finanziellen Ansprüche seiner Kinder an ihn entworfen hatte, nicht wenig geärgert hatte. Er hatte eben in einem Brief an sie dieses Bild ausführlich korrigiert: sie seien keine wirkliche Last, jedes sei auf seine Art gutwillig und tätig, bis auf Monika, und im Vergleich zu anderen jungen Emigranten, die sich nicht einmal die Mühe machten, Englisch zu lernen, schnitten sie gut ab. Das zu erwartende Honorar und sein übriges Einkommen sei nur für seine eigene Bequemlichkeit, nicht für sie.[21]

Eine Last, die er ihr gegenüber nicht erwähnte, war sein Bruder. Heinrichs anfänglicher Vertrag als Drehbuchautor war nicht erneuert worden, und er war, mit seiner intellektuellen Herkunft und seinen sehr beschränkten Englischkenntnissen, völlig ungeeignet, als Schriftsteller in Amerika Geld zu verdienen, seine Bücher wurden so gut wie nie zur Übersetzung vorgeschlagen. Ein Antrag von Thomas auf die Überweisung von Heinrichs russischen Tantiemen an den sowjetischen Botschafter mußte auf das Eintreffen von dessen Nachfolger, Maxim Litwinow, warten. Eine spätere Mahnung an Litwinow hatte schließlich Erfolg, doch vorläufig blieb Heinrich mittellos. Katia wurde zu einer Unterredung entsandt, wonach man ihm einen sofortigen Scheck über 300 Dollar versprach, dem monatlich weitere 100 Dollar folgen sollten, mit anderen Worten, ein Viertel des Honorars von der Library, das glücklicherweise im Dezember beginnen sollte. Thomas fand dies hart, aber er hatte keine Wahl. In starkem Gegensatz zu seinem Bruder, fühlte sich Heinrich in Amerika wie in einem »waste land«, bei der Ankunft in New York hatte er seine Eindrücke als »belanglos« notiert; sein letzter Blick auf den Hafen von Lissabon war ihm »unbegreiflich schön« erschienen. »Alles, was mir gegeben war, hatte ich in Europa erlebt, Lust und Schmerz eines seiner Zeitalter, das meines war; aber mehreren anderen, die vor meinem Dasein liegen, bin ich auch verbunden. Überaus leidvoll war dieser Abschied.«[22] Das Gefühl sollte ihn im amerikanischen Exil nie verlassen.

Amerikas sofortige Kriegserklärung an Japan, der nach wenigen Tagen die Kriegserklärungen Deutschlands und Italiens an die USA folgten, brachte den lang ersehnten Wendepunkt, die große Mehrheit der Welt stand nun auf seiten Amerikas und Englands. Beifällig hatte Thomas Mann Roosevelts würdige Rundfunkrede gehört und bemerkt, wie schnell sich das Land nun in Erwartung der vom Präsidenten geforderten Opfer, Disziplin und Einheit in einem Kampf, der lang und hart werden würde, auf den Kriegszustand einstellte. Am 20. Dezember sprach er auf einer Massenveranstaltung für Zivilschutz, die in Santa Monica vom Fight for Freedom Committee organisiert worden war (anschließend sandte er eine Kopie seiner Ansprache an den Präsidenten): »das war Ihr, oder darf ich sagen: unser großer Präsident ... der geborene und von Schicksal bestimmte Widersacher jener Kräfte, die nach der Vernichtung der Freiheit und Menschenwürde streben«, der, so gefährlich die Japaner als Gegner auch sein mochten, keinen Zweifel daran ließ, daß Hitler der Hauptfeind war. »Englands Haltung nach Dünkirchen ist der Beweis dafür, was demokratische und im Innersten friedliebende Menschen sogar im Krieg zuwege bringen können.« Die englischsprechenden Völker, mit der mächtigen Hilfe Rußlands und Chinas, mit ihren industriellen Hilfsmitteln und, was das wichtigste war, mit dem Wissen, »daß sie auserwählt worden sind für die Verteidigung jener Menschenwerte, die in der Bill of Rights niedergelegt sind«, würden nicht verfehlen, »diesen Überfall zurückzuschlagen und die Menschheit von dem faschistischen Schrecken zu erretten«.[23]

Obwohl er, wie er sagte, technisch als »feindlicher Ausländer« spreche, fühlte er sich zu seiner glühend amerikanischen Haltung berechtigt. Wie die anderen Emigranten wußte er aber sehr wohl, welche Unannehmlichkeiten eine solche Formsache in einem eben in den Krieg eingetretenen Land bringen konnte, das hatte sich in England und Frankreich 1939 und 1940 ja gezeigt, als alle Deutschen und Österreicher ohne Rücksicht auf ihre Gegnerschaft zu den Nazis interniert oder zumindest in ihrer Bewegungsfreiheit beschränkt wurden. Im Prinzip war das nun auch in Amerika der Fall, wo zahlreiche Personen, vor allem Japaner, interniert wurden, Meldepflicht und Bewegungsgenehmigungen aber von allen verlangt wurden. Nach Weihnachten bedankte er sich in einem Brief bei Agnes Meyer für ihr großartiges Geschenk eines silbernen Kaffee- und Tee-Services und fragte sie, ob man ihn eigentlich als feindlichen Ausländer betrachte: »Ich meine natürlich nicht ›eigentlich‹! Eigentlich bin ich ja pretty friendly. Aber technisch?«[24] Sie befragte Francis Biddle, den Generalstaatsanwalt, er schrieb selbst zu Neujahr an

Biddle und führte seinen makellosen Ruf und die amerikanischen Ehrungen an. Es gab keine Ausnahmen, in seinem Fall aber auch keine echten Schwierigkeiten, und er schämte sich ein wenig, daß er sich beklagt hatte. Andere kamen freilich nicht so glimpflich weg. Die Tatsache, daß kein allgemeiner Versuch zur Beseitigung dieser Ungerechtigkeit erkennbar war, veranlaßte ihn im Februar zu einem direkten Appell an den Präsidenten, der außerdem von Einstein, Toscanini, Bruno Walter und einigen anderen unterzeichnet wurde und positive Behandlung zugunsten der »Opfer und eingeschworenen Feinde des totalitären Übels« forderte. Dennoch blieb das für die meisten Emigranten ein dauerndes Problem.

Die November- und Dezembernummern des *New Yorker* enthielten ein »profile« von ihm, das Janet Flanner verfaßt hatte.[25] Die Überschrift »Goethe in Hollywood« war zwar schmeichelhaft, doch die journalistische Verzerrung (»Jedes zweite Factum ist ein Falsum«) war ärgerlich, besonders empörte er sich über die unsinnige Karikatur der drei »Blaustrümpfe« Caroline Newton, Agnes Meyer und Helen Lowe-Porter, die angeblich gemeinsam einen »Kult der Bewunderung« für ihn betrieben. Flanner, die seit 1929 alle vierzehn Tage Briefe aus Paris für den *New Yorker* geschrieben hatte, eine extravagante Gestalt im Salon Natalie Clifford Barneys und selbsternannte Europaexpertin, war 1940 einmal Gast bei ihnen in Princeton gewesen, daran erinnerte ihn Katia. Er habe sich damals tatsächlich »so monströs höflich, steif und zugeknöpft verhalten«, wie sie ihn schilderte – und bedauere jetzt nur die Höflichkeit.[26] Die zweite Hälfte des »profile«, die er am Weihnachtsabend erhielt, war nicht weniger voll von törichten Unstimmigkeiten und rücksichtslos ausgeschlachtetem Tratsch, rührte immerhin aber nicht an seiner Würde (ein Eindruck, der durch den Titel wohl verstärkt wurde), und so ließ er es dabei bewenden.

An Eugene Meyer berichtete er mit seinem Dank für ein unerwartetes Zigarrengeschenk in »wildgewachsenem Englisch« über ihren Weihnachtsabend, »mit guten Freunden und unserem kleinen Enkelsohn ... dessen Anwesenheit unsere alten Tage vergoldet«. Er lud sie zu der Housewarmingparty ein, die hoffentlich in der zweiten Januarhälfte stattfinden sollte, er könne nur »beten, die Küste würde nicht evakuiert, um einen (amerikanischen) General oder später womöglich den Mikado zu beherbergen«.[27] Zu Weihnachten schien das Haus überfüllt, obwohl von den Kindern nur Golo, Monika und

Erika, zusammen mit Katias Bruder Peter Pringsheim, anwesend sein konnten. Zum erstenmal durfte er einen Enkelsohn auf den Knien schaukeln, als die Kerzen zur Bescherung angezündet wurden – zum erstenmal verzichtete er auch, vielleicht aus Rücksicht auf den kleinen Frido, auf eine festliche Lesung aus dem Werk, das im Entstehen war. Sein Bruder und Nelly erhielten keine Einladung, einige kühle Zeilen mit Glückwünschen zum neuen Jahr schienen ihm genug, angesichts der Erfüllung seiner finanziellen Pflichten ihnen gegenüber: »Sobald Dir nach einem Zusammensein zu Sinne ist, laß es uns wissen!«[28]

Er freute sich, als während Erikas Besuch Auden zum Mittagessen kam, »boyish und nett wie immer« und ein guter Unterhalter des Babys.[29] Erika war zu einer Besichtigung des entstehenden Hauses, »Seven Palms House«, wie er es nannte, mitgenommen worden. Es sah nun bereits attraktiv aus, sein Arbeitszimmer versprach das schönste zu werden, das er je gehabt hatte, auch wenn alles »entnervend ins Geld« ging.[30] Er schrieb zwei kurze Botschaften (die für die BBC-Übertragung aufgezeichnet wurden) zu einem weiteren blutigen Weihnachten in den langen Jahren des Kampfes, die Deutschland von seinen Führern verheißen wurden und zur Selbsternennung Hitlers zum Oberkommandierenden. Die Stimmen, die den »Führer« angeblich leiteten, hätten ihn vor der verborgenen Stärke Amerikas warnen sollen, die der »gelbe Waffenbruder« unklugerweise geweckt habe.[31] Diese Art von Propaganda und eine auch noch so große Freude über den Beifall für Churchill in den Straßen Washingtons und die Bewunderung für seine Reden vor dem Kongreß und dem kanadischen Parlament, verbargen aber, daß er selbst nur bescheidene Erwartungen für die kommenden Jahre hatte. Die deutsche Armee vor Moskau und in der Ukraine, die schweren Verluste der Marine im Atlantik und der japanische Angriff auf die Philippinen ließen gewiß wenig Raum für Optimismus. Sein Tagebucheintrag zu Neujahr – in der Regel der Anlaß zu einer düsteren Voraussage – war bedrückt, es blieb lediglich die Hoffnung, 1942 möge nicht so schlecht gehen, »daß es eines Tages nicht besser und endlich gut gehen könnte« und, »wenn ich lebe«, den Abschluß des *Joseph* in einem neuen Lebensrahmen bringen.[32]

Mit dem *Joseph* wenigstens konnte er fortfahren, die Thamar-Episode wuchs beträchtlich, bevor er am 20. Januar zu einem weiteren Vortrag nach San Francisco mußte. Frido begleitete sie, um zu seinen Eltern zurückzukehren, die er anfangs kaum wiedererkannte, sein Großvater war ungewöhnlich traurig, ohne ihn zurückfahren zu müssen. *Krieg und Demokratie* hatte er für den Auftritt aktualisiert, der Titel hieß nun *How to Win the Peace?* Es waren anstrengende achtzig Minuten, denen dann auch noch ein Strom von Fragen folgte – »ein wirkliches Laster Ihrer großen Nation« – »ich ziehe mich dabei immer in der komischsten Weise aus der Affaire, indem ich garnicht die Fragen beantworte, sondern willkürlich darum herum rede ... auch damit sind die Leute, wenigstens scheinbar, herzlichst zufrieden ... God bless them. Der Wunsch kommt mir von Herzen.«[33] Der gönnerhafte Ton dürfte Agnes Meyer kaum gefallen haben und war wohl auch schon seit langer Zeit schuld an ihrer zuweilen kritischen Einstellung zu ihm, die ihn so oft irritierte. Die Erklärung Churchills vor dem Unterhaus machte ihm klar, daß noch eine lange Strecke des Krieges bevorstand, und er notierte – prophetisch –, daß es gut noch drei weitere Jahre bis zum Ende dauern könnte.

Die endgültige Ausstattung des neuen Hauses in 1550 San Remo Drive in Pacific Palisades dauerte länger als gehofft. Er war so ungeduldig, daß sie beschlossen, am 5. Februar einzuziehen, obwohl das Arbeitszimmer, mit dem er sich bereits großtat, noch nicht fertig und die Möbel noch aus Princeton unterwegs waren. Die Pläne, auf die man sich schließlich geeinigt hatte, waren in erster Linie nach seinen persönlichen Bedürfnissen entworfen worden: Er hatte eine völlig abgeschlossene Zimmerflucht für sich, das Arbeitszimmer mit seiner Aussicht über Avocadohaine zur See war mit dem Wohnzimmer durch einen abschließbaren Gang verbunden, aus dem eine separate Treppe zu seinem Schlafzimmer hinaufführte. Die meisten Emigranten wohnten zur Miete, er aber war so entschlossen wie eh und je gewesen, der alten hanseatischen Tradition zu folgen und ein würdiges und repräsentatives Wohnhaus von entschieden persönlichem Anstrich zu errichten. Das Ergebnis entsprach nach der endgültigen Fertigstellung auch völlig seinen Absichten und übertraf sogar das stattlichere Haus in München. Seine anfänglichen Vorstellungen eines kolonialen oder frühen amerikanischen Baustils waren vom Architekten verworfen worden, der darauf bestand, daß die kalifornische Landschaft die Moderne verlangte. (»Er hatte einen starken Willen«, bemerkte Katia später einmal, »so haben wir ein Haus modernen Stils. Es gefällt uns aber.«[34]) Wenn es auch weniger geräumig war als das Haus in der Poschingerstraße, war es doch groß genug, um die Kinder bei ihren Besuchen unterzubringen, die breite Terrasse mit Meeresblick, auf die sich das Wohnzimmer öffnete, konnte hier das ganze Jahr zur Entspannung und zu zwanglosen Mahlzeiten genutzt werden.

Für etwa einen Monat ließ sich ein gewisses Chaos nicht vermeiden, es gab, als sie das Negerpaar verließ, Probleme mit der Dienerschaft, auch gute Handwerker waren schwer zu finden. Er ließ seinen Schreibtisch vorübergehend im Schlafzimmer aufstellen, suchte sich die benötigten Bücher so gut er konnte aus dem Stapel, den Golo und Katia in Ordnung zu bringen versuchten, und setzte phlegmatisch seine gewohnte Routine fort. Das Haus war zweifelsohne ins Geld gegangen, sein Einkommen war aber nicht unbefriedigend, kleine doch nützliche Tantiemen aus dem letzten Jahr kamen von Bermann, er erhielt den ersten Scheck für Dezember und Januar von der Library, und es gab eine Wiederholung von *How to Win the Peace?* vor dem Rotary Club in Los Angeles am 12. Februar. Auf längere Sicht machte ihm eine Ausgabe gesammelter Reden und Essays bei Knopf unter dem Titel *Order of the Day* Hoffnungen. Deren Zusammenstellung, Durchsicht und Vorwort nahmen in den folgenden Monaten einen beträchtlichen Teil seiner Zeit in Anspruch. Es sei schwierig, diese alten Sachen durchzugehen, schrieb er an Helen Lowe-Porter, aber schließlich seien »diese englischen Ausgaben ja mein ein und alles, denn auf deutsch werde ich gewiß zeit meines Lebens nicht mehr erscheinen können«[35] – eine unnötig schwermütige Einstellung.

Zu seiner Beunruhigung forderte eine Anzahl kalifornischer Verleger die Evakuierung aller »feindlichen Ausländer« von der kalifornischen Küste, und dies Problem für seine emigrierten Kollegen beschäftigte ihn ständig. Sein Telegramm an Roosevelt und hilfesuchende Briefe an Prominente wie Upton Sinclair waren vielleicht nicht wirkungslos geblieben, da kurz darauf ein Congressional Committee on Evacuation of Enemy Aliens unter dem Kongreß-Mann John H. Tolan eingerichtet wurde, das Anfang März in Los Angeles mit öffentlichen Hearings beginnen sollte. Er und Bruno Frank nahmen am 7. März als Vertreter der Deutschen teil. Er hatte das Gefühl, Franks Einwände gegen eine solche Zerstörung der unsicheren Existenz von »Ausländern, die gegen denselben schändlichen Geist gekämpft haben wie Ihre eigenen Burschen«, seien etwas zu hysterisch gewesen; seine eigenen Erklärungen und Antworten hielt er so unaufdringlich wie möglich, doch die Worte des Freundes hatten die höflichen Amerikaner zweifelsohne an der richtigen Stelle getroffen und hatten vielleicht größeres Gewicht als die des angesehenen Doyens der Emigranten. Die Politik der allgemeinen Evakuierung wurde schließlich aufgegeben, und das Leben der emigrierten Deutschen und Österreicher blieb während der Kriegsjahre mit wenigen Ausnahmen vom amerikanischen Staatsapparat unbehelligt, bis – wie wir später sehen werden – der antikommunistische Eifer des Kalten Krieges einen neuen Feind entdeckte.

Dem unbestrittenen Führer der deutschen Literatur im Exil erschien der Selbstmord Stefan Zweigs Ende Februar in dem abgelegenen Badeort Petrópolis bei Rio de Janeiro mehr eine Vernachlässigung der Pflicht als die tragische Verzweiflungstat eines jüdischen Humanisten. In einem Telegramm an die New Yorker Zeitschrift *PM* pries er Zweigs wohlverdienten Weltruhm und das schöpferische Einfühlungsvermögen in seinen historischen Biographien, legte aber mehr Betonung auf den »schmerzlichen Bruch in den Reihen der europäischen Exilliteraten«, verursacht durch eine so bedauerliche Schwäche einer Humanität, die nicht stark genug war, ihm zu helfen, das Dunkel zu überleben und das Morgenlicht zu sehen.[36] Er könne Zweigs Entschluß nie gutheißen, schrieb er in einem privaten Brief, gerade wegen dessen entmutigender Wirkung auf andere Brüder im Exil, die viel schlechter dran wären als er. »Er hätte den Nazis nie diesen Triumph gönnen dürfen. Hätte er sie besser gehaßt und verachtet, so hätte er's niemals getan.«[37] Aus Gram oder aus Not könne es kaum geschehen sein, bemerkte er damals zu Erika, der hinterlassene Brief sei ganz unzulänglich. »Was heißt in seinem Fall reconstruction of life, die ihm zu schwer gefallen sei?«[38] Für ihn selbst, äußerte er Kesten gegenüber, sei *jedes* Leben möglich, solange es nicht unter Hitler sei.[39] Die Tragödie bewegte ihn wenig, da er die allgemeine Hochschätzung Zweigs als Schriftsteller nie geteilt hatte. Andere mochten in ihr das Ende »unserer Welt« sehen, doch die sei nicht seine Welt: »Wer wird sich mit dem liberalen Humanismus identifizieren?«[40] Für jemanden, der es nie versäumt hatte, verstorbener Kollegen zu gedenken, auch mancher der unbedeutendsten und häufig in übertriebenen Worten, war das eine kalte Reaktion. Als sich Zweigs erste Frau Friederike zu Recht darüber beklagte, daß er es versäumt habe, einen angemessenen Nachruf zu veröffentlichen, entschuldigte er sich mit seiner damaligen seelischen Verfassung, die ihn nicht habe sein Bestes geben lassen, er trauere um den hervorragenden Mann, bestand aber immer noch darauf, daß der Selbstmord eine Abdankung der Verpflichtung und ein Zugeständnis an den »Erzfeind« bedeute.[41] Als er am Jahresende die begeisterte Besprechung von *Lotte in Weimar* erhielt, die Zweig lange vorher geschrieben hatte, war er zwar gerührt, brachte es aber nicht über sich, zur Gedächtnisnummer des New Yorker *Aufbau* mehr als eine knappe Notiz oder zu einem der später erscheinenden Bücher einen Waschzettel beizusteuern. 1952, zum zehnten Todestag, würdigte er Zweigs Humanität, Großzügigkeit und den weltweiten Ruhm, den er erreicht hatte, räumte aber ein, wie unverständlich er damals seinen unbedingten Pazifismus gefunden habe, obwohl die Ereignisse inzwischen gezeigt hätten, daß auch ein »guter Krieg« Böses zeitigen könne.[42]

Das Tagebuch für dieses Jahr läßt erkennen, wie seine Unterstützung für Mit-Emigranten unverändert weiterging, mit Empfehlungen für Visa, Sozialhilfe und Stipendien – nicht nur für Freunde wie Ferdinand Lion, Paul Amann oder Hans Feist, sondern auch für viele andere wie die Schriftsteller Paul Stefan und Alfred Döblin und die Drehbuchautoren, deren anfängliche Verträge abgelaufen waren, und zu deren weiterer Unterstützung er einen European Film Fund einzurichten half. Es zeigt auch, wie genau er den »guten Krieg« verfolgte und wie nach den frühen Rückschlägen im Pazifik seine gelegentlichen Zweifel an Amerikas Fähigkeit zum Sieg allmählich einem Schimmer von Zuversicht wichen. Nachrichten von der russischen Front waren ermutigend, und als er im April ein neues Notizheft anfing, konnte er voraussehen, daß darin »entscheidende Weltereignisse« verzeichnet würden – gleichzeitig hoffte er, es würde auch den Abschluß des *Joseph* vermerken, den er ohne Rücksicht auf den Ausgang des Krieges vollenden wollte.[43] Ihm bereitete die Rekonstruktion des eigenen Lebens im Exil kein Problem: Das Haus war mittlerweile genau nach seinen Wünschen gediehen, sein Arbeitszimmer mit dem Münchner Schreibtisch, der ihm auf wunderbare Weise durch die ganze Welt gefolgt war, bot genau das Bild glücklicherer Tage, und seine Arbeit ging mit der gleichen bewundernswerten Distanz zu den persönlichen wie allgemeinen Sorgen des Alltags weiter.

An persönlichen Sorgen gebrach es nicht – allem voran die Verärgerung durch die seiner Meinung nach hartnäckigen Versuche Agnes

Meyers, in sein Leben einzudringen und es auf irgendeine Weise zu gängeln. Im Februar fühlte er schließlich einen »fast unbeherrschbaren« Drang, »dem Frauenzimmer, das mich tyrannisiert, heimzuleuchten«.[44] In gewissem Maß war er selbst daran schuld, da er ihr nicht nur die Gelegenheit gab, sein Werk und seine Vortragsentwürfe in Einzelheiten zu diskutieren, sondern sie auch durch die häufig überschwenglichen Komplimente und Dankesbezeugungen, die seine Briefe verzierten, dazu verleitete, in ihrer Beziehung eine Herzlichkeit zu sehen, die er selbst keineswegs empfand. Nun aber schien sie ihm eine »bedrückende Fixierung« auf seine Person entwickelt und alle ihre anderen Aktivitäten zugunsten der embryonischen Thomas Mann-Studie aufgegeben zu haben. Selbst die Hysterie Molly Shenstones sei der »beschwerlichen Geist-Pute in Washington«[45] vorzuziehen, die allen Ernstes in sein Leben eindringen wolle. Es bedurfte all seiner Diplomatie, die Begrüßung eines Besuches von ihr mit offenen Worten zu verbinden, die ihre »pädagogische Tyrannei«[46] abwehrten und erklärten, wie sinnlos ihre Besorgnis sei, daß äußere Ereignisse auf sein Werk einwirken würden. Sein Werk habe sich all die Jahre als unbeeinflußt von der äußeren Welt erwiesen, sofern ihm nur Leben und Freiheit gegönnt waren; es bestehe kein Anlaß zur Sorge über sein Seelenheil. »Man kann mich verstehen, kann mich erläutern, aber man kann mich nicht ändern ... nicht allein durch meine Jahre bin ich untauglich zum Objekt der Erziehung.«[47] Als sie Ende März dann kam, um sich in Santa Monica, wo sich später auch ihr Mann einfand, einige Tage aufzuhalten, wurden täglich gegenseitige Besuche abgestattet, während deren er versuchte, diesen Standpunkt zu erklären und sie durch Lesungen aus der Thamar-Episode beschwichtigte. Ihrem endlosen Psychologisieren über seine Person fehlte nach wie vor jedes Verständnis, sie hatte keine Ahnung von »meiner völligen Verhältnislosigkeit zu Menschen, die Unbeeinflußtheit meines Schreibens von Emotionen, wenigstens seit dem Tonio Kröger«.[48] Als sie abreiste, tat er sein Bestes, um sie in ruhigerer Verfassung gehen zu lassen, da er die Möglichkeit einer Unterstützung stets im Auge behielt, falls die Kosten für das Haus zu hoch werden sollten; dazu schien ihr Mann, den das Haus beeindruckt hatte, glücklicherweise durchaus bereit zu sein.

Der überschwengliche Dankesbrief, der nach ihrer Abreise eintraf, berührte ihn aber immer noch sehr peinlich. Er entschloß sich, die »Kunst des Ignorierens«[49] zu üben, doch im Lauf der Monate gab er wieder seiner unseligen Neigung nach, sich ihr ausführlich anzuvertrauen. Aber viel von dem, was er schrieb, vor allem über seine gelegentlichen Zweifel an der amerikanischen Kriegskapazität, löste beunruhigende Reaktionen aus. Im August störte er sich besonders an ihren Bemerkungen über seine nostalgische, auf Europa ausgerichtete Haltung in einer Situation, in der es ihm bei weitem besser ginge als beispielsweise Claudel in Frankreich, und an ihrer unberechtigten Kritik an Klaus und Golo, die sich noch nicht zum Dienst mit der Waffe gemeldet hätten und in Sicherheit säßen, während amerikanische Boys starben. Auch das erforderte eine diplomatische und beschwichtigende Antwort, die dann auch erfolgte. Sosehr ihn ihre Worte auch ärgerten, so entschlossen er war, sie von nun an nicht mehr mit weiteren Geständnissen zu ehren, es war ihm dennoch unmöglich, Abstand zu halten; es sollte nicht die letzte Krise in einer Freundschaft sein, die im Augenblick »dumm und demütigend«[50] erschien.

Im Vergleich dazu war es leicht, Abstand zu den Familiensorgen zu wahren, an denen es ebenfalls nicht gebrach. Sein Bruder nahm dabei wohl die erste Stelle ein. Er und seine »entsetzliche Frau«[51] wurden Anfang März mit einem gewissen Widerwillen zum Dinner eingeladen. Aufgrund von Nellys späteren, aufgeregten Telephonanrufen wurde Golo hingesandt, der dann berichtete, zu welcher Last ihr Benehmen für Heinrich geworden war und wie verzweifelt das Leben mit ihr in dem beengten Appartement in Los Angeles aussah. Am 27. März, Heinrichs einundsiebzigstem und Golos dreiunddreißigstem Geburtstag, fand eine Dinnerparty statt – für Thomas eine reine Qual, er konnte nur hoffen, daß sie für den Bruder durch die drei Flaschen Burgunder, die man im Lauf des Abends leerte, erträglicher war. Im April war eine vorübergehende Trennung von Nelly unvermeidlich, Heinrich wohnte einige Wochen am San Remo Drive, wo ihm die intellektuelle Atmosphäre des betriebsamen geselligen Lebens gewiß wohltat, bevor er wieder zu ihr zurückkehrte.

Monika, deren Unfähigkeit, ihre eigene Lebensform zu finden, den Vater zunehmend erbitterte, wurde während ihres weiteren Aufenthalts zu einem Problem. Er hielt sich abseits, drängte aber Katia und Erika, ihr eine eigene Unterkunft zu besorgen, doch sie war als schweigsamer Gast immer noch zugegen, bis zum November, als sie beschloß, nach New York zu gehen. Weder Klaus noch Golo waren in ihren Versuchen, in die Armee einzutreten, müßig, worauf er Agnes Meyer hinwies, doch ihre Einbürgerung war noch nicht offiziell, und so mußten sie noch warten. Golo suchte mittlerweile weiter nach einem Posten als Lehrer, den er schließlich durch eine Anstellung am Olivett College bei Chicago erhielt und im September antrat.

Klaus bewarb sich bei der Armee, obwohl einige Schulden von *Decision* noch offenstanden. Er wurde anfänglich abgelehnt, nach wiederholten Bewerbungen aber schließlich im Dezember angenommen (seine Einbürgerung blieb aber noch unentschieden, da der FBI Denunziationen wegen Homosexualität und Kommunismus weiterverfolgte; sie wurde erst ein Jahr später bestätigt). Er hatte seine Autobiographie *The Turning Point* beendet, die auf englisch geschrieben und seiner Mutter und Erika gewidmet war. Im August entschuldigte er sich in einem Brief bei Katia, daß er so wenig über sie gesagt habe, das einzige Mitglied ihrer »auffallenden Familie«, das das Rampenlicht vermieden, doch sie mit ihrer unvergleichlichen Mischung aus »scharfem Intellekt und Einfachheit« durch alle Wechselfälle zusammengehalten habe.[52] Ein Telegramm aus Pacific Palisades, wo die ganze Familie »hektisch las«, ist ihm sicher zu Herzen gegangen: »Dad tief eingenommen. Mielein verwirrt und berührt vom glänzenden Monument, das dem Schöpfer soviel Ehre einbringen sollte wie es ihr Ehre bringt. Erika sehr überrascht, bewegt …«[53] Sein Vater schrieb ihm höchst beifällig, nachdem es ihm gelungen war, das Buch den anderen abzunehmen, gab seine anfänglichen Bedenken wegen der boshaften Bemerkungen zu, die von so intimen Geständnissen zu erwarten seien, bewunderte jedoch die Glanzleistung in einer angenommenen Sprache und seinen Entschluß, in einem so frühen Alter, bevor die Frische der Kindheitseindrücke geschwunden war, eine Autobiographie zu schreiben. »Ein ungewöhnlich charmantes, gemütvoll sensitives, gescheites und redlich persönliches Buch«, überzeugend europäisch in seiner Darstellung der Mängel der Zeit vor Hitler, mit anziehenden Porträts seiner Mutter und sogar von ihm selbst, ein wenig geheimnisvoll in seiner »absentmindedness und seiner melancholischen Scherzhaftigkeit«.

Michael und Gret seien auf einige Zeit hier, berichtete der Vater, mit ihrem zweiten Sohn Anthony, der im Juli zur Welt gekommen sei, und mit Frido, und Erika sei eben auf eine neue Vortragsreise gegangen. »Wenn diese mit Frido fort sind, werden wir, bis Erika kommt, häufig das Kino besuchen.« Sein Washington-Vortrag werde übersetzt, nachdem ihn Erika von 32 auf 19 Seiten gekürzt habe – »und so wird er wohl für immer bleiben, denn Gestrichenes widert mich«.[54] Als er im April mit Erika über »das Wunder, wenn Amerika diesen Krieg nicht verlöre«, diskutierte (wie stets wollte sie unbedingt entscheidende Aktion sehen), hatte er daran gedacht, im November in der Library of Congress, vorher aber auch auf einer Tour in anderen Städten eine ausgesprochen politische Rede zu halten. Er sah jedoch ein, daß sich das kaum für seinen Einstand in der Library eignen würde, der als die erste öffentliche Dankesbezeugung für seine Anstellung etwas Erhabeneres und Würdigeres verlangte. Er entschloß sich daher für »Das Thema der Joseph-Romane«, gab das Politische zugunsten des »Metapolitischen« auf[55] und verwarf den Gedanken an eine zusätzliche ausgedehnte Tour.

Im Verlauf des Sommers begann seine zweiflerische und niedergeschlagene Stimmung jedoch zu schwinden, da sich ein Ende der Siege der Achsenmächte abzuzeichnen schien und die Luftangriffe auf Deutschland zunahmen. Die Nachricht von einer massiven Bombardierung Münchens im September, deren Explosionen bis in die Schweiz zu hören waren, bewiesen, daß der »alberne Platz« seinen geschichtlichen Lohn erhielt. Auch sein Vertrauen auf die »virile Menschenart« der Amerikaner, deren Männlichkeit durch »Christentum, d. i. ›Mercy‹, d. i. durch Weibliches bedingt und civilisiert« sei, im Gegensatz zu dem fundamental »heidnisch-homosexuellen Volk«[56] der Deutschen, kehrte zurück. Amerika sei ein Land, von dem man die größten Dinge erwarten konnte, das nach dem Krieg zur Kornkammer der Welt bestimmt war – er könne nur hoffen, der Krieg gehe zu Ende, ehe die Opfer, auf die es sich vorbereitete, zu groß würden.[57] Bevor er mit Katia am 9. November den Zug nach Chicago nahm, um vor der Reise nach Washington ein paar Tage bei den Borgeses zu verbringen, war die Nachricht von der amerikanischen Landung in Nordafrika eingetroffen, die nach der vernichtenden Niederlage von Rommels Afrikakorps durch die Briten bei Al Alamein erfolgte; dazu kam noch der russische Widerstand in Stalingrad, der Anfang der Rückschläge für die deutsche Militärmacht. Manche, wenn auch noch nicht Thomas Mann, begannen von einem Wendepunkt des Krieges zu sprechen: Borgese schien sich angesichts des wachsenden Drucks aus Nordafrika auf Italien bereits als den künftigen Gouverneur Siziliens zu betrachten. Am 16. November hörte Mann in Washington, wo sie bei den Meyers am Crescent Place wohnten, die Nachricht vom Sieg zur See über die Japaner bei den Solomon-Inseln.

MacLeish und Agnes Meyer, denen die deutsche Version des Vortrags im voraus zugegangen war, hatten ihr Bestes getan, um der Veranstaltung am nächsten Tag in Washington einen angemessenen Glanz zu verleihen. Er sollte nach einer Begrüßung durch den Bibliothekar des Kongresses von Vizepräsident Henry Wallace eingeführt werden; Publizität hatte für ein großes Publikum gesorgt, was die Benutzung eines zweiten Saals mit Übertragungsmöglichkeit erforderte; Agnes Meyer hatte Einladungen an alle Honoratioren des offiziellen Washington veranlaßt – Minister, Richter des Obersten Gerichtshofs, Botschafter und führende Journalisten –, von denen die meisten anschließend an einem großen Empfang am Crescent Place teilnahmen. Es war vielleicht nicht das größte Publikum, zu dem er in Amerika gesprochen hatte, gewiß aber das erlesenste.

Wallace, der, offensichtlich gut unterrichtet, erst die Bereicherung des Denkens und der Ideale Amerikas durch die Flüchtlinge aus Europa erwähnte, sprach von dem Versuch Thomas Manns, in seiner künstlerischen Arbeit die fundamentalen Gegensätze im menschlichen Leben zu versöhnen – ein Problem nicht nur der Kunst und Religion, sondern auch der Staatsführung – und seine zunehmende Besorgnis über den Gegensatz zwischen Freiheit und Gleichheit in einer Demokratie, zwischen den Extremen von Anarchie und faschistischer Diktatur. Auf diese Weise stellte er ihn als Demokraten und Staatsmann sowie als Künstler vor; diejenigen unter den Hörern, denen das Politische näher liege, könnten vielleicht sein »eigentlichstes Wesen« begreifen, wenn sie sich daran erinnerten, »daß er viele Jahre lang die willkürlichen Ausschreitungen der Volksmassen befürchtet … und doch 1936 den Mut besessen habe, entschlossen für ein republikanisches Spanien einzutreten«.[58] Was ihnen Thomas Mann dann zu bieten hatte, paßte zu diesen schmeichelhaften Worten. Es war ein höchstpersönlicher Bericht darüber, wie er zum Mythologischen des Joseph-Themas gekommen war und über dessen Entwicklung in den Nazi-Jahren und später, zu dem, was er als »Menschheitssymbol« in der Suche nach der »Gottesklugheit« ansah – womit er in seiner Rede die Zuhörer in die kritische Zeit zurückführte, in der sie lebten. »In dem närrischen Ungehorsam gegen den Geist, oder religiös ausgedrückt, gegen Gottes Willen, haben wir gewiß die eigentliche Ursache der Wetterentladung zu suchen, die uns betäubt. Entladung aber ist Ausgleich, und so mag die Hoffnung nicht ganz eitel sein, daß wir nach diesem Kriege – oder daß unsere Kinder und Enkel – in einer Welt glücklicherer Ausgeglichenheit zwischen Geist und Wirklichkeit leben, daß wir ›den Frieden gewinnen‹ werden. Das Wort ›Friede‹ hat immer religiösen Klang, und was es meint, ist ein Geschenk der Gottesklugheit.«[59] Hochtrabend gewiß, doch deutlich zum Gefallen eines solchen Publikums, und er war mit dessen Reaktion auch höchst zufrieden. (Die Schlagzeile der *Post* am nächsten Morgen lautete: »Geistige Einigung Hoffnung der Welt«.) Bei dem Empfang, der bis in die frühen Morgenstunden dauerte, freute er sich über die vertrauliche Bemerkung von Generalstaatsanwalt Francis Biddle, daß er an eine Lockerung der Zivilbeschränkungen für deutsche Emigranten denke, mehr aber noch über die Bewunderung von dessen Frau wegen der musikalischen Wirkung seines Vortrags: »I always feel a little like a conductor.«[60]

Sie blieben nahezu eine Woche bei den Meyers, mit den üblichen Lunch- und Dinnerparties, (die für ihn in der Regel von geringem Interesse waren, abgesehen von einem anregenden Meinungsaustausch mit Litwinow) sowie Spaziergängen und Fahrten durch die Hauptstadt, vorbei an den provisorischen Baracken und Büros, die um das Lincoln Memorial entstanden. An den Vormittagen konnte er versuchen, das Manuskript voranzubringen, die Nachmittage wurden aber unweigerlich von Lesungen daraus für »Madame« beansprucht, deren glühende Intensität immer lästiger wurde, so daß er nicht schnell genug nach New York entrinnen konnte. Nach Kalifornien wollte man erst am 7. Dezember zurückfahren, da in New York eine Menge Routinesachen zu erledigen waren; auch ein Besuch bei Helen Lowe-Porter in Princeton stand auf dem Programm. Selbst in New York verfolgten ihn noch Briefe von Agnes, einer brachte die großartige Nachricht, daß die Library seinen Vortrag angesichts der überwältigenden Reaktion veröffentlichen wolle, ein zweiter aber war so ärgerlich, daß er seine Erbitterung hinter einer kurzen Telegrammantwort verbergen mußte. Als sie am 30. November mit Eugene nach New York kam und man gemeinsam ein Wagner-Konzert unter Toscanini besuchte, war die Begegnung von so schlechter Laune überschattet, daß die unbefriedigende Verabschiedung ihm recht gut zu dieser ganzen Beziehung zu passen schien. (Aus sicherem Abstand wurde ihr Briefwechsel trotzdem wiederaufgenommen, seinerseits mit großer Zurückhaltung. Dem Außenstehenden erscheint eine derartig heuchlerische Unterwürfigkeit, offensichtlich aus rein materiellem Interesse, bei einem Mann seines Ranges wohl ziemlich abstoßend, ihre Bewunderung aber – »Ihre hochherzige Hingabe an mein Werk«, wie er sie in seinem Weihnachtsbrief nannte[61] – muß ein Bedürfnis gestillt haben, das nur wenige oder keiner seiner anderen Korrespondenten erfüllen konnte.)

Klaus, und später Erika, waren in New York, ebenfalls Monika, deren Zukunft anscheinend noch immer unklar war, zahlreiche Treffen mit Freunden fanden statt, dazu Unterredungen mit Knopf und Bermann, und schließlich beanspruchten auch die Forderungen des Tages Aufmerksamkeit: eine weitere Sendung für die BBC und eine Rede, die Erika in seiner Abwesenheit am 10. Dezember beim Dinner zum Jubiläum des Nobelpreises verlesen sollte. Von finanzieller Bedeutung war ein Tausend-Dollar-Vertrag für einen neuen Auftrag: ein Beitrag zu einem Buch mit dem Titel *The Ten Commandments*, den er sich als eine »Phantasie« über den Ursprung der Gesetzestafeln, die Moses erhielt, vorstellte, gewissermaßen eine Fortsetzung der mythologischen Vorstellungen des *Joseph*, mit dessen Beendigung noch vor Jahresende er nun rechnen konnte. Vom Hotelzimmer aus plante er die geschäftigen Tage mit seiner üblichen Geschicklichkeit, er fand Zeit zu einer Entspannung bei einer Aufführung der *Zauberflöte* unter Bruno Walter und Thornton Wilders *The Skin of our Teeth*. Die Anstrengung durch die Veranstaltungen und Besuche machte sich aber bemerkbar, und als sie am 7. Dezember in ihren »roomettes« im Zug nach Chicago endlich allein sein konnten, war er völlig erschöpft.

Vor der Heimreise wollten sie noch einen Besuch in San Francisco machen, um Michael im dortigen Symphonieorchester spielen zu hören, in Wahrheit aber vor allem, um den kleinen Frido wiederzusehen. Es war vielleicht unklug, nicht wie gewohnt in Chicago auf einige Tage zu unterbrechen, obwohl sie Elisabeth und Golo trafen, denn die lange und lästige Reise vergrößerte noch seine starke Müdigkeit, trotz viel Zeit für flüchtige Arbeit und vorbereitende Lektüre für die »Moses-Phantasie«. In der Behaglichkeit von Pacific Palisades erholte er sich aber rasch. Was die Ergebnisse des auf Reisen verbrachten Monats anging, hatte er gemischte Gefühle, war im allgemeinen aber nicht unzufrieden. Der Auftritt in der Library of Congress war auf jeden Fall ein großer Erfolg gewesen, und mit

Freude hörte er zu Weihnachten von MacLeish, daß seine Anstellung erneuert worden war, und zwar mit dem neuen Titel »Fellow«, der ihm »wärmer und intimer« schien. Das Schlußkapitel des *Joseph* war vor Weihnachten im Entstehen, das Fest in diesem Jahr stiller als gewöhnlich; nur die Borgeses waren zugegen, da weder Golo noch Erika kommen konnten und Klaus seine Einberufung nach Fort Dix erwartete. Am 4. Januar 1943 setzte Thomas Mann sich nach Maniküre, Haarwäsche und Rasur nieder »und schrieb genau bis zum Lunch-Zeichen die letzten Zeilen von ›Joseph, der Ernährer‹ und damit von ›Joseph und seine Brüder‹. Ich war erregt und traurig. Aber so ist es getan ... Ich sehe darin weit mehr als ein Monument meines Lebens, als ein solches der Kunst und des Gedankens, ein Monument der *Beharrlichkeit*.«[62]

2

»Ich werde ja *noch* einen Roman schreiben müssen, bevor das Ende kommt – wenn je ein eigentliches Ende kommt.«

TM, 22.3.1943[63]

»Mit dem Joseph bin ich früher fertig geworden, als die Welt mit dem Faschismus. Gesetzt, daß sie selbst durch den Sieg mit ihm fertig wird.«[64] Die Tetralogie, bei weitem sein längstes Werk, war, wie er zugab, »ein monströses Kuriosum« oder »ein kurioses Monstrum«[65] geworden. Schon 1931 hatte er ein »noch krauseres und eigensinnigeres Buch« vorhergesehen als selbst der *Zauberberg*, und schon damals war er sehr unsicher, ob es Leser finden würde. »Was ich weiß ist, daß es mich unendlich unterhält und beschäftigt.«[66] Nun könne er sich kaum vorstellen, schrieb er an Knopf, wie er ohne diesen Gefährten so viele schwere Jahre hätte überleben können. Die lakonische biblische Erzählung – die Eifersucht der Brüder auf Jaakobs Lieblingssohn, seine Beseitigung im Brunnen, die Überbringung des blutbespritzten bunten Kleides an den Vater als Beweis seines Todes, seine Errettung und Mitnahme nach Ägypten durch die Midianiten, sein erfolgreicher Aufstieg zu Einfluß und Macht im pharaonischen Ägypten, der Widerstand gegen die Reize von Potiphars Weib und die schließliche Wiedervereinigung mit Vater und

Familie ohne Rache – hatte er, wie Goethe, von Anfang an lediglich als das Gerippe einer ausführlicheren Geschichte gesehen. Bei seiner, wie er gestand, »epischen Pedanterie, dem Fanatismus des ab ovo«[67] hatten seine *Geschichten Jaakobs* mit einer Abschweifung tief in die Geschichte der Ahnen und des Vaters seines Helden begonnen. Ausgedehnte Studien der historischen »Wahrheit«, die eigentlich größtenteils aus Mythos bestand, und des palästinensischen und ägyptischen Hintergrunds, hätten ihm die Fähigkeit gegeben, »in ihrer Sprache zu sprechen und in ihrem Geist zu erfinden«, mit einem überzeugenden Anstrich von Gelehrsamkeit, der weitgehend unecht sei, und eine »Psychologie des Mythos« zu versuchen[68], in der sich Sympathie und Vernunft zu einem ironischen Stil vereinige, der ihm stets zugesagt habe, in einer zugleich realen und humanistischen Erzählung.[69]

Bei seiner angeborenen Faszination von Zahlen hatte er Vergnügen an einer »gewissen Zahlenmystik« in der Anordnung seines Textes gefunden – nach der Einleitung sieben Hauptkapitel mit Abschnitten, die zwischen zehn, fünf und sieben abwechselten – und war bei der siebenfachen Einteilung jeder der Folgen geblieben. Der zweite Band, *Der junge Joseph*, hatte den gleichen quasimythologischen Strang weitergeführt, die »Fakten« der Bibel respektiert, als seien sie wissenschaftlich verbürgt, die gelehrten Zutaten aber als eine Hülle, »eine Maske, ein Kunstmittel«[70] benutzt. Diese beiden Bände, die vor der Machtübernahme der Nazis beendet waren, wurden in Deutschland veröffentlicht; Josephs unfreiwilliges Exil im dritten Band, *Joseph in Ägypten*, war mit den ersten Jahren seines eigenen Exils zusammengefallen, und der vierte, *Joseph, der Ernährer*, in dem der Held wie Roosevelt eine wohlwollende wirtschaftliche Diktatur errichtet, wurde abgeschlossen, als er sich in Kalifornien niederließ.

Persönliche Erfahrung also hatte auf solche Weise dieser Geschichte aus ferner Vergangenheit eine unerwartete zeitgenössische Symbolik verliehen. Obwohl er weit davon entfernt war, irgendwelche Parallelen zu ziehen, ist es nicht abwegig, in seiner ägyptischen Handlung Untertöne des Nazitums und in Joseph einen fiktiven Anti-Hitler zu sehen, eine Persönlichkeit, die dem bewunderten Präsidenten der Vereinigten Staaten nicht unähnlich war. Heinrich war einer der wenigen frühen Leser, die in der sozialen Gesetzgebung des Judäo-Ägypters eine Ähnlichkeit zur Gesetzgebung

Roosevelts, Churchills – und der Sowjetunion erkannten.[71] Über die Jahre hatte seine hartnäckige Entschlossenheit, dieses »komische Menschheitsmärchen«[72] zu vollenden, viele Stunden der Verzweiflung gebracht, gegen das Ende zu hatte er die Weitschweifigkeit, zu der sein Alter neigte, korrigieren müssen, der »manchmal etwas klitschige Teig« enthielt aber, nach seiner Meinung, genug Rosinen und Gewürze, um das Endergebnis schmackhaft zu machen.[73] Wie immer bei Thomas Mann erscheint dem englischen Leser der Humor, auf den er so stolz war, schwach und der joycesche Überfluß an allseitigem Wissen und allzu langen Abschweifungen schwer verdaulich. Für Orville Prescott, der *Joseph, der Ernährer* 1944 für die *New York Times* besprach, war sein »brillant verziertes Gewebe«, das »ernste deutsche Pedanterie« mit einer »orientalischen Vielfalt von Bildern«, »einem blumigen ... Übermaß an Worten, das sich nie mit einem begnügt, wo zwei oder zweihundert verwendet werden können«, verbindet, ein »zutiefst beeindruckendes Werk ... aber als Roman ist es steif, pompös und ... auf aggressive, einschläfernde Weise langweilig ...«[74] Hermann Hesse hingegen, der gehört hatte, wie erstaunt ein Leser der Episode von Thamar und der »Sünde des Judas« darüber gewesen sei, daß das alles tatsächlich in der Bibel stünde – aus vierzig kurzen Sätzen in der Bibel waren bei Thomas Mann ohne den geringsten erfundenen Zusatz vierzig ganze Seiten geworden –, stellte mit Freude fest, daß »die Dichter [doch] nicht ganz überflüssig sind«.[75]

Nun, Anfang 1943, lag die Veröffentlichung des vierten Bandes auf englisch jedoch noch in weiter Ferne. Knopf hatte die Nachricht von der Beendigung des deutschen Manuskripts mit ungeheurer Erleichterung aufgenommen und als Glückwunsch Champagner geschickt, doch der vorgesehene Herbsttermin konnte kaum eingehalten werden, da Helen Lowe-Porters Übersetzung nur langsame Fortschritte machte. Sie hatte Thomas Mann in Princeton gestanden, daß sie ihr fortschreitendes Alter spüre und diese Aufgabe als ihre letzte größere Übersetzung ansehe, und obwohl er sie gedrängt hatte, ihr Bestes zu tun, machte er sich wegen der »Katastrophe« Sorgen, die sich aus dieser Verzögerung für seine Finanzen ergab. In deutscher Sprache sollte das Buch in Schweden veröffentlicht werden. Im Januar traf Bermann raffinierte Vorkehrungen für den Transport des Manuskripts. Wie aber die Tantiemen-Abrechnungen von Mai bis Dezember 1942 gezeigt hatten, waren die Einnahmen aus solchen deutschen Ausgaben nur gering. Wie zuvor sollten einige Exemplare einer vervielfältigten deutschen Fassung in Amerika erscheinen, um das Copyright zu schützen, doch die englische Ausgabe würde einfach auf die Übersetzung warten müssen. Unterdessen sei er, wie er Agnes Meyer schrieb, »in der Oase Kadesch auf der Sinai-Halbinsel und habe es mit einem vulkanischen Gesetzgeber zu tun, der viel weniger konziliant und heiter ist als Joseph«.[76]

Im Krieg war es nun auf jeden Fall zu einem Wendepunkt gekommen, zumindest was Deutschland und Italien betraf. Die russische Einkreisung der 6. Armee in Stalingrad im November hatte sich zu einer großangelegten Offensive erweitert, die mit der Kapitulation der 6. Armee und im Februar 1943 mit der Wiedereroberung von Rostow, Kursk und Charkow endete; in Nordafrika hatten die Amerikaner und Briten langsamere, doch stetige Fortschritte erzielt. Auf Roosevelts Hoffnung, daß der Krieg in Europa vor Jahresende vorüber sei, reagierte Thomas Mann weniger optimistisch, Churchills Voraussage von zwei weiteren Jahren erschien ihm wahrscheinlicher. Er spürte nun die Niedergeschlagenheit, die sich stets in der Zeit zwischen den letzten Zeilen eines Manuskripts und dessen Veröffentlichung einstellte, den Zweifel, ob es gelungen oder ob die Arbeit vergebens gewesen sei. Eine solche Niedergeschlagenheit dauerte bei ihm jedoch nie lange, wenn er sich etwas Neuem zuwenden konnte, dem »Narkotikum der Produktion«[77]; in diesem Fall war es die »Moses-Novelle«, wie er sie nun in dem Bewußtsein nannte, daß die »lange Kurzgeschichte« die Vorstellung des Verlegers, der sie bestellt hatte, bei weitem überschreiten würde.

Er beschrieb Agnes eine interessante abendliche Begegnung mit Joseph E. Davies, dem ehemaligen amerikanischen Botschafter in der Sowjetunion, der nun Assistent von Cordell Hull war. Florence, die älteste Tochter der Meyers, verheiratet mit dem bekannten Schauspieler Oskar Homolka, die in Bel-Air lebte, hatte die Manns am 9. Januar eingeladen, um mit Feuchtwangers und anderen Davies zu treffen, dessen erfolgreiches Buch *Mission to Moscow* 1941 erschienen war. Mann war überrascht von dessen Optimismus aufgrund der russischen Erfolge, die seiner Meinung nach den deutschen Angriff beenden würden, sobald Hitler der Zugang zu den Ölfeldern von Baku abgeschnitten sei. Florences eigener Bericht über den Abend zeigte eine erfrischende Respektlosigkeit vor dem Meister und seiner Frau, die ihre Mutter, gelinde gesagt, mit gemischten Gefühlen aufgenommen haben muß: »Wir haben die Thomases *nach* dem Dinner eingeladen, weil a) wir den Gedanken an Katias Redseligkeit nicht ertragen konnten und b) weil sie selbst uns nie einladen ... Du hättest hören sollen, wie Thomas und Joe einander zu ihren literarischen Werken beglückwünschten! Es war zum Schreien. Sogar Katia war bescheiden und anständig ...«[78] Die starke Persönlichkeit Katias, die in der Regel von ihrem Ehemann in den Schatten gestellt wurde, ist selten so offenherzig beschrieben worden.

Agnes' Briefe aus dieser Zeit sind nicht erhalten geblieben (sein Tagebuch läßt erkennen, wie oft er die Briefe, die er unangenehm und zänkisch fand, »eliminierte«), aus seinen eigenen läßt sich aber entnehmen, wie sehr sie sich bemühte, eine Freundschaft aufrechtzuerhalten, die ihr so viel bedeutete. »Ich kenne die Kälte und Entmutigung, die von mir ausgeht ... Sie wissen natürlich, daß die unheimliche Atmosphäre, mit der ich Goethe im Roman bis zur Komik umgab, eine Selbstzüchtigung und Selbstverspottung war. Daß ich über mich lachen kann, ist doch immerhin ein menschlicher Zug, nicht wahr? Und noch eines anderen bin ich mir bewußt: ich weiß mich einer sogar sehr starken und lebendigen Fähigkeit zur Dankbarkeit teilhaftig. Lassen Sie mich bei dem Glauben, daß sich auf diese beiden Eigenschaften schon eine Freundschaft gründen läßt!« Goethe, schrieb er, habe ebenfalls gern die biblischen Worte von den Engelszungen, die ohne die Liebe nur eine klingende Schelle seien, wiederholt: »Ich müßte verzweifeln, wenn ich mir sagen müßte, daß ich ohne Liebe sei. Und da ich *nicht* verzweifle, – müssen, sollten Sie es an mir tun?«[79] Die Zeit, die er für solch ausgedehnte Ergüsse erübrigen konnte, beweisen seinen Eigennutz im narzißtischen wie im rein materiellen Sinn.

Der Weihnachtsbesuch der Borgeses erstreckte sich bis weit in den März – für ihn wegen der Heftigkeit des Ehemanns, seiner Hartnäckigkeit im Gespräch und seines übertriebenen italienischen Patriotismus eine Last, während Katia Elisabeths Anhänglichkeit an das elterliche Heim übertrieben fand. Dennoch war die Zeit harmonisch gewesen, die kleine Angelica (»Gogoi«, wie sie sich selbst nannte, oder zuweilen »Borgelica«) war zwar nicht so entzückend wie Frido, immerhin aber eine drollige Hausgenossin, und seine Arbeit konnte weitergehen wie gewohnt. Zwischen weniger bedeutenden Verpflichtungen – eine zusätzliche Sendung für die BBC über zehn Jahre Nationalsozialismus und ein Vortrag in Los Angeles – waren bis Mitte Februar fünfzig Seiten von *Das Gesetz* zusammengekommen, nach weiteren drei Wochen und nahezu fünfzig Seiten mehr, war diese Fortsetzung des *Joseph* beendet. Als er an Klaus schrieb, der in Arkansas im Militärlager war, um ihm zu seiner Studie über Gide zu gratulieren, sagte er, er sei so schnell zum Ende gekommen, daß er den Sohn nicht mehr um die raschere Feder zu beneiden brauche. Nach einem großen Werk gönne er sich so etwas, was keine Mühe mache.[80] In seiner methodischen Art räumte er sofort das gesamte Material beiseite und richtete seine Gedanken auf den Plan eines Werks über das Faust-Thema, den er gut vierzig Jahre vorher zum erstenmal gefaßt hatte. Eine derartige Verbindung mit den frühesten Tagen reizte ihn, da er sich der Worte Goethes entsann, daß der Mann am glücklichsten sei, der das Ende seines Lebens mit dessen Anfang in Einklang zu bringen vermöge. Nun schien die dämonische Wendung der Geschichte seit dem Aufkommen des Nazismus, das unvermeidbare apokalyptische Ende, das er einem widerspenstigen Deutschland wünschen müsse, diesen Zeitpunkt zum richtigen für den Beginn der Arbeit zu machen.

Die nächsten Tage ging er seine alten Papiere und Notizbücher durch, suchte nach seinen früheren Ideen zu dem Sujet und forschte vor allem in seinen Tagebüchern nach Material, das nun relevant sein könnte. In einigen Zeilen, die er um 1904 niedergeschrieben hatte, stieß er dabei auf seine ursprüngliche Vorstellung einer Novelle: »Figur des syphilitischen Künstlers: als Dr. Faust und dem Teufel Verschriebener. Das Gift wirkt als Rausch, Stimulans, Inspiration: er darf in entzückter Begeisterung geniale, wunderbare Werke schaffen, der Teufel führt ihm die Hand. Schließlich aber *holt ihn der Teufel*: Paralyse ...«[81] Weiteres Suchen versetzte ihn in die Zeit von Paul Ehrenberg und *Tonio Kröger* zurück, die Münchner Tage, seine anderen unverwirklichten Romanpläne – *Die Geliebten* und *Maja* – und all die Gefühle alter Lieben und Schmerzen, die er durch die Verwandlung in Kunst hatte überwinden wollen, die aber als »*gründliches* Leiden« unter seinem erstaunlichen Erfolg angedauert hatten; und er erkannte zum erstenmal, was es hieß, ohne das *Joseph*-Werk zu sein, »die Aufgabe, die in dem ganzen Jahrzehnt immer neben mir, vor mir stand«. Nun, da auch die Moses-»Fortsetzung« beendet war, hatte er das bequeme Gefühl zäher Arbeit an einer gewohnten Aufgabe verloren. »Wird noch die Kraft zu neuen

Konzeptionen da sein? Ist nicht die Thematik aufgebraucht? Und sofern sie es nicht ist – wird noch Lust dazu aufgebracht werden?«[82] Er zögerte weiter, sogar als er anfing, die *Gesta Romanorum*, das ihm vertraute Legendenbuch des Mittelalters, wiederzulesen und Stevensons *Der seltsame Fall des Dr. Jekyll und Mr. Hyde* oder ein Buch über *Nietzsche und die Frauen* zur Hand nahm.

Er war sich bewußt, daß es notwendig war, das Pathologische (Nietzsche-Syphilis) mit dem Legendären (Faustus) zu verbinden, und war bei dem Vorhaben, dessen Schwierigkeiten unüberwindlich schienen, eigenartig zaghaft; vielleicht sei er immer wieder davor zurückgeschreckt, weil er das Gefühl hatte, es werde sein letztes Werk sein.[83] Katias Gedanke, den *Felix Krull* fortzusetzen, wonach so viele seiner Leser verlangt hatten, war eine interessante und nicht reizlose Alternative: dort wieder anzufangen, wo er vor mehr als dreißig Jahren aufgehört hatte, um den *Tod in Venedig* zu beginnen, und sein ganzes bisheriges Werk, auch den *Joseph*, einfach als riesige Einschaltung zu betrachten. Würde sich dieses Vorhaben nicht sogar besser dazu eignen, seinen Lebenskreis zu schließen – mit achtundsechzig fortzufahren, wo er mit zweiunddreißig unterbrochen hatte, einmal wieder »entzückt von dem Goethe-Parodistischen« mit einem ihm höchst adäquaten Stoff, den er die Jahre über nie aus den Augen verloren hatte? Ganze Stapel von Material standen dafür zur Verfügung, auch wenn manches in München geblieben war. Er stellte sich vor, wie er alles hervorholen würde, um das Material zum *Joseph* auszuwechseln. Dieses »Capriccio« durchzuführen, würde von einem gewissen Trotz, einer Treue zu sich selbst, einer »spöttisch überlegenen Ausdauer« nach den Heimsuchungen zeugen, die das Leben gebracht hatte. Ein Artikel über seinen *Joseph*-Vortrag im *Time Magazine* stellte gerade in diesem Sinne die Bilder Thomas Manns und Goethes gegenüber, »halb boshaft, doch ehrerbietig«.[84] Als Churchill in einer Rede zwei weitere Kriegsjahre vorhersagte, fühlte er deutlich, daß er vor dem Ende des Krieges noch einen Roman schreiben mußte, ganz gleich über welches Thema. Im Verlauf der nächsten Wochen war er aber immer noch »matten Geistes und unsicher wegen meiner produktiven Zukunft«[85], auch Zweifel über den ganzen Sinn des Krieges überkamen ihn. (Die Nachrichten von der massenhaften Abschlachtung von Juden, die Amerika nun erreichten, schienen bestenfalls auf Gleichgültigkeit, häufig aber auf allgemeinen Beifall zu stoßen, und er meinte grimmig, daß von einem »People's War« nicht mehr die Rede sein könne, es sei ganz einfach ein Krieg gegen den deutschen Imperialismus.[76])

Als er am 10. April das Paket mit dem *Krull*-Material und die Notizen für die Fortsetzung hervorholte, erkannte er, wie verwandt doch die Isolierung und Einsamkeit des Protagonisten dem Faust-Thema war, und überzeugte sich endlich selbst, daß das letztere aufgegriffen werden mußte. Ihm galten von nun an alle Studien – frühere Fassungen des »Faust«, eine Geschichte der Musik, Luthers Briefe, Dürers Drucke, andere Bücher über das deutsche Mittelalter –, denn das Konzept dieses faustischen Künstlers sah einen Musiker, Komponisten und einstigen Theologiestudenten vor, dessen Karriere – die durch die Versuchung schließlich zu einer Parallele mit dem Wahnsinn Nietzsches führte – als eine Allegorie des Irrationalismus des Hitlerschen Deutschlands gedacht war, dessen »Leben« ebenfalls ein Werk des Teufels war. Der Roman würde, wie er am 27. April an Klaus schrieb, der nun als Stabsfeldwebel vor der Versetzung nach Europa stand, »aus der Schicksalsgegend Maupassant, Nietzsche, Hugo Wolf etc.« kommen, »kurzum das Thema der schlimmen Inspiration und Genialisierung, die mit dem Vom Teufel geholt Werden, d.h. mit der Paralyse endet. Es ist aber die Idee des Rausches überhaupt und der Anti-Vernunft damit verquickt, dadurch auch das Politische, Faschistische, und damit das traurige Schicksal Deutschlands. Das Ganze ist sehr altdeutsch-lutherisch getönt (der Held war ursprünglich Theologe), spielt aber in dem Deutschland von gestern und heute. Es wird mein ›Parsifal‹.«[87]

Vorläufig fehlten ihm noch die Ideen für »prägnante« Gestalten, die seinen Protagonisten umgäben, wie er sie für den *Zauberberg* unter dem Personal des Sanatoriums oder für den *Joseph* in der Bibel gefunden hatte. Amerika, das keine historische Tiefe besaß, war eine unergiebige Landschaft, für den Hintergrund würde er sich auf Erinnerungen oder Bilder verlassen oder aus der Intuition schaffen müssen, sobald er ein festeres Bild von der Umgebung der Hauptgestalt habe. Im Mai und April suchte er wie üblich nach fachmännischer Hilfe in gewissen Bereichen, die auf das Leben seiner Gestalt einen unmittelbaren Einfluß hätten, er las umfassend und befragte Freunde und Bekannte, wie den Theologen Paul Tillich, der in New York im Exil lebte, und Bruno Walter, die beide detaillierte Fragebögen über die Erziehungsmethoden am Jahrhundertbeginn erhielten. Gleichzeitig lieferten die Notiz- und Tagebücher zahlreiche Ideen für Charaktere und Begebenheiten, die er verwenden konnte.

Die Ankunft der beiden Söhne Michaels Anfang Mai (Gret hatte eine Stelle als Putzfrau in einer Panzerwerkstätte angenommen) weckte in ihm wieder den Gedanken, den charmanten Frido als Modell für den kleinen Nepomuk Scheidewein zu nehmen und ihn »Echo« zu nennen, er sollte das Entzücken der letzten Jahre seines Helden und in seinem tragischen Tod das Zeichen für den endgültigen Zusammenbruch sein. All das sah er schon in Umrissen vor sich. Besonders glücklich erachtete er sich, als er am 8. Mai zu dem österreichischen Komponisten Arnold Schönberg, dem Erfinder der Zwölftonmusik, der nun als Professor für Musik an der California State University in Los Angeles lehrte, in gesellschaftliche Beziehung treten konnte, die dieser auch gern fortsetzen wollte. Schönberg behauptete, daß, trotz der Einstellung der Nazis gegen »entartete Kunst«, moderne Musik, sogar Zwölftonmusik seit 1940 in Deutschland erlaubt, ja bis zu einem gewissen Grad begünstigt werde. »Dem Rechnung zu tragen«, notierte er nach einem langen Abend mit ihm und stellte sich vor, daß die Entwicklung der Musik zur Atonalität im »eisernen Konstruktivismus« des Zwölftons als symbolisch für die Unterwerfung Deutschlands und seines Helden unter den teuflischen Faschismus dargestellt werden könnte.[88]

Als seine Notizen anwuchsen, zweihundert Seiten unterschiedlicher Materialien zu seinem Thema, wurde ihm die Form des Romans deutlich: die fiktive Biographie eines Komponisten, Adrian Leverkühn, ungefähr sein Zeitgenosse, verfaßt zwei Jahre nach dessen tragischem Tod von seinem Freund Serenus Zeitblom – einem milden Schulmeister mit humanistischen Neigungen – während der Apokalypse der deutschen Niederlage. Durch dieses Kunstmittel wäre es möglich, die Erzählung auf zwei Ebenen anzusiedeln: Die erschütternden Ereignisse eines bedeutenden Lebens, das nun vorüber war, könnten unter den tatsächlichen Auswirkungen der alliierten Offensiven gegen Deutschland und dessen bevorstehende Vernichtung für die Nachwelt erzählt werden, womit das ganze Buch eine Atmosphäre von Realität erhalten würde, und der starke Gegensatz zwischen Adrians kaltem Genie und dem unschuldigen Gleichmut Zeitbloms würde Raum für den notwendigen ausgleichenden Humor bieten. Am 23. Mai 1943 begann er mit der Niederschrift und setzte dies Datum in die Einführungskapitel des bescheidenen Zeitblom über sich selbst und seine Beziehung zu seinem verstorbenen Freund, ein Detail, schrieb er später, das das ganze Werk kennzeichne, in das im weiteren Verlauf wiederholt tatsächliche Kriegsereignisse eingeschoben werden sollten. »Ich habe beschlossen, dem Kriege noch einen mäßig umfangreichen Roman lang Zeit zu geben«, hatte er am 9. Mai an Ida Herz geschrieben.[89] Der Konflikt endete schließlich im Zusammenbruch Deutschlands ein Jahr vor dem Abschluß des Romans – was er bei der Schöpfung eines Werks durchmachen mußte, das so eng mit dem Schicksal seines Landes verknüpft war, brachte beinahe sein eigenes Ende mit sich.

Als die Wochen intensiver Vorbereitungen zu einem Abschluß kamen und er bereit war anzufangen, ärgerte er sich ungeheuer über einen »empörend dummen« Brief von Agnes Meyer[90], die dagegen protestierte, daß Klaus in seinem Buch über Gide Paul Claudel als Faschisten bezeichnet habe und ihrem »Schmerz« über eine öffentliche Auseinandersetzung Ausdruck gab, die nicht nur Klaus und seinen Vater, sondern auch MacLeish betreffe. Beigelegt war der bösartige Brief einer Wissenschaftlerin des Smith College an die *Herald Tribune*, die »indirekt« auf die Sache Bezug nahm, indem sie auf die »zynische Abneigung gegen die Demokratie« in Thomas Manns *Betrachtungen* von 1918 und auf ein Honorar von »9000 Dollar jährlich für irgendeine Arbeit in der Library of Congress, die auch in Kalifornien erledigt werden« könne, anspielte. Er war erbost, nicht nur über den Angriff auf Klaus, der Claudel tatsächlich sehr ehrerbietig behandelt hatte, sondern auch über die Heftigkeit, mit der Agnes Meyer ein derart falsches und »nichtswürdiges Geschwätz« weitergäbe, mit zusätzlichem Händeringen über die unglückliche Situation einer Frau, der Claudel und er »gleich heilig« seien.[91] Wie provozierend das auch war, man kann seine Reaktion nicht als vernünftig ansehen. Es kam ihm beinahe so vor, als habe sie ihm bewußt diesen Ärger in dem entscheidenden Augenblick zufügen wollen, da er sich anschickte, mit seinem neuen Werk zu beginnen. Wieder einmal hatte er das Gefühl, mit der Beziehung ein für allemal Schluß machen zu müssen; ja, angesichts der gemeinen Publizität durch die *Tribune* müsse er auch der Library seinen Rücktritt anbieten.

Ganze Tage wurden über einer Erwiderung in starken, mitunter aber fast mitleidheischenden Worten an das »fatale Frauenzimmer« zugebracht. Es war eine höchst unangenehme Ablenkung von seinen Plänen, die ihn nervös und schlaflos machte, unfähig, sich auf etwas anderes zu konzentrieren.[92] Er tadelte sie für ihre »unverhohlene Geringschätzung und Ablehnung« seiner Kinder und dafür, daß sie *ihn* für die einzige Stelle in Klaus' Gide-Buch zur Rechenschaft ziehe, gegen die ein Einwand erhoben werden könne – die möglicherweise kollaborationistische Haltung Claudels nach der Besetzung Frankreichs.

»Ich muß es ausbaden und ... eine Freundschaft zerbrechen sehen, die mir teuer war ... ich ... habe ihr treu und sorgsam gedient. Mehr Gedanken, Nervenkraft, Arbeit am Schreibtisch habe ich ihr durch Jahre gewidmet, als sonst irgendeiner Beziehung auf der Welt ... Nichts war recht, nichts war genug ... Immer wollten Sie mich anders, als ich bin. Sie hatten nicht den Humor, auch nicht den Respekt, auch nicht die Diskretion, mich zu nehmen, wie ich bin. Sie wollten mich erziehen, beherrschen, verbessern, erlösen. Vergebens habe ich Sie ... gewarnt ... Ich muß mir sagen, daß Ihr Zornesausbruch ... eben nur der Ausbruch ist einer tieferen Enttäuschung ... So scheint denn für dies Verhältnis, dem ich so gern – ich kann nicht sagen, wie gern – den Charakter der Ausgeglichenheit und Heiterkeit, der ruhigen, sicheren Herzlichkeit gegeben hätte, die Krise gekommen zu sein, die ihm wohl vom ersten Augenblick an drohte. Gönnen wir ihm und uns also die Ruhe, die allein unser seelisches Gleichgewicht wiederherstellen kann. Ich wenigstens brauche sie, um aus dieser Qual zu mir selbst und meinen Aufgaben zurückzufinden – es sieht noch nicht so aus, als ob es leicht gelingen würde ... Von Herzen und voll von guten Wünschen für Sie und die Ihren sage ich Ihnen Lebewohl.«[93]

Weder dieser noch sein Brief an MacLeish in der Library erzeugte die Wirkung, die er zu erhoffen meinte. Ihre Erwiderungen fand er voller »Mißverständnisse und Torheiten« (sie sprach von ihrer »eigentlichen, mysteriösen Verwandtschaft«, seine Freundschaft sei für sie eine »Ekstase«, gleichzeitig beschwerte sie sich über sein steinernes Herz)[94] – aber schließlich blieb die Situation zwischen ihnen wie zuvor, es blieb ihm nichts anderes übrig, als sich in eine ausweichende Höflichkeit zu flüchten, um den Abstand zu wahren. Auch MacLeish, der bereits eine würdige und sachliche Erwiderung an die *Tribune* geschrieben hatte, war nicht bereit, einen Rücktritt anzunehmen: Thomas Manns Verbindung mit der Library gehöre zu ihren höchsten Auszeichnungen. Im Augenblick aber war Mann erleichtert, diese sorgsam überlegten Schritte unternommen zu haben, in einem »Balance-Kunststück, das meine Nerven nicht wenig angespannt hat«.[95]

Agnes war ihrerseits nicht bereit, ein Band zu lockern, bei dem sie mit Recht das Gefühl haben konnte, daß sie ihm viel zu bieten habe, und vermutlich erkannte sie auch, wie sehr er sie als Vertraute brauchte. (Als Knopf wenig später anfragte, ob sie Helen Lowe-Porter bei ihrer Übersetzerarbeit ablösen würde, wenn die Zeit für das neue Buch gekommen sei, sagte sie bereitwillig zu.) Im Oktober blickte sie dann zurück und hatte das Gefühl, die Prüfung ihrer Beziehung bis zur äußersten »Grenze gegenseitiger Kränkung« hätte die Luft gereinigt; sie sah ein, »wie schwierig es für ihn ist, von irgendeiner Frau eine Beziehung anzunehmen, die nicht nur geistig, sondern auch gefühlsmäßig demokratisch ist. Er erinnert mich stets daran, wie alt er ist (wahrscheinlich in Selbstverteidigung), ist aber tatsächlich elastischer als die meisten jungen Leute ...«[96] Es gab jedenfalls keinen Bruch in ihrer Korrespondenz, im Juni berichtete er so ruhig wie zuvor über den Fortschritt des Romans, der all dem zum Trotz bis zum dritten Kapitel gediehen war, und erzählte ihr, wie sehr ihn ein Artikel über Eugene Meyer und seine Frau in der *Saturday Evening Post* amüsiert habe – ihre Begeisterung für sein Werk und die »Flut von Energie«, die das Haus überschwemmte und den »scheuen, zaghaften« Romancier zu überwältigen schien, wenn er sich dort aufhielt.[97]

Er berichtete auch von einem Auftritt am 17. Juni bei einer Protestversammlung in San Francisco gegen die schreckliche Verfolgung der Juden in Deutschland. Das war wieder eine unangenehme Unterbrechung seiner Arbeit, die sich aber nicht vermeiden ließ. Mit ihrer Vier-Punkte-Resolution, in der Amerika und England aufgefordert wurden, die Asylbestimmungen zu lockern, war sie wahrscheinlich wirkungslos, sie war aber zumindest eine populäre und großzügige Demonstration vor einem Publikum von zehntausend, seiner Meinung nach vorwiegend Nichtjuden. Deutschlands Niederlage war noch in weiter Ferne, und mit Unbehagen stellte er sich vor, wie die Soldaten des Afrikakorps in Tunesien in die Gefangenschaft marschierten mit keinem Zeichen einer Demoralisierung, sondern der Absicht, sich für den nächsten Krieg aufzusparen, »und wenn nicht alles geschieht, Deutschland jedes Mittel dazu zu nehmen, wird er in 10 Jahren da sein«.[98]

Der lange Aufenthalt der Enkel nahm ein Ende, als sie zu Michael nach San Francisco zurückgeschickt wurden – für Katia, die wenig oder keine Hilfe im Haushalt hatte, eine Erleichterung, obwohl sie ihre Anwesenheit ebenso genossen hatte wie ihr Mann. Golo, der sich von einer schwierigen Bruchoperation erholte, hatte ebenfalls einen Monat bei ihnen verbracht, bevor er in Erwartung seiner baldigen Einberufung auf seinen Collegeposten zurückkehrte; Erika arbeitete nun als Kriegsberichterstatterin im Mittleren Osten, und so war das Haus wieder leer. Im Sommer, als er regelmäßig am *Doktor Faustus* arbeitete und Theodor W. Adornos Entwurf über *Die Philosophie der neuen Musik* las, wurde ihm die Schwierigkeit seines Vorhabens immer deutlicher. Wie konnten das fiktive Bild eines Musikers von Rang und Bedeutung und seine nichtexistierenden Werke in einer zeitgenössischen Musikwelt entworfen werden, in der alle führenden Rollen vergeben waren? Jugend, Studien und frühe Entwicklung Leverkühns, gesehen durch die Augen seines Bewunderers Zeitblom, ließen sich unschwer attraktiv machen; seine Erfindung des Zwölftonsystems aber (für das Mann selbst keine besondere Begeisterung hegte) und dessen Verwendung in der Schöpfung authentischer Kunstwerke in einer verabscheuungswürdigen Welt würde eine andere Aufgabe stellen – heikel in der Tat, wie sich herausstellen sollte, denn es war ja Schönberg, der das System entworfen hatte.

Im April fühlte er nach sieben Kapiteln, wie der erste Elan nachließ, und brach ab, um seinen Vortrag für Washington vorzubereiten. Den Entwurf diktierte er Katia, da Konni Kellen nun einberufen war. Er hoffte, die Bemerkungen, die Washington als »links« empfinden könnte, hinreichend mit »ziemlich viel konservativem und traditionalistischem Puderzucker« bestreut zu haben, da er (wie er Bertolt Brecht gegenüber bekannte) weder zögerte, auf die Mitschuld der Demokratien am Aufstieg der faschistischen Diktatur hinzuweisen, noch sich »über die blödsinnige Panik der bürgerlichen Welt vor dem Kommunismus« lustig zu machen.[99] Zu Agnes Meyer bemerkte er: »Ein Vortrag ist es kaum zu nennen, mehr eine höhere Plauderei stellt es vor, über Deutschland, Wagner, Europa, den kommenden Humanismus, über die Ähnlichkeit unseres Schreckens vor sozialen Veränderungen mit dem immer wiederkehrenden Sich sträuben des Ohres gegen den musikalischen Fortschritt … Eine große Rolle spielt das Bekenntnis zu dem elementaren Bedürfnis nach Gleichgewicht … ich setze mich aus Instinkt auf die *hohe* Bank des schief liegenden Segelboots und nicht auf die, die sowieso schon beinahe im Wasser hängt, auf der die Konformisten der Zeit sich drängen.«[100]

Im September kam dann wieder ein neuer Aufschwung für den Roman, als er sich mit dem bedeutenden Einfluß von Leverkühns Lehrer, dem in Pennsylvania geborenen Organisten Kretzschmar, beschäftigte. Dafür gaben ihm Diskussionen mit Schönberg und Adornos kritische Darstellung von dessen Theorie, zusammen mit seiner Interpretation von Beethovens letzter Klaviersonate (Op. 111), genau das Material, das er brauchte. Im Hintergrund zu diesen Bemühungen – angesichts seiner Absicht, den Roman als Allegorie des Schicksals Deutschlands zu gestalten, in der Tat von wesentlicher Bedeutung – ergaben sich erneute politische Spekulationen in Amerika und unter den Emigranten, als die alliierte Landung in Sizilien und Italien zur Festnahme Mussolinis geführt hatte. Die Frage, was mit Deutschland endlich geschehen solle, erhielt aktuelle Bedeutung. Anfang Juli war in einem Artikel der *Washington Post* die Rede von dem unparteiischen Gegner des Nazitums, Thomas Mann, als der besten Wahl zum Präsidenten einer »wiedergeborenen deutschen Republik« – ein Gedanke, den er verlachte. Deutschland würde »vorderhand politisch völlig entmündigt sein«, schrieb er an Agnes Meyer, »und garkeinen head brauchen, sondern nur vernünftige Lokal-Verwaltungen«; auf jeden Fall würde Washington in diesem Fall mitzureden haben, und er habe nicht das Gefühl, als sogenannter »premature anti-fascist« so willkommen zu sein. »Nur unter stärkstem Druck würde ich mich jemals dazu verstehen, eine politische Rolle zu spielen.«[101] Seine Erklärung zum Manifest des Free Germany Committees, die er der sowjetischen Nachrichtenagentur Tass übergab, enthielt die gleiche Botschaft, die er in seinen BBC-Sendungen ständig wiederholt hatte: nur eine aufrichtige Ablehnung ihrer Nazi-Führer könne die Deutschen rehabilitieren.

Im Anschluß an ein Treffen der Westküsten-Emigranten (unter ihnen Feuchtwanger, sein Bruder, Marcuse und Brecht) am 1. August zog er seine Unterschrift von ihrem Entwurf eines Manifests wieder zurück, das auf einer scharfen Unterscheidung zwischen dem Hitlerregime und dem deutschen Volk bestand. Zur Empörung Brechts behauptete er, das sei ein fälschlich patriotischer Verrat an den alliierten Kriegsanstrengungen, und den Emigranten stehe es nicht zu, Amerika Ratschläge zu erteilen. »Nach dem lästerlichen Übermut, der wüsten Superioritätsraserei und Gewaltphantasterei, die dies Volk sich rauschvoll geleistet hat«, halte er jedenfalls für die Deutschen keinen Sturz, keine Buße für zu schwer.[102] Der nun zur Mode werdenden Vorstellung, daß Deutschland »nichts geschehen darf«, werde er sich nie anschließen. Er traue den russischen und kommunistischen Absichten nicht, aber er widersetze sich jeder Unterscheidung zwischen Nationalsozialisten und Deutschen im allgemeinen. Was sein »Leiden an Deutschland« verursacht habe, sei die abscheuliche Tatsache gewesen, daß die Führer der deutschen Kultur dem Nazitum entweder erlegen waren oder mitgemacht hatten: *Faustus* sollte für ihn der Ausdruck dieses Leidens sein. Die Auseinandersetzung über die deutsche Verantwortung und ob man zwischen »guten« und »bösen« Deutschen unterscheiden sollte, ging bis zum Kriegsende und auch danach noch weiter, dabei wurde Manns demokratische Haltung häufig in Zweifel gezogen, und wohlmeinende amerikanische Liberale drängten ihn, seinen Standpunkt ganz klar zu machen.

Agnes Meyer, die sich freiwillig erboten hatte, seinen Vortrag für Washington zu übersetzen, scheute sich nicht, die Schwächen zu kritisieren, die der Text ihrer Meinung nach enthielt. Sie bezeichnete ihn als »einen kleinlichen Versuch«: »Sie haben sich von der Anstrengung ... eines großen Romans abgewandt, um dem Alltagsleben einen Brocken hinzuwerfen.« – »Was das Publikum von Ihnen erwartet, ist nicht eine Diskussion des Kommunismus, sondern Deutschlands und seiner möglichen Rückkehr in die menschliche Gesellschaft ... Glauben Sie noch an Deutschland oder nicht? Wenn ... das Gleichgewicht von Verstand und Geist wichtig ist, was kann Deutschland dazu noch als Warnung oder Hilfe beitragen?« Und sie bat ihn, den Vortrag »in einer Form umzuschreiben, die Ihrer großen Kräfte und einzigartigen Rolle in der Welt würdig ist«.[103] Er war dazu nur ungern bereit, betonte, daß er ihn absichtlich so lang gemacht habe, damit er den jeweiligen Hörerschaften angepaßt werden könne, und daß sie dies noch bei ihrem Treffen besprechen könnten. Sie tat ihre Arbeit, beklagte sich aber, daß er mit keinem Wort die kulturellen Beiträge Deutschlands zur westlichen Zivilisation erwähnt habe, was er dann allerdings in bescheidenem Maß gutmachte. Zu guter Letzt hatte sein Text *Der Krieg und die Zukunft*, wie er ihn am 13. Oktober in der Library of Congress verwandte und bei späteren Auftritten den jeweiligen Bedürfnissen anpaßte, ihrer Kritik ziemlich viel zu verdanken – als sie später zu Golo sagte, er habe »das ganze Ding umgeschrieben«, war das allerdings eine Übertreibung.

Ihre anfängliche Reaktion war tatsächlich nicht unberechtigt. Die Vortragstour, die sich nach Washington auf zwei Monate ausdehnte (Hunter College, New York; Boston; Manchester, New Hampshire; New Bedford; Montreal; Chicago; Lewiston, Maine; Columbia University, New York; Daylesford, Philadelphia; Cincinnati; Kansas City) bestand weitgehend aus wiederverwertetem Thomas Mann, da er geschickt benutzte, was er zur Hand hatte, einmal nahm er Material unter verschiedenen Titeln aus seinem neuen Entwurf, dann aus seinem *Joseph*-Vortrag, einmal auch sprach er aus dem Stegreif. Der *Faustus* beschäftigte ihn ständig: er las Freunden Auszüge vor, erwog Änderungen am Kretzschmar-Kapitel, las die Manuskripte Adornos wieder und dachte über das Problem der Inspiration bei einem syphilitischen Künstler nach. Auch viel Geschäftliches war zu erledigen, seine eigenen Angelegenheiten in Diskussionen mit Bermann und anderen, dann die Sache der wachsenden »Free Germany«-Bewegung und der Druck der Emigranten auf ihn, die Führung zu übernehmen, wovor ihn, wie er inständig hoffte, Gott bewahren möge. Auf ihre Bitte besprach er die Frage mit Berle im Außenministerium und war erleichtert, als dieser ihm dabei zur Vorsicht riet, seinen Namen auf diese Weise zur Verfügung zu stellen – eine diplomatische Antwort, die er als Abneigung des Ministeriums gegen jede Art von Exilregierung deutete und die er dem Committee mitteilte. In einem Brief an die *New York Times* am 30. November bestritt er Gerüchte, vom Außenministerium zum Beitritt oder zur Leitung eines Free German Committees aufgefordert worden zu sein, eine Einrichtung, für die der Zeitpunkt seiner Meinung nach nicht günstig sei. Seine Ausflucht wurde von den Emigranten natürlich ungern gesehen. Tillich war der Ansicht, er habe Deutschland das Todesurteil gesprochen, Brecht kritisierte seinen Mangel an Glauben an die Demokratie scharf und schrieb bittere Verse unter dem Titel »Als der Nobelpreisträger Thomas Mann den Amerikanern und Engländern das Recht zusprach, das deutsche Volk für die Verbrechen des Hitlerregimes zehn Jahre lang zu züchtigen«. Wenn die Russen diesem Parteigänger in Deutschland zur Macht verhälfen, bemerkte Mann zu Agnes Meyer, wird er »mir alles Böse antun … Recht habe ich doch gehandelt.«[104]

Während dieser langen Abwesenheit von seinem Zuhause in Pacific Palisades, dessen Bequemlichkeit und regelmäßige Mahlzeiten er sehr vermißte, hatten sie aber die Freude, sowohl Erika, die auf kurze Zeit aus dem Mittleren Osten zurückgekommen war, um eine eigene Vortragstour zu unternehmen, wie auch Klaus zu sehen, der aus Italien auf Urlaub da war. Beide mußten fast sofort wieder abreisen, Erika zu einer neuen Aufgabe als Kriegsberichterstatterin, Klaus zu einer Fahrt am Weihnachtsabend nach Casablanca, unter der Ägide des hochtrabend betitelten »Psychological Warfare Bureau« (was später einen Posten bei der Armeezeitung *Stars and Stripes* in Italien bedeutete). In einem Hotelzimmer in Kansas City nahmen sie Anfang Dezember in Erwartung einer langen Trennung Abschied. Auch Golo war nun bei der Armee; nach seiner Grundausbildung fand er sich besonderen Aufgaben zugeteilt, deren Art ihn anfangs verwirrte, die sich dann aber als Arbeit für den Geheimdienst herausstellten. Er bekam einige Tage Urlaub und konnte als einziger der Kinder zu Weihnachten zu ihnen kommen, da Michael zu Truppenkonzerten verpflichtet war. Am Neujahrsabend war Katia verständlicherweise wehmütig, sie vermißte die Kinder und Enkel und hoffte nur, daß ihr das neue Jahr nicht den Verlust eines Sohnes bringen würde. Auch Thomas Mann wartete vor der Wiederaufnahme der Arbeit am Roman eher traurig als zuversichtlich darauf, daß der restliche Winter und die entscheidenden Ereignisse, die nach dem Dreiertreffen in Teheran (Roosevelt, Churchill, Stalin) bevorstanden, in beiden Fällen Fortschritte bringen würden.

3

> »Verbrechen sind begangen worden, denen keine Psychologie zur Entschuldigung hilft.«
>
> *TM, 11.3.45*[105]

Am 4. Januar 1944 unterzog sich Thomas Mann mit Katia der offiziellen Prüfung für die amerikanische Staatsbürgerschaft, die ihm für sein dortiges Ansehen wichtig und für die Lage nach dem Krieg praktisch schien, obwohl es ihm etwas unangenehm war, die Tschechen auf diese Weise im Stich zu lassen. Am nächsten Tag erschien in der *Los Angeles Times* ein alarmierender Bericht – »Heinrich Manns Wife Victim of Drug Overdose«. Anscheinend aufgrund einer drohenden Strafverfolgung wegen eines Verkehrsvergehens hatte Nelly eine Überdosis Schlaftabletten genommen, aber sie lebte und befand sich nun im Krankenhaus. Für ihn war das freilich nicht alarmierend genug, um die Arbeit zu unterbrechen. Man begnügte sich damit, zu Mittag in Heinrichs Wohnung, als sie ihn nicht zu Hause fanden, eine Nachricht zu hinterlassen. Die Arbeit am *Faustus* war wiederaufgenommen worden – mit erneuten Zweifeln, ob er sich nicht zum erstenmal an eine unmögliche Aufgabe gewagt hatte. »*Von* Musik zu handeln ist doch noch ganz etwas anderes, als nur so philosophisch *über* Musik.«[106] Beim Lesen eines Buches über Alban Berg war er sich nicht sicher, ob es ihm bei seinem Problem wegen des technischen Aspekts helfen oder eher einschüchtern würde; seine Liebe zur Musik schien in dem Augenblick zu schwinden, da er sie brauchte. Auf einem Krankenbesuch bei Franz Werfel, der ein überschwengliches Loblied auf die »unsterblichen« *Buddenbrooks* sang, die er soeben in drei Tagen wiedergelesen habe, fragte er sich, ob sein jugendliches Werk nicht vielleicht seine einzige bleibende Leistung gewesen sei: »Vielleicht blieb mir danach nur noch, ein nachfolgendes langes Leben leidlich würdig und interessant zu erfüllen.« Gewiß nicht ein Fall wie die *Cavalleria rusticana* für Mascagni, eher vielleicht dem *Freischütz* Webers zu vergleichen: doch er hatte Goethe zumindest nachgeeifert, indem er mit dem *Zauberberg*, dem *Joseph* und der *Lotte* seinem Leben Form gegeben hatte.[107] Diese Resignation dauerte nicht an, als er sich wieder an Adorno wandte und mit ihm über das bisher Entstandene diskutierte. Er war mit seinem Fortschritt aber nicht zufrieden und hatte das Gefühl, das Buch entgleite seiner Kontrolle in einer verhängnisvollen Neigung, die Dimensionen des *Zauberbergs* anzunehmen.

Sein Alter machte sich offensichtlich bemerkbar, die Routine des Vormittags am Manuskript nahm ihm die Lust, sich anschließend der zahlreichen Forderungen anderer Art anzunehmen, zuweilen sah es so aus, als sei ihm nicht mehr viel Zeit vergönnt. In gewisser Hinsicht war es auch eine jähe Überraschung, im März Hesses neuen Roman *Das Glasperlenspiel* zu erhalten, der eben in der Schweiz erschienen war. Da man ihm gerade riesige Summen für die MGM-Verfilmung des *Joseph* versprochen hatte, eine vielleicht heilsame Warnung vor Überheblichkeit. Jedenfalls ein bemerkenswertes Zusammentreffen, denn der Roman erzählte eine eigenartig ähnliche fiktive Biographie, in der er sich selbst unter anderen amüsant erfundenen Namen als

»Thomas von der Trave«, Meister des Spiels, wiederfand: »ein berühmter, weitgereister und weltgewandter Mann, konziliant und von artigstem Entgegenkommen … in den Spielangelegenheiten aber von wachsamster und asketischer Strenge … so zeigen seine glänzend aufgebauten, formal unübertrefflichen Spiele doch für die Kenner eine Vertrautheit mit den hintergründigen Problemen der Spielwelt.«[108] Ein solcher Hinweis darauf, daß man nicht allein auf der Welt sei, sei beunruhigend, notierte er sich. Die Ähnlichkeit der beiden Werke war in der Tat verblüffend, um nicht zu sagen unheimlich, obwohl er meinte, daß sein eigenes Buch »viel zugespitzter, schärfer und komisch-trauriger« klingen würde als der philosophische und religiöse Ton des anderen.[109]

Unter Emigranten und amerikanischen Liberalen wie Dorothy Thompson tobte die Debatte weiter, wie man Deutschland nach der Niederlage behandeln und die Forderung der »großen Drei« nach bedingungsloser Kapitulation auslegen sollte. Mit Kollegen wie Berthold Viertel und Feuchtwanger schien ihm die Diskussion sinnlos und unangenehm, in ihr wurde die Neigung der Deutschen deutlich, sich selbst als den Mittelpunkt der Welt zu sehen. Es war von jeher doch klargewesen, daß Hitler zur Katastrophe führen mußte; hatten die Deutschen erwartet, für seine und ihre eigenen Ausschreitungen keine Buße leisten zu müssen? »Mir geht das nicht so nahe. Es war immer ein eigentümliches halb peinvolles, halb ehrenvolles Mißgeschick, ein Deutscher zu sein.«[110] Was mit Deutschland geschah, war nicht gar so wichtig, außerdem war es noch zu früh, um darüber zu reden. »Rät man zur Milde, so wird man von den Deutschen womöglich gräßlich desavouiert. Rät man zur Unerbittlichkeit, so gerät man in eine schiefe und unzuträgliche Stellung zu dem Land, dessen Sprache man schreibt.«[111] Als er im Januar vom Londoner *Evening Standard* um einen Artikel zu diesem Thema gebeten wurde, war er zuerst fasziniert, lehnte dann aber ab, als er daran dachte, wie prekär und verantwortlich die Aufgabe war – »und interessiert es mich auch nur genug? … Mit was für einer revolutionierten, proletarisierten, umgestülpten, nackt und bloßen, zerrütteten, glaubenslosen, ruinierten Volksbande wird man es zu tun haben … Für eine dezente liberal-demokratische Republik ist das Land verloren.«[112] Die Teilnahme an der Jury für ein Preisausschreiben im New Yorker *Aufbau* für eine neue deutsche Nationalhymne schien ihm eine kaum verlockende, ja sinnlose Pflicht, da dem Volk nach elf oder zwölf Jahren unter Hitler auf lange Zeit zum Singen kaum zumute sein würde. Als er von den Wirkungen eines massiven alliierten Luftangriffs und vom russischen Siegessturm im Osten las, dachte er bestürzt daran, daß Deutschland stets entweder zu mächtig oder zu machtlos sei. Die erwartete zweite Front im Westen schien noch lange auf sich warten zu lassen – wie die meisten hatte er keine Ahnung von den gewaltigen Vorbereitungen, die für eine Invasion der Festung Europa von der See aus notwendig waren, vor allem, wenn es galt, Verluste gering zu halten – in pessimistischen Augenblicken während dieser frühen Monate des Jahres 1944 hatte er immer mehr das Gefühl, weder er noch die, die an ihm beteiligt waren, würden das Ende des Krieges erleben.

Finanziell ging es ihm besser denn je. Die Anstellung bei der Library of Congress war um ein weiteres Jahr verlängert worden, im Januar kündigte der »Book of the Month«-Club die vorläufige Wahl von *Joseph, der Ernährer* für dieses Jahr an. Das bedeutete eine weitere Verzögerung der eigentlichen Veröffentlichung bei Knopf, anscheinend konnte er aber mit einer Vorauszahlung von 12 000 Dollar rechnen, auch nach der Steuer noch eine beträchtliche Summe. Im März sicherte ihm Knopf mindestens 40 000 Dollar zu und eine Erstauflage von 35 000 Exemplaren seiner eigenen Ausgabe – ein Aufschwung in seiner Produktion, in dem ihm der wahre Reiz des amerikanischen Wohlstands zu liegen schien. Als er Agnes Meyer daran erinnerte, daß das Library-Honorar nur so lange dauern sollte, als er es brauchte, mußte er zugeben, daß es nun kaum mehr lebenswichtig war; da es aber erneuert worden sei, würde er es im wesentlichen zur Unterstützung seines Bruders und anderer weniger gutgestellter Schriftsteller benützen. Er berichtete auch Golos amüsante Schilderung seiner Überstellung nach Washington. Nach einem geheimen Treffen an einer Straßenecke (»Ist dies der Wagen für Mrs. Smith?«) sei er zu einem Landhaus gebracht worden, wo er zum Instructor im Geheimdienst ausgebildet werden sollte: »Phantastisch!«[113] (Von Golo hörte er ihre Äußerung, aus seinen Briefen gehe hervor, wie sehr er sie verabscheue. Eine höchst intelligente Beobachtung, notierte er sardonisch, wenn man bedachte, daß sie »voll von Ergebenheit, Bewunderung, Dankbarkeit, Fürsorge, selbst Galanterie sind«.[114]) Gelassen nahm er ihre Absage der *Faustus*-Übersetzung auf, insgeheim vermutlich mit Erleichterung, sein Ton im Umgang mit ihr in diesen Monaten war im allgemeinen aber sorgloser, als es seine Zweifel am *Faustus* eigentlich zuließen – er erwähnte sogar einen Leitartikel der *Los Angeles Times* über einen Kanarienvogel, der bei der Bestattung seines Besitzers in Tacoma singen sollte, worüber er Tränen gelacht habe, »amerikanischer als alles, was Sie mir von den Licht- und Schattenseiten der amerikanischen Zivilisation erzählen können«.[115]

Erika hatte als Vertreterin des *Boston Monitor* auf eine Entsendung nach Rußland gehofft – was Agnes Meyer zu der ätzenden Bemerkung veranlaßt hatte, die Russen hätten »keine Zeit für Reisende«. Daraus war aber nichts geworden, ruhelos wie immer, beteiligte sie sich bald wieder an den Vortragsunternehmungen. In der Haltung ihres Vaters gegenüber dem fehlgeleiteten Patriotismus der Emigranten, die auf einen »soft peace« mit den Deutschen drängten, stand sie fest auf seiner Seite; in einem Artikel für den New Yorker *Aufbau* argumentierte sie überzeugend dagegen, allein die Nazi-Führung für die Sünden des ganzen Volkes verantwortlich zu machen. Unter denen, die für die Sache Hitlers kämpften, fand sie keine Anzeichen des sogenannten »anderen Deutschland«, die die Befürworter eines »Free Germany« zu erkennen glaubten; sie setzte sich für ihre Sache energischer ein als ihr Vater, sowohl mit öffentlichen Briefen an die Emigrantenpresse wie mit Privatbriefen an die Einzelpersonen, die Tillichs Council for a Democratic Germany zu fördern suchten. Es sei »ein Jammer und eine Schande und denkbar ungeeignet«, in diesem Augenblick an ein »besseres Deutschland« zu denken. Die Welt würde gern die Geburt und Bewährung eines solchen sehen – in der Zwischenzeit aber »kämpft und wartet« sie.[116]

Der Appetit der Amerikaner auf Belehrung durch offenbar unterrichtete Größen war unersättlich, und die Mitglieder dieser »erstaunlichen Familie«, auch Klaus vor seinem Eintritt in die Armee, hatten ihn unermüdlich gestillt, was nicht so besonders einträglich war, da die Agenten immer einen beträchtlichen Prozentsatz des Honorars beanspruchten. Für Thomas Mann waren die Begrüßungskomitees auf seinen verschiedenen Stationen stets voller Respekt, örtliche Honoratioren von Universität, Stadt, Frauenvereinigungen oder jüdischen Organisationen boten ihm bereitwillig Gastfreundschaft, Transport und andere Annehmlichkeiten; seine Eisenbahnreservierungen waren die besten, die Amerika zur Kriegszeit bereitstellen konnte; er fand Zeit zur Entspannung im Kino oder Theater, bei Konzerten oder mitunter Opernaufführungen.

Erika aber unternahm diese Kreuz- und Querreisen unter wesentlich weniger angenehmen Bedingungen. Im Osten zögerten er und die Familie nicht, die Hilfsbereitschaft von Agnes Meyer voll auszunutzen. Bei seinem Besuch im Oktober hatte er gebeten, daß Erika, die eben von ihrer Tour im Mittleren Osten zurück war, in Crescent Place übernachten dürfe, damit er und Katia sie treffen könnten; Golo war dort nun immer ein gerngesehener Gast, wenn es seine »besonderen Pflichten« zuließen; ihre Limousine stand zur Abholung bereit, wann immer Thomas und Katia mit ihrem gewöhnlich umfangreichen Gepäck den Zug in der Hauptstadt verließen; ihre Unterstützung wurde in allen Fällen bemüht, wo administrative oder verlegerische Hürden genommen werden mußten, ob es sich nun um das Wiedereinreisevisum für die Nichtbürger auf der Rückfahrt von Kanada oder die Plazierung eines Artikels handelte.

Einer der erstaunlichsten Aspekte dieser Familie war gewiß die Art und Weise, wie sie es fertigbrachten, sich so oft zu treffen, was sicher den, von heute aus gesehen, so überraschend schnellen Postverbindungen zu danken war; Telegrammkosten wurden dennoch nicht gescheut – die Treffen waren sicher eine besondere Belastung für die elterlichen Finanzen, über die Katia, sogar in der Begeisterung, daß *Joseph, der Ernährer* als Buch des Monats erschien, aufmerksam wachte. Chicago war auf der Ost-West-Reise eine natürliche Unterbrechung, so daß sie sich häufig bei Elisabeth und ihrer Familie einfanden, wohin dann zuweilen auch Erika oder Golo kamen; das Bedford Hotel in New York, das auch bei anderen Emigranten beliebt war, bot ihnen allen ein zeitweiliges Heim, wenn sie im Osten waren; Treffen fanden auch an so unwahrscheinlichen Orten wie dem Kansas City Hotel im Dezember statt. Unterdessen stand Pacific Palisades offen, wann immer Erika oder andere Kinder, oder Michaels Familie aus dem nahen San Francisco, oder Katias Bruder Peter Pringsheim kommen konnten. Die Vorbereitungen für all das lagen natürlich in den Händen Katias und waren mit all den Briefen und Telegrammen sicher eine Belastung für sie. Sie ersparte ihm die komplizierte Organisation ihrer Reisen und der Rückkehr zum San Remo Drive, wo sie nun keine Dienerschaft mehr hatte und sich auf die Hilfe bereitwilliger Freunde verlassen mußte. Für ihn war es leicht, mit Goethe vom »Wohlwollen unserer Zeitgenossen« zu sprechen – »Es gab Leute, die uns mit dem Wagen vom Bahnhof Los Angeles abholten. Es gab andere, die uns gleich Butter, Rahm,

Kuchen, Blumen ins unbediente Haus brachten«[117] – und sich gleich wieder seiner Arbeit zuzuwenden. Wenn der Wagen benötigt wurde, war Katia die einzige, die ihn chauffieren konnte, falls Erika nicht zugegen war. Die verstärkte Benzinrationierung im März erregte im Auto-orientierten Kalifornien einige Besorgnis.

Zusätzlich kümmerte Katia sich auch noch aufmerksam um die Korrespondenz, nahm seine Diktate auf, beantwortete zahlreiche der weniger wichtigen Briefe selbst, nahm aber nun an zwei Nachmittagen in der Woche gern die fachmännische Hilfe einer hervorragenden Sekretärin in Anspruch, die man im Dezember eingestellt hatte. Hilde Kahn, die 1938 mit einundzwanzig Jahren aus Deutschland emigriert war, war anfänglich von ihren Arbeitgebern etwas überwältigt – Katia häufig in einem rotsamtenen Nachmittagskleid, in dem sie mit ihrem auffallenden grauen Kopf beinahe wie ein Kardinal aussah; die freundliche doch distanzierte Haltung des Hausherrn war die eines Diplomaten. Ihre Nachmittage begannen beim Tee mit der Familie, zu dem er in der Regel als letzter erschien, erfrischt von der Mittagsruhe, um seine geliebten Ingwerkekse zum Earl-Grey-Tee zu genießen, bevor sie sich zum Diktat begaben. Sie fühlte sich aber bald zu Hause, ihre Arbeit, zu der, wenn nötig, auch das Übersetzen ins Englische gehörte, war stets zur Zufriedenheit des höflichen »Boss«, wie er sich selbst nannte, obwohl es viele Jahre dauerte, bevor sich Katia durchringen konnte, Hilde zu ihr zu sagen. Für den Boss war sie manchmal scherzhaft »Hildegard« oder – nachdem sie Frido getroffen und bei Besuchen gelegentlich auf die kleinen Enkel aufgepaßt hatte – »Die Frau«: »Die Frau hat Locken!« hatte Frido gerufen (was ihm in einer Familie, wo alle Frauen einen kurzen Haarschnitt trugen, wohl eigenartig vorkam), »nur sie hat schönere Beine als die Omi.«[118]

Ende März machten Katia und Thomas einen zweiwöchigen Besuch in Chicago, um Elisabeths zweite Tochter Domenica zu sehen, die eben zur Welt gekommen war. Sein Tag konnte dort weitergehen wie gewohnt: vormittags die Arbeit am *Faustus* im Hotelzimmer oder eine weitere Rundfunksendung für Deutschland, eine Ruhepause oder ein Spaziergang, am Nachmittag wurden Katia Briefe diktiert, die Abende, hauptsächlich mit Elisabeth – selbstverständlich mit Lesungen aus dem Manuskript –, waren mitunter aber auch den »bedrückenden Expektorationen« Borgeses ausgesetzt. Inzwischen hagerer und etwas taub geworden, war der Italiener verbittert, da er in der scheinbaren Unfähigkeit der Alliierten, eine zweite Front zu eröffnen, ihr völliges Versagen im Krieg und den moralischen Zusammenbruch der Angelsachsen sah (was in absurdem Widerspruch zu den ermutigenden Worten Roosevelts und Churchills stand, die auf eine unmittelbar bevorstehende Invasion hinzudeuten schienen). Golos Besuch in Chicago während eines kurzen Urlaubs war eine Erleichterung. Er sollte demnächst als Stabsoffizier im Geheimdienst nach London versetzt werden und brachte einstweilen die gute Nachricht, daß seine Monographie über Friedrich von Gentz von der Yale University Press angenommen worden war, worin der Vater die Aussicht auf eine spätere erfolgreiche Universitätslaufbahn erblickte.

Nach ihrer Rückkehr gab es mit Erika lange Diskussionen wegen ihres Aufsatzes für den *Aufbau* in der Kontroverse über den Council for a Democratic Germany. Da er dem Manifest des Councils seine Unterschrift verweigert hatte, sein Vortrag *Krieg und Demokratie* aber, von dem ein Teil in *Atlantic Monthly* erschienen war, den Eindruck erweckt hatte, er befürworte einen »soft peace«, der zwischen »guten Deutschen« und Nazis einen Unterschied machte, wurde er unangenehm in diese Auseinandersetzung verwickelt. Am 17. Mai drängte Clifton Fadiman auf ein Dementi und eine Erklärung des »berühmtesten lebenden Deutschen«, als Beitrag zum Verständnis des Pangermanismus. Nach langer Überlegung lehnte er es ab, einen solchen Standpunkt einzunehmen. Ein derart schwieriges Problem könne man nicht nur nicht in einer kurzen Presseerklärung abhandeln, erwiderte er Fadiman, abgesehen davon, daß sein Bruder und zahlreiche angesehene amerikanische Liberale ja unterzeichnet hätten, sein Haupteinwand sei vielmehr, daß deutsche Emigranten es nicht verantworten könnten, sich für ein zukünftiges demokratisches Regime in einem Land einzusetzen, das ihnen nun so »wildfremd« geworden sei. Ebenso stünde es einem Deutschen wie ihm, der auch als amerikanischer Staatsbürger entschlossen sei, der Sprache treu zu bleiben, in der er hoffte sein Lebenswerk abzuschließen, schlecht an, wenn er »sich heute zum Ankläger seines verirrten und schuldbeladenen Landes vor dem Welt-Tribunal aufwirft und durch sein möglicherweise nicht einflußloses Zeugnis die äußersten, vernichtendsten Beschlüsse gegen das Land seiner Herkunft herausfordert«. Es sei Sache verantwortlicher Staatsmänner, einem weiteren Krieg Deutschlands in den nächsten zehn oder zwanzig Jahren vorzubeugen, keine Maßnahmen zu diesem Zweck würden ihn überraschen. »Aber können Sie es einem deutschen Schriftsteller verargen, wenn er nicht gerade als Scharfmacher der Nemesis vor seinem Volke in aller Zukunft dastehen möchte?«[119]

Ausgerechnet an seinem Geburtstag traf die Nachricht von der lange erwarteten Landung in der Normandie ein, die Agnes Meyer aufgeregt mit der Bemerkung durchtelephonierte, daß das Kriegsministerium mit den anfänglichen Erfolgen zufrieden sei – eine Nachricht, die mit großer Bewegung aufgenommen wurde. Von »Form und Wärme«[120] in Eisenhowers Tagesbefehl war er höchst angetan, aufmerksam verfolgte er die amerikanischen und britischen Lageberichte. Die tägliche Arbeit am *Faustus*, den er in allzu großem Optimismus zur Hälfte hinter sich gebracht zu haben glaubte, ging ununterbrochen weiter; die Maschinenschrift der ersten Kapitel lag in den fähigen Händen Hilde Kahns; er hatte das Gefühl, seinen anfänglichen Schwung wiedergewonnen zu haben. Keine Gelegenheit zu musikalischen Informationen wurde vernachlässigt, z.B. vom österreichischen Komponisten Ernst Toch oder von Igor Strawinsky. Er war, wie er an Adorno geschrieben hatte, für jede charakteristische Einzelheit aufgeschlossen, die ihm der vertrauliche Umgang mit Komponisten bringen und die dann in sein Werk durch seine Technik der Montage, dem »Kompositionsprinzip« des Buches, eingehen könne.[121]

Seit der Rückkehr aus Chicago hatte er sich gesundheitlich nicht wohl gefühlt, sein Arzt hatte ihm zwar angesichts der Herzanfälle anderer, von denen er gehört hatte, versichert, sein Gesundheitszustand sei der eines fünfzehn Jahre jüngeren Mannes, doch er hatte wie üblich nach den angebotenen Medikamenten gegriffen (außerdem machte er sich noch Sorgen, weil Katia kränkelte, denn »ohne mich geht es schon, nicht aber ohne sie«[122]). Auf seinen Fortschritt mit dem Roman wirkte sich das Unwohlsein aber kaum aus. »Ich habe ... etwas Gutes geschrieben«, berichtete er Agnes Meyer[123], nämlich die entscheidenden Kapitel mit der Montage von Nietzsches Erfahrung im Freudenhaus: Adrians Ansteckung durch die Prostituierte, der er den Namen des tropischen Schmetterlings Hetaera Esmeralda gab, trotz ihrer Warnung, und die Andeutung vom Werk des Teufels, der sein Schicksal besiegelt, indem er zwei Ärzte beseitigt, bevor sie ihn behandeln können. Die Nachrichten aus Westeuropa waren gut, die Schlacht von Caen wurde nun zu einer

Bedrohung von Paris; im Osten standen die Russen vor Minsk; die Deutschen wußten anscheinend noch nicht, wie verzweifelt ihre Lage war, doch er glaubte, der »mörderische Wahnsinn« des Nationalsozialismus, auf dessen Ende er all die Jahre gewartet hatte, könne kaum mehr als weitere zwölf Monate währen. Er sei versucht zu sagen: »Da sehet Ihr zu«, schrieb er an Erich Kahler in Princeton: »Aber ich möchte mit der leidlich beruhigenden Erfahrung aus dem Leben gehen, daß zwar auf dem Stern, dessen glückliche Bekanntschaft wir machten, allerlei literarisch nicht Einwandfreies möglich ist, daß sich aber das Allerdümmste und Niederträchtigste denn doch nicht länger als 11 Jahre ... halten konnte.«[124]

Am 23. Juni kam der letzte Akt der Einbürgerung, als er und Katia vor einem Richter in Los Angeles den Eid ablegten. Es gab viel Publizität, in Presse wie Rundfunk; in seine Erleichterung über den Schritt – notwendig und richtig, da sie vermutlich in Amerika bleiben würden – mischten sich immer noch Gewissensbisse wegen der Tschechen, später richtete er an Beneš, nun Vorsitzender der tschechischen Exilregierung in London, eine geschickte Erklärung seiner Gründe dafür, daß er in Amerikas »kosmopolitischem Universum« eine Heimat gesucht habe.[125] Von Golo und Erika, ebenfalls in London, kam ein gemeinsames Telegramm, fröhlich und ohne Erwähnung der ersten Angriffe der V1 (Hitlers erster »Vergeltungswaffe« in Raketenform) auf die Hauptstadt. Klaus, bei der amerikanischen 5. Armee, schrieb aus den zerstörten Bauernhäusern Italiens, ebenfalls fröhlich, erpicht auf eine Versetzung an die Normandiefront; Michael und seine Familie wurden in Bälde zu einem Besuch erwartet, Mann durfte sich auf ein Wiedersehen mit dem kleinen Frido freuen, der sich nun auf englisch und deutsch verständlich machen konnte.

Weniger sonnig entwickelten sich die Dinge in der *Atlantic Monthly*-Affäre. In der Julinummer kritisierte ihn ein Professor aus Yale auf beinahe brutale Weise wegen seines angeblichen Plädoyers für einen »soft peace«, indem er umfangreiche Zitate aus seinen stark nationalistischen Schriften während des Ersten Weltkriegs anführte: wenn ein Mann von seiner Berühmtheit und Kultur 1915 bis 1918, im Alter von vierzig Jahren, so etwas schreiben konnte, könne er von seinen Lesern kaum erwarten, daß sie seine nunmehrige Bekehrung zu einer wohlwollenden Unterscheidung zwischen dem deutschen Volk und seinen Nazi-Führern akzeptierten, auch wenn sie aufrichtig sei. Eine derartige Verzerrung seiner Entwicklung und derzeitigen Ansichten mußte unbedingt richtiggestellt werden, zumal er nun stärker denn je die Notwendigkeit einer harten Haltung einem Volk gegenüber vertrat, das in seinem blinden Glauben an seinen »Führer« die Vernichtung von mehr als eineinhalb Millionen Juden durch Giftgas zugelassen hatte. Seine eingehende und mitunter bissige Erwiderung unter der Überschrift *Zu meiner Verteidigung* wurde durch Bedenken des Herausgebers der Zeitschrift zurückgehalten und erschien erst in der Oktobernummer: »Ich gehöre nicht zu den deutschen Emigranten, die sich heute mit patriotisch ausgebreiteten Armen vor ihr Land stellen und erklären, daß ihm nichts geschehen dürfe, – nachdem anderen das Unglaublichste geschehen ...« Daß man Deutschland als das erste Opfer Hitlers hinstellt, halte er »nicht nur für absurd, sondern auch für unwürdig ... Ich kann versichern, daß ich keine Miene verziehen werde über irgendeine Maßnahme, die die Staatsmänner der Welt für nötig halten werden, um Deutschland außerstande zu setzen, sein Spiel in irgend absehbarer Zukunft zu wiederholen.«[126]

Deprimierend war auch die zwiespältige Aufnahme von *Joseph, der Ernährer* gewesen, der eben erschienen war. »Eine moderne Göttliche Komödie!« hatte Agnes Meyer geschrieben, »ein Meisterwerk« nannte es *Time*; aber der *New Yorker* meinte, Thomas Mann sei dabei, »einer der größten lebenden Langweiler« zu werden, Orville Prescott in der *New York Times* fand das Buch, wie bereits erwähnt, »von einschläfernder Langeweile«. Ein Buch, das er für durch und durch populär und humoristisch hielt, als ein »mit anspruchsvoller und dabei talentloser Philosophie überladenes Monstrum von unerträglich olympischer Attitude« hinzustellen, schrieb er an Kahler, sei das Werk reiner »Schafsköpfe«.[127] Ein Trost war es immerhin, seinen Namen in einer Reihe mit Gide, Proust und Joyce zu finden. Bei der Lektüre eines Buches über *Finnegans Wake* hatte er das Gefühl, die vom Autor zwischen ihm und Joyce behauptete Verwandtschaft könnte durchaus zutreffen, was er aber bisher nicht hatte wahrhaben wollen: wenn sie tatsächlich vorhanden wäre, hätte Joyce alles »viel besser, kühner, großartiger« gemacht.[128]

In sein Tagebuch notierte er, wohl für die Nachwelt, wie er sich nach einem Ende des unangenehmen öffentlichen Geredes sehne und »diesen Trank des Mißverständnisses und der Unwissenheit von dem, was ich bin, nicht mehr trinken zu müssen«.[129] Zur Zeit amüsierte ihn jedoch eine unbeschwertere Selbstreklame, er schrieb nämlich eine Werbung für die Guy Lombardo Radio Show, in der er (allem Anschein nach fälschlich) bestätigte, er sei ein Raucher von Edgeworth-Tabak und als seinen liebsten populären Schlager Noël Cowards »Don't put your Daughter on the Stage« nannte. Der Haushalt war in diesen Tagen dank Fridos Charme, dem jede Unart rasch verziehen wurde und für den er unentwegt Bilder zeichnete, und der Musik Michaels bei den zahlreichen Streichquartett-Abenden, keineswegs trübsinnig gewesen. Der Abschied von ihnen im August war merkwürdig rührend, so angenehm auch die wieder eingekehrte Stille war. Tagsüber zumindest, da ihn an den Abenden lebhafte Geselligkeiten spät zur Ruhe kommen ließen. In den meisten Fällen waren das immer noch musikalische Kreise, mit Toch, »dem persönlich so anziehenden Stravinsky« und Ernst Křenek, dem österreichischen Opernkomponisten und Theoretiker, dessen Schrift *Über neue Musik* zu einer wichtigen Quelle des *Faustus* geworden war.

Der Titel hatte lange Überlegungen gekostet, bevor er sich für *Doktor Faustus. Das Leben des deutschen Tonsetzers Adrian Leverkühn, erzählt von einem Freunde*, entschloß. In dem nicht ungewöhnlichen norddeutschen Namen lag eine gewisse Symbolik – der Klang erforderte eine Trennung zwischen *Leben* und »Leverkühn«, wesentlich war aber das Wort »deutsch«, denn dieses Wort repräsentierte das ganze Konzept des Buches und seine tiefste Bedeutung, da das »unselig dämonische und tragische« Schicksal Deutschlands sein Grundthema bildete.[129] Was den Fortschritt so verlangsamte, war die außerordentliche Schwierigkeit, die avantgardistischen Unternehmungen seines Helden mit genauester Präzision aus seinen eigenen Studien und Konsultationen in eine lesbare Erzähl- und Dialogform zu bringen, dabei aber die Trockenheit eines theoretischen Traktats zu vermeiden. An dem nun erreichten Punkt war dies besonders wichtig: Adrians von der österreichischen Schule ganz unabhängige Entdeckung des Zwölftonsystems. Von »Hetaera Esmeralda« – also dem Werk des Teufels – sollte er in der Tonreihe H, E, A, E, Es und in deren kompositorischer Umsetzung in ein Lied »O lieb Mädel, wie schlecht bist du« die Möglichkeit nahezu endloser Variation durch Inversion, Transposition oder Retrogression ableiten, wobei kein einzelner Ton wiederkehrte, ohne durch die anderen elf Zwischentöne getrennt zu werden. Es sei die Flucht aus der klassischen Tonalität, die eigentlich Schönberg erfunden habe, der ihm, wie Mann reuevoll an Agnes Meyer schrieb, nun wohl die Freundschaft aufkündigen werde.

Wie er vorher bei den Ausführungen des Lehrers Kretzschmar schon erkannt hatte, war es nicht einfach, in dem Versuch, die Theorie in Gesprächen zwischen Adrian und Zeitblom zu vermitteln, wie auch in Zeitbloms begleitendem Kommentar, den Ton einer musikwissenschaftlichen Abhandlung zu vermeiden (was das Buch zusammen mit anderen Längen zu einer schwierigen Lektüre für Nichtfachleute machen sollte). Seine Darstellung entwickelte sich aber plangemäß, die Komposition ergab ausgewogen gebaute Kapitel: es gab keine physische Beschreibung Adrians, nur den Eindruck von der Kälte seines Wesens, die ein wiederkehrendes Leitmotiv bilden sollte, die Gestalten seiner Umgebung aber waren in kunstvollen Einzelheiten und in vielen Fällen nach dem Leben gezeichnet. Clarissa Rodde in München war ganz seine Schwester Carla, mit ihrer zweifelhaften Bühnenlaufbahn und ihrem späteren Selbstmord; in Rüdiger Schildknapp war sein Freund Reisiger abgebildet; Kretzschmar trug deutliche Züge Adornos; zahlreiche weitere Gestalten, wie sein geliebter Enkel Frido als der kleine Neffe Nepomuk, sollten noch kommen. Folgte das Leben Adrians in großen Zügen dem Leben Nietzsches, so verdankten die Einzelheiten mehr dem Leben des Autors, ob in Lübeck als Adrians Heimatstadt Kaisersaschern, in seinen Aufenthalten in München oder Palestrina, oder in der vorläufig nur angedeuteten Szene am Ende, in einem bayrischen Dorf, das dem letzten Wohnort Julia Manns glich. In den letzten Monaten des Jahres 1944 – als sowohl er wie Zeitblom erfuhren, daß Paris gefallen sei, die »rote Flut« im Osten nach vorne rollte, die Deutschen blindlings auf die versprochenen Wunderwaffen hofften und Rundstedt im Dezember die alarmierende Gegenoffensive in den Ardennen begann – blieb noch viel zu tun. Am Jahresende arbeitete er immer noch an Kapitel XXV, dem unheimlichen Bericht von der leibhaftigen Erscheinung des Teufels in Palestrina, begleitet von einer eisigen Kälte. Damit war die erste Hälfte des Buches abgeschlossen.

Nach seinen Maßstäben hatte er rasch und regelmäßig gearbeitet, es hatte weniger Unterbrechungen gegeben. Im Oktober aber überraschten ihn bei der Lektüre in *Love's Labour's Lost* – der jugendlichen Komposition Adrians, zu der Zeitblom das Libretto schrieb – die beiden Verse: »There form confounded makes most form in mirth / When great things labouring perish in their birth« (»Verfehlte Form wird Form für neuen Spaß, / Man lacht des Bergs, der einer Maus genas«). Die erste Zeile, dachte er, könne gut auf den *Joseph* zutreffen, die zweite bestimmt aber auf den *Faustus*, bei dem er, wie er Helen Lowe-Porter später gestand, häufig gezweifelt habe, ob er physisch bis zum Ende durchhalten könne. »Vielleicht war es zu spät, so etwas noch anzufangen.«[131] Bei den früheren Werken hatten sich die durch die Vorbereitung der Vorträge erzwungenen Unterbrechungen trotz all seiner Klagen schließlich als wohltuend erwiesen, auch wenn sie Verzögerungen mit sich gebracht hatten. Nun hatte er Bedenken wegen einer mit seinem Agenten abgeschlossenen Vortragstour im Januar / Februar 1945 (die natürlich mit seinem jährlichen Auftritt in der Library of Congress verbunden werden mußte), da es keineswegs einfach war, das naheliegende Thema, Deutschland und die Deutschen nach elf Jahren Hitler, für ein Datum vorzubereiten, an dem der endgültige Zusammenbruch offensichtlich noch nicht bevorstand. Er begann trotzdem mit seinen Notizen, zögernd und bei sich verschlechternder Gesundheit, mit einem beunruhigenden Gewichtsverlust – entschloß sich dann im November doch, die ganze Tour abzusagen, insofern erleichtert, als er sich wieder dem *Faustus* zuwenden konnte, aber auch deprimiert über sein pflichtvergessenes Ausweichen und den Mangel an Selbstvertrauen, der dahinterstand. Sowohl MacLeish wie Agnes Meyer waren enttäuscht, da sie eine Vorfeier seines siebzigsten Geburtstags organisiert hatten; man einigte sich aber darauf, es nur als eine Verschiebung auf das Frühjahr anzusehen. Sein Grübeln über den katastrophalen Charakter der Deutschen, in dem sich Größe und Schuld einzigartig verbanden, den völligen Mangel an politischer Vernunft in ihrer ganzen Geschichte, der sich am schlimmsten im verbrecherischen Wahnsinn des Nationalsozialismus ausdrückte, stimmte mit der Absicht im Roman überein, jenes »Leiden an Deutschland« zum Ausdruck zu bringen, das ihn schwerer traf, als seine vorgetäuschte Gleichgültigkeit gegenüber dem Schicksal seines Landes vermuten ließ. Er fand es außerordentlich, daß Leonhard Frank, der ihn gerade in dem Augenblick aus den früheren Kapiteln hatte lesen hören, als seine Abscheu für alles Deutsche ins Unermeßliche wuchs, von dem »Deutschtum« des Werkes so in Ekstase versetzt wurde.[132]

Sein Bild vom Verhalten Deutschlands, das er durch sorgsame

Aufmerksamkeit auf Presse- und Rundfunkberichte gewonnen hatte, wurde durch anekdotische Informationen aus mancherlei Quellen ergänzt. Briefe von Erika, die seit dem D-Day als Kriegskorrespondentin die alliierten Streitkräfte durch Paris, Brüssel und Antwerpen bis in das zerstörte Aachen begleitete, wie ihre Erzählungen, als sie Ende des Jahres nach Amerika zurückkehrte, waren voll von bezeichnenden Zwischenfällen; Golo schrieb häufig aus London an Katia, Klaus aus Italien, wo er nun Artikel für *Stars and Stripes* verfaßte. Golos Bericht aus einer Basler Zeitung im Oktober über einen Besuch Elsa Bruckmanns, der Frau des bekannten Münchner Verlegers, in Luzern, war besonders aufschlußreich: Als die Berechtigung ihrer leidenschaftlichen Verurteilung amerikanischer Luftangriffe auf deutsche Kinderkrankenhäuser angesichts der deutschen Massenmorde an Kindern diskret in Frage gestellt wurde, protestierte sie, daß man dies nicht vergleichen könne – »Das waren doch jüdische Kinder!«[133] Erika gab sich bei einem Treffen zwischen Robert Murphy, dem politischen Berater Eisenhowers, und Aachener Honoratioren dem Bürgermeister zu erkennen, der mit einer gewissen Verlegenheit bemerkte: »Oh ... Ja ... Nun, die ›Buddenbrooks‹ bleiben ja trotz allem ein sehr gutes Buch!« – »Ach, Deutschland, Deutschland!« schrieb ihr Vater an Agnes Meyer: »Jeder Laut von dort, auch noch der halbwegs freundliche, mutet *schaurig*, grotesk und schaurig an.« Ihren »heiligen Boden« Zoll um Zoll für Hitler und Himmler verteidigend, hätten die Deutschen keine Ahnung, daß ihnen das Heldentum nach all den Verbrechen wenig nützen würde: »Wir wissen noch nicht, wie es ist, wenn ein Volk von 70 Millionen seine Niederlage einfach nicht hinnimmt.«[134] Ein langer Besuch Elisabeths und ihrer Familie, die das Haus von Anfang Oktober an gefüllt hatten und bis Weihnachten blieben, erheiterte ihn nicht. Borgeses romanisches Furioso, seine chauvinistischen Ausbrüche über die »Zerstörung Italiens«, als sei diese allein den Alliierten zuzuschreiben, ging ihm auf die Nerven, doch glücklicherweise war der Schwiegersohn häufig zu Vorträgen unterwegs. Daß Borgese Briefe von alten Freunden in Italien erhalten konnte, weckte in Mann den pessimistischen Gedanken, daß ihn aus Deutschland solche Briefe kaum erreichen würden.

Nun, da er amerikanischer Staatsbürger war, konnte er endlich öffentlich bei einer Spendenaktion der Demokraten für eine vierte Amtsperiode Roosevelts sprechen. Den klaren Sieg Roosevelts über

Dewey im November betrachtete er als eines der wichtigsten Ereignisse dieser elf Jahre. Ende November hatte er wieder seinen Weg zurück zum *Faustus* gefunden, im Dezember hatte er das wichtige Kapitel vom Besuch des Bösen erreicht, da teilte ihm Heinrich den Selbstmord seiner Frau mit. Eine Überdosis Schlaftabletten hatte sie diesmal tatsächlich von ihrer »Furcht vor dem Altern und ihrem vergeblichen Kampf gegen den Alkohol« erlöst, wie Salka Viertel sagte. Zu einem passenden Zeitpunkt besuchte er zusammen mit Katia den Bruder, mit einem Scheck für die Bestattungskosten und dem Versprechen, ihn unterzubringen, sobald sie Platz hätten, in der Zwischenzeit solle er zu Salka ziehen. Heinrich, erschüttert über den Verlust, zog es jedoch vor, in seiner eigenen Wohnung zu bleiben. Nach der Bestattung am 20. Dezember in Santa Monica kam er nach Pacific Palisades, kehrte aber sofort wieder nach Hause zurück, in dem Gefühl, nur mehr als Schatten weiterleben zu können. »Das ganze Jahr, das dem Tode meiner geliebten Frau folgte«, habe er, wie er schrieb, »wenn irgend möglich, vorgezogen zu schweigen.«[135] Wie Thomas in sein Tagebuch notierte, bekam Heinrich Geld zur Auslösung der verpfändeten Möbel, Wein, Lebensmittel und ein Exemplar von *Das Gesetz* als Weihnachtsgeschenk von ihm. »Er besitzt nicht einen Cent, da seine sehr günstigen Einkünfte durch das unselige Treiben seiner Frau bis weit ins Negative zerronnen. – Mit K. Sorgen seinetwegen.«[136]

Doch Heinrich scheint zu der ziemlich großen Gesellschaft nicht eingeladen gewesen zu sein, die sich an den Feiertagen versammelte. Seit Anfang Dezember war Peter Pringsheim auf Urlaub aus Chicago bei ihnen; Michael und seine Familie kamen am Weihnachtstag; Erika, die auf einem Truppenschiff nach New York übergesetzt war, traf rechtzeitig zum Neujahrsabend in Kalifornien ein, an dem die Taufe von Michaels Tonio und Elisabeths Angelica stattfand. Katia und Elisabeth hatten alles festlich geschmückt, ein Baum mit brennenden Kerzen und ein Dinner mit Truthahn und Champagner sorgten für das übliche traditionelle Weihnachten, bei dem man sich sehr über die Plattenaufnahme einer Rezitation von Frido amüsierte, der »wie ein Schweizer Pfarrer« sprach. Doch den Gastgeber deprimierte seine rasche Ermüdung, er war erleichtert, als man bald danach das Haus wieder für sich allein hatte. Michael, Gret und die Jungen fuhren unmittelbar nach der Taufe ab, da Michael seine Einberufungspapiere erhalten und die Grundausbildung am 6. Januar anzutreten hatte; die Borgeses reisten am Neujahrstag ab; Erika fuhr am 7. Januar zu weiteren Vorträgen, obwohl sie in den folgenden Wochen häufig zurückkam und man vereinbarte, daß sie sie im Mai auf der vertagten Tour nach Washington und in andere Städte begleiten sollte.

Für Thomas Mann war am Jahresende die Warnung der Militärs vor allzu großem Optimismus überflüssig. Die Ardennenoffensive, die schließlich aufgehalten und Ende Januar zurückgeschlagen wurde, bewies ihm, wie verzweifelt die Deutschen bereit waren, weiterzukämpfen und daß sie nie kapitulieren würden (wie viele andere erkannte er nicht, daß die Forderung nach bedingungsloser Kapitulation ihnen keinen anderen Ausweg erlaubte). Andererseits schienen ihm die Alliierten keine klare Vorstellung davon zu haben, was sie politisch eigentlich wollten. Das britische Verhalten dem Bürgerkrieg im befreiten Griechenland gegenüber zeigte, wie wenig man seit Spanien und München gelernt hatte: »Noch immer fürchten wir den Sozialismus weit mehr als den Faschismus. Da es aber, wenigstens für Europa, nur das eine oder das andere gibt, so wissen wir nicht, was wir wollen, und daran kann immer noch alles zugrundegehen ... Nichts als Einflußsphären, unverhüllter Imperialismus und entsetzlich *voreilige* Verteilung der Beute.«[137] Die ständigen gegensätzlichen Argumente darüber, was man mit Deutschland machen sollte, beunruhigten ihn weiterhin; im *Atlantic Monthly* erschienen im Dezember weitere Angriffe, den Einwand eines Emigranten gegen eine Besetzung Deutschlands fand er unerhört. Nach all dem, was er gesehen und gehört hatte, fehlte den Deutschen jegliche Einsicht in das Ausmaß ihrer Verbrechen – sie würden zweifellos alles, was *ihnen* zustieße, als »ungeheuerliches Unrecht« ansehen: »Größte Wehleidigkeit geht bei ihnen mit Grausamkeit Hand in Hand.«[138]

Persönlich konnte er sich nicht beklagen. Der Thomas-Mann-Boom, den man nach dem Erscheinen von *Joseph, der Ernährer* erwartet hatte, war allerdings ausgeblieben, Knopfs Verkaufszahlen machten eine zweite Auflage unwahrscheinlich; er nahm es aber hin, daß er nicht in der populären Bestsellerklasse eines Hemingway oder Werfel war, und wenigstens die Nettoeinkünfte aus der Ausgabe als »Buch des Monats« konnten, wie Eugene Meyer angeraten hatte, zur Verminderung der Hypothek auf das Haus benutzt werden. Seine Verbindung mit der Library of Congress, wo Luther Evans den Posten von MacLeish übernahm, wurde zufriedenstellend erneuert, auf seinen Vorschlag ohne die jährliche Zuwendung, doch mit einem Honorar von tausend Dollar für den jährlichen Vortrag, der nun für Mai, mit einer anschließenden Feier des siebzigsten Geburtstags, geplant war.

Als er sich im Januar »von Tag zu Tag durch das Gestrüpp« des Dialog-Kapitels XXV schlug, »eines Monstrums, vollgestopft mit Medizin, Musik-Philosophie und Theologie«[139], um nach dessen Abschluß mit dem Vortrag zu beginnen, setzten die großen russischen Offensiven zur Einkreisung Ostpreußens und gegen Berlin ein. Weiter im Süden hatten die Russen Budapest bereits hinter sich gelassen und den Weg nach Wien freigemacht; Amerikaner und Briten rückten in breiter Front zum Rhein vor; es war der Anfang vom Ende für Deutschland. Im Ton der deutschen Rundfunksprecher wurde der »mörderische Dünkel«[140], der durch Europa gewütet hatte, nun zur Hysterie über die Erschöpfung von Führer und Volk – eine Neigung zu Selbstmitleid und falschem Pathos, deren Wirkung er befürchtete. Wenn er an Guernica, Rotterdam, Warschau, London und Coventry zurückdachte, ließ ihn Deutschlands gegenwärtiges Leiden am Virus des Nazitums ungerührt. Der war genauso ein Zeichen eines Teufelspakts wie die Syphilis Adrian Leverkühns, obwohl den Deutschen nur die Hälfte der vierundzwanzig Jahre seines Helden gegönnt werden würde. Während er noch in die Ausarbeitung der Geschichte Adrians vertieft war, die Russen gegen Breslau und die Oder marschierten und sich die drei alliierten Führer in Jalta trafen, um über Deutschland zu entscheiden, wurde er am 5. Februar von der Zeitschrift *Free World* um einen Artikel über den unmittelbar bevorstehenden Zusammenbruch des Reichs gebeten – eine Bitte, der er gern nachkam, da es so trefflich zum Thema des Romans paßte.

Mitleid mit Deutschland, schrieb er, sei unangebracht. Der »Mangel an Sinn für das Schlechte« bei diesem Volk sei, wie er in seinem Tagebuch 1933 notiert habe, unverzeihlich und müsse bestraft werden; es sei unmöglich, nun die mißhandelten Völker Europas oder der restlichen Welt zu bitten, einen Trennungsstrich zwischen dem Nazitum und dem deutschen Volk zu ziehen, er würde sich nicht für einen »soft peace« einsetzen – sosehr er auch hoffte, daß eines Tages durch das schreckliche Leiden für Deutschland eine Staats- und Lebensform gefunden werde, die die »Pflege seiner besten Kräfte begünstigt und es zum redlichen Mitarbeiter an einer helleren Menschenzukunft erzieht«.[141] In seiner Märzsendung ging er so weit, eine dezentralisierte Staatsform vorzuschlagen, die »für Deutschland und für die Welt das beste wäre«: ein föderalistisches System einzelner Länder, ausgehend von einer Basis selbstverwalteter Einheiten, die mit den Besatzungsmächten zusammenarbeiteten. Deutschland könnte dann immer noch überleben und ohne die Gebiete, die es im Osten und Westen durch die Katastrophe verloren hatte, glücklich als ein Land existieren, das »auf die Tüchtigkeit seiner Menschen sowohl wie auf die Hilfe der Welt zählen kann, und dem, ist nur erst das Schwerste vorüber, ein neues, an Leistungen und Ansehen reiches Leben vorbehalten sein mag«.[142]

Dieser »Nekrolog auf den National-Sozialismus« schien ihm gut gelungen. »Eines ist gewiß: mit diesem Kriegsreich und seiner technisierten Romantik muß ein Ende gemacht werden, und keine Maßnahme ist zu schelten, die dazu dienen kann.«[143] Danach wurde Kapitel XXV endlich abgeschlossen, er konnte sich dem Entwurf des Vortrags zuwenden, der unter dem Titel *Deutschland und die Deutschen* eine natürliche Folge dieses Zwischenspiels war. Die Geschichte seiner Landsleute war ein Beispiel, wie Gutes aus Bösem und auch Böses aus Gutem entstehen könne – in ihrem Fall aus jener Innerlichkeit, der Neigung zur subjektiven Innenschau, die für die Reformation und die romantische Bewegung in Deutschland bezeichnend sei – und sie mochten wohl fragen, warum für sie alles nur zum Bösen und zur Katastrophe zu führen schien. Bei dem Versuch, ihre Psychologie zu erklären und ihre schwermütige Geschichte darzustellen, mußte er den Eindruck eines Apologeten vermeiden: »Verbrechen sind begangen worden, denen keine Psychologie zur Entschuldigung verhilft.«[144] Er könne aber den Schluß ziehen, daß es nicht zwei Deutschland gebe, ein gutes und ein böses: nur eines, dem sein Bestes »durch Teufelslist zum Bösen ausschlug. Das böse Deutschland, das ist das fehlgegangene gute, das gute im Unglück, in Schuld und Untergang.« Er könne sein Land nicht verleugnen und sich selbst zum Repräsentanten des »guten, des edlen, des gerechten Deutschland« erklären, da auch er das alles in sich selbst trage, selbst durchgemacht habe. »Zuletzt ist das deutsche Unglück nur das Paradigma der Tragik des Menschseins überhaupt. Der Gnade, deren Deutschland so dringend bedarf, bedürfen wir alle.«[145]

Der Entwurf war rasch geschrieben, da er sich während der Arbeit am *Faustus*, wo die Vorstellung der Gnade am Schluß nicht fehlen würde, ständig mit diesen Gedanken beschäftigt hatte. Es war »eine Art von Solidaritätserklärung« – »nicht mit den Nazis natürlich, aber mit dem deutschen Unglück«.[146] Als er seinen Text am 18. März durchsah (die Alliierten nahmen Koblenz ein, die Russen hatten an zwei Stellen die Oder überquert, Danzig wurde von der See her evakuiert), hatte er das Gefühl, es sei der beste Vortrag, den er bisher in Amerika geboten hatte. Die ganze Zeit, eigentlich seit Januar, hatte er sich keineswegs wohl gefühlt. Obwohl er das nächste Kapitel des *Faustus* im April anfing, fiel es ihm bei den Ablenkungen durch die Ereignisse und seiner Unsicherheit wegen des Gelingens des Buchs schwer, die Kontinuität wiederherzustellen. Das Ende des Kriegs war offenbar bald, sogar schon innerhalb weniger Tage zu erwarten, und als er begann, über die Rundfunksendung nachzudenken, die man von ihm erwarten würde, kam die erschütternde Nachricht von Roosevelts Tod.

Er lehnte eine improvisierte Rundfunkansprache ab, sandte der Witwe telegraphisch Worte tiefsten Mitgefühls und bereitete für die Veröffentlichung in *Free World* und im *Aufbau* seine durchdachte Reaktion auf das plötzliche Ende dieses »Heldenlebens«, des neuzeitlichen Cäsars – und klugen Politikers – vor, den er bewundert und geliebt hatte, unter dessen Ägide er voll Stolz ein »civis Romanus« geworden war. Dieselben Worte gebrauchte er bei einer Gedenkfeier in Santa Monica, teilweise auch für eine Sondersendung nach Deutschland – zusammen mit einer heftigen Verurteilung des Volks, das einst das gebildetste der Welt gewesen sei, das es aber nun fertigbringe, den Mann »den größten Kriegsverbrecher aller Zeiten« zu nennen, der ganz gewiß nicht Deutschlands Feind, nur der mächtigste Feind seiner Verderber gewesen sei.[147] Gleichzeitig beobachtete er, daß trotz der weltweiten Würdigungen manche Amerikaner eher erleichtert als traurig waren: »Eine Epoche endet. Es wird nicht mehr das Amerika sein, in das wir kamen.« Roosevelt habe sein Land über dessen eigentliches Niveau gehoben, schrieb er an Bermann, nun fürchte er, es werde auf das gewohnte zurücksinken.[148] Aus der Rede des Nachfolgers Truman vor dem Kongreß sei zu entnehmen, daß es in der militärischen Politik keine Änderung geben werde – dafür aber, wie er vermutete, um so mehr im Zivilbereich.

Von Golo, der nun als Offizier nach Luxemburg vorgerückt und im Rheinland gewesen war, kamen die ersten Eindrücke von den »befreiten« Deutschen. Sie sprachen nur davon, daß die Unschuldigen nun für die Schuldigen bezahlen müßten (diese seien jetzt schon weg, die seien nie viele gewesen: »sehen Sie, ich bin ein Katholik«). Es gebe freilich auch einige gute Menschen, bei denen das Ansehen seines Vaters erstaunlich sei – obwohl Golo dies mit Widerwillen schreibe, denn er sähe ihn nicht gern in diese »hoffnungslose Sache« verwickelt.[149] Der deprimierendste Eindruck dieser Tage war für Thomas Mann die winselnde Bitte derer, die im Sieg so brutal gewesen waren, um Milde und Großherzigkeit in der Niederlage, der völlige Mangel an einer Verdammung des Nationalsozialismus an sich. Dazu kam noch die Scham, die er als Deutscher empfand, als die Schrecken der Konzentrationslager aufgedeckt wurden, nachdem General Patton Weimar erreicht, Buchenwald befreit und der gesamten Bevölkerung befohlen hatte, an den Krematorien und Leichenbergen vorbeizuziehen. »Die patriotische Emigration … nimmt es mir übel, daß ich durch *diese* Katastrophe *alles* Deutsche, die deutsche Geschichte, den deutschen Geist als mitbetroffen empfinde. Aber kann man denn anders?« Allerdings sei die richtige Lektion vielleicht nicht »Seht, das ist Deutschland!«, sondern: »Seht, das ist der Faschismus! Dieser Taten ist er fähig, und in jedem Lande, das ihm verfällt, wird er ihrer fähig sein.«[150]

4

»Ein Land ist nicht nur das, was es tut – es ist auch das, was es verträgt, was es duldet.«
Kurt Tucholsky an Arnold Zweig, 1934

Am 7. Mai 1945, dem Tag der bedingungslosen Kapitulation durch Admiral Dönitz, der seit Hitlers Selbstmord in Berlin den Oberbefehl im Westen innehatte, empfand Thomas Mann »nicht gerade Hochstimmung«. Wo waren die Verurteilung des Nazitums und die Verdammung seiner *Taten*? Das Eingeständnis, daß es ein unvergleichliches Unglück gewesen sei, die Machtergreifung zuzulassen? »Die Erklärung, zur Wahrheit, zum Recht, zur Menschlichkeit zurückkehren zu wollen?« Er empfinde eine gewisse Befriedigung, überlebt zu haben. »Nach dem Fall Frankreichs ließ Goebbels meinen Tod melden … Und hätte ich mir Hitlers Falschsieg als ernst zu

Herzen genommen, wäre mir auch wohl nichts anderes übriggeblieben, als einzugehen. Überleben hieß: siegen. Es ist ein Sieg … Schrieb dies morgens und fuhr dann im XXVI Kapitel fort.«[151] Er hielt zäh an seiner täglichen Routine fest, schloß sich an seinem Schreibtisch den ganzen Vormittag von der Welt ab und konnte so den Roman voranbringen. Der Druck der turbulenten Ereignisse in Europa, so eng mit dem Thema verknüpft, um dessen Gestaltung er rang, hatte sich nun zweifelsohne auf seine Gesundheit ausgewirkt. Die ärztlichen Verschreibungen halfen bei seinem fortschreitenden Gewichtsverlust nicht, eine allgemeine Untersuchung am 4. Mai und komplizierte Röntgenaufnahmen am 8. März, dem eigentlichen Siegestag, waren zwar zufriedenstellend ausgefallen, doch er fühlte sich auch trotz der Aufmunterung durch eine festliche Flasche Champagner keineswegs wohl. An jenem Abend hielt er im Auftrag des Ministeriums für Kriegsinformation eine kurze Rundfunkansprache, die nach Deutschland gesendet wurde, über die Konzentrationslager und den Abscheu der ganzen Welt angesichts der schrecklichen menschlichen Erniedrigung, die nun zutage kam. Deutschland stehe jetzt als einmaliges Beispiel des Bösen da. Sogar einer, dem die Flucht gelungen war, der nicht wie die Deutschen weitergemacht und versucht habe, »den Gestank verbrannten Menschenfleisches« zu ignorieren, der ihm »in die Nase blies«, schäme sich zutiefst. Er forderte seine Hörer, die nicht genügend moralische Stärke besessen hatten, sich selbst von der gräßlichen Herrschaft des Nazitums zu befreien, auf, ihre Befreier als Freunde und sich selbst als endlich der Menschheit zurückgegeben zu betrachten.[152]

Seine Worte wurden in der *Frankfurter Presse*, der Zeitung der 12. Amerikanischen Armeegruppe, am 10. Mai veröffentlicht. Sein Eindruck von Deutschland in diesen ersten Tagen war in der Tat sehr düster. Gerhart Hauptmann hatte angeblich bei der Zerstörung Dresdens durch einen alliierten Luftangriff, dessen Zeuge er war, geweint – aber bei keinem der anderen Ereignisse. Golo schrieb betrübt über das unvorstellbare Ausmaß der Ruinen in den Städten. Klaus, der als Sonderberichterstatter für *Stars and Stripes* über den Brenner nach Bayern gelangt war, berichtete über »eine der erstaunlichsten Stunden« seines Lebens in Garmisch, wo Richard Strauss sich als »moralisch derart abgestumpft und gefühllos« gezeigt habe, »vollkommen bar der fundamentalsten menschlichen Regungen von Scham und Anstand«. In München hatte er das Haus in der

Poschingerstraße besucht, das nun ausgebombt war, in der Ruine hausten einige Flüchtlinge, obwohl der Herzogpark im Gegensatz zur nahezu völligen Zerstörung der Stadt zum größten Teil verschont geblieben war. Er beschwor seinen Vater, nicht an eine Rückkehr zu denken oder irgendeine politische Rolle zu spielen. »Alle Deine Bemühungen, sie zu verbessern, wären hoffnungslos vergeudet. Am Schluß würde man Dir noch das wohlverdiente, unvermeidliche Elend des Landes vorwerfen. Höchstwahrscheinlich würdest Du ermordet werden ...«[153] Die Presseartikel Erikas, die ebenfalls Teile des zerstörten Deutschlands gesehen hatte, nun aber wieder in Kalifornien war, betonten, wie wenige Leute nun zugaben, daß sie Nazis waren (die »wenigen« an der Spitze wurden verantwortlich gemacht, ihr Polizeistaat habe keinerlei Widerstand zugelassen), und daß zusammen mit dieser Selbstrechtfertigung eine Art passiven Widerstands gegen die Besatzung geleistet wurde. Der Kommentator Walter Lippmann nannte in einem Artikel der *Washington Post* die Niederlage eine »völlige Schande«, da nicht einmal in letzter Minute Deutsche aufgetaucht seien, »die durch ihren Widerstand gegen das Nazitum beanspruchen konnten ... die Vertreter eines besseren Deutschlands zu sein«. Thomas Mann, der die wachsenden antirussischen Gefühle in Amerika bemerkte, begann daran zu zweifeln, ob die versprochenen Kriegsverbrecherprozesse gegen die Deutschen je stattfinden würden.

Als die Zeit für den Aufbruch nach Osten gekommen war, fühlte er sich trotz der Versicherungen seines Arztes, daß ihm nichts fehle, immer noch erschöpft, hoffte aber, die Luftveränderung und die öffentlichen Auftritte – von jeher ein Stimulans – würden ihn wiederherstellen. Erika hatte unterdessen ihren unbezahlbaren Dienst bei der rücksichtslosen Kürzung seines Vortrags geleistet, und als sie am 25. Mai in Chicago übernachteten, spürte er, wie sein Kopf klarer wurde. Er hörte von einer Welle von Selbstmorden von »Edel-Nazis« – Offizieren, Professoren – und fragte sich, ob Ernst Bertram wohl unter ihnen sei (was er allerdings für kaum wahrscheinlich hielt). In Washington fanden sie am 28. Mai, wo ihnen wie üblich das Meyersche Haus offenstand, einen Brief Golos mit Geburtstagsglückwünschen vor. Er hatte aus Luxemburg die »KZ«-Ansprache im Radio gesendet – seiner Meinung nach, zusammen mit dem Artikel in *Free World*, eines der besten Stücke seines Vaters; mit dem Hinweis auf einige beigelegte Zeitungsausschnitte schrieb er, wie genau ihn Deutschland nun an 1933 erinnere: »Damals zogen sie plötzlich die Parteiabzeichen heraus, die sie alle versteckt hatten und waren die ganze Zeit über Nazis gewesen. Nun waren sie es nie ...«[154]

Die Einführung zum Vortrag am nächsten Tag hielt MacLeish, der eigens zu diesem Anlaß zurückgekommen war. Aus seinem eigenen Land durch die schlimmste Macht der Geschichte vertrieben, sagte der ehemalige Bibliothekar der Library of Congress, habe Thomas Mann auf dem Höhepunkt seines Ruhms ein ebenso großes Ansehen in dem neuen Land erworben, dessen Bürger er geworden sei, er sei aber stolz darauf geblieben, ein echter Deutscher zu sein, seine Anwesenheit symbolisiere die Stärke des menschlichen Geistes, zu dessen hervorragendsten Vermittlern er gehöre, um der Welt eine Zukunft nach den bitteren Jahren des Krieges zu eröffnen. Zahlreiche ähnliche Würdigungen erschienen aus Anlaß des siebzigsten Geburtstags: Marquis Childs erinnerte in der *New York Post* zum Beispiel daran, daß der neue amerikanische Bürger, der aus demselben Deutschland gekommen war, das die Schrecken von Bergen-Belsen und Dachau hervorgebracht hatte, endlich recht bekommen habe, denn er hatte 1938 den »bevorstehenden Sieg der Demokratie« vorausgesagt; oder in der *Times* nach dem Dinner im Waldorf Astoria, das von den Nation Associates am 25. Juni zu seinen Ehren gegeben wurde. Wie bei den früheren Vorträgen waren Generalstaatsanwalt Biddle und zahlreiche andere führende Persönlichkeiten Washingtons im Publikum, und beim anschließenden Empfang bei den Meyers freute er sich über die günstige Aufnahme seiner Ansichten über Deutschland und die Deutschen, vor allem von Walter Lippmann. Bei einer Besichtigung der Bibliothek faszinierten ihn die Originalmanuskripte Johann Beissels, des Mannes, der im 18. Jahrhundert aus der Pfalz nach Pennsylvania ausgewandert war und die Ephratasekte der sogenannten Seventh-Day-Baptisten gegründet hatte, deren Choräle mit ihrer eigenartigen polyphonen Musik in einer neuartigen Notenschrift er bereits in Kretzschmars Vorlesungen vor Leverkühn und Zeitblom behandelt hatte. Er und Katia wurden zusammen mit Agnes und Eugene von dem bekannten Kolumnisten Drew Pearson zum Mittagessen eingeladen, bei dem Mann mit Interesse die Vorstellungen des stellvertretenden Außenministers Sumner Welles über eine föderalistische Lösung für Deutschland hörte, die seinen eigenen nahekamen.

Die Rückkehr zu einer Rolle im Licht der Öffentlichkeit ließ seine Erschöpfung rasch vergehen. Als sie am 3. Juni auf zehn Tage nach New York fuhren, vermochte er die schnelle Folge öffentlicher wie privater Geburtstagsfeiern zu genießen. Ihr Hotelzimmer wurde zu einer Blumenschau; Briefe, Telegramme, Geschenke kamen in Fülle. Eine Sondernummer des *Aufbau* am 8. Juni brachte die Huldigungen der Emigranten, auch von Heinrich und Klaus, und von Erika, die von seinen Lesungen vor der Familie in München, Tölz oder »Onkel Toms Hütte« in Nidden (später von Hermann Göring angeeignet) erzählte und ihm eine Welt wünschte, in der es wert wäre, achtzig zu werden. Bei einem musikalischen Abend bei den Bermanns in Old Greenwich hörte er im Kreis vieler alter Freunde sein geliebtes B-Dur-Trio von Schubert, was ihn an einen ähnlichen Abend im Haus der Fischers im Grunewald erinnerte – diesmal wurde das Vergnügen jedoch von Zuckmayers anschließendem, allzu derbem Vortrag eigener Lieder zur Gitarre mit großem Gestampfe etwas beeinträchtigt. Alle drei Töchter hatten es fertiggebracht, an diesem Tag in New York zu sein. Er schrieb an Klaus: »Eri, belebend, warmherzig, hilfreich ... poor Mönchen, welkend-lieblich, sobald geredet wurde in Tränen schwimmend«, und Elisabeth, die fürchtete, sie hätte sich nach ihrem vierten Cocktail »vielleicht etwas zu angeregt mit Herrn Papale unterhalten«.[155]

Der eigentliche Geburtstag verlief ruhig: Mittagessen mit den Knopfs, der Abend bei Bruno Walter, wo sein Gastgeber und der Geiger Bronislaw Hubermann Mozart für ihn spielten, »ein Geburtstagsgeschenk, wie es nicht jedem geboten wird«.[156] Am 8. Juni wiederholte er seinen Vortrag am Hunter College in New York – der einzige weitere Auftritt auf dieser Tour. Nach der Abendveranstaltung am folgenden Tag, die das German-American War Bond Committee und die Tribune for Free German Literature and Art organisiert hatten, bei der er kurz sprach, hörte er mit Interesse die Erinnerungen des Schriftstellers Heinrich Eduard Jacob an Dachau und Buchenwald und seine Eindrücke von einem deutschen Volk, das unter den Nazis ins Mittelalter zurückgefallen sei; Jacobs Bemerkungen über »das Archaische im Volk« stimmten mit seinen *Faustus*-Vorstellungen ganz überraschend überein. Interviews und Artikel folgten einander in solcher Zahl, daß er es bald nicht mehr ertragen konnte, den eigenen Namen zu hören oder zu lesen. Der Gedanke, daß ihn die Welt von nun an bis zum »seligen Ende« vermutlich in Ruhe lassen würde, sei – so behauptete er – eine Erlösung, von da an werde er »nur noch als Büste repräsentieren«.[157] Trotzdem entging ihm nicht, wer zu seinem Geburtstag noch nicht geschrieben hatte – Hesse, Faesi, Korrodi –, und er fragte sich nach den Gründen.

Nicht am wenigsten beeindruckte ihn auch eine Sondernummer der *Neuen Rundschau*, die Bermann in Schweden herausgebracht hatte: Die Zeitschrift, die mit Thomas Manns Werk früher so eng verbunden war, feierte nun nicht nur diesen wichtigen Geburtstag mit einer großen Reihe von internationalen Beiträgen, sondern auch ihr Wiedererscheinen in Freiheit nach einer unter den Nazis bis Oktober 1944 geduldeten Existenz im »arischen« S. Fischer Verlag. Dieses »betäubende Orchester-Tutti von Huldigungen«[158] nahm er zu genauerem Studium mit, als er mit Katia am 14. Juni zu einem Urlaub in ein Berghotel am Lake Mohonk an den Hängen der Catskills fuhr. Es blieben zehn freie Tage vor dem »politischen Dinner« im Waldorf Astoria, und Monika kam für einen Teil der Zeit aus New York zu ihnen. Das einfache, von Quäkern geführte Hotel – für seine Ansprüche zu primitiv, mit schlechtem Essen und Quellwasser als einzigem Getränk, sie hatten allerdings ihre eigenen Aperitifs mitgebracht – lag in einem künstlichen Park, sah etwas viktorianisch aus, wie ein altmodischer europäischer Badeort, der aber keine »Kur« zu bieten hatte, wenn man den Alkoholentzug nicht dafür nahm. Auch trotz dieser Nachteile war der Aufenthalt doch eine gewisse Erholung, es gab abendliche Konzerte und Filmvorführungen, bei denen ihn die gesunde Selbstironie und Respektlosigkeit der amerikanischen Demokratie angenehm berührte. Briefe und Telegramme trafen weiterhin ein, es fand sich nun auch Zeit, einige der wichtigsten Antworten zu schreiben und seine Ansprache für das Waldorf-Dinner vorzubereiten. Durch die Nachricht vom Tod Bruno Franks wurde er erschüttert: Für den *Aufbau* schrieb er einen tief gefühlten Nachruf für diesen alten Freund, fünfunddreißig Jahre von München bis Kalifornien sein Nachbar, den er in letzter Zeit zu oft vernachlässigt hatte, und für den das Ende des Hitlertums nun zu spät gekommen war. Er war gerührt, als er das erste Kapitel von Franks unvollendeter fiktiver Selbstbiographie Chamforts als seinen Beitrag zu der Jubiläumsnummer der *Rundschau* fand.

Andere Schriftsteller waren darin durch ähnliche Auszüge aus Werken vertreten, die im Entstehen waren. Nicht alle sagten Thomas Mann zu, vor allem nicht Werfels Bruchstück aus seinem riesigen futuristischen Roman *Stern der Ungeborenen*. An Heinrich schrieb er diplomatische Worte über seinen Beitrag aus seinen demnächst erscheinenden Memoiren, der einen Ehrenplatz einnahm – mit den bewegenden Erinnerungen an ihren Vater, der Darstellung der brüderlichen Unterschiede in ihrer Haltung gegenüber Deutschland –, die »einzigartige« Prosa sei in ihrer »kondensierten und intellektuell federnden Schlichtheit die Sprache der Zukunft«. (Die Prosa Heinrichs gefiel ihm allerdings nie: großartig, gewiß, als Lektüre am späten Abend aber tat anschließend etwas Stifter gut.)[159] Wie stets waren ihm Würdigungen in mehr unmittelbar persönlicher Form angenehmer, vor allem die »melodiösen« Worte von Klaus, »mit der amerikanischen Armee in Italien, Weihnachten 1944«: das einzige Buch im Tornister *Joseph, der Ernährer*, »tief und feierlich bewegt«, als er nach den zwanzig ereignisreichen und ernüchternden Jahren seit der Feier in München an den nun siebzigjährigen Vater dachte.[160]

Während des Aufenthalts las er Dostojewski, Pflichtlektüre für eine Einleitung zu einer Anthologie, die er versprochen hatte, doch nicht ohne das Gefühl, daß eine solche »Improvisation über Krankheit und Leben« gewissermaßen einen Ableger des Romans darstellen könnte.[161] (Mit Billigung nahm er in der *Rundschau* Hermann Brochs Ansicht zur Kenntnis, daß Dostojewskis Werk den völligen Zusammenbruch der Werte im 20. Jahrhundert vorwegnehme, nach dem, bei Joyce wie bei Mann, die traditionelle Romanform nicht länger möglich sei.) Im Hotel hielt sich auch eine junge Collegestudentin mit ihren Eltern auf, die, wie er bemerkte, einen »amerikanischen Klassiker« mit dem Titel *The Magic Mountain* las, und bei seinen Spaziergängen durch die »leicht kindischen« Anlagen mit ihren Aussichtspunkten, Türmchen und Brückchen seine Aufmerksamkeit nicht nur durch das Buch unter ihrem Arm, sondern auch durch ihre rote Jacke auf sich zog, die ihren jugendlichen Reiz betonte. Beim abendlichen Konzert gelang es ihrer Mutter, die ihm Cynthias Aufregung über die Anwesenheit des bewunderten Autors gestanden hatte, die beiden nebeneinander zu setzen. Während der restlichen Tage unterhielten sie sich noch oft. Für diesen »Lipstick-Engel … von der menschlichen amerikanischen Naivität und Kulturbegierde« war es ein Glückstraum, in seiner Gesellschaft zu sein. »You like my books and I like *you*«, sagte er zu ihr, und auch sie gestand, daß der Autor eine gewisse Anziehung auf sie ausübe. Der sanfte Flirt erinnerte ihn an die letzte Leidenschaft Goethes in Marienbad, für einen, der sich zum anderen Geschlecht kaum je so hingezogen fühlte, war es freilich eine Leidenschaft ganz anderer Art. Als sie am 24. Juni nach New York abreisten und er ihr sagte, er werde sie nie vergessen, »it was always a pleasure to look at you«, waren ihm Cynthias freudiges Erröten, ihr Stolz und ihr scheuer Blick auf den abfahrenden Wagen in der Tat unvergeßlich.[162]

Nun blieben nur noch ein paar Tage im Osten. Bei einem Mittagessen tête à tête mit Agnes Meyer am 26. Juni (Katia war mit Monika ausgegangen) lauschte er mit angemessenem Mitgefühl und vagen Worten des Trostes den »Bekenntnissen einer schönen Seele« über dem Mangel an Treue, den sie sich selbst immer noch vorzuwerfen schien (aber offenbar auch poetisch genoß).[163] Das Dinner zu seinen Ehren am Abend im Waldorf war eine eindrucksvolle Veranstaltung. Mit einer Einführung durch Robert Sherwood und prominenten Sprechern – unter ihnen der Richter des Obersten Bundesgerichts Felix Frankfurter, der emigrierte spanische Premierminister Juan Negrin, Innenminister Harold Ickes und William Shirer, dessen 1941 erschienenes *Berlin Diary* eine bedeutende Dokumentation der Wirklichkeit in Nazi-Deutschland gewesen war – war es ein Anlaß zu hoher Politik, bei dem vor allem Ickes die Wendung zu einer antisowjetischen Stimmung anprangerte. Thomas Mann brachte in seiner kurzen Ansprache am Schluß, die gleich anschließend aus dem CBS-Studio gesendet wurde, seine Hoffnung zum Ausdruck, daß der gelegentliche Anschein, man wolle den Faschismus als ein Bollwerk gegen den Sozialismus erhalten, nicht typisch sei. Das sei nicht nach dem »Willen des amerikanischen Volkes, des Volkes Roosevelts, das nicht zurück will hinter die Demokratie, sondern vorwärts in ihrer Entwicklung und Erfüllung«. Wenn sie heute von hier weggingen, »bestärkt in unserem Glauben an die Sache Amerikas, die Sache der Demokratie, der Freiheit und des Friedens«, dann sei der Sinn dieses Treffens erfüllt, und er sei höchst geehrt, daß sein privater Festtag Anlaß zu einer solchen »Herzstärkung« gewesen sei.[164]

Thomas Mann, schrieb die *New York Times*, sei »Teil jener erhabenen und immateriellen Entrichtung von Reparationszahlungen«, die Amerika bereits vor dem Krieg zugeflossen seien, Millionen seiner neuen Landsleute seien stolz, daß er »wir« sagen konnte, wenn er von ihrer Nation sprach. Was ihn, der den Roman so lange vernachlässigt hatte, aber noch mehr ermutigte, war die tiefe Wirkung, die tags darauf eine spontane Vorlesung aus dem »Teufelskapitel« auf eine Gruppe von Freunden hatte. Sie schien ihm die erfolgreichste Lesung, die er je gegeben hatte, wenn auch aus Stellen, deren er sich bei dem immer noch unsicheren Werk am sichersten fühlte. Es war ein geistiger Auftrieb für ihn, bevor sie am 27. Juni nach Chicago abreisten, wo ein letztes festliches Dinner eine kurze improvisierte Ansprache verlangte. Dann begaben sie sich auf die beschwerliche Heimreise.

Bei seinem leidenschaftlichen Hang zur Ordnung mußten erst mehrere Tage damit verbracht werden, den Stapel von Post auszusortieren, und der Verbrennungsofen im Garten hatte allerhand zu tun, bevor mit den notwendigen Antworten begonnen werden konnte. Anschließend hatte er sich dann der Dostojewski-Einführung zuzuwenden, die Ende Juli fällig war. Ein weiterer Auftritt mit dem Vortrag *Germany and the Germans* auf dem Westwood-Campus der Universität von Kalifornien war eine kleine Unterbrechung; am 20. Juli aber war *Dostoevsky – in Moderation* beendet, und er konnte sich wieder an die Arbeit am *Faustus* machen. Er verbrachte viel Zeit mit Bruno Walter, der sich nun in Los Angeles niedergelassen hatte und dessen Memoiren *Thema und Variationen* eine passende Lektüre abgaben. Walter machte aus seiner Abneigung gegen die Zwölftonmusik kein Hehl, war aber vom Umgang mit der Musik im Roman sehr begeistert, vor allem von der Behandlung von Beethovens Op. 111 und Beissels exotischem System (ungeachtet, daß Mann in seine Montage viel von Adorno eingefügt hatte – wie Molière: »je prends mon bien où je le trouve«).[165]

Tag für Tag arbeitete er kontinuierlich an dem Manuskript weiter, kontrapunktierte die grotesken und tragischen Ereignisse in Adrians Leben seit der Zeit des Ersten Weltkriegs mit den Hinweisen Zeitbloms auf die größere Katastrophe, die bevorstand, und beobachtete dabei die beunruhigende Weltlage dieser Tage genau. Nach der Konferenz der »großen Drei« am 20. Juli in Potsdam gaben ihm Berichte von japanischen Friedensfühlern die Hoffnung auf ein baldiges Ende des Kriegszustandes »mit all seiner Korruption«, doch es wurde rasch klar, daß das alliierte Bestehen auf bedingungsloser Kapitulation, genau wie im Falle Deutschlands, einen Frieden durch Verhandlungen ausschloß. Man schien entschlossen, die deutschen (und japanischen) Menschen auf einen zu engen Raum zu beschränken, wie die vereinbarte Ausdehnung der polnischen Westgrenze bis zur Oder zeigte; der reichlich komische Bericht von Trumans Klavierauftritt in Potsdam unterstrich das Fehlen eines jeden ernsthaften Versuchs, eine gerechte Weltordnung herbeizuführen. In der Zwischenzeit ermutigte ihn der Wahlsieg der Labour Party über Churchill in England sehr. Eine Lektion für Amerika, dachte er, wo er wie Heinrich, den man endlich auf ein paar Tage eingeladen hatte, einen deutlichen Trend zum Faschismus entdeckte. Kurz darauf äußerte er in einem Brief an den *St. Louis Post-Despatch* Zustimmung, wenn auch mit einiger Skepsis, zu den geplanten Kriegsverbrecherprozessen – vorausgesetzt, sie seien nicht nur eine Vae-victis-Festivität, sondern eine rasche und offizielle Absage an den in der Welt immer noch grassierenden Faschismus. Wenn dies der Wille des amerikanischen Volkes sei, »– und ich glaube er ist es – so ehre und unterstütze ich ihn von Herzen«.[166]

Zu diesem Zeitpunkt wußte er noch nicht, daß am 16. Juli eine Atombombe (deren Entwicklung ihm Peter Pringsheim angedeutet hatte) in der Wüste von New Mexico erfolgreich getestet worden war und daß Truman bereits die Verwendung einer solchen Bombe beschlossen hatte, um Japan eine bedingungslose Kapitulation aufzuzwingen. Persönlich betraf ihn eher eine Aufforderung über das von Russen kontrollierte Radio Berlin, nach Deutschland zurückzukehren. Man erinnerte an seine frühen Warnungen vor dem Nazitum und bestand darauf, daß der neue Geist in Deutschland die Anwesenheit Thomas Manns benötige. So wurde es ihm zumindest am 27. Juli vom *Time Magazine* mitgeteilt, worauf er freundlich, doch fest erwiderte, seine Heimat sei nun Amerika: »schließlich bin ich nun ein alter Mann, meinen Beitrag zur guten Sache leiste ich in meinem Werk«.[167] Privat sagte er, es graue ihm zu sehr vor den Trümmern, »den steinernen und den menschlichen«, denen er sich dort gegenübersehen würde.[168] Größeres Interesse hatte für ihn ein Versuch, zumindest das Grundstück unter den Ruinen, das ihm in München gehörte, gesetzlich zurückzubekommen, er begann sich deshalb bei den amerikanischen Behörden zu erkundigen und wandte sich schließlich unmittelbar an Außenminister Byrnes. Die Auseinandersetzung über Thomas Manns Haltung zum Nachkriegsdeutschland hatte freilich eben erst begonnen, und bald sollte eine Erklärung an *Time* nicht mehr genügen.

Am 6. August, als er gerade Kapitel XXVII abgeschlossen hatte, kam die Nachricht vom Abwurf der ersten Atombombe auf Hiroshima und drei Tage später, als er mit Kapitel XXVIII anfing, die der zweiten auf Nagasaki. Gespannt verfolgte er die Berichte in den Medien, erkannte dabei, wie knapp das Wettrennen mit Deutschland bei der Entwicklung dieser schrecklichen Vernichtungswaffe gewesen war und wieviel der amerikanische Erfolg emigrierten deutschen und jüdischen Physikern zu verdanken hatte. »Wir haben zwei Billionen Dollar für das größte wissenschaftliche Glücksspiel in der Geschichte ausgegeben«, sagte Präsident Truman, »– und gewonnen.« Mann schrieb später, er teile die Bedenken des Vatikans (für den *Osservatore Romano* war es ein schreiender Mißbrauch der »geistigen und materiellen Gaben Gottes«, die Waffe würde eine »Versuchung für die Nachwelt bleiben, die, wie wir aus bitterer Erfahrung wissen, so wenig aus der Geschichte lernt«), betrachte es trotzdem aber als ein Glück, daß amerikanische Physiker den Nazis zuvorgekommen waren.[169] Seinem Tagebuch nach zu schließen, scheint er sich zu dieser Zeit mehr für die Theorie interessiert zu haben, die hinter diesem Vormarsch des Fortschritts zur unvermeidlichen Nutzung der innersten Geheimnisse des Universums für menschliche Zwecke stand, wenn anfänglich auch nur zur Zerstörung.

Nun kam am 10. August eine neuerliche Aufforderung zur Rückkehr nach Deutschland, diesmal von Walter von Molo. In einem offenen Brief, soeben veröffentlicht, behauptete der frühere Kollege aus der Akademie – der seit 1933 mehr oder weniger im Ruhestand gelebt hatte und sich offenbar zu jenen »inneren Emigranten« rechnete, die von Thomas Mann wegen ihrer stillschweigenden Unterstützung des Regimes verachtet wurden –, viele von Thomas Manns Äußerungen gehört und sie mit Billigung gelesen zu haben. Mit »aller Zurückhaltung, die uns nach den furchtbaren zwölf Jahren auferlegt ist«, bat er ihn zu kommen und das »unsagbare Leid in den Augen der vielen« zu sehen, »die nicht die Glorifizierung unserer Schattenseiten mitgemacht haben«, die das »große Konzentrationslager«, das sich entwickelt habe, nicht hatten verlassen können. »Kommen Sie bald, wie ein guter Arzt, der nicht nur die Wirkung sieht, sondern die Ursache der Krankheit sucht ... Suchen wir wieder gemeinsam – wie vor 1933 – die Wahrheit ...«[170]

Diese Aufforderung fand er, gelinde gesagt, unzumutbar – »sollen diese zwölf Jahre ein Spaß gewesen sein?«[171] –, darüber hinaus als eine höchst unwillkommene Störung, da er mit dem *Faustus* gerade regelmäßige Fortschritte machte. Mit bitterer Belustigung nahm er die absurde Übertreibung seines Einflusses auf die Amerikaner in deutschen Angelegenheiten zur Kenntnis: »Wenn es den Deutschen schlecht geht – und wie sollte es ihnen anders gehen – so werde ich die Schuld haben, weil ich nicht genug vorstellig geworden bin. Sancta simplicitas!«[172] Am gleichen Tag sagten einige jüdische Besucher zu ihm, er werde früher oder später dem Druck zur Rückkehr nachgeben müssen, da man ihn in Deutschland für einen Propheten halte. Am 1. September berichtete die Presse von einer weiteren Bitte, von den »Opfern des Faschismus« im sowjetisch kontrollierten Berlin, an »einen der größten und begabtesten Söhne des deutschen Volkes«, seine »historische Arbeit« dort aufzunehmen, und von Golo hörte er, daß die bayrische Sektion des wiedergegründeten Schutzverbandes Deutscher Schriftsteller sich auf die Rückkehr ihres »verehrten Präsidenten« vorbereite. Es war klar, daß er – immer noch entschlossen, nie endgültig dorthin zurückzukehren, doch bereits einen Besuch in Europa im Jahr 1946, der ihn auch nach Deutschland führen könnte, erwägend – seine guten Gründe für die Ablehnung darlegen und veröffentlichen mußte, in einem Dokument, das in seiner Art ebenso wichtig war wie 1937 seine Erklärung an die Universität Bonn. Mit Widerwillen machte er sich Anfang September schließlich an diese Aufgabe.

Sosehr er sich freue, daß Deutschland nicht nur seine Bücher, sondern ihn selbst wiederhaben wolle, schrieb er, seien solche Appelle an einen, dem man zum Verlassen des Landes gezwungen habe, unüberlegt und unlogisch. Die zwölf Jahre könne man nicht einfach von der Tafel wischen, als seien sie nicht dagewesen. In Worten, die fast ebenso pathetisch waren wie die Worte Molos, erging er sich über die Heimsuchungen des Exils, das »Sie alle, die Sie dem ›charismatischen Führer‹ ... Treue schworen und unter Goebbels Kultur betrieben«, nie durchgemacht hätten. »Ich vergesse nicht, daß Sie später viel Schlimmeres durchgemacht haben, dem ich entging; aber das haben Sie nicht gekannt: das Herzasthma des Exils, die Entwurzelung, die nervösen Schrecken der Heimatlosigkeit.« Er könne keinen guten Grund sehen, das Leben aufzugeben, das er und seine Familie glücklicherweise in Amerika gefunden hatten, um dorthin zurückzukehren, wo es gewiß viele gute Freunde gebe, alte und junge, aber zweifellos auch viele Feinde lauerten. Bei der zufälligen Lektüre einer Nazi-Veröffentlichung von 1937 habe er das Gefühl gehabt, unmöglich unter Menschen leben zu können, die so lange mit diesen Drogen gefüttert worden seien. Wenn er noch einen Dienst leisten könne, so könne dies ebensogut in Kalifornien geschehen.

Deutschlands Schicksal sei nicht ihm zuzuschreiben, es habe ihm nie Ruhe gelassen, durch seine Radiosendungen habe er in der Tat versucht, ihm Widerstand zu leisten. Er werde nie aufhören, sich als deutscher Schriftsteller zu fühlen, in einem Vortrag unmittelbar nach Kriegsende in der Library of Congress habe er die Vorstellung zurückgewiesen, daß er ein »gutes« gegenüber einem »bösen« Deutschland verkörpere, und seine Treue zu dem Land erklärt, dessen Pakt mit dem Teufel wie für Faust eine endliche Gnade nicht ausschließe. Er glaube an eine Zukunft Deutschlands in der kommenden Welt des sozialen Humanismus, dem Erwachen der Menschheit zu ihrer grundlegenden Einheit und dem Heraufdämmern eines Weltstaates. Den Traum, den Boden Europas noch einmal unter seinen Füßen zu spüren, habe er nicht aufgegeben, er plane einen Wiederbesuch des alten Kontinents, wenn die Verhältnisse es gestatteten, und einmal dort, »so ahnt mir, daß Scheu und Verfremdung, diese Produkte bloßer zwölf Jahre, nicht standhalten werden gegen eine Anziehungskraft, die längere Erinnerungen ... auf ihrer Seite hat. Auf Wiedersehen also, so Gott will!«[173]

Er brauchte mehr als eine Woche für diese Aufgabe, erst nach vielem Umschreiben war er so zufrieden, daß er das Stück *Warum ich nicht nach Deutschland zurückgehe* zur Veröffentlichung an den New Yorker *Aufbau* und zahlreiche deutsche Zeitungen schickte. Wie er später zugab, hätte er vorhersehen müssen, daß man in Deutschland seinen Versuch, einen versöhnlichen Ton und einen tröstlichen Schluß zu finden, ignorieren und nur seine Weigerung, auf immer zurückzukehren, vernehmen würde. Nicht alle seine Leser sollten seine Argumente für überzeugend oder annehmbar halten, bei vielen stieß besonders seine Erwähnung der Furcht vor den steinernen wie menschlichen Trümmern auf Ablehnung. Er hatte zwar seinen Washington-Vortrag erwähnt, der in der *Rundschau* erscheinen würde, erkannte aber, daß der Text nicht für eine allgemeine Verbreitung geeignet war, was die amerikanischen Besatzungsbehörden vorgeschlagen hatten. Es bestand kaum Zweifel, daß über den Fall Thomas Mann und Deutschland noch mehr unangenehme Auseinandersetzungen zu erwarten waren.

In der Zwischenzeit forderte das Exil weiterhin seine Opfer. Am 26. August war Franz Werfel unmittelbar nach dem Abschluß seines »unmöglichen Abenteuers«, des Romans *Stern der Ungeborenen*, einem tödlichen Herzanfall erlegen, die Feder zur Vorbereitung einer Auswahl seiner Gedichte zur Veröffentlichung in Kalifornien noch in der Hand. Alma Werfel, die Witwe Gustav Mahlers und ehemalige Frau des Bauhaus-Architekten Walter Gropius, sagte zu Mann, der zu den vielen Kondolenzbesuchern gehörte, sie werde an der Bestattung ihres Ehemannes nicht teilnehmen: »Ich bin nie dabei« – eine Bemerkung von so komischer Ehrlichkeit, daß die Tränen, die ihm bei der gutbesuchten Trauerfeier in Beverly Hills kamen, ebenso Tränen des Lachens wie des Schluchzens gewesen sein konnten. Das lange Warten der Trauergäste, während Bruno Walter und Lotte Lehmann unentwegt spielten und sangen, galt nicht der Ankunft Almas, sondern des Pfarrers, dessen Trauerrede sie nach ihrem Geschmack korrigiert und der anscheinend eine geheime postume Taufe vorgenommen hatte (da Werfel, der lange Zeit dem katholischen Glauben nahestand, den jüdischen Glauben offiziell nicht abgelegt hatte). Bruno Franks Witwe Liesl, die ebenfalls anwesend war, war offensichtlich gekränkt, daß ihr eigener, nach Thomas Manns Meinung übertrieben betrauerter Verlust durch diese Feier in den Schatten geriet. Mann hatte Anfang August für ihren Gatten eine intimere Gedenkfeier in Pacific Palisades veranstaltet, bei der er versucht hatte, einen Ton des Glücks statt der Trauer anzuschlagen, indem er aus Franks Werken las. Das war ihm nicht leichtgefallen, und die großartigere Feier, auf der sie Ende September bestand, wurde für ihn in seinem Zustand der Ermüdung eine noch größere Last. Weitere persönliche Verluste waren der Tod Richard Beer-Hofmanns und Roda Rodas in New York.

Im August und September trug ein Besuch von Michael und seiner Familie dazu bei, seine Tage aufzuheitern. Frido war ungeheuer verwöhnt und schien sich zu einem Schlingel zu entwickeln, war aber immer noch der bezaubernde Elfenprinz, der als Adrians Neffe im Roman erscheinen sollte. Thomas Mann war aber beunruhigt über die Nachricht, daß sein Bruder Viktor in München im Zuge der Entnazifizierungsverfahren verhaftet worden war (angeblich hatte er französische Gefangene mißhandelt). Er hatte, als er noch an der Erwiderung an Walter von Molo schrieb, deshalb eine Erklärung an das American Counter Intelligence Corps gerichtet, daß ein solches

Verhalten für ihn unvorstellbar sei und daß ein Prozeß die Unschuld des Bruders erweisen würde.

Nun setzten freilich die unvermeidlichen Reaktionen auf seinen »Brief nach Deutschland« ein. In einem Artikel in der New Yorker *Neuen Volkszeitung* griff einer von den Leuten, die er die »sozialdemokratischen Nazis« unter den Emigranten nannte, seine weinerlichen pontifikalen Appelle als »Stimme aus dem Grabe« an, von einem Thomas Mann, dem es so sehr um die eigene privilegierte Stellung gehe, daß er die Leiden anderer während der zwölf Jahre vergesse, und zeigte sich bitter enttäuscht über das Idol früherer Tage – »oder ist es die Scham darüber, daß wir Thomas Mann überhaupt für einen der Unseren gehalten haben?«[174] Am widerlichsten aber fand er einen Artikel von Frank Thiess, der kurz nach dem offenen Brief Walter von Molos erschienen war. Von Thiess, der 1933 die Machtergreifung ausdrücklich begrüßt hatte, waren einige Bücher verbrannt und ein Roman, der sich 1941 kritisch mit dem Totalitarismus auseinandergesetzt hatte, verboten worden. Nun unterstützte er die Aufforderung zur Rückkehr Manns mit einem selbstgerechten Plädoyer für die »innere Emigration«, die von den äußeren Emigranten mißverstanden und ungerechterweise verurteilt werde; er bat sie, wieder zurückzukehren, um ihrem »verführten und leidenden Volk« zu helfen.[175] »Ein Gipfel unverschämter Verfälschung der Dinge«, schrieb Mann an Golo, der berichtet hatte, daß sich auch Erich Ebermayer als »inneren Emigranten« ausgebe. Nach all seinen Bemühungen, eine anständige Haltung zu bewahren, nun als Feigling gebrandmarkt zu werden, der sich dem deutschen Schicksal entzogen habe und nicht einmal jetzt bereit sei, es zu teilen, sei unerträglich[176] und auf jeden Fall die bittere Bestätigung seiner Befürchtungen wegen eines Besuches in Deutschland, die er im Brief an Molo angedeutet hatte.

Er war versucht, diesen verlogen heroischen Drückebergern, »Ofenhocker des Unglücks, die nichts gelernt und nichts vergessen haben«[177], eine scharfe Antwort zu erteilen, hielt schließlich aber die höfliche Antwort an Molo für ausreichend. Es stünde ihm übel an, die Kontroverse fortzusetzen, auch wenn es ärgerlich war, daß sich die Leute, die nie ihre Stimme gegen den vorhersehbaren Terror erhoben hatten, nun als Märtyrer und Helden ausgaben, die mit dem Vaterland litten, »während wir anderen im Auslande ein bequemes Zuschauerleben führten«.[178] Statt dessen arbeitete er weiter am Roman, in der sicheren Überzeugung, daß seine Werke so durch und durch deutsch seien, daß man seine Entscheidung gegen die Rückkehr nicht für die Handlung eines Abtrünnigen halten könne. Die Angriffe ließen aber nicht nach, im November nahm er den Vorschlag der BBC für eine weitere Ansprache an die Deutschen an, die kurz vor Neujahr gesendet wurde. Nach einer Zusammenfassung der Gründe für seine Haltung, betonte er, daß sich das Exil verändert habe, nun sei es nicht mehr ein Warten auf die Heimkehr, sondern gebe Zeichen zur Auflösung des Nationalismus und zur Einigung der Welt. »Mein deutsches Erbe habe ich mitgenommen. Ich habe aber auch von dem deutschen Elend ... wahrhaftig nichts versäumt ... Man gönne mir *mein Weltdeutschtum*, das mir in der Seele schon natürlich, als ich noch zu Hause war, und den vorgeschobenen Posten deutscher Kultur, den ich noch einige Lebensjahre mit Anstand zu halten suchen werde.«[179] Heute fühle er sich mehr denn je als Weltbürger und Europäer, schrieb er im November, sollte sich sein Wunsch, Europa wieder einmal zu besuchen, aber erfüllen, so wäre ein Besuch in Deutschland »das natürlichste und unvermeidlichste Ding von der Welt«.[180]

Sein Briefwechsel hatte sich seit dem erneuten Kontakt mit Deutschland verdoppelt, wurde aber während der dafür in seinem Tagesablauf vorgesehenen Zeit erledigt, denn es gab in diesen letzten Monaten des Jahres 1945 nur wenige Vormittage, die keinen Fortschritt am *Faustus* sahen. In ihm stimmte das Bild Deutschlands in den Nachwehen des Ersten Weltkriegs mit dem deprimierenden Bild überein, das er nun sah; die deutsche Mentalität war ja gänzlich unverändert, wie Berichte von Manfred Hausmann, Erika und Golo bestätigten. Es war ihm klar, daß er sich dort heute keineswegs wohler fühlen würde als um 1930. Niederlage und Zusammenbruch hatten nach den Worten Hausmanns nichts geändert: »Die deutsche Frechheit ist bereits wieder obenauf. Ich komme mir wie ein Fremdling im eigenen Volke vor.« Wie man die Deutschen behandeln solle, war für Mann ein unlösbares Problem, und er war froh, es nicht lösen zu müssen: »Sie werden *nie* zufrieden sein, und wie man es mit ihnen macht, ist es falsch«, schrieb er im Dezember an Agnes Meyer.[181] In Lübeck – das zwar beschädigt war, doch wesentlich weniger gelitten hatte als andere, wichtigerer Städte – sträubte man sich anscheinend, die Flüchtlingsfluten aus dem Osten zu versorgen, von der nationalen Solidarität der Briten, denen es ebenso schlecht, wenn nicht schlechter ging als den Deutschen, war dort nichts zu finden.

Golo und Klaus, Ende November aus der Armee entlassen, blieben in Europa, Golo als Zivilangestellter des US Information Service in Bad Nauheim, wo er seine Rundfunkarbeit fortsetzte, Klaus aber entschied sich für ein echtes Zivilleben in Rom – »frivol, korrupt, faul, selbstsüchtig, blasiert, aber bezaubernd«[182] – und fing an, als Drehbuchautor für einen Teil des Rossellini-Films *Paisà* zu arbeiten sowie sich mit Plänen für andere Projekte in der dortigen Filmwelt und in Österreich zu beschäftigen. (Golo hatte sich einen Posten mit einem recht guten Einkommen gesichert, für Klaus war es typisch, daß er von der Hand in den Mund lebte und für Kleidung und anderes Notwendige auf Pakete von der Familie angewiesen war.) Erika, immer noch uniformierte Berichterstatterin bei den amerikanischen Streitkräften, schrieb Beiträge für alle möglichen Zeitungen und reiste kreuz und quer durch Deutschland. Sie wollte dort bis zum Frühjahr bleiben. In ihren Artikeln und Briefen übertraf ihre Abscheu vor den geschlagenen Deutschen noch die ihres Vaters – vor ihrem Selbstmitleid, ihrer Selbstgerechtigkeit, ihrer Ableugnung der Schuld, vor allem aber vor den vielen Ansprüchen, »innerer Emigrant« gewesen zu sein –, und sie war ebenso besorgt wie er über die Nachsichtigkeit der Besatzungsmächte. Sie saß unter den Hunderten von Journalisten, die von den Prozessen in Nürnberg berichteten, und schrieb voll Bitterkeit über das Fehlen Krupps und anderer Großindustrieller auf der Anklagebank, ohne deren mächtige Unterstützung keiner der zweiundzwanzig angeklagten Nazi-Führer je zum Kriegsverbrecher geworden wäre. Von dem Material, das sie für den *Evening Standard* in London lieferte, wurde aber nur wenig gedruckt.

Zu Beginn der Prozesse schrieb Thomas Mann für die United Press eine kurze Rechtfertigung des Verfahrens, das aus Gewissensgründen, vor allem aber wegen der mangelnden Rechtsgrundlage für eine solche rückwirkende Verfolgung stark kritisiert worden war. Er argumentierte, daß es sich hierbei nicht um einen herkömmlichen Kriminalprozeß handle, sondern um »eine politisch-moralische Demonstration mit weittragenden pädagogischen Absichten«. Die Ziele des Kriegs der Demokratie in ihrem Kampf gegen den Faschismus schienen zwar von der nackten Machtpolitik verdeckt worden zu sein, im Gewissen der Menschheit seien sie jedoch erhalten geblieben und fänden auf diese Weise ihren notwendigen Ausdruck. Die kriegsschuldigen Nazis hatten vielleicht gegen kein damals bestehendes Gesetz verstoßen, der Prozeß gelte aber einem Verstoß gegen ein Gesetz, das existieren sollte – das Gesetz des Friedens – und das eines Tages durch die anbrechende neue Ordnung erlassen würde, eine »höchste moralische Autorität, eine Weltregierung ... eine internationale Bill of Rights und ein allgültiges Strafgesetz gegen die Antastung der Rechte des Individuums«. Bis dahin wäre es freilich noch lange Zeit, der Prozeß möge inzwischen als Heuchelei, Rechtskomödie und bloße Rache der Sieger erscheinen. Er begrüße ihn aber trotzdem, da man ihn eines Tages als das Vorspiel einer neuen Wirklichkeit sehen würde.[183]

Mit der langen Verzögerung hatte er recht (nahezu ein halbes Jahrhundert später ist das Problem der »Kriegsverbrechen« immer noch ungelöst und die Auseinandersetzung über rückwirkende Verfolgung dauert an); und Ende 1945 waren für ihn nur wenige Zeichen einer neuen Ordnung in einer Welt erkennbar, in der der Faschismus immer noch nicht ausgerottet war und der Rassismus weiterwütete. Im Dezember konnte er einem Appell zu humanitärer Hilfe für Deutschland seine Unterschrift kaum verweigern, obwohl er durchaus mit Einsteins Ablehnung einer solchen »Tränencampagne« übereinstimmte und die Zweifel anderer teilte, ob es denn möglich sei, eine solche Hilfe denen zukommen zu lassen, die sie verdienten, wenn es zwischen Antinazis und wirklich Schuldigen keinen Unterschied gäbe. Seine persönliche Beschäftigung mit den Problemen Deutschlands und der Deutschen fand ihren Ausdruck im *Faustus*, als er sich dem Höhepunkt von Leverkühns Teufelspakt näherte – der Komposition seines Hauptwerks, des Oratoriums *Apocalipsis cum figuris* nach Blättern von Dürer, mit Orchester, Chören, Solisten und einem Sprecher. Dafür schwebte ihm »etwas Satanisch-Religiöses, Dämonisch-Frommes, zugleich streng Gebundenes und verbrecherisch Wirkendes, oft die Kunst Verhöhnendes vor, auch etwas aufs Primitiv-Elementare Zurückgreifendes ... die Takt-Einteilung, ja die Tonordnung Aufgebendes (Posaunenglissandi) ... etwas praktisch kaum Exekutierbares: alte Kirchentonarten, A-capella-Chöre, die in untemperierter Stimmung gesungen werden müssen ...«.[184]

Im Dezember wußte er aber nicht mehr, wie er weiter vorgehen sollte – er hatte einen Zustand körperlicher Erschöpfung erreicht, in dem er beinahe an dem ganzen Unternehmen verzweifelte –, er brauchte dringend Ermutigung. So beschloß er, Adorno, der bisher nur Auszüge gehört oder gelesen hatte, das gesamte bisherige Manuskript in Maschinenschrift zu schicken, in der Hoffnung auf allgemeinen Rat und besondere Hilfe, um ein so deutsches Werk wie das Oratorium überzeugend darstellen zu können. Er gestand seine schamlose Montagetechnik und die Anleihen ein, die seinen Mangel an echtem musikalischem Wissen wettmachen mußten – die »musikalische Initiiertheit«, zu der ihm Toch gratuliert hatte, reiche nicht aus –, und bat Adorno um einige weitere genaue Einzelheiten, »ein paar charakterisierende, realisierende Exaktheiten« – eigentlich eine Idee, wie er das Werk schreiben würde, wenn er den Teufelspakt geschlossen hätte.[185]

Seine körperliche Erschöpfung trotz eines ungestörten Tagesablaufs war eine unmittelbare Folge der ständigen Anstrengung bei einem Werk, dessen Thema ihn von Anfang an tiefer berührt hatte, und in das er mehr von seinem ganzen Leben legte, als irgendein anderes. »Übrigens wundere ich mich nicht«, schrieb er am 14. Dezember an Agnes Meyer, »daß in diesem Jahre, wo ich das Alter erreichte, in dem meine Mutter starb, mein Leben auf einen Tiefpunkt kommt, – aus dem es sich immerhin noch wieder erheben mag. Ich habe ja für dieses Jahr meinen Tod prophezeit – das braucht sich und scheint sich ganz wörtlich nicht zu erfüllen. Aber wenigstens andeutungsweise tut es das doch.«[186] Sein Herz und seine allgemeine Verfassung waren tatsächlich in Ordnung, der Arzt konnte ihm nur Vitamintabletten verschreiben, um den andauernden Gewichtsverlust zu beheben. Auf die Bemerkungen Adornos wartend, setzte er seine Arbeit zuversichtlich bis zu dem ruhigen Weihnachten und auch während der Feiertage fort, zu denen nur Michael mit seiner Familie kommen konnte. Einem Korrespondenten von *Time* gegenüber, der ihn daran erinnerte, daß er 1930 nur noch fünfzehn weitere Lebensjahre vorausgesagt hatte, gab er zu, daß das nur seiner Liebe zu Ordnung und Symmetrie zuzuschreiben gewesen sei: »nun kommt mir vor, daß ich wahrscheinlich ziemlich alt werde«. Am Neujahrsabend, dem letzten Tag eines »ungeheuren Jahres ... überfüllt mit weltverändernden Ereignissen«, notierte er: »Daß mein 70. Geburtstag mitten hinein fiel, war eine hübsche Regie-Verfügung.«[187]

5

»Aus ›Deutsch-Europa‹ ist nichts geworden ... Aber das deutsche Empfinden muß europäisch sein, damit Europa werde.«

TM, 18.4.1947[188]

In den ersten Januarwochen von 1946 konnte Mann sich häufig mit Adorno beraten, dessen Verständnis für das hochgesteckte Ziel und die Schwierigkeit des Unternehmens ihn ermutigte – auch wenn seine Verbesserungsvorschläge dem Autor die Schwächen eines Buchs deutlich machten, das ihm allmählich als »nicht künstlerisch glücklich« und zu ernst zu sein, und dem eigentlich epischen, humoristischen Stil keinen Raum zu gewähren schien. Adorno war überdies nachsichtig, was die vielen Bemerkungen über die zeitgenössische musikalische Landschaft betraf, die Mann aus seiner *Philosophie der neuen Musik* entnommen und in die ätzenden Bemerkungen seines Teufels verarbeitet hatte. Für das Thema der Apokalypse im Oratorium, bei dem Mann nun angelangt war, erschienen ihm die Stiche Dürers eine unzureichende Grundlage, man kam überein, daß das Opus Leverkühns die gesamte Eschatologie einbeziehen und die altehrwürdige Tradition der Menschheit ausdrücken müsse, die auf einer langen Reihe von Propheten beruhte, auf denen Johannes von Patmos aufgebaut hatte. Mann, der seit dem *Joseph* zunehmend »alles Leben als Kulturprodukt und in Gestalt mythischer Klischees«[189] sah, hielt dies auch für seine Absicht weitaus geeigneter als eine einfache und unkomplizierte Inspiration seines Komponisten. In vielen Zusammenkünften zu dieser Zeit und später waren Adornos Anregungen und Vorschläge von unschätzbarem Wert und stimmten mit dem wesentlichen Ziel überein, Leverkühns Werk »dem Vorwurf des blutigen Barbarismus sowohl wie dem des blutlosen Intellektualismus bloßzustellen«.[190]

Mitte Januar war er nach eingehender Lektüre Dantes und der Apokryphen genügend vorbereitet, um diesen entscheidenden Abschnitt des Romans zu beginnen, und die folgenden sechs Wochen arbeitete er Tag für Tag regelmäßig, um ihn zu vollenden. So entschlossen wie möglich wehrte er sich gegen andere Verpflichtungen. Einige davon ließen sich freilich nicht umgehen – im Januar eine Rede über akademische Freiheit und die Aufzeichnung einer Rundfunkansprache zum Geburtstag Roosevelts, im Februar ein Artikel zum bevorstehenden fünfundsiebzigsten Geburtstag Heinrichs; wie immer wurde auch die gewaltige Korrespondenz nicht vernachlässigt. Er blieb bei seinem öffentlichen Schweigen zu den Reaktionen auf seine Weigerung, nach Deutschland zurückzukehren, die sich in zahlreichen Briefen und Veröffentlichungen, die ihm zugingen, zeigten; er war freilich ebenso besorgt wie die Militärbehörden über den Einfluß, den die immer noch vorhandene nazistische Einstellung offensichtlich auf die dort stationierten amerikanischen Soldaten hatte, von denen manche nun als Bewunderer Hitlers zurückkehrten, und er erklärte sich zu einer Rundfunksendung bereit, um dieser Korruption zu begegnen.

Im Februar spielte er, nach erneuten Vorschlägen für eine Vortragsreise im Mai, kurz mit dem Gedanken an einen Besuch Europas. Dieser müßte Deutschland miteinbeziehen, denn, wie er zu Agnes Meyer bemerkte, »wenn ich Deutschland überhaupt je wieder betreten will, ich es *bald* tun muß, da sonst die Kluft unüberbrückbar wird«.[191] Wie in vergangenen Jahren ließe sich das mit seiner jährlichen Verpflichtung in Washington verbinden, für die er Nietzsche als vorläufiges Thema gewählt hatte. Doch als man ihm von allen Seiten nachdrücklich von Deutschland abriet, wo sogar sein Leben in Gefahr sein könnte, und da er ja auch vom Roman ganz in Anspruch genommen war, gab er den Gedanken rasch wieder auf. Viktor, der berichtet hatte, die Münchner Behörden seien bereit, das Haus in der Poschingerstraße wiederherzustellen, in der Annahme, er würde jedes Jahr zumindest ein paar Monate dort zubringen, wurde von ihm gewarnt, das läge keineswegs in seiner Absicht. Er sei abgestoßen von der Art, wie man seinen offenen Brief in Deutschland aufgenommen habe, als er versucht hatte, seinen Weg »zwischen einer unstatthaften Entschuldigung und einer Denunzierung meines Heimatlandes« zu einer Erklärung der Solidarität und einer Teilhabe an der Schuld zu finden. Diese Leute müßten schließlich einsehen, daß ihre wilden Vertreibungen und Verfolgungen nach 1933 kein belangloser Scherz seien, der durch ein paar freundliche Worte der Einladung zur Rückkehr wiedergutgemacht werden könne.[192] Jedes Wort, das er während und nach dem Krieg gesagt habe, sei als »unwissendes Gerede« aufgefaßt und von einem Volk übelgenommen worden, »so fein, edel, unschuldig, gekränkt und überempfindlich, daß nicht mit ihm auszukommen ist«.[193]

Als sein Werk Fortschritte machte, gab es weniger entspannende gesellige Abende, zuweilen aber einen Film oder ein Konzert. Er fand Zeit zu einer beinahe zweistündigen Sitzung mit dem bekannten Photographen Karsh, zeigte sich bei den wiederholten Kurzschlüssen, verursacht durch dessen Ausrüstung, geduldig, hörte mit Belustigung, wie Churchill, der Karsh nur fünf Minuten eingeräumt hatte, ausnahmsweise mit grimmig sinnendem Lächeln ohne seine Zigarre abgelichtet worden war; mit dem Ergebnis im eigenen Fall war Mann ungewöhnlich zufrieden.

Er war jedoch in schlechter Form, mit blassem Gesicht, und sah unwahrscheinlich vergeistigt aus. Denn die Arbeit am *Faustus* machte ihn immer noch krank, er litt an Schlaflosigkeit und tagsüber an einem ständigen Gefühl der Erschöpfung. Ende Januar hatte ein neuer Arzt auf dem Röntgenbild einen Fleck auf der Lunge entdeckt, der beobachtet werden müsse, für die anderen Beschwerden verschrieb er aber lediglich routinehafte Maßnahmen, die offensichtlich ohne Wirkung blieben. Am 3. März, kurz nach dem Abschluß der Oratoriumskapitel, mußte er wegen eines Grippeanfalls zwei Wochen das Bett hüten, und auch als er in der Obhut eines dritten Arztes wieder etwas aufstehen konnte, schwankte sein Gesundheitszustand weiterhin auf besorgniserregende Weise, dennoch konzentrierte er sich so gut er konnte auf die Aufzeichnungen für den Nietzsche-Vortrag. Am 1. April bestätigten neue Röntgenaufnahmen eine Affektion der rechten Lunge, in der der Arzt zu Recht ein Frühstadium von Krebs erkannte; seinem Patienten gegenüber erwähnte er lediglich einen Lungenabszeß, den ein Spezialist bestätigte und für den eine Penizillinbehandlung verordnet wurde. Beide hatten angesichts seines Alters Bedenken, eine Bronchoskopie und eine etwaige Operation vorzunehmen. Katia aber erkannte den Ernst der Lage, machte den Überlegungen mit bewundernswerter Energie ein Ende, setzte sich über Elisabeth mit dem Billings Hospital in Chicago in Verbindung, an dem ein berühmter Lungenchirurg wirkte, und hatte rasch, innerhalb einer Woche, die lange Bahnfahrt sowie Krankenwagen zu und von den Bahnhöfen organisiert. Am 13. April traf sie mit ihm in Chicago ein.

Es war für den Zustand, in dem sich Thomas Mann nun befand, bezeichnend, daß er das Ganze passiv hinnahm. Die Diagnose hatte ihn eher überrascht als alarmiert, ein Lungenleiden hatte er am wenigsten erwartet – in gewisser Hinsicht war er auch erleichtert, daß die Ursache für die Beschwerden in den letzten Monaten endlich entdeckt war. Er machte allein den »schrecklichen Roman zusammen mit den deutschen Ärgernissen« verantwortlich und schrieb später, »daß ich ernstlich krank wurde mittendrin war kein Zufall, es war das Buch, das mich verzehrte«.[194] In der Klinik überließ er sich fasziniert allen Vorkehrungen und den ruhigen Untersuchungen und Beobachtungen. Zum erstenmal sah er ein großes Krankenhaus aus der Warte des Patienten, erfuhr die Routine an sich selbst und war von dem Unterschied zur autoritären Art deutscher Behandlung, die er im *Zauberberg* milde karikiert hatte, höchst beeindruckt. Katia konnte eine völlige Anamnese erreichen; er vertrug die Bronchoskopie gut, die an sich für einen Mann seines Alters keine einfache Sache war; sein Herz befand sich in gutem Zustand; man entschied sich, die Operation am 24. April vorzunehmen.

Des Ernstes seiner Krankheit war er sich immer noch nicht bewußt, er war schwach, Blutübertragungen waren notwendig, doch er vermochte die Vorbereitungen mit lebhaftem Interesse zu verfolgen. Für jemanden, der sein ganzes Leben hindurch unbedingt die Namen und Eigenschaften der schmerzstillenden Medikamente oder Beruhigungsmittel, die er einnahm, wissen wollte, war es überraschend, ja ärgerlich, hier wie ein nervöses Kind mit einem anonymen »kleinen Etwas« behandelt zu werden. Die Ankunft Erikas aus Nürnberg war ein großer Trost für ihn wie für Katia, die zusammen mit Elisabeth ständig anwesend war. Erika kümmerte sich um die Blumen und heiterte Patienten und Personal mit gelegentlichen erfundenen Nachrichten auf, Collagen aus Wörtern und Briefen aus den Zeitungen, mit unerhörten Schlagzeilen wie »Eisenhower may be Arrested on Spy Charges«, »Germany Demands Dismissal of US Government«, oder »Truman Hopes to Lure Stalin to Missouri«. Das Kollabieren der Lunge durch Pneumothorax, das er im *Zauberberg* so leichthin behandelt hatte, am eigenen Leib zu erfahren, war für Thomas Mann ein merkwürdiges Erlebnis; er ertrug jedoch alles gelassen und wurde wegen seiner so ungewöhnlich kooperativen Einstellung gelobt.

Das traf dann auch auf die eigentliche Operation zu. Es handelte sich um einen größeren Eingriff, mit einem sehr langen Schnitt, dem die Entfernung einer Rippe und von zwei Dritteln der Lunge folgte. Er war in der Tat einer der ältesten Patienten, die sich dieser Art von Operation je unterzogen hatten, aber das Geschick des Chirurgen zusammen mit seiner grundsätzlich soliden Konstitution ließen ein befriedigendes Ergebnis und eine ungestörte Erholung erwarten. Im Lauf des Eingriffs hatte er nur eine weitere Blutübertragung nötig, bei jüngeren Männern wären zwei oder drei Transfusionen erforderlich gewesen. In den vier Wochen der Genesung im Krankenhaus erwies er sich in jeder Hinsicht als ein musterhafter Patient. Sollte er je Krebs vermutet haben, schrieb Katia später an Klaus (was sie als sicher annahm), so habe er den Gedanken völlig unterdrückt und die Version vom harmlosen Lungenabszeß, die der Außenwelt und den Freunden präsentiert wurde, vollkommen akzeptiert.

In einer derart kritischen Zeit habe er sich gefragt, schrieb er später, wie er die Worte des Mitgefühls, die Geschenke und Blumen, die er erhielt, die Besuche von Bermann, Caroline Newton und Bruno Walter (der allein die Wahrheit erfuhr), überhaupt verdient habe; wie konnte der schöpferische Künstler, von seinem Werk besessen und in seiner Konzentration nahezu unmenschlich für seine Umgebung, je ein so erfreulicher Mitmensch sein? Eine Überlegung, wie er sagte, verrucht genug, um sie seinem Adrian Leverkühn zuzuschreiben.[195] Der Roman war die ganzen Wochen nie fern von seinen Gedanken, und schließlich hatte er das Gefühl, daß ihm eine unterbewußte Entschlossenheit, ihn zu vollenden, durch diese große Prüfung so spät in seinem Leben geholfen hatte. Von einem Appetitverlust abgesehen, den er der andauernden Penizillinbehandlung zuschrieb, machte seine Genesung bemerkenswerte Fortschritte, so daß die Ärzte gern seinem Vorschlag zustimmten, sich einige Tage in weniger strenger Umgebung, im vertrauten Hotel Windermere zu erholen, bevor er mit der Bahn nach Los Angeles zurückfuhr. Auf einer Pressekonferenz vor dem Verlassen des Krankenhauses beschrieb er seine Operation lediglich als ein Meisterwerk (nachdem man ihn von der Schilderung weiterer Einzelheiten oder jeder Publizität für die Verantwortlichen jener »höchst eleganten« Leistung abgebracht hatte). Er hätte gern mehr gesagt, doch Erika hielt ihn vernünftigerweise zurück, um seine Kräfte zu schonen. Seine kurzen politischen Bemerkungen über die Wünschbarkeit einer Entspannung zwischen Rußland und dem Westen, auf lange Sicht vielleicht einer Weltföderation, erschienen nur in einer Zeitung. Als er davon sprach, daß er sich nach dem *Faustus* auf kürzere Werke beschränken werde, erinnerte Katia daran, wie wenig dies bedeute: der *Zauberberg* hatte ja auch als Kurzgeschichte begonnen.

Ende Mai war er wieder in Pacific Palisades, diese späte »rigorose

Prüfung cum laude bestanden«[196], entspannt und glücklich, wieder bei seinen Büchern sein zu können, entschlossen, den Nietzsche-Vortrag liegenzulassen und sich auf die Vollendung des Romans zu konzentrieren. Den Umriß dessen, was noch zu schreiben war, hatte er deutlich vor Augen, alle Schwierigkeiten mußten schrittweise überwunden werden. Sogar der Briefwechsel sollte an die zweite Stelle treten, den Stapel von Briefen, die ihn erwarteten, würde er Katia und Hilde Kahn übergeben – aber dieser Vorsatz wurde nur teilweise eingehalten. Die Sekretärin kam an ihren Tagen auf eine zusätzliche Stunde, Katia verstand seinen Stil nun so geschickt nachzuahmen, daß er ihre Briefe als seine eigenen unterschreiben konnte. Sein Geburtstag verlief verständlicherweise sehr ruhig, den Strom der nachmittäglichen Besucher hielt er nur mit einiger Mühe aus, in Gesellschaft mußte er eine Neigung zur Atemlosigkeit feststellen. Im Juni gewann er allmählich seine Kraft zurück, nahm regelmäßig zu und begann wieder normal zu atmen, die täglichen Ausflüge wurden wiederaufgenommen, anfangs im Wagen, dann aber zu Fuß, mit einem Klappstuhl für Pausen. Beständig arbeitete er an der Revision des bisher entstandenen Manuskripts, häufiger auf dem Sofa als am Schreibtisch, und am Monatsende wandte er sich dem neuen Kapitel zu. Das Rauchen war ihm nicht untersagt worden; er war über einen möglichen Rückfall zwar besorgt, doch er wollte das Vergnügen keineswegs aus fälschlicher Hypochondrie aufgeben, und bald hatte er seinen normalen Konsum wieder erreicht, er schien ihm nicht zu schaden.

Mit der Besserung seines Zustands änderte sich wenig an seiner täglichen Routine. Der früher so eifrige Beobachter politischer Ereignisse in Amerika wie in Europa bezog nun einen distanzierteren Standpunkt und erkannte bald, daß er nur aus »dummem Pflichtgefühl«, fast Pedanterie, weiterhin die Zeitungen las. Obwohl er im Juni mit böser Vorahnung die »frevelhaften« Atombombenversuche auf dem Bikiniatoll zur Kenntnis nahm und später einer Bewegung für eine föderative Weltregierung seine Unterstützung gab, schienen ihm die offensichtlichen Vorbereitungen auf einen neuen Krieg »nicht mehr meine Sache«[197], er vermochte in der Weiterführung seiner Erzählung Trost zu finden.

Die schwere Prüfung hatte die härteren Kanten seines Charakters gemildert. Am Abend seines Geburtstags während eines Champagner-Dinners mit Bruno Walter und dessen Frau brachte er es über sich, dem Freund seit vierzig Jahren das Du vorzuschlagen – ein Zeichen dafür, um wieviel er milder geworden war. Die Nachricht vom Tod Hauptmanns durch einen Herzanfall nach seiner Vertreibung aus dem neuen Polen veranlaßte ihn nur zu einer Betrachtung über den eigenen Verlust von Heim und Herd im Jahr 1933 und zu einer Erinnerung an die vermiedene Begegnung in Zürich, als Hauptmann gesagt hatte, sie müsse auf bessere »neutralere« Zeiten warten: »Schämte er sich oder erachtete er es als Verrat am ›neuen Deutschland‹, mit einem Emigranten zu verkehren?«[198] Golo erinnerte sich, daß er in Deutschland nur Hauptmann als gleichrangig anerkannt habe (wer sonst hätte ihn Bruder nennen können?); auch wenn er Hauptmanns untertäniges Verhalten dem neuen Reich gegenüber verabscheut hatte, bezweifelte Golo, daß er ihm das zum Vorwurf gemacht hätte, wenn er am Leben geblieben wäre.

In einem Brief, den er nach einer Aufforderung, den Ehrenvorsitz einer neuen Deutschen Friedensliga zu übernehmen, an Golo schrieb, beschäftigte er sich stark mit dem allgemeinen Problem einer »Wiederversöhnung« – ein Begriff, der drüben nun häufig in dem weniger akzeptablen Sinn einer Versöhnung mit Deutschland statt als ein Zeichen der Reue verwandt wurde. Er wolle nicht abseits stehen, sich nicht für immer von Deutschland trennen und erwäge die Übernahme dieser Verantwortung, habe aber Zweifel, was den Status einer anscheinend so kleinen Gruppe angehe. Golo scheint aus seiner genaueren Kenntnis der dortigen Verhältnisse abgeraten zu haben, und so lehnte er schließlich ab. Beigetragen zu dieser Entscheidung hatte vermutlich ein satirischer Artikel Erich Kästners (dem vor allem als Verfasser von Kinderbüchern berühmt gewordenen Autor, der vor 1939 aus Zürich nach Dresden zurückgekehrt war, um dort trotz des Verbots seiner Bücher zu bleiben) und seine anhaltende Abneigung gegen die »inneren Emigranten«, die er gegenüber Leuten wie Hans Friedrich Blunck deutlich zum Ausdruck brachte, die, nach seinen Worten, für die Schrecken des Regimes blind geblieben seien, während sie ihm dienten. Deutschland sei nicht geheilt, wie er später an andere, die gleich ihm außerhalb des Landes blieben, schrieb: »Seine ›Dichter‹ feiern den ehrlosen Bankrott verbrecherischer Dummheit als Tragödie und wunder wie auszeichnendes Schicksal, das das Unglücksland schon wieder über alle Völker erhebt … Was können sie Besseres tun, da sie alle mitgemacht haben?«[199] Was ihn betreffe, er werde nie zurückkehren. Die

Befriedigung, die er später empfand, als ihm die Universität Bonn die Wiederzuerkennung seines Ehrendoktors anbot, was er unverzüglich annahm, änderte diesen Vorsatz nicht, er war froh, daß durch diese Handlung seine damals so weithin publizierte Antwort nicht aus den Akten getilgt wurde. Später lehnte er es ab, John Herseys Bericht *Hiroshima* zu übersetzen: »Als ein Stück amerikanischen self-criticism ist es sehr gut, aber die Deutschen haben ohnedies Stoff genug zur Schadenfreude.«[200]

Als er das bisherige Manuskript des *Faustus* durchging und die unannehmbaren Längen dieser »gar unförmigen Riesenschlange« bemerkte, hatte er daran gedacht, es einem späteren Herausgeber zur Korrektur zu überlassen (wobei er Erika im Sinn hatte) und das ganze Unternehmen eigentlich als eine Art Testament für die Nachwelt anzusehen. Trotzdem war er aber entschlossen, die Sache weiterzuführen, im Sommer und Herbst machte er ständige Fortschritte »einem Ende entgegen, das mir noch etwas schleierhaft ist«.[201] Erika stand bereit, um seine »greisenhafte Geschwätzigkeit« zu korrigieren, und sie strich etwa vierzig Seiten aus dem Manuskript, vor allem aus den früheren Teilen, so daß Ende August die ersten 275 Seiten zur Übersetzung an Helen Lowe-Porter nach Oxford abgehen konnten (die sich nach der Ablehnung Agnes Meyers doch zur Übersetzung bereit erklärt hatte).

Ende September kam ein weiterer Besuch Michaels mit seiner Familie zur rechten Zeit, da sich der Zeitpunkt für die lange geplante Episode des Lebens und tragischen Todes von Leverkühns kleinem Neffen Nepomuk, dem elfengleichen »Echo«, näherte. Sein Modell für einen Monat zur Verfügung zu haben war eine Inspiration – er hörte dem Geplapper des Kindes zu, dessen Deutsch einen stark schweizerischen Einschlag hatte, machte wie vorher Zeichnungen für ihn, auch wenn er ihn häufig als störend empfand. Als er zu schreiben begann, überkam ihn eine Zärtlichkeit, die ihn selbst überraschte, er arbeitete an diesen Kapiteln mit einem Eifer, wie er ihn nie zuvor gekannt zu haben glaubte. Von seinem Arzt hatte er sich genaue Einzelheiten über den Verlauf der Gehirnhautentzündung geholt, durch die der Teufel seinen kalten Helden des Trostes des »göttlichen Kindes« berauben sollte. Das Ergebnis war die bewegendste Stelle des Buchs – wie er entdeckte, als er sie der Familie vorlas und als am Neujahrstag 1947 Erika aus New York telegraphierte: »Shall go into New Year with reddened eyes but happy heart. Wondering only how on earth you do it.«[202]

Nun war er fast am Schluß angelangt: Leverkühns Zeit war abgelaufen; nach Vollendung seiner Kantate »Dr. Fausti Weheklag« mit ihrem zwölftönigen Thema »Denn ich sterbe als ein böser und guter Christ«, durch die sich, wie Zeitblom bemerkt, der Verweis auf die »Versprechung, den Blut-Rezeß«[203] zieht, war er in Wahnsinn verfallen. Dazu waren die Hinweise seines »geheimen Rates« Adorno von entscheidender Bedeutung, weniger im musikalischen als im theologischen oder religiösen Sinn. Zu Recht kritisierte Adorno den allzu starken Nachdruck auf der Tröstung der Gnade, die ein zu helles Licht nach all der Düsterkeit der Geschichte sei, woraufhin Mann die Stelle zu ihrer endgültigen, vorsichtigeren und weniger optimistischen Form umarbeitete. Am 29. Januar hatte er den Schlußstrich unter die Nachschrift Zeitbloms gezogen: das Begräbnis des Freundes nach Jahren geistiger Umnachtung am 25. August 1940, als Deutschland die höchsten Triumphe feierte, herbeigeführt durch den »einen Vertrag, den es zu halten gesonnen war, und den es mit seinem Blute gezeichnet hatte«, doch während Zeitblom dies schreibt, »stürzt es, von Dämonen umschlungen ... hinab von Verzweiflung zu Verzweiflung. Wann wird es des Schlundes Grund erreichen? Wann wird ... das Licht der Hoffnung tagen? Ein einsamer Mann faltet seine Hände und spricht: Gott sei euerer armen Seele gnädig, mein Freund, mein Vaterland.«[204]

Nach mehr als dreieinhalb Jahren hatte er es geschafft. Er bezweifelte zwar, daß er Katias Glückwünsche verdient hätte, konnte in der Vollendung des wichtigsten Werks seines Lebens aber zu Recht eine moralische Leistung sehen. Es war eine Leistung, bei der er sich »leidenschaftlich wie nie zuvor« engagiert hatte, die ihn beinahe zerstört hatte, die er aber in der eigenartigen »Mischung ... aus Reizbarkeit und Phlegma« hatte erreichen können, »die mich hindurchbrachte und mir erlaubte, mit der rechten Hand meine Arbeit unentwegt fortzusetzen und mit der linken zu kämpfen«.[205] Am Abend feierten sie bei einer Flasche Veuve Clicquot; die folgenden Tage brachte er immer noch einige Zeit mit Überarbeitungen und Änderungen zu, erst dann konnte er das Gefühl haben, das Werk sei abgeschlossen, obwohl das Manuskript bereits an Helen Lowe-Porter und Bermann abgegangen war, der bereits in der Schweiz mit dem Druck begonnen hatte. Im Vergleich dazu seien die vier Bände des *Joseph* »das reine

Opernvergnügen« gewesen, schrieb er später an Hans Reisiger. »Das war Epik; dies ist etwas anderes, Schrecklicheres«, trotz der leichteren Stellen, da es so viel von ihm selbst enthielt: die traurige und schlimme Geschichte des Adrian Leverkühn sei nicht nur ein Symbol für das Verderben Deutschlands, sondern auch »eine versetzte, verschobene, verzerrte, dämonische Wiedergabe und Bloßstellung meines eigenen Lebens«.[206] Das Ganze sei wie eine offene Wunde gewesen; er sei bekümmert über die Art, wie er so viele seiner Freunde – wie Reisiger, Annette Kolb, sogar Caroline Newton und Ida Herz – und seine eigenen Verwandten, Carla und seine Mutter, dem »kalten Blick« Leverkühns geopfert habe, in der verfluchten Montagetechnik, vom Teufel diktiert, die dem Bild so viel Realität aufgetragen habe. In den nächsten Monaten erwartete er mit ziemlicher Beklommenheit die Wirkung auf die Leser, besonders die deutschen (auf das spätere Urteil der Angelsachsen war er bereits gefaßt: sie würden es wohl als »terrible mess, excessively German« abstempeln).[207]

Katia hatte mit ihrer Sorge für die nötige Ruhe Wunder vollbracht. Es hatte ständig Probleme mit dem Personal gegeben, Haus und Küche waren ihr häufig allein oder irgendwelchen Dienstboten, die gerade zur Hand waren, überlassen, die Mängel der Nachkriegszeit hatten beträchtliche Sorgen verursacht. All das war nicht leichter geworden, als ihr Zwillingsbruder Klaus mit seinem Sohn aus Tokio eingetroffen war, in der Hoffnung, mit Hilfe seines Schwagers eine Stelle zu finden, und bis nach Weihnachten blieb. Die Feiertage waren zwangsläufig ruhig gewesen, von den Kindern konnten nur Golo und Monika kommen; in den letzten Monaten des Jahres 1946 hatte die Arbeit ungestört weitergehen können. Golo, der »civilian lieutenant-colonel«, hatte sich entschlossen, die Besatzungstruppen zu verlassen; nach vorübergehender Tätigkeit im State Department nahm er im neuen Jahr schließlich eine Geschichtsprofessur am Claremont College, in Pomona, an, die er im Herbst antreten sollte, was dem Vater wegen der Nähe angenehm war. Während der Feiertage hatte zu Heinrich nur geringe Verbindung bestanden, nach Neujahr leistete ihm Golo jedoch einen Abend lang Gesellschaft. 1946 hatte man ihn mehrere Male zur Rückkehr nach Deutschland gedrängt, in die sowjetische Zone, wo man seine Bücher, die in den Westzonen nahezu völlig ignoriert wurden, neu auflegte. Er lehnte nun die Einladung ab, wurde aber Ende des Jahres mit dem Ehrendoktor der Ostberliner Humboldt-Universität ausgezeichnet.

Sein Bruder, der sich nun voll erholt hatte und von der Last des Romans befreit war, dachte wieder an die lange aufgeschobene Vortragsreise im Frühjahr, bei der er den geplanten Nietzsche-Vortrag halten wollte: beginnend mit der Library of Congress, von der ihn seine Krankheit abgehalten hatte, dann weiter nach Europa – Schweden, London, Brüssel, Amsterdam und die Schweiz – und mit einem Besuch in Deutschland. Zwischen Mitte Februar und Mitte März, als er auf die Bestätigung seiner Termine wartete, schrieb er *Nietzsche's Philosophie im Lichte unserer Erfahrung*, den weiteren Beitrag zur Psychologie des »Deutschtums« und der Deutschen, den er lange vorgehabt hatte. Sein eingehendes Studium Nietzsches beim Entstehen des *Faustus* hatte ihm ein Gefühl der Kontinuität und Einheit von Nietzsches Denken mit seiner späteren unbezweifelbaren Ausartung zu Antimoralismus und, unter dem Einfluß der Syphilis, »einer jammervollen Verherrlichung des Bösen« vermittelt. Die jüngste Erfahrung, die die Welt mit dem Bösen in »seinem ganz ordinären Schwachsinne«[208] gemacht habe, könnte diesem Thema sowohl in Amerika wie in Europa Aktualität verleihen, obwohl er zweifelsohne verschiedene Versionen anbieten müsse. Wie bei früheren Vorträgen kam Erikas Rotstift wirkungsvoll zur Geltung, nicht nur bei der Vereinfachung des Texts für die Hörer in Washington und London, sondern auch bei der Verkürzung der deutschen Fassung auf Vortragslänge. Das Original beließ man für eine spätere Veröffentlichung als Essay.

Bis Anfang April hatte sie den Text hinreichend »gemordet«, und man konnte sich auf die Reise in ihrer Begleitung vorbereiten. Die amerikanischen Termine – Library of Congress und Hunter College in New York – blieben unverändert, für Europa aber beschränkte sich das Programm nun auf England, die Schweiz und Holland, der Besuch in Deutschland wurde nach vielen Gewissenserforschungen ausgelassen. Bei seinem Erscheinen dort befürchteten die Amerikaner nämlich Ausschreitungen, wie er Viktor mitteilte. Sollte er sich mit einer militärischen Leibwache herumbewegen? Was könne er den Deutschen in ihrem gegenwärtigen Zustand sagen? Er werde statt dessen versuchen, während seines Aufenthalts ein Treffen in der Schweiz zu organisieren. Am 22. April bestieg er mit Katia den gewohnten Nachtzug nach Chicago; dort boten ein paar Tage bei den Borgeses die Möglichkeit für eine Untersuchung im Billings Hospital, bei der die Ärzte mit seinem Zustand völlig zufrieden waren (irgendwelche Beschwerden kamen nun, wie er einsah, von seinen Nerven und seiner Veranlagung, womit sie nichts zu tun hatten). Michael war da, auf einer Tour mit dem Orchester, und brachte Nachrichten von Grets Besuch in Zürich mit den Kindern, die sich mit ihrem Schweizer Großvater wunderbar verstanden. Eine Probevorlesung der englischen Version des Vortrags im Familienkreis erschöpfte ihn, stellte ihn aber zufrieden, trotz der Bedenken Borgeses wegen seines Zugangs zu Nietzsche.

Der Aufenthalt in Washington nahm seinen gewohnten Verlauf, die Gastfreundschaft der Meyers war unverändert, der Applaus für den Vortrag im vollbesetzten Coolidge-Saal am 29. April dauerte lange, anschließend fand am Crescent Place der übliche Empfang statt, an dem unter anderen Walter Lippmann, der französische und der Schweizer Botschafter teilnahmen. Er hielt das Ganze gut aus, wenngleich eine schlaflose Nacht folgte, und hatte ein Gefühl des Erfolgs. Als er am nächsten Tag in der britischen Botschaft die Visa abholte, wurde er von Botschafter Clark-Kerr (Lord Inverchapel) empfangen – »schottischer Edelmann, sehr literarisch« – und fand die Atmosphäre, den Akzent und den Humor dieser britischen kulturellen Umgebung höchst unterhaltsam. Inverchapel war am 1. Mai auf dem Bahnhof, um den Herzog von Windsor zu verabschieden, der mit demselben Zug nach New York fuhr und von den Amerikanern mit merklicher Achtung behandelt wurde.

In New York, wo sie zehn Tage verbringen sollten, freuten sie sich über die Begrüßung durch Erika, Klaus, Golo und Monika. Sein Auftritt am Hunter College am 3. Mai schien noch erfolgreicher als in Washington, er hatte das Gefühl, gut gesprochen zu haben, die nahezu zweitausend Hörer waren besonders aufmerksam, er mußte viele Male den Beifall entgegennehmen, der ganze Abend glich einer großartigen Konzertaufführung. »Diese unbegreifliche Passion für lectures gibt es nur hierzulande.«[209] In einem Interview am folgenden Tag für die *New York Times* (»Nobel Prize Winner says ›A new war is not inevitable‹«) sprach er ausführlicher über das, was der »nachbürgerlichen Epoche« not tue, für die »weder der russische Kommunismus noch die amerikanische Demokratie in die richtige Richtung weisen«. Er forderte einen Kompromiß zwischen den beiden, eine Synthese aus Freiheit und Gleichheit mit sozialen Rücksichten und individuellen Rechten. Wenn Rußland seinen Radikalismus aufgebe und die Vereinigten Staaten ihre demokratischen Prinzipien den Erfordernissen eines neuen Zeitalters gemäß revidierten, was in beiden Fällen schließlich geschehen müsse, »dann und nur dann werden wir uns auf dem Weg zu einer echten Weltdemokratie befinden«.[210] Dieser Ansicht lag seine Besorgtheit über die antikommunistische Hexenjagd zugrunde, die vor kurzem vom Unamerican Activities Committee des Parlaments angezettelt worden war, wie auch seine Unterstützung für den Protest des Civil Rights Congress im Fall Gerhart Eislers, des kommunistischen Emigranten, dessen Versuche, nach Deutschland zurückzukehren, durch dessen Verhaftung und die Drohung einer Strafverfolgung verhindert worden waren. Er wollte sich aber keinesfalls weiter einlassen und weigerte sich nun in New York, einen neuen Protest zu unterzeichnen, der zu offensichtlich kommunistisch inspiriert war.

Auf der nicht allzu bequemen Überfahrt nach England auf der *Queen Elizabeth*, die sie am 10. Mai bestiegen, überkam ihn ein Gefühl von Reue und eines gewissen Verlustes an Selbstvertrauen; er hatte sich nun aber einmal zu dieser Reise entschlossen, und als sie am 16. Mai in Southampton landeten, hatte er sich wieder gefaßt. In der Woche, die sie im Savoy-Hotel in London zubrachten, wurde er gesellschaftlich wie offiziell von zahlreichen Verpflichtungen in Anspruch genommen, bei denen ihn Erika wie stets tatkräftig unterstützte. In einem Reuter-Interview, nach der Landung in Southampton, vertrat er die gleiche politische Linie wie in New York, setzte aber noch seine schon früher geäußerte Befürwortung einer föderalistischen Lösung für Deutschland hinzu. (Seine Bemerkung über sein Zögern, München und Bonn »unter den Bajonetten der Alliierten« wieder zu besuchen, wurde in der Übersetzung der deutschen Presseagentur jedoch so falsch wiedergegeben, daß es aussah, als habe Bonn seinen Ehrendoktor nur »unter dem Druck der Alliierten« erneuert[211] – ein wesentlicher Unterschied, der ihm später Ärger einbrachte.)

Auf einem großen Empfang am Abend seiner Ankunft in London, an dem auch Vansittart teilnahm, traf er Harold Nicolson wieder. In einem späteren Artikel schrieb Nicolson, die Erinnerung an seine letzte Begegnung vor zwanzig Jahren in München mit »diesem großen Humanisten«, der in der Folge die »tragische Erfahrung machen mußte, daß seine düstersten Vorhersagen in Erfüllung gingen«, sei eine merkwürdige Erfahrung gewesen: Mann wolle herausfinden, ob der Sozialismus – »denn heute sind wir alle Sozialisten« –

»humanistisch« gemacht werden könne, er glaube, Großbritannien und das Commonwealth mit ihrer langen Erfahrung, Duldung und Ablehnung von Extremen hätten dabei eine bedeutende Rolle zu spielen. (Bei einer späteren Gelegenheit sagte Mann zu Nicolson, er habe die aufrichtige Befürchtung, Amerika wende sich dem Faschismus zu, und er wolle nicht ein zweites Mal zum Märtyrer der Freiheit werden.) Am 19. Mai besuchte er die BBC, um eine gekürzte Fassung seines *Germany and the Germans* aufzuzeichnen, am nächsten Tag fand sein Nietzsche-Vortrag statt.

Er sprach vor dem zahlreichsten Publikum, das sich je im University Senate House zusammengefunden hatte, der Andrang war so groß, daß alle Eingänge des Gebäudes frühzeitig geschlossen werden und ein weiterer Raum für eine Lautsprecherübertragung bereitgestellt werden mußten. In kurzen einleitenden Worten sagte er, wie sehr es ihn bewege, seine Rückkehr nach Europa in England zu beginnen, dem Land, das »1940 durch seine Standhaftigkeit die Menschheit vor der schrecklichsten Sklaverei befreit habe« und nun vielleicht »die größten Schritte auf dem Weg zu jenem neuen Humanismus« getan habe[212], der das Hauptthema seines Vortrags bilde. Dieser Auftritt erwies sich als nicht weniger erfolgreich wie der in Washington, die Umstände waren ebenso triumphal wie am Hunter College. In dieser »simplen« Form, für »unwissende Anglosaxons« bestimmt, würde der Vortrag in Zürich kritischer aufgenommen werden, bemerkte er in einem Brief an Heinrich[213]; hier aber bestätigten ihm Telephonanrufe, Besuche und die Pressestimmen, daß man ihn einstimmig günstig aufgenommen habe.

In einem weiteren Interview für die Hamburger Zeitung *Die Welt*, in dem sich die erste Frage auf einen Besuch in Deutschland bezog, wählte er seine Worte sorgsam: Er habe sich zwar noch nicht entschieden, doch es wäre besser, wenn ein Besuch zu einem späteren Zeitpunkt stattfände, »wenn die Gemüter dort sich mehr beruhigt und geklärt haben werden«; das sei vermutlich auch die deutsche Ansicht, da er bisher keine offizielle Einladung erhalten habe. Die Deutschen hätten noch nicht eingesehen, daß ihr Leiden die Folge ihrer vorhergegangenen Handlungen und nicht die der Besetzung seien, und sie hätten in ihrem alten »nationalen Egoismus« keinen Blick für das Elend der übrigen Welt. Er schloß mit den gleichen Worten der Hoffnung auf eine Zukunft in jener »Synthese von Freiheit und Gleichheit, Sozialismus und Individualismus«, die Roosevelt einst erhofft habe und die unter der Führung Englands nun möglich sei.[214] In einer kurzen *Botschaft an das deutsche Volk*, die am 21. Mai für die BBC aufgezeichnet und später in der *Frankfurter Allgemeinen Zeitung* veröffentlicht wurde, schlug er einen wesentlich ernsteren Ton an: die Verantwortung könne nicht nur den Nazi-Führern zugeschrieben werden, der Nationalsozialismus habe gewisse Wurzeln im geistigen Charakter und in der Tradition der Deutschen, die Ausrottung dieser Wurzeln und jede Umerziehung müsse von innen heraus kommen.[215] Er hatte sich nun fest entschlossen, Deutschland nicht zu besuchen, und machte das in einem letzten Interview für die United Press deutlich, bevor er am 24. Mai ein Flugtaxi nach Zürich bestieg: Er war keineswegs begierig, die Ruinen zu sehen – weder die der Gebäude noch die der Menschen. »Was für ein verschüttet Gäßchen in Dresden es wohl sein mag, das nach mir benannt ist«, hatte er im vergangenen Oktober an Erika geschrieben, »Pieck-fein wird es schon nicht sein.«[216]

Der Aufenthalt in der Schweiz, der über zwei Monate dauerte, bezeichnete seine wahre Rückkehr nach Europa. Die vertraute Atmosphäre von Zürich brachte während der milden Pfingsttage die verhältnismäßig glücklichen Zeiten der ersten Jahre des Exils aus Deutschland zurück, und das Wiedersehen mit so vielen Freunden, wie auch mit Gret, ihren Kindern und Therese Giehse, bereitete ihm herzliche Freude. Im Verlauf des Juni wurde er beinahe überwältigt von dem Strom von Besuchern und einer »kalamitösen Ansammlung« von Briefen, den Bitten um Interviews und der wachsenden Unordnung seiner Papiere in seinem Zimmer im Baur au Lac. Täglich mußte ein geschriebenes Programm angefertigt werden, in dem eine Menge Vortragsverpflichtungen an hervorragender Stelle stand – vor allem natürlich der *Nietzsche*, den er am 3. Juni während der Woche des Zürcher PEN-Kongresses hielt und am 11. Juni in Bern wiederholte, beide Male anscheinend gut aufgenommen, aber auch eine Lesung aus dem *Faustus* am 8. Juni im Zürcher Schauspielhaus, mit großem Beifall, und eine Rede vor Studenten in der Universität. Es waren Wochen beträchtlichen Drucks, der durch neuerliche Versuche, ihn zu einem Besuch Deutschlands zu bewegen, vor allem zu einem Internationalen Jugendtreffen in München, verstärkt wurde. Er blieb bei seiner Weigerung, auch als eine Abordnung aus München eintraf, um es mit persönlicher Überredung zu versuchen. »Zu vieles spricht dagegen im Lande und in meinem doch immer noch und immer wieder stark verbitterten Herzen«, schrieb er später an Reisiger.[217] Die unaufhörlichen Angriffe auf ihn, die zum Teil auf die falsche Übersetzung des Londoner Interviews zurückzuführen waren, zum Teil seinen Brief an das Innenministerium im Jahr 1933 entstellten, widerten ihn an, doch er fand sich damit ab, daß die dort drüben »3/4 meschugge« seien. Das exzentrische Gebaren Knappertsbuschs beim Dirigieren einer *Götterdämmerung*, das er bei einer Aufführung im Zürcher Stadttheater beobachtete, war für ihn ein recht unheimliches Erlebnis.

Am 20. Juni zog er sich mit Katia auf einen Monat nach Flims zurück, Erika besuchte Prag und Polen. Nach all dem Tumult fand er nun Zuflucht in etwas Arbeit – an den Fahnen des *Faustus*, die anscheinend auch schon bei einigen privilegierten Lesern in Stockholm die Runde machten, da er bereits zu diesem frühen Zeitpunkt begeisterte Kommentare hörte. Er wurde wieder an die »Morde« erinnert, die er in seiner »rücksichtslos autobiographischen« Methode an seinen Freunden begangen hatte (nach dem Erscheinen des Buchs im Herbst mußten viele Beschwichtigungsbriefe geschrieben werden), doch er glaubte, seine Sünden mit der Lungenoperation abgegolten zu haben. Der *Faustus* würde ihn trotz aller Kritik »eben doch als echten und mit dem Deutschtum tief beschäftigten Sohn des unglücklichen Landes erweisen«, nicht als einen Deserteur.[218] Derzeit war er über eine Verzögerung in der Herstellung der vorläufig kleinen amerikanischen Auflage, die sein Urheberrecht wahren sollte, beunruhigt, er schrieb an Luther Evans und bat um eine Lokkerung der Bestimmungen.

Die verbleibenden Wochen nach ihrer Rückkehr nach Zürich am 20. Juli waren öffentlich weniger anstrengend, nur zwei Lesungen aus dem *Faustus*, und gesellschaftlich weniger hektisch, so daß Zeit für Ausflüge nach Luzern, zu einem lohnenden Abend mit Hesse, und nach Stresa blieb. Viktor und Nelly trafen am 24. Juli zusammen mit Heinz Pringsheim und dessen Frau ein. Es war kaum überraschend, daß sich das Wiedersehen als schwierig erwies, da ihm die aufgeregte und allzu herzliche Art des die ganze Zeit über in Deutschland verbliebenen jüngeren Bruders unbehaglich war. Die dauernde feindliche Kritik dort war ihm ein Dorn im Auge; er beschloß, den vollen Text seines Briefes an das Innenministerium im Jahr 1933 in der *Neuen Zürcher Zeitung* zu veröffentlichen, um die Leute zu entwaffnen, die behaupteten, er habe in Wirklichkeit seinen Frieden mit dem Reich machen wollen. Seine derzeitigen Ansichten über Deutschland waren im großen und ganzen düster: eine Wiedergeburt des Nationalismus würde stattfinden, es würde wiederhergestellt und aufgerüstet werden und in fünfzig Jahren, wenn nicht früher, noch einmal »das nicht-russische Europa in der Tasche haben«.[219] Das Ideal wäre eine europäische Einigung ohne deutsche (oder russische) Hegemonie – am wichtigsten aber sei es, daß Deutschland nicht wieder mächtig würde.

Er sehnte sich wieder nach seinen kalifornischen Palmen. Vorher waren aber noch Verpflichtungen in Holland wahrzunehmen. Am 10. August flogen sie nach Amsterdam, wo sie von Klaus abgeholt wurden, der sich bereits einige Zeit dort mit Fritz Landshoff aufgehalten hatte (wieder einmal von einer Zeitschrift träumend, einstweilen aber mit der Auswahl für eine Goethe-Anthologie zur bevorstehenden Zweihundertjahrfeier beschäftigt, die sein Vater für die Dial Press herausgeben wollte). Einer ausführlichen Pressekonferenz im Hotel – Rundfunk und Film waren zugegen – folgte am 13. August ein Empfang im PEN-Club, bei dem Thomas Mann aus dem Stegreif eine kurze Ansprache hielt, in der er an seinen Freund Menno ter Braak und die anderen Opfer des Nazismus erinnerte und sein gegenwärtiges Zögern, Deutschland zu besuchen, erklärte, jedoch sein Vertrauen auf die europäische Jugend beteuerte und ankündigte, daß er in diesem Sinne einen einführenden Essay für Frans Masereels Bilderroman *La Jeunesse* vorhabe. Nach dem verhältnismäßigen Luxus der Schweiz fand er die Verhältnisse in Holland, wie schon in England, in der Tat spartanisch – es gab nichts zu kaufen, das Hotel hatte weder Kaffee noch Eier, und sie waren auf ihren eigenen Honigvorrat angewiesen –; er erkundigte sich nach einem Aufenthalt in dem vermutlich angenehmeren Noordwijk, mit dessen Erinnerungen an 1939. Sein Nietzsche-Vortrag fand am 14. August vor einem ruhigen und lediglich höflichen Publikum statt, die letzten Wochen genossen sie die Ruhe in dem vertrauten Strandhotel von Noordwijk. Auch dort waren Essen und Bedienung keineswegs zufriedenstellend, doch er war froh, wieder arbeiten zu können. Nur von dem letzten Auftritt, einer *Faustus*-Lesung in Amsterdam, die gut ankam, unterbrochen, schloß er den Masereel-Essay ab, las in Huizingas Studie über Erasmus und begann über seine Einführung zu der Goethe-Anthologie nachzudenken, die er kurz nach seiner Rückkehr nach Kalifornien fertig haben mußte.

Die langsame Überfahrt auf dem kleinen holländischen Dampfer *Westerdam*, auf den sie am 29. August in Rotterdam zustiegen, gab ihm ausreichend Zeit, über die Tour nachzudenken. Sie hatte an seine Ausdauer große Ansprüche gestellt, und er mußte Heinrich fast beneiden, der »das Leben eines Komödianten und Podiumsvirtuosen« nicht auf sich lade, »sich nicht von Frau Welt an der Nase führen läßt«.[220] (Ein Artikel Melvin Laskys im *New Leader*, den er erst später zu Gesicht bekam, hatte aber zu Recht betont, welche belebende Wirkung sein Besuch auf »weite kulturelle Kreise Europas« ausgeübt habe, und daß seine eigenartige Stellung und Persönlichkeit »sie in einer Vielzahl literarischer, politischer und nationaler Angelegenheiten berührte und empörte« – ein Zeichen, daß Europa seine geistige Gesundheit wiedergewann. Angesichts seiner Weigerung, Deutschland zu besuchen, schrieb Lasky, mit der er sowohl die Amerikaner durch seinen Hinweis auf die Bajonette erregt habe, wie auch die Deutschen, die ihn stets als Verräter an ihren Traditionen gesehen, doch widerwillig als einen unsterblichen Literaten anerkannt hatten, seien seine Auftritte in London und Zürich eine Gewalttour und seine Wahl Nietzsches für die Vorträge »ein Meisterstreich Mannscher Ironie« gewesen.[221])

Als er sich nun an Bord an die liegengebliebene Korrespondenz machte, schien ihm, die Monate fern vom Schreibtisch seien immerhin nicht ertraglos gewesen: An Ideen für neue Arbeit gebreche es nicht (eine mittelalterliche Novelle schwebte ihm bereits vor, *Felix Krull* mußte noch vollendet werden) – und der kostspielige Aufenthalt in der Schweiz sei durch den Zustrom von »Fränkli« aus Honoraren und Tantiemen gedeckt worden. Bei weiterer Lektüre über Erasmus war er beeindruckt, wenn auch etwas betroffen, über die Ähnlichkeit von dessen Charakter mit seinem eigenen – und dem Charakter Goethes, der sich zur Reformation ebenso ausweichend und zu Luthers Aufruhr ebenso negativ verhalten hätte, wie er es dem Aufruhr Hitlers gegenüber getan hatte. Auch an seinem eigenen Ruhm sei etwas Erasmisches, da er das Gefühl hatte, er sei, wie der des unentschlossenen Humanisten, letztlich nicht gerechtfertigt. Der Besuch in Europa hatte wie eine Rückkehr in die Welt ausgesehen, in die er gehörte, auch wenn sie noch zu unsicher war, um sich dort niederzulassen. Mit Ungeduld sah er einer Rückkehr nach Pacific Palisades entgegen, die Worte des Einwanderungsbeamten in New York – »You are *the* Thomas Mann, welcome home« – schlugen den rechten

Ton an. Nach einem Interview für die *New York Times*, in dem er die Amerikaner aufforderte, die Notwendigkeit einer planvollen Wirtschaft im zerstörten Europa statt einer einfachen Rückkehr zum Kapitalismus des 19. Jahrhunderts einzusehen, ähnelte die Heimfahrt über den Kontinent einem rückwärtslaufenden Film: Monika brachte sie zu ihrem klimatisierten Zug; in Chicago wurden sie von Elisabeth abgeholt und den antisemitischen Hirngespinsten Borgeses ausgesetzt; im Krankenhaus gab es eine abermalige Untersuchung, nach der er für völlig geheilt erklärt wurde; den Rest der Strecke nach Los Angeles verbrachten sie in angenehmem amerikanischem Komfort, und schließlich wurden sie von Golo am 14. September nach Pacific Palisades zurückgebracht.

Keine Romane mehr, hatte er nach dem Abschluß des *Faustus* gesagt; als er die kalifornische Routine wiederaufnahm, hielt er nicht viel von der Arbeit der letzten Monate des Jahres 1947 – lediglich Zeitvertreib, sagte er wiederholt, nur ein unbedeutendes Steckenpferd. Das galt gewiß für den Essay und die Auswahlarbeit für die Goethe-Anthologie. Im Oktober und November bestand die mitunter langweilige Anstrengung hauptsächlich in einer Wiederverwertung seines früheren Materials – »altes Zeug, etwas neu arrangiert und aufgeputzt«.[222] Für jemanden, der sich im Englischen so schlecht auskannte wie er, gab es freilich trotz der Hilfe von Klaus Probleme bei der Wahl guter Übersetzungen, daher erschien ihm das Honorar von 200 Dollar nur ein geringes Entgelt für seine Mühe. Sein derzeitiges Einkommen war in der Tat beträchtlich gesunken, denn die Veröffentlichung des *Faustus* stand noch aus, und die Beanspruchung seiner Mittel durch Freunde, durch Erika (deren Vortragspläne auf geringes Interesse stießen), vor allem aber durch Heinrich, bereitete einige Sorge. Da er sich ein wenig über den Unterschied zwischen seinen und Heinrichs Verhältnissen schämte, fiel es ihm schwer, mit ihm zu sprechen, und nicht zuletzt Katias wegen war er froh, daß man ihn, der keine Treppen steigen durfte, nicht einladen konnte. Die Verschlechterung des Gesundheitszustands und das vorgerückte Alter des Bruders ließen mit Sicherheit Probleme für die Zukunft erwarten. Trotz seiner Unruhe wegen der bevorstehenden Resonanz auf den *Faustus* nahm die Idee einer mittelalterlichen Novelle Gestalt an, auch den *Felix Krull* hatte er nicht vergessen; er »dürste« nach dem »Komischen, Lachen, Humor« nach den noch kaum gelinderten Schrecken des *Faustus*, teilte er Agnes Meyer am

10. Oktober mit. »Wer zur Zeit von Hitlers Siegen den ›Joseph‹ schrieb, wird sich auch vom Kommenden nicht unterkriegen lassen, sofern er es erlebt.«[223] Und wie Erika am 17. Oktober, dem Tag des Erscheinens des *Faustus*, bemerkte, hatte ihn das Buch nicht nur nicht, wie er glaubte, krank, sondern kerngesund und »zu neuen Wagnissen auf dem Papier« bereit gemacht.[224]

Die zukünftige politische Entwicklung konnte er in dem gegenwärtigen Trend zu einem hysterischen Antikommunismus erkennen. Der Versuch, Anfang Oktober, den Komponisten Hanns Eisler nach einem »Prozeß« vor dem House Unamerican Activities Committee als eine »treibende Kraft des internationalen Kommunismus« auszuweisen, war für Mann ein deprimierendes Zeichen des schwindenden Gerechtigkeitsgefühls in Amerika, ja des Anfangs faschistischer Herrschaft. Als er Ende des Monats in Hollywood als Zeuge vor einem Unterausschuß des Committees, das angeblichen kommunistischen Einfluß in der Filmindustrie untersuchte, zu erscheinen hatte, argumentierte er mit Nachdruck gegen »geistige Intoleranz, politische Inquisitionen und die Verminderung der Rechtssicherheit« unter dem Vorwand eines angeblichen Notstands, denn das sei nur zu symptomatisch für die Art und Weise, auf die der Faschismus in Deutschland begonnen habe.[225] Es befriedigte ihn, diesen »Analphabeten« seine Meinung zu sagen. Er zeichnete seine Erklärung für die Rundfunkserie »Hollywood Fights Back« des ABC auf. (Später, in der Hysterie der sogenannten McCarthy-Zeit, wurde sie gegen ihn verwendet, um ihn als Betrogenen und williges Werkzeug der Kommunisten hinzustellen.) In einem Interview nach einer Wiederholung seines Nietzsche-Vortrags in San Francisco befürwortete er eine Entspannung mit Sowjetrußland, trotz dessen falscher Vorstellung von Demokratie, und nannte Kommunismus einen »leeren Begriff«, den man dazu mißbrauche, alle Arten von Sozialismus oder linksliberalen Ideen zu verdammen, deren Gefahr weit übertrieben würde. Wo auch immer seine Sympathie im Fall Eisler lag, den er keineswegs als Kommunisten betrachtete, zögerte er doch, sich weiter einzumischen, da er sich, obwohl Bürger, immer noch als Gast des Landes fühlte. Von nun an sehnte er sich nur noch nach »Ruhe und Unsichtbarkeit« und wurde vorsichtig dabei, seinen Namen für liberale Anliegen herzugeben, auch wenn er die jüdische Ansiedlung in Palästina und den Kampf gegen den Antisemitismus stets kräftig unterstützte.

Er hatte nun mit Studien und der Materialsuche für die Novellenlegende begonnen, fand aber keine Ruhe, bevor er nicht von seinen Sorgen wegen der Rezeption des *Faustus* erlöst war. Im Dezember hatten die ersten Besprechungen aus der Schweiz deutlich gemacht, wie unbegründet diese gewesen waren: »Man hat vielleicht seit Werthers Tagen nicht mehr so viel von Tränen gehört.«[226] Korrodi hatte im Oktober in zwei Ausgaben der *Neuen Zürcher Zeitung* eine Diskussion zwischen einem Theologen, einem Biologen und dem Musikwissenschaftler Willi Schuh abgedruckt – was Mann als Form journalistischer Rezension einzigartig fand. In Deutschland, wo eine Lizenzausgabe bei Suhrkamp vorbereitet wurde, würde es vermutlich anders laufen, doch seine Begeisterung über die beispiellose Erregung, die aus dieser und anderen Besprechungen (darunter eine von Michael in einer Schweizer Zeitschrift) und den vielen Briefen sprach, die er den Januar über erhielt, war echt. Keines seiner Bücher hatte je einen solchen Widerhall gefunden – und nie zuvor hatte er die Reaktionen so eifrig oder mit solch »wahrer Pietät« gesammelt. Auch hatte er noch nie wegen eines einzelnen Buchs einen so großen Briefwechsel geführt.

Die ersten gebundenen Exemplare hatte er in der amerikanischen Vorausausgabe zu Gesicht bekommen, die Bermann im Oktober herausgebracht hatte, um das Urheberrecht zu schützen – und wieder empfand er Gewissensbisse wegen der allzu schweren theoretischen und pädagogischen Stellen. Im November hatte er daher mit Erika an wesentlichen Kürzungen gearbeitet, nicht nur um das Problem der Übersetzung für die fremdsprachigen Ausgaben zu erleichtern, sondern um, wenn möglich, dem deutschen Text eine stärkere Erzählstruktur zu geben. Sie wurden in den folgenden Ausgaben Bermanns in Wien und 1948 bei Suhrkamp in Frankfurt vorgenommen und erleichterten zweifelsohne die Lektüre. Die Rezeption des *Faustus* blieb im Jahr 1948 sein ständiges Anliegen, jede ungünstige Reaktion veranlaßte ihn zu ausführlichen Antworten und Erklärungen, im Februar vor allem gegenüber der Germanistin Käte Hamburger, die er wegen des völligen Mangels an Verständnis für die Rolle des Buchs in seinem Lebenswerk und dessen Wert als Bekenntnis tadelte. Die schonungslose Kritik Hans Egon Holthusens dagegen (*Die Welt ohne Transzendenz*, 1949) behauptete er nicht gelesen, doch viel darüber gehört zu haben: diesen scharfen Angriff auf den »theologischen Nonsens« und die Dämonisierung der deutschen Geschichte im *Faustus*, darüber hinaus auf sein Lebenswerk überhaupt (»ein großes Talent, aber ganz ohne die Dimensionen des Genialen«), würdigte er nie einer öffentlichen Antwort. Er habe sich nicht darum bemüht, schrieb er 1952 in milderer Stimmung: Holthusen solle gesagt haben, »›Es mußte etwas geschehen. Er erdrückt uns ja alle.‹ – Nun, dann war es also berechtigte Notwehr.«[227] Die Kritik im Londoner *Times Literary Supplement* war keineswegs feindlich – »kühne Größe«, »höchst unterhaltende Abschweifungen in den Erinnerungen und Gedanken eines Lebens, eingefangen in das locker geknüpfte Netz einer ironisch glitzernden Prosa« –, obwohl er das nach seinen bisherigen Erfahrungen mit dem *TLS* als eine verbrämte Abwertung empfunden haben mochte.

An all die Freunde, die sich durch seine zugegeben rücksichtslose Darstellung bloßgestellt fühlen konnten, hatte er beschwichtigende Briefe geschrieben. Schwierigere Probleme gab es freilich mit Adorno, der trotz seines Schweigens den Eindruck erweckte, er sei wegen des Mangels an Anerkennung seiner Mitarbeit unzufrieden, vor allem aber mit Schönberg, dem er ein Exemplar mit der Widmung »dem Eigentlichen« geschickt hatte, der aber über die flagrante widerrechtliche Aneignung seines geistigen Eigentums in Adrian Leverkühns »Erfindung« des Zwölftonsystems offensichtlich erbost war. Adorno gab sich zufrieden, als ihm Thomas Mann mitteilte, er beabsichtige einen vollen autobiographischen Bericht über die Entstehung und Entwicklung des Romans zu schreiben, in dem seine unersetzliche Hilfe gebührend gewürdigt würde. Schönberg aber ging zum Angriff über, indem er Mann einen fiktiven Lexikonartikel schickte, in dem ihre Rollen vertauscht waren: Mann, der Erfinder des Systems, der seine Leistung im *Faustus* bekanntmachte, während Schönberg, der diebische Komponist und Plagiator, sie für sich beanspruchte. »Ich weiß, daß ich nur auf Nachruhm rechnen darf und den sollte ich nicht noch verteidigen müssen«, schrieb Schönberg an ihn.[228] Erst Ende Februar konnten sie einen unbehaglichen Frieden schließen, Mann erklärte sich zu einem Nachwort, das den berechtigten Anspruch des Komponisten festhielt, für die englischen und andere fremdsprachige sowie alle deutschen Ausgaben bereit. Schönberg äußerte sich aber auch weiterhin in der Öffentlichkeit, und noch am Jahresende machte sich Mann wegen eines möglichen Prozesses Sorgen. Interessanter waren Anfragen, ob er bei Leverkühns Musik an Benjamin Britten gedacht habe. Das, beteuerte er, sei Zufall, die Folge bloßer Gleichzeitigkeit, denn dessen Kompositionen seien ihm noch unbekannt; als er sie im März dann gehört hatte, gab er zu, sein Held hätte wohl gern Tennysons Gedicht *Nocturne* oder Keats' *Ode to Music* vertont. Im Augenblick aber rührte ihn der Gesang der Rheintöchter zu Tränen: »Gebe für diese Stelle allein die ganze Musik Schönbergs, Bergs, Kreneks und Leverkühns dahin.«[229]

Er hatte eine Abneigung verspürt, etwas Neues anzufangen, im Januar aber entstanden die ersten vorläufigen Sätze zum späteren *Erwählten*. »Jetzt lese ich viel Mittelhochdeutsch ... mit Wörterbuch«, teilte er Agnes Meyer im Februar mit – Hartmann von Aues religiöse Legende *Gregorius* –, und er plane eine moderne Fassung dieser »Abart der Ödipus-Sage, die Erwählung eines furchtbar inzestuösen Sünders durch Gott selbst zum römischen Papst«, deren Thema aber »eigentlich von der *Gnade*« handele.[230] Obwohl er von dem Vergnügen sprach, das er bei dieser »frommen Groteske« empfinde (das ihm auch der schlichte Humor im wöchentlichen Rundfunkprogramm Jack Bennys in großem Maße bereitete), war er nach den dunklen Schrecken des *Faustus* noch nicht in einer hinreichend gelösten Stimmung, um mehr als zögernde Fortschritte zu machen. Er befand sich in einem »nervösen und haltlosen Übergangszustand zwischen den Arbeiten«; ein Bruch der linken Schulter nach einem unglücklichen Sturz Ende Februar, der zwar schnell wieder in Ordnung kam, trug nicht gerade dazu bei, ihn zu vertreiben; erst im April hatte er das Gefühl, die allzu »lange Zeit der Melancholie und des Hang-over nach dem ›Faustus‹« sei vorüber.[231]

Endlich gab es ein ruhiges Jahr ohne Reisen: bis 1949, wenn die Zweihundertjahrfeier Goethes eine weitere Vortragsreise, vielleicht endlich einen Besuch Deutschlands einschließend, erfordern würde, sollte nichts unternommen werden. Von der Politik und von Ereignissen, die ihn in früheren Zeiten in größere Aufregung versetzt hätten, hielt er sich weitgehend fern: die Ermordung Mahatma Gandhis im Januar, die kommunistische Machtübernahme in Prag im Februar, die alliierte Unterdrückung der Linken in Griechenland, Henry Wallaces Präsidentenkampagne gegen Truman für eine dritte Partei und für eine Politik des Friedens mit den Kommunisten. Er erkannte die Ereignisse in Prag als nackte Machtergreifung durch die Kommunisten, den »Selbstmord« Jan Masaryks als offensichtlichen Mord und schickte ein Beileidstelegramm an Beneš. Klaus hielt sich dort als Gast des kommunistischen Kulturministeriums zu Vorträgen auf, »was man ihm hier sehr übel nehmen wird«, schrieb sein Vater an Otto Basler. »Aber für Rote und Wallace-Knechte gelten wir alle ohnehin und haben nicht viel zu verlieren«[232], und wo er früher aktiv protestiert hätte, hatte er öffentlich nun nichts zu sagen. Die Ereignisse in Griechenland betrachtete er als noch wesentlich schlimmer als die in der Tschechoslowakei, sein Tagebuch verzeichnete nur seine Beschämung über seinen vormaligen Optimismus hinsichtlich *The Coming Victory of Democracy.*

Seine Unterstützung für Wallace war kein Geheimnis, doch er lehnte jede öffentliche Erklärung ab. Er ließ sich allerdings überreden, im Juni auf einer Konferenz der Hollywooder Peace Group zu erscheinen, bei der er sagte, Frieden sei für ihn keineswegs nur ein kommunistischer Slogan, sondern der »kategorische Imperativ« für die Menschheit; im Oktober sandte er während der letzten Tage des Wahlkampfs eine Erklärung zur Unterstützung Wallaces, »des einzigen Kandidaten ... für demokratischen Fortschritt«, der sich deutlich »gegen die Spaltung der Welt in zwei feindliche Lager« aussprach. (Er stimmte für Wallace und bereute seine Demonstration nicht, doch er war über Trumans Sieg nicht unglücklich – »es ist ein klarer Sieg FDRs«.)[233] Heinrich, der sich in diesem Klima prosowjetischer gebärdete denn je, hatte im Frühjahr wieder mit dem Gedanken gespielt, nach Ostdeutschland umzuziehen, beschloß aber im Herbst widerwillig, in einer neuen Wohnung zu bleiben, ohne sich anscheinend für Katias Hilfe beim Umzug dankbar zu zeigen. All das war dem neuen Werk kaum zuträglich, es wurde im Juni auch zugunsten eines detaillierten Berichts über die Entstehung des *Faustus* abgebrochen, den er im Umfang eines Buches bis Ende Oktober fertiggeschrieben hatte.

Der Erfolg des *Faustus* in Amerika überraschte ihn. Knopfs Erstausgabe von 25 000 Exemplaren im Sommer war bis zum September nahezu ausverkauft, im August wurde das Werk zum November-Book-of-the-Month gewählt – wenn auch zusammen mit Somerset Maughams *Catalina*, der, wie er dachte, die Pille für all die »Durchschnittsleser« versüßen würde. (Hätte er *Catalina* gelesen, was anscheinend nicht der Fall war, so hätte er erkannt, welchen Sinn es hatte, diesen Roman über das alte Spanien, der einige Verwandtschaft mit dem *Krull* und dem *Erwählten* aufwies, seinem *Faustus* beizugeben; Maughams darin erklärte Abneigung gegen den »Mandarin«-Stil, der »den kleinen Nachteil« habe, »das, was man kurz sagen kann, umständlich auszudrücken«, hätte ihn wohl kaum amüsiert.) Entgegen seinen Befürchtungen waren die Kritiken des *Faustus* weitgehend positiv, viele von höchstem Lob, obwohl er bei den Ausnahmen empfindlich blieb. Orville Prescott, nie ein nachsichtiger Kritiker, schrieb im Oktober in der *New York Times*, das Erzählen werde hier vom Philosophieren erstickt, als eine literarische Gewalttour sei das Buch zwar »brillant in seiner massiven, nachdenklichen, pedantischen Art«, als Roman aber »schwerfällig, gestelzt und herrlich langweilig«. Er war so unverschämt, Manns »Mangel an politischem Verständnis« zu bekritteln – erst »spät« sei er sich der Nazi-Gefahr bewußt geworden, unterstütze nun Wallace, »dessen Ideen und Anhänger so wenig« mit westlicher Demokratie gemein hätten. Auf diesen Schuß im Kalten Krieg und die Verfälschung seines Verhaltens antwortete Mann rasch in einem Brief an den Herausgeber: Als ausgesprochener Gegner der Nazis bereits zehn Jahre vor ihrer Machtergreifung, sei seine bittere Erfahrung des Wegs zu Faschismus, Krieg und Untergang die eigentliche Quelle seiner derzeitigen politischen Haltung.[234]

In der Tat, trotz vieler Briefe der Zustimmung und Unterstützung war er über die Feindseligkeit dieser und einiger anderer Kritiken und der amerikanischen Presse im allgemeinen ungewöhnlich deprimiert, mehr noch aber, und das zu Recht, über die »Weltkonstellation« der sich verschärfenden Trennung in zwei feindliche Lager. Eine Zukunft in Amerika wurde für jedermann, der als linksstehend galt und daher als Kommunist abgestempelt wurde, vor allem aber für einen Schriftsteller, unmöglich; das machte er in erster Linie auch für den unerwarteten Selbstmordversuch durch Gas verantwortlich, den Klaus am 11. Juni unternommen hatte. Von Polizei und Presse alarmiert, fuhr Katia sofort zum Krankenhaus und veranlaßte eine private Behandlung, dann nahmen ihn die Walters zusammen mit Erika auf, bis er sich wieder erholt hatte. Der unmittelbare Grund schien aber darin zu liegen, daß sein jüngster Freund, ein törichter, doch zärtlicher junger Seemann, ihn verlassen hatte; doch er hatte, wie der Vater erkannte, in sich einen Todesdrang wie seine Tante Julia, einen Drang, der von all den Umständen seines gegenwärtigen Lebens noch begünstigt wurde – »außer allein von einem Elternhaus, auf das er sich immer verlassen kann, auf das er aber natürlich nicht angewiesen sein will«.[235] Klaus' nach außen hin so sonniges Gemüt hatte einen dunklen Untergrund, er schämte sich seiner Schwäche, bedauerte aber, daß der Selbstmordversuch mißlungen war. (Ein Psychiater hatte, wie sich Golo erinnerte, gesagt, »in neun Monaten werden Sie's wieder tun«.[236]) Nun hatte er zumindest versprochen, weiterzuleben; Ende August war er bei Querido in Amsterdam wieder an der Arbeit, der Vater erinnerte ihn gebührend an das Mitgefühl und die Hilfe, die ihm zuteil geworden waren, und forderte ihn auf, in London bei Alexander Kordas Verfilmung des *Zauberbergs* zu helfen.

Zu Weihnachten war das Haus am San Remo Drive wieder einmal voll, eigentlich zu voll. Erika und Monika, deren Launen bei einem früheren Aufenthalt für Katia unerträglich geworden waren, mußten auswärts übernachten, um Platz für Michael und seine Familie, Golo und Klaus zu machen, der nun auf einige Zeit aus Amsterdam zurück war. Für Thomas Mann, dem die Schönberg-Affäre immer noch Sorgen bereitete und dem für das kommende Goethe-Jahr beunruhigende Verpflichtungen bevorstanden, wurden das Getümmel und die Unordnung im Haus zu einem echten Ärgernis, sosehr er auch versuchte, sich von den Problemen der Kinder zu distanzieren. Er hatte die Verleihung des neu begründeten ostdeutschen Goethe-Preises angenommen, hatte aber schwere Bedenken hinsichtlich des Besuches, der damit verbunden sein mochte; er war geneigt, Deutschland überhaupt zu meiden, sollte er sich aber zu einem Besuch entschließen, würde das Betreten der Ostzone angesichts der wachsenden Kälte in den amerikanisch-sowjetischen Beziehungen mit Sicherheit größeres politisches Aufsehen erregen. In einem Jahr recht gemischter Erfahrungen waren Hilfe und Unterstützung Erikas sein größter Trost gewesen, sie hatte bei ihren häufigen Aufenthalten einen großen Teil seiner Routinearbeit übernommen, als »Homer Smith, Sekretär« selbst eine Menge der Korrespondenz bearbeitet und das massenhafte Material, das ihm zuströmte, klug sortiert. Sie hatte vage Pläne für eine Biographie, er wünschte sich, wie er Anfang des Jahres notiert hatte, nichts sehnlicher, als daß sie als »Tochter-Adjutantin« – Sekretärin, Biographin, Nachlaßhüterin – bei ihnen lebte. Diese Hoffnung sollte sich in den kommenden Jahren weitgehend erfüllen.

VIII
Der isolierte Weltbürger
1949–1951

»Ich habe mich mit zitternden Nerven übler und lebensgefährlicher Angriffe zu erwehren.«

TM, 21.4.1951[1]

Vor dem Nationaltheater in Weimar am 1. August 1949
von rechts nach links: Kulturminister Johannes R. Becher, Thomas Mann, Oberbürgermeister Hermann Buchterkirchen

1

»Aber ich kann nicht umhin, das Wiedersehen nach diesen 16 Jahren der Entfremdung als ein gespenstisches Abenteuer und als eine rechte Prüfung zu empfinden.«

TM, 19.3.1949[2]

Im Januar 1949 standen Thomas Manns Pläne für eine Vortragsreise, die im April beginnen sollte, fest: Chicago, Washington, New York, Oxford (wo ein weiterer Ehrendoktor auf ihn wartete) und London, Schweden und Dänemark, die Schweiz – aber noch nicht Deutschland, wozu er sich immer noch nicht entschließen konnte. Über Goethe hatte er mit vorgetäuschter Verzweiflung gesagt, »j'ai vidé mon sac«, und sich gefragt, wie er noch einen Vortrag zusammenkratzen könne, der sowohl in Amerika wie in Europa Gefallen finden würde. »Goethe and Democracy« stellte sich bald als Thema ein – damit konnte er durchaus eine Stunde füllen, sich nach allen Seiten drehen und wenden, einmal links, einmal rechts, wie das Pendel seiner Kaminuhr, und unter den Angelsachsen interessante Verwirrung stiften.[3] Anfang Februar schickte er den ausnahmsweise einmal nicht allzu langen Entwurf an Erika, die Kürzungen vorschlagen sollte. Sie war mit ihm und Golo der Meinung, daß er vor allem eine Stelle auslassen sollte, an der er darüber Vermutungen anstellte, ob Goethe heutzutage die Zukunft der Freiheit von Kunst und Wissenschaften in Rußland eher als in Amerika gesehen hätte.

Sein persönliches »Deutsches Problem« war immer noch ungelöst. Angriffe der Münchner Presse auf Erika und Klaus als kommunistische Agenten – »Stalins Fünfte Kolonne« – hatten ihn verärgert, und er hatte den *Aufbau* unter Druck gesetzt, Erikas Erwiderung zu veröffentlichen, selbst aber öffentlich nichts unternommen. Seine früheren Vorbehalte gegenüber einem Besuch in Deutschland hatten sich aber etwas gelegt, da er trotz andauernder persönlicher Angriffe von vielen jungen Studenten und Germanisten begeisterte Briefe erhalten hatte. Bereits im vergangenen Juli hatte er über Ernst Bertrams Unterstützung des Nazismus milde geurteilt, und auch wenn er nach dem Bescheid der gemäß dem Gesetz zur Befreiung von Nationalsozialismus und Militarismus eingesetzten öffentlichen Spruchkammer dessen Wiedereinsetzung als Professor nicht empfehlen konnte, war er doch der Meinung, Bertram verdiene zumindest eine Pension. Seine Abneigung gegen persönliche Kontakte mit der »inneren Emigration« blieb aber bestehen, und er war immer noch bemüht, die politischen Folgen zu vermeiden, die ein Besuch unweigerlich nach sich ziehen würde.

Vom amerikanischen Standpunkt aus schien Ostdeutschland nicht in Frage zu kommen: Er hatte den dortigen Behörden bereits klargemacht, daß ihm der Goethe-Preis in Abwesenheit verliehen werden müsse. An Hans Reisiger in Leipzig hatte er geschrieben, die Stiftung einer Hilfsorganisation für Studenten solle seinen Namen ohne Erwähnung einer ausdrücklichen Zustimmung benutzen, um jeden Anschein einer »*Solidarisierung* mit der russisch-ostdeutschen Kulturpolitik ... die öffentlich ausgewertet werden würde« zu vermeiden.[4] Ein Besuch Westdeutschlands würde andererseits als eine politische Haltung ausgelegt werden, die ihm keineswegs entsprach. Auf einen Vorschlag, ihn zum Mitglied der Bayerischen Akademie der Schönen Künste zu wählen, hatte er lediglich eine Ehrenmitgliedschaft vorgeschlagen. Das wurde, wie er im März erfuhr, gern akzeptiert, zusammen mit einer Einladung, die Münchner Goethe-Feier im Juli zu besuchen. Auch von einer Einladung zu einem Vortrag in Frankfurt und der Verleihung des dortigen Goethe-Preises war die Rede. Er war verwirrt und unsicher, von vielen Seiten wurde ihm von einem Besuch abgeraten, vor allem von Klaus, der sich nun entschlossen hatte, nach Südfrankreich zu gehen, um an einem neuen Roman zu arbeiten, und sogar von Bermann Fischer. Erst im Mai, als er aus Washington in Chicago eingetroffen war, entschied er sich endgültig, die Verleihung des Preises in Frankfurt Ende Juli anzunehmen – obwohl er erkannte, daß das unterwegs die Vorbereitung einer anderen Rede bedeuten und eine Ausdehnung der Reise weit über die geplante Dauer mit sich bringen würde. Frankfurt müsse symbolisch für das ganze Deutschland stehen – jeder weitere Ausflug (etwa nach Lübeck, wohin er ebenfalls eingeladen war) würde seine Kräfte übersteigen – und böte die beste Gelegenheit, seinen guten Willen zu zeigen: dann könne er endlich sagen »ich bin dagewesen«, schrieb er an Reisiger mit der Hoffnung auf ein Wiedersehen in Frankfurt.[5]

Seine Haltung zum Westen wie zum Osten Deutschlands sollte ausgewogen erscheinen – was offensichtlich schwierig sein würde, da man ihn in Amerika zunehmend für prokommunistisch hielt.

Sein Haß auf das Unamerican Activities Committee sei nun beinahe so groß wie sein einstiger Haß auf Hitler, hatte er Agnes Meyer gestanden. Als im Februar der Bollingen-Preis für Lyrik an Ezra Pound verliehen wurde, fragte er sich, ob das Urteil von T. S. Eliot und dessen Kollegen in der Jury ebenso »objektiv« ausgefallen wäre, wenn Pound Kommunist und nicht ein Renegat im faschistischen Italien gewesen wäre. Ende März wurde vom National Council of Arts and Sciences, dem er angehörte, in New York eine Weltfriedenskonferenz einberufen. Die Veranstaltung wurde im *New Leader* im vorhinein als Propagandabühne der Roten gebrandmarkt, und der spätere Bericht in *Life* – »Red Visitors cause Rumpus« – brachte einen Steckbrief der »Freunde der Kommunisten«: ihn selbst (obwohl er nicht teilgenommen hatte), Albert Einstein, Charlie Chaplin, Norman Mailer, Arthur Miller, Lillian Hellman, Dorothy Parker. Er sei weder ein Genasführter noch ein Mitläufer, noch ein Bewunderer der gegenwärtigen gefährlichen Phase der russischen Revolution, schrieb er in Protest an Biddle, den Assistant Secretary of State, doch es müsse jede Anstrengung unternommen werden, die Katastrophe eines Krieges zwischen Amerika und Rußland zu vermeiden.[6] Nach dem Abschluß des Atlantikpakts am 4. April, der die Spaltung zwischen Ost und West eindeutig besiegelte, gehörte er zu den fünfhundert Unterzeichnern eines Briefes an den Kongreß, in dem dessen Widerruf gefordert und unmittelbare Verhandlungen mit der Sowjetunion befürwortet wurden, um die Zwistigkeiten auszuräumen.

All das fand während der komplizierten Vorbereitungen für die Reise und dem umfangreichen Briefwechsel über die bevorstehenden Vortragstermine statt. Als er sich mit Katia und Erika zur Abreise nach Chicago anschickte, traf ein Telegramm ein, in dem Nelly Mann den Tod Viktors mit noch nicht sechzig Jahren in München mitteilte – ein beunruhigendes Memento mori, über das nachzugrübeln er jetzt keine Zeit hatte. Ihre Begegnung in Zürich war nicht einfach gewesen, doch er hatte mit seinem Bruder in den vergangenen zwei Jahren viele herzliche Briefe gewechselt, ihm Pakete mit Nahrungsmitteln und Kleidung geschickt, die Möglichkeit einer Rückerstattung des Familienbesitzes diskutiert und die Hoffnung geäußert, einige der Erbstücke würden an Frido gehen. Er hatte sich auch bemüht, ihm bei der Niederschrift der Erinnerungen zu helfen, ein Vorhaben, das er etwas amüsant fand, das Viktor aber mit einer

Energie und Eile verfolgte, wie sie für Heinrich eher als für ihn typisch waren. Auszüge aus dem Buch waren bereits im Jahr 1948 veröffentlicht worden, das ganze umfangreiche Buch, *Wir waren fünf – Bildnis der Familie Mann*, gewidmet dem Andenken ihrer Mutter, erschien knapp sechs Monate nach seinem Tod. (Wie Thomas und Heinrich später erkannten, besaß dieses unerwartete Erzeugnis aus der Feder eines Mannes, der ein völlig unliterarisches Leben geführt hatte, eine bewundernswerte Wärme und verriet ein nicht unbeträchtliches erzählerisches Geschick, auch wenn seine Erinnerungen nicht immer zuverlässig waren.)

Die Reise über den Kontinent wurde Ende April wie üblich für ein paar Tage in Chicago unterbrochen, wo der Vortrag *Goethe and Democracy* zum erstenmal stattfand. Bei dieser Gelegenheit unterzog er sich auch wieder einer Untersuchung im Krankenhaus, die abermals befriedigend verlief. In Washington, wo er wiederum Gast der Meyers war, erwartete ihn Professor Walter Hallstein, der frühere Rektor der Universität Frankfurt, der nun in Amerika lehrte, mit einer Einladung nach Frankfurt, die er (trotz aller Bedenken wegen der Mißbilligung von Klaus und Erika) anzunehmen beschloß. Sein Vortrag am 2. Mai in der Library of Congress wurde gut aufgenommen, anschließend folgte wie gewöhnlich der ermüdende Empfang bei den Meyers. Von New York aus wiederholte er den Vortrag zweimal, im Mount Holyoke College, Massachusetts, und im Hunter College; am 10. Mai traten sie ihren Nachtflug nach England an (seine erste Atlantiküberquerung mit dem Flugzeug).

Der Aufenthalt, der etwas über eine Woche dauerte, in materiellen Umständen, die sich seit seinem letzten Besuch deutlich gebessert hatten, wurde durch einen Empfang geprägt, der ihn nach den, wie er gemeint hatte, kühlen Besprechungen des *Faustus* überraschte. Bei der außergewöhnlich gedrängten Reihe von Verpflichtungen war er über den Beistand seiner Frau und der »Tochter-Adjutantin« nur zu froh. Er stieg im Londoner Savoy ab, hielt sich dann am 13. Mai in Oxford auf, wo man im mittelalterlichen Vorlesungssaal der Divinity School mit »unbeschreiblich zopfiger Feierlichkeit«[7] eine besondere Zeremonie zur Verleihung seines Ehrendoktors organisiert hatte, nach der er in der Taylorian Library seinen Goethe-Vortrag auf deutsch hielt, der später bei der Clarendon Press erscheinen sollte. Am 16. Mai wiederholte er ihn im London University Senate House, vor der Goethe Society. Für die BBC zeichnete er einen kurzen Vortrag über *Goethe, das deutsche Wunder* auf (Teil eines Essays über Goethe, Luther und Bismarck als die drei Riesen der deutschen Geschichte), den er später als seinen besten Beitrag zu den Jahrhundertfeiern ansah und der in Deutschland wie Amerika vielfach veröffentlicht wurde. Am nächsten Tag erinnerte er auf einem Empfang des Londoner PEN-Clubs an die Notwendigkeit zu Wachsamkeit und Protest gegen Verletzungen »geistiger Freiheit und selbständigen Denkens«, wo immer sie sich zutrügen. Am 18. Mai betonte er in der Wiener Library, in deren Sammlung die Schrecken des »Dritten Reichs« dokumentiert waren, die Wichtigkeit der Erinnerung an jene zwölf Jahre. Die Deutschen seien nur allzu bereit, sie zu vergessen und zu unterdrücken, doch sie müßten sich erinnern und aus dieser Erinnerung den Willen zur Wiedergutmachung schöpfen: »Die deutschen Schriftsteller werden viel und lange zu tun haben, ehe sie eine Bibliothek zusammengeschrieben haben, die dem, was da drüben ist, im Guten die Waage hält.«[8] Seine Tage waren mit Interviews und Begegnungen gefüllt, vor allem mit dem Musikwissenschaftler Ernest Newman, bei dem er Verständnis für den *Faustus* fand, auch Ida Herz und den Verwandten Katias mußte Zeit gewidmet werden.

Am 19. Mai flogen sie über Gothenburg nach Stockholm, wo sie Edgar von Uexküll erwartete, sein Freund und Bewunderer seit den zwanziger Jahren, der wegen der Verschwörung im Zusammenhang mit dem Anschlag auf Hitler 1944 verhaftet worden und kurz nach dem Krieg nach Schweden ausgewandert war. Im Gegensatz zur freundlichen schwedischen Presse fand Thomas Mann in der Frankfurter *Täglichen Rundschau* eine Ansammlung von Leserbriefen, die gegen die Verleihung des Goethe-Preises an ihn wetterten, und er war versucht, den Besuch abzusagen, wenn das so weiterginge. Als sie am 21. Mai nach vormittäglichen Besichtigungen in der Gesellschaft Uexkülls ins Grand Hotel zurückkehrten, erwartete sie eine erschütternde Nachricht: Klaus hatte sich in Cannes durch Einnahme einer Überdosis von Schlaftabletten das Leben genommen. Ein Brief an Katia und Erika, den Klaus tags zuvor geschrieben hatte, war in seinem üblichen unbekümmerten Stil gehalten: Er versuche, mit dem Schreiben weiterzumachen, obwohl er Geldsorgen und über seine Bücher Zweifel habe, er freue sich aber auf ein Wiedersehen mit Erika und schien sich in der Rolle einer »krankhaften Einsiedlerin und neurotischen Maus«, die er angenommen hatte, wohl zu fühlen, ohne von dem vermutlich plötzlichen Impuls, daß er allem ein Ende bereiten wolle, etwas zu verraten.[9]

Die unmittelbare Reaktion des Vaters galt Katia und Erika – »Er hätte es ihnen nicht antun dürfen« –; sie saßen lange zusammen und dachten an den »unwiderstehlich wirkenden Todeszwang«, der Klaus so lange beherrscht hatte. Für seinen Vater zeugte eine derartige Handlung von Verantwortungslosigkeit und einem schlimmen Mangel an Rücksicht auf andere[10] – doch er glaubte, daß einem Menschen, der an diesem Punkt angelangt war, solche Gefühle nicht möglich waren: seine »Todesversessenheit« war offensichtlich stärker als jede Liebe oder Treue, jede Bindung.[11] Er denke voll Trauer an dieses Leben, das abgebrochen worden sei, schrieb er später an Hesse: ihr Verhältnis sei schwierig gewesen, er selbst sei nicht ohne Schuld an dem Schatten, der über die Existenz von Klaus gefallen sei, obwohl er sein Bestes getan habe, ihn zu loben und zu ermutigen. »Trotzdem, er war eine ausgezeichnete Begabung. Nicht nur der ›Gide‹, auch sein ›Tschaikowsky‹ ist ein sehr gutes Buch und sein ›Vulkan‹, abgesehen von Partien, die er besser hätte machen *können*, vielleicht der beste Emigrationsroman. Stellen wir einmal sein Gelungenstes zusammen, so wird man sehen, daß es sehr schade um ihn ist.«[12]

Man beschloß, die Vortragstermine nicht abzusagen und die Reise wie geplant fortzusetzen, jedoch alle gesellschaftlichen Veranstaltungen nach Möglichkeit zu meiden; der Deutschlandbesuch stand jedoch wieder einmal in Frage. Katia und Erika waren zutiefst betroffen, Erika am meisten, wie die Eltern erkannten, da sie dem Bruder am nächsten gestanden hatte. Erst eine Woche vorher hatte sie, um ihn in seinem jüngsten Versuch, in einer Klinik in Nizza seine Morphiumsucht loszuwerden, zu ermutigen, den Vorschlag gemacht, zusammen in die Schweiz oder nach Österreich zu fahren, um »ein wenig gesunden fun« zu haben. »Waren wir doch Teile von einander«, schrieb sie im Juni, »so sehr, daß ich ohne ihn im Grunde gar nicht zu denken bin.«[13] Sie brachte es nicht über sich, nach Cannes zu fahren. Michael, der sich auf einer Orchestertour in der Gegend befand, konnte als einziger am Begräbnis des Bruders teilnehmen, er spielte ein Largo für ihn.

Goethe and Democracy wurde erfolgreich am 23. Mai in der Universität Uppsala und am folgenden Abend vor der Akademie in Stockholm gehalten, in beiden Fällen war der Applaus gewaltig. Am

28. Mai war dann Kopenhagen an der Reihe. Dort trennten sie sich von Erika, die sie in der Schweiz wiedertreffen wollte, und fuhren am 30. Mai zurück nach Lund, wo der Vortrag wiederholt und eine Probe für die Verleihung des Doktortitels abgehalten wurde, die am nächsten Tag in der Kathedrale stattfand. Die Zeremonie, die prächtig, sehr lang und nicht ohne einige amüsante Augenblicke war, erschien ihm als die schönste, die er bisher erlebt hatte: Der feierliche Zug der Kandidaten schritt unter Kanonensalven von der Universität zur Kathedrale, Thomas Mann ging im Frack neben dem Bischof, weißgekleidete Kinder reichten die Lorbeerkränze, bei jeder Verleihung ertönten weitere Salven, er hielt eine kurze Ansprache (am Vormittag rasch verfaßt, mit einem leichten Fauxpas, indem er Lunds größten Sohn Jeremias statt Esaias Tegnér nannte), zuletzt unter dem Beifall der Studenten in Prozession zurück zur Universität. (Die Lokalzeitung hielt es für nötig, zu erklären, daß die Gestalt zur Rechten des Küsters der Kathedrale auf der Photographie der berühmte Mann sei.) Er aber war froh, als alles vorüber war und freute sich sehr darauf, in die Schweiz zu entrinnen – doch da waren zwei Briefe des Frankfurter Bürgermeisters, die deutlich erkennen ließen, daß eine Absage der dortigen Feier schwierig sein würde. Überdies erkannte er, wie mutig es gewesen war, ihn überhaupt einzuladen.

Die Ankunft in Zürich am 1. Juni war genauso, wie er sie sich erträumt hatte, alle waren da – Erika, Michael und Gret mit den Kindern, Monika, die Oprechts, Therese Giehse –, und sie schlugen eine Einladung zum Besuch der neuen *Faust*-Inszenierung am selben Abend im Schauspielhaus nicht ab. Zwei Tage später hielt er dort seinen ersten Goethe-Vortrag. Der eidgenössische Präsident, der Bürgermeister von Zürich und ein großes Publikum waren zugegen, sein Vortrag wurde mit langem Beifall bedacht, es war eine herzliche Wiederaufnahme in dem Land, das er nun wiederum für den geeigneten Aufenthaltsort hielt, um den Lebensabend zu verbringen. Am 7. Juni fuhr er nach einem ruhigen Geburtstag nach Bern, zu einer Wiederholung des Vortrags unter ähnlichem Beifall. Er gab noch drei Lesungen aus seinem Werk, darunter aus dem Manuskript des *Erwählten*, in Zürich, Basel und Küsnacht, bevor sie sich Ende Juni zu einer dreiwöchigen Erholung nach Vulpera im Engadin aufmachten.

Erholung, aber nicht ohne Arbeit. Er hatte sich nunmehr entschlossen, nicht nur den Besuch in Frankfurt abzustatten, sondern auch eine Einladung nach Weimar anzunehmen, wo man ihm Presseberichten zufolge die Ehrenbürgerschaft anbieten wollte. Eine weitere Rede war also erforderlich, er machte sich daran und bemühte später auch die Hilfe Erikas, die auf einige Zeit zu ihnen kam. Georges Motschan, der reiche junge Schweizer und langjährige Freund, der sie in seinem eleganten Buick nach Vulpera gefahren hatte, erklärte sich gern zum Chauffeur auf einer Deutschlandreise bereit, die sich ausdehnen würde; München und Nürnberg, von wo er ebenfalls Einladungen erhalten hatte, sollten nun dazugehören. Die Bequemlichkeit und Unabhängigkeit, die ihnen dadurch geboten wurde, auch der Vorteil eines eigenen Dolmetschers in der Ostzone war ihnen willkommen, da Motschan zwar Schweizer, doch in Rußland geboren war. Mann war immer noch beunruhigt wegen seines ersten persönlichen Auftretens in einem Land, wo so viel Hysterie erzeugt worden war, giftige Artikel mit sehnsüchtigen Rufen nach seinem Erscheinen abwechselten, und aus dem nicht wenige echte Drohbriefe kamen. »Die Bosheit der Deutschen ist nie zu stillen«,[14] um wieviel leichter sei es doch, vor Angelsachsen, Schweden und Schweizern zu sprechen. Er konnte nur hoffen, die Stille der Berge würde ihn auf diese Prüfung vorbereiten und er würde trotz der wohl unvermeidlichen politischen Ausschlachtung des Besuchs in Weimar nicht zum Objekt amerikanischer Untersuchungen werden. Er beabsichtige, wie er in einem Interview sagte, die Einheit Deutschlands zu betonen und dessen gegenwärtige Spaltung zu ignorieren. Er fürchte aber, die Bekanntgabe des Besuchs in Weimar würde zu Ärger mit den Besatzungsbehörden wegen seiner Frankfurter Verpflichtungen führen. Erika tat vor ihrer Abreise nach Amsterdam ihr Bestes, um dem vorzubeugen, indem sie mit ihren zahlreichen amerikanischen Bekannten in der Stadt telephonierte. Beim Antritt seiner Reise hatte er das Gefühl, er zöge in einen Krieg.

Daß es von offizieller Seite wegen der Sicherheit der Reise nicht nur bei Amerikanern und Deutschen, sondern auch bei den Schweizern Bedenken gab, wurde deutlich, als sie am 22. Juli mit Motschan in Basel eintrafen. Sie hatten geplant, am Abend den Schlafwagen nach Frankfurt zu nehmen, wo Motschan sie mit dem Wagen abholen würde. Ihr junger Freund erfuhr, daß die Manns von Zürich an unter diskreter Überwachung der Polizei gestanden hatten, nachdem diese über die Drohbriefe unterrichtet worden war, auch auf dem Bahnhof war ein großes Polizeiaufgebot. Die französische Besatzung hatte am Badischen Bahnhof, dem ersten Halt nach der

Grenze, eine Ehrengarde aufgestellt – die Manns hatten sich aber schon zurückgezogen und hörten später mit Bedauern vom Schaffner, daß sie diese einmalige Ehrenbezeugung versäumt hatten. Am nächsten Morgen wurden sie rasch ins Gästehaus der Stadt Frankfurt, in Kronberg am Fuß des Taunus, gebracht, wo sie von einer Polizeitruppe gegen mögliche Eindringlinge bewacht wurden. Motschan, in seinem Wagen mit dem Schweizer Nummernschild, hatte aber keine Schwierigkeiten, zu seinen Schützlingen zu gelangen. Tutti Bermann Fischer, selbsternannte Pressesekretärin, hielt die große Ansammlung von internationalen Journalisten in Schach.

Als sich auf einem überfüllten Empfang des sozialdemokratischen Bürgermeisters Kolb Gott und die Welt – vor allem die Welt – unter jedem möglichen Vorwand nach vorn drängte, um dem Ehrengast nahe zu sein, war Motschan von der gelassenen Haltung und der Geistesgegenwart Thomas Manns überrascht, der so viele begrüßte, deren Namen ihm so lange Zeit nichts bedeutet hatten und die er in manchen Fällen wohl gern vergessen hätte. Motschan bemerkte auch seine Enttäuschung über die Abwesenheit seines Freundes Bertram und wurde gebeten, dafür zu sorgen, daß die Polizeiwache Bertram im Fall einer Verspätung einließ. Vor der Presse am 24. Juli verhielt er sich vorsichtig, er wolle erst am folgenden Tag eine Abordnung aus Weimar abwarten, bevor er sich zu einem Besuch dort entschließen würde. »Natürlich weiß ich, daß es Leute gibt, die meinem Besuch hier nicht zustimmen, aber ich denke doch, niemand wird meine guten Absichten mißverstehen.« Es sei nicht wahr, daß er für immer nach Deutschland zurückzukehren plane: »Ich bin amerikanischer Bürger und werde in mein Heim in den Staaten zurückkehren. Aber ich hoffe, dieser Besuch in Deutschland wird nicht mein letzter sein.«[15]

Unter dem Applaus einer großen Menge fuhr er am 25. Juli mit einer Polizeieskorte zur Paulskirche, wo sein Empfang durch die hohen Persönlichkeiten an der Pforte zu einem Medienereignis wurde. Im Inneren waren alle Plätze von einem geladenen Publikum besetzt, darunter in der ersten Reihe die Delegation aus Ostdeutschland, doch bei seiner langen Erfahrung mit derartigen Situationen ließ er nichts von der Anspannung erkennen, die er bei diesem ersten Auftritt in Deutschland seit seinem Wagner-Vortrag im Jahr 1933 empfunden haben mußte. Als Goethe-Feier enthielt das Programm natürlich Lesungen aus der Lyrik, mit musikalischem Vor- und

Nachspiel, für das Publikum aber war es zweifelsohne die Stunde Thomas Manns. Er brauchte sich nicht zu entschuldigen, daß er seinen Vortrag mit einer persönlichen Bemerkung begann: mit dem gebührenden Dank natürlich für die Ehre des Preises, der würdigte, daß sein Werk im Exil dem Land gedient habe, in dessen Sprache es abgefaßt war, und den er nun benützen wolle, um die Entbehrungen in seiner Heimat zu lindern. Vor allem aber sprach er von seiner Erfahrung mit Deutschland aus der Ferne die sechzehn Jahre hindurch – seinem Haß und Abscheu für das Nazi-Regime, der Rolle, die er im Krieg mit seinen Rundfunksendungen gespielt hatte, dem inneren Konflikt, den er wie alle Deutschen in sich empfunden habe, als das Ende nicht nur den Sturz Hitlers, sondern die totale Katastrophe und Zerreißung des Landes gebracht habe.

Faustus sei zwar das Werk eines Emigranten, zeige aber, wie tief er dessen Schicksal gefühlt und wie innig er es geteilt habe. Nach langem und nur zu begreiflichem Zögern sei er gekommen, um Freund wie Feind zu treffen – es wäre, ob er nun willkommen sei oder nicht, unentschuldbar gewesen, Goethe nur an anderen Orten geehrt und Deutschland gemieden zu haben. Er sei hier, nicht als »Bußprediger« oder als »Prophet, der sich im Besitze der Wahrheit« wisse, sondern als einer, der wie jeder andere unter der schmerzlichen Verwirrung der Zeit leide, der ohne die Zuflucht zu seiner Kunst, ohne die »Spiele und Unterhaltungen des Fabulierens« einfach nicht überleben, geschweige denn anderen Rat erteilen könne. Derartige »sehr ernste Spiele«, wie Goethe seinen eigenen *Faust* genannt hatte, seien vielleicht von größerem Nutzen als jeder Versuch, Ratschläge zu erteilen. Goethe nur als den Vertreter eines »guten« Deutschland zu preisen, wäre verfehlt, denn in seiner Größe lägen Gutes wie Böses, er sei Faust und Mephistopheles zugleich, die bewunderte Harmonie und Ausgeglichenheit seines Lebens sei das Ergebnis nicht nur eines ständigen Strebens nach Vollendung in seinem Werk, sondern seiner Bereitschaft zum Leben in all seinen Formen, worin sein Anspruch auf Repräsentation der ganzen Menschheit begründet sei.[16]

Der Vortrag war eine klare Darlegung seiner persönlichen Einstellung, mutig und mit wenig oder keiner Konzession an feindliche Kritik, und er hatte damit die angemessene Würdigung seines großen Vorgängers verbunden, ohne seinen eigenen Anspruch auf das Erbe direkt auszudrücken. (Er könne hoffen, schrieb er später, sein Auftritt würde, wenn auch nur moralisch, eine kleine Hilfe für die

»bedrängten besseren Elemente« in Deutschland sein, deren Situation durch die gegenwärtige unglückliche Weltlage keineswegs begünstigt werde.[17]) Im Publikum saßen vermutlich mehr Freunde als Feinde, denn der Beifall ließ keinen Zweifel daran, wie willkommen ihnen das, was er geboten hatte, war. Mikrophone hatten die Ansprache für die Tausende vor der Kirche übertragen, aus ihrem Beifall hörte er die befriedigenden Rufe: »Komm bald zurück!« Er war jedoch erschöpft, und nach dem offiziellen Bankett, das für etwa hundert Gäste in Kronberg stattfand (»wieviel Blut [klebt] wohl an all den Händen, dich ich heute habe drücken müssen?«[18]), hatte Katia dafür gesorgt, daß er sich früh zurückzog – glücklicherweise, wie Motschan fand, da es sich in einer Orgie des Fressens und der Nostalgie mit wüsten nazistischen Liedern bis spät in die Nacht hinzog.

Am 26. Juli kam es nach einer von der Stadt organisierten Besichtigung Frankfurts und seiner Ruinen, einem Besuch im wiederaufgebauten Goethehaus und einer Pressekonferenz zu einem willkommenen Wiedersehen: nicht mit Bertram, wie Mann gehofft hatte, sondern mit Reisiger, der mit einer offiziellen Einladung zu einem Besuch Stuttgarts auf ihrer Fahrt nach München am nächsten Tag eingetroffen war. Mit einiger Schwierigkeit zwängte man ihn in den Buick – das Mannsche Gepäck war weniger umfangreich als in Kalifornien zu Beginn der Reise, doch es waren immer noch elf Stück – aber die geplante frühe Abfahrt wurde durch einen Besuch hinausgezögert, den Mann dem Chefredakteur der *Frankfurter Rundschau* versprochen hatte. Es wurde ein entspanntes Interview daraus, in dem er, wie schon auf der Pressekonferenz, wieder die »böswillige Fiktion« zurückwies, er habe Deutschland den Rücken gekehrt, seine Bedenken über den »totalitären Kommunismus« äußerte, der die Autokratie des Zarentums geerbt habe, und betonte, daß die Zukunft Deutschlands in einer europäischen Staatenföderation liegen müsse.[19]

Der Zeitplan wurde dadurch beträchtlich verändert. Sie kamen zu spät für das offizielle Mittagessen nach Stuttgart, konnten aber das Programm und die Gastfreundschaft, die ihnen geboten wurden, nicht ablehnen: Reden, wiederum eine Besichtigung der Ruinen unter Polizeibegleitung, Abendessen mit dem Bürgermeister und Unterbringung im Gästehaus der Stadt. Die Weiterfahrt nach München, mit einem Tag Verspätung am 28. Juli, führte sie an dem Wegweiser nach Dachau vorbei – dem Konzentrationslager, wo, wie

Mann trocken bemerkte, »Heydrich mich erniedrigen, mich umbringen« wollte[20] – und zu Zerstörungen, die für sie von erschütternder Bedeutung waren, wie der junge Motschan an ihrem Schweigen erkannte (sein Vorschlag zu einem Besuch in der Poschingerstraße wurde entschieden abgelehnt). In dem ihnen so vertrauten Hotel Vier Jahreszeiten, das beschädigt war, doch einigermaßen funktionierte, war Mann hauptsächlich von dem Unterschied zwischen dem luxuriösen Menü hier und dem höchst spartanischen Essen beeindruckt, das man ihnen vor kurzem im Londoner Savoy serviert hatte, den Verlierern schien es besserzugehen als den Gewinnern. Endlich war Gelegenheit, die Zeitungen zu lesen, die man für ihn bereitgelegt hatte, die vornehmlich günstige Aufnahme der Frankfurter Ansprache überraschte ihn angenehm. Dann begab er sich am Abend zum Empfang in die Bayerische Akademie der Schönen Künste, zu deren Ehrenmitglied man ihn gewählt hatte. Die Begrüßungsansprachen von Hans Carossa, Emil Preetorius und Ernst Penzoldt beantwortete er mit einer Rede aus dem Stegreif, in der er um Verständnis für seine aus Freude und Trauer gemischten Gefühle bei der Rückkehr in die Stadt bat, die nahezu vierzig Jahre seine Heimat gewesen war: »Es sind die schweren Schicksale, die über uns alle hinweggegangen sind und wir wollen in dieser Stunde wenigstens das Freudige überwiegen lassen.«[21]

München war für ihn »zerlumpte Vergangenheit, für die er wenig Herz« habe.[22] Wenn der kurze Aufenthalt überhaupt Freude brachte, so bestand sie im Wiedersehen mit einer Anzahl alter Freunde, darunter Carl Ehrenberg, endlich auch ein Zeichen von Ernst Bertram durch einen Brief, den ein junger Amerikaner, ein ehemaliger Student seines Freundes, tags darauf überbrachte. Dieser Brief allein hätte, wie er zu Motschan sagte, die ganze Reise wert gemacht. Er hörte mit Rührung von diesem »Paria« (der von der Spruchkammer mit III eingestuft worden war und dessen Veröffentlichungen der Zensur unterlagen), der Erinnerungen an glücklichere Tage wachrief, sein Bedauern ausdrückte, eine persönliche Begegnung versäumt zu haben und seine Anerkennung für die friedenstiftenden Worte der Frankfurter Ansprache äußerte. Eine angemessene Antwort mußte jedoch bis zur Heimreise warten. Auf einer großen Pressekonferenz konzentrierten sich die Fragen auf seinen bevorstehenden Besuch in Weimar und die starke Kritik an seiner bereits bekannt gewordenen Weigerung, das Konzentrationslager Buchenwald, in dem nun Gegner des neuen Regimes inhaftiert waren, in seinen Reiseplan aufzunehmen. Er wiederholte, daß seine Anwesenheit in Weimar die grundsätzliche Einheit Deutschlands symbolisieren solle (wer sei dafür besser geeignet als ein unabhängiger Schriftsteller, »dessen wahre Heimat die von der Zoneneinteilung unberührte deutsche Sprache ist?«), und daß es keinen Sinn hätte, Forderungen an die ostdeutschen Behörden zu stellen, die sie unter der sowjetischen Besatzung unmöglich erfüllen könnten. Sein Thema dort werde der Humanismus sein, er betonte dabei seinen eigenen und den Optimismus der Welt, was die Zukunft Deutschlands betreffe.[23]

Als offizielle Rede im großen Saal des Bayrischen Wirtschaftsministeriums hielt er nicht die Ansprache von Frankfurt, sondern *Goethe und die Demokratie*. Der große Beifall und das anschließende Bankett überzeugten ihn, daß er die Prüfung von München gut überstanden habe; er fühlte sich frisch genug, die Einladung des Bürgermeisters und der neugegründeten Thomas-Mann-Gesellschaft in Nürnberg zu einem Besuch der Stadt am 30. Juli auf dem Weg nach Ostdeutschland anzunehmen. Es war ein etwas gedämpfterer Anlaß. Bei einer kurzen Tour durch die Stadt lehnte er es ab, den Saal der Kriegsverbrecherprozesse und den Hinrichtungsplatz zu besuchen und entschied sich für den Ort, an dem die gigantischen Parteitage stattgefunden hatten, um dort zu stehen, wo Hitler einst den Salut seiner Getreuen entgegengenommen hatte – zu seinen Füßen die Trümmer eines großen Hakenkreuzes aus Zement, das die Amerikaner zerstört hatten, nach seinen Worten ein Symbol des jetzigen Zustands, in dem sich Deutschland befand. Von Nürnberg ging es weiter nach Bayreuth, wo sie vor der Fahrt in die Sowjetzone im Bayrischen Hof abstiegen und gemäß der Frankfurter Vereinbarung die Abgesandten treffen sollten, die ihren Grenzübertritt zu organisieren hatten. Als er sich ins Goldene Gästebuch des Hotels eintrug, war er befremdet, daß die letzten Eintragungen vor ihm »die ganze Teufelsbrut, ... Hitler, Himmler, Goebbels, Goering, alle alle!« waren – doch besänftigt dadurch, daß man dazwischen sechzehn Seiten freigelassen hatte, »eine leere Seite für jedes Jahr meines Exils«.[24]

Sorgfältige Pläne für den Empfang an der Grenze gerieten am nächsten Tag in Verwirrung, als Motschan vernünftigerweise auf der kürzesten Route nach Weimar bestand, bei der er einen anderen Grenzübergang benutzte, so daß die wartende ostdeutsche Delegation eine Begrüßung an der Autobahn in Hermsdorf improvisieren mußte. Von dort fuhren sie in einem eindrucksvollen Geleitzug über Jena nach Weimar, wo sie von einer zahlreichen Menge und natürlich von einem großen Presseaufgebot empfangen wurden. Im Hotel Augusta – das alte Hotel zum Elephanten, Goethe-Freunden (und Lesern von *Lotte in Weimar*) wohl vertraut, war leider noch zu sehr beschädigt – war ein ganzes Stockwerk reserviert und alle Vorkehrungen zur Bequemlichkeit und Ruhe der Gäste getroffen worden, darunter Polizeiwachen in Zivil. Auf der unmittelbar danach stattfindenden internationalen Pressekonferenz sah sich Mann mit Fragen mehr politischer als literarischer Art konfrontiert, vermied es aber vor allem in seinen Antworten auf Provokationen westdeutscher Journalisten geschickt, sich auf dünnes Eis ziehen zu lassen. Er beabsichtige, sagte er, seinen Bruder Heinrich zur Übernahme der Präsidentschaft der Berliner Akademie der Künste zu bewegen, die man ihm angeboten hatte.

Bei der abendlichen Besichtigung der Stadt – nun nicht mehr mit einem Homburg, sondern einer passenderen Stoffmütze – fuhr er mit dem Ministerpräsidenten des Landes Thüringen in einem offenen Wagen. Katia, die mit Motschan im Buick saß, machte auf die ernsten Gesichter der Menschen aufmerksam, die ohne ein Lächeln am Straßenrand standen, »die nehmen das alles viel zu ernst, und dabei grüßt doch mein Mann nach links und rechts, als wäre er zu offizieller Staatsvisite hier.«[25] Das war es in der Tat für die Ostdeutschen, wie eine Parade der Freien Deutschen Jugend mit ihren Fahnen – Kinder, die zu jung waren, um zu wissen, wem sie zujubelten – und deutlicher noch das Programm erkennen ließen, das man für die Verleihung des Preises und seiner Ehrenbürgerschaft von Weimar am folgenden Tag organisiert hatte. Die Verfestigung der Besatzungszonen zu zwei getrennten deutschen Republiken hatte im Mai rechtliche Form angenommen. Für die Deutsche Demokratische Republik, noch nicht offiziell proklamiert und tatsächlich noch kein Einparteienstaat, und die dahinterstehenden sowjetischen Behörden war der Besuch Thomas Manns ein diplomatischer Gewinn, den es (nach anfänglichem Zögern und kommunistischen Einwänden gegen den Empfang dieses »Knechtes der Wallstreet«[26]) voll auszuschlachten galt.

Vor den offiziellen Feierlichkeiten im Nationaltheater am 1. August blieb Zeit, die Wiederherstellung von Goethes Haus am

Frauenplan zu bewundern und einen großen Kranz, den man aufmerksamerweise für ihn vorbereitet hatte, an den Sarkophagen Goethes und Schillers niederzulegen – während seiner wenigen Gedenkminuten habe er hauptsächlich, wie er nachher zu Motschan sagte, an den angeblichen Plan ihrer Öffnung und einer Verifizierung der Überreste denken müssen. Nachdem er sich den Weg durch die Menge gebahnt hatte, wurde er im vollbesetzten Theater mit einer stehenden Ovation begrüßt, und als er auf die Bühne trat, um seine Ehrungen entgegenzunehmen, mit langem Beifall bedacht. Er schickte seinem Text (demselben wie bei seiner Frankfurter Ansprache) nicht nur Dankesworte für die symbolische Anerkennung der deutschen Einheit durch die Verleihung beider Goethe-Preise an ihn voran, sondern auch seine schon häufig wiederholte Hoffnung, die Welt werde aus ihren schweren Zeiten den Weg zu einem neuen Humanismus finden, auf der Grundlage von »Freiheit, Recht und [der] Würde des Individuums … sei es auch in gebundenerer Form, bedingt durch verstärkte soziale Verpflichtung«[27] – ein taktvolles Zugeständnis an die Politik seiner Gastgeber, das aber auch seinen eigenen damaligen Vorstellungen entsprach.

Er war von Natur aus kühl und unsentimental, doch nun bewegten ihn die begeisterte Aufnahme seines Vortrags und der herzliche Beifall der Menge, durch die er sich zu dem Wagen zwängen mußte, der ihn zum Hotel Augusta brachte, wo er vom ranghöchsten Vertreter der Sowjetunion und dessen Familie zum Mittagessen erwartet wurde. General Tulpanow, Ostberliner Stadtkommandant und Informationschef der sowjetischen Militärregierung, sprach fließend Deutsch – zur Erleichterung Motschans, dessen Russisch nur für Gattin und Tochter des Gastgebers gebraucht wurde –, und die Diskussion mit seinem Gast drehte sich in erster Linie um deutsche und russische Literatur, obwohl er es nicht versäumte, seine Zufriedenheit mit dem »unabhängigen« Fortschritt, den Ostdeutschland auf eine Volksdemokratie zu machte, zu äußern. (Ein Fortschritt, der, wie Thomas Mann später meinte, zweifellos durch das auffallend große Polizeiaufgebot unterstützt wurde, dessen äußere Formen mit »der Regie des Hitlerstaates eine fatale Ähnlichkeit« hatten.[28])

Bei dem Abschiedsbankett am Abend bedankte er sich dafür, daß man ihn nicht »als Mummelgreis« begrüßt und »mit mir nicht die Wiederkehr alter Zeiten gefeiert« habe, sondern als jemanden, der zum Aufbau einer neuen Welt einen kleinen Beitrag leisten könne.

Wenn sein Werk dabei etwas geholfen habe, so schätze er sich glücklich.[29] Er gab bei dieser Gelegenheit bekannt, daß sein Preis von 20000 Mark für die Wiederherstellung der Herder-Kirche in Weimar verwendet werden solle; eine Unterstützung für notleidende Schriftsteller, für die er den Frankfurter Preis spende, sei hier nicht am Platz, wo die Schriftsteller »viel mehr Wertschätzung und Unterstützung genießen als die in Westdeutschland«[30]. Am folgenden Tag kam die Fahrt zur Grenze in Wartha, auf der Rückreise nach Frankfurt, in einem langen Konvoi durch die begeisterten Mengen in den Dörfern, die er auf dem Hinweg versäumt hatte – überall Girlanden und Spruchbänder, manchmal auch Stadtmusikanten –, ein Triumphzug, wie er ihn nie erlebt hatte. In Erfurt hielt der Bürgermeister eine Rede, in Eisenach fand zum Abschied ein Mittagessen statt, bei dem ihm der Bischof seinen persönlichen Dank für die Spende aussprach und man sein »Auf Wiedersehen« mit überwältigender Begeisterung aufnahm, in Wartha gab es nicht enden wollenden Dank seiner offiziellen Begleiter für den Besuch.

Als er in Amerika auf die Reise zurückblickte, hatte er das Gefühl, trotz all der schmeichelhaften Umstände einen kühlen Kopf behalten zu haben. Er hatte die eiserne Disziplin in dem Versuch dieser »Volksdemokratie«, eine Vision zu verwirklichen, bemerkt, die trotz seiner Vorbehalte eine gewisse Anziehung für ihn hatte und die dort, wie er gesehen zu haben glaubte, von vielen aufrichtigen Menschen bejaht wurde. Als er die Entwicklung in der neuen westlichen Bundesrepublik nach der Währungsreform beobachtete, die ihm wie eine Renazifizierung dünkte, kam ihm diese Disziplin im Osten wie ein Segen vor, der die »Dummheit und Frechheit« unterdrücke, die in der westlichen Öffentlichkeit so häufig zu hören war (es sei erstaunlich gewesen, daß er bei seinem Aufenthalt drüben keinen einzigen Schmähbrief bekommen habe). Er habe über die autokratische Herrschaft Sowjetrußlands, die sich von der der Zaren nicht so sehr unterscheide, öffentlich meditiert, doch er würde sich auch weiterhin der »Hysterie« der Kommunistenverfolgung und Kriegshetze widersetzen und für den Frieden »in einer Welt, deren Zukunft ohne kommunistische Züge ja längst nicht mehr vorzustellen ist«,[31] eintreten. Die Toleranz, die ihm im Osten erwiesen werde, wie er später an Agnes Meyer schrieb, gelte seinem Werk, keineswegs irgendwelchen prokommunistischen Äußerungen: »Ich bin kein ›Mitläufer‹. Aber es scheint, daß ich einige gescheite Kommunisten zu Mitläufern habe.«[32] Es war nur allzu deutlich, daß die Auseinandersetzung über seine Haltung erst begonnen hatte. Als sie am 4. August auf dem Frankfurter Bahnhof den Zug nach Amsterdam bestiegen und sich von dem getreuen Motschan verabschiedeten, dessen Hilfe so unentbehrlich gewesen war, durfte er aber trotzdem mit seinem ersten Besuch in Deutschland, der besser als erwartet verlaufen war, und mit der Tour ingesamt zufrieden sein, auch wenn sie durch den Tod von Klaus getrübt worden war. (Motschan wurde herzlich zu einem Besuch in Kalifornien eingeladen.)

Es ist aber auch bemerkenswert und für den wahren Charakter Thomas Manns bezeichnend, daß er, mit Ausnahme eines kurzen *Reiseberichts* in der *New York Times*, weder in seinem Tagebuch noch in den Briefen eine Reaktion auf die riesige Zerstörung seines Landes aufzeichnete, die er überall zu sehen bekommen hatte. Sechzehn Jahre hatte er »an Deutschland gelitten«, an der »offenen Wunde«, was einen so bewegenden Widerhall in seinem *Faustus* gefunden hatte, wo er um Gottes Gnade für sein Vaterland gebeten hatte. Danach war es sein einziger Wunsch gewesen, den Anblick der materiellen wie der menschlichen Zerstörung zu meiden, sein Interesse galt allein der Reaktion Deutschlands und der Deutschen auf *ihn selbst*. Die Zerstörung, die er an Ort und Stelle sah, schien ihn kaum oder gar nicht zu bewegen – es sei denn, seine eigene Stellung war betroffen und er mußte bereit sein, sich mit all dem polemischen Geschick zu verteidigen, das ihm zu Gebote stand. Begreiflicherweise hatte er vielleicht das Gefühl, daß die Deutschen, die sich auf die vernichtende Politik der Nazis entweder aus Begeisterung oder wie willenlose Schafe eingelassen hatten, all das verdienten, was ihnen nun widerfuhr, und daß ihn sein Vaterland im Stich gelassen habe, so wie er es nun im Stich lassen würde, bis zu dem Tag, an dem es seinen Wert gebührend anerkenne. In dieser offensichtlichen Gleichgültigkeit zeigte sich wiederum die Selbstbezogenheit, die seinen Charakter bestimmte.

Auffallend ist in jenem *Reisebericht* auch seine diplomatische Leisetreterei bei der Behandlung der (damals und noch heute) heftig kritisierten Vermeidung eines Besuches im Lager Buchenwald. »Unterderhand«, so heißt es, habe er sich über die Zustände dort informieren lassen und in Erfahrung gebracht, daß »die Belegschaft zu einem Drittel aus schlechthin asozialen Elementen und verwilderten Landfahrern bestehe, zum zweiten Drittel aus Übeltätern der Nazi-

Zeit« und nur [!] zum dritten aus Gegnern des neuen Staates, die »notwendig hatten isoliert werden müssen« – bei verständlicher Unterernährung, aber immerhin ohne »die sadistische Erniedrigung des Menschen wie in den Nazi-Lagern«. Man könne nur hoffen, daß das traurige Bild »nicht auch noch zu schön gefärbt ist«.[33] Ein solches Ausweichen vor den üblichen Argumenten des totalitären Staates – wohl nur um seine Stellung in Amerika nicht zu gefährden – war, und ist noch immer, für manche Bewunderer von Thomas Mann als Humanisten und Kämpfer für die Freiheit, eine bittere Enttäuschung.

2

»Noch einmal, noch einmal! Wie ganz ist es das Alte mit seinem Kummer und seinen Aufhellungen.«

TM, 12.7.1950[34]

Zum Glück hatten sie ihren ursprünglichen Plan, aus Frankfurt abzufliegen, geändert, und entgingen so der Meute von Journalisten, die am Flughafen gewartet hatten, und die Weiterreise nach Rotterdam, wo sie auf der *Nieuw Amsterdam* bequeme Kabinen bezogen, stand nicht im Rampenlicht. Die kurze Überfahrt nach New York, wo sie am 12. August landeten, bot vollkommene Erholung, bis auf den überfälligen Brief an Ernst Bertram vernachlässigte er sogar seine Korrespondenz. »Unsere herzlichen Wünsche sind mit Ihnen«, schrieb er mit seinem großen Bedauern darüber, daß sie sich nicht hatten treffen können. »Ich glaube, Sie kennen mich als Einen, der nie etwas aus seinem Leben verliert, sondern alles immer lebendig mit sich weiterführt, – wie denn vor allem nicht alte Freundschaft!«[35] Ihre Entfremdung war beendet, Mann erfüllte sein ehemaliges Versprechen und tat später, was er konnte, um Bertrams schwierige Lage zu erleichtern.

In New York hielten sie sich nicht länger auf, auch nicht bei der üblichen Unterbrechung in Chicago. Er begann nun den Bericht über den Besuch Deutschlands zu schreiben, um den die *New York Times* gebeten hatte, und auf der langen Rückreise nach Los Angeles setzte er diese Arbeit fort. In diesem weithin anekdotischen Bericht gestand er endlich sein tiefes Erschrecken beim Anblick der zerstörten Städte ein. Er kritisierte zwar die Mängel der Entnazifizierungsverfahren im Westen, war aber auch – immer noch diplomatisch – darauf bedacht, die weniger anziehende Seite des ostdeutschen Regimes nicht zu bagatellisieren und seine persönliche Haltung zu unterstreichen, die eher nichtkommunistisch als antikommunistisch sei. Ebenso betonte er in einem Interview für die *Herald Tribune* in New York, wie wichtig es sei, die »gefährlich kleine« Minderheit demokratisch gesinnter Deutscher zu unterstützen, die sich der Tendenz zu einer Wiedergeburt des Nationalismus bei der großen Mehrheit widersetzten, die sich weigerte, die wahren Gründe für ihre Lage anzuerkennen und lamentierte, um wieviel besser es ihnen unter Hitler gegangen sei. Wiederum hob er die entscheidende Bedeutung einer endgültigen Verständigung zwischen Ost und West hervor.[36] Seine ungeheure Erleichterung über die Rückkehr, nach der er hoffte, nun von den scharfen Auseinandersetzungen der Welt verschont zu bleiben, wurde beeinträchtigt durch eine Menge an Pressematerial, in dem er weitere Beweise einer wachsenden »Renazifizierung« in Westdeutschland entdeckte. Er habe seine Reise anscheinend »im letzten Augenblick« unternommen, schrieb er düster an Reisiger.[37] Es hatte ihn zwar gefreut, Carl Ehrenberg als Professor an der Münchner Musikakademie erfolgreich wirken zu sehen, doch auch das schien ein Zeichen der Vergünstigungen, die ehemalige Nazis genössen. Einer von ihnen, Herbert von Karajan, konnte sogar eine Tour durch die Vereinigten Staaten planen. »Der Wind weht kräftig zugunsten derer, die es [mit den Nazis gehalten] und Unannehmlichkeiten haben, nach allem, was ich hörte, die anderen.«[38] Auch in Amerika schien die Demokratie nur ein Schatten zu sein, der von der ersten echten Wirtschaftskrise vertrieben werden würde. In der Entwertung des englischen Pfunds und anderer europäischer Währungen im September (durch die er auch eine Einbuße in seinen Einkünften aus Europa erlitt) sah er den krassen wirtschaftlichen Imperialismus eines Landes am Werk, das »verrückt gemacht« sei »durch die Diskrepanz zwischen Macht und Unreife«.[39]

Hoffnungen auf einen Winter frei von den Forderungen der Welt und auf eine ungestörte Rückkehr zur Arbeit am *Erwählten* oder den Abschluß des *Krull* wurden zunichte gemacht von seinem politischen Unbehagen, von weiteren Einladungen zu Vorträgen und von den Briefen, die ihm unablässig zuströmten. Er sehne sich nach einem mehr privaten und weniger öffentlichen Leben, schrieb er im November an Frans Masereel, es gebe so viele Angriffe, gleichzeitig aber eine weltweite Post, die ihm mehr zu schaffen mache »als meinen Jahren und meiner noch immer experimentierenden Arbeit zuträglich ist«.[40] Erika, die sich seit August bei ihnen aufhielt, beurteilte die wachsende Stärke Westdeutschlands noch negativer, da sie sie als das Ergebnis einer Erpressung durch eine angebliche russische Drohung sah, und das eine deutsche Herrschaft über ganz Europa zur Folge haben würde. Diese Einstellung sowie ihre wachsende Feindseligkeit gegen Golo, den sie in seiner antirussischen und prokapitalistischen Haltung für »herzlos« hielt, fand die Zustimmung ihres Vaters; als ihr Bruder zu einem Wochenendbesuch kam, ärgerten sie sich beide über seine Ansichten, und es gab Auseinandersetzungen. Auf einer Pressekonferenz in Berkeley, wo er im Oktober *Goethe and Democracy* vortrug, tadelte Mann die Westmächte, weil sie mehr mit den Nazis als mit den Sozialdemokraten sympathisierten und die ersteren als eventuelle Stoßtruppen gegen den Sowjetkommunismus ansahen. Kommunismus, so argumentierte er, solle durch Demokratie und nicht durch Faschismus bekämpft werden.[41] Nehru, mit dem er in San Francisco eine Stunde zusammen war, und der ihn zu einem Besuch Indiens einlud, beeindruckte ihn als vornehmer und freundlicher Mann, »klüger, entschiedener, als die, die dieses Land führen«,[42] der beste Staatsmann der Gegenwart, er weigere sich konsequent, im Kalten Krieg Partei zu ergreifen (und würde dadurch kaum finanzielle Unterstützung erhalten). Heinrichs Ekel über die amerikanische Politik war, wenn möglich, nun noch extremer, gerne hätte er die Einladung nach Ost-Berlin angenommen und plante im September über Paris dorthin zu fliegen. Alt und krank, wie er war, zögerte er jedoch und entschloß sich schließlich, die Reise auf das Frühjahr zu verschieben.

Im großen und ganzen standen die letzten Monate des Jahres 1949 für Thomas Mann in einem unbefriedigenden Gegensatz zum Erfolg der europäischen Tour. Es gelang ihm zwar, sich an die Fortsetzung des *Erwählten* zu machen, immer noch in dem Gefühl, daß es sich nur um einen Zeitvertreib, eine Privatunterhaltung handle, nach dem *Faustus* sei es schwierig, irgend etwas ernst zu nehmen. Es war aber ungewöhnlich, daß er einen solchen Widerwillen gegenüber der Menge von Briefen empfand, die mit jeder Post eintrafen, ja, eine Abneigung, sogar den Schreibern zu antworten, die er am meisten mochte. Die politischen Erklärungen, denen er nicht widerstehen konnte, führten zu Ausbrüchen des Bedauerns darüber, daß er nicht geschwiegen hatte, da sie nur feindliche Reaktionen hervorriefen und ihn in weitere Auseinandersetzungen verwickelten. Im Dezember schmähte ihn ein »manischer« Artikel in der antisowjetischen Zeitschrift *Plain Talk* unter dem Titel »The Moral Eclipse of Thomas Mann« als Amerikas »fellow-traveller No. 1«, wegen seiner Unterstützung für Wallace und die Weltfriedenskonferenz, vor allem aber wegen seines Besuchs in Weimar – von dem Verfasser, dem Journalisten Eugene Tillinger, sollte er noch mehr zu hören bekommen.

Auf einer persönlicheren Ebene war er darüber verstimmt, daß Schönberg seine Angriffe wegen des *Faustus* fortsetzte, ihn öffentlich daran erinnerte, daß er das entliehene Exemplar seiner Harmonielehre noch nicht zurückgegeben habe, und das Nachwort, in dem Schönbergs Forderungen anerkannt wurden, als einen »Racheakt« bezeichnete. Mann beeilte sich, die Schrift mit Worten der Entschuldigung zurückzugeben und erinnerte daran, daß Schönberg anfänglich mit dem Nachwort völlig zufrieden gewesen sei: »Sie schlagen los auf einen Popanz Ihrer Phantasie, der nicht ich bin ... Wollen Sie durchaus mein Feind sein – es wird Ihnen nicht gelingen, mich zu dem Ihren zu machen.«[43] So unangenehm das alles war, gegen Ende des Jahres hatte er dennoch sein Gleichgewicht wieder einigermaßen zurückgewonnen. Die Abneigung gegen das Briefeschreiben war rasch verflogen, mit Hilde Kahns Hilfe wurde erledigt, was liegengeblieben war, und seine übliche Routine schien wieder zu funktionieren.

Weihnachten versprach ein lebhaftes Fest zu werden, im Dezember versammelte sich eine große Houseparty, Golo mit Ed Klotz, einem jungen amerikanischen Freund, Erika, die Familie Borgese (Michael war mit den Seinen allerdings noch in der Schweiz, und Monika blieb in New York); Klaus Pringsheim und sein Sohn waren zu Besuch da, und für den Weihnachtsabend plante man eine ausgedehnte Dinnerparty mit Champagner. Erikas höchst reizbare Laune störte jedoch die Harmonie des vollen Hauses, sie legte sich mit allen, besonders mit Elisabeth, an. Das verwunderte kaum, da sich seit dem Tod von Klaus alles verschworen hatte, sie mutlos und niedergeschlagen zu machen. Ihr Antrag auf amerikanische Einbürgerung wurde durch die anhaltenden Untersuchungen des FBI verzögert, was ihr vermutlich Auslandsreisen unmöglich machen würden, da sie kein Wiedereinreisevisum hatte, die persönlichen Angriffe in der deutschen Presse waren fortgesetzt worden, und langwierige Versuche, wegen einer früheren Verleumdung als Mitglied einer »Fünften Kolonne« für Stalin vor Gericht zu gehen, führten zu nichts. Ihr sexuelles Leben war nie befriedigend gewesen, und ihr ambivalentes Temperament mit ausgesprochen homoerotischen Neigungen machten sie zu einer schwierigen Hausgenossin. Erst vor kurzem hatte sie eine überraschende Leidenschaft für den verwitweten Bruno Walter sehr deprimiert, da Walter, im gleichen Alter wie ihr Vater, sie nicht zu erwidern vermochte. Mit Thomas Manns Entschluß, Deutschland zu besuchen, hatte sie sich nie abgefunden, und auch wenn sie über die politische Lage dort und in Amerika im wesentlichen einer Meinung waren, hatte sie sein, in ihren Augen unehrliches, Verhalten bitter getadelt, und ihm machte ihre übertriebene Intoleranz zu schaffen.

Ihre Rolle als »Adjutantin« des Vaters wurde nun in gewissem Maße von Golo übernommen, der gefälliger war und zum Beispiel im Dezember eine Besprechung für ihn schrieb. Er und seine Eltern berieten sorgenvoll über Erikas Zukunft – ob ihr etwa die Verhältnisse in England, vielleicht in einem Posten bei der BBC, besser zusagen würden –, obwohl sie der Vater keineswegs verlieren wollte und das Gefühl hatte, eine derartige Entscheidung würde für ihn eine völlige Entwurzelung und damit eine Rückkehr nach Europa bedeuten, einen Schritt, den er noch nicht zu erwägen bereit war. Das alles war höchst beunruhigend, doch er setzte seine Arbeit gelassen fort und war erleichtert, daß am Weihnachtsabend eine glückliche und versöhnliche Stimmung herrschte. Katia hatte für Geschenke für alle gesorgt, auch für die Gäste, Erikas »Newspaper«, aus komisch ungereimten Schlagzeilen montiert, war so populär wie eh und je, er selbst freute sich sehr über die Modernisierung seines Grammophons, das nun zum Abspielen von Langspielplatten und eigenen Aufnahmen geeignet war. Der junge Amerikaner, für den ein »kontinentaler« Abend dieser Art etwas Neues war, rief aus: »Gee, Golo, the champagne, the conversation – it was out of this world!« Eine Ablenkung für Erika hatte sich ergeben, als Joseph Angell, der einen Nervenzusammenbruch erlitten hatte, um Hilfe bei seiner Einleitung zu seinem lange geplanten Thomas-Mann-Reader gebeten hatte, die sie nun zusammen mit Golo über Neujahr für ihn abfaßte. Bevor die Borgeses am 2. Januar abreisten, hörte ihr Vater mit Freude, daß Erika und Elisabeth sich versöhnt hatten.

Der Beginn eines neuen »runden Jahres« – fünfzig seit den *Buddenbrooks*, fünfundzwanzig seit dem *Zauberberg*, und der bevorstehende fünfundsiebzigste Geburtstag – fand Thomas Mann in typischer Form. Er befolgte die tägliche Routine von Arbeit am Vormittag, am »Romänchen« *Der Erwählte* oder anderen Aufgaben, Korrespondenz am Nachmittag, am Abend dann Entspannung beim Grammophon oder sehr häufig auch im Kino, und dachte bereits an die diesjährige Vortragsreise. Mitunter belästigten ihn aber geringfügige Ohren- und Halsbeschwerden, und ihn deprimierte das unerklärliche Verschwinden seines Hundes Niko, des getreuen Gefährten all seiner Jahre in Amerika (der glücklicherweise durch einen anderen ersetzt wurde, den ihm die aufmerksame Caroline Newton zum Geschenk machte). Tiefer saß freilich die Depression über die politische Luft[44] des Kalten Krieges, in der man kaum noch atmen konnte, mit dem moralischen Dilemma über die Entwicklung der Wasserstoffbombe, der Verurteilung von Alger Hiss, die er schrecklich fand, und, was ihn persönlich betraf, die anfängliche Weigerung des Beverly Wilshire Hotels, ein Dinner des örtlichen Chapters des *Council of Arts, Sciences and Professions* anzunehmen, wenn ein »Kommunist wie Dr. Mann« eine Rede halten würde. Die Februarnummer von *Esquire*, in der die Karsh-Bilder von ihm und Jascha Heifetz in achtungsvoller Würdigung dieser »welcome expatriates« erschienen, wog wenig gegen seine politische Unruhe, denn er sah täglich Anzeichen einer beginnenden faschistischen Tendenz in Amerika. (War die Forderung nach einem »Treueid« der Universitätslehrer so verschieden von dem Druck der Nazis zur Gleichschaltung?)

Große öffentliche Empörung zwang indes das Wilshire Hotel zur Kapitulation, er wolle, wie er am 9. Januar an Adorno schrieb, dort seine Meinung sagen – die jüngste Steuerforderung in Höhe von 16000 Dollar, die »dem kalten Krieg in den Rachen« geworfen würden, gäbe ihm schließlich das Recht dazu.[45] Der Entwurf zu der Rede machte ihm Sorgen, wegen dessen vielleicht zu prokommunistischem Ton, doch beim Dinner am 14. Januar ließ er keinen Zweifel daran, wo er stand. »Wenn Kommunismus Gewalt und Rechtlosigkeit heißt, Konzentrationslager, totalitäres Management der Kultur, bevormundete Kunst, die Bestimmung ihres Niveaus von unten her …, dann bin ich entschieden kein Kommunist.« Er habe jedoch schon vor Jahrzehnten geschrieben, daß eine neue sozial organisierte Welt, einheitlich und geplant, geschaffen werden müsse, und solange die bürgerliche Welt dem Kommunismus nichts anderes entgegenzusetzen habe als eine Marktwirtschaft und den Konkurrenzkampf um den Profit, bestehe nur geringe Hoffnung, gegen ihn Erfolg zu haben. Der gegenwärtige dialektische Prozeß zwischen Altem und Neuem müsse eines Tages – vielleicht in fünfzig Jahren – eine Auflösung des sozioökonomischen Konflikts bringen, dabei werde sich dann wahrscheinlich zeigen, daß die Rezeption östlicher Ideen durch den Westen stärker gewesen sei als umgekehrt.[46]

In den nächsten Monaten nahm er zahlreiche Gelegenheiten wahr, öffentlich die Notwendigkeit einer Verständigung zwischen Ost und West zu unterstützen, da nun beide in der Lage waren, die Welt zu vernichten. Doch die Wahrheit zu sagen bedeutete, wie er resigniert zugab, daß man jedermann verletzte und niemandem eine Freude machte. Mit Ekel verfolgte er die Verschärfung des Kalten Krieges, in London wurde der sowjetische Spion Klaus Fuchs (der deutsche Emigrant, der beim amerikanischen Atombombenprojekt eine wichtige Rolle spielte) festgenommen, in Amerika gingen die Vernehmungen und Untersuchungen weiter, die seiner Meinung nach auf widerliche Weise ein »primitiv puritanisches Niveau«, zugleich »Haß, Furcht, Korruption und Selbstgerechtigkeit«[47] zeigten; Edgar Hoover, der Direktor des FBI, forderte vom Senat beträchtliche Personalerhöhungen, da sich angeblich 54000 Kommunisten in den Vereinigten Staaten befänden und zehnmal so viele Mitläufer. Mann konnte Orwells Buch *1984* kaum ertragen, da es eine schreckliche Vision beschrieb, die bereits eingetroffen zu sein schien.

Pläne für Heinrichs Übersiedlung nach Ost-Berlin waren mittlerweile gediehen, Anfang Februar war seine Überfahrt mit tschechischem Paß auf dem polnischen Schiff *Batory* nach Gdynia gebucht worden, die Eröffnung der Berliner Akademie der Künste unter seiner Präsidentschaft war bis zu seiner Ankunft verschoben worden. Große Ehrungen und viel Geld erwarteten ihn dort, notierte sein Bruder – für den diese Anerkennung in Heinrichs letzten Jahren eine erfreuliche Entlastung war, obwohl beiden das Wagnis recht riskant erschien. In der Nacht vom 10. zum 11. März aber erlitt Heinrich in seiner Wohnung in Santa Monica, wo er bereits von einer Krankenschwester betreut wurde, im Schlaf einen Schlaganfall, die damit verbundene Hirnblutung führte zu einem Koma, aus dem man ihn nicht aufwecken konnte und dem er in der folgenden Nacht schließlich erlag. In den Stunden des Wartens richtete Thomas, während Katia alles tat, was möglich war, seine Aufmerksamkeit auf die Arbeit und beschäftigte sich mit Briefen, um sich abzulenken, hörte *Don Giovanni* und notierte lakonisch in sein Notizbuch seinen trotz aller Erschütterung geringen Widerstand gegen das Geschehen, »da es nicht zu früh kommt und die gnädigste Lösung ist«.[48] Als dann unter den Papieren seines Bruders eine Menge obszöner Zeichnungen entdeckt wurden – Heinrichs lebenslange Vorliebe für das Zeichnen hatte sich jüngst auf dicke nackte Weiber gerichtet –, veranlaßte ihn das, über die sexuellen Probleme der ganzen Familie nachzudenken, er schloß sich selbst und sogar Viktor mit ein, der trotz seines simplen Wesens anscheinend nicht vor wiederholtem Ehebruch zurückgeschreckt war. Ein Testament war nicht vorhanden, unter den wenigen Dokumenten in Heinrichs Schreibtisch befand sich ein Nachruf auf Klaus, den Erika später in ihrem Gedenkband für den Bruder veröffentlichte. Bei der Trauerfeier am 14. März in der Mortuary in Santa Monica, einer einfachen und spärlich besuchten Zeremonie, hielt Lion Feuchtwanger die Totenrede.

Thomas scheint in erster Linie davon betroffen gewesen zu sein, daß er nun als der letzte der Fünf zurückgeblieben war – aber auch (was in seiner damaligen politischen Stimmung verständlich ist) davon, daß von offizieller westdeutscher Seite kein Wort der Anerkennung zu Leben und Werk seines Bruders kam. Mit geziemender Höflichkeit bedankte er sich für die langen und überschwenglichen Telegramme des Beileids, Respekts und Lobes, die von den Führern der DDR (Grotewohl, Pieck, Johannes R. Becher) eintrafen, die Heinrich wohl nicht zu ernst genommen hätte, wie er eine Woche später an einen Heidelberger Redakteur schrieb. Aber »daß aus Bonn, Frankfurt, München ... und aus seiner Vaterstadt Lübeck *nicht ein Wort* kam, ist *miserabel*!«.[49] Obwohl seine Meinungsverschiedenheiten mit Heinrich vor langer Zeit beigelegt worden waren, fiel es ihm, der sonst so bereitwillig Nachrufe schrieb, keineswegs leicht, eine Würdigung zu veröffentlichen, die ein Gegengewicht zu der Vernachlässigung durch sein Heimatland bilden würde. Alles, was er unternahm, war ein Brief an den Herausgeber der New Yorker *Germanic Review*, der bezeichnenderweise in der Sondernummer erscheinen sollte, die für seinen eigenen fünfundsiebzigsten Geburtstag vorbereitet wurde. »Auch wußte er wohl, daß sein Werk – ein gewaltiges Werk! – getan war … die Tatsache, daß [er] einer der größten Schriftsteller deutscher Sprache war, wird über kurz oder lang auch von dem widerstrebenden Bewußtsein der Deutschen Besitz ergreifen.«[50]

Das Problem mit seinem Bruder – dreißig Jahre vorher »das schwierigste Problem« seines Lebens, das von ihm immer noch nicht gewichen war – war nun endgültig gelöst, und er konnte seine Aufmerksamkeit wiederum der wichtigeren Frage des nächsten geplanten Besuchs in Europa auf der jährlichen Vortragsreise zuwenden. Die Tour sollte diesmal um die Vorstellung der französischen Ausgabe des *Faustus* in Paris herum organisiert werden, vorher sollte eine Tour durch Amerika gehen, zu der natürlich die Library of Congress gehörte, um in Schweden und schließlich wiederum in der Schweiz ihren Abschluß zu finden. Dort würde er seinen fünfundsiebzigsten Geburtstag begehen – mit dem Hintergedanken, wie er privat gestand, die Möglichkeit einer ständigen Übersiedlung dorthin zu erkunden. Anfänglich hatte er an Schopenhauer als Thema gedacht, verwarf es aber als zu akademisch und entschied sich stattdessen für einen persönlicheren Vortrag über seine Zeit, eine Musterung der Epoche, die er in seinen fünfundsiebzig Jahren durchlebt hatte, was nun zur Jahrhundertmitte durchaus angemessen sei und einen breiten Rahmen für einige Wahrheiten *in politicis* biete. Er sah es eigentlich als einen »geschichtlichen Akt« an, der »größeren Stil« habe als seine *Deutsche Ansprache*, die er 1930 in Berlin gehalten hatte. »Wie unerträglich dem Menschen die Wahrheit ist!« schrieb er an Hesse, als er den Vortrag am 21. März abschloß. »Ich werde sie aber auch sagen, auch auf der Reise jetzt bald. Und zwar schon in Washington.«[51] (Seine »Wahrheit« war eigentlich ziemlich mild und versöhnlich, entging aber nicht der Kritik der Rechtsextremisten.)

Er hatte Agnes Meyer bereits einen Termin für Washington vorgeschlagen, erfuhr aber nun von ihr, indem sie ihren Zeilen einen Brief des Bibliothekars der Library of Congress beilegte, daß sein bisher ungetrübtes Verhältnis zur Library in der gegenwärtigen Hysterie des Kalten Krieges durch die Publizität wegen seines Besuchs in Ostdeutschland und seine vielen Aussagen, die so gern als prokommunistisch ausgelegt wurden, schwer belastet war. Luther Evans, dem ein umfassendes FBI-Dossier darüber vorgelegt wurde, sah sich mit Bedauern gezwungen, die noch nicht angekündigte Vorlesung aus dem Programm zu streichen, das hundertfünfzigjährige Bestehen der Library bot dafür hinreichend Entschuldigung. Mann protestierte nicht, zeigte volles Verständnis und akzeptierte die Entscheidung. »Mein Vortrag bringt zwar, am Schluß, außer einem Wort für den Frieden, eine entschiedene und fundierte Absage an den Kommunismus, aber ich sehe ein, daß ich mir die Möglichkeit, dieses Bekenntnis in der Library abzulegen, verscherzt habe.« Gegenüber Agnes unterstrich er freilich wiederum die Gefahren des Kalten Krieges: »Rußland macht er noch böser, wenn es möglich ist, bei uns aber ruiniert er die Demokratie ... Meine Depression, genährt von all den ewigen Abschieden in *einem* Jahr: erst unser Sohn, dann in Deutschland der jüngste Bruder, nun der älteste, läßt sich schwer beschreiben.« Er hoffe nur, der Vortrag könne wie geplant in Chicago und New York gehalten werden – es wäre beschämend für ihn, wenn er in Europa gestehen müßte, daß er in Amerika Redeverbot habe.[52]

In den Wochen vor der Abreise nach Chicago am 21. April verstärkte sich seine Depression, und er dachte wiederum an eine endgültige Flucht aus diesem »Gangsterland«. Er war entschieden gegen die Aneignung des Wortes »Frieden« durch die Kommunisten, doch er werde sich, wie er schrieb, nicht zum Märtyrer für eine Sache machen lassen, die nicht seine eigene sei, für einen totalitären Staat, den er nie billigen könne. Andererseits riskiere hierzulande jeder Mensch das Märtyrertum, der gegen die Zerstörung der Demokratie unter dem Vorwand ihrer Erhaltung protestiere, wie es in dem Gesetzesentwurf von Mundt-Nixon vor dem Kongreß der Fall sei, der die Registrierung aller Kommunisten und kommunistisch kontrollierten Organisationen fordere und für den Fall eines nationalen Notstands Internierungsmaßnahmen vorsehe. Sollte dieser Entwurf gebilligt werden, »so *fliehe* ich Hals über Kopf mitsamt meinen sieben Ehrendoktoraten«.[53] Sorgen machte ihm auch ein Rechtsstreit über die Zukunft des S. Fischer Verlags, der nach dem Krieg von Suhrkamp wieder aufgemacht worden war, auf den Bermann Fischer aber nunmehr Anspruch erhob, in dessen Augen Suhrkamp lediglich Treuhänder gewesen war. (Das konnte erst Ende April bereinigt werden; man kam überein, Suhrkamp und S. Fischer als getrennte Verlage einzurichten, Mann blieb bei letzterem, nicht ohne

Bedenken wegen der Zukunft seiner Bücher und einer gewissen Sympathie für Suhrkamp, der sich seiner Meinung nach bewundernswert verhalten habe.) Die bevorstehende Luftveränderung werde ihm wahrscheinlich guttun, dachte er – obwohl die »Luft« im Augenblick vermutlich überall die gleiche sei.

Er war sich aber sicher, daß er in Amerika immer noch massive Unterstützung genoß, was durch den ersten Auftritt auf seiner Reise an der Universität von Chicago am 22. April bestätigt wurde. Die Nachfrage nach Eintrittskarten war so groß, daß man den Vortrag in die Universitätskirche verlegen mußte, die mehr Raum bot, wo er dann mit größerem Beifall und größerer eigener Befriedigung sprach, als er erwartet hatte. Erika, die ihn und Katia begleitet hatte, war bei den endgültigen Revisionen und Kürzungen seiner englischen Fassung von großer Hilfe gewesen. In ihren wenigen Tagen in Chicago, in denen auch ein Familiendinner zu Elisabeths Geburtstag stattfand, machte sie das gleiche mit dem deutschen Text für New York. Dort war am 26. April bei dem Vortrag, den der *Aufbau* veranstaltet hatte, der Empfang ebenfalls höchst ermutigend. In den Auszügen des Vortrags für einen Presseabdruck sowie in der Tonbandaufzeichnung einer Botschaft für die Mid-Century Conference of Peace in Chicago, kam er wiederum auf das Thema der Gefahren des Kalten Krieges für die Demokratie zu sprechen. Er betonte, wieviel Amerika und Rußland gemein hätten – die Ähnlichkeit der beiden Völker in ihrer »angeborenen Offenheit und Freundlichkeit, ihrer spontanen Art im menschlichen Umgang« –, und forderte Amerika auf, die Initiative zu einer universalen Friedenskonferenz und zu einem Plan zur Sicherung der Naturschätze der Welt zu ergreifen, um die Armut zu beseitigen. Das wäre humanistischer Kommunismus, der die inhumane Version ersetzen würde; erst wenn Rußland diesen Plan verwerfe, läge der offene Beweis vor, daß es nicht den Frieden wolle, ein Beweis, den man nun voreilig als bewiesen ausgebe.[54] Zur Vorstellung des »Thomas-Mann-Readers« (eher ein Nekrolog, mokierte sich der *New Yorker* – er mochte vielleicht ein bedeutender Autor sein, aber »nicht *so* bedeutend«) veranstaltete Knopf eine Pressekonferenz, bei der Mann sich wiederum auf die Politik konzentrierte. Deutschlands Zukunft sei düster angesichts der begreiflichen Furcht der Amerikaner und Briten, die sie verleite, im Faschismus einen Verbündeten zu sehen. Alles würde besser stehen, wenn Amerika aufrichtig antifaschistisch wäre und nicht darauf bedacht, den Sozialismus in der ganzen Welt zu unterdrücken.

In Stockholm, wo sie am 2. Mai nach einem anstrengenden Vierundzwanzigstundenflug über Schottland, Hamburg und Kopenhagen ankamen, wurde sein Vortrag am folgenden Abend von Prinz Wilhelm, dem Präsidenten des PEN-Clubs, eingeführt. Der Auftritt war ebenso erfolgreich, wenn nicht sogar erfolgreicher als im Jahr zuvor. Nach einer Wiederholung in der Universität Lund flog er mit Katia am 8. Mai nach Paris, wo er eine relativ unruhige Woche zubrachte, in der er unentwegt von Journalisten verfolgt wurde: ein überfüllter Empfang, veranstaltet vom Verlag Albin Michel im Ritz, drei Stunden Signieren von Exemplaren des französischen *Faustus* in der Buchhandlung Martin Flinkers, dann der Vortrag vor einem zahlreichen Publikum in der Sorbonne. Dem Vortrag, der auf deutsch stattfand und der für die Rundfunksendung gekürzt worden war, schickte er ein kurzes Vorwort in akzeptablem Französisch voran – nach einem »Versprecher« beim Dank für die Einführungen durch den Germanisten Edmond Vermeil und den ihm gut bekannten Autor Jules Romains, die er »Monsieur Merveil« und »Monsieur Romain Rolland« nannte (was einige Heiterkeit hervorrief, anscheinend aber nicht bei Romains), hatte er sich rasch gefaßt – und war mit dem Beifall am Schluß sehr zufrieden. Der deutliche Erfolg des *Faustus* in seiner französischen Version, schrieb er gegen Jahresende, sei in psychologischer Hinsicht bemerkenswert: daß ein so durch und durch deutscher Roman bei den Franzosen Anklang finden sollte, käme beinahe einer Abdankung gleich, es sei ihm aber nicht recht, wenn die Integration Europas aufgrund der »geistigen Selbstentwaffnung Frankreichs« stattfände.[55] In den zahlreichen Pariser Interviews hielt er sich häufig vorwiegend an das Problem Deutschlands und dessen gegenwärtig steriles künstlerisches Leben in der Situation des Kalten Krieges, versuchte den Eindruck aus seinen früheren Aussagen oder seinem Besuch in Weimar, daß er den Kommunismus in seiner stalinistischen Form gutheiße, zu korrigieren, obwohl er einräumte, im Osten ein moralisches Ideal der Verheißung für die Zukunft gefunden zu haben.

Der Aufenthalt war aber zu anstrengend. In seinem Tagebuch gestand er, daß er allmählich das Ambiente der französischen Sprache verabscheue, und die letzten paar Tage wehrte er weitere Einladungen und den Andrang der Journalisten erfolgreich ab. Sobald Katia einen kleinen Wagen gemietet hatte – einen Hillman Minx, gewiß ein Gegensatz zu dem luxuriösen Buick Motschans im vorigen Jahr –, waren sie froh, am 16. Mai in Richtung Zürich entfliehen zu können. Dort war sein erster Termin die Geburtstagsfeier – sein Vortrag sollte am 5. Juni stattfinden, ein Festessen am Abend darauf –, so daß sie sich zuerst eine Woche in Lugano erholen konnten, wo Erika auf ein paar Tage zu ihnen kam. In den wenigen Tagen in Zürich ließ er sich jedoch überreden, seinen Vortrag für eine Geburtstagssendung des Bayrischen Rundfunks aufzuzeichnen, der, wie er hoffte, ungekürzt durchgegeben würde. Wunderbares Frühlingswetter und nicht zuletzt die Möglichkeit, häufig die Hesses in Montagnola zu besuchen, machten den Aufenthalt ideal. Katia hatte angefangen, an Krampfadern zu leiden, beruhigte ihn aber, indem sie sich lediglich massieren ließ. Ihr Arzt diagnostizierte jedoch einer ernsthaftere innere Erkrankung (vielleicht die Folge ihrer Beschwerden Anfang 1940 in New York), die vermutlich einen Eingriff nötig machen würde. Davon verriet sie ihrem Gatten nichts und entschloß sich zu warten, bis die Feiern vorüber waren.

Hesse, dem er bei einem seiner Besuche zwei Kapitel aus dem *Erwählten* vorlas, fand ihn überraschend jugendlich, seine lebhafte und leicht spöttische Art hatte sich nicht geändert, es war ein reines Sprachvergnügen, ihn nur reden zu hören. Ein derartiges Zusammentreffen mit »wachgewordenen« Menschen, schrieb Hesse später an Erika, »verstehenden Brüdern auch unsrer sonst von niemand gesehenen Sorgen«, sei »eins der paar Glücke, die diese heutige Welt uns gelassen hat«.[56] Auch für Mann war es tröstlich und ermutigend, seine Ansichten mit einem Menschen auszutauschen, dessen politische Haltung der seinen so verwandt war – auch wenn dieser Schauplatz der ersten Monate seiner Emigration eine melancholische Erinnerung an all das mit sich bringe, was ihm seither widerfahren war. Hesse, resignierter und jeglicher Form von Einmischung in die öffentliche Diskussion abgeneigt, erschien ihm trotz der Gleichaltrigkeit wie ein alter Mann. »Auf mir lag viel Segen und Leiden; Weltruhm, Mühe, Pein«, hieß es in seinem Tagebuch. »In Californien steht nun das Haus. Alles sehr wunderlich, das Leben. Man bestaunt meine Jugend und Leistungsfähigkeit. Wie tief oft die Müdigkeit!«[57]

Die Rückkehr zum Baur au Lac in Zürich am 31. Mai brachte ein willkommenes Wiedersehen mit Gret und den Enkeln. Frido, der sich wenig verändert hatte, wollte ihm unbedingt sein »Doctor Doolittle«-Buch zeigen, zärtlich wie eh und je. Der Vortrag am Vorabend des Geburtstags im Schauspielhaus brachte ihm großen Beifall, etwas überraschend, dachte er, bei einem Text, der der gängigen Meinung zuwiderlief, doch vielleicht ein Beweis, daß er ausdrückte, was viele empfanden. Ein erstaunlicher Mann, kommentierte Korrodi in der *Neuen Zürcher Zeitung* – kritisch gegenüber dem Liberalismus und nachgiebig gegenüber dem Kommunismus, doch nicht von ganzem Herzen, denn er leite die ideale politische Lösung von der Existenzform Goethes ab, »der sich als ›gemäßigten Liberalen‹ erklärte«.[58] Eine Flut von Telegrammen, Briefen, Blumen hatte eingesetzt, und diesmal würde mehr denn je eine gedruckte Dankeskarte nötig sein. Zum eigentlichen Geburtstag waren zumindest einige der Familienmitglieder da, Erika natürlich, Elisabeth war aus Amerika angereist, Michael gesellte sich nach einer Tour in Österreich zu Gret und den Kindern. Eine Abordnung aus Lübeck war gekommen, die ihm feierlich einen traditionellen Marzipankuchen von der Größe eines Wagenrads überreichte. Bei dem Abendessen, das von Schweizer Freunden in einem der alten Zunfthäuser Zürichs gegeben wurde, sprach der Historiker J. R. von Salis über Thomas Manns enge Beziehungen zur Schweiz, insbesondere zu Zürich, die Ordnungsliebe und Pünktlichkeit des Lübeckers gleiche so sehr denen der Zürcher, aber auch über die Bedeutung seines Werks, das so durch und durch deutsch sei und doch über das rein Nationale hinaus europäischen Rang erreiche, wie sich bei der Aufnahme des *Faustus* in Paris gezeigt habe. Die stille und harmonische Feierlichkeit bewegte den Gefeierten sehr, er bedauerte nur, daß er es in seinen kurzen Dankesworten unterlassen hatte, Klaus' zu gedenken.[59]

Als alles glücklich vorbei war, konnte ihm Katia gestehen, daß sie ins Krankenhaus mußte. Am 9. Juni brachte Erika sie in die Hirslanden-Klinik am nordöstlichen Stadtrand, wo sie sich eine Zeitlang einer vorbeugenden Behandlung zu unterziehen hatte, um das Risiko einer Embolie zu vermindern, bevor die eigentliche Operation am 20. Juni stattfand. Die ärztliche Prognose war günstig. Thomas besuchte Hirslanden täglich, zuerst mit Erika, dann mit Golo, der am 18. Juni ankam, und mit deren Unterstützung und der Hilfe einer örtlichen Sekretärin gelang es ihm, notwendige Aufgaben zu erledigen. In dem Gefühl der Einsamkeit, das Katias Abwesenheit bei ihm hervorrief, vermochte er sich jedoch nur auf den Stapel Post zu konzentrieren. In der Zeit des Wartens fuhr er am 11. Juni mit Motschan nach Basel, um im dortigen Stadttheater seinen Vortrag unter großem Beifall zu wiederholen. Nach der Operation folgten angstvolle Tage, Komplikationen hatten sich eingestellt, die Katia beträchtliche Schmerzen verursachten, sie waren aber rasch beseitigt, und Katia schwebte nie in ernsthafter Gefahr. Trotzdem würde eine ausgedehnte Erholung nötig sein, bevor sie an die Rückkehr nach Kalifornien denken konnten, und so plante man einen Aufenthalt im Juli in Sils-Maria. Er hatte sich mittlerweile mit Erika im luxuriösen Hotel Dolder niedergelassen, das in günstiger Nähe zur Klinik und über der Hitze der Stadt lag, doch er war zu niedergeschlagen, um sich wieder dem Manuskript des *Erwählten* zuzuwenden, das so lange unberührt geblieben war.

Es war ihm klargeworden, daß seine wiederholte Forderung nach einer Verständigung zwischen Ost und West und nach einem »humanistischen Kommunismus« weder in der Schweiz noch in Westdeutschland allgemein begrüßt worden war. Bereits im Mai war eine vorgesehene Einladung nach Bern durch die dortige Freistudentenschaft für diesen »östlichen Wallfahrer« abgelehnt worden. Unter den westdeutschen Artikeln anläßlich seines Geburtstags, die nun hereinzuströmen begannen, fanden sich wiederholt Pöbeleien, nicht nur wegen seines politischen Eintretens »als Anwalt der östlichen Schinderwelt«, sondern auch, was seine literarische Leistung anging (»Thomas Mann kann schreiben, aber er kann nicht denken«).[60] Er hielt Bermann, der vorhatte, eine Sammlung all seiner politischen Aussagen zu veröffentlichen, davon ab; so vieles, was »veraltet« war würde dadurch ins Gedächtnis zurückgerufen, und nur »Stoff zu neuen gehässigen Kommentaren in Deutschland« geben, »die ich mir wirklich besser erspare.«[61] Zum erstenmal in seinem Leben verzichtete er auf einen derartigen Neudruck früherer Erklärungen, ehedem hatte er stets unbekümmert auf seine Fähigkeit vertraut, Kontroversen über den Wandel in seinen politischen Ansichten aushalten und eine olympische Gelassenheit bewahren zu können, und die Zeilen Goethes zitiert:

»Ihr müßt mich nicht durch Widerspruch verwirren,
sobald man spricht, beginnt man schon zu irren.«

Der Konservative, der sich zum Demokraten gewandelt hatte, und der seit den dreißiger Jahren erklärte Antifaschist hatte nie Schwierigkeiten gehabt, Kritik an seinen Meinungsänderungen beiseite zu schieben; für den amerikanischen Staatsbürger, der unerwünscht linke Ansichten vertrat, war das nun aber etwas anderes.

In den nächsten Wochen dachte er ständig darüber nach, ob es ratsam sei, nach Amerika zurückzukehren, er wog den Reiz seines kalifornischen Heims, das ihm den Frieden bot, der für den Abschluß des *Erwählten* erforderlich war, gegen den einer dauernden Niederlassung in der Schweiz ab – aber wer hätte je an die Möglichkeit einer zweiten Emigration gedacht, schrieb er an Adorno. Die Attacken drüben, »von *Life* und Consorten längst als fellow traveller denunziert«,[62] würden einer ruhigen Arbeit kaum zuträglich sein; der Ausbruch des heißen Kriegs im entzweiten Korea zwischen Rußland und den Vereinten Nationen – das heißt, den Amerikanern, denen sich später England und andere beigesellten – müßte die Atmosphäre dort für ihn unweigerlich verschlechtern. Viele besorgte Diskussionen fanden statt, mit Elisabeth (die, wie viele seiner Freunde, nun eindeutig Europa für ihn bevorzugte), mit Golo, Katia, als es ihr besserging, und Erika. Dazu kamen für ihn und Katia Sorgen wegen Erika, der Tochter, auf deren Hilfe sie sich nun zu verlassen gewöhnt waren. Sie war über die Ablehnung der Veröffentlichung ihrer provokanten Artikel in Deutschland und über ihre faktische Exkommunikation in Amerika der Verzweiflung nahe, aß wenig, trank etwas zuviel und magerte erschreckend ab. Ihre gelegentliche Zuflucht zu einem Morphium-Derivat, das ihr früher für Gallenbeschwerden verschrieben worden war, war durchaus kontrolliert, wie sie ihrem Vater versicherte, der sich trotzdem Sorgen um sie machte und sich kaum zur Fortsetzung des Manuskripts durchzuringen vermochte.

Bald nachdem er mit ihr in das Dolder-Hotel umgezogen war, um Katias Entlassung am 11. Juni abzuwarten, hatte sich für ihn eine Störung ganz anderer Art ergeben – eines jener Erlebnisse, die er längst überwunden glaubte –, die unwiderstehliche Zuneigung zu einem jungen bayrischen Kellner, der sie zuweilen bediente. Er konnte seine Augen nicht von dem hübschen neunzehnjährigen Franz Westermeier aus dem vertrauten Tegernsee abwenden, Erika zupfte ihn am Ärmel, um ihn auf die Aufmerksamkeit hinzuweisen, die er auf sich lenkte, und akzeptierte nur halbherzig seine Beteuerung, daß nichts Sexuelles im Spiel sei. Körperliches Begehren hatte tatsächlich nur sehr wenig damit zu tun, es war »etwas fürs Herz«,[63] das seinem Leben seit langem gefehlt hatte. Er versäumte keine Gelegenheit, den jungen Mann zu beobachten, der seiner Meinung nach sein Interesse erkannte, verwickelte ihn in Gespräche über seine Zukunft, seine Hoffnungen auf einen Posten in Genf und gab ihm heimlich Trinkgelder. *»Noch einmal also dies«*, vertraute er seinem Tagebuch an, *»noch einmal die Liebe*, das Ergriffensein von einem Menschen, das tiefe Trachten nach ihm – seit 25 Jahren war es nicht da.« Das sexuelle Begehren war da, wie er – nicht ohne »einen gewissen Stolz auf die Vitalität meiner Jahre« – in der Nacht vor Katias Rückkehr entdeckte, doch es wurde entschlossen unterdrückt. »Banale Aktivität, Aggressivität, die Erprobung, wie weit er willens wäre, gehört nicht zu meinem Leben, das Geheimnis gebietet ... Zurückschrecken vor einer *nach ihren Glücksmöglichkeiten sehr zweifelhaften Wirklichkeit ...«*[64]

In den wenigen Tagen vor ihrer Abreise nach Sils-Maria wich diese halb melancholische Stimmung einer tröstlichen Resignation, auch wenn er immer noch daran dachte, seinem Verlangen nachzugeben. »Weltruhm ist mir nichtig genug, aber wie gar kein Gewicht hat er mehr gegen ein Lächeln von ihm, den Blick seiner Augen, die Weichheit seiner Stimme! ... Drei Tage noch, und ich werde den Jungen überhaupt nicht mehr sehen, sein Gesicht vergessen. Aber nicht das Abenteuer meines Herzens. Aufgenommen ist er in die Galerie, von der keine ›Literaturgeschichte‹ melden wird, und die über Klaus H. zurückreicht zu denen im Totenreich, Paul, Willri und Armin ... Schlief ein im Gedanken an den Liebling ... ›Da wir noch von Liebe litten‹. Man tut es noch mit 75. Noch einmal, noch einmal! Wie ganz ist es das Alte mit seinem Kummer und seinen Aufhellungen ... Leb wohl in Ewigkeit, Du Reizender, später, schmerzlich aufwühlender Liebestraum!«[65]

In Sils-Maria, wo die Unzufriedenheit über kalte, sonnenlose und unbequeme Zimmer rasch zu einem Umzug in eine bessere Unterkunft bei St. Moritz führte, waren seine Gedanken immer noch erfüllt von der »letzten Liebe«, die all die tiefsten Erinnerungen seines Lebens wachgerufen hatte und an die alten Leidenschaften erinnerte, die in seinen Werken eine »gewisse Verewigung« gefunden hatten: Armin Martens in *Tonio Kröger*, Willri Timpe im *Zauberberg*, Paul Ehrenberg im *Faustus*, Klaus Heuser, für den er die Einleitung zum *Amphitryon*-Essay geschrieben hatte.

An »Franzl« schrieb er mit geziemendem Anstand, erkundigte sich nach den Genfer Plänen und erklärte sich zu jeder hilfreichen

Empfehlung bereit. Würde er antworten? »Natürlich fällt das Schreiben ihm schwer. Und doch, wie verlangt mich danach, daß etwas von der Hand, die herzlich die meine drückte, mich erreicht.«[66] Zufällig erhielt er gerade eine deutsche Übertragung der Gedichte Michelangelos mit gegenübergestelltem Originaltext zur Besprechung und fand es bemerkenswert, welch große Beachtung die homoerotische Liebe, von der die Gedichte sprachen, dem Gesicht schenkte, der bezwingenden »forza d'un bel viso« – das war genau sein Empfinden Franz gegenüber. Es müßte lieblich sein, mit ihm zu schlafen, eine tatsächliche körperliche Berührung mit ihm war für ihn jedoch unvorstellbar. »Ich stelle mir von seinen Gliedern nichts Besonderes vor und wäre zärtlich zu ihnen um seiner Augen – also beinahe um etwas ›Geistigen‹ willen ...« Was ihn aus jenen Gedichten anspreche, sei die »Ermächtigung« des Alters zu der Liebe, die er mit dem melancholischen Bildhauer und mit jenen »mächtig aushaltenden Naturen« wie Goethe und Tolstoi teile, das »erotisch aushaltende Alter, das unbezähmbare Verfallensein an schöne Augen«.[67] Die Besprechung in essayistischer Form, die er sofort begann und die im Jahr darauf in einer Zürcher Zeitschrift erschien, sollte seine Verewigung Franz Westermeiers sein, anonym, doch unverkennbar, wie Klaus Heuser im *Amphitryon*-Essay. Das Thema der Liebe in vorgerücktem Alter wurde für künftige Werke im Gedächtnis behalten.

Tagelang machte er umfangreiche Notizen in seinem Tagebuch. Er verzeichnete beinahe täglich seine ungeheure Freude über ein einfaches Wort des jungen Mannes, der ihm von einer möglichen Anstellung in Genf nach der Saison im Dolder berichtete, dachte, als er seinen Essay fortsetzte, über die Parallele zu Michelangelo nach und über die Schwierigkeit, die Arbeit am Roman wiederaufzunehmen; er notierte, wie er von seinem Schreibtisch aufstand, um mit »tiefem erotischen Interesse« einen jungen Tennisspieler zu beobachten, der auf dem Tennisplatz vor dem Suvretta-Haus trainierte, die Hermesbeine in den weißen Shorts übten eine unwiderstehliche Anziehung auf ihn aus. Das Dolder-Erlebnis hatte zu einer gewissen Harmonie in ihm geführt, er vermochte die sarkastischen Bemerkungen Erikas gleichmütig hinzunehmen, der wie Katia nichts verborgen geblieben war. Die Folge war nun aber, wie er bei der Beobachtung dieses neuen Objekts der Begierde erkannte, ein Rückfall in die Melancholie wegen seines sexuellen Lebens – »dieser allem zum Grunde Liegenden, wahnhaften und doch leidenschaftlich behaupteten Enthusiasmus für den *unvergleichlichen, von nichts in der Welt übertroffenen* Reiz männlicher Jugend, die von jeher mein Glück und Elend, nicht auszusagen … keine ›promesse de bonheur‹, sondern nur der Entbehrung …«.[68] Auch der Gott des Tennisplatzes mußte verlassen und vergessen werden.

Unvergessen blieben aber seine Überlegungen über das Für und Wider einer Rückkehr nach Amerika, eine Entscheidung, die sich nicht länger aufschieben ließ. Vieles schien dagegen zu sprechen, nicht zuletzt die Verminderung seines amerikanischen Einkommens, die sich aus den jüngsten Abrechnungen Knopfs ergab. Die Gefahr, daß sich der Krieg in Korea zu einem allgemeineren Konflikt ausweiten und Verfolgungen aller Nonkonformisten durch McCarthy bringen könne, und gerade hier die Erinnerungen an die Tage von 1933, hatten die Debatte mit Erika und Katia an einen Punkt geführt, wo man ernstlich überlegte, wie eine diskrete zweite Emigration zu bewerkstelligen sei. »Die Ablösung von Amerika müßte sehr leise und vorsichtig geschehen … Die Frage der Staatsangehörigkeit und -Papiere jedenfalls sehr schwierig. Aber wohl gewiß, daß wir im Fall unserer Rückkehr jetzt nicht mehr herauskämen und das Land eine große Falle für uns wäre.«[69] Golo gehörte nun, wie Erika berichtete, zu den vielen, die zu einem Verbleiben in Europa rieten. Michael hatte sich mit seiner Familie auf jeden Fall dazu entschlossen. Ihr Vater hatte aber das Gefühl, seine Stellung drüben sei immer noch intakt, die Thomas-Mann-Ausstellung in Yale zur Feier seines fünfundsiebzigsten Geburtstags stand bevor, so viele Freunde erwarteten ihn zurück. Trotz der Ähnlichkeiten mit 1933 könne er sich nicht vorstellen, daß man sie in Amerika jemals als die »Unerwünschten« ansehen würde, die sie im Nazi-Deutschland gewesen waren.

Seine Befürchtungen waren stark übertrieben gewesen, das sah er später ein. Im Augenblick erschienen sie freilich sehr konkret, und als sie am 9. August aus St. Moritz abreisten, war er sich immer noch unsicher. Sie fuhren zuerst nach Innsbruck, um von Michael, Gret und den Jungen endgültig Abschied zu nehmen – bei Gret ließ er seine goldene Armbanduhr für Frido zurück, man würde sich lange Zeit nicht mehr sehen, wenn überhaupt –, und kehrten dann nach Zürich zurück. Es deprimierte ihn sehr, als ihm Michael erzählte, man habe ihm einen Konzertauftritt in West-Berlin verweigert (nach den Worten des Direktors des Staatstheaters für einen Sohn Thomas Manns unmöglich), und er in St. Anton feststellte, daß eine Ausstellung von Büchern Thomas Manns in einer Buchhandlung polizeilich bewacht werden mußte. In Zürich fand er nun einen Brief von Elisabeth vor, die ihn vor einer Rückkehr nach Amerika warnte und wiederum all die Probleme heraufbeschwor, die damit verbunden seien. Seinem Tagebuch vertraute er an, daß er auf dieser Reise viel zuviel sich selbst verloren habe, »an Jugendreiz, an liebe Gesichter ... Hinein nun in den Zustand von Gefühlserschöpftheit die drängenden Lebensfragen vom Kaliber 1933 und in gewisser Weise schwerer, besonders da wir so alt geworden. Tiefe Abneigung, mich der Stütze zu berauben, die Erika unserm Alter, jedenfalls meinem, bedeutet.«[70] Von ihr schienen alle seine Pläne abzuhängen. Gleichwohl entschlossen sie sich endlich doch, nach Kalifornien zurückzukehren, und am 17. August nach London und von dort nach New York zu fliegen; Erika brachte den Hillman Minx zurück nach Paris, um sie dann in London zu treffen.

Er hatte sich zu einem Mittagessen am 15. August mit Siegfried Trebitsch im Hotel Dolder bereit erklärt und fragte sich, ob er wohl den jungen Franz ein letztesmal zu Gesicht bekäme. Erika hatte das, wie er vermutete, arrangiert, denn als er den Speisesaal verließ, wartete Franz auf ihn. Thomas Mann, der abermals seine Augen von ihm nicht abwenden konnte, fand ihn in seiner Dankbarkeit für seinen Brief und sein Interesse beflissen, doch aufrichtig. Die Mitteilung, daß aus der Stelle in Genf nichts geworden war – man hatte ihn sofort verpflichten wollen, doch das Dolder hatte ihn nicht gehen lassen –, bereitete ihm momentan Gewissensbisse wegen seines eigenen »egoistischen Genusses«, ohne die praktische Hilfe, die er hätte leisten können. Nun hieß es, auf immer Abschied zu nehmen: »Der Druck seiner kräftigen Hand. Sein Lächeln, seine Augen. Unvergeßlich ... Eine Liebe, ein Gefallen im Extrem, eine Zuneigung aus Herzensgrund. Und doch sind es die entzückten Sinne, nicht das ›Herz‹«.[71] Nicht mehr das Zurückschrecken vor engerer körperlicher Berührung, doch das ungewisse, nun unmögliche Glück einer tatsächlichen Umarmung schien unwichtig bei einer Leidenschaft, die ferne Zärtlichkeit bleiben mußte. Er würde ihm seine Adresse hinterlassen, drängte ihn, ihm seine Neuigkeiten mitzuteilen – eine schwache Hoffnung, daß die Verbindung nicht auf immer zu Ende sei.

Vor dem Abschied von ihren Zürcher Freunden gab es weitere

Verwirrung. Nach Auskunft ihres New Yorker Rechtsanwalts riskierte Erika Internierung auf Ellis Island, wenn sie mit ihnen direkt zurückkehrte; sie drängte die zögernden Eltern, ohne sie weiterzureisen, und entschloß sich, über Kanada zu fliegen. Nach drei Tagen in London – er war nunmehr fatalistisch, freute sich aber auf die positive Aussicht, einige Monate Ruhe zum Abschluß des *Erwählten* zu haben – nahmen sie einen Flug der Pan American und kamen am 21. August in New York an. Seine Hoffnungen waren wohl unsinnig gewesen, seine Befürchtungen hatten ihn auf jeden Fall getrogen. Man hätte ihnen keinen freundlicheren Empfang bereiten können, die Zollbeamten waren besonders wohlwollend, es war wie eine Heimkehr, seine Bedenken wegen einer drohenden Atmosphäre waren durchaus unbegründet. Die Mann-Ausstellung in Yale, die sie am 23. August kurz besuchten, war eine erfreuliche Huldigung, wie sie nach den Worten Thornton Wilders kein anderer Autor zu seinen Lebzeiten erhalten hatte, und er äußerte sich erfreut über den Schaukasten, in dem der *Zauberberg* mit den Bildungsromanen seiner großen Vorgänger – Goethes *Wilhelm Meister*, Stifters *Nachsommer*, Kellers *Grüner Heinrich* – in einer Reihe stand. »Ja, da gehöre ich hin.« Er bedauerte nur, daß er sich auf der Pressekonferenz dazu hinreißen ließ, abermals seine Besorgnis wegen der deutschen Wiederaufrüstung und sein Vertrauen auf die grundsätzlich friedlichen Absichten Rußlands zu betonen.

Die letzten Abschnitte ihrer Reise brachten sie so schnell wie möglich hinter sich, nur zwei Tage waren sie in Chicago, wo das Verhältnis zwischen Elisabeth und ihrem egozentrischen und bombastischen Gatten, der nun den Umzug nach Italien plante, offensichtlich gestört war. Dort wie auf der langweiligen Eisenbahnfahrt nach Los Angeles hatte Thomas Mann Gelegenheit, auf die heilsame Wirkung der Rückkehr zu seinem normalen Leben zu hoffen und in langen Tagebucheinträgen ein Gleichgewicht herzustellen. »Möge / die Zukunft / mir soviel Ruhe gewähren, daß ich mich in der Arbeit zerstreuen und sammeln kann, die noch am meisten ans Leben bindet. Möge Erika bald kommen! Möchte ich Frido noch wiedersehen! Möchte vielleicht der Junge vom Dolder nur einmal schreiben ... Zuviel gelitten, zuviel gegafft und mich entzückt. Mich zuviel von der Welt am Narrenseil führen lassen. Wäre alles besser *nicht* gewesen? Es *war* und der Händedruck ... bleibt ein schmerzlicher Schatz. – Warum schreibe ich dies alles? Um es noch rechtzeitig vor meinem Tode zu vernichten? Oder wünsche, daß die Welt mich *kenne*? Ich glaube, sie weiß, wenigstens unter Kennern, ohnedies mehr von mir, als sie mir zugibt … Ich denke, zu Hause, in meinem Eigen und Bereich, werde ich die Qualen der Reise vergessen und verschmerzen und mich selbst wiederfinden trotz den Augen des kleinen Franz Westermeier und jenen Hermes-Beinen auf dem Tennisplatz. Ich werde diese Gesichte und Entzückungen in mir bewahren, indem ich von ihnen genese und vom Selbstverlust, der mich so alt und schwer machte. Daß *alle* Erinnerung für mich im Wesentlichen peinvoll ist, und daß ich ganz aufs Vorwärtsblicken angewiesen bin, bleibt bestehen. … Was nicht hindert, daß sich unter dem toten Kram manches *Schatz*artige befindet … Aber zweifellos ist mein Enthusiasmus für das Jung-Männliche in letzter Zeit, vielleicht aus Torschluß-Gefühl, stürmisch gewachsen … Daß die Bewunderungswürdigkeit des ›göttlichen Jünglings‹ alles Weibliche weit übertrifft und eine Sehnsucht erregt, vergleichlich mit *nichts* in der Welt, ist mir Axiom.«[72] Als er am 29. August endlich in seinem eigenen Heim war – ungewiß, ob er sich langweilen oder freuen sollte –, dachte er nur daran, so rasch wie möglich zur Arbeit zurückzukehren.

3

»Die Zufriedenheit mit sich selbst ist ein unbelasteter Besitz, den man höchst ungern gemindert sieht.«
George Eliot, Middlemarch

»Die Qualen der Reise vergessen« – war es vielleicht möglich, als er sich, zum erstenmal seit Monaten ungestört, entspannte? Er war jedenfalls entschlossen, sich diese Ungestörtheit zu bewahren, nahm das Manuskript des *Erwählten* zur Hand und machte gemächlich Vorbereitungen für dessen Fortsetzung, nachdem die Menge von Korrespondenz, Zeitschriften und anderem Material, das auf seine Rückkehr hatte warten müssen, erledigt worden war. Bei der wachsenden Kriegsstimmung in Amerika hörte die Politik jedoch nicht auf, weiter in sein Leben einzudringen und wiederum die alten Sorgen wegen seiner persönlichen Stellung aufleben zu lassen. Erika kam kurze Zeit später, nach einer ungehinderten Reise. Sie berieten sich trotzdem, aus Besorgnis über die Auswirkung der bevorstehenden Registrierung »kommunistischer« Organisationen, er gehörte schließlich dem Arts and Sciences Council an, das man seit langem als eine derartige Organisation in Verdacht hatte. Ein wichtiges Anliegen war es ihm, Agnes Meyer aufzuklären, die sich über die antipatriotische Haltung beklagt hatte, die sie in seinem oft wiederholten Vortrag zu erkennen glaubte.

Es solle sein letzter Vortrag dieser Art sein, teilte er ihr mit. Wenn sie die Schlußsätze noch einmal lese, so werde sie finden, daß es »ganz passende Abschiedsworte sind für einen alten Mann, der es mit der Menschheit und also auch mit diesem Lande gut meint«. Er würde nie öffentlich etwas gegen Amerika sagen und habe sich in Europa bemüht, seine Verpflichtungen und Verbindungen zu seinem neuen Land zu betonen, er habe sogar dann als Patriot gesprochen, als er die Anwendung der amerikanischen Macht zugunsten des Weltfriedens gefordert habe. Er versuche auch nicht, Amerika zum Sozialismus zu bekehren (»der für Europa eine unabwendbare Notwendigkeit sein mag«). Ihm bereite es Sorge, das Land der Freiheit auf der ganzen Welt »den policeman« des alten, korrupten Status quo spielen zu sehen. Aber selbst unter dem Druck der Innenpolitik und des »verbrecherischen McCarthy-Feldzuges« wollten doch Truman und Außenminister Acheson den »völligen Wahnwitz und die Weltkatastrophe eines Krieges« nicht. So dürfe er hoffen, sein Leben und seine Arbeit noch eine Weile weiterführen zu können, in dem ihm lieben Haus, »auf dem Stückchen amerikanischen Bodens, das mein eigen ist«, und in dem Bewußtsein, daß es ihm hier ebensowenig wie in Europa an Sympathie und Achtung fehle. *Harpers* wolle die gekürzte, mündliche Form des Vortrags *The Years of my Life* im Oktober publizieren: »Waghalsige Leute! Ist die Publikation nicht eine un-American acitivity?«[73]

Seine Worte beschwichtigten sie vielleicht, doch sie minderten nicht seine eigene Unruhe wegen der amerikanischen Machtpolitik und der Atmosphäre von Untersuchungen und Verfolgungen. Sie war auch nicht die einzige, die wegen seines Vortrags Bedenken hatte. Manfred George, der Herausgeber des *Aufbaus* in New York, drängte ihn im Oktober, ein Interview zu geben, das seine Haltung klarstelle; es schien Mann aber, er habe schon genug gesagt. Seine finanzielle Lage in Amerika sah immer unsicherer aus, wegen eines Vorschlags zur Verbesserung dieser Situation in Europa war er mit

Bermann uneins. Einerseits beklagte sich der Verleger über schlechte Verkaufszahlen in Deutschland, die auf Manns politische Haltung zurückzuführen seien, andererseits wollte er aber ungern Schweizer Lizenzausgaben der *Buddenbrooks* und später des *Erwählten* zu den höchst günstigen Bedingungen zulassen, die Mann dort ausgehandelt hatte. Ende September hatte sich sein Wunsch, für immer nach Europa zurückzukehren, wieder eingestellt, stärker denn je, unterstützt von Erika, die ihn drängte, das Haus vor der für das nächste Frühjahr geplanten neuen europäischen Tour zu verkaufen und damit seinen endgültigen Weggang zu beschließen. Ein starkes Argument für diese Entscheidung bildete, wie er beim Heranrücken von Erikas fünfundvierzigstem Geburtstag dachte, der schlechte Gesundheitszustand seiner Tochter, der sie an den Rand eines Nervenzusammenbruchs brachte, und ihr Bedürfnis, der Atmosphäre zu entrinnen, die sie in Amerika so erstickend und widerlich fand – es galt ihm für abgemacht, daß sie bei ihnen bleiben und ihre wertvolle Unterstützung weiterhin gewähren würde. Eine anfänglich alarmierende Nierenbeckenreizung Katias war unterdessen rasch geheilt worden, und er war erleichtert, als »die Teure, ganz Unentbehrliche« wieder auf den Beinen und tätig war.[74]

Wofür auch immer sie sich entschieden, *Der Erwählte*, den er anfangs nur halbherzig wiederaufgenommen hatte, mußte unbedingt abgeschlossen werden, und sei es auch nur aus finanziellen Gründen. Sein Tagebuch verzeichnete beinahe täglich einen wachsenden Eifer bei der Arbeit. Aus Zürich kam ein Koffer, den man hatte nachschicken lassen, mit Papieren, zu denen eine Photographie des Titelbildes der Michelangelo-Übersetzungen und Franz Westermeiers Brief gehörten, beides fand Eingang in sein Tagebuch – eine »durchaus infantile Handlung«, gab er zu, doch »nichts hat sich in dieser Beziehung geändert« –, mit dem Hintergedanken, daß er alle Tagebücher in einem geeigneten Augenblick verbrennen würde.[75] Es hatte sich tatsächlich nichts geändert, er war selbst überrascht, wie eifrig er jeden Tag die Post nach einem Brief von Franz durchsuchte, obgleich er wußte, daß es eine vergebliche Hoffnung war. »Daß er eine leichte Übertriebenheit meines Interesses gespürt hat, ist wohl sicher. Es ist zuviel verlangt, daß er sich darüber freuen sollte.«[76] Das Erlebnis war sozusagen zu den Akten gelegt worden. Er war nun ruhiger und gelöster und konnte sich nur über die Art und Weise wundern, wie andere Schriftsteller das Homoerotische ausdrückten oder erklärten – etwa über den psychoanalytischen Zugang bei Havelock Ellis in einer englischen Zeitschrift, die er kurz nach seiner Rückkehr gelesen hatte, in der die Homosexualität der Inzestangst in einer Fixierung auf die Mutter zugeschrieben wurde (»die gelehrte Unwissenheit selbst«); über das Geschlechtliche in Gore Vidals *The City and the Pillar*, wo er die homosexuellen Beziehungen unverständlich fand (wie sei es eigentlich möglich, mit Männern zu schlafen?); oder über Dorothy Bussys lesbischen Bestseller *Olivia*, (»merkwürdige Stellung zwischen Mädchen-Kitsch und höherer Literatur«).[77] Als Joseph Angell nun den Ankauf durch Yale vorschlug, nicht nur der geliehenen Ausstellungsmaterialien, sondern all seiner verfügbaren Manuskripte, die Tagebücher eingeschlossen – sie sollten versiegelt und erst zwanzig oder fünfundzwanzig Jahre nach seinem Tod der Forschung zugänglich gemacht werden –, gefiel ihm die Vorstellung, daß man unterhaltsame Entdeckungen machen würde, wenn alles tot und vorbei wäre und die Welt schließlich seine Geheimnisse kennenlernen würde.[78]

Am 26. Oktober wurden die letzten Sätze des *Erwählten* niedergeschrieben, und nach einem Abend im Kino, wo man Gloria Swanson in *Sunset Boulevard* sah, überraschten ihn Katia und Erika mit Blumen, Kaviar und einer Flasche Moët et Chandon. Zwei Jahre und acht Monate, rechnete er nach, abzüglich fünf Monate der Unterbrechungen – eine anständige Leistung unter all den Umständen, und er war ganz zufrieden mit der ironischen Leichtigkeit, nach der er getrachtet hatte. Zu Reisiger hatte er bei früherer Gelegenheit gesagt, der gute Hartmann von Aue hätte sich wohl gewundert, was da aus der sehr ernsten Dichtung *Gregorius* gemacht worden war, die er aus dem im 12. Jahrhundert in Frankreich entstandenen *Vie du pape Grégoire* umgearbeitet hatte. Mann hatte zwar versucht, seinen »Hang zum Komischen ... um des religiösen Ernstes willen, der doch im Hintergrund steht«, zu zügeln, die Legende aber sehr komisch gefunden, wie er Helen Lowe-Porter gestand, und »Komik erscheint mir mehr und mehr als das Beste auf der Welt, erlabend, entlastend, ein wahrer Segen«.[79]

Wie beim *Joseph* war er den Hauptzügen der überlieferten Geschichte gefolgt, doch in diesem Fall war viel weniger Hintergrundstudium notwendig gewesen, um sein Ziel einer realistischen Neuerzählung des Mythos, die Schaffung der Illusion wirklicher Begebenheiten, wenn auch in phantastischer Form, zu erreichen.

Einzelheiten des mittelalterlichen Alltagslebens hatte er in Wolframs *Parsifal* gefunden, die Verse des *Nibelungenlieds* boten ein Modell für einen kleinen Teil der Erzählung, davon abgesehen ließ er seiner Erfindungsgabe aber freien Lauf, um die Geschichte von schrecklicher Sünde, großer Buße und endlicher Gnade auszugestalten, die das »Schandkind, den Mann seiner Mutter, seines Großvaters Eidam, seines Vaters Schwäher, seiner Kinder greuliches Geschwister auf Petri Stuhl« führte und zum Erwählten Gottes selbst machte.[80] Zu seinem Vergnügen hatte auch beigetragen, daß er eine ziemlich unhistorische, übernationale Zeitordnung und ein sprachliches Mischmasch aus Altfranzösisch, frühem Englisch und Mittelhochdeutsch erarbeitet hatte. Sein erfundener Erzähler war Clemens, ein irischer Mönch, der als der »bis zur Abstraktheit ungebundene« Geist der Erzählung im alemannischen St. Gallen saß, in dessen Schreiben die Sprachen ineinander übergingen und der auf seine grammatikalisch wohlgefügte Prosa stolz war. Für Mann hatte der Roman ein ideales Gegenstück zum *Faustus* geliefert, sein Interesse hatte begonnen, als er Leverkühn dieses Thema zur Komposition eines Marionettenspiels gegeben hatte. *Der Erwählte* war genau das gewesen, was er nach dem *Faustus* zur leichten Entspannung gebraucht hatte, statt den *Felix Krull* fortzuführen, dessen Plan viel umfangreicher angelegt war. Er habe, nach seinen eigenen Worten, zu seiner eigenen Unterhaltung gearbeitet – notgedrungen, da die Zeitgenossen in dieser Hinsicht nicht viel lieferten. Das Buch sei »leicht, heiter, hat eine gewisse Distanziertheit ohne kalt zu sein, und ich glaube, es bedeutet etwas, daß ich es gleich nach dem *Faustus* machen konnte«.[81] Doch man würde es nicht verfilmen, Kardinal Spellman, der Erzbischof von New York, »der selber Papst werden will, obgleich er nicht von Geschwistern erzeugt ist und nie seine Mutter geheiratet hat, würde es verhindern«.[82] Er war auch nicht überrascht, daß man das Werk später in Osteuropa, wo es bekanntlich an Humor mangelte, als »formalistisch« und »volksfremd« verbot.

Mit dem Schlußkapitel war er noch nicht zufrieden, ein schwieriges Problem blieb noch ungelöst: Sollte die fromme Äbtissin im Träger der päpstlichen Krone, zu dem sie gekommen war, um Beichte abzulegen, den Sohn und Gatten erkennen, den sie vor zweiundzwanzig Jahren zum letztenmal gesehen hatte? In ihrer Beichte mußte seine Identität ja offenbar werden, da er die Elfenbeintafel vorzeigen würde, auf der sie das Kind ihrer inzestuösen Vereinigung ausgesetzt und die ihr später den Inzest ihrer zweiten Ehe verraten hatte; nun würde sie die Dreiheit von Kind, Gatten und Papst bestätigen. Man könnte erwarten, daß sie das instinktiv erkennt, doch zu welchem Zeitpunkt in der Audienz? Die ganze Geschichte, ohnehin unwahrscheinlich genug, würde vielleicht völlig absurd werden. Bevor er am Text herumbasteln konnte, um das richtige Ende zu finden, wurde er erneut anderweitig in Anspruch genommen. Die BBC erbat nach dem Tod George Bernard Shaws einen halbstündigen Nachruf, der im Dritten Programm übertragen werden sollte.

Nach anfänglichem Zweifel nahm er an, »besonders nahe hat der Grand Old Man meinem Herzen eigentlich nie gestanden«, doch er hielt es für sinnvoll, daß angesichts des Beitrags, den Deutschland durch die Übersetzungen Trebitschs zu seinem Werk geleistet hatte, ein Deutscher über ihn spräche.[83] Als er sich dieser keineswegs leichten Aufgabe sorgsam widmete, stiegen sein Interesse und seine Achtung – er las nicht nur *Haus Herzenstod, Der Kaiser von Amerika*, das Vorwort zu *Androklus und der Löwe* und *Die Heilige Johanna*, sondern erkannte auch, wie sehr Shaws Einstellung und Motivation zur Arbeit der seinen verwandt war, auch wenn er einem Menschen, der in seinem Wesen so etwas »Hageres, Vegetarisches und Frigides«, etwas so Unerotisches hatte, keine wahre Größe zuzuschreiben vermochte. (Erst nach Veröffentlichung der Briefe Shaws einige Jahre später sah er ein, wie weit er mit diesem Urteil daneben getroffen hatte.) *He was Mankind's Friend*, lautete der Titel für den Abdruck seiner Rede im *Listener*, nach der Sendung im Januar 1951: »Der lachende Prophet einer vom Tragischen emanzipierten und entdüsterten Menschheit«, der mit »der glänzenden Waffe seines Wortes und Witzes« sein Bestes getan hatte, um »die Menschheit auf eine neue Stufe ihrer sozialen Reife zu heben«.[84]

Als das im November erledigt und die Sendung aufgenommen war, schloß er den *Erwählten* rasch zu seiner Zufriedenheit ab, mit einer geschickt humorvollen, doch immer noch respektvoll religiösen Wendung im endlichen Dialog des Erkennens, und den Abschiedsworten des mönchischen Erzählers, der seine Leser davor warnte, aus seiner Geschichte die falsche Lehre zu ziehen. Was sollte nun folgen? An Beschäftigung mangelte es keineswegs. Nach dem Shaw wurde rasch eine essayistische Besprechung der englischen Ausgabe von Wagner-Briefen, von denen viele bislang unbekannt waren, in der Burrell Collection in Philadelphia verfaßt, im Dezember schrieb er dann eine Neujahrsbotschaft für die Tokioter Zeitung *Asahi Shinbun*, in der er sein Vertrauen, oder zumindest seine Hoffnung auf einen religiösen Humanismus ausdrückte, der alle Religionen transzendiere. Auch die Politik beschäftigte ihn weiterhin. Er behielt nun zwar seine Besorgnis über den Krieg in Korea, in den sich China eingemischt hatte, für sich, gestand höchstens Agnes Meyer die schlaflosen Nächte ein, die er ihm verursachte, nahm sich im November in einem Brief an die liberale Zeitschrift *Nation* aber kein Blatt vor den Mund und wiederholte seine Kritik an der amerikanischen Preisgabe der Demokratie um des Antikommunismus willen. Seine eigene politische Haltung war immer noch Angriffen ausgesetzt, man nahm es ihm übel, den kommunistischen Stockholmer Friedensappell unterzeichnet zu haben, und berichtete im November, er sei in den Vorsitz des zweiten Weltfriedenskongresses in Warschau gewählt worden, was ihn zu einem Dementi veranlaßte (»das aber natürlich viel weniger sichtbar geworden ist, als die falsche Nachricht«[85]). »Wenn es nur auf tagfüllende Beschäftigung ankäme«, hatte er an Hesse geschrieben, »so brauchte man garkeine Arbeit. Man hat aber doch einen faden Geschmack davon im Munde, und ich muß mich bald nach irgend welchen neuen Scherzen umsehen, die am Vormittag zu betreuen sind, schon um sagen zu können: ›excuse me, I am so busy.‹«[86]

Es wäre logisch, wieder zum *Krull* zurückzukehren, dachte er, wie er es im Jahr 1943 getan hatte, um sich dann allerdings dem *Faustus* zuzuwenden. Es müßte freilich eine »vorhaltende Aufgabe« und nicht nur ein Zeitvertreib sein. Er habe sonst nichts, keine Novellen-Ideen, keinen Romangegenstand. Etwas wie der einst geplante »Friedrich« sei undenkbar, *Maja* oder *Die Geliebten* seien aufgearbeitet und von allem übrigen sei essayistisch viel vorweggenommen worden, sogar das Luther-Erasmus-Thema lasse sich nun kaum aufgreifen. Sich selbst vier Jahrzehnte zurückzuversetzen und den *Krull* fortzusetzen, wäre angesichts des zu einem umfangreichen Dossier angewachsenen Materials und den Welt- und Reiseerfahrungen, nicht zuletzt seiner auf dem Gebiet der Homosexualität, attraktiv. Und doch, er zögerte aus Besorgnis, daß ihm das Thema nach all dem inzwischen Getanen nichts oder nicht genug mehr zu sagen habe, »und ich möchte gewahr werden, daß mein Werk tatsächlich getan ist«. – »Alles, was ich weiß, ist, daß ich unbedingt etwas zu tun, eine Arbeitsbindung und Lebensaufgabe haben muß. Ich kann nicht nichts tun.«[87] In Ermangelung von etwas Besserem begann ihn der *Krull* im Dezember doch zu beschäftigen, als sich Katia und Erika daranmachten, die »Tausende von Kritzeleien« zu sortieren und zu ordnen, mit denen seine Schränke vollgestopft waren, um ihre Übergabe an Yale vorzubereiten. Am Weihnachtsabend nahm er die Arbeit dann an der Stelle wieder auf, wo er sie abgebrochen hatte, auf demselben Blatt des Manuskripts, aber immer noch im Zweifel, ob ihn der Gegenstand noch fesseln könne.

Sein Zögern hatte einen höchst deprimierenden Hintergrund. Im koreanischen Abenteuer sah er die Drohung eines Dritten Weltkriegs, sogar mit einem Einsatz von Atomwaffen, außerdem schien es unmöglich, das Haus schnell und gut zu verkaufen und nach Europa zu entrinnen, bevor sich mit Yale eine feste Vereinbarung über den Ankauf seiner Papiere erzielen ließ. Katia war weniger überzeugt als Erika, daß man das Land unverzüglich verlassen müsse, und wehrte sich gegen jede übereilte Entscheidung. Dazu war ein weiteres Familienproblem gekommen, eine Krise zwischen Elisabeth und ihrem Gatten in Chicago. Borgese, der seit einiger Zeit vage an einen Umzug nach Italien gedacht hatte, rief am 20. November aufgeregt an, Elisabeth habe ein Verhältnis mit einem Argentinier, dem Generalsekretär des World Government Movement, in dem sie beide mitgearbeitet hatten, eingestanden. Er sei bereit, ihr alles zu vergeben, sei aber entschlossen, in Italien mit ihr oder ohne sie und die Kinder ein neues Leben anzufangen. Um der Kinder willen schien es unerläßlich, die Katastrophe einer Scheidung zu vermeiden, und Katia reiste sofort nach Chicago. Elisabeth erklärte sich anfangs bereit, bei ihrem Gatten zu bleiben und mit ihm trotz der Unsicherheit der dortigen Lage nach Italien zu gehen, die Kinder sollten ungefähr drei Monate bei den Manns bleiben, doch Borgese, wankelmütig wie stets, sprach Ende des Jahres davon, die Kinder allein mitzunehmen. Es sollte lange dauern, bis sie einen Modus vivendi fanden, denn Borgese schwankte zwischen Italien und neuen Anstellungsmöglichkeiten in Amerika. Die Unsicherheit, die sich daraus ergab, trug nicht dazu bei, zu ihren eigenen Entscheidungen zu kommen, obwohl Elisabeths Zukunft für Katia viel beunruhigender war als für Thomas, dessen Abhängigkeit von seiner »Adjutantin« Erika für seine Pläne nun ausschlaggebend war.

Welche Wendung die Pläne auch nehmen würden, das kommende Jahr würde, wie er notierte, durchaus Umwälzungen mit sich bringen, und es überrascht kaum, daß seine Tagebucheintragungen in den ersten Monaten des Jahres 1951 unter dem Leitmotiv einer nervösen Besorgnis und eines gewissen Lebensüberdrusses standen. Zur Aufgabe für die Vormittage hatte er den *Krull* gewählt, an dem er aber nur halbherzig arbeitete. Diese Parodie von Biographien des 18. Jahrhunderts, früher einmal ein unterhaltsames Unternehmen, erschien nun zunehmend glanzlos, auch wenn es amüsant war, zu sehen, wie »gewisse stilistische Artigkeiten« von Goethes *Dichtung und Wahrheit* wie »fertige Parodien« erschienen.[88] An Material gebrach es ihm nicht, auch nicht an Ideen für die Fortsetzung der Geschichte. Das gelegentliche Vergnügen an einem geglückten Abschnitt reichte jedoch nicht aus, seine Gefühle der Unzufriedenheit darüber zu überwinden, daß er lediglich um des Arbeitens willen arbeitete und in täglicher Improvisation die Geschichte ziellos weiterspann. Immer wieder hatte er das Gefühl, daß er nur Zeit zu gewinnen suchte, bis sich etwas Lohnenderes ergäbe, und die Studie über Erasmus, die er seit langem erwogen hatte, tauchte häufig als Rückzugsposition auf, falls er, wie er befürchtete, den Ton des *Krull* nicht mehr durchhalten könnte. Bei dem Experiment des *Erwählten*, auch wenn es nach dem *Faustus* nur eine leichte Erholung gewesen war, hatte er einen klaren Plan vor Augen gehabt, eine Geschichte, die ungewöhnliches Interesse und beträchtliche Kraft in sich hatte, dazu war nebenbei ja noch das Vergnügen der sprachlichen Spielerei gekommen. Hier aber war er wieder zu einem traditionelleren Thomas-Mann-Stil zurückgekehrt, indem er »Zerstreuung in diesen Belustigungen suchte«[89], zweifelte aber grundsätzlich an seinem Vermögen, ohne ein wirklich festes Ziel durchhalten zu können, trotz des Drängens so vieler Freunde, das Werk zu vollenden.

Es kam, gelinde gesagt, ungelegen, seine eigene Waffe der Ironie in einem im Januar erschienenen Aufsatz des Germanisten Erich Heller im *Times Literary Supplement* gegen sich selbst gerichtet zu finden. Unter der Überschrift *The Artist and the Real World* fand Heller die Geschichte des Mannschen Stils selbst als »höchst ironisch«: »Je radikaler er seinem früheren deutschen Nationalismus abschwor, desto unübersetzbarer deutsch wurden seine Bücher«, die Achtung geboten, »ohne großes spontanes Vergnügen zu bereiten«, bis zu einem Punkt, wo einige Kritiker zweifelten, ob seine späteren Werke gewichtig genug seien, um zu den großen Leistungen der Weltliteratur gezählt zu werden. Heller war auch nicht überrascht, in Manns politischen Erklärungen etwas von einer »nicht überzeugenden Naivität« zu entdecken, die sich oft wie die Appelle eines Hamlet ausnähme, der sich, als er erkennt, daß die Welt aus den Fugen geraten ist, »zum Sprecher eines Komitees für die Verhinderung von Anschlägen gegen königliche Persönlichkeiten macht … Tonio Krögers schlechtes Gewissen … zwingt Thomas Mann, von Zeit zu Zeit die Rolle eines Lübecker Senators zu spielen, der die Bürger einer zerstörten Stadt und Welt ermahnt, ihren kommunalen Pflichten zu genügen.«[90] Das war eine Art von Witz, die ihn persönlich schärfer traf, als er zuzugeben oder hinzunehmen bereit war, und die, im Verein mit den endlosen Zukunftsdiskussionen mit Katia und Erika in Pacific Palisades, eine hemmende Wirkung hatte.

Auch wenn er in Amerikas Eingreifen in Korea noch nicht wirklich das Vorspiel zu einem Atomkrieg zu sehen vermochte, war diese Gefahr doch stets vorhanden – die fortgesetzten Bombenversuche in der Wüste von Nevada waren bis zur Küste zu spüren, die Erde bebte, Fenster klapperten, und unheimliche Lichter erschienen am fernen Himmel – sie hatten alle drei nun keinen Zweifel mehr, daß der Zeitpunkt gekommen war, Amerika gegen Europa einzutauschen, seine letzten Jahre auf der alten Erde, der er entsprungen war, zu verbringen und die Schweiz als seine letzte Ruhestätte anzusehen. In dem Amerika, dessen stolzer Bürger er gewesen war, verschlechterte sich die Atmosphäre weiter durch die McCarthy-Untersuchungen, die sich nun bis zur Filmwelt Hollywoods erstreckten und ihn befürchten ließen, daß man auch ihn demnächst vorladen würde, wie weit er sich auch von jeder Kontroverse fern hielt. Die Steuern wurden kräftig angehoben, und er hatte den Eindruck, daß Amerika »dem Wahnsinn in die Arme taumelte. Dabei hängt die Welt von ihm ab.«[91]

Es würde ihnen aber trotzdem schwerfallen, ihr ruhiges Leben in Kalifornien aufzugeben. Das Haus, das sie mit soviel Mühe und Kosten errichtet hatten, machte ihnen auch weiterhin, trotz der Probleme mit Angestellten, große Freude. Bei ihren Ausflügen in die Umgebung, nach Westwood zum Einkaufen oder zu regelmäßigen Besuchen bei Friseur und Manikürdame, war er eine bekannte Gestalt, zwar zurückhaltend im Umgang mit den Nachbarn, doch wohlwollend als Exzentriker betrachtet, der darauf bestand, zu Fuß zu gehen, wo jedermann das Automobil benutzte. Niemand hier schien sich um seine politischen Ansichten zu kümmern, die kalifornische Welt ging ihren Gang, ohne Rücksicht auf Thomas Manns Befürchtungen, daß McCarthysche Konzentrationslager eingerichtet würden und der Faschismus eine Wiedergeburt in Amerika erleben könnte. Es würde einen großen Schritt bedeuten, ein derart angenehmes Leben aufzugeben, Katia unterließ es auch nicht, auf die beträchtlichen bürokratischen Schwierigkeiten hinzuweisen, die einer völligen »zweiten Emigration« im Wege stünden. Im Januar hatten sie bei der Erneuerung ihrer Reisepässe keine Schwierigkeiten, auch in der Schweiz ergaben Nachfragen keine Hindernisse für ihre Niederlassung, obwohl sie von regelmäßigen Erneuerungen der Aufenthaltsgenehmigung abhing. Sollte aber das Haus, das nun für eine auf drei Personen zusammengeschmolzene Familie offensichtlich zu groß war, verkauft werden, stünde eine beträchtliche Renovierung an, und man hätte angesichts der Steuererhöhungen und der verminderten amerikanischen Einkünfte sorgfältig zu kalkulieren. Es gelang ihnen, das Nachbargrundstück zu verkaufen, viel würde jedoch von der Übertragung der Manuskripte nach Yale abhängen, die Erika Anfang Februar nun endgültig geordnet und für den Abtransport vorbereitet hatte, man hoffte auf eine Summe von 40 000 oder zumindest 30 000 Dollar. (Eine derartige Summe konnte schließlich trotz Angells Begeisterung und Caroline Newtons Spendebereitschaft nicht beschafft werden, ein wichtiger Sponsor hatte seine Unterstützung wegen der Presseberichte über den »Kommunismus« Manns zurückgezogen. So verpaßte die Yale-Sammlung die Gelegenheit, in den Besitz dieser bedeutenden Thomas-Mann-Dokumente zu kommen, zum Vorteil anderer Archive.)

Alle Argumente wurden den ganzen März hindurch endlos diskutiert, bis sich schließlich noch eine weitere Zwischenlösung anbot: Im Sommer würde er mit Katia wiederum die Schweiz besuchen, um nach einem kleinen Haus bei Zürich Ausschau zu halten, Erika sollte sich um die Vermietung oder den etwaigen Verkauf von Pacific Palisades kümmern, damit man dann im nächsten Jahr endgültig umziehen konnte – nach Erikas höchst pessimistischer Meinung wäre das der absolut letzte Zeitpunkt, um nicht von der antikommunistischen Hysterie eingeholt und womöglich für immer am Verlassen des Landes gehindert zu werden. Unterdessen war sein Name zur Unterstützung in privaten wie öffentlichen Angelegenheiten gefragt wie eh und je, ob es sich um Empfehlungen für Posten in Deutschland oder Amerika oder um seinen Namen auf Briefköpfen liberaler Organisationen handelte, bei denen man, in den meisten Fällen zu Recht, glaubte, auf seine Hilfe zählen zu können. Wie gefährlich sich das letztere erweisen konnte, zeigte die Schlagzeile der *New York Times* am 1. Februar, in der verkündet wurde, er beteilige sich an einem neuen Kreuzzug für den Frieden, zusammen mit dem beliebten Sänger Paul Robeson, der für seine prokommunistische Haltung bekannt war, die er durch einen Auftritt auf dem Roten Platz in Moskau deutlich gemacht hatte.

Ein langer Brief an die *New York Times*, in dem er erklärte, wie er da hineingeraten war, ohne Kenntnis der kommunistischen Drahtzieherei im Hintergrund, wurde, vor allem aufgrund einer Intervention Knopfs bei dem Herausgeber, nicht veröffentlicht. Sein Verleger hielt es, vermutlich zu Recht, für besser, der Affäre keine Beachtung zu schenken und eine Fortsetzung der Diskussion in den Leserbriefspalten zu vermeiden. All seine Schwierigkeiten, schrieb Knopf am 14. Februar, stammten von seiner politischen Naivität; es stehe ihm nicht zu, eine Verurteilung dieser Vorgänge zu veröffentlichen, er müsse sich vielmehr an jeden Buchstaben seiner Absichtserklärung halten und sich jeder weiteren Unterstützung oder politischer Stellungnahmen enthalten. Eine solche Erklärung hatte Erika tatsächlich für die *United Press* am 12. Februar vorbereitet: »Ich bin überzeugt, daß jede Friedensbewegung, die weitgehend als von Kommunisten inspiriert oder gelenkt betrachtet werden muß, der Sache des Friedens mehr schadet als nützt ... Ich erkläre hiermit ausdrücklich, daß ich nicht mehr als Förderer irgend einer ›Bewegung‹, eines ›Kreuzzugs‹, einer ›guten Sache‹ oder ähnlichem auftreten werde, ganz gleich ob es sich dabei um politische oder kulturelle Angelegenheiten handelt. Falls ich nicht als einziger unterzeichnet habe, muß von nun an meine Unterschrift unter irgendwelchen ›Protesten‹, ›Aufrufen‹ oder ›Bittschriften‹ als Fälschung betrachtet werden.«[92] Mann war aber abgestoßen davon, daß seine Freunde nicht bereit waren, ihn bei einer öffentlicheren Verteidigung im Fall der »Peace Crusade« zu unterstützen, vor allem Agnes Meyer, deren Haltung er hysterisch fand, an die er einen kühlen, obwohl mit seinem üblichen Takt geschriebenen Brief sandte.

Die Affäre bestärkte nachdrücklich den Plan, Amerika eher früher als später zu verlassen, denn Anfang April erschien sein Name auf einer Liste, die vom House Committee on Unamerican Activities herausgegeben wurde und die Namen von Personen enthielt, die mit »verschiedenen Friedensorganisationen oder kommunistischen Fronten« verbunden waren – darunter Einstein, Feuchtwanger, Marlon Brando, Norman Mailer und Frank Lloyd Wright. Diese Monate hatten ihn nervlich sehr belastet, was durch einen weiteren Artikel des unverwüstlichen Eugene Tillinger über *Thomas Mann's Left Hand* in *The Freeman* verstärkt wurde. Er beschuldigte Thomas Mann der Beteiligung an »Operationen, die von Moskau angeregt waren« und behauptete, daß er »großen Propagandawert für den Kreml« habe. Mann antwortete darauf mit Erikas Hilfe ausführlich, sowohl in den Spalten der Zeitschrift, wie im New Yorker *Aufbau*. Nachdem aber weitere Artikel erschienen waren (darunter einer, der von seinem lokalen Kongreßabgeordneten im Protokoll des Kongresses ausführlich zitiert wurde – »Herr Mann sollte daran denken, daß Gäste, die sich über die Kost ihres Gastgebers beschweren, selten wieder eingeladen werden«), gab er den Kampf endgültig auf, um ein, wie er hoffte, würdiges Schweigen zu bewahren. »Ich halte meinen Mund – mit ziemlich gutem Gewissen«, schrieb er Ende März an Helen Lowe-Porter, »denn ich gebe offen zu, daß ich das Interesse an diesem Land weitgehend verloren habe.«[93] Es war trotzdem ärgerlich, Ende Juni, während der Vorbereitungen für die europäische Reise, im *Time Magazine* mit dessen großem europäischem Leserkreis einen Artikel zu sehen, in dem seine »Sünden« aufgezählt und all die Angriffe zusammengefaßt wurden, mit der Andeutung, daß er demnächst vom Committee on Unamerican Activities vorgeladen würde.

Der Druck dieser »vergifteten Atmosphäre« wurde allmählich unerträglich. »Wüßte man nur, wie noch in Hitlers Maienblüte, auf welche Seite man gehört ... Die Kommunisten mit ihrem infantilen Amoralismus sind unmöglich, aber an die Zukunft dieser korrupten, verurteilten, spätkapitalistischen Profitwelt kann man auch nicht glauben.«[94] Ein weiterer Skandal wurde durch seinen Glückwunschbrief zum sechzigsten Geburtstag Johannes R. Bechers (den »sowjetisch-deutschen Kulturpapst«) ausgelöst. Unbeachtet blieb freilich sein ausführlicher Appell an den stellvertretenden Ministerpräsidenten der DDR, Walter Ulbricht, mit der Bitte um Milde für eine Anzahl von Internierten, die wegen Zusammenarbeit mit den Nazis verurteilt worden waren und um seine Hilfe gebeten hatten. Er schreibe, hieß es da, weder als Kommunist noch als Antikommunist, sondern als glühender Friedensfreund, der gegen derartige unmenschliche Urteile argumentiert, die dem faschistischen Regime allzu ähnlich seien: eine großzügige Geste der Milde gegenüber diesen Durchschnittsmenschen wäre eine bedeutsame Geste des Friedens und der Entspannung zwischen den beiden Machtblöcken.[95] (Ulbricht antwortete zwar nicht, doch es besteht Grund zu der Annahme, daß diese Aktion im Oktober 1952 zur Begnadigung und Entlassung von etwa 1600 der betroffenen Personen beigetragen hat.)

Ende Juni befand er sich in einem Zustand »tiefer physischer und seelischer Müdigkeit«,[96] der bevorstehende Besuch in Europa bereitete ihm mehr Bedenken als Freude, dazu kam noch die hoffnungslose Unsicherheit, die er bei seiner Arbeit empfand. Bis jetzt hatte er versucht, den *Krull* fortzusetzen – Arbeit sei für ihn, wie er im April geschrieben hatte, nie von guter Laune abhängig gewesen, »mein sogenannter Humor [ist] eigentlich ein Kind der Verzweiflung.«[97] Im Mai beabsichtigte er mindestens noch ein weiteres Kapitel zu schreiben, wenn das dann zu Ende sei, würde er sich »einer würdig-meisterhaften historischen Novelle über Erasmus, Luther und Ulrich von Hutten« zuwenden.[98] Nun schien alles sinnlos. Die »pan-erotische Unmoralität« des Felix Krull, auf seinem Weg vom Liftboy zum Kommis und zu einem richtigen Kellner mit all den dazugehörigen Gelegenheiten zu Diebstahl und Verführung kam ihm als falsches Thema für die Welt von heute vor, aber auch die Ideen zu einem Werk über Erasmus blieben höchst unbestimmt. Die ganze Zeit standen im Hintergrund die unversöhnlichen Gegensätze des koreanischen Konflikts, Amerika würde sich vermutlich bald selbst im Krieg gegen China, »dem falschen Gegner«, finden. »Seit unserer letzten Europareise ... hat es einen tüchtigen Altersschub bei mir gegeben.«[99] In diesem Zustand der Niedergeschlagenheit, mit einer schmerzhaften Arthritis in der rechten Schulter und im Arm, sah er das wichtigste Ziel der neuen Reise eher in der Gelegenheit zu einer neuen Heilkur in Bad Gastein, als in der Suche nach einem neuen Heim, die sie in der Gegend von Zürich hatten betreiben wollen.

Ihr Reiseplan folgte dem nunmehr üblichen Verlauf – eine kurze Unterbrechung in Chicago, ein Tag in New York, dann die Überfahrt auf dem französischen Schiff *De Grasse* nach Le Havre, wo sie Erika am 19. Juni abholten, die vorausgeflogen war und in Paris wieder den vertrauten Hillman Minx für die Fahrt nach Zürich gemietet hatte. Das Reisen befreite ihn gewöhnlich rasch von schlechter Laune, diesmal aber murrte er über die Zustände auf dem französischen Schiff, fühlte sich immer noch außerordentlich müde und fing erst an sich zu erholen, als er sich auf eine Woche im sicheren Hafen des Hotel Baur au Lac befand und sich freuen konnte, daß die Koffer ausgepackt waren und die rechte Ordnung geschaffen war. Sie hatten sich kaum zwei Monate bis zur Rückkehr nach New York erlaubt, ihr Programm war weitgehend improvisiert: Ein kurzer Besuch in München, eine Woche bei Michael und seiner Frau am Wolfgangsee und ein paar Tage während der Festspiele in Salzburg, bis die dreiwöchige Unterbringung in den Bad Gasteiner Thermalbädern gesichert war. Es waren keine Vorträge vereinbart worden, als einzige öffentliche Auftritte standen Lesungen in Salzburg und Zürich an, für die er Stellen aus dem *Krull* verwendete, und zu Interviews gab er sich nur ungern her. Er habe, wie er einem Freund mitteilte, in persönlicher Hinsicht nichts zu berichten, und die Politik bringe nur Mißbrauch und »üblen Lärm«.[100] Gegenüber der *Zürcher Woche* freilich, deren Reporter die Zweifel über seine politische Haltung wiederholte, die aus Amerika hierher gedrungen seien, erklärte er entschieden: »Ich bin ein Mensch der Freiheit, ich bin kein Kommunist.« Wegen der öffentlichen Bloßstellungen hatte er Amerika ja verlassen, und am Ende seines Aufenthalts bestätigte er gegenüber der *Deutschen Woche* abermals seinen Entschluß zu schweigen: »Die Welt braucht ihn [den Frieden] unbedingt. Aber – ich brauche ihn auch!«[101]

Die Tour in Europa war diesmal kaum mehr als ein entspannender Tapetenwechsel, seine Arthritis wurde in Gastein gewissenhaft behandelt, der Wechsel von Höhenlage und Temperatur verursachte allerdings kleinere Beschwerden, mit denen er ständig zu kämpfen hatte, und er war sehr unzufrieden, wenn die Nachkriegsverhältnisse nicht den erwarteten Komfort erlaubten. Zahlreiche Freunde waren zu besuchen, die Post, die ihn verfolgte, war zu erledigen (mit besonderem Augenmerk auf die Rezeption des *Erwählten*), und von Zeit zu Zeit wurden dem *Krull* einige Seiten angefügt, obwohl er über dessen Zukunft immer noch skeptisch blieb. Theateraufführungen und Konzerte, die ihn reizten, wurden eingeplant, wann immer es möglich war, und er suchte Entspannung in höchst unterschiedlicher Lektüre, von den Romanen Joseph Conrads und den Tagebüchern Kafkas bis zu Duff Coopers *Operation Heartbreak*. Ende Juli besuchten sie unauffällig München, wo sie nur eine Nacht zubrachten und durch Schwabing und den Herzogpark fuhren, um einen Blick auf ihr zerstörtes Haus zu werfen, das immer noch voller

Displaced Persons war. Die Behörden hatten es ihm vor kurzem offiziell zurückgegeben, mit der dazugehörigen Steuerpflicht. Der Anblick bestätigte ihn in seiner Weigerung, fürderhin etwas mit langwierigen Aufräumungsarbeiten und einem Wiederaufbau zu tun zu haben. Auch wenn er je an eine Rückkehr nach Deutschland gedacht hätte, hätte er eine Wiederaufnahme all dieser traurigen Verbindungen nicht ertragen (obwohl er später Entschädigung für ihre beträchtlichen finanziellen Verluste unter dem Nazi-Regime beanspruchte). Es war auch etwas melancholisch, als er Frido bei einem anschließenden Aufenthalt von ein paar Tagen in Strobl, am Ufer des Wolfgangsees, bei Michael und Gret wiedersah. Er konnte für ihn nicht mehr der Kamerad und Spielgefährte sein, der er für den kleinen »Echo« gewesen war, dessen Hand auf dem Klavier nun Oktaven greifen konnte, und enttäuscht war, daß er nicht mit ihm zum Schwimmen oder Klettern gehen wollte. Zum eigenen Trost kaufte der Großvater ihm freilich ein Fahrrad und freute sich trotz aller Traurigkeit zu hören, daß der Junge am liebsten mit ihnen nach Kalifornien zurückgefahren wäre.

Die wenigen Augusttage in Salzburg, auf dem Weg nach Gastein, brachten gemischte Erlebnisse. Im Smoking zur Aufführung des *Othello* unter Furtwängler, bei der der US-Hochkommissar McCloy unter schwerer Militärpolizeibegleitung im Mittelpunkt stand, fand er die schlechten Plätze, die ihnen die Direktion des Festspielhauses angewiesen hatte, so demütigend, daß er Katia in ärgerlicher Empörung am Ende des ersten Aktes aus dem Festspielhaus führte. Eine vormittägliche Generalprobe von Alban Bergs *Wozzek* – »stärkster und interessantester europäischer Eindruck«[102] – war mehr als eine Entschädigung dafür. Seine Lesung aus dem *Krull* in der Aula Academica zugunsten eines örtlichen Stipendienfonds am 13. August – bei der sich viele Freunde unter dem Publikum befanden und für die er am folgenden Tag von der Presse als der »große Humanist« und Meister der Milieuschilderung gepriesen wurde, dessen Lebhaftigkeit niemand die sechsundsiebzig Jahre glauben ließ – stellte ihn sehr zufrieden.

Gastein fanden sie bei ihrer Ankunft am 15. August überfüllt, die bequemen Zimmer, die Erika reserviert hatte, standen aber bald zur Verfügung. Er nahm eine ruhige Routine auf, bei der die beinahe täglichen Thermalbäder trotz ihrer erschöpfenden Wirkung die Erleichterung von der Arthritis brachten, die er brauchte – und, wie er notierte, eine überraschende Steigerung seines Sexualtriebs. Nahezu drei Wochen dort, dann eine Woche in Lugano, boten sogar die Gelegenheit zu einer gewissen Arbeit. In der Hauptsache widmete er sich der Korrespondenz – vor allem antwortete er auf die vielen günstigen Kommentare über den *Erwählten* –, aber auch einigen Korrekturen an dem bisherigen *Krull*-Manuskript, obwohl ihn, als er im Material über Luther und Hutten las, das alternative Vorhaben weiter beschäftigte. Die Berge und Gebirgsbäche Österreichs und der Schweiz boten einen recht erfrischenden Kontrast zu Kalifornien, kein Lob war zu groß für die Leistung des kleinen Wagens in den geschickten Händen Erikas, der seine schwere Last bewundernswert über die Pässe nach Lugano trug; dennoch fand er die Reise erschöpfend. Dort brachten die Villa Castagnola, die sie von ihrem Aufenthalt im Jahr 1933 kannten, und die Wiederberührung von »Tagebuch und Leben« Erinnerungen an vergangene Zeiten und alles, was er in den achtzehn seitdem verflossenen Jahren erlebt hatte. Das Beste an diesem Aufenthalt war die Nähe zu Hesses Haus in Montagnola, sie verbrachten viele angenehme Stunden mit ihm, bewunderten sein friedliches Leben und fühlten einen gewissen Neid auf das wunderschön gelegene Heim, das er genießen durfte. Bruno Walter war ebenfalls auf Ferien in Lugano, und am 19. September, als sie sich zur Fahrt über den Gotthard zurück nach Zürich anschickten, hinterließ ihm Mann Blumen und einen Brief zu seinem fünfundsiebzigsten Geburtstag, in herzlicher Dankbarkeit für das wohlmeinende Schicksal, das sie beide für so viele Jahre zusammengeführt hatte, und in der Hoffnung, es werde sie ihren Achtzigsten gemeinsam feiern lassen.

In ihren letzten paar Wochen im Hotel Dolder in Zürich war er, trotz des plötzlichen Wechsels von Höhe und Temperatur, zufrieden darüber, daß ihn die Tour so gut wiederhergestellt hatte. Nun hatte er die alte Energie völlig zurückgewonnen. Als er mit Freude die vorwiegend günstigen amerikanischen Besprechungen des *Erwählten* las (der eben erschienen und bereits als Book of the Month vorgesehen war) und die freundliche und achtungsvolle Aufnahme seiner Person in der Stadt und den Erfolg seiner Lesung aus dem *Krull* am 24. September im Schauspielhaus genoß, fühlte er neue Kraft, die Rückkehr in seine »streitbare Heimat«[103] ins Auge zu fassen. In der Zürcher Atmosphäre, nach den Besuchen bei Hesses in Montagnola und nach Walters erklärter Absicht, sich ebenfalls in der Schweiz niederzulassen, lebte bei ihm und Katia stärker denn je der Plan wieder auf, dasselbe zu tun. Er empfand eine gewisse Verlegenheit, als er nach seiner Rückkehr nach Kalifornien erfuhr, daß man ihn zum Mitglied der New Yorker Academy of Arts and Letters gewählt hatte, mit der Begründung, er sei »ein schöpferischer Künstler, dessen Werke allem Anschein nach einen dauernden Platz in der Kultur der Nation einnehmen werden«. Er habe sich, wie er zugab, zuwenig Mühe gegeben, Wurzeln in der Kultur der Vereinigten Staaten zu schlagen, sei »zu sehr geblieben, der ich war«, und bezweifelte, ob sein »Germanic approach« viel für »our country« bedeutete, wie es so viele Emigranten zu nennen pflegten.[104] Davon abgesehen, wie rührend die freundliche, ja mutige Geste auch war, er hatte den Entschluß gefaßt, zu seinen Wurzeln in Europa zurückzukehren. Als schließlich der Verkauf seiner Papiere an Yale scheiterte, sah er sich in diesem Entschluß nur bestätigt, auf ihn sollten sich von nun alle seine Pläne richten.

IX
Rückkehr zu Europas alter Erde
1952–1955

»Die Schweiz ist ein Land, wo weniges anfängt, aber vieles aufhört.«

F. Scott Fitzgerald

Thomas Mann mit Katia und Erika in New York vor dem Abflug nach Europa am 16. Mai 1949

1

»Sehe aber ... dem Leben dort nahe Zürich ... mit Vertrauen, fast jugendlicher Neugkeitsfreude und selbst einiger Hoffnung auf Produktivität entgegen.«

TM, 29. 10. 1952[1]

Als Mann im Oktober 1951 nach Kalifornien zurückkehrte, hatte er, immer noch dem Plan von 1910 folgend, bereits mehr als die Hälfte des dritten »Buches« des *Felix Krull* geschrieben. Die Beute aus den erotischen Abenteuern hat seinem Helden eine gewisse, vorläufige Unabhängigkeit verschafft, die es ihm erlaubt, die Einladung des Hotelgastes Lord Kilmarnock, in dessen persönlichen Dienst zu treten, abzulehnen (eine Episode, in der Manns homosexuelle Neigung für Franz Westermeier nachklingt). Er ist nun zu einem gewagteren Unternehmen bereit, bei dem er all seine zweifelhaften Begabungen benötigen wird: zur Verwandlung des Kellners in einen falschen Aristokraten. Der junge Marquis von Venosta schlägt ihm vor, sich auf einer Weltreise – die von seinen Eltern in der Hoffnung, ihn von den verderblichen Reizen einer Pariser Liebhaberin abzubringen, arrangiert ist – für ihn auszugeben. Die lange geplante Wendung in der Erzählung, die weitere Perspektiven eröffnete, gab Mann vorübergehend neuen Antrieb – Spielraum für seine Neigung, alles, was er berührte, sogar etwas so Leichtes, zu etwas Faustischem entarten und zu einer »Wanderung in die Unendlichkeit«[2] werden zu lassen. Unterwegs während der wenigen Tage in Chicago hatte er ausführlich die faszinierenden Eindrücke notiert, die das Museum of Natural History mit seinen Darstellungen der Ursprünge und Geschichte des Lebens auf ihn machte, hervorragendes Material für den wortreichen Professor Kuckuck, der im Zug von Paris zufällig Krulls Mitreisender sein und ihn auf dem Weg nach Buenos Aires in Lissabon einführen sollte. Das amüsante Kapitel wurde im Dezember rasch abgeschlossen.

Die vielen Monate der Unentschlossenheit über seine Zukunft – auch jetzt noch, obwohl er im Innersten wußte, daß das Jahr 1952 seinen endgültigen Weggang aus Amerika bringen würde – hatten indessen auf die Arbeit eine hemmende und häufig deprimierende Wirkung. Die Probleme des Umzugs (trotz ermutigender und schmeichelhafter Reaktionen auf seine Anfragen bei den Schweizer

Behörden), die Sorge um Erikas Gesundheit und ein weiterer feindseliger Artikel Tillingers über den »Case against Thomas Mann« (»nicht mehr bloß ›fellow-traveller‹, gehört er bereits zu einer gefährlicheren Kategorie«) hatten ihn beinahe in Verzweiflung, in einen Zustand von »Belastung, Furcht und Müdigkeit der Seele« versetzt.[3] Der Gedanke stellte sich ein, daß er in die Schweiz ginge, nicht um dort zu leben, sondern um dort zu sterben – einen Tod, den er als der Letzte einer großen Familie, dessen Verwandte und Freunde in der Mehrheit bereits verstorben waren, nach all den Qualen und Mißverständnissen eines langen und ruhmvollen Lebens, eher früher als später begrüßen würde. Es blieb ihm nichts anderes übrig, als den *Krull* fortzusetzen, sosehr er auch an dessen Abschluß zweifelte. Anfang des Jahres begann er unter der Last der Ansprüche, die das Buch an seine Erfindungsgabe stellte, zu ächzen und sich gegen die wachsende Langeweile der Aufgabe zu wehren – getröstet freilich dadurch, daß auch Tolstoi häufig ähnlich geklagt hatte. Als Hilde Kahn die getippten Seiten zurückbrachte, bemerkte sie an seinen ängstlichen Fragen, wie wenig von dem Elan geblieben war, der die früheren Werke getragen hatte.

Es gab freilich Ablenkungen von diesem Kampf, in der Form zweier kurzer Skripten für amerikanische und britische Radiosendungen, die er Anfang Februar beziehungsweise Anfang März rasch verfaßte, und die insofern von größerer Bedeutung sind, als es der Anlaß vermuten ließe, da sie uns einen Thomas Mann zeigen, der sich anschickte, die Vereinigten Staaten zu verlassen. Die Sendung für die CBS-Serie *This I Believe*, die im Oktober übertragen wurde, galt dem *Lob der Vergänglichkeit*, sie war eine fünfminütige Zusammenfassung der Philosophie, die er aus den lebendigen Darstellungen im Museum von Chicago gewonnen hatte. Die Erde, für die größere Anlage des Weltalls unbedeutend und nebensächlich, habe eine dreifache Schöpfung erfahren – zuerst das kosmische Sein aus dem ursprünglichen Chaos, dann das Erwachen des Lebens aus dem Anorganischen, schließlich die Entwicklung des menschlichen Lebens aus dem tierischen. Alles sei vergänglich, mit einem Anfang und einem unvermeidlichen Ende, und das menschliche Leben könne, am Maßstabe der bisher bekannten Äonen gemessen, nichts als ein flüchtiges Zwischenspiel sein. Doch die Tatsache, daß sich der Mensch dieser Vergänglichkeit bewußt sei, verleihe ihm die rastlose Energie und die Kraft, das Vergängliche ins Unvergängliche zu verwandeln. Die Naturwissenschaft mochte das alles zu verhältnismäßig geringer Bedeutung reduzieren, er aber glaube fest, daß das Leben auf der Erde eine tiefe Bedeutung enthalte, daß der Mensch das letzte Ziel der dreifachen Schöpfung sei – »ein großer Versuch ... dessen Mißlingen durch Menschenschuld dem Mißlingen der Schöpfung selbst, ihrer Widerlegung gleichkäme. Möge es so sein oder nicht so sein – es wäre gut, wenn der Mensch sich benähme, als wäre es so.«[4]

Im Gegensatz zu diesen Ausführungen über die Unvergänglichkeit galten seine Worte für das Dritte Programm der BBC im Mai dem *Künstler und der Gesellschaft*, Reflexionen von einem, wie er zugab, grundsätzlich skeptischen Standpunkt, um die Haltung zu rechtfertigen, die ihm auf beiden Seiten des Atlantiks so viel feindliche Kritik eingetragen habe. Die Arbeit des Künstlers, insbesondere des Schriftstellers, könne Implikationen moralischer und sozialkritischer Art unmöglich vermeiden – sei es nun auf seiten der Rechten wie bei Balzac, Hamsun oder Ezra Pound, oder der Linken, der Haltung, zu der ihn mehr seine Abscheu vor dem Faschismus als irgendeine Neigung zum Kommunismus gedrängt und zu einem Wanderredner der Demokratie gemacht habe. Philip Toynbees Artikel im *Observer* habe zu Recht ein gewisses Mißtrauen gegenüber seinem optimistischen Glauben an Demokratie geäußert – sogar gegenüber seinem »world citizenship«, da seine Bücher »verzweifelt deutsch« seien, und was je an Einmischungen in gesellschaftlich-politische Fragen darin vorkäme, sei dem Pessimismus eines durch Schopenhauers Schule gegangenen Geistes abgewonnen. »Geradeheraus: ich habe nicht viel Glauben, glaube aber auch nicht sehr an den Glauben, sondern weit mehr an die Güte, die ohne Glauben bestehen und geradezu das Produkt des Zweifels sein kann.«[5] In Amerika nahm man von dieser Aussage vermutlich wenig Notiz, doch es stellte ein geziemend leises Wort des Abschieds vor seinem Weggang dar. Die Formulierung schien ihm so gelungen, daß er sie später für Vorträge in der Schweiz, in Deutschland und in Österreich verwendete.

Das Schreiben am *Krull* begann aber zu erlahmen, er fand es schwierig, den Stil des vorhergegangenen Textes wiederaufzunehmen. Im April schickte er Agnes Meyer das fertige Venosta-Kapitel und bekannte sich zu »einer Arbeitskrise«, er habe sich »etwas aufgehalst, was in keiner Beziehung ... recht ›de mon âge‹ ist, und manchmal frage ich mich, ob ich nicht besser täte, abzubrechen und es bei einem erweiterten Fragment sein Bewenden haben zu lassen«.[6] Diese Memoiren, notierte er in seinem Tagebuch, seien kein *Faust*, »an den man die letzten Kräfte seines Alters« wende, es verlange ihn nach einem würdigen Gegenstand, dessen Bewältigung abzusehen sei, der Entschluß zum Abbrechen sei wahrscheinlich achtbarer als die »zwangvolle« Vollendung.[7]

Er hatte seit einiger Zeit den Drang verspürt, sich etwas Neuem zuzuwenden, einem Werk, das er leichter abschließen könnte, um wenigstens etwas zustande zu bringen. Einer seiner Briefpartner hatte eine Prosafortsetzung des Goetheschen *Achilleis*-Fragments vorgeschlagen, ein Gedanke, der ihn eine Zeitlang beschäftigte. Als aber Katia Anfang April an einen Münchner Klatsch erinnerte, den sie vor langer Zeit einmal gehört hatte, spornte ihn das Thema zu einer Novelle an: eine fünfzigjährige Witwe, die sich in den jungen Englischlehrer ihres Sohnes verliebt und es wagt, ihre Leidenschaft zu gestehen, als ihre Menstruation wieder einzusetzen scheint, dann aber entdecken muß, daß es sich um Gebärmutterkrebs handelt. Es ist bezeichnend, daß er sich zuerst überzeugen wollte, ob ein derartig grausamer Betrug der Natur medizinisch wie physisch möglich sei; er richtete detaillierte Fragen an den ärztlichen Freund, der vor vier Jahren seine Lungenkrankheit festgestellt hatte. Er entschloß sich, die Geschichte im Rheinland spielen zu lassen, was auch Beratungen mit ehemaligen Düsseldorfern nötig machte, um nicht nur das lokale Milieu, sondern auch den lokalen Dialekt zu treffen. Er begann mit der Erzählung im Mai, entschlossen, sie im Rahmen einer Kurzgeschichte zu halten, doch, wie im Fall des *Krull*, erwies sich die Hoffnung auf raschen Fortschritt als vergeblich. Es wurde klar, daß er keines der beiden Werke über das Fragmentarische hinausführen konnte, bevor er nach Europa umzog, was nun im Juni erfolgen sollte. Als es soweit war, enthielt sein Dokumentenkoffer die Aufzeichnungen und das Material für beide: Das Manuskript der Novelle war in der Vorbereitung des Schauplatzes bereits weit gediehen, das Manuskript des *Krull* war bis zum Eintreffen des »Marquis« in Lissabon abgetippt.

Mit ängstlicher, fast überängstlicher Vorsicht hatte er weitere öffentliche Aufmerksamkeit vermieden und, abgesehen von einigen wenigen Freunden, vor jedermann geheimgehalten, daß er wahrscheinlich nicht zurückkehren werde. Er bemühte sich, Vermutungen zu zerstreuen (die sogar in der Presse laut wurden), daß er von der Hexenjagd-Atmosphäre oder einer bevorstehenden Vorladung vor das Unamerican Activities Committee vertrieben würde, und insbesondere gegenüber amerikanischen Freunden wie Agnes Meyer und Caroline Newton den Eindruck zu wahren, es handle sich um einen abermaligen, wenn auch längeren Besuch gemäß der üblichen Routine der vergangenen Jahre. Es war nicht eigentlich Doppelzüngigkeit, denn seine Pläne standen tatsächlich keineswegs schon fest. Im Mai spielte er sogar ernsthaft mit dem Gedanken, Einladungen nach Indien und Japan anzunehmen und daraus eine Weltreise zurück nach Kalifornien zu machen, kam aber zu dem vernünftigen Schluß, daß er für ein derart anstrengendes Unternehmen zu alt sei. Für den Verkauf des Hauses hatte man ihm gute Aussichten bestätigt, doch er zögerte eigenartigerweise, es Maklern zu überlassen; das geschah erst Ende Mai. Es sah beinahe so aus, als wolle er sich selbst die Endgültigkeit ihres Weggangs nicht eingestehen. Er setzte die übliche Routine fort, in der ihn vielerlei beschäftigte und von dem schleppenden Fortschritt seiner Arbeit ablenkte, und schien unwillig, sich mit den großen Entscheidungen über Haus und Eigentum abzugeben. Eine andere Entscheidung von großer persönlicher Wichtigkeit durfte freilich nicht aufgeschoben werden: die sichere Aufbewahrung seiner Tagebücher. Am 5. Juni bat er Hilde Kahn, sie zu verpacken und zu versiegeln, damit sie mit der Aufschrift »Daily notes from 33–51. Without literary value, but not to be opened by anybody before 20 years after my death« zur Bank gebracht werden konnten.[8] (Alle früheren Tagebücher hatte er im Mai 1945 vernichtet, ausgenommen die Jahre 1918 bis 1921, die er vermutlich zum Nachschlagen für den *Faustus* aufbewahrt hatte und die nun gleichfalls zu dem Paket kamen.) Seine Verfügung wurde zu gegebener Zeit getreu befolgt, erst nach einem Zeitraum von zwanzig Jahren sollten diese persönlichen Enthüllungen der Welt gestatten, ihn zu »kennen«. Unterdessen gingen seine täglichen Eintragungen weiter.

Seit der Jahreswende galt seine Aufmerksamkeit einem zusätzlichen Vorhaben, das er seinem Alter für angemessener hielt als die immer noch zweifelhaften literarischen Fabeln. Bermann hatte ihm vorgeschlagen, die Auswahl für einen neuen Band seiner Aufsätze, Reden und verschiedenen Schriften vorzunehmen, die vieles enthalten sollte, das seit langem nicht wieder gedruckt worden war. Als er in die Vergangenheit zurücktauchte, war er selbst erstaunt über die Menge des Materials, das zur Verfügung stand, die Sammlung entwickelte sich zu einer Zusammenstellung beinahe autobiographischen Charakters, vor allem, als er sich entschloß, einen Teil seines Briefwechsels mit einzubeziehen. Der Gedanke an die postume Wirkung schien nicht unangebracht, er hatte den Punkt erreicht, wo er sich selbst beinahe »historisch« wurde und hielt es nur für richtig, späteren wissenschaftlichen Studien diese Art von Hilfe zu gewähren.[9] Das paßte zu der Sorgfalt, die er stets auf seine Erwiderungen an Kritiker verwendet hatte, und zu seiner Hilfsbereitschaft gegenüber wissenschaftlichen Fragestellern über sein Werk, seine Quellen und Methoden, die er nun in seinen sorgfältigen Bemerkungen zu Dissertationen zeigte, die im Juni bei ihm eintrafen (aus Yale über *Die Rolle der Liebe in den Werken Thomas Manns*, aus Berlin über den *Erwählten* und aus Toulouse über die Musik im *Faustus*). Als der Band unter dem Titel *Altes und Neues. Kleine Prosa aus fünf Jahrzehnten* im Jahr 1953 bei Fischer erschien, reichte er von der Polemik über den Schlüsselroman *Bilse und ich* und die Reden und Aufsätze der dreißiger und vierziger Jahre bis zu einigen Stücken aus jüngster Zeit, den Sendungen für CBS und BBC, ja sogar bis zu einer Rede zum neunzigsten Geburtstag Gerhart Hauptmanns im November 1952 in Frankfurt. Auch eine kurze Revision seines Urteils über Stefan Zweig gehörte dazu, die Anfang 1952 zum Anlaß des zehnten Jahrestags von dessen Selbstmord entstanden war, in der er die allzu große Härte seiner damaligen Bemerkungen zugab und die positiven Werte des Werks und der Humanität dieses späten Erasmus hervorhob. (Es war ein vornehmes Eingeständnis, bezeichnenderweise jedoch ließ er es an keiner anderen Stelle veröffentlichen, wie er es bei solchen Jahrestagen, sogar im Fall weniger bedeutender Persönlichkeiten, zu tun pflegte. Aus der Anerkennung des weltweiten literarischen Ruhms Stefan Zweigs, »ein merkwürdiges Vorkommnis bei der geringen Popularität, deren sonst deutsches Schrifttum im Vergleich mit französischem und englischem sich erfreut«,[10] spricht vielleicht eine gewisse Eifersucht.)

Die Sammlung *Altes und Neues* und die sorgfältigen Verfügungen über seine Tagebücher sorgten in gebührender Weise für seine postume Stellung in der Literaturgeschichte. Seit Jahren hatte ihn aber ein aktuelleres Problem beschäftigt: der Mangel an ostdeutschen Ausgaben seiner Werke. Er war stets der Überzeugung gewesen, daß nach dem Krieg seine Bücher in Deutschland eingesogen würden »wie die Luft von einem Vacuum«.[11] Bei Fischer im Westen war dies der Fall gewesen (obwohl Mann häufig Grund fand, sich über die Langsamkeit des Verlages bei Neudrucken zu beschweren). Das Fehlen jeglicher Lizenz für ostdeutsche Ausgaben hatte aber die dortige rege Nachfrage nach seinen Büchern behindert, an die er fast täglich durch Briefe erinnert wurde. Bermanns Versuche, dem abzuhelfen, hatten sich als vergeblich erwiesen, weitgehend wegen des allzu legalistischen Vorgehens des Verlegers und seiner Forderung, daß zumindest ein Teil der Tantiemen in harter Währung überwiesen werden sollte – eine Maßnahme, zu der sich die ostdeutschen Behörden letzten Endes nicht bereitfinden konnten, so daß es den unangenehmen Anschein hatte, Mann sei nur auf den eigenen Gewinn bedacht. Bermann verteidigte die Wichtigkeit einer ordentlichen Sicherung des Urheberrechts, Mann dagegen war bereit, beinahe jede Bedingung, sogar die Einzahlung der Tantiemen auf gesperrte Ostmark-Konten, zu akzeptieren, nur um die große Nachfrage zu befriedigen. Als im Mai unautorisierte ostdeutsche Ausgaben der *Buddenbrooks* und der *Lotte in Weimar* erschienen, war er geneigt, dies hinzunehmen und beklagte sich über die Halsstarrigkeit Bermanns. Bis zur Klärung der Lage sollten noch zwei Jahre vergehen, dann begann der Aufbau-Verlag, aus Anlaß des achtzigsten Geburtstags Thomas Manns eine Gesamtausgabe zu planen.

Erika wurde mit der Redaktion von *Altes und Neues* betraut, sie mußte Wiederholungen und Überschneidungen beseitigen und arbeitete trotz ihres schlechten Gesundheitszustandes und ihrer Schlaflosigkeit hart. Sie war entschlossener als ihr Vater, mit Amerika zu brechen, wo ihre bittere und unverblümt kritische Haltung zum Kalten Krieg und zum Marshallplan wesentlich konkretere Verdächtigungen von »unamerican activities« hervorgerufen und ihrer dort bisher erfolgreichen Laufbahn als Rednerin so gut wie ein Ende gesetzt hatte. Die befürchtete Verweigerung einer Wiedereinreiseerlaubnis hatte sich bisher allerdings nicht bewahrheitet, doch die Drohung war ständig vorhanden, und es war ihr klar, daß ihre Zukunft in Europa liegen mußte. Sie hatte sich wieder den Kindergeschichten zugewandt, die sie stets mit Vergnügen geschrieben hatte, Neuausgaben der ersten beiden waren mit dem Münchner Verlag Franz Schneider vereinbart worden, dessen neue Reihe sie mit einer Geschichte einleiten sollte, mit der sie bereits begonnen hatte. Sie war sich aber wohl bewußt, wie sehr sich ihr Vater auf sie als Adjutantin und weitgehend als Managerin des Thomas-Mann-Unternehmens verließ, und war völlig bereit, weiter bei ihren Eltern zu leben, wenn sie sich in der Schweiz niedergelassen hatten – was nun als sicher galt, auch wenn sich ihr Vater, als der Zeitpunkt näherrückte, immer noch alle Möglichkeiten offenzuhalten schien und jeden endgültigen Abschied geflissentlich vermied.

Bei den früheren Umzügen war ihre energische Hilfe unschätzbar gewesen, sie hatte sich um viele der unvermeidlichen bürokratischen Probleme gekümmert, und man hatte wohl angenommen, daß sie erst später reisen würde, um für den Verkauf des Hauses zu sorgen, für das man nun jeden Tag Interessenten erwartete. Sie drängte aber ungeduldig auf eine Abreise, und obwohl sie sich immer noch keineswegs wohl fühlte, machte sie sich am 1. Juni allein nach New York auf, ohne sich klar zu sein, ob sie nach Zürich oder nach Holland wollte. Die Eltern machten sich große Sorgen um sie, »sie weiß nicht, ob sie dies Haus je wiedersieht, noch werden wir es wissen, wenn wir reisen«. Als er mit ihr über Klaus' autobiographisches Buch *Der Wendepunkt* sprach, hatte er ihren Hang zu morbiden Gedanken bemerkt und gefürchtet, daß sie nur allzu leicht ihrem Bruder folgen könnte, »gewiß will sie nicht länger leben als wir«.[12] Sie konnten auf jeden Fall aber damit rechnen, Erika später in der Schweiz zu treffen, und er schien bereit, seine endgültige Entscheidung zu verschieben, bis er sich dort in Ruhe umgesehen hatte.

Von einem finanziellen Druck, der zu einer Entscheidung gedrängt hätte, fühlte er sich wenigstens frei. Sein Einkommen in diesem Jahr erwies sich als außerordentlich gut, in Europa wie in Amerika, und im Mai erfuhr er dann von einem unerwarteten Bonus. Die römische Accademia dei Lincei hatte ihm den ersten internationalen Literaturpreis verliehen, veranlaßt von dem Verleger Giangiacomo Feltrinelli. In Dollars machten die fünf Millionen Lire weniger aus, als es den Anschein hatte, doch die »Miniatur-Millionen« würden in der härteren Währung trotzdem 8000 Dollar ergeben. Vor allem aber interessierte und ermunterte ihn das internationale Ansehen dieser Ehrung, deren offizielle Begründung lautete: er gebe das Beispiel »eines erreichten lebendigen Humanismus, der geistig die Spaltungen unserer Zeit überragt und damit allen geistig Schaffenden eine Weisung gibt.«[13] Er betrachtete diese Begründung als eine wesentliche Stärkung seiner Verteidigung gegen die ständigen Angriffe auf seine Haltung und war, als die Verleihung im Juni offiziell bekanntgegeben wurde, über den Mangel an Publizität, vor allem in Amerika, recht enttäuscht. Es täte ihm leid, für seine »Herren Feinde wenn die Demonstration so ganz unter den Tisch fiele«, schrieb er an Agnes Meyer,[14] die auf sein Drängen am 29. Juni eine entsprechende Nachricht in die *Washington Post* setzte, während er selbst bei dem New Yorker *Aufbau* einen ähnlichen Bericht anregte. Die erhoffte Reise nach Rom und eine Privataudienz bei Papst Pius XII., »der ja gut deutsch spricht« und mit dem er sich »über die Weltlage unterhalten« wollte, mußte aber bis zum folgenden Jahr aufgeschoben werden.

Je näher die Abreise rückte, um so mehr spürte er sein Alter. Die üblichen Klagen über geringere Beschwerden nahmen zu, er ging zwar ruhig seiner Routine nach – Arbeit an der Novelle, ein täglicher Spaziergang, die Erledigung der Korrespondenz, abendliche Entspannung bei Schallplattenmusik oder Einladungen bei Freunden –, doch oft überkamen ihn Müdigkeit und Erschlaffung. Bei der Lektüre Tolstois empfand er angesichts von dessen Größe Scham über die literarischen Preise, die man ihm verliehen hatte. Sein Geburtstag wurde nur mit einem Dinner für einige wenige Freunde gefeiert, die er mit einer Lesung aus dem Professor-Kuckuck-Kapitel im *Krull* beeindruckte, doch selbst das kam ihm überraschenderweise wie eine Belastung vor. Katia hatte immer noch Ärger mit Dienstboten, zögerte aber noch, einen dauernden Umzug ins Auge zu fassen und das Haus aufzugeben, während er seinen »irrationalen Wunsch nach der alten Erde«[15] Europas und der Schweiz als letzte Ruhestätte pflegte. Da die Zukunft noch unsicher war, beschloß man, Katias Neffen Hubert (den Sohn ihres Zwillingsbruders Klaus) zu bitten, in ihrer Abwesenheit nach dem Haus zu sehen, wozu er sich gern bereit erklärte. Am 20. Juni kam er aus New York an, gerade als sie sich zu den Vorbereitungen für die in vier Tagen bevorstehende Abreise anschickten. Im Fall eines angemessenen Angebots für das Haus würde er sie zuverlässig vertreten.

Die Reise sollte diesmal so leicht wie möglich vonstatten gehen, indem man die ganze Strecke nach Zürich im Flugzeug zurücklegte, über Chicago, New York und Amsterdam. Es war ratsam, die langen Stunden einer Eisenbahnreise zu vermeiden, da Mann sich nun wirklich geschwächt fühlte, er hatte wenig Appetit, und die amerikanische Atmosphäre der Verfolgung wie die Aussichtslosigkeit, den Koreakrieg fortzusetzen, deprimierten ihn zusehends. In Chicago, wo sie zwei Tage zubrachten, hatten sie unter einer drückenden Hitzewelle zu leiden und waren froh, daß sie sich in New York die meiste Zeit in den klimatisierten Räumen des St.-Regis-Hotels aufhalten konnten. Es kam zwar nicht überraschend, aber doch als ein gewisser Schock, daß Erikas Ansuchen um ein Wiedereinreisevisum ohne Angabe von Gründen abgelehnt wurde. Er brachte den Rechtsanwalt davon ab, abgesehen von einigen Briefen an Senatoren, einen größeren Protest zu organisieren (Erika befand sich nun, wie ihm telegraphisch mitgeteilt wurde, in einem Sanatorium in Bern). Unterwegs war es ihnen möglich gewesen, Elisabeth und ihren Gatten kurz zu treffen, deren Italienpläne immer noch unbestimmt waren, auch Monika, die in New York blieb. Er aber war darauf bedacht, mit einem Minimum an Verzögerungen sein Ziel zu erreichen. Auf dem Flug nach Amsterdam mit der KLM, wurden sie angenehm persönlich betreut, wie auf der letzten Strecke nach Zürich war auch das Essen wesentlich besser als auf den amerikanischen Fluglinien, wenngleich ihm in seinem Schlummer, den er so nötig brauchte, viel davon entging.

Golo, der von Kalifornien auf Urlaub da war, holte sie mit Emmy Oprecht vom Flughafen ab, wo sie der oberste Zollbeamte ohne besondere Verzögerung passieren ließ, und bald darauf fanden sie sich wieder im Baur au Lac, und im Speisesaal umgeben von vertrauten Gesichtern (erfreut konstatierte er die Anwesenheit eines gutaussehenden neuen Kellners). Als er sich überlegt hatte, an welchem Ort in der Schweiz man sich niederlassen sollte, hatte er nicht nur die Gegend um Zürich in Betracht gezogen, sondern auch das Tessin, das Ziel Bruno Walters, wo Hesses attraktives Haus stand. Die Frage wurde ausführlich mit Golo und mit Erika diskutiert, die am nächsten Tag von Bern herüberkam; sie schien bei ihrer Behandlung gute Fortschritte zu machen. Man kam überein, daß ein Haus im Tessin und ein Pied-à-terre bei Zürich die günstigste Lösung wäre, doch allem voran mußte durch einen Aufenthalt in einem Höhenkurort und später durch eine abermalige Kur in Bad Gastein seine Gesundheit wiederhergestellt werden. Wie New York litt auch Zürich unter einer drückenden Hitzewelle, und er zog sich eine Halsentzündung zu, die ärztlicher Behandlung bedurfte. Bei Katias Telephonanrufen stellte sich heraus, daß die Kurorte, die in Frage kamen, einschließlich ihres geliebten Arosa, überfüllt waren, doch schließlich gelang es ihr, in Kandersteg im Berner Oberland vom 8. Juli an ein Quartier zu buchen. Einstweilen zogen sie in das kühlere Waldhaus Dolder um, von wo aus sie mit Golo gemächliche Ausflüge und Besuche bei den vielen alten Freunden unternahmen.

In Kandersteg, wohin sie mit dem Auto fuhren, nachdem sie Erika in ihrem Sanatorium abgeholt hatten, brachte der jähe Klimawechsel für ihn einen Rückfall. Er hatte weiterhin an Gewicht verloren, sein Appetit besserte sich kaum, und er vermochte nur ein paar Briefe zu schreiben. Erst nach einer Woche fühlte er sich in der Lage, die Arbeit an der Novelle trotz einiger Bedenken wegen ihrer Fortsetzung wiederaufzunehmen. Diese Bergwelt, mit wunderbaren Ausblicken auf die Gletscher, war neu für sie, eine echte Entdeckung. Pläne für die nächsten Wochen begannen sich zu bilden – auf dem Weg nach Gastein eine Lesung in Salzburg und ein Besuch bei Michael und seiner Familie am Wolfgangsee –, zumindest er, wenn auch nicht Katia, war sich endlich sicher in dem Entschluß, nicht nach Amerika zurückzukehren. Es gab weiterhin Probleme, schrieb er an Feuchtwanger: »Das mit meiner Novelle will ich schon lösen. Die des Lebens werden nachgerade schwieriger.«[16] Der junge Pringsheim hatte Gutes über Pacific Palisades zu berichten, auch wenn noch kein Verkauf in Aussicht stand. Den Gedanken an eine Rückkehr fand Mann aber höchst abschreckend, insbesondere nachdem die Republican Convention Eisenhower, dessen Wahlsieg vorauszusehen war, zum Präsidentschaftskandidaten nominiert hatte (Mann sagte einen unangenehmen kalifornischen Mitkandidaten voraus, was sich später in der Gestalt Richard Nixons bewahrheiten sollte). Adlai Stevenson, der demokratische Anwärter, schien hingegen eine gute Wahl zu sein und auch eine gewisse Chance für den Sieg zu haben.

Am Monatsende reisten sie mit Erika nach Luzern, sie fuhr mit der Bahn weiter nach Lugano, um dort Häuser zu besichtigen. Ein einziges Haus, in einer hohen und abgeschiedenen Lage bei Barbengo, dessen Ausblick aber enttäuschend war, schien in Frage zu kommen, zu einem Preis, den sie sich leisten konnten, falls Pacific Palisades in nicht allzu ferner Zeit verkauft würde. Katia gefiel es nicht besonders, ein Pied-à-terre in der Gegend von Zürich würde auf jeden Fall erforderlich sein, um die ansonsten attraktive Abgelegenheit wettzumachen (es lag nicht in Thomas Manns Art, wie Hesse Besucher durch ein Schild an der Gartentür fernzuhalten). Sie kehrten mit dem Versprechen des Vorkaufsrechts nach Zürich zurück und waren nach einer Reise in einem unerträglich überfüllten Zug für die Ruhe im Waldhaus Dolder dankbar (»Wie ich hasse, mich zwischen Menschen herumdrücken zu müssen, ist nicht zu sagen«[17]).

Sein Zustand hatte sich sehr gebessert, er fühlte sich nunmehr imstande, Aufforderungen nachzukommen, zwar noch nicht zu öffentlichen Auftritten, doch zu Rundfunkaufnahmen des Vortrags *Der Künstler und die Gesellschaft*, in dem er eine wichtige Aussage zu seiner philosophischen und politischen Stellung sah. Inzwischen war Erika kurz in München gewesen und hatte offenbar eine Aufnahme für den Bayrischen Rundfunk vereinbart; sie kam jedenfalls, nachdem er am 4. August eine Aufnahme für Radio Zürich gemacht hatte (für ein nicht unwillkommenes Honorar von 400 Franken), zurück, um sie vor Beginn ihrer Reise nach Österreich nach München zu fahren, wo er die Aufzeichnung tatsächlich wiederholte. Der Produktionsleiter bemerkte, daß seine politischen Ansichten wahrscheinlich eine Kontroverse auslösen würden, Mann hoffte aber, anschließende Angriffe der Presse ignorieren zu können. In einem Interview wies er nachdrücklich darauf hin, daß sein Aufenthalt in Europa voraussichtlich für ein Jahr, nicht aber auf Dauer geplant sei, es sei beileibe nicht so, daß er aus Undankbarkeit Amerika den Rükken kehren würde. Er bleibe ein deutscher Schriftsteller, und es werde immer schwieriger, das rechte Gleichgewicht zu bewahren, wenn er Angriffen wegen einer Untreue gegenüber amerikanischen Ideen ausgesetzt sei, die den Angriffen in Deutschland nach 1945 sehr ähnlich seien. Seine Stellung zwischen Ost und West gleiche der Stellung des Erasmus zwischen der katholischen Kirche und der Reformation. Im Jahr 1949, bei der Annahme sowohl des Frankfurter wie des Weimarer Goethe-Preises, habe er versucht, die Kluft zu überbrücken. Der Preis von Rom, der nicht seinen literarischen Leistungen, sondern seinem Humanismus gelte, bezeichne seine Aufgabe in der Welt: »Ich bin kein Politiker und kann keine Propaganda reden. Aber ich kann vielleicht durch mein Beispiel, durch mein Da-Sein etwas bewirken und die Atmosphäre um mich beeinflussen.«[18]

In Salzburg, wo sie am 9. August eintrafen und Michael in einem Mozart-Konzert in der Felsenreitschule hörten, las er *Der Künstler und die Gesellschaft* am nächsten Abend im Mozarteum; es war ein gutbesuchter und nach seiner Meinung gelungener Auftritt (den Worten eines Salzburger Reporters zufolge, hatte er Salzburg »zum Leben erweckt«). Zehn erholsame Tage in St. Wolfgang folgten, die einigen Fortschritt an der Novelle brachten, mitunter ging er sogar zum Schwimmen. Es war erholsam, falls ihn die Enkel, die häufig von Strobl herüberkamen, in Frieden ließen – wie sehr er sich auch über das Wiedersehen mit Frido freute – und Erikas ständige Bitterkeit und Intoleranz gegenüber anderen es erlaubte. Golo fühlte sich beleidigt, als sie Melvin Lasky, einen seiner Bekannten, der nunmehr in Berlin die Zeitschrift *Der Monat* herausgab und den er zu einem Besuch bei seinem Vater mitgebracht hatte, als »amerikanischen Agenten und Spion« bezeichnete.[19] Sie arbeitete aber entschlossen an Manns englischer Korrespondenz, so daß er mit ihrer und Katias Hilfe mit seinen brieflichen Verpflichtungen gut Schritt halten konnte. Sie war dann besserer Laune, als sie sich am 19. August von Michael und seiner Familie in Strobl und von Golo, der auf seinen Lehrposten in Kalifornien zurückkehrte, verabschiedeten. Man fuhr zunächst zu einer Aufführung der Strauss'schen *Danae* nach Salzburg zurück, von dort aus dann nach Gastein.

Dort hatten sie in ihrer üblichen Pension das Gefühl, wieder daheim zu sein, in einem ihrer zahlreichen Heime. Die Thermalbäder, denen er sich pflichtbewußt täglich unterzog, erwiesen sich als ebenso erschöpfend wie bei den vorhergegangenen Besuchen, wie zuvor mußte er sie vorsichtig aufteilen, um in dem dreiwöchigen Aufenthalt genug Energie für die Arbeit an der Novelle aufbringen zu können. Die ersten Tage wurden aufgeheitert durch einen Besuch Reisigers, noch immer der »old Reisi boy« und ein angenehmer Begleiter auf den Spaziergängen, sofern Kälte und ständiger Regen sie zuließen. Im großen und ganzen war die Kur kein Erfolg, auch wenn er nun einen besseren Appetit hatte und sein Gewicht halten konnte, so daß ihre Abreise am 10. September für ihn nicht zu früh kam. Sie verbrachten zwei Tage auf der Reise, übernachteten in München, wo sie als Gäste des Besitzers des Hotels Vier Jahreszeiten ein lukullisches Abendessen genossen und am folgenden Tag einen bewegenden Besuch im Herzogpark abstatteten, vorbei an den Überresten ihres Hauses, das nun bis auf die Grundmauern abgerissen war.

Im Waldhaus Dolder brauchte er einige Tage, um ein Gefühl nervöser Depression, die Reaktion auf die Reise, zu überwinden. Es ärgerte ihn, die getrennten Zimmer, die sie gebucht hatten, noch nicht beziehbar zu finden, seine Gereiztheit darüber, daß er kein eigenes Zimmer hatte, äußerte sich in ungewohnt scharfen Worten gegen Katia. Ihre Aufgabe war keineswegs leicht, sie mußte sich seinen wechselnden Launen anpassen, ihn bei der Vielzahl der Verpflichtungen unterstützen, zu denen er sich bereit erklärte, mit Rat, Notizblock und Mitgefühl mit seinen Erkrankungen bereitstehen und

und den Weg zu ihrer immer noch unsicheren Niederlassung in der Schweiz so gut wie möglich ebnen, was an sie zweifelsohne größere Ansprüche stellte, als es all die gemeinsamen Jahre hindurch der Fall gewesen war. Im Sommer war es ein Trost für sie gewesen, daß sie drei von ihren Kindern um sich hatte, gleich ihm hatte sie sich zwar auch Sorgen wegen Erikas Unberechenbarkeit gemacht, war aber für die tüchtige Hilfe dankbar gewesen, die die Tochter als Fahrerin und bei den Problemen des Alltags geleistet hatte, die ihr Gatte übersah. Nun waren aber die Würfel endgültig zugunsten der Schweiz gefallen, und sie durfte sich darauf freuen, das Leben in Hotels gegen etwas Beständigeres einzutauschen, vielleicht in der Zürcher Gegend, auch wenn sie das Ganze immer noch für vorläufig hielt. Es war rasch zu handeln, denn im November standen weitere Reisen an – eine Einladung nach Frankfurt zur Gedächtnisfeier zum hundertsten Geburtstag Gerhart Hauptmanns, Vorträge in Wien –, davor mehrten sich Verpflichtungen in der Schweiz. Sie dachten nun eher an das Mieten als den Kauf oder Bau eines Hauses, obwohl Mann letzteres bevorzugt hätte. Man zögerte aber immer noch. Warum nicht den Winter in Italien verbringen, schrieb Elisabeth aus Fiesole, wo sie sich nun mit Borgese und den Kindern niedergelassen hatte. Eine Zeitlang gefiel ihm der Gedanke, denn er hatte nach der Auszeichnung mit dem Preis von Rom ja einen Besuch in Italien versprochen, schließlich hielt er das aber für zu anstrengend.

Widerstrebend und mit einer gewissen Verärgerung mußte er zugeben, daß seine Kräfte nachgelassen hatten. Er beklagte sich über eine Arbeitslast, die eigentlich leichter war als in früheren Jahren, als er an den großen Romanen gearbeitet und überdies noch Energie und Zeit gefunden hatte, umfangreiche Vorträge für Auftritte auf langen und erschöpfenden Touren vorzubereiten, von seiner ausgedehnten Korrespondenz ganz zu schweigen. Nun hatte er das Material für öffentliche Auftritte schon parat (im September las er in Zürich zweimal aus dem *Krull* und trug *Der Künstler und die Gesellschaft* vor), fühlte sich aber trotzdem von geringeren Arbeiten und dem endlosen Briefeschreiben überfordert. Sogar die Vorbereitung für die zwanzigminütige Hauptmann-Rede in Frankfurt, die er früher rasch recherchiert und niedergeschrieben hätte, schien nun eine Bürde zu sein, verzweifelt bat er Reisiger, der Hauptmann ja früher und näher gekannt hatte, um »ein paar Tips, Notizen, Winke, Ideen, Erinnerungen, tatsächliche Angaben«. Auf die rasche und sehr ausführliche Erwiderung des Freundes reagierte er mit Erleichterung: unterstützt von einem »ghost-writer, um den die Truman und Eisenhower mich beneiden könnten«, würde er bald fertig sein[20] – auch wenn er immer mehr zu der Überzeugung gelangte, daß das Peeperkorn-Porträt in seinem *Zauberberg* trotz aller Groteske und Respektlosigkeit einen besseren Eindruck des Phänomens Hauptmann vermittelte als jede akademische Anstrengung.

Der Abschluß des Vortrags Anfang Oktober trug dazu bei, jedes Gefühl des Unvermögens zu vertreiben, doch seine Tage schienen noch immer von einer Vielfalt geringerer Tätigkeiten so in Anspruch genommen, daß er keine Hoffnung sah, die Arbeit an der Novelle oder am *Krull* wiederaufzunehmen. Der Monat Oktober brachte innerhalb weniger Tage den Tod dreier Freunde, die er zu den wenigen zählte, die ihm nahestanden, sie waren alle drei jünger als er: der Romanschriftsteller Alfred Neumann, in den zwanziger Jahren ein Nachbar in München und später in Kalifornien ein geschätzter Berater und Kritiker; der Übersetzer Hans Feist, ein früher Freund von Klaus und Erika in Berlin, später ein Freund der ganzen Familie, die ihm wegen seiner konfusen, doch stets interessanten Bemerkungen den Spitznamen »Nebel« gab; und Emil Oprecht, dessen Hilfsbereitschaft und Fähigkeit als Verleger Thomas Mann seit den frühen Tagen der Emigration viel zu verdanken hatte. Es war traurig, wenn Jüngere so dahingingen und man selbst weiterlebte: »Die Natur scheint sich darüber lustig zu machen, daß man nach so manchen Prüfungen auch diese Erschütterungen noch ganz gut übersteht.«[21] Für alle drei schrieb er kurze, doch einfühlsame Nachrufe, bevor er nach München flog, zu einer Vorlesung aus dem *Krull*. Seine Wahl aus dem Kuckuck-Kapitel war äußerst populär, der Beifall dauerte noch lange an, als der eiserne Vorhang schon gefallen war, durch den er unter Rufen von »Kommen Sie wieder!«, »Bleiben Sie hier!« immer wieder auftauchte – eine Einladung, der er kaum nachkommen würde, obwohl er, als man ihm halboffiziell ein Haus anbot, halb dazu geneigt war. Gleich nach der Rückkehr war er wieder in Bern, um *Der Künstler und die Gesellschaft* in der Aula der Universität zu lesen, auf Einladung der Freistudentenschaft (deren frühere Verdammung des Kommunisten Thomas Mann nun vergessen war).

»Wann werde ich wieder arbeiten?« seufzte er. »Habe das Gefühl, mich aufzubrauchen, weil ich mehr als Repräsentation nicht mehr zustandebringe.«[22] Die wichtigste Bedingung war ein ständiger

Wohnort, doch Katias Erkundungen hatten bisher noch nichts Geeignetes ergeben. Von Pfisters, der führenden Möbelfirma der Schweiz, kam freilich ein freundliches Angebot, für ein eventuell gemietetes Haus unentgeltlich die ganze Ausstattung zur Verfügung zu stellen, bis ihre Habe aus Kalifornien eingetroffen sei. Es war erfreulich, hier sogar in der Welt der Bürokratie Entgegenkommen und Hilfsbereitschaft zu finden: Am 27. Oktober erhielt er seine Schweizer Aufenthaltsgenehmigung, »zwecks Ausübung schriftstellerischer Tätigkeit«, wie es hieß, »und zur Verbringung des Lebensabends« – eine Wendung, die bei ihm große Heiterkeit auslöste. »Denn ... er war ein Juni-Kind«, schrieb Erika, »... und wie eh und je war die ›Ausübung schriftstellerischer Tätigkeit‹ das A und O seines Lebens, das keineswegs zur Neige zu gehen schien.«[23] Auch in Augenblicken der Niedergeschlagenheit war er noch nicht ganz bereit zuzugeben, daß sein Lebensabend näherrückte.

Zwei Tage später war das Suchen vorbei. In Erlenbach, am See gleich unterhalb von Küsnacht, zeigte man ihnen einen Neubau in der Glärnischstraße, den Emmy Oprecht und die ganz in der Nähe wohnenden Pfisters ausfindig gemacht hatten. Der Bau lag schöner als ihr ehemaliges Haus in Küsnacht, schien ihren Ansprüchen wohl zu genügen, und beim Tee mit Frau Pfister kam man sogleich mit dem Architekten und Besitzer überein, die beiden verfügbaren Obergeschosse und die Garage vom 15. Dezember an, nach ihrer Rückkehr aus Wien, zu einer durchaus anständigen Miete zu übernehmen (dem jährlichen Gegenwert, wie er an Reisiger schrieb, der Kosten ihrer schwarzen Dienstboten in Kalifornien). Es sei ein bedeutender, denkwürdiger Tag, schrieb er in sein Tagebuch, neunzehn Jahre seit dem Verlassen Münchens seien sie nach vierzehn Jahren in Amerika wieder zurück in der Schweiz »zur Verbringung des Lebensabends« – nun allerdings alte Leute, die aber doch »dem Leben dort nahe Zürich, in bequemen [Räumlichkeiten] und einer meinem Herzen nahe Wald- und Wiesenlandschaft mit Vertrauen, fast jugendlicher Neuigkeitsfreude und selbst einiger Hoffnung auf Produktivität« entgegensehen konnten.«[24] Der erste Vertrag für vier Monate wurde am 31. Oktober unterzeichnet. Es blieb freilich noch viel zu tun, der Transport der Möbel und Bücher aus Pacific Palisades hatte den Vorrang, Michael und seine Frau waren nun drüben, die Kinder hatte man bei den Großeltern gelassen, und es wurde beschlossen, Gret, gegen entsprechende Vergütung für den Verlust ihrer Stelle, mit dem Packen eines Containers zu beauftragen.

Er fürchtete, daß die Nachricht von seiner Niederlassung in der Schweiz in Amerika feindliche Kritik hervorrufen würde. In einem lange fälligen Brief an Agnes Meyer am 7. November, kurz vor der Abreise nach Frankfurt, gab er sich einige Mühe, ihr den Entschluß zu erklären. Sie hätten vor, Pacific Palisades zu verkaufen, wenn sie einen anständigen Preis bekämen, aber auch wenn das »poor old Europe« seine Rückkehr willkommen zu heißen schien, würde er sich nie von dem Land abkehren, dem er so viel verdanke. »Bitte, helfen auch Sie, wenn es nötig sein sollte, diesen Eindruck hintanzuhalten! Ich bleibe ja American citizen und bin hier schon ebenso befreundet mit dem amerikanischen Consul wie mit den Schweizer Behörden.«[25] In ähnlichem Sinne schrieb er an Knopf. Gegenüber Agnes als Republikanerin äußerte er sich freundlich, doch vorsichtig über den Sieg Eisenhowers in der Präsidentenwahl, der nach seinen Worten McCarthy und seinesgleichen zu einer geringeren Gefahr machen würde als ein Sieg Stevensons. Tatsächlich aber hielt er das Ergebnis nur für das geringere von beiden Übeln und befürchtete für den Fall, daß Nixon dann anschließend Präsident würde, vor allem die Folgen für seine eigene Lage und den ständig drohenden Entzug seiner Staatsbürgerschaft. Katia würde einstweilen die Erneuerung ihrer Pässe betreiben, doch die deutsche Presse berichtete bereits von seinem Entschluß, sich in Erlenbach niederzulassen. Er würde sich bei seinen bevorstehenden »repräsentativen« Reisen vorsichtig verhalten müssen, um das Gleichgewicht zwischen Ost und West zu wahren und die Verärgerung einer der beiden Seiten zu vermeiden.

In Frankfurt drängte man ihn glücklicherweise nicht zu Interviews. Bei der feierlichen Zeremonie zum Gedächtnis Gerhart Hauptmanns erwies man ihm alle Ehren und führte ihn vor seiner Rede als »den größten deutschen Epiker unserer Epoche«[26] ein. Nach den abschließenden Worten über seine Inspiration für die Gestalt des Peeperkorn (»kein schnödes Zerrbild … *kein* Verrat, sondern eine Huldigung«[27]), die der Nachwelt mehr von seinem wahren Dasein vermitteln würde als jede kritische Monographie, erhielt die Rede lang anhaltenden Beifall, und er wurde von der Witwe Hauptmanns in aller Öffentlichkeit mit einem Kuß belohnt. Tags darauf wurde seine Lesung aus dem *Krull* (wiederum aus dem Kuckuck-

Kapitel) vor einem zahlreichen Publikum in der Universität mit erfreulicher Heiterkeit und gleichem Beifall begrüßt, es folgte ein gedrängter Empfang bei Bermann im Fischer-Verlag. Es war alles höchst schmeichelhaft, doch er kehrte mit einer schweren Erkältung und Halsschmerzen erschöpft nach Zürich zurück.

Der Gedanke, ein paar Tage später die Tour nach Wien anzutreten, war erschreckend. Die Spannung zwischen Ost und West verschärfte sich, mit Bestürzung erfuhr er vom Rücktritt des Generalsekretärs der Vereinten Nationen, Trygve Lie, der unter russischem Druck stattgefunden hatte, und dem Selbstmord des amerikanischen Rechtsberaters des Sekretariats der UN, Abraham Feller – der in seinen Augen ein Märtyrer der Verfolgung durch das Senate Committee war. Sofort nach seiner Ankunft in Wien sollte, wie er wußte, eine Pressekonferenz stattfinden. Es würde ihm schwerfallen, auf diesem vorgeschobenen Posten seine Abneigung gegen die Politik Amerikas zu zügeln und im Licht seines häufig kritisierten Besuchs im Jahre 1949 in Ost-Berlin und nicht zuletzt angesichts der kommunistisch organisierten »Weltfriedenskonferenz«, die für Dezember in der österreichischen Hauptstadt vorbereitet wurde (zu der man prominente Intellektuelle wie Picasso, Cocteau und Sartre erwartete), ein angemessenes Gleichgewicht zu wahren. Erika, die ihn nicht begleiten würde, bereitete darum für ihn eine Erklärung zur Eröffnung der Konferenz vor, die jedem Versuch, seinen Besuch zu politischen Zwecken zu mißbrauchen, vorbeugen und darlegen sollte, daß seine drei öffentlichen Auftritte, vornehmlich unter der Schirmherrschaft des PEN-Clubs – *Der Künstler und die Gesellschaft* (zweimal wegen der Nachfrage) und natürlich eine Lesung aus dem *Krull* –, entschieden unpolitisch seien: Der Vortrag könne zwar die Politik im weitesten Sinne nicht vermeiden, sei aber weder in London noch in der Schweiz oder in Deutschland zu Parteizwecken mißdeutet worden. Als »Erdenbürger, und nicht als Politiker«, müsse er frei sein, über die Menschheit zu sprechen, »ohne sich dem unsinnigen Vorwurf auszusetzen, es sei besonders ein Teil der Menschheit«, auf den er sich beziehe.[28]

Er hatte daran gedacht, mit dem Wagen nach Wien zu fahren, es schien nun aber vernünftiger, zu fliegen, da er sich noch nicht ganz wohl fühlte. Bei seiner Ankunft mit Katia am 17. November wurde er von Franz Theodor Csokor, dem Präsidenten des österreichischen PEN-Clubs, abgeholt, der ihn bei seinen Auftritten einführen sollte und der sie in das »altmodisch-europäische« Hotel Sacher brachte. Die Pressekonferenz am nächsten Morgen dauerte zwei Stunden, nach seiner Erklärung, die auch vom Rundfunk übertragen wurde, hatte er aber das Gefühl, die vielen Fragen gut überstanden und seinen »Eiertanz« erfolgreich ausgeführt zu haben – »schonend nach ›beiden Seiten‹ hin«.[29] Der weithin verbreitete Bericht der Associated Press war eine gerechte Zusammenfassung des Ganzen, obwohl anderswo die Auszüge höchst unterschiedlich ausfielen, vor allem in Amerika, wo in einem Bericht, wie er später mit Empörung erfuhr, behauptet wurde, er habe nicht erklären wollen, welchem politischen System er den Vorzug gebe. An Kritik in der Presse gebrach es wie erwartet freilich nicht. Die *Neue Wiener Tageszeitung* präsentierte Thomas Mann als doppelgesichtig, seine ausdrückliche Vermeidung des Parteipolitischen als Täuschung: wenn man an seine Begeisterung für Ostdeutschland im Jahr 1949 und seine »kryptokommunistischen Äußerungen« dächte, sei eine Haltung wie die seine nicht unparteiisch, sondern stehe einwandfrei »im Lager der Diktatur und Tyrannei«. Diese Ansicht scheine durch die positiven Berichte in der kommunistischen Presse ja bestätigt zu werden.[30]

Bei seinem Vortrag am Abend, vor einem vollen Haus, hielt seine Stimme gut durch, und der Beifall schien nicht enden zu wollen. Als er schließlich der Meute der Autogrammjäger entrinnen konnte, um sich zu einem ruhigen Abendessen mit dem Vertreter des Fischer-Verlags im Sacher zu begeben, war er sehr zufrieden, wie er Erika telegraphisch mitteilte. Nach einer Massensignierung am nächsten Tag in einer Buchhandlung am Graben bereitete ihm jedoch sein Hals wiederum Schmerzen, ein Arzt stellte einen schweren Bronchialkatarrh fest, so daß er das anstrengende Programm der nächsten Tage nur mit Hilfe von Inhalierungen und Penizillin durchstehen konnte. Ein offizieller Besuch beim Bürgermeister, ein langer Empfang und ein Abendessen des PEN-Clubs, eine Lesung aus dem *Krull* (abermals das Kuckuck-Kapitel) und schließlich die Wiederholung seines Vortrags am 25. November im Großen Konzerthaus schlossen sich an. Der Erfolg der Auftritte war nicht zu bezweifeln, der seines politischen Versuchs, das Gleichgewicht zwischen Ost und West zu wahren, schien weniger sicher. Die Amerikaner (die als Teil der Viermächte-Besatzung in Wien noch anwesend waren) ignorierten seinen Besuch völlig, die kommunistische Presse dagegen war überfreundlich, er wurde von den Russen sogar zu einem Konzert sowjetischer Künstler eingeladen – ein ziemlich harmloser Anlaß, den er dennoch aus Gesundheitsgründen ablehnte, da er befürchtete, den Vorwürfen des Kryptokommunismus weiteren Vorschub zu leisten.

Nach dem Rückflug am 26. September befand er sich in schlechtem Zustand, der Husten war nun so schlimm, daß er zu Sorgen wegen eines Emphysems Anlaß gab (und ihn, sollte es der Fall sein, Heinrich um sein friedlicheres Ende beneiden ließ). Unter dem Stapel von Briefen und Büchern, die auf ihn warteten, vor denen er aber noch zurückschreckte, befand sich eine gute Nachricht des Pariser Buchhändlers Flinker, der berichtete, die von ihm angezettelte Intrige zur Auszeichnung Thomas Manns mit dem Band der Ehrenlegion sei erfolgreich gewesen, in Kürze würde man ihn offiziell benachrichtigen. Diese Mitteilung und ein Telephonanruf, in dem ihm die endgültige Dauergenehmigung zum Aufenthalt in der Schweiz bestätigt wurde, trugen viel dazu bei, die falsche Berichterstattung über die Wiener Pressekonferenz in Amerika wettzumachen, über die Erika für ihn eine lange und ausführliche Gegendarstellung für den New Yorker *Aufbau* und die Associated Press entwarf. Erst nach einer guten Woche fühlte er sich imstande, sich wieder der Novelle zuzuwenden, während Katia und Erika sich daranmachten, das Haus in Erlenbach vorläufig zu möblieren. Er hatte schon vorher erklärt, ihre Installierung dort würde eine Aufgabe »für die Frauen« sein und war zufrieden, daß sie ohne ihn stattfand, in der Hoffnung, daß der Einzug noch vor Weihnachten erfolgen könne.

Aber Sorgen um die Familie waren einer ruhigen Rückkehr zur Arbeit nicht zuträglich. Erika, zwar stets eine verläßliche Hilfe, war enttäuscht von dem geringen Erfolg ihrer Kinderbücher in Deutschland und blieb mit ihrer Reizbarkeit und ihren Beziehungen zu anderen, insbesondere zu Elisabeth, die am 29. November mit ihren Kindern auf ein paar Tage kam, ein Problem. Katia wollte unbedingt Golo herüberholen, der geschrieben hatte, wie unglücklich er sich in Kalifornien fühle. Sie erkundigten sich nach möglichen Posten für ihn in der Schweiz, doch die Tatsache, daß er sich mit Erika nicht vertrug, schien einen Aufenthalt bei ihnen auszuschließen. Am 4. Dezember kam telephonisch die Nachricht, daß Borgese in Fiesole einen Schlaganfall erlitten habe, dem er in der Nacht im Krankenhaus erlegen war, und Katia reiste mit Elisabeth sofort zur Bestattung nach Italien. Mann war nicht in einem Zustand, sie zu begleiten, trotz allen Mitgefühls mit der jungen Witwe, und machte sich – was typisch für ihn war – in erster Linie Sorgen darüber, daß man ihn so allein (und dem Telephon, das Katia gewöhnlich zuerst abnahm, ausgesetzt) zurückließ. Doch es war nicht für lange Zeit, denn sie kam am 9. Dezember zurück. Borgese waren übertriebene Huldigungen dargebracht worden, Elisabeths Achtung vor dem nunmehr Verstorbenen war wiedererwacht, und sie beabsichtigte, mit den Kindern in Italien zu bleiben.

Die Vorbereitungen für den Umzug nahmen nun den größten Teil der Zeit der Frauen in Anspruch. Er konnte ihnen alles getrost überlassen, war aber doch beunruhigt, als sich herausstellte, daß die Wohnräume des Erlenbacher Hauses kaum für ihre Bedürfnisse ausreichen würden, vor allem um die seinerzeit eigens angefertigten hohen Bücherschränke, die aus Kalifornien kommen sollten, aufzunehmen. Wegen des dortigen Hausverkaufs wurde hin und her telegraphiert, allmählich wurde es klar, daß sie den geforderten Preis kaum bekommen konnten. Nach langen Debatten akzeptierte man ein anscheinend festes Angebot von 50000 Dollar, mit einer Barsumme von 35000 Dollar, der Rest sollte als Miete entrichtet werden. Das war weniger als der Wert (sogar zu diesem Preis kam der eigentliche Verkauf dann nicht zustande). Im Augenblick aber schien es, als könnten sie sich dieser Last entledigen, allerdings nicht ohne gelegentliches Bedauern seinerseits. Als er im Dezember versuchte, mit den üblichen Aufforderungen an seine Zeit Schritt zu halten – insbesondere einem kurzen Aufsatz über Zola für eine französische Zeitschrift, angesichts der Auszeichnung durch die Legion wohl der Mühe wert – und die Novelle wieder in Angriff zu nehmen, fühlte er sich ungewöhnlich niedergeschlagen, nahm wenig Nahrung zu sich, verlor wieder an Gewicht und litt sehr unter der Kälte. Die Anzeichen eines unerbittlichen Vormarsches des Faschismus in Amerika, die er zu erkennen glaubte, halfen nicht, seine Stimmung zu verbessern, und er begann ernsthaft die Ablegung seiner Staatsbürgerschaft in Erwägung zu ziehen, die in der Schweiz einige unfreundliche Bemerkungen ausgelöst hatte. Sein Zustand und das vorgerückte Alter, so kam es ihm vor, zeige sich darin, »daß die Liebe von mir gewichen scheint und ich seit langem kein Menschenantlitz mehr sah, um das ich trauern könnte«, nur der Anblick der »Kreatur, schöner Hunde«, bereite ihm noch Freude[31] (bei all der

Fürsorge, die ihn umgab, und den Versuchen, die für ihn nötige Umgebung zu schaffen, bemerkenswert unfreundliche Worte, die er glücklicherweise nur seinem Tagebuch anvertraute).

Er brauchte etwas, das wieder Freude in sein Leben bringen würde. »Die endliche Bestätigung aus Paris [der Ehrenlegion] würde mich entschieden beleben, ich weiß es. Aber sie bleibt aus.«[32] Am 23. Dezember, einen Tag bevor Erlenbach zu seinem Empfang bereitstand, war unter seiner Post endlich der offizielle Brief des französischen Außenministeriums, in dem ihm das Offizierskreuz der Legion verliehen wurde, als »un hommage rendu par la France à l'exceptionelle valeur et à la signification mondiale de votre œuvre littéraire ainsi qu'à la lutte que vous n'avez jamais cessé de mener dans l'interêt de la liberté et de la dignité humaine«. Beigelegt war ein persönliches Schreiben von Außenminister Robert Schuman, der zusammen mit Konrad Adenauer entschlossen für eine Annäherung zwischen Frankreich und Deutschland arbeitete, und der sich für das Widmungsexemplar des *Erwählten* bedankte. Dieser Erfolg der langwierigen Bemühungen Flinkers um die Auszeichnung war gewiß die moralische Stärkung, die Mann nun nötig hatte, ein unwiderstehlicher Auftrieb für die Eitelkeit, die seit jeher ein wesentlicher Bestandteil seines Charakters gewesen war und die er sich auch nicht zu verbergen bemühte. Als er Schuman und dem Ministerium seinen Dank übermittelte, ging er so weit, sofort um zwei Bänder zu bitten, die er bis ans Ende seiner Tage mit Stolz tragen würde. Gegenüber Agnes Meyer gestand er am Weihnachtsabend, daß ihm keine frühere Ehrung soviel Freude bereitet hätte und daß er entsprechend dankbar wäre, wenn die Nachricht in Amerika Verbreitung fände.

Einstweilen waren eine Lesung aus dem bisherigen Manuskript der Novelle vor Katia und Erika ermutigend ausgefallen und er hatte produktive Ideen für ihre Fortsetzung, die er in seinen letzten Tagen im Hotel begann. Die anschließenden Feiertage in Erlenbach waren zwar ruhig und notwendigerweise etwas improvisiert, wurden aber glücklicher als erwartet. Die Pfisters hatten zusammen mit den Möbeln einen Weihnachtsbaum geschickt, und die Enkel Frido und Toni, die am Weihnachtstag auf einige Zeit kamen, konnten die festliche Atmosphäre genießen. Er war mit Arbeitszimmer und Schlafzimmer sehr zufrieden, auch wenn die Wohnräume, wie vorausgesehen, etwas eng waren, und außerordentlich erfreut, nach den langen

Monaten im Hotel wieder an seinem eigenen Schreibtisch sitzen, am eigenen Tisch essen und die ungewohnte Abgeschlossenheit genießen zu können. Er schob die Beantwortung der Menge von Briefen, die ihm zugeströmt waren, auf, und sobald seine Dankesbriefe nach Paris entworfen waren, machte er sich wieder an die Novelle, froh darüber, daß er am Jahresende wieder an der Arbeit saß – darüber hinaus entschlossen, abermals auf ein paar Tage ins Waldhaus Dolder zu ziehen, wenn der Container mit ihrer Habe aus Kalifornien eintreffen würde.

2

»Wenn ich ein geräumiges, bequemes Haus habe, in dem ich wirklich heimisch werden kann, ist es mir im Grunde gleichgültig, wo es steht.«

TM, 1. 11. 1953[33]

Im kalten und schneereichen Januar 1953 arbeitete er täglich an der Vollendung der Erzählung *Die Betrogene* (die dann in der englischen Übersetzung den Titel *The Black Swan* erhielt, in dem weniger deutlich auf die grausame Täuschung und den »Betrug« der Heldin angespielt wurde). Elisabeth, die in ihrer ständigen Fürsorglichkeit nie imstande war, länger von den Eltern wegzubleiben, kam mit ihren Kindern zu einem kurzen Besuch aus Fiesole. Frido und sein Bruder waren von Zeit zu Zeit da – Frido war nun ein pausbakkiger Junge, groß genug, um dem Großvater auf Spaziergängen durch den Schnee eine Stütze zu sein. Die Besuche waren zwar willkommen, doch er erlaubte sich keine Ablenkung von seiner Arbeit, ebensowenig wie durch die Handwerker in der immer noch provisorisch eingerichteten Wohnung in Erlenbach. Am 14. Januar, als der Container am folgenden Tag eintreffen sollte und er sich mit Katia zur Flucht ins Hotel anschickte, erhielt er zu seiner Freude vom französischen Konsul die lang ersehnten Bänder der Ehrenlegion, von denen er eines sofort ins Knopfloch steckte und beim Abendessen im Waldhaus Dolder stolz zur Schau trug.

Es war weise, der Unordnung im Haus aus dem Weg zu gehen, die Frauen waren sicher froh, daß er sie nicht behinderte. Katia ging natürlich täglich zum Haus hinunter, er aber setzte seine Arbeit ruhig fort und ließ sich mit ängstlicher Nervosität vom Fortschritt inmitten des Chaos berichten. Obwohl Michael und Gret sich große Mühe gegeben hatten, war nicht ordentlich gepackt worden, einige Bücher und Lampen waren beschädigt, doch die meisten Gegenstände kamen ziemlich unversehrt an. Trotz seiner Verstimmung darüber, daß die Bücherschränke tatsächlich zu hoch waren, um aufgestellt zu werden, und daß man andere Vorkehrungen treffen mußte, versuchte er diese Unannehmlichkeit im Vergleich zum Abschluß des Buches für geringfügig zu halten und nicht zu beachten. Katia und Erika waren von dieser Arbeitslast erschöpft, er aber führte sein gewohntes Leben in der Bequemlichkeit des Hotels fort, bis das Haus am 20. Januar für seine Rückkehr in die angenehme Umgebung lang vertrauter Dinge bereit war. Die ersehnte Ordnung war freilich noch keineswegs hergestellt, in seinem Arbeitszimmer war kein Platz für das Sofa, auf dem er gern im Liegen schrieb, auch seine Bücher standen noch nicht griffbereit.

Er bedauerte immer noch, das geräumigere Ambiente von Pacific Palisades verlassen zu haben. Es sollte noch einige Zeit vergehen, bis er das Heimweh nach dem Haus verwunden hatte, das so ganz ihm gehört hatte und für das Erlenbach kein Ersatz war. Auch die Anpassung an das Klima Mitteleuropas erwies sich nach den Jahren in Kalifornien schwieriger als erwartet. Er war aber entschieden gegen eine Rückkehr zu dem »klimatisierten Alpdruck« der Untersuchungen und Verfolgungen in Amerika, die, wie er aus den Zeitungen erfuhr, voll im Gange waren – eine »schiefe Ebene, auf der es, fürchte ich, kein Halten mehr gibt«[34] – und die nach seiner Meinung den antisemitischen Schauprozessen glichen, die der sogenannten »Ärzteverschwörung« in der Sowjetunion folgten. Mit Freude las er aber in der *New York Times* vom 18. Februar den Bericht über eine eindrucksvolle Rede Agnes Meyers, die McCarthy energisch angriff und für eine Kampagne zur Verteidigung der akademischen Freiheit eintrat. Die *Times* drängte auf ein Interview oder eine Erklärung über die in Amerika herrschende Tendenz zu einer Beschränkung der Freiheit – »kurzum alles, was Ihnen durch die Namen McCarthy und McCarran angedeutet wird«.[35] Auf den Rat Erikas hin schickte er jedoch eine lange Erwiderung, die er verfaßt hatte, nicht ab. Darin hatte er an die Schlagzeile der *Times* erinnert, die ihn mit Paul Robeson in Verbindung gebracht und zu einem Kommunisten gestempelt hatte, und düster auf Orwells Voraussage einer Wendung zum Faschismus verwiesen, die ihn nur zu deutlich an seine Erfahrungen mit dem Nazismus gemahnte. Am 3. Februar antwortete er schließlich mit einer knappen Weigerung, einen Beitrag zu liefern: Was immer er hätte sagen können, wäre entweder zuviel oder zuwenig gewesen, er habe sich gegen jede Einmischung in politische Dinge entschieden, mit siebenundsiebzig beschäftige ihn nur noch der Abschluß seines Lebenswerks, das von Anbeginn im Dienste der westlichen Zivilisation gestanden habe.[36] Wenn er einmal angefangen hätte, sich über diese Dinge zu verbreiten, wäre schließlich wohl so etwas wie seine *Betrachtungen* von 1918 herausgekommen, schrieb er mit Dank für ihre Übersetzung an Erika, die zu einem wohlverdienten Urlaub nach Arosa gefahren war.[37]

Für die Maschinenschrift der *Betrogenen* hatte er unterdessen in der Frau des deutschen Kulturattachés in Bern eine hervorragende Kraft gefunden. Sie war von der Geschichte fasziniert und hatte im Februar die ersten vierzig Seiten fertig. Eine weitere Lesung aus dem bisherigen Manuskript vor Erika und Katia gegen Ende Januar hatte einige berechtigte Kritik darüber hervorgerufen, wie er mit dem »Wunder« bei seiner Heldin umgegangen war; sie waren der Meinung, die Vorbereitung auf die tragische Täuschung, der die Heldin zum Opfer fallen sollte, sei ungenügend. Er nahm die Kritik ernst genug, um beträchtliche Änderungen vorzunehmen, bevor er weiterschrieb. Im Februar wurde er dann dadurch aufgehalten, daß er auf die Ergebnisse weiterer Nachforschungen über die Düsseldorfer Verhältnisse wartete, denn in kleineren Einzelheiten wie etwa den Straßenbahnverbindungen wollte er stets präzise sein. Eine Woche, die er mit einer Virusinfektion im Bett verbringen mußte, trug nicht zur Produktivität in diesem Monat bei. Der persönliche Besuch Robert Schumans am 9. Februar, bei dem ihm die Auszeichnung offiziell überreicht wurde, und viele weitere Gratulationen aus Frankreich nach der dadurch ausgelösten Publizität, hielten ihn freilich bei guter Laune. Als sie sich im März wohnlicher eingerichtet hatten, in seine Bücherschränke einigermaßen Ordnung eingekehrt und sein Plattenspieler aufgestellt war, fühlte er sich gerüstet, die Novelle aufs neue in Angriff zu nehmen, mit einem gewissen Zögern zwar, wenn er die Schwerfälligkeit von Sprache und Thema mit dem spritzigen Ton des *Erwählten* verglich. Mit der Post kam eine Einladung nach Cambridge für den 4. Juni, um den Titel eines Ehrendoktors der Literatur entgegenzunehmen, was er in einem der wenigen

Briefe akzeptierte, die er zu beantworten bereit war, andere wichtige Antworten wurden Katia überlassen. Ein Versuch aus Jugoslawien, ihn zu einem Besuch des Landes und einem Treffen mit Tito auf Brioni zu bewegen, fand bei ihm keinen Gefallen, da dies abermals unangenehme Publizität nach sich ziehen würde.

Er war mit der Qualität seiner Prosa zwar nicht zufrieden, doch er wollte um jeden Preis zu einem Abschluß kommen. Im März brachten seine Vormittage dann einen so guten Fortschritt, daß er in seiner Lektüre Vorbereitungen traf für das, was vielleicht folgen würde – seine frühere Idee eines Werks über Luther. Der Tod Stalins, der am 6. März bekanntgegeben wurde, dazu der »salbungsvolle« Ton der Botschaft Eisenhowers an das russische Volk während Stalins Krankheit und die knappen Beileidsbezeugungen zu dessen Tod, ließen ihn von neuem für die politische Weltlage fürchten. Golo schrieb, er solle dankbar sein, daß er sich in Europa aufhielte, doch das Heimweh nach Kalifornien war nicht zu stillen, und seine Unzufriedenheit mit den Mängeln des Hauses in Erlenbach begann ihn zu quälen. Als sie eines Tages an ihrem alten Haus in Küsnacht vorbeifuhren, wurde er daran erinnert, um wieviel geräumiger es gewesen war. Ende des Monats machte ihnen der Besitzer des Hauses in Erlenbach das Angebot, für sie ein neues Haus auf einem Nachbargrundstück zur gleichen Miete zu bauen; er war interessiert, hatte aber das Gefühl, daß seine Bedürfnisse zu diesem Preis nicht zufriedengestellt werden könnten. Für den Augenblick war er mit seiner Lebensform nicht unzufrieden, und die Abende mit seinen Schallplatten machten ihm ständig Freude. Durch Diktieren war er imstande, den Berg von Briefen zu reduzieren, sie unternahmen Ausflüge in dem Fiat, den sie Anfang des Jahres als Zweitwagen gekauft hatten, damit er und Katia weniger von Erika abhängig waren. Im Kino war er eines Abends höchst beeindruckt von Charlie Chaplins *Limelight*, das seiner Meinung nach den Welterfolg völlig verdiente. In den Zürcher Radiostudios zeichnete er das *Lob der Vergänglichkeit* auf, die gute Aufnahme einer Lesung aus dem Anfang der Novelle am 13. März im PEN-Club bestätigte ihm, daß sein Erzählstil doch nicht so schlecht sei.

Am 18. März setzte er die letzten Zeilen unter das einundneunzigseitige Manuskript, mit der Anstrengung der zehn Monate im großen und ganzen zufrieden. Elisabeth kam am gleichen Tag mit den Kindern, mit ungenauen Gedanken an eine Rückkehr nach

Amerika, sie hörte mit Zustimmung seine Lesung der letzten Hälfte des Textes. Es war schließlich etwas Neues in seinem Werk, zwar mit Stellen trockener Langeweile, doch den Schluß hielt er für geglückt. Das Manuskript ging jedenfalls zur Abschrift nach Bern, und er begann mit Vorbereitungen für seine im April geplante Reise nach Rom, erst dann wollte er sich dem neuen Werk zuwenden, ganz gleich, wofür er sich entscheiden würde (Luther nahm immer noch den ersten Platz ein, und er bestellte weitere Literatur über das Thema). Die getippte Abschrift kam rasch zurück, und nach einiger Revision mit Erika – Stellen, die weibliche Leser kränken konnten, wurden gemildert – schickte er es an Bermann, der es im Oktober als schmales Bändchen herausbrachte, sowie an die Stuttgarter Zeitschrift *Merkur*, die es im Mai und Juni in Fortsetzungen abdrucken wollte. Das amerikanische Urheberrecht wurde durch die übliche vervielfältigte Ausgabe gewahrt, es dauerte aber einige Zeit, bis man einen Übersetzer fand. Helen Lowe-Porter war mit ihrer eigenen Arbeit zu beschäftigt; die englische Ausgabe erschien erst im Jahr 1954.

Für Klaus gehörten, wie sich Erika erinnerte, alle »Liebesgeschichten« Thomas Manns – auch wenn er ein zufriedener Ehemann mit sechs Kindern war – in den Bereich des Verbotenen und des Todes, um wieviel mehr und viel intensiver, dachte sie, träfe das auf die neueste Erzählung zu. Für ihren Vater schien dieses Urteil damals nur die Stärke des erzählten Vorgangs zu bestätigen, es besteht aber kein Zweifel, daß er mit diesem etwas geschmacklosen Thema, so »wahr« es auch sein mochte, wieder in die leicht makabre Atmosphäre früher Geschichten wie *Der kleine Herr Friedemann* und *Der Weg zum Friedhof* zurückgekehrt war. Er habe stets gern, mit »wechselndem Glück«, experimentiert, schrieb er später, dieses »problematische Produkt«, trivial, doch gewagt, ironisch »im Stil der klassischen Novelle präsentiert«, sei eine späte Gabe, »vieler Rede nicht wert – was man eben mit 78 noch so zu bieten hat.«[38] Diesem Urteil stimmte Hesse zu, der die Novelle angesichts Manns großer Werke für »überflüssig« hielt.[39] Sie fand jedoch einen überraschend begeisterten Leser in Adorno, der die Subtilität ihrer Verflechtung von Liebe und Tod in fast musikalischen Variationen höchst bewunderte. Mann leugnete entschieden jede symbolische Absicht, eine Deutung wie die des Ostberliner *Aufbaus* sollte am besten ignoriert werden; in ihr hieß es, die Frau im Kapitalismus werde als »ausgebeutet, unterdrückt und ›betrogen‹« dargestellt, Thomas Mann ziehe einen Schlußstrich unter »die Geschichtslüge, die bürgerliche Gesellschaft sei eine ›natürliche‹, gar eine ›vernünftige‹ Ordnung«.[40]

Bei dem wundervollen Frühlingswetter vergingen seine Tage ohne Arbeit an einem großen Werk in einem Gefühl der Müßigkeit. Die Fortsetzung des *Krulls* lag auf der Hand, doch noch fehlte ihm die Lust dazu, Luther und Erasmus waren attraktiver, sie hatten aber noch kein zentrales Thema, und seine Vorstellungen waren immer noch unbestimmt. An Beschäftigung war freilich kein Mangel: der unaufhörliche Briefwechsel, die Absendung von Widmungsexemplaren von *Altes und Neues*, der Entwurf zu einem Vorwort für die umfassende Bibliographie der Sekundärliteratur zu seinem Werk, die Klaus Jonas zusammenstellte, die Vorbereitungen für die Reisen nach Rom und später nach Cambridge (die sie vielleicht auch nach Hamburg führen würde), und viel Zeit mit Frido und seinem kleinen Bruder, dessen Modelleisenbahn und andere Spielzeuge das Wohnzimmer beherrschten. Sein Gewichtsverlust, den er bei seinem winzigen Appetit kaum aufholen würde, machte eine Änderung seiner Anzüge notwendig, und für die bevorstehenden Zeremonien mußten ein neuer Frack und ein neuer Smoking bestellt und angemessen werden. Er begann, an den Reden zu arbeiten, die man erwarten würde, und darüber nachzudenken, was er zum Papst sagen sollte – falls *Der Erwählte* eine Audienz nicht unmöglich gemacht habe. Trotzdem brauchte er den Anker der täglichen Beschäftigung mit echter Arbeit, und am 11. April entschied er sich schließlich trotz allen Zögerns und Interesses am Luther-Thema dafür, den *Krull* wiederaufzunehmen.

Am 20. April flog er mit Katia nach Rom, wo er als Gast seines Verlegers Mondadori im Excelsior abstieg, und zehn turbulente Tage angefüllt mit Feierlichkeiten, Unterhaltungen und Ausflügen begannen. Auf dem überfüllten Empfang der Accademia dei Lincei konnte er endlich seinen offiziellen Dank für die Verleihung des Preises abstatten; zu seinen Ehren fand ein Abendessen des PEN-Clubs statt, die Verleger Mondadori und Einaudi gaben Empfänge; der Präsident der Republik verlieh ihm den italienischen Verdienstorden. Er hielt die Strapazen gut aus, sprach vorwiegend Französisch, und war erstaunt über die Begeisterung, die man überall seinem Werk, insbesondere dem *Faustus* und dem *Erwählten*, entgegenbrachte. Besuche in Tivoli und Ostia, im vatikanischen Museum und San Clemente, dem Petersdom und an noch vielen anderen Stätten, darunter Palestrina, riefen Erinnerungen an seinen Aufenthalt als Unbekannter vor nahezu sechzig Jahren wach und regten ihn zu Gedanken über die Schicksalsschläge an, die ihm später widerfahren waren – ein außergewöhnliches Leben, gewiß, von Gnade begünstigt wie von Mißgeschick gezeichnet.

Am meisten bewegte ihn freilich die kurze Privataudienz bei Papst Pius XII. am 29. April, der ihn mit offensichtlicher Freude empfing und mit ihm über seine Eindrücke von Rom und die eigene Zeit als Nuntius in Deutschland sprach, die er als seine glücklichsten Jahre anzusehen schien. Mann erinnerte an die Worte des damaligen Kardinals Pacelli auf der Wartburg (die ihm im Jahr 1949 vom Bürgermeister Eisenachs mitgeteilt worden waren), »das ist eine gesegnete Burg«, die für ihn die Einheit der religiösen Welt verkörpere, die grundsätzliche Übereinstimmung zwischen allen Religionen gleich welchen Bekenntnisses. *Der Erwählte* scheint, wohl zu Manns Erleichterung, bei dem Gespräch nicht erwähnt worden zu sein. Er war geschmeichelt, als er zum Andenken eine kleine silberne Medaille mit dem Bild des Papstes erhielt. Als er vor ihm kniete – zwar ein Ungläubiger – und den Fischerring küßte, hatte er das Gefühl, nicht ein menschliches Wesen, einen Politiker vor sich zu haben, sondern ein weißgekleidetes Idol priesterlicher Milde, das zwei Jahrtausende Geschichte der westlichen Welt verkörperte. Zur katholischen Kirche hatte er eine ähnliche Einstellung wie zum Kommunismus, er wollte kein Wort gegen sie äußern, so fanatisch Theokratie und Zensur auch von anderen kritisiert wurden. Der tiefe Eindruck der Audienz blieb ihm lange in Erinnerung – es mochte, wie er sagte, »an einer gewissen Altersweichheit liegen, daß ich mit Rührung an dieses Lebensvorkommnis zurückdenke«.[41]

Die Reise hatte ihm auf jeden Fall viel gegeben, und als er am 30. April in den herrlichen Frühling zurückkehrte, fühlte er sich viel besser als bei der Abreise. Glücklicherweise, denn er hatte nunmehr die Menge von Briefen, Büchern und Zeitschriften in Angriff zu nehmen, die auf ihn wartete, dazu noch die Fahnen der *Betrogenen* zu lesen. Er hatte der Pariser Zeitschrift *Comprendre* einen Artikel über Europas Bedeutung für die Welt versprochen und verbrachte in den ersten Maitagen die meiste Zeit mit einer sehr persönlichen Erklärung seiner Gefühle bei der Rückkehr auf den alten Erdteil. Bei aller Dankbarkeit gegenüber Amerika und Bewunderung für dessen gesunde »demokratische Fundamente« ärgere den unter Roosevelt »eingeschworenen amerikanischen Staatsbürger«, als den er sich noch fühle, zuweilen der »meist unberechtigte kulturelle Hochmut« Europas, auch mache er sich Sorgen wegen der Tendenz zur Verweigerung der Freiheit, die jetzt in Amerika herrsche. Obwohl Europa, tief verwurzelt in seiner geschichtlichen Tradition, »zugleich feinnerviger und – wohl eben darum – weniger hysterisch als der Koloß jenseits des Ozeans« sei, könne »die würdelose Devotheit vor Geld und Macht« Amerikas zusammen mit einer allzu großen Bereitwilligkeit, an dessen »Kreuzzug gegen Rußland« teilzunehmen, Gefahren mit sich bringen. Europa müsse an der Idee der Freiheit festhalten und trotz seiner historischen Schuld in dem nuklearen Zwist vermitteln, der die Welt an den Rand des Abgrunds gebracht habe. Es sei sein »stiller Glaube«, daß Europa, stets »Herz und Hirn der Welt«, eins werde »im Geist des Wissens, der Gerechtigkeit und des Friedens«[42] – ein Glaube, der kurz darauf gestärkt wurde, als er eine Rede Churchills las, der die Pflicht Englands betonte, die Initiative zu ergreifen und Amerika dazu zu bringen, sich der veränderten Weltlage anzupassen.

Seine Versuche einer Wiederaufnahme des *Krull* waren halbherzig und überzeugten ihn kaum, er las zwar wiederholt über Luther, hatte aber immer noch keine klare Vorstellung einer möglichen Alternative. Vorbereitungen für die nächste Reise Anfang Juni waren zu treffen, nach Cambridge sollten zwei Lesungen in Hamburg folgen, zu denen einführende Worte nötig waren. Eine Einladung nach Lübeck lehnte er ab, denn nach dem schwachen Dank, den ihm sein Beitrag zur Restaurierung der Marienkirche eingetragen hatte, vermutete er, daß man ihm in seiner Heimatstadt noch immer nicht ganz wohlgesonnen sei. Auch Auftritte in Düsseldorf und Mannheim glaubte er zumindest für den Augenblick ablehnen zu müssen, er sei nun alt, könne nur mehr mit wenigen Jahren rechnen und müsse seine Kräfte für sein Werk aufsparen. Einen Vorschlag, den ihm Caroline Newton im Auftrag einer Gruppe von Universitäten an der Ostküste Amerikas machte, im Herbst einen Vortrag zu halten, für den alle Kosten übernommen und ein beträchtliches Honorar bezahlt würde, war verlockend, er mußte aber schließlich Erika zustimmen und das Angebot ausschlagen. Abgesehen von der Anstrengung, wäre die Reise nach der Kritik, die er in seinem Artikel in

Comprendre an Amerika geübt hatte, zu gewagt und berge die Gefahr weiterer Provokation jener Kräfte, für die er, wie er an Caroline schrieb, seit geraumer Zeit eine unerwünschte Person sei. Bei der gegenwärtigen Weltlage und bei seinem eigenen Bestreben, jede politische Einmischung zu vermeiden, empfand er eine gewisse Sympathie, als Michael aus Kalifornien schrieb, er gebe seine Karriere auf und ziehe sich auf einen kleinen Besitz in Italien zurück, den sein Schwiegervater vielleicht erwerben würde; eine derartige Flucht, hieß es in Michaels Brief, sei heute die Sehnsucht jedes anständigeren Menschen, auch Golos. Die Großeltern Moser, die sich zwar gern um Frido und Toni kümmerten, hatten nie die langen Trennungen der Kinder von ihren Eltern gebilligt und wollten mit diesem Vorschlag zweifelsohne das Familienleben wieder in Ordnung bringen. Michael hielt weiter an diesem Gedanken fest, auch wenn es noch einige Zeit dauern sollte, bis er und Gret nach Europa zurückkamen.

Sein Vater machte sich größere Sorgen um Erika, die wegen ihrer Schlaflosigkeit und ihres übermäßigen Trinkens zu einer schwierigen Hausgenossin wurde, wenn sie da war. Man hatte ihre lesbischen und anderen Freunde stets willkommen geheißen, doch Strindbergs Tochter Kerstin, die vor kurzem aus psychiatrischer Behandlung in Deutschland entlassen worden war und unbedingt nach Zürich zurückgebracht werden wollte, war offensichtlich derart auf Erika fixiert, daß sie sogar die Mannsche Gastfreundschaft über Gebühr zu strapazieren drohte. Bei den Vorbereitungen für die kurze Tour in England und Deutschland war er bestürzt, als Katia erkrankte, aber, wie sich glücklicherweise herausstellte, nur leicht. In dem anhaltenden herrlichen Frühsommerwetter war er aber endlich imstande, die Aussicht von der Terrasse in Erlenbach vorteilhaft mit der Aussicht von Pacific Palisades vergleichen zu können.

Am 3. Juni flogen sie nach London – die Krönung Elizabeths II. hatte eben stattgefunden – und wurden in einem Wagen der Universität nach Cambridge gebracht, wo sie Gäste von Sir Charles Darwin, dem Enkel des Naturforschers, waren. Am nächsten Morgen, in Gesellschaft des indischen Premierministers und Frank Whittles, des Erfinders des Düsenmotors, dachte er während der Zeremonien zur Verleihung des Doktortitels, welche seltene Auszeichnung es doch sei, Ehrendoktor beider Universitäten, Oxford wie Cambridge, zu sein. Nehru – der am Nachmittag an der Commonwealth Conference teilnehmen sollte – erschien ihm abermals als der beste und weiseste unter den Staatsmännern der Zeit, seine besorgte Haltung war nur zu verständlich. Am 5. Juni fuhren sie nach Besuchen im St. John's und King's College mit dem Zug wieder nach London zurück, wo es Ida Herz trotz der Menge von Krönungsgästen gelungen war, im Savoy Zimmer für sie zu reservieren. Er hatte sich fest entschlossen, die beiden Tage dort so privat wie möglich zu verbringen, sein Geburtstag, zu dem bereits Telegramme und Briefe herbeiströmten, wurde ruhig bei einem Mittagessen mit seinem Verleger Frederic Warburg, Tee mit Ida Herz und Abendessen mit Katias Cousinen verbracht.

In Hamburg, wo sie am 7. Juni mit dem Flugzeug ankamen, sah es anders aus. Sie waren im Gästehaus der Stadt an der Elbchaussee untergebracht und mußten als Gäste des Norddeutschen Rundfunks und der Goethe-Gesellschaft einen ständigen Strom von Besuchern empfangen, er hatte zwei öffentliche Auftritte für Lesungen aus dem *Krull* vor sich, den ersten am folgenden Tag in der Universität. In einleitenden Worten vor dem überwiegend studentischen Publikum, in denen er auch die Freude eines alten Mannes über die hanseatische Atmosphäre seiner Kindheit ausdrückte, wiederholte er viel aus seinem Artikel in *Comprendre*, obwohl er weniger Kritik an Amerika übte und mehr Betonung auf die Notwendigkeit der Einheit Europas und auf den Traum eines wiedervereinigten Deutschlands legte, das eines Tages den Willen, nicht zu »einem deutschen Europa, sondern zu einem europäischen Deutschland« kundgeben solle.[43]

Nach einem Abendessen des Bürgermeisters am 9. Juni – das ausgezeichnete Menü stand wiederum in scharfem Gegensatz zu der immer noch schmalen Kost in England – fand seine zweite Lesung im Konzerthaussaal vor einem vollen Haus statt, das dankbare Publikum rief ihn wieder und wieder auf die Bühne, um ihn mit Blumen und Geschenken zu überschütten. Nachdem er eine offizielle Abordnung Lübecks empfangen hatte, die ihm Marzipan und Wein zum Geschenk machte, ließ er sich zu einem Treffen am 10. Juni in Travemünde, dem beliebten Aufenthaltsort seiner Kindheitssommer, bewegen, dem eine nur kurze Rundfahrt mit dem Wagen durch die Stadt folgen sollte. Der Herausgeber der *Lübecker Nachrichten*, sein Gastgeber in Travemünde, der die Enttäuschung Manns über die Vernachlässigung durch Lübeck in den Jahren nach dem Krieg gespürt hatte, erhielt die freundliche Versicherung, daß sich seine

Gefühle für die Geburtsstadt nicht geändert hätten und ein künftiger Besuch nicht ausgeschlossen sei. Im Augenblick aber müsse er seinem Reisen ein Ende machen und zu der Arbeit zurückkehren, die ihn erwarte – anders als Hesse, der beschlossen hatte, nichts mehr zu schreiben, habe er zahlreiche Pläne und sei trotz seines Alters nicht bereit, »die Feder aus der Hand zu legen«.[44] In den wenigen Stunden, die er anschließend in Lübeck verbrachte, die ersten seit 1931 – die Hauptstraßen, das beschädigte »Buddenbrookhaus« in der Mengstraße, die Marienkirche, zu deren Restaurierung er beigetragen hatte, das Katharineum mit Erinnerungen an seine Leidenschaft als Schuljunge für Willri Timpe und vorher für Armin Martens –, war er froh, unerkannt zu bleiben und nicht der Feindseligkeit ausgesetzt zu sein, die er für noch vorhanden hielt. Er kehrte rasch nach Hamburg zurück. Nach einem Essen des Norddeutschen Rundfunks am Abend, bei dem die Ansprachen die herzliche Sympathie verrieten, die sein Besuch geweckt hatte, bestiegen sie am 12. Juni den skandinavischen Schlafwagen nach Basel, kurz zuvor hatte noch ein Fernsehinterview stattgefunden.

Er meinte, als Achtundsiebzigjähriger die Strapazen der Reise gut ausgehalten zu haben. Trotz einer gewissen Schwermut bei dem Gedanken, daß er Travemünde zum letztenmal gesehen habe, trugen der Beifall, der ihm zuteil geworden war, und der verehrungsvolle und dankbare Ton der zahlreichen Geburtstagspost, die nun nach der Rückkehr auf ihn wartete, dazu bei, die ersten Tage in Erlenbach zu einer Zeit der Zufriedenheit zu machen. Seit den letzten Tagen Goethes, dachte er, habe kaum ein Schriftsteller derartige Huldigungen erfahren, und las kurz darauf mit Zustimmung in einer Schweizer Zeitschrift, daß sein Leben »das erstaunlichste Leben unseres Jahrhunderts, jenem Goethes vergleichbar« gewesen sei.[45] Am 16. Juni gaben sie, nachdem sie sich den Londoner Film über die Krönung (nach seiner Meinung langweilig und schlecht dargeboten) angesehen hatten, eine verspätete Geburtstagsparty, er nahm die Geschenke der Familie in Empfang, darunter zu seiner Freude eine vollständige Schallplattenaufnahme des *Lohengrin*. Jede Zuversicht, sich gleich wieder an die Arbeit machen zu können, verging aber rasch, als er wiederum mit dem Luther-Thema spielte und weiter mit dem *Krull* zögerte. Für Luther fehlte ihm der Ansatzpunkt, *Krull* hingegen erschien ihm trotz Katias Drängen immer noch als ein unangemessenes Thema, dessen Ende in unerreichbarer Ferne lag. Als er eine Rede zu einer Wagner-Ausstellung ablehnte, kam ihm seine Entschuldigung wegen anderer Arbeit als außerordentlich lahm vor. Der Gedanke, daß er seine Schaffenskraft eingebüßt habe, daß *Faustus* sein tatsächlich letztes Werk gewesen sei, *Der Erwählte* und *Die Betrogene* trotz ihrer Verdienste bloße Anhängsel, versetzte ihn in Schrecken. *Krull* konnte kaum als die abschließende Krönung gelten, die um jeden Preis vor seinem achtzigsten Geburtstag vollendet werden müsse, wenn dieses »Nachleben« überhaupt so lange währen sollte.[46]

In Ermangelung eines Besseren nahm er das Werk trotzdem wieder auf, zwischen all der Gelegenheitsarbeit, der er nicht entrinnen konnte, den vielen Briefen und Dankeskarten, die geschrieben werden mußten, dem Berg von Zeitschriften, Neudrucken und kritischen Abhandlungen über sein Werk, die zu lesen waren. Wie immer beschäftigten ihn die Entwicklungen des Kalten Krieges. Kurz nach seiner Rückkehr hatte er in seiner Eigenschaft als Mitglied der American Academy und Offizier der Ehrenlegion ein ausführliches Telegramm an Eisenhower unterzeichnet, einen Protest gegen die Hinrichtung von Julius und Ethel Rosenberg – nicht, wie er in einem Interview im Juli sagte, weil er ihre Spionagetätigkeit billigte, sondern weil das Urteil gegen die moralischen Grundsätze Amerikas verstoße.[47] Als es dann trotzdem vollstreckt wurde, erschien ihm das geradezu als ein Sabotageakt gegen den Frieden. Am 18. Juni war in Ost-Berlin, dann in anderen Städten der DDR ein Arbeiteraufstand, nicht ohne westliche Provokation, wie es hieß, niedergeschlagen worden. Erika aber, im Juli in Ost-Berlin zu Besuch, hörte von Johannes R. Becher, daß man dem Sozialismus damit keinen Gefallen getan habe. Der Machtkampf zu dieser Zeit zwischen den Nachfolgern Stalins (mit der Entlassung Berias nach dem üblichen Schauprozeß und den »Geständnissen«) schien beklagenswert, doch er vermochte die Korruption und Heuchelei Amerikas oder dessen Handlungen in Korea nicht für soviel besser zu halten.

Als er im Juli mit dem *Krull* mühsame Fortschritte machte (Experimentieren, wie er es nannte) und weiter über Luther und seine Zeit las, eine Lektüre, die er zugunsten von Balzacs *Verlorene Illusionen* ungern beiseite gelegt hatte, verwandelte sich seine Unzufriedenheit mit dem Haus in Erlenbach beinahe in Haß. Die Sehnsucht nach der trockenen Luft und den so viel angenehmeren Bedingungen von Pacific Palisades war so groß, daß er für den Fall, daß Adlai Stevenson in drei Jahren zum Präsidenten gewählt würde, von einer Rückkehr dorthin sprach, er gab dabei aber zu, daß es dann wahrscheinlich zu spät und die Krise in seiner Arbeit dort ebenso schlimm sein würde wie hier. Auf keinen Fall weitere Vorträge, schwor er, nur rein Akademisches würde ihn vor gefährlichen Schritten bewahren. Die Interviewerin im Juli aber bat er doch ausdrücklich, seinen Protest in der Sache Rosenberg bekanntzumachen. Sein Briefwechsel brachte zahlreiche Ablenkungen, insbesondere Anfragen über seine Einstellung zum Kommunismus, auf die er mehr Zeit verwandte als nötig; er betonte stets, daß er zwar kein Kommunist sei, doch die herrschende antikommunistische Kampagne beklage. Er könne sich eine Welt ohne kommunistische Elemente nicht vorstellen und bemerkte, daß man es in Italien einem Gelehrten nicht übelnehme, wenn er sich zu dieser Partei bekenne. Er bestehe aber darauf, sowohl den ostdeutschen Nationalpreis wie den Stalinpreis ablehnen zu müssen, um seine Arbeit für den Frieden ohne den Vorwurf fortsetzen zu können, er stehe im Sold des Kommunismus. Ein Besuch von Ida Herz kam dann so ärgerlich ungelegen wie eh und je, doch er konnte ihr mit Presseausschnitten für ihre Sammlung »etwas zu knabbern u. nagen« geben; als er ihr und einer amerikanischen Forscherin aber aus den jüngsten Seiten des Manuskripts vorlas, erhielt sein erlahmender Erzählfluß dann doch neuen Auftrieb, ja einen »frischen Wiederanfang«.

Eine größere Ablenkung stellte sich mit den Vorbereitungen für den siebzigsten Geburtstag Katias ein, der am 24. Juli bevorstand, und sich das Haus mit Familienmitgliedern zu füllen begann: Monika, Golo, Elisabeth mit ihren Kindern und Klaus Pringsheim kamen, sowie die »Schweizer Buben« Frido und Toni, die von den Mosers herübergeholt worden waren, um einen Teil ihrer Sommerferien bei ihnen zu verbringen. Seiner nervösen Erschöpfung war das Gewimmel nicht zuträglich. Erikas Mahnung, daß man bei einem festlichen Abendessen, das Schweizer Freunde, darunter Motschan, für den Tag nach dem Geburtstag vorbereiteten, eine Ansprache von ihm erwarte, kam kaum überraschend. Als er sich an den Entwurf machte, fand er sich ganz ungewohnt, sogar zu Tränen bewegt, bei der Erinnerung an die langen gemeinsamen Jahre mit Katia, die unschätzbare Stütze, auf die er sich nun völlig verließ, an die Geduld, mit der sie den Fortschritt seiner »schrecklichen Romane ... deren Entstehung sich hinschleppte durch Jahre und Jahre« verfolgt und den Trost, den sie in Zeiten der Krise stets gewährt hatte. »Die Nachwelt, hat sie ein gutes Wort für mich, ihr zugleich wird es gelten, zum Lohn ... ihrer aktiven Treue, unendlichen Geduld und Tapferkeit.«[48]

Zwei Tage lang wurde gefeiert. Am eigentlichen Geburtstag, nach den Geschenken, einer Menge von Blumen, Telegrammen und Briefen, Artikeln von Erika und Bruno Walter, fand ein morgendliches Ständchen von Mitgliedern des Symphonieorchesters und ein entzückendes Festspiel der Enkel auf der Veranda statt. Am nächsten Tag war das Abendessen im Hotel Eden au Lac, bei dem seine Ansprache die Huldigungen der Schweizer angemessen erwiderte. Der Ton seiner Briefe, damals wie später, war weniger sentimental und mehr realistisch, wie Philemon mit Baucis kam er sich nun vor, erinnerte sich an das bekannte Bild Arnold Böcklins, auf dem ein altes Paar Hand in Hand auf einer Bank sitzt, »aber sich schon sacht auseinander neigt, ein jeder in die Einsamkeit seines Nichtseins«.[49] Er fühle in sich ein tiefes Verlangen nach Einsamkeit, ein Zeichen vermutete er, des absteigenden Pfades zum Grabe. Er konnte es kaum erwarten, daß das Haus wieder leer war, und lehnte mit knapper Höflichkeit Einladungen und Besucher, die sich selbst antrugen, ab. Bei all den Ablenkungen hatte er die Arbeit nicht vernachlässigt, seine Korrespondenz erledigt und ständig weiter am *Krull* geschrieben, fühlte sich aber entmutigt, als er das kultivierte Mittelmaß seines eigenen Beitrags zur Literatur mit der echten Größe eines Dostojewski oder Balzac verglich. (Gemessen an den Romanschriftstellern des 19. Jahrhunderts, sagte er in einem Interview im August, seien die heutigen Schriftsteller »primitive Miniaturen«.)[50] Doch was machte das schon aus, dachte er, bald würde er nicht mehr sein und von nichts mehr wissen. Unterdessen machte er sich wie immer Sorgen über sein wechselndes Befinden, und auch wenn Frido, als er einen Wunsch äußern durfte, kein Geheimnis aus seiner einzigen Bitte um die weitere Gesundheit des Opas machte, versprachen die noch verbleibenden Jahre keine sorgenfreie Zeit.

Nur langsam zerstreuten sich die Gäste. Ende Juli schickte Elisabeth ihre Kinder allein in ein Ferienlager in England und kehrte auf einige Wochen nach Fiesole zurück. Golo kam Ende August nach einem Besuch am Wolfgangsee mit Michaels Hund zurück, den sie in Strobl zurückgelassen hatten, einem willkommenen Begleiter auf seines Vaters Spaziergängen. So entzückend die Gesellschaft Fridos gewesen war, insbesondere bei einer Zirkusvorstellung, die der

Großvater ebenso genoß wie der Enkel, war es vor allem für Katia eine Erleichterung, als er mit Toni Ende August wieder abreiste. Auch Erika fuhr weg, nach Göttingen, um an einer Verfilmung von *Königliche Hoheit*, deren Produktion bereits ohne ihre Mitarbeit (ihr Vater hatte das noch nicht zur Bedingung gemacht) fortgeschritten war, »zu retten, was zu retten ist«.[51] (Es gelang ihr, das Drehbuch auf ein akzeptableres Niveau zu bringen, sie konnte anschließend die Dreharbeiten persönlich überwachen und sogar selbst eine kleinere Rolle übernehmen. Als Schutzmaßnahme für das Buch bestand er aber darauf, daß die Bemerkung »frei nach dem Roman« in den Vorspann aufgenommen würde.)

Die Fortschritte am *Krull* stellten ihn nun einigermaßen zufrieden, als die Wochen aber vergingen und die Schwierigkeiten mit dem Besitzer des Erlenbacher Hauses zunahmen, entschied er, daß diesen unerträglich beengenden Verhältnissen ein Ende gemacht werden müsse, der Mietvertrag dürfe nach April nicht mehr verlängert werden. Eine ernsthafte Suche nach einem Grundstück oder einem zum Verkauf stehenden Haus, das seine Wünsche erfüllen würde und für das nun hinreichende Mittel in Aussicht standen, setzte ein. Das Grundstück an der Poschingerstraße in München, das man ihm im Jahr 1948 zurückerstattet hatte, war für 200000 Mark verkauft worden, für Pacific Palisades bestand endlich ein festes Angebot – 50000 Dollar, der Großteil in Bargeld –, und Anfang September traf eine Überweisung über 10000 Ostmark aus Ost-Berlin ein. Ohne die Gegend um Zürich weiter den See entlang auszuschließen – Meilen, Stäfa –, wo sie schon eine Reihe von Objekten besichtigt hatten, begann er mit Katia, und Erika als Fahrerin, die Suche am 12. September mit einem kurzen Aufenthalt in Vevey, dem zwei Wochen in Lugano folgen sollten.

Das Ufer des Genfer Sees, vor allem bei Montreux, erschien anziehend, Liegenschaften angemessenen Zuschnitts waren erhältlich, geräumiger und weniger kostspielig als in der Gegend von Zürich. Sein günstiger Eindruck wurde bestärkt, als sie Charlie Chaplins Haus und Park oberhalb von Vevey entdeckten, wo sie an zwei aufeinanderfolgenden Abenden eingeladen waren, die ihm mehr Freude bereiteten, als es seit Monaten der Fall gewesen war. Chaplin war ein Opfer der McCarthy-Kampagne geworden, sein angeblicher Kommunismus hatte im vergangenen Jahr zur Verweigerung der Wiedereinreise geführt, und nachdem es seiner Frau Oona gelungen war, Kapital zu transferieren, hatte er sich mit ihr und der zahlreichen Kinderschar in diesem beneidenswerten Luxus niedergelassen. Als die Manns nach Lugano abreisten, hatten sie sich trotz der französischsprachigen Umgebung schon mehr als halb für ein passendes Haus in Montreux entschieden; sie könnten es sich ja finanziell leisten, wenn das Geld aus Kalifornien eingetroffen sei. Es gab andere interessierte Käufer, doch ein weiterer Besuch am »Hotelufer«, wie sie es nun nannten, wurde geplant, und in einem langen Bericht an Agnes Meyer Ende September aus Lugano schrieb er mit Übersendung der eben erschienenen deutschen Fassung der *Betrogenen*, sie würden sich wahrscheinlich irgendwo in der dortigen Gegend ankaufen.

In Lugano wohnten sie wiederum in der Villa Castagnola, mehr der Erholung und Abwechslung als einer weiteren Suche wegen. Gegenseitige Besuche mit den Hesses und Bruno Walter entschädigten sie für das mittelmäßige Wetter. Mann setzte jeden Tag die Arbeit am *Krull*-Manuskript fort, Worte des Lobes und einige konstruktive Kritik von Erika, die er gern zur Kenntnis nahm, gaben ihm neuen Mut, durchzuhalten. Er las fast ausschließlich Balzac, und Golo versorgte ihn mit weiteren Bänden. Erika mußte sie am 18. September verlassen, um einige Wochen in Deutschland zu verbringen, in der Hauptsache bei der Filmarbeit in Göttingen, von der er einige Standfotos erhielt, die einigermaßen versprechend aussahen, die Produktion hingegen erwies sich als ungeheuer kostspielig. Die stets hilfsbereite Elisabeth willigte ein, aus Italien heraufzukommen und sie am 1. Oktober heimzufahren. Im Lauf des Oktober traf dann aus Kalifornien ein Scheck über knapp 39000 Dollar ein, der ihnen – wenn sie nur das rechte Haus finden könnten – einen Kauf ermöglichen würde. Den Rest des Jahres ging ihre Suche weiter, in der Gegend von Zürich, dann wieder in der Nähe von Genf, wo Katia Anfang November einen kurzen Besuch machte. Seine eigene Laune schwankte, einmal war er resignierend bereit, aufzugeben und die Nachteile Erlenbachs in Kauf zu nehmen, dann wieder dachte er an die Gegend von Genf oder sogar Lugano, dann wollte er wieder in Stäfa bauen (was unmöglich teuer war, wie sich herausstellte) oder sich in der Nähe Zürichs ankaufen. Nach Erikas Meinung, der sie sich schließlich anschlossen, war das letztere die beste Wahl, vor allem wenn man daran dachte, wie verlassen das Genfer Ufer doch außerhalb der Saison war.

Zu dieser Unsicherheit kam noch die Sorge um die Familie. Erika war Ende Oktober zurückgekommen und hatte, wie er befürchtete, Kerstin Strindberg mitgebracht – glücklicherweise in einer einigermaßen normalen Verfassung. Erika selbst war aber erschöpft und überreizt, so daß sie sich zum Jahresende wieder in ärztliche Behandlung begab. Die Beziehungen zwischen ihr und Golo, der sich in der Nähe eingemietet hatte, waren abermals gespannt, der Bruder erschien absichtlich nicht zu ihrem Geburtstag. Monika war endlich ausgezogen und lebte mit einem Studenten in den Bergen unweit von Winterthur, für sie wie für Golo blieb die Zukunft unsicher, sie erwog, nach Italien zurückzukehren. Michael war nach Erledigung der Geschäfte in Pacific Palisades mit Gret nach Tokio gefahren, um Klaus Pringsheim zu besuchen und vermutlich nach einer Orchestertätigkeit zu suchen. Was nachher kommen sollte, ob und wann sie nach Europa zurückkommen würden, ließ sich nicht vorhersagen, und das war bedrückend, wenn man an ihre Entfremdung von den Kindern dachte. Nur Elisabeth hatte eine gewisse Stabilität erreicht, sie hatte in Fiesole viel zu tun, war aber stets bereit, sich ihren Eltern zur Verfügung zu stellen.

Eine Privatvorstellung des Films *Königliche Hoheit* am 19. Dezember in Zürich, der er mit Katia, Erika und Golo beiwohnte, bot eine angenehme Entspannung. Der Film war noch nicht endgültig geschnitten, Ton und Bewegungen noch nicht gut aufeinander abgestimmt, doch er fand ihn geschickt produziert und dem Roman näher als erwartet, der Held richtig getroffen, Imma und ihr Vater, der Millionär, jedoch weniger überzeugend gelungen. Bei einem anschließenden Champagner-Souper in Erlenbach sprach er den Filmleuten, die ihm ein in Leder gebundenes Album mit Standphotos überreichten, seine Anerkennung aus. Als man ihn in einem Telephonanruf aus Berlin um seine Meinung bat, war er nachsichtig, Buch und Film ließen sich nicht vergleichen, der Film mache einen noblen Eindruck, Farbe und Interieurs seien besonders geglückt. Eine Thomas-Mann-Ausstellung, die im Januar in Basel eröffnet wurde, besuchte er aber nicht, er hatte mit der Auswahl des Materials für die Organisatoren schon Mühe genug gehabt.

Seine Gedanken wandten sich nun einem Winterurlaub, vielleicht im Februar, in wärmeren Gegenden zu – etwa auf Madeira, den Kanarischen Inseln oder Sizilien. Als mit der Zeit für den *Krull* immer noch kein Ende in Aussicht stand, ja es sich vielleicht nie ergeben würde, machte Mann Bermann den Vorschlag, einen ersten Band mit dem Titel *Der Memoiren Erster Teil* herauszugeben, um die Neugier des Publikums nach seinen erfolgreichen Lesungen zu stillen. Man könnte unter den Aufenthalt Krulls in Lissabon einen Schlußstrich ziehen, an einem Punkt, den er vor ihrem Urlaub zu erreichen glaube, und das würde für ein stattliches Buch genügen. Das habe man schließlich erfolgreich mit dem *Joseph* getan, es hätte den Vorteil, ihm eine Atempause zu gewähren, um zu erwägen, ob er das Werk fortsetzen oder zugunsten von etwas Würdigerem abbrechen sollte. Die Entscheidung für einen ersten Band schien ihn angespornt zu haben, in den ruhigen Weihnachtstagen vermochte er das Werk zu dieser Zwischenlösung zu bringen, obwohl ihn das Problem eines Umzugs und das Nachdenken über Pläne für verschiedene Grundstücke und Häuser weiterhin beschäftigten. Er hielt nicht viel von dem Text, widmete sich aber im neuen Jahr sorgfältig einer vollständigen Revision, bat Erika später um eine endgültige Überprüfung und nahm gewissenhaft die Änderungen vor, die sie aus ihrem Genesungsaufenthalt in Arosa schickte.

Er war sich freilich immer noch nicht im klaren darüber, welches echte Werk folgen sollte. Auch für einen Vortrag im Frühjahr in Holland, zu dem man ihn eingeladen hatte, konnte er kein passendes Thema finden. Er gewann Zeit mit der Besprechung eines eben erschienenen Bandes von Fontane-Briefen für die Zürcher *Weltwoche*, ein Thema, über das für ihn stets viel zu sagen war, und er hatte keine Mühe, den Beitrag bis zum 17. Januar fertigzustellen. In der Zwischenzeit hatte Katia auf der anderen Seite des Sees bei Kilchberg, nur zehn Kilometer von Zürich entfernt, ein Haus gesehen, das ihren gemeinsamen oder, richtiger, seinen Bedürfnissen entsprechen könnte.

Wie die anderen, auch Elisabeth war wieder zu Besuch da, war er begeistert. Das Anwesen Nr. 39, Alte Landstraße oberhalb der Hauptstraße nach Süden gelegen, mit einem großartigen Blick über den See zu den Bergen im Hintergrund, entsprach den Münchner Verhältnissen, es besaß drei Stockwerke und überall die Geräumigkeit, die er sich gewünscht hatte. Ein eigenes Schlaf- und Badezimmer, im Erdgeschoß ein schönes Arbeitszimmer, in dem endlich das Sofa Platz finden konnte, auf dem er den größten Teil des *Faustus* geschrieben hatte, waren vorhanden. Bei einer »Viermächtekonferenz« (Besitzer, Makler, Katia und er) wurde man sich am 28. Januar über den Preis einig, 255 000 Franken mit einer Hypothek von etwa der Hälfte der Kaufsumme; am 2. Februar wurde der Vertrag unterzeichnet. Es war ihr fünftes Haus, auch wenn sie es nicht selbst erbaut hatten, und er durfte wieder den Stolz des Besitzers empfinden, auf ein wirklich stattliches Herrenhaus, das seinem Ansehen Rechnung trug. Es sei ihre erste richtige Unterkunft seit dem Weggang aus Pacific Palisades, es würde auch ihre letzte Adresse sein, schrieb er später an Agnes Meyer, und obwohl es in Katias Augen nicht mit dem zu vergleichen war, was sie am San Remo Drive zurückgelassen hatten, war er selbst höchst zufrieden. Mit dem Makler mußte man wegen der vorhandenen Einrichtungen hart verhandeln, Zweifel über die Möglichkeit eine Garage auszubauen, blieben bestehen, doch die Finanzierung war kein Problem. Ihr Kontostand hatte sich zu Jahresende merklich gebessert, als ein Abgesandter der sowjetischen Botschaft mehr als 29 000 Franken in bar als Tantiemen für eine Ausgabe der *Buddenbrooks* überbracht hatte. Im März wollte man umziehen, er würde dem Chaos freilich entgehen und wieder im Dolder wohnen, sobald man den Winterurlaub hinter sich gebracht hatte.

Die Vorbereitungen dafür erwiesen sich nunmehr als schwierig. Teneriffa, das Katia vorgezogen hätte, war ihm zu weit entfernt, Sizilien, fürchtete er, würde kaum wärmer sein als Zürich, er hatte überhaupt immer weniger Lust zu verreisen, schließlich entschieden sie sich doch für Taormina. Die lange Bahnfahrt, die sie am 4. Februar antraten, war höchst unbequem und kein gutes Vorzeichen, trotz einer kurzen Unterbrechung in Rom, wo sie Elisabeth und Monika trafen. Die Anfahrt nach Taormina von Messina aus war zwar sehr eindrucksvoll, die Kakteen und Orangenhaine erinnerten ihn an Kalifornien, doch weder da noch in den beiden Wochen ihres Aufenthalts schien die Sonne kaum. Aus dem Gästebuch des Hotels Domenico ging hervor, daß es die bevorzugte Absteige gekrönter Häupter und berühmter Künstler, aber auch Heinrich Himmlers gewesen war. Mann fand sich öfter als ihm lieb war in Unterhaltungen mit dem Schriftsteller Roger Peyrefitte verstrickt, der begierig war, einen deutschsprachigen Träger der Ehrenlegion kennenzulernen, und entzückt, daß man in ihm den *homme de lettres* erkannte. Er stellte sie dem ehemaligen französischen Präsidenten Vincent Auriol vor, der ebenfalls im Hotel wohnte, und dessen derber provenzalischer Witz und kräftige antiamerikanische Ansichten Thomas Mann zusagten. Peyrefitte war offen homosexuell, mit dem exzentrischen

Gehabe, das Mann stets abgestoßen hatte, und voll von skandalösem indiskretem Geschwätz über diplomatische Kreise in den vier Jahren, die er an der Botschaft in Griechenland verbracht hatte.

Taormina schien in der Tat ein Treffpunkt für Tunten zu sein, in vielen Fenstern waren Bilder von Knaben ausgestellt, die Mann aber nicht attraktiv fand. Es ging ihm keineswegs gut, er litt an einer Bronchitis, der das rauhe Wetter nicht zuträglich war, außerdem war das vorwiegend ungenießbare Essen im Hotel nur mit einer Menge Wein zu ertragen; seine Laune verdüsterte sich zusehends. Er war gerührt von der Gewissenhaftigkeit, mit der Erika die Korrekturen am Manuskript des *Krull* vorgenommen hatte, die in der Hauptsache Widersprüche zwischen den früheren und späteren Teilen beseitigen sollten. Obwohl er sich ihnen widmete, war er oft versucht, die Sache aufzugeben und die Beweise seiner Vergeßlichkeit einfach stehenzulassen. Er billigte durchaus ihren Vorschlag, die früher ausgeklammerte Episode mit Lord Kilmarnock wieder einzufügen, wo aber waren die Originalseiten? In Kalifornien, vermutete er; wenn sie nicht vernichtet waren, mußte man sie finden. Vorläufig aber machte er in einigen sich anschließenden Tagen in Rom soviel wie möglich für die Setzer in Frankfurt fertig. In Rom waren sie am 22. Februar angekommen, von Herzen froh darüber, daß sie den Unsinn eines Winterurlaubs, der sich als völliger Fehlschlag erwiesen hatte, hinter sich gebracht hatten.

Ihr anschließender Aufenthalt in Fiesole bei Elisabeth war ein erfreulicher Gegensatz, sie tat ihr Bestes, um die relative Unbequemlichkeit des Hauses wettzumachen, endlich gab es gutes Essen und zahlreiche Einladungen von ihren Freunden. Ein Besuch im großartigen Haus des amerikanischen Kunsthistorikers Bernard Berenson war besonders beeindruckend. Der alte Herr, niedlich und mager, zeigte ihnen voll Stolz seine berühmte Kunstsammlung, die sich mit den Schätzen von Florenz vergleichen ließ, obwohl sie weniger gut ausgestellt war, und die, wie sie erfuhren, nach seinem Tod an Harvard gehen würde. Im Palazzo del Bargello bewunderte Mann abermals die unentwegte Aufmerksamkeit, die in der Renaissance der jungmännlichen Gestalt gewidmet wurde, die weibliche war nur durch einige Madonnenreliefs vertreten. Er war aber immer noch in schlechter Verfassung, nach einer Übernachtung am 3. Mai in Mailand, wo Mondadori Plätze für eine ausgezeichnete Vorstellung von Verdis *Othello* in der Scala besorgt hatte, kehrte er erleichtert wieder nach Erlenbach zurück, in dem Gefühl, eine überflüssige und anstrengende Reise überlebt zu haben.

Seine Post war ihm die ganze Zeit nachgefolgt und nicht vernachlässigt worden, Katia betätigte sich als Sekretärin, wenn er nicht selbst schrieb. Die meisten Freunde und die Enkel waren bedacht worden, und als er von der Krankheit des Papstes erfuhr, sandte er in einem Brief voller Mitgefühl seine guten Wünsche. Eine amerikanische Bitte um ein Vorwort für eine Ausgabe von Kleists Novellen für das großzügige Honorar von 1000 Dollar hatte er akzeptiert, es würde eine willkommene Aufgabe bieten, bis er etwas Gewichtigeres gefunden hatte. Auch ein Vorwort zu einer italienischen Ausgabe von Briefen europäischer Widerstandskämpfer, die zum Tode verurteilt worden waren, hatte er versprochen, und schließlich bat der Berliner *Aufbau* um einen Artikel zu Feuchtwangers siebzigstem Geburtstag. Zusätzliches Einkommen dieser Art lockte ihn stets, auch wenn es nicht unbedingt gebraucht wurde. Die Finanzen unterstanden natürlich Katia, er schien wenig Vorstellung davon zu haben, wie gut sie gestellt waren. Sogar in Briefen an Freunde betonte er gern die großen Löcher, die der jüngste Kauf in seine Ersparnisse gerissen habe, Bitten von Fremden stießen dann auch auf taube Ohren. Im März beteuerte er in Beantwortung des Ansuchens von einem jüdischen Nazi-Opfer, das so unklug gewesen war, erst in die DDR und dann nach Westdeutschland zurückzukehren, er sei nichts weniger als reich: »ich … muß in hohen Jahren noch hart arbeiten, um meinen Hausstand aufrechtzuerhalten«, ein junger Mann von dreiundvierzig müsse doch in einer »vor Energie, Tüchtigkeit und Lebenslust aus der Haut platzenden Bundesrepublik« Arbeit finden können.[52] In Wirklichkeit aber standen Geld und Sorgen um den »Hausstand« an zweiter Stelle, was ihn tatsächlich anzog, war die Arbeit, selbst die kleinste: ohne sie, in welcher Form auch immer, wäre er verloren.

Am 25. März, als die Vorbereitungen für den Umzug nach Kilchberg begannen, zog er sich wie geplant mit Katia ins Waldhaus Dolder zurück. Golo und Erika waren beide da, um Katia zu helfen – glücklicherweise vertrugen sie sich wieder, obwohl Erika nach ihrer Rückkehr aus Italien launisch und gereizt gewesen war; mit ihrer Eifersucht auf die anderen, insbesondere Elisabeth, war sie eine Last. Das Vorwort zu dem italienischen Buch war schnell erledigt, aus Amerika drängte man zwar auf das Kleist-Vorwort, doch er mußte sich nun unbedingt der endgültigen Fassung des *Krull*-Texts zuwenden. Das Originalmanuskript zur Kilmarnock-Episode war nicht aufzutreiben, und seine Neufassung war immer noch nicht fertig, als am 15. April der Zeitpunkt für den Einzug in sein neues Reich gekommen war.

3

»Es lohnt sich durchaus, zu beobachten, wie wenig das Nahen des Todes die guten Geister verändert; sie bleiben, wie es scheint, dieselben bis zum letzten Augenblick.«

Francis Bacon

Durch all die Wechselfälle und Reisen der letzten fünfzehn Monate war es Thomas Mann möglich gewesen, der gewohnten Routine nachzugehen, deren Pfad ihm die Hingabe Katias und der übrigen Familie geebnet hatte. Sein allgemeiner Gesundheitszustand verursachte keine echten Bedenken, obwohl er sich wegen Problemen mit der Verdauung und seinem Appetitmangel Sorgen machte und ihn eine hartnäckige Halsentzündung mit Hustenanfällen fast jede Nacht zu Schlaftabletten greifen ließ. Es verging kaum ein Tag, an dem er sich nicht der eben aktuellen Arbeit, ganz gleich welcher Art, widmete, seinem Spaziergang, der Nachmittagsruhe und einigen Stunden der Lektüre in den Büchern, die ihm im Augenblick zusagten oder aus der Flut von zugesandten Büchern ausgewählt werden konnten. Zu Hause wie auf den Auslandsreisen wurde seine Korrespondenz fortgesetzt, unter sorgfältiger Beachtung der wachsenden Zahl von Artikeln und Kommentaren zu seinem Werk. Zu Hause wechselte seine übliche abendliche Entspannung bei Schallplattenmusik – Wagner war stets der Favorit – mit Besuchen in Theater, Oper oder Kino ab. Eine Vorstellung von Prokofjews *Romeo und Julia* langweilte ihn, die Mimik Marcel Marceaus belustigte ihn, von dem Film *Moulin Rouge* mit José Ferrer als Toulouse-Lautrec war er hingerissen. Das Alter machte sich zunehmend bemerkbar, sein Durchhaltevermögen schwand rasch. In einem Brief an Reisiger, dessen siebzigster Geburtstag bevorstand, schrieb er, die Vorstellung, daß er selbst bald achtzig werde, grenze ans Makabre. Beim

Dahinschwinden der Jahre hatte er ein starkes Gefühl des Niedergangs, insbesondere in seinem Unvermögen, eine gewichtige Aufgabe zu finden, die sein langes Leben zu einem würdigen Abschluß bringen könnte.

In den ersten Wochen in Kilchberg schien seine Energie wieder zurückgekehrt zu sein, zumindest für die Gelegenheitsarbeit, die abzuschließen war. Binnen einer Woche hatte er dem *Krull* den letzten Schliff gegeben, Lord Kilmarnock war zufriedenstellend wieder eingefügt und das ganze Manuskript des Schlußteils nach Frankfurt abgeschickt worden (als man später die Existenz einer echten Kilmarnock-Familie feststellte, mußte der Name in der englischen Version in das weniger überzeugende Strathbogie umgeändert werden). Nach Ostern entstand in drei Tagen der Artikel über Feuchtwanger, und er konnte sich dem Vorwort zu Kleist zuwenden. Sein Arbeitszimmer entsprach ganz seinen Wünschen, die noch anstehenden Arbeiten am Haus, wie der Einbau der Garage, führten allmählich zu einer höchst angenehmen Eleganz und waren schon so weit gediehen, daß man für den 20. Mai eine House-warming-Party amerikanischen Stils planen konnte. Auf seinen Spaziergängen fand er das Dorf zivilisierter und interessanter als Erlenbach, und in dem wundervollen Frühlingswetter – seine bevorzugte Jahreszeit – überkam ihn ein neues Hochgefühl. Die einzige Störung brachte der Korrespondent der kommunistischen Zeitung *L'Unità* in Rom, der auf einem Interview bestand. Zögernd gab Mann nach, unterhielt sich mit dem Journalisten höflich und ausführlich auf englisch, in der Hoffnung, daß es keine umstrittenen Folgen haben würde. Die anschließende Schlagzeile – »Der große deutsche Schriftsteller spricht sich gegen den Krieg und die H-Bombe aus« – entsprach kaum dem freundlichen Aufsatz des Journalisten über den Europäer Thomas Mann, sein Werk und seine maßvolle Einstellung, die weder antiamerikanisch noch antikommunistisch sei. (Die tiefe Sorge, die er tatsächlich bei den Versuchen mit der Wasserstoffbombe im Pazific oder auf dem Bikini-Atoll empfand, fand nur in seine Tagebücher Eingang.)

Neben seiner Arbeit am Kleist-Vorwort, bei der er die meisten Werke des Autors wiederlas, zusammen mit Studien, die, wie er fürchtete, viel Wind um die Aufgabe machten, gab es eine Menge anderes zu erledigen. Zeitschriften suchten um Erlaubnis für den Vorabdruck von Auszügen aus dem *Krull* nach, was zu erledigen in der

Hauptsache Erika auf ihren Besuchen in Deutschland überlassen blieb. Die finanzielle Lage des Fischer Verlags bereitete ihm einige Sorgen, Tantiemen von 40000 Mark standen trotz der ausgezeichneten Verkaufszahlen von *Königliche Hoheit* nach dem großen Erfolg des Films und eines Angebots für eine Buchklub-Ausgabe noch aus. Aus zahlreichen anderen Ländern waren vielversprechende Nachfragen nach dem Film eingetroffen, für eine Verfilmung der *Buddenbrooks* gab es in Deutschland bereits vage Pläne. Auch das würde Erika überlassen bleiben, doch er bestand auf einer Gemeinschaftsproduktion, die sowohl in Ost- wie in Westdeutschland gezeigt werden könnte.

Was ihn am meisten interessierte, war wohl die Achtung, die man seiner Person und seinem Werk weiterhin in Ostdeutschland erwies. Bei einem Besuch in Ost-Berlin im Januar hatte Erika gehört, man wolle ihm einen Pelzmantel zum Geschenk machen, auch von einer zwölfbändigen Ausgabe seiner Gesammelten Werke, mit der sein achtzigster Geburtstag gefeiert werden sollte, war die Rede. Er erklärte sich nunmehr bereit, Walter Janka, den Leiter des Aufbau Verlags, am 15. Mai zu empfangen, um das Vorhaben zu diskutieren. Mit dem Ansporn durch diesen Termin und durch eine Abschlagszahlung des halben Honorars für den Kleist, gelang es ihm, das Vorwort abzuschließen, kurz bevor Janka in Begleitung des Leipziger Germanisten Hans Mayer eintraf, der als Herausgeber zeichnen sollte, und ihm den versprochenen Pelzmantel mitbrachte, einen wunderbaren Nerz, wie er ihn noch nie besessen hatte. Er war natürlich gern bereit, in den schwierigen anschließenden Verhandlungen mit Bermann den Vorschlag Jankas zu unterstützen, daß die beträchtlichen Tantiemen, die zu erwarten waren, unmittelbar an ihn überwiesen würden. Mayer, ein langjähriger Bewunderer seines Werks, der den Autor aber zum erstenmal traf, war in einer gewissen Verlegenheit wegen der Anrede, er entschied sich schließlich für »Professor«, und Janka amüsierte sich darüber, wie sie sich beide mit diesem Titel ansprachen. Bei einem tadellos servierten Mittagessen, das an *Lotte in Weimar* erinnerte, war es aber etwas peinlich, als es sich Mayer nicht versagen konnte, aus dem Werk seines Gastgebers zu zitieren und völlig die Ironie der Antwort überhörte: »Herr Professor Mayer, was Sie eben zitiert haben, muß ich auch schon einmal gelesen haben.«[53]

Als die Delegierten nach ausgedehnten Diskussionen über die

Ausgabe, insbesondere über die Auswahl, die Mayer aus den Aufsatzbänden und den *Betrachtungen* des Jahres 1918 vornehmen sollte, abreisten, war Mann wegen des zu erwartenden Geldsegens in bester Laune und erkundigte sich bald darauf mit Katia nach einem neuen und größeren Wagen. Janka hatte ihm ebenfalls erneut das Angebot des Nationalpreises der DDR übermittelt, der sich auf 100000 Ostmark belaufen würde. Auf den Rat Erikas hin blieb er bei seiner Ablehnung, um Streitigkeiten zu vermeiden, dachte aber daran, den Preis vielleicht zu seinem achtzigsten Geburtstag im kommenden Jahr doch anzunehmen. Der Eifer, mit dem man ihm im Osten Ehre erwies, stand zu dem relativen Schweigen in Westdeutschland in deutlichem Gegensatz. Als er wenig später jedoch gefragt wurde, ob er den Orden Pour le mérite anzunehmen bereit sei und eingeladen wurde, im Mai 1955 in Stuttgart die Gedächtnisansprache zum hundertfünfzigsten Todestag Schillers zu halten, war das Gleichgewicht wiederhergestellt. Beide Angebote seien höchst erfreulich, teilte er Bermann mit, sollte man ihn einladen, würde er auch in Weimar, dem Sitz der Schiller-Gesellschaft, deren Ehrenpräsidentschaft er soeben übernommen hatte, die Ansprache halten. »Meine Rolle, wie ich sie sehe, ist eigentlich die, zu vermitteln und zu verbinden.«[54] Wie bei seinem Besuch im Jahr 1949 würde sein Verhalten seine ausgewogene Stellung zu Deutschland als einem Ganzen und nicht zu den zwei Teilen, die durch den Kalten Krieg getrennt waren, klar demonstrieren.

Im April waren zu seiner Erleichterung Michael und Gret endlich zurückgekommen, dachten aber immer noch daran, sich zu einem ländlichen Dasein in Italien, vielleicht in der Nähe Elisabeths in Fiesole, niederzulassen. Mann, der Frido, der ihn so häufig besuchte, nicht verlieren wollte, versöhnte sich mit dieser ziemlich wilden Vorstellung, als sie davon sprachen, nur den Jüngeren mitzunehmen, der weniger intelligent war als sein Bruder, und ihn dort auf die Schweizer Schule zu schicken, während Frido im Herbst nach Zürich zurückkehren würde, um in das Gymnasium einzutreten. Es war aber ein trauriger Tag für ihn, als die Familie im Juli nach Italien abreiste. Auch Golos Zukunft war noch unklar, man hatte ihm eine Professur in Berlin angeboten, die anzunehmen er aber zögerte, er arbeitete mittlerweile als Journalist für die Zürcher *Weltwoche*. Beide Söhne waren bei der House-warming-Party am 20. Mai zugegen, die von Katia und Erika mit bewundernswertem

Geschick organisiert worden war. Sechsunddreißig Gäste aus der Zahl der Schweizer Freunde und Bekannten – darunter der Präsident des Stadtrats, der Feuilletonredakteur der *Neuen Zürcher Zeitung*, Werner Weber, der Schriftsteller Robert Faesi und Georges Motschan mit ihren Gattinnen – wurden zu Sherry und Musik in der Halle empfangen, Michaels Viola begleitete Geige und Klarinette in Schumann- und Mozart-Stücken, ein üppiges Champagner-Souper folgte an Tischen, die über Eßzimmer, Bücherei und Halle verteilt waren. Bei Schweizern fiel ein derartiger Einstand in der Regel einfacher aus, und als sie ihre Blumen und das traditionelle Brot und Salz mitbrachten, waren sie erstaunt und beeindruckt von dieser eher transatlantischen Form der Gastlichkeit, die sich beinahe bis Mitternacht ausdehnte. Der Gastgeber, der voll Stolz seine elegant möblierte Residenz vorzeigte, war mit dem Erfolg des Abends höchst zufrieden.

Einige Tage später begab sich Erika in eine Klinik bei München, die sie gut kannte, wo sie eine Lösung für ihre anhaltenden inneren Beschwerden erhoffte. Nach einer langen und unangenehmen Gastroskopie und drei Tagen einer sogenannten, medikamentös eingeleiteten, Schlafkur, konnte ihr der Arzt für die Wiederherstellung ihrer Gesundheit keinen anderen Rat erteilen, als ihre sechzig Zigaretten am Tag und ihren Konsum an Schlafmitteln aufzugeben. Ihr Vater, der zuweilen noch von nächtlichen Hustenanfällen geplagt wurde, überlegte, daß es auch ihm ohne Zigaretten bessergehen würde und er länger zu leben hätte: lohnte es sich aber, dafür solchen Annehmlichkeiten zu entsagen? Bei der Korrektur der Fahnen des *Krull* hegte er wieder einmal Bedenken wegen der Publikation, die er als fast entwürdigend ansah, und war wieder durch den Mangel eines bedeutenden Werks für die Zukunft und den Verlust seiner Energie niedergeschlagen; die Forderungen der Welt verschlechterten dann noch seine Laune, als die Glückwunschbriefe zum Geburtstag herbeizuströmen begannen. Was für einen Sinn hatten Glückwünsche, wenn ihm das noch verbleibende Leben derartige Sorge und Unsicherheit bereitete? Seine Gedanken kehrten zur Vergangenheit zurück, zu den Tagen des *Faustus* oder des *Erwählten*, als er noch einen Arbeitseifer besessen hatte, der nun verloren zu sein schien. Makabre und fragwürdige Feierlichkeiten standen ihm bevor, keine Aussicht auf die Freude, die nur ein Werk ähnlicher Art bringen konnte. Luther, oder zumindest das 16. Jahrhundert, war noch das naheliegendste – vielleicht eine Reihe historischer Szenen mit den höchst unterschiedlichen Persönlichkeiten jener Zeit –, er vermochte aber keine Idee zur Komposition, geschweige denn die Energie für den Anfang zu finden. »Oft denke ich, es wäre mir besser gewesen, wenn ich nach dem ›Faustus‹ das Zeitliche gesegnet hätte«, schrieb er an Bermann am Vorabend seines Geburtstags. »Das war doch ein Buch von Ernst und Gewalt und hätte ein Lebenswerk gerundet, dessen lose Nachspiele mir oft peinlich überflüssig erscheinen.«[55]

Die melancholische Laune hielt an seinem Geburtstag an, trotz ermutigender Worte Katias, Telephonanrufen bei Erika und Elisabeth und des ausgezeichneten Vortrags einer Violinsonate von Mozart durch Michael und Frido, der vor einem ruhigen Abendessen mit Golo, Katia, Lotte Walter, Emmy Oprecht und den von Salis als einzigen Gästen stattfand. Die zahllosen Briefe, die weiterhin eintrafen, die eigens zugestellten Telegramme erschienen ihm mehr als Last denn als Freude. Sogar ein ausführlicher telegraphischer Erguß Johannes R. Bechers, der ihn mit Goethe verglich, schlug einen unverdienten und unangemessenen Ton an. Er zog sich früh zurück und dachte wiederum über diesen letzten Abschnitt seines Lebens nach, über die Schwierigkeit, im kommenden Jahr den Mut zu künstlerischer Anstrengung, zu schöpferischer Mühe aufzubringen. In den Briefen, die er in den folgenden Wochen an Freunde schrieb, gelang es ihm, ein still resigniertes und befriedigendes Bild eines Lebens zu vermitteln, das nicht ohne Verdienste geblieben sei, »froh, daß ich mit 25, mit 50, 60 und 70 Jahren doch etwas wie einen kleinen Vollbringer ... nach bewunderten Mustern abgeben konnte. Weiß Gott, ich war nicht groß. Aber eine gewisse kindliche Intimität in meinem Verhältnis zur Größe brachte ein Lächeln der Anspielung auf sie in mein Werk, das Wissende, Gütige, Amüsable jetzt und später erfreuen mag.«[56] Privat freilich dachte er nur an die Worte Prosperos »mein Ende ist Verzweiflung« und sah sich beschämt und traurig vor einer zukünftigen Leere in seinem Schaffen, als er wissenschaftliche Dissertationen las, die ihn an die ungeheure Aufnahmefähigkeit für Material erinnerten, die er einst besessen hatte, und die heldenhafte Leistung bewunderte, die Richard Wagner trotz all seiner Fehler zustande gebracht hatte.

Ende Juni und Anfang Juli vernachlässigte er sogar für zwei Wochen sein Tagebuch – ein Symptom seines Ärgers und Abscheus vor einer Existenz, die so gar nichts versprach –, als er sich bemühte, den überwältigenden Forderungen der Routine gerecht zu werden: da waren die Korrespondenz (obwohl wieder einmal eine gedruckte Karte für die Gratulanten ausreichen mußte, die ihm weniger nahestanden), die unvermeidbaren geselligen und musikalischen Veranstaltungen, die Flut von Artikeln, die gelesen werden wollten. In den Augen eines freundlichen Interviewers verrieten sein Benehmen und seine elegante Erscheinung, das gepflegte Haar mit den kaum ergrauten Schläfen, allerdings nichts von seinem Alter. Bitten um Auftritte schlug er gewöhnlich ab, eine Lesung aus dem *Krull* im August in Köln wurde jedoch akzeptiert, im Anschluß an eine nun geplante dreiwöchige Erholung in den Bergen. Höflichkeit gegenüber den ständigen Besuchern war eine Anstrengung, wenn diese, wie es häufig geschah, zu lange blieben, eine bemerkenswerte Ausnahme war der Theologe und Musiker Albert Schweitzer. Die vornehme Gestalt erweckte in ihm große Bewunderung, als er fasziniert die Berichte von dessen humanitärer Arbeit gegen Schlafkrankheit und Lepra in Zentralafrika und Aufnahmen seiner Orgelmusik hörte. Aus Ostdeutschland erschienen Vertreter der Gesellschaft, die die Verfilmung der *Buddenbrooks* plante, für den 12. Juli vereinbarte man ein Treffen zu ausführlichen Diskussionen mit Erika in Luzern, wohin sie zur Genesung gegangen war. Zu seiner Überraschung wurde seine Forderung von 150000 Schweizer Franken ohne Widerrede akzeptiert, wie auch sein Wunsch nach einer »all-deutschen« Produktion, bei der eine Zusammenarbeit mit Erika zugesagt wurde. Später teilte ihm aber Bermann zu seiner Enttäuschung mit, daß ein starkes westdeutsches Interesse bestand, es war die Rede von 40000 Dollar für die Rechte, eine Zusammenarbeit mit dem Osten wurde aber ausgeschlossen. Einen derartigen Vorstoß hielt er für rein politisch – nachdem Otto John, Chef des Bonner Informationsdienstes, am 23. Juli in die DDR übergelaufen war, wäre eine ostdeutsche Produktion der *Buddenbrooks* für Adenauers Regime wohl zuviel, dachte er säuerlich – und war geneigt, die Rechte gänzlich zu verweigern, wenn man ihm nicht nachgeben würde.

Seine jüngste Lektüre Tschechows hatte ihn an einen Aufsatz zum bevorstehenden fünfzigsten Todestag des Schriftstellers denken lassen, um endlich einige Schritte zur Wiederherstellung seiner Produktivität zu unternehmen. Ende Juni hatte er sich schließlich zu einem Anfang aufgerafft, und Ende Juli, bevor sie mit Erika nach

St. Moritz fuhren, war der Aufsatz fertig. Er hatte sich zu einer sehr persönlichen Darstellung von Tschechows Meisterschaft in der Kurzgeschichte entwickelt und stellte in biographischen Einzelheiten Tschechows Bescheidenheit und Anspruchslosigkeit in der Beziehung zu großen Schöpfern wie Tolstoi und Gorki heraus. Der Tenor des Aufsatzes reflektierte die Gedanken, die ihn selbst beschäftigten: Skepsis über seine Leistungen, Ironie angesichts seines Ruhmes, Unzufriedenheit mit sich selbst, doch immer noch die Aussicht auf Erlösung durch unermüdliche Arbeit bis zum Ende. Wie Tschechow vermochte auch er nicht »das rettende Wort« für die »spätbürgerlich-kapitalistische ... *verlorene* Welt«[57] zu finden; was für Tschechow galt, galt auch für ihn, »man arbeitet dennoch, erzählt Geschichten, formt die Wahrheit ... fast in der Zuversicht, daß Wahrheit und heitere Form wohl seelisch befreiend wirken und die Welt auf ein besseres, schöneres, dem Geiste gerechteres Leben vorbereiten können«.[58]

St. Moritz, wo sie am 27. Juli in dem eben erst erworbenen Plymouth ankamen, war eine Enttäuschung. Übertriebene Preise, nur bescheidene Zimmer, die den Winden aus dem Malojapaß ausgesetzt waren, und die (wie er in seinem Tagebuch vermerkte) auch keine Gelegenheit zur Beobachtung interessanter Tennisspieler boten. Eine gründliche Erkundungsfahrt Erikas und Katias ergab bessere Aussichten in Sils-Maria, wohin sie alsbald umzogen, zufrieden mit dem Wechsel. Nach der täglichen Arbeit am Schreibtisch, die nun dem vorbereitenden Studium für die kommende Schiller-Rede gewidmet war, bot die gutgelaunte Gesellschaft Hesses, der im gleichen Hotel wohnte, Entspannung und Ermunterung. Sein Platz sei, wie er an Reisiger schrieb, wie stets am Schreibtisch, während sich alle anderen draußen sonnten. Tatsächlich fand er aber an den meisten Tagen Zeit, die Sonne voll zu genießen, und abgesehen von gelegentlich aufdringlichen Besuchern konnte er am Tag der Abreise auf den Aufenthalt als einen höchst erfolgreichen Urlaub zurückblikken.

Es blieb nun eine knappe Woche bis zur Reise nach Köln. Von dem Veranstalter der dortigen Lesung in der Universität hörte er mit Rührung wieder von Ernst Bertram. Sein alter Freund hatte geäußert, daß er noch häufig an ihn denke, ja sogar von ihm träume und sich nach den langen Jahren der Trennung nach einem Wiedersehen sehne. Von ihren Meinungsverschiedenheiten in diesen Jahren sei nichts Unangenehmes zurückgeblieben, schrieb er in seiner Antwort, »nur zu gut versteht sich das alles von selbst«, und er würde einen Besuch bei Bertram auf sein Programm setzen.[59] Nach Köln sollte ein weiterer Auftritt in Düsseldorf folgen, er versah zwei Auszüge aus dem *Krull* mit den entsprechenden Änderungen, bevor er zu seinen Notizen und Auszügen für die Schiller-Rede zurückkehrte. Der Termin dafür war noch genügend weit entfernt, um sich Zeit für die gemächliche Vorbereitung zu lassen, die er bevorzugte; sein Studium wurde schließlich so umfangreich wie in allen früheren Fällen, es hätte, wie Erika später schrieb, für mehr als ein Buch über das Thema gereicht. Michael, der nach Musikkursen in Darmstadt auf dem Rückweg zu seiner Familie in Fiesole vorbeikam, berichtete von einer möglichen Änderung ihres Zukunftsplans, dem anscheinend festen Angebot einer Professur in Ankara, was abermals einen Schulwechsel für die Jungen mit sich bringen würde. Michaels Vorstellung von einer wirtschaftlichen Laufbahn für Frido hielt sein Vater für ganz angebracht, da ihm der Junge wenig intellektuelle oder poetische Begabung zu besitzen schien.

Am frühen Morgen des 28. August kamen er und Katia mit dem Schlafwagen in Köln an. Sie bezogen ein schönes, wenn auch zugiges Zimmer im Dom-Hotel, mit einem herrlichen Blick auf den Rhein. Als sie den Dom besuchten, fanden sie dessen Großartigkeit beeinträchtigt durch Arbeiten an den Kriegsschäden, die etwa ein Drittel unzugänglich machten, und blieben gern bis zum Abend, als er an der Universität erwartet wurde, auf ihrem Zimmer. Seine Lesung, Teil des Programms eines internationalen Sommerkurses, schien ihm nicht erfolgreich gewesen zu sein. Er mußte den ganzen großen Hörsaal unter dem traditionellen Stampfen der Studenten durchqueren, was ihn um den von ihm stets bevorzugten theatralischen Auftritt brachte, er las das Kuckuck-Kapitel zwar gut und mit großem Beifall, war aber mit den vorgenommenen Kürzungen unzufrieden. Am nächsten Tag stand ihnen ein Wagen zur Verfügung, nach einem Besuch einer eindrucksvollen Sammlung von Kunstschätzen aus São Paulo, die von Tizian und Holbein zu Goya, den Impressionisten und Picasso reichte, fuhren sie zu Bertrams Wohnung ins nahe Marienburg. Er fand seinen alten Freund unverändert, doch gealtert, mit der gleichen altmodischen Beredsamkeit, sie erkannten vermutlich beide, daß es ihre letzte Begegnung sein würde, und fanden es nicht schwer, die alte herzliche Beziehung wiederaufzunehmen. Im Hotel erwartete sie eine Abordnung von Studenten zu einer lebhaften Diskussion über den vorgelesenen Text, bevor sie am Abend die kurze Fahrt nach Düsseldorf antraten.

Hier war am folgenden Tag sein Auftritt ein weniger akademischer Anlaß und mehr nach seinem Geschmack. Die kulturelle Organisation, die sie eingeladen hatte – besser finanziert, wie es schien, da ihr Hotelzimmer luxuriös war und sein Honorar 2000 Mark betragen sollte –, hatte ihr Netz weit ausgeworfen, der Schumann-Saal war mit all den Honoratioren der Stadt gefüllt, die etwas über Felix Krull in Paris hören wollten. Diesmal hatte er an seinem Erfolg keine Zweifel, sein Auftritt trug ihm von seinem Gastgeber eine Anerkennung seiner schauspielerischen Begabung ein, der Beifall und die mehrmaligen Rückrufe auf das Podium, die Blumen, die Menge von Autogrammjägern und das festliche Abendessen, das sich anschloß, waren so schmeichelhaft wie eh und je. Von den Eltern Klaus Heusers, die anwesend waren, erfuhr er, daß der Junge, den er geliebt und dem er in den Anfangssätzen seines *Amphitryon*-Essays eine gewisse Unsterblichkeit verliehen hatte, demnächst nach achtzehn Jahren in China zurückkehren werde – nunmehr vierzig und immer noch unverheiratet. Am 27. August, ihrem letzten Tag, besichtigte er die Buchhandlung des Thomas-Mann-Sammlers Hans-Otto Mayer, der eine besondere Ausstellung seiner Werke vorbereitet hatte – viel mehr Erstausgaben, sagte Mann zu ihm, »als ich noch besitze. Meine Ausgaben wurden mir aus meinem Haus in Nidden im Dritten Reich gestohlen.«[60] Danach wurde noch Schloß Benrath besucht – zum erstenmal sah er einen Teil des Schauplatzes der *Betrogenen* –, bevor sie den Zug zurück nach Zürich bestiegen.

Der Ausflug hatte ihn, wie zu erwarten war, ermüdet. Besorgniserregender war seine Unfähigkeit, in den ersten Septembertagen die Arbeit am Schiller in den Griff zu bekommen, eine überwältigende Mattigkeit kam über ihn, als er versuchte, seine Lektüre fortzusetzen und über die eigenartige Willenlosigkeit nachgrübelte, die ihn in einem Augenblick überfiel, als die Umstände so günstig hätten sein können. Nie zuvor schien er eine solche Hemmung erlebt zu haben, er brauchte einen ganzen Vormittag, um nur das Papier für den Anfang bereitzulegen. War er wirklich am Ende, sollte er sich wie Hesse mit einem gelegentlichen Feuilleton oder einem Rundbrief an die Freunde zufriedengeben? »Für das früher Getane mich feiern zu lassen, wie jetzt in Düsseldorf, ist eher beschämend als ermutigend und hat etwas von Betrug«, schrieb er an Emil Preetorius. Er publiziere das Felix-Krull-Fragment und tue so, als ob die Fortsetzung unterwegs wäre, während in Wirklichkeit noch kein Wort davon auf dem Papier stehe und er im Grunde wisse, daß er »das Unding« nie zu Ende bringen werde, und sich ihm die Kraft versage, etwas Würdigeres in Angriff zu nehmen. Zuerst aber mußte das Schiller-Vorhaben erledigt werden. In Sils-Maria hatte er einen groben Umriß des längeren Aufsatzes entworfen, dem sein Vortrag entnommen werden sollte. Es fiele ihm aber schwer, schrieb er an Preetorius, den rechten »naiv-persönlichen« Ton zu finden, die Leichtigkeit und Herzlichkeit, die dem Text einen Platz in der Masse der kritischen Literatur sichern würde.[61] Bemerkenswerterweise schien es ihm gutgetan zu haben, daß er auf diese Weise sein Herz ausgeschüttet hatte. Mitte September hatte er sich zögernd an den Stapel von Papier gemacht, auch wenn seine niedergeschlagene Stimmung nur langsam wich, ein ausgedehnter Besuch von Repräsentanten aus Stuttgart am Monatsende, um mit ihm die Pläne für die Veranstaltungen im Mai zu besprechen, ließ ihn verwirrt und erschöpft zurück.

Unterdes kamen und gingen die Mitglieder der Familie, wie es ihre Angelegenheiten erforderten. Golo hatte sich entschieden, den Posten in Berlin nicht anzunehmen, um weiter für die *Weltwoche* zu arbeiten, war aber Ende Juli dort plötzlich gekündigt worden; seine Pläne waren so verschwommen wie zuvor. Seine Besuche führten abermals zu Auseinandersetzungen mit Erika, deren eigensinnige, zuweilen wilde politische Vorstellungen nicht nach seinem Geschmack waren. Sie litt zwar noch unter Schlaflosigkeit, machte aber häufige Besuche in München, wo ihre Verbindungen zu einem finanziell lohnenden Drehbuchvertrag führten und sie gleichzeitig die Entwicklungen des *Buddenbrooks*-Filmprojekts verfolgen konnte, das noch in den Kinderschuhen steckte, aber viel zu versprechen schien. Michael kam im September aus Italien zu einem Kammerkonzert, das er wegen eines entzündeten Fingers aber absagen mußte, und nahm den Hund mit zurück. Der Vater war trotz seiner Zuneigung zu dem Tier erleichtert, da der Winter vor der Tür stand.

Als Katias Bruder Peter Pringsheim mit seiner Frau am Monatsende auf ein paar Tage kam, nahm er, wie bei jedem Besucher, befriedigt ihre Bewunderung für das Haus in Kilchberg zur Kenntnis und sah nicht ungern Bilder seines Besitzes in der *Münchner Illustrierten*, zu denen Erika den Text verfaßt hatte, obwohl dadurch vielleicht noch mehr unerwünschte Besucher angelockt werden würden. Der Erscheinungstermin des *Krull* rückte nun näher, begleitet von großer Publizität – seiner Meinung nach zu Unrecht, da er immer noch am Erfolg des Buches zweifelte, obwohl Bermann berichtete, daß die Hälfte der zwanzigtausend Exemplare der Erstausgabe vorbestellt seien. Die ausgezeichnete Presse, die es im Oktober erhielt, kam also als echte und angenehme Überraschung, die Kritiken fanden den Humor köstlich, und die *Neue Zürcher Zeitung* nannte es ein »Meisterwerk«. Im November erfuhr er zu seinem Erstaunen, daß der rasche Verkauf Nachauflagen nötig gemacht hatte, wenig später, als der Verkauf fast vierzigtausend Exemplare erreicht hatte, wurde es zum Buch des Monats gekürt. Knopf, der die englische Fassung im Manuskript gelesen hatte, hatte telegraphiert »absolut großartig ... der alte Meister beschämt immer noch die jungen«.

In seinem achtzigsten Jahr wurde Thomas Mann völlig zum »Mann des Tages«. Eine Büste, an deren Vollendung der Ostberliner Bildhauer Professor Seitz eben arbeitete, sollte in Stein auf einem Platz in der DDR aufgestellt werden, um auf Dauer in Sonne, Regen und Schnee zu stehen, wie er ironisch notierte. Für ihn schien es eine seltsam tröstliche Bestätigung seines Lebens, als er daran dachte, daß seine Zeit bald vorüber sein würde und sein Werk mit nichts als einer Schneckenspur verglich, die man wegen des »hübschen silbrigen Filigrans« bewunderte, bevor sie verschwand.[62] Bei der Zürcher Premiere des Films *Königliche Hoheit* am 7. Oktober wurde der Einzug der Familie zu einer Zeremonie, sie wurden mit Blumen und Beifall empfangen, nach der Vorführung gab es im Foyer weiteren Beifall und schließlich einen Presseempfang im Baur au Lac. Wie eine königliche Hoheit behandelt zu werden, schmeichelte seiner Eitelkeit, er hatte das Gefühl, dementsprechend würdig aufgetreten zu sein. Doch all diese Feierlichkeiten am Beginn eines Jahres, das zu einem Festjahr zu werden versprach, hatten den Unterton eines Finales, »kurios, kurios«, dachte er in Erinnerung an seine Worte in den *Buddenbrooks*, die man zweifelsohne bei seinem Ende, das nicht mehr fern sei, wiederholen würde, um den wunderlichen Traum zu bezeichnen, der sein Leben gewesen war.

Die ganze Zeit hatte er, soweit es möglich war, davon Abstand genommen, sich in politische Angelegenheiten einzumischen. Er stand der amerikanischen Politik, den McCarthy-Verhören, vor allem aber den Bestrebungen zur deutschen Wiederaufrüstung so kritisch gegenüber wie eh und je und wußte nicht, was er von der Europäischen Wirtschaftsgemeinschaft halten sollte, die eben auf der Grundlage der deutsch-französischen Annäherung zu entstehen begann, hatte aber ein resigniertes Schweigen bewahrt, das für jemanden wie ihn, der »zwischen den Stühlen« saß, das einzig Mögliche sei. In der Abendröte seines Lebens könne man denen, die noch des längeren mitmachen mußten, nur »alles Leidliche« wünschen.[63] Sein persönlicher Zwiespalt dauerte an: Zwischen der außerordentlich positiven Aufnahme seines Werks in Ostdeutschland, Beweis – natürlich – für den »riesigen Respekt vor der Kultur« in der DDR, und dem zuweilen fast kriminellen Regime in Adenauers Bundesrepublik wisse man nicht, was man denken solle.[64] Als ihn aber der Pariser *Express* um seine Meinung zur deutschen Entwicklung seit 1945 bat, hatte er mit einigem Zögern und Erikas Hilfe Anfang September eine Erwiderung verfaßt. In dem am 23. Oktober publizierten Text zog er aus der, wenn auch schmalen, Mehrheit der Sozialdemokraten bei den jüngsten Bundestagswahlen den Schluß, daß in Deutschland ein tiefverwurzelter Wille zum Frieden, eine Ablehnung der Machtpolitik und ein Widerstand gegen die Aufrüstung, auf die Amerika drängte, bestehe. Die Pattsituation im Wettlauf der Aufrüstung mit Atombomben erschien ihm als eine Sicherung des Friedens – wenn es der mächtigen Zeit nur gestattet würde, könne sie, »indem sie die widersprüchlichen Elemente der Demokratie, Freiheit und Gleichheit zu neuer Synthese erhebt, die Menschheit in einem humanen Sozialismus versöhnen. Der Himmel schenke uns Zeit!«[65]

Er hatte betont, daß er als amerikanischer Staatsbürger das Gefühl habe, diese Ansichten seien im wahren Interesse Amerikas, auch wenn sie dem dort herrschenden Druck zum Konformismus zuwiderliefen. Seine Bedenken wegen möglicher negativer Auswirkungen des Artikels wurden beruhigt, als die Voraussagen für die bevorstehenden Wahlen in Amerika günstig für die Demokraten ausfielen und dort Anzeichen einer weniger »faschistischen« Atmosphäre zu erkennen waren. Der Orden Pour le mérite, den ihm die Bundesrepublik versprochen hatte, sei ihm sicher, schrieb er am 15. Oktober an Ida Herz, falls er nicht »vorher noch schnell etwas Hochverräterisches anstelle«.[66] So interpretierte in der Tat ein Teil der deutschen Presse seine Botschaft an das Warschauer Komitee zur Vorbereitung der Weltfestspiele der Jugend, in der er abermals betonte, der Friede sei »die kategorische Parole zur Ehrenrettung der Menschheit und ihrer Bewahrung vor Vertierung und Untergang in Blut und Schande«[67]. Er sah sich gezwungen, zu protestieren und auf seine ganz unparteiischen Absichten hinzuweisen.

Im November war er recht angetan von einem Vorschlag, den ihm Erika auf Anraten eines englischen Freundes gemacht hatte: die Vorbereitung eines feierlichen Manifestes; von vier oder fünf weltberühmten Persönlichkeiten unterzeichnet, sollte es mit großem Ernst vor dem Kurs des Westens warnen, der nur zur Katastrophe führen könne. Ein solcher Text müßte seines Erachtens lapidar und in würdigen Worten gehalten sein, mit Unterzeichnern wie Schweitzer und Einstein und einigen Engländern und Amerikanern von entsprechendem Ansehen, um ihm das nötige Gewicht und tiefe Ernsthaftigkeit zu verleihen.[68] All seine Energie wurde jedoch nun von dem Schiller-Aufsatz beansprucht, an dem er wie besessen arbeitete, jeden Vormittag vier Stunden durchhielt und einige Zeit sogar seine regelmäßigen Tagebucheintragungen versäumte. Erst wenn die ganze Masse zu Papier gebracht sei, ganz abgesehen von der Qualität, könne man den Text der eigentlichen Rede daraus destillieren – eine Aufgabe, die seine Kräfte zu übersteigen schien. »Es quält mich natürlich, daß es so viel wird«, schrieb er am 7. November an Erika, »zur energischen Konzeption einer gedrängten Festrede hat es bei mir nun einmal nicht gelangt. Aber sei es darum, ich schütte nun erst einmal rücksichtslos das Ganze aus, und Deine Sache wird es dann sein, ich kann Dir nicht helfen ...«[69] Als sie zwei Tage später aus München zurückkam und ihn die ersten zwanzig Seiten vorlesen hörte, war er sehr beruhigt, daß sie alles gut fand und bei der notwendigen Kürzung keine Schwierigkeiten voraussah. Etwas entspannter setzte er seine Arbeit fort, und das umfangreiche Manuskript war erst nach Jahresende für seine Schreibkraft, die nun in Bonn saß, und für die Herausgebertätigkeit Erikas fertig.

Es gab genug, womit er den restlichen Tag ausfüllen konnte. Er hatte noch selten eine solche Masse an Korrespondenz, eingesandten Büchern und Zeitschriften erlebt. Briefe und Besprechungen des *Krull* trafen weiter in großen Mengen ein; er diktierte viel, fand aber trotzdem auch die Energie zu handschriftlichen Antworten sowie zu mehreren Lesungen, die in Zürich für den deutschen Rundfunk aufgezeichnet wurden. Michael, der im November kurz zu Besuch kam, hatte nach seiner Meinung als erster das Selbstbildnis in der Gestalt des Lord Kilmarnock bemerkt (eine Ähnlichkeit, auf die er selbst in einem Brief angesichts der heute viel liberaleren Einstellung zur Homosexualität hinwies). Er ging häufig ins Theater: Molières *Schule der Frauen* und eine eindrucksvolle Aufführung beider Teile von Shakespeares *Heinrich IV.*, *Die Meuterei auf der Caine*, Kleists *Penthesilea*, ein Stück von Anouilh, ein Schauspiel mit Elisabeth Bergner.

Im Oktober und November kamen Besucher, um die Veranstaltungen des kommenden Jahres zu besprechen. Emmy Oprecht plante eine mehrfache Feier seines achtzigsten Geburtstags: in ihrem Haus, im Schauspielhaus und sogar in der Kirche von Kilchberg, an der hohe Beamte des Kantons und der Eidgenossenschaft teilnehmen sollten. Hinter der Rolle, die dabei der Gemeinde Kilchberg zugewiesen würde, stand anscheinend der Gedanke an eine Schweizer Ehrenbürgerschaft – eine höchst ungewöhnliche Ehrung und eine großartige Aussicht, wenn auch, wie er glaubte, sehr unwahrscheinlich (was sich schließlich auch herausstellen sollte). Ein Gespräch mit Walter Janka aus Ost-Berlin – über die Weimarer Schiller-Feier, die Gesamtausgabe seiner Werke und das erneute Angebot des Nationalpreises der DDR – gab ihm angesichts einer vermutlich höchst schwierigen und womöglich schädigenden Reise ein unsicheres Gefühl. Er war sogar bereit, den Auftritt in Weimar überhaupt abzusagen, wenn damit die Gefahr verbunden war, sein gegenwärtiges Leben zu beunruhigen und die Feier seines Geburtstags zu beeinträchtigen. Als nach diskreten Erkundigungen im Dezember von Bundespräsident Theodor Heuss kein deutlicher Einwand kam, behielt er den Besuch doch auf dem Programm. Das sowjetische Angebot des »Stalin-Friedenspreises« – ein goldener Stern und 100 000 Rubel – konnte er aber wirklich nicht annehmen, auch wenn es ärgerlich war, eine solche Summe nur der »freien Welt« zuliebe wegzuwerfen,[70] deren erklärte Redefreiheit er für einen Betrug hielt, solange sie sich Amerika unterwarf.

Der Schiller-Entwurf näherte sich, wenn auch noch nicht in zufriedenstellender Form, seinem Abschluß, als die Vorbereitungen für Weihnachten begannen. Er hatte mit großer Freude gehört, daß Golo Frido aus Italien mitbringen würde, und als er am 23. Dezember nach den Schlußsätzen das Arbeitszimmer verließ, war Frido da, um ihn zu begrüßen – er war nun über vierzehn, wuchs rasch und stand kurz vor dem Stimmbruch, für den Großvater war er aber immer noch das Kind, das er so geliebt hatte. Frido las nun seine

Werke, er hatte die *Königliche Hoheit* zusammen mit den *Drei Musketieren* und den *Letzten Tagen von Pompeji* verstanden und genossen, außer einer Ausrüstung für chemische Experimente sollte er auch ein Exemplar der *Buddenbrooks* als Weihnachtsgeschenk erhalten. Er und sein Bruder, von den Mosers aus Zollikon herübergebracht, sowie Golo und Erika waren die einzigen Mitglieder der Familie bei diesem ersten Weihnachtsabend in Kilchberg, doch mit dem geschmückten Baum, dem von Erika zubereiteten Punsch und den traditionellen Liedern war er genauso festlich wie früher.

Arbeit war jetzt und in das neue Jahr hinein freilich die Devise des Haushalts. Katia wurde mit der Erledigung des größten Teiles der Briefe beauftragt, die in großer Menge eingetroffen waren, Erika war dabei, eine Kurzfassung des Tschechow-Vortrags für die BBC fertigzumachen, ihr Vater schloß den Schiller ab. Am Neujahrstag las er der Familie die letzten Seiten vor – unter begeistertem Beifall. Am Text über *Wallenstein* war noch einiges zu tun, und erst am 11. Januar konnte er den Abschluß der großen Anstrengung verkünden – wie auch immer das Ergebnis aussehen mochte. Wie stets nach dem Abschluß eines Werks hegte er Zweifel, hielt es für etwas trivial und kaum neuartig und konnte nur die Wirkung abwarten – die gleichen Zweifel, schrieb Erika später, die ihn beim *Tod in Venedig* überkommen hatten, den er für die *Rundschau* für nicht gut genug gehalten hatte. Wieder einmal gab ihm die Familie Zuspruch, Golo, der viel später eine Biographie Wallensteins schreiben sollte, war der Meinung, noch nie eine so gute Interpretation von Schillers Trilogie gelesen zu haben. Die größte Erleichterung hatte ihm aber die Wirkung seiner Vorlesung der feierlichen Schlußworte am Neujahrstag verschafft. In ihnen habe er einen wahrhaft hohen Stil erreicht, schrieb er mit einiger Befriedigung in sein Tagebuch, der Aufsatz entbinde ihn nun ein für allemal von all den Verpflichtungen, die man ihm unaufhörlich auferlegt habe.

Es war tatsächlich so – obwohl er es noch nicht wissen konnte –, daß der *Versuch über Schiller. Zum 150. Todestag des Dichters – seinem Andenken in Liebe gewidmet* seine letzte größere Arbeit war, mit der er seine Verpflichtung gegenüber der deutschen Literatur, die ihm durch seine ehrenvolle Stellung als ihr unbestrittener Laureat auferlegt war, erfüllt hatte. Parallel zu dem für ihn erstaunlichen Erfolg des *Krull* (er war nun schon zum drittenmal aufgelegt worden), wurde der Essay wenig später als schmales Bändchen im

Fischer Verlag und in Ostdeutschland veröffentlicht, die Kerngedanken wurden für seine Rede bei den Stuttgarter Zeremonien dann im Mai aus ihm destilliert. Es konnte sich aber keineswegs um ein endgültiges Entrinnen von den Forderungen an seine Zeit handeln, denen er ja fast immer nachgab und die für ihn keine geringere Pflicht waren, auch als er sich wieder dem Gedanken zuwandte, über Luther zu schreiben. In den folgenden Monaten sollte sein Entgegenkommen in solchen geringfügigeren Aufgaben zusammen mit der Anstrengung der Vorbereitung auf die öffentlichen Auftritte für seine Gesundheit nicht ohne Folgen bleiben.

Er hatte zum Beispiel sein Versprechen einer englischen Fassung des Tschechow-Essays für die BBC einzulösen, und kaum war das Schiller-Manuskript zur Abschrift abgeschickt, bat man ihn zur Aufnahme in ein Zürcher Studio. Zahlreiche Proben waren nötig gewesen, mit Hilfe Elisabeths, die zu einem kurzen Besuch aus Italien gekommen war, und die überdurchschnittliche Anstrengung, die es ihn gekostet hatte, englisch zu sprechen, führte zu Übermüdung und Ruhelosigkeit. Für Ende des Monats hatte er mit Katia und Erika einen Erholungsurlaub in Arosa geplant, wo er hoffte, die erste getippte Abschrift des Schiller-Aufsatzes zu erhalten, zum Studium für das Luther-Thema zurückzukehren, insbesondere aber den Berg von noch unbeantworteten Briefen abzutragen. Eine Woche nach ihrer Ankunft aber – ob als Folge der jüngsten Anstrengungen, der langen und schwierigen Eisenbahnfahrt oder der ungewohnten Höhenlage – brach er unter einer Virusinfektion, mit Fieber und einem alarmierend niedrigen Blutdruck, buchstäblich zusammen. Die Symptome schienen zwar mit den vom Arzt am Ort verschriebenen Antibiotika behandelt werden zu können, doch Erika bestand darauf, einen Arzt aus Chur hinzuzuziehen, auf dessen Rat er dann mit dem Krankenwagen in das dortige Krankenhaus überführt wurde. Gründliche Untersuchungen, darunter sogar eine Rückenmarkprobe, ergaben, daß sein Zustand im großen und ganzen in Ordnung war. Als sich sein Blutdruck allmählich wieder normalisiert hatte, war er soweit wiederhergestellt, um trotz großer Schwäche am 5. Februar nach Kilchberg zurückkehren zu können.

Katia war die ganze Zeit an seiner Seite geblieben, eine, wie der Arzt bemerkte, bewundernswerte Stütze bei der Beruhigung eines Patienten, der zur Hypochondrie neigte. Erika hatte Arosa nicht verlassen, um ihn nicht durch allzu große Besorgnis zu beunruhigen, aber auch um an der Reduzierung des Schiller-Textes auf ein Sechstel für die Rede zu arbeiten – trotz all ihrer Erfahrung mit solchen Revisionen eine schwierigere Aufgabe als erwartet. Binnen weniger Tage war er auf dem Weg zur Genesung, was weitgehend der häuslichen Kost zuzuschreiben war, bei der Katia für seine Lieblingsspeisen sorgte. Er verbrachte zwar noch einen Teil des Tages im Bett, erhielt täglich Vitaminspritzen, eigentliche Arbeit war verboten, er nahm aber seine Lektüre wieder auf und war imstande, gelegentlich einen kurzen Spaziergang zu unternehmen. Er sann über einen bislang unbekannten Brief Schillers nach, auf den ihn Reisiger aufmerksam gemacht hatte, in dem der Dichter über die Hochzeit des Herakles im Olymp sprach. (Und er dachte, daß er diesen sonst nirgends erwähnten Plan unbedingt in seinen Text einkomponieren sollte.)[71] Als am 11. Februar der Tag der goldenen Hochzeit kam, schenkten ihm Elisabeth, Erika und Golo einen neuen Hund – wieder einen Niko, der den in Kalifornien verlorenen ersetzen sollte. Der Hund war zwei Jahre alt, Golo hatte ihn in seinem neuen Haus am Bodensee gut trainiert, er war ein entzückender neuer Hausgenosse, auch wenn er nicht aufhörte, den Briefträger anzukläffen. Es war eine angenehme Überraschung, als auch Michael zwischen Orchesterauftritten in Österreich auftauchte, so daß mit Ausnahme Monikas alle Kinder bei dem ruhigen Abendessen im Familienkreis zugegen waren, zu dem Champagner- und Weißweinpunsch gereicht wurden. Bezeichnenderweise begann er nun während der Fortsetzung seiner Lektüre über Luther eine dramatische Skizze über dessen Ehe zu erwägen, obwohl er noch keinen klaren Plan für das Ganze hatte.

In einem längst fälligen Brief an Agnes Meyer, auf den er mehrere Tage verwandte, erinnerte er daran, daß der 16. Februar genau der Tag war, an dem sie vor zweiundzwanzig Jahren München verlassen hatten, ohne zu ahnen, daß sie nicht zurückkehren würden. Das Leben sei wirklich »sonderbar« gewesen. »Ein lobenderes Beiwort möchte ich ihm nicht geben und es nicht gerne noch einmal durchmachen.« Den anstrengenden Schiller-Feiern, in Stuttgart wie in Weimar, und den anderen, die man zu seinem Geburtstag plane, sehe er mit einiger Sorge entgegen, schrieb er, da er über die Verfassung, in der er sich gerade befände, nicht hinauszudenken vermöge, den 6. Juni werde er jedenfalls über sich ergehen lassen wie Andersens »Standhafter Zinnsoldat … im Grunde das Symbol meines Lebens«.[72] Am 1. März traf eine Delegation aus Lübeck ein, die ihm die

Ehrenbürgerschaft der Stadt antrug, mit dem Vorschlag, Lübeck im Anschluß an seine Schiller-Tour zu besuchen und sich auch in Travemünde aufzuhalten. Dies bedeutete öffentliche Auftritte bis weit in den Sommer hinein, und war, wie er wohl wußte, nach soviel kaum versteckter Feindseligkeit keineswegs ein Zeichen einstimmiger Bekundung guten Willens, doch die Geste der offiziellen Wiederversöhnung würde eine angemessene Abrundung seiner Biographie bilden, dachte er in sentimentaler Erinnerung an seinen Vater. Er teilte dem Bürgermeister brieflich mit, daß er die Ehrung annehme und bei seinem Aufenthalt auch eine Lesung geben werde.

In harter Arbeit hatte Erika bis Ende Februar den Vortragstext von 120 auf 34 Seiten gekürzt – immer noch zu lang für eine Stunde, die ihm zustand, doch in einer Form, in der er an Bundespräsident Theodor Heuss und Wilhelm Hoffmann, den Präsidenten der Schiller-Gesellschaft, abgehen konnte, um Überschneidungen mit ihren eigenen Reden zu vermeiden. Die Zeit begann nun zu drängen, im Mai wurde er von zahllosen anderen Dingen in Anspruch genommen: Filmvorhaben, weitere Einladungen zu einer Ausdehnung seiner Tour, Ausschnitte aus dem Schiller-Aufsatz für verschiedene Zeitschriften, das Lesen der Fahnen des ungekürzten Textes, mehr Korrespondenz, als er zu bewältigen vermochte. Bei einem derartigen Programm überraschte ihn sein Durchhaltevermögen, er kam auch einem Termin für eine Lesung am 22. März in einem Zürcher Hotel nach, mit einer gekürzten Fassung des *Tschechow*; das Publikum mußte auf zwei Räume verteilt werden, der Beifall war für ihn unerwartet stürmisch. Er brachte es sogar fertig, einen zögernden Anfang mit der Luther-Skizze zu machen. Die vielen Einladungen aus anderen deutschen Städten wurden abgelehnt, er akzeptierte jedoch gern eine Einladung aus Holland zu einer Wiederholung seines Vortrags im Juli, da er auf einen, dann gewiß notwendigen, Erholungsaufenthalt in seinem geliebten Huis ter Duin in Noordwijk hoffte.

Am 27. März kam Golo, der gerade an einer Geschichte Deutschlands schrieb, zu einer ruhigen Feier seines sechsundvierzigsten Geburtstags. Sein Vater mußte daran denken, daß es auch der Tag von Heinrichs Geburtstag war, dessen Werk, auch fünf Jahre nach seinem Tod, zumindest im Westen, von der Literaturkritik weiterhin zugunsten seines eigenen vernachlässigt wurde: er selbst blieb immer noch die Königliche Hoheit, die zu dem älteren Bruder aufsah und ihn vor dem Volk repräsentierte. Ernsthafte Diskussionen über die Entwicklungen Michaels und seiner Familie fanden statt. Gret war wieder schwanger, und Michael schlug vor, seine unsichere Laufbahn als Solist in Europa aufzugeben, um auf Kosten seines Vaters nach Amerika zu fliegen und sich dort nach einem Orchesterposten umzusehen. (Von dieser Reise kam er mit einem Vertrag mit dem Pittsburgh Symphony Orchester zurück; doch Gret erlitt kurz darauf eine Fehlgeburt.) Erika, die mittlerweile den Text so weit gekürzt hatte, wie sie es verantworten konnte, pendelte wieder nach München und zurück, wegen Filmangelegenheiten und der Veröffentlichung ihres Kinderbuchs – ihr Zustand war immer noch heikel, und die fortgesetzte Einnahme von Beruhigungsmitteln machte den Eltern zuweilen Sorge.

Manns eigene Reduktion des Vortragstexts auf 22 Seiten – ein Eingriff so radikaler Art, daß nichts mehr übrigzubleiben drohte – wurde über Ostern, am 10. April, abgeschlossen, beschleunigt vielleicht durch die Nachricht, daß ihn in den Niederlanden eine hohe Auszeichnung durch die Königin erwarte, er war aber einigermaßen zufrieden, daß das Ergebnis nicht zu ärmlich ausgefallen war. Als am 23. April die endgültige Fassung des Manuskripts stand, hatte er das Ganze reichlich satt. In der kurzen Zeit vor seinem Auftritt in Stuttgart überfiel ihn das übliche Reisefieber, er fühlte sich nicht sehr wohl, hatte aber trotzdem Verpflichtungen wahrzunehmen: eine kurze Besprechung, eine längere Aufnahme für den Hamburger Rundfunk. Man hatte ihn um eine Lesung des vollständigen Texts von *Tonio Kröger* ersucht. Ende April wurde diese Aufzeichnung in fünf Tagen erledigt – eine Anstrengung, die auch manchen Jüngeren mitgenommen hätte, und die ihm durch die Nachricht vom Tod Albert Einsteins nicht leichter fiel, für den er mit Hilfe Erikas sofort einen kurzen Nachruf verfaßte: »ein Licht erlosch, das mir seit vielen Jahren ein Trost war im trüben Wirrsal unserer Zeit.«[73]

Auch Martin Gumpert, ein alter Freund der Familie und einst vergeblicher Werber um Erika, war soeben in New York gestorben. Mann war von diesen Nachrichten sehr bewegt, ebenso vom Tod Alfred Polgars, des Wiener Essayisten, dessen Werk Mann immer geschätzt hatte, einige Tage später, mit zweiundachtzig Jahren. Einer nach dem anderen, wann würde er an der Reihe sein? Vor seinem Geburtstag oder bald danach? »Ich habe ganz den Eindruck, als wolle die liebe Welt alles tun, damit ich danach ja nicht noch viel älter werde«, schrieb er humorvoll am 19. April: »Man soll nicht unbescheiden sein, und mit 80 ist man längst entbehrlich.«[74] Seine Nerven litten in der Tat, und er begann sich zu fragen, wie er die kommenden Anstrengungen selbst in einer Jahreszeit, die gewöhnlich die beste für ihn war, würde aushalten können. Kuno Fiedler, der gegen den Besuch in Weimar protestierte, erklärte er seine Beweggründe und daß er die Sache mit Heuss geregelt habe, es könne kaum seinen Ruin bedeuten, »indem ich auch den armen Sowjet-Deutschen etwas über Schiller erzähle, weil sie schließlich *auch* Deutsche sind«. Er zählte die Auszeichnungen auf, die ihn dort, in Holland und in der Schweiz, erwarteten – jedoch nicht »vor Glücksberauschtheit, denn ich bin sehr, sehr müde, und das Fontanesche Wort ›Was soll der Unsinn?‹ hat von meinem bißchen Lebensrest ganz und gar Besitz ergriffen.«[75] Es war ein Zeichen der außerordentlichen Müdigkeit, die ihn nun ergriffen hatte, daß er – gewöhnlich sicher auf den Beinen – gegen die Anrichte fiel und eine Tasse, die er in der Hand hielt, zerbrach. Erika sollte ihn mit Katia nach Stuttgart fahren. In den Tagen vor ihrer Abreise spürte sie hinter seinen Versicherungen, daß irgendwelche Mängel in seiner Rede nicht ihr zuzuschreiben seien – »Du hast weißgott das Deine getan – und übrigens *kann* man wohl in 55 Minuten *viel mehr* keineswegs sagen« –, eine düstere Ahnung, daß die bevorstehenden Auftritte seine letzten sein würden.[76]

Einmal unterwegs, schien er sich zu entspannen, bei der Ankunft im Stuttgarter Parkhotel am 7. Mai verbrachten sie nach einer ersten freundlichen Begegnung mit Theodor Heuss, der ebenfalls dort wohnte, einen ruhigen Abend mit Reisiger, Bermann und anderen Mitarbeitern des Fischer Verlags. Bei der Zeremonie am nächsten Vormittag im Staatstheater betrat er nach einer Ouvertüre von Bach und Worten des württembergischen Ministerpräsidenten und des Präsidenten der Schiller-Gesellschaft die Bühne, Katia blieb im Publikum, seine wachsame Adjutantin Erika stand hinter den Kulissen. Bei der hervorragenden Akustik, schrieb sie später, sei dem gebannten und hingegeben lauschenden Publikum kein einziges Wort des Textes entgangen, auch sie, die ihn fast auswendig kannte, sei von der inneren Bewegung des Zauberers gefangengenommen worden, der alles zum Ausdruck brachte, was er in das Werk hineingelegt hatte. »Meines Vaters Schwanengesang! Hätte mir nicht ängstlich ums Herz werden müssen, während er so ergreifend ertönte? aber ich war glücklich.«[77] Auch er sei glücklich, dachte sie; als er bei stehendem Beifall geendet hatte, und nachdem er zum letztenmal vor das Publikum gerufen worden war, nahm sie ihn hinter der Bühne in Empfang. Als nächster Redner brachte Heuss die Zeremonie zu einem schönen Abschluß. Die Reden wurden landesweit und auch nach Österreich und in die Schweiz übertragen, später kamen zahlreiche Briefe der Anerkennung, sogar von denen, die anfänglich an der Fähigkeit Manns, Schiller gerecht zu werden, gezweifelt hatten.

Zwei hektische Tage mit Empfängen und Abendessen folgten, es gab eine Aufführung von Schillers *Maria Stuart* und einen Andrang von Leuten, dem er mit erstaunlicher Energie standhielt. Er war von den prominenten Persönlichkeiten einer Regierung, die er bisher mit beträchtlichem Argwohn angesehen hatte, angenehmer überrascht als erwartet. Anschließend waren zwei Tage Erholung in Bad Kissingen geplant, er war aber, wie Erika auf seinen amerikanischen Vortragsreisen schon bemerkt hatte, kein guter »Erholer« zwischen Terminen; auch hier wartete er wieder ungeduldig auf die Fortsetzung der Tour. Der Ostberliner Verleger Walter Janka gesellte sich zu ihnen, um sie am 13. Mai zu dem schlecht beschilderten Grenzübergang bei Wartha zu begleiten. Der etwas komische Triumphzug von dort über Eisenach und die Dörfer nach Weimar, in langsamem Konvoi in Begleitung des Kulturministers Becher, erinnerte ihn an seinen vorhergegangenen Besuch im Jahr 1949: die gleichen Spruchbänder über der Straße, Gruppen von Schulkindern, Blumen, energische Verkehrskontrollen, diesmal gab es aber weniger Anzeichen einer staatlich kontrollierten Organisation.

Auch sein Vortrag am folgenden Vormittag im Nationaltheater erschien wie eine Wiederholung von 1949, der Zuschauerraum war überfüllt und eine ebenso große Menge draußen lauschte der Lautsprecherübertragung. Nach den einführenden Worten Bechers störten ihn ein wenig das zu hohe Vortragspult, zuviel Husten im Publikum und die unentwegten Blitzlichter. Der Beifall im Innern des Hauses sowie, als er erschien, auf dem Platz vor dem Theater, stellte seine gute Laune wieder her, und er hatte das Gefühl, einigermaßen gut abgeschnitten zu haben. Das gleiche bankettartige Mittagessen fand statt, diesmal im Hotel Elephant, und am Abend gab man eine Vorstellung von Schillers *Jungfrau von Orleans*. Da war er aber wirklich müde, und es gelang ihm, vor dem Schluß zu entkommen.

Am Nachmittag hatte ein Besucher im Hotel bemerkt, wie gebrechlich er aussehe, wie sehr man ihm sein Alter anmerke und um wieviel weniger eindrucksvoll er wirke, mehr wie ein emeritierter Archäologieprofessor als wie ein großer Künstler.[78] Am nächsten Morgen fand im Schloß eine abschließende Zeremonie statt, bei der ihm, diesmal von der Schiller-Universität in Jena, im Beisein von Rektor und Professoren, ein weiterer Ehrendoktor verliehen wurde. In seiner improvisierten Erwiderung auf eine eindrucksvolle Laudatio bedankte er sich auch bei der Berliner Akademie der Wissenschaften für die Einrichtung eines Thomas-Mann-Archivs. Weniger angenehm war es, als während der Vorbereitungen zur Abreise nach Göttingen der Überläufer Otto John auf einem Gespräch mit ihm bestand. Kurz darauf veröffentlichte John einen verwirrten und tendenziösen Bericht über diesen unsinnigen Gedankenaustausch, der Mann zu einem Dementi durch die United Press zwang. Becher, der die ganze Zeit ungeheure Achtung für den Besucher gezeigt und für alles gesorgt hatte, begleitete sie wieder an die Grenze und schien von ihrem Abschied höchst bewegt zu sein.

Nach einer Nacht in Göttingen, als Gäste der Filmgesellschaft, die *Königliche Hoheit* produziert hatte, verabschiedete sich Erika von ihnen, da er mit Katia per Bahn nach Lübeck weiterreiste, sie aber mit dem Wagen nach Zürich zurückfuhr (beinahe wäre sie mit ihnen gefahren, als der Zug nach einem aufregenden Gedränge beim Einsteigen ohne Ankündigung plötzlich losfuhr und sie gerade noch vom Trittbrett abspringen konnte). Sie wurden in Lübeck vom Bürgermeister empfangen, der sie zu komfortablen Zimmern im Kurhof in Travemünde brachte, ein Wagen stand ihnen für Besuche Lübecks zur Verfügung; am 20. Mai wurde ihm im Rathaus die Ehrenbürgerurkunde überreicht. Seine kurze Dankesrede markierte eine so vollkommene Abrundung seiner Biographie wie möglich – er war nur nicht für immer nach Lübeck gekommen. Er enthielt sich nicht einer Erwähnung der kritischen Stimmen, die sein Werk dort gefunden hatte, erging sich aber vorwiegend in den sentimentalen Erinnerungen eines Überlebenden, dessen Familie und Schulfreunde alle bereits verstorben waren. Er wünsche sich nur, sagte er, sein alter Lehrer, dessen Begeisterung für den Dichter ihn inspiriert habe, hätte die offiziellen Gedenkreden auf Schiller in beiden Teilen Deutschlands hören können, oder sein Vater, der einstige Senator, hätte zugegen sein können, um zu erleben, »wie ich das Ehrenbürgerrecht der

Stadt empfange … und sehen, daß ich mich eben doch, gegen alles Erwarten, auf meine Art als sein Sohn, sein echter erweisen konnte.«[79] Bei alldem, wie bei seiner Lesung am nächsten Abend im Staatstheater, schienen, dem großen Beifall nach zu urteilen, nur wenige oder gar keine Kritiker übriggeblieben zu sein. Er hatte Auszüge aus *Tonio Kröger, Der junge Joseph* und *Krull* gewählt, der Auftritt dauerte erstaunlicherweise ganze eineinhalb Stunden und wurde mit dem Vorspiel zu *Lohengrin* abgeschlossen, das er mit vierzehn in ebendiesem Theater zum erstenmal gehört hatte; seinem Wunsche gemäß ging der Ertrag an ein Lübecker Altersheim. Überall wurde er fürstlich empfangen, die Menschenmenge, die ihn unbedingt sehen oder treffen wollte, als er durch die Stadt fuhr, war zwar ermüdend, doch er durfte das berechtigte Gefühl haben, die Anstrengung gut durchgehalten zu haben. Trotzdem war es eine unendliche Erleichterung, daß er am 24. Mai in die selige Einsamkeit des Zugs nach Zürich entrinnen konnte und, am nächsten Morgen von Erika erwartet, den Zufluchtsort Kilchberg wieder erreichte.

Unter dem riesigen Berg von Briefen, den er nur kurz durchsehen konnte, befand sich die erfreuliche Nachricht, daß man ihm vielleicht die Schweizer Staatsbürgerschaft gewähren würde, die ihm nun mehr bedeutete denn je, die er aber nicht eigentlich erwartete. Nach den Ehrungen, die man ihm in Ostdeutschland erwiesen hatte, schien es unwahrscheinlich, daß die Bundesrepublik etwas Vergleichbares unternehmen würde, als sein Geburtstag kam. Die holländische Auszeichnung und die »Hommage de la France«, die ihn am 2. Juni erreichten, wogen mehr als ein Pour le mérite, der in Bonn bereits von Männern getragen wurde, die in seinen Augen weniger würdig waren. Er machte sich an Vorbereitungen für seine »improvisierten« Dankesworte bei den verschiedenen Geburtstagsfeiern, wenn auch nur in Form von Notizen, und machte für diesen Anlaß eine kurze Aufnahme für den Sender Freies Berlin. Vorrang hatten aber zwei kurze Erinnerungen an frühere Tage, die ihm abermals seine einsame Stellung als Überlebender deutlich machten: zwei Nachrufe zum zehnten Todestag Bruno Franks, und zum Tod Ernst Penzoldts, dem skurrilen und witzigen Schriftsteller aus Erlangen, der, siebzehn Jahre jünger und auch Münchner geworden, nicht gezögert hatte, ihn im Exil zu besuchen und der zu denen gehört hatte, die ihn im Jahr 1949 wieder in München willkommen geheißen hatten.

Soweit es möglich war, hatte er die übliche ruhige Routine wiederaufgenommen: tägliche Spaziergänge mit dem Hund und abendliche Entspannung bei Musik, sogar eine Theateraufführung von John Steinbecks *Von Mäusen und Menschen*. Anfang Juli begannen aber die Geburtstagsbriefe und -telegramme, die Huldigungen in Zeitschriften und Zeitungen herbeizuströmen, in einer ständig zunehmenden Lawine, die man nur sortieren konnte, einige zur späteren Beantwortung, die meisten aber für eine gedruckte Karte mit einem allgemeinen Text, den er so persönlich wie möglich zu halten versuchte. Die Feiern begannen am 4. Juni mit einem Mittagessen in Zürich, bei dem der Bürgermeister die Glückwünsche der Stadt überbrachte, später fand dann die Feier der Kilchberger Gemeinde im Conrad-Ferdinand-Meyer-Haus statt, mit einer Gratulationsrede des eidgenössischen Präsidenten Max Petitpierre – das einzige Mal seit Menschengedenken, daß der Träger dieses Amtes bei einer derartigen lokalen Veranstaltung erschien. Mann war auf diese Ehre vorbereitet worden, nicht aber auf eine weitere Auszeichnung, die ihm nun zuteil wurde, ein Ehrendoktor der Naturwissenschaften von der Universität, überreicht vom Rektor. In mehrfacher Hinsicht handelte es sich dabei um etwas völlig Neues: Nie zuvor hatte eine Überreichung außerhalb der Universität stattgefunden (ein besonderer Senatsbeschluß war erforderlich gewesen), zudem war es von allen, die er erhalten hatte, der einzige Schweizer Ehrendoktor und der einzige, der nicht von einer geisteswissenschaftlichen Fakultät kam. Als er sich später brieflich beim Rektor für die »kühne, freie, originelle Idee« bedankte, schrieb er, dieser eine Doktor aus der Schweiz habe ihm »mehr *Spaß*, im höchsten Sinne des Wortes«, bereitet als alle anderen zusammen.[80] Anschließend gab der Gemeinderat ein Bankett im dortigen Gasthaus zum Löwen. Als Zeichen seiner Dankbarkeit spendete er der Gemeinde später 5000 Franken für kulturelle und wohltätige Zwecke, »ein kleines Geschenk«, wie er sagte, »das nur andeutenden, symbolischen Charakter haben kann, denn ich weiß wohl, daß Kilchberg eine reiche Gemeinde ist, die von mir ganz und garnichts nötig hat – und ich bin kein reicher Mann.«[81]

Es war gut, daß er sich am folgenden Tag ausruhen konnte, denn man hatte einen wesentlich anspruchsvolleren Abend im Schauspielhaus vorbereitet. Der Zuschauerraum war bis auf den letzten Platz gefüllt, viele Leute mußten stehen, um einen Anlaß zu begehen, den man deutlich als historisches Ereignis ansah und der vom Rundfunk weithin übertragen werden sollte. Er war besonders gerührt, daß Bruno Walter unerwartet von New York herübergeflogen war, um das musikalische Vorspiel, die *Kleine Nachtmusik* Mozarts zu dirigieren, an die sich Lesungen aus seinen Werken durch fünf Schauspieler und Schauspielerinnen anschlossen, unter ihnen Therese Giehse. Die Gegenwart dieser beiden Mahner an die Vergangenheit erklärte vielleicht, daß er in den wenigen Worten der Einführung zu seiner Lesung einer Stelle aus dem *Krull* die »intelligente und herzliche Empfänglichkeit« des »Münchner« statt des »Züricher Publikums« erwähnen sollte – »eine kleine Fehlleistung«, die große Heiterkeit hervorrief.[82] Danach war Gottfried Bermann Fischer der Gastgeber bei einem Empfang in einem der Zunfthäuser, die Manns waren von etwa hundert Freunden aus der Schweiz und den Zürcher Honoratioren umringt, Schlag Mitternacht, als Thomas Mann in das neunte Jahrzehnt seines Lebens eintrat, erhob man die Gläser.

Auch Alfred Knopf war eigens aus New York gekommen, um bei allen Feiern zugegen zu sein, obwohl er kein Deutsch sprach; er lud die Familie zusammen mit Reisiger am eigentlichen Geburtstag zum Lunch ins Hotel Eden au Lac ein. Den Vormittag hatte Thomas Mann damit verbracht, zu Hause Geschenke und persönliche Glückwünsche aus nah und fern entgegenzunehmen. Das Haus war mit Blumen überfüllt, das Telephon stand nie still, Briefe, Pakete, insbesondere aber Telegramme wurden alle halbe Stunde zugestellt. Das Kilchberger Postamt wurde durch solch »erbauliche Telegraphenarbeit« angespornt, selbst zu gratulieren.[83] Örtliche Geschäfte schickten voll Stolz Briefpapier oder Teppiche, als seien sie Hoflieferanten. Offizielle Besucher trafen ein, aus Ost-Berlin brachte Janka die neue Ausgabe seiner Gesammelten Werke, der Bildhauer Professor Seitz, dem er im Herbst gesessen hatte, die Büste. Eine Delegation der Kultusminister der Länder der Bundesrepublik überreichte die Dokumente einer »Thomas-Mann-Spende« von 50000 Mark zur Unterstützung bedürftiger Schriftsteller sowie seiner Ehrenmitgliedschaft der Darmstädter Akademie für Sprache und Dichtung (von einem Pour le mérite war freilich nicht die Rede). Bermann übergab ihm die in Leder gebundene Ausgabe seiner Werke bei Fischer, die Originalzeichnungen Günther Böhmers zu *Herr und Hund*, dazu noch einen wunderschönen Osiris-Kopf, die *Rundschau* hatte eine besondere Gedenknummer herausgebracht. Die »Hommage de la France«, die anzusehen er nun endlich Zeit hatte, enthielt Botschaften des Präsidenten der Republik und anderer wichtiger Persönlichkeiten sowie führender Intellektueller – unter ihnen Albert Camus, André Malraux, Roger Martin Du Gard, François Mauriac, Pablo Picasso, Albert Schweitzer, Marguerite Yourcenar. Knopfs Lunch und das Abendessen, das Emmy Oprecht, Motschan und andere Schweizer Freunde gaben, beschlossen einen anstrengenden Tag.

Gerade bei diesem Geburtstag durfte kein Mitglied der Familie fehlen, nicht einmal Monika, die sich nun auf Capri niedergelassen hatte. Von all den Geschenken, die sich in der Bibliothek anhäuften, machte ihm ihr gemeinsames Geschenk vielleicht die größte Freude: ein prächtiger goldener Ring mit einem Turmalin, den er sofort an den Finger steckte. Er liebte es, wie Erika schrieb, in klare Edelsteine zu blicken, vor allem bei der Arbeit, und hatte sich oft einen Ring mit einem makellosen Stein, vorzugsweise in Grün, gewünscht. Der überwältigende Strom von Huldigungen – er zählte weit über tausend Briefe, Telegramme, Bücher, Manuskripte und anderes – verwirrte und ermüdete ihn, er empfand die Verpflichtung, in den nächsten Tagen so viele Dankesworte, wenn auch in gedruckter Form, zu übermitteln, als drückend und litt unter dem beängstigenden Gefühl, daß sein Leben sich »in einer Art von solenner Auflösung« befände.[84]

Eine Woche später schrieb er in einem Brief, der Geburtstagstrubel sei »entschieden übertrieben«, in früheren Zeiten hätten es die Schriftsteller einfacher und ruhiger gehabt, ohne all die »hypertrophische Publicity«. Viele Botschaften hatten vom »Wunder« seines Lebens gesprochen, zu Freunden vermochte er zu sagen, er sei selbst voller Bewunderung und dankbar für »eine gnädige Führung von oben«,[85] aber eigentlich empfand er nur Sorge und Scham über das so völlige Fehlen eines Werks für die Zukunft und den Mangel irgendeines Konzepts für den Luther.[86] Die kindliche Freude über Huldigungen und Geschenke wich der Verärgerung über die Unordnung, die dadurch ins Haus gekommen war, seine Tage vergingen mit unfruchtbarem Aufräumen, scheinbar endlosem Briefeschreiben und unproduktiver Lektüre; es fehlte ihm die Energie, sich auf seine Abreise mit Katia nach Amsterdam im folgenden Monat vorzubereiten. Sie hatte ebenfalls die Anstrengung gespürt und machte sich obendrein wegen Erikas schwankenden und häufig negativen Launen Sorgen. Wie er, hoffte auch sie, daß in Holland, nach den letzten Ehrungen, die Erholung und Entspannung in dem stets angenehmen Noordwijk seine Niedergeschlagenheit vertreiben, ihm wieder den Weg zu beständigerer Arbeit zeigen und wieder Realität in die Fassade olympischer Abgeklärtheit bringen würden, die er während der Feierlichkeiten aufgerichtet hatte.

Am 30. Juni flog er mit Katia und Erika nach Amsterdam, wo ihn am folgenden Abend in der Universität Professor Donkersloot und der Außenminister begrüßten, bevor er in dem überfüllten Hörsaal zu seinem Schiller-Vortrag erschien. Er saß auf einem hohen Hocker hinter dem Rednerpult, sprach, wie er meinte, gut, und war zufrieden mit dem Beifall beim Eintritt und der Ovation eines verständnisvollen Publikums am Schluß. Im Auftrag der Königin wurde ihm anschließend vom Minister das Ordenskreuz von Oranje-Nassau verliehen, er hielt eine kurze Ansprache, in der er bat, Ihrer Majestät, der er hoffe, auch persönlich danken zu können, seinen Dank zu übermitteln. Der Orden sei ein Zeichen der Sympathie von einem Land, das er stets bewundert habe, nicht zuletzt wegen des Widerstands, den es »in treuer Einigkeit mit seinem Königshaus« einem »furchtbar entstellten Deutschland« geleistet habe, von dem ihm »entsetzliches, schwer vergeßliches Leid« zugefügt worden sei. »Ehre zu empfangen von einem Land, das so viel Ehre getragen ohne sich zu beugen, ist *hohe* Ehre, die mir bis ans Ende meines Lebens zum Stolz und zur Freude gereichen wird.«[87] Der restliche Abend verlief angenehm ruhig, in der Gesellschaft des Verlegers Landshoff, mit dem Klaus zusammengearbeitet hatte, und Donkersloots, den er von seinem Besuch im Jahr 1945 her kannte. Er trug die Rosette des Oranje-Nassau-Ordens anstelle des Bandes der Ehrenlegion für den Rest seines Aufenthalts.

Seine Gedanken kreisten noch immer um die Idee eines Friedensmanifests prominenter westlicher Intellektueller, das durch die scharfe Ost-West-Polarisierung nach dem Ende des Koreakrieges, den Beitritt einer nunmehr souveränen Bundesrepublik Deutschland zur Nato und die Gründung des Warschauer Paktes dringlicher denn je wurde. Er hatte an einige Namen gedacht, die man zuerst ansprechen sollte – unter ihnen Pearl S. Buck, Faulkner, Hesse, die chilenische Autorin Gabriela Mistral. Als erster Schritt wurde Erika mit einem Besuch in England beauftragt, um sich bei Bertrand Russell, E.M. Forster und Arnold Toynbee zu erkundigen, sie sollte am 4. Juli nach einem Abendessen in der deutschen Botschaft, Manns nächstem Termin, sofort abfliegen. Mit dem Mercedes der Botschaft fuhren sie am 3. Juli alle nach Den Haag und wurden im Hotel des Indes untergebracht – merklich besser als die Unterkunft in Amsterdam –, wo sie Zeit für einen erholsamen Nachmittag hatten, bevor man sie zum Abendessen abholte. Es war ein formeller diplomatischer Anlaß, die Botschafter der Schweiz und Amerikas waren zugegen, anschließend wurde ihnen das ganze Personal vorgestellt. (Was Erika aber nicht davon abhielt, mit dem deutschen Gesandten einen, vermutlich politischen, Streit anzuzetteln.) Das Abendessen wurde zeitig genug beendet, um noch die letzten beiden Akte einer hervorragenden Aufführung von Rossinis *Die Italienierin in Algier* mit einer Gastspielbesetzung der Mailänder Scala zu sehen, ein Höhepunkt des ersten Holland Festivals nach dem Krieg, auf dessen Programm am folgenden Abend sein letzter Auftritt, eine Wiederholung des Schiller-Vortrags, stand.

Nachdem sie sich die Kirche angesehen hatte, wo der Vortrag stattfinden sollte, nahm Erika die Nachmittagsmaschine nach London. Thomas Mann geriet in Verlegenheit, als statt eine Audienz bei der Königin, um die er nachgesucht hatte, zu erhalten, der Privatsekretär der Königinmutter telephonisch eine Einladung zum Tee übermittelte. Die Entfernung von Noordwijk sei zu groß, entschuldigte er sich in einer höflichen Ablehnung – was vielleicht überrascht, da Königin Wilhelmine als Flüchtling in England im Krieg das Symbol des niederländischen Widerstands gewesen war. Die Botschaft vermochte ihm keinen Rat zu geben, und so konnte er nur auf Verständnis bei den beiden königlichen Konkurrentinnen hoffen und bereitete sich auf den Vortrag, seinen vierten und letzten, vor. Er fühlte sich rüstig, als er hinter dem Rednerpult unter der Kanzel Platz nahm, vor einem zahlreichen Publikum, und hatte dann das Gefühl, den Text gut gelesen zu haben, obwohl die Lautsprecherverstärkung für ein so großes Publikum zu schwach war. Nach gut erfüllter Pflicht verbrachte er die Nacht in gesundem Schlaf, und dann fuhren sie am folgenden Tag in einem Wagen der Filmgesellschaft, die eine holländische Erstaufführung der *Königlichen Hoheit* in Amsterdam vorhatte, nach Noordwijk.

Das Wetter war zwar kaum sommerlich, ein kalter Nordwestwind blies, doch die vertraute Atmosphäre des Huis ter Duin war angenehm, er freute sich schon auf die Arbeit in seinem gewohnten Strandkorb, falls sich der Wind, wie vorhergesagt, legen würde. Der aufmerksame Landshoff hatte eine Musiktruhe in ihr Zimmer stellen lassen, so konnte er sich am Abend bei Bach und Prokofjew entspannen. Er hatte seine Notizen für den Luther bei sich, doch die mitgebrachte Post stellte an seine Zeit einige leichtere Anforderungen, die zuerst wahrgenommen werden wollten: Man hatte um einleitende Bemerkungen zu einer Aufführung der *Fiorenza* in Bremen und zu einer Neuveröffentlichung der »Besten Geschichten der Welt« gebeten, die er zu erledigen begann, sobald er mit Mantel und Decke in seinem Strandkorb untergebracht war. Wie in Zürich wurde die Filmpremiere am Abend des 8. Juli zu einem fast königlichen Zeremoniell: man führte sie in die Mittelloge des Theaters, wo sie die Einführung eines Universitätsprofessors hörten, nach der Vorstellung, die dem Publikum offensichtlich Freude bereitet und die ihm selbst besser gefallen hatte als früher, wurde ihnen beiden im Theater und bei ihrem Erscheinen draußen Beifall gespendet. Auch dessen mußte gedacht werden, in den nächsten Tagen schrieb er einen kurzen Artikel über *Film und Roman* für eine Amsterdamer Zeitschrift.

Am Vormittag des 11. Juli kam dann doch der Besuch bei der Königin in Soestdijk zustande, der in seiner Zwanglosigkeit ein Kontrast zu ihrem Empfang durch einen Adjutanten in Uniform war. Katia brauchte keinen Hofknicks zu machen, sie mußten auch nicht die Anrede »Majestät« verwenden, als man sie in den Garten führte, wo sie mit Juliana Kaffee tranken. Ihre Unterhaltung war würdevoll, doch freundlich, die Königin beeilte sich nicht mit dem Wink zur Verabschiedung, so daß sie länger als erwartet in ihrer Gesellschaft zubrachten. Er war höchst erfreut, daß alle Zeitungen über den Besuch berichteten, und später zu erfahren, daß der Verleihung des Oranje-Nassau-Ordens in der deutschen Presse große Aufmerksamkeit gewidmet worden war. Eine Woche danach kam aus Bonn endlich das Angebot des Pour le mérite, das er telegraphisch annahm.

Die Tage vergingen in einem seltenen Gefühl des Wohlbefindens, nach seinem Maßstab beinahe der Muße. Die Vormittage verbrachte er nach einer Besserung des Wetters in seinem Strandkorb, mit ständiger, doch belangloser Arbeit an Briefen oder Artikeln, ungestört von der Menge der Sommerurlauber und spielenden Kinder, die Nachmittage mit Spaziergängen, Einkäufen oder Besuchern, gelegentlich gab es einen Ausflug mit Landshoff, die Abende im Konzert oder mit seiner Musik. Er war in Melvilles *Billy Budd* – eine der »Besten Geschichten« – vertieft, sowie Shaws *Heiraten*, dessen Vorwort mit der Reformation zu tun hatte, aber mit seiner Arbeit an dem Luther-Drama kam er nicht weiter. Nachdem Erika über ihre Mission in England berichtet hatte – Russell und Forster hatten ihre Unterstützung des Vorhabens versprochen, Toynbee in Chatham House aber nur zu »drei Fünfteln eines möglichen Ja«[88] –, schrieb er an alle drei und erläuterte seine Gedanken über die nächsten Schritte, insbesondere die Notwendigkeit, die Zahl der Unterzeichner klein zu halten, in der Hoffnung, Toynbee zu überzeugen (wenn nötig dachte er an Trevelyan als Ersatz). Nachrichten über seinen jetzigen ansehnlichen Vermögensstand waren beruhigend: eine große Entschädigung war aus Deutschland, eine Alterspension aus Amerika eingetroffen und vermehrten die bereits beträchtlichen Tantiemen des *Krull*, so daß er sich trotz der zu erwartenden hohen Steuern zum erstenmal zugeben konnte, daß sie reich seien – nicht mehr nur »wohlhabend«, wie seine Mutter zu sagen pflegte.

Am 18. Juli begann er aber zuerst in seinem linken, dann in seinem rechten Bein Schmerzen zu spüren, die er für Rheumatismus hielt, am 20. Juli verspätete er sich zum Mittagessen, da ihm der Aufstieg vom Strand über die Dünen zum Hotel »ein wenig schwer« gefallen sei. Er schenkte dem aber wenig Beachtung und war glücklich, daß das Vorwort zu den »Besten Geschichten« nunmehr stand, »es hatte mir Spaß gemacht – besonders die Stelle über Billy Budd.«[89] Katia teilte aber seine Zuversicht nicht, daß diese Beschwerden, wie so häufig zuvor, rasch vorübergehen würden und bestand darauf, noch am Nachmittag einen Arzt aus dem benachbarten rheumatologischen Institut zu rufen. Dieser fand das linke Bein stark angeschwollen, zögerte sich darüber zu äußern und verordnete völlige Bettruhe, bis er einen Spezialisten in Leiden konsultiert habe. Von dort erfuhr Katia durch einen Anruf mit Erschrecken, daß man eine Thrombose diagnostiziert hatte, was sie ihrem Gatten jedoch resolut verschwieg, und ihn in dem Glauben ließ, es sei Phlebitis, was weniger ernst war, aber eine lange Liegezeit bedeutete.

Er war über die Unterbrechung des Urlaubs, in dem er sich so wohl gefühlt hatte, »so wohl ... wie ich mich überhaupt fühlen kann«,[90] sehr niedergeschlagen, und auch darüber, daß er so zum Stillstand verdammt war und von seinem Bett aus nicht einmal die See sehen konnte. Venenbeschwerden waren etwas Neues für jemanden, der sein langes Leben hindurch schon eine große Anzahl von

Beschwerden gehabt oder vermutet hatte, doch er war überzeugt, daß es sich nur um die verspätete Folge der Anstrengung der vergangenen beiden Monate handeln konnte. Am nächsten Tag bestätigte der Spezialist gegenüber Katia seine Diagnose, ließ Mann klugerweise aber in seinem Glauben, empfahl jedoch die dringende Überführung als Tragbahrenpatient zur Behandlung in ein Krankenhaus, entweder sein eigenes in Leiden oder, wenn sie es vorzögen, nach Zürich. Er machte Katia darauf aufmerksam, daß alles davon abhinge, ob die Thrombose vielleicht das Sekundärsymptom einer ernsteren Krankheit sei, die nur durch eine Beobachtung im Krankenhaus und eine Behandlung diagnostiziert werden könne. Sie entschieden sich natürlich für Zürich. Nachdem man ihm Mittel gegen Blutgerinnung verabreicht hatte, wurde der Flug von Amsterdam für den 23. Juli organisiert, am Abend lag er schon im Kantonskrankenhaus. Mit Erika, die sich nach ihrer Rückkehr in Luzern selbst einer Kur unterzogen hatte, hatten sie in täglicher Verbindung gestanden, aber um keine übertriebene Sorge zu verraten, war sie nicht nach Noordwijk gekommen. Als sie den Vater am nächsten Tag in Zürich besuchte, fand sie, daß er gebräunt und gut aussah, etwas verwirrt über seine Lage, in der Hauptsache aber darüber niedergeschlagen, daß er seinen Urlaub hatte aufgeben müssen. Sie kannte die eigentliche Diagnose, konnte aber leichteren Herzens, wenngleich nicht ohne eine gewisse Vorahnung, nach Luzern zurückkehren.

Er befand sich bei Professor Löffler in den besten Händen, er fand ihn sympathisch, wenn auch eine Art Primadonna, die Behandlung schien ihm aber von »größter wissenschaftlicher Akkuratesse« zu sein. Umschläge mit Alkohol und essigsaurer Tonerde ließen die Schwellung des Beines zurückgehen, Penizillin und Spritzen gegen die Blutgerinnung wurden weiter verabreicht, und gegen Ende Juli schien ein merklicher Fortschritt erzielt worden zu sein, die Thrombose war anscheinend resorbiert worden, was die Ärzte zu vorsichtigem Optimismus veranlaßte. Mund und Hals waren freilich entzündet, er konnte nur mit Schwierigkeit essen, hatte ohnedies wenig Appetit, und seine Nächte vergingen unter einigen Beschwerden, die von einem Ekzem an den Füßen verursacht wurden. Michael und Gret mit den Buben besuchten ihn vor der Abreise zu einem Urlaub auf Ischia, auch Golo, nicht aber, wie es scheint, Elisabeth oder Monika; Erika kam nach ihrer Rückkehr von Luzern täglich. Er war imstande zu lesen und ein paar Briefe zu schreiben, bald durfte er am

Nachmittag für kurze Zeit in einem Sessel sitzen, während Katia, die den ganzen Tag bei ihm verbrachte, auf einem Grammophon, das Motschan gebracht hatte, einige seiner Lieblingsplatten spielte. Musik konnte er aber nur in kleiner Dosierung hören, er las lieber in Alfred Einsteins Buch über Mozart – ein Thema, das ihn vielleicht reizen würde, wenn er, wie er hoffte, zur Arbeit zurückkehren könnte.

In Briefen äußerte er sich fröhlich über diese langwierige »Zauberberg-Zeit«, »es ist halt a Kreiz und eine Geduldprobe ersten Ranges. Aber Geduld ist ja nun zufällig meine starke Seite«, sein Fortschritt in diesem »trüben Intermezzo« lasse ihn hoffen, daß es mit vier oder fünf Wochen abgehen würde.[91] Katia wie Erika waren jedoch erstaunt, wie wenig Anteil er an dem nahm, was in seinem Haus vor sich ging, den kleinen Veränderungen, dem Anbau und dem Hund. Am 11. August konnte er einen kurzen Spaziergang den Korridor entlang unternehmen, einem leichten Rückfall am Nachmittag folgte dann aber in der Nacht ein beinahe völliger Zusammenbruch, am Morgen war der Blutdruck kaum mehr zu messen. Den ganzen 12. August über taten die Ärzte, was sie konnten, mit Bluttransfusionen, einer intravenösen Ernährung und dann, als das Atmen schwerer wurde, mit Sauerstoff. Er war bei Bewußtsein, doch sehr schwach, und schlief dann nach Morphiumspritzen gegen Abend ein – vorher hatte er Katia noch um seine Brille gebeten, was ihr die schwache Hoffnung gab, daß er sich wieder erholen könnte. Sie blieb an seiner Seite und schickte Erika und Golo nach Hause. Die beiden waren kaum dort angekommen, als der Arzt um zehn vor acht anrief, um ihnen mitzuteilen, daß in friedlichem Schlaf das Ende gekommen sei.

Die Obduktion bestätigte, wie es der Leidener Professor befürchtet hatte, daß die Thrombose ein Symptom einer tiefer sitzenden Krankheit gewesen war. Die Behandlung hatte zwar Zeichen eines Fortschritts erbracht, sie waren aber illusorisch gewesen angesichts einer extremen und schon lange bestehenden Arterienverkalkung des Beines, die schließlich zu einem Bruch in der Hauptarterie und zu einem schmerzlosen Tod geführt hatte – nach den Worten Professor Löfflers, »das glücklichste, was man sich im hohen Alter wünschen kann«. »Obwohl ich an seinem Bett saß«, schrieb Katia an Knopf, »bemerkte ich nicht, wie er starb ... Es war wirklich ein Wunder, daß er bis zum Ausbruch seiner letzten Krankheit so weiterzuarbeiten vermochte ... sein Schiller-Vortrag in Deutschland [war] vermutlich das Erfolgreichste, was er je geschaffen hatte ...«[92]

4

»Ein Thron ist leer geworden.«
Nachruf in der deutschen Presse

Für Katia mag es ein gewisser Trost gewesen sein, daß von medizinischer Seite kein Zweifel an der Todesursache bestand. Die gesamte Anstrengung seiner letzten Jahre war nicht der Grund gewesen, im Gegenteil, die Obduktion hatte ergeben, daß die Verkalkung alle Blutgefäße des Körpers, ausgenommen das Gehirn, betroffen und unvermutet einen Grad erreicht hatte, an dem sein Leben lange Zeit buchstäblich an einem Faden gehangen hatte. Es war um so bemerkenswerter und ein Zeugnis seiner Willenskraft, daß er imstande gewesen war, die Anstrengung der letzten Tour von Vorträgen, Feierlichkeiten und Geburtstagsfeiern erfolgreich und, abgesehen von Müdigkeit, ohne jeden sichtbaren körperlichen Schaden durchzustehen. Vor dem Krieg hatte er sich entschieden gegen eine Bestattung in der Lübecker Familiengruft ausgesprochen, für Thomas Mann, den Europäer, bedeutete vor allem die Schweiz die »alte Erde«, die er seit langer Zeit als seine letzte Ruhestätte betrachtet hatte. Die Stadt Zürich bot eine ihrer großen Kirchen für die Trauerfeier an, doch Katia glaubte ganz zu Recht, daß Kilchberg, der Schauplatz des Lebensabends, seinen Wünschen entspreche und die dortige kleine Kirche aus dem 15. Jahrhundert der richtige Ort sei für die einfache protestantische Zeremonie, ohne Pomp und Gepränge, die er sich gewünscht hatte.

Nach einer kurzen feierlichen Aufbahrung am 15. August in Zürich war die Beerdigung auf den folgenden Nachmittag festgesetzt worden, einem Tag, der wunderbarerweise von dem monatelangen Regen verschont blieb. Wie es dem Ort entsprach, fand tatsächlich ein einfacher Gottesdienst statt. Die Zahl der Besucher aber und die riesige Menge von Kränzen, die aus nah und fern eintrafen, gaben der Feier den Charakter eines Staatsaktes und führte zu schwierigen Problemen bei der Sitzordnung in der Kirche von Kilchberg. Sehr auffallend – ein trauriger Kommentar zu Thomas Manns Auffassung von Deutschland als einer Einheit und seinen Bemühungen, die Kluft zwischen Ost und West zu überbrücken – war der Unterschied zwischen den Vertretungen der Bundesrepublik und der DDR. Von beiden Seiten war von den höchsten Stellen kondoliert worden –

Bundespräsident Heuss und Bundeskanzler Adenauer, Staatspräsident Wilhelm Pieck und Ministerpräsident Grotewohl –, beide hatten nun prächtige Kränze geschickt. Beim Gottesdienst war Westdeutschland jedoch nur durch den Botschafter und den Zürcher Generalkonsul vertreten, kein Abgesandter des Ordens Pour le mérite war zugegen, aus dem Osten hingegen kam eine ganze Delegation, angeführt vom Minister für Kultur Johannes R. Becher, der auch der Rektor der Schiller-Universität Jena angehörte. Der Streit um den Vorrang wurde gelöst, indem man sie zur Rechten und Linken des Mittelganges, in die zweite Reihe hinter die Honoratioren des Kantons setzte. Die beiden riesigen Kränze der DDR (»Thomas Mann, dem Dichter des Friedens und eines wahrhaft demokratischen Deutschlands«, »Dem größten Dichter des Jahrhunderts, unserem unvergeßlichen Thomas Mann«)[93] trafen spät ein, waren ohnedies zu groß, um in der Kirche Platz zu finden, man stellte sie mit ihrer auffälligen Dekoration mit Hammer und Sichel nur am Portal auf – ein Symptom der westlichen Unterwürfigkeit gegenüber amerikanischen Interessen im Kalten Krieg, wie Thomas Mann gewiß bemerkt hätte, und später Anlaß zu einem offiziellen Protest der Regierung der DDR.

Die Zahl der Trauernden war viel zu groß, um in der Kirche unterzukommen, und als die Familie eintraf, konnte die Polizei nur mit Mühe einen Weg bahnen. Alle waren anwesend, auch die Enkelkinder; als sie das Haus zum Gottesdienst verließen, flossen die Tränen, was selten vorkam, wie Golo später schrieb. Es war nach seiner Erinnerung das einzige Mal, daß seine Mutter ihre Fassung nicht zu bewahren vermochte, Michael war unerwartet stark betroffen, er hatte Erika um eine Morphiumspritze bitten müssen, als andere Beruhigungsmittel versagt hatten.[94] Die kurze Ansprache des Kilchberger Pastors nach dem Orgelvorspiel erschien vielen der Anwesenden in ihrer trockenen und unsentimentalen Art streng bis fast zur Härte. Und doch war sein Text aus dem 90. Psalm – »Unser Leben währet siebzig Jahre, und wenn's hoch kommt, so sind's achtzig Jahre, und wenn es köstlich gewesen ist, so ist es Mühe und Arbeit gewesen; denn es fähret schnell dahin, als flögen wir davon« – bei der Trauerfeier eines Menschen durchaus angebracht, dessen Leben unerbittliche Arbeit, wenn auch im allgemeinen wenig von Sorgen beeinträchtigt, gewesen war.

Einem kurzen Zwischenspiel mit Lieblingsmusik Thomas Manns

– der langsame fünfte Satz des Streichquartetts in B-Dur Op. 130 von Beethoven und ein Lied von Brahms – ging eine würdige Ansprache voraus, die nicht von einer berühmten Persönlichkeit, sondern von dem bescheideneren Richard Schweizer, dem Direktor des Schauspielhauses, einem Freund der Familie Mann seit den Exiljahren in Zürich, gehalten wurde. Nach Erinnerung an die »unerhörte Vollendung«, die diesem langen Leben in den Feiern der goldenen Hochzeit, des Schillerjahrs, des achtzigsten Geburtstags zuteil geworden, um nun tiefste Ruhe für den »rastlos Tätigen« zu gewähren zitierte er Thomas Manns Worte beim Abschluß seines *Faustus*: »In Wahrheit hatte ich nicht das Gefühl, fertig zu sein, nur weil das Wort ›Ende‹ geschrieben war.«[95] – »Wenn auch unter dem Leben Thomas Manns das Wort ›Ende‹ geschrieben steht, will das nicht sagen, nun sei alles abgeschlossen. Sein Geist ist gegenwärtig, hier und jetzt – wer unter uns würde ihn nicht spüren?«[96] Den Trauergästen, die vor der Kirche standen, schien der anderthalbstündige Gottesdienst nicht enden zu wollen, viele von ihnen waren zwischen den Gräbern herumgewandert und hatten einige Unordnung verursacht, als der Trauerzug erschien. Ein respektvoller Abstand wurde jedoch sogar von Presse und Wochenschau eingehalten, als unter letzten Gebeten der Sarg in das Grab gesenkt wurde, das die Gemeinde Kilchberg an der südwestlichen Ecke des Friedhofs, mit Blick auf die fernen Alpen, auf unbegrenzte Dauer zur Verfügung gestellt hatte.

»Ein Leben hat sich erfüllt, das nur einem einzigen Inhalt gewidmet war: dem Werk deutscher Sprache, dem Fortbestand europäischen Geistes«, schrieb Carl Zuckmayer – wie Mann ein Emigrant, der sich bei seiner Rückkehr nach Europa auch für die Schweiz entschieden hatte. »Man trägt, so heißt es, sein Vaterland an den Schuhsohlen mit. Thomas Mann trug es wie eine Last unter dem Herzen, als müsse er es neu gebären. Schmerzlich, oft bis zur Unerträglichkeit, war das Ringen des Dichters in der Verbannung um das geprüfte, das erschütterte, das zerrissene Deutschland. Sein Gedächtnis und das Geschenk seines großen Werkes sind nun der dauernde Besitz jenes unteilbaren Deutschland geworden, zu dem wir alle gehören, heute und immer, unter welchem Himmel auch unsere Häuser stehen.«[97] Zwanzig Jahre später, am hundertsten Geburtstag Thomas Manns, sollte es immer noch ein gespaltenes Deutschland sein, das an zwei aufeinanderfolgenden Tagen Kränze an seinem Kilchberger Grab niederlegte.

Epilog

»Mir wird es ergehen wie jenem Baum – ich werde von oben herab sterben.«

Swift

Kilchberg, Alte Landstraße 39

Katia überlebte ihren Gatten um ein Vierteljahrhundert, sie starb im Jahr 1980, kurz vor ihrem siebenundneunzigsten Geburtstag. Das Haus in Kilchberg blieb für sie und Erika das ständige Heim, seit 1959 war es auch das Golos, der nie heiratete. Es blieb bei allen traditionellen Anlässen der Treffpunkt der Familie. Hier sorgte Katia mit Erikas Unterstützung weiterhin für den Fortschritt und das Gedeihen des Unternehmens Thomas Mann. Zum Zeitpunkt seines Todes waren fast genau fünfzig Jahre vergangen, seit die junge Katia Pringsheim in die Ehe mit einem Mann eingewilligt hatte, zu dem sie anfänglich keine überwältigende Liebe empfand, der sie aber gedrängt hatte, seine »Prinzessin« zu werden, und den zumindest ihr Vater trotz all seines Ansehens nur für eine mäßige Partie gehalten hatte. Ihre Entscheidung hatte bedeutet, daß sie jede unabhängige Karriere aufgeben mußte, die sie während ihres Studiums an der Universität vielleicht erhofft hatte. In ihren aus Gesprächen und Interviews zusammengestellten und 1974 kurz nach ihrem neunzigsten Geburtstag erschienenen *Ungeschriebenen Memoiren* bekannte sie: »Ich habe in meinem Leben nie tun können, was ich hätte tun wollen«.[1]

Von Anfang an hatte sie einsehen müssen, daß die Sache der Emanzipation und der Frauenrechte, die ihrer Großmutter Hedwig Dohm so am Herzen gelegen hatte, ebensowenig die ihre sein konnte, wie es die ihrer Mutter gewesen war. Es hatte aber einige Zeit gedauert, bis sich ihre starke Persönlichkeit in anscheinende Unterwürfigkeit gefügt hatte; die frühen Jahre aufeinanderfolgender Schwangerschaften und häufiger Trennung waren nicht ohne Folgen für ihre Gesundheit geblieben. Ihr war es, wie sie selbst einmal sagte, bestimmt, zu einem »Zubehör« ihres Gatten zu werden, eine Rolle, die sie bald und mit bemerkenswertem Erfolg spielte, und in der sie Erfüllung fand. Als Gattin und Haushälterin, Fahrerin, Sekretärin, Köchin, Krankenschwester und Managerin nahm sie ihm buchstäblich die gesamte Organisation des täglichen Lebens bis in die kleinsten Einzelheiten ab, schützte ihn vor Störungen bei seiner Arbeit zuhause, oder wo immer sie sich aufhielten, und sorgte für die tüchtige Verwaltung seiner finanziellen Angelegenheiten. Sie zeigte Verständnis für seine Hypochondrie und seine Bisexualität, durch die seine Zeugungskraft schließlich kaum beeinträchtigt wurde, und nahm in den späteren Jahren seines zunehmend repräsentativen Lebens einen würdigen Platz an seiner Seite ein. Ihre Hingabe paßte gut zu seinem selbstbezogenen Wesen, jeder seiner Wünsche scheint für sie Gesetz gewesen zu sein. Aus seinem Tagebuch geht freilich hervor, wie sehr er von ihrer Unterstützung abhängig war, und wie in Augenblicken der Entscheidung, oder wenn unter dem Druck der Zeit ihre Gespräche ohne Entschluß blieben, häufig ihre kluge Einschätzung und starke Willenskraft den Ausschlag gaben.

Ein derart unermüdlicher Dienst für seine Sache, der sich über alle anderen Erwägungen hinwegsetzte, verwöhnte und verhätschelte ihn zweifelsohne, unterstützte seine Eitelkeit und schmeichelte seinem Eigendünkel. Es ist nur natürlich, daß sie seine distanzierte Haltung gegenüber den Kindern, sogar gegenüber seinen Lieblingen Erika und Elisabeth, durch übergroße Nachsicht auszugleichen suchte. Er wußte vermutlich nie, wie weit sie ihnen durch die finanziellen Engpässe half, in die sie durch ihr zuweilen eigenwilliges Verhalten geraten waren. Jedes der Kinder war auf seine Art begabt, doch sie hatten ein problematisches Erbe angetreten. Es überrascht nicht, daß das Leben dieser Kinder ungewöhnlich verlief, schließlich konnte mit der Ausnahme Golos, und in ihren späteren Jahren Elisabeths, keines von ihnen die ererbten Fähigkeiten angemessen verwirklichen. Überraschend ist auch nicht der homoerotische Zug, der sich am stärksten und unbekümmertsten bei Klaus zeigte, der aber auch bei Erika und diskreter bei Golo zu erkennen war.

Erika überlebte ihren Vater nur um vierzehn Jahre, sie starb im August 1969 an einem Gehirntumor. Mehrere Stürze, an denen eine gewisse Drogenabhängigkeit vermutlich die Schuld trug, führten in ihren letzten Jahren zu einer immer stärkeren Behinderung, bis sie nach einer Hüftoperation im Jahr 1964 praktisch an den Rollstuhl gefesselt war. Sie blieb in erster Linie immer noch die »Adjutantin« ihres Vaters, veröffentlichte 1956 einen zartfühlenden Augenzeugenbericht seines letzten Jahres und machte sich dann zwischen 1961 und 1965 an die schwierige Aufgabe einer Auswahl aus seiner riesigen Korrespondenz, mit der erklärten Absicht, eine Autobiographie in Briefen zusammenzustellen, die »einen Menschen in seinem Widerspruch« zeigen sollte.[2] Die drei Bände enthielten nur 1200 der etwa 10000 Briefe, die ihr damals zur Verfügung standen (zahlreiche weitere Briefe sind seitdem ans Licht gekommen), mit beträchtlichen Kürzungen und Auslassungen von Stellen, die ihr immer noch als zu intim erschienen. Diese Edition wurde manchmal, vor allem seitens der akademischen Forschung, kritisiert, doch sie bleibt trotz aller Mängel der bisher einzige Versuch, ein repräsentatives Bild der literarischen Produktion zu vermitteln, der Thomas Mann einen so großen Teil seiner Zeit widmete. Er hatte wahrscheinlich selbst eine spätere Veröffentlichung von Briefen im Sinn gehabt. Sie machte auch eine lange Rundfunksendung über ihren Vater, gab einen Band mit seinen autobiographischen Schriften heraus und stellte eine Auswahl aus seinem Werk für junge Leser zusammen.

Mit charakteristischer Energie bemühte sie sich aber auch um das Andenken an ihren Bruder Klaus und sorgte für Neuausgaben vieler seiner Werke in Westdeutschland. Eine wichtige Ausnahme war Klaus' Roman *Mephisto*. Diese kaum verhüllte und von Bitterkeit erfüllte Geschichte ihres einstigen Ehemannes Gustaf Gründgens und seiner Bühnenerfolge im Dritten Reich (erstmals 1936 in Amsterdam erschienen) wurde zwar 1956 in der DDR neu aufgelegt. Eine Veröffentlichung in der Bundesrepublik wurde jedoch auf Antrag des Schauspielers Peter Gorski (Erbe von Gustaf Gründgens), der die Persönlichkeitsrechte seines Adoptivvaters verletzt sah, nach mehreren Prozessen schließlich 1971 durch eine umstrittene Entscheidung des Bundesverfassungsgerichtes verhindert. Erst zehn Jahre später, nach der aufsehenerregenden Aufführung einer Theaterfassung durch die französische Regisseurin Ariane Mnouchkine wurde der Roman dennoch als Taschenbuch veröffentlicht und zu einem Erfolg.

In eigener Sache erhob Erika eine erfolgreiche Verleumdungsklage gegen Zeitschriften, die ein inzestuöses Verhältnis mit ihrem Bruder angedeutet hatten. Kurz vor ihrem Tod hatte sie noch an einer Ausgabe seiner Aufsätze gearbeitet. Verständlicherweise wurde sie allmählich weniger aktiv in der Verbreitung der eigenen politischen Ansichten. Sie bezeichnete sich als eine »militante Liberale«, »konservativ mit sozialem Gewissen«,[3] machte aber keinen Hehl aus ihrer Sympathie für die Studentenbewegung von 1968 und ihrer Opposition gegen den Vietnamkrieg, was ihr wieder einmal den Vorwurf einer Mitläuferin eintrug. Als sie 1964 auf die Pfeffermühle und die Vortragsreisen in Amerika zurückblickte, verglich sie die eindeutigen Fragen von damals mit den heutigen verworrenen Ansichten: »Der Ehrenplatz, für mein Gefühl, ist zwischen allen Stühlen, ein sehr unbequemer Ehrenplatz, auf dem ich schon seit langer Zeit sitze ...«[4] Sie erlebte es nicht mehr, wie eine neue Generation die literarische Hinterlassenschaft von Klaus, die sie so sehr gefördert hatte, wiederentdeckte. Deren Herausgeber Martin Gregor-Dellin sagte bei ihrer Bestattung in Kilchberg, wie wenig angemessen es sei, um einen Menschen zu trauern, dem Zeichen des Kummers immer Unbehagen bereitet hätten: »Wer könnte sie sich auch anders vorstellen als jugendlich elastisch, von unverdüstertem Geist, ironisch schrill, hell, behende, vielseitig und unermüdbar.«[5]

Sie und Elisabeth hatten sich als einzige von den Kindern durch die Persönlichkeit des Vaters nicht einschüchtern lassen. *Golo* war, wie er in den Erinnerungen an seine Jugend vor 1933 zugab, von Natur aus autoritätsgläubig, ob es sich nun um die Eltern oder um die Regierung handelte, und neigte zu Ausgleich. Von dem unternehmungslustigeren Klaus etwas in den Schatten gestellt, hatte er sich in aller Stille eine erfolgreiche Laufbahn als Historiker aufgebaut, erst an kleineren Colleges in Amerika, nach dem Tod des Vaters dann als Professor in Münster und Stuttgart. Der 1946 veröffentlichten Biographie von Friedrich von Gentz (die der Vater für »anziehend« gehalten hatte, »höchlich gelobt in den N.Y. Times«[6]) und einer Reihe von Aufsätzen folgten 1958 eine Geschichte Deutschlands im 19. und 20. Jahrhundert, und im Jahr 1971 schließlich die hervorragende Biographie Wallensteins, das Ergebnis langer Jahre des Studiums, der als Krönung seines Werks größtes Lob zuteil wurde. Er erhielt den Büchner- und den Gottfried Keller-Preis, und nach seiner Emeritierung wurde ihm wie seinem Vater im Jahr 1985 der Goethe-Preis verliehen. Wie der Vater wollte auch er nicht auf die Dauer nach Deutschland zurückkehren und nahm schließlich seinen ständigen Wohnsitz in Kilchberg. In den sechziger Jahren erhielt er die Schweizer Staatsbürgerschaft. Er starb im April 1994 kurz nach seinem fünfundachtzigsten Geburtstag während eines Aufenthalts in Deutschland, umsorgt von der Witwe seines adoptierten, 1986 verstorbenen Sohnes.

Golo Mann betrachtete sich mehr als Schriftsteller denn als Historiker, Geschichte war für ihn Erzählen, keineswegs das Medium für Theorien, sein *Wallenstein* trug den Titel »Das Leben erzählt von Golo Mann«. Nur ein genaues Quellenstudium könne Intuition erzeugen, sagte er, »vom Himmel fällt sie nicht.«[7] Man könne ihn und Klaus, was ihr Schreiben anging, nicht miteinander vergleichen, bemerkte er in seinen Erinnerungen: er danke Gott, daß ihre Beziehung nie der Qual ausgesetzt gewesen sei wie das Verhältnis zwischen ihrem Vater und dessen Bruder Heinrich. Möglicherweise habe er erst nach dem Tod von Klaus, vielleicht sogar erst nach dem Tod des Vaters, ernsthaft zu schreiben beginnen können, doch das sei ihm seinerzeit nicht bewußt gewesen.[8] Er war sich des Thomas Mannschen Schattens sehr bewußt, ließ sich auch bereitwillig zur Hilfe einspannen, ob es sich um geringere Schreibarbeiten handelte oder um bedeutendere Verpflichtungen wie die Herausgeberschaft von *Maß und Wert*, behielt jedoch die eigenen unabhängigen Ziele fest im Auge. Es ist vielleicht bezeichnend, daß er sich in Kilchberg nicht neben den Eltern und Erika, sondern etwas abseits in einem eigenen Grab bestatten ließ.

Monika, das andere von den beiden mittleren Kindern, hatte weder bei Vater noch Mutter eine ähnliche Zuneigung wie die anderen gefunden, am wenigsten beim Vater, der ihre Geschwister deutlich vorzog. Nach dem tragischen Ende ihrer anscheinend glücklichen Ehe mit Jenö Lányi, der bei der Torpedierung ihres Schiffes im Jahr 1940 vor ihren Augen ertrank, war sie lange Zeit in sich gekehrt und schwierig, und obwohl sie eine begabte Schriftstellerin war – wie aus ihren 1956 veröffentlichten Erinnerungen *Vergangenes und Gegenwärtiges* hervorgeht –, machte sie trotz gelegentlicher journalistischer Arbeiten nie erfolgreich Karriere. Weniger kontaktfreudig als ihre Geschwister, behielt sie irgendwie eine Außenseiterrolle in der Familie, wenn sie auch nach dem Tod ihres Vaters hin und wieder bei Katia zu Besuch war. 1984 sagte sie in einem Fernsehinterview, sie könne sich an kein einziges Gespräch mit ihrem Vater erinnern und habe es absichtlich vermieden, die Tagebücher zu lesen, die seit 1977 erschienen – was angesichts seiner manchmal abwertenden Bemerkungen über sie vielleicht ein Glück war. Nachdem sie sich 1955 in Capri niedergelassen hatte, fand sie aber doch noch ihr Glück bei Antonio Spadaro, einem einfachen Fischer, mit dem sie sehr zufrieden eine entzückende Villa bewohnte, die einst Oskar Kokoschka gemietet hatte. Nach Spadaros Tod im Jahr 1985 zog sie zu Golo nach Kilchberg. Schließlich ging sie nach Deutschland, wo sie 1992, kurz vor ihrem zweiundachtzigsten Geburtstag, starb.

Elisabeth, die beim Tod ihres Mannes erst dreiundvierzig Jahre alt war, heiratete nicht mehr, fand aber ein erfülltes Leben, indem sie Schriften zu internationalen Angelegenheiten verfaßte und sich intensiv für die Ökologie und die Erhaltung der Meere interessierte.

Sie war bei der Gründung des Clubs of Rome das einzige weibliche Mitglied, leitete selbst das von ihr gegründete International Ocean Institute in Malta, das sich in erster Linie der Ausbildung von Meeresforschern aus den Entwicklungsländern widmet. Im Lauf der Jahre organisierte sie eine Folge von weltweiten Seminaren und Kongressen, insbesondere im Rahmen eines internationalen Forums über das Thema *Pacem in Maribus*, und beteiligte sich in den Vereinten Nationen maßgeblich an der Ausarbeitung der Seerechtskonvention. In ihrem 1974 erschienenen Buch *Drama der Meere* werden die Meere als »der Spiegel unserer Seele« bezeichnet. Wenn die Meere nicht als ein Gemeinerbe behandelt und verwaltet würden, sagte sie in einem Interview von 1987, »dann verliert die Menschheit ihren letzten noch nicht erschöpften Reichtum, unendliche Bodenschätze, Energie- und Nahrungsquellen«.[9] Ihre Töchter schlugen ebenfalls naturwissenschaftliche Laufbahnen ein, Angelica als Physikerin und Domenica als Biologin, beide sind verheiratet, haben Kinder und leben in Italien.

Seit 1978 ist sie Professorin für politische Wissenschaften in Halifax, in Nova Scotia, in den Ferien hält sie unermüdlich Reden, organisiert Konferenzen und sammelt Geld für ihre Sache. Ihr Leben unterscheidet sich in seinen intellektuellen Interessen stark von dem der übrigen Familie – in dem Interview von 1987 gab sie zu, bei der Diskussion der väterlichen Lesungen im Familienkreis stets stumm geblieben zu sein, sie habe ihn zwar bewundert und sei sich seiner großen Zuneigung bewußt gewesen, habe aber mit entschlossener Unabhängigkeit ihren eigenen Weg in Bereiche fern von der Literatur verfolgt. Ihr Haus in Ketch Bay bei Halifax ist stets voller Hunde, der Kommunikation mit Tieren gilt ihr ständiges Interesse. Ihr 1963 erschienenes Buch *Die weiße Schlange* beschreibt Versuche, einem Hund das Maschinenschreiben beizubringen, sie besitzt ein einoktaviges Klavier mit großen Tasten, auf dem ihre »begabteste Hündin« mit der Schnauze in etwa die Töne von »Stille Nacht« anschlagen kann. Dieser Anflug von Exzentrizität und eine heiterere Veranlagung als ihre Geschwister haben sie vor der dunkleren Seite des Mannschen Erbes bewahrt. »Wir waren eine große Familie, und da passiert eben auch viel.«[10] Unter den Werken Thomas Manns bevorzugt sie bezeichnenderweise die *Vertauschten Köpfe* und den *Erwählten*.

Ihr jüngerer Bruder *Michael* hatte trotz seiner vielversprechenden musikalischen Begabung weniger Glück. In jungen Jahren hatte er schon ein unberechenbares und widerspenstiges Temperament erkennen lassen, dem die Ehe mit Gret Moser, die Ankunft der Kinder und seine Leistungen auf der Viola nicht die erwartete Stabilität oder Zufriedenheit gebracht hatten. Nach dem Tod des Vaters erfüllte er für zwei Spielzeiten seinen Vertrag mit dem Pittsburgh Symphony Orchestra, Gret lebte bei ihm, Frido und Toni blieben wieder einmal in der Obhut seiner Mutter in der Schule in Zürich zurück. Im Jahr 1957 änderte er plötzlich seine Laufbahn und begann in Harvard deutsche Literatur zu studieren, was ihm 1961 eine Professorenstelle in Berkeley eintrug (einen Posten, den er nicht aufgrund seiner Herkunft, sondern einer hart erarbeiteten Doktorarbeit erhielt). Eine gewisse Beschäftigung mit dem Werk seines Vaters mußte unvermeidlich früher oder später kommen, er war es, der Katia überredete, kurz nach ihrem neunzigsten Geburtstag 1973, der Veröffentlichung ihrer *Ungeschriebenen Memoiren* zuzustimmen. Bei den Feiern zum hundertsten Geburtstag Thomas Manns im Jahr 1975 war er begreiflicherweise sehr gefragt, nicht nur für eine Reihe von Vorlesungen in Amerika, Kanada und Europa, sondern auch für die Herausgabe der Tagebücher, die in diesem Jahr entsiegelt worden waren. Doch am Neujahrsabend 1976 nahm er sich in Kalifornien, noch nicht achtundfünfzigjährig, mit einer Mischung aus Alkohol und Schlafmitteln wie sein Bruder Klaus das Leben.

Gegenüber Freunden hatte er frühere »spielerische Versuche« mit den Drogen erwähnt, »ich will doch nur ausfindig machen, wie weit ich es treiben kann«, ohne eigentliche Selbstmordabsichten.[11] Schon 1935/36 hatte Klaus in dem Heranwachsenden eine gewisse Ähnlichkeit, ja fast eine »Kopie« seines Freundes Ricki Hallgarten festgestellt, der sich früh das Leben genommen hatte, und sich gefragt, wie tief dies bei Michael ging. Er hatte das »stets etwas peinliche Gefühl«, daß er und Elisabeth seine eigene und Erikas »Vergangenheit und Gegenwart« nachahmten.[12] Für Klaus bedeutete die »Gegenwart« damals täglichen Morphiumgebrauch, die Droge Michaels war aber, auch wenn er wie die anderen allzugerne zu Pillen griff, der Alkohol, uns zwar bis an einen Punkt, wo er nie ohne seinen Vorrat an Whisky reiste und eigentlich Alkoholiker geworden war. Seine Freunde waren überzeugt, daß ihn die Vorbereitung der Vorlesungen zur Hundertjahrfeier, und mehr noch das Studium der Tagebücher, deren Redaktion und Auswahl er Ende 1976 abschloß, zu seinem verhängnisvollen Entschluß getrieben hatten. Es war für ihn ein Schock gewesen, in ihnen nicht nur zu lesen, wie es knapp vor seiner Geburt im Jahr 1918 fast zu einer Abtreibung gekommen wäre und wie gleichgültig der Vater die Geburt seines sechsten Kindes aufgenommen hatte, sondern auch die »Ruchlosigkeit« zu erkennen, mit der der Vater Familie und Freunde für seine künstlerischen Zwecke ausbeutete, »er lebt den Mythos des eigenen Werkes.«[13] (Seine zweifelhafte Unsterblichkeit als Beißer in *Unordnung und frühes Leid* fände er weniger verzeihlich als die Montage Fridos im *Faustus*.[14] Für eine eigene Kurzgeschichte, ein »Professorenidyll«, wählte er dennoch den gleichen Namen wie den der Hauptgestalt in der Erzählung des Vaters.)

In diesen letzten Monaten dachte Michael jedenfalls viel über das Schicksal seines ältesten Bruders nach, was sich aus einigen »Selbstmördergedichten« entnehmen läßt, die er Ende 1976 seinen Freunden vorlas: wie Klaus von »allem Krausen« des Lebens in die Wirklichkeit des Todes durch eigene Hand »entschwinden« konnte. Wie Klaus mag vielleicht auch er das Vermächtnis Thomas Manns als eine Bürde empfunden haben, der er sich nicht gewachsen fühlte. Der Trost einer hingebungsvollen Gattin, in den letzten Jahren auch noch einer indischen Adoptivtochter, genügte nicht, ihn von dem »unsagbaren Grauen« des letzten Schrittes[15] abzuhalten. Seine Witwe lebt noch in Kalifornien, die Urne mit seiner Asche ruht bei den Eltern in Kilchberg.

Etwas von der Unsicherheit seines Lebens spiegelte sich auch in *Frido*, dessen Karriere einen wechselhaften, doch erfolgreichen Lauf genommen hat, von Musik zu Theologie, dann zu Psychologie, mit einer Praxis in Deutschland und neuerlich einem Medizinstudium. In seinem 1985 erschienenen autobiographischen Roman *Professor Parsifal* bestätigte auch er die Bürde des großväterlichen »Hangs, seinen Liebling für seine eigenen Zwecke ein wenig zu mißbrauchen«, jener »Affenliebe« zu ihm als Kind, der Verurteilung Echos zum Tode, die ihm »sein Lebtag lang wie ein Fluch« angeheftet gewesen sei.[16] Anders sein Bruder *Toni*, der in Zürich blieb und als Gärtner ein zufriedenes Dasein gefunden hat.

*

In den dreißiger Jahren hatte Harold Nicolson die Manns eine »erstaunliche Familie« genannt – und damit die literarischen (und politischen) Karrieren von Thomas und die mehr aufsehenerregenden von Erika und Klaus gemeint. Daß auch die anderen ihrem Vater auf die eine oder andere Weise als Schriftsteller nachfolgten, war vielleicht nicht so erstaunlich. Für Katia, als sie in den achtziger Jahren mit Golo zurückblickte, war es eine Enttäuschung gewesen: »Ich habe immer gewollt, daß einer einen gutbürgerlichen Beruf ergreift, Arzt oder Ingenieur, und das haben sie alle nicht getan. Schriftsteller!« Wenigstens einer sei Historiker, und nun sei Michael mit seinem Schritt vom Musiker zum Wissenschaftler »erst sehr spät seriös« geworden, beide hätten »ernste« Berufe. Das mochte zutreffen, dachte Golo, es sei bedauerlich gewesen, daß nicht einige von ihnen »normale, praktische« Laufbahnen eingeschlagen hätten, doch die Atmosphäre eines Elternhauses, in dem hauptsächlich Literaten und Professoren verkehrten, sei einflußreicher gewesen als ererbte Begabung und habe kaum Anlaß für einen Protest gegeben, wie er für einen völligen Bruch mit der Tradition nötig gewesen wäre.[17]

Thomas Mann hatte in der Tat einen langen Schatten geworfen, dem man sich nicht so ohne weiteres entziehen konnte. Die Vorherrschaft des Literarischen in seinem Haus war das eine, bedeutsamer war der Charakter des Hausherrn, um den sich alles drehte. »Die starke und verhaltene Persönlichkeit meines Vaters und das dynamische Gegenspiel meiner Mutter«, schrieb Monika, »bildeten eine atmosphärische Macht und Einheit, gegen die das fremde Leben verblaßte.«[18] Er beherrschte die Familie nicht so sehr durch sein Verhalten als durch sein bloßes Dasein, dachte sie, wie ein Dirigent das Orchester allein durch seine Gegenwart beherrscht,[19] und es besteht kein Zweifel, daß diese Wirkung auch in ihren späteren Jahren anhielt. Trotzdem sei nach der Ansicht Elisabeths das Syndrom des »väterlichen Schattens« weit übertrieben worden. Klaus war, wie wir aus seinem Tagebuch wissen, über die »eisige Kälte« seines Vaters sehr verbittert, die tatsächlich aber große Zuneigung und ein echtes Interesse an seiner Entwicklung verbarg. Thomas Mann hatte eine große Scheu, seine Gefühle gegenüber den Kindern zu zeigen und auszudrücken, eine Hemmung, die durch seine unbedingte Hingabe an seine Arbeit noch verstärkt wurde. Selbstbewußtsein und das Wissen um seine eigene Bedeutung hatten stets Vorrang vor irgendwelchen mehr natürlichen Gefühlen.

Er betonte zwar gern das romanische Element in seinem Charakter, erkannte aber die von anderen Leuten getadelte Kälte, in der er jedoch den schützenden Mantel sah, dessen der strebsame Künstler unbedingt bedürfe. Wie seine Ironie war sie Teil dessen, was Giuseppe Borgese 1945 seinen »Heiligenschein der Selbstverteidigung« nannte. In mehr als einer Zeitschrift, schrieb Thomas Mann schon 1904, stehe es, daß er ein »kalter Künstler« sei, doch er wünsche zuweilen, es wäre so, er wäre dann weniger »vom Pfad des Schaffens« abgelockt.[20] Er pflegte einen Abstand, der ihm die äußerliche Würde verlieh, die er für seine ständigen Repräsentationspflichten und die Rolle eines modernen Goethe brauchte, deren er sich sehr bewußt war (Goethe hatte, wie Zeitgenossen bemerkten, in seinen späten Tagen ebenfalls eine eisige Starrheit besessen, die jeden menschlichen Umgang erschwert habe). Wie tief ihn die Selbstmorde seiner Schwestern und später von Klaus betroffen haben, ist aus dem, was er schrieb, unmöglich zu erkennen. Man hat nur den Eindruck der Enttäuschung über eine Schwäche, die die Erwartungen der Familie zunichte machte, als deren eigentliches Haupt er sich fühlte. In höchstem Grad selbstbezogen, fehlte ihm ein echtes Gefühl für andere, und in persönlichen Beziehungen, sei es zur Familie oder zu Freunden, fand er es nie leicht, seine angeborene Reserviertheit abzulegen. »Sie zu lieben, mein Freund«, schrieb Agnes Meyer 1941, »ist eine hohe Kunst, die nicht jeder fertig bringt – ein komplizierter Solo-Tanz.«[21]

Zu dieser Kälte kam freilich ein ständiger Drang zur Selbstdarstellung und ein Suchen nach dem Beifall, den er zu verdienen glaubte – »Künstler genug«, wie er von Goethe sagte, »des Beifalls zu bedürfen, das Lob begierig aufzusaugen.«[22] Stets war er bereit, zuhause oder öffentlich aus dem Werk vorzulesen, an dem er gerade arbeitete, lange bevor es ausgereift war, immer war er eitel genug, autobiographische Darstellungen zu veröffentlichen, wie bereits 1907 *Im Spiegel* oder den *Lebensabriß* von 1930. Später hielt er höchst egozentrische Vorträge (*On Myself, Lübeck als geistige Lebensform, The Days of my Life*) und versäumte keine Gelegenheit, in Briefen und Interviews sein Werk und seine Person zu kommentieren und zu erklären. In ihrem Bekenntnisstil, ihrem Narzißmus, waren die *Betrachtungen eines Unpolitischen* von 1918, durchdrungen von der Überzeugung, daß er die deutsche »Kultur« verkörpere, das beste Beispiel seiner Selbstbezogenheit. Dazu besaß er das Geltungsbedürfnis des Schauspielers, des kleinen Jungen, der einst den Prinzen gespielt hatte: Seine Vorträge waren in jeder Hinsicht Bühnenauftritte, gut einstudiert und mit einem Drang zu gefallen, in dem Adorno eher Koketterie als bloß Eitelkeit sah.

Eitel war er gewiß. Zu der außerordentlichen Sorgfalt, die er auf Korrektheit und Eleganz seiner Erscheinung verwandte, kam die ständige Erwartung, daß man seine Stellung anerkannte und achtete. Wurde er auf einer Überseereise nicht wie der Herzog von Windsor behandelt, so faßte er es beinahe als Beleidigung auf. Bei der unentwegten Sucherei nach der richtigen Thomas-Mann-Residenz war deren repräsentativer Charakter ebenso wichtig wie ihre Eignung für seine Arbeit, und es schmeichelte ihm, als in den letzten Jahren Küsnacht und Kilchberg zu Wallfahrtsorten wurden, die sich etwa mit Weimar vergleichen ließen. Seine wachsende Sammlung von Ehrendoktoraten, Preisen und Auszeichnungen bereiteten ihm ungeheures Vergnügen, das Zeremoniell seiner öffentlichen Auftritte befriedigte ihn nicht weniger als ihr Erfolg.

Die Eitelkeit war jedoch nicht nur Eigensucht oder Einbildung. Bedeutsamer war sein tiefes Interesse an der eigenen Biographie, als er mit ironischem Aberglauben an sich die Symmetrie der Ereignisse in all den Jahren und ihre merkwürdige Übereinstimmung mit der Biographie Goethes bemerkte. Er konnte sein Leben für seine Werke ausschlachten, die in ihrer Gesamtheit eine Selbstbiographie bilden, diskret und ironisch verhüllt in den *Buddenbrooks*, im *Tonio Kröger* und im *Tod in Venedig*, weniger unmittelbar, doch mit starker Wirkung, im *Faustus*. Arthur Eloesser, in seiner Thomas-Mann-Biographie zum fünfzigsten Geburtstag, konnte in der Tat die Frage stellen, ob, abgesehen von seinem Werk, noch etwas übrig sei: gäbe es noch etwas über ihn zu sagen, was er nicht bereits selbst gesagt hatte? Zu Beginn seiner Laufbahn hatte er zustimmend den Ausspruch Nietzsches notiert, daß Dichter schamlos ihre Erlebnisse ausbeuteten.[23] In der Kontroverse über Schlüsselromane »à la Bilse« sagte er 1906, er zeichne und präsentiere eine Welt, die völlig seine eigene sei, er enthülle nur sich selbst, wieviel er auch der Beobachtung anderer Menschen verdankte. Seine Erlebnisse blieben aber die eines Beobachters, selten waren sie mehr als nachempfunden – von einem Turm aus, der in der Tat immer aus Elfenbein war, ein ganzes Leben lang, das trotz aller Wechselfälle und dem Trauma des Exils materiell oder von finanziellen Nöten nie auch annähernd getrübt wurde. Ein späterer Kritiker hat zu Recht darauf hingewiesen, daß er aus einem Minimum an persönlicher Erfahrung ein Maximum an Literatur gemacht habe – »um es überspitzt auszudrücken: er hat fast nichts erlebt und fast alles beschrieben«.[24] »Das Wenige, aus dem er Vieles machte, tritt mit Aplomb auf«, wie Adorno von Richard Strauss sagte.[25] Seine Romane wurden ursprünglich fast immer als Kurzgeschichten oder Novellen konzipiert.

Ihn jedoch als den besten Interpreten seiner selbst, »seinen eigenen Literaturhistoriker« (Robert Faesi) anzusehen, scheint kaum berechtigt. Seine verschiedenen (in drei großen Bänden) gesammelten Aussagen sind häufig widersprüchlich, die unmittelbar autobiographischen Stücke, die ebenfalls nicht immer konsequent sind, präsentieren ihn eher so, wie er gesehen werden wollte, nicht wie er tatsächlich war. Beharrlich pflegte er seinen eigenen Ruf – gleich Richard Wagner, schrieb Klaus einmal – und war stets mit einer Art »persönlicher Archäologie« (Manfred Dierks) beschäftigt, immer auf sein postumes Ansehen bedacht. Und doch vermochte er mit seiner Überheblichkeit eine entwaffnende Bescheidenheit zu verbinden – er sei kein Genie, sagte er 1951, bestenfalls habe er »eine gewisse Vertrautheit mit der Größe« und eine Selbstachtung, die vernünftig genug sei, über Correggios »Anch'io sono pittore« nicht hinauszugehen.[26] Die Entscheidung, seine späteren Tagebücher trotz aller in ihnen enthaltenen Fehler und Schwächen einer postumen Einsicht zugänglich zu machen, zeigt zumindest einen Wunsch, daß die Wahrheit schließlich an Licht komme.

In einem literarischen Leben, das mehr als sechzig Jahre umspannte, verbrachte er einen Teil eines jedes Tages mit Schreiben, die meisten übrigen Stunden verwendete er darauf, sein Werk zu planen, zu überlegen (und über es zu reden). Diese ungeheure Anstrengung (eine Arbeitsweise wie bei einem Biber, sagte er einmal zur Zeit der *Königlichen Hoheit*[27]) führte aber zu einer ungewöhnlich langsamen Produktion. Er sei von Natur aus *langsam*, schrieb er 1930 an Freud: »Alles muß sehr reif in mir werden, bevor ich es mitteilen kann.«[28] Die scheinbare Gewandtheit mit der Feder entstammte kaum einer Fruchtbarkeit im Schaffen. Die Gesammelten Werke des vor allem als Romancier berühmten Thomas Mann weisen nur acht Bände erzählende Prosa auf, fünf weitere enthalten seine Aufsätze, Vorträge und Gelegenheitsarbeiten, einen weiteren Band dürfte das bisher nicht Aufgenommene ausmachen. Eine soeben im S. Fischer Verlag begonnene neue Sammlung seiner Essays (herausgegeben von Hermann Kurzke und Stephan Stachorski) sieht sogar sechs Bände zu jeweils etwa 500 Seiten vor. Dazu kommen die Tagebücher (1918–1921 und 1933 bis zu seinem Tod), die nun ausführlich, nicht in der Auswahl und Redaktion Michaels, in neun Bänden (zunächst von de Mendelssohn, dann von Inge Jens vorbildlich kommentiert) publiziert sind, denen der zehnte und letzte in Kürze folgen soll. Auch die Briefe, die ebenfalls einen großen Teil eines jeden Tages in Anspruch nahmen, und von denen bisher mehr als 13 000 bekannt sind, gehören dazu. In ihnen enthüllte er viel über sich selbst, eine Menge gelten zwar dem Broterwerb, doch sie enthalten genügend Kostbarkeiten glänzender Formulierungen, sogar an unbedeutende Empfänger, auf jeden Fall aber genügend Äußerungen von biographischem Interesse, die eine umfangreichere Ausgabe rechtfertigen, als sie Erika vorgenommen hat. Ein derartiges Unternehmen, sollte es eines Tages gewagt werden, würde ihn dem Rang Goethes einen Schritt näherbringen, den seine eigentliche literarische Produktion nie erreichte.

Es gebrach ihm an Einbildungskraft, im rein schöpferischen Sinn, wie er selbst zugab, doch er war mit einer reichen Phantasie begabt, die, wie Kurt Martens schon 1906 bemerkte, *um*schaffend eher als *neu*schaffend war.[29] Man könnte ihn vielleicht einen Schreiber nennen, in der historischen Bedeutung des Abschreibers oder Kopisten – doch mit einem wundervollen Talent, seine Manuskripte mit winzigen und delikat ausgeführten Einzelheiten zu verzieren, die den allwissenden »Geist der Erzählung« verkörpern, so wie er den Erzähler des *Erwählten* darstellte, der das Pergament mit seiner »kleinen und feinen, gelehrten und schmuckhaften Schrift« bedeckt. Er mißtraute der Inspiration zugunsten der Disziplin der harten Plakkerei. Wenn er dadurch in den Ruf eines »universellen Schriftstellers« kam, war er bereit zuzugeben, daß es sich da nur um ein Abschreiben aus den vorhandenen Quellen handelte: »niemand kann alles wissen, aber man kann nachschlagen.«[30] Dies trifft tatsächlich auf zahlreiche bedeutende Fälle zu: auf die Medizin im *Zauberberg*, die Archäologie und Ägyptologie im *Joseph*, die Musik im *Faustus* – und die Technik der Montage wurde beinahe zu einer Besessenheit, die ihn häufig dazu verführte, erworbenes Wissen derart zur Schau zu stellen, daß es so manchen Leser langweilen sollte.

Darüber hinaus ging nichts von dem, was er in Briefen oder bei anderen Gelegenheiten zu Papier brachte, je verloren, es wurde in Kopien oder in seinem hervorragenden Gedächtnis als »Material« aufbewahrt, um für seine Arbeit ausgebeutet zu werden (ganz abgesehen von der jedermann vertrauten Gewohnheit, eine wirkungsvolle Aussage oder ein Zitat gegenüber mehreren Briefpartnern gleichzeitig zu verwenden). In seiner Begeisterung über die Sitzungen mit Schrenck-Notzing Anfang 1923 wurden die genauen Aufzeichnungen, die er gemacht hatte, nicht nur in zahlreiche Briefe eingefügt, zu dem Vortrag *Okkulte Erlebnisse* und einem Stück für die *Rundschau* verarbeitet, sondern auch noch für den *Zauberberg* umgemodelt. Die ständige Rückkehr zu den großen Themen – Wagner »ohne Ende«, Goethe, Tolstoi, Nietzsche, sogar Fontane – wurde zu einem Prozeß fruchtbarer Wiederverwendung und Weiterentwicklung. Es sei seine Art, schrieb er 1949, nichts aus seinem »Leben herausfallen zu lassen, sondern das Frühe ins Spätere mitzunehmen, sodaß es jederzeit wieder produktiv werden« könne.[31] Er war daher um die Beiträge nie verlegen, die ihm dauernd von Zeitschriften abverlangt wurden; Auszüge oder Vorabdrucke aus den Werken, an denen er gerade arbeitete, waren stets verfügbar (bei der langwierigen Entstehungszeit des *Joseph* schienen zahlreiche Kapitel geradezu mit dieser Absicht entstanden zu sein). Seiten, die im »überschüssigen Manuskript« zum Vortrag *Goethe und Tolstoi* keinen Platz gefunden hatten, wurden Ende 1929 sogar unerbeten als »eine durchaus geschlossene kleine Studie« der Zürcher Zeitschrift *Wissen und Leben* eingereicht.[32]

Kurzum, er war eher der literarische Geschäftsmann als der Zauberer, wie ihn seine Kinder wegen der geheimnisvollen Aura seines verbotenen Arbeitszimmers und seiner schauspielerischen Begabungen als Geschichtenerzähler und Vorleser nannten. Diesen Beinamen, den andere in übertriebener Bewunderung gern übernommen haben, vermag man aus einer distanzierteren Sicht aber kaum zu bestätigen. Sein Werk ist alles andere als das eines Zauberers, die Anziehungskraft dieser komplexen Fabeln liegt in ihrem erzählerischen Geschick und der verschachtelten Komposition genauer Einzelheiten, seine wohlgegliederten Aufsätze sind zwar Musterbeispiele ihrer Art, doch weit davon entfernt, den Leser zu bezaubern. Sein Talent als Worteschmied übte immer eine große Anziehung aus, am deutlichsten in *Königliche Hoheit*, im *Joseph* und im

Erwählten, doch seine Kunstwerke lassen sich vielleicht besser mit dem französischen Begriff *ouvrage d'art* beschreiben, wie er auf Wunderwerke der Technik wie Brücken, Viadukte oder Autobahntunnel angewendet wird: *tours de force* des Architekten oder Ingenieurs viel mehr als des literarischen Schöpfers.

Daß sie mehr dem deutschen als dem angelsächsischen Geschmack entsprechen, verwundert nicht. Dafür sorgten die Gründlichkeit, die ungeheure Ausdehnung der Erzählung und die Brillanz der Komposition im einzelnen und der ironische, beinahe lehrhafte Ton in seiner detaillierten Analyse komplexer Charaktere. Noch vor seinem dreißigsten Lebensjahr hatte ihm der Erfolg der *Buddenbrooks* sofort die Aufnahme in das deutsche Pantheon gebracht, eine Achtung und einen prophetischen Rang, die sich mit denen eines überragenden Philosophen vergleichen ließen, die in der englischen Literatur ohne Entsprechung bleiben. Dieser Ruf folgte ihm, wenn auch gedämpfter, ins Exil in die Vereinigten Staaten, in England aber setzte er sich im allgemeinen kaum durch. Er hatte das Gefühl, in England nicht verstanden zu werden, noch 1952 sagte er, er werde unter keinen Umständen dort ein weiteres Buch erscheinen lassen. Zur englischen Ratlosigkeit mag vielleicht sein besonderer Humor beigetragen haben, den er häufig als seine wesentliche Eigenschaft verteidigte: »tatsächlich sind meine Bücher ... voll von Spaß und Musik, und ich bin eigentlich ein Humorist«.[33] Er hatte einen scharfen Blick für das Komische, erzählte gern und mit Erfolg Anekdoten, hörte begeistert Karl Valentin und in Amerika Charlie Chaplin oder Jack Benny, doch einmal ging er so weit, zuzugeben, daß sein »sogenannter Humor eigentlich ein Kind der Verzweiflung«[34] sei. Von deutschen Lesern, insbesondere von den Hörern seiner Lesungen oder Tonbandaufnahmen, ist die subtile Wirkung dieses Humors durchaus geschätzt worden, für englische Ohren klingt er, vielleicht mit Ausnahme des *Erwählten*, gestelzt. Trotz seiner mitunter gewagten Modernität scheinen seine Themen und sein Stil – und die Weitschweifigkeit – dem englischen Leser antiquiert zu sein, lange Romane dieser Art, wie auch den deutlicheren und drastischeren Humor, der dazu gehört, suchen die Angelsachsen bei Trollope und Dickens, ziehen vielleicht die Chroniken von London oder Barchester im 19. Jahrhundert denen von Lübeck oder Davos vor.

Auf seine distanzierte, etwas akademische Art bestätigte er, daß seine Stellung in gewissem Sinn archaisch war. Er sah sich als den

Letzten einer Linie, einen »Späten«: seine Romane bezeichneten das Ende der Tradition des 19. Jahrhunderts und der Spätphase der kapitalistischen Gesellschaft. »Spätbürgerlich«, »spätkapitalistisch« wurden zu einem handlichen Etikett, unter dem man ihn einordnete, es entsprach der gängigen Theorie der Literaturgeschichte und stimmte mit der modischen materialistischen – marxistischen – Auffassung von Literatur als einem Überbau der gesellschaftlichen Organisation überein. Mann war keineswegs Kommunist, hatte sich politisch aber zu einer weitgehenden Anerkennung des Sozialismus weiterentwickelt, was seiner Rezeption im kommunistischen Deutschland der Nachkriegszeit trotz der dort herrschenden strengeren marxistischen Ansichten zugute kam. In seiner früh errungenen Stellung als »Klassiker« konnte Thomas Mann sowohl dort wie in der Bundesrepublik unbeschadet als höchster Repräsentant einer vergangenen, oder zumindest vergehenden, Epoche verehrt werden.

In den unzähligen Studien und Dissertationen, die zu seiner Lebenszeit einsetzten (und deren Ende noch nicht abzusehen ist) gaben die Einstufung als »spätkapitalistisch« und eine quasireligiöse Verehrung für den Meister sogar in der nichtdeutschen und nichtkommunistischen Welt, unabhängig vom jeweiligen Thema, weitgehend den Ton an. Bei der Hundertjahrfeier seines Geburtstags im Jahr 1975 hatte jedoch die Reaktion, die Tendenz einer späteren Generation zur Demythologisierung, die bei einem Schriftsteller seines Ranges unvermeidlich ist, eingesetzt, die Verehrung war einer kritischeren und feindseligeren Einstellung gewichen. Er sei ein Poseur, wurde von einigen behauptet, seine Prosa sei schwer lesbar; denen, die sich in ihrem Versuch, dem »Auflösungsprozeß« der Bourgeoisie zu entrinnen, nicht mehr zurechtzufinden schienen, habe er nichts zu sagen, man könne ihn bewundern, nie aber lieben.[35] Als dann die Tagebücher zu erscheinen begannen, in denen die bis dahin nur vermuteten homoerotischen Neigungen offen eingestanden waren, und ein Bild entstand, das schwankender war als die bisher akzeptierte Maske der Festigkeit, entwickelte sich ein neues und anders gelagertes Interesse. Auch wenn vermutlich vor allem Wissenschaftler die umfangreichen und teuren Bände kauften und durchlasen, verschlang das allgemeine Publikum begierig die Auszüge in den Medien. Ein Enthüllungsjournalist war es, kein Professor, der als erster in New York Franz Westermeier aufspürte, die »letzte Liebe«;

Sensationsreportagen begannen mit Berichten wettzueifern, wie man sie heute von prominenten Politikern und königlichen Familien so gut kennt; Studenten besuchten scharenweise Vorlesungen, in denen Thomas Mann von dieser allzumenschlichen Warte aus behandelt wurde. Sein Denkmal wurde keineswegs vom Sockel gestürzt, schien im Gegenteil fester zu stehen denn je. Die Bestimmung, die Tagebücher nach zwanzig Jahren zu publizieren, erwies sich als schlauer Streich zugunsten eines postumen Erfolgs. Die intimeren Aufzeichnungen entsprachen der Zeitstimmung ebenso wie die früheren Publikationen. Seine Bücher verkaufen sich weiterhin ausgezeichnet, eine Fernsehproduktion von *Felix Krull*, Programme über Thomas Mann, seine Familie und sein Leben sowie Filme wie *Buddenbrooks* und Viscontis *Tod in Venedig* ziehen immer noch ein großes Publikum an.

Seit 1990 haben Kapitalismus, Sozialismus und Kommunismus eine Umwandlung erfahren, und es ist nicht länger sinnvoll, Thomas Mann als den Repräsentanten des Spätkapitalismus – der »postbourgeois Era«, wie er sie selbst im Jahr 1947 nannte[36] – abzustempeln. Der Kommunismus in der Form, wie er ihn kannte, ist verschwunden, die Welt hat nun die kapitalistische Marktwirtschaft als unvollkommene, aber gangbare Lösung akzeptiert. Wenn es je einen Spätkapitalismus geben sollte, der eines Tages enden würde, dann scheint er noch in weiter Ferne zu liegen. Der Verfall, der in den *Buddenbrooks* oder weniger direkt in den anderen Werken Thomas Manns beschrieben wird – wie auch bei Galsworthy oder Waugh –, muß als eine vorübergehendere Erscheinung gesehen werden, als man bisher angenommen hat. Die weitgehende Bejahung einer Marktwirtschaft auf der Rechten wie auf der Linken macht eine neue Betrachtung der persönlichen politischen Bestrebungen und Entwicklung Thomas Manns besonders interessant. Man hat zu Recht darauf hingewiesen, daß er zuweilen als politischer Schriftsteller und Denker unterschätzt wird, seine Ideen waren zwar häufig vage, wurden weniger wegen ihres Inhalts als wegen seiner Autorität als Künstler gesucht, doch sie waren keineswegs nur die Vorstellungen eines karrieresüchtigen Konservativen.[37] Seit der Zeit unmittelbar nach dem Ersten Weltkrieg hatte er soziale Bemühungen, den »sozialen Volksstaat«[38] als den Weg in die Zukunft betrachtet, nach der Niederlage des Faschismus im Jahr 1945 forderte er eine neue Synthese »halbwegs zwischen den russischen und amerikanischen

Systemen«, um die Rechte und Freiheiten des Menschen zu sichern.[39] 1950 war er der Meinung, »der ganze wilde Zank« des Kalten Krieges werde sich in fünfzig Jahren in der Zivilisation aufgelöst haben, »wobei sich zeigen wird, daß der ›Westen‹ mehr vom ›Osten‹ gelernt hat als umgekehrt«.[40] (Angesichts der näherrückenden Jahrtausendwende eine recht interessante, wenn auch problematische Vorhersage.) Zwei Jahre vor seinem Tod war er fest davon überzeugt, daß »die Verwirklichung der Fernziele der Menschheit – Weltregierung, gemeinsame Verwaltung der Erde ... Völkerfriede – ohne kommunistische Züge kaum vorzustellen ist«[41]. Zugegeben, diese Vorstellungen sind nur eine Auswahl aus einer Menge wenig zusammenhängender und häufig widerstreitender Äußerungen, sie vermitteln aber ein deutlich anderes Bild des Repräsentanten der sogenannten spätbürgerlichen Ära. Er war ein entschiedener Individualist, doch er konnte mit größerer Berechtigung als Harold Macmillan behaupten, daß »wir heutzutage alle Sozialisten sind«.

Wenn er sich als den Letzten einer Tradition, als »einen Abschließenden und einen Vollender« sehe, der »Endbücher« schreibe, die gleichwohl experimentelle Elemente enthielten, die einer Übergangszeit entsprächen, schrieb er im Jahr 1951, habe er zuweilen das Gefühl, sein Werk sowie »unsere ganze höhere Literatur« sei »nichts anderes als ein rasches Rekapitulieren des abendländischen Mythus, der abendländischen Kulturüberlieferung ... vorm Fallen des Vorhangs, der sich gewiß nur zu einem sehr neuen Stück wieder heben kann, – einem Stück, zu dem wir Kinder des Endes, eben als solche, doch auch schon gewisse Beziehungen haben.«[42] Seine Leser im 21. Jahrhundert werden es vielleicht schwierig finden, derartige Beziehungen zu erkennen, und mögen durchaus das Gefühl haben, daß ihnen seine »klassischen« Werke noch weniger zu sagen haben, als manchen Lesern der siebziger Jahre.

Mit Bestimmtheit jedoch wird die historische Gestalt Thomas Manns weiterhin von großem Interesse bleiben, vor allem wegen seiner persönlichen Auffassung des »deutschen Problems« und des schmerzhaften Weges zu dessen Lösung. Er war ein Deutscher durch und durch, wie er selbst stets betonte. Doch erkannte er schon zur Zeit des glühenden Patriotismus im Ersten Weltkrieg, als er die *Betrachtungen* begann, die Sinnlosigkeit des deutschen Nationalismus: »Wir sind keine Nation wie die andern. Wir sind eher etwas wie Europa im Auszuge. In unserer Seele, ja in der des einzelnen

Deutschen werden die Gegensätze Europas ausgetragen ... Es wird nie was aus uns ...«[43] Und später, als der Zweite Weltkrieg heranrückte und ausbrach, gestand er, daß es nicht einfach sei, ein deutscher Schriftsteller zu sein, mit dem »zerrissenen Gefühl von Wut, Abscheu, Vernichtungswünschen und unveräußerlicher Verbundenheit«[44] gegenüber dem eigenen Land. Deutschland schien ihm dazu verdammt zu sein, immer wieder von neuem anfangen zu müssen, wie »Schüler, die nie ihre Reifeprüfung machen«,[45] Nietzsche habe mit der Bemerkung recht gehabt, Deutschlands Schicksal sei besiegelt, wenn es nicht dem Prinzip des Rechts durch Macht abschwören und die Macht des Rechts anerkennen würde.[46] In seinem Leiden an Deutschland erschien Mann das Urteil, das Heine vor einem Jahrhundert gefällt hatte, als nur zu prophetisch und Vansittarts *Black Record* der drei deutschen Eigenschaften – »Neid, Selbstmitleid, Grausamkeit« – unumstößlich. Hitler sei kein Zufall, sondern ein echt deutsches Phänomen gewesen. In *Lotte in Weimar*, so schrieb er im August 1941, habe er Goethe die Deutschen dafür züchtigen lassen, daß sie gläubig »jedem verzückten Schurken hingegeben, der ihr Niedrigstes aufruft, sie in ihren Lastern bestärkt, und sie lehrt, Nationalität als Isolierung und Roheit zu begreifen« (ein Anachronismus, den er einfach nicht habe weglassen können).[47]

Mitleid sei nach dem Zusammenbruch von 1945 fehl am Platze. Die Deutschen seien nicht zur Macht geboren und dürften sie um keinen Preis wieder erringen. Ihr Schicksal sei gar kein Schicksal oder eine Tragödie, sondern »der ehrlose Bankerott verbrecherischer Dummheit«.[48] Doch sie würden alles, was *ihnen* widerfahre, als unerhörtes Unrecht empfinden: »sie haben nichts gelernt, verstehen nichts, bereuen nichts.«[49] Europa habe alles vom Wiedererwachen des deutschen Nationalismus zu befürchten, den man, nach seiner Meinung, 1949 im Kalten Krieg begünstigt habe. Auch wenn er in jenem Jahr mit seinen symbolischen Besuchen im Osten wie im Westen einer schließlichen Wiedervereinigung entgegensah, glaubte er nicht daran, daß man aus seinem *Faustus* eine Lehre gezogen habe. Deutschland »ist nie zur Hölle gefahren, und auf Schuld und Gnade pfeift es.«[50]

Die Lehre, die er selbst gezogen hatte, bestand in einer Reduktion des Landes auf einen Bund deutscher Staaten, den die Deutschen unter der Besatzung, mit gebührender Berücksichtigung ihres Individualismus und in Selbstverwaltung, errichten sollten. Dieses Ziel ist nach manchen Wechselfällen tatsächlich erreicht worden, die Wiedervereinigung hat endlich die östlichen Länder in den Bund eingebracht. Thomas Mann ging freilich weiter, nach ihm sei es unerläßlich, nicht nur ein deutsches Europa zu vermeiden, sondern ein *europäisches* Deutschland zu schaffen.[51] Das erweist sich in der europäischen Gemeinschaft unserer Tage, gelinde gesagt, als keineswegs leicht. Sollte es in den kommenden Jahren gelingen, so wird es nicht der geringste Teil des Erbes sein, das Thomas Mann hinterlassen hat.

Anhang

Nachwort
zur deutschen Ausgabe

Über Thomas Mann ist, Goethe wohl ausgenommen, mehr geschrieben worden als über irgendeinen anderen deutschen Schriftsteller. Es sind aber nur wenige Versuche zu einer umfassenden Biographie zu finden. Einige Berichte über sein »Leben und Werk« erschienen noch zu seinen Lebzeiten (etwa von Arthur Eloesser 1925, und Ferdinand Lion 1947), und dann bald nach seinem Tode (wie die Bücher von Eberhard Hilscher und Eike Middell im Jahr 1966). Andere Zeitgenossen, die sich an die Aufgabe zu wagen gedachten, wie etwa Agnes Meyer, ließen schließlich davon ab. Seit 1964 liegt in Rowohlts Monographien eine Thomas-Mann-Biographie von Klaus Schröter vor, die sich als außerordentlich nützlich erwiesen hat (sie ist inzwischen in einer Viertelmillion Exemplaren verbreitet), sich notwendigerweise aber sehr knapp fassen mußte. Bis zu seinem hundertsten Geburtstag im Jahre 1975 waren die Ereignisse dieses langen Lebens in so genauen Einzelheiten bekannt und von der großen und wachsenden »Thomas-Mann-Industrie« so ausführlich belegt worden, daß die Aufgabe, eine Biographie zu schreiben, einschüchtern mußte. Die letzten beiden Jahrzehnte haben weiteres Material, vor allem Manns Briefe und die Tagebücher, in einem Umfang ans Licht gebracht, das vor dem Versuch einer Biographie noch mehr zurückschrecken ließ. Die große Mehrheit der Studien über Thomas Mann hat sich daher besonderen Aspekten seines Lebens und Werks gewidmet: der Bibliographie (Klaus W. Jonas), Thomas Mann als Briefschreiber (Bernhard Blume), dem psychologischen Gesichtspunkt (Manfred Dierks, Marianne Krüll), Thomas Mann im Exil (Spalek-Strelka, Helmut Koopmann), dazu noch die vielen Aspekte, die in den Schriften Hans Wyslings so bewundernswert untersucht werden. Es mag schon sein, wie Julian Barnes in *Flauberts Papagei* schrieb, daß »man von einem verehrten Autor unmöglich zu viel wissen kann.« Die Schwierigkeit besteht aber darin, das alles überschaubar zwischen zwei Buchdeckeln unterzubringen.

Peter de Mendelssohn unternahm den ersten umfassenden Versuch, als die Hunderjahrfeier näherrückte. Sein Vorbild waren vielleicht die *Buddenbrooks* des Meisters, doch seine Methode war mehr die des *Joseph* – die gleiche »epische Genauigkeit«, mit der er wie Mann tief im »Brunnen der Vergangenheit« begann, um anscheinend alles zutage zu fördern. Vor seinem Tod gelang ihm jedoch nur der Abschluß eines ersten Bandes, der das Leben des Autors bis zum Ende des Ersten Weltkriegs umspannt, ein eindrucksvoller Torso von 1200 Seiten, ein Denkmal deutscher Gründlichkeit, in Stil und Ausführung eine hingebungsvolle Huldigung an seinen Autor. Ein Werk dieses Umfangs (zwei Kapitel seines Entwurfs der Fortsetzung für die wichtigen Jahre 1919 und 1933, die aus dem Nachlaß erschienen sind, nehmen allein fast zweihundert Seiten ein) erfordert eine ausdauernde Leserschaft und darf eher als eine Fundgrube für Quellen gelten – die es für mich auch gewesen ist –, als eine Geschichte, die ein gewöhnlicher Sterblicher verdauen kann. Auch Richard Winston begann 1970 eine Gesamtbiographie, in einem flotteren Stil, aber auch sie wurde abgebrochen, bevor er über den *Tod in Venedig* hinausgelangt war, sein Manuskript mußte leider ein Torso bleiben. Nigel Hamilton entschied sich für eine gemeinsame Biographie der beiden Brüder Thomas und Heinrich, was eine eingeschränkte Sicht beider zur Folge hatte. Allen diesen Werken lag der Gedanke zugrunde, daß die Bedeutung Thomas Manns eine gleichzeitige Darstellung von Leben und Werk verlangte, wodurch sich der Umfang des Unternehmens beträchtlich erweiterte.

Das vorliegende Buch ist in erster Linie für englische Leser geschrieben worden. Ihnen ist der Name Thomas Mann seit langem vertraut, seine Hauptwerke sind erhältlich, Film, Fernsehen und Oper machen immer wieder auf ihn aufmerksam. Leser jedoch, die die deutsche Sprache nicht beherrschen und mehr über diesen bemerkenswerten Lebensweg durch zwei Weltkriege und den Aufstieg und Zusammenbruch des Nazismus erfahren wollen, mußten sich bisher mit wenigem begnügen, von den erwähnten Biographien liegen nur Winston und Hamilton auf englisch vor. Diese Lücke zu füllen war die Absicht meines Buches. Gleichzeitig will es aber auch deutschen Lesern eine Gesamtschau von Thomas Manns Leben und Werk geben: aus der Distanz eines Außenstehenden, der von den Ressentiments, Mißverständnissen und zuweilen übertriebenen Erwartungen frei ist, die Person und Werk Thomas Manns in Deutschland vom Ersten Weltkrieg bis zu seinem Tode begleitet haben. Auf die Werke Thomas Manns wird relativ knapp eingegangen, aber doch wohl genügend um zu zeigen, wie sie sich entwickelt haben, und um etwas von dem Charakter seiner Prosa, von ihrer besonderen Attraktion zu vermitteln – die frühen Novellen, *Tod in Venedig, Felix Krull, Joseph und seine Brüder, Lotte in Weimar, Doktor Faustus, Der Erwählte*. Im Vordergrund steht aber das Ziel, mit einer gewissen Genauigkeit die Ereignisse eines Lebens darzustellen, das unablässig dem eigenen Ruhm gewidmet war und auf einzigartige Weise das »deutsche Problem« verkörpert, das heute mehr denn je für Europa so entscheidend ist.

Von der Lebensgeschichte Thomas Manns geht, zumindest für mich, eine Faszination mehr historischer als literarischer Art aus. Nach der herausragenden Stellung, die er in der deutschen Literatur erreicht hatte, wurde er in der Emigration zu einem Symbol des Deutschland, das die düsteren Jahre der nationalsozialistischen Herrschaft überleben sollte. Was er in diesem ganzen Zeitraum, von den zwanziger Jahren bis zur nuklearen Nachkriegszeit zu sagen hatte – trotz allen Zögerns und aller Widersprüche –, ist ebenso bedeutsam wie die Erklärungen und Erinnerungen derer, die damals die wichtigen politischen und militärischen Stellungen innehatten. Der Abstand, der uns nun vierzig Jahre nach seinem Tod vergönnt ist, wird sich hoffentlich als Vorteil erwiesen haben bei einer neuen Betrachtung mancher Seiten dieses proteischen Charakters, eines Menschen, der eher Bewunderung als Zuneigung einflößt.

Die jüngsten Informationen und Forschungsergebnisse habe ich alle berücksichtigt, es ging mir aber in erster Linie um eine lesbare Geschichte, deren Länge nicht zu ermüdend sein sollte. Genaue Quellenangaben stehen den Lesern zur Verfügung, die mehr erfahren wollen, soweit wie möglich ist aber der beschwerliche »Apparat« vermieden worden, der für allgemeine Leser fast jedes Werk über Thomas Mann zu einer abschreckenden und mühevollen wissenschaftlichen Anstrengung zu machen droht. Nach Einsicht in den größten Teil des Materials, das sich unmittelbar auf das Leben Manns bezieht – Briefe (seine eigenen und die anderer), Tagebücher und autobiographische Schriften, Erinnerungen anderer, vor allem von Mitgliedern der Familie –, habe ich jede Aussage in meiner Darstellung auf derartige, mehr oder weniger authentische, Belege gestützt. Den Gipfel des Berges von Sekundärliteratur konnte ich unmöglich erklimmen (Thomas Mann hat überdies einmal zu einem emsigen Sammler von »Material« geäußert, er solle die Arbeit lieber sein lassen, wenn er nicht ohne das auskomme, was andere über ihn geschrieben hatten). Was davon tatsächlich benutzt wurde, ist in der Auswahlbibliographie aufgeführt, Zitate sind nachgewiesen. Wo nicht eigens vermerkt, handelt es sich selbstverständlich um meine eigene Meinung.

Eine definitive Biographie im herkömmlichen Sinn bleibt wohl weiterhin ein Wunsch. Ich bekam einen gewissen Schrecken, als ich bei der Lektüre von Thomas Manns Tagebuch von 1948 feststellte, daß ich beinahe so alt war wie damals er. Würden mir für den langen Weg, der noch vor mir lag, die sieben Jahre vielleicht nicht mehr zur Verfügung stehen, die ihm noch vergönnt waren? Ich konnte nur hoffen, daß das Schicksal, das Peter de Mendelssohn und Richard Winston ereilte, kein böses Vorzeichen für mich bedeutete. Die Grenzen waren somit abgesteckt: eine Lebensgeschichte, die keinesfalls jede Einzelheit enthalten konnte und den »Fanatismus des *ab ovo*« vermeiden mußte, der meinen Protagonisten charakterisiert hatte.

Großen Dank schulde ich den noch lebenden Mitgliedern der Familie Mann – Golo Mann bis zu seinem Tod, Professor Elisabeth Borgese in Halifax, in Nova Scotia, Frau Gret Mann in Kalifornien – sowie den umfangreichen Hilfsmitteln und der Unterstützung des Thomas-Mann-Archivs in Zürich (Hans Wysling, seinem Nachfolger Thomas Sprecher und ihren stets hilfreichen Mitarbeiterinnen). Professor T.J. Reed in Oxford hat mir nach der Lektüre eines Teils meines Entwurfs wertvolle Ratschläge erteilt. Für höchst großzügige Hilfe bei den dokumentarischen Belegen bin ich unter vielen anderen Jeffrey B. Berlin (Philadelphia), Klaus Gräbner (Bamberg), Robert M. Gray (Washington DC), Gert Heine (Allerød), Klaus W. Jonas (München), Michael Limberg (Düsseldorf), dem verstorbenen Hans-Ulrich Lindken (Freilassing), Evgenij I. Netscheporuk (Simferopol), Georg P. Salzmann (München), Peter Scheuenstuhl (St. Augustin), Ferenc Szász (Budapest) und Günther Ullmann (Frankfurt/Main) aufrichtig verpflichtet. Den umfassenden Kommentaren der Herausgeber der Mannschen Tagebücher (Peter de Mendelssohn, für die späteren Bände Inge Jens) verdanke ich viel, von besonderem Wert war kurz vor Abschluß ein Vorausexemplar des noch nicht erschienenen Texts für die letzten Jahre 1953–1955, das mir der S. Fischer Verlag freundlicherweise zur Verfügung stellte und mir somit etwaige Fehler beim Entziffern der Originale ersparte. Meinen Dank schließlich an den Carl Hanser Verlag, seinen unermüdlichen Lektor Fritz Arnold und Übersetzer Fred Wagner und Ludger Ikas, der die Register zusammenstellte, sowie an die Oxford University Press für ihre Unterstützung und das große Verständnis für eine allzu lange Entstehungszeit.

Gingins, Schweiz
November 1994

Stammbaum der Familie Mann

Johann Siegmund Mann der Ältere
(Gründer des Familienunternehmens)
1761–1843
1794 verh. in 2. Ehe mit
Anna Grotjan

Johann Siegmund Mann der Jüngere
1797–1863
1837 verh. in 2. Ehe mit
Elisabeth Marty

2 weitere Kinder

Thomas Johann *Heinrich* Mann
1840–1891
1869 verh. mit
Julia da Silva Bruhns
1851–1923

4 weitere Kinder

Luiz *Heinrich* Mann
1871–1950
1914 verh. in 1. Ehe mit
Maria (Mimi) Kanová
Tochter Leonie
1939 verh. in 2. Ehe mit
Nelly Kröger
1898–1944 †

Paul *Thomas* Mann
6. 6. 1875–12. 8. 1955
1905 verh. mit
Katia Pringsheim
24. 7. 1883–25. 4. 1980

Julia Elisabeth Mann
1877–1927 †
1900 verh. mit
Josef Löhr

3 Kinder

Erika Julia Hedwig Mann
9. 11. 1905–27. 8. 1969
1926 verh. in 1. Ehe mit
Gustaf Gründgens
1935 verh. in 2. Ehe mit
Wystan H. Auden

Klaus Heinrich Thomas Mann
18. 11. 1906–21. 5. 1949 †

Angelus Gottfried Thomas (*Golo*) M
27. 3. 1909–6. 4. 1994

Adoptivsohn seit 1977
Hans Beck-Mann
1936–1986
1946 verh. mit
Ingrid Nickisch

2 Kinder

Eltern und Geschwister von Katia Mann

…red Pringsheim
1850–1941

Hedwig Dohm
1855–1942
4 Geschwister

1878 verh. mit

…ik Pringsheim
1879–1909

Peter Pringsheim
1881–1963

Heinz Pringsheim
1882–1974

Zwillinge

Klaus Pringsheim
1883–1972

Katia Pringsheim
1883–1980

Carla Augusta Olga Maria Mann
1881–1910 †

Carl *Viktor* Mann
1890–1949
1914 verh. mit
Magdalena (Nelly) Kilian
gest. 1962

…*onika* Mann
…910–17. 3. 1992

Elisabeth Veronika Mann
geb. 24. 4. 1918
1939 verh. mit
Giuseppe Antonio
Borgese

Angelica Borgese
geb. 1940

Domenica Borgese
geb. 1944

Michael Thomas Mann
21. 4. 1919–1. 1. 1977 †
1939 verh. mit
Gret Moser

Fridolin (Frido) Mann
geb. 31. 7. 1940
1966 verh. mit
Christine Heisenberg

1 Sohn

Anthony (Toni) Mann
geb. 20. 7. 1942

Adoptivtochter Raju
geb. 1963 in Indien

† Tod durch eigene Hand

Ausgewählte Bibliographie

Verlag: S. Fischer, Frankfurt a. M. (oder Berlin, vor 1945), falls nicht anders angegeben.
Blätter = Blätter der TM-Gesellschaft, Zürich.

I Werke Thomas Manns

Gesammelte Werke in dreizehn Bänden. Frankfurt a. M.: Fischer Taschenbuch Verlag, Sept. 1990.

Tagebücher, hrsgb. P. de Mendelssohn:
(I) *1918–1921*, 1979
(II) *1933–1934*, 1977
(III) *1935–1936*, 1978
(IV) *1937–1939*, 1980
(V) *1940–1943*, 1982
hrsgb. Inge Jens:
(VI) *1944–1.4.1946*, 1986
(VII) *28.5.1946–31.12.1948*, 1989
(VIII) *1949–1950*, 1991
(IX) *1951–1952*, 1993

Notizbücher, hrsgb. H. Wysling, *1–6*, 1991, *7–14*, 1992.

Altes und Neues, Kleine Prosa aus fünf Jahrzehnten, 1953.

Aufsätze – Reden – Essays, hrsgb. Harry Matter. Berlin/Weimar: Aufbau Verlag. I: *1893–1913*, 1983; II: *1914–1918*, 1983; III: *1919–1925*, 1986.

Pro and Contra Wagner, übers. Allan Blunden, Vorwort Erich Heller, London/Boston: Faber, 1985.

›Reisebericht‹, in: *Neue Schweizer Rundschau* Nr. 8, Dez. 1949 (Orig. des Artikels für *New York Times* über die Dtld.-Reise 1949).

II Briefe

a) Thomas Mann

Die Briefe Thomas Manns – Regesten und Register, hrsgb. H. Bürgin und H.-O. Mayer, Bde. I–V, 1976–1987.

Briefe, hrsgb. Erika Mann: (I) *1889–1936*, 1961; (II) *1937–1947*, 1963; (III) *1948–1955* und Nachträge, 1965.

Briefwechsel mit Autoren, hrsgb. H. Wysling, 1988.

Briefe an Paul Amann 1915–1952, hrsgb. Herbert Wegner, Lübeck: Schmidt-Römhild, 1959.

Briefe an Otto Basler, in *Blätter* 5, 1965, 5–15.

Briefwechsel mit seinem Verleger Gottfried Bermann Fischer 1932–1955, hrsgb. P. de Mendelssohn, 1973.

Briefe an Ernst Bertram 1910–1955, hrsgb. Inge Jens, Pfullingen: Neske, 1960.
›Briefe an *The Dial*‹, hrsgb. H. Wysling, in *TM-Studien IV*, Bern: Francke, 1974.
Briefwechsel mit Robert Faesi, hrsgb. Faesi, Zürich: Atlantis, 1962.
›Aus dem Briefwechsel mit Kuno Fiedler‹, hrsgb. H. Wysling, in *Blätter* 11, 1971, u. 12, 1972.
›Briefwechsel mit Samuel und Hedwig Fischer 1897–1946‹, in *Samuel Fischer / Hedwig Fischer – Briefwechsel mit Autoren*, 1989, hrsgb. D. Rodewald & C. Fiedler, Vorwort Bernhard Zeller, 394–466.
Briefe an Otto Grautoff 1894–1901 und Ida Boy-Ed 1903–1928, hrsgb. P. de Mendelssohn, 1975.
Briefwechsel mit Hermann Hesse, hrsgb. Anni Carlsson and Volker Michels, Frankfurt a. M.: Suhrkamp / S. Fischer, 1975.
Erich von Kahler: a) ›Briefwechsel im Exil‹, ausgew. u. hrsgb. H. Wysling, in *Blätter* 10, 1970.
b) *An Exceptional Friendship* (andere Auswahl), übers. u. hrsgb. R. & C. Winston, Cornell Univ. Press, 1975.
›In Exile: The Friendship and Unpublished Correspondence between TM and Heinrich Eduard Jacob‹, hrsgb. Jeffrey B. Berlin, in *DVjSchr* 64, 1990, 172–87.
TM – Karl Kerényi: Gespräch in Briefen, hrsgb. Kerényi, Zürich: Rhein-Verlag, 1960.
›On the Making of the *Magic Mountain*: the Unpublished Correspondence of TM, Alfred A. Knopf, and H. T. Lowe-Porter‹, hrsgb. Jeffrey B. Berlin, in *Seminar* 28 : 4, Nov. 1992, 283–320.
›»Ein Lese- und Bilderbuch von Menschen«: Unpublished Letters of TM, Alfred A. Knopf and H. T. Lowe-Porter 1929–1934, with special reference to the *Joseph* novels‹, ed. Jeffrey B. Berlin & Julius M. Herz, in *Seminar* 30 : 3, Sept. 1994, 221–80.
Briefwechsel mit Karl Loewenstein, hrsgb. Eva Schiffer: 1933–1938 in *Blätter* 18, 1981; 1938–1955 in *Blätter* 19, 1982.
Briefwechsel mit Heinrich Mann, neue erw. Ausg., hrsgb. H. Wysling, 1984.
Briefwechsel mit Kurt Martens, hrsgb. H. Wysling & T. Sprecher: I 1899–1907 in *TM Jahrbuch 3*, 1990, 175–247; II 1908–1935 in *TM Jahrbuch 4*, 1991, 185–260.
Briefwechsel mit Agnes E. Meyer 1937–1955, hrsgb. H. R. Vaget, 1992.
Briefwechsel mit Alfred Neumann, hrsgb. P. de Mendelssohn, Heidelberg: Lambert Schneider, 1977.
The Letters of TM to Caroline Newton, Vorwort Robert F. Goheen, Priv.-Druck, Princeton U. Press, 1971.
›Dichter oder Schriftsteller? Der Briefwechsel zwischen TM und Joseph Ponten‹, hrsgb. H. Wysling & W. Pfister, in *TM Studien VIII*, Bern: Francke, 1988.
›Aus dem Briefwechsel TM – Emil Preetorius‹, hrsgb. H. Wysling, in *Blätter* 4, Dez. 1963, 3–24.
›TM – Hans Reisiger, Briefe aus der Vor- und Nachkriegszeit‹, hrsgb. H. Wysling, in *Blätter* 8, 1968, 8–38.
›Briefwechsel TM – Max Rychner‹, hrsgb. H. Wysling, in *Blätter* 7, 1967, 5–38.
Jahre des Unmuts: TMs Briefwechsel mit René Schickele 1930–1940, hrsgb. H. Wysling & C. Bernini *(TM-Studien X)*, Frankfurt a. M.: Klostermann, 1992.
›Briefwechsel mit Arthur Schnitzler‹, hrsgb. Hertha Krotkoff, in *Modern Austrian Literature* VII: 1/2, 1974, 1–33.

›Briefwechsel mit Bruno Walter‹, ausgew. u. hrsgb. H. Wysling, in *Blätter* 9, 1969, 12–43.
›Briefe an Franz Werfel und Alma Mahler-Werfel‹, hrsgb. Glenys A. Waldman, in *Blätter* 17, 1979, 5–8.

b) Andere
Feuchtwanger, Lion: *Briefwechsel mit Freunden 1933–1958, I*, hrsgb. H. von Hofe & S. Washburn, Berlin: Aufbau, 1991.
Mann, Erika: *Briefe und Antworten*, hrsgb. Anna Z. Prestel. München: ed. spangenberg. *I 1922–1950*, 1984; *II 1951–1969*, 1985.
Mann, Heinrich: *Briefe an Karl Lemke 1917–1949*. Berlin: Aufbau, 1963.
Mann, Klaus: *Briefe und Antworten 1922–1949*, hrsgb. M. Gregor-Dellin. München: ed. spangenberg (n. revid. Ausg.), 1987.
Walter, Bruno, *Briefe 1894–1962*, 1969.

III Sekundärliteratur

Abusch, Alexander, ›Unsere besonderen Freunde‹, in *Sinn und Form* XXVII: 3, 1975, 475–82.
Bahr, Hermann, ›Thomas Mann‹ (Rez. *Königliche Hoheit*), in *Essays*, Leipzig: Insel, 1912, 85–92.
Bauer, Arnold, *TM und die Krise der bürgerlichen Kultur*, Berlin: Dt. Buchvertriebs- und Verlagsgesellschaft, 1946.
– *Thomas Mann*, Berlin: Colloquium Verlag, 1960.
Berendsohn, Walter E., *TM – Künstler und Kämpfer in bewegter Zeit*, Lübeck: Schmidt-Römhild, 1965.
Blätter der TM-Gesellschaft, Zürich, 2, 4, 5–20, 1963–1984.
Bludau, Beatrix; Heftrich, Eckhard; Koopmann, Helmut (hrsgb): *TM 1875–1975 – Vorträge in München, Zürich, Lübeck*, 1977.
Blume, Bernhard, ›Der Briefschreiber TM‹, in *Lebendige Form – Festschrift für Heinrich Henel*, hrsgb. Jeffrey Sammons, München: Fink, 1970.
Böhm, Karl Werner, *Zwischen Selbstzucht und Verlangen – TM und das Stigma der Homosexualität*, Würzburg: Königshausen & Neumann, 1991.
Bürgin, Hans, & Mayer, Hans-Otto: *TM – eine Chronik seines Lebens*, 1965.
Carstensen, Richard, *TM sehr menschlich*, Lübeck / Zürich: Weiland / Oprecht, 1974.
Craig, Gordon, *Germany 1865–1945*, Oxford U. Press, 1978.
Dierks, Manfred, ›Der Wahn und die Träume in *Tod in Venedig*‹, in *Psyche* XLIV: 3, März 1990, 240–68.
– ›Schreibhemmung und Freud-Lektüre: neuer Blick auf die Novelle *Tod in Venedig*‹, *Neue Zürcher Zeitung*, 23.–24. Juni 1990.
Dichter über ihre Dichtungen, Bd. 14 – Thomas Mann, hrsgb. H. Wysling & M. Fischer, München: Heimeran / Frankfurt a. M.: S. Fischer. *I 1889–1917*, 1975; *II 1918–1943*, 1979; *III 1944–1955*, 1981.
Dietzel, Ulrich, ›Julia Mann: Tante Elisabeth – zur Entstehungsgeschichte der *Buddenbrooks*‹, in *Sinn und Form* XV: 2/3, 1963, 482–502.

Du, Schweizerische Monatsschrift, XV: 6, Juni 1955, ›Zum 80. Geburtstag TMs‹.
Dvoretzky, Edward, ›TMs *Doktor Faustus* – ein Rückblick auf die frühe deutsche Kritik‹, in *Blätter* 17, 1979, 9–24.
Ebermayer, Erich, *Denn heute gehört uns Deutschland ...*, Hamburg/Wien: Zsolnay, 1949.
Eloesser, Arthur, *TM – sein Leben und sein Werk*, 1925.
Fischer, Brigitte B., *Sie schrieben mir*, Zürich/Stuttgart: Classen, 1978.
Fischer, Ernst, ›Dr Faustus und die deutsche Katastrophe‹, in *Dichtung und Deutung*, Wien: Globus, 1953, 305–70.
Fischer S., Verlag: *TM – Wirkung und Gegenwart*, hrsgb. Wolfg. Mertz (zum 100. Geburtstag 6.6.1975).
Franke, Peter R., *Der Tod des Hans Hansen: Unbekannte Dokumente aus der Jugend TMs*, Saarbrücken: Landesbank Saar (Katalog der Ausstellung 2.–20.9.1991).
Frey, Erich A., ›TM‹, in *Deutsche Exilliteratur seit 1933, I: Kalifornien*, Teil 1, hrsgb. J.M. Spalek u. J. Strelka, Bern/München: Francke, 1976, 473–526.
Hamilton, Nigel, *The Brothers Mann*, London: Secker & Warburg/New Haven: Yale U. Press, 1978/9.
Hampton, Christopher, *Tales from Hollywood*, London: Samuel French, 1983.
Hansen, Volkmar & Heine, Gert, *Frage und Antwort – Interviews mit TM 1909–1955*, Hamburg: Knaus, 1983.
Häntzschel, Hiltrud, ›»Pazifistische Friedenshyänen«? Die Friedensbewegung von Münchner Frauen ... und die Familie Mann‹, in *Jb. der dt. Schiller-Gesellschaft* XXXVI: 1992, 307–332.
Hatfield, Henry, *TM*, Norfolk, CT: New Directions, 1951.
Heilbut, Anthony, *Exiled in Paradise*, Boston: Beacon Press, 1984.
Heller, Erich, *TM der ironische Deutsche*, Frankfurt a.M.: Suhrkamp, 1959.
Herz, Ida, ›Erinnerungen an TM 1925–1955‹, in *GLL*, New Series IX: 4, July 1956, 281–90.
– ›Freundschaft und Korrespondenz mit TM‹, in *Publ. of Engl. Goethe-Society* 55, 1985, 1–21.
Hilscher, Eberhard, *TM – Leben und Werk*, Berlin: Volk und Wissen, 1966.
Hummel, Ursula (ed.), *Klaus und Erika Mann – Bilder und Dokumente*, München: ed. spangenberg, 1990 (Katalog der Ausstellung München 10.10.–30.11.1989).
Janka, Walter, *Spuren eines Lebens*, Berlin: Rowohlt, 1991.
Jasper, Willi, *Der Bruder Heinrich Mann*, München: Hanser, 1992.
Jens, Inge, *›Es kenne mich die Welt, auf dass sie mir verzeihe‹ – TM in seinen Tagebüchern*, 1989.
– ›»... eingeholt von der Vergangenheit« – der späte TM und die Politik‹ (Vortrag 1991, Ms.)
Jonas, Ilsedore B., ›»Ich sah ein kleines Wunder« – Porträts von TMs Lebensgefährtin‹, in *Philobiblon* XXVI: 4, Nov. 1982, 318–28.
Jonas, Klaus W., *Die TM-Literatur – Bibliographie der Kritik*, Berlin: Erich Schmidt, *I – 1896–1955*, 1972; *II – 1956–1975*, 1979.
– ›TM und Hans Bürgin‹, in *Philobiblon* XXXI: 3, Sept. 1987, 178–200.
– ›TM, Joseph W. Angell und die Yale University‹, in *Philobiblon* XXXIV: 2, 1990, 97–137.

Kahn-Reach, Hilde, ›TM, mein Boss‹, in *Neue dt. Hefte* XX: 2, 1973, 51–64.
Keiser-Hayn, Helga, *Beteiligt euch, es geht um eure Erde (Erika Mann und ihr polit. Kabarett die ›Pfeffermühle‹ 1933–1937)*, München: ed. spangenberg, 1990.
Kellen, Konrad, ›Reminiscences of TM‹, in *Yale Review* LXXVI: 2, Winter 1987, 238–46.
Kolbe, Jürgen (Mitarbeit: Karl Heinz Bittel), *Heller Zauber, TM in München 1894–1933*, Berlin: Wolf Jobst Siedler, 1987.
Koopmann, Helmut, ›»German Culture is where I am« – TM in Exile‹, in *STCL* VII: 1, fall 1982, 5–20.
– (hrsgb.), *TM-Handbuch*, Stuttgart: Kröner, 1990.
Krüll, Marianne, *Im Netz des Zauberers – eine andere Geschichte der Familie Mann*, Zürich: Arche, 1990.
Lehnert, Herbert, ›Bert Brecht und TM im Streit über Deutschland‹, in *Dt. Exilliteratur seit 1933, I Kalifornien*, Teil 1, hrsgb. J. M. Spalek and J. Strelka, Bern/München: Francke, 1976, 62–88.
Lindken, Hans-Ulrich, ›TM und E. T. A. Hoffmann in Warschau‹, in *Das magische Dreieck – polnisch-dt. Aspekte zur ... Literatur*, Frankfurt a. M./Bern/NY: Lang, 1992, 152–79.
Lion, Ferdinand, *TM – Leben und Werk*, Zürich: Oprecht, 1947.
Lühe, Irmela von der, *Erika Mann – eine Biographie*, Frankfurt a. M./New York: Campus, 1993.
Mann, Erika & Klaus, *Escape to Life*, Boston: Houghton-Mifflin, 1939.
Mann, Erika, *Das letzte Jahr – Bericht über meinen Vater*, 1956.
Mann, Frido, *Professor Parsifal – autobiographischer Roman*, München: ed. spangenberg, 1985.
Mann, Golo, *Erinnerungen und Gedanken einer Jugend in Deutschland*, 1986.
Mann, Heinrich, *Ein Zeitalter wird besichtigt*, Berlin: Aufbau, 1947.
Mann, Julia, *Ich spreche so gern mit meinen Kindern*, Berlin/Weimar: Aufbau, 1991.
Mann, Julia (Schwester), ›Tante Elisabeth‹, in *Sinn und Form* XV: 2/3, 1963, 482–502.
Mann, Katia, *Meine ungeschriebenen Memoiren*, hrsgb. Elisabeth Plessen & Michael Mann, Berlin: Buchverlag Der Morgen, 1975.
Mann, Klaus, *Kind dieser Zeit*, Nachwort William H. Shirer, München: Nymphenburger, 1965.
– *Prüfungen – Schriften zur Literatur*, München: Nymphenburger, 1968.
– *Tagebücher 1931–1937* (hrsgb. J. Heimannsberg, P. Laemmle, W. F. Schoeller), München: ed. spangenberg. (I) *1931–1933*, 1989; (II) *1934–1935*, 1989; (III) *1936–1937*, 1990.
– *Der Wendepunkt – ein Lebensbericht*, Berlin/Frankfurt a. M.: G. B. Fischer, 1960.
– *Woher wir kommen und wohin wir müssen*, München: ed. spangenberg, 1980.
Mann, Michael, *Das TM-Buch – eine innere Biographie in Selbstzeugnissen*, 1965 (Fischer-Bücherei 710).
– *Fragmente eines Lebens* (hrsgb. Frederic C. and Sally Tubach), München: ed. spangenberg, 1983.
– ›Schuld und Segen im Werke TMs‹, Lübeck: G. Weiland, 1975 (Vortrag zum 100. Geburtstag 6. 6. 1975).
– ›TM und Österreich‹, in *Austriaca*, Festschrift für H. Politzer, Tübingen: Niemeyer, 1975, 376–9.

Mann, Monika, *Vergangenes und Gegenwärtiges – Erinnerungen*, München: Kindler, 1956.
Mann, Viktor, *Wir waren fünf*, Konstanz: Südverlag, 1949.
Mayer, Hans, *TM – Werk und Entwicklung*, Berlin: Volk und Welt, 1950.
Mendelssohn, Peter de, *Der Zauberer – das Leben des deutschen Schriftstellers TM – I 1875–1918*, 1975, *II* (nachgel. Kapitel *Jahre der Schwebe 1919 und 1933*, hrsgb. A. von Schirnding), 1992.
Michels, Volker (hrsgb.), *Hermann Hesse in Augenzeugenberichten*, Frankfurt a. M.: Suhrkamp, 1987.
Middell, Eike, *TM – Versuch einer Einführung in Leben und Werk*, Leipzig: Reclam, 1966.
Motschan, Georges, *TM – von nahem erlebt*, Nettetal: Matussek, 1988.
Pascal, Roy, ›TM 1875–1955 – the German Problem‹, in *The German Novel*, Manchester U. Press, 1957, 258–296.
Piana, Theo: *TM*, Leipzig: VEB Bibliograph. Institut, 1968.
Pringsheim, Klaus, ›TM in Amerika‹, in *Neue dt. Hefte* XIII: 1, 1966, 20–46.
Reed, T. J., *TM – the Uses of Tradition*, Oxford: Clarendon Press, 1974.
– *TM, Der Tod in Venedig; Text, Materialien, Kommentar*, München: Hanser, 1983.
Reich-Ranicki, Marcel, *TM und die Seinen*, Stuttgart: Dt. Verlagsanstalt, 1988.
– (hrsgb.), *Was halten Sie von TM? 18 Autoren antworten*, 1988.
Schoeller, Wilfried F. (hrsgb.), *Heinrich Mann – Bilder und Dokumente*, München: ed. spangenberg. 1991 (Katalog zur HM-Ausstellung Frankfurt a. M. / München 12. 12. 1990–3. 3. 1991).
Schröter, Klaus (hrsgb.), *TM im Urteil seiner Zeit, Dokumente 1891–1955*, Hamburg: Wegner, 1969.
– *TM, mit Selbstzeugnissen u. Bilddokumenten*, Reinbek: Rowohlt, 1964.
Schulte, Hans H. & Chapple, Gerald (hrsgb.), *TM – a Colloquium*, Bonn: Bouvier, 1978.
Sprecher, Thomas, *TM in Zürich*, München: Fink, 1992.
Stahlberger, Peter, *Der Zürcher Verleger Emil Oprecht und die dt. politische Emigration 1933–1945*, Zürich: Europa, 1970.
Stepanauskas, Leonas, ›Drei Sommer in Nida‹, in *Sinn und Form* XXVIII: 2, 1976.
Stern, J. P., ›Mann in his Time‹, in *TLS* 6. 6. 1975, 621–23 (Vortrag zum 100. Geburtstag, London).
Storck, Joachim W., ›Deutsche Sprache im Exil – René Schickele und TM‹ (Vortrag Ludwigsburg 4. 2. 1991, Gesellschaft für dt. Sprache).
Thimann, Susanne, *Brasilien als Rezipient deutschsprachiger Prosa des 20. Jahrhunderts* (TM, Stefan Zweig, Hermann Hesse), Frankfurt a. M. / Bern: Lang, 1989.
Thirlwall, John C., *In another Language – a record of the 30-year Relationship between TM and Helen Lowe-Porter*, New York: Knopf, 1966.
TM Jahrbücher 1–5 (hrsgb. E. Heftrich & H. Wysling), Frankfurt a. M.: Klostermann, 1988–1992.
TM und Ungarn (hrsgb. Antal Mádl u. Judith Györi, Bibliographie Ferenc Szász), Budapest: Akadémiai Kiadó, 1977.
Tubach, Frederich C. and Sally (s. Mann, Michael, *Fragmente eines Lebens*).
Unseld, Siegfried, *Peter Suhrkamp – zur Biographie eines Verlegers*, Frankfurt a. M.: Suhrkamp, 1991 (n. erw. Ausg. zum 100. Geburtstag).

Vaget, Hans Rudolf, ›Vorzeitiger Antifaschismus und andere unamerikanische Umtriebe – aus den geheimen Akten des FBI über TM‹, in *Horizonte*, Festschrift für Herbert Lehnert, Tübingen: Niemeyer, 1990, 173–204.

Walter, Bruno, *Thema und Variationen – Erinnerungen und Gedanken*, Stockholm: Bermann Fischer, 1947.

Weber, Evelyn, *Dichter privat*, Oberwil: Kugler, 1981.

Wiedemann, Hans-Rudolf (hrsgb.), *TMs Schwiegermutter erzählt*, Vorwort Golo Mann, Lübeck: Graphische Werkstätten, 1985.

Winston, Richard, *TM – the Making of an Artist 1875–1911*, afterword Clara Winston, London: Constable, 1982.

Wysling, Hans (hrsgb. mit Yvonne Schmidlin), *Bild und Text bei TM – eine Dokumentation*, Bern/München: Francke, 1975.

– *Dokumente und Untersuchungen – Beiträge zur TM-Forschung (TM-Studien III)*, Bern/München; Francke, 1974.

Zweig, Stefan, ›An den Genius der Verantwortlichkeit‹, in *Neue Rundschau* XXXVI: 6, Juni 1925, 624–26.

Siglenliste zum Quellenverzeichnis
(Für vollständige Titel s. Bibliographie)

- Die Werke Thomas Manns sind nach der 13bändigen Ausgabe der *Gesammelten Werke* zitiert, Fischer Taschenbuch Verlag, 1990 (z. B. VI 674, XIII 787)
- Jahr / Nummer-Angaben (z. B. 05/13, N 05/3) folgen den *Regesten und Register* der Briefe, hrsgb. Bürgin / Mayer, S. Fischer: 1976–1987

A & N	*Altes und Neues*, 1976
Amann Br	TM *Briefe an Paul Amann*, 1959
AMBrw	TM *Briefwechsel mit Agnes Meyer*, 1992
Berlin	Jeffrey B. Berlin, ›Unpublished Correspondence …‹, 1992
Bl 1, 2, etc.	*Blätter der TM-Gesellschaft*, Zürich
Br I, II, III	*TM Briefe*, hrsgb. Erika Mann, 1961–65
Br OG-BE	TM *Briefe an O. Grautoff u. Ida Boy-Ed*, 1975
Brw Aut	TM *Briefwechsel mit Autoren*, 1988
Brw HM	TM *Briefwechsel mit Heinrich Mann*, 1984
Chr	Bürgin / Mayer: *Eine Chronik*, 1965
DLA	Deutsches Literaturarchiv, Marbach
DüD I, II, III	*Dichter über ihre Dichtungen*, 1975–81
EB Br	TM *Briefe an Ernst Bertram*, 1960
EM BrAntw I, II	Erika Mann, *Briefe und Antworten*, 1984–85
Faesi	TM *Briefwechsel mit Robert Faesi*, 1962
Franke	P. Franke, *Der Tod des Hans Hansen …*, 1991
Fr / Antw	Hansen / Heine (hrsgb.): *Interviews …*, 1983
Fünf	Viktor Mann, *Wir waren fünf*, 1949
GBF Brw	TM *Briefwechsel mit … Bermann Fischer*, 1973
GMErinn	Golo Mann: *Erinnerungen …*, 1986
Häntzschel	*Jahrbuch der Schiller-Gesellschaft* XXXVI, 1992
HH Brw	TM *Briefwechsel mit Hesse*, 1975
Hilscher	Eberhard Hilscher, *TM – Leben und Werk*, 1966
Janka	Walter Janka, *Spuren eines Lebens*, 1991
Jb 1, 2, usw.	*TM Jahrbücher*, 1983 ff.
JM	Julia Mann: *Ich spreche so gern …*, 1991
Kahn	Hilde Kahn-Reach, ›TM, mein Boss‹, 1973
KK Brw	TM – Karl Kerényi, *Gespräch in Briefen*, 1960
KlM BrAntw	Klaus Mann, *Briefe und Antworten*, 1975
KlM Tb	Klaus Mann, *Tagebücher*, 1989–90
KM	Katia Mann, *Meine ungeschriebenen Memoiren*, 1975
Krüll	Marianne Krüll: *Im Netz des Zauberers …*, 1991
Lühe	Irmela von der Lühe, *Erika Mann*, 1993
Matter I, II, III	Harry Matter (hrsgb.): *TM Aufsätze …*, 1983–86
MMErinn	Monika Mann: *Vergangenes …*, 1956
Motsch	Georges Motschan: *TM – von nahem erlebt*, 1988

Nb 1, 2, etc.	TM *Notizbücher*, 1991–92
Neumann Br	TM *Briefwechsel mit Alfred Neumann*, 1977
PdM	P. de Mendelssohn: *Der Zauberer*, 1975
PdM II	Idem, *Nachgelassene Kapitel*, 1992
Pfeff	H. Kaiser-Hayne, ... *Die ›Pfeffermühle‹*, 1990
Piana	Theo Piana, *TM*, 1968
Reed	T.J. Reed: *TM – the Uses of Tradition*, 1974
SFBrw	S. & H. Fischer, *Briefwechsel mit Autoren*, 1989
Sprecher	Thomas Sprecher, *TM in Zürich*, 1992
Stahlb	P. Stahlberger, *Der Zürcher Verleger* ..., 1970
Tb I, II, etc.	TM *Tagebücher*, 1977–1994
TMA	TM-Archiv der Eidg. Techn. Hochschule, Zürich
TM Stud	*TM Studien* I–X, 1967–92
Tubach	F.C. & Sally Tubach (hrsgb.), *Michael Mann* ..., 1983
Ungarn	*TM und Ungarn*, 1977
Urteil	Klaus Schröter (hrsgb.), *TM im Urteil* ..., 1969
Wiedem	H.-R. Wiedemann, *TMs Schwiegermutter* ..., 1985
Zeitalter	Heinrich Mann, *Ein Zeitalter* ..., 1945

Quellenverzeichnis

Seite 7:
Thomas Mann *Gedanken im Kriege*, November 1914
Philip Toynbee, *The Observer*, London, 27. Februar 1951

I
Verfall einer Familie
1875–1900

1 Brief vom 3. 11. 1951, Hilscher 192
2 VII 339
3 XI 450
4 Br OG-BE XVIII
5 PdM 54
6 PdM 35
7 XI 386, 98
8 XI 328, X 511
9 XI 452
10 Fr/Antw 356
11 XI 389
12 46/301
13 XI 100
14 PdM 113
15 PdM 107
16 XI 418 f.
17 XI 452
18 PdM 115
19 Br III, 387
20 VIII 273
21 Qu. Krüll 442
22 VIII 282
23 PdM 145
24 PdM 126
25 PdM 132
26 PdM 133
27 PdM 143
28 XI 101
29 Br OG-BE 14
30 Motsch 30 f.
31 Nb I, 24
32 Franke 8 f.
33 PdM 173-5
34 BrW Aut 141 f.
35 Ebda. 144; PdM 187
36 Br OG-BE 28, 31
37 Ebda. 17, 24, 27
38 PdM 198
39 Br OG-BE 50 f.
40 Ebda. 70
41 Ebda. 54; XI 104
42 Br OG-BE 80
43 Ebda. 81
44 SFBrw 394
45 Br OG-BE 90
46 Ebda. 97
47 Ebda.
48 XIII 137
49 SFBrw 399
50 *Sinn u. Form* XV: 2-3, 1963, 480
51 PdM 327
52 PdM 359
53 PdM 352
54 Nb 4, 210
55 Brw HM 19, 22
56 Br I, 11
57 Nb 4, 242
58 Br III, 423

II
Über Dekadenz zu Prestige
1900–1913

1 Br III, 424
2 Br OG-BE 113
3 *Fünf* 126
4 Brw HM 121
5 Ebda. 7
6 SF Brw 398 f.

7 Brw HM 24
8 Ebda. 18f.
9 Ebda. 21f.
10 Ebda 25f.
11 PdM 436
12 Br OG-BE 137
13 PdM 439
14 Brw HM 27
15 PdM 439
16 VIII 251
17 Nb 5, 271
18 VIII 211f.
19 Br OG-BE 80
20 PdM 461
21 Br OG-BE 137f.
22 PdM 460
23 Tb V, 551
24 Br III, 431f.
25 Jb 3, 236f.
26 Br OG-BE 139f.
27 *Neue deutsche Rundschau*, Dez. 1901, 1281–90
28 SF Brw 400ff.
29 PdM 466
30 Br III, 432f.
31 Nb 7, 57f.
32 PdM 467f.
33 AM Brw 321
34 Br III, 436
35 VIII 265f.
36 Br III, 438f.
37 Br I, 35
38 XI 114
39 Br III, 442
40 *Berliner Tagblatt*, 5.2.1903
41 *Berliner Lokalanzeiger*, 6.2.1903
42 Br III, 152
43 Ebda. 443
44 VIII 338
45 XII 90
46 XIII 144
47 Br I, 61
48 Br I, 37
49 VIII 305f.
50 PdM 523f.
51 Brw HM 40
52 Ebda. 36f.
53 Nb 7, 83
54 Brw HM 41
55 Br III, 446
56 Br I, 37
57 Ebda. 36
58 Brw HM 49; Br I, 40
59 SF Brw 402
60 VIII 349
61 Brw HM 47, 29
62 Br OG-BE 144
63 Brw HM 48
64 Ebda. 49ff.
65 PdM 550, 592
66 Brw HM 52
67 Br I, 43
68 Nb 7, 101
69 Br I, 44ff.
70 Ebda. 46
71 Ebda. 49f.
72 Nb 7, 112
73 VIII 363, 366ff.
74 Ebda. 370
75 Br I, 50f.
76 Br OG-BE 149
77 Ebda. 148
78 Br I, 52f.
79 Nb 7, 112, 110
80 Br I, 53
81 Ebda. 56f.
82 Br OG-BE 153
83 Brw HM 57
84 Br OG-BE 155
85 Brw HM 53ff.
86 JM 134ff.
87 Ebda. 143, 137
88 Brw HM 57f.
89 Ebda. 56
90 Ebda. 57
91 GM Erinn. 18
92 N 05/2
93 Brw HM 79
94 Br OG-BE 156
95 VIII 376
96 Br OG-BE 156
97 Ebda. 157f.
98 Brw HM 62f.
99 Ebda. 65

100 Ebda. 69ff.
101 Ebda. 68
102 SF Brw 405
103 Brw HM 68f.
104 X 22
105 Matter I, 66; vgl. II 363
106 Brw HM 68
107 Br I, 67
108 Nb 7, 115
109 Brw HM 361
110 Ebda. 71, 79
111 Ebda. 73
112 Ebda. 77f.
113 Tb II, 284
114 SF Brw 406
115 Br I, 67
116 Wiedem. 26
117 XI 714
118 X 27, 29f., 37, 41, 48f., 61
119 Br III, 410f.
120 07/40
121 XI 716f.
122 XI 329–33
123 Matter I, 132
124 XIII 459–62
125 Brw HM 85
126 Jb 4, 186
127 XI 562
128 Jb 4, 186
129 Brw HM 87f.
130 Ebda. 379
131 07/40
132 Jb 4, 191
133 Brw TM-Heinrich Ed. Jacob, hrsgb. J.B. Berlin: *DvjSchr* 64, 1990, 127
134 Br I, 79
135 HH Brw 8
136 Br I, 88
137 Brw HM 95
138 Ebda. 98
139 Ebda. 91
140 II 347
141 Wiedem. 33
142 Brw HM 103
143 Ebda. 104
144 Br III, 456
145 Matter I, 173
146 Br III, 459
147 Br I, 88
148 XI 121
149 Br I, 88
150 Br I, 123
151 XIII 148f.
152 Br I 177
153 *Blue Review*, o.D., 260, 265
154 EB Br 18
155 Brw HM 127f.
156 *DüD* I, 452

III
Der Zauberberg – und *Betrachtungen eines Unpolitischen*
1914–1924

1 Br OG-BE 184
2 Brw HM 131
3 XII 184
4 PdM 976
5 Brw HM 130
6 PdM 958
7 Brw HM 131f.
8 *DüD* I, 454
9 Brw HM 134
10 XIII 533–45
11 PdM 1007
12 GM Erinn 40
13 Franke 22
14 XIII 533f.
15 A & N 12
16 XIII 551ff.
17 Amann Br 33
18 PdM 1031
19 Ebda. 1074
20 Amann Br 39
21 *DüD* I, 636
22 PdM 1077
23 EB Br 40
24 PdM 1087
25 EB Br 43

26 Bassenge Aukt. Kat. 49, Mai 1987
27 PdM 1091
28 *Zeitalter* 226
29 PdM 1103
30 Br OG-BE 184
31 Nb 12, 301
32 *DüD* I, 646f.
33 Ebda. 642
34 XII 382, 397
35 XII 423f.
36 Amann Br 53
37 XIII 560-3
38 Brw HM 135f.
39 Ebda. 137f.
40 Ebda. 140ff.
41 *Essener Volkszeitung*, 8. 1. 1918
42 XII 127
43 Amann Br 59
44 XII 535
45 XI 128
46 Brw HM xlvii
47 Br I, 147
48 XI 314
49 AM Brw 750
50 Wiedem. 36
51 Br OG-BE 194
52 EB Br 69
53 N 18/60 Korr.
54 PdM 1154
55 EB Br 81
56 Tb I, 11
57 Ebda. 17
58 VIII 1068ff.
59 PdM 1157
60 Br I, 147
61 PdM II, 23f.
62 Tb I, 65
63 Ebda. 67, 73
64 Ebda. 83f.
65 Ebda. 99
66 Ebda. 111
67 SF Brw 418
68 Tb I, 114
69 Ebda. 119
70 Ebda. 114
71 PdM II, 34
72 Matter III, 12
73 Tb I, 176
74 Gordon Craig, *Germany 1866–1945*, 1978, 411
75 Tb I, 247
76 PdM II, 54
77 Br OG-BE 204
78 Matter III, 13
79 Jb 4, 218; Tb I, 274
80 PdM II, 56
81 Tb I, 261
82 Br I, 169
83 EB Br 85
84 Tb I, 282
85 Ebda. 290, 301
86 XIII 109
87 Tb I, 482
88 Fr/Antw. 46
89 Tb I, 487
90 Ebda. 440, 473
91 EB Br 109
92 Tb I, 412
93 Br I, 183
94 Brw HM 394f.
95 Tb I, 383
96 Ebda. 499f.
97 Ebda. 521
98 Ebda. 350
99 Ebda. 499
100 Ebda. 453
101 Ebda. 454
102 Br I, 176–9
103 Tb I, 451
104 Ebda. 396
105 21/10
106 Tb I, 439
107 21/109
108 Brw Aut 247
109 Tb I, 529f.
110 Br I, 191
111 Tb I, 545
112 Zit. Reed 286
113 Tb I, 555
114 »Was halten Sie von Thomas Mann?«, hrsgb. M. Reich-Ranicki, 1986, 27
115 EB Br 108
116 Brw HM 142

117 EB Br 107f.
118 XIII 257f.
119 *Frankfurter Nachrichten*, 29.2.1922
120 22/28
121 EB Br 111
122 Ebda. 112f.
123 Ebda. 113
124 SF Brw 418f.
125 XIII 265
126 *Neues Wiener Journal*, 9.11.1922
127 9.12.1922
128 Reed 293
129 22/102
130 XI 809ff.
131 EB Br 113f.
132 Br I, 201
133 23/28
134 MM Erinn. 25
135 EB Br 117
136 Ebda.
137 Unbekanntes Blatt, TMA
138 Fr/Antw. 59
139 *Ungarn* 324
140 EB Br 121
141 Ebda. 121f.
142 KlMBrAntw 14f.
143 XI 855, 858, 860
144 XIII 288
145 SF Brw 421f.
146 Bl 7, 10
147 XI 354f.
148 XI 132
149 24/55
150 24/81
151 X 471
152 Br OG-BE 226
153 EB Br 128f.
154 Br I, 216
155 24/109
156 24/126
157 XIII 153
158 SF Brw 422f.
159 Ebda. 253
160 Ebda. 257
161 Ebda. 257, 255
162 Brw Aut 268
163 Ebda. 482
164 In der *New York Herald Tribune* nachgedruckt, Febr. 1926
165 Rezension, 12.3.1925
166 2.7.1927
167 Wiedem. 47
168 Br I 216f.

IV
Forderungen des Tages
1925–1932

1 *Thomas Mann: Leben und Werk*, 1947, 7
2 24/98
3 EB Br 136
4 Br OG-BE 238
5 Rezension 18.1.1925
6 XI 356, 360f.
7 VIII 626, 648, 650
8 25/78
9 Br I, 239
10 *La Stampa*, 8.5.1925
11 Fr/Antw. 70
12 *Observer*, London, o.D. (TMA)
13 XI 367f.
14 Unbekanntes Blatt (TMA)
15 *Berliner Tagblatt*, o.D. (TMA)
16 *Nation*, New York, 9.12.1925
17 Br I, 242
18 Bl. 7, 11
19 *Das Ehe-Buch*, hrsgb. Keyserling, 3. Aufl. (1926), 11
20 EB Br 144
21 X 184–91
22 Tb III, 85
23 Br I, 236f.
24 KlMBrAntw 18
25 Br I, 249
26 26/30
27 *Die Kuhhaut*, zit. *Kölner Zeitung*, 25.2.1926
28 Aukt. Kat. 31, Hartung & Karl, 1981
29 An Hedda Eulenberg, 7.1.1926

(Regesten-Addendum, von Gert Heine, Allerød, freundlich zur Verfügung gestellt)

30 *Berliner Nachtausgabe*, 6.2.1928
31 26/45
32 XI 26
33 Br I, 255
34 XI 398
35 EB Br 151
36 *Das Tage-Buch*, Berlin, 33/1926, 1202f.; zit. Kat. 4, Buchhandlung Matthias Loidl, Unterreit, 1990, 51
37 EB Br 152
38 BrwAut 216
39 Fr/Antw. 100
40 X 224f.
41 XI 136
42 Br I, 261
43 EB Br 154f.
44 EMBrAntw I, 18
45 IV 54
46 X 888ff.
47 XII 649
48 Hilscher 62
49 N 27/1
50 27/25
51 X 679f.
52 Hans-Ulrich Lindken (hrsgb.): *Das magische Dreieck ...*, Frankfurt am Main/Bern: 1992, 160, 165
53 XI 406f.
54 XI 133
55 II 654
56 Br III, 425f.
57 XI 122
58 Zit. Krüll, 253
59 GM Erinn. 221
60 27/96
61 Br I, 270
62 EB Br 160
63 Tb II, 185
64 IX 187
65 Wiedem. 50
66 EMBrAntw I, 17f.
67 Tb II, 296
68 Wie Anm. 66
69 BrwAut 224
70 XI 139
71 Fr/Antw. 119
72 *Europäische Gespräche*, Hamburg, 5/12, 652
73 XII 649
74 Fr/Antw. 122f.
75 XI 767
76 Fr/Antw. 141
77 28/120
78 Fr/Antw. 138
79 28/86
80 X 239f.
81 XI 627f.
82 An H.T. Lowe-Porter, 25.2.1929 (TMA)
83 XI 626
84 28/190
85 Br I, 301
86 IX 245
87 X 255
88 Br I, 291f.
89 *DüD* II, 361
90 29/73
91 29/174
92 Br I, 293f.
93 26/86 Korr.
94 41/233
95 Jürgen Kolbe, 1987
96 47/158
97 30/124
98 29/164
99 29/193
100 XI 143
101 Krüll 325
102 Br I, 297
103 XI 409
104 Fr/Antw. 156ff.
105 N 29/17
106 N 30/18
107 XI 144
108 EB Br 168
109 Fr/Antw. 160f.
110 An Unbekannt, 22.8.1930 (Regesten-Addendum, von Gert Heine, Allerød, freundlich zur Verfügung gestellt)

111 Fr/Antw. 163f.
112 Br I, 301
113 30/144
114 EB Br 299
115 Fr/Antw. 172
116 Ebda. 173
117 30/159
118 30/165
119 30/179
120 SFBrw 432
121 Brief an Unbekannt, 19.3.1931 (Privatbesitz)
122 X 309f., 313f.
123 Ebda. 314
124 Häntzschel 313ff.
125 Fr/Antw. 178
126 Jb 3, 66
127 31/165
128 GM Erinn. 358f.
129 Ebda.
130 EB Br 173
131 32/3
132 32/51
133 Fr/Antw. 182f.
134 XII 678
135 Häntzschel 321; Pfeff. 8
136 IX 297f.
137 Br I 323
138 XIII 75
139 Fr/Antw. 186ff.
140 XIII 70
141 EB Br 174
142 BrwAut 254
143 32/124
144 32/117
145 XIII 623ff.
146 SFBrw 445
147 HH Brw 31
148 HH Brw 31
149 32/127
150 32/154
151 X 337
152 SFBrw 446

V
Der zögernde Emigrant 1933–1936

1 *Fünf* 543
2 PdM II, 101
3 XII 681, 684
4 HMBrw 180
5 33/26
6 KlM Tb I, 118
7 SFBrw 447f.
8 PdM II, 106
9 33/47
10 Bl. 18, 12
11 PdM II, 120
12 Ebda. 122
13 Ebda. 124
14 Tb II, 3
15 Marbacher Katalog »Gottfried Benn 1886–1956«, 178
16 33/49
17 PdM II, 118
18 Tb II, 9
19 PdM II, 125
20 GMErinn. 510f.
21 33/63
22 *Fünf* 543
23 PdM II, 134
24 B. Reimann, *Neue Zürcher Zeitung*, 3.–4.12.1983
25 EBBr 177f.
26 XI 785ff.
27 XIII 91
28 Tb II, 52
29 An Max Mohr, 21.4.1933, Stargardt Aukt. Kat. 592, 1972
30 Hans Weigel, *Was halten Sie von TM?*, 1975, 78
31 Wie Anm. 29
32 Tb II, 53f.
33 GMErinn. 536
34 KlM BrAntw 87
35 GMErinn. 517
36 Ebda. 523
37 Tb II, 66
38 Ebda. 81

39 Ebda. 114
40 Br III, 469
41 Tb II, 130
42 SFBrw 449
43 Tb II, 167
44 GBF Brw 43 f.
45 *Urteil* 208
46 Ebda.
47 KlM BrAntw 134
48 PdM II, 223
49 33/173
50 PdM II, 228
51 GBF Brw 46
52 HMBrw 183, 186
53 Tb II, 251
54 Ebda. 400
55 Sprecher 39
56 XI 439
57 XI 975
58 Sprecher 42
59 Tb II 192
60 Ebda. 249
61 Sprecher 53
62 EBBr 186
63 PdM II, 257
64 *TMStud* X, 48
65 Tb II, 279
66 *TMStud* X, 48
67 EBBr 181
68 Tb II, 287
69 EBBr 179 f.
70 Tb II, 319, 322
71 Ebda. 334
72 Ebda. 326
73 Ebda. 320 f.
74 *TMStud* X, 57
75 Tb II, 356
76 Ebda. 387
77 *TMStud* X, 61
78 EBBr 183 f.
79 Tb II, 401
80 SFBrw 456 f.
81 XIII 96–106
82 Tb II, 338 f.
83 Ebda. 412
84 KlM Tb II, 32
85 Tb II, 397 f.
86 EBBr 184
87 XIII 628
88 Jb I, 173 f.
89 Tb II, 446
90 Ebda. 447
91 36/121
92 Tb II, 483
93 Ebda. 486
94 EBBr 185
95 Tb II, 488 f.
96 KlM Tb II, 45
97 Tb II, 490
98 N 34/13
99 Br I, 369 f.
100 Tb II, 493
101 *TMStud* X, 74
102 Tb II, 500
103 Ebda. 504
104 Ebda. 544
105 Stahlberger 236 f.
106 *Pfeff* 116
107 Tb II, 547
108 SFBrw 459 f.
109 Tb III 226
110 KlM Tb II, 84
111 Fr/Antw 208
112 Ebda.
113 Ebda. 214
114 Tb III, 23
115 Ebda. 25
116 *TMStud* X, 81
117 XII 779, 769
118 Jb 1, 184
119 Tb III, 56
120 35/62
121 Tb III, 92
122 Ebda. 85
123 Ebda. 86
124 Ebda. 105
125 35/90
126 Tb III, 107
127 Sprecher 162
128 Ebda. 164 f.
129 35/142
130 Tb III, 114
131 Ebda. 115
132 KlM Tb II, 110

133 GBF Brw 108
134 Br I, 400
135 Tb III, 133
136 Ebda. 129
137 Ebda. 159
138 Ebda. 181
139 Ebda. 173 f.
140 35/177
141 35/176
142 Fr/Antw 220
143 35/156
144 Tb III, 158
145 Ebda. 174
146 Ebda. 226
147 Ebda. 250
148 Ebda. 233
149 A & N 691
150 *Urteil* 259 f.
151 Tb III, 562
152 EMBrAntw I, 72 ff.
153 Tb III, 246
154 KlM BrAntw 713; EMBrAntw I, 77
155 EMBrAntw I, 83 ff.
156 *Urteil* 266 f.
157 KlM BrAntw 243
158 XI 788–93
159 36/76
160 Tb III, 250
161 Ebda. 252
162 HHBrw 99 f.
163 EMBrAntw I, 91
164 KlMBrAntw 248
165 Amann Br 62
166 Tb III, 274
167 Amann Br 63
168 Tb III, 259
169 Ebda. 245
170 Ebda. 252
171 Ebda. 286
172 36/68
173 IX 499 f.
174 Tb III, 301
175 Hilscher 73
176 HMBrw 234
177 XI 674
178 HMBrw 235
179 Br I, 423
180 Tb III, 383
181 Amann Br 65
182 A & N 695
183 XII 786, 788, 792

VI
»Ich glaube an Amerika«
1937–1941

1 40/388
2 Tb IV, 119
3 *DüD* II, 543
4 Neumann Br 38; Tb IV, 30; *TMStud* X, 105
5 Tb IV, 26
6 Fr/Antw 228 f.
7 *Ungarn* 24
8 Ebda. 457
9 XII 799, 812
10 HHBr 113
11 KlM Tb III, 110
12 Tb III, 306
13 Br I, 417
14 Tb IV, 523
15 Br II, 17 f.
16 *Philobiblon* 34 : 2, Juni 1990, 99, 101
17 Tb IV, 36
18 Amann Br 66
19 Tb IV, 43
20 Br II, 20 f.
21 Tb IV, 52
22 XIII 642
23 Tb IV, 54
24 AMBrw 822 f.
25 Tb IV, 590 f.
26 Ebda. 62
27 KlM BrAntw 724
28 KlM Tb III, 139
29 Tb IV, 72
30 37/107
31 AMBrw 79
32 *TMStud* X, 120
33 Tb IV, 115
34 Ebda. 126

35 Br II, 32 f.
36 IX 508, 515, 527
37 Tb IV, 135
38 Br II, 34
39 Tb IV, 141
40 KlM BrAntw 331
41 Tb IV, 149
42 AMBrw 106
43 Ebda. 112
44 GBFBrw 141
45 38/39
46 Tb IV, 179 f.
47 Fr/Antw 233 f.
48 AMBrw 833 f.
49 XI 459
50 Neumann Br 40
51 Tb IV, 187
52 AMBrw 838
53 Fr/Antw 236
54 Ebda. 238
55 AMBrw 116
56 Tb IV, 194
57 Wiedem. 3
58 XIII 178
59 KlM BrAntw 351
60 Tb IV 207 f.
61 KlM BrAntw 352
62 AMBrw 839
63 *New York Post*, 9. 5. 1938 (TMA)
64 Stargardt Kat. 617, 1979, 79
65 KlM BrAntw 351
66 38/108
67 KlM BrAntw 354
68 Vgl. Tb IV, 712
69 Tb IV, 237
70 *Philobiblon* 34 : 2, Juni 1990, 117
71 Tb IV, 245
72 Ebda.
73 Bl 10, 7
74 Tb IV, 248
75 Kat. 4, Buchhandlung Loidl, 1990, 61
76 BrwAut 449
77 *DüD* II, 214
78 38/187
79 Tb IV, 291
80 Ebda. 291 f.
81 Ebda. 298
82 Br II, 58
83 AMBrw 133
84 Tb IV, 891, 893
85 GBFBrw 194
86 Tb IV, 326
87 *TMStud* X, 131
88 Tb IV, 474
89 Br II, 75 f.
90 BrwAut 533
91 Ebda. 292
92 XI 952–69
93 SFBrw 462
94 Tb IV, 375
95 Fr/Antw 242
96 AMBrw 153
97 *TMStud* X, 132
98 AMBrw 153
99 Bl 11, 26
100 AMBrw 159
101 HMBrw 269 f.
102 AMBrw 159
103 XIII 844 f.
104 Br II, 97
105 Bl 10, 8
106 Hartmut Weill, Brief vom 6.–14. 6. 1939 aus Paris (Privatbesitz)
107 KlM BrAntw 390 f.
108 Ebda. 392
109 KKBrw 90
110 Tb IV, 457
111 Fr/Antw 247
112 Tb IV, 463
113 GBFBrw 244
114 Tb IV, 472
115 Ebda. 473
116 Ebda. 474
117 39/359
118 Tb IV, 493
119 II 763
120 40/45
121 II 657 f.
122 GBFBrw 246
123 AMBrw 177
124 Br II, 130
125 KlM BrAntw 400

126 HMBrw 276f.
127 Tb IV, 516
128 39/535
129 40/273
130 GBFBrw 253
131 Br II, 130
132 Tb V, 16
133 Ebda. 29
134 40/226
135 40/172
136 XIII 494
137 AMBrw 200
138 Tb V, 60f.
139 Fr/Antw 258f.
140 Tb V, 98f.
141 *DüD* II, 236
142 Tb V, 100
143 40/367
144 Tb V, 111
145 Ebda. 117
146 HMBrw 284
147 EMBrAntw I, 155
148 Tb V, 133
149 AMBrw 225
150 Tb V, 124
151 40/452
152 Tb V, 1038, 1041
153 Chr 149
154 Tb V, 165
155 Chr 150
156 Tb V, 175
157 XI 994
158 AMBrw 247
159 Ebda. 249
160 Tb V, 200
161 Ebda. 201
162 Ebda. 210
163 AMBrw 254f.
164 41/77
165 Klaus Pringsheim, »TM in Exile«; McMaster Kolloquium, hrsgb. H. Schulte u. G. Chapple, Bonn: Bouvier, 1978, 25
166 AMBrw 253
167 Fr/Antw 261
168 AMBrw 261
169 X 366f.
170 Tb V, 250
171 Ebda. 256
172 AMBrw 268f.
173 BrwAut 300
174 AMBrw 269
175 Ebda. 289
176 HMBrw 454
177 Ebda. 292ff.
178 Tb V, 1052
179 Ebda. 1057
180 Ebda. 288
181 AMBrw 277

VII
Leiden an Deutschland
1941–1948

1 Tb V, 383f.
2 42/104
3 AMBrw 302
4 N 41/5
5 BrwAut 300
6 Br II, 206
7 Ebda. 208
8 AMBrw 308
9 Ebda. 314
10 Tb V, 320
11 AMBrw 318
12 Ebda. 316f.
13 Ebda. 319
14 Ebda. 322–6
15 Ebda. 328
16 Ebda. 329f.
17 Ebda. 335
18 Br II, 230
19 AMBrw 60f.
20 Ebda. 338
21 Ebda. 336f.
22 H. Koopmann, »TM in Amerika«, im Begleitheft zur Ausstellung »TM im amerikanischen Exil 1938–1952«, Universität Augsburg 1991, 3
23 XIII 717f.
24 AMBrw 349

25 Deutsch in: Janet Flanner, *Legendäre Frauen und ein Mann*, München: Verlag Antje Kunstmann, 1993
26 AMBrw 342; s. auch ebda. 349
27 Ebda. 347
28 HMBrw 298
29 Br II, 231
30 Ebda. 229
31 XI 1024
32 Tb V, 369
33 AMBrw 358
34 Annarhea White, *Los Angeles Times*, 19.12.1948, zit. AMBrw 933
35 *DüD* II, 599
36 Tb V, 899
37 An Motschan, 30.9.1942 (TMA)
38 EMBrAntw I, 185
39 42/412
40 Tb V, 400
41 Br II, 280f.
42 A & N 249
43 Tb V, 419
44 Ebda. 396
45 Ebda. 400
46 Ebda. 403
47 AMBrw 380
48 Tb V, 413f.
49 Ebda. 416
50 Ebda. 464
51 Ebda. 400
52 KlMBrAntw 485f.
53 Ebda. 486
54 Ebda. 487ff.
55 AMBrw 419
56 Tb V, 476; 42/193
57 AMBrw 429
58 Ebda. 956ff.
59 XI 667ff.
60 Tb V, 498
61 AMBrw 445
62 Tb V, 520
63 Ebda. 555
64 Ebda. 521
65 So in vielen Äußerungen 1944
66 XI 425
67 XI 138
68 XIII 164
69 26/129
70 Faesi 30
71 HMBrw 310
72 Bl 10, 19
73 AMBrw 424f.
74 *New York Times*, 26.6.1944 (TMA)
75 *Hesse in Augenzeugenberichten*, 1987, 239
76 AMBrw 453
77 Ebda.
78 Ebda. 962f.
79 Ebda. 454f.
80 KlMBrAntw 503ff.
81 Nb 7, 155
82 Tb V, 551
83 Ebda. 552
84 Ebda. 554
85 Ebda. 560
86 Ebda. 561
87 KlMBrAntw 509f.
88 Tb V, 572f.; Reed 374
89 43/122
90 Tb V, 577
91 AMBrw 477, 470
92 Tb V, 578
93 AMBrw 477–9
94 Ebda. 484
95 Tb V, 580
96 AMBrw 973
97 Ebda. 975
98 Ebda. 488f.
99 Br II, 329, 340
100 AMBrw 509f.
101 Ebda. 497, 499
102 Ebda. 504
103 Ebda. 514
104 Ebda. 424
105 *DüD* II, 308
106 44/43
107 Tb VI, 8
108 HHBrw 292
109 Tb VI, 32
110 44/113
111 Bl 10, 27
112 Tb VI, 7
113 AMBrw 540
114 Tb VI, 22

115 AMBrw 540
116 EMBrAntw I, 190
117 AMBrw 527
118 Kahn 58
119 Br II, 367f.
120 44/208
121 Tb VI, 107
122 Bl 10, 29
123 AMBrw 570
124 An Feuchtwanger 17.6.1944 (*Briefe 1933–1958*, Bd. I, 1991, 127); Bl 10, 30
125 Br II, 380
126 XIII 211f.
127 44/291
128 AMBrw 577
129 Tb VI, 72
130 AMBrw 586
131 Tb VI, 516
132 Br II, 397
133 Tb VI, 508
134 AMBrw 613, 595
135 W. Jasper, *Der Bruder Heinrich Mann*, 1992, 334
136 Tb VI, 137
137 AMBrw 608f.
138 Ebda. 612
139 Ebda. 615
140 Tb VI, 153
141 XII 945–50
142 45/214; XIII 743
143 AMBrw 616
144 *DüD* III, 308
145 XI 1146, 1148
146 45/145
147 XII 942f.; XI 1121
148 Tb VI, 189; GBFBrw 397
149 Tb VI, 613
150 AMBrw 625
151 Tb VI, 200f.
152 XII 952f.
153 KlMBrAntw 775–9
154 Tb VI, 646
155 Br II, 433f.
156 XI 227
157 Neumann Br 58
158 AMBrw 628
159 HMBrw 324; Tb VI, 266
160 *Neue Rundschau*, Sonderausgabe zum 6.6.1945, 64–7
161 KKBr 120
162 Tb VI, 215–9; Bl 12, 17f.
163 Tb VI, 219
164 XIII 774
165 Tb VI, 231
166 Ebda. 826
167 Ebda. 672
168 45/338
169 XI 233
170 *Urteil* 334ff.
171 Bl 12, 18
172 AMBrw 637
173 Br II, 440–7
174 Tb VI, 700ff.
175 *Urteil* 338
176 45/417
177 KBrw 122
178 45/475
179 XIII 747
180 45/541
181 AMBrw 648
182 KlMBrAntw 553
183 Tb VI, 832f.
184 Br II, 472
185 Ebda. 470–2
186 AMBrw 647
187 Tb VI, 291
188 X 783
189 XI 248
190 XI 249
191 AMBrw 657
192 46/116; 46/168
193 Br II, 529; AMBrw 658
194 Tb VI, 315; *DüD* III, 98
195 XI 265
196 XI 269
197 Tb VII, 45, 70, 15, 13
198 Ebda. 14
199 46/335; 46/337
200 AMBrw 666
201 46/311; 46/317
202 Tb VII, 83
203 VI 648
204 VI 676

205 *DüD* III, 92; *DüD* II, 621
206 Tb VII, 608 f.
207 An Joachim Maaß 2.2.1948 (Stargardt Kat. 612, 1977, 85)
208 *DüD* III, 330 f.
209 An Wolfgang Born 4.5.1947 (Privatbesitz)
210 Tb VII, 567
211 Fr/Antw 268 f.
212 Tb VII, 896
213 HMBrw 325
214 Fr/Antw 270–4
215 XIII 789
216 Br II, 511 f.
217 Bl 8, 16
218 *DüD* III, 97
219 Br II, 546
220 47/267
221 Tb VII, 617 f.
222 47/441
223 AMBrw 687
224 EMBrAntw I, 229
225 Tb VII, 908
226 47/448
227 Tb IX, 615
228 Tb VII, 715
229 Ebda. 227
230 AMBrw 694
231 Amann Br 68
232 48/317
233 Bl 5, 9
234 KlMBrAntw 602
235 Tb VII, 956
236 Br III, 37
237 KlMBrAntw 657

VIII
Der isolierte Weltbürger
1948–1951

1 51/194
2 Br III, 83
3 *DüD* III, 454
4 Br III, 59
5 Bl 8, 24
6 49/281
7 49/322
8 XIII 791
9 KlMBrAntw 624
10 Tb VIII, 57
11 49/373
12 HHBrw 215
13 EMBrAntw I, 257, 261
14 Tb VIII, 423
15 Fr/Antw 304 f.
16 XI 481–97
17 Br III, 95; *DüD* III, 467
18 Motsch 96
19 Fr/Antw 305 ff.
20 Motsch 107
21 Tb VIII, 435
22 Ebda. 82
23 Fr/Antw 308
24 Motsch 119
25 Ebda. 126
26 Tb VIII, 438
27 XIII 794
28 XI 509
29 Motsch 136
30 Fr/Antw 310
31 XIII 797
32 AMBrw 723
33 XI 507 f.
34 Tb VIII, 217
35 EBBr 191
36 Fr/Antw 311 f.
37 49/436
38 *DüD* III, 237
39 Tb VIII, 135
40 Bassenge Auktionskatalog 59, 1992
41 Fr/Antw 313
42 HHBrw 217
43 Br III, 122
44 Ebda. 128
45 Ebda.
46 Tb VIII, 685 f., 679 f.
47 Ebda. 173
48 Ebda. 175
49 Br III, 138
50 X 521 f.
51 Tb VIII, 178; HHBrw 221

52 AMBrw 735 f.
53 Tb VIII, 183; Br III, 139 f.
54 Nachlaß Manfred George, DLA; XI 322 ff.
55 Br III, 176
56 EMBrAntw I, 274
57 Tb VIII, 194
58 Ebda. 558
59 Ebda. 199
60 Ebda. 201, 562
61 GBFBrw 537 f.
62 50/322
63 Tb VIII, 207
64 Ebda. 213 f.
65 Ebda. 215 f.
66 Ebda. 222
67 Ebda. 225, 227
68 Ebda. 239
69 Ebda. 223
70 Ebda. 243
71 Ebda. 247 f.
72 Ebda. 255, 257 f.
73 AMBrw 741 f.
74 50/351
75 Tb VIII, 267
76 Ebda. 287
77 Ebda. 259, 294, 278
78 Ebda. 278
79 *Düd* III, 366; 50/380
80 VII 235
81 *DüD* III, 372; 51/147
82 *DüD* III, 374
83 50/441
84 IX 802 f.
85 GBFBrw 564
86 HHBrw 226
87 Tb VIII, 294 f.
88 Tb IX, 6
89 Neumann Br 90
90 Tb IX, 367 f.
91 Ebda. 8
92 Ebda. 767
93 J. C. Thirlwall, *In Another Language* ..., 1966, 139f.
94 An Reisiger, 30.4.1951 (Stargardt Katalog 592, 1969, 66)
95 51/286
96 Tb IX, 77
97 *DüD* I, 326
98 Br III, 207
99 Bl 12, 26
100 51/341
101 Tb IX, 482; 51/404
102 Tb IX, 92
103 51/354
104 Br III, 236

IX
Rückkehr zur alten Erde Europas
1952–1955

1 Tb IX, 292
2 An Erich von Kahler, *Exceptional Friendship*, 1975, 164
3 Tb IX, 147, 552
4 X 385
5 Ebda. 398
6 AMBrw 763
7 Tb IX, 197
8 Ebda. 223
9 *DüD* III, 491
10 X 524
11 GBFBrw 601
12 Tb IX 222, 224
13 Zit. ebda. 666
14 AMBrw 770
15 Tb IX, 224
16 52/218
17 Tb IX, 251
18 Fr/Antw 329
19 Tb IX, 258
20 Br III, 268, 270
21 52/302
22 Tb IX, 291
23 *Sinn u. Form*, Sonderheft »Thomas Mann«, 1965, 5
24 Tb IX, 292
25 AMBrw 774
26 Tb IX, 725
27 IX 814

28 Tb IX, 853
29 Ebda. 301
30 Ebda. 732
31 Ebda. 315
32 Ebda.
33 Br III, 311
34 53/30
35 AMBrw 778
36 53/42
37 Br III, 287
38 XI 529; *DüD* III, 519
39 *Hesse in Augenzeugenberichten* 397f.
40 *Aufbau* New York (zit. in Feuchtwanger, *Briefe an Freunde 1933–1958*, I, 469)
41 An Feuchtwanger 31.5.1953, ebda. 150
42 XII 974–8
43 X 402
44 Fr/Antw 357
45 *Freie Innerschweiz*, Datum nicht erm.
46 Tb 6.7.1953
47 Fr/Antw 364; vgl. 53/162
48 XI 525f.
49 Bl 5, 13
50 Fr/Antw 373
51 Br III, 306
52 54/79
53 Janka 232
54 GBFBrw 623
55 Ebda. 619
56 AMBrw 786f.
57 Br III, 349
58 IX 869
59 54/270
60 Chr 246
61 Br III, 356f.
62 Ebda. 359
63 Ebda. 352
64 54/320
65 XIII 813
66 54/324
67 54/340
68 Tb 19.11.1954
69 Br III, 363
70 Tb 6.12.1954
71 Ebda. 7.2.1955
72 AMBrw 796f.
73 X 549
74 55/153
75 55/154
76 Erika Mann, *Das letzte Jahr* 25
77 Ebda. 30
78 Hilscher 200f.
79 XI 535f.
80 55/195
81 Sprecher 279f.
82 XIII 241
83 Erika Mann, *Das letzte Jahr* 41
84 Br III, 405
85 Bl 12, 29
86 Tb 15.6.1955
87 XI 541
88 55/256
89 Erika Mann, *Das letzte Jahr* 55
90 Ebda. 59
91 Br III, 415f., 419f.
92 Berlin 318
93 Sprecher 292
94 GMErinn 62
95 XI 300
96 Chr 256f.
97 Ebda. 257

Epilog

1 KM 182
2 Lühe 263
3 Ebda. 278f.
4 EMBrAntw II, 169
5 Lühe 283
6 Tb VII, 4
7 *Neue Zürcher Zeitung*, 11.–12.6.1994
8 GMErinn 434
9 Interview Barbara Ungeheuer, *Die Zeit*, Nr. 51, 11.12.1987, 83
10 Ebda.
11 Tubach 219
12 KlM Tb 1934/35, 1989, 143; 1936/37, 1990, 58

13 Vortrag 1975, zit. Tubach 117
14 Interview Zagreb, 7. 10. 1975, zit. ebda. 151
15 Zit. ebda. 208f.
16 Frido Mann, *Professor Parsifal*; München: ed. spangenberg, 1985, 180, 156
17 KM 62ff.
18 MMErinn 13
19 Ebda. 73
20 Br OG-BE 150
21 AMBrw 264
22 IX 348
23 Nb I, 34
24 M. Reich-Ranicki, *TM und die Seinen*, 1988, 21
25 Zit. H.R. Vaget, Jb 3, 83
26 *DüD* II, 532
27 F. Lion, *TM – Leben und Werk*, 1947, 111
28 Br I, 296
29 Jb 3, 230
30 Motsch 28f.
31 Br III, 118
32 Bl 7, 9
33 *DüD* III, 218f.
34 *DüD* I, 326
35 M. Reich-Ranicki (hrsgb.), *Was halten Sie von TM?*, 1986, 68, 73
36 Tb VII, 567
37 Vgl. Reed, 306f., 310
38 Matter III, 7
39 Tb VII, 567
40 Br III, 125
41 Hilscher 196f.
42 Ebda. 192
43 Amann Br 49; vgl. EBBr 43
44 Br II, 221
45 Fr/Antw 148
46 Tb III, 52f.
47 *DüD* III, 500, 509
48 Ebda. 73
49 AMBrw 616; Br II, 397
50 *DüD* III, 248
51 BrwAut 311

Register

Werke Thomas Manns

Personen aus dem Umkreis Thomas Manns

Orte, an denen sich Thomas Mann aufgehalten hat

Namen und Begriffe